想象另一种可能

理
想
国
imaginist

文明的故事

THE STORY OF CIVILIZATION

9

伏尔泰时代

The Age of Voltaire

〔美〕威尔·杜兰特　阿里尔·杜兰特　著

by Will Durant, Ariel Durant

台湾幼狮文化　译

上海三联书店

致读者

宗教与科学、哲学之间普遍而持续的冲突，构成 18 世纪一幕生动的历史剧，我们这个时代的神秘世俗主义也由此滥觞。读者如嫌本卷篇幅冗长，只怪作者对这一内涵丰富、构成繁杂、体量庞大的主题太过入迷。由神学产生的天谴以及维系西方文明基础有 15 世纪之久的各种后天的道德规范，何以竟使大部分欧美知识阶层失去信仰呢？在道德、文学和政治上发生此种无声无息的根本的转变，会有什么结果？

每一卷处理的范围随着迄今犹有影响力和趣味性的过去的事和人的增多而增加。这一点再加上论题繁多——要讨论 1715 年至 1756 年西欧文明每一方面——也许可以为本卷的冗长找到一些辩解。所以，这一卷《伏尔泰时代》便突破了其原有的范围，连计划于第 10 卷《卢梭与大革命》中 1789 年的事也论及了。这包括因"七年战争"而造成的欧洲版图的改变；1756 年至 1774 年路易十五晚年的局面；英国约翰逊和雷诺兹的时代；工业革命的发展；自莱辛至歌德的德国文学、自赫尔德至康德的德国哲学、自格鲁克至莫扎特的德国音乐的盛世；路易十六时代法国封建制度的瓦解及那些边缘国家——瑞典、丹麦、波兰、俄国、土耳其、意大利、葡萄牙、西班牙的历史。对这些国家，一方面为了节省篇幅，另一方面除了教皇权问题以外，这些国家也未直接介入到理性和信仰的大辩论中，所以未在本卷中多做讨论。最后一卷将讨论卢梭反抗理性主义引起那场混乱大论战的后期情形及康德以基督教伦理观挽救基督教神学所做的卓越努力。所以，伏尔泰时代的景观将在《文明的故事》第10卷中才完成。本卷的结语则为宗教做一评述；而第10卷《卢梭与大革命》的结语，将综览全部10卷而面对一个终极问题：什么是历史的教训？

我们希望借历史和传记的结合以反映真实情况。这种尝试自会招致批评，但是，它实现了"整合历史"的目标。不管何者为因、何者为果，事和人自古迄今一直是相偕并进的；历史叙述事件，但要透过个人来叙述。本卷不是伏尔泰的传记，它只是用他多彩多姿的一生，作为国家间和世代间联系的经纬，并把他作为自路易十四死后至巴士底狱崩溃之间这一段时期最重要和最有代表性的人物。在那个动乱世纪的人物中，还有谁能比伏尔泰更活在我们记忆中，常常提到而且对今天还有影响呢？"伏尔泰，"乔治·勃兰兑斯说，"是一个世纪的缩影。""18世纪的真正国王，"维克多·库辛说，"是伏尔泰。"让我们追随那长明的火炬去洞察他的世纪吧！

威尔·杜兰特与阿里尔·杜兰特

1963年5月

谢　词

　　本稿幸蒙日内瓦伏尔泰博物馆暨研究所主任西奥图·贝斯特曼博士校订；我们谢谢他的耐心及向我们开放有关伏尔泰言论的大量收藏品。他在我们的文稿中发现了一处严重的错误。无疑还有一些错误存在，我们欢迎所有善意的指正。

　　我们感谢莎拉和哈瑞·考夫曼在资料分类上提供的帮助，及我们的外孙詹姆斯·伊斯顿就科学史一章所做的修订。我们的女儿埃塞尔不仅打印手稿，也提出了不少改正意见。我们又一次因维拉·薛奈德夫人就内文、脚注和索引所做的学术和专业性的编辑而获益。

总 目

目 录

第一部

伏尔泰与英国

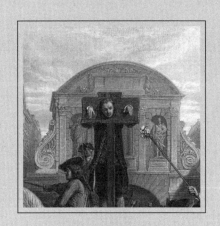

凡尔赛宫中的皇家礼拜堂。凡尔赛宫是法国宫廷的中心，是欧洲专制政体最重要的舞台之一。

第一章 ｜ 法国：摄政时期
（1715—1723）

伏尔泰的年轻时代（1694—1715）

　　一开始，他还不是伏尔泰。在 1718 年从巴士底狱获释以前，他是弗朗索瓦·马里耶·阿鲁埃（François Marie Arouet）。他于 1694 年 11 月 21 日生于巴黎，而于 1778 年作为这座城市的精英去世。据说，他的父亲是一名富裕的律师，与诗人布瓦洛（Boileau）和名妓尼侬（Ninon）熟识，他们的遗嘱都是他的父亲起草或执笔的。此外，在他父亲熟识的圈子中，还有戏剧家皮埃尔·高乃依，伏尔泰描述此人是他遇到过的"最令人生厌的人"。他的母亲玛丽·玛格丽特·多马尔具有贵族血统，是最高法院官员的女儿、皇家卫队长的姐姐。通过这些亲戚，她得以进入路易十四的宫廷。她的活泼和充满活力的才智，使她的家变成一个较小的沙龙。伏尔泰认为，她拥有其家族所有的智慧；他的父亲则具备相当高明的理财才能；而他这个儿子，将这种暗藏于本性当中的商人气质，作为遗产一并继承下来。母亲在 40 岁，即他 7 岁时，就死了。在她的 5 个孩子当中，阿尔芒（Armand）是长子，他狂热追随詹森派。弗朗索瓦·马里耶是最小的孩子，不满一岁体弱多病，没有人相信他能活下来。事实上，他一直活到生命的第 84 个年头。

这个家庭的朋友中有几位神父。其实，神父这一头衔（father），是给予任何世俗神职人员的，而不论是否正式任命过。相反，许多一直穿着教士服装的神父，却是凡夫俗子和社会中的显贵；有些人特别谙熟下流圈子，简直熟门熟路；有些人名义上虽丝毫无愧于他们的头衔，却私底下干着龌龊的勾当，只是不为人知罢了。德·沙托纳夫神父是尼侬的最后一位情人、伏尔泰的第一位老师。他是一个博学广识、视野开阔的人，把尼侬的异教信仰和蒙田的怀疑论传授给了他的学生。据一个古老但未能证实的故事说，他把史诗《穆瓦萨德》（La Moisade）介绍给这个男孩，当时该作品以手抄本的形式秘密流传着。它的主题是，宗教除了使人相信一位上帝外，便是统治者用来维持秩序并保持敬畏的一种诡计。

神父老师带他去拜访尼侬时，伏尔泰的教育向前迈进了一步。这位名妓当时（1704 年）已经 84 岁。弗朗索瓦发现她"干瘪得像一具木乃伊"，但妇女特有的亲切仁慈一点都不曾减少。他后来回忆说："她把我写入她的遗嘱，这让她很高兴。她留给我 2000 法郎作为买书之用。"不久，她便去世了。

为了均衡饮食，10 岁时，作为一名住读生，他被送进巴黎左岸（Left Bank）的路易大帝耶稣会学院。那里被誉为巴黎最好的学校。在该校 2000 名学生中，大部分是一些能够负担教育费用的贵族子弟。在那里的 7 年中，伏尔泰结交了许多贵族朋友，而且终生都与他们保持轻松惬意的关系。而在古典文学，特别是戏剧方面，他接受了很好的训练。他在那里上演的戏剧中扮演角色，并在 12 岁时写下自己的第一个剧本。他功课很好，获奖无数，使他的老师们又惊又喜。他不相信有地狱，而称天堂为"世界的大寝室"。他的一位老师悲伤地预言，这位青年才俊将成为法国自然神论——除了信仰上帝外，几乎摒弃全部神学的思想理论——的旗手。他们以一贯的耐心来容忍他，而他也对这些把他的智慧训练得明晰和有条理的耶稣会士，保持一种热烈的尊敬和感激，这超越了他所有的离经叛道。52岁时，他这样写道：

> 我有7年之久接受这样一些人的教育，他们不计酬劳，诲人
> 不倦，为的是塑造年轻人的心智和品行……他们启发、激励我领
> 略文学的滋味，培养了即便在我生命行将结束之际，仍足以引为
> 慰藉的情操。没有什么能从我心中抹去对波雷神父的记忆，他对
> 门下所有弟子一视同仁地珍爱。还从来没有人像他这样，能使学
> 习和德行变成如此令人愉快的事！……我是如此幸运，由不止一
> 位具有波雷神父品质的耶稣会士养育成人。与耶稣会士相处的7
> 年，我发现了什么？勤勉、朴素而有条理的生活。他们将全部时
> 间一分为二：照料我们和培养我们的情操。我请几千名像我一样
> 曾接受他们教育的人作证，没有人会与我所说的不同。

毕业后，弗朗索瓦打算以文学作为职业，但他的父亲警告他说，
以写作为业只会陷入贫困的泥潭，坚决要求他学法律。用弗朗索瓦
自己的话说，整整3年，他"学习狄奥多西和查士丁尼的法律，了解
巴黎的情况"。他憎恨"无用的事物之v多，他们就希望把这些装进
我的大脑。我的座右铭是，把握重点"。他没有埋头于法典和判例，
却加入在教堂中结识的一些持怀疑论的伊壁鸠鲁的信徒——圣殿骑
士（Knights Templar）在巴黎一座古老修道院的遗存。他们的领袖是
菲利普·旺多姆公爵。旺多姆拥有庞大的教会收入，却鲜有宗教信
仰。他的同党是修道院院长塞尔维安、德·比西、德·肖利厄、侯爵
德·法尔、王子德·孔蒂，及其他坐享横财、过着放荡生活的贵族。
修道院院长德·肖利厄宣称，美酒和女人是英明而仁慈的造物主赐予
男人的最令人愉快的恩惠。伏尔泰轻而易举地让自己适应了这一摄生
之道，他外出不归，与这些寻欢作乐者厮混，直到神所不容的晚上
10点，使父亲大为震惊。

大概是应他父亲的请求，伏尔泰被任命为法国驻海牙大使的随

员（1713 年）。世人皆知这位易激动的青年如何爱上迪努瓦耶，如何用诗歌追求她，并以永恒的崇拜作为许诺。"没有谁的爱能比得上我的，"他向她写道，"也没有人比你更值得爱。"大使通知老阿鲁埃，说弗朗索瓦于外交并无助益。于是父亲召唤他回家，剥夺了他的继承权，并威胁说要把他装上船，扔到西印度群岛。此时，弗朗索瓦从巴黎写了一封信给"彭班德"，说如果她不来到他的身边，他就自杀。由于她大他 2 岁及性别的关系，她比他理智些，回信劝他最好与父亲融洽相处，做个好律师。他的父亲答应，假使他进律师事务所，并与律师们住在一起，便原谅他。他终于同意了，"彭班德"最终与一位伯爵结婚。那显然是伏尔泰青年时期最后的富于激情的罗曼史。他像任何诗人一样容易兴奋，神经高度过敏，只是性欲不强。他想要名垂青史，却以为心灵上的结合远比肉体的吸引重要。他的活力从笔尖涌溢如泉。25 岁时，他便已写信给米默尔侯爵："友谊比爱情珍贵千倍，看起来，我完全不适合谈情说爱。我觉得爱情有点荒谬……我已决心永远与之断绝关系。"

1715 年 9 月 1 日，路易十四去世，使新教的欧洲和崇尚天主教的法国大为释怀。那是一个王朝和时代的结束：一个延续 72 年的王朝，一个大世纪的时代——始于军事辉煌胜利、文学杰作灿烂、巴洛克式艺术光辉夺目，而终于艺术和文学式微、人民贫穷疲惫、法国受挫屈辱。每个人怀着希望与疑虑，转向一个即将继承这位辉煌绚烂而不受哀悼的国王的政府。

摄政之争（1715）

新王路易十五是路易十四的曾孙，那时年仅 5 岁。他自幼失去祖父、父母、兄弟、姐妹，最后是曾祖父。在这种情形下，谁将替他摄政？

两位皇太子均比太阳王（即路易十四）早死：儿子路易死于 1711 年，孙子勃艮第公爵也于 1712 年去世。另一位孙子已被承认为西班牙菲利普五世，条件是放弃法国王位的一切继承权。老国王的两位私生子尚在人世，他已经立他们为嫡生子，并留下遗训，在缺乏皇族血统的太子时，他们可以继承王位。其中年长的路易·奥古斯都，即梅因公爵，时年45岁，和蔼可亲，但身体孱弱，他因为畸形足而更加害羞和怯懦。如果不是他野心勃勃的妻子激励他攫取摄政权，他本可满足地安享在索镇（Sceaux，在巴黎城外）的90万利维尔的财产。梅因公爵夫人从未忘怀自己是大孔德的孙女，她在索镇维持几乎像王室的宫廷，在该地资助艺术家和诗人（包括伏尔泰），并聚集了诙谐而忠实的随员在她身旁，作为登上君权的先驱和跳板。她薄具姿色，体态和打扮堪称无瑕，娇小纤细得被误认为少女。她机智、聪慧，受过良好的古典教育，口才敏捷，充满永不枯竭的生命活力。她深信在她的帮助下，她的丈夫将轻易地抓住摄政权。她已完全战胜即将去世的国王周遭的势力，而从国王那里赢得了遗嘱（1715年8月12日），让梅因公爵掌握了小路易的抚养、教育及御林军的控制权并在摄政议会中有一张席位，但遗嘱附录指定议会的主席为菲利普二世奥尔良公爵。

菲利普是老国王的哥哥菲利普一世第二任妻子——粗鲁而现实的夏洛特·伊丽莎白，即巴拉丁公主所生。这位青年的教育已交托给一位神父——圣西蒙的《回忆录》（*Memoirs*）和杜卡洛的《摄政秘忆录》（*Secret Memoirs of the Regency*）均形容这位神父为罪恶渊薮。纪尧姆·迪布瓦是一位乡下药剂师的儿子，他努力求学，以作家庭教师维生，结婚后，得到妻子的同意，离开她到巴黎的圣米歇尔学院深造。他在那里刻苦打工缴付学费。毕业后，他担任圣洛朗菲利普一世的家务总管的助手。他负责僧职及其他职位，显然把妻子忘了。圣洛朗逝世后，迪布瓦成了这位未来摄政者的家庭教师。罕做公平论断的杜卡洛说：“这位神父觉得，如果不使学生堕落，则他很快就会被轻视。因此，他不惜一切努力达成这一目标，但很不幸，他太过成功了。”圣西蒙嫉妒名门贤才，他自得其乐地描述迪布瓦说：

　　他矮小、憔悴、瘦得像干扁的鲱鱼般令人怜恤，头戴浅黄色假发，脸上稍微露出智慧的光彩。他是一个十足的无赖汉，罪恶的念头不停地在他脑海里翻腾着，使他心中无时无刻不在骚动。贪婪、放荡、野心勃勃是他的信条；不义、谄媚、阿谀奉承是他的行为方法；完全不信神是他的宗教观；而在他的意念中，有一项更重要的原则，即认为正直、诚实是人们用来装饰自己的一种妄想，事实上并不存在……他聪明、有学问、懂世故、渴望取悦、幸进，但都被从他身上每一孔隙散发出来的虚伪气息破坏……他邪恶……叛逆、忘恩负义，精于最恶劣的罪行，被发现时，又表现得非常无耻。他觊觎一切，嫉妒一切，并想拥有一切。

　　圣西蒙与菲利普家族来往亲密，他的批评当然不会被轻率地反驳。况且这位神父是优秀的学者、能干的助手、机智而卓越的外交家，菲利普二世深知其为人，直到最后都很信任他。

　　这位学生或许是受祖先熏习的缘故，很快吸收了他们的教导，并在心智与罪恶上更胜他们一筹。他的博闻强记、敏锐的机智及文学艺术上的造诣与鉴赏力使老师大为欢愉。迪布瓦请丰特内尔（Fontenelle）为这位青年打稳科学基础、龙伯格引导他学习化学。后来，菲利普二世像英王查理二世和在锡雷（Cirey）的伏尔泰一样，拥有私人实验室。他弹七弦琴，为书绘制插画，对艺术品的收集有很强的鉴赏力，只是在这些方面挖掘不深。他的兴趣是多方面的，他的娱乐随时而异。他完全没有宗教信仰，即使在公众场合，他也表现出"诽谤、不敬上帝"。他在这方面和性放纵方面，给他的国家和那个世纪一种象征与推动力。

　　与一般人一样，他具有多重性格。若情形需要或兴致勃发，他能够轻易而狡猾地说谎；他搜刮贫民的财产，而把成千上万的法郎花费在个人的嗜好与追求上；但他也慷慨、仁慈、和蔼而宽容，"本性善良、人道而富有同情心"（圣西蒙说），而且对待朋友比对待情妇更忠实。他常常灌醉自己，以此作为晚上上床睡觉前的仪式。他的母亲谴责他时，他回答说："自早上 6 点钟至晚上，冗长而令人疲惫的工作折磨着我，如果工作后不去寻欢作乐，我会受不了而最后抑郁以终的。"

他初恋的受挫也许是他为自己的荒淫无度寻找的一个借口。他倾慕母系为贵族、出身高贵的塞里小姐。他写诗追求她，歌颂她，每天求见她两次，并向她求婚。路易十四为此皱眉，极力推荐自己的私生女布卢瓦女公爵给他。菲利普二世表面服从（1692 年），但仍对塞里小姐百般殷勤，终于让她生下一子。愤怒的路易十四把塞里逐出巴黎。菲利普给了她不少金钱，并开始试着对妻子忠实，但不久便告失败。妻子为他生了一个女儿，即未来的贝里公爵夫人，这造成了后来他最真诚的爱和最凄惨的悲剧。

他父亲的逝世（1701 年）带给菲利普二世公爵头衔和家产，他除了于平时享受人生、于战时须冒点险而外，别无义务。他在对抗第一次大同盟的战役（1692—1697 年）中，表现英勇，但也受到几处重伤。不久，他在西班牙王位继承争夺战（1702—1713 年）中出生入死，获得更高的荣誉。战后余生，他举行一次糕点宴会慰劳自己。除了不敬神外，他在一切罪恶中尚保持举止的迷人和谈吐的文雅与礼貌，而令人忆起太阳王富有朝气的年轻时代。

只有在全部王位直接继承人去世后或受条约限制不能登基时，菲利普才能争取摄政权。此时，谣言纷起，说他不惜毒害具有血统的各个王子，以清除掌握王权之路，但路易十四及其后代均对这些诽谤不予置信。一些团体开始转变态度，认为他不比梅因公爵夫妇差劲。因为他主张信仰自由，那些受压迫而低头转向天主教的法国新教徒，那些受苦于教皇训谕及皇家宗教迫害的詹森派教徒、那些乐见以一自由思想者统治法国的自由人士、那些厌倦于已故国王苛政的巴黎人民和提供他经济援助而受婉谢的英王乔治一世，都为他争夺摄政祈祷。最重要的是，那些"将领贵族"——被黎塞留和路易十四削夺权利而成为朝廷寄生虫的有爵位的家族都希望借菲利普二世的力量，替受私生子统治及商人把政的王室复仇。圣西蒙身为高阶贵族，他催促菲利普二世放弃安逸放荡的生活，为争取摄政权而战。

但菲利普二世爱好玩乐甚于权力，他可能宁愿清闲享乐。现在受了朋友的激励，他驱策自己奋力不懈地展开行动。当着梅因公爵的面，他收买了皇家禁卫军，以求得他们的拥护；并以官职相许，赢得政治与军事首要人物的支持，并使议会认为他们有希望恢复以前的特权。1715 年 9 月 2 日——正是路易十四去世的翌日——菲利普二世召集巴黎议会、贵族领导者及国内主要官员到法院。梅因公爵也参加，希望接受摄政权，但勇敢、聪明而雄辩的奥尔良公爵击败了他。菲利普二世宣告："除了解除人民痛苦、重新建立财政的秩序、维持国内外和平、恢复教会的统一和安宁外，我将永无其他目的。我将接受庄严的议会明智代表们的协助，在此我预先请求他们的应允。"这就是说，他将老国王反对、忽视的"抗议权"（反对王室敕令）归还议会。这个巧妙的动议大为收效，议会几乎全体一致地拥护菲利普二世摄政，并给予他完全控制议会的权力。梅因公爵抗议这违反先王遗嘱，而且在这种情况下，他本人不能再负这位孩童国王的抚养之责，要求解除这项责任。菲利普二世和议会信以为真，狂怒而无助的梅因只好退休到索镇，受着妻子喋喋不休的指责。从那时起，42 岁的菲利普二世开始了为期 8 年的摄政生涯。

先盛后衰（1716—1720）

菲利普二世的首要任务是恢复国家的经济秩序与稳定。他继承了一个破产的政府，负债 24 亿利维尔，还有浮动债款 5.9 亿利维尔——流行于国内的王室特定票据，现在面值几乎不到原来的 1/3。政府1715 年的净收入为 6900 万利维尔，而花费则为 1.47 亿。1716 年的大部分收入均已预先支出。

圣西蒙建议断然宣告破产，但遭诺瓦耶公爵反对。摄政当局采取节省与改革并行的折中办法，把军队减至 2.5 万人；退役军人免纳税 6 年；有 8 个孩子者永久免税。封建领主的租税、盐税、人口税及其他赋税均已降低；滥用积蓄皆受指责，有些甚至被矫正。很多政府冗员被解雇——仅巴黎就有 2400 人。当时还成立了正义法庭（1716 年 3 月），那些资本家、商人及其他人士，均以曾经骗取政府财物的罪名，受召出庭。熟谙军事措施的诺瓦耶，开始了令人恐怖的行动：凡揭发别人没履行契约的人，被应允受宽大处理；告密者因而收回被查扣款额的 1/5；凡干涉揭发者，均处以死刑；财产公告不实者，须没收财产，并放逐海外。犯罪者有些被绞死；有些加上枷刑，在欢呼的民众面前游行。少数无以自表清白的金融家，终于自杀。方法虽好，效果却差。大部分罪犯贿赂法官、摄政者的亲信或情妇，以免除审问和罪行。官方的腐败甚至到了不是罪犯行贿而是朝臣索贿的程度。一位资本家被罚款 120 万利维尔，一位朝臣应允以 30 万利维尔为他脱罪。"亲爱的大人，"这位资本家说，"你来迟了一步。我刚刚和尊夫人达成协议，费用只是你所提的一半。"解散正义法庭的敕令公布下来（1717 年 3 月），以罕见的坦诚说道："各种犯罪遍布使各阶级几乎都受传染，因此，政府很难对如此多的罪犯施以公正的惩处而又不致危害到商业、社会秩序和国家。"待审讯结束时，政府净利约为 7000 万利维尔。

不满于这些结果，摄政转向于提供新财政制度的一位著名的苏格兰人。约翰·洛（John Law）生于 1671 年，是爱丁堡某位银行家的儿子，他在伦敦学习金融，亲眼目睹 1694 年英格兰银行的开幕。在一次因爱情纠纷的决斗中，他一时失手杀死了对手，因而顶着死刑的罪名，逃到欧洲大陆。他英俊、和蔼，有数学天赋；在外币汇兑方面的投机颇为成功，而且他对纸牌组合的计算与记忆能力，帮助他在各地牟取利益。他观察了阿姆斯特丹、汉堡、威尼斯、热那亚银行的运营。在阿姆斯特丹，他尤其感到信贷制度的魔力，即银行发行抵得几倍国库金价的纸币，同时以 10 基尔德担保，结果刺激、促进并繁荣了工商活动。他看出不必麻烦地携带或以金银交易，而仅仅转移银行票据，即可进行买卖。他不相信在法国竟然无法建立这种国家银行和信贷制度。他预想出后来被称为他的"制度"的这一学说。

他的主要构想是以国家赊账，发行纸币，以使物资两倍于国家现存的金、银与土地的总值，同时降低利息，以鼓励企业家向银行借钱，图谋工商企业与方法的革新。这样，金钱创造事业，而事业则增加雇员与产品，国家税收和贮藏将逐渐丰富，同时也可发行更多的钱币，如此，利润便可获得扩展。如果人民能够被优厚的利息吸引，将他们的积蓄储存于国家银行，而不私藏珍贵金属，则人民的积蓄增加了储金，更多的纸币就能发行，散漫的金钱，将集中在一起而发生作用，国家的繁荣即可促进。

1708 年，约翰·洛向法国政府提供他的意见，但路易十四不予采用。菲利普二世摄政时，约翰·洛再提出他的学说以解救法国破产的财政。他问道：在欧洲各主要国家中，为何单独法国、西班牙与葡萄牙仍未成立国家银行；土地如此富饶、人民如此聪颖的法国，为何仍然平躺在经济的停滞状态之中。于是菲利普二世的态度有所松动，允许他建立普通银行；作为私人冒险。银行接受存款，支付利息，提供贷款，发行 10、100、1000 法郎不等的银行票据，其稳定的价值，因有固定重量的银子作为基础，因此很快成为人所乐用的买卖媒介。这些票据首次构成正规的纸币，约翰·洛的银行及遍布各地的支行，建立了法国有史以来第一次有组织的信贷制度。1717 年 4 月，银行票据被认可代替缴税。

同年 9 月，约翰·洛把他的主张带到更为冒险的阶段。他要求摄政当局把特权赋予新成立的欧洲公司，以开发整个密西西比河流域，然后归法国管辖。他以每股 500 法郎的价格把欧洲公司的 20 万股卖给人民，那是很高的价格，但其中 3/4 的款额可由政府票据以其面值支给，3 倍于其实在价值。很高兴有此机会将跌落的纸币转换成可分红的企业股份，人民很快便买光了所有的股份。越来越如意的约翰·洛指导他的银行买下皇家烟草专利权及所有进行对外贸易的法国公司；将它们与欧洲公司联合起来成为印度公司，其目的在于垄断全部对外贸易。

1718 年 12 月 4 日，约翰·洛重组他的银行为皇家银行（Banque Royale）；它的票据被承认为合法的偿债钱币，几乎完全控制了国家财政。他在印度公司以每股 550 法郎发行新股票，一时被抢购一空。期待高价报酬提高了人们对股份价值的估计；在一片投机潮中，人们纷纷以不断上升的价格来买卖股票，直到喊出 5000 法郎，9 倍或 10 倍于其面值为止。蒙塔古女士 1718 年路经巴黎，对法国经济命脉竟受制于一位英国人的现象，报以微笑。约翰·洛的想象超过了他的判断。这个新的皇家银行不仅管理制币厂与所有税收，并以政府规定的 5000 法郎的股价交换印度公司的股份，转而接管国家债务。这样一来，被动资金就会在他各个企业中用活。他又将 2400 股献给摄政者作为礼物，而危害到银行偿债的能力。

虽然这般轻率地冒险，人们对他的信任毫不减少，人们对公司的热忱愈来愈高，股份买主喊着愈来愈高的价格。骗徒在市场中兜售假股证件，使行情更为狂热。银行所在的那条狭窄、肮脏的柯堪坡街，两年来变成了巴黎的华尔街。各阶层的买者、卖者、公爵夫人、娼妓、巴黎人、乡下人、外国人，群集于此，而且骚乱每天上升。有些人在拥挤中被践踏致死，有些人则被贵族的马车辗倒。马雷夏尔·维拉尔（Maréchal de Villars）乘车路过，曾驻足演说，训斥群众贪婪的狂热。小街中陋屋每月的租金，比过去 20 年来的总收入还多。居民抱怨嘈杂声难以忍受。买者还是竞相喊价；股份价格几乎每天，有时甚至每小时都在上涨；1719 年底，有些股份已售到每股 1.2 万法郎；当时未出售股份的市场价格 80 倍于法国公认的金银总价。因为每股只需支付面值的 1/10，因此周转率高，一天就可致富。一位银行家赚了 1 亿法郎，一位旅馆侍者赚了 3000 万法郎。人们首次听到"百万富翁”这个称呼。

约翰·洛一时成了风云人物。1720 年，他被任命为财政总长。华丽的贵族、女士，翩临其接待室，纷纷请教他对金银财宝的高见或寻求他的支持。"我曾经亲眼，"伏尔泰回忆说，"看见他通过巴黎皇宫的走廊，后面跟着公爵、贵族、法国高级将领、教会主教。"一位公爵夫人谦逊地吻他的手。

他并未因其主张的辉煌胜利或权力的伸张而骄纵恣肆，事实上他还震惊于人们的贪婪对公司股份所喊出的高价。他也没有借此机会中饱私囊。反对这一制度的圣西蒙宣称：

> 他的为人既不贪婪，也不欺诈。他是一位慷慨、善良、可敬的人物。太多的债权和财富并没有宠坏他，他的举止、马车、桌子、家具，任何人见了都不会愤慨。他一心一意，坚忍不拔地忍受事业带来的烦恼；直到最后……他变得急躁而常发脾气。

有些望族不满他是外国人和新教徒，而且发现，他虽然和其英国太太恩爱相处，他们的结合却属非法。为了减少这些敌意，约翰·洛成为法国公民和罗马天主教徒。

他运用权力去刺激法国的繁荣。他减低赋税，并结束私人代理笨拙而腐败的税敛。他对群众表现出一般财政家少有的怜恤心。为了农夫的耕种，他禁止教会或财团占有大片土地；他甚至在刚刚上任总长时就强迫教会售出自 1600 年以来所占有的全部财产——那几乎是法国财富的一半。他先于杜尔哥（Turgot）废除了法国境内食物和货物的运输税。他有组织地筑路、修路、造桥、开发运河，同时从国外招进技工专家以建立新工业；降低贷款税率以鼓励工业的扩张；在他上任两年内（1719—1720 年），法国企业增加了 60%。他重振并扩张商业舰队，使商业延伸到亚洲、非洲和美洲；从事外贸的法国船只，1719 年 3 月为 16 艘，1720 年 6 月则达 300 艘。在约翰·洛的领导下，法国对外贸易再度达到柯尔伯（Colbert）任职时曾达到的最高峰。他说服法国贵族支援路易斯安那咖啡和烟草的生产，他自己则支援阿肯色河（Arkansas River）流域的开发。1718 年，新奥尔良城正式建立，取摄政者家族之名以为纪念。

尽管约翰·洛和菲利普二世多方面地努力，但在美洲的事业并不蓬勃。密西西比河河谷的大部分地带，仍是尚未征服的荒野。政府尽一切力量招揽法国移民在此区域定居。约翰·洛提供每一户移民家庭迁徙资金及 450 亩土地。人们发现移民不比投机诱人后，罪犯、流氓、娼妓被驱逐到路易斯安那，而青年男女则像普莱沃（Prévost）小说中的曼侬·莱斯戈被诡计或武力强迫冒险。这些牺牲品由于伙食恶劣，许多死于途中。1720 年 5 月的诸项敕令，方才禁止这种野蛮的强迫行为。殖民地本身，由于设备不良、管理不善，加上叛逆者阻碍了经济发展，使密西西比公司的利润远比投机者所预测的少。虽然约翰·洛自己也曾陶醉于这个梦想，但从殖民地土壤发掘金矿或珍贵矿物的希望，终属虚幻。

这些困境必已传回法国。最聪明的投机者判断出公司的股价已达高峰，认为现在该是出售的时候了，他们迅速售出而获得暴利；其他同样贪婪、但消息较不灵通或判断较不正确的数以千计投资者，则因脱手较慢而破产。到 1719 年 12 月，卖潮压过了买潮，在短短的一个月内，波旁公爵抛售了 2000 万法郎的股份；孔蒂王子售得 1400 万；后者招来三大马车以载运用银行票据与公司股权换来的黄金，约翰·洛并不敢加以拒绝。一位普鲁士投机者卖出他所有的股权，而带着相当于 3000 万法郎的金条离去。其他的人则兑换股份以购买土地、房屋、珠宝和其他以人类需要或虚荣为稳定基础的有价物品。曾经遭受正义法庭惩罚过的金融家，以兑现票据并将金条运出法国，作为报复。约翰·洛努力阻止金条外流，请求摄政者下令禁止人民私藏、交易或输出珍贵金属，并要求交出所有超过皇家银行 500 法郎以上的金银。银行官员受权进入住宅搜索私藏的珍贵金属。"许多百姓，"据圣西蒙说，"把金钱藏得如此隐秘，以致死时无法讲出以前匿藏之处，他们的小财宝因为长埋，没能传与子孙。"

股票的市值继续下降，约翰·洛竭尽全力（提供9000万法郎的纸币），欲图支持局面，但随之而来的银行钞票之增加，降低了币值，并提高了物价。1720年5月，物价已经比1716年上涨了100%，工资则上涨了75%。7月，一双丝袜高达40利维尔。通货膨胀的恐慌开始了，人们争相以纸币和贮藏物品证券交换货物。因此，福斯公爵囤积蜡烛，马雷夏尔贮存大量咖啡和巧克力。为了防止纸币脱手转购物品，约翰·洛宣布（5月21日），银行钞票和公司股份贬值50%。这是一个严重的错误，或许是受到震恐的摄政者所施的压力，而后者则感到约翰·洛与其他贵族及教会仇敌所施的压力。菲利普二世把所有的公司股份投进银行，欲图挽救这一危机。

但卖潮仍然持续。7月，银行被迫对超过10法郎的票据暂停付款。票据的持有者围困银行，喧闹着要兑换纸币为金条或银条。在巴黎，涌动的人潮在混乱中踏死了10名妇女，稍后，愤怒的群众扛着其中3具尸体在摄政者的窗下游行示威。因自己疯狂的投机引起这一制度崩溃的人民，却指责约翰·洛，要求他对一切问题负责。他们设法捉他，想要杀他泄愤，不得逞后，于是将皇宫庭院内他的大马车予以捣碎。反复的骚动显示出人民觉得受经济骗术玩弄，及高阶层者以公众牺牲为代价而中饱私囊这一情绪。国会联合起来攻击约翰·洛，菲利普二世将他贬到蓬图瓦兹（Pontoise，7月20日），人民拥护国会。

8月，曾经达到1.2万法郎的密西西比公司的股价，现在降到2000，而银行钞票则降到原有价值的1/10。10月，消息泄漏出来——而且很快流传开来——摄政当局在皇家银行鼎盛时，从中提出总额30亿法郎，其中大部分花费在馈赠亲友或情妇的奢侈品上。大约同时，一位银行出纳员私卷大量金条，潜逃至普鲁士。密西西比公司的股价跌至200法郎。摄政当局一则废除银行（12月），解雇约翰·洛，一则重开国会。14日，约翰·洛带着儿子离开法国。他已经将私人财产全部投进印度公司，与大多数股东遭受同样的命运；他未在外地存钱；现在他仅仅剩下 2000 利维尔和一些不珍贵的珠宝。在布鲁塞尔，彼得大帝邀请他掌管俄罗斯的财政。他予以拒绝。他退休到威尼斯，与妻子和女儿团圆，过着默默无闻、贫穷的生活。1729 年，他终于在该地告别人间。

他建立银行的原则，理论健全；若不是投机者令人难以置信的贪婪与摄政者的挥霍无度，将使法国偿清债务并繁荣强盛。约翰·洛的看法经过考验，被证为无误。法国经济一时显然停顿在颓废状况之中：股份与票据持有者要求无法兑现的付款，钱币的流通几乎瘫痪，工业滞阻，对外贸易也停顿下来，物价超过人民的支付能力；摄政者召集巴黎的首脑人物，商讨维持秩序，平息混乱之策。他们买进全部钞票，并以政府税收为抵押赎回各种不同的股权，持有者损失 16%—95% 不等。狂怒泄尽的民众，只好耐心地屈服于这种实际的破产。

有些事情则未受到混乱的影响。农民由于产物价格上涨与钱币贬值，反而得益。工业受到低利和高价的刺激，迅速复原；新企业纷纷成立。国内贸易因路税减低而蒙利；商业自混乱消退后，也再度扩张到海外。视求利为自然而必需的中产阶级，不但没受伤害，而且更加扩大。金融家的数目与势力均已倍增。贵族以贬值的钱币偿债而受益，但因在投机的热潮中表现出和各阶级无异的求利欲而丧失面子。摄政因无法履行财政契约，又在一片灾情中仍旧奢侈生活，而失尽光彩。一位匿名的评论家批评说："我们需要几个世纪的时间，才能根除约翰·洛造成的恶习：纵坏人民过惯安逸、奢侈的生活，使他们不满足现状，扬升食物及手工品的价格，使所有的商人追求暴利。"但那同样的商业精神，虽则败坏了法国社会的道德风气，也刺激了经济发展和法国人的智慧。1722 年，法国的财政已恢复到足以让摄政怀着对政府所具有的松弛良心，而回到惯有的宽仁统治与挥霍淫乱的道路上。

摄政者

他的德国母亲曾经警告、批评他的友善态度。"仁慈胜于苛刻，"她告诉他，"但是，正义存在于处罚与奖赏之间；尤其重要的是，不使法国人民畏惧他的人，则他将很快会畏惧他们，因为他们轻视那些无法使他们畏服的人。"菲利普二世由蒙田塑造而成，他崇拜英国的自由，畅谈不盲目服从他的一些臣民，但也明智得能让自己向他们解释为何要制定那些法律。为了表示其政权的精神象征，他迁出凡尔赛宫，住进巴黎心脏，热潮所在的皇宫。他讨厌宫廷生活的仪式和排场，因而将它们置于脑后。为了更安适及保有私人园地，他规定年轻的国王不得住在凡尔赛宫，而住在郊区的万塞纳城堡。一点也不像谣言诬告的那样毒害孩子，菲利普二世对待年幼的国王非常慈爱，并恪尽君臣之礼，因此，路易十五对摄政者给予他的百般照顾，终生都铭感在心。

路易十四下葬两天后，菲利普二世即下令，除了那些危害社会的重罪者外，余者从巴士底狱全部释放。其中数以百计的罪犯，都是由老国王的秘密信函拘捕入狱；他们大部分是詹森派教徒，所受的指控只是不遵奉国教；有些人下狱日久，以致无人甚至连他们本人，也不知罪因。有个人入狱 35 年，却未曾受审问或告知监禁之因；到老年才被释放，反而对自己的自由迷惑不解；他在巴黎举目无亲，又身无分文；他要求留在巴士底狱度过残年，结果获准。

老国王临终时的告解神父米歇尔·泰利耶，平日追捕詹森派教徒，结果被逐出巴黎。摄政者劝告教会里的反对党，止息他们的争论。他对秘密的新教徒睁一只眼、闭一只眼，并任命他们中的一些人任职行政机构。他打算恢复自由主义的《南特诏书》，但耶稣会会员和詹森派教徒联合起来指责这种容忍，而他那位想要钓取红衣主教地位的牧师迪布瓦，也加以劝阻。教会里的两派拒绝施给新教徒的正义，只能由哲学加以赢取。在信仰方面，摄政者是伏尔泰的崇拜者。

菲利普二世没有显而易见的宗教信仰；在虔诚信教的路易十四之下，他在教堂读过拉伯雷的作品；而现在他已允许伏尔泰、丰特内尔及孟德斯鸠出版书籍，仅在一年前，这些著作被视为危及基督信仰而遭禁止。

在政治上，虽然菲利普二世将伏尔泰送进巴士底狱，他仍是一位自由而开明的统治者。他对民众解释律令时，措辞非常温和、真诚，所以米舍莱（Michelet）看出其为1789年国民大会的先导。纵使有些人对摄政者含有敌意，政府各部门中的任职者都是能干的专才；一位曾经威胁要暗杀他的人被任命为财政部长。菲利普二世是一位自然享乐主义者，在下午5点钟以前，他是一位苦行僧。直到那时，圣西蒙说："他完全献身于公众事业，接见部长、议员等，白天从不进餐，只在下午两三点时吃点巧克力，此时任何人都可进入他的房间……他的亲善和敏捷得人民的欢心，但过于滥用。""在亨利四世的所有后裔中"——即是所有波旁皇族——伏尔泰说，"菲利普·奥尔良在勇气、仁慈心肠、率直、欢乐气象、和蔼可亲、自由思想及良好教育各方面，最像这位君王"。他以其广泛的知识、深入的见解、明智的判断，精选大使与议员。但他也有与哲学家一样的弱点——看出一件事情的多面性的能力与意愿，将时间花费在讨论上，因而延缓了行动。

他虽然崇尚自由，但对于传统的王室权威的任何剥夺，却丝毫不容。国会运用他曾应许他们的疏谏特权，拒绝认可他的一些法令（把这些法令列入已承认的土地法规中）时，他便召集（1718年8月25日）著名的"正义之光"（lit de Justice）——国王坐在判决的"床"上，行使其王权以强制王室敕令的签署，153位法官，身着庄严的鲜红色长袍，徒步至杜伊勒里宫，年轻的国王遵照菲利普二世的指示，命令他们（他们照做了）——签署摄政者的法令。因为梅因公爵及其夫人仍在议会中反对他并施以种种阴谋，他利用这个机会剥夺皇室的私生子成为王子的权利。合法的公爵重获高官和特权，圣西蒙公爵大为欢愉，对于他而言，这是摄政最伟大的成就，也是他的《回忆录》最辉煌的时刻。

梅因公爵夫人并不承认失败。1718 年 12 月，这位公爵夫人联合西班牙大使切拉马雷、西班牙总理阿尔贝罗尼及米歇尔·波利那红衣主教，准备推翻摄政当局，而以西班牙国王菲利普五世入主法国、以梅因公爵为内阁首脑。但这个叛谋终被揭发，大使被革职，公爵夫妇则分别被送进不同的监狱，而于 1721 年获得释放。公爵对这项计划辩称不知。公爵夫人在索镇，重新部署她的计划。

受到这些打击和传统及本身性格的限制，菲利普二世仍然采取一些温和的改革。在他当政的短短几年内，与统治半个世纪的路易十四相比开辟了更多的道路。他放弃了马尔利（Marly）和凡尔赛，因而积蓄了数百万法郎。他维持一个绝对朴素的宫廷。约翰·洛的许多改革以更经济、仁慈的税收而留存下来，那些受到贪污或浪费指控的收税官均被解雇。菲利普二世尝试施行分等级的所得税办法：他先在诺曼底、巴黎、拉罗谢尔试行，但由于他的早夭而告失败。他全力避免战争；遣散成千的部队，分发他们到未开发地区；他将残余的军人驻扎在军营，而不住在民间。他以宽大的眼界允许所有够资格的学生免费进入巴黎大学和皇家图书馆；他以国家基金资助皇家科学学院、皇家题铭及纯文学学院、皇家建筑学院；他援助学术作品的出版；在卢浮宫建立机械文艺学院，以促进发明与工业艺术。他为文艺作家、学者及博学之士发放津贴，并在皇宫给予他们居室，他很喜欢跟这些人畅谈他们在不同领域的造诣。他的方法和改革收效不明显，部分由于债务的负担和经济革命的溃败，部分由于摄政者本人生理与道德的缺陷。

那是法国历史上的一大悲剧，如此聪明才干的俊杰，竟然由于他所处阶级与时代的淫荡而玷污、受损。他的父亲近男宠，而他本人受教于一位放浪的教士，他长大后纵欲好色，几无限制。"如果他能无原则而获有美德，"杜卡洛说，"则他已是道德之士。"他被迫与路易十四的私生女儿结婚，却寻不到妻子的爱情、体贴，便经常酗酒，其情妇甚多。他结交了一些以金钱及昂贵艺术品追求性刺激的朋友，他称呼这些狂欢者为"浪荡子"（roués）。在皇宫或在圣克劳德的别墅里，菲利普二世招来朋友——大都是年轻的贵族，但也有一些有教养的英国绅士如斯泰尔及斯坦霍普伯爵——举行小小的晚宴，在那里，有教养的女士像杜德芳夫人，掺杂着女伶、女歌手和情妇，成为男士钩心斗角竞相追逐的对象。圣西蒙带着伪装神圣的色彩说：

> 在这些集会里，每个人的性格展露无疑。部长像其他人一样放纵恣肆。古今宫廷及朝野的风流韵事，所有古老的故事、笑话以及荒谬的事儿，都被挖掘出来；无人幸获一免；奥尔良公爵也像其他人一样秽言秽语。但这些交谈很少留在他脑海里。他们尽可能地互相灌醉，使他们更为兴奋，毫无顾忌地说出下流的话，竞相畅吐亵渎之语；他们喧噪胡闹，酩酊大醉之后，便上床入睡，以便第二天再开始玩同样的把戏。

菲利普二世好动轻浮的本性，在他和姘妇相处的短暂上，一览无余。他们在一起很少超过一个月，但被替换者往往在等待着良机的再临。他的男仆，甚至朋友，不停地为他带来新的候补者。高贵的女士像帕拉贝雷伯爵夫人，女冒险家像唐森夫人，歌剧里的歌手与舞蹈家，漂亮无比的模特儿像萨布朗女士，她的"高贵气质"和"举世无双的体态之美"，连清心寡欲的圣西蒙都为之震动，这些女士都献身给摄政者，以沾染皇家气派，或是求取金钱、珠宝；他从自己的收入或羸弱无力的财库里，挥霍无度地赠送她们礼物。他虽然粗心大意，但从不让这些女人从他那里私探国家秘密或讨论国事。萨布朗女士设法打听这类事情时，他便让她瞧着镜中的自己，问她："一个人怎会和这般漂亮的脸孔谈论事情呢？我完全不喜欢那么做。"稍后不久，她就不再得宠了。

这样一个浪子，却很孝顺母亲，他每天探望她两次，温驯地忍受她伤心的申诫。他不爱发妻，但还表现出关怀与风度，他和她生下 5 个孩子。他很喜爱孩子，他最小的女儿进修女院时，他每日前往探望。而他住在卢森堡宫廷的长女，其生活几乎和他一样丑闻昭彰。

她和查理·贝里公爵的婚姻，很快就变成时战时休的吵架状态。他被外国军队掳获后，她答应说如果他能赦免她的不贞，她也将对他的不忠一笑置之。历史学家添油加醋地说："他们还保证互相保护。"她是巴伐利亚人的后裔，血液里含有疯狂的成分，她自觉不能控制心智和道德上的稳定；她对自己过错的自觉，更使她高傲的脾气火上加油，震惊了所有闯进她生活圈子的人。她充分利用她的追求所得，在巴黎像个皇后驾车而过，并在卢森堡维持一个奢侈华丽的家庭。有时仆人就有 800 人之多。她丈夫死时（1714 年），她还接待一连串的情人。她的酗酒、淫荡、猥亵的言语及轻蔑的骄傲，使每个人心惊肉跳。她偶发的虔诚与对宗教怀疑的攻击，交互消长。

她爱父亲似乎胜过其他任何人，而她父亲爱她也是如此。她继承了他的智慧、敏感、机智与品行，她年轻时的美丽与父亲最美的情妇匹敌。巴黎流传着谣言，指控他们乱伦；为了齐全起见，谣言还说他与 3 个女儿都有染。或许这些谣言是由梅因夫人圈内人散布。最知悉内幕的圣西蒙予以反驳，而视之为卑鄙的残酷手段。菲利普二世则从未为之烦恼，予以否认。他一点也不嫉妒他女儿的情人，而她也从未对他的女人吃醋，这或许能说明问题。

只有一个人能将她从她父亲那里拉走——皇家禁卫队队长里翁，他的男子汉气概深深迷住了她，使她变成他的俘虏。1719 年，她将自己关在卢森堡，仅留几名侍者，为这位队长生下一个女儿。随后，她秘密地和他结婚。她要求父亲准许她宣布这桩婚姻，但遭拒绝；她对他的爱变成疯狂的愤怒。她因此病倒，寝食俱废，结果大发热病，死于她的医生配给她的泻药（1719 年 7 月 21 日），仅 24 岁。验尸时发现她的大脑里有畸形物。没有主教愿意主持她的丧礼，圣丹尼斯的修道士允许她葬在他们大修道院的王室地下坟墓时，菲利普二世不惜卑躬感激他们。她的母亲乐于听到女儿的死讯，她的父亲则把自己埋葬在权力的空虚中。

摄政政治下的社会

从《南特诏书》的颁行到撤销（1598—1685 年），法国财富的增长、生活的都市化、自宗教战争与詹森教派的争端后人民对宗教信仰的减却，导致了在贵族中道德律令的松弛。国王和门特隆夫人的婚姻（1685 年）、他转向于一夫一妻制及忠贞和军事灾情严重的影响，已经迫使朝廷改变对外方针；而且，牧师的自我检讨，已经阻止了这一代教会的没落。自由思想家检查他们自己的出版物，享乐主义者背着公众，狂欢恣肆。但是，多疑、淫佚而容忍的摄政者上台时，这些限制又告消退，受抑制的本能愤怒地爆发成一股非宗教和自我放恣的潮流，这颇类似清教徒得势一代（1642—1660 年）后，英国王权复兴时代那种恣情声色的英国社会。不道德现在成了解放和老练的象征，淫乱则成了一种礼节。

基督教远在受到《百科全书》攻击，甚至在伏尔泰第一次以尖刻的文笔予以批评以前，便已衰微。迪皮伊（Dupuy）于 1717 年指责巴黎的物质主义者充斥其间。"今天，"马西永（Massillon）于 1718 年说，"不敬神几乎声威赫赫，凡民得以接近伟人，这是一个好处……使无名之士得以和受到人民拥戴的王子熟识。"那位王子的母亲，于 1722 年临死前写道："在巴黎，不管是牧师，还是普通人，我不相信会有 100 个人真正信仰基督教，真正相信我们的救世主。这使我不寒而栗。"少数年轻的一代想要从天主教转到新教，他们先转向比较安全的无神论。普罗科佩和格拉多特两家咖啡馆，像礼拜堂一样，是不信教者的集会地。

如果说这股风气松弛了上层社会的道德准绳，那么贫穷也助长了人们违反法律的天性，在巴黎下层社会造成道德的混乱。博学的德拉克洛瓦（de Lacroix）估计，"危险人物、乞丐、流浪汉、小偷、各式各样的欺诈者，大约占了人民总数的 1/6"；而我们可以想象出都市里的穷人，像富人一样，以私通来调剂辛劳。各种各样的罪犯，纷纷出笼，从巴黎的扒手到拦路的土匪，应有尽有。巴黎有正规的警察，但管不住罪犯，有时还和土匪分取掠夺品。1721 年，国防部终于成功地逮捕了卡图什（Cartouche）——法国的杰克·谢泼德（Jack Sheppard）——和他的 500 个徒众，他们拦路抢劫，使社会动荡不安。那时，只有农民和中层社会人士维持正常的法国生活。

但是，巴黎的贵族，城里流动的绅士，文学或艺术的沉迷者，资本家以及修道院院长、长老，也几乎忘却了道德箴言，基督教只被记忆为礼拜日的社交时辰。当身为妻子者到了巴黎或凡尔赛宫，那视妻子的不贞重于丈夫的不忠，并欲借以保护财产的继承的双重道德标准，一时也被置诸脑后；在那里，专情于丈夫，已被视为古板；在那里，妇女和男士竞相撮合、离异。婚姻只用以维持家庭和财产、名声；除此之外，当时该阶层社会并不限制丈夫或妻子的忠贞。在中世纪，婚姻被视为导致爱情之门；现在，婚姻导致相爱者绝少，反而是爱情导致婚姻；纵使奸情，也很少以爱为借口。尽管如此，仍有忠实的夫妇散布在普通人中，闪耀着勇敢的光芒：圣西蒙公爵夫妇、图卢兹伯爵夫妇、吕内夫妇、蓬查特兰夫妇、贝勒·艾斯勒夫妇。很多放荡的妻子随着年纪的增大而收敛其行为；而有些人，她们的魔力随着时光渐渐消逝，终于退休到舒适的女修道院，献身于慈善事业以贡献她们的才智。

摄政时期最富进取心的女性是克洛迪娜·唐森，她 32 岁时逃出女修道院，绯闻之多，令人头晕目眩。这也是有原因的：她父亲，格勒诺布尔的议会主席，是一个调情圣手；她母亲是一位轻浮、风骚的女子；而克洛迪娜明白自己的妖艳，渴望得到垂青。她的姐姐格罗莱夫人，只略比她检点。87 岁时，克洛迪娜在临死告解之时说道："我年轻、漂亮；男人如此称赞我，我也相信他们；其余的便可猜想而知。"

克洛迪娜的哥哥皮埃尔·唐森谨守圣道，由于很多女人的帮助，登上里昂的主教和大主教职位。为了节省嫁妆，克洛迪娜的父亲将她送进位于孟特弗列里的女修道院。在那里她于勉强的信仰中烦躁地度过了16个年头。1713 年，32 岁时，她逃脱出来，藏在德图什骑士家里，他是一位炮队指挥官，由于他的帮助，她成了（1717 年）哲学家达朗贝尔（d'Alembert）的母亲。未能预见此位婴儿将来会编纂《百科全书》，她把他遗弃在巴黎的圣·让·兰德教堂的台阶上。她先后委身于马修·普莱尔、博林布鲁克伯爵及阿尔让松，然后投入——据说在摆出裸体的雕像姿势之后——摄政者的怀抱。她在那里为时短暂，她设法利用她的拥吻使摄政者答应给她心爱的哥哥一席牧师之职。菲利普二世回答说他不喜欢在床上讨论事业的少妇，此后便不再欢迎她。她努力振作，结果征服了迪布瓦。我们会再遇到她。

在道德变迁的潮流中，有些巴黎的妇女继续保持卓越的法国品德，集显贵、才俊、佳丽于沙龙。巴黎最著名的人士，聚集在苏利宫这一壮观的建筑中；那里，有政治家、经济学家、诗人——60 多岁静默的丰特内尔与 20 岁朝气蓬勃的伏尔泰。一群更乐天的团体聚集在布永宫，勒萨日（Lesage）在该处曾经发过一阵脾气，使该宫长留回忆：他应邀去读他的戏剧《杜卡莱先生》（*Turcaret*），但由于迟到而被女公爵傲慢地训责："你使我们损失了一个小时。"他回答说："我将使你们得到两倍的时间"，然后离开房间。我们已提过梅因夫人在索镇的沙龙。将成为斯塔尔男爵夫人的玛格丽特·洛奈充当公爵夫人的随侍，曾经写下灿烂的《回忆录》（1755 年），描述那些闹剧、矫饰、晚宴和化装舞会。索镇娱乐之盛，使宾主几无交谈余地。

安娜·康史利，即兰伯特侯爵夫人主持的纳韦尔公馆（现为国立图书馆），则以交谈为主。富裕而苛刻的她，在恣情欢乐的摄政时代，仍旧保持路易十四晚年稳定沉着而堂皇庄严的气派。她劝阻人们玩牌、下棋，甚至欣赏音乐。她是一位全能的女才子。像夏特莱侯爵夫人一样，她对科学和哲学很有兴趣，有时（伏尔泰说）她谈出连自己都不清楚的事情。她每星期二招待科学家和贵族；每星期三则为作家、艺术家及学者，包括丰特内尔、孟德斯鸠和马里沃（Marivaux）。她聚会时，有博学之士演讲、作家朗读即将问世的作品，他们的名声也因而外扬；这位慷慨、雄心壮志的女主人，经由智囊团的运作，使她的门客跻入法国皇家学院之林。她是数百位使法国历史在世界史上写下最光辉的一页的和蔼、有教养而开明的女性之一。

华多与艺术

　　艺术革命反映出政治和道德的变迁。自西班牙王位继承战（1702—1713 年）和路易十四的帝国主义政策溃败后，法国的民心由血腥的军事耀武转向和平的安乐。新教堂已不再为人民向往，高楼大厦如马蒂诺饭店，由不规则形状和装饰丰富的形式变成几乎脆弱的文雅，再趋向戏谑的、无限制的幻想。精美的涂饰、明亮的色彩及令人吃惊的设计，变成摄政风格（Style Régence）的特征。古典样式由于讲究优雅轻佻的曲线而消失，角隅隐藏不露，壁嵌盛为雕镂。雕刻则废弃凡尔赛宫那种奥林匹斯诸神巍巍然的外观，转向表现优美的律动和情感的诱人的小巧风格。家具避免直角和直线，舒适比壮观更受重视。现在，出现了供两人用有靠背的双人椅，专为不喜欢距离的朋友或情侣设计。查理·克雷桑（Charles Cressent）是为摄政者制造精致家具的首席细木工匠，将椅子、桌子、写字台和办公室，嵌镶以珠贝之细工，满室光彩夺目，轻盈可爱，从而树立了摄政时期家具制造的风格。

　　菲利普二世自己的表现、态度和嗜好，都象征着趋向洛可可式这一转变。在将政府从凡尔赛迁移到巴黎时，他把路易十四代表的古老庄严变为巴黎较为轻快的精神，他还引导中产阶级的财富资助文艺。他是卓越的赞助者。他本人富有，慨予出钱赞助。他的兴趣既非富丽堂皇或是巨幅的展览，也非宗教、传奇或历史那种传统生动的主题，而是诱人手指、开人眼界的那种手工完美的小小杰作，像嵌珠小箱、银器、金碗、迷人的中国古玩，及鲁本斯或提香所绘的裸体迷人的妇女，或韦罗内塞所画的华丽衣袍的摇曳生姿。他将皇宫里的艺术收集品开放给可信赖者观赏；若非他把那些艺术品送给开口要求的情妇，则可匹敌任何珍藏。艺术家到他那里学习、描摹，菲利普二世则到他们的画室观赏和学习。他礼貌、温和地向他的首席刻画家安东尼·夸佩尔说："先生，我很高兴和荣幸能接受你的忠言，同时使我能善用你的教导。"如果不是渴望女色、对女色无法控制，他早已成为一位极有教养的人士。

这个时代的特性明显地表现在绘画方面。因为不受摄政者和他们新赞助人的拘束，艺术家像华多（Watteau）、帕特尔（Pater）、朗克雷（Lancret）及让·勒穆瓦纳（Jean Lemoyne），都一一抛弃了勒布伦（Le Brun）在皇家艺术学院树立的准则。他们欣然描绘能反映出摄政者对美、乐的企盼，摄政时期女人的活泼、优雅，家具与窗帘的温和色彩，在布瓦·布洛涅欢悦的舞会，在索镇宫廷的游戏与化装舞会，男演员、女演员、首席女歌星和女舞蹈家的善变德行，以投众好。阴郁的圣人的故事已由异教徒的神话取代；来自中国、土耳其、波斯或印度的古怪传奇，让已获释的心灵自由漫游于旷远的梦幻之中；抒情的田园颂取代了英雄史迹，买主的肖像画取代了国王的功勋。

一些已在路易十四时代成名的画家，在摄政时代继续蓬勃发展。曾经在凡尔赛旧宫廷树立正确风格的夸佩尔，在皇宫画穿着令人销魂的便服的女郎。莫纳克去世时已经 59 岁的拉吉利埃，又活了 30 年。他头戴假发，神气活现，和妻子女儿住在永不枯竭的卢浮宫。德波尔特（Desportes）那时也在描画广阔的景色，他的作品，如收藏在贡比涅博物馆中的"法国岛屿风光"，使我们联想起他的学生安东尼·华多独具的风格。

安东尼是佛兰德斯人，瓦朗谢讷一位裁缝的儿子（1684 年）。他首先受到佛兰德斯的影响——鲁本斯、奥斯塔德（Ostade）和泰尼耶（Teniers）的绘画及一位地方画家热兰的教导。热兰死后

（1702 年），华多来到巴黎，一文不名。他以帮助一位风景画家糊口。然后在一家代理店工作，生产小型人像，批量完成的画像。他的薪资是每周 3 法郎，加上足以让他活下去的食物。在那里，他染上肺病。另一个狂热在他的心底燃烧着——渴望成名。他将晚上的闲暇时间和假日花费于绘画人像和风景上。他的一件作品震惊了吉洛。吉洛当时正在意大利剧院绘画，他邀请华多一起工作。华多去了，他喜爱演员，将他们刺激的生活、轻率多变的爱情、玩乐与野宴，以及门特隆夫人受到他们的讽刺因而动怒，只准他们扮演哑剧，一一画出。华多表现出他们变化无常的情状，他们脸上诙谐的表情，及他们奇装异服的折角；他又画了足以引起吉洛嫉妒的一些耀眼的图画。师生终因争吵而分手，华多搬到卢森堡、奥德朗的画室。在那里，他敬畏地学习鲁本斯对美第奇的颂扬画；在花园中，他发现了令他着迷的树林和云彩。

在长期的西班牙王位继承战中，法国青年奔命于各个战场，那是一段悲惨的日子，爱国游行和凄惨的祝福正是牺牲的开始。他把这些现象在《军队的开拔》（*Departure of the Troops*）一画中描绘出来，其情感与手笔，精巧细腻得使奥德朗震惊。华多一心一意想夺得罗马奖金，于 1709 年参加皇家绘画暨雕塑学院举办的竞赛，他仅得了第二名，但学院延请他为会员（1712 年）。后经多次努力，终于以《舟发西苔岛》（*Embarkation for Cythera*，1717 年）一画而达到曲折的人生最高峰。该画现为卢浮宫最珍贵的收藏之一。所有巴黎民众为它喝彩，高兴的摄政任命他为国王的御用画家，贝里公爵夫人延揽他为她的姆特城堡装饰。他非常卖力地工作，好像知道他只能再活 4 年似的。与菲利普二世同为艺术赞助者的克罗扎，供给华多在他宽敞的官邸吃、住；华多在那里学习研究某位隐秘市民所收集的精美珍藏。他为克罗扎画了装饰用镶板——《四季》（*Seasons*）。不久因不满奢侈的生活，他辗转各地，甚至到过伦敦（1719 年）；但煤烟和雾又把他赶回巴黎，然后和艺术品买卖商杰尔桑度过一段日子。华多为他花了 8

个早晨，在一张告示牌的两面，描绘出时髦的巴黎人在一间店铺鉴赏图画的情景。在这张偶然的写实画面上，女人服装优美的衣褶，投射出华多在这方面的特色。他的咳嗽日甚一日，他迁住于靠近万塞纳的诺让，希望乡下的空气能够使他好转。在这里，他死在杰尔桑和教会的怀中（1721 年 7 月 18 日），时年 37 岁。

长期卧病影响了他的性格和作品。他瘦弱多病，紧张而羞怯，容易疲倦，罕见笑容，很少欢乐，作品中却不见悲伤，他照自己希望看到的来描绘可爱的演员和活泼的女人全景，也是对所渴望的欢乐的礼赞。由于虚弱得提不起对女性的兴趣，他在摄政时期放纵的潮流中，尚维持着端庄的品德，这可从他的作品中反映出来。他也画了几张裸体像，但并没有肉体的诱惑。他笔下其余的女人都身着华服，蹑脚穿过爱的走廊。他的作品表现出演员的盛衰、求爱的仪式和天空的千变万化。他为《冷漠》（*L'Indifférent*）画上他能想象出的最昂贵、最富花边的服装。他在一次戏剧布景中画下《法国的丑角》（*French Comedians*）一画，并将意大利演员巴勒提画成吉勒，那名坐在褐暗书房身着白裤的小丑。他出其不意地抓住《吉他手》（*A Guitar Player*）多情的忧郁感，他也画出以一把维忽拉惊动四座的《音乐演奏会》（*A Music Party*）。他把人物形象衬托在动人的喷泉、摇摆的树木流云这些梦幻的背景中，再点缀以反映普桑（Poussin）风格的异教画像，如《爱情节》（*La Fte d'Amour*）或《天堂》（*Les Champs-Elysées*）。他爱女人而不敢接近她们，没有勇气向她们求爱；他爱她们的头发光泽和她们衣服的起伏飘逸，甚于她们美丽的轮廓。他运用他的所有色彩于她们的外衣上，似乎知道，由于这些衣着，女人已经变成神秘的产物。除了凡人，世间半数的才智、诗歌和崇拜，都由这一神秘产生。

因此，他全神贯注在他最负盛名的《舟发西苕岛》这幅画上，画中优美的女郎屈服于男人的怂恿，和那些献殷勤者一同乘船前往海中的一座小岛。传说维纳斯在这里有一神殿，她从海中涌现，娇媚无比。这里，男人的衣着比女士更为灿烂，但最为学院欣赏之处，是低垂壮观的树丛、远岛微染太阳县红及高耸云霄的雪峰。华多很喜欢这个微妙的主题，所以他以三种不同的样式作画。巴黎人民因而选择华多为摄政政治留下其特有的光彩，他袭上了盛宴画家这一官衔。他融合爱神和牧羊神，而形成那一时代的唯一宗教。如果她们尚未尝受过某种痛苦，则这些体态轻盈的少女，不可能如此娇弱且令人过目不忘。这就是华多的风格——对必定会消失的美好片刻的灵巧表现。

他去世得太早，未及享受声名。他死后，鉴赏家发现他的线条画，有些人喜爱这些线条画更甚于他的油画，因为在前者中，粉笔或铅笔，对手、头发的细腻描绘及眼睛、姿势与挥动的扇子的微妙差异，都不是油画能刻意表现的。巴黎的妇女开始幻想这位去世的艺术家渴望看到她们的身体。上流社会的纨绔子弟穿着模仿华多，走路、闲荡模仿华多。名媛贵妇的闺房、客厅的形式、色彩等装饰，也都完全仿效华多。"华多风格"影响了家具的设计、田园的装饰图样及华丽纤巧的洛可可式的优美错综图式。艺术家，像朗克雷、帕特尔继承华多的特有风格，画就《乡村节》(*Fétes Champtres*)、《礼貌会谈》(*Conversations Galantes*) 诸作，描绘公园的音乐会、草地上的舞蹈及阐扬爱的永恒。以后 100 年中，法国半数以上的作品都具有华多的风格。他的影响由布歇到弗拉戈纳尔、德拉克洛瓦，而一直到勒努瓦。印象派在他的技巧中发觉预示光影和心境交互作用理论的来临。正如龚古尔（Goncourts）所说，"他是 18 世纪一位伟大的诗人"。

作家

在道德松弛和宽容的摄政政治之下，文学蓬勃发展，异教也取得了再也不会丧失的基脚。受到已故国王和门特隆夫人唾弃的戏院与歌剧也恢复了；菲利普二世或他的家眷几乎每晚光临歌剧院、滑稽剧院、法兰西剧院或意大利剧院。法兰西剧院除了保存高乃依、拉辛、莫里哀诸人剧作以外，尚演出新剧像伏尔泰的《俄狄浦斯》(*Oedipe*)，代表新的反叛的呼声。

　　除伏尔泰外，这个时代最伟大的作家，均为保守分子。勒萨日生于 1668 年，他虽然活到 1747 年，但在精神和风格方面，仍属于 17世纪。他在瓦纳接受耶稣会的教育，然后到巴黎学习法律——由他的情妇供给学费。他为一位收税员服务很久，使他厌恶资本家。他以著书来维持妻子儿女的生活，若非一位仁慈的传教士每年资助他 600法郎，他可能已经饿死。他翻译了一些西班牙的戏剧和阿维亚内达（Avellaneda）的堂吉诃德续传。受格瓦拉《跛腿恶魔》的启示，他以《跛魔》（*Le Diable Boiteux*，1707 年）这一作品来造就欢乐的气息，描写一位喜欢恶作剧的恶魔阿斯莫底斯栖息在巴黎的尖峰处，用他的魔杖随意地揭开屋顶，将看上去很正派的居民的私生活和风流韵事揭露在他朋友之前。故事的结局在于揭发人类的卑鄙、伪善、罪恶和诡计。一位贵妇与男仆在床上偷情时被丈夫发现，她马上哭号着说被强奸，因而解决了一切问题。她的丈夫杀了这个男仆，而这位夫人挽救了她的品德和生命，死人连辩解的余地都没有。几乎人人都去买或借这本书，乐于见到别人被揭穿秘密。"两位宫廷要员，"1707 年 12 月发行的《凡尔登报》（*Journa de Verdun*）说，"他们在巴宾的店里，手里握剑争夺第二版的最后一本书。"圣伯夫在阿斯莫底斯和另一魔鬼争吵的话中，找到了几乎是那个时代的缩影："我们彼此拥抱，而且从那时起，我们便是死敌。"

　　两年后，勒萨日以一出讥刺资本家的喜剧，几与莫里哀齐名。有些资本家预先获得《杜卡莱先生》这出喜剧的消息，并设法阻止它的演出。有传闻说他们出价 10 万法郎要求作者收回这出戏剧。路易十四的儿子下令上演。杜卡莱是一位在战争中依然奢侈度日的放高利贷商人。他对女人慷慨，她们抽他的血，就像他不停地抽人民的血一样。"人类的生活着实让我吃惊，"他的男仆弗龙坦说，"我们敲诈风骚女郎，风骚女郎则吞噬办事人员，而后者又去剥夺别人；这一切演变成可能想象的一连串最曲折有趣的恶行。"

　　讽刺或许不公，而且易受报复。18 世纪法国最负盛名的小说家勒萨日以比较客观的态度成功地描述更为复杂的人物。继西班牙风格之后，《吉尔奇遇记》(*Adventures of Gil Blas de Santillane*) 以恶汉及其冒险为主题，描写土匪抢劫、醉酒、诱拐、勾引及玩弄政治手腕，他们以机智压过品格，一切以胜利为首要。吉尔开始时是一个淳朴的青年，胸中充满着理想和爱人的热情，然而轻信别人，多嘴而自负。他被强盗掳获，加入他们的行列，学习他们的技术和生活方式，然后离开他们到西班牙宫廷，当莱尔马公爵的助手和淫媒。"在我未进入宫廷前，我生性怜悯而且慈悲为怀；但仁慈的心肠在那里是不合时宜的弱点，我的心肠因而比任何铁石坚硬。此地是修正人们对想象中的友谊情感最好的学校。"他对双亲不理不睬，拒绝帮助他们。他的运气不佳，被捕入狱，于是下决心改过自新；被释放后，退休到乡下，结了婚，安分守己做个好市民。但他终于忍受不了这种令人厌烦的平淡，又回到了宫廷，重操旧业。他被授以爵位，再度结婚，他惊讶于妻子的忠贞和他对孩子的喜爱，"我真诚地深信我自己是他们的父亲"。

　　在雨果的《悲惨世界》(*Les Misérables*，1862 年) 以其规模和辉煌挑战之前，《吉尔奇遇记》是法国最受欢迎的小说。勒萨日酷爱这本书，前后用去 20 年续写该书。第一、二册出版于 1715 年，第三册出版于 1724 年，第四册出版于 1735 年。与塞万提斯的《堂吉诃德》一样，从头到尾都很精彩。他晚年以替大众化的拉·富瓦雷剧院写小型喜剧为生；1738 年，他出版另一部小说《萨拉曼卡的大学生》(*Le Bachelier de Salamanque*)，此书充塞了当时拒不承认的偷窃之风。40 岁时，他几乎变聋了，仅能听到喇叭声；他能够像我们睁、闭眼睛一样，随意控制耳朵，未尝不是一种幸福。到了生命终点，"除了在白天"，他已丧失各官能作用，所以他的朋友说"他的心灵似乎随着太阳起落"。他死于 1747 年，享年 79 岁。

　　今天，勒萨日的《吉尔奇遇记》比路易·鲁弗鲁瓦 (Louis de Rouvroy) 和圣西蒙公爵所著的《回忆录》读者更少。但现在没人喜欢圣西蒙公爵这个人，因为他缺少有修养者的谦逊。他常自诩为法国的贵族公爵之一，其伟大仅次于皇室家族；他极力反对路易十四在政府行政方面任用能干的中产人士甚于平庸的贵族，及在宫廷王位继承人和宫廷礼仪上把王室私生子列在贵族之前。1715年9月1日，他告诉我们：

> 我醒时知道了国王的死讯。嗣后，我立即到新王面前表示了我最大的敬意……然后到奥尔良公爵那里，提醒他答应我的诺言，即允许公爵在选举投票时，可以戴帽。

圣西蒙忠爱摄政，在国家议会为他服务，告诫他戒色，在伤恸和挫败时给予他安慰和鼓励。他于1694年开始记录官场生活——以他的阶级立场——从他1675年出生到1723年摄政逝世为止。他自己活到1755年。克雷基女侯爵把他贬为"一只老而多病的乌鸦，心胸燃烧着嫉妒之火，并被贪婪吞噬"。

这位聒噪的公爵总是心存偏见，他的判断常不公平，有时根本不顾虑到年代，有时故作错误的报道。除了政治外，他一切不管，偶尔也迷失于人们对贵族社会无益的闲言闲语之中；但是，他写下的20册书是观察入微、见解深刻、文笔流畅的详细、珍贵的记录。这些记录使我们得以看到门特隆夫人、费奈隆、奥尔良·菲利普和圣西蒙，如同布列纳（Bourrienne）使我们看到拿破仑那般栩栩如生。为了避免人们对他的偏见加以攻击，他尽量让他的回忆录保持机密，在他死后100年内禁止出书。1781年以前，没有一册出版，有许多书甚至到1830年才出现。在描述法国历史的所有回忆录中，此书独占鳌头。

令人难以置信的红衣主教

按照圣西蒙的观点，迪布瓦众恶在身，除了不受人尊敬外，其他样样成功。圣西蒙一再对他的议员同事说：

> 他的才智是最普通的一种；他的知识也是最平凡的；他的才
> 能趋近于零；他外表像一个搜求者，迂阔的腐儒；他的言谈可厌、
> 支离破碎，常常不很确定；他的虚伪就写在他的脸上……没有一
> 样东西对他是神圣的……他毫不掩饰地藐视忠实、诺言、荣誉、
> 廉直、信用，以嘲笑这一切为乐；既耽于逸乐，又野心勃勃……
> 但他表现得软滑、卑躬、柔顺，是一位谄媚奉承者，视恶为善
> 者，而且是最善变形者……他的论断本能地偏私……尽管他有这
> 么多缺点，但令人吃惊的是，他能吸引的唯一一个人竟是那才智
> 高超、心志健全、聪明机智、具有敏锐感觉力的奥尔良公爵。

摄政给迪布瓦权力时，他年已 60 岁，在几次性病中苟延残喘，
身体几乎崩溃。但他尚能于唐森脱离菲利普二世的怀抱时，予以接
待。无论如何，他必已表现出敏锐的机智，因为他非常理性地处理
对外事务。他从大不列颠收了丰厚贿赂，转做些他认为有益于法国
的事情。英国的辉格党和奥地利的查理六世欲废弃《乌特勒支条约》
（*Treaty of Utrecht*）而重燃对法国的战火。不满足于西班牙王位的菲利
普五世，也渴望统治法国，认为与英国的协定可以为他的梦想铺路。
如果英国、西班牙、奥地利和奥属尼德兰（即比利时）联合成立另一
个大同盟，则法国的围墙将再度竖起，而所有黎塞留和路易十四的政
策与辉煌胜利均将宣告作废。为了防止这种联合，迪布瓦和菲利普二
世于 1717 年 1 月 4 日和英国与荷兰签订协定。这对法国、欧洲势力
均衡和英国都是一个恩赐；因为若是法国与西班牙由一个国王统治，
他们的联合舰队将威胁英国的海上霸权。它对新成立、不稳固的英国
汉诺威王朝也是一个保障，因为法国已经保证不再进一步援助斯图亚
特王室对英国王位的争夺。

西班牙政府受骗了，因此不大高兴。其总理阿尔贝罗尼参与切拉

马雷与梅因女公爵推翻摄政，拥戴菲利普五世君临法国的阴谋。迪布瓦识破了这项阴谋，说服不情愿的菲利普二世继英国之后，向西班牙宣战（1718年）。《海牙条约》（*Treaty of Hague*）结束了这场战争（1720年）。为了稳固和平，迪布瓦安排菲利普二世的女儿嫁给路易十五。婚约在边界海岛比达索亚（Bidassoa）签订（1722年1月9日），并以火刑庆祝一番。玛丽亚·安娜·维多利亚公主那时年仅3岁，等到路易十五能和她生下王位承继者将需一段很长的时间。在这段时期幼王万一不幸去世，摄政即将成为法国国王，迪布瓦则将成为他的永久总理。

他巧妙地一步一步往上爬。1720年，他被任命为坎布雷的大主教。这是历史上的一件趣闻：一位新教徒国王乔治一世，要求多疑的摄政说服教皇将最近才由费奈隆授以权责的这一有名的大主教辖区给予迪布瓦；而且法国的主教，包括神圣的马西永，都参与把此项显职颁给这位被认为集罪恶大成者的仪式。迪布瓦认为他对法国的服务应得到更好的报酬。他用法国的金钱促使罗马教皇候选人发誓送给他红帽子的席位。英诺森十三世悲伤地履行诺言，这位大主教摇身一变而成为迪布瓦红衣主教（1721年7月16日）。一年后，他被任命为该区的大牧师，年薪10万法郎。他每年从大主教那里收入12万法郎，从7处僧院收入20.4万法郎，从邮政监督收入10万法郎，及英国的恩俸（据圣西蒙估计约有96万法郎），迪布瓦现在每年总收入已达150万法郎。他唯一的顾虑便是他的妻子，因为她还活着，若她拒绝他的行贿，被发现，他将失去教会的这些职位。

1723年2月5日，路易十五已长大成人，摄政政治结束。年轻的国王年仅13岁，在凡尔赛逍遥度日，要求菲利普二世继续统治国家，而迪布瓦仍是菲利普二世的主要助手。但是，8月1日，这位红衣主教的膀胱破裂，结果抱着满怀的英镑，突然与世长辞。菲利普二世继续执政，但他的日子也已告罄，过度地沉湎酒色使他失去视力，甚至失去良好的风度，他的傲慢态度，使他曾经获得的一致好评渐渐消失，受到民众的轻视。医生警告他，说他的生活方式将危及其生命，但他毫不在意。他继续豪饮。1723 年 12 月 2 日，他死于中风，倒在他的女人怀中，时年 49 岁。

尽管他有诸般罪恶，菲利普·奥尔良给我们的印象并不是一位坏人。他的罪恶是肉体上的，而非精神心灵上的；他是挥金如土者、醉汉与登徒子，但他并不自私、残忍或卑鄙。他是一个体恤、勇敢而仁慈的人。他孤注一掷而赢得王权，然而心情轻松，慷慨地将之转让。他的财富使他更加放纵，而他的权力使他漫无规律。那实在是很值得同情的——一位聪颖过人、见解独到的人，挣扎着去修补因国王的偏执造成的损害。让高贵的目标淹没于无意义的陶醉中，而且在堕落荒唐的大旋涡里失去了纯真。

在道德上而言，摄政时代是法国历史上最可耻的时期。宗教在乡村甚为淳朴亲切，但其上层因任命迪布瓦和唐森而受玷辱，因而失掉思想已解放的知识分子的尊敬。法国心灵得享相当的自由，但人们不借以传播人道、宽容的才智，以致无法从社会束缚中释放文明所需的人类本能。怀疑论者忘记了希腊哲学家伊壁鸠鲁而变成了享乐主义者。政府腐败无能，但还维持长久和平，使法国能从奢靡和战争之下恢复元气。约翰·洛的"制度"因破产而溃败，但它给予法国经济很有力的刺激。在那八年中，人们看见了自由教育的普遍化，艺术和文学从皇家保护和控制之下获得解放，那是《舟发西苔岛》、《吉尔奇遇记》、孟德斯鸠的《波斯人信札》的时代。

伏尔泰与巴士底狱（1715—1726）

在圣西蒙的记载中，有段特殊的文字，描写法国摄政时代曾经名噪一时的一位发迹青年：

> 阿鲁埃，我父亲与我雇用的公证人之子，因为写了一些极尽讽刺与非常不礼貌的诗而被放逐到图尔（1716 年）。若非这位阿

鲁埃化名为伏尔泰而成为一位大诗人和学会会员，而且是文艺界的显赫人士，甚至在某些人中身居要津的话，我便不会记载这一琐事以自娱。

这位年轻新贵现年 21 岁，自称为"瘦、高、憔悴，没有臀部"。或许是因为这一缺陷，他一个接一个地跳换主人或女主人，他的闪烁诗篇与敏捷机智，他吸收与大事宣扬异端学说及扮演的勇敢的角色，使他在贵族圈中也大受欢迎。在索镇，他尤其得意，他以讽刺摄政而得梅因女公爵的欢心。菲利普二世将皇家马厩里的马减半时，阿鲁埃便讥讽道，他若解雇群集在摄政宫廷的半数笨驴，岂不更佳！更糟的是，他散布攻击贝里公爵夫人道德的某些诗句，他不承认那是他的作品，但这些诗句后来刊印在他的集刊中。他几乎终生采取否认这一策略，为了抵抗带有威胁的检查。摄政能够容忍对他本人的讽刺文章，因为它们通常是不当的非难；但对他女儿的攻击则深深刺伤了他的心，因为那些大都是真实的。1716 年 5 月 5 日，他公布一道命令："将阿鲁埃先生，遣送至图尔。"那是位于巴黎南方 300 英里的一个小镇，以气味充斥的制革厂出名，后来再以精美的织布闻名。阿鲁埃的父亲说服摄政将放逐的地点从图尔改到卢瓦尔河上的苏利，后者位于巴黎南方 100 英里。阿鲁埃去了，受到亨利四世的大阁臣之子孙苏利公爵以家客之礼相待。

他在那里除了自由外，一切都享受得到。不久，他发表一篇诗，名为"给奥尔良公爵的一封信"，抗议他的无辜，要求获得释放。结果获准，并于该年年底返回巴黎。他的诗有时猥亵，经常浅易近人，但相当聪颖。因此，人们在咖啡桌上谈论的一些匿名的美妙讽刺诗，都被视为他的作品。1717 年初，出现一篇针针见血的苛评，它的每一句均以"我已发现"开头，如：

我已发现巴士底狱和成千的其他监狱，

里面都是勇敢的公民和忠实的臣民。

我已发现人民在苛政奴役下痛苦度日。

我已发现军队死于饥饿、口渴……和暴力。

我已发现一位扮作女人的魔鬼……统治这个国家……

我已发现波尔－罗亚尔女修道院崩毁……

我已发现——

而且这个包含一切——耶稣会会员崇拜……

我已发现这些罪恶，而我尚未满 20 岁。

很明显，这些诗行是攻击路易十四和门特隆夫人，而且它们的作者必定是耶稣会会员的敌人詹森派教徒，而非亵渎的怀疑论者，因为后者对耶稣尚存善意。这些诗行实际的作者是勒布伦，后来他曾向伏尔泰请罪，因为他让伏尔泰无辜地为他受罪。但人们褒奖阿鲁埃写下这篇诗；文学界人士聚会时，人们不断请求他朗诵该诗，而且没人（除了作者）相信他的否认。给摄政者的报告，不但控告他这篇诗，而且包括——很明显是公正的——一篇拉丁文题字："一个小孩（路易十五）在位；而一位歹毒、乱伦的罪恶昭彰者在行统治……人民信心已动摇（约翰·洛的银行的失败）……国家牺牲于对皇室的希望；一位继承人卑鄙地预谋王位；法国即将灭亡。"1717年 5 月 16 日，一张逮捕令公告"阿鲁埃先生受捕，并送进巴士底狱"。这位诗人在他的房间里大为吃惊，除了身上衣服外，所有的东西都不准他带。

他连向他当时的情妇苏珊·利夫里道别的时间都没有，他的朋友勒菲弗·热努维尔取其位代之。阿鲁埃富有哲学意味地原谅他们——"我们必须忍受这些琐事。"几年后，勒菲弗去世，伏尔泰在他的回忆诗里写下这些：

他记得你与那可爱的埃及利亚（苏珊）

在我们生命中美好的日子里，

我们三人彼此爱着。

理智、愚昧、爱情、童稚而可爱的错误，

将我们三颗心牢系为一，

那时我们多么快乐！

甚至贫穷，那欢乐时光里的黯然伴侣，

也不能毒害我们的欢乐之流。

年轻、快乐、满足、没有顾虑、不计未来，

我们把全部意愿寄托在眼前的欢愉——

我们哪还需要无用的富裕？

我们有更好的东西——快乐。

苏珊和富裕的热努维尔侯爵结婚，伏尔泰登门拜访时，她拒绝见面。他自我安慰道："所有她现在用以装饰的钻石和珠宝，抵不上她旧日的一吻。"他直到 51 年后才和她再次见面，那是他回到巴黎就死之日，时年 83 岁，他设法拜访这位 84 岁的侯爵寡妇。伏尔泰有魔鬼的一面，但也是世界上最仁慈的人。

他在巴士底狱并不觉得难受。他获准由人送进书本、用具、亚麻布衣衫、睡帽和香水；他常和政府官员共餐，与犯人和守卫玩撞球和滚球游戏；他还写下了《亨利亚德》（*La Henriade*）。《伊利亚特》是他差人送进的许多本书之一。他为什么不与荷马抗衡？又为什么把史诗只限于稗史？当时活生生的历史，关于亨利四世的欢乐、鲁莽、英雄气、淫荡、宽容、慷慨，那种冒险、刺激的经历，为什么不适合作为史诗的材料？这位犯人不得用纸写字，因为他手中一旦有了纸，便能成为锐利的武器，所以他将前半部的史诗写在书行之间。

他于 1718 年 4 月 11 日获释，但不得在巴黎逗留。在靠近索镇的沙特奈，他写信给摄政，要求宽谅。摄政再度予以宽恕，并于 10 月 12 日允许"阿鲁埃·伏尔泰随时可以进入巴黎"。

他何时、如何使用新名字呢？很明显，大约是在他被囚禁于巴士底狱之时。我们第一次发现这个名字是在刚刚提过的敕令里。有些人认为那是英文字母"AROUETL"的颠倒，而以 V 代 U，以 I 代 J，克雷基女侯爵将它归之于接近巴黎的小农场韦尔泰（Veautaire）；伏尔泰从一位表兄那里继承这座农场，但未得到领主权，但像巴尔扎克一样，阿鲁埃运用其智慧取得领主地位，并于他的第一出戏的题词中签名为"阿鲁埃·伏尔泰"。很快，他只用一个名字便能在欧洲各地表示身份。

《俄狄浦斯》这篇戏剧的发表是法国文学史上的大事。高乃依已于 1659 年上演他的《俄狄浦斯》，索福克勒斯也于公元前 330 年作过《俄狄浦斯王》（*Oedipus Tyrannus*），一个 24 岁的青年，向他们挑战简直是一种侮辱。尤有甚者，这是一篇乱伦的故事，可比喻成摄政者和他女儿之间的关系——这正是阿鲁埃被捕下狱的原因。在梅因公爵夫人的宫廷里，这位诗人即如此解说，而大为得意。以他素有的胆识，伏尔泰请求摄政能否将该作题献给他。摄政踌躇了一阵，却允许题献给他母亲。此剧首次公演订于 1718 年 11 月 18 日。巴黎的戏剧迷形成两派——一派拥护摄政，另一派赞同梅因公爵夫人。人们认为两派将以嘘声和欢呼声互斗，而使演出大为混乱。但是，这位聪明的作者编进某些部分取悦某派，另一些部分则取悦另一派。其中以形容赖斯王（King Laius，像菲利普二世）如何解散耗费的皇宫禁卫来缓和拥护摄政者的情绪；耶稣会会员也乐于见到他们的学生从路易大帝学院上演的戏剧中获益。不过，自由思想家狂热地欢呼，第 4 幕第 1 场里的两行诗，那也是伏尔泰生命的主题曲：

> 我们的牧师并不像愚蠢的百姓所想象的那样；
> 他们全部的学问都在于我们的轻信。

两派轮流喝彩，终局则受到全体一致的赞赏。据说，伏尔泰垂死的父亲，在到达巴黎的第一天晚上，对他无用、声名败坏的儿子，仍然震怒异常，但当获知他诗篇的光彩和戏剧的胜利后，不禁流出光荣的眼泪。

《俄狄浦斯》史无前例地连演 45 天。即使高乃依的侄子，年老的丰特内尔，也予以称赞，虽然他曾向伏尔泰建议说其中某些诗行"太过强烈而且充满火药气味"。这位蛮横的青年以不礼貌的双关语回答："要修正我的缺点，那我得先拜读你的《田园诗》。"巴黎的人民坚信乱伦的俄狄浦斯就是摄政者，而约卡斯塔就是他女儿。贝里女公爵勇敢地面对谣言，看了几场演出。摄政者也让此剧在他的皇宫戏院上演，并欢迎作者光临他的宫廷。

几个月后，一位恶意中伤的匿名诗人，发表一篇名叫《质疑菲利普》的苛评，在其中菲利普二世被控毒害幼王与篡夺王位。伏尔泰被怀疑是作者；他辩解其清白，但在许多类似的情况下，他已被视为声名狼藉的说谎者，因此只有作者相信他的无辜。菲利普二世在怀疑中特示恩惠，仅劝他暂时离开巴黎。他回到苏利城堡（1719 年 5 月）。一年后，他又获准回到巴黎。在那里，有段时间他成了贵族的贵宾。

有鉴于钱财是哲学家的宝藏，他运用敏锐的才智了解财政的问题与妙诀。他与银行家交朋友，并因帮助巴黎兄弟会而取得供应军队粮饷与军火的合约，获利颇丰。我们的英雄是发国难财者。他不采用约翰·洛的那一套方法，而是深思远虑地投资、放钱、取息。1722 年，他的父亲去世，经过一些诉讼，伏尔泰继承了每年 4250 法郎的养老金。同一年，他从摄政那里获得 2000 法郎的年薪。现在他已是有钱人，不久就要成为百万富翁。除了在宗教上，我们不能够将他视为一位革命家。

很幸运地，由于教育的关系，他的第二部戏剧《阿尔泰米雷》（Artémire）失败了（1720 年 2 月 15 日）。他从包厢跑上舞台，与观众争论这部作品的优点。他们赞赏他的演说，但仍不同意他的论调。经过 8 次上演，他就将此剧收回。那年稍后，他在一次集会中宣读他的作品《亨利亚德》的一部分，结果受到一些批评；他以一种维吉尔的姿态，将手稿投向火中；埃诺从火焰中抢回这些纸张，并自喻为抢救《埃涅阿斯纪》的奥古斯都，他还说伏尔泰现在欠他一首诗和"一双精细的袖边"。后来，摄政本人倾听这篇诗的诵读，这位诗人便又轻易地恢复了他的自豪，不论到哪里，他都要朗读一部分。1723 年，他访问博林布鲁克和他的法国妻子于奥尔良附近的苏尔斯别墅，他们赞扬他的诗超越"所有出现于法国的诗作"。他佯装怀疑。

　　同时，他和有爵位的怀疑论者交换哲学观点，也听到破坏英国基督教的自然神论者的言论。他开始怀疑英国在科学和哲学上已经超过法国。然而在拜访博林布鲁克或览读英国自然神论者以前，他已经是博林布鲁克的异教信仰者。1722 年，他接受卢比蒙德伯爵夫人的邀请，陪同她赴尼德兰。她是寡妇，34 岁，聪明而美丽，他 24岁。在布鲁塞尔，他遇到一位诗人敌手。卢梭 [1] 称赞《俄狄浦斯》，而指责伏尔泰不敬神。伏尔泰很少能耐心地忍受别人的批评，他反击卢梭的《后世颂》(*Ode to Posterity*)，说："你知道吗，我的主人？我认为这首诗颂将永寄不到它的地址。"他们互相攻讦，直到卢梭去世。在伏尔泰和伯爵夫人继续赴荷兰途中，她向他表明对宗教的怀疑，并询问他的观点。他在《给幽兰妮的信》那篇以行云流水的诗行写成的名作中，予以答复。这首诗直到 1732 年才付梓，并在40 年后才为伏尔泰承认。每一位敏感的基督教青年，都能认出这是他自己发展的过程之一：

　　　　那么，可爱的幽兰妮（阿佛洛狄忒的别称），你但愿能有任你指挥的新的一位卢克莱修，那么我该在你之前，以大胆之手，撕开迷信的掩饰，而将充斥人间的神圣谎言的危险画面，呈露在你眼前，我的哲学该教你轻视坟墓的阴森和来世的恐惧。

[1] 杜兰特此处行文有误。1722 年，卢梭年仅 10 岁。

这位诗人以"尊敬的步态"续续。"我希望去爱上帝，我寻求我的父亲"；但基督教神论信仰的是何种上帝呢？"一位我们应该痛恨的暴君。他以'他自己的形象'来创造人类，仅仅使他们生性卑贱；他给予我们充满罪恶的心以便有权处罚我们；他使我们爱好欢乐，因此他得以用可怕的痛苦折磨我们……"当他想要摧毁我们时，他就不给我们生存。他命令洪水吞噬大地。他派他的儿子来救赎我们的罪恶；基督死了，但很明显死得徒然，因为他告诉我们说，我们仍然为亚当和夏娃的罪恶玷污；而且素被颂扬为仁慈的上帝之子，被认为正在等待报复机会，以将大部分的人投入地狱，其中包括所有那些未曾听到过他的平民百姓。"我在这张可耻的画面上认不出我该崇敬的上帝，我将以侮慢和尊崇来侮辱他。"然而，他也感受到救世主基督观念的高贵和生动的启发：

> 看这位基督，盛大辉煌……将死亡踏在胜利的脚下，光荣地从地狱之门出来。他的例证是神圣，道德也是神圣。他私下安慰他所照亮的心，给最大的不幸以支持；若他根据的教条是基于幻象，受他欺骗仍是一种恩宠。

做结论时，这位诗人劝她对宗教下定决心，完全信任上帝，他"已经将自然宗教灌入你的心中，不会悔恨单纯、坦白的精神。要相信在他的王座前，任何时间、任何地点，正直者的灵魂永远是珍贵的；要相信虔诚的佛教徒，仁慈的穆斯林苦修僧人，在他的眼中要比无情的（宿命论者）詹森派教徒或野心的教皇，蒙获更多的恩宠"。

回到巴黎后，伏尔泰定居于波奥街的贝奈利宅邸，即现在的伏尔泰沿岸街道（1723 年）。11 月，他前往巨厦别墅（距巴黎 9 英里）参加一次名人集会。在那里，当时最伟大的演员阿德里安娜·勒库夫勒准备宣读新剧《玛丽安妮》（*Mariamne*）。但在这次盛会举行以前，他染上天花，当时此病的致死率极高。他立下遗嘱，忏悔并等待死亡。其他的客人都远远避开，只有迈松侯爵从巴黎请来热尔韦医生。
"不用一般治疗此种病的药酒，他令我喝下200品脱的柠檬水。"这
200品脱，也许多出一点或少了一点，"救了我一命"。几个月后，他
才恢复健康，从那时起，他一直以病人自居，养护他那脆弱的身体，
那不得不容纳耗竭之火的躯壳。

　　1724年，《亨利亚德》开始在知识分子中秘密流传。它是以史诗
的体裁写成的政治广播。以圣巴托罗缪大屠杀为蓝本，从而追溯历来
宗教的罪恶：母亲贡献他们的子女焚烧于火神祭坛之前；阿伽门农（特
洛伊战争中希腊联军统帅）为了换取众神的一阵微风，而准备牺牲女
儿；基督徒受罗马人迫害，异教徒则受基督教迫害，狂热分子"一则
屠戮同胞，一则求上帝赐恩"；献身者力图杀戮法王。这首诗歌颂伊
丽莎白帮助纳瓦尔的亨利。它描写伊夫里战役，亨利的仁慈宽厚，他
和加布里埃尔的爱情，及他夺取巴黎。它赞同亨利之皈依天主教，批
评教皇权位是"对被克服者苛刻，对征服者顺从的一种权位，它本着
己身利益，随时准备赦免或定罪"。

　　伏尔泰曾经希望《亨利亚德》会被收入法国国家的史诗，但天主
教对法国同胞太过珍爱，以致无法让他们接受此诗为他们灵魂的史
诗。而且它的弊病也无法躲过有学问者的眼光。它明显地模仿荷马和
维吉尔——战争的情景，诗中英雄往访地狱，及模仿荷马众神的风
格，人格化的抽象观念转化为行动——这些都破坏了发明和创作的魔
力；其体裁虽为好的散文，但缺乏诗的鲜明意象。这位作者受到印刷
者的蒙蔽，并未有所怀疑。他写信给塞奥特："叙事史诗是我的专长，
或许我受欺骗了。"他是大受欺骗。

　　虽然如此，人们的喝彩像是为他辩护。一位法国批评家指出它比
《埃涅阿斯纪》优越，腓特烈大帝则认为："一位公正的人将会喜爱
《亨利亚德》甚于荷马的诗。"第一版马上被抢购一空，盗印版发行于
荷兰并向法国运销。警察查禁这本书，而每个人都买它。它被翻译成
7种不同的语言。我们可以知道它一定在英国引起了骚动。它对亨利

四世声望的重振起到了一定作用。它使法国惭愧于宗教战争，并造成了曾经激起人们盛怒的神学的危机。

伏尔泰一时名利双收。他被公认为法国现存的最伟大的诗人。他在路易十五的宫廷中受到接待；王后被其戏剧感动得流泪，私下赠他 1500 法郎（1725 年）。他写了十余封信，抱怨和夸耀他的朝臣生活。他以平易近人的态度与贵族和平民交谈。他无疑谈得太多了，而那是世上最容易之事。一天晚上（1725 年 12 月），罗昂·沙博骑士听说他在剧院休息室长篇大论，便以一种非常优越的神情问他道："伏尔泰先生，阿鲁埃先生，您的名字到底叫什么？"我们不晓得他当时怎样回答。两天后，他们又在法兰西剧院相遇，罗昂重复相同的问题。伏尔泰的回答有不同的记载，其中之一为，"并不追求伟大的名字，但懂得如何光大现状"；另一则反驳道，"我的名字以我开始，你的名字到你结束"。这位高贵的贵族举起他的手杖捶击；这位诗人闪开，拔出剑来。阿德里安娜·勒库夫勒当时在场，佯装昏倒，双方因而止战。

2 月 4 日，伏尔泰正在苏利公爵家中享用午餐，听说有人希望在皇宫大门见他。他去了，6 位凶汉一扑而上，狠狠地揍他一顿。罗昂在马车中指挥，提醒他们"不要打他的头，他的头可能产生一些好东西"。伏尔泰奔回苏利家中，要求苏利帮助他对罗昂采取法律行动。苏利予以拒绝。这位诗人回到郊区，在当地勤练剑术。然后，他出现于凡尔赛，决心要向这位骑士报复。那时的法律规定，决斗处以极刑。一纸皇室命令叫警察监视他。罗昂拒绝和他会面。那天晚上，警察逮捕了这位诗人，使有关人士松了一口气，他再度进了巴士底狱。"狱友们，"巴黎警察上尉官记载说，"全体一致地喝彩……这道明智的命令，以防止这位年轻人做出新的蠢事。"伏尔泰写信给当局，辩护他的行为，并声明若受释放，自愿流放英国。他仍像以前一样受到接待，享受一切舒适与关怀。

他的建议被采纳，15 天后获得释放，但一位侍卫受命监视他前往加来。政府官员给他致英国显贵的介绍信和推荐信，王后继续给他年薪。在加来等候出航时，他受到朋友们的款待。5 月 10 日，他登船出发，随身携带许多研究英国的书，他一定愿意看到他所听说的人身、思想都很自由的国度。且让我们瞧一瞧！

第二章 ｜ **人民**
（1714—1756）

伏尔泰时代的英国，是历经战乱后正在享受着 25 年相对和平的英国。这时的英国是海上的霸主，也是商业和贸易的盟主；对欧陆国家掌握着制衡的力量；她光荣地击败了斯图亚特王室阴谋把英国变成天主教国家的意图，也光荣地战胜了汉诺威君主，而使后者成为掌管国会饱满钱袋的奴仆。这时的英国，刚刚由于牛顿赢得了世界科学的杰出地位，也出现了本无心革命而竟革命的约翰·洛克（John Locke）。这时的英国，正是自然神论逐渐损毁基督教的时代，宁愿以大诗人亚历山大·蒲柏（Alexander Pope）取代罗马教廷的所有主教。这是雕刻家贺加斯（William Hogarth）在作品里既喜爱又痛斥的英国。亨德尔（Handel）在这里找到了温暖的家和知音，其光芒掩盖了其他所有的音乐家，而成为这个时代的音乐大师。在这里，这个"大自然为了本身所建，用以防止疾病传播的城堡，这块天佑的土地，这个英国"，展开了工业革命而改变除了人类以外的一切事物。

工业革命的前兆

·民生必需品供应者

1722年游历英国的笛福，满怀爱国热情地描写英国是"这个世界上最繁荣、最富庶的国家"。他描写青绿的田地和丰收的农作物，他描写绵羊遍地的牧场，茂盛的青草变成肥胖的乳牛，在乡间嬉戏、闹饮的农夫，及组织农民的地主、组织地主的贵族，他也描写制定法律的庄园领主，这种庄园偶尔也成为诗人和哲学家的庇护所。舞文弄墨者如果没有遭到乡村生活的烦扰、虫害、劳苦和盗贼劫掠，他们往往容易把乡村生活理想化。

1715年英国的乡村生活，与一千年来的情况非常相似。每个村庄的几乎每个家园，都是一个自给自足的经济单位，自己栽培食物，自己裁制衣裳，并从邻近的森林里伐木建屋和做燃料；每个家庭自己烘焙面包，猎取鹿肉，做腌肉，自制牛油、果酱和干酪；自己纺纱、编织和缝纫；自己鞣皮制鞋；大部分厨具、农具、工具和狩猎用具，也要在家里制造。因此，家中的父母子女不但在夏日田野中工作，而且在漫长的冬夜里，也有一显身手的机会。家庭成了工业与农业的中心。家庭主妇是一个受人尊敬的多才多艺的女主人，要照顾丈夫、养育十几个子女，还要裁制衣服，酿造麦酒。她是家庭的药剂师，要照管花园、猪羊和家禽。婚姻就是伴侣和助手的结合，家庭即是一个经济和社会的有机体，因此，家庭也就成了团结、繁殖、恒久不移的坚强理由和基础。

如果农民得以在田地上保留古老方式的话，他们很可能会对这种由家庭负起多种生机的任务感到满意。他们还记得从前地主允许他们或他们的祖先，把家畜放在领主的公地上啃草，也还记得可以在溪流中自由捕鱼、在森林内自由伐木的光景；但是现在，大部分的领地被地主封闭了。这种现象是从16世纪开始形成的，使一般农民的生活收支很难获得平衡。虽然农奴制度不存在了，也不再有正式的封建租税，但企业化的地主与投资于土地的都市商人，挟着更多的资本、更好的器具、更进步的技术和更大的市场，他们实施了大规模的耕种方式，这是耕耘狭小土地的自耕农办不到的事情。在 1688 年乔治国王时代的英国，约有 18 万名这种自由的不动产的所有者。伏尔泰约 1730 年写道："英国有许多拥有价值 20 万法郎财产的农民，他们并没有不屑于继续在那块使他们富有的土地上耕作，他们愿意在那块土地上自由谋生。"但这段话也可能是伏尔泰为了刺激法国人努力工作的宣传文章。无论如何，1750 年，拥有田地的自由农人数已经减少了。较为富有的地主们，逐渐把小块的土地买下来；原有的小型农宅土地，渐渐变成大型的农场，可以使用改善的方法和新机器来创造利润。农民变成了佃农或受雇的"帮手"。盛行于 1715 年的英国耕地制度，是依据土地的肥沃程度和位置，把村子的土地分割为不同的区域，每个农民在不同的区域内，分到了一块或几块小耕地。合力耕作是必然的趋势，单独的经营受到了阻碍，生产也就随之落后了。大地主辩称，联合的大规模耕作方式可以增加农产品的产量，方便羊群的放牧和增加羊毛的产量。毫无疑问，他们的说法是正确的。经济的进展在人类社会造成了变动和迁移的骚乱，但它对这项骚动至少要睁一只眼闭一只眼。

农业的技术主要在这种大农场上获得进步。创造利润的动机，把荒地变成耕地，提高了劳动效率，刺激了新工具、新方法的发明，助长了牲畜繁殖的试验，也完成了沼泽地的排水工程，做好防止土壤流失和开垦林地的工作。1696 年至 1795 年的 100 年，在英格兰和威尔士境内，一共增加了约 200 万英亩的耕地。查尔斯·汤森德（Charles Townshend）于 1730 年倡行四阶段的农作物轮耕制度，可以免去每年 1/3 的土地休耕的浪费现象：第一年种植小麦或燕麦，第二年种植大麦或燕麦，第三年种植苜蓿、裸麦、豌豆、萝卜和甘蓝，第四年种植萝卜；然后带引羊群来吃萝卜或把萝卜踏入土中，腐化以后可以使土壤肥沃，因此下一年的小麦将会得到丰收。邻居讥笑他，并称他为"萝卜汤森德"。等到汤森德耕地上的农作物增产了 30% 以后，邻居不但不再讪笑他，反而纷纷模仿他的轮耕办法。由于汤森德是一名子爵，其他的贵族跟随其后，改善土地的利用方法。英国领主对农业产生兴趣，形成了一种风尚，领主的话题从打猎、养狗谈到萝卜、肥料，农业上的事情，无一不包。

杰斯罗·塔尔（Jethro Tull）原来是一名律师，由于健康欠佳，他回到父亲的农场上。他敏锐的头脑被植物生长的奇迹与利润深深吸引，但他不愿看到浪费的耕作方法——农民把 9 磅或 10 磅的种子，随便撒播在一英亩的土地上，结果其中 2/3 的土地不长作物，其他 1/3 的土地，则因播种太密集而无法繁茂。他在法国和意大利旅行期间，努力研习农事技术，回去后买下一块农田。他发明了一些使生产量加倍的方法，震惊了附近的居民。约 1730 年，他开始使用有 4 把犁刀的犁田用具，不再仅把田里的杂草推开，而且可以将杂草连根挖除。他最具有决定性的一项发明（约 1733 年），是一种由马拉动的条播机器，经两道并行而特别宽深的条沟，把养分供给种子，然后借着条播机上的耙把种子掩入土中。条播机可以节省种子和劳力，而且可以在已播种的行间进行翻土、空气接触、灌溉及除草的工作。这项在播种与犁田方面看似平凡的改良，对所谓农业革命实有功劳，其在 18 世纪造成的影响，以使用土地的价值加以评估，即使把通货膨胀指数计算在内，增产的数量竟高达 10 倍之多。土地生产力的增加使农场有能力养活更多的城市工人，增多了都市的人口。没有都市人口的增加，则不会发生工业革命。

农民与城市工人都没有分享到日渐增加的财富，农村地主被大规模的竞争压榨得不成样子，农村工人的工资微薄，而他们唯恐失业，又不得不接受。让我们听听著名学者特里维廉（Trevelyan）以下的描述：

　　　　为了经济收益而付出的社会代价，是自耕农的减少和没有土地的劳工的增多，就整个大局而言，这是必然的罪恶。如果农业方面的大收益，能够加以公平分配的话，弊端就会少一些。但地主的租金、教会的什一税、自耕农与中间人的利润不断急速上升，而劳工没有获得高薪的合理补偿。他们不再有使用公地的小小权利，家人也没有参与服役工业的机会，因此南方的州郡多半陷入依赖和贫穷的境地。

抽税和慈善捐款，稍微缓和了财富自然集中的现象。英国的富人不同于法国贵族，他们要负担支持政府的大部分税金。1536 年开始实行的《济穷法案》(*Poor Laws*)，要求每一教区负责救济濒临饿死的民众。有谋生能力的失业者被送到习艺所，没有谋生能力的以及伤残者则住在济贫院。儿童可以依据契约充当学徒，住宿在主人家中习艺。实施这一制度所需的费用，来自教区民众的捐税。根据国会委员会的一项报告，1763 年至 1765 年，在习艺所诞生或由习艺所收养的婴儿，在 1766 年还幸存的，只有 7%。这是一个艰难困苦的世纪。

· 工业

自给自足的乡村家庭，不论是好是坏，总阻滞了劳动力的专业化，延缓了工业革命的发生。新兴的资本家，当他有 100 个家庭在各自的屋顶下替他织布纺纱、并有一套自我约束的竞争原则时，他为什么还要花钱设置工厂？在约克郡，这种家庭工业 1740 年生产 10 万匹布，1750 年生产 14 万匹布。迟至 1856 年，约克郡的棉织品只有一半是工厂生产的，仍有一半是家庭产品。这些忙碌的家庭实际上是工厂的发端：家长邀请仆人和外人参加工作，加盖房间放置纺纱机和织布机。这些家庭作业的规模扩大后，加上道路改良和海运畅通后而拓展的广大市场，家庭工业本身产生了对更精良工具的需求。起初的发明是手工器具而非机器，一如约翰·凯 (John Kay) 的飞梭 (flying shuttle)，能够安置家中。等到需要机械动力的机器发明后，工厂制度才取代家庭工业。

　　转变是渐进的，其时间差不多一个世纪（1730—1830 年）。也许
"革命"一字对于如此缓慢的变化来说，是一个过于戏剧化的名词。
与过去脱离关系的过程，并不如从前历史记载的传奇化那么明显。工
业发展的历史与文明一样古老，从 13 世纪以来，各项发明即以快速
的步伐进行着，但丁时代的佛罗伦萨城内，工厂和诗人一样多；伦勃
朗时代的荷兰境内，资本家和艺术家也一样繁多。但就蒸汽、电气、
油业、电子学与原子能等方面的进展而言，过去两个世纪（1760—
1960 年）的工业转变和哥伦布以前的欧洲经济变迁速度比较起来，
可以构成一次真正的革命。这一革命不但改变了农业、运输、通讯和
工业的根本结构，而且彻底改革了政治、习俗、道德、宗教、哲学与
艺术。

　　有许多因素汇合在一起，迫使工业发生变革。1742 年罗伯特·华
尔波尔（Robert Walpole）内阁垮台后引起的多次战争，增强了加速
生产和分配合理化的呼声；食物增产后造成的人口增加，给农业和工
业带来了广大的国内市场，也激励了机器的改良与道路的拓筑；操作
机器需要技术，因此导致劳动力的专业化与分工制度，使生产增加。
从法国移住英国的胡格诺新教徒及其他移民，带来一笔逃难的存款和
手艺，1738 年第一部纺纱机的发明者，即为法国新教徒的后裔。英
国国会采取保护关税的措施（即 1721 年的《棉布法案》，禁止使用外
国进口的印花布），减少来自国外的竞争，使英国纺织工业得以完全
控制国内市场，而商人对立法日增的影响力，有利于英国经济的扩
张。在中下阶层社会中，清教徒传统加以随后兴起的循道宗运动，激
励民众勤奋、进取和节俭的美德，资本得以累积，财富获得保障，中
产阶级似乎享受着上帝的特别恩典。

　　同时，矿业发展大量扩增，作为工业燃料的煤炭供应量增加。从
前木材是家庭与商店的主要燃料，但森林逐渐稀疏而至于灭绝，在中
世纪英国已知的 69 处森林中，到 18 世纪末, 65 处森林已经不知去向，
木料必须从斯堪的纳维亚半岛或美洲进口，价格愈来愈贵，引起人们

对一种更为便宜的燃料的需求。但当时的挖煤方法仍然是原始的，竖坑不深、通风不良、沼气与碳酸气使挖煤工人窒息，矿坑抽水直到萨弗里（Thomas Savery）与纽科门（Thomas Newcomen）两人的蒸汽引擎出现以后才获得解决，其实这一难题是发明蒸汽机的主要动机。尽管存在以上困难，煤炭产量不断扩增，1750 年，家庭与工厂燃煤早已染黑伦敦的天空。

煤炭对工业革命的重要性，在于除去铁中所含的其他矿物质，而使其熔化成更纯、更强韧、更具延展性的铁块。熔化需先融解，融解又需高热，14 世纪以来，一直都用木炭（烧焦的木头）在鼓风炉中生火，吹送大量空气进入炉中，但由于木材供应不足，木炭也日趋昂贵。西蒙·斯特蒂文特（Simon Sturtevant）于 1612 年建议使用煤炭作为熔铁的燃料，达德利（Dudley）于 1619 年宣称他使用这种方法后，熔铁费用减少一半，但他那些使用木炭的对手，联合起来把他赶出熔铁行业。约 1709 年，亚伯拉罕·达尔比一世（Abraham Darby I）在煤产丰富的煤河谷（Coalbrookdale），成功而经济地用煤炭熔化铁矿石，并完全除去铁矿中的易变元素。当时所称的焦炭，人们远在 1590 年即已知晓。亚伯拉罕·达尔比二世继续发展以煤块或焦炭熔铁的技术，并改良鼓风炉，以水车为抽风工具，不久他成为英国铁块的最大销售商人。1728 年，英国设立第一家旋转式铁工厂，铁块可连续通过滚筒，随意压铸成各种形状。1740 年，本杰明·亨茨曼（Benjamin Huntsman）发明坩埚处理方法，把金属放入黏土钵中加热精制，炼成高级的钢料。煤炭与铁块结合的种种发展，使工业革命的各种机器得以顺利发明出来。

·发明

18 世纪的前半期，与 16 世纪和 17 世纪比较，没有特别快速的发明成果。可能需要半册书的篇幅，方能完全列举过去遗留给这个时代的发明。现举科学、工业、航海不可缺少的时钟为例。时钟在 17 世纪几乎已经改良完成，1758年达到准确的程度，每600天才有一分钟的误差，要等到1877年才有进一步的改良。工人虽常为发明的根源，但把发明认为是技术失业的威胁，这种敌视行为在1663年迫使英国第一部锯木机不得使用，1767年才成功地开始使用。不良的道路状况进一步阻碍工业的发明，交通困难妨害市场的拓展，因此难以刺激增加生产的动机。海运日渐扩张，海外几乎全是以农业主的殖民地，非常渴望布匹等制成品，这对发明的刺激渐增。创造利润的动机也推波助澜，国会通过法案准许拥有14年的专利权。国外贸易的竞争是另个一刺激因素，技术优良而工资低廉的印度劳工制成的纺织品，激励英国商人设法改良机器设备，以降低生产成本。因此，创造发明以纺织机器为首，展开伟大的变革。

1733年约翰·凯发明的"飞梭"，是纺织界的第一项杰出发明，工业革命可以说从这里开始。除了少数情形，在飞梭发明以前的布匹宽度，不会超过织布工人两手张开的距离，因为工人在操作时，必须把梭子用一只手从织布机的一边抛过另外一边，而用另一只手接住；约翰·凯把轮子、木槌与木棒结合为机械装置后，只要用手重拍一下，梭子就可以从纺织机的一边向另一边快速移动，自动停留在任何事先决定的地方，因而节省相当多的时间。他计划在科尔切斯特的一家工厂装置飞梭时，织布工人把他当作剥夺工人生计的攻击对象，他逃到里兹（1738年），把专利权交给织布商人，以换取一点费用。他们拿去了这项发明，但拒绝支付使用费，他提出控诉，却被诉讼费用拖垮。他回到家乡伯里，民众群起骚扰（1753年），进入他家抢劫，并威胁要杀害他。一个妇人热诚地欢迎他的飞梭，大叫："棒！棒！上帝造物固然神奇，但人类的发明终于胜过上帝。"约翰·凯在法国较能受到接纳，法国政府采用其发明，并付给他一笔奖励金。1760年后，飞梭才克服一切反对势力，开始为一般人普遍采用。

纺织工业的一个障碍是织布工人织布的速度，较纺纱工人纺纱的速度快。1738年以前以人工纺纱为主，有些家庭仍有这种人工纺车，作为怀念过去的装饰品。同年，一名法国新教徒移民后裔刘易斯·保罗（Lewis Paul）发明一种纺织机，显然是根据约翰·瓦特（John Wyatt）拟就的图案发展而成的：用一套滚轴将生棉或羊毛织成的丝线制成棉花卷，再由棉花卷制成精细丝线，然后在纺锤上进行纺纱，这只需要极少的人工。保罗与瓦特把专利卖给约翰逊博士的朋友爱德华·卡夫。卡夫于 1742 年在北安普敦的一家工厂内装设了 5 部纺织机，这是英国和北美新英格兰地区出现一连串纺织工厂的开端。

现在，铁既然可用于制造强有力的机器，而经济情况又急需大规模的生产方法，剩下的问题便在如何找到某种机械动力以廉价地替代男人的肌肉和女人的耐力，最早的解决办法是利用水力。自古以来，有成百个国家利用水流，悠闲地转动大风车来推动抽水机、风箱、滚轮和铁锤，甚至 15 世纪以后笨重的铁制机器也以水车为动力；18 世纪续以水车为机械动力的主要来源，延至 20 世纪，犹见水车滚动；现在的水力设施，是将水力转变为轻便的电力。风力的不定令人难以信赖，在南方平静的土地上，更很少利用风力，但在北方高纬度地带，风力可用以转动风车，风车底端的手摇辘轳可把"车帆"送入"风眼"内转动。这一粗陋而不稳固的机械，在 18 世纪的北部各省中，达到使用的最高峰，之后趋于没落。

同时，发明家努力使蒸汽机的用途达到经济有效的地步。这是一段历史悠久的过程：从三世纪海罗的蒸汽门、蒸汽玩具，中经杰罗姆·卡丹（1550 年）、詹巴蒂斯塔·波尔塔（1601 年）、所罗门·考斯（1615 年）、乔万尼·布兰卡（1629 年）、乌斯特侯爵（1663 年）、塞缪尔·莫兰德（1675 年）、惠更斯（1680 年）、邓尼斯·佩平（1681 年）、托马斯·萨弗里（1698 年），而直到 1712 年纽科门的蒸汽机——这是老生常谈的故事。1712 年，可能又是一个工业革命诞生的年代，因为纽科门的"火力机"装有活塞、横杆和安全瓣膜，可以有效地把深矿内的积水抽送出来，它成为未来 75 年间蒸汽操作抽水机的基本模型。

·资本与劳动力

随着机器外形的增大与价格的上涨及需要机械动力以推动机器，企业家觉得以工厂替代家庭工业，较为有利可图，工厂招集员工，并将机器、厂房设在有利的河流旁边，以获得动力及运输之便。如前所述，工厂并非新奇事物，在伊丽莎白时代的英国和柯尔伯时代的法国，早已有几百家工厂。若把"工厂制度"定义为一种工业经济，其产品必须在工厂内制造，那么，在19世纪以前，可以说几乎还没有工厂制度的存在。但在约翰·凯和保罗的发明完成后，纺织工厂开始逐渐取代家庭的纺纱和织布工作。1717年，托马斯·洛姆（Thomas Lombe）在德比设立一家660英尺长的纺织工厂，300个工人操作2.6万部纺车，不久在斯托克波特、利克、伯明翰、莱姆斯特、北安普敦等地，也设立类似规模的工厂。

购置机器、获取原料、雇用劳工、管理工人、运销产品、拓展市场，皆需资本。提供资本和管理资本的资本家，也是从前就有的现象，但在资本需求日增的时代，愿意出资冒险的资本家，在经济与政治方面的地位逐渐上升。在理论上仍然控制着欧洲大部分工业的同业公会，抗拒资本家对生产和分配的改组，但同业公会制度注定适用于手工业，而不适于机器工业。这种制度只能供给地区市场的需要，不能满足全国市场的需要，至于国际市场更不用谈了。这一制度不能满足军队、城市与殖民地日渐增高的需求，它受到传统方法和规范的阻滞，并演变恶化为一群专事剥削学徒与雇工的小集团。资本家比他们更能控制产量、分销渠道，知道以钱赚钱的技巧，而国会为了急于扩展工业力量，以应付远地商业和战争的需要，对资本家难免有所偏爱。

随着工厂与资本制度的扩张，工人与工作的关系因而改变。工人不再拥有工作的用具，也无法决定工作时间和工作环境。在决定工资和产品品质方面，工人仅占次要地位。商店不再是家宅的前庭，生意不再是家庭生活的一部分。工人的工作不再是一连串的过程，以制出一件具有独特风格的产品，它只是过程的一部分，冗长、重复而又与个人无关。制造出来的成品再也显不出他自己的手艺，他从工匠变成一名"工人"。这就是令亚当·斯密（Adam Smith）印象深刻的分工制度。那些与妇女儿童争夺工作机会的男人的饥饿状况可以决定工人工资的多寡，煤矿工人平均一天的工资是 1 先令 6 便士，建筑工人是 2 先令，铅匠是 3 先令，这些价格，1700 至 1770 年变化很小。约 1750 年的男性织布工人，周薪 6 先令，女工 5 先令 6 便士，童工 2 先令 6 便士。女性纺纱工人的周薪，在 2 先令到 5 先令之间，6 岁至 12 岁女童工的周薪，在 1 先令到 1 先令 6 便士之间。1760 年以前的物价，低廉而又稳定；有时工厂给工人发放一点津贴，以便供给他们在工作时间内购买食物和饮料之需，而且大部分矿工可以得到免费的煤炭。

　　雇主们认为工人懒惰、嗜酒、不可靠、无信仰，因此工人不能得高薪。1739 年，一名雇主说，使工人勤劳工作和节制饮酒的唯一办法，就是"让他们在睡眠与休息以外的所有时间，必须一直努力工作，以便获取他们的生活必需品"。1714 年，一位作家写道："需求是促使穷人奋起工作的唯一动力，舒解他们的需求是明智的，而治疗这些需求的企图则是愚昧的。"工人一星期工作 6 天，每个正常工作日的时间为 11—13 个小时，中间有一个半小时的吃饭时间，但吃饭逾时的工人，会被扣除日薪的 1/4。雇主们抱怨工人放下工作，参加定期市集、奖品争夺赛、宗教纪念宴会和前往绞刑现场参观。为了防止这些节日和其他活动影响工作的进展，雇主喜欢在工厂附近储备一批失业工人，以便在紧急情况和需要遽增的时候，调用入厂工作。在淡季，雇主可能暂时遣散工人，让他们向地方商人借贷维持生活。

　　具有依赖性的劳动阶级，逐渐在城市中形成。爱德华六世时代的一条古老法律，禁止工人阶级联合组织团体，国会于 1720 年重申这一禁令。但短期雇工不断合组团体，向国会要求更高的工资，他们组成的"联合会"（不是同业公会），变成 18 世纪末期英国工会运动的先驱。1756 年，下议院接受格洛斯特郡纺织工人的请求，颁布一项维持法定最低工资的命令，并禁止纺织业削减工资。但第二年下议院取消这项命令，采取由劳动力供求来决定工资的政策。自由企业制度和放任政策的时代从此开始。

·运输与贸易

经济的发展有赖于交通与运输的改良。英国有优良的海岸线和河川，一半人口居住在距离海边不远之处，可用以运送货物。河川深入内陆，具备天然的水道，但道路状况常成为英国人民生活的麻烦所在，道路土质松软，冬天的车辙坚硬而深陷。春夏降雨后，许多道路形成溪流或处处泥泞，陷入泥土中的马车，必须由另外一组备用的马匹或牛只用力拉出，行人也不得不改道由邻近的田野或森林通行。1745 年，查理王子率领一群苏格兰暴民南下侵至德比时，英军为道路交通不便所阻，无法北上镇暴。这一事件后，英国政府方才基于军事目的，建筑一个收缴通行费用的道路系统，"适于军队、马匹与马车在任何时候均可通行无阻"（1751 年），但仍有强盗出没路途，使运输费用高昂。

出得起钱的人可以乘坐马匹或私人马车外出旅行。如果是长途旅行，他们可以在沿途的驿站租用健壮的马匹。当时在欧洲西部，到处都有驿站。用"post"一词来代表"驿站"，是形容邮件的转递，信差利用驿站收递邮件和更换马匹，以此法送信，每日可行 120 英里。即使如此，查斯特菲尔德在 1749 年抱怨道："从最好的来说，我们信件如此不规则地传递，甚且经常完全误投。"他认为一封信从维罗纳寄到伦敦要 8 天，是"不寻常的勤奋行为"。旅行大部分依赖驿马车，由一名马车夫驾 2 匹或 4 匹马，车内可搭载 6 名旅客，外面有武装警卫保护。每星期有 2 班或 3 班驿马车从伦敦定期出发，开往英国南部的主要城镇，平均时速 7 英里，从伦敦到纽卡斯尔需时 6 日。

国内贸易为道路所阻，仍然相当原始。批发商人常随同负重的马匹，在城镇之间往来载送货物，小贩则挨户叫卖商品。五颜六色的招牌是商店与住宅的主要区别，货物储于店内，通常并不放列橱窗供人欣赏。商店几乎都是杂货店，出售衣服、药品和铁器。英文称杂货商人为"grocer"，因为他出售各类货品。亨利·科沃德（Henry Coward），一位杂货商人，从糖到铁钉，什么都卖。每个城镇皆有市集日，天气晴朗时，商人把货品样本展示给大众。但地区商业的主要中心，是一年一度在伦敦、林恩、波士顿、盖恩斯博罗、贝弗利、斯陶尔布里奇等地举行的定期市集，其中以在斯陶尔布里奇的市集规模最大。每年8月、9月，市集形成了真正的城镇，那儿有行政、警察和法庭，英国工业的一切产品，几乎都可发现。全国厂商聚集一处，比较彼此产品的价格与品质，也可互诉行业的苦衷。

由于握有海洋控制权，英国对外贸易日渐扩张。18世纪前半期，对外输出的价值和总数，比从前增加一倍多；1700年自各港口出发的船舶总吨数为31.7万吨，1751年增至66.1万吨，1787年增至140.5万吨。利物浦及其码头每隔20年要扩大一倍，自世界百余处地区进口的物质满足富人的嗜好与胃口，同时给贵妇带来迷人的化妆品，用以摆饰其梳妆台。东印度公司在印度购买廉价品，高价在欧洲各地出售，利润丰厚得引起15名公爵和伯爵、12名伯爵夫人、82名爵士、26名牧师和医生的兴趣，联合成为东印度公司的股东。英国贵族并不如法国贵族那样蔑视商业，他们出资分享繁荣。属于中产阶级的伏尔泰，乐于见到英国贵族对贸易感兴趣，他于1734年告诉法国人："伦敦居民比巴黎多，都市比巴黎大，只是由于英国人爱好贸易，英国也因此拥有200艘战舰，又有能力资助盟国的君主。"

大商人开始与持有土地的贵族竞争财富和权势、决定对外关系、出钱煽动战争以增加市场、资源和贸易路线。买卖食糖、烟草和奴隶的英国商人，控制布里斯托的居民生活。船主统治着利物浦。煤矿业主支配着纽卡斯尔。乔赛亚·查尔德（Josiah Child）爵士是一名拥有东印度公司5万英镑股票的大商人，他的财富足以与许多贵族媲美。

他在旺斯特德建造的花园，是英国的名胜之一。休谟于 1748 年写道："在大部分欧洲国家中，祖先遗留的家财，加以君王封赐的头衔和徽章，是社会阶层的主要区别。在英国，这种区别较偏重于现有的富裕。"上层社会与中产阶级之间互相沟通融合。富商的女儿嫁给拥有土地的贵族，商人的儿子自落魄贵族手中买进地产，上流人士进入商界法界和行政界服务。贵族制度变成财阀政治，金钱取代出身，成为掌握权力的关键。

· 货币金融

欧洲的银行家当时几乎可以提供一切财政方面的服务。他们接受存款，保护客户免受火灾与盗窃的损失；他们安排客户之间的转账付款方式；他们发行银行汇票，客户可以在需要之时以金银兑现。由于持有汇票者不会同时要求兑现，银行可以发行 5 倍或 10 倍于准备金价值的汇票。如此扩大后的货币流通，为工商企业带来额外的资本，有助于欧洲经济的扩展。银行家以土地、建筑物和其他物品为抵押品，有时仅凭个人信誉，即放心把钱借贷出去，借以刺激工业的发展。交易信函和信用状促使商业流通顺畅，资本仅凭银行票据移转即可易手，甚至可以越过边界，转入敌对国家的生意对象手中。

与荷兰、意大利和法国一样，英国也有联合股票公司，当时称为"projecters"，是有组织的工商业协会，发行股票，保证分红，有价证券与股票均可转让。基于这个目的，于 1698 年在伦敦正式成立了一家证券交易所。18 世纪初期的股票投机生意相当活跃，由经纪商操纵股票价值的升降起落，笛福于 1719 年对这些操纵股票的商人有如下描写：

> 如果乔赛亚·查尔德爵士想买股票，他首先委托经纪人装出一副愁眉苦脸、摇头叹息的样子，故意暗示有坏消息从印度传过来……然后经纪人也许真正抛售一两万镑的股票，证券交易所立

即挤满了抛售股票的人，大家都不买进，只想卖出，股票就开始
跌价 6%、7%、8%、10%，或许更多。然后奸诈的经纪人，另有
一套收买的手法，他在跌价 4.5% 卖出 1 万镑的股票后，再开始
小心翼翼地私下买进低于定价 10% 或 12% 的股票 10 万镑。再过
几个星期，经纪人又采取完全相反的办法，使大家争先抢购，经
纪人就把买进来的股票卖出去，一买一卖之间就获得 10%—12%
的利润。

　　证券交易所的大门初启，企图赚取增值利益的人们就散布投机的
风浪。英国南海公司的兴亡经过，与法国约翰·洛拥有的密西西比
公司的情形先后呼应，异常相似；1714 年，英国的国债达 5200 万英
镑，每年须付利息 350 万英镑，博林布鲁克子爵、乔纳森·斯威夫特
等人纷纷指责这笔足以拖垮英国的年息。英国政府有鉴于此，计划
把 3100 万镑国债过户给南海公司，欢迎大众以政府汇票购买南海公
司的股票。国王乔治一世兼任南海公司的总督，当局大事鼓吹南海公
司的专利特权必能带来厚利，同期法国密西西比公司的成功"制度"，
也刺激英国掀起一股投机热潮。在南海公司宣布接受政府汇票后的 6
天内，2/3 的汇票持有者接受建议换取股票。还有许多人买进南海公
司股票，使一个月内，由每股 77 镑涨至 123.5 镑（1719 年）。南海公
司的董事会为求继续得到政府的合作，决定拨出大量的赠送股，免费
送给内阁阁员和乔治国王的两名情妇。当时尚未担任首相职位的罗伯
特·华尔波尔警告下议院注意这一"危害国家的股票买卖行为"，他
说这项计划是"煽动普遍的错觉迷雾，保证从不足基金中获致红利，
用人为方式提高股票的价值"。他相当准确地预测这项计划终将失败，
同时指出假使这项计划牵涉及一般民众，其失败必将惹乞民众普遍而
危险的不满情绪。他主张南海公司股票的上涨幅度，至少应有某种限
制。下议院拒绝接受他的警告。1720 年 4 月 7 日，国会两院批准南海
公司的提议。

4月12日，南海公司发行每股300镑的新股票，立即卖空。英国政府支付南海公司持有的政府汇票利息后，南海公司于4月21日宣布1720年的夏季股息为10%，接着利用这一热潮，于23日进一步发行每股400镑的股票，民众争先抢购，数小时内即告售罄。5月28日每股涨至550镑，6月2日再涨至890镑。7月，南海公司又发行每股1000镑的股票。整个上流社会的人士，诸如公爵、牧师、政治家、音乐家和诗人等纷纷认购，伦敦的证券街成为热闹抢购的场所，这一景象只有在几乎同时的巴黎基萨波街才可以看到，国境两边的人类天性自然显露无遗。酒店、咖啡店、服装店内到处有人买卖股票，男男女女每晚都要计算他们究竟增加多少财富，也计算假使他们多买或快买的财富增多程度。

一般民众渴望投入投机生意，因此发行86种次要的股票。制银公司、设立医院收容私生子的慈善机构、提炼石油的公司、负责自西班牙进口驴子的公司，纷纷出售股票。一名商人宣布组织"一家收益庞大的事业，但无人知道是何种事业的公司"，不到中午就卖出1000股单价2英镑的股票，这名商人下午却潜逃无踪。

小型的股票公司开始反抗南海公司，这产生不利的影响。华尔波尔及其他人再度提出警告，并卖出他们自己的股票。6月11日，乔治国王下令除国会特许的公司外，一律不得发行股票，因此大部分的小型投机事业宣告倒闭，民众的投机热潮也冷却下来。有关西班牙政府严格限制在美洲殖民地内贸易的消息传扬出来，7月又传来法国密西西比公司在巴黎溃败的消息。约翰·布朗特爵士与南海公司的其他董事们，秘密售出他们持有的股票，获致高利。股票价格在8月不断下降，到9月2日每股下降到700镑。

大众竞相抛售股票的风潮演变为崩溃性的态势，伦敦的证券街拥挤得令人窒息，股票价格降到570镑，到400镑，到150镑，再到135镑（9月29日）。英国的好几百个家庭在这场大乱中失去积蓄，破产与自杀事件相继发生，持有南海公司股票为抵押品而对外贷款的银行纷纷宣告破产。英国各地民众集会要求制裁南海公司的董事，却宽恕公众的虚荣和贪婪。国王从汉诺威匆匆赶回伦敦召开国会会议。南海公司的会计员逃往法国，携带许多足以使董事们获罪的资料。国会的一个委员会于 1721 年 1 月查阅南海公司的账簿，发现有"不公正与贿赂的事件"。即使在国会接受贿赂已然是英国宪法的一部分的时代，这也是令人惊愕的一件事。南海公司的董事花费 57.4 万镑，用以买通政府官员。

部分国会议员主张严厉处罚有罪的董事，其中一人提议把他们缝在麻袋中，活活丢入泰晤士河。议员热烈争辩，甚至彼此指名挑战决斗，还有一名议员过于紧张和激动，第二天不治去世。下议院传讯董事与政府官员，财政大臣约翰·艾斯拉拜被判监禁在伦敦塔内，包括历史学家吉本的祖父在内的该公司董事们的财产，一律没收充公，每人只准许留存约 10% 的财物。值得注意的是，该公司主要发起人之一，后来又首先抛售股票的约翰·布朗特爵士是一名最具有"宗教风度"的人物，他"经常痛斥当时的偷窃与贿赂腐败的风气"及富人的贪得无厌。

对南海公司事件预言准确的罗伯特·华尔波尔，劝告大家稍歇愤怨，采取温和的对策。他说服英格兰银行和东印度公司吸收约 1800 万镑有问题的股票，以缓和南海公司崩溃的危机。那时南海公司尚有一笔足够的准备金，用以提前折现 33% 的股票。南海公司不再享有特权和往日的光彩，改以贩卖奴隶图利，但生气逐渐凋零，终于在 1853 年结束。

伦敦一瞥

大胆的统计学家估计 1650 年的欧洲人口约 1 亿人，1750 年约 1.4 亿人。伏尔泰于 1750 年的计算，法国有 2000 万人，德国和奥地利共有 2200 万人，英格兰和爱尔兰共有 1000 万人，俄国在欧洲部分有

1000万人，西班牙和葡萄牙人共有800万人，波兰有600万人，瑞典有300万人，丹麦和挪威共有300万人，土耳其在欧洲部分有300万人，联合行省有300万人。德国一位法律学家认为北欧的人口增加，大部分是由于宗教改革后，从独身转而结婚生子的僧侣与修女，这名学者还呼吁"建造一尊马丁·路德的雕像，以纪念其保存人种的功劳"，但我们最好不要夸张中世纪僧侣的性欲自制力。人口增加可能是由于农业和运输的改良，扩大了食物的供应与分配，及由于卫生医疗的进步，减少了成人与婴儿的死亡率。英格兰和威尔士在1500年的人口也许不超过300万，1600年增至400万，1700年增至600万，1800年增至900万。几乎所有的人口增加都集中在城镇，人口增加助长工业贸易，工业贸易促成人口增加，二者互为因果。1740年，伦敦以拥有72.5万人口自傲，在当时而言，是世界上人口最多的都市。笛福于1722年说伦敦"生长过度"。世界人口次多的城市是巴黎（67.5万人），其次为阿姆斯特丹、维也纳、那不勒斯、巴勒莫、罗马等地。伦敦的人口是英国第二大都市布里斯托人口的10倍，是第三大都市诺威奇人口的18倍。各大都市中心地区逐渐取得全国经济生活的控制地位，把田地、矿区和商店的劳动力与产品，变为财政方面高超的利润。

伦敦有优良的地理位置，它随着英国商业与殖民地的扩张而成长。虽然1794年以前行驶大洋的轮船还无法停泊在伦敦码头，但可以驶进泰晤士河，有成群结队的码头工人利用300艘驳船，随时准备卸货上岸或转载其他船只上。因此，伦敦成为一个生气蓬勃的货物集散地，把海外运来的进口物资，转向欧洲大陆输出。当时的泰晤士河岸不如现在干净，到处有好色的码头工人、性饥渴的船员和行为不检点的女人，他们言谈举止猥亵，居住在小茅屋和酒店，与海员一样酗酒、暴虐。泰晤士河上有形形色色的船只，从单桨渔船到巨型战舰，加上小型渡船在河上穿梭不停。国王、市长和有些显要人物备有精巧的游艇，驶往温莎堡或其他宫殿游乐。1750年以前，伦敦大桥是伦敦南北两端步行通过的唯一要道，但同年威斯敏斯特大桥建造完成，1757 年伦敦大桥上的房舍与商店悉被拆除。1746 年和 1751 年游历伦敦的威尼斯画家安东尼奥·卡纳莱托（Antonio Canaletto），对河上生气勃勃的景物有着深刻的印象，留下数幅名画，展示给我们蒲柏与约翰逊博士熟知与喜爱的泰晤士河。

约翰逊博士也许更喜欢伦敦的街道，虽然它们不够明亮，铺设并不理想，而且主要靠雨水来清洗。伦敦于 1684 年推出一项道路照明系统，每隔 10 家住宅装设一盏蜡烛灯笼，只在没有月光的夜晚点燃到午夜 12 时，而且只有从 9 月 29 日的天使米迦勒节至次年 3 月 25 日的报喜节才实施这一照明系统。1736 年，市政当局在全伦敦市内装设 1.5 万盏油灯，从日落点燃至日出。这是有关伦敦居民生活的一件大事，使夜间的道路安全大获改善。

1666 年的伦敦大火以后，街道的铺设大部分是圆形的小石，这一标准一直到 19 世纪才开始衰落。每一街道中央有一道槽沟，用以容纳废物和排泄雨水。路上没有边石，只有一排长柱隔开一道 6 英尺宽的人行道。街道充满着两轮马车、载重的马匹、出租马车和私用马车，马蹄走在街石上发出吵人的音响。街上还有沿途叫卖 100 多种食物和衣服的小贩，其中有很多是妇女。还有流动性的修理匠，嚷叫修理。马车夫在路上争吵，狗在街上吠叫，乞丐在路上要钱，卖唱者沿街吟唱民谣，风琴乐音，铮铮弹传。民众抱怨，但也喜欢这些喧闹声，因为它们是日常生活中不可或缺的一部分。只有扒手和妓女才默默地工作。

1708 年，房子开始编号。1750 年，大部分家庭都有自来水，卫生获得改善。法律要求每个家庭负责维持房地门前走道的清洁。每一行政区内有一名清道夫从事废物搜集工作。厕所通常设在宅外的花园或庭院，用屏幕隔开。有些地方虽有沟渠，但伦敦在 1865 年以前尚无完整的排水系统。烟囱由清洁工人钻进砖石砌成的囱管内，以手肘和膝盖予以清除；这一毁损儿童健康的工作，1817 年以前仍然存在。

相当部分的人口居住在垃圾、下水充斥的脏乱贫民窟内，成为无数疾病的孕育场所。伦敦的沃平与莱姆豪斯，几乎有一半居民收入仅能糊口，他们依靠救济、偷窃或卖淫来获取住所和食物。身体污浊和头发蓬乱的儿童在街上赤足奔跑，他们衣着褴褛，在犯罪的环境中成长。贫民窟内的男女很少想到婚姻问题，性关系是不需要仪式与法律的买卖行为。那里几乎没有教堂，但啤酒铺和酒店林立。这里也是窃贼、扒手、强盗和职业凶手的巢穴。斯莫利特（Smollett）于1730年写道："现在窃贼与强盗的险恶和野蛮程度，甚于人类开化以来任何时期的窃贼与强盗。"伦敦市长与市参议员于1744年向英王上奏说："大批的各种乖戾党徒，携带大头棒、手枪、短剑及其他危险武器，不但蹂躏私人的巷弄通道，而且骚扰大街和公众平常群集的场所，对陛下的臣民施加最危险的暴行。"贺拉斯·华尔波尔（Horace Walpole）于1752年说："即使在中午，一个人不得不以上战场的心情在外面跑动。"

当然，伦敦除了滋衍穷困与罪恶外，它还是国会与宫廷的所在地，有上千的律师、商人、记者、诗人、小说家、艺术家、音乐家、教育家、牧师和朝臣。在以后的章节中，我们将可以看到18世纪伦敦市内的大厦、道德、知识阶级的风采、教堂的信徒、怀疑论者、科学家、哲学家、上流社会的才子佳人、沃克斯霍尔和罗纳莱兹的美丽花园、公园和林荫人行道上的行人、泰晤士河上的赛船节日和游艇、咖啡店和俱乐部内的谈话、艺品店、布店、珠宝店、家庭娱乐、野外运动，及斗鸡场、职业拳赛、木偶戏、剧场、歌剧院等场所的群众，只有将这些方面全部包括之后，我们对伦敦生活的看法，才算公平适当而完整。

学校

这个时期的英国与世界其他地方一样，初生婴儿的死亡率相当高。

出生于伦敦的儿童中，59％在5岁以前夭折，64％在10岁以前夭折。许多婴儿出生后即遭遗弃，幸存的婴儿则依赖公款养活，然后被送往习艺所工作。助产妇和母亲的疏忽，造成大量儿童的身体残废。

出身贫穷家庭的儿童，可能无法接受任何学校教育。虽然有免费提供男女儿童初等教育的"慈善学校"，但1759年的在校总人数只有2.8万名，"慈善学校"不接收不信奉英国国教的人，仅很少的农家子弟和几近于零的都市贫民才有机会就读。一位英国权威人士说："大部分英国人没有受过教育就走进坟墓。"就工匠阶层而言，学徒教育就是最好的教育。中产阶级的儿童可以就读私立学校，这些私立学校是由"失败、破产或从其他行业溃败的人"主持的。还有"贵妇学校"，付得起学费的男女学生，在卑微的女教师教导下，学习读书、写字、算术，接受许多的宗教教育。以上的学校教育都强调教导学生满足各人所处的社会阶层，而且对较高的阶层表示顺从。

少数人在毕业后可以进入"文法学校"就读，那里的教师从适度收入中可以衡量出自己在社会上的卑微地位。学生除读书写字和算术外，还可学习一点拉丁文和希腊文。文法学校的管教相当严格，上课时间也长——上午6点至11点半，下午1点至5点半。比文法学校素质更高的是"大学预备学校"，主要的公立学校有伊顿、威斯敏斯特、温切斯特、士鲁兹伯利、哈罗、拉格比等。经过挑选的青年可以进入大学，每年大约需缴26镑，他们的前途即在此地注上阶级的标签。由于这些大学预备学校仅收容信奉英国国教的子弟，浸信会、长老会、独立教派、唯一神教、教友派、公理教派、遁道宗等异派宗教分别创设学院，以教育他们的青年。他们的教育不特别强调希腊罗马的文学，而更注意当代语言、数学、历史、地理和航海术的传授，以适合中产阶级的需要。

不信奉英国国教的人不得接受大学教育。大部分大学生来自富裕的家庭，但也有穷人子弟利用慈善家或慈善机构捐赠的奖学金读完大学，还有一些"工读生"和"公费生"，如牛顿，在阶级意识浓厚的课堂上，靠工读接受完教育。这一时期的牛津与剑桥，不论在课程、方法和思想方面都趋于保守，呈现一片呆滞不前的气氛。剑桥大学比较愿意减少古典文学和神学的分量，以扩大科学方面的研究，但查斯特菲尔德批评剑桥"沦入最卑微隐晦的境地"。牛津大学墨守旧神学的研究和依附崩溃的斯图亚特王朝，拒绝粗鲁的汉诺威君主前往访问。1745 年，身为牛津学生的亚当·斯密说道，他在牛津所学无几。1752 年在牛津就学的爱德华·吉本，公然指责牛津的教职员是一群不学无术的酒徒，后悔他在牛津浪费的时光。许多家庭宁愿自己聘请私人的家庭教师。

女孩子在乡下和慈善学校接受启蒙教育——读书、写字、缝纫、编织、纺纱、些微的算术，大多是宗教。有些女孩由家庭教师教导，少数如玛丽·蒙塔古夫人一样，私下研究古典语言和文学。玛丽·蒙塔古说："我辈女人通常不准研究此类学问，愚蠢通常被认为是我们的本分，我们稍过愚蠢比充装能读一点书抑或懂得些许道理，更能及早受人宽谅……在这个世界上，没有人比一个有学问的女人更容易受到普遍的嘲笑。"她推想男人不让女人获得学问的理由，是要使男人不耗力便可以勾引到女人。倘使我们从英王情妇们的丰厚收益来做判断，女人的确不需要有古典文学的修养，也不需要罗马诗人奥维德的教导启示，就可以操纵自如，在情场上得心应手。

道德风化

一名外国的观察家估计当时伦敦的妓女总数有 5 万名，在市内的酒店，在路旁的旅店，在花园、舞厅、音乐厅、戏院，都有妓女的踪迹，她们坐在埃克塞特街和斯特兰德的窗边兜拉生意。盖伊在他的《闲谈》（*Trivia*）一书中，描写德鲁里巷内的情景说：

> 她每晚在路上漫步逍遥，

委顺的身体不拥抱固定的对象；

她的俗艳丝带在灯光下闪闪发光，

穿着刚洗过的宽袍，一副懒洋洋的样子……

她用谄媚的语调安慰身边轻信的人说：

"我高贵的船长！迷人者！爱人！我的爱人！"

法律并不怜悯她们，妓女拉客若被发现，要被带到监狱中，遭受鞭打和枷刑之灾，《葬街报告书》于 1731 年 5 月 6 日描述一名妓女的遭遇：

昨天，著名的尼达姆老妓在圣詹姆斯街道附近的公园地带受到枷刑，并遭受民众严厉的凌辱。她的病况相当严重，身体斜靠枷板，但仍然被群众投掷石块，相信她在一两天内即将死亡。

只有最穷困的娼妓才会遭受枷刑之灾，一般而言，妓女可以贿赂来逃避法律的制裁，她们的嫖客也可能把她们保释出来，而且有些执法人员，也许认识他们从前的女相好，因而存有一份同情之心，法律只规定处罚滥交的女人。伦敦的 100 名男人中，以处男之身走进结婚礼堂的，也许不到 10 人，大家公然指责恶行，却私下蔑视美德。约翰·克莱兰（John Cleland）于 1749 年出版的《欢场女子回忆录》，详细描写勾引异性的各种技巧，是 18 世纪也是现在最猥亵又最受欢迎的书籍之一。

根据权威方面的资料，我们得知"有相当大比例的伦敦市民，没有经过结婚的手续，过着一种违法的同居生活"。由恋爱而结婚的人数虽然逐渐增多，这在理查森（Richardson）和菲尔丁（Fielding）的小说中有所表现，但大部分的婚姻仍由双方家长安排，仔细衡量女方嫁妆和男方实际或未来的收入后才加以撮合。1753 年制定的一条法令，规定未满 21 岁的男女结婚，必须征得家长或监护人的同意。由于这一法令的实施地区仅限于英格兰一地，许多英国的私奔者越过边境进入苏格兰，苏格兰乡村的牧师采行一条较为宽大的规定。有些贪财的牧师，在伦敦舰队街附近的酒店、妓院、阁楼或其他地点，替人主持秘密的婚礼，使热恋的情侣得到进一步的方便（舰队街上有一所收押负债者的监狱）。该地区附近几乎每家酒店都有一位这样的牧师，任何人只须缴交一笔费用，便可请他主持婚礼，而不必接受询问或提出结婚许可书。据说，有一位牧师每年替 6000 对新人证婚。婚姻在热恋中达成，在现实中破灭，数以千计的女性被遗弃，登岸的水手在一天中结婚、恋爱而后拔营他去。为结束这项罪行，英国国会于 1753 年颁布法令，规定婚礼必须在教区教堂内由英国国教牧师主持者方为有效，婚礼必须在结婚预告公布于教堂门口连续 3 个礼拜天后，才能举行。违反这一规定者可能被强迫遭送到国外的殖民地，但教友派教徒或犹太教教徒的婚姻，不受这一法令规定的限制。

1857 年以前的民众，如未获得国会特别决议的批准，一律不准离婚，欲获得这项批准须花费巨额代价，只有富人才负担得起。除中产阶级外，通奸普遍存在，英王乔治一世与乔治二世即为典型人物，戏剧家威廉·康格里夫（William Congreve）于 1700 年写道："这个社会的每个人，天生一对抽芽的鹿角。"盖伊于 1728 年在《乞丐的歌剧》一剧中，让培岑夫人问她丈夫关于女儿波丽的情形，她问道："奇怪，为什么我们的女儿波丽，和其他的女人不一样，她只爱丈夫一个人而已？……所有的男人都是爱情的窃贼，他们更喜爱属于另外一个男人的女人。"但一般而言，英国女性的道德水准比法国女性高。在中产阶层方面，由于清教徒传统思想仍很强烈，贞洁流于过分守礼，女人可能是男人梦想中的妻子——忍耐、勤劳而又忠贞。这一双重标准，是强加而又为人接受。良家妇女平时尽管听到粗俗的言语和阅读菲尔丁和斯莫利特等小说家的作品，但她们受到片刻的注目和礼遇之时，也会羞怯而脸红，甚至昏晕过去。

各阶层的女人都自然而无可挽回地被视为屈居于男人之下，骄傲反抗一如玛丽·蒙塔古夫人，虽然语带尖刻，但也承认这一事实："我现在并不争论男女两性的平等，我不怀疑上帝和大自然把我们推入次一等的阶级，我们是天地万物中的较低部分，我们应该委身服从优越的男人。任何基于虚荣与愚昧而不承认这一事实的女人，等于反叛上帝的法则和大自然中不可争辩的次序。"短暂的清教徒统治使女人的地位更加贬低，一名学生断定说："1750 年的女人在英国的地位达到新的低潮，比 12 世纪的女人地位高不了多少。"

社会道德、经济道德与政治道德达到了最低点。被安妮女王阻止的赌博风气，又被乔治一世和二世恢复而盛行于贵族之间。王宫内有一名特别掌门侍从官，主宰宫中的赌博。富人与穷人都喜欢打牌，难得不下赌注，而又经常玩弄手法骗钱。有钱的浪子在一局赌赛中输赢200 金币，并不稀罕。德文郡公爵在一次赌赛中，输光一宗地产。查斯特菲尔德于对儿子说教期间不忘豪赌一番。乔治一世时代赌风盛行的程度，恐怕后世无可与之比拟，怀特俱乐部、查令十字街、莱斯特广场、黄金广场、巴斯等地都设有赌场。贺加斯在一幅名为"放荡者的行程"的画中，画着男男女女在怀特俱乐部赌博的情景，而无视于房屋失火的情况，他们决定要赌到分出胜负为止。这个著名的俱乐部于 1733 年被烧毁，旋又获得重建，恢复旧观。乔治二世禁止这类有组织的赌博，但允许政府发行的彩票（彩票首创于 1569 年，1826 年宣告废止）。政府利用一切方法鼓励民众购买彩票，其情绪高昂得使佣仆抢劫主人，伙计抢劫老板，以夺得彩票，一赌财运。

喝酒比赌博更为普遍，啤酒或麦酒是全国性饮料。伦敦的男人每人每年消耗 100 加仑酒，即每天消耗 1 夸尔。酒比水更安全、更美味。潮湿的气候使人更需要饮用甜酒、五味酒、白兰地酒、杜松子酒、甘露酒、威士忌酒，而葡萄酒是大众喜爱的医疗用酒。到处都有酒馆和卖酒的商店，在霍尔本教区内的 7066 家住宅中，有 1350 家贩卖酒类。地主与国会很高兴看到威士忌酒的畅销。自从开启了小麦和大麦更广大的市场，种植大麦的面积几乎占全国可耕地的 1/3。较高阶层的民众，渐渐有以威士忌酒代替葡萄酒的趋势，这是因为英、法两国屡次交战阻碍了英国与波尔多和波尔图之间的商业，而德国人和荷兰人趁机带来了他们喜爱的烈酒。喝酒如同赌博，由政府起带头作用：安妮女王时期的英国首相哈利，据说曾经醉醺醺地出现于女王御前；另一首相博林布鲁克有时彻夜饮酒。罗伯特·华尔波尔的父亲决心不让清醒的儿子看到他醉酒的样子，但他的儿子还是学会了饮酒买醉。

人们对杜松子酒的兴趣增加后，政府反而备受困扰。1684 年英国的蒸馏酒总量为 52.7 万加仑，1735 年增加到 539.4 万加仑，但人口并无相对增加。相反，医生向政府提出警告说，喝杜松子酒已经使伦敦人口的死亡率大为增高。米德尔塞克斯的一个大陪审团把贫穷与死刑的原因，归之于杜松子酒。贩卖杜松子酒的零售商人于门口挂一招牌，保证顾客只要花费 1 便士便可喝得酩酊大醉，商人还在地窖内免费提供草床。

警觉的统治者设法课税以达到禁酒的目的。国会于 1736 年通过议案，规定每加仑杜松子酒课征 20 先令的税额，而贩卖杜松子酒的商人每年须缴 50 镑的执照税。穷苦的嗜酒者纷纷起来暴动。正如华尔波尔预料的，禁酒令导致走私、私酿和秘密交易，贩卖杜松子酒的店铺增至 1.7 万家，酿造量超过 700 万加仑，犯罪案件也随之增加。因此，这项议案被宣布弃置，执照税降至 20 镑，税额也降为每加仑 1 便士，人们于是开怀畅饮。1751 年，一连串适当而巧妙的措施（如将法律上无法追回的小额债款转给酒商），产生温和的改良效果。哲学家贝克莱（Berkeley）谴责上流社会把恶劣风气传染给社会大众，并向贵族提出警告说："两端同时燃烧的国家，其元气瞬必消耗殆尽。"

商业界的道德水准也相当低，商人依靠走私、剽窃和买卖奴隶以赚取大量财富。大家纷纷抱怨泰晤士河河水被商业废品和人体排泄物污染，抱怨苹果汁与麦精使葡萄酒品质变劣，抱怨面包中掺入明矾和铅粉，抱怨不新鲜的肉类有害健康。当局拟订对策旨在阻止此类商业劣行之际，商界人士却大声疾呼争取"人人不受约束而自由过活"的权利。

政府干涉自由，但主要用于强募青年从军。在多种财物诱导失败、海军乏人服役后，政府从1744年开始，派遣"征兵队"前往各地，利用诱骗、药物或其他方法，使人加入英国海军服役。用酒把人灌醉是最简便的办法，因为人们在酒醉时，能使之签下一年或更长时间的服役期限。海军上将弗农于1746年说，这些人上船服役后，"事实上等于宣判死刑，因为他们永远不得上岸，只是从一条船换至另一条船上工作……从不考虑他们经历的困苦艰难"。大文豪约翰逊说："如果有办法进入监狱的话，没有人愿意当海员，狱中囚犯比海员住得好、吃得好，而且通常还有较好的同伴。"以强迫方式得来的海员，通常身心虚弱，但经过火刑和鞭笞的粗鲁管教与无情淘汰后（斯莫利特在其《罗德利克冒险记》一书中对此有夸张的描述），那些幸存的船员就成为大海上最强壮、最得意的战士。

海上掠夺仍被大家默认为商业上的一种方式，但在海军力量强大后，海上掠夺日趋式微，奴隶的买卖开始蓬勃发展，英、法、荷、葡等国的船只竞相载运非洲黑人售予美洲的基督徒。在《乌特勒支条约》中，西班牙把每年运入4800名奴隶到西班牙殖民地的供应权，从法国转移给英国负责。在1790年运入美洲的7.4万名奴隶中，法国载运2万名，荷兰载运4000名，丹麦载运2000名，葡萄牙载运1万名，而英国载运3.8万名——超过总数的一半。英国的一名权威人士说："根据最低估计，1680年至1786年，仅英国一个国家，就运送200多万名黑人进入美洲。"有些黑人奴隶在英国家庭中服劳役，报纸刊登捕获逃跑奴隶归还失主的酬金诺言，有一则广告刊登"出售一名约12岁黑人男孩"的启事。巴黎于1762年以前，可以买卖奴隶，甚至从16世纪至18世纪的罗马教皇，也蓄有来自土耳其的操桨奴隶。教友派教徒于1727年展开一项结束英国参与奴隶买卖的运动，结果获得斯梯尔（Steele）与蒲柏的支持。循道宗教徒进一步推展这一运动，但废除黑奴的运动，在 1772 年以前并没有获得实际进展。

政治风气反映出当时强烈的商业精神的胜利，没有贿赂几乎办不成任何事情，几乎每名官吏皆有定价，官位可以出卖，国会内的选票如同商品可以买卖，国会议员出售其免除邮费的特权，贵族贩卖其家中的职位，他们"对企图阻止金钱收买国会提名人选或下议院议员名额的努力，多方设法阻挠"。人口仅一小撮的"荒废自治市邑"在国会中所占的代表名额，与人口众多工业发达的州郡所占的名额一样多，这些自治市邑易于受到有钱有势者的控制。握有经济力量的商人，为了取得同等的政治影响力，以约每席 1500 镑的代价，获得提名进入国会。总而言之，这半个世纪是英国历史上最腐败、最残酷的时期。在一个唯利是图的时代，英国如何因政府与商人的完满、合作而享负盛名，这是历史学家不容易解释的一件事。

在道德水准与政治风气堕落之际，仍有许多富有人道的事迹：有一些设备不够完善用以收容老弱病残和穷困民众的救济院；另在同业公会的会员商店中，主人有如父亲一样仁慈地对待学徒；有收容孤儿、教育孤儿的家庭；也有帮助渡过生活难关的所谓"钱箱会"（box clubs）互助社团。1755 年，里斯本发生地震，英国捐出 10 万镑给葡萄牙，作为救济难民的费用。这一感人的国际慈善例子，是现代世界的创举。英国境内在 1700 年至 1825 年，一共新设 154 家医院和药房。伦敦在 1700 年至 1745 年，即新设 4 家，大部分由私人捐款筹设。18 世纪前半期最完善的医院，是由托马斯·科拉姆船长筹设的弃婴医院。贺加斯于 1740 年亲绘一张科拉姆的画像，送给医院留念，画中的科拉姆身体圆胖，银发飘逸，一脸慈祥，右手持着钦定的特许状，脚下踏着地球。科拉姆曾是一艘商船的船长，在他赚取财富退休后，他看到伦敦婴儿的死亡率奇高，看到许多由于母亲无力养育或父亲身份不明的婴儿被遗弃的景象，而大为震惊。他因而说服高贵的仕女签署一项成立弃婴医院的请愿状，从乔治二世那里获得特许状和 2000 英镑。他的募捐请求得到大众意外的慷慨支持，伟大的亨德尔捐赠一架风琴和目前珍贵异常的《弥赛亚》总乐谱，他还指挥多次音乐会，募得 1 万镑基金。1739 年，董事会委托西奥多·雅各布森（Theodore Jacobsen）设计宽敞的医院建筑与院落，成为后来伦敦市内最值得骄傲的名胜之一。

罪与罚

18 世纪的英国人民具有坚毅不屈的特性，他们习惯于困苦与暴力，除了死亡，没有什么可以难倒他们。两名伍长赤手空拳打斗直到双方气绝身亡，两名军曹决斗打到双方身负致命伤，一名士兵要求请假以便和一名军中妓女结婚而被鞭挞 100 下，打得背部皮开肉绽，但他第二天仍向上级要求准假，终于获得批准。一名鼓手扬言在其服役的 14 年中，一共被鞭打了 2.6 万下；1727 年一年中，他又挨了4000 次鞭索，精神复原后，据说不久即"身体强壮无碍，丝毫不以为意"。

于大庭广众下施加残忍的处罚，等于鼓励民众的暴行。在 1790 年废除的一条法律中，规定谋害亲夫的妇女，必须活活被烧死，而惯例允许她先被绞死，然后火焚；犯叛逆罪的男人，从绞刑架上解下之后，在犯人面前将其内脏取出加以焚毁，然后砍头裂身。伦敦市内的每个行政区中都有许多绞刑架，架上的尸体往往留作鸟类的食物。绞死一个犯人可能要半个小时，通常犯人在接受绞刑之前，先饮白兰地酒，使感官麻木。刽子手倘若心绪舒畅，他会把犯人悬空的双脚往下拉，以加速其死亡。

观众和罪犯的冷漠无情，给绞刑平添节日的气氛。民众在路旁列队观看死刑犯坐在两轮马车上，被送往泰伯恩刑场。摊贩在路边兜售杜松子酒、姜饼、坚果和苹果。街头卖艺者演唱民谣，不如《乞丐的歌剧》中的马切兹船长唱得好。对法律和警察并不热心的群众，把成功地表演受刑的罪犯，或被捕时以轻蔑和笑容来迎接审判与死亡的罪犯看作好汉。杰克·谢泼德、罗伯特·麦格雷戈、迪克·特平、乔纳森·怀尔德等人都是这一时期的活跃人物。杰克·谢泼德在伦敦及其附近几乎每日抢劫，后来由乔纳森·怀尔德向警方密告，予以捕获，后来又告逃逸，二度被捕后第三次逃逸，第三度于喝酒时被捕，终于被判绞刑，时年22岁。在场的好几千名群众甚至在绳索套在他颈上行刑时，心中还期望他会逃走，小说家笛福和安斯沃思（Ainsworth）把他的故事写出来赚钱，詹姆斯·特恩海尔（James Thornhill）爵士绘出一幅他的画像。另一名强盗特平分发钱财给群众，让他们浩浩荡荡地跟在两轮马车后面，奔赴刑场，但最使他名噪一时的，是安斯沃思虚撰的、有关特平从伦敦骑往约克郡的亡命之旅。同样地，小说家菲尔丁写了一篇《乔纳森大帝的生平》，使这名恶棍名传后世。篇中有力的讽刺性文字虽然大部分是杜撰的，但并不比事实有趣。乔纳森像门神雅努斯一样，有着两副面孔。他把窃贼加以组织、管理和榨取，以自定的价格收购赃物，共犯谋反时，他就把他们出卖给法官。他还开设一间接待室，用以接待遭受抢劫的民众，经过有条件的实质考虑之后，他会保证将物品或钱财归还给受害者。他凭此收入供养好几名情妇，他过了差不多15年的时髦生活。但他的顺利腾达终于流于疏忽，结果以买卖赃物的罪名被捕，于1725年被处以绞刑，民众大悦。他可能就是《乞丐的歌剧》中培岑先生的部分原型。

　　温和的扒手、走私商人与有爵位的决斗者等不同社会阶层的人，皆无视法律的存在。数以百计的决斗事件，在不同的场合出现，有的在大街上，有的在海德公园或肯辛顿花园，但大部分的决斗地点，是在蒙塔古馆（现在的大英博物馆）后面的"四十步广场"上。很少人因决斗而丧命，由于手枪的构造简陋，很少人能在距离30步之外正确瞄准。有很多谨慎的决斗者可能故意向对方的头顶上空开火，无论如何在首遭刺伤流血之后，双方通常都接受调停和解。决斗虽然违法，但往往被幽默地解释为可以促使大家的言辞谨慎有礼。除了造成命案外，很少人因决斗被捕，假如胜利者可以证明他完全遵守决斗规则，他在短时期的入狱后即可获释。

菲尔丁于 1751 年出版一本书，名为《最近抢劫犯等增多的原因探讨及防治之道》。他当时是一名司法官，他把抢夺增加的原因不归咎于贫穷，而主要归咎于社会低阶层大众对奢侈享受的欲望增强。一般民众现在有足够的金钱进入酒店、游乐公园、剧院、假面舞会、歌剧院等场所，他们在这些场合结交犯罪与猥亵的老手。菲尔丁认为，抢劫日增的第二个原因是杜松子酒消费量的增多：

> 杜松子酒是伦敦大都会中 10 万多人的主要粮食，这些可怜虫，在一天中，要豪饮数品脱这种毒药。我每天都可以倒霉地看到和嗅到这种豪饮产生的可怕后果。

第三个原因是赌博，第四个原因是法律的无能，无法由巡夜的更夫执行逮捕罪犯的任务：

> 选上穷困、年老而衰弱的更夫，仅有一根木棒作为武器，有些人几乎连举棒都觉得吃力，由他们负起保障臣民生命、房舍安全的责任，以对抗一批年轻、勇敢、强壮、凶暴而又武装齐全的恶汉。

即使更夫无惧于盗贼的暴力，但他可以被收买；同理，接获更夫报告的警官，也可能被收买；警官把犯人移交给司法官后，司法官也有可能被收买。伦敦的治安人员包括 1000 名警官、474 名法庭差役、747 名更夫，还有在逮捕与定罪之间效劳的 2214 名律师，有些律师具有丰富的法律知识和廉洁的操守，有些却不然。约翰逊博士提到一个刚走出房间的人，说他"不在乎在任何人背后数说恶言，但他相信这位绅士是一名律师"。

科克认为，"假使世界上所有的聪明才智之士同时集合一处，也无法写成一部宪法，可与英国宪法的优良比拟"。菲尔丁的看法与科克不同。菲尔丁承认，正如伏尔泰和孟德斯鸠指出的，英国宪法很高明地安排有关保护个人及其财产免于遭受君王虐政侵害的规定。菲尔丁也曾赞扬人身保护法、陪审制度及伦敦四法学院中伟大的法律学校。没有拘票不得逮捕，未经审判不得拘禁，没有陪审员的判决不得处罚，未经国会同意不得抽税，人民在不扰乱社会秩序的前提下，有集会结社的自由，又除涉及煽动暴乱、诽谤、猥亵、渎神者外，人民有言论的自由。以上这些特点，确为不可忽视的事实。但英国的立法者过于努力保护个人不受国家的侵害，却忽视如何防止个人侵害社会，犯罪事件的组织与蔓延，使法律执行机能为之解体。

司法官（又称和平裁判官）负责审理一般民法案件，不服判决的，可以向坐镇在威斯敏斯特教堂的法官提出上诉，这些法官每年有 6 个月在地方州镇巡回审判。法官为终身职，而且具有相当的廉洁操守。教会法庭仍然存在，但仅受理牧师的非犯罪案件、婚姻的效力问题或遗嘱的处理事项。海军裁判所单独审理海事案件。在这些法庭之上，有由大法官统辖的衡平法裁判所，全国的最高法院是国会，下议院审判平民，上议院审判贵族，法律之前人人平等的措施仍未臻完善，贵族通常可以逃避刑罚。费勒斯伯爵于 1760 年因杀害管家而被处死刑，但金斯顿女公爵于 1776 年被上议院判以重婚罪后，却仅缴交罚款获释。1730 年后，英文才取代拉丁文成为法庭内的标准语言，这使威廉·布莱克斯通觉得悲痛异常。

在重大案件的审判期间，被告如果有财力可以聘请律师，向证人提出反问，但不得向法庭辩说，必须由犯人自己辩护，而犯人因为身心交瘁，常常无法提出辩词。如果犯人经宣告无罪，他仍须先回到监狱缴清狱吏榨取的服务费用后，才可获释。1774 年这一规定废止之前，有数名宣告无罪的犯人在狱中死亡。如果犯人经法庭判定有罪，他将要面临法律史上最严厉的一项刑法制裁。

这项刑法禁止拷问和车裂，不得割除鼻子或耳朵，比从前的刑法和欧陆法更为进步。但除此之外，它具有一切残忍的野蛮行为，当时刚强的英国人认为非如此不足以抑制人类不守法纪的天性。两轮马车拖着犯人驶过街道之时，刽子手有时会收到民众摊捐的额外金钱，应民众要求，以特别大的力气用皮条鞭打犯人。法律规定倘使犯人拒绝替自己的死刑指控提出辩护，犯人必须关在黑暗的房间内赤身仰卧，让石块或铁块压死或窒息而死。这条法律从 1721 年开始施行，于 1772 年废除。

18 世纪，英国国会不断立法，增加判处死刑的罪名。1689 年，英国有 50 项死刑罪；1820 年，增为 160 项：谋杀、叛国、伪造货币、放火、强奸、鸡奸、海上掠夺、携械走私、伪造文书、破坏船舰或引火燃烧舰只、隐匿财物恶性倒闭、公路抢劫、侵入家宅抢劫、抢夺 40 先令以上、在商店中偷窃货品价值 5 先令以上、残害或窃取牛群、射杀税务官员、砍伐大道或公园树木、农田纵火、寄发恐吓信件、隐匿丈夫或孩童的死亡事件、参加暴动、射杀家兔、毁坏收税道路的关卡、逃狱、亵渎或窃取圣物——以上列举的罪行，及另外的 100 多项罪行，在乔治一世、乔治二世和乔治三世统治期间，皆为死罪。这些法条一则反映英国国会维护财物的决心，一则可能是公众暴行和不守法纪的部分结果与成因，同时这些法条也可能有助于英国人民养成目前守法的习惯。法官或陪审员经常拒绝判处死刑，因而减轻严刑峻法的效力，他们利用专门的学识，予罪犯以不起诉处分，或故意把赃物的价格裁定低于宣判死刑必需的数目。在战争期间，触犯法律的人如果愿意入伍或充当海军，则可以免除刑罚。

次于死刑的刑罚，包括监禁、枷刑、鞭打、入劳改营做苦工和流放到殖民地。根据 1718 年的一条法律，把判刑的犯人卖给订有契约的商人，商人多半自费把他们运送到马里兰或弗吉尼亚，通常以拍卖的方式，转售给种植烟叶的农人，犯人在农场服劳役的期限就是自己被判的刑期。犯人在船上载往殖民地途中处境凄惨，有相当高的死亡率，幸免一死的犯人也因身体疲弱而暂时无法工作。有一名契约包商计算过，每一趟运送人犯，平均要损失 1/7。这项交易直到美国独立战争后，才告结束。

犯人经常宁愿被放逐海外而不愿遭受囚禁，因为监狱内的无人性待遇与脏乱，久已恶闻昭彰。犯人入狱后，根据付给狱吏款数的多少而戴轻重不同的脚镣手铐。犯人睡稻草床，除非能从外面弄来食物，否则每天只吃一磅面包。除纽盖特监狱外，其他监狱绝少注意清洁工作，灰尘堆积，病菌丛生，几乎每一名犯人都患有"监狱热病"——常见的有发疹伤寒和天花。约翰逊博士认为 25% 的终身囚犯死于"腐朽伤寒"。囚徒出庭应讯时，身上发出污秽和染病的恶臭，使法官、陪审员、证人与观众必须频频吸入樟脑、醋酸或香草，以驱逐臭味。1750 年 5 月，纽盖特监狱中的 100 名囚徒同时被拘提至伦敦的老贝利（Old Bailey）这一主要刑事法庭接受审判，他们的热病恶毒传染到法庭，6 名主审法官中有 4 人因而死亡，另外有 40 名陪审员和法庭职员死亡。这一事件发生后，法庭下令以后所有前来法庭应讯的囚徒，必须先用醋酸清洗身体，而在法庭内的被告席上应该放置香草。

由于负债，经判决有罪而没有能力偿还或不愿意偿还的人，必须入狱服刑，直到他付清债款或债主撤回诉状为止。负债者入狱期间，法律规定债主每日须付给囚犯 4 便士的生活费，如果债主拒绝付出这笔生活费用，负债者可以反控债权人——当然又需要一笔诉讼费用。但如负债者有能力从外界取得经济援助用以贿赂狱吏，他便可以睡得更好，吃得更好，享有较大的自由，与太太同床，甚至偶尔在城内享受一天的假期。一名身无分文的负债囚犯，假使无法缴付膳食费，可能会因为狱中供给的面包不足以果腹而饿死。约翰逊曾经统计说，在每年入狱的平均 2 万名破产者中，有 5000 人因狱中缺乏食物而在入狱后一年之内丧生。除了这个方式外，英国尚未想出一条更为温和宽大的途径，用以处罚不负责任的借款行为与恶性倒闭，以保护成长中的商业阶层。

英国刑法的严厉政策，曾经招致一些轻微的抗议。约翰逊并不是一位感伤主义者，他于 1751 年指陈死刑项目繁多的危险说："抢劫和谋杀同样处以死刑，无异于鼓励歹徒舍小罪而犯大罪。"在菲尔丁和斯莫利特的小说及贺加斯的绘画作品中，对当时的监狱管理都加以最有力的指责。詹姆斯·奥格尔索普（James Oglethorpe）促使监狱制度获得适度的改良，此人多彩多姿而又生气勃勃的生涯显示出英国人的高贵德行。奥格尔索普于 1714 年离开大学加入萨伏依封地尤金王子的军队，先后数次参与对抗土耳其人的战役，回到英国后当选为国会议员。他的一个朋友因负债入狱，在狱中感染天花死亡。奥格尔索普说服下议院指定一个委员会，调查伦敦市内监狱的一般情况，而他就是这个调查委员会的主席。这一调查揭露的有关监狱内脏乱、疾病、腐化和虐待的情形，一度震惊了英国人民的良心道义，一些异常恶劣的狱吏遭受开革，又制订一些新规则以减轻旧有的弊害，但大部分弊害仍然存在，而真正的监狱改革须等待约翰·霍华德（John Howard）于 18 世纪的最后 25 年展开。奥格尔索普主张借移民国外以减轻英国的穷困压力。1733 年，他建立佐治亚殖民地，并一度担任总督；他禁止奴隶的进口，欢迎兄弟会教徒，循道宗教派创始人卫斯理（John Wesley）及来自奥地利的新教难民。在英国各地和国会，他再度促使通过一项法案，免除兄弟会教徒宣誓或当兵的规定，他成为约翰逊、戈德史密斯、伯克等人的密友，享年 89 岁。蒲柏曾经撰写两行对句褒奖他：

> 一个以极度仁德为怀立身行事的人，
> 将如奥格尔索普一般在天地间遨游飞行。

民风习俗

如同伊丽莎白时代或复辟时代，这一时期漫步于公园或林荫道上的男人衣着华丽。除工作或居家外，他们戴着倾斜的三角帽，时常卷上流苏、缎带或帽章，发辫在颈后绑以美丽的蝴蝶结，或戴着一顶搽粉的假发，美观的大衣上装饰着令人目眩的纽扣，垂到膝盖两边沙沙作响。各色的锦缎衣袖向人展示其收入或阶级，昂贵的背心有黄色、橘黄色、深红色、粉红色、蓝色等俗色，上面还悬摆着一个系在金表链上的金表袋。上好麻纱质的衬衫镶有绉边，掩蔽着法兰绒的内衣。从法国莱昂进口上等薄麻布织成的颈巾，很合适地围在脖子周围。短裤子用带钩在膝盖附近系紧，腰边有三粒扣子，裤子的横幅上也有三粒暗扣。他们经常穿着红色的长袜，在正式场合中则穿着白色的丝质长袜。1730年的男鞋，鞋尖与鞋跟部分必须是红色的。以上的装束全部齐全后，如果没有佩剑，名流绅士仍然会觉得服饰不整。由于中产阶级的兴起，拐杖取代了刀剑，杖端通常加装贵重的金属并加以细腻的雕刻。但街上的治安仍然不够安全，因此拐杖内另藏有剑。17世纪末，才开始有人携带雨伞，但要到18世纪末才成为普遍的习尚。当然，骑马至公园游玩或与猎犬出游打猎时，又须穿着特殊的服装，纨绔子弟通常以极端的装饰和颜色引起人们的注意，另一名为"名士派"（Slovens）的徒众，以行为放荡和污秽衣服为荣。他们头发蓬松杂乱，裤扣不扣，污泥溅鞋，用以标示特立独行。

女人穿着如羽毛般外散的裙子，通常由撑裙箍圈起，把裙子渐次提升，露出使人眩晕的美丽足踝与扬扬阔步的双脚。撑裙箍有时长达9码，好像城堡，而胸衣有如盾牌，需要有骑士刺胄越墙的全副热力，才可以征服女人、获取爱情；而这更是受人吟咏的诗篇。妇女的头发高高耸起，以至于必须当心碰到头上的灯架，以免被点燃起火。脸上抹着乳液、软膏、小绢片妆饰、散粉及可调整的睫毛，使真面目被遮盖无余，又以来自东方的宝石装饰头发、耳朵、颈部、手臂、衣服和鞋子。时髦女人头上的高帽子、香喷喷的头发、丝玉为质的脚饰，使周围的男人毫不犹豫地竞相追逐。1770年，妇女的妆容已经到达妖惑男人的地步，于是英国国会在一派欢乐的气氛下，通过一项保护鲁莽男人的法案：

> 此后任何妇女，不分年龄、阶级、职业或学历，不论未婚、已婚或孀居，如果以香水、脂粉、化妆水、假牙、假发、西班牙羊毛、胸衣、撑裙箍或高跟鞋等物品，欺骗、诱惑或诱陷英国男人与之结婚者，将受到与女巫和类似恶行相同的法律制裁。罪刑判决后，此种婚姻视为无效。

禁止奢侈的法律努力阻止人民在衣着方面的过度浪费，但一般的习俗要求所有忠实的臣民在卡罗琳女王生日时穿着新装，后者在加冕典礼中，穿着一套价值 240 万镑的服饰，服装上点缀着借来的宝石。

进入自己家宅后，一个人可以卸下那些费力炫耀的服装，换穿任何衣服或穿得少些。房内的窗户并不考究，法律规定最多只能设 5 扇窗户，超过者必须课征奢侈税。房间内部黑暗又不通风，令人有窒闷的感觉。人们利用烛光来照明，通常每家每次只燃一根蜡烛，有钱人家使用光亮的枝形灯架和燃油的火把。在富人的公馆内，墙壁嵌以橡木，楼梯装以大块的木料和稳固的栏杆，壁炉以壮观的大理石砌成，坐椅填满纤毛并加装皮制的椅垫；家具雕刻复杂的花纹，外层镀金闪闪发光，属于庄重的"乔治式"风格。桃花心木于约 1720 年从西印度群岛输入英国，由于当时的工具不够尖利，于是发明了更锐利的工具，用以削裁桃花心木，桃花心木成为英国家庭中最华美的木料。

家庭取暖的方式是在火炉或炉架中燃烧煤炭，或在宽阔的炉床上燃烧木柴。伦敦的空气因烟雾笼罩而显得阴沉，灰尘与煤烟不断对人们产生威胁，使家内清洁的工作困难而迫切。在家庭打扫上，法国人把仇敌英国人列为仅次于荷兰人那般勤奋。尼古拉·索绪尔（Nicolas de Saussure）于 1726 年说道：

> 注重清洁的家庭，每星期至少要用水从上到下清洗两次，大

部分人家的厨房、楼梯和门口，甚至每天早晨都要用力擦洗。一切家具尤其是厨房用具，都用最大清洁力量来维持干净，甚至门上的大型金属锤子和锁都要擦得金光闪闪。

这项清洁工作是在不顾高价的肥皂和有限的用水情况下进行的。浴室是少数人的奢侈享受，大部分英国男女站着自澡盆泼水洗浴。

老百姓白天室内的生活大部分围绕在厨房周围，与大火炉颇为亲近。吃饭在此，聊天在此，有时睡眠也在此，因为厨房相当宽敞。遇有特别场合才使用饭厅。各个阶层在午后才食用一天中的主餐，中产阶级的主餐时间是下午2点或3点，富裕家庭的主餐时间在下午5点或6点。那时跟现代的情形一样，越有钱的人，等待吃正餐的时间越长久。在上流家庭，妇女吃完饭后下去休息，然后男人开始喝酒、抽烟、干杯和讲故事。正餐的食物很丰盛，也是英国城市人民在早餐与上午11点点心以后的第一次进食。法国人惊奇于英国民众一餐消耗的食物总量。中上阶层人士的食物大部分是肉类，蔬菜是可有可无的添饰品，一般人喜欢的餐后甜点心是浓腻的布丁。虽然每磅茶叶售价达10先令，但喝茶风气极为普遍。晚上9点吃晚餐，圆满完成当天的丰功伟业。

夜间，大多数的英国人在室内活动，他们的娱乐项目包括谈天、喝酒、争吵、阅读、音乐、跳舞、西洋棋、美国式象棋、弹子戏和牌戏。马尔伯勒公爵夫人说："请不要向我谈论书本，男人和纸牌才是我唯一的书本。"主教、教区牧师，甚至拘谨的非英国国教牧师等都在玩牌，哲学家也不例外，休谟在惠司脱纸牌戏（现在的桥牌）一个回合结束之前，很少上床睡觉。埃德蒙·霍伊尔（Edmond Hoyle）于1742年写成一本名为《短篇论文》（*Short Treatise*）的书，把惠司脱纸牌戏的规则加以系统化。此后直到1864年，所有牌戏必须依据霍伊尔的原则和打法。受宠爱的动物是家庭中的必需品，对象不但包括狗、猫，而且很多人养猴子。几乎每个妇女都种花，几乎每个家庭都有花园。

雨量对于英国而言，既是幸福又是苦恼。英国民众注重庭园的设计，使之成为全国性的嗜好。查理二世时代的英国庭园，大体模仿法国式的模型——主要模仿凡尔赛宫——具有几何的图形，有直线形、长方形、辐射形或圆形，配以如画的林荫道景色和远景。还有树木、灌木丛和修剪过的栅栏及对称放置的古典雕像。沃克斯霍尔与罗纳拉泽的游乐花园即是以此方式造成。我们今日可在汉普敦宫看见这种正式风格，虽然它能够配合奥古斯丁时代的新古典文学，但当时两名最优秀的文字大师艾迪生（Addison）和蒲柏，反对拘泥形式的花园，他们温和有礼地倡导天然花园，这至少可留下一部分未经修剪整饰的大自然的繁茂景象，保存自然界的无穷的变化，让人们产生喜悦的惊奇。来自中国的影响加入反抗的行列，宝塔取代某些庭园中原有的雕像，肯特公爵在其基尤村的庭园内建造一座孔子纪念馆。天然的庭园反映出多愁善感的汤姆森与科林斯的风格，而非贞洁的艾迪生格调和细心、整洁的蒲柏作风。它与"情感诗人"汇合成流，以浪漫主义的高音掺入古典主义的低音。蒲柏与汤姆森同声赞扬科巴姆子爵理查德·坦普尔地产上的庭园设计，其形式由布里奇曼·查理依传统模型建造，后来由威廉肯特和"能手"朗斯洛·布朗重新改造成为天然的风格，这一设计成为英法两国庭园规划者谈论的题材，并赢得卢梭的喝彩。

在庭园外的溪流上，有人在划船，也有懒散的钓鱼者梦想着网获鱼群，还有人在林内射杀雉鸡、松鸡、鹧鸪或野禽，也有穿红衣的猎人在猎狗的引导下，找到被困住的狐狸或精疲力竭的野兔。经济能力稍差的英国人的娱乐活动，包括板球、网球、手球、滚木球、赛马、斗鸡、狗熊赛、牛狗赛与拳击。拳击分男子组和女子组，拳赛明星如派珀和菲格是各个阶层的偶像，能够吸引广大的群众到场观战。1743年以前的拳击手皆以赤手空拳打斗，拳击手套在发明了许多年后，才被观众接受。从前他们把拳击手套认为是女性的玩意，不配英国人使用。1729年至1730年出现在伦敦的娱乐广告有："一头身上系有烟火的疯牛，在竞技场内放足狂奔。""身上同样系有烟火的牡狗骑在公牛头上，一只猫绑在公牛的尾部，同时让一只熊在场内放足奔跑。"在"棒打雄鸡"的游戏中，公鸡被绑在柱子上，人们在一段距离之外投掷树枝竹棒，直到把公鸡打死为止。最流行的斗鸡方法是敌对双方各以 16 只公鸡为一组，把对方 16 只全部斗死之后，获胜的一组再以现有的公鸡分成两组打斗，其中的一组全部被消灭之后，胜利的一组又再分为两组打斗，直到产生最后一只胜利者。全国各州郡城市乡村的民众以崇高的爱国热诚，养鸡并促其相互打斗。一位可爱的作家把这项运动称赞为激发战争的道德同等物。几乎每个运动都有赌注。

对以上活动不感兴趣的人们，可以在沃克斯霍尔或罗纳拉泽找到更为温和的娱乐，以 1 先令的代价在荫凉的花园内欣赏群众的安舒与乐趣，但要谨防口袋。人们可以跳舞，参加假面舞会，或坐在吊有灯笼的树枝下休息、啜饮茶水、观赏时髦男女、坐看舞台上来来往往的明星、观看烟火或走绳表演、欣赏流行音乐、吃豪华大餐，或前往荫蔽的情人道上探险。在罗纳拉泽的圆形大厅内，人们跻身于士绅阶层之列，聆听高尚的音乐。贺拉斯·华尔波尔于 1744 年写道："每天晚上我都去罗纳拉泽，那里比沃克斯霍尔全然高出一筹，没有人到别处去，每人都去罗纳拉泽。"沃克斯霍尔与罗纳拉泽在冬天关闭，但那时河川可能结冰，冬季游戏因而得势。1739 年的圣诞节，连泰晤士河都结冰，伦敦市民在冰上举行狂欢节活动，兴高采烈地大吃一番。有人驾驶马跳车从兰贝斯开到伦敦大桥，享受一段惊险刺激的旅程。最后还有定期的市集，可在此遇见一切无名无姓的人物，也可以欣赏从万花筒到飞人表演等各式各样的奇观。

除一些有学问的妇女外，一般人的礼仪是粗野而渎神的。贺加斯的画使我们看出当时民众的生活情形，但听不到他们的谈吐。娼妓、放荡者、马车夫、船夫、兵士、水手等人都是骂人与口出秽言的好手，伦敦比林斯门街渔市场内渔贩无与伦比的秽言秽语，足以永垂不朽。旅馆与酒店中的言谈，虽稍不粗鲁，但也相当卑猥。家中的男人甚至以故事、诅咒和祝词惊唬妇女，而妇女的言词也比道地的咒骂和放荡的猥语高明不了多少。

在咖啡馆和俱乐部内，人们的言谈较为高尚。斯梯尔、斯威夫特、菲尔丁、考珀（Cowper）、约翰逊等人，曾经撰写文章，把言谈视为一种礼貌的艺术。我们可以想象纯由男性相聚的景象：品尝咖啡或啤酒，大口吞下酒水，抽着烟斗谈论国会中的辩论题材，罗伯特·华尔波尔的贿买选票事件，及海峡对岸那些法国人的不合理政治。他们尽情地纵声大笑，不理睬道德家如沙夫兹伯里、非道德家如查斯特菲尔德等人主张的，低层民众才大笑，高级人士应该把大笑压抑为微笑的论调。1589 年首次提及的嗅鼻烟这一习惯，成为男女两性共同的仪式。像喝咖啡一样，一般人把嗅鼻烟（一种粉状的烟丝）认为同样具有医疗价值。嗅鼻烟引起的喷嚏可以畅通鼻管、消除头痛、感冒、耳聋和昏睡现象，同时缓和神经紧张、增强脑力，每位时髦男女都备有鼻烟盒才算装扮完整。金匠、珠宝商、瓷釉涂抹商人和微细画家，纷纷在鼻烟盒上表现他们最精细的手艺。

伦敦市内的 3000 家咖啡馆是阅览和谈话的中心，里面备有报纸和杂志让顾客传阅；同时供应笔、纸和墨水，替客人发信、收受客人的信件。有些咖啡馆或巧克力馆，如怀特（White）咖啡馆，逐渐变为一个不容外人加入的俱乐部，人们一定可在此处找到他们希望聚会的朋友，而且进行秘密的赌博行为。这种俱乐部的总数，到 18 世纪末，与初期的咖啡馆一样多。英国共济会（Freemasons），其历史显然是以 1717 年在伦敦成立的俱乐部"大分会"为其开端。俱乐部怂恿人们饮酒、赌博和进行政治阴谋，对谈话艺术的训练，至少也有一半的功劳。但另外一半却付诸阙如，因为俱乐部是男人的避静所，有妇女在场的谈话礼节与高巧机智的培养，在俱乐部内得不到刺激和鼓励。英国是男人的天地，在文化生活的领域中，女人所占的分量微乎其微。那里没有专供妇女聚会的场所，玛丽·蒙塔古女士准备开设一家沙龙时，人们把她视为一个不知道女人本分的怪物。

上流社会的妇女可以在宫廷或家中的接待会、舞会和音乐会,来孜孜从事其各种艺术活动。别墅内的周末活动是英国生活中一个优雅的特色,但仆人期望客人的高额赏钱使此特色稍呈晦暗:客人离开的时候,要受到侍仆、管家、跟班、账房、看门人、女佣、厨役及其他助手站在门口两旁的夹攻,而车夫与马夫又严厉地站在外面等候赏赐。以忠诚闻名的英国佣仆,到18世纪前期可说是名不副实了,有很多佣人蛮横怠忽,具有反抗性,而又随时准备跳槽以获取较高的工资。有许多仆人抢劫男女主人和宾客、喝主人的酒、穿女主人的美丽衣服。

仅次于宫廷聚会的时髦活动是到井泉胜地逗留,饮用治病的泉水,或与自己挑选的人共同洗浴,而不必在海中与陌生男女杂处。坦布里奇是有名的井泉胜地,但顾客太杂。艾普孙井泉地提供音乐、土风舞、狗类表演节目及通便的泉水,但当时尚未将水中的矿物质提炼成泻盐。查斯特菲尔德虽曾记载一些在斯卡伯勒的海中沐浴的情景,但其风气仍未普遍。1753年,理查·罗素博士出版一本书,书名为《痨病及海水治病法》,轰动一时。人潮涌向海滨,临海村镇如布赖顿,从朴素的渔村一跃而为避暑胜地。

贵族喜欢去巴斯。那里,英国最无病自扰的一群人,饮酒沐浴于有味道的泉水内,企图治好他们的富贵病。巴斯小矿泉区于1704年开放第一间以水泵抽水的浴室,1707年开设第一家剧院,一年后开放第一家菲尔丁和斯莫利特赞美的"会场"。1755年发现了古罗马大浴场,约翰·伍德父子以古典风格重建巴斯城。美男子纳什,原为一名律师和赌徒,于1705年成为巴斯社交界的霸主,他禁止人们在公共娱乐场所斗剑,成功地使决斗在巴斯成为一件不名誉的行为。他说服男人弃长靴改穿短鞋,他自己戴一顶大型白帽,穿着一件刺绣华美的大衣,马车由6匹灰马拉曳,以轻快的法国式号角声宣告他的来临。纳什致力改良街道与建筑物,辟设美丽的庭园,提供音乐环境,以其亲切和机智吸引了大多数民众,英国贵族纷纷奔向他的领域。他提供赌场和浴池，法律禁止赌博以后，纳什发明一套新的赌法以逃避法律的制裁。乔治二世、卡罗琳女王、路易·弗里德里希王子等人先后抵达，巴斯一度成为第二朝廷。喜爱巴斯城的查斯特菲尔德伯爵，无疑会以他对所有宫廷的描述，来统括说明巴斯城内的社交界精华："你会在此地遭遇没有友谊的交往，没有仇恨的反目，没有美德的荣誉，牺牲真相以保持体面，良好风度中隐藏恶德，所有的恶行与美德都被掩饰。一个人如想在宫廷内的第一次交往中，分辨恶行与美德，他将一无所获。"

查斯特菲尔德

且让我们花费半小时来研究这位敏锐的人物。他是当时英国贵族的典型，但以写出一本好书《给儿子的信》（又名《一生的忠告》），而更突出。虽然大家故意贬低此书的价值，但此书确为以纯正散文写成的智慧宝库，是贵族阶级有关风度和理想的简洁指引，也是作者精密优雅的心思之动人剖白。

他于 1694 年接受浸礼时的姓名为菲利普·多默·斯坦霍普，父亲是查斯特菲尔德第三伯爵菲利普·斯坦霍普，母亲伊丽莎白是哈利法克斯侯爵乔治的女儿，乔治曾经是前几朝的一名狡猾"整顿者"。查斯特菲尔德童年丧母，父亲照顾不周，他由哈利法克斯侯爵夫人抚养成人，在一名私人教师的教导下，深通古典文学和法文，因此成熟的罗马与法国文化成为其思想的一部分。他在剑桥念过一年书，于 1714 年出发做广泛的旅行。在海牙豪赌，在巴黎有选择地与妇女厮混。1714 年 12 月 7 日，他从巴黎写信说：

> 我将不会把我对法国人的看法说给你听，因为我常被认为是法国人，有好几个法国人以最恭维的口吻向我说过："先生，你就像我们法国人。"我只要告诉你，我傲慢而又高谈阔论，声音洪

亮而专断，一面走路一面歌舞；尤其是我花费巨资在头发、发粉、衣饰和白手套上面。

　　他回到英国后，被派任为当时威尔士王子（后来的乔治二世）的寝宫侍从。乔治一世宠爱的执政大臣詹姆斯·斯坦霍普是他的亲戚，因此专门为他找到一个自治市邑，使他代表该地在下议院占有一席，他以辉格党员身份坐了 11 年的议席。其父于 1726 年去世后，他成为查斯特菲尔德的第四任伯爵，然后转任上议院议员，后来他把上议院称为"不可救治的上议院"。1728 年，他被派任驻海牙大使，由于表现优异，蒙英王颁发最高级的爵士勋章，并派为高级管事。1732 年，他的一位情妇杜·鲍彻特替他生下一个儿子菲利普（Philip Stanhope），就是后来书信的收受者。一年后他与沃尔辛海姆女伯爵结婚，她是乔治一世和肯德尔女公爵的私生女。结婚时，女方并没有如他所期望的替他带来王室的妆奁，这场婚姻阔绰而又可怜。

　　查斯特菲尔德如未反对华尔波尔课征烟酒消费税的法案，他可能会获得更高的地位。他协助推翻这一法案，因此不久即被免职（1733 年）。他苦心费力地促使华尔波尔垮台，自己的健康也因而受损，于 1741 年到欧洲大陆休养。他在布鲁塞尔拜访伏尔泰，又在巴黎与丰特内尔和孟德斯鸠相聚。回到英国后，他继续唱反调，他以杰弗里·布罗德博顿（Jeffrey Broadbottom）为笔名，向一家名为《老英格兰》（*Old England*）的新报投稿，其文章使马尔伯勒女公爵萨拉大为愉悦，因而在遗嘱中留给他 2 万英镑。1744 年，他的"广底党"（Broad Bottom）获胜，他与佩勒姆共同入阁，被派往海牙游说荷兰人与英国联合参加奥地利王位继承战争，他以机警和技巧完成任务，于 1745 年晋升为爱尔兰总督。他治理爱尔兰的一年，是他一生中最成功的时期。他设立学校、建立工业、扫除政府官员贪污与假公济私的行为，以能力和公平处理事务，他结束迫害天主教徒的事件，提升数名天主教徒为官，从而赢得天主教民众的尊敬。"小王位觊觎者"

（Young Pretender，詹姆斯二世之子爱德华）从苏格兰入侵英国，英国认为爱尔兰民众必将同时起而叛乱，爱尔兰人却拒绝揭竿反叛查斯特菲尔德。

1746 年，他回伦敦就任国务大臣，以谨慎机警闻名的他却犯下严重的错误：他朝见国王的情妇而没有觐见王后，因此卡罗琳即位后，迫使他下台。1748 年，他放弃公务生活，退而"与马匹、书本和朋友为伍"，乔治二世封他为公爵，但为他婉拒。1751 年，他领导一项采用格里高利新历的运动，受到英国民众的普遍抵制，他们认为这种历法缺少 11 天，是"罗马教皇的偷窃行为"。1755 年，他受惑于约翰逊，参与编撰字典，我们稍后将会看到这个骚动事件。

同时，自 1737 年开始，他不断写信给儿子，这个儿子是他第一次出使荷兰的意外结果，在他任职的大部分时期，大众一直不晓得他对儿子有这一份隐秘的亲情。他告诉儿子说："自从你出生后，我的主要目标就是要尽力使你达到人性的不完美允许的完美境地。"他并不计划把儿子教育成一个标准的基督徒，而是要训练他成为政治家与外交家。小孩 5 岁时，就开始收到父亲谈论古代神话和历史的信件，两年后，他在信中谈到以后经常重复的观点：

> 在我上回的信中，我谈论到上流人物的宫廷礼仪，那是人类的高尚部分。他们表现出来的礼仪既温和又自然，与劣等人士和村夫表现的抑制或烦人的殷勤不同……有教养的人经常流露一股愉悦他人的热望，而且小心注意不打扰别人。英国人很少完全知礼的，不是过于拘谨，便是轻率鲁莽，大部分法国人却态度温和有礼。你的母亲是法国人，所以你也算是个小小的法国人，我希望你至少要有法国人的一半礼貌，在一个不很注重礼仪的国家内，你会显得更为突出。

因此，菲利普 14 岁时，其父把他送往巴黎，作为完成礼仪培养的场所，虽然查斯特菲尔德心里明白巴黎会使儿子的道德败坏。年轻人如想成为国家有用的人才，一定要先学会世间的一切人情世故，研究政治家最好的办法就是研究人类本身。对古典了如指掌的查斯特菲尔德伯爵请家庭教师、并以书信教导儿子学习古典文学后，引导儿子离开书本，转而研究人类：

> 在所有受人称赞的谈判者中，很少人以学问见长……已故的马尔伯勒公爵，他作为谈判家，至少与身为一员大将同样能干。他胸中的学问虽然少得出奇，但他把人了解得非常透彻，而博学的荷兰政治家格劳秀斯出使瑞典和法国期间，表现得却很拙劣。

如果菲利普要进入政界，首先他就得研究统治阶级的背景、道德观念、礼仪、目标和手段；他要研读最好的文学作品以得到优秀的文笔风格，而这也是领导艺术的一部分；他也该兼习音乐、艺术，但上帝不准他有成为作家或音乐家的雄心；他要细心攻读欧洲现代史、各国国君和阁员、法律和宪法、财政和外交；他还要阅读拉罗什富科与拉·布吕耶尔探讨人性的著作，他们虽然愤世嫉俗，但至少就政治而言，断定人人自私自利，并非大错，因此我们应怀疑那些假装不自私的政客；别期望人们讲道理，要容忍他们的偏见；"偏见有如情妇，理智充其量不过是妻子，虽然惯常听闻，但甚少措意。"要学会谄媚，因为只有最伟大的圣贤人物才不被谄媚所惑；但越往上爬，谄媚的方式就要更加微妙和间接；要把重要人物的家谱研究一番，因为人们认为家系比美德更值得骄傲；努力向女人求爱，主要是为了获得她们的帮助；即使最有权力的政治家也要受到柔弱女人的影响，如果这些女人不是妻子，其影响力尤其远大。

至于男女之间的事情，查斯特菲尔德给儿子的忠告使法国人觉得开怀，但使英国人为之怖栗不已。他认为，几次风流韵事是结婚与成熟的绝佳准备。他仅坚持菲利普的情妇必须有良好的风度，好让他在犯罪之际获得她们的磨炼。他向儿子推荐杜品夫人，因为她具有"良好的教养与优美的风度"。他教导儿子勾引异性的战略，不要没精打采地接受异性的拒绝，因为：

> 如以有礼而宜人的态度向女人表明爱意，即使最贞洁的女人，不但不会触怒，而且会洋洋自得……如果她倾听而又允许你重述爱意，而你不敢再越雷池一步，她会讥笑你胆小……如果她第一次不听你的示爱，再试第二次、第三次和第四次，假使名花尚未有主，用我这套办法，可以获得成功。

婚姻不如意或未领略其中滋味的查斯特菲尔德伯爵，把自己对女人的看法传给了儿子：

> 关于这一问题，我愿意告诉你一些秘密，对你将会很有用处，但你一定要高度谨慎地掩藏在心中，假装不知道。女人只是些大体积的孩子，她们以喋喋不休为乐，偶尔带一些机智，但我一生中从未见过一个有理性、讲道理的女人，也未见过一个能持续一天不胡闹的女人……有见解的男人仅只敷衍女人，逗玩女人，谐谑她们，夸赞她们……但他对重要的问题，从不与女人商量，也不信任她们，虽然他总是让她们相信他既尊重也信任她们的意见，这是女人最引以为荣的事情，因为她们非常喜爱插足男人的事业（这项事业常被她们弄糟）……奉承不论高低，她们一律来者不拒，她们会贪婪地咽下最高级的谄媚，也会感激地接受最低等的阿谀。从她所了解的事情到扇子的优美格调，都可以安然成为你谄媚任何女人的话题。最美貌或最难看的女人觉得最高兴的，莫过于你称赞她们的聪明伶俐。

查斯特菲尔德说，在法国必须以勤勉与机灵来奉承女人，这有两个理由：第一，女人可使男人在宫廷中成功或失败；第二，女人可以教导男人享受生活的优美情趣。女人吸引男人的地方，不在她们的美貌，而在其步履、仪态和言辞的温雅，没有温雅的美貌微不足道，而没有美貌的温雅仍能令人神往。"女人是男性价值的唯一提炼者，她们虽不能增加分量，但可以把男人的美德加以琢磨润饰。"伯爵告诫儿子不要说女人的坏话，那是陈腐、粗鄙、愚笨而又不公平的行为，因为女人在这个世界上所做的坏事比男人少，而且向整个团体、阶级或集团发动攻击，绝非聪明之举。"个人有时会原谅你，但社会团体绝不会原谅你。"

查斯特菲尔德不停地谆谆教诲儿子培养良好的风度：

> 良好的风度是社交生活的基本保证，一如硬币为商业界的稳定通货，两者付出多少同样会收回多少，人们不会给一头熊过多的礼貌，有如不会把金钱继续借给破产者。

请一名优秀的舞蹈家是有益的，至少他会教导我们如何坐立行走，以节省注意力与精力。查斯特菲尔德本人是一名贵族，他把良好的礼仪称为"良好的教养"。他在不知不觉中或直接承认，如果不生长在一个教养良好的家庭中及在一个教养良好的圈子内走动，很难得到良好的风度。"有教养者的一个特质是与部下谈吐不显傲慢，而与上司交谈自然而有敬意。"一个人不应该利用偶然的优势睥睨他人：

> 你不要（我也相信你不会）认为自己天生比打扫房间的佣人或擦鞋的仆人优越，但你有理由高兴命运偏爱你，使你不同于佣仆。好好享受那些长处，但不要侮辱那需要它们的一群不幸者，也不要做出使他们察觉自己有欠教养的不必要举动。就我而言，我对待佣仆及其他低劣者比我对待同辈人物，更为谨慎，目的是唯恐让人怀疑我有卑鄙与小气的性格，有意让别人感觉出我们之

间，由命运造成的、或许太不应得的不同身份。

良好的风度兼指身心而言，而身心的修养均可受到朋友的影响：

> 善朋分两类：一类称为上流朋友，由宫廷内领导人物及上流
> 社会人士组成，另一类包括具有特殊才能或在艺术、科学方面
> 具有特别价值之士。以我们而论，我和艾迪生或蒲柏相聚时，心
> 中常认为他们比自己更加优越，而恍如与全欧洲的诸侯大公相聚
> 一堂。

在与以上两类朋友交往时，最好有某种程度的含蓄，不要谈论太
多或太过率直；要能"高明地隐蔽事实而不致说谎"，及在含蓄中表
现出直言不讳的样子：

> 即使你确信无疑，也要装作疑惑不明……如欲说服他人，自
> 己假装易于被人说服……像怀表一样把你的学问放入口袋，不要
> 拿出来……仅为了炫耀而已。尤为重要的，可能的话尽量避免谈
> 论自己的事情。

不要谈论宗教问题——如褒扬宗教，诡辩家会含笑称快；如贬斥
宗教，熟虑的人会觉得伤心难过。阅读伏尔泰写的历史书籍，这将使
人受益，但要小心提防哲学家攻击宗教的思想：

> 你绝不应赞同、鼓励或称赞同等攻击所有宗教的那些放纵
> 思想，后者只是一知半解的人及专务琐碎的哲学家陈腐可怜的题
> 材，那些人即使会笨得对他们的笑话发笑，但也还有足够的智力
> 来怀疑、痛恶这些人的品性。就算我们视道德至上、宗教至下，
> 后者至少仍应为前者随带的担保物，任何明智者将认为两个担保

物优于一个担保物。因此，无论何时你凑巧与嘲笑所有宗教以炫耀才智的放纵思想家相处时……你不要在言辞或表情方面给予他们丝毫的赞许之意，相反，你应表现一股沉默庄重的脸色，露出不悦之状，切不可进入话题，同时避开无益而不端庄的争辩。

1752 年，查斯特菲尔德认为，攻讦宗教的行动是社会革命的第一阶段，"我预知在本世纪结束之前，国王与僧侣阶级将不如从前一半那么好"。1753 年，即反宗教的《百科全书》（*Encyclopédie*）出版后两年，他写信给儿子说：

> 法国的国政……日趋严重，我认为将继续恶化。国王被蔑视……全国民众对宗教与政体大肆理论，这是前所未有的现象，他们开始不具成见，政府官员也不例外。总而言之，历史上一切政府发生改革和重大变化之前的所有征兆，目前在法国都可见到，而且日渐增长。

查斯特菲尔德的 800 页信函，使两名读者佩服他的高超见解，虽然不苟同其道德观念。当时尚未读过这些信函的英国人，易于不假思索地把他认为是才子而非哲学家，他们在上议院领略查斯特菲尔德的评述后说："感谢上天，我们英国还有比我们头脑更好的东西可以依赖。"英国人看到他以浪子或愚人的姿态赌博，他们也了解他并非典型的贞洁人物，他自己也向儿子坦白承认这点。性情暴躁的约翰逊博士把查斯特菲尔德的家书称为"娼妓道德与舞师风度的指南"，这一论调，与这位文学大霸主的判决一样，稍嫌偏颇。查斯特菲尔德把当时贵族阶级的道德和政治界的礼仪教导给青年，我们必须牢记他是在塑造儿子成为外交家，而没有一个外交家胆敢在疆界外施行基督教教导。

即使如此，菲利普得自其父亲的许多道德教育也相当优良："我从前常在信中告诉你，你只要凭借最谨严和最慎重的荣誉与美德，就可使你受到全人类的尊重和重视，这是确切不移的真理。"关于结交情妇的劝告，他的目的可能是要避免儿子随便与女人滥交，注意他的警句："追求女人的下场，不外乎失去鼻子，完全失去健康，及并非不常见的挨刀刺穿身子。"约翰逊博士在宽恕之际曾经说："查斯特菲尔德的《家书》可能成为一本好书；若把不道德的部分删除后，青年应该人手一册。"也许这些家书并未充分灌输荣誉、礼节、勇气和忠诚观念，但若有人说查斯特菲尔德把财富或地位错认为美德或智慧，则不正确，他称颂弥尔顿、牛顿、洛克等人，认为他们比当时的政治家更伟大。我们已经知道他结交当时最优秀的作家。即使他不为字典所迷，他总还热爱杰出的文学作品。他的英文散文造诣在当时是首屈一指的——简洁、有力、明晰，具有足够的敏捷以持载其思想的重荷。虽然他拥有精通多种语言和古典文学的背景，却宁愿用简短有力的英语。伏尔泰把《家书》列为"自古以来最好的教育书籍"，圣伯夫称之为"一本内容丰富的书，没有一页看完后不令人想起某些中肯的观察"。

我们如以实效来衡量一部作品的成败，那么《家书》一书是失败的，因为菲利普从未克服自身鲁钝的心智、粗心的习惯、笨拙的态度和含糊不清的言辞。范妮·伯尔尼（Fanny Burney）说："在接受如许训诫之后，菲利普所表现的教养与我所遇见的任何男人表现的，同样差劲。"由于出身与环境的谲弄，重达 5 磅的训诲化归泡影。菲利普拥有一个富有的父亲和安定舒适的地位，这构成了他的阻碍，因为他没有饥饿的恐惧，也没有屈居人下的怨愤，用以激励其胸中大志和进取心。正如失望的查斯特菲尔德告诉儿子的，菲利普"缺乏一股生命的活力，那股力量可以鞭策青年努力得人欢心，自我发光，以求超越他人"。年老的查斯特菲尔德伯爵给儿子如此多的圣贤忠劝与父爱，却收到如此微小的效验，实在令人感慨。他写信告诉 14 岁的儿子说："你若值得我的爱，我便极力爱你；不然，便也不会多爱你片刻。"但在他 22 年以后写给儿子的最后一封信中，仍充满挂念的温情。一个月后，菲利普在巴黎去世（1768 年），享年 36 岁，留下寡妇与二子。菲利普是瞒着父亲结婚的，但查斯特菲尔德终于原谅了他。菲利普去世后，查斯特菲尔德又寄信给丧偶的媳妇，这些信件成为礼仪与关怀函件的范本。

他那时常住巴斯，因痛风和耳聋而行动不便。"我在此地以三腿（支着一把拐杖）走路，看到同病相怜的人我才有面子混下去。希腊神话中人头狮身女怪物出谜题的最后一个阶段已经来临，不久我将四肢落地而去，一如当初来到世间的样子。"晚年他以教导孙子自娱，希望春天永远活在这位垂暮之年的老者心间。回到布兰克希思的田园后，他接受伏尔泰的忠告，开始耕耘庭园，以其甜瓜与苹果自豪，颇觉安然满足，他说："与甜瓜和苹果生根为伍。"伏尔泰写给查斯特菲尔德的慰问信函中，提醒他消化正常（这位伯爵仍有好的消化力）较耳朵健康更能增进快乐。查斯特菲尔德以不移的幽默感来面临死亡，他提到自己和一个年老而虚弱的同伴泰尔利说（也许令人想起丰特内尔）："两年来，泰尔利与我都已死亡，但我们不愿意让大家知道。"他于 1773 年 3 月 24 日逝世，享年 79 岁。他一直不知道被自己禁止出版的《家书》，已经由儿媳保存、捐赠出来，第二年印行问世，立即使他成为一名智慧老人与英国散文大师。

第三章 | **统治者**

乔治一世（1714—1727）

正如伏尔泰和孟德斯鸠不久发觉的那样，英国人在政务上要比法国人聪明得多。在斩首一位君主并吓得另一位君主渡过英吉利海峡逃亡后，他们现在引进一位心神留在德国的国王。他长时间在故乡汉诺威停留，而今注定要受到一个他永远无法了解其方式和语言的国会的左右。

汉诺威王朝源于中古时代的德国，其王室血统可以由不伦瑞克−吕内堡诸公爵追溯到"狮王"亨利（Henry the Lion，1129—1195年），再由他追溯到他的韦尔夫或吉尔菲祖先。汉诺威于1692年成为神圣罗马帝国的一个选帝侯区。它的第一位选帝侯奥古斯都娶了英王詹姆斯一世的孙女索菲娅。奥古斯都死后，他的遗孀根据国会的《继位法案》（*Act of Settlement*，1701年），成为英国王位的女继承人。

她的儿子乔治·路易是第二位汉诺威选帝侯——由于一门不愉快的亲事，这个愉快的继承权蒙上了阴影。他的妻子多罗西娅愤恨他的拈花惹草，打算跟英俊潇洒的禁卫军团长菲利普·范·柯尼希斯马克伯爵私奔。乔治洞悉了这桩密谋，以后再也没有人听到过这位伯爵的消息，他极可能被处以死刑（1694年）。多罗西娅被捕受审，其婚姻宣告解除，在余下的 32 年中，她一直被关在阿尔登古堡中。她为丈夫生下一儿一女，女儿成为腓特烈大帝的母亲，儿子成为英王乔治二世。

汉诺威的孀居女选帝侯索菲娅死于 1714 年，在安妮女王去世的前两个月。她丧失了王位，但她的儿子立刻被拥为大不列颠及爱尔兰国王乔治一世。同年 9 月 18 日，他抵达英格兰，开启了英国历史上的一个新纪元。他带着儿子和媳妇、一批德国助手和两名情妇：夏洛特·范·基尔曼瑟奇，他封她为达林顿公爵夫人；梅卢西纳·范·德·舒伦堡伯爵夫人，他封她为肯德尔公爵夫人，或许也是他的妻子。根据当时的道德风气，英国可能会接受这种安排，但是，对于英国人的眼光和荷包来说，这两位女郎都是丑陋而奢侈的。梅卢西纳出卖她的影响力的价格高到连贪污的总监督华尔波尔都抱怨起来。关于这一点，乔治一世问道：华尔波尔自己不是也卖官鬻爵吗？

1714 年，乔治一世 54 岁，身材高大而英勇，是一个不屑花一文钱买书的"爽直、粗鲁的男人"，但曾在战场上显示他的勇武。玛丽·蒙塔古夫人称他是一个"老实的木头人"，不过他不像外表看起来那么愚钝。她也承认"他是唯唯诺诺的大好人，如果他们让他安享宁静的话，他也希望全人类都如此"。在这样一个生疏的环境、这样一个不安定的地位下，显然他无法安适自在。不列颠的寡头政治雇用他来阻止斯图亚特王朝复辟。对王位，他没有神授王权或个人的要求权。他明白这些控制国会的专横的英国人也一心要支配他。他简直无法宽恕他们说英语这件事。他认为他们不及他的汉诺威伙伴优越。他撤回到圣詹姆斯宫幽居，几乎每年逃回汉诺威一次，而且竭尽所能转移英国的财源和政策，以保护他所爱的选帝侯区。

更糟糕的是，他的儿子恨他有如恨一名杀人凶犯。乔治·奥古斯都现在是威尔士王子，他公开指责继续监禁他的母亲，反抗国王情妇的权势和装腔作势，跟国王的大臣们争吵，而且清楚地表示他的看法，以致他的父亲将他逐出宫外。威尔士王子和王妃卡罗琳奉敕令跟他们的子女分开，引退到莱斯特宫（1717 年），另组朝廷与国王对立。牛顿、查斯特菲尔德、赫维（Hervey）、斯威夫特、蒲柏及更迷人的女士来到他们身边，都只发现威尔士王子比国王更乖戾、更愚钝。

王室的这种分裂多多少少跟执政的少数派和国会分为托利党和辉格党有关。伏尔泰估计，约有 800 人控制了政府、国会选举、国家立法机构、行政机构和司法部门。不再有任何像克伦威尔的独立党（Independents）与平等派（Levellers）提出的烦人的民主论调。国会的投票选举权限于财产所有人——在这个时期约有 16 万人——这些选举人通常圈选乡绅或地方领主推荐的候选人。政客根据他们支持有爵位的贵族或上流社会人士（财产较少的地主）和商人分别为托利党或辉格党人。英国国教信徒走的是托利党路线，非国教派人士则支持辉格党。托利党反对君主服从国会，他们和国教教会坚守君权神授的学说。在安妮女王临终前，他们曾考虑使流亡在外的斯图亚特王室复位。汉诺威王朝既然登基了，反对詹姆斯二世拥护者的辉格党自然就取代他们了。其实，在此之前，内阁通常包括两党人士，乔治一世只任命辉格党人担任高官，因此透过内阁由政党组成政府。从此，由于不懂英语，他不再主持内阁会议，最有势力的阁员成了首席大臣，接管国王的职权。

詹姆斯·斯坦霍普领导内阁有 7 年之久。他最受欢迎的初期行动之一，是恢复马尔伯勒公爵丘吉尔（John Churchill）——他一直遭到托利党人的弹劾——所有原职，尤其是陆军总司令的官衔。结束放逐生涯、返国后，这位公爵隐居在布莱尼姆宫，他在那里忍受长期病痛，并于 1722 年 6 月 16 日与世长辞。英国宽恕了他，并记取了他连续不断的胜利，接受了博林布鲁克的判决——"他是如此伟大的人，因而我不记得他是否犯过任何错误。"他的遗孀，10 年来左右一位国王的萨拉·丘吉尔，花了 22 年的时间，珍藏并维护他死后的名望。萨默塞特公爵向她求婚时，她回答："要是我像过去一样年轻貌美，而不是现在这样衰老憔悴的话，你可以把整个世界放在我的脚下，也绝无法分享一度属于约翰·丘吉尔的芳心和玉手。"1743 年，在她享年 84 岁与世长辞的前一年，她曾打算烧毁早年的情书，但再翻阅一遍后，她觉得"我不能这么做"，便留了下来。能够这样忠于爱情的女人，及能够获得这样一位难与相处的女人如此坚贞的男人，必然有许多可取之处。

博林布鲁克继马尔伯勒之后遭到放逐。被乔治一世撤免政府官职，因暗中与失势的王朝勾结而遭到弹劾的威胁，深受被他以才智螫刺的辉格党人和非国教派人士的痛恨，国教信徒也将他视为基督教神学的蔑视者，因而闭门不纳。他逃往法国（1715 年 3 月），投靠詹姆斯三世，成了他的国务大臣，协助拥护詹姆斯二世派筹划在英国的叛变，而且主张由法国进攻英国。国会宣告他犯了叛国罪，没收他的财产，判了他死刑。

斯图亚特王朝复辟的运动几乎推翻了乔治一世。托利党人痛恨汉诺威人有如篡位者和乡巴佬；英格兰的老百姓忠心耿耿于旧王朝，私下渴望被放逐的王朝复辟；苏格兰的中上阶层，以出了一位苏格兰籍的英国国王而自豪，在解散苏格兰国会的合并法案（1707 年）下烦躁不安——准备帮助法国国王路易十四为詹姆斯·斯图亚特夺回王位而发动的入侵。

詹姆斯·斯图亚特，现年 27 岁（1715 年），历史上说他是"老王位的觊觎者"。他在法国长大，因修道院教师和他父亲詹姆斯二世身受的苦难而深信天主教，博林布鲁克建议他应该改信新教，用以加强英国境内拥护詹姆斯二世者的情绪，他拒绝了。博林布鲁克辩称，长老教会的苏格兰教友和托利党的英国国教徒如何能够奋起支持一个信奉天主教的人物登上他们的王位？詹姆斯坚持到底，他宣称他宁可做一名没有王位的天主教徒，也不愿意当信奉新教的国王。在此同时（1714 年 8 月），英国国会悬赏 10 万英镑捉拿詹姆斯三世，以防止他踏上英国本土。

一个人的出现似乎使局势转而对这位王位觊觎者有利。马尔伯爵厄斯金，在安妮女王晚年一直是苏格兰的国务大臣。被乔治一世免职后，他策划拥护詹姆斯二世派在英格兰起义，然后乘船至苏格兰号召苏格兰人加入他的起义行列（1715 年 9 月 6 日）。几位贵族加入他的队伍，使他的兵力增至 6000 名步兵和 600 名骑兵，但爱丁堡、格拉斯哥和苏格兰低地（Lowlands）南部地方支持汉诺威王朝。英国政府明令宣告叛国者死罪，并没收财产，为对付叛乱分子，英国动员了 1.3 万名步兵，还召集了 6000 多名海军，同时下令统率爱丁堡和斯特灵卫戍部队的阿盖尔公爵镇压叛徒。他在谢里夫默尔遭遇马尔伯爵的部队（1715 年 11 月 13 日），在这场战斗中双方都无法宣称获得决定性的胜利。另一支 2000 人的苏格兰部队并未加入马尔伯爵的行列，鲁莽地推进到距离利物浦 30 英里以内的地区，徒然希望激起并保护英格兰城镇中的起义。在普雷斯顿，因受到一支政府军的包围，被迫无条件投降（11 月 14 日）。

詹姆斯三世于 12 月 27 日搭船离开敦刻克尔之前，必然已知悉这些。博林布鲁克曾经警告他，英格兰境内不会有人拥护詹姆斯二世派的叛变。这位王位觊觎者由于深信他的起义是天赋的合法权利，再加上法国政府给的 10 万克朗和梵蒂冈的 3 万克朗，一时为之陶醉沉迷。在苏格兰登陆后，他在珀斯加入马尔伯爵的军队，还打算在斯昆举行庄严的加冕典礼。但他的沉默寡言和抑郁的表情，及就这次起义的声势不够大而满腹怨言，这些对苏格兰人的热心毫无助益。他们也抱怨从来没见他笑过，也难得听他讲过话。此外，他因疟疾而颤抖，几乎不能忍受北方的寒冬。马尔伯爵判断他的部队不适于作战，下令他们撤回蒙特罗斯，焚毁所有的城镇、村庄和作物，以阻止阿盖尔公爵的追击。詹姆斯对这种破坏感到遗憾，并留下钱赔偿那些财产受损者的一部分损失。接着，阿盖尔公爵大占优势的军队进逼蒙特罗斯时，詹姆斯、马尔伯爵和其他叛军的领袖仓皇逃往海滨，并搭船前往法国（1716 年 2 月 4 日）。各地的叛党部队非降即散。

大多数俘虏被运往殖民地服劳役。57 人遭到处决，12 名逃亡法国的苏格兰贵族，如果返国即将予以处死。詹姆斯原先还指望奥尔良会派兵到苏格兰救他，但法国现在正考虑跟英国结盟，而且力劝詹姆斯离开法国。他在教皇的领地阿维尼翁停留了一段时期，然后在罗马定居。

博林布鲁克在法国停留到 1723 年。精通法文的他，处于沙龙和哲学家之间，怡然自得。除了政治外，他样样皆精，他买了约翰·洛的公司的股份，在骗局拆穿之前抛售，结果赚了一大笔钱。他的妻室留在英国，他和寡居的德·维莱特侯爵夫人马尔西，结下了几乎是体面的亲密关系。她 40 岁，而他 38 岁。像许许多多的法国女人一样，她甚至在美貌消逝后还保持着一股魅力。或许吸引他的是她的优雅风度、活泼性格和智慧。他成了她的情人，在博林布鲁克夫人去世后，他娶了这位侯爵夫人，和她一起住在拉·苏尔斯。正如我们知道的，伏尔泰在那里拜访了他（1721 年）。这位年轻的哲学家说："我在这位杰出的英国人身上发现了英国的饱学和法国的文雅。"

对这次叛变的镇压使几名贵族丢了脑袋，但并未减弱英国拥护詹姆斯二世的情绪。根据 1641 年和 1694 年的《三年改选法案》（*Triennial Act*），任何国会不得持续 3 年以上。因此，乔治一世的第一届国会在 1717 年面临托利党和拥护詹姆斯二世的多数派可能东山再起的大选局面。为了防止这种情形发生，国会根据 1716 年的《七年改选法案》（*Septennial Act*），投票决定它再行使职权 4 年，同时决定此后所有的国会都可以持续 7 年。马尔伯勒最显赫的后裔说："这是英国仅见的最大胆而最完整的维护国会至高权力的行动。"乔治一世也害怕托利党获胜，他批准了这项新的法律。实际上，汉诺威王室必须让位以便统治。

为了进一步保障新的王朝，斯坦霍普与法国和荷兰（1717 年）缔结三国同盟（Triple Alliance），结束了法国对拥护詹姆斯二世者要求的支持及英国支持西班牙对付法国的行动。1720 年，西班牙签署了一项顺从的和约，乔治一世在剩下的 7 年里可以更安稳地坐在外国的王位上了。1726 年，他那仍被监禁的妻子寄了一封措辞严厉的信给他，要他在一年之内在上帝的审判椅上跟她会面。不久她死于脑膜炎。传说曾有一位占卜者预言，乔治一世不会比他的妻子多活过一年。1727 年，这位国王的健康情形开始恶化。6 月，他离开英国前往他所爱的汉诺威。在奥斯纳布吕克市附近，一张折叠的纸条扔进他的座车，那是他妻子留给他咒他死的字条。读过后，这位国王一阵昏厥，于 6 月 11 日一命呜呼。

乔治二世与卡罗琳王后

他的儿子和敌人接到这个消息，认为这是上帝过分延迟的公正行为。坎特伯雷大主教将乔治一世的遗嘱交给乔治·奥古斯都时，他把它塞进口袋里，而且从未公布它的内容。有些人说遗嘱秘而不宣，是因为他建议将汉诺威和英国分由两位君主统治；其他人则宣称，他留给孙儿路易·腓特烈、情妇或妻子肯德尔公爵夫人和他的女儿普鲁士女王大笔遗产将会使国库空虚。

与他父亲一样，乔治二世是一个优秀的军人。25 岁时，他在尤金和马尔伯勒公爵麾下在奥登纳德英勇作战。60 岁时，他率领自己的军队在戴廷根获得胜利。他经常把军营里的那一套带到宫廷，火气十足地大声叫喊，随意称他的大臣为"恶棍""臭木头人""小丑"。但他孜孜不倦地处理国王的事务，说正确的英语，虽然带有浓重的威斯特伐利亚口音，急躁而谨慎地注意国会赋予他的权力限制和收入，13 年来坚决地支持罗伯特·华尔波尔使英国人保持松懈和和平。与他父亲一样，他经常回到汉诺威，使人人皆大欢喜。与他父亲一样，他和威尔士王子口角，正如贺拉斯·华尔波尔所说的，因为"痛恨长子是这个家族的传统"。与他父亲一样，他也有情妇，就像赶时髦似的；但不像他的父亲，他深爱他的妻子。

卡罗琳，勃兰登堡—安斯巴赫马格雷夫·约翰·腓特烈的女儿，是在乔治一世的姐姐、普鲁士第一位女王索菲娅·夏洛特的夏洛滕堡宫廷里长大的。她在那里遇到了莱布尼茨，欣赏哲学家、耶稣会教徒和新教神学家的辩论，而且扩展宗教自由主义和宽容态度到令人反感的程度。神圣罗马帝国皇帝查理六世向她求婚并要求她改宗，她都拒绝了，并嫁给汉诺威选帝侯"小红脸"乔治·奥古斯都（1705 年）。两人历经考验，她都对他至死不渝。乔治待她苛刻，还把他的风流韵事写在长信中详细地告诉她。但他敬重她的智慧和人格，让她在他长期去国期间（在华尔波尔的协助下）统治英国，还让她在他返国时左右他的政策。

在她丰满、艳丽的青春逝去后，除了一双纤纤玉手和少许的优雅举止或谈吐外，她的身体别无吸引她丈夫的动人之处。然而，他爱慕她胸脯的挺实。她脸上满是天花的疤痕，嗓门大而低沉，热爱阴谋和权力。但逐渐地，英国人开始喜欢她由衷的幽默，他们了解到她为了做个贤惠的妻子和女王，在健康和幸福方面做了怎样的牺牲。英国的知识分子惊异地看到这个粗鲁的勃兰登堡女人对文学、科学、哲学和音乐的鉴赏力。

她的宫廷几乎成了沙龙。在那里，她接待过牛顿、克拉克、贝克莱、巴特勒、蒲柏、查斯特菲尔德、盖伊和蒙塔古夫人。她支持蒙塔古夫人在接种预防方面的创举。她曾使弥尔顿的一个女儿免于贫困。在公众和国王情绪的变化中，一直支持亨德尔。她拿出私房钱鼓励年轻而需要帮助的才能之士，她曾以一笔养老金拯救异教徒威斯顿，她保障了拥护詹姆斯二世的苏格兰人的宗教自由。她安排过英国国教主教的任命，根据他们的学识而不是由于他们信奉正教。她本人是对不朽论抱着怀疑的自然神教者，不过她认为英国国教应当得到政府的资助，以协助加强人民的道德和平静。伏尔泰说："这位王后必然是为鼓励艺术、为人类谋幸福而降临人世的……她是坐在王位上的和蔼可亲的哲学家。"

即使在临终时，她也有足够的智慧来笑对死亡。她一直不让国王以外的任何人知道她染患了严重的脱肠症，她奉劝当时 50 岁的国王在她死后再娶。他的答复忧伤而诚挚，反映了当时的风气："不，我将只有情妇。"她高声说道:"噢,亲爱的,那并没有什么妨碍呀!"他以非比寻常的心情悼念她的死去:"我还从来没看到过一个值得替她扣鞋子的女人。"23年后,遵照他的遗嘱,安放在威斯敏斯特教堂的王后棺木被打开,这样他的遗体才能放在她的旁边。

罗伯特·华尔波尔

由于他勇敢奋战,对付一批求取官禄、酷嗜战争的政敌,华尔波尔才能给予英国20年的繁荣与和平。他不是圣贤,他也许是英国历史上贪污最厉害的大臣,不过他也是最有才干的大臣之一。在那个贪污腐败的时代,才智之士只有通过贪污才能掌权。

身为古老的诺福克家族(Norfolk family)的长子,华尔波尔原来打算献身宗教。他在伊顿学院念的便是宗教。在那里,他和未来的政敌博林布鲁克是同学。但他的兄弟相继死亡,他成了家产的继承人。由于他的家族控制了3个选帝侯区,他轻而易举地由神学转向政治。25岁时,他进入下议院成为辉格党的一员(1701年)。他的关系、财富、机智和善于理财的特长,使他赢得国防大臣的职位(1708年)。1712年,获胜的托利党免除了他的职务,并以贪污的罪名将他关进伦敦塔。不过,银币的味道已经无处不在,迷漫得致使嗅觉麻木,他不久即告获释,之后再度当选,入阁成为财政大臣(1715年)。政治的错综复杂使他于1717年辞职。1720年,南海公司倒闭,证明他事先的警告是正确的,甚至他的政敌也深信他是领导英国恢复财政稳定的最佳人选。正如我们见到的,再度出任财政大臣(1721年)后,他以英格兰银行支持南海公司的债务而停止了人民的惊恐。该公司欠下的700万英镑逐渐全部还清了。感激不尽的这群英国赌徒以22年的大权报答华尔波尔。

乔治二世的登基暂时中断了华尔波尔独揽大权的局面。这位新登位的国王曾誓言永不宽恕所有曾经为他父亲效力的人。他撤免了华尔波尔的职务，要求康普顿爵士筹组新内阁，但康普顿不久就显示并承认他才能不够。卡罗琳建议丈夫再度起用华尔波尔，华尔波尔以应允给予国王和王后更多的财富来停止这一争执。康普顿爵士感激地接受了伯爵爵位，而由华尔波尔再度掌权。"首相"的头衔首次用在他身上，最初这一称呼是滥骂之词。他也是第一位以唐宁街十号作为官邸的首相。

他只在大学念过一年，这在英国历任首相通常具有的教育背景上，显得微弱。他的举止或谈吐鲜少文雅。麦考利（Macaulay）说："他不谈政治时，他只能谈女人，他肆无忌惮地谈他最热衷的话题，连当时最直言不讳的人都吃惊不已。"他的儿子贺拉斯并不因为他只读过几本书而反对他："他了解人类，而不是他们的著作；他顾及他们的利益，而不是他们的制度。"他懂得足够和乔治一世交谈的拉丁文，因为乔治一世不懂英文，而华尔波尔不懂德文和法文。他几乎具备了英国人所有的特质：果断、直率、恳切、温厚、脚踏实地；他讲究饮食，但在必要时会勤奋工作；他炫耀他的财富而不是他的佩剑，这一点或许也像英国人。

他几乎毫无道德可言。多年来他公开和人通奸，完全不顾贵族礼仪。他和卡罗琳王后取笑她丈夫的情妇，在卡罗琳死后，他建议她的女儿招来这些贵妇以分散国王的哀伤。他嘲笑宗教，在卡罗琳垂死之际，他派人召请坎特伯雷大主教。"让这出闹戏上演吧，"他提议，"大主教会演得很好。你要他演多短，他便演多短。他对王后不会造成伤害，也不会有任何好处，但会满足所有聪明而善良的傻瓜，如果我们不装得像他们一样是大傻瓜的话，他们会叫我们为无神论者。"他不相信高贵的动机或为人着想的行业。与马尔伯勒公爵一样，他利用公职大饱私囊。他为他的儿子贺拉斯和其他亲戚谋求政治利益。他耗费20万英镑在霍顿的地产建造了一幢豪华大厦，并在宅邸里装饰了据贺拉斯估计价值4万英镑的绘画。他为人慷慨，因为（如果我们相信他的政敌的话）他无法分清英国人和他自己的财产。

与黎塞留用钱招兵买马、亨利·夸特勒（Henri Quatre）用钱使敌人不能动弹一样，他也用钱收买国会议员。在一切较为温和的争辩都失败后，华尔波尔用钱作为最后的手段。自查理二世以来形成的议会腐败，已经到了只有用大笔金钱才能操纵下院（无论是好是坏）的地步。华尔波尔保留了一笔秘密准备金——甚至还有一个特别房间——用以收买议员、选票和编辑。据说，他每年花费 5 万英镑津贴报刊，以刊载说明他的观点。1725 年，他怂恿乔治一世设立巴斯最高荣誉勋位，成员包括国君、大书记官和 36 位骑士。对于华尔波尔来说，一如对于拿破仑而言，用绶带统治人们似乎比用金钱经济得多。

他用这些腐败的方法保持英国的繁荣和平静。他通过这些手段达到目的虽不正当，但这些目的也显示了他性格较好的一面。他是一个好心的人，不顾一切政党政治的骚乱、阶级利益的阻挠、盲目的爱国主义者要求战争的叫喊，他决心使他的国家保持平稳。他说，让睡着的狗安睡。这是他的座右铭，虽然这使人们难以区别他是以征服或以改革实行统治，但他赢得了贤明的美誉。他的政敌也承认他不是存心报复或爱记仇的人，他的友谊比一般政客更可靠，甚至更可信赖。他没有长远寻求荣耀的阴谋，但在问题发生时，他每每都能精明、宽容而老练地予以解决。因此，除了他保守的对外政策外，英国最后宽恕了他的一切过错。

他的经济立法打击了地主阶级与商业阶级之间的一项妥协。他寻求降低土地税，并支持严惩侵犯财产的行为，同时他欢迎资本主义的兴起。他以出口奖励金和进口税照顾商人和制造商，似乎对乡村没有地产的劳工和市镇中逐渐增多的无产阶级的贫困毫无感觉。他似乎觉得财富的分配不均是自然的能力分配不均无法避免的结果。除了那些奖励金和税金外，远在法国重农主义者（physiocrats）和亚当·斯密之前，他就提倡自由贸易的政策。在一年内，他减轻了 106 种出品货品和 38 种进口货物的关税；他废除了许多对美洲殖民地贸易的限制。

他辩称，英国的经济在国家限制最少的情况下将最为繁荣。时间证明了他的观点。无论分配如何不均，国家的财富迅速增加，政府的岁收增加了。以极度俭省而有效地运用这些收入，华尔波尔赢得了"英国有史以来最杰出的商务大臣"的美誉。

他最大的败笔是他的著名的《消费税法案》（1733年）。烟酒的走私者减少关税的财库收入，同时加重一般财产税，使超出应缴的数目。为了遏止这种形式的私人企业，华尔波尔计划对这些物品课征消费税（"除去"给政府的一部分），而不论其贮藏在英国哪个地方、在什么时候出售。税务官员（"消费税官员"）获得授权在任何时间搜索任何住家，凡经发现藏有应缴关税的货品者均将遭受罚款或监禁的处分。与进口、走私、销售或消费烟酒有关的每个人都起来抗议。下院反对华尔波尔的议员们抨击这种关税和强制执行的方式是暴君专断的行动，而且严重侵犯英国人的自由。正如腓特烈大帝对这件事的评语："国会议员们告诉华尔波尔说，他可以赔偿他们普通的损失，但这个建议超出他们舞弊的限度。"——或许他们希望代替他控制公共资金。成千本小册子大肆谩骂这位大臣。群众涌到英国国会大厅，在几十个火堆中焚烧华尔波尔的肖像，而且企图在他离开圣斯蒂芬教堂时对他施以私刑。英国激怒到了处于革命的边缘。卡罗琳王后忧心军队的忠贞问题，也为新王朝的安危焦虑不安。华尔波尔取消了这项措施，承认失败。从那一刻起，他大权旁落。他的敌人开始在旁虎视眈眈。

博林布鲁克

他们人多势众，派系纷杂。一派仍然拥护詹姆斯二世，与"觊觎王位"者一同策划，他们不久将因年轻活泼的王子查理的罗曼史而兴奋。一派围绕在威尔士王子路易·腓特烈的四周，他是国王的政敌和继承人。反对华尔波尔的有这个时代最伟大的英国作家——斯威夫特、蒲柏、菲尔丁、阿巴思诺特（Arbuthnot）、汤姆逊、埃肯赛德（Akenside）、盖伊。他们嘲笑他的举止，揭露他的德行，抨击他的政策，而且谴责他不大力奖掖使威廉三世和安妮王后统治下的政府呈放异彩的一群作者。渴望执掌政权的托利党人在幕后主使，操纵诗人，在国会里兴风作浪，一心一意准备取代在位的大亨们。普尔特尼（William Pulteney）、查斯特菲尔德和刚崛起的皮特（Pitt）道出了他们的目的，博林布鲁克则由他致命的笔坚定不移地予以维护。

博林布鲁克曾于1723年接获皇家赦免状，允许他返回英国，恢复他的家产。但是，由于华尔波尔的影响力，他被视为犯有多重叛国罪、忠贞可疑，而被摒弃于政府和国会之外。但他仍是一个权势人物。英国的知识分子聚集在他的伦敦寓所，迷惑于他英俊潇洒的风采、他世故的才智和他姓氏的高贵。在那里和他的乡间别墅，他和斯威夫特交换讽刺文章，跟蒲柏交换异端邪说，与盖伊唱和民谣；在那里，他努力将饥饿的托利党人和失意的辉格党人联合起来反对华尔波尔；在那里，他创办一份杂志——最初（1726年）称为《乡绅》（*The Country Gentleman*），接着改为《工匠》（*The Craftsman*），10年来，周复一周地抨击华尔波尔所做或打算做的每一件事。博林布鲁克本人撰写措辞严厉的攻击性文章，这是这个时代最为才气焕发的政论文章，19封信的连载（1733—1734年）——《政党论》（*A Dissertation upon Parties*）——是嘲弄华尔波尔的。查斯特菲尔德写信给他的儿子说："在我读到那些文章之前，我并不晓得英语语言的渊博和威力。"

博林布鲁克的性格是他的致命伤。在他的意志受到阻挠或他的意见跟人相左时，他优雅的举止（这是他唯一的道德典范）就离他而去。1735年6月，他和反对党的名义领袖普尔特尼争执，然后愤怒地返回法国。在那里，他和他的侯爵夫人定居在枫丹白露附近，以哲学治疗他的创伤。他的《历史的研究与其用途书简》（*Letters on the Study and Use of History*，1735年）形容历史是一个庞大的实验室，历史事件以人、经济和国家在其中做过无数的实验。因此，历史是人性最佳的向导，也是解释目前现象和预期未来的最佳指针。"历史是以实例教授的哲学……我们在历史中彻底看透了人类。"我们应该"以一种哲学的精神潜心研究历史"，目标不只在领悟原因、结果和一定的关系，也在以迄今证明最适合人类发展和幸福的方式持身。这种研究的困难在于"很少历史不带谎言，更没有一部历史没有一些错误……虚妄的精神已经由教会的历史学家传到其他的历史学家身上"。不过，不屈不挠的学者以谎言对付谎言，或许可以在谎言之间努力寻求事实的真相。

1736 年，博林布鲁克以《爱国主义的精神书简》（*Letters on the Spirit of Patriotism*）返回政坛。这些信函攻击华尔波尔政府的腐败，而且要求一种不顾自己、献身英国政治的新精神：

> 无论是蒙田撰写他的《散文选》时，笛卡儿在建立新世界时，或是……牛顿在以实验与高等几何为基础，从而发现并建立真正的自然法则时，所感觉到的知识上的喜悦，都比不上他觉得谁是真正的爱国者，谁决心尽他了解的全力，并把所有的思想和行动都花在谋求国家福祉时的喜悦。

他的希望转向年轻的一代。1738 年访问英格兰时，他和现在带头反对华尔波尔的威尔士王子路易·腓特烈结交为友。博林布鲁克现在向腓特烈的私人秘书发表他最著名的作品，《一位爱国国王的构想》（*Idea of a Patriot King*）。腓特烈死于 1751 年，但他的儿子，未来的乔治三世从这些文字中获得了一些政治信条。基本上，这篇短论就像伏尔泰和 18 世纪法国知识分子将在下一个世代中梦寐以求的，以仁慈的君主政治为依归。博林布鲁克辩称，英国现在是腐败得无人能加以拯救，除非有一个超乎党派、甚至超乎国会之上的国王亲自揽权，排斥并惩处贿赂行为，在位并统治。但这位爱国的国王将不视他的权力是神授的君权，而是公众的信托，不是绝对的权力，而是受到子民的自由、报业自由和国内风俗习惯的限制，同时他将根据人民福祉受到的影响裁决一切的争端。他将促进贸易作为一个国家财富的主要来源。在英国，他将强化海军作为国家独立和欧洲大陆势力均衡的监护者。

《一个爱国国王的构想》试图联合丧失职位的托利党人和心存不满的辉格党人，建立一个服膺辉格党原则的新的托利党，抛弃拥护詹姆斯二世的政策，寻求调和土地与商业、自由与帝国、私人财富与公用事业。参照伯肯黑德爵士的摘记："辉格党人去洗澡时，博林布鲁克偷走了他们的衣服。"这篇短论的发表（1749 年）成了年轻狂热者起而投效的口号。身为"国王的朋友"，他们指望君主政体能净化英国政府。它形成了约翰逊和皮特兄弟的政治哲学。它激起了迪斯雷利（Benjamin Disraeli）自由的保守主义，他的《英国宪法的辩白》（*Vindication of the English Constitution*，1835 年）赞誉博林布鲁克为托利党民主政治之父，是"彻底重组公众的心智而为未来托利党掌握政权奠下基础"的人物。博林布鲁克和迪斯雷利的影响力将挫败的托利党改造为今日英国前进的保守党。

卷入战争

同时，博林布鲁克的宣传与见钱眼开的国会的好战精神共同结束了华尔波尔长久的权贵之势。将职位任期奠基于所保有的和平之上，这位谨慎的大臣避免与外国发生纠纷，与弗勒里红衣主教——他以同样的原则治理法国——协议尽可能维持《乌特勒支条约》建立的和平，至于其他则让他能干的兄弟贺瑞修去处理。但是，英国保有直布罗陀及英国和西班牙之间争夺美洲和海洋控制权的敌对，随着事态的发展引起越来越多的暴力争端。乔治一世和他的大臣斯坦霍普于1721 年 1 月和 6 月，曾向西班牙的菲利普五世保证，一旦英国的财政和国会的情绪好转，英国将尽速放弃直布罗陀，但英国民众拒绝默认这种投降。

南海公司大肆滥用西班牙赋予英国的特权，每年派遣一艘商船到新大陆（New World）的西班牙领地，"大规模的非法贸易因而展开"。这些贸易部分由南海公司经营，部分则由其默许。西班牙登上涉嫌走私的英国船只检查以资报复。罗伯特·杰金斯（Robert Jenkins）宣称，在一次这样的事件中（1721 年）他失去了一只耳朵。他保存下这只耳朵，在英国公开展出，而且大声疾呼报仇。西班牙没收了几艘从事合法贸易的英国船只，并将英国囚犯予以监禁。英国的私掠船俘虏了西班牙人，把他们卖到英国殖民地当奴隶。走私活动继续进行，西班牙政府提出抗议。华尔波尔虽然严厉制裁英国沿海的走私活动，但不愿意减少挣扎中的南海公司的收入，他仅采取姑息的政策。英国商人对海军的优势深具信心，加以国土没有遭到侵略的危险，同时希望开辟新的市场与扩展贸易，因而赞成开战。一般英国人对真实的和虚构的西班牙暴行感到愤激，叫喊采取行动的英国人被誉为勇敢的爱国者，那些建议采取温和手段的人被讥为胆小的懦夫。杰金斯向国会展示了他那只装在瓶里的耳朵（1738 年 3 月），于是普尔特尼、皮特及其他反对华尔波尔的国会议员都发表了有关英国尊严的激烈演说。据贺拉斯·华尔波尔说，杰金斯死的时候，人们发现他的两只耳朵完好如初。伯克提到过"杰金斯耳朵的无稽之谈"。另一种说法认为，杰金斯丧耳是海盗的杰作，这名海盗因此遭到西班牙政府的惩罚。另一方面，西班牙民众公开抨击英国人信奉异教，轻易相信一名英国船长迫使一位西班牙贵族割掉并吃下自己的鼻子的故事。

两国政府都明智地采取行动。西班牙首相拉·夸德拉（La Quadra）发了一封言辞激烈的信给华尔波尔以向民众交代，但私下通知他说，西班牙欢迎通过谈判解决。不顾人民的鼓噪，英国与西班牙签订了《巴多协定》（*Convention of Pardo*，1739 年 1 月 14 日），双方都做了让步，并成立一个委员会解决所有重大的问题。西班牙大多数民众接受了这项协议，但几乎所有的英国人都愤怒地起来反对。南海公司控诉道，这项协约将大为限制它的收入和红利。英国驻马德里大使也是该公司的代理商。此外，西班牙准许英国供应黑奴至西班牙美洲领地的特权，已于1739年5月6日期满，而菲利普五世拒绝重新签订这项合约。然而，为了实行他的和平政策，华尔波尔召回驻在地中海的英国舰队；接着，误以为西班牙正与法国签订秘密同盟，他解除了这项命令，而且要求这支舰队保护直布罗陀。拉·夸德拉提出抗议。华尔波尔顺从了国会和人民要求作战的情绪，谈判破裂。1739年10月19日，英国对西班牙宣战，仍然称呼华尔波尔是个懦夫的民众欢欣鼓舞，英国各地的教堂钟声齐鸣。这时，汤姆逊写下了他那振奋人心的民谣《统治，大不列颠！》，保证"英国人绝不会成为奴隶"。

反对派觉得华尔波尔的心神不在推进中的军队上，他们把所有的军事逆转都归咎于他的处置不当，而将波托柏洛港（Portobello）的海军大捷完全归功于身为反对派的海军上将弗农的天才。1741年2月，塞缪尔·桑兹（Samuel Sandys）向国会建议奉劝国王将他的首相撤职。这项动议没有成功，不过这只是由于华尔波尔恳求拥护詹姆斯二世派的票源的结果。他在他的职位上又干了一年，然而他明白他的时代已经过去，国家需要一次改变。

他也已心力交瘁。他的儿子写道："在前几年，他只要把头靠上枕头就能入睡……现在绝不会睡上一个小时而不醒过来。以前，他老是在进餐时忘了自己是大臣，而且比在座的任何人心情都要愉快而满不在乎，现在他不声不响地坐着，两眼凝望不动，整整一个小时之久。"新的大选选出一个完全充满敌意的国会，并在一件微不足道的事情上击败了他。1742年2月13日，他辞职了。年纪太大以致无法面对下院的喧嚣，他轻而易举地说服乔治二世封他为奥尔弗德伯爵。这样一来他转而向上打入上院，他下台之前早已营私中饱了。

在毫无怨尤地忍受长期痛苦的疾病后，他死于1745年3月18日。英国告别了和平，在皮特兄弟相继执政之下开始征服世界。

爱尔兰（1714—1756）

在历史上很少有像爱尔兰这样受到压制的民族。由于英格兰军队一再成功地镇压当地人民的叛乱，束缚爱尔兰人肉体和灵魂的一项法律制定了。他们的土地被没收，只有一小批天主教地主留有一部分土地，几乎所有的土地都在对待农工有如奴隶的新教徒手中。查斯特菲尔德说："爱尔兰可怜的人民遭到他们主人奴役的情形比黑人还糟。"莱基（Lecky）说："大地主们在寓所中有固定的监狱，用以立刻惩罚卑贱阶级的人，这在爱尔兰并非罕见的事。"许多地主居住在英格兰，并在那里花费掉（斯威夫特估计）爱尔兰佃户缴纳的 2/3 的地租。这些佃农——负担着交给地主的佃租，付给他们痛恨的英国国教的什一税和付给自己的传教士的费用——居住在屋顶漏雨的泥造小屋里，衣不蔽体，还经常处于饥饿的边缘。斯威夫特认为："爱尔兰佃农的生活比英国的乞丐还凄惨。"那些停留在爱尔兰的地主和身在外地的地主代理人，以佳肴美酒的狂欢宴会、奢华的款待、争吵和决斗及豪赌来麻醉自己，而对周围的野蛮状态和敌意视若无睹。

全面控制爱尔兰之后，英国国会压制任何与英格兰竞争的爱尔兰企业。我们曾在别处看到一项 1699 年的法案如何禁止爱尔兰毛织品输往任何国家，以摧毁成长中的毛织品制造业。以同样的方式，爱尔兰在政治混乱和军事蹂躏期间保存下来的外国毛织品贸易，也被英国法律无情地扼杀了。爱尔兰的输出品须上交出口税，这一措施使它们除了英格兰外几乎断绝了所有的市场。许多爱尔兰人靠饲养家畜并将它们输往英格兰维生。1665 年和 1680 年的法律禁止英格兰人进口爱尔兰的牛、羊或猪及牛肉、羊肉、咸肉和猪肉，乃至奶油或干酪。爱尔兰曾经将其产品输往英国的殖民地。1663 年的一项法案规定，除了少数的例外，除非由配置英格兰船员的英格兰船只从英格兰载运，欧洲的货品不得输往英国殖民地。爱尔兰的商船队无法生存了。

新教徒和天主教徒都受到英国为爱尔兰子民制定的法律的困扰。在一个有名的例子中，他们加入天主教徒推翻英国政府的运动。上交给身在外地的地主的租金不断外流，以致 1722 年造成爱尔兰硬币缺乏的情形。华尔波尔建议发行铜币以消弭这种情形。计划是合理的，但仍染上习见的贪污。肯德尔公爵夫人获得铸造这种新硬币的专利权，她以 1 万英镑的价格把专利权卖给制铁业者伍德。为了筹措这笔款项再加上他的利润，伍德建议铸造 10.08 万英镑的半便士或 1/4 便士的铜币。由于当时爱尔兰金属货币总额只有 40 万英镑，爱尔兰人提出了抗议，认为在付款和找换零钱上必须使用铜币，而外国的账目，包括身在外地地主的佃租，则以银币或纸币支付。不值钱的硬币将驱使良币囤积或外流，那时除了令人困扰的铜币外，爱尔兰人将别无他物作为货币。为了消除这些抱怨，英国政府同意将新币的发行数额减少到 4 万英镑，还提出铸币大师伊萨克·牛顿的一份报告：伍德的半便士硬币的金属成分和专利要求的一样好，而且比过去留传下来的硬币好得多。

这时，都柏林圣帕特里克大教堂主教斯威夫特以德拉皮耶（M. B. Drapier）为笔名发表一连串书简加入辩论的行列。他以热烈的精神和谩骂的手法，抨击新的货币是一项欺骗爱尔兰人的企图。他坚称送给伊萨克·牛顿检验的铜币是特别铸造的，伍德绝大多数的半便士硬币的价值远不及它们的面额。确实有些经济学家证实了他的说法，他们估计，照最初的计划发行这种硬币，爱尔兰将遭受 60480 镑的损失。在第四篇书简中，斯威夫特进一步强有力地指控英国在爱尔兰境内的一切统治，而且下了"所有未经被治者同意的政府就是奴隶制度"的定义。爱尔兰人，包括其中大多数的新教徒，热切地回应这个大胆的注释。街头唱出力促反抗英格兰的歌谣，几个世纪来蔑视整个民族的英国政府，现在发现它在一支秃笔面前退缩不前。它悬赏 300 英镑捉拿这位作者，虽然有几百个人晓得作者是当地那位郁闷的主教，却没有一个人敢对他采取行动，也没有任何一个爱尔兰人敢接受这种新硬币而面对人们的愤怒。华尔波尔承认失败，取消新币的发行，并付给伍德 2.4 万英镑，以赔偿他徒劳无功的开销和化为幻影的收获。

爱尔兰的政治结构使任何反抗英格兰统治的行动不可能实现，除非是群众的暴动或个人的暴力。除非皈依英国国教，没有人能够服膺公职，因此爱尔兰国会自 1692 年后，完全是由新教徒组成的，现在也已完全顺从了英国。1719 年，英格兰国会重申其对爱尔兰立法至高无上的权利。在英国保障议会或个人自由的法律，像《人身保障法》（*Habeas Corpus Act*）和《人权法案》（*Bill of Rights*），并不扩及爱尔兰，在英国享有的报业相对的自由也并不存在于爱尔兰。这两个议会只有在他们的选举人和议员的贪污腐败上彼此相似。英国国教主教在爱尔兰上院具有主宰力，这点却大不相同。

爱尔兰境内的英国国教，包括约占总人口 1/7 的信徒，国教靠取自农民的什一税维持，而农民几乎全是天主教徒。一小部分爱尔兰人信奉长老教会或其他非国教派，他们获得少许的宽容，但没有适任公职的资格。天主教徒不仅被摈弃于公职外，而且被排除于几乎一切需要学问的职业外，及几乎每个接受高等教育、获得财富或权势的机会之外。他们不得购买土地或以土地作为抵押投资，或持有任何长期或有价值的租约。除非是在找不到新教徒的地方，否则他们不能担任陪审员。他们也不能在学校教书，不能投票选举市政府或全国性的公职人员，或合法地与新教徒通婚。他们可以保有宗教信仰，但须由政府立案，而且做弃国宣誓（Oath of Abjuration），由不再效忠斯图亚特王朝的传教士主持仪式。其他的传教士动辄遭到监禁，但在 1725 年后，这项法令很少执行。1732 年，爱尔兰国会一个委员会报告，爱尔兰境内有 1445 名传教士、229 座天主教堂、549 所天主教学校。1753 年后，英国人的热情减弱了，爱尔兰境内天主教徒的处境获得改善。

宗教生活的杂乱、人民的穷困及社会进步的无望使爱尔兰人道德风气败坏。最能干和最勇敢的天主教徒——他们将会提高爱尔兰人能力、道德和知识的水准——纷纷迁往法国、西班牙或美洲。许多爱尔兰人为了免于饥饿而沦为乞丐或罪犯。盗匪集团藏匿在乡间，走私者和掠夺难船者潜伏在海岸附近，而有些拥有财产的人雇用多达80名的刺客干他们无法无天的勾当。数以千计的牛羊被流浪的游民宰杀，显然这是天主教徒报复信奉新教地主的行动。由于爱尔兰国会经常说占总人口3/4的天主教徒是"公敌"，人们实在难以尊重国会通过的法律。

爱尔兰人的生活也有较光明的一面。人们欢乐、逍遥自在、爱笑的性情历经一切艰难仍然存在。他们的迷信和传说使他们生活在神秘和诗意中，而没有导致像苏格兰和德国境内以巫术迫害为特征的暴动。爱尔兰境内的英国国教教士包括一些杰出的学者，及18世纪最初的25年中最伟大的英文作家，圣帕特里克大教堂主教斯威夫特。1731年创立的都柏林学会（Dublin Society）努力改进农业和工业的技术，刺激发明，并鼓励艺术。新教徒个人协助穷困的天主教徒，法官宽大处理触犯刑法中的严峻条文的囚徒，其例自不在少数。

但大致说来，爱尔兰的情况是历史上可耻的一页。可耻的穷困、无法无天、流浪的贫民、3.4万名乞丐、无数的窃贼、上层阶级生活在花天酒地之中而农民食不果腹、每一次作物歉收都带来广泛的饥荒——斯威夫特说："年老和患病的人由于寒冷、饥馑、不洁和寄生虫而垂死、腐烂。"——这幕恐怖的景象必然在我们对人的概念中占有一席之地。在1739年长期的严寒之后，发生了1740年至1741年严重的饥荒。根据一项估计，有20%的人丧失了生命，从而留下许多荒无人烟的村庄。在克立郡，纳税人总数由1733年的14346人减到1744年的9372人。贝克莱估计："爱尔兰可能无法在一个世纪内复原。"他的估计错了。妇女们耐心地生育子女以填补死去的人。随着教育的普及，新教徒的宗教热诚减退了，天主教徒的宗教虔诚则随着他们的宗教与这个民族争取自由的奋斗而加强。天主教赞成高的生育率，作为她对抗一切反对派的秘密武器，这迅速抵消了饥荒、时疫和战争对人口的掠夺。1750年，爱尔兰的人口由1700年将近200万的数目增加到约 237 万。到头来，被压迫者的信念和多产击败了征服者的武力和贪婪。

苏格兰（1714—1756）

苏格兰的命运和爱尔兰的命运何以大不相同？

苏格兰从未被人征服过；相反，它曾给英格兰人一位苏格兰籍的国王。它的高地民族首领仍然未被征服，他们提供了一再领导苏格兰侵略英格兰的战斗部队。它的低地家系是盎格鲁－撒克逊族，基本上和英格兰人是同一个血统。它的土地仍然在勇敢的当地人民手中。它的宗教和英国国教一样，是宗教改革的产物，不是中世纪教会的遗产，同时它团结而非分化了整个民族。在合并法案（1707 年）之后，苏格兰根据人口的比例分享目前不列颠——英格兰－威尔士－苏格兰——国会的议席。它接受来自伦敦的统治，不过这只是在勒索商业让步使苏格兰人致富之后。苏格兰的每个教区都设法为其子弟设立一所学校，同时有 4 所大学提供当时不列颠群岛最好的高等教育。在 18 世纪，这种教育活动兴盛成为“苏格兰启蒙运动”（Scotish Enlightenment）——休谟、哈奇森（Hutcheson）、里德（Reid）、罗伯逊、亚当·斯密——因而带动英国人的心灵向前迈进。

然而，辉煌的成就必须付出艰辛，在合并的果实成熟之前，已经度过了 50 年的光阴。1714 年的苏格兰基本上仍是封建的，在城市之外，每个地区都由一位高高在上的贵族通过属下的地主治理，土地由忠心耿耿而目不识丁的佃农耕作。但现在和英格兰的政治合并迅速地破坏了那种结构。贵族支配着苏格兰的国会。当苏格兰国会解散时，不列颠国会的苏格兰籍议员发现他们置身在一个贸易、工业的影响力和土地的势力互争长短的环境中。他们采纳了英格兰的观念和技术。1750 年，苏格兰的制造商和商人开始向阿盖尔、阿瑟、汉密尔顿和马尔诸家族的全国领导阶层挑战。1745 年的拥护詹姆斯二世派事变是苏格兰封建势力闪出的最后一次火花，它失败后，苏格兰的经济与英格兰的经济合而为一，中产阶级的统治同时开始。这个合并使英格兰的殖民地开放给苏格兰人。1718 年，第一艘苏格兰船只自格拉斯哥横渡大西洋。不久，苏格兰商人变得到处都是。农业技术和都市卫生有了改进。死亡率降低，人口由 1700 年的 100 万人增至 18 世纪结束时的 165.2 万人。拥有 5 万居民的爱丁堡，1751 年成了大不列颠的第三大城市，仅次于伦敦和布里斯托。

　　长老教会（Presbyterian Kirk）仍然近乎狂热地效忠加尔文教派的神学。每个星期日，人们步行——有时两三英里路——到毫无装饰的教堂，聆听几个小时强调宿命论和地狱恐怖的讲道和祈祷。《圣经》是每个苏格兰家庭每天的精神食粮。1763 年，休谟以戏谑夸张的口吻估计道，苏格兰境内每个男女老幼都有两本《圣经》。传教士的教育程度不高，但诚挚而虔敬感人，他们生活俭朴，他们的言传身教加强了苏格兰人特有的坚定和诚笃。每个教会的长老和牧师严格地监视教区民众的言行，他们分别对赌咒、诽谤、争吵、巫术、乱伦、通奸、任何不守安息日规定、任何违背他们严厉教规的行为加以处罚。牧师们谴责跳舞、婚宴和看戏。他们仍然对巫术举行审判，虽然由于巫术而处死的情形已越来越难得一见。1727 年，一对母女就因为这样的罪名被判刑，女儿逃了，但母亲被烧死在柏油筒里。英国国会废除规定巫术处死的法律时（1736 年），苏格兰的长老教会抨击这项行动违反《圣经》的昭然戒律。

　　同时，长老教会学校由教区维持，城镇学校由城镇维持，培育准备升大学的学生。各个阶层渴望求知的年轻人来到爱丁堡、阿伯丁、圣安德鲁和格拉斯哥。他们来自农村和工厂，也来自地主和贵族之家。一种求知的热诚激发他们，他们忍受了求知过程中任何的艰难。他们有许多人住在寒冷的阁楼里，以定期由父亲农庄运来的一袋燕麦片作为主食。教授们也都清心寡欲，年收入很少有超过 60 英镑的。在大学里神学是课程的核心，比教区学校几无不及，同时也教古典文学，还有一点科学的课程；苏格兰人的心灵接触到了欧洲的世俗思想。在格拉斯哥教伦理学（1729—1746年）的哈奇森，撇开教义的讨论不提，将他的伦理学建基于自然的基础上。一位苏格兰作者曾于1714年提道："霍布斯和斯宾诺莎在我们年轻的一代和学生中间大受欢迎。"少数陶醉于解放的年轻人组织了俱乐部——"硫黄社""地狱火""龙骑兵"——自豪地宣扬无神论，或许他们已和拥护詹姆斯二世派的不满分子混在一起。因为除了那些和英格兰经济结合在一起的商人阶级外，苏格兰仍然对斯图亚特王朝的记忆激动不已，而且梦想詹姆斯三世或他的儿子再度领导苏格兰人越过边界，使苏格兰王朝坐上不列颠王位这一时刻的来临。

活泼的查理王子（1745）

詹姆斯三世企图率军远征英格兰和苏格兰失败后，已经精疲力竭。1719年，他娶了波兰最著名国王的孙女玛丽亚为妻。这是一桩不愉快的婚姻，但它使詹姆斯有了一个儿子，他那可爱的脸庞和活泼的性情——或许可以追溯到苏格兰的玛丽女王——使他父母感到既骄傲又头痛。英格兰称查理·爱德华·斯图亚特是"小王位觊觎者"，苏格兰称他为"活泼的查理王子"。在一个不谐和的家庭中长大，他的天主教和新教家庭老师教他互相矛盾的信念，查理在冷漠的教育下长大成人，但他有强壮青年所有的动人之处及渴想戴上皇冠的一切热情。利里亚公爵对这位少年的"美貌"、他那快活的棕色眼睛和淡褐色的头发感到震颤不已。一名勇敢的骑士、一位优秀的射手、一副6英尺高而适于作战的体格、一位"了不起的高尔夫选手"、一位娴熟的音乐家、一位优美的跳舞能手——这位公爵说："这一切加在一起是我曾见过的最理想的王子。"查理注意到自己的长处，这使他经常难以驾驭。1734年，还是一个14岁的大孩子，他获准在加埃塔（Gaeta）与西班牙军队作战，一试锋芒。由于这次战火的洗礼，他几乎无法再等待攻取英格兰的机会。

英国国会压制华尔波尔的反对而与西班牙开战（1739 年）时，机会似乎来了。腓特烈大帝对西里西亚（1740 年）的进攻，扩大成为奥地利王位继承战争。英国将主力军派往欧洲大陆，拥护詹姆斯二世派哪里还能找到再次向英国王位冲刺的更好时机？在苏格兰，他们组成"联军"（Association），誓言完成这项大业。他们派遣特务前往英国煽动叛乱，同时向法国请求金钱、武器和军队的支援。路易十五下令 7 艘战舰和 21 艘运兵船在布雷斯特集结，准备载运马雷夏尔·萨克斯麾下的 1 万名士兵由敦刻尔克到英格兰。在意大利，查理王子焦急等候来自巴黎邀请他参加远征的通知。邀请的通知没来，但他于 1744 年 1 月 10 日离开罗马，夜以继日骑马到弗拉斯凯蒂、莱里奇和热那亚，搭船到昂蒂布，然后疯狂地赶往巴黎。他那位年迈的父亲留在罗马，之后从未再见儿子一面。查理受到法王亲切的接待，获得适当的财力支援。他继续前往格拉沃利纳，急躁地等候与马雷夏尔·萨克斯起航的命令，而后者也不耐烦地在等候法国舰队的到来。

风势和浪潮跟往常一样对英国有利。法国舰队自布雷斯特启碇（2 月 6 日），陷入了恐怖之海，而且老是碰到逆风。船只互撞，桅杆折断。52 艘船只组成的英国舰队逼近的消息传来时，一切都紊乱不堪。法军逃回布雷斯特，但丧失了许多船只，其余的都受到暴风的重创。随着这一挫败的消息而来的，是法国听说英国拥护詹姆斯二世派已经瓦解，同时精神散漫，如果法国人来了也无法指望他们帮忙。路易十五谕知萨克斯必须放弃入侵计划。当时尚未与法国正式交战的英国控诉道，查理留在法国境内是违反条约承诺的。乔装潜藏在巴黎的查理向友人发誓说，即使他一个人搭乘一艘毫无遮掩的小船，他也要攻入英国。他的父亲写信要求他别鲁莽行事，"这将招致你的毁灭，及所有和你一起行动的那些人的毁灭"。与此同时，查理的支持者争权夺利，在他面前互相攻击对方，直到他绝望地写道："我被折磨得要死。"（1744 年 11 月 16 日）

最后，不顾一切警告，也未和法国王室磋商，他决心"试试我的运气"，"不成功便成仁"。他派密探到苏格兰号召族人起义。这些族人准备不周，因此他们考虑禁止他来。苏格兰的拥护詹姆斯二世派在博林布鲁克的领导下，正与乔治二世寻求和解。然而，查理借了18万利维尔，接受了两艘武装船的协助，进而驶往苏格兰（1745年7月15日）。在英格兰西南端的兰兹角（Land's End）附近，这支小舰队遭到一艘英国战舰的迎击。查理乘坐的船遭到重创，因而折回布雷斯特。他搭乘另一艘战舰向北前往英格兰西部，8月3日，他在外海布里地群岛（Outer Hebrides）的艾利斯卡（Eriska）踏上苏格兰领土。一位部落首领建议他回家。这位王子答道："我现在是回家了。"他接到警告说，英国政府已于8月1日悬赏3万英镑捉拿他，不论死活。查理遣走载他来的船只，以切断了他自己的退路作为答复。8月19日，他在苏格兰高地的格伦芬南（Glenfinnan）升起他的旗帜，并呼吁所有拥护詹姆斯二世的人协助他。

大多数部落首领仍然保持冷漠，有些自称追随他的人暗中图谋背叛，6位领主声明支持他；在他的2000人中有1200名麦克唐纳和卡梅伦家族的人。为避开约翰·科普爵士麾下的政府军，查理率领他的部队开往南方。9月17日，他们进入爱丁堡，攻下了哨塔和大门，在一度是王宫的霍利鲁德（Holyrood）建立了他们的指挥所。这位25岁的王子，以他苏格兰高地的习惯，用红色天鹅绒短裤、绿色天鹅绒帽和白色的帽章构成了一幅迷人的画。许多苏格兰人认为国家的荣耀已经在这种英俊潇洒的化身中重现，下跪亲吻他的手，所有的女士都为他祈祷并渴望赢得他的青睐。在他获悉科普率领2000人逼近爱丁堡时，已几乎没有时间享受别人的款待。9月21日，查理率领他现有的3000人出战，在普雷斯顿潘斯迎战科普的部队，予以击溃，生擒了许多名俘虏，善予对待，随即凯旋返回霍利鲁德。苏格兰似乎赢了。

自由逍遥了一个月，查理为他的军队征募粮食和衣物，而且欢迎其他的家族加入。路易十五从法国送钱和军火给他。11月8日，这位快乐的王子徒步率领4500人越界进入英格兰。他包围占领了卡莱尔城，在曼彻斯特受到欢迎，继而推进到德比城，希望借着他戏剧性的推进唤醒英格兰接受他为合法的国王。他发表宣言，保证英国国教徒和长老教会信徒不会像信奉路德派的乔治一世统治时那样，受到他这位天主教徒的伤害。但英格兰并不相信他，而且不打算再度展开新旧信仰之间令人疲惫的斗争。苏格兰境内几乎没有任何人起来反对查理，但只有一小批英格兰新兵前来援助他。英格兰的拥护詹姆斯二世派明哲保身，以策万全。

乔治二世已由汉诺威匆匆赶回来保护受到威胁的王位，并下令三支英国军队在德比集中。查理根本不理会他们，带着他的6000人赶往伦敦，但苏格兰的首领们拒绝追随他。他们指出，每支政府军都在1万人以上，而这些在他后方的军队会袭击并迅速打败他，同时，他所保证的拥护詹姆斯二世派的起义毫无消息。他们坚持要返回苏格兰，在那里他们或许可以号召更多的族人，而且可能得到法国的援军。查理屈服了，率领军队懊丧地由德比撤至格拉斯哥。在福尔柯克附近，他以9000人击败霍利（Hawley）麾下一支1万人的英格兰军队（1746年1月17日）。但这是一次损失惨重的胜利。他的军队因死伤和逃亡而实力削弱；补给逐渐耗尽，只能以燕麦片当粮饷；军队的首领们像党派般争吵不已。他们再次建议撤退。查理王子请求暂时别动，他了解再往后撤退只会导致崩溃和灭亡。他们为什么要逃避并不比他们更强大的敌人呢？他又一次屈服了，但现在他知道他被击败了。苏格兰军队掉头向高地开拔。首领们的悲观主义传染到士兵身上，逃亡的人数以千计，剩下的不像一支部队，而是一批没有纪律又精神沮丧的散兵游勇。

这时，英军的主力部队在坎伯兰公爵的率领下进入苏格兰，控制了东海岸，而且在利斯获得乔治二世从奥地利买来的500名雇佣兵的增援。坎伯兰率领8800人向北开进因弗内斯郡。1746年4月16日，在卡罗登荒原（Culloden Moor），查理拥有的是 7000 名装备低劣、粮食不足、领导奇差的军队。他们以苏格兰人的英勇作战，但被坎伯兰占优势的炮兵发射的霰弹击溃了——（一位苏格兰诗人说）"成袋的弹丸将他们打倒，就像割草机前纷纷倒地的草一样。"查理骑着马疯狂地来回奔驰，企图集合他那支溃败的部队，但他们在仓皇中四散而逃。他的属下抓住他的马缰强迫他退出战场。他的精神崩溃了，他和少数朋友逃逸而去，由一个避难地逃到另一个避难地，荣耀尽失，重写了查理二世的故事。最后他找到了一艘船载他返回法国。

坎伯兰下令"不留活口"，追击溃败的敌人。叛变的苏格兰人一律格杀勿论，住屋一间间遭到搜索，查获带有武器的苏格兰人就当场枪决，效忠乔治二世的党派可以任意处置参加过叛乱的党派，数以百计的住屋焚毁了。坎伯兰伯爵说："温和的措施行不通，我们所做的好事只是流了一点血，这仅减弱了疯狂，却没有予以根绝。"事实上，叛党们一而再再而三地企图叛变。十多年中，苏格兰的拥护詹姆斯二世派继续在歌咏而且回味过去的败绩并梦想着即将来临的胜利，直到他们一度雄姿英发的王子在罗马老迈颓废，粉碎了他们的信念。

英法之间的《艾克斯·拉·柴培尔条约》（1748 年）要求将查理驱逐出法国。他拒绝服从。他被法国军队强制驱逐出境。他化装潜回巴黎，甚至 1750 年潜往伦敦，企图重振拥护詹姆斯二世派的运动，却毫无结果，答应放弃天主教的信仰也毫无作用。最后他承认失败，耽于酒色淫乐，使所有主要的天主教势力都遗弃了他。他于 1788 年死于罗马，享年 68 岁。30 年前，伏尔泰就已经对第二次拥护詹姆斯二世派的叛变，写下了公允的墓志铭体裁的散文：

> 因此（随着查理于 1746 年返回法国）结束了一项冒险，在骑士游侠的时代，这种冒险或许会证明是幸运的，但在军纪、炮兵及最重要的金钱将决定一切的时代，无法展望其成功。

威廉·皮特的崛起（1708—1756）

华尔波尔的倒台遗留给英国一个在政治混乱、没有结果的战争中挣扎的无力内阁。维明顿爵士以财政大臣的身份（1742—1743 年）在国内执政，而乔治二世以戏剧化却真实的英雄气概在戴廷根（1743年 6 月 27 日）作战。腓特烈大帝写道："在整个战事期间，英国国王亲自率领他的汉诺威警卫营，左脚在后，宝剑在手，臂部前伸，非常像是一位击剑能手。"同样地，他以自己的勇武来激励士兵，而他谦逊地接受将领们的指挥。亨利·佩勒姆的内阁（1743—1754 年）领导英格兰恢复和平，但继续采取收买城镇和国会选票的统治方式。他的弟弟纽卡斯尔公爵继续向英格兰的政客收税（卖官之意），为了预算的方便，他列出了时下每个人灵魂的市场价格。这两个内阁最为人瞩目的成就是缔造了不列颠帝国，及在动乱时期坚持到底，成为历史上最有势力的人物。

皮特由于他的祖父托马斯在印度发了大财而生来富裕（1708 年）。托马斯本人是不可小看的人物。他曾在一艘商船上充当水手，在孟加拉定居，并且从事贸易，跟国会支持的东印度公司进行"非法的"竞争。他被罚款 1000 英镑，但继续竞争下去，终于使东印度公司与其订约，他加入了该公司，并当了 12 年的马德拉斯总督。1701年，他富可敌国，富有到能以 2 万英镑买下著名的"皮特钻石"（Pitt Diamond），而且精明到将它以 13.5 万英镑的价格卖给法国摄政者菲利普二世。托马斯将他的获利投资在英格兰的不动产上，在国会购得一席位置，并于 1710 年至 1715 年出任"只有少数居民但仍有议会代表的市镇"旧萨鲁姆这一城镇的国会议员。他将他的财产遗留给他的长子罗伯特·皮特，罗伯特娶了哈丽雅特·比列尔斯，她为他生了 7个子女，威廉·皮特是他们的次子。

在伊顿学院，威廉抗议校规不合理。他认为旧生差使新生的传统将使学生的精神崩溃，但并没使他精神崩溃。在牛津大学，他以 18

岁的年龄患上痛风病而出名。希望在较暖和的气候下根除病痛，他没有得到学位便离校前往法国和意大利旅行，但痛风一直伴随他一生。尽管如此，他还是投入军旅，在军中服役4年，没有见过战争，但退伍时深信战争是历史的决定者和国家命运所系。1735年，平素对他很是吝啬的父亲，为他买下旧萨鲁姆市镇的选票，他开始了国会生涯。

不久他就使自己在那里出名，因为他是那个辩论的巨穴（国会）所曾见过的最打动人的演说家。他将热情融入他的演说中，野心促使他向往权势，弄垮华尔波尔，支配国会和国王，最后随心所欲地改造欧洲。为了达到那些目的，他运用逻辑、戏剧、想象力、热忱、诗歌、大话、谩骂、挖苦、讥讽，同时诉诸爱国主义、个人及国家的利益和荣耀。渐渐地，他发展雄辩的练达，直到包含了狄摩西尼或西塞罗一切的雄辩术为止。他能够降低他的声调为耳语或升高到怒吼的程度。他能够以一句话毁掉敌人。他遵守狄摩西尼的原则，使行动成为言辞的生命。每句话都有它的表情，每一种情绪都表现在他老鹰般的脸上，在他深陷的眼睛中闪耀，直到他整个身体开始活动，好像言词成了血肉一样。他是有史以来政治舞台上最伟大的演员。

他不是圣人。野心是他性格的主桅及帆上之风。他的野心环抱整个英国，而且不管愿意与否，总拖着英格兰横渡帝国领海成为世界的霸权，终于耗尽了野心本身。由于觉得自己是国家的喉舌，该凌驾在任何汉诺威的喉音或华尔波尔的贿赂之上，他制订出政府的道德——凡有利于国家者，则不论他运用欺骗、诽谤、恫吓、阴谋、忘恩负义、大谎、背信等手法，均属正当。这些是政治家职业的工具，而且将由国王而不是由传教士来评断是非。几乎在他崛起的每个阶段，他都抛弃了他以一切道德情感的极致来自卫的立场。他很少停下来解释或道歉。他竭心尽力朝着目标去做。他的成功——也是英格兰的成功——使他的罪恶成为正当，并使荣光罩头。同时，他的自豪也有些伟大的地方。他不屑以卑屈的态度求取功名，他在贪污的风气下洁身自爱，他也以一种毫不妥协的顽强个性的力量达到了目的。

他抨击华尔波尔是一个太胆小以致不敢冒险与西班牙开战的和平商贩，他对国王也太过臣服。皮特说，这位国王显得“对汉诺威有种荒诞、忘恩而不忠的偏爱”，并认为“英格兰只是一个卑劣的选帝侯区里的一个辖区”。这位热情的雄辩家如此热衷地追求黩武政策，马尔伯勒公爵夫人于 1744 年垂死之际遗留给皮特 1 万英镑遗产，因为这位公爵夫人继承了她那死去丈夫对战争的热爱。亨利·佩勒姆执政时，他请求国王任命皮特为国防大臣。乔治二世拒绝了这个请求。佩勒姆坚持己见，他形容皮特是“我们拥有的最能干而有用的人，真正廉洁而绝对正直”。国王屈服了，1746 年皮特入阁，最初担任爱尔兰的联合副财政大臣，接着出任武装部队的军需官。这个职位一向是个肥缺，军需官可以收取国会表决给外国王子的所有津贴的 0.5%，同时将留给他支付军饷的大笔流动资金投资获利，并将之纳入私囊。皮特拒绝接受公俸以外的任何津贴，萨丁尼亚国王强迫他接受一份赠礼时，他拒绝了。长久以来认为这种临时津贴是对人性的一种正常施惠的英格兰，赞誉皮特反常的廉洁，而且支持他的计划——建立一个横跨世界的不列颠。

1755 年 6 月，英国与法国未经宣战就在美洲爆发战事。1756 年 1 月，英国与普鲁士签订一项条约。5 月，法国与奥地利签署同盟条约。11 月，现任国务大臣的皮特，在法国大革命之前决定欧洲版图的七年战争期间，成了英国的喉舌和舵手。

第四章 | 宗教与哲学

宗教的情势

西欧 18 世纪的历史有两个主题：古老封建政权的崩溃，给予前者精神和社会支持的基督教近乎崩溃。国家与宗教在互相支援下紧密地结合在一起，其中一个衰落，似乎也使另一个卷入同样的悲剧中。

在这两个方面的重大变迁中，英国上演了第一幕戏。在政治的舞台上，她在 1642 年至 1649 年的内战中废除一个封建的贵族政治和斩下一位国王的首级而比法国大革命早了 147 年。在宗教方面，自然神教抨击基督教比法国的伏尔泰运动（Voltairean Campaign）早半个世纪；霍布斯的唯物论比梅特里（La Mettrie）的唯物论早一个世纪；休谟的《人性论》（1739 年）和他的短论《谈奇迹》（"Of Miracles"，1748 年）早于法国的知识分子在《百科全书》（1751 年）中抨击基督教。伏尔泰到英国之前，已在法国学到怀疑论——部分是向英国被放逐的博林布鲁克学的；但他在英国的 3 年（1726—1728 年），目睹正教式微、天主教蒙羞、新教瓦解为软弱的宗派，及自然神教论者除了相信上帝之外诘难基督教的每一样事情，都使他震惊不已——而这些正是伏尔泰要带到法国的挑战。伏尔泰说："在法国，我被认为太少宗教信仰；在英国，则被认为太多宗教信仰。"

孟德斯鸠于1731年访问英国，他报道说："英国没有宗教。"当然，这只是夸张。就在那时，约翰和查理·卫斯理正在牛津建立循道宗教派运动，孟德斯鸠这位贵族则多半在贵族或文坛的圈子里活动。他告诉我们，在这些团体里，"如果提到宗教，每个人都会嘲笑"。这似乎也太极端。现在且听听几乎晓得上层阶级每个男女和异端分子的赫维爵士说的：

> 这种基督教的神话……现在（1728年）在英国被推翻了，因此任何一个上流社会或有身份有地位的人几乎和过去耻于承认自己没有宗教信仰一样，羞于承认自己是基督徒。即使是以见解自豪的妇女，也小心地让人晓得她们不屑受到基督教的偏见限制。

在那些高贵的阶级或心灵中，宗教意味着英国国教教会的幻梦，或非国教派的"狂热"。约翰逊不久将狂热阐释为"徒然相信秘密的启示"——字面上是"内在的神"。英国国教以支持斯图亚特王朝对抗汉诺威王朝和得胜的辉格党而丧失了荣誉和影响力。现在它已顺从了国家，它的教士也成了统治阶层卑微的扈从。乡间的教区牧师是讽刺文学或粗俗揶揄的上好笑料，菲尔丁对教区牧师亚当的尊重是例外。阶级差别在教堂中很普遍。富人拥有靠近讲坛的特别座位，商人坐在他们后面，一般老百姓坐或站在后面。礼拜仪式结束时，老百姓留在他们的位置上，身份地位高过他们的人神气十足地陆续退出。在伦敦有些教堂里，太多的穷人涌进教堂时，带着假发的教友纷纷逃出，同时锁上座位，出外呼吸更新鲜的空气。

有些英国国教的主教，像巴特勒、贝克莱和沃伯顿，都是饱学之士，其中两位品格高尚。但大多数高级教士都设法谋求升迁，与宫廷里的怀疑论者和贵妇人玩弄政治手腕，而且奢侈地浪费许多教区的收入。我们听说，钱德勒主教由利奇菲尔德升到达勒姆花了9000英镑；

温切斯特的威利斯主教、坎特伯雷的波特大主教、伦敦的吉布森和舍洛克主教死时"无耻地富有"，有些人留下价值10万英镑的遗产。萨克雷（Thackeray）不喜欢他们：

> 我知悉雅茅斯夫人（乔治二世的情妇）以5000英镑的价格出卖主教职位给一名教士……他是那个时代唯一借这种手段担任教职的高级教士吗？我探访乔治二世的圣詹姆斯教堂时，我看到成群的教士登上宫廷贵妇的楼梯；偷偷摸摸的教士把钱包悄悄放在她们膝上。皇家礼拜堂的牧师在不信教的老国王面前用德语讲道或闲谈，老国王在蓬座下打着哈欠……声音大到牧师……在圣坛上失声痛哭，因为这位信仰的捍卫者兼主教职位的分配者不愿听他讲道！

英国国教变得大为宽容其教徒之间不同的神学和宗教仪式，是这个时代的一个迹象。皮特形容英国国教是"加尔文教派的教义、天主教的礼拜仪式和亚米念（Arminian）新教派的牧师"。也就是说，官式的教义是宿命论，仪式是半天主教，自由主义的精神则允许英国国教教士拒绝加尔文的宿命论，并采用荷兰异教徒亚米念自由意志的垂训。宽容程度日增，因为信仰衰落。像休谟的异端邪说，若在17世纪的英国，必会引起轩然大波，而今只对英国的思想潮流激起轻微的涟漪。休谟形容英格兰"像世界上任何其他国家一样对宗教事务最是冷漠"。

法律规定所有的英国人都得信仰国教。星期日不去做礼拜会遭到每次缺席罚款1先令的处罚；任何允许这种不上教堂的人与其同住者，每个月罚款20英镑。然而，这些法律难以强制执行。天主教礼拜式为非法，也只是法律规定而没有实际执行。执行任何祭司职事的天主教神父将被禁监终生。一项同样的惩罚打消了任何天主教徒兴办学校的念头：在100英镑罚款的惩罚下，任何父母都不可能将子女送到海外接受天主教教育。只有那些宣誓效忠和奉英国国王为国家主权人（承认英国国王是教会的领袖），而且宣布反对变体论的公民，才有资格购买或继承土地。任何拒绝接受这些宣誓的天主教徒不得担任文职或军职工作，不准执行法律业务，不准提起任何法律诉讼，而且不得居住在伦敦 10 英里范围之内。此外，这样的天主教徒可能在任何时候被逐出英国，如果返回英国，他可能会被处死。然而，实际上在乔治一世和乔治二世时代，天主教徒照样把他们的财产和教义传给他们的子女，他们可以在他们的礼拜堂和家里望弥撒而不受妨碍，他们有许多人照规发誓而心灵则保留信仰的自由。

几乎所有虔诚的英国新教徒，现在都参加了与国教存在分歧的宗派。伏尔泰嘲笑并乐于见到他们的繁多宗派：独立会教派信徒（清教徒）、长老会教友、浸信会信徒、公理会教友、教友会信徒、苏西尼派（Socinians，唯一神教派教友）。长老会教友在丧失政治权力后，变得宽容多了。他们并未认真地相信宿命论，同时他们许多人也默然安于人身的基督。1719 年，长老教会牧师大会以 73 票对 69 票决定，牧师候选人应当不必同意正统三位一体的教义。教友会信徒的财富而不是人数增加了，他们的社会地位提高时，他们变得更能安于人的习性和罪恶。忧郁的倾向几乎感染了即使是在兴盛之中的所有非国教信徒。上层阶级使星期日成了狂欢的日子，中下阶层——以非国教派的人民为主干——继续过着清教徒"黯淡的星期日"（blue Sunday）。在家里的晨祷后，家人到礼拜堂参加持续两小时的礼拜式。回到家里，父亲向妻子儿女朗读圣经或虔敬信仰的书籍，他们坐在没铺地毯的地板坐垫上。下午和晚上他们通常还要去做礼拜，一起祈祷，聆听另一次宣讲，歌唱响亮的圣歌借以寻求一些乐趣。在那个神圣的日子里，不准唱凡俗亵渎的歌曲，不可以打牌，大致说来没有任何的娱乐活动。在安息日避免外出旅行，这样好让拦路强盗休息一天。

伏尔泰回顾英国的宗教情形，发现里面有许多东西可以教给仍然保持不宽容的法国：

观察一下伦敦的皇家证券交易所……犹太人、穆斯林和基督徒在那里一起从事贸易。在那里，长老会教友信任再洗礼派信徒，国教徒信赖教友会信徒。在这种自由集会解散后……有些人去参加犹太人集会，其他人则去喝上一杯。这个人走了，以圣父、圣子和圣灵的名义在一个大桶中洗礼；那个人去割除他儿子的包皮，对着这个男婴细诉一大堆希伯来话——话的意思连自己也完全不懂；其他人（教友会信徒）回到他们的教堂，在那里戴上帽子以等待天堂的神灵启示；所有的人都心满意足。

如果英国境内只准许一种宗教存在，政府很可能会变得专断独行；要是只有两种宗教，人们会互相残杀；但是由于宗派众多，他们全都快乐地生活而且相安无事。

自然神教的挑战

许多因素加在一起，瓦解了英国的基督教教义。教会和政党的盛衰相联结，上层阶级财富的增加和对娱乐的要求，通过贸易和旅行引起的国际主义观念的成长，对非基督教的宗教和民族的日渐认识，繁多的宗派及其相互的批评，科学的发展，对自然主义和不变法则的信念的加强，对《圣经》所做的历史性和批评性的研究，贝尔的大字典和斯宾诺莎的《神学政治论》之类的划时代著作的输入或翻译，国家检查出版制度的摒弃（1694 年），理性威望的兴起，培根、霍布斯和洛克在哲学中对世界和人类提出自然解释的新尝试，及综合上述一切的自然神论者将基督教降为对上帝和永生的一种信仰运动。

这个运动以 1624 年舍伯里封地赫伯特爵士的《真实论》开始；17 世纪和 18 世纪初经过查尔斯·布兰特、托兰和科林斯诸人而成长；现在则在威廉·惠斯顿、伍尔斯顿、廷德尔、米德尔顿、查布、安尼特和博林布鲁克身上以累积的效果向前推展。威廉·惠斯顿继牛顿之后成为剑桥卢卡斯（Lucasian）数学教授，由于发表一些怀疑三位一体的思想而被解职。他在《原始基督教辩正》（1712 年）中为阿里乌教派辩护，而且苦心证明《旧约》的预言和基督无关。基督教的维护者放弃由预言而起的争辩、并将基督的神性放在《新约》中有关的奇迹上时，伍尔斯顿在《救主奇迹六论》（1727—1730 年）中大放厥词。伏尔泰说："基督教从未受到任何基督徒如此大胆的抨击。"伍尔斯顿辩称，这些奇迹有的令人难以置信，其他则荒诞不经。他发现尤其难以相信基督曾经诅咒无花果在复活节这么早的时节里不结子。他怀疑，如果耶稣像处死加大拉的猪群（Gadarene Swine）[1] 而把英国饲羊者的一群羊处死时，这些人将如何对付他，他们会"吊死他"，因为英国法律规定这种事要处以死罪。伍尔斯顿认为，基督复活的故事是十二使徒蓄意欺骗他们的听众而编撰出来的。他以他仍然是"坚如巨石"的基督徒这项声明来掩饰这一切。然而，他的每篇论说都致力谴责一位主教的骄傲和他们的贪婪，因此他们控告他诽谤和亵渎神明（1729 年）。法庭判他罚款 100 英镑，并要他保证将来会检点。由于无法筹措需要的款额，他进了监牢。伏尔泰捐出 1/3 的数目，剩余的款项筹足后，伍尔斯顿获释了。这次审判无疑为《救主奇迹六论》一书做了宣传，在几年中卖出了 6 万本。作者不详的《伍尔斯顿的一生》（1733 年）道出了他在走进圣乔治广场时——

> 一位兴高采烈的年轻妇女迎接他，并以下述的态度招呼他："你这个老家伙，你还没被人吊死？"伍尔斯顿对此回答道："好女人，我不认得你。敢问一声，我什么地方冒犯了你？"这个女人答道："你写文章侮辱我的救世主。要不是我那亲爱的救世主，我这可怜有罪的灵魂将如何下场？——我那为了像我一样邪恶的罪人而死难的救世主。"

---

[1] 加大拉的猪群，出自《马太福音》，耶稣赶鬼入猪群，结果猪群闯下山崖落海而死。

自然神论者的宣传到了廷德尔手中达到最高峰，他是牛津大学万灵学院的学生。在一段平静而可敬的生活（主要是以皈依天主教而又改宗闻名）后，他在 73 岁时出版第一卷《与宇宙同老的基督教》（*Christianity as Old as Creation*，1730 年）。3 年后去世时，他遗留下第二卷的手稿。后者落入一位主教手中，他把它毁了。我们或许可以从 150 封企图反驳的回信中，估计第一卷的影响力。巴特勒主教的《宗教类比》（*Analogy of Religion*）和贝克莱主教的《细心哲学家》（*Alciphron*），均由此而来。

廷德尔对所有神学的奇想未尝稍假颜色。他问道，为什么上帝要将他的启示给予一个小民族——犹太人，并让他们单独拥有 4000 年的时间，然后派遣他的儿子带给他们另一个启示，这个启示在 1700 年后仍然只限于人类中的少数民族所有。利用这种愚蠢方法造成这种延迟和不当结果的是什么样的神？先是惩罚寻求知识的亚当和夏娃，然后仅仅因为出生而惩罚他们所有子嗣。我们听说，《圣经》里的荒唐事情是由于上帝要使他的圣道适合于他听众的语言和观念所致。胡说八道！为什么他不能明白地向他们说明简单的真理？为什么他要用传教士做他的中间人，而不直接向每一个人的灵魂说教？为什么他允许他那特别显明的宗教成为迫害、恐怖和倾轧的发动机，又经过几个世纪的反思后，人们为何在道德上不比过去更好？——实际上，反而比在异教礼拜式下更加凶暴残酷！难道苏格拉底或西塞罗没有比历史上的基督教更好的道德？真正的启示是在自然本身，在人天赋的理性中；真正的上帝是牛顿显示的上帝，根据不变的法则庄严运转的神奇世界的设计者；真正的道德是与自然谐和的理性生活。"凡能如此调节自然欲望，使最有助于合在一起考虑的理性的发挥，身体的健康和感官的快乐（因为他的幸福包含在这里），或许可以确定，他绝不会冒犯他的造物主，根据事物的本性统治万事万物的造物主，只能期望他有理性的创造物会根据它们的本性行事。"这才是真正的道德，这才是真正的基督教，"与宇宙同其长久"。

米德尔顿从历史的角度继续予以抨击。剑桥大学三一学院毕业后，他担任了圣职。在一而再地打击正统信仰时，他表面仍然继续信奉基督教。他写过他那个时代几篇最佳的散文，他的《西塞罗传》（*Life of Cicero*，1741 年）虽然借重前人之作，但迄今仍是令人赞赏的传记。他把《罗马通信》（*Letters from Rome*，1729 年）送往英国，信中以学者的态度详细揭示了天主教仪式中异教礼拜的残渣——供香、圣水、圣物、奇迹、还愿物和摆设在圣堂前的灯火，及古代的大祭司成了罗马教皇。信奉新教的英国鼓掌喝彩，但不久即发现，米德尔顿的历史倾向同样会困扰新教与天主教神学。沃特兰为《圣经》毫无错误的真理和《圣经》的启示辩护以反对廷德尔时，米德尔顿在与《沃特兰博士书》（1731 年）中警告新教神学家，倘若坚称《圣经》里所有的传说均为真实的历史，是自取灭亡；知识的进步迟早会拆穿这些无稽之谈，而且迫使基督教护教者羞愧地退而采取一些较为温和的立场。接着，米德尔顿运用一种显示他的历史研究影响他的宗教信仰的辩词：即使基督教神学令人难以置信，一个好公民将支持基督教和基督教教堂作为社会秩序的一个屏障，用以阻止潜伏在人类内心的野蛮行为。

最后，米德尔顿发表了他最有分量的著作，《纵论据云历来存在于基督教会的神力》（*A Free Inquiry into the Miraculous Powers Which Are Supposed to Have Existed in the Christian Church through Successive Ages*，1748 年）——休谟稍后列为优于他自己同时代的短论《谈奇迹》（1748 年）一书——他先承认正宗的《新约》赋予基督或使徒的奇迹的权威力量，继则打算证明归于圣父、圣人和教会殉道者的奇迹，在基督教第一世纪后，不足采信；若仅提到那些故事，适足以证明它们的荒诞不经。有些教堂的神父明知这些故事虚构但仍予认可，米德尔顿引述饱学的教会史学家莫斯海姆（Mosheim）以暗示他的恐惧，"那些稍微仔细研究第四世纪最伟大和最神圣的学者著作的人将会发现，每当宗教利益要求这么做时，他们全都准备欺骗、撒谎、毫无例外"。

米德尔顿的著作有许多缺点。他忘了他也曾建议以不分青红皂白的欺骗来支持基督教，他也忽略了某些奇特的经验。无论如何，《纵论》一书的影响将返回到《旧约》，然后到《新约》的奇迹上，这种批评方式和米德尔顿过去用在教父时期的方法相同。而他的天主教对手说他的辩词将削弱整个基督教信仰的超自然架构，当属正确。或许米德尔顿的本意就是如此，但他保留他教会的高位直到去世。

博林布鲁克皈依自然神教，这在贵族政治圈里是一个秘密。在他一生谨慎不许发表的著作中，除了培根和洛克外，他几乎轻贱谩骂了所有的哲学家。他称柏拉图是神学的谎言之父，圣保罗是狂热的空想家，莱布尼茨是"妄想的骗子"。他称形而上学家是"博学的狂人"，还形容所有认为灵魂与肉体不同的人是"空论的疯子"。他嘲笑《旧约》是无稽之谈和谎言的混杂物。他自称信仰上帝，但拒绝接受基督教其余的教义。所有的知识都是相对而不确定的。"我们必须经常存疑……对宗教、政府和哲学，我们必须怀疑每一样已有的东西。"他留下了怀疑论的最后一个慰藉——相信进步，所有社会都经过"由新生到腐化，由腐化到新生"的轮回。

1744 年，博林布鲁克继承了巴特西的家产，离开法国到那里度过他多病及绝望挣扎的余年。在他的政治势力丧失而肝火旺盛时，原来的朋友背弃了他。他第二任妻子的去世（1750 年），扼杀了他对生活的兴趣。"在这个世界里我一年比一年孤立"——自私的报应。1751年，他患了由脸部开始蔓延的癌症。他口述留下虔诚的遗嘱，但拒绝任何牧师随侍。经过 6 个月的垂死挣扎，对他自己或人类不抱任何希望后，他终于于 12 月 12 日离开人世。

宗教的反驳

基督教的辩护者并未抱着任何默认失败的精神以迎接自然神论的

攻击。相反，他们以廷德尔、米德尔顿或博林布鲁克同样充沛的精力及广泛的知识和恶毒的方式还击。比较软弱的护教论者，像利奇菲尔德的钱德勒主教和伦敦的牛顿主教，仰赖陈腐的辩词——基督来到时，犹太人正热心地期待救世主，许多犹太人的预言已由耶稣的生涯加以实现；或者，像伦敦的舍洛克和罗切斯特的皮尔斯主教，他们以多方面的证词证明基督的复活。舍洛克和其他人则坚称，基督奇迹的证据庞然不可抗拒，足以确认基督和基督教的神圣。舍洛克说，一个证据确凿的事件，只因和我们的经验相互矛盾，即予驳斥，这是非常冒险的；根据同样的理由，热带地方的居民拒绝相信冰的存在。当我们假定事情不可能与我们所熟知的不同时，"我们便逾越了我们感觉知识的范围，其结论是基于偏见，而非基于理性"。

贝克莱于 1709 年至 1713 年发表哲学见解，他从罗得岛寄回他的《细心哲学家》，参与争辩。这是篇迸发豪放的思想且体裁活泼的对话录。阿尔西弗农（Alciphron）形容他自己是由自由主义到自然神论、再到无神论的自由思想家。现在他驳斥所有宗教都是传教士和法官用来欺骗人们的手段，除了感觉、感情和欲求外，他拒绝相信其他任何东西。厄弗拉诺（Euphranor）道出了贝克莱的心声，他警告自然神论者说，他们的教义导致无神论，而无神论又将导致道德崩溃。也许有几位优秀的无神论者，但是如果他们的教义被大众接受了，他们的教义会不会成为自由思想，不受约束？这些宗教的怀疑论应当也是科学的怀疑论，因为许多科学家的陈述——像较高等的数学——远超出我们感官的证明或我们理解的程度。三位一体的教义当然不比负一的平方根更难于理解。

威廉·沃伯顿并不像贝克莱那样，把信心或教会收入建筑在那样脆弱的基础上。他先接受律师的训练，然后受命为英国国教牧师。他以律师所具有的一切机灵努力在神学的密林中找出自己的路。或许他做军人要比当律师或牧师更合适，他喜欢论战，如果他在白天没有制服对手，晚上便几乎无法成眠。他形容他的生活是"地球上的一场战争；那就是说，像汉尼拔攻打罗马一样，在圣坛上攻击我永远与之为敌的盲信者与放纵家"。他的标枪射程远而广，当它们结果敌人后，转而戮杀朋友。他简单扼要地形容同时代的人：约翰逊，一个恶毒而霸道的暴徒；大卫·加里克，"他偏离感觉时，他的意识更像是胡扯"；斯莫利特，一个"写胡说八道的东西比人强一万倍的浪荡苏格兰人"；伏尔泰，一个耽迷在"最龌龊的放纵思想的阴沟"里的"恶棍"。

　　他那两卷浩繁的杰作于 1737 年至 1741 年写出，名为《以自然神教启示的摩西的神圣使命》（*Divine Legation of Moses Demonstrated on the Principles of a Religious Deist*）。书中的辩词崭新而独特：对来世的报偿和处罚的信仰是（一如许多自然神论者同意的）社会秩序所不可缺的；但摩西不靠这一信仰而成功地组织了犹太人的生活使之趋于繁荣和道德；这个奇迹只能以摩西和犹太人的神灵指示来说明；因此摩西的使命和律法是神圣的，《圣经》是上帝的圣道。沃伯顿觉得这种说明与"数学上的确切相差无几"。他教会的同事对他所说上帝引导犹太人历经 613 条律法和 4000 年而未让他们晓得他们的灵魂不死这一观点，不很高兴。但这位强悍的作者的字里行间充满了这些学究气的研究——谈道德的本质，谈教会和国家必要的结合，谈神秘的宗教和古代的宗教仪式，谈写作的起源，谈象形文字的意义，谈埃及年表，谈《约伯记》的日期及谈放纵思想家、考古学家、学者、历史学家、苏塞纳斯教徒、土耳其和犹太人的错误——整个英国都对他学识的广博咋舌不已。沃伯顿转战各个战场——对抗克劳萨斯、刘易斯·西奥博尔德、博林布鲁克、米德尔顿、卫斯理、休谟——结果擢升为格洛斯特赚钱而舒适的主教职位。

　　巴特勒脾气较不粗暴，是一个非常温文、谦逊而仁慈的人。他眼见帮助欧洲文化脱离野蛮的宗教正处于存亡关头而深感痛苦。他震惊于上层阶级普遍欢迎霍布斯的唯物论。他受命为英国教会最高的大主教职位坎特伯雷大主教时（1747 年），他拒绝了，理由是"要他设法支持衰落的国教已为时太晚"。1751 年，他对"这个国家宗教的普遍衰微……它对人心的影响越来越小……那些自称非教徒的人数越来越多，他们的虔诚也逐渐消失"，表示失望。就好像他觉得一个人放弃他的宗教和道德继承物会染上精神上的健忘症一样，他问他的朋友迪安·塔克，一个国家是否会和个人一样发疯？这使他的朋友感到惊讶。

他仍献身于寻求基督教信仰智慧的复兴。在他还是年仅 34 岁的年轻传教士时，他发表了《十五训诫》（1726 年），而在书中修正霍布斯对人性的悲观分析，宣称人在许多方面虽然天生邪恶，但人天生也是社会和道德的动物，具有与生俱来的是非观念。巴特勒辩称，人类较高贵的成分来自上帝，这些成分便是他的传声筒。在这个基础上，他建立了影响世界的一套神设的概括理论。卡罗琳喜欢这种说法，1736 年，巴特勒被任命为卡罗琳王后的"御用教士"。

在那一年，他出版了一本书——《自然与神启的宗教与自然体制过程的类比》（*Analogy of Religion*，*Natural and Revealed*，*to the Constitution and Course of Nature*），成为一个世纪来基督徒对不信仰者所持辩词的主要支柱。序言揭露了当时的风气：

> 我不晓得为什么，许多人认为基督教不是探究的对象，而是现在终被发现为虚构之物，他们据此对待宗教，就像目前这是所有聪明人之间一致同意的观点。他们只将宗教视为欢笑和嘲弄的主要对象，就像是用以报复其长久中断世界的快乐一样。

有意作为对自然神论者的答复，《类比》一书承认上帝的存在。自然神论的"自然宗教"已接受了"自然的上帝"，这个世界伟大的设计者和造物主，但它拒绝了显然不公正的《圣经》的上帝，因与那个崇高的概念势难比拟。巴特勒打算证明自然和《旧约》中的耶和华有同样多的不公正和残酷；自然的上帝和启示录的上帝之间并不冲突；

那些接受一神的人在理论上应当接受其他的神。这位御用的善良教士从未想过有些大胆的怀疑论者会由他的辩词下结论说，这两个神都不值得文明人崇拜。

巴特勒根据概率辩称，这两个神都存在，而且是二而一的神。我们的心灵并不完美，容易犯错；无论是关于上帝或关于自然，我们绝无法予以肯定；有可能性就足够了，可能性支持了对上帝和不死的信仰。灵魂显然优于肉体，因为肉体的器官是灵魂的工具和仆役。灵魂显然是人的本质，无须与肉体同时毁灭；或许，在死亡时，它会寻求一个较高阶层的其他工具。一个有机体应当由较低的形式转为较佳的形式——如爬虫类变为有翅生物，如蛹变为蝴蝶——这对自然岂不自在？另一种类比或许使灵魂的生命在肉体死亡后将有报偿和处罚——经常假定上帝的存在。正如我们因为罪徒侵犯社会而施予惩罚一样，在大多数情况下，自然也因人类的恶行而惩罚他们；但由于有许多恶无显报、善无见报的例子，我们难以置信上帝将不在来世的行为与命运之间恢复较为公正的关系。我们的良知或道德意识只能由一位公正的上帝传给我们。

巴特勒的辩词现在仍然有趣，是因为它说明了现代心灵进化的一个阶段。这些论词以彼矛攻彼盾：那些接受大自然中神设计的证据者，没有理由因为《旧约》启示的残酷上帝而拒绝《圣经》，因为自然的上帝也一样残酷。这是为基督教辩护极具创见的方式。巴特勒显然并未怀疑这种说法可能会导致某些比无神论更沮丧的东西——托马斯·亨利·赫胥黎（Thomas Henry Huxley）的结论，认为宇宙内部或背后最终的力量为非道德，也和巴特勒神学主要的根据——是非观念——大相径庭。无论如何，如果仅以它的温和气质来说，《类比》一书标志了一项进步，这里没有神学家之间因为意见不合而生的反感，没有油滑的谩骂，只有热切企图，甚至对那些似乎摧毁人类最珍贵的希望者彬彬有礼。卡罗琳王后赞誉这本书是有史以来对基督教教义所做的最佳辩护，她垂死之际推荐巴特勒担任教职。乔治二世任命他为布里斯托主教，接着成为圣保罗大教堂的主教，最后担任达勒姆主教。巴特勒在那里生活俭朴，并将他大部分的收入捐赠给贫民，在同侪间立下了一个榜样。

他的《类比》一书留下如此多的疑惑之门，因而许多教士建议停止辩论，而且宁可将他们的信念建基于宗教的需要和超乎理性柱身的感情之上。因此，亨利·多德韦尔（Henry Dodwell）《非基于争辩的基督教》（1742 年）一书不以理性推论精神方面的问题。理性推论不是真理的向导，更不是幸福的指南，而只是正反两派损伤元气的舞曲。从来没有人将信心建立在这种流动的根基上。多德韦尔说，塞缪尔·克拉克、沃伯顿、巴特勒和其他基督教护教者的辩词动摇的宗教信念远比他们加强的要多。如果玻意耳讲席不曾每年予以反驳一次，可能根本不会出现无神论。基督未曾争辩过，他躬行教导，恍如具有权威之士。凝视任何真正信仰宗教的人，会发现内心的觉悟，而不是知性的结论。因为单纯的灵魂信念必然是一个众所公认的传统，成熟的精神必须是超自然实体的直接感觉。

威廉·劳在与自然神论者的论战中扬名后，阅读雅各布·伯梅（Jakob Böhme）的著作而深受感动，他由争辩转向神秘主义。在唯物主义和犬儒主义得意的半个世纪中，他热情而自信地写出内心的存在和基督救赎之爱，就好像他是托马斯·阿·肯皮斯（Thomas à Kempis）再生。他拒绝宣誓承认乔治一世是英国国教的领袖，而牺牲了所有人世的荣华富贵。他的剑桥大学研究生资格被剥夺了，他的学位也被作废。他成了爱德华·吉本父亲的家庭教师，他在那个家庭停留很久，足以让这位历史学家记得他。这位怀疑论者说："在我们家里，他留下高尚而虔诚的声名，他相信他承认的一切，实行他教导的一切。"塞缪尔·约翰逊称赞威廉·劳所著《对虔诚而神圣的生命的严正呼吁》（1729 年）是"任何语言中最佳的忠告神学"。当然这种神秘主义要比本身迷失在天国或地狱的超自然幻想中的神秘主义健全得多。威廉·劳写道："在我们赎罪的整个体系中，没有任何东西是超自然的。它的每个部分在自然的运转和动力中都有它的根底，我们所有的赎罪只是摆正以后的自然。"地狱不是一个地方，而是失调的灵魂状态，天堂也不是一个地方，它"不是外在、隔离和强加的状态"，而是处在健康及和平状态的灵魂的幸福。威廉·劳是英国国教虔诚的信徒，他却梦想一种新生的和新教的禁欲主义：

> 因此，如果男人或女人……想要得到完美，应当团结成小社会，宣称自愿贫困、守贞、退隐与献身，有些人可能会因其仁慈而得救，所有的人都会受到他们祈祷的祝福，也会因其榜样而获益……这些人……绝不会担上任何迷信或盲目信仰的罪名……我们可以公正地说他们恢复了教会最伟大的圣人在世时构成教堂荣耀的那种虔敬。

威廉·劳的理想和优美的散文，感动了吉本的姑母赫斯特，因此，她和一位富孀前往他的故居北安普敦郡的金斯克利夫镇附近定居，并将她们大部分的收入在他的监督下捐作慈善事业。他一度是热切的学者，喜与博学的彬彬君子为伍，现在则以分送食物、衣服，并以对穷人、病患和孤儿讲道为乐。他俭朴到几乎谴责所有人世欢乐的地步。他恢复了清教徒反对戏院的运动，认为戏院是"魔鬼之屋"，或者至少是"地狱走廊"。威廉·劳的神秘主义并不见容于英国人的性格和当时的习尚，当约翰·卫斯理来到他门下时，他便似乎在徒然的阴暗中结束他的生命。

约翰·卫斯理（1703—1791）

要了解约翰·卫斯理在历史上的地位，我们必须再次提醒自己，他和胞弟查理·卫斯理在牛津发起循道宗教派运动（1729 年）时，英国的宗教正陷于比近代史上任何时期都要低落的低潮。上教堂的下院议员不超过6个人。英国国教的教士那时都接受理性主义，他们所有的著作几乎都基于推理。他们很少提到天堂或地狱，强调社会美德而非来世。正如伏尔泰描述的，英国人的讲道是"具体但有时枯燥无味的论说，向人们宣讲时既不带手势，也不带特殊高昂的声调"。只有在中产阶级的非国教派中，宗教才是活跃而热烈的。英国国教的教士几乎完全忽略了市镇的工人，"由最低阶层组成的广大群众，他们处在教育或宗教之外，他们没有宗教信仰，也从来没有人劝他们信仰任何宗教"，他们被遗弃在贫困之中，只有宗教的希望略为照亮他们。卫斯理和怀特菲尔德（George Whitefield）就是在这种背景下强有力地恢复了清教徒的信念和伦理，并建立了循道宗教派的教堂。

卫斯理的祖先因神学和叛变而垮台。他的曾祖父巴托罗缪被免除其在多塞特的教区牧师俸禄，因为英国国教在恢复英国教会独占的地位后，他继续信仰非国教派的宗教。约翰的祖父约翰·卫斯理成了多塞特的一名牧师，他由于拒绝使用（英国国教的）祈祷书而遭到监禁，被革除他的教区长职务，并成了普尔的非国教派牧师。约翰的父亲塞缪尔·卫斯理把姓氏中的"t"字除去，靠自力读完牛津，放弃非国教派，结果受命为英国国教牧师，娶了苏珊娜·安斯利，成了林肯郡埃普沃思的教区教长。他的19个子女中有8个夭折——这充分说明了妇女的生产之苦，牧师们漫不经心的年轻活力及18世纪英国医疗卫生的水平。这位父亲在家里和在圣坛上都是严守纪律的人；他教养子女敬畏复仇心重的上帝，判决他的一个教区居民犯有通奸罪，而且强迫她穿上忏悔的长袍走过街道。他的妻子在严厉和虔诚上并不比他逊色。在她最有名的儿子29岁时，她向他说明了道德训练的哲学：

> 我坚持要及时驯服孩子们的意志，因为这是宗教教育唯一强大而合理的基础，如果不这样，告诫和榜样都将无效。只有在这

项工作彻底完成时，一个小孩才能受他父母理性和虔诚的管束，直到他自己的悟性成熟为止……在年满1岁时，他们（她的子女）受教以畏惧责罚、低声哭泣。这样，他们便可能免去他们很可能会挨受的许多纠正。

她的长子塞缪尔·卫斯理成了诗人、学者和反对弟弟们的循道宗教派的英国国教牧师。排行第十八的是查理·卫斯理，他以6500首圣歌强有力地辅助约翰传道。约翰排行第十五，1703年出生于埃普沃思。他6岁时，教区住宅焚毁；他被遗弃迷失在火焰之中，但他出现在二楼的一个窗口，结果由邻居垫在另一位邻居的双肩上予以救下。此后他称自己是"从火中拣出来的燃木"，而且从未克服他对地狱活生生的恐惧。在他父亲家里，任何无法解释的声响都被解释为超自然的魔鬼或神的展现。

11岁时，约翰被送进沙特尔修道院的公立学校，17岁进了牛津的基督教堂。他靠不屈不挠的散步、骑马和游泳战胜了身体的羸弱，而活到88岁。他涉猎广泛，阅读时仔细做笔记和摘要。在所有的书籍中，他偏爱杰里米·泰勒的《神圣而生与神圣而死》和托马斯·阿·肯皮斯的《效仿耶稣》。甚至在大学时代，他就开始撰写——一部分是密码和速记——那本英国文学和新教虔诚信仰的名著《日志》（*Journal*）一书。1726年，他成了林肯学院的研究生。1728年，他被任命为英国国教牧师。

最先在牛津集合约15名学生和教师的小团体、决心有条不紊地彻底履行基督教教义的，是他的胞弟查理。他们的敌人嘲弄地称呼他们是"神圣俱乐部"和"循道宗教徒"。他们一起阅读希腊语《圣经》和古典文学；他们在每个星期三和星期五斋戒；他们每周接受一次"主的晚餐"；他们拜访囚犯和病人，给予他们慰藉和宗教的希望；他们陪着死刑犯走上断头台。约翰·卫斯理由于更大的热诚和奉献成了这个团体的领袖。他每天早晨4点钟起床——他一直维持这个习惯到老年。每天早晨，他有条不紊地计划每天每个小时要做的工作。他一年只靠 24 英镑过活，把其他的收入捐作慈善事业。他斋戒如此之勤，致使健康一时似乎遭到无法弥补的损伤。他步行去拜访威廉·劳，请求他给予忠告。威廉·劳的《对虔诚而严正的生命的严正呼吁》成了他精神上的指南。他的《日志》记道，从这本书里，"光如此强烈地照耀着我的灵魂，因而每件事都以崭新的景象出现"。

1735 年，他和查理受奥格尔索普将军之邀，以传教士的身份陪他到佐治亚。由于他们的父亲已经去世，他们和母亲商量。她告诉他们，"如果我有 20 个儿子，如果他们全都有所作为，则即使我绝不会再见他们一面，我也会为之高兴"。我们这些放弃信仰的人将如何了解这种奉献之心？ 10 月 14 日，约翰和查理跟另外两位循道宗教派信徒搭乘"西蒙兹"（Simmonds）号前往萨凡纳港。在船上，他们深为一些离开德国到美洲定居的摩拉维亚教徒（Moravian Brethren）的虔诚所感动。强烈的暴风袭击这艘小船时，这些摩拉维亚教徒面无惧色，他们以不屈的圣歌对抗大风暴。卫斯理兄弟觉得这是比他们自己的宗教更坚强的信仰。

抵达佐治亚（1736 年 2 月 5 日）后，俩兄弟担任不同的职务：查理成了奥格尔索普总督的秘书，约翰成了这个新社区的牧师，偶尔到邻近的印第安部落传教。起初他称赞这些人渴望接受福音，但两年后，他形容他们是"老饕、窃贼、伪君子、撒谎者、弑父的凶手、弑母的凶手、杀害自己儿女的凶手"。我们听说，他"向印第安人传教并不成功"。白种人中有几百名流放的罪犯，他们不喜欢他的牛津腔调、傲慢的精神及他坚持严格的宗教仪规和纪律。至于洗礼，他要求完全和三倍的浸礼，做父母的一人反对时，他就拒绝为孩子洗礼。由于仍是一个"狭义上的国教教徒"，他在圣餐桌上驱逐一位自认是非国教派信徒却可敬的人物；他拒绝为不肯抛弃非国教信仰的移民诵读葬礼祈祷词；他禁止他教会的妇女穿着艳丽的服装或佩戴金饰；他也说服总督禁止人们在星期日钓鱼和打猎——那是他的教区居民唯一有时间钓鱼和打猎的日子。他爱上了萨凡纳首席法官 18 岁的侄女索菲娅，不过他的摩拉维亚教徒朋友不赞成这个姻缘。厌倦了他的犹豫不决，她嫁给了韦尔金松先生。在她拜受圣餐时，他拒绝她领圣体，理由是她在过去 3 个月里只领过 3 次圣餐，也忘了要她的牧师公布她的结婚预告。她的丈夫控告他诽谤他太太的人格；法院谴责卫斯理的行为和身为牧师的苛刻；他驳斥法庭审判他的权力；人们反对他的情绪大增。他逃往查尔斯顿，搭船返回英国（1737 年 12 月 22 日）。

在伦敦，他恢复了严肃，希望这样能恢复他的信心。但前往美洲途中的摩拉维亚教牧师彼得·博勒尔向他肯定地说，他的信心仍然不够。无论他的品德如何完美，或是他的虔诚和仪式如何热烈，在他了解基督曾为"他"而死，也赎救"他的"罪恶之前，他会继续处于永劫状态；只有在这种信仰改变后，一个人才会没有犯罪的危险，而且确能得救。卫斯理在他的《日志》里追念最后的审判日。1738 年 5 月 24 日，当时这种最后的改变幡然降临：

> 在晚间，我十分不情愿地前往参加阿尔德斯盖特街的一个集会，那里有个人正在阅读马丁·路德所写的《罗马书》序言。约 8 点 45 分，他正在叙述上帝透过对基督的信念引起信仰的改变，我觉得我的心奇怪地温暖起来。我觉得我确实相信基督，只有基督能够救人；我也确信，他带走了"我的"罪恶，甚至"我的东西"，也使我避开了罪恶和死亡的法则。我开始全心全力为那些曾以一种更特殊的方式轻视地利用我和迫害我的人祈祷。接着我公开向所有在场的人表明我现在心中初次感受到的一切。

简而言之，他扼要地重述了由信仰和工作获救到仅仅由信仰获救（路德）再到个人和神的启发获救（教友会）的基督教演进过程。他甚为感激博勒尔，而于 1738 年夏天来到德国，还在赫恩逗留几周，这是摩拉维亚教徒在琴岑多夫伯爵的领地上建立的撒克逊人村庄。

同时，查理·卫斯理在返回英国途中，也体验到类似的转变。他以较为温和的方式开始向纽盖特的囚犯传道，从每个他获准讲道的圣坛传教。然而，更重要的是，一个比约翰·卫斯理较不强悍的人物即将在循道宗教派运动中成为前导。乔治·怀特菲尔德于1714年生于格洛斯特一个客栈老板家中。有一年多的时间，他为父亲的客人打酒。他排除困难念完牛津的彭布罗克学院，也成了"神圣俱乐部"的创始会员之一。1738年，他随卫斯理兄弟前往佐治亚，但在那一年秋天返回英国，被任命为国教牧师。不满于给予他在圣坛上的机会，加以渴望唤起广大民众接受神灵的启示，他从1739年2月开始在布里斯托附近的旷野向不太敢或不太愿意进教堂的煤矿工人传道。他的声音如此清晰有力，因而它能传入2000名听道者的耳中；他热诚的演讲术如此感动这些冷酷而倦乏的人，因而他能够看到（他告诉我们）"他们夺眶而出的眼泪，滑下他们黝黑的脸庞"。这位新任牧师的声名，及他露天传教的报道激起了英国人的热情。怀特菲尔德走到哪里，哪里就聚集了广大的群众听他传教。

他的传道令人难忘。他不佯装博学多闻，但他宣称他曾与上帝亲密交谈。卫斯理说，他的言词倾向于"浓郁和热情"，利用一些骇人的意象，所以他说到基督"似乎在天父的愤怒中烤炙，因而适当地被称为'上帝的羔羊'"。与皮特在国会中一样，怀特菲尔德在旷野将他表演的艺术发挥在他的演说中。他能够马上哭泣，而显然带有真挚的感情，他能够让他单纯的听众立刻强烈地感到罪恶，恐惧地狱而热爱基督。像博林布鲁克和查斯特菲尔德这样的演说家，像本杰明·富兰克林和休谟这样的怀疑论者，像加里克这样的演员，都承认他的力量。由于在各地都受欢迎，他使英格兰、威尔士、苏格兰、爱尔兰和美洲成为他的教区。他13次横渡大西洋，12次跋涉到苏格兰。一周演说40个小时对他来说是稀松平常的事。50岁时，他疲惫不堪了。他减少他的时间表到"严格限制"的地步——他平常每天讲道一次，星期日只有三次——但已为时太晚。1769年，他第七度访问殖民地，第二年，他死于马萨诸塞的纽伯里波特（Newburyport）。

约翰·卫斯理从赫恩归来，不太赞同怀特菲尔德忠告式的风格，也迟疑是否模仿他的露天传道。"我一生（直到最近）都执着于跟礼节和秩序有关的每一点……我应当想到：如果不在教堂里拯救灵魂，那几乎是一种罪恶。"但他克服了他的厌恶，也在田野和街头传教，"我甘愿在公路上显得低微"（1739 年 4 月）。他的演说不及怀特菲尔德的热情，他的谈吐是学者和绅士的谈吐，不过他也诉诸听众的感情。他使一般百姓的日常生活似乎成为一出规模庞大而高贵的戏剧的一部分，他们的灵魂在这出戏里是撒旦和基督的战场。他们随着他进入一个凶兆和奇迹的世界，他们在他口中听到——就如他宣称的——上帝的声音。怀特菲尔德讲道过后就结束了，卫斯理在一个个的城镇把他的信徒组成"小团体"，还引导他们永久不变。他们的聚会唤回了早期基督徒的会餐——宗教欢乐和社群爱心的节会。他们彼此忏悔罪过，甘受道德生活的审视，参加祈祷和诵唱圣歌。约翰已经制作或翻译了一些动人心弦的圣歌，查理也开始着手他多产的赞美歌集。1740 年，查理写下他许多美丽的圣歌中最有名的一首——《耶稣，我灵魂的爱人》（"Jesus，Lover of My Soul"）。

在这些虔诚的团体中，约翰·卫斯理训练凡人传道士在领袖们无法停留时继续传播新的福音。没有圣职给予，没有任何固定的教区，有或没有圣坛，这些"助手"散布在英格兰、苏格兰和威尔士，给工人阶级带来对新教神学的畏惧和希望，也预为信仰振兴论者卫斯理和怀特菲尔德的来访铺路。卫斯理本人旅行——骑马、乘驿马车或步行——到英国最偏僻的角落，经常日行 60 英里，40 年来平均一年走上 4000 英里路。他利用每一个机会传教：在监狱里向犯人传道，在马车上向同行乘客，在客栈向住客，也在驶往爱尔兰或来往于港口之间的船只上布道。在埃普沃思，被拒绝使用他父亲拥有过的圣坛后，他便在教堂的庭院，站在他父亲的坟墓上传道。

他传道时讲些什么？基本上是似乎受到斯图亚特王朝复辟的精神

暴动惨重打击的清教教义。他拒绝了（怀特菲尔德则予接受）宿命论，步英国国教的亚米念派后尘，他坚称人有足够的意志自由以选择或拒绝上帝的恩典。他放弃一切对理性的诉求。他觉得，宗教超乎人为的逻辑之上，而依赖神的启示和内在的坚信。但他避开神秘主义，理由是这会将一切委给上帝，而未鼓励人们积极向善。他具有他那个阶层和时代大部分的迷信：他相信幽灵、神奇声响源自恶魔，巫术的存在和罪行。他辩称，拒绝相信巫术就是不再相信《圣经》。他不怀疑奇迹，他认为这些奇迹每天在他的信徒中间发生。头痛、痛楚的肿疡、剧烈的脱肠、断腿都由他或循道宗教派的祷告治愈。他曾说，一个天主教女孩每当阅读天主教的《弥赛亚书》时就双眼失明，但在阅读《新约全书》时视力又告恢复。他相信宣称见过天使、基督、天堂或地狱的妇女之说词，他也在他的《日志》中记下许多循道宗教派的反对者被神奇的处罚打倒的例子。

他的传道如此生动，以致听众中有许多人感动得歇斯底里与痉挛。《日志》记载罪人在听过他的布道后，肉体痛苦得在地上打滚，其他的信徒则跪在他们身边，祈祷他们摆脱附体的撒旦。卫斯理叙述了 1739 年在伦敦博文街（Baldwin Street）的一次聚会：

> 在一些人的呻吟和其他人的叫喊声中，我的声音几乎被淹没了……站在边上的一名教友会信徒……当他自己像被雷劈一样倒下去时，一点也不气恼。他所受的痛苦更是惨不忍睹。我们恳求上帝别让他担负愚行的责任，他很快便抬起头来高声喊道："现在我晓得你是上帝的先知了。"

卫斯理引述一位见证人形容 1759 年在埃弗顿（Everton）循道宗教派信徒的一次聚会：

> 有的人尖声叫喊，有的大声呼号……最常见的是大声呼吸，

就像半被扼住脖子而喘气求救的人一样。几乎所有的叫喊声确实像是垂死挣扎中的人类的呼号。许多人默默地饮泣，其他人像死人般躺在地上……我站上教堂的板凳，就像在对面座位上的年轻人，一个强壮、精神抖擞、健康的乡下人。但是顷刻之间，在他似乎没有想到其他事情时，突然跌了下去，其势之猛，令人难以相信……当他躺在板凳下猛烈地抽搐时，我听到他两脚就要踏破地板似的……几乎所有被上帝抓住的人，不是脸色通红就是几乎发黑……一位穿着体面，站在我对面的陌生人仰天倒向墙壁，然后双膝向前跪地，使劲扭自己的手，像公牛一样吼叫着……他起身冲向墙壁，直到科林（Keeling）先生和另一个人拉住他为止。他喊道："噢，我该怎么办？我该怎么办？噢，要一滴耶稣的血！"当他说这话时，上帝释放了他的灵魂。他晓得他的罪恶除去了，他身受的狂乱似乎大得不是人类所能承受。

卫斯理解释这些发作是将由神治愈的撒旦附体。他认为，这些事儿有时对行为或性格并没有长久的好处，但他觉得这些往往会洗净灵魂的罪恶，并展开新的生活。

循道宗教派在穷人中最为成功。传教士是具有普通学问、情愫与言词单纯的人，他们和听众之间并没有阶级或文化的隔阂。他们向农民、矿工和罪犯传达罪恶和忏悔的神示，虽然他们传布的是基于恐惧而非爱的信念，但他们给了无知无识的人一项伦理规范，这项规范共同促成了18世纪下半叶英国的道德重整。卫斯理几乎仇视所有的娱乐。他准许玩牌，但他认为赶庙会、穿戴珠宝或美服、看戏或跳舞是一种罪恶。在他设于金斯伍德的学校里，没有安排游戏的时间，因为"小时候玩耍的人长大后也会嬉戏"。但清教徒伦常和英国人的性格相符，强壮的男子和有耐心的妇女都能忍受，它也给了英国工人阶级一种自豪的上帝选民和使命感，用以支持他们容忍贫困，并使他们敌视任何质疑基督教的革命。保守派人士后来感激卫斯理防止英国穷人信仰自然神论和自由思想，也把他们的渴望社会暴动转变为个人的解救，由人世的乌托邦转向死后的天堂。

卫斯理本人在政治上倾向保守派。他在他的阶级中是鼓吹某些长久以来应有的改革的前进分子：他抨击"虽然衰落却仍有选举权的城镇"的制度、国会中代表的不平等、英国政治侵蚀性的腐败、奴隶制度的不人道及英国监狱的恐怖。不过，他认为社会的阶级构造自然而公正，他反对放宽任何对付天主教的法律，在美洲殖民地的暴动中，他完全支持乔治三世。

他在教义上仍然信仰英国国教，但他驳斥英国国教所说的只有使徒传统（Apostolic Succession）的主教才能有效任命牧师的看法，他自己任命了苏格兰和美洲的牧师。他说"世界是我的教区"时，他是打算在他所希望的任何地方传教，不需要教会的准许或指派。在此意义上，他和英国国教是分离的。但是他劝他的信徒参加国教的礼拜仪式，躲避非国教派的集会和教义，同时避免与国教牧师作对。起初有些国教圣坛对循道宗教派牧师开放，但卫斯理的凡俗传教士承当行圣餐礼的大权，而循道宗教派恢复中古强调地狱和清教徒的原罪说法时，国教牧师像伊拉斯谟退出路德派一样，不再支持他们。他们喜欢有条不紊的发展，把循道宗教派信徒赶出国教的圣坛。

英国国教对这种新宗教的迫害远不及无法容忍以新方式传布旧观念的一般民众。在一个接一个的城镇里，露天的传教士——像稍后传播新社会福音的人一样——遭到性好残酷而毫无畏惧的暴民的攻击。在蒙茅斯，一名凡俗教士头部被石块击中而死。在温斯伯利，一批群众砸毁循道宗教派信徒的住屋，辱骂他们的女人，同时殴打他们的男人。卫斯理出现时，群众高喊要他的血，而且称赞那些用棍棒打他的人。他大声祈祷，他们就放他走了。在博尔顿，他传道的地方遭到一批愤怒群众的侵袭。在石块、瓦片和蛋如雨般落下时，他继续讲道直到结束。在迪韦齐斯，一具抽水机对着查理·卫斯理的住宅扫射，犬狮狗冲向他的信徒。在埃克塞特，怀特菲尔德几乎被石头砸死。在霍克斯顿，一头公牛受到鞭策冲进一个循道宗教派信徒的聚会所。在彭斯福德，一头被钓饵激狂的公牛全力撞上约翰·卫斯理讲道的讲桌。这些传教士的勇气正投合英国人的性格，也为他们赢得宽容和支持。

卫斯理是个身高 5 英尺 3 英寸、体重 128 磅的小个子。他年老时的满头白发给人深刻的印象，但在中年时，他已经以他苦行的凹陷面庞和慑人的眼神引人注目。他自认为生来就是统治者，他神经质的精力和智力自然而然地使他居于领导地位，他无可置疑的自信有时会被斥为十分"自大的"傲慢。他不是容易相处的人，因为他的思想和行动快得其他人难以赶上。他于 1751 年结婚，他曾经和一位在病中照料他的护士坠入情网。有两年的时间，他的妻子随着他狂热地到处传道，然而她的身体和精神不堪负荷，她离他而去，就像一个人可能会从难以控制的马背上跳下来一样。他认为他的健康和活力得自他一年到头骑马或徒步的旅行，或许我们应当再加上一句，演讲也是一项促进呼吸的运动。1735 年，他成了素食主义者。一年后，他和一位朋友决定只吃面包维生，"试验仅靠一种食物能否像靠多种食物那样好好维持生命。我们……不吃任何其他东西时感到更有精力、更健康"，不过他们很快结束了这个试验。

循道宗教派传道的结果如何？在一个世代里，在国教的尊严和自然神论的怀疑下似乎奄奄一息的宗教，成了英国人生活中一个点缀，而只臣服于政治和战争。卫斯理与世长辞时（1791 年），他的信徒在英国有 7.9 万人，在北美洲有 4 万人；1957 年，英国有 225 万循道宗教派信徒，美国有 1200 万，世界上有 4000 万。除了自身的教友之外，它还影响了其他宗派。因此，在排斥循道宗教派的国教里，循道宗教派的理想在 18 世纪下半叶引起了福音传道运动，或许也进入了 19 世纪的牛津运动（Oxford Movement）。在政治上，其结果为工人阶级之间的保守派让位，直到 1848 年。在道德上，循道宗教派改善了穷人中的个人行为和家庭生活，共同减少选举和官员的腐败，使许多地主阶级羞愧地放弃轻浮和恶习，并预先为英国人之突然反对贩卖奴隶铺路。在文化上，这项运动得到了负效果，它给了人们圣歌，却继续抱持清教徒敌视艺术的态度。从知识的观点来看，这是一个退步。它的教义建基于畏惧之上，仪式则依附于感情，还谴责理性是一种陷阱。在信徒与理性的重大冲突中，它把希望完全寄托在信仰上，而不相信知识和科学的进步。它忽视法国的启蒙运动。它认为生命唯一的目的和意义是逃避永劫，而达到此一目的所需要的是相信基督为救赎而死。

1790 年 1 月，86 岁的卫斯理在《日志》中写道："我现在上了年纪，从头到脚都已衰败。我两眼黯淡，右手抖得厉害，嘴部每天早上都感到燥热，几乎每天都发烧不退……然而，感谢上帝，我未尝稍事懈息。我仍然能够传道和写作。"两个月后，他展开了为时 5 个月的旅行演说，走遍了英格兰和苏格兰。一年后，他与世长辞（1791 年 3 月 2 日）。如果我们以影响力来评断一个人的伟大，除了皮特外，他是当时最伟大的英国人。

蜜蜂和人类

在谈到大卫·休谟之前，我们先要谈两个小人物。

伯纳德·曼德维尔是出生于荷兰的法裔伦敦医生，1705 年发行 6 便士的 10 页打油诗小册子《嗡嗡不满的蜂群》（*Grumbling Hive*）。它的主题是似非而是的隽语：蜂群的繁盛是由于各个蜜蜂的恶习所致——由于它们的自私贪婪、繁衍的狂迷和集体的好斗。将这种观点应用在人类的群体上，这位顽皮的医生说道，国家的富强不是依赖公民的美德，而是依赖喃喃埋怨的道德之士愚蠢地谴责的恶习。现在让我们想象，如果所有的贪得无厌、虚荣、阴险和好斗突然中止，那将会发生什么情形——如果男男女女只吃他们需要的食物，只穿足以御寒的衣服，绝不彼此欺骗或伤害，绝不争吵，总是清偿债务，谴责奢侈浪费，而且忠于他们的配偶，则整个社会立刻会停顿下来：律师将会饿死，法官将无法审理案件或受贿，医生将因没有病人而消瘦，葡萄园主人将破产，酒店将因没有酒徒而倒闭，制造精美食品、装饰品、衣服或住屋的几百万技工将失业，没有人愿意当兵。不久，这个社会将被征服和奴役。

《嗡嗡不满的蜂群》的打油诗体例使它没有影响力。这位虚荣心强、贪得无厌、好斗的医生大为不平，他在1714年再度出版这本小册子。1723年又出版《蜜蜂的寓言》（*The Fable of the Bees*），一再增添序言、注释和评论，将10页的篇幅增为两册。这一回英国和法国都注意了，因为这些附注构成有史以来对人性分析最锐利的著作之一。

曼德维尔实际是以沙夫兹伯里第三伯爵为他的抗拒对象，因为这位伯爵以乐观的辩才来解说人性，还假定人类具有内在的"是非观念……像自然的情感一样是我们天生的，也是我们人身的首要原则"。曼德维尔答道，这简直是胡说八道，在教育和道德训诫之前，人性没有美德和恶习之分，只独受自私自利的支配。他同意神学家所说人类天生"邪恶"（不法）的说法，但不用地狱来威胁人类，他夸赞他们聪明地把个人恶习用到社会公益上。因此私娼保障了公众的贞操；贪求产品和服务刺激了发明，支持了制造和贸易；而大笔财富使博爱主义和宏伟的艺术成为可能。神学家宣扬严苛，曼德维尔则为奢华辩护，而且辩称，对奢侈品的欲望是工业和文明的根基；除掉所有的奢侈品，我们将再度成为野蛮人。卫道士要谴责战争时，曼德维尔说，一个国家得以生存是靠发动战争的能力，因为大多数国家都是吃人的猛兽。

他看不出自然有任何道德可言。好坏是适用于人类的社会或反社会行为的字眼，但大自然本身并不注意我们的字眼或训诫。他认为美德是任何求生存的能力，而依我们存有偏见的解释，自然世界是贪婪、欲望、残酷、屠杀和无谓浪费的场面。但曼德维尔认为，在那个可怕的斗争之外，人类也有进化的语言、社会组织和道德规范，作为社会凝聚和集体生存的工具。自然并不必含褒贬，但以其诉诸人类的虚荣、畏惧和荣耀，可以正当地用以鼓励别人做出有利于我们自己或团体的行动方式。

几乎每个听过曼德维尔谈话的人，都斥责他是一个喜欢冷嘲热讽的唯物论者。然而，伏尔泰同意他关于奢侈有益的观点，而法国放任主义的重农主义者也赞扬他的观点，认为如果人类的贪婪听其自由发挥，工业的巨轮将嗡嗡转动。这位古怪的医生或许会承认，他那"个人的恶习是公共的利益"这一反论大体上是定义太过松散的文字游戏。像贪得无厌、好色、好斗、骄傲等"恶习"，在最初的生存斗争中一度是"美德"。它们只有在超出社会的利益下才会变成恶习，倘若通过教育、舆论、宗教和法律的控制，则可成为公众利益。

哈奇森跟这位恶名昭彰的医生截然不同。生在爱尔兰一位长老会牧师家中，他在都柏林开设了一所私立学院。在那里，意识到将无知的年轻人转变为公民这一职责，他写了一本《论道德的善恶》（*Inquiry concerning Moral Good and Evil*，1725 年）。在文中，他认为一个好公民是促进公众利益的人，他形容公众利益是"最大多数人的最大幸福"。他升为格拉斯哥大学伦理学教授后，由于维护个人的判断权利、快乐的合法性及"音乐、雕刻、绘画的创造性艺术，甚至男人的游戏"，而困扰了长老教会。他没有曼德维尔对人性的悲观论调。他承认人的错误和罪恶，他们狂热的情欲和暴烈的罪恶，"但他们生命最伟大的部分也应用在自然感情、友谊、天真的自爱或国家爱的职分之中"。他给历史学家增加了一个有益的警告：

> 人们往往将他们的想象力耗费在他们曾经听到过或在历史上读到过的抢劫、谋杀、剽窃、伪证、舞弊、大屠杀和刺杀事件上，因此断定所有的人类都很邪恶，就好像一个司法法庭是估量人类道德的适当场所，或是通过医院诊断一般趋势健全与否。他们难道不该想想任何国家中的诚实市民和农民的人数远超过各种罪犯的人数……与无辜或善良的行为相比，犯罪行为正因罕有，

因而引起我们注意，并在历史中予以记载。那些多得不可胜数的诚实与慷慨的行为，只因其如此寻常，因而遭到疏忽。这如同在一个健康而安全的漫长生命中，一个大的危险或一个月的病痛将成为经常提到的故事一样。

大卫·休谟（1711—1776）

·年轻的哲学家

哈奇森是"苏格兰启蒙运动"的平和部分，休谟则是它最伟大的导师。在他简单的 8 页自传中，他告诉我们，他于 1711 年 4 月 26 日出生于爱丁堡一个良好的家庭，父亲和母亲都系出名门："我父亲是休谟伯爵的子嗣之一……我母亲是司法学院院长大卫·福尔克纳爵士的女儿。"他父亲死于 1712 年，将家产遗留给大卫的哥哥约翰，另留给大卫一年80 英镑的津贴——在有节制的支配下足以维生。这个全是长老会教徒的家庭给予这名男孩强烈的加尔文教派神学的熏陶，这是他以后哲学里的宿命论的来源。每个星期日早晨，他参加长达 3 个小时的礼拜式，其中包括 2 个小时的讲道；每个星期日下午，他回教会 1 个小时；另外再加上家里的晨祷。如果大卫有任何个性的话，他势必会走入异端。

12 岁时，他进入爱丁堡大学。3 年后，他没得到学位就离校了，决心完全浸润在文学和哲学中。他 16 岁时写信给一位朋友谴责自己，因为：

> 我心灵的平静不能以哲学充分坚定而经得起命运的打击。这种灵魂的伟大和高尚只有在研究和沉思中才能寻得……你必须允许（我）像一位哲学家这么讲说，这是我想得很多，也能够整天谈论的题目。

不久，他的宗教信仰消失了：

我发现我渐渐养成了一种鲁莽的性情，在这些问题（哲学和文学）上不轻易臣服于任何权威……约 18 岁时，我似乎开启了一种新的思维景象，使我乐不自持，也使我以一种对于年轻人来说极其自然的热情放弃了其他一切娱乐或事务，而完全为之致力。

稍后他说，"自从开始阅读洛克和克拉克的著作后，我再也不持任何宗教信念"。17 岁时，他已经计划写一篇有关哲学的论文。

他的亲戚向他力陈，哲学和一年 80 英镑的收入只能给他贫乏的生活，他必须去赚钱。他不能研究法律吗？大卫为此付出了三年的时光（1726—1729 年）。他的身体败坏，精神也几乎崩溃了，有一段时间他不再对概念发生兴趣。"法律令我作呕。"他于是放弃法律，转归哲学，其间或许有一旁务。1734 年 2 月底，他自爱丁堡起程到伦敦"进行一项非常软弱的尝试，准备进入一种更积极的生活情态"。3 月 5 日，阿格尼斯·加尔布雷斯出现在牧师乔治·休谟（大卫的叔叔）面前，承认她已身怀六甲。在教会集会时，她宣称"大卫·休谟先生……是孩子的父亲"。宗教会议怀疑她的诚实，将她交给当地长老教会下次集会时处理。6 月 25 日，她在集会中重申这项指控。根据邱恩塞德长老教会的详细记载：

总会主席……告诫她要说实话，坦白其他任何人是否跟她有过罪行……长老会考虑了这件事，而且获悉她所说的大卫·休谟已经离开了英国，他们将她交给邱恩塞德长老会教会大会，以遵照教会的教规。

教规规定她要穿着粗麻布长袍出现在教会前，还要在 3 个星期日套上枷刑。1739 年，阿格尼斯再度因私通定罪。

在伦敦停留后，休谟前往布里斯托，在一个商人的公司谋得一

职。"在几个月中，我觉得那个地方完全不适合我。"他渡过海峡到了
法国，那里的消费比较低。有一阵子他逗留在兰斯城，接着他迁往拉
弗雷彻（在巴黎西南方约150英里），因为当地的耶稣会学院有藏书
丰富的图书馆。这位精明的苏格兰人和牧师们建立了真诚的友谊，还
获准借阅他们的图书。有位神父在稍后回顾时，形容他是"太过自以
为是……他的精神昂扬而非实在，他的想象灿烂而不深远，他的心胸
太耽于物质个体和精神的自我崇拜而无法穿透神圣真理的奥妙"。

在耶稣会的阴影下，休谟完成了他怀疑论的杰作《人性论》的前
两册。1737年9月，他带着大批手稿回到英国。他难于找到出版商，
因为他曾在12月写信给亨利·休谟说："目前我正在阉割我的作品，
也就是说，删除其中卓越的部分……竭力不使它触犯当局。"主要删
掉的是"关于奇迹的论辩"，这些篇幅贮藏起来以待较安全的日子使
用。其余的部分保证是老朽的人难以理解的，1739年1月由伦敦的
约翰·努恩以匿名发行两册。休谟以50英镑及12份复制本的代价卖
断了版权——对于一个籍籍无名的27岁青年所著有关逻辑和知识理
论的书籍来说，这笔买卖并不算坏。然而，这部书是现代哲学的巨著
之一。

·理性萎缩

开篇的序言，显示休谟对他能力的信心，他打算研究悟性和情欲
中的人性，在即将出版的第三册中，则由道德和政治研究人性。他
进而分析"印象"（感觉）、知觉、记忆、想象、思想、理性和信念。
"我们如何得知"这一探究是基本的，因为科学、哲学、宗教和历史
的真切性决定于知识的性质、起源和可靠性。这是一个困难的锻炼，
因为它处理的是抽象的观念而非具体的物体，而思想是思想最后才想
了解的事。

休谟以接受洛克的经验主义为起点着手：所有的观念最后都是由
经验通过印象得来。这些是像光线、声音、热度、压力、气味、滋味

等的外在感觉或像昏迷、饥饿、快乐、痛苦等的内在感觉。知觉是经过解释的感觉，"噪音"是一种感觉，"敲门声"则是知觉（休谟使用这些字眼并非一向正确或前后一致）。天生瞎眼或耳聋的人没有光线或声音的观念，因为他没有这些感觉。空间和时间的观念乃由经验得来：前者是"以某一秩序散布的可以看到或触摸的点这一观念"，后者是我们印象中连续的知觉。观念和印象不同，就在前者以较少的"力量和活泼性，来敲击心灵"。信念"只是任何观念更为生动和强烈的概念……它是由心感到的某种东西，用以区别判断的观念和想象的虚构"。

在这些定义中，休谟似乎认为"心灵"是真正的实体或是经验、拥有、记忆或评断印象或观念的原动力。然而，随着他的继续前进，他否认有任何附加于心理状态的心灵存在——这些心理状态就当时盘踞意识的印象、知觉、观念、感觉或欲望而言：

> 我们称为"心灵"的那个东西，只不过是不同知觉的堆积或集合，由不同的关系结合在一起，据说——虽属错误——具有完全的单纯和一致……就我而言，在我最密切地进入我所谓的"我自己"时，我总会踉跄碰到某些特别的冷热、明暗、爱恨、苦乐的知觉。我从未能在任何时间捕捉"我自己"而没有一个知觉，也从未能观察知觉以外的任何东西。我的知觉在任何时间消除后，就像在酣睡中一样，我就在这段时间不感觉到"我自己"，或许可以真实地说"我自己"不存在。如果我所有的知觉因为死亡而消失，我既不能思想、不能感觉、不能看、也不能爱、不能恨，在我的肉体死亡后，我应当是完全被消灭了。我也无法想象还需要什么来使我成为完完全全的不存在……撇开某些形而上学家不谈……我可能会大胆向其余的人类肯定说，他们只是一束或一群以令人难以置信的速度彼此相继，而且不断流动的不同知觉……连续不断的知觉……构成了心灵。

　　因此，由于这位鲁莽青年的一个打击，三种哲学崩溃了：唯物论，因为（正如巴克莱证明的）我们从未觉察"物质"，同时也只知道我们的观念和感觉的心灵世界；唯心论，因为我们从未知觉除了我们特殊和流动的感觉和观念以外的"精神"存在；不朽的说法，因为没有能在暂时的心理状态后还存在的"心灵"。贝克莱将物质降为心灵而摧毁了唯物论，休谟则将心灵降为观念而调和了这一摧毁工作。"物质"和"心灵"都不存在。怪不得当时的机智之士以"没有物质，绝无精神"（no matter; never mind）这一双关语摒弃了这两位哲学家。

　　在这种瓦解的观点中，意志的自由为不可能；没有心灵在观念或反应之间做一抉择；心理状态的连续决定于印象的序列、观念的结合和欲望的交替；"意志"只是流为行动的一个观念。个人的认同是在一种心理状态唤回以往的心理状态，并透过原因的观念予以联结时那种连续的感觉。

　　不过原因也只是一个观念，我们无法证明它是一个客观的实体。我们知觉到甲（如火焰）是规则地继之以乙（热度）时，我们结论甲为乙因；但我们观察到的是一连串的事件，而不是因果的作用；我们无法获知乙将永远跟随着甲。"我们有关因果关系的一切推理只由习惯得来。"我们谈到的"自然法则"只是我们经验里习惯了的系列关系，它们不是事件中一成不变而必须的关联，我们无法保证它们明天还是如此。因此，科学是会受到变化左右的或然率的累积。形而上学如果佯装是有关最后实体的一套真理，这是不可能的，因为我们既无法知道系列背后的"原因"，也无法知道感觉背后的"物质"或被断定是在观念背后的"心灵"。同时，只要我们将我们对上帝的信仰基于据推断自"不动的原动者"（Prime Mover Unmoved）引发的一连串因果关系之上，我们便须放弃那种亚里士多德式的诡辩。所有的事物都是流动的，确定的事情只是梦想。

　　在以亚瑟国王那把所向无敌的智力魔剑（Excalibur）大肆破坏后，休谟便停下谦逊了一阵子。"我回顾我判断的自然错误时，我对我的意见不如我考虑我推理的物体时那么自信。"他和我们一样清楚，对于生命、宗教，乃至对于科学而言，确定并不必要，高的概率便足以横过街道或建造一座教堂，或是拯救我们的灵魂。在一项附录中，他承认在观念的背后可能终究有个自我，在感觉背后有个实体，在持续的系列背后有个因果关系。在理论上，他坚持他的立场："我还没有幸运到发现前几册的推理中有任何大错的地步。"但在事实上，他和蔼地承认，在他掷笔时他就放弃了他的怀疑论：

> 如果有人问我，我是否真诚地同意我竭心尽力传授的这种议论，并问我是否真正是主张一切都不固定的那些怀疑论者之一……我该回答……我或是任何其他人都未曾认真而不断地坚持那个意见……我吃饭，我玩双陆棋，我与朋友交谈、欢乐。在三四小时的娱乐后，我会回到这些推测上，这时，它们似乎是如此的冷酷、牵强而荒谬，因而我无法进一步地深入其中……因此怀疑论者仍然继续推理和相信，虽然他声称他无法以推理为他的推理辩护。按照同样的原理，他必须同意有关肉体存在的原则，虽然他无法借任何哲学的辩词伴装维持这一存在的真实性。

最后，休谟背弃了争辩，以为生活的指导，他转而相信基于习惯的动物信仰、信托、信念，认为实体是理性的，而且充满了因果关系。他借着宣称"信念与其说是我们本质的认知部分，不如说是一种感觉的行动更为恰当"。27 岁的休谟，伸出双臂欢迎 26 岁的卢梭。[1] 这位理性时代最伟大的理论家不仅非难理性的因果原则，他也为即将废弃理性，转而崇拜感觉的浪漫主义，大开门户。

《人性论》第二册继续扬弃理性。休谟驳斥哲学家在理性控制感情上建立伦理的企图。休谟所谓的"激情"是指情绪的欲求。"为了

---

[1] 杜兰特此处行文有误。此时卢梭尚未开始哲学著作的写作。——译者注

证明这一套哲学所有的谬误，我将首先竭力证明，理性本身绝无法成为任何意志行动的一个动机；其次，理性在'抗拒'意志的'力量'这一方向上，绝不与情欲相反。""除了相反的冲动之外，没有东西能够反抗或阻碍情欲的冲动。"更使那些中产阶级哑然无声。休谟又说："理性是，而且必须是感情的奴隶（欲望的启发和协调工具），也绝不能在服侍和服从情欲之外，企求任何其他的功能。"

他进而精密地分析"情欲"主要是爱、恨、怜悯、愤怒、野心、嫉妒和骄傲。"财产的关系最常产生骄傲的感情。"所有的情欲都基于快乐和痛苦。最后，我们的道德特性也有同样秘密的来源。"我们易于将美德的名称赋予对我们有利而给予我们快乐的其他人身上的任何特质，另外则称呼任何给予我们痛苦的人性为邪恶。"甚至美与丑的观念也由快乐和痛苦而来：

> 如果我们考虑而形成的一切假说……来说明美与丑之间的差异，我们将发现，它们全都决定于此，美丽是各部分调和的一种秩序和构造，由我们本质的原始构造（正如人体的美），或由习惯（如同赞赏妇女的纤细），或由幻想（正如受阻欲望的理想化的幻想），使适于带给灵魂快乐和满足……因此，快乐和痛苦不只是美与丑不可缺少的附属品，也构成它们的真正要素……美丽只是产生快乐的一种外形，就像丑陋是用以传达痛苦的各部分的一种结构。

1739年3月，休谟回到爱丁堡。他热切地搜寻报刊上对他两册著作的评论，结果大失所望。"再没有任何著作比我的《人性论》更不幸。报上未见评论，甚至未在热心者中间引起私下的讨论。"不过，他在老年写到这一点时，或许是由于早已遗忘了不愉快的事，他忘了在他的著作出版一年内曾出现几次评论，几乎都抱怨该书难懂。同时，作者也经常提到他自己和他划时代的崭新观念，以显示他的年轻才华。一位批评者说："最令人不快的是他陈述诡论时的自信。从来没有一个怀疑论者比他更独断……在他的眼中，洛克和克拉克之流与他相比，往往只是不足为道且一知半解的推理家。"

悲伤但不屈不挠，休谟为报界准备了第三册的《人性论》，其中包括第三篇《谈道德》（"Of Morals"）。它于 1740 年 11 月 5 日问世。它对道德的分析使理性主义者和神学家都大不高兴。休谟重申，道德的规律既不是超自然的启示，也不是理性的结论，因为"理性对我们的感情或行动没有影响"。我们的道德观念并非来自天堂，而是来自同情——对我们同胞的同情。这种感情是社会本能的一部分，由于害怕孤独，我们借此同情与他人结合。"人的原始状态与处境可以公认为具有社会性"，人类住在其中而无社会组织的"自然状态，只是纯属虚构"，自有人类就有社会。身为团体的成员，人们很快就学会称颂有利于社会的行动，并谴责有害的行动。此外，同情的原则使他们倾向于接受或模仿他们周围听到的意见。他们在这种方式下得到他们褒贬的标准和习惯，有意或无意之间，他们应用这些标准来评断他们自己的行为；良心的起源由此而非由上帝（如卢梭和康德想象的）而来。休谟说，这种同情、社会吸引的法则在道德世界中和引力定律在物质宇宙中一样普遍灿烂。他下结论道："因此，就整体来说，我希望这一伦理制度毫不欠缺确证。"

第三册比第一、二册卖得更少。1756 年，《人性论》第一版 1100 本书的剩货仍然散乱地摆在出版商的书架上。休谟未能活着眼看第二版问世。

·道德和奇迹

他显然无法靠写作维生。1744 年，他企图在爱丁堡大学取得教授的职位，但没有成功。无疑，他怀着些许卑屈的心情接受（1745 年 4 月）年轻的安南戴尔侯爵年薪 300 英镑的家庭教师职务。这位侯爵后来发了疯，休谟发现他将成为一个疯子的监护人。其间引起了争执，

结果被辞退（1746 年 4 月），还得为他的薪水打官司。有一年的时间
（1746—1747 年），他担任圣克莱尔将军的秘书，薪水很高，伙食很
好。1747 年 7 月，休谟返回爱丁堡，身上带的英镑和体重都比他离
开爱丁堡时重得多。1748 年，圣克莱尔将军再度聘他为秘书和副官，
前往意大利的都灵，现在大卫身穿火红色的制服。詹姆斯·考尔菲尔
德当时是都灵的一名学生，对休谟的智慧和性格有着深刻的印象，但
对他的相貌很失望：

> 骨相的力量被他的容貌破坏了……他面貌的丑陋看不出些微
> 聪明的痕迹。他的脸孔宽肥，嘴巴宽大，除了鲁钝外没有其他任
> 何表情……他整个人的肥胖形象远比优雅的哲学家更适于传播一
> 位吃乌龟的市议员的观念。

考尔菲尔德宣称见过休谟（37 岁）跪在一位已婚的伯爵夫人
（24 岁）面前，表白他的热情，同时承受求爱遭到鄙视的痛苦。这
位女士拒绝他的热情。这位报道者说，休谟一阵热昏，还企图自杀，
可是仆人们救了他。另一位苏格兰人说，在病中，休谟从一位天主
教神父那里"接受了临终涂油礼"。我们听说，休谟宽恕了风流韵
事和涂油礼，其理由为"我脑子的组织受到损伤，我像疯人院里的
任何人一样疯狂"。1748 年 12 月，他归隐到伦敦和哲学中，已拥有
1000 英镑的财富。

决心为《人性论》的观念取得另一次发表的机会，他于 1748 年
出版《人类理解研究》，1751 年出版《论道德原则》。在这些作者死
后出版的版本前面附有的序言中，他贬低《人性论》是一部"少年
之作"，而且要求"下面的著作或许可以单独视为包含他的哲学情感
和原则"。休谟的学生大都在他早期而非晚期的作品中发现较多的内
容；这些或许以较温和收敛的风格，包括同样的范围，但都获致同样
的结论。

休谟在重申他对理性的怀疑分析后，正如第一论第 10 节中提到的，他再提出出版商拒绝在《人性论》中刊印的《谈奇迹》这篇文章。他以平常的自信开头："我敢说我已发现了一种立论……如果正确的话，这将成为智者和博学之士用以永久抑制各种迷信妄想的良策，因此，只要世界存在，这种立论便一直有用。"接着，他提出他最有名的几段文字：

> 没有任何证词足以建立一项奇迹，除非这个证词的虚假要比设法建立的事实更不可思议……任何人告诉我他看过死人复活时，我立刻自问，比较可能的是这个人会不会骗人或受骗，还是他所说的真是确有其事。我拿一个奇迹和其他的比较，根据我发现的优越性，我……驳斥较大的奇迹。在所有的历史中找不出经过许多人证实的任何奇迹，而这些人具有无可置疑的良知、教育程度和学识，使我们确信他们没有任何幻想。他们同时具有如此无疑的完整人格，因而超出企图骗人的一切怀疑之上；他们在人类的眼中又是如此负有信誉，因而如果查出有任何虚假的话，他们将有重大损失；他们还以如此公开的方式及在如此著名的世界一角，对事实加以证明，致使查证无可避免：要我们充分保证人们的证词，必须要有所有这些条件……
>
> 我们通常在推理时服膺的准则是，我们不曾经验过的事物类似于那些我们体验过的事物。而我们发现最平常的往往也是最可能的。在有异论的地方，我们该把优先权给予基于过去观察所得最多数之上的东西……这形成一种强烈的推断，用以抗拒所有超自然和不可思议的关系。这些关系在无知和野蛮的民族中，最为盛行……奇怪的是，这种奇异的事件从未在我们这个时代发生过。但是……人们在各个时代撒谎倒不足为奇。

休谟继续宣称基督教信仰的其他障碍：人类和他在地球上的敌手

之间自然平稳的中立性；生活和历史中各种各样的邪恶；上帝显然应对亚当的罪恶和所有的罪恶负责，因为依基督教假定，在这个世界上，没有上帝的默许，任何事都不可能发生。为了避免无神论的指控，休谟假借"一位热爱怀疑诡论的朋友"之口，并以他的原则"我永远无法赞同"这一借口，而为伊壁鸠鲁认为众神存在但不理会人类的观念辩护。这位朋友疑惑为什么宗教和哲学之间不能有协议而不互相妨碍，就如他假定在希腊文明中有过的：

> 在头一次由于哲学家们新的诡论和原则引起的警报过后，这些在上古各时代的教师似乎与已有的迷信和谐相处，而且在他们之间公平地划分人类：前者包括所有的博学之士和智者，后者则包括所有的粗俗百姓和文盲。

这是多奇妙的提议休战的方式！

1749 年，休谟返回苏格兰和兄弟姐妹同住在他们在尼内维尔斯的领地。两年后，约翰·休谟娶了太太，大卫迁到爱丁堡。现在他把《论道德原则》送给报界，希望这将取代《人性论》第三册。他重申道德感来自同情或社会感情。他驳斥苏格拉底将美德与知识视为一体的说法，断然否认拉罗什富科的观点，拉罗什富科认为"利他的"行动是受到人们期望赢得社会尊重以获得快乐的希望这一利己的动机引起的。休谟说，我们在这种行动中感觉到的快乐不是其原因，而是其伴随物和结果，这些行动本身是我们社会本能的作用。

但第二篇《论道德原则》最著名的特色，在于其详细说明功利主义的伦理。在哈奇森之后 23 年，在边沁之后 38 年，休谟认为美德是"每一种于人于己有用或愉悦的心灵特性"。根据这一点，他认为生命的正常快乐对个人有益，道德的双重标准也对社会有用：

人类漫长而无助的幼年时代需要父母共同养育他们的子女，这种合作要求对婚姻关系贞洁、忠实的美德……这种性质的不贞在女性要比男性有害得多。因此，坚贞的法律对女性比对男性严厉得多。

·达尔文学说与基督教

1751年，他写成《自然宗教对话录》一书，这是最具破坏性、最不敬的著作。书中有三人交谈：维护正统的德梅亚（Demea）、自然神论的克莱瑟斯（Cleanthes）和显然是休谟化身的菲洛（Philo）。德梅亚辩称，除非我们在现象背后安置某一崇高之神，则世界将更为无法忍受而难以理喻；不过他承认，他的上帝难为人类理性了解。克莱瑟斯斥责德梅亚企图以另一件不可理喻之事以解释此一不可理喻之事；他宁可以自然的天造地设这一证据来证明上帝的存在。菲洛嘲笑这两种议论，他宣称理性绝不能说明这个世界或证明上帝，"称为思想的头脑这一小小的激动，到底有什么特权使我们必须使之成为整个宇宙的模型？"器官顺应目的也许不是神明指引的结果，而是自然经过几千年缓慢而笨拙的实验的结果。（这里是卢克莱修之后1800年，查理·达尔文之前108年的"自然淘汰"。）即使我们承认超自然造物的存在，这种人类和动物世界顺应的不完全和无数的灾害，最足以显示一个权力和智力有限的神，或是一个对人类漠不关心的神。"终极而论，一个人的生命不比一只牡蛎对宇宙更为重要。"

一个人将会想象这种伟大的产物（指人），尚未得到造物者的最后一手，每一部分都只完成那么一丁点，而其借以完成的手法又是那么粗糙。因此，风……用以协助人类航行，但想一想看风如何多次升为暴风、飓风而造成灾害！雨水是滋养地球上所有植物或动物不可缺少的东西，但它们又如何经常形成洪涝之灾！……宇宙中没有任何东西经久有益，而不会经常由于过多或过少而造成灾害。自然也未以必要的精确性来防止所有的紊乱和混乱。

更糟的是，不仅在秩序（如果将世界看成上帝的创造）中有紊乱，而且在充裕的生命中，经常还有对抗死亡的无益挣扎：

> 一场永久的战争在所有的生物中激发。需求、饥饿、匮乏，刺激强壮和勇敢的生物，畏惧、焦虑、恐怖，摇动脆弱和残缺的生命。生命的出生使新生的婴儿和狼狈的母亲受苦。那个生命的每个阶段都伴有脆弱、无能与沮丧，而最后则在痛苦和恐怖中结束……为了使每个生物的生活受苦，再请观察……自然的奇异诡计……想想那无数种类的昆虫，它们不是靠每一动物的血液维生，就是在它们四周飞翔，并将刺刺入它们的皮肤……每个动物都被敌人包围着，这些敌人不断地寻求其苦难和毁灭……人是人类最大的敌人。抑郁、不义、侮辱、傲慢、暴力、煽动、战争、中伤、诈欺，他们用这些来互相折磨……
>
> 环顾这个宇宙，赋有生命、有组织、又聪明又活跃的生物，何其繁多！你钦羡这种奇异的变化与生殖力。但只要稍微仔细检视这些生灵……它们是如何互相敌视和破坏……这个整体只令我们想到一个难于理解的自然，她受到一个伟大生动的原则的孕育，而从膝下倾出她残废而发育不全的后代，一无辨识或双亲的照料。

世界中善恶互相矛盾的证据，向菲洛暗示彼此争夺的神之双重性或繁多性，有些为"善"，有些为"恶"，或许还有不同的性别。他恶意地暗示，这个世界：

> 只是某一幼年之神最初的粗陋散文，他后来因耻于其文之拙劣而予扬弃……或许它是某些老朽之神老年昏聩的产品，同时自

他死后，从得自于该神的最初冲动和活力，继续冒险。

正如婆罗门（Brahmins）所主张的，世界多半是由一个巨大的蜘蛛而起，它由内脏吐出这整个错综的团块……为什么一个有条不紊的系统不可能由肚子和脑中吐出？致使创造成为生殖。或者在想象上"世界是个动物，而神是世界的灵魂，神驱动世界并受世界之驱动"。

在这一切嘲弄之后，菲洛把话题转回天地的创造上，他承认"宇宙中秩序的原因或许和人的智力有些类似"。他也为他声名狼藉的宇宙论致歉：

> 我必须承认，我对自然神论这个问题比其他任何问题较不谨慎……尤其是你，克莱瑟斯，我和你毫无保留地密切生活在一起，你可了解，尽管我放言无忌，喜欢独自辩论，但没有人能比我发觉自己在自然那种无法解释的天造地设中推理时，具有更深刻的宗教感，同时对神圣的造物主，更为崇敬。一个目的、一项意图或安排处处撞击着最粗心、最愚蠢的思想家。没有人能如此铁石心肠，处于荒诞的体系中，而一直拒绝这一目的或安排。

休谟的友人恳求他不要出版这本对话录。他屈服了，并把手稿锁在书桌里。这部作品直到1779年，他死后的第三年才问世。但他对宗教的沉醉仍诱使他回到这个问题上，1757年，他出版了《四大论文》，其中一篇试论《宗教的自然历史》。在出版商的坚持下，他撤出了另外两篇论著，这两篇文章在他不受畏惧与谴责之顾虑时印行了：一篇谈不朽，另一篇是辩护一个人在成为他同胞的负担时自杀的正当行为。

《宗教的自然历史》一书结合了休谟原先对宗教的兴趣和对历

史的新兴趣。他不再攻击古老的信仰，而追究人类如何会接受这些宗教。不过，他无意做耐心的研究——即使当时有可以到手的有关社会起源的些许资料，他宁可以心理学的分析和演绎法来探究这个问题。原始人的心灵以自己的意志和行动这一类比来说明一切因果关系：在自然的成品与形态——河川、海洋、山岳、暴风雨、时疫、奇物等——背后，他想象着那些具有超自然力量的隐秘人物之意志行动，因此，多神教形成最初的宗教信仰形式。由于许多力量或事件对人有害，畏惧在他的神话和宗教仪式中仍占有很大的分量，他遂将这些恶势力或魔鬼拟人化，并试图向他们邀宠。随着社会组织的范围扩大，成员的增多，及地方的统治者臣服于较高的君主，神的世界也产生了同样的变化。一神论来自多神论，但一般民众仍然膜拜地方的神或圣人，而有教养的人们则崇拜宙斯、朱庇特、上帝。

不幸的是，随着组织的更趋统一，宗教也变得更不宽容了。多神论准许繁多的宗教信仰，但一神论要求一统。迫害行动因而扩展开来，要求信奉正教的呼声成为"所有人类感情中最炽烈、最难平息的感情"。哲学在古代曾相当自由地成为优秀分子的宗教，这时也被迫成为群众信仰的仆役和护教论者。在这些一神论的教义中，功绩和"拯救"离美德愈来愈远，还附属于仪式的遵守和无可争辩的信仰之上。结果，受过教育的人不是成为殉道者，就是成了伪君子。由于他们很少人决定殉难，人类的生活在空口说白话和不敬之下黯然失色。

休谟以稍差的斗志宽宥一种伪善的举措。有人请教他，一个丧失信仰的年轻教士是否应当留在教会里并接受擢升，他答道，留下来。

> 文人难得找到文职……我们以取信粗俗民众为荣，这对他们及其迷信，不啻过于尊重。是否曾经有人认为向小孩或疯子说实话是荣誉攸关的问题？……教士职务只增多了我们一点无

知的虚伪或伪装，倘若没有了这层伪装，教士的职务便不能行
之于世。

·共产主义和民主政治

最后厌倦于在他看来是决定于感情而非理性的问题争辩，休谟在
晚年渐渐把注意力集中在政治和历史上。1752 年，他出版了《政治
理论》。该书的广受欢迎使他感到意外。英国人喜爱他的政治保守主
义，乐于忘怀他神学的破坏性。他有点同情趋向共产平等的热望：

> 我们确实必须承认，自然对人类是如此的宽大，因而如果她
> 所有的赠礼在人类中间平均分配，并由艺术和工业而予改善，则
> 人人将安享所有的生活必需品，甚至大部分的舒适设备……我们
> 也必须承认，我们无论在哪里违背了这种平等，我们剥夺穷人的
> 就多过我们加给富人的满足，个人琐碎的虚荣心的些微满足，对
> 于许多家庭，乃至省份而言，往往耗费多于面包以外的代价。

但他觉得人性使平等的乌托邦无法实现：

> 历史学家，甚至普通常识，或许可以告诉我们，无论这些完
> 善的平等观念可能如何珍贵，它们实际上是"无法实现的"；如
> 果不然，则将对人类社会极为有害。使财产始终平等，但人类不
> 同程度的艺术、喜好和工业也将立刻打破这种平等。或者如果抑
> 制这些美德……则需最严厉的追究，以监视每种不平等初次出
> 现，并予以最严峻的惩罚和纠正……如此多的权威不久势必堕落
> 为暴政。

民主政治，与共产主义一样，也得到休谟同情的排斥。他认为，

"人民是所有公正政府的起源"，这是"一项原则……本身高贵……但所有的经验都违背了这一原则"。他驳斥政府源于人民之间或人民与统治者之间的一项"社会契约"这一理论（不久又由卢梭予以复活），认为其很幼稚：

> 几乎所有目前存在或在历史上留下任何记录的政府，最初都是由于篡夺或征服或二者兼有而建立的，其间并没人民公正的同意或自愿的服从等任何掩饰……第一个君临万民的祖先，或许便始于战争状态……那种状态的长久持续……在野蛮部落之间非常普遍，使人们惯于服从。

在这种方式下，君主政体几乎成了世界性的、最能持久的，因而也许是最切合实际的政府形式。"一位世袭的王子，一群没有属地的贵族，及一群代表投票的人民，形成了最佳的君主政体、贵族政治和民主政治。"

除了前于卢梭外，休谟还以易懂的艾迪生式风格，事先抛弃了孟德斯鸠所谓气候决定民族性这一理论。在《道德与政治论文集》中，休谟写道："至于自然因素，我怀疑它们在这一特别方面的作用；我也不以为人类的性情或天赋与空气、食物或气候有任何关联。"《论文集》的第二版几乎与《论法的精神》（*Spirit of Laws*）同年（1748 年）问世。民族性是由国界而非由气候来区分，它主要是由法律、政府、社会结构、人民的职业，及对邻人或优越者的模仿而决定。

在地方的这些差异之下，人性基本上在任何时代和地方都是一样的。由于求生的要求而成为不可或缺的同样的动机和本能，在各个时代和地方，根本上造成同样的行为和结果：

> 野心、贪欲、自爱、虚荣、友谊、慷慨、热心公益，这些以

各种程度混合并透过社会分散的感情，从有世界以来一直是，而且仍然是人类观察到的一切行为和精神的来源。你可想知道希腊人和罗马人的情绪、意向和生活方式吗？你只要仔细研究法国人和英国人的性情和行为；你把对后者所做的大部分观察转移到前者，便不会犯太多的错误。人类在各个时代和地方如此的相似，因此历史在这一方面并没有告诉我们任何新奇的事情。历史的主要功用是借显示各种不同环境和情况下的人类，以发现人性经常而普遍的原则。同时，历史供给我们资料，使我们或许可以从这些资料中形成我们的观察，并熟悉人类所作所为的正常动机。战争、阴谋、倾轧和革命的这些记录，是许许多多实验的集合，政治或道德的哲学家由此决定他的学术原则。

在《政治论集》和《杂论集》（*Essays and Treatises on Various Subjects*，1753 年）中，休谟对经济思想做出了重大贡献。他驳斥法国重农主义者的一切税捐最后落到土地上的看法，他相信它们最后落在劳工头上，因为（在这里他附和洛克的说法）"世界上的每样东西都用劳动力换来"。甚至在工业革命之前，他已预见工人将会联合起来提高工资。他谴责政府的赤字和企业以苛征和经常发行公债加以维系的财政措施，而且预测，这种财政措施将把"自由政府"带到"和我们周围国家同样的奴役状态"。金钱并非财富。铸造多于为了商业的便利所需的货币，势将抬高物价并妨碍对外贸易。仍然领导欧洲国家强调出口、封锁进口并囤积黄金这一错误的重商主义，将剥夺原可从每个国家通过土地、气候和特殊技术，同时以最低的成本生产最佳品质的特定货品这一方法获得的欧洲的国际利益。他大胆祈祷：

> 不只是以一个人而且是以一个英国子民的身份……为了德国、西班牙、意大利，乃至法国本身的贸易繁荣。我至少确

定，英国和所有那些国家的君主和阁臣如果达成这种扩大而有利的共识，他们的国家便将更为繁荣……任何一个国家的财富和贸易的增加，不但无损害，通常反而会促进所有邻邦的财富和贸易。

这些观念或许是受到自由主义的重农主义者的影响，反过来又影响了休谟的朋友亚当·斯密，在发展英国的自由贸易政策上，扮演了一个重要的角色。

·历史

1752 年，休谟当选为爱丁堡神学院的图书馆馆长。撇开年俸 40 英镑的薄酬不说，这个任命对他的意义很大，因为这使他成为 3 万册书籍的主人。由于接触这个图书馆，他才能写出他的《英国史》(*History of England*)。1748 年，他向一位朋友承认："我久已有一个心愿，在我比较成熟的几年里，编撰一些历史。"他称历史是"智慧的伟大情妇"，希望在历史中发现国家兴亡的原因。此外，

眼看所有的人类像接受校阅一样经过我们面前，以他们真正的色彩出现，不带任何的伪装，在他们的生命中，那些伪装很是困惑了旁观者的判断——还有什么景象能被想象成如此堂皇、如此歧异、如此有趣？什么样的娱乐，无论感官或想象的，能够和它相比？

在一个世代中产生 3 位世界上最伟大的历史学家：伏尔泰、休谟和吉本，这是 18 世纪的荣耀之一。他们全都以哲学为根底，试图用非神学的词汇，及由他们的时代累积的最广泛的知识面来说明历史。吉本从未厌倦于称颂休谟及承认其影响力。他珍视休谟对《罗马帝国衰亡史》(*The Decline and Fall of the Roman Empire*，1776 年）首卷的

赞扬而认为其高于其他任何赞扬。休谟反过来也大大得力于伏尔泰吗？他完成并有系统地陈述自己的哲学，有助于英国自然神论者而非法国怀疑论者，《人性论》的完成在伏尔泰、狄德罗和孟德斯鸠所有主要的作品之前。但休谟的《英国史》（1754—1762 年）或许有一部分是引用伏尔泰的《路易十四时代》（*Age of Louis XIV*，1751 年），甚至有部分袭自印行于 1745 年和 1755 年的《论时风》一书。这三位历史学家都同意扬弃迷信、驳斥超自然的解释，同时认为进步与知识、风俗和艺术的发展有关。

休谟用追溯的方式撰写《英国史》。第一卷（1754 年）包括了詹姆斯一世和查理一世的朝代——1603 年至 1649 年；第二卷（1756 年）从 1649 年写至 1688 年；第三和第四卷（1759 年）从 1485 年写至 1603 年；第五和第六卷（1761 年），由恺撒侵入英格兰写到 1485 年亨利七世登基为止。

人们对第一卷的猛烈抨击使他感到意外。他相信自 1688 年威廉三世入主以来辉格党统治英格兰，他们畏惧 1715 年和 1745 年拥护詹姆斯二世派的叛变，使英国的史料编纂染上了反斯图亚特王朝的色彩。他还认为，他是中立的。"我想我是唯一立即摆脱现在的权势、利益、权威及民众偏见的呼号的历史学家。"他忘了他是苏格兰人，及苏格兰仍然在暗地里哀悼其"可爱的查理王子"，苏格兰人（也许包括休谟在内）从未忘怀英格兰曾杀害有一半苏格兰血统的查理一世，并先引来一位荷兰人，然后找来一名德国人统治英格兰、苏格兰和威尔士。因此，虽然承认查理过分伸张王室的特权而理该遭到废除，但是他认为国会也同样过分伸张权力，同样难辞引起内战之咎。他承认国家有权罢黜昏君，但他希望没有人过分极端地运用那项权利。他害怕"人民的愤怒和不义"，同时觉得处决"宽大而和蔼"的查理已威胁到人民尊重政府的习惯。他斥责清教徒是"佯装神圣的伪君子"，他们的言辞被"神秘难懂的话污染了"，同时"他们的邪恶行为与祷告交织在一起"。他驳斥共和政权是残暴的虔敬、黩武的专制和社会混乱的时代，只能由斯图亚特王朝的复辟加以治愈。伏尔泰检视《英国史》后，认为休谟相当公正：

> 休谟先生……既非亲国会派，也非保皇派，既非国教徒，也非长老会教友，他只是公正的人……党派的愤怒使英国长久以来失去了一位优秀的历史学家和一个贤明的政府。托利党人写的是辉格党人否认的，反过来，托利党人称辉格党人写的是谎言……但在这位新的历史学家身上，我们发现了一颗比他的史料卓越的心灵，他像医生谈论时疫一样谈到弱点、谬误、残暴。

英国的批评者不同意伏尔泰的说法。他们并不抱怨休谟很少参考原始来源，但（他回忆）他：

> 受到一种谴责、不赞同，乃至厌恶的呼号的攻击；英格兰人、苏格兰人和爱尔兰人、辉格党和托利党、教士和教徒、自由思想家和宗教家、爱国者和朝臣，在盛怒中联合起来对付这位被假定曾为查理一世和斯特拉福德伯爵的命运洒下同情之泪的人物。在他们的愤怒第一次爆发过去后，更令人痛心的是这本书似乎已被人遗忘了。米勒先生告诉我，在一年之中他只卖了45本《英国史》。

他气馁得曾有一段时间考虑像年轻时那样搬到法国某一省城，在那里他能够化名定居。然而，法国与英国正在交战，而第二卷已接近完成阶段，他决心坚持到底。他的偏见由于遭到反对而产生。在修订第一卷时，他作了"100个以上的修正"，但是，他仿佛有意告诉我们，"我使它们一成不变地站在托利党这一边"。然而，接着出版的几卷销路不差。托利党人现在称颂他是他们坚强的辩护人，也有些辉格党人承认该书简朴、清晰、尖锐、直接和迷人，及其有时具有先于吉本的那种公正品德。亨利二世与大主教巴克特之间戏剧性冲突的记述足以媲美吉本对土耳其人攻击君士坦丁堡的叙述。这6卷《英国史》

造成的累积印象使休谟的声名达到了巅峰。1762 年，博斯韦尔（James Boswell）将他列为"英国最伟大的作家"——但博斯韦尔是苏格兰人。1764 年，伏尔泰谦逊地宣称这本书"或许是以任何语言所著的最佳历史"。而史学家吉本和麦考利却选择另辟蹊径，麦考利还平衡了该书的偏见。

·年老的哲学家

1755 年，有些苏格兰牧师展开一项运动，欲在苏格兰教会大会上控诉休谟的邪异信仰。同时，"苏格兰启蒙运动"已在年轻教士之间形成一项自由主义运动，他们能防止对这位哲学家和历史学家的任何公开谴责。但教会继续攻击他，激使他再度考虑逃难。这时（1763 年），赫特福德伯爵邀请他担任驻法国大使馆的副秘书，还保证他有 200 英镑一年的终身养老金。

他久已景仰法国的知识分子，曾受到法国启蒙运动初期作家的影响，并曾与孟德斯鸠和伏尔泰通信。他的作品在法国远比在英国更受到赞扬。布夫莱尔女伯爵通过著述爱上了他，讨好地写信给他，到伦敦看他，但他躲开了她。不过他抵达巴黎时，她笼络住了他，使他成为她沙龙的名人，还努力激起他胸中的男子汉热情，但发现他性情平淡不适于男女之情。他接受一个又一个集会的宴请，埃皮奈夫人说："一个宴会没有他就不够圆满。"上流社会张开双臂欢迎他，贵妇人——甚至病中的蓬巴杜夫人环侍在他身边。他写道："我深信路易十四在他生命的任何 3 个礼拜中从未受到如此多的奉承之苦。"他会晤了杜尔哥、达朗贝尔、霍尔巴赫和狄德罗。远在费内的伏尔泰称他为"圣者大卫"。赫特福德伯爵发现他的秘书远比他自己受到更多人的追求和敬重而感到惊讶。贺拉斯·华尔波尔愤恨这一切，有些"知识分子"越来越妒忌，嘲弄休谟的肥胖。在一次宴会上，休谟进来时，达朗贝尔引述福音的话说道："道成肉身。"据报道，有位女性仰慕者以难以置信的机智还击道："道成可爱的东西。"无怪乎在爱丁堡遭到侵扰、在伦敦不受欢迎的休谟写道："住在巴黎真是令人满意的，那个城市充满了许许多多聪明、博学而温文有礼的友人。"

1765年11月，新的英国大使来到，休谟的职务结束了。他返回爱丁堡，1767年，他接受了伦敦外务省助理秘书的职位。在这个时期他将卢梭带到英国，而且和他在那里发生了著名的争执。这个故事得等到后面再说。1769年8月，58岁的他终于退休回到爱丁堡，现在是"非常富有、健康，虽然有点老迈，有机会长久安享逸乐，并眼见我的声誉日隆"。

他在圣大卫街的住宅成了沙龙，亚当·斯密、威廉·罗伯逊和其他的苏格兰知名之士环绕在他周围，他是他们公认的权威。他们不只是因为他的智力而喜欢他。他们明白，尽管他那破除迷信的推理令人不快，但他在谈话时和蔼可亲，心情愉快，在争论时稳健，容忍相反的意见，不让意见的分歧减低友谊的真挚。他似乎（与蒙田和伏尔泰一样）视友谊高于爱情，"友情是人生主要的乐事"。他广受女性的欢迎，或许是因为他没有太太。他是许多家庭最受欢迎的客人。如果他的肥胖毁坏了椅子，智慧则弥补了他的体重带来的过失。他建议对过肥的人征税，但是期望某些"教士或许会伪称教会处在危险之中"。他感激恺撒偏爱胖子。亚当·斯密说："就整体来说，我总是认为他……或许像是人类薄弱的本质承认的那样，可说是几近绝顶聪明而善良的一个人物。"

如果一个人必须在如此可亲的人物身上寻找瑕疵，或是在如此有才能的心灵中染上污点，则最难以宽恕的是他提及"无神论者"斯宾诺莎的"可怕的假说"，这必然是针对保护性的变色。休谟的心理学在他那个时代最为尖锐，但并不能充分说明个人的认同感。一种心理状态不只是唤回另一种心理状态，前者或许会忆起后者是"我的东西"。以"规则的结果"取代"原因"只需要改变语法，"规则的结果"对于科学和哲学而言足够，而《英国史》仍然试图以原因解释事件。在实际生活中明白地遭到摒弃的怀疑论在理论上必然错误，因为实际运用是理论最后的考验。奇怪的是，休谟一方面将原因简化为习惯，将道德简化为同情的感情，另一方面在阐释宗教时却如此不重视习惯和感情，而且对历史中宗教永续的功能如此缺乏同情。他对信仰的慰藉、信仰带给处在神秘的浩瀚中战栗的灵魂的安慰，或忧伤的寂寞，或挫败的残酷命运，感觉非常迟钝。约翰·卫斯理的成功是历史对休谟的答复。

撇开这些苛责不说，我们再度承认休谟那具有催化作用的心灵的锐利。他本人就是英国的启蒙运动，除了政治的观察力，基本上他在那里等于 12 位知识分子对法国的影响。休谟深深地感受到法国的影响之余，进而触及启蒙运动的诸多理念，在知识分子——甚至伏尔泰——张露毒牙攻击可耻的行为之前，他就发出了启蒙运动最有力的一些打击。他们亏欠他的和他亏欠他们的一样的多。狄德罗写道："我向你致敬，我爱你，我尊敬你。"在英国，他挑战理性能否防卫宗教信仰甚至最简单的基本东西，因而结束了自然神论。他不仅把战争带到墙垣，还带到古代教义的要塞。在哲学方面，爱德华·吉本是休谟的后裔，在历史方面则是青出于蓝而胜于蓝的门徒。在德国，《人类理解研究》通过质疑原因的客观性明显地破坏了所有的科学、形而上学和神学，使康德由他"教条的睡眠"中醒来。在阅读哈曼（Hamann）翻译的《自然宗教对话录》的草稿后，康德在他的《纯粹理性批判》（*Critique of Pure Reason*，1781 年）最后的草稿中加入了休谟对由神设而起的争辩的批评，并认为它们无从回答。

休谟写道："为了我自己和我所有的朋友，在老年的门槛前停下，而不太过深入那个阴沉的地区，或许这是我的命运。"命运听信了他的话。他的自传中说：

> 1775 年春天，我的肠胃有了毛病，这最初不曾使我恐慌，但从那以后，正如我忧虑的，它成了致命而无可救药的病症。我现在只有依恃迅速的解体。我的病没有给我多少痛苦。更奇怪的

是，虽然我的身体大为衰败，我的精神却从未片刻减弱。设若让我指出我愿重新度过的生命期，我可能便会指向这个较晚的时期。我拥有同样的热情进行我的研究，在人群中也同样拥有欢乐的精神。

腹泻，众神最喜欢对人类的伟人采取的报复，加上内出血，使他在 1775 年一年中减轻了 70 磅。他写信给布夫莱尔伯爵夫人道："我看着死亡逐渐接近，心中毫无焦虑或遗憾。我以无比的爱和关心最后一次向你致敬。"他继续到巴斯城淘取圣水，但事实证明它们对长期溃烂的结肠炎毫无助益。他的心情仍然平静而开朗。

1776 年 7 月 4 日，他返回爱丁堡，准备"像我的敌人——如果我有的话——所能希望的快速，及我最好的朋友所希望的安详而愉快"地死去。他在卢肯的《死者对话录》（*Dialogues of the Dead*）中读到垂死的人向渡亡灵到冥府的船夫卡隆提出各种各样不立刻登船的借口时，他说他无法找出适合于他的任何借口，或许只有请求："好船夫，耐心点……我一直在努力打开民众的眼睛。如果我多活几年，或许我可以满足地看到一些盛行的迷信体系的瓦解。"但船夫答道："你这个闲荡的恶棍，这在几百年里都不会发生。你还梦想我会答应你再活那么长的时间？现在就给我上船来！"

詹姆斯·博斯韦尔无理而又缠扰不休地，坚持要问这个奄奄一息的人这样一个问题——他现在还不相信来世吗？休谟答道："我们会永久存在，这是最不合理的幻想。"接着，詹姆斯·博斯韦尔又问他，想到来世是令人愉快的吧？休谟答道："一点也不。那是令人沮丧的念头。"妇女们前来求他相信（宗教），他以幽默转移她们的注意力。

1776 年 8 月 25 日，他安详地与世长辞，"没有多少痛苦"（他的医生说）。虽然下着大雨，但大批群众仍然参加了他的葬礼。一个人说道："他是一个无神论者。"另一个人答道："这无关紧要，他是一个诚实的人。"

第五章 | 文学与戏剧
（1714—1756）

文学领域

英国如果不是因为文学，至少也因为印刷的发达而进步很快。英国不仅人口增加，而且在城镇，尤其是伦敦，读书写字的能力也已普及，这是商业、工业和城市生活不可或缺的。萌芽中的中产阶级嗜好书籍，视其为一种荣誉和慰藉之物。女士们喜爱书籍，览读理查森的小说，鼓励他创作。由于巡回图书馆的设立，阅读的人数大为增加。这一图书馆的设立始于1740年，不久，仅在伦敦就有20所。集体化的中产阶级代替了个人化的贵族，一跃成为文学的主顾，因此塞缪尔·约翰逊演出侮弄查斯特菲尔德的一幕。政府的补助金，不再由政要操纵而支配杰出的作家，如以前资助过艾迪生、斯威夫特和笛福。

辉格党与托利党，汉诺威党员（Hanoverians）与雅各宾党员（Jacobites）的激烈竞争，及英国日渐卷入欧洲大陆与殖民事务，使人们渴望知悉外来的消息，报纸因而在英国历史上成为一股力量。1714年，伦敦定期出版的报纸有11家，其中大部分是周刊，1733年增加到17家，1776年已经有53家。其中许多是由政治党派资助的，随着庶民提高呼声，有钱的少数人购买报纸以传播其思想。各报几乎皆刊有广告。《每日广告》（*Daily Advertiser*）创立于 1730 年，首次全部受理刊登广告；紧接着，它也增添刺激的消息以拓宽销路，并提高广告费。一些历史性的杂志也在这个时期诞生：批评博林布鲁克的《工匠》（*Craftsman*，1726 年）、成为蒲柏评论阵地的《文丐杂志》（*Grub Street Journal*，1730—1737 年）、庇护约翰逊的《绅士杂志》（*Gentleman's Magazine*，1731 年）、只于 1756 年暂时停刊的《爱丁堡评论》（*Edinburgh Review*，1755 年）。许多英文报纸和刊物在创刊 200 年后依然存在。

所有这些期刊——日刊、周刊、月刊——赋予新闻报界一股力量，为英国人的生活平添一些活力。在禁止出版议会辩论资料时，华尔波尔却准许记者们极尽 18 世纪文学的刻薄来攻击他。孟德斯鸠来自言论不十分自由的法国，深深惊异于《文丐杂志》以刻毒的笔墨大肆攻击唐宁街（Downing Street）。1738 年，一位议员抱怨下院：

> 英国人民被一种在任何时代、任何国家中前所未闻，类似至高权威的权力统治着。该权力，诸位议员先生，并非在于王子的绝对意志中，或是在国会的决定中，或在军队的力量中，或在教士的影响中，而在政府的新闻中。充斥我们周报的文章较之国会的法令更受人们的敬爱。这些庸儒的情绪给予多数人的力量，竟然重于王国中最佳政治家的政见。

印刷界开足马力，以适应广大的需要。伦敦有 150 家印刷厂，全英国有 300 家。在该时代中有两家印刷厂——卡斯隆（William Caslon）与约翰·巴斯克维尔（John Baskerville），留下了英名。大部分情形，印刷、出版、销售三个部门仍然合属同一个公司。有一个现存的公司"朗文"（Longmans）就是在 1724 年诞生的。出版者通常是指作者，售书的人称为书商。有一些书商如约翰逊的父亲，将他们的书籍带到市集，或从一城转移到另一城，而在集会日设一个摊位销售书籍。一册装订妥当的书索价 2 先令到 5 先令不等。但 1750 年，1

先令大约等同 1.25 美元。国会于 1710 年通过版权法案，保障作者或其受让人。书籍的出版财产权 14 年，如果作者活逾第一个保障时期，可以将该权延长为 28 年。该法令仅能在英国国内受到保障，爱尔兰与荷兰的出版者可以出版翻版书，并售至英格兰（迄至 1739 年）与购买该版权的书商竞争。

在这种情况下，书商严谨地与作者讨价还价。通常作者出售版权，只得一笔不大的数目。如果书籍格外畅销，书商或许会付给作者一笔额外的利润，但这种给付并非义务。一部名作家的作品可以得到 100 英镑到 200 英镑的待遇。休谟写的《英国史》是个例外，取得了每册高达 500 英镑的报酬。作者也可以接受预约，如蒲柏翻译《伊利亚特》便是如此。通常，在这种情形下，预约者先付议价之半，另一半则在交书时偿清。

大多数作家生活奇苦。西蒙·奥克利（Simon Ockley）以 10 年的时间撰写《撒拉逊人史》（*History of the Saracens*，1708—1757 年），终因债务累累而被送进牢狱，其著作在囹圄中完成。理查德·萨维奇（Richard Savage）经常在夜里因无栖身之所而徘徊街头，塞缪尔·约翰逊在成为英国文坛霸主以前也贫困了 30 个年头。文丐街（现弥尔顿街）是历史上"诗文与贫困"（约翰逊之语）的栖所。在这里，受雇的文人——记者、翻译员、编辑、校对、杂志投稿者、主编等——有时三人共床，又因缺乏衣服而穿披毛毡。贫困之源与其说是书商的压榨和华尔波尔的漠不关心，不如说是由于一群庸才竞相廉售，造成空前的文学市场被庸才充斥。作家几无社会地位，而同一时期，法国的诗人、哲人、史家却被迎入了极其华美的家庭与温馨的怀抱里。在英国——除了两三个例外——文人被逐出了社交界，沦为浪荡不羁的怪异人士。或许，这正是威廉·康格里夫乞求伏尔泰不要将他列入作家之列的缘故。蒲柏抗议当时的歧见，声称自己是诗人和绅士。他所谓的绅士，意指"出身名门"的人，而非举止彬彬之士。

亚历山大·蒲柏（1688—1744）

塞缪尔·约翰逊轻视始于家谱而终于葬礼的传记文学。但他在使其成名的《蒲柏传记》开头告诉我们："亚历山大·蒲柏生于 1688 年 5 月 22 日，其父母的名位，从来不详。"蒲柏的父亲是亚麻商，积了一笔可观的财富。后来退休，居住在靠近温莎森林的宾费尔德。蒲柏双亲皆是罗马天主教徒。蒲柏出生之年，正值英王詹姆斯二世被废。詹姆斯二世被废粉碎了天主教徒欲图取消反天主教法律的希望。蒲柏的母亲温馨地照顾着她唯一的孩子。蒲柏从母亲那里遗传了头疾，从父亲那里遗传了佝偻症，始终长不过 4.5 英尺。

他早年的教育得自天主教牧师，牧师们的教育使他精通拉丁文和希腊文。还有一些家庭老师教他法文和意大利文。他因为宗教被阻于大学门外，也因而很难就业时，他便在家里研读书籍。他驼背的身材和脆弱的身体使他无法从事于比较活跃的事业。他的父母听任他耽于诗歌的写作。他告诉我们：

> 仍是孩提，未为成名的笨瓜时，
> 我喂嚅着诗韵，因为诗的时代已经来临了。

12 岁那年，他瞥见戏剧家德莱登在威尔咖啡屋（Will's Coffeehouse）司祭，这种光景激起他对文学的狂热。16 岁时，他写作了一些田园诗，诗的手抄本流传当时，赢得了令人沉醉的喝彩。1709 年，他的田园诗被采纳出版了。1711 年，年仅 23 岁，他以《论批评》（"Essay on Criticism"）一诗震惊了伦敦的才子们。这篇诗甚至在警告作家们：

> 学浅事属危险；
> 深深啜饮，否则切莫体尝（缪斯的）诗泉。

他以权威的定论立下了文学艺术的规则。在此罗马诗人贺拉斯的作品《诗艺》及布瓦洛的作品《诗的批评》（*Art Poétique*）被奇妙地消化为富于常识的 744 行诗章，其中时时出现单音节字，如：

> 思念屡屡，却从未如是完美地表达出来。

这位青年具有讽刺诗的写作才能，将丰富的智慧缩成一行，并押以韵脚。他从德莱登处学得作诗的方法，而其理论却源自布瓦洛。由于有暇整理诗文，他接受了使诗的形式完美，一如酒杯比所盛的酒更为珍贵的古典理论。他虽然表白对天主教的信心，但仍信奉布瓦洛的信条，主张文学应为理性的适宜修饰。"自然"不错，但须是被人驯服的自然；情感不错，但须是受过智识锻炼的情感。有什么东西能比古代的诗人与演说家的实例更能引导这种有节制而刻凿过的艺术？他们决心合乎理性，决心使每件作品中的每一部分，有条不紊地融入和谐的整体。这是由意大利、法国，由彼特拉克与高乃依，而今由蒲柏征服英国的古典传统，这正如伏尔泰由艾迪生《加图》而征服了莎士比亚，也如古典建筑由帕拉迪奥和塞利奥，由佩罗和雷恩而以稳健的三角顶与平静的廊柱而凌驾在哥特式的幻化与崇高之上。这便形成了这位年轻诗人在"完美的批评家"中的古典意向的概念：

> 何人何德，天赐禀赋，乐教而不好学？
> 不因好恶，而怀成见；
> 既不暗晦固执，也不盲目执持；
> 虽然饱学，有教养，虽然有教养，诚挚；
> 勇而不乱，威而不猛，
> 但能放怀指出朋友过错，
> 而且欣然称赞敌人功勋？

> 趣味严核而无限，
>
> 了然书册与人心；
>
> 谈吐慷慨，虚怀若谷；
>
> 乐于赞扬，以理为伍？

一些批评家为这首诗欢呼，从这位年方 23 岁的青年身上来衡量美德。艾迪生自信是这首诗歌诵的对象，他在其《旁观者》第 253期中致予珍贵的喝彩，但旋即在笔战中忘得一干二净。另一位诗人约翰·丹尼斯（John Dennis），《阿庇乌斯与弗吉尼亚》（*Appius and Virginia*）一剧的作者，自认在蒲柏不慎的字里行间遭到轻侮：

> 阿庇乌斯对你所说的每一句话感到赧颜，
>
> 他用威胁的眼光凝视，令人战栗，
>
> 正像在古老的锦毡上凶恶的暴君。

丹尼斯因而以《评论，批评与讽刺》（*Reflections，Critical and Satirical*，1711 年）作为还击。他在蒲柏的思想和字眼中找出真正的瑕疵，然后作为有趣的讽刺材料。他描写蒲柏为一个丑陋的伪君子，形似爱神手持的弓或驼背的蟾蜍。他庆幸蒲柏不是生长在古典的希腊，否则将因生来畸形而被遗弃。蒲柏吮舐伤口，静候时机。

他以出版《劫发记》（*Rape of the Lock*，1712 年）而旋告成功，这本书虽然坦率地模仿布瓦洛的《经台吟》（*Le Lutrin*，1674 年），但一般认为，较布瓦洛的作品更为出色。罗伯特·彼得为了向阿拉贝拉·弗莫尔夫人示爱，剪走了她一缕秀发逃走。随后，劫发者与被劫者之间陷入冷战。有一位约翰·卡吕尔先生建议蒲柏假如将这段经过以幽默的诗文叙述，并将之赠送弗莫尔夫人的话，她的嗔怒必会软化。蒲柏这样做了。弗莫尔夫人原谅了罗伯特，并同意出版这首诗。随后，蒲柏不顾艾迪生的劝告，加了一些淑女、生活于火中的精灵及美艳的水神、地精，增扩而为英雄诗。这种形式迎合了当代的癖好。经过修订后的《劫发记》，除了丹尼斯外，人人都喻为成功的杰作。乔治·贝克莱曾经反对人们恭维蒲柏对女神的温柔描述，但这时也停止了反对的声音。所有蒲柏诗体的巧妙措辞，及他的意象与词句的层出不穷，使诗人有如贝琳达头发上的宝玉一般放出异彩。他以女性的知识来描写一位仙女为女主角涂脂抹粉以迎接爱情之战，他也以近似讽刺的语调描绘出那个时代的重要事端：

> 不论美女（贝琳达）会否违犯狄安娜贞洁的律法；
> 或是脆薄的瓷瓶沾有瑕疵；
> 或玷污她的名誉，她簇新的锦缎；
> 忘却她的恳求，或是迟误了化装舞会，
> 或是在舞会里失落了她的芳心，或项链……

贝琳达参与了在汉普顿宫廷显贵的茶会与赌博，在这个地方

> 一语名誉落。

诗人以他的才艺重叙牌局。贝琳达低身啜饮时，健美的男爵剪下了她的秀发，逃遁无踪（这种抑扬格的律动清新动人），她深感愤怒，进而追寻并找着了他，将一口鼻烟喷在他脸上：

> 忽然间，泪眼滂沱，
> 高耸的屋宇反响到他的鼻子。

这时，地精、体态轻盈的少女、火中的精灵，全都抢夺这缕头发，予以拉曳，留下光耀的云彩，直到苍穹，忽而变成一颗彗星，比贝拉尼斯的头发还要闪耀。

这一切欢悦了伦敦的爵爷与淑女，俱乐部与咖啡屋。蒲柏发觉自己被欢呼为英国最聪智的诗人，其他所有的诗人都成了他的敌人。他以疲惫枯燥的诗描写温莎森林（1713 年），丝毫没有提高名声。于1714 年得胜的辉格党员，也未曾忘怀蒲柏在那首诗中为没落的前朝显露出的天主教的同情。但 1717 年，他重振英名，获得观众的垂青。他将埃洛伊兹和阿贝拉尔寓言似的通信用对句加以刻凿，埃洛伊兹自禁于女修道院里，恳求被阉割的阿贝拉尔蔑视教会与国家的律法而重回她的怀抱：

> 来吧！如果你不惧怕，像你这般娇媚！
> 抗辩上帝，辩驳我心；
> 来吧！用沉沦的眼睛一瞥，
> 抹去天际每一丝光明的意念，
> 飞奔驰骋，从圣地攫取我，
> 助朋友们一臂之力，并将我从我主处夺走吧！

继而，她又以另外一种语气对他说：

> 不，逃离我，远至天涯海角，
> 升起阿尔卑斯山隔离我们！深海翻滚在我们之间！
> 啊！不要来，不要写信，连想也不要想到我，
> 也无须你分担我为你悲痛情谊的万一。

但她仍然深信，在她临终之时，他会悄至身旁，并不因为他是她的爱人，而是因为他是一个牧师：

> 愿你站立在神圣的教袍下，
> 庄严的蜡烛在你手中战栗，

呈现十字架于我双眸的眼前，

即刻教训我，并知悉我的死亡。

蒲柏像当时的每位诗人一样，梦想着写出史诗。他曾于 12 岁那年写过一篇，后来，在研读荷马的作品时，灵机一动，他认为可以将《伊利亚特》翻译成英文的双韵英雄诗。他曾询及朋友，他们赞成了他的看法。其中一位朋友乔纳森·斯威夫特，将蒲柏介绍给罗伯特·哈利、博林布鲁克及其他政府首脑，希望能帮他找个维生的闲缺。这件事没有成功，他转而争取预约，策略性地置身在谋官者与政府阁部之间，斯威夫特宣称："英国最佳诗人是蒲柏先生，他是一位罗马天主教徒，已从事于翻译荷马的诗成英文诗，为此，他希望他们全部订阅，因为我需要有 1000 基尼的钱，作者才愿意将书付印。"蒲柏建议将《伊利亚特》分成 4 开本 6 册出版，每套定价 6 基尼。虽然价钱昂贵，仍普受追捧，订户很多，书商伯纳德·林托特同意每册付给蒲柏 200 英镑，而且免费供给他许多本书，用以应付向他订阅的读者。有 575 个订阅户共购买了 654 套书，蒲柏译《伊利亚特》一书赚了 5320 英镑。第一册书包括 4 篇章，于 1715 年出版。它遭遇了意想不到的竞争，因在同期，托马斯·狄克勒（Thomas Tickell）翻译的第一章也出版了。艾迪生赞美狄克勒的诗，蒲柏认为这其实是艾迪生的诗，他认为与他同时出版是一种不友善的行为，于是又将艾迪生列为敌人之一。

如果学识是唯一的考验，蒲柏的翻译便不甚值得赞美。他没有非常好的希腊文知识，而须借助学院派的帮助。他以校对早期的翻译，并以拿手的抑扬格五音步的对句，重新组织、完成大部分作品。当时尚存的希腊文学巨子本特雷（Bentley）批评得好："蒲柏先生，这是一首好诗，但您不能称之为荷马之作。"对韵诗与其押韵的鼓音、对称的语句、子句及对照格，阻滞了希腊六音步诗快捷而澎湃的形式。然而，在那些奇妙傲立的诗句中却有一股前进的宏伟及语言的泉源。

这些优点胜过了本特雷的微词，这一译作从 18 世纪到 19 世纪普受欢迎。约翰逊说："这是世上仅见最高贵的译诗。"托马斯·格雷声称，没有别的译文可以与之比拟。直到济慈（Keats）看到查普曼译的荷马，华兹华斯（Wordsworth）将英国奥古斯丁古典时代愉悦许多人的那种繁文矫饰的格调呵为一场瘟疫之前，英国的评价，一直如此。

蒲柏的《伊利亚特》于 1715 年至 1720 年出版。其成功引起书商的注意。一个书商要求蒲柏编纂莎士比亚的戏剧。他无视于其与莎翁聪智、艺术的罅隙冲突而愚蠢地同意了。他不耐辛劳地从事于这趣味不合的工作。结果于 1725 年出版，不久他便被当时的莎翁研究泰斗刘易斯·西奥博尔德（Lewis Theobald）驳斥为不称其职。蒲柏便在《愚人志》（*The Dunciad*，1742 年）中将他钉上了十字架。

同时，林托特怂恿他翻译 5 卷《奥德赛》，给他每卷 100 英镑的报酬，当时订约了 819 套书。但如今，他已缺乏热情，厌于撰砌对句诗。他将一半的工作委诸两位剑桥学者，他们不久就学会模拟蒲柏的格调。蒲柏曾预告订户他将聘用助手代劳。《奥德赛》（1725—1726 年）远逊于他的《伊利亚特》，出版时他只承认 24 本中的 5 本为助手之作，其实他们已翻译了 12 本。他付给他们 770 英镑，自己净得 3500 英镑。这两部翻译使他经济独立。他曾说，现在要"感谢荷马"使他能"生活宽裕而不用投靠当今的诸侯王公"。1718 年，他在特威肯汉购置了一栋别墅，有一座 5 亩的花园斜伸至泰晤士河。他将花园设计成"自然"的格调，避免他行诗作对的古典规律。他说："一株树是比穿着冠冕礼服的王子更为可贵的东西。"他从房舍掘了一条地道穿过纷杂的公路而通入花园。这个"洞室"，他巧妙地饰以贝壳、琉璃、珊瑚、化石、镜子与方尖碑。在那个凉爽的隐庐，他款待许多知名的朋友——斯威夫特、盖伊、康格里夫、博林布鲁克、阿巴思诺特、蒙塔古夫人、卡罗琳公主、伏尔泰。蒙塔古夫人是他的邻居，住在他们所谓的特威特南。博林布鲁克就住在附近的道利，离伦敦只有 2 英里远，可驾轻舟摇荡于泰晤士河上，更近处则有里士满的贵族宫廷、汉普顿宫廷及科尤植物园（Kew）。

阿巴思诺特博士的《英国民族史》（*History of John Bull*，1712 年）赋予英国人性格与"约翰牛"的英名。他加入斯威夫特、康格里夫、盖伊、蒲柏诸人有名的涂鸦社（Scriblerus Club，1713—1715 年），致力于谈笑嘲弄各种大话与愚谬。他们谈笑的对象都被增添在蒲柏日渐膨胀的敌人之列。蒲柏与蒙塔古夫人有着半真实半文学的罗曼史，后来却成死敌。斯威夫特有时与蒲柏一起，如在出版《格列佛游记》时，两人互相交换厌世观及显示他们彼此维护时的一些体贴书信。蒲柏结识博林布鲁克约于 1713 年，他们渐渐发展成为哲学上彼此的卫士，他们全力互相恭维。蒲柏说："我确实认为在这个伟人的身上一定孕育着什么东西，这个东西似乎被从高一等的天体错置在此。"而博林布鲁克在蒲柏临死前也曾言道："我认识他这 30 个年头，因他的爱而感到自傲。"其实，他那时已哽咽难言了。

这位诗人一定有某些可爱之处，我们应该常常记住，他因他的体型缺陷而终日感到羞辱是可以原谅的。他早年有姣好的脸孔和欢愉的个性。仅仅他眼神的生机就足以吸引人。但是，随着他长大，脊背的弯曲也愈来愈甚而增加痛苦。他曾描述自己是"一双长脚与长臂的活生小巧的生物，如果说他是一只蜘蛛，一点也不代表邪恶，远处看他会误认为是一座小风车"。用餐时，他为了与人并坐，必须像孩子一样，用高椅支撑。他几乎经常需要人侍候。若没有人随侍，他不能自己上床或起床，不能自己穿卸衣服，也难以维持身体的干净。起床时，他需要仆人将他套在硬挺的帆布束身里，才能自行坐起。他的腿纤细得需要穿上 3 双袜子借以增加厚度并保暖。他对寒冷相当敏感，因此，他在粗暖的麻布制成的衬衫内穿上"一种毛皮束衣"。他几乎不能感受健康的热力。巴瑟斯特公爵说他一个星期有 4 天头疼，其他 3 天则害病，理查森能够绘出这么一幅精明而敏锐的蒲柏肖像真可叹为奇迹。但在鲁比亚克的雕像中，我们可以看见折磨心灵的那个弯曲的身子。

我们难以寄望这样一个人能够脾气温和、彬彬有礼、欢愉仁慈。他一如其他残疾者一般，变得容易动怒、跋扈、忧闷。他难得抿嘴一笑。他虽然没有任何身体的吸引力，却为自己的地位和知识感到骄傲。像一只软弱或伤残的动物，也像一个被压迫的少数派，他变得规避、诡谲而狡诈。他迅即学会撒谎，甚至欺蒙朋友。他诌媚贵人，但不屑写作欺媚的文辞。他勇于拒绝其所轻视的政府赐予他的一笔养老金。

在私生活中，我们可以看见蒲柏某些可贵的气质。斯威夫特称之为"我所认识或听到的最尽职守的人"，对母亲的孝道是他困扰的精神中最为纯洁而持久的情操。他在母亲91岁高龄那年写道，母亲每天的陪伴使他无感于缺乏家庭其他成员的亲爱。他的性道德实际胜于言辞。他的身体不适于私通，但其口舌与文笔可能代为满足。他写给他心目中的两位女士的信也放荡得只有娼妓才能忍受。但其中有位马莎·布朗特，向这位羸弱的诗人表现出热情，而被误传为私通。1730年，他描述她是"这15年来，我每天与之消磨三四个小时的朋友"。在他早临的老年，他变得依赖着她的热爱而生活，也遗留给她几近全部的财产。

由于经常自觉于身体的缺陷，他对批评他性格或诗的每个字都会倍感锐利。这是一个充满着复仇火焰的文学论战的时代。蒲柏以滥骂还滥骂，有时文辞甚至不宜付梓。1728年，他将他的文敌与批评他的人齐集在他的诗栏里，然后在他最有力而难驯的作品中乱射其愤怒之箭。这部作品是匿名的，但整个伦敦文学界，却从作品的风格中看出作者的真名。步德莱登的作品《马克·弗雷诺》（*Mac Flecknoe*，1682年）艰苦的路途之后，蒲柏的"愚人"呼叫文丐街的文士是以西奥博尔德为国王的"笨拙宫廷"（Court of Dullness）的愚人之首。他哀悼雷恩和盖伊之死，哀悼斯威夫特过着爱尔兰式的流亡生活。斯威夫特临死前，在都柏林教堂就像"洞中被毒的老鼠"一般。至于其他诸人，他只视他们为唯利是图、毫不雅致的庸才。西奥博尔德、丹尼斯、布莱克莫尔、奥斯本、柯尔、西伯、奥尔德米克森、斯梅德利、阿诺尔等人先后受到批评、嘲骂。

　　由诗人萨维奇的口中吐露，在后来的版本中，蒲柏愉快地说道，在初版的那天，一群作家如何围攻书商，用暴力威胁书商不准出版这部诗。这又使大众如何更加想看这本书，又如何一版接一版地销售一空；这些受害者又如何组成俱乐部协商报复之道，及烧毁其小蜡像。丹尼斯的儿子携了棍棒准备殴打蒲柏，但被巴瑟斯特公爵劝阻。从此，蒲柏在散步时随身携带两支手枪和大犬。有好几位受害者以出版小册子应战。他和朋友们着手（1730年）创办《文丐杂志》，继续抗战。1742年，他出版《愚人志》的第4册。在书中，渴求新对手的他，对学究与自由思想家，旋复展开攻击。这些人夸口道：

> 我们尊贵地取道高耸的第一大道，
> 直至我们怀疑上帝时，理性便趋没落，
> 让"自然"仍旧依附他的计划；
> 尽我们所能远离他……
> 或是一跳跳出他所有的戒律；
> 使神成为人们的形象，而人为最后因；
> 发现美德褊狭，鄙视所有关系；
> 端凭自我，天为我生；
> 一切不似我理性蠢然确切，
> 一切不似灵魂与意志的可疑。

　　显然，蒲柏已深入哲学，不仅只与博林布鲁克研习。休谟具有消解力的《人性论》于1739年问世，在《愚人志》第4册出版前3年。有些迹象显示这位子爵已将沙夫兹伯利的自然神论传给这位诗人，而更益之以世界的智慧。博林布鲁克说，你的讽刺文和琐屑的作品已经足够了，将你的诗才转向神圣的哲学吧！沃顿（Joseph Warton）说：
"巴瑟斯特公爵一再向我保证，他已详阅了博林布鲁克手抄的整卷
《论人》（"On Man"）一文，还汲取了蒲柏行将谱成诗文以阐明的一
连串命题。"蒲柏似乎已经写成这些文字，甚而使用了这位贵族怀疑
论者特殊的语词，但他加上了他基督教残存的一些信念。因此，他发
表书信体诗集《论人》（*Essay on Man*），1733 年 2 月发表第一篇。是
年稍后又发表了第二篇与第三篇，1734 年发表了第四篇。不久，这
些作品被译成法文，许多法国人欢呼其为一部结合诗与哲学的最灿烂
的作品。

今日，这些文章主要是以人人知晓的诗行而传之于世。让我们公
平对待蒲柏，而在他艺术与思想的背景方面看看那些诗行。他以顿呼
博林布鲁克起首写道：

> 觉醒吧！我的圣约翰，
> 将一切鄙事留给各国王低贱的野心与骄矜。
> 让我们（因为生命除了仅只环顾周遭，继而逝世外，
> 鲜能多添一些什么）自由翱翔在人类的这一切戏幕之上；
> 一座宏伟的迷宫，而非没有计划……
> 让我们一齐战胜这广阔的园地，
> 该笑的笑，该坦率的坦率，
> 但向人类辨明上帝之路。

当然，这是莱布尼茨的《神圣论》和约翰·弥尔顿的《失乐园》
的回响。蒲柏接着警惕哲儒们不能幻想或假装了解——"能够以偏概
全吗？"让我们感谢我们的理性有限，而我们的未来不可知：

> 你的暴乱注定了这只羔羊今日流血，
> 它若有你的理性，它会蹦跳游玩吗？

它欢悦至终，啃吃如花的食物，
吮舐刚刚举起流它鲜血之手。

这里蕴藏着隐秘的悲观主义，希望只能经由无知而存在：

谦恭地寄望，那么，用战栗的羽翼翱翔；
等候一代大师，崇爱死亡与上帝，
他给予你何种将来的福分，非你所能知，
但给你那丝希望成为你现下的祝福。
希望在人的胸怀里永远跳跃，
人类绝非现在，而是经常将行有福。

我们看不出生命显然不公的理由，我们必须承认大自然并非仅只
为人而设。上帝的安排是万物为万物而非仅是万物为我。蒲柏描写
"庞大的生物链"由最低等动物，经人类、天使而到上帝，他信守这
个神圣的秩序，而不论其如何隐秘而不为人所知：

所有的自然只不过是艺术，为你所不晓；
所有的命运、方向为你所不见；
所有的不调，谐和难以了解；
所有的事物有部分邪恶，但普遍善良，
虽然骄纵，在犯错的理性之轻视中，
有个真理明晰易晓，不论什么，什么便对。

首先是知性的谦逊，而后是帕斯卡的庄严回响：

了解你自己，勿推上帝窥视，
人类的适当研究范围就是人类自己。

> 在这中段的地峡上摆上，
>
> 一种阴郁聪智，鲁莽伟大的生物……
>
> 真理的唯一裁判，抛入无穷的错误之中；
>
> 世界的荣耀、嘲笑与难解之谜！

在这些人类的范围之内，让我们同意说"行动的源泉——自爱——支配着灵魂"，这里，理性也需要参与指挥，平衡我们的感情，以免使我们蹈入恶境，因为：

> 罪恶是如此骇人的怪物，
>
> 它虽为人所憎恨，却无法避免碰到；
>
> 但若经常碰到，熟悉其面目，
>
> 先而忍受，而后怜悯，最后则予拥抱。

这些情欲虽然都是自爱的模式，却是天造地设的一部分，可能会归于甚至对我们盲目的幻想有益的终结。因此肉欲延续了种族，相互的利益形成了社会。虽然国王、教条曾经用人血玷污过历史，但社会组织与宗教信仰显然有好处：

> 政府的形式且让愚人去争执，
>
> 管理最善者即是最好的政府，
>
> 信仰的各种形态，且让粗率的狂热者去争斗，
>
> 凡生命在正途者，必然不错。

《论人》一文第四篇讨论到幸福，作者极力与善相比。如果好人遭遇不幸，恶人有时腾达，这是因为：

> 宇宙之因，

非以部分，而以一般法则运行；

神主宰全盘，但留下部分予自然法则与人的自由意志。我们中有些人埋怨财产不均是不幸的来源，但阶级的区分却为政府所需：

秩序是天上第一法则，这正说明
有些人是，而且该是比其他人伟大。

这不像 6 月天气一般的明朗，但对博林布鲁克子爵还能说些什么呢？虽然自然与天赋的不平等，但幸福是平均分配的。穷人有如帝王一般快乐，富有的恶人并不见得快乐，他们拥抱自己的所得，却深感世人的轻蔑。正义的人虽身处不公，却有一颗平和的心灵。

《论人》最先给我们的感触是其无比简洁的文体。蒲柏说："我选择诗体，因为我发觉我能够比用散文更简要地把它们（观念）表达出来。"没有人——甚至莎士比亚——能比得上蒲柏，在一个小房间里搜集无限的财富——至少可观的意义。这 652 对句诗中有比《新约》以外的任何类似的文学更多可资纪念的诗句。蒲柏知道他的限度，他清楚地否认思想的独创。他打算用节略艺术来重新厘清自然神教与乐观哲学，结果成功了。在这首诗中，他至少暂时抛开他的天主教教义。他把上帝仅作第一因看待，上帝并未施展"特殊的神力"去帮助善人避免恶人的诈骗。在这一体系中，既没有奇迹，也没有天主赐予的《圣经》、堕落的亚当或赎罪的基督，只有一个对天堂的模糊希望，但没有言及地狱。

许多批评家攻击这首诗为诗韵化的人文主义。"人类适当的研究对象是人类本身"，解释了人文主义某一层面的意义，而且似乎凿沉了一切神学。这篇《论人》译成法文之际，立刻受到一位瑞士籍牧师克劳萨斯的攻击，除了有影响力的威廉·沃伯顿，没有人前来为蒲柏辩护，以抗拒这种外国的攻击。为了平息教士的愤怒，蒲柏于 1738

年出版了一篇可爱的赞美诗《宇宙的祷者》（"The Universal Prayer"）。正统之士并不十分满意，但风暴平息了。在欧洲大陆上《论人》一文受到夸张的欢迎。"依我看来，"伏尔泰评论道，"此为以任何文字所曾写出的最卓越、最有益、最高尚的教诲诗。"

1735 年，蒲柏以《致艾布斯诺特博士书》（*Epistle to Dr. Arbuthnot*）为一册讽刺诗作序，为其生活与作品辩护，因此树立了更多的敌人。这就是著名的描绘艾迪生为阿提库斯（Atticus），及残酷地揭发双性恋赫维爵士（Lord Hervey），后者曾称蒲柏"如其心般冷酷，如其生般卑贱"。蒲柏在显示诗人最好与最坏的诗行中将他描摹成史泼洛斯（Sporus）：

> 什么？那丝样的东西，
>
> 史泼洛斯，那只不过是驴奶的白乳？
>
> 讽刺或意指，啊呀！史泼洛斯可感觉到
>
> 谁在车轮上粉碎一只蝴蝶？
>
> 我来扑走这只镀金翅膀的小虫，
>
> 这着色的脏孩子，发臭又刺人……
>
> 他是否说着文饰的无助，
>
> 提词人呼吸时，傀儡尖声大叫；
>
> 又或，在夏娃耳边，亲密的蟾蜍，
>
> 半吐沫，半毒液，到处乱喷，
>
> 在双关语，或政治，或故事，或谎言上，
>
> 或怨恨，或猥亵，或脚韵，或咒骂，
>
> 他的智力一如跷跷板，在这与那间，
>
> 一下高，一下低，一下控制着，一下放弃了，
>
> 他本身就是个可厌的对比。
>
> 两栖的东西啊！扮演着任一角色，
>
> 浅陋的头，或败坏的心，
>
> 梳妆台边的花花公子，餐桌边的谄媚者，

一会绊倒一位淑女，一会傲视一位爵爷。

蒲柏颇以其敏于如此暗算为傲——

> 不错，我骄傲；我理当骄傲地看到
> 人啊，不畏上帝，却畏惧我。

他宽恕他的怨恨因为时代为愚昧的胜利威胁，需要一只毒蝎来刺激知觉。但1743年他推断自己被打败了。在《愚人志》最后的修订本中，他绘出一幅强有力的画面——多恩以弥尔顿式的语调预感宗教、道德、秩序和艺术陷入普遍的黑暗与衰颓中。鲁钝女神，高高在上，对着垂死的世界打着哈欠：

> 她来了！她来了！黑貂皮的宝座看着
> 原始的黑夜与古老的纷乱！
> 在她跟前，想象的镀金云朵衰退，
> 所有变幻不定的彩虹消逝……
> 一颗接着一颗，在可怕的美狄亚压力下，
> 令人发晕的星星消失于天上的原野……
> 在可觉察她的逼近中，秘密，
> 技巧地离去，一切便入黑了。
> 望着潜伏的真理逃向她古老的洞穴，
> 高如山的诡辩堆叠在她头上！
> 哲学，过去倚靠着天堂，
> 退缩到她另一个动机，不再存在了。
> 形而上学的物理（科学）乞求自卫（对抗休谟？），
> 而形而上学要求理性的支援（洛克？）！
> 望着奥秘飞向数学（牛顿？）！

> 徒劳啊！它们凝视着，晕眩了，叫嚣着，消隐了。
> 宗教赧颜着遮掩她的圣火，
> 不知道道德死去……
> 看啊，你那可怕的帝国，纷乱！恢复了；
> 光在你那不存在的字前消灭；
> 你的手，伟大的叛徒首领，降下帷幕吧，
> 让宇宙的黑暗埋葬一切。

也许他错把自己的颓废误为宇宙的衰败。55 岁时，他已濒于垂暮之年了。水肿使他不能行走，哮喘使他难以呼吸。1744 年 5 月 6 日，他陷入精神狂乱中，从此他不时发作。一次他表达了来生的信心。一位天主教友问他是否需唤来一位教士，蒲柏答道："我认为这无关紧要，但也对，谢谢你提醒我。"他死于 5 月 30 日，"那么平静"（若我们可信任约翰逊的话），"使随侍不能辨识他去世的正确时间"。身为天主教徒，他没有资格葬在威斯敏斯特大教堂，他葬在特威肯汉双亲墓旁。

他是一位绅士吗？不。他詈骂的怨恨毒化了 18 世纪前半叶英国的文学气氛。他肉体上的痛苦产生了尖酸刻薄，剥夺他被覆在仁慈上的力量。他是一位天才吗？当然。不在于思想，那是他借来的，而在于形式，他以其型格使之完美。萨克雷称他是"世上仅见的最伟大的文学艺术家"。以言词的巧妙、措辞的精练、箴言的丰富，他成为当时的典范。法国人甚至接纳他为那一代最伟大的诗人。伏尔泰敬重他，并在《谈人》（Discours sur l'Homme）一文中模仿他。30 年来，他是英国韵诗的权威，而且是英国吟游诗人的典范，一直到华兹华斯宣示了另一个时代的来临。

他的辉煌的《论人》仅在音步与押韵上是诗，它的技巧太露痕迹。这位艺术家已忘了罗马诗人贺拉斯的劝告以隐藏他的技巧。他也忘了贺拉斯关于一位诗人必须在表达之前先有感情的警告。蒲柏察觉

了，但多半蔑视且恶言相向。他缺乏对高贵举动或女性优雅的美感。他的想象力在对陈旧思想寻求妥协时，在尖刻、浓缩的字句中枯竭了，无法获得理想的形式以激励伟大的诗人和哲学家。唯有他的怨恨增添其翼。

他保持了英国"奥古斯都时代"主要的诗的象征——这个时代的范围可以以其一生（1688—1744 年）为限。英国精神与希腊、罗马的古典文学，与伟大时代的法国戏剧不断苗长的亲密关系；贵族政治——阶级统治大众——在言词、举止、文雅的词汇和自若的态度上的影响力；伊丽莎白时代的奢浮与清教徒似的与上帝交谈后理性与现实的反应；复辟时代法国规范的移转至英国；科学与哲学的新声望；所有这些在贺拉斯与布瓦洛的古典规则下共同带来英诗盛行的形式。一个批评的时代继踵了空想的时代。而在伊丽莎白时代的英国，诗侵犯而且润饰了散文；如今在文艺全盛时代的英国，散文贬降而且褪色了诗。在英国语言上"新古典"文学的征象亦好亦坏：它给予新的精确、明晰与优雅；它丧失了伊丽莎白时代语言的活气、力量与亲切。原有独特的、奔放的个性与表现屈服于添加的秩序，迫使了生活上的一致与文学上的格式。

新古典风格仅表现了英国生活的一部分；对反叛、伤感，或理想的爱情它已无余裕。甚至蒲柏全盛时，有许多英国诗人呐喊着反对造作与逻辑，从理性转向自然，并在感情、惊奇、想象、忧思、悲望中找到了发泄。正当英国古典时代的巅峰时期，浪漫运动肇始了。

感情的呼声

新古典诗除了书几乎注视不到任何事物。它看见的荷马与贺拉斯、艾迪生与蒲柏，比在街上经过的男人与女人，或每天影响人类情绪的天气与景致更为鲜明。诗人借着接触大地，感觉与回应田野、山林、海洋和天空，借着通达难以言传的秘密情感之下的意念来深入自身。他们抛弃说教，决心歌唱。抒情诗回返，叙事诗远去。渴望超自然的安慰，渴望一些奇迹扩展人生，克服了自然神教对奇迹的攻击，而且不断在中古神话、东方浪漫故事与哥特形式中寻求从冷酷的现实中逃避。

当然，感情的呼声一直不断。斯梯尔不是以《基督徒英雄》（"Christian Hero"，1701 年）赞美着旧有的信念与自然的情感？沙夫兹伯利的《特征》（"Characteristics"，1711 年）不是将人类生活集中在"热情"与"情爱"上？怀疑论者休谟与经济学家斯密不是将所有道德归源于同感、同情上？虽然如此，詹姆斯·汤姆森（James Thomson）却为"感性"发出显明的第一击。

他是苏格兰山间一位教区牧师之子。他下山至爱丁堡修习牧师神职，但教授指责他的用语为亵渎的诗化。他迁到伦敦，途中遭抢劫，濒于饿死，于是卖掉他的诗篇《冬季》（*Winter*，1726 年）以换取一双鞋子。这首献给斯彭斯·康普顿爵士的诗，由于其赞词为他带来了 20 个基尼金币。英国贵族并不如约翰逊所想的那样装聋作哑或吝啬成性。汤姆森回想着靴子在雪地上嘎扎踏过，他如何：

> 听着风儿怒吼和深流暴涨，
> 或看着激腾的暴风雨酝酿
> 在阴森的黄昏天空……

他如何在海边望着风犁过海上，"从底部翻腾着褪色的大海"，撕裂着几艘碇泊的船只，不时将它们危险地升向一浪，又压往下一浪，抛掷它们于"尖锐的岩石或伺待的浅滩上"，打散成"碎片处处……到处飘浮"。他描绘一位农夫陷入目眩的大风雪中，他不断挣扎时，冰冻的腿沉入更深的雪堆中，直至他再也抬不起靴子，精疲力竭地倒下冻毙：

> 啊，很少想到愉快的，放肆的骄傲……

多少人察觉到，在这关头，死亡

与一切悲伤的不同痛苦……

多少人憔悴在匮乏中，地牢阴郁，

隔开寻常的空气与寻常运用

他们自己的四肢；多少人啜饮着

悲惨的忧伤之酒，或咀嚼着痛苦的

不幸面包，创伤被冬风割裂着；

多少人退缩到肮脏的茅屋

在凄凉的贫穷中……

另一位赞助人出版汤姆逊的《夏季》（*Summer*，1727 年），那年他以一首著名的诗加入了向西班牙战斗的呼声中：

不列颠首先奉上天之命

崛起于蔚蓝之洋，

这是她领土的特权，

守护天使唱着此歌：

统治吧，不列颠，统治着大海；

不列颠人绝不致为奴。

从伦敦，他飘荡到乡间数周，以诗人的双重感性汲取"每一乡景，每一乡音"；喜爱来自农场制酪的气味，沉醉于雨后太阳的明媚，或盼望着济慈秋郁的心绪。他于 1728 年出版了《春季》（*Spring*），然后，增加了《秋季》（*Autumn*），"恶化的叶子开始蜷曲了"，再将 4 本诗集结合成《四季》（*Seasons*，1730 年）。有一次他获酬陪伴查理·塔尔博特（Charles Talbot，当时大臣之子）去欧洲旅行。返回后，他过着闲适的生活，写些拙劣的诗句直至大臣去世（1737 年）。再度贫困后，他被介绍给威尔士王子，王子问起他工作的情况。汤姆逊回答道："它们处于比以前更为诗化的状态中"，而因"诡辩地接受了一笔100 镑的奖金"。48 岁时，汤姆逊突然因泰晤士河边的一次伤风结束了生命。

《四季》树立了英国小诗的风格，并在法国找到后继者。一位圣兰伯特侯爵从伏尔泰处偷走了埃米莉，写成了《四季》(*Les Saisons*，1769 年)。英雄双韵体诗迈步走过 19 世纪时，爱德华·扬(Edward Young)、威廉·科林斯、威廉·申斯通(William Shenstone)、马克·埃肯赛德与托马斯·格雷(Thomas Gray)拓宽了往华兹华斯与查特顿(Chatterton)的浪漫道路。爱德华·扬直至 60 岁写完《快乐的凡人》后，以《夜思生、死与不朽》(*Night Thoughts on Life*，*Death*，*and Immortality*，1742—1744 年)彰显了他天国的安息所。伏尔泰嘲讽这夜间的吐露为"一个混乱的夸言与卑微的琐屑的混合体"，但也许那是因为爱德华·扬曾以一首讽刺诗嘲笑过他：

> 你是那么的机敏、放荡与瘦弱，
> 我们立刻想到弥尔顿、死亡与罪恶。

威廉·科林斯只活了扬的一半寿命，其同样小巧秀丽的诗却多达两倍。为了逃避神职的召唤，在发疯、去世(1759 年)前，他花光钱财来精心修改作成的 1500 行诗。比受到赞美的《黄昏颂》("Ode to Evening")更好的是他为 1745 年参战的英国战士所写的墓志铭：

> 沉入歇息的勇士们如何地安眠着
> 受着他们全国同胞的祝福！
> 春天，以露湿冷冽的手指，
> 返回装饰他们神圣的地方，
> 她将布置一块芳芬的草坪，
> 更胜于想象之足踩踏过的。

> 由仙女的纤手他们的丧钟鸣着，
>
> 由看不见的形式他们的挽歌唱着；
>
> 那里来了荣誉，阴郁的朝圣者，
>
> 祝福披覆他们泥土的草皮；
>
> 而自由将暂时修整一下，
>
> 以供一位哀悼的隐士住着。

在这些感性的诗人中，最令人难以忘怀的是一位奇特的人物，他给我们年轻的忧郁和许多温柔的隽语。托马斯·格雷是伦敦一位公证人的 12 个孩子之一；其余的 11 个都夭折了。托马斯是孩子们当中唯一度过危险时期的幸存者，因他的母亲，眼见他起痉挛，以剪刀剪开他的静脉。11 岁时他去了伊顿，在那里他开始了与贺拉斯·华尔波尔和理查德·韦斯特（Richard West）的友谊。然后他回到剑桥，他发现那里"充斥着寂寞的生物"和倦怠的名人。他打算学习法律，然而误入了昆虫学与诗歌，最后他饱学语言、科学和历史，使他的诗充盈着学识。1739 年，他与贺拉斯·华尔波尔去欧洲大陆旅行。冬季中穿越阿尔卑斯山，他写道"并非一座悬崖，一道激流，一片绝壁，却孕育了宗教与诗歌"。在 1740 年写自罗马的作品中，他首次使用"如画的"（picturesque）这个词——甚至 1755 年的《约翰逊字典》仍找不到它。在雷焦艾米利亚，他与华尔波尔发生争吵；华尔波尔过于重视他的家世，格雷过于骄傲他的贫困，一位"共同的朋友"在中间传话使结果更糟。他们分开了，格雷继续前往威尼斯、格勒诺布尔与伦敦。

他的朋友韦斯特死于 26 岁，使他怨恨人生。他回到斯托克波吉斯（Stoke Poges）一位舅父家中。在不断的研习中，他在那里写出了《伊顿学院远景颂》（"Ode on a Distant Prospect of Eton College"，1742 年）。远眺这些学校景物，他想到他朋友的早死。凌越那些年轻人的运动与欢乐，他以忧郁的眼光看到他们困惑的命运：

这些人将扯开愤怒的激情，

心灵的秃鹰，

倔傲的愤怒，苍白的畏惧，

与躲闪在后的羞耻；

在焦思的爱情耗费他们青春之前，

在嫉妒以痛心的牙齿

深深地啮着秘密的心前，

虚弱了羡慕，凋零了挂念，

狰狞不安的失望，

与悲伤锐利的标枪……

瞧！迈入老境时，

看到了可怕的一群，

痛苦的死亡之家，

比他们的女王更可怕。

撕扯着关节，火烧着脉管

每一牵动的肌腱扭曲着，

在深处的器官内翻腾；

瞧！贫穷，填入这一群，

麻痹灵魂以冰凉的手，

与渐渐耗尽的年月。

给每人各自的苦楚；所有的人，

同样无可挽回地受苦着，

善感的为别人的痛苦，

冷酷的为他自己的。

然而啊！为何他们应知晓他们的命运，

既然悲伤从不来迟，

快乐太快飞逝？

思想粉碎了他们的乐园。

不再有了；无知就是幸福
充当智者是愚蠢的。

1742 年底，格雷返回剑桥继续研读。与华尔波尔和解后，他送去《写于乡间墓地的挽歌》（"Elegy Written in a Country Churchyard"，1750 年）。华尔波尔私下将它流传，一位出版商偷偷将之印行并篡改。为了保护他的诗，格雷让多兹利（Dodsley）出版一个较好但仍不完美的版本（1751 年）。在这首卓越的诗篇中，格雷以刻凿的古典形式覆上浪漫的忧郁，用安静的四行歌在旋律的庄严中进行至阴郁的结束，取代了蒲柏的"铿锵的双韵"。

1753 年，他的母亲去世了，他写了一篇柔情的墓志铭，寄托哀思。在《诗的进展》（"The Progress of Poesy"）颂歌中，他欢呼缪斯神自希腊、罗马迁移至阿尔比恩（Albion）；他承认少年时欲与品达相抗衡的狂热，并乞求诗神"难以征服的心灵"的天赋。一篇更崇高的颂歌《吟游诗人》看到了英国生活可取的长处，揭露了恶习与专制。华尔波尔在草莓山（Strawberry Hill）印刷付梓的这两篇品达风格的颂歌，在形式上太做作，在古典与中古的引喻上太深奥，只有学者才能了解。格雷将其孤独藏于骄傲中。"我不会添加另外（说明的）注解以拯救伦敦所有猫头鹰的灵魂。它就如原样般非常优异——没人了解我，而我十分满意。"猫头鹰熟悉黑暗中的尖啸声。

在剑桥的彼得屋中抑郁不展，太过穷困又太胆小，成不了家，对人生的纷乱太过敏感，格雷成了忧郁的内向者。一些大学生痛恨他的疏远与道貌岸然，又知道他怕火，某个晚上在窗口下大喊着厅堂失火了来吓他。据说，他身着睡衣，穿过窗子顺着一条绳索而下——落入恶作剧者放置在那里的水桶中。1769 年，他游历了英国湖泊，在《日记》（*Journal*）中他写道：他使英国了解那个地区的可爱。另一次游历时，他在莫尔文收到《遗弃的村落》（*The Deserted Village*）抄本。"这个人，"他喊道，"是一位诗人。"稍后，痛风结束了他的旅行，不久也结束了他的生命（1771 年）。

有段时期他的声望是极盛的。1757 年，他高居英国诗人之首，被授以桂冠的荣衔，但他辞谢了。考珀略过弥尔顿，称格雷为"自莎士比亚被冠以卓绝人物后唯一的诗人"。亚当·斯密略过莎士比亚，补充道："格雷结合弥尔顿的卓越与蒲柏的优雅、和谐，撷取的素材不虞匮乏，也许他是以英国语言写诗的第一位诗人，但写得不多。"约翰逊赞赏《挽歌》一诗，但也找出不少缺点："格雷有一种傲视的尊严，浮而不实……我承认我默想他的生活比他的诗文更觉满意。"

剧场

这半个世纪以来，伦敦的剧院做了什么？主要的剧院是特里鲁街（Drury Lane），1733 年后是科芬园（Covent Garden）；在林肯郡的客栈场（Inn Fields）和善人场（Goodman's Fields）有小型剧场；干草市场（Haymarket）有喜剧的小型戏院（Little Theatre）和歌剧的皇家戏院（His Majesty's Theatre）。大体来说，伦敦拥有比巴黎多两倍的剧院。表演在下午 6 时开始。自王权复兴时代起，观众已改变了品味，"社交圈"如今已自戏剧退到歌剧。热衷的或有钱的听众仍坐在舞台边。"池座"与楼座可容纳约 2000 人，在那里中产阶级占优势。女人扮演着所有女性的角色，提起了男人的兴致。由此开始了著名女伶人如凯蒂·克莱夫与佩格·沃芬顿的全盛时代——贺加斯将其入画，查理·里德（Charles Reade）则将其编入小说中。

"演员的第一、重大、主要的情绪，"加里克道，"是在进食。"他们喜欢在剧中添加性爱。菲尔丁的亚当斯牧师道："除了艾迪生的戏剧与斯蒂尔的《羞怯的爱人》（Conscious Lovers）外，我从未听说任何剧本适合基督徒阅读。"然而，菲尔丁自己创作淫秽的喜剧。伏尔泰描述英国的剧院为"不正经"。约翰·伯纳德爵士 1735 年诉请下院对剧院稽查，声称"英国现在过于沉溺于淫荡与懒散的消遣中……意大利阍人与女子的薪资竟与财政大臣的一样多，这震惊了全欧洲"。不道德的布景与台词依然未见改善，但当菲尔丁与盖伊将剧院当成政治讽刺诗的工具攻击罗伯特·华尔波尔与乔治二世时，一位阁员提交议会通过了《许可法案》（1737 年），指示宫内大臣严格执行戏剧演出的授可。于 1843 年修正的此法案，一直是英国的法律，但非常宽容地实施着。

狄德罗在《百科全书》中偏离其道，赞赏了 1731 年作于伦敦的一出剧《伦敦商人》（*London Merchant*）。此剧吸引了狄德罗，因为它标志中产阶级的悲剧首次引入英国剧场。法国古典剧已确立了悲剧属于贵族的原则，若降格至中产阶级的布景，将丧失社会地位与尊严。乔治·利洛（George Lillo）做了双重冒险，他将悲剧带入商人家中，并以散文写出。梭罗古（Thorowgood），这位诚实的生意人，主张"我们职业的尊严"，确信"就如商人之名绝对贬抑不了绅士，它同样也绝不排斥他"。这是一位商人的学徒因一位诱人的娼妓而堕落的故事，主题饰以道德的训诫并卷入感伤中。它得到中等阶级的喝彩，他们欣喜地看到它的高洁与理想展示在英国舞台上。狄德罗推崇这个剧，并在介绍本国悲剧与中产阶级运动中仿效它。莱辛在《莎拉·桑普森小姐》（*Miss Sara Sampson*，1755 年）一剧中采用它的语调。中产阶级在文学正如在政治上显露了锋芒。

在苏格兰，约翰·休谟使戏剧即将盛行。他因写作出版《道格拉斯》（*Douglas*，1756 年）——当时最成功的悲剧，触怒了他的教士同事。约翰的堂兄大卫·休谟在激情奔放中欢呼他为"索福克勒斯与拉西纳真正的门徒"，他很可能"及时为英国剧场野蛮的非难辩护"。加里克拒绝此剧时，休谟、凯姆斯爵士（即亨利·休谟），与苏格兰教士中的"稳健派"安排它在爱丁堡演出，大卫还充当售票员。此事对约翰·休谟与休谟全家，及对于苏格兰其他地方来说是一大胜利，因为约翰·休谟已将古老的苏格兰民歌改变为带给苏格兰人双眸愉悦眼泪的爱国剧。苏格兰教会的爱丁堡长老会抨击休谟为衣冠禽兽，提醒他

"基督教会一直认为以舞台剧和演员供娱乐不利于宗教与道德"。亚历山大·卡莱尔（Alexander Carlyle）对约翰·休谟与另一位牧师参加演出正式提出控告。大卫·休谟将他的《四大论文》（*Four Dissertations*）献给他的堂弟，并写了一篇激烈偏激的诉状。约翰辞去牧师职到了伦敦，促成他的《道格拉斯》上演，佩格·沃芬顿出演女主角（1757年），在那里也赢了胜利。苏格兰人聚集来喝彩。伦敦首演结束时，一位苏格兰人叫嚷："噢，呸！弟兄们，你们认为你们当今的莎士比亚如何？"这剧今日看来已如艾迪生的《加图》般沉寂了，当时却时演时辍达一个世纪之久。1784年，西登斯夫人在爱丁堡演出时，苏格兰教会的长老大会不得不错开她公演的日子，以安排所有重要的事。

这段时期，伦敦剧场最令人欢欣的成功是《乞丐的歌剧》（*Beggar's Opera*）。约翰·盖伊刚开始时是一名商人的学徒，后来升为克拉伦登伯爵的秘书，又成为涂鸦社最有活力的会员之一。蒲柏描述他为：

> 举止文雅，感情温和；
> 机智的成人，单纯的小孩；
> 以自然的幽默缓和了善良的愤怒，
> 立即转为喜悦并讽刺了年岁。

1716年，盖伊以《琐趣》（*Trivia，or the Art of Walking the Streets*）扬名。马车车轮碾在铺石地上的轰隆声，以鞭子和腔调驱策着马的车夫，负载着鱼往比林门的少女，"帕尔马尔"街花哨的姑娘倚在情人臂弯里的宁静，街道上迂回前行的路人，以"令人不察的手指使你的口袋轻巧"的文雅小偷，"以友善的灯光教导你蹒跚的步伐正确踩踏"，并导引你回自家门口的魁梧巡夜人：《琐趣》对那些愿意了解1716年伦敦的人提供了所有这些及更多的情景。

1720年，盖伊的《诗集》（*Poems*）出版了，带给他预约金1000

镑，这些钱他在南海公司的破产中损失了。蒲柏与其他人援助他，但1728 年他以《乞丐的歌剧》重新崛起。引言介绍了乞儿，乞儿介绍了歌剧。此剧以培岑唱的一首歌谣展开，他（就像乔纳森·怀尔）揭发偷儿以装作守法（当他们拒绝供应他时），但他实际上是一个赃品捎客。他称自己为诚实的人，因为"所有职业彼此轮换"，因为贪财而变动。由于他的女儿波丽与一位勇敢、英俊的强盗马奇斯队长恋爱并结婚，他的事务被搞得一团糟。这妨碍了他利用女儿的魅力以驾驭买主、卖主与官员。培岑夫人恢复其信心：

> 为何我们的波丽必须，实实在在的，不同于其他女人，只爱她的丈夫，而且为何我们波丽的婚姻，不同于所有人的观察，使她较少被其他男人追求？所有男人在爱情上是小偷，更喜欢属于别人财产的女人。

然而，培岑夫人警告其女儿：

> 你知道，波丽，我并不抨击你以商业方式玩弄顾客，或泄露个人秘密等等；但若我发现你扮演了傻子，而且结了婚，你这个女人，我将割断你的喉咙。

波丽在歌谣中为其婚姻辩解：

> 爱情可被劝告所支配吗？
> 丘比特会服从我们母亲吗？
> 虽然我的心如冰般冻结，
> 在他热情下已溶化了。
> 他吻我时，抱得好亲密，
> 它那么甜蜜我想必已顺从；

> 我想最安全最妥善的
> 就是结婚，但唯恐你责骂。

培岑激怒了；他怕马奇斯杀他，而他的太太通过波丽继承他们的财产。他设计将马奇斯出卖，让他稳当地吊死。马奇斯出现了，以压力安慰波丽，并保证从此他将只娶一妻：

> 我的心无拘无束
> 像蜜蜂般漫游，
> 直至波丽回报我的热情；
> 我啜饮每一朵花儿，
> 我每小时都在转变，
> 但这里每朵花结成一体。

她恳求他发誓若被放逐，他将带她一起走。他发誓道："有什么力量……能使我离开你？你很可能从朝臣处移走养老金，律师处移走诉讼费，镜子上移走美丽的人儿。"然后他们加入动人的二重奏中：

> 他：我若被安置在格陵兰的土地上，
> 　　以我的臂膀拥抱着我的情人，
> 　　温暖于永恒的严寒中，
> 　　半年之夜将很快度过。
> 她：我若被卖到印度的土地上，
> 　　火般的白昼终了后不久，
> 　　我可嘲笑闷热的辛劳，
> 　　依靠在我爱人胸膛上时。
> 他：我将终日爱你，

她：每日亲吻嬉戏，

他：与我在一起你将喜爱漂泊，

她：越过山丘，到遥远的地方。

她告诉他，她的父亲计划告发他，她悲伤地嘱咐他暂时逃避。他离去了，但停在一间酒馆内给他的帮手一些抢劫的指示。他们离去时他与酒馆的女人跳舞戏耍；培岑早已贿赂这个女人；她在爱抚他时偷走了他的枪，然后召来了警官；下场布景中他下入纽盖特狱中。在那里波丽与他另一位太太为了他而争论。他们释放他，但他再度被捕而且送上了绞架。途中，他以一首歌安慰他的女人：

那么再会了，吾爱——亲爱的爱人们，再会了！

我满足地死去——这对你们较好。

此刻结束了我们余年的争吵，

以此方式，很快地，我取悦了所有的妻子。

乞儿——作者现在出现了，骄傲着让罪恶遭到应得的惩罚，如在所有高尚的剧中一般。但一位演员抗议道"歌剧应快乐地结束"。乞儿屈服了，从一陷阱中将马奇斯救出，给他波丽而造成另一个陷阱。所有的人围着这对爱人跳舞，而队长不禁怀疑他是否遭到了比死更坏的命运。

盖伊幸运地得到约翰·佩普施，一位住在英国的德国作曲家的效劳。佩普施从古英国风中挑选了盖伊的民歌音乐，结果令人难以抗拒。虽有腐化与虚伪的讽刺，在林肯郡的客栈场剧院中（1728 年 1 月 29 日）观看首演的观众反应热烈。此剧连演了 63 天，真是史无前例。它在英国主要市镇上演了很久，并拍成我们时代中最令人愉快的影片之一。扮演波丽的女演员成了放荡的纨绔子弟的目标与沙龙里的宠儿；她的自传与画像大量售出；她的歌曲被写在扇上；她与一位公爵结婚了。但一位国教牧师抨击盖伊让强盗成为英雄，而且不受惩罚地离去。盖伊试着以波丽之名制作一部续集时，宫内大臣拒绝批准。盖伊将其出版了，它销得极好，此剧使盖伊富有，使剧院经理里奇高兴。四年后，疝痛带走了诗人。

小说

这一时期，文学史上最杰出的事件是现代小说的崛起。《克拉丽莎》（*Clarissa*）与《汤姆·琼斯》（*Tom Jones*）在历史上比当时任何一首英诗或一部戏剧更加重要。1740年以来，小说取代戏剧而为英国代表。

故事如作品般古老。印度有她的传说与寓言；埃及在其文学作品中包含了路得、以斯帖与约伯的传奇；犹太人的希腊与中古的基督教王国产生了冒险与爱情的浪漫故事；文艺复兴的意大利写出了成千的短篇小说，如在薄伽丘与班德洛（Bandello）的作品中；文艺复兴时代的西班牙与伊丽莎白时代的英国写出生动的歹徒恶汉事迹；17世纪的法国以比爱情更长久的爱情故事评估这个世界。勒萨日绵绵地道出《吉尔·布拉斯》（*Gil Blas*），笛福描述人类的勇气改进了冒险故事，斯威夫特以游记痛责了人类。

但这些作品具有我们的现代感吗？在想象的故事上它们与18世纪的小说类似；一些作品有冗长复杂的情节；刻意逼真地描绘人物；但（也许克鲁索例外）它们缺少在发展整体上统一事件与人物的情节。阿芙拉·贝恩夫人（Aphra Behn）的《奥伦诺柯》（*Oroonoko*，1688年）叙述一位非洲奴隶的故事，有统一的情节；笛福的《辛格顿船长》（*Captain Singleton*，1720年）、《摩尔·佛兰德斯》（*Moll Flanders*，1722年）与《罗克萨娜》（*Roxana*，1724年）也一样；但所有这些仍是一串插曲，而无法使每一部分推展单一主题的结构的统一。理查森与菲尔丁抓住了这一点，刻画人物经事件而成长，并使他们的小说描出了时代的特色，现代小说于此诞生。

·塞缪尔·理查森（1689—1761）

　　开创新小说的是德比郡一位木匠之子——塞缪尔·理查森。在理查森出生后，木匠一家搬到伦敦。家里希望他成为教士，但因太穷不能给他必要的学校教育，他设法以读书来弥补。他生长的圈子保留了清教徒的道德。他到一位印刷商那里当学徒，因书法上的名声使他为不识字、患相思病的女子写信而增加了收入。这决定了他小说中的书信体及广泛的探讨女性的心理与感情。他的勤勉与节俭得到了报酬。他成立了自己的印刷所，与前主人的女儿结婚（1721 年），生下 6 个子女，其中 5 个夭折了。她也正当年轻与眷爱时去世了（1730 年），这些伤恸助长了他相当忧郁的心境。他再度结婚，又生了 6 个子女，遭受了更多的伤恸，后来跃升为下院的印刷商。在他出书前他已年满50 岁。

　　1739 年，两位印刷商朋友约他写一本小册的范例书信，做"那些文盲的乡村读者"的指南，并充当"如何正确、谨慎地思考，处理人类生活的一般事物"的指导。准备这本书时，理查森想出一个念头，将一连串的信件编入描写一位处女聪慧道德的爱情故事。很可能受马里沃《玛丽安娜的生活》（*Vie de Marianne*）暗示的贞洁主题，理查森于 1740 年 11 月出了两册的《帕梅拉》（*Pamela*），内容是一位年轻貌美的少女写给双亲的一系列家信。因首次以培养两性青年心灵上道德与宗教为原则，而在英国文学上树立了一个里程碑。此书广为流传，1741 年理查森增加了两册的《高贵的帕梅拉》（*Pamela in Her Exalted Condition*），说及她婚后的德行与智慧。

　　故事的前半部分一直很吸引人，因为我们绝不致太老而对诱惑不感兴趣——1000 页后诱惑甚至也变成了厌烦。然而情感的压力始于第一页，帕梅拉道："噢，我的眼睛怎么看的！难怪看到的纸那么脏。"她是善良、温顺与谦虚的典型。16 岁时出去工作，她汇寄第一次赚的钱给父母，"因为上天不会让我匮乏……若我赚得多，我相信那是我的责任，如我一直惦念着，来爱顾与抚养你俩，因为我无法为自己做任何事时，你俩爱顾且抚育我"。谨慎的双亲拒绝花这笔钱，直至他们获得保证那不是她的单身雇主为了她的欢心而给的预支款。他们警告她，她的美貌危及她的贞节。"我们担心——是的，我亲爱的孩子，我们担心，（唯恐）你过于感激，而回报他以珍珠——你的贞洁，那是财富所不能补偿给你的。"她允诺守贞，补充道："噢，事情进行顺利多么可喜！那正是我羡慕伟人们的理由。"她的情感令人钦佩，虽然因表白而失去了一些魅力。在最后的悲剧中，她的雇主毫无准备就进入了她的房间，将她紧抱到他激动的胸前。她昏迷过去，他的安排被搅乱了。恢复意识时，"我将手放在他唇上，说道，'哦，告诉我，还是不要告诉我的好，在这苦难中我遭到了什么？'"他向她保证他的企图失败了。感激他有意的恭维，她渐渐学着爱他。她这由怕生爱的转变，是成就理查森心理学家声名的许多微细笔触之一。虽然如此，她抗拒他一切的围攻，最后他失败了，并向她求婚。很高兴挽回她的贞洁与他的灵魂，帕梅拉决定成为一位完美的英国太太：留在家中，避免盛会，仔细记账，广施慈善，制作果酱、饼干、糖果与蜜饯，而且感激她的丈夫降下阶级之梯，不时仁惠地与她交谈。理查森以两性交往中贞德益处的说教在第2册中作结。"若它（帕梅拉的贞德）激励了任何可敬人心中令人称许的效法，他们可因而获得报偿、赞誉与祝福。"这也正使帕梅拉扬名。

一些英国人，如精力充沛的菲尔丁，讪笑着，但成千中产阶级的读者同情地融入帕梅拉的震颤中。教士赞美此书，高兴地发现似乎出卖给恶魔的训诫在文学上增强了。6个月内《帕梅拉》发行了4版，出版商自然敦促理查森以同样丰富的心绪进一步创作。但他不为金钱而工作，而且他的健康开始衰退。他慢慢地写，直至1747年发表了一部杰作，使欧洲所有的中产阶级拜倒在他脚下。

《克拉丽莎》2000页长，于1747年11月至1748年12月分7册发行。

因曾被指控《帕梅拉》显示德行仅为一交易的策略，并描述一位痛改前非的浪子为一个好丈夫，理查森着手彰显德行为一神圣的禀赋，将在天国获得酬报，及一位终不悔改的浪子无可避免地走向罪恶与破灭的终结。冲动的登徒子洛弗莱斯，被认为是女人的恶魔，向克拉丽莎·哈洛威求婚。她不信任他，但不自觉地为他的声望吸引。她的家人禁止她会见这样的流氓，拒他于门外，并引见索尔摩斯先生——一个无恶行与个性的人给她。她拒绝了。为使她屈服，他们责骂她，折磨她，将她关起来。洛弗莱斯雇用一个帮手伪装她亲人，以器械对她攻击。为了逃避他们，她随他来到圣阿尔班斯。她愿意嫁给他，但他犹豫了，认为婚姻是一种束缚，他宁愿有很多情人。

他试着引诱克拉丽莎。她警告他若他碰着她，她将自杀。他卑鄙地但绅士般地禁锢她，此时她送出一封信给她的密友安娜·豪伊。他设计出一个接一个的阴谋来突破她的防卫。她抗拒他，然而认为她的荣誉不可挽回地被她半同意私奔玷污。她写了一封令人同情的信给她父亲，乞求他，无须原谅她，但请撤回他加诸其身的诅咒。她认为这永远关闭了她上天堂之门，她的父亲还是拒绝了。她患了痨病，病中她唯一的支撑是她的宗教信念。洛弗莱斯隐入法国，在决斗中被克拉丽莎的舅父所杀。最后她的双亲赶来宽恕她，却发现她已断气了。

这是一个单纯的故事，以单一调子拖得太长而不能引起我们的注意力，但在18世纪的英国它成了全国性的话题。在出版期间，成百的读者，写信给理查森哀求他不要让克拉丽莎死去。一位父亲描述他3个女儿"此时每一位手上拿着《克拉丽莎》不同的版本，她们的眸子就像4月里潮湿的花朵"。玛丽·蒙塔古夫人，正如那个时代任何一位英国女士般世故，把这书当作对中产阶级情感与流行狂热的让步，但它触犯了她贵族的品味：

我竟这样老迈愚蠢得为克拉丽莎·哈洛威哭泣，正如16岁的挤奶姑娘为"女子的堕落"（Lady's Fall）的歌谣哭泣一般。说实话，第一卷书以极类似我的少女时代软化了我，但大体上它是悲惨的素材……克拉丽莎守着格言，向所有她见到的人表白所思所想，却没想到，在不完美的人生中，无花果叶对我们的心灵就如对我们的身体一样是必不可少的，显示我们所想的一切正如显示我们所有的一切，是不适当的。

此时，英国女子不断请求春风得意的理查森为她们塑造一位理想的男性，如他在《帕梅拉》中塑造了一位理想的女性一般。他在这项工作前踌躇了，但在《约瑟夫·安德鲁》（*Joseph Andrews*）中帕梅拉被菲尔丁讽刺，而且受菲尔丁在《汤姆·琼斯》中刻画的形象刺激，1753 年 11 月至 1754 年 3 月，他刊出分 7 册的《葛兰狄逊爵士史》（*History of Sir Charles Grandison*）。我们这代厌烦享乐的心境难以理解为何第三本小说如其他两本一样成功。20 世纪反对清教徒的严谨与维多利亚女王时代中期的妥协的反应排斥了理想的善，至少在男性中的描写。我们发现了好人，也有坏人。理查森试着以一些小缺点修饰葛兰狄逊爵士，但我们仍不满于他和我们之间难以越过的距离。此外，德行在炫示时丧失了魅力。葛兰狄逊仅免于封圣。

理查森太专注于训诫，他几乎缺乏幽默与智慧。企图通过信函讲述一个长的故事使他卷入许多未必发生的事件中（想想这些谈话的纸稿）。但它准许他从许多不同的观点来提示同样的事件，并给予故事一种亲密，这亲密几乎不可能以较不主观的形式来表现。写冗长与秘密的信件给信任的亲友是时代的习俗。此外，书信体给理查森发挥其长处的机会——女性品格的展示。此处也有错失：他认识男人比女人少，认识贵族比平民少，他很少抓住人物内心的变化、矛盾并加以拓展。但上千的细节显示出他仔细地观察了人类行为。在这些小说中，英国心理小说诞生了，主观论在卢梭身上成了一种狂热。

理查森谦虚地享受他的成功。他继续印刷商的工作，但他为自己筑了一座精舍。他撰写劝勉的长信给很多女人，一些女子称他"亲爹"。在他余年，他为精练的思想与冗长的技巧付出了神经质敏感与失眠的代价。1761 年 7 月 4 日，他死于中风。

就影响力来说，除了卫斯理与老皮特（elder Pitt）外，他比当时任何一位英国人都要大。在英国他有助于陶铸约翰逊时代英国的道德习俗，而且提高了乔治二世后朝廷的道德。他伦理与文学上的遗产促成了戈德史密斯的《威克非的牧师》（*Vicar of Wakefield*，1766 年）与简·奥斯汀（Jane Austen）的《理智与情感》（*Sense and Sensibility*，1811 年）。在法国，他被认为在英国小说上鲜有敌手。"无论何种语言，"卢梭说道，"没有一部曾经写出的小说可与《克拉丽莎》等量齐观，甚至接近它。"理查森经普莱沃神父翻译介绍，伏尔泰在《娜宁》（*Nanine*）里将帕梅拉戏剧化，卢梭在《新爱洛漪丝》（*La Nouvelle Hélose*）的主题、形式与道德目的上以《克拉丽莎》为典范。狄德罗在他的《理查森赞》（*Éloge de Richardson*，1761 年）中说，若他必须卖掉他的图书馆，他会从他所有书中仅仅保留荷马、欧里庇得斯、索福克勒斯与理查森。在德国，盖勒特（Gellert）翻译并模仿《帕梅拉》，悲叹着《葛兰狄逊》；克洛普斯托克（Klopstock）狂爱《克拉丽莎》；威兰（Wieland）根据《葛兰狄逊》创作剧本；德国人朝拜着理查森之家。在意大利，哥尔多尼将《帕梅拉》改编成舞台剧。

除非为了学术研究，今日没人阅读理查森。我们没有闲暇写出这样的信件，更别说读它们了，而且一个工业的与达尔文时代的道德律远离了清教徒的谨慎与节制。但我们知道这些小说，远甚于汤姆逊、科林斯与格雷的诗，代表了对智识与理性崇拜的感情上的反叛。正如表彰卢梭为浪漫运动的主将，我们表彰理查森为浪漫运动之父。这运动直至世纪末，将凌驾蒲柏的古典艺术技巧与菲尔丁的活泼写实之上。

·亨利·菲尔丁（1707—1754）

1727 年他出现在伦敦时，每个人都赞赏着他高大的体格、健壮的外形、俊秀的面容、欢悦的谈吐和开朗的心灵，这是一个为自然充实以享受人生的一切甘美，并透视人生一切争议的现实的人。他除了钱财外一样不缺，自谓曾被迫驾驶过出租马车，做过受雇的文人，羁绊自己在一管笔上，并以喜剧和讽刺剧糊口度日。他的表亲玛丽·蒙塔古女士运用她的影响力使他的剧本《化装舞会之恋》（*Love in Several Masques*）在特鲁里街剧院上演（1728 年）。她去看了两次，亲切而引人注目。1732 年，她又帮助他，使《摩登丈夫》（*Modern Husband*）轰动起来。他不断写作一个接着一个的平庸剧本，1731 年推出了具有幽默风格的讽刺剧《悲剧中的悲剧》（*Trgedy of Tragedies*），或称《伟大的汤姆大帝的一生》（*Life and Death of Tom Thumb the Great*）。

经过 4 年的追求，他娶了夏洛特·克拉多克。不久她继承了 1500 镑遗产，菲尔丁即退休与她下乡静养，过着乡绅的生活。他爱他的太太，他宠溺地形容她是美丽而害羞的索菲娅，是无限柔情的阿蜜里亚。

1736 年，他又回到伦敦，写了一些微不足道的剧本，但 1737 年《执照法案》对戏剧设了若干限制，菲尔丁于是退出了舞台剧转而学习法律，他通过了律师资格考试（1740 年）。他的人生在理查森的《帕梅拉》问世那年起了转变，所有菲尔丁的讽刺性格全被这位女英雄的美德及她的创作者挑拨了起来。他开始写作类似模仿《帕梅拉》的游戏文章：《约瑟夫·安德鲁及他的朋友亚伯拉罕·亚当斯的奇遇史》——仿塞万提斯的风格（1742 年）。书中的约瑟夫纯洁俊逸，正如帕梅拉的洁白无瑕，他被介绍为帕梅拉的弟弟。像她那样，他也屡次被雇主引诱，而不断加以拒绝；跟她一样，他在信中详述了这些窥伺他贞操的阴谋，他给帕梅拉的信，几乎是但不完全是理查森式的：

亲爱的帕梅拉姐姐：

　　希望你一切尚好，我必须告诉你一个什么样的消息啊！……我的女主人爱上了我——这是那些显赫人物所谓的迷恋——她有心要毁灭我。我希望自己具有更多坚定的决心与风范，不致因世上任何一位女性而抛弃了我的操守。

　　亚当斯先生常告诉我，节操对男人与女人同样是重大的美德，他说他从不知晓他妻子以外的任何女人。我也要竭力以他为榜样。确实如此，全是由于他良好的训诫与劝说，再加上你的信，我才能抵抗那种诱惑——据亚当斯说，无人能屈从这一诱惑而不会今世为之悔恨，及在来世受到诅咒……忠告和模范是多么可贵的东西啊！但我很高兴她惯例般地把我赶出了她的卧室，因为我几乎忘却柏森·亚当斯曾告诫我的每个字了。

　　亲爱的姐姐，我毫不怀疑，你会有风范，能在所有的考验下仍然保持你的贞洁。我要诚挚地请求你为我祈祷，使我也能保持我的节操，因为事实上它被不止一个人严厉地攻击着。但我希望我能以你为榜样，为了我约瑟夫之名，纵使在所有的诱惑之下，仍保持我的操守……

　　他成功了，在娶了贞洁的芬妮为妻之前，他始终是处男。因嫁给了富有的雇主而提高了社会地位的帕梅拉，于是责备芬妮蓄意要嫁给约瑟夫，后者的社会名望因为帕梅拉的高攀也上升了。理查森抱怨菲尔丁对《帕梅拉》犯下了"浪荡而刻吝的灌输"之罪。

　　菲尔丁对讽刺文章的兴趣并未因模仿理查森而满足，他戏谑《伊利亚特》，其手法为召唤缪斯而将他的书变成了一部叙事诗。他的幽默感泉涌在约瑟夫和亚当斯在途中碰到的各种不同人物身上，特别是小客栈老板托乌斯。他与清理卧室的女仆蓓蒂偷情时被太太当场逮住，但他被原谅了，而且"在他的余生中每天一次到两次，安静而自足地忍受着听他太太提起他的逾轨行为"。由于菲尔丁的个性不适合从一位十全十美的年轻人中塑造英雄与整篇小说，他很快便丧失了对约瑟夫的兴趣，转而将柏森·亚当斯作为他小说的主角，这似乎是不甚恰当的选择，因为亚当斯是一位诚挚的正统神学家。他身上总带着一本他传道的手稿，随时准备寻找一位不顾一切的出版商。但他的创作者给他粗大的喉咙、刚强的胃及一对坚硬的拳头。他反对战争，但很会打架，在故事中他打垮了一群流氓。毋庸置疑，他是菲尔丁笔下最可爱的人物。作者以奇异的遭遇把他与猪、污泥和血放在一块时，我们也分享到作者的快乐。我们这些年轻时深深被基督的理想主义感动的人，对不存半点狡诈、满怀慈悲的传教士，一定感觉温暖而亲切。菲尔丁拿他与唯利是图的柏森·杜里伯做了一个对比，后者是"你应该一见的大人物之一，不须粉墨即可登场扮演约翰·福斯塔佛这一小丑的角色"。

载满盛誉的菲尔丁，于 1743 年出了一本 3 册的书，谦虚地命名为《杂集》。第三册包括了他一篇讽刺作风的杰作——《乔纳森大帝的生平》（*Life of Mr. Jonathan Wild the Great*）。那不是一本有关 18 世纪著名的费金（Fagin）的真实传记，"我的叙述着重于那些他可能会完成的壮举"。最初的版本是抨击罗伯特·华尔波尔爵士偷窃选票的勾当。华尔波尔去世后，此书的再度发行成为对一般称许的"伟大"的讥讽。菲尔丁认为，大部分"伟大人物"对人类所为之恶远多于善，就像亚历山大被称作"大帝"一样，因为"他曾以火与剑扫平了一个庞大的王朝，毁灭了无以数计的无辜小民，像旋风一般的，将颓废、衰败与荒芜散至每个角落，据说，他的一种仁厚表现是没有割去一位老妇人的喉咙和强暴她的几位女儿"。小偷与这位"政客"相比也会良心稍安，因为他的受害人少，劫掠的东西也少。

以一种政治传记体的方式，菲尔丁赋予乔纳森一系列高贵的家谱，将他的血统溯至"随同亨吉斯特前来的沃尔福斯坦·维尔德"。他的母亲"具有最神奇的胶着性手指头"。从她那里，乔纳森学得了扒窃的道艺，他过人的智力使他能组织一群勇敢少年，专门将多余的财产或无意义的生命从阔绰的人们那里分离开来，他吞没了大部分所得，并将不服气的部下解交给法律议处。他不能勾引被追逐的拉蒂夏，她宁可失身于他的助手费尔勃拉，后者"在几分钟内便可摧残了这位美人胚子，如果她不以适时的顺从来阻止他的话"。后来她嫁给了乔纳森，两星期以后他们陷入争吵，她解释她有天赋的权利与人乱交，他骂她是母狗。他们亲吻后再度和好。他犯下一次比一次严重的罪恶，地位也一次比一次高升，直到他的妻子眼见他被判死刑。一位神父陪他到绞架去，途中，他还在扒窃，但只得到一个螺丝钻子，因为这个神父是鉴赏葡萄酒的行家。于是"伟大的乔纳森·怀尔德，经过一切惊人的贪诈后——绝少大人物能像他这样——终于勒死在绞架之下"。

1744年底，菲尔丁丧妻。这件事使他意志消沉，直到他开始无限怜爱地描述她——带着生离死别的凄婉——方告释然，他把她写成了索菲娅与阿蜜里亚。他妻子的女仆仍然留下来照顾他的孩子，他对她的忠心奉献觉得非常感激，因此1747年娶了她。此时他正为健康状况和经济压迫所苦。这一情景直到1748年，受命担任威斯敏斯特教堂的和平法官方得缓解。不久，转到密德尔塞尔斯任官，那是一件艰苦而不稳定的差事，由来到弓街（Bow Street）法院的诉讼当事人付给费用。他称这年薪约300镑的所得是"世界上最肮脏的钱"。

在1744年至1748年多事的几年中，他已经着手他最伟大的著作，因为长达6卷的《弃儿汤姆·琼斯的历史》（*History of Tom Jones, a Foundling*）公之于世，是在1749年2月。他告诉我们这本书是从法律事务和其他冗务外抽出"约摸数千小时"信手涂写而完成的一部作品。从它粗鲁的幽默感、男性的道德观看来，没人会认为这些是在痛风、追怀往事及经济拮据的情况下写成的。以往的英国小说从未有人如此完整而坦率地描写过人的身体、心智、道德和性格。

汤姆出场时是一个不合法的弃婴，他在阿尔沃西先生贞洁的床上被发现。从这里开始到汤姆结尾的婚礼中，菲尔丁穿插了数以百计的插曲，尤其是不连贯的流浪汉故事。但读者若读到结尾，会吃惊地发现，所有这些偶发事件都是经巧妙编织，是整个结构不可或缺的，也是人物发展必需的。有些人物理想化了，如格兰丁松·阿尔沃西；有些太简化了，如可鄙至极的布里费或查肯先生，那迂腐的教师"冥想中充满了鞭笞"。他们中许多人表现了生命的蹉跎。韦斯特对世上所有的一切"看得最珍贵的是……他的枪、狗和马"，其次是他的酒瓶，再次是他无人可比的女儿索菲娅。一位克拉丽莎，她懂得如何在男人的陷阱中自处。一位帕梅拉，她诱捕了她的男人而不为他婚前的经历操心。

汤姆除了有点散漫外，一切再好不过。阿尔沃西先收养他，再送他上学而被查肯先生鞭挞。他逐渐长成为坚强不屈的男子汉，唯一的缺憾是被神秘的身世遗留下来的恶意的谣言困惑着。他抢劫一个果园，偷了一只鸭子，但他的养父原谅了他这些恶作剧。索菲娅在道德的距离外崇拜着他，但汤姆对自己的私生身份有着自知之明，从不妄想和一位如此高不可攀、地位财富如此悬殊的女子相恋。他满足于和猎场看守人的女儿莫莉厮守在一起，也承认可能是她孩子的父亲，后来他因得知自己只是许多可能者之一而如释重负。索菲娅得知他们两人的关系，虽然伤心，她对汤姆的热情却只冷却了短暂的时间。有一回她骑马打猎摔了下来，汤姆拉住她的手臂，她的脸红泄露了自己对他的倾心。他也不错过机会表示爱意。然而，韦斯特先生已准备好钱财要将她嫁给布里费先生，后者是无子嗣的阿尔沃西先生唯一合法的侄子和继承人。索菲娅拒绝嫁给这个年轻的伪君子，韦斯特坚持原意。接着，父亲的意愿与女儿的眼泪之间的战争使后面数卷令人神伤。汤姆羞愧地离去，并有意让人在小树林里发现他，莫莉躺在他臂弯里。索菲娅恰好撞见，气极昏倒。汤姆极不情愿地被阿尔沃西先生赶了出来，从此开始了充满插曲的游历。若非这些，菲尔丁正如塞万提斯和勒萨日一样，发现写小说的不易。汤姆的心仍然依恋着心碎的索菲娅，但认定自己永远失去了她，于是溜进了瓦德夫人的床上。经过许多磨难及赢得信心的复杂过程后，阿尔沃西终于宽赦了他，并让他代替布里费而为继承人。他与索菲娅前嫌尽释，韦斯特先生也衷心地欢迎他做女婿。一星期以前原准备要勒毙他的韦斯特，现在急着要完成他们的大事：

> 向着她，孩子，向着她，走向她……是不是都好了？她决定了日期没有，孩子？啊，应是明天还是后天？我不能再延迟多过后天的一分钟……她全心要在今晚完成婚礼，不是吗？苏菲？……阿尔沃西是在搞什么鬼？哈，阿尔沃西，我用一个皇冠跟你打赌5镑，再过9个月我们将有个男孩子。

自莎士比亚之后没有人能将英国人的生活描写得如此丰富，如此坦率。上面所提并非全部，我们省略了温柔、忠心、英雄主义、文明气质及哀怨动人之处，因为这些在任何社会里都可看到。菲尔丁宁取直觉的人而不取好思考的人。他轻视那些删除书本上猥亵字句的人，这些人在他的时代甚至想净化莎士比亚和乔叟，他也轻视那些认为严肃的文学作品应该仅和上层人物打交道的诗人和文学批评者。他解释两性的爱是生理上的爱，而将其他观点归为幻想的境界。他蔑视那些在各阶层中他见到的拜金者。他痛恨骗子和伪君子。他向牧师做短暂的忏悔，但他喜爱柏森·亚当斯，还有《阿蜜里亚》中唯一的英雄哈里森博士。身为一位英国国教的传教士，菲尔丁一遇机会就向人传教。

《弃儿汤姆·琼斯的历史》出版后，他转笔开始面对自己做法官的案件，这些经验使他每天与伦敦的犯罪和暴行接触，他建议加强公共秩序的保护措施和正义的仲裁。由于他的奋斗加上他兄弟约翰·菲尔丁的努力——后者继任他为弓街的法官，一个伦敦的恐怖集团被消弭殆尽，几乎所有歹徒被绞死。一位乐观人士于1757年报道说："拦路抢劫者的邪恶时代几乎已成过去了。"

1751 年 12 月，亨利出版了他的最后一本小说——《阿蜜里亚》(*Amelia*)。他无法遗忘前妻，她犯的所有过错都被他忘却了，如今他将她树立成一位粗率军人的十全十美的妻子。布施少尉善良、勇敢而慷慨，他崇拜他的阿蜜里亚，但他赌博欠债。故事一开始我们便看到他身系囹圄。作者用上百页来诉说他与另一位同居者马修斯小姐的故事。他向她逐点详述他妻子的美丽、节俭、忠贞、温柔及其他的优点，然后接受马修斯小姐的邀请与她共享床笫之乐。他持续了"整个星期这种罪过的对话"。在这里及以后他身系囹圄的画面中，菲尔丁带点夸张地陈列了男人和女人的伪善、警官推事等的贪污及狱吏的残暴。这里，已预见了欠债者的监狱，那将延续一个世纪而引起狄更斯的愤怒。法官思拉舍可以因一个人带有爱尔兰的口音而定他的罪。"西拉，你的舌头出卖了你的罪状，你是爱尔兰人，这对我总是足够的证据。"每一章里歹徒的数目都在增加，直到阿蜜里亚对她贫困的孩子哭喊着，"原谅我带你们到这个世界上来"。

阿蜜里亚是菲尔丁的病人格丽塞尔达，她在前面一章中跌坏了鼻子，"整形术使它恢复了外观"，她变得更美丽，使以后的每一章中都有窥伺她贞操的企图出现。她承认自己在才智上不如丈夫。她对他百般依顺——除了拒绝参加一次化装舞会。她参加了一次亨德尔的圣乐会，对自己抛头露面在沃克斯霍尔那些好调戏女子的男子面前，感到十分犹疑。布施从一次脱逃中回到她身旁，发现在厨房中的她犹如一位淑女为了参加舞会而打扮自己那样快乐。她接到一封寄自马修斯小姐的来信，她泄露布施在狱中的私通。阿蜜里亚销毁了这封信，对丈夫只字不提。他喝酒、赌博欠债，直至入狱时，她仍然爱他。她先出售自己的饰物，接着是衣服，以供养他和孩子们。法律及其执行者对布施的苛刻给她的打击，更甚于他的过失带给她的伤害。菲尔丁与卢梭和爱尔维修一样，认为人性本善，只是后来被恶劣环境和不良法律破坏。萨克雷认为阿蜜里亚有着"英文小说中最迷人的性格"，但她可能仅仅是男人的梦想而已。结尾时，阿蜜里亚成为当然的女英雄，她与布施退隐于她的房产中，布施最后变成了一个好人。

这样的结局就逻辑而言是不合理的：一个布施永远就是布施的样子。菲尔丁试着将纠缠的网络理出一个快乐的结局，但此处他巧妙的手法太明显化了。这位伟大的作家疲倦了，和小偷、杀人犯的接触使他生了病。完成《阿蜜里亚》后，他说："我再也不借着任何类似的文学女神而让我的孩子们来烦扰这个世界。"1752 年 1 月，他开始写《修道院日志》（*Covent Garden Journal*），提供了一些活泼的角色，答复斯莫利特的批评，并浏览了一下《罗德利克冒险记》（*Roderick Random*）。11 月，他的《修道院日志》胎死腹中。1753 年至 1754 年 12 月，由于这位作家对他的法律条文太过卖力，工作、水肿、黄疸病和哮喘病使他崩溃了。他试过主教乔治·贝克莱的焦油水，但水肿更加厉害。他的医生推荐他去阳光普照的地方旅行。1754 年 6 月，他与妻子、女儿同乘葡萄牙"王后号"出发，旅途上他写了《里斯本游记》（*Journal of Voyage to Lisbon*），这是他最可爱的作品之一。1754 年 10 月 8 日，他逝世于里斯本，葬于该地的英国公墓。

他的成就是什么？他建立了写实小说的风格。对英国中产阶级的生活描述，他比历史学家更为生动。他的书展开了一个世界。对上流社会，他并不很成功；与理查森一样，他必须自足于作为一个外围的旁观者。他对自己国家生活实体的了解甚于它的精神，对爱的本质的了解甚于它的灵性。较为精致、细微部分的英国风格，他没有捕捉到。即今如此，他的影响力及于斯莫利特、施特内、狄更斯和萨克雷，而为他们的鼻祖。

· 托庇亚斯·斯莫利特（1721—1771）

作为竞争者，斯莫利特不喜欢菲尔丁。这位年轻一点的苏格兰人同意休谟的意见，为英格兰阻挡了去法国的路感到遗憾。然而，他的祖父主动为英格兰推动议会联合政体（1707 年），也曾是联合议会的一员。托庇亚斯 2 岁时失怙，但他家里在经济上支持他在敦巴顿文法学校和格拉斯哥大学接受教育。在大学里，他修医学预科课程。未及修完学位，他便喜欢上写作，带着一本毫无价值的悲剧剧本，匆匆跑到伦敦去晤见加里克，结果被拒绝。挨饿一阵子后，他毛遂自荐地当了船医的助手，登上战舰"坎伯兰号"，随其（1740 年）航行，并参加了"杰金斯之耳"（Jenkins' ear）战役。在哥伦比亚湾外，他加入了卡塔赫纳的笨拙攻势。他在牙买加退除役籍，并在那里遇见了南希·拉塞尔斯。回到英国后（1744 年），不久与她结婚。他在唐宁街租了一间房子，开始学习外科手术。但写作的念头常使他心痒难耐，再者，他在海军里的经验至少需要回忆一遍，于是 1748 年他出版了他最著名的一本小说。

《罗德利克冒险记》是描写许多事件依附在一个角色上的老流浪汉的罗曼史。斯莫利特不从菲尔丁处取走任何东西，而从塞万提斯和勒萨日处受益良多。他对人类及其行为的兴趣比书本和谚语浓厚。他把故事填满了各样的巧合事件，赋以垃圾的腐臭和血渍的色泽，处处弥漫着个性突出、说话有力而快活的角色。这是成千本有关海洋的英国小说中最早也是最好的作品之一。值得一提的是，作者描写了英国的小客栈和伦敦的道德。我们这些没有乘过伦敦 18 世纪马车并在小客栈膳宿过的人，不知有多遗憾！——那是一个各色人等的汇杂处：腐化的士兵、老鸨和妓女，小贩拖曳着他们的担子把钱藏起来，男人在小屋子里踱步找寻错的铺位，女人被强奸时尖叫着，但几枚钱币使她们安静下来，每个可怜的灵魂都假装很不可一世，每个人都会发誓。简妮小姐骂一位小贩："你这无一不脏的老家伙！"又问一位少尉："他妈的，先生，你是谁？谁把你变成少尉的？你这可怜的老粗，拉皮条，吃软饭的家伙，嗤！像你们这种家伙在军队里干可有好看的了。"

在伦敦的罗德利克变成一个"药剂师的学徒"——助手。他逃避婚姻，因为发现自己的未婚妻与另一个男人在床上。"老天给我耐心和理智而使我立刻离开，我要向我的运气千谢万谢，因为这项愉快的发现，我放弃了所有未来结婚的念头而获益匪浅。"

由于被误控为窃贼，罗德利克丧失了工作，处境困乏。他说："除了进陆军或海军，我找不到任何糊口之计。"正为抉择苦恼时，他却被一个拉夫队击昏后拖上一艘船——"雷声号"，因而解除了烦恼。他接受了命运，成为船医的助手。在船上仅仅待了一天，罗德利克即察觉船长奥肯是残暴而缺乏理性的人，他为了节省开支，强制船上生病的水手工作至死。在卡塔赫纳，罗德利克反抗了。后来船只遇难，他泅水至牙买加海岸登陆，成为一位年迈潦倒的女诗人的仆役，爱上了诗人的侄女娜西莎，"希望有朝一日得享这位可人儿"。斯莫利特用令人窒息的流利笔触，以充沛有力、平实、简洁的语调，长达 3 页的段落继续描述下去。在伦敦，罗德利克重新结交一批怪诞朋友，包括麦玲达小姐与比蒂小姐。接着到巴斯，出现更多的旅行画面。在该地，他又邂逅了甜美的娜西莎，赢得芳心，又失去了她，有一场决斗……他又加入海军作医师，该船驶向几内亚，（他的船长在该地）"购买了"400 名奴隶转售至巴拉圭而"获巨利"。再访牙买加，见到了失踪已久、如今成为暴发户的父亲。回返欧洲，回到娜西莎身旁，结婚。返归英格兰，接手其祖传产业。对于罗德利克而言，娜西莎"腰围已经长得出奇的浑圆"——

> 若是世上有真正的快乐这回事，我享受到了。我的激情经过狂风暴雨的冲击后，如今停止了，浸润在亲切的欢愉和静谧的爱情里，原本空虚的心由于这种爱的联系、心灵的交流而根深蒂固，神圣的婚姻促使其苗壮茂盛。

《罗德利克冒险记》的销路很好。斯莫利特现在坚持要出版他的剧本《弑君者》，序文即一网打尽地数落曾经拒绝过该剧的人。由始至终，斯莫利特皆将不满宣泄于文字中而树敌。1750 年，他北上阿伯丁，得到医药学位，但他的个性妨害了他悬壶济世的行业，反而使他更沉湎于文学。1751 年，他出版了《佩里格林·皮克尔历险记》

（*The Adventures of Peregrine Pickle*），这本书的书名一如《罗德利克冒险记》，引人入胜地向读者介绍一个多彩多姿的生命，所不同的，斯莫利特将尖锐的幽默感融入人物塑造中。康莫多·杜宁被形容为一个非常怪异的绅士，他"在他的时代里曾经是一个英勇的骑士，为了恪尽职守而丧失了一只眼睛和一个足踝"。不知是第几次了，他坚持说他如何将一位法国战士赶出裴尼斯特角。他命令他的部下汤姆协助他。这时的汤姆"咧着像喘息时的鳕鱼的嘴，带着东风吹过裂隙吟出的韵律"，给予必要的援助。这一段可能启发了施特内笔下的托比叔叔和特灵下士的一些灵感。

在葛丽柔夫人向康莫多求爱的段落中，斯莫利特笑谑地注入了爆发性的喧闹，康莫多的独脚队长杰克·海契维请求康莫多不要一意让她"将康莫多制服在她的裙下"，因为"你一旦成了她的傻瓜，她一定会把你鞭挞开，使你神经紧张至崩溃"。康莫多再度向他保证"没有人曾经见到荷塞·杜宁向人甘拜下风"，各种各样的计划粉碎了他的节操。他承认被"钩住"了，那就是结婚。但他走向结合"就像重犯走向死刑……似乎每刻都在害怕这种天谴"，他坚持用一个吊床作洞房花烛夜的喜床。由于重量加倍而使床塌坏了，但不能阻止这位女士"想着她的伟大目标已完成，面对着所有命运的威胁，她保住了她的权威"。无论如何，这桩联姻没有结果而结束了，杜宁夫人再度沉湎于白兰地及"宗教的责任中，她以充满敌意的苛刻来履行后者"。

司各特爵士（Sir Walter Scott）描写斯莫利特是"外观出众、潇洒不群的人物，而且由他仅存的朋友与他接触后证明他言谈诙谐，并具有启发性"。就各方面而言，斯莫利特是一个火辣性子、谈吐生动的人，所以他形容诺尔斯爵士为"一个品行不端的将军，一个不学无术的工程师，一个没有决断力的军官，一个虚伪造作的人"。这位将军指控他毁谤，斯莫利特被判入狱 3 个月，罚款 100 镑（1757 年）。除去他的火暴脾气外，斯莫利特有很多美德：他非常慷慨又有人情味，并帮助穷作家。据司各特爵士说，他变成"一位模范父亲和体贴的丈夫"。

他在切尔西劳伦斯巷的住所是一些无名小作家的聚会所，他们不是去听取他的劝告就是去拿些吃的食物，其中一些人由他组织，成为他的支援者。他是最早的散文作家之一，从出版商那里争取到很好的报酬。他有时一年内赚了 600 镑，但是他必须为这些钱工作得很辛苦。他续写了 3 本小说，其中 2 本可以忽略。他游说加里克出版他的剧本《报复》（*The Reprisal*），该剧由于攻击法国而大获好评。他向许多杂志投稿笔战，并编纂《英国人》（*Briton*）作为英国托利党的代言人。他曾翻译过伏尔泰的一些作品如《吉尔·布拉斯》，以及《堂吉诃德》（借助于早期的译本），另外写了——或说整理出——一部 9 卷的《英国史》（*History of England*, 1757—1765 年）。当然，他运用了他的"文学工厂"，以格莱伯街的一批为人捉刀的作家编纂了一部《世界史》（*Universal History*）和一部 8 卷的《各国现势》（*Present State of the Nations*）。

1763 年，斯莫利特 42 岁，因专注于冒险生活、工作、与人争吵及穷究文字，他付出了自己的健康作为代价。他的医生劝他去请教一位专家——蒙彼利埃的菲兹博士。他去了，医生告诉他，他的气喘、咳嗽和脓痰无一不显示出肺结核的症状。因为不愿意回到湿润葱绿的英格兰，他续留在欧洲大陆两年，写了《法兰西和意大利游记》（*Travels through France and Italy*），从而补偿了所有的开支（1766 年）。本书正如他的小说，表现了他对人物独特癖性和民族性特征的敏锐观察力，然而他还加上了不加掩饰的责难。他对马车夫、同行旅客、小酒店老板、仆役及外国爱国志士一字不留地说出他对他们的看法。他诋毁法国和意大利艺术，咒骂天主教义，不屑理睬法国人，认为他们是贪婪的贼，而且不以矫饰的礼貌来遮盖其偷窃行为。且听他说：

> 若你允许一位法国人到你家里……他对你的礼貌款待的第一项回报是向你的妻子示爱——若是她长得俊俏的话；否则，就是向你的姐妹，或者女儿，或者甥女侄女……甚至祖母……一旦他被发现了……随即厚颜地强调他仅仅是献普通的殷勤而已。在法

国，这行为被认为是具有高贵血统的人所不可少的。

斯莫利特回到英国后健康大为好转，但 1768 年旧病复发，他到巴斯寻求治疗。当地的水对他无效，而潮湿的空气反而有害，1769 年，他转至意大利。在靠近勒格角的一间别墅中，他写了最后也是最好的一本书——《汉弗莱探险记》（*The Expedition of Humphrey Clinker*），萨克雷认为本书是"自有小说以来，写出的最具笑料的一个故事"。它确实是斯莫利特作品中最吸引人、最赏心悦目的一部。几乎在一开始，我们就遇到了 L 博士，他完全用主观的偏见来论述"好的"或者"坏的"味道，"因为每个人在闻到他人的排泄物时，总会做出恶心的样子，可是闻到自己的时，却异常得意地深呼吸。他以这个事实向所有在场的每位绅士和淑女展示了排泄物"。接下去一两页有更为精彩的说明。自这一小撮中松缓过来，斯莫利特继续掀起一项全面的娱乐高潮，用令人意想不到的轻快手法，借着各角色的信件向下展开叙述。首先出现的是一位"老绅士"马修·布伦勃，他是一个顽强的光棍，也是斯莫利特的代言人。他为了健康理由到巴斯，但发现水里的恶臭较其治疗力予人更深的印象。他讨厌群众，有一次被杂沓人群的混合气味袭昏过去。他无法忍受伦敦的污染空气及该地掺杂的劣等食物：

> 我在伦敦吃的面包简直是一团毒糨糊——用白粉、明矾和骨灰混合而成的，既淡而无味，又有损健康。善良的人对这种掺混法当然不是一无所知，但他们喜欢这样甚于喜欢面包的本来面目，因为看起来白一点……于是牺牲自己的味觉和健康……面包师傅或点心师傅不得不去毒害他们……同样可怕的迂腐表现在他们做牛犊肉的方法上，因为流血不止，再加上其他邪恶的手脚，牛肉似乎被漂白过一般……以致一个人可能会舒适地大嚼一道羔皮手套做成的牛肉片……你简直难以相信他们疯狂到用半便士的

铜来烹煮青菜，只为了使其鲜美而已。

马修迫不及待地回到了他的老家，在那里他可以呼吸、进食而不必担心生命受到威胁。故事进行了 1/4，马修收养了一个穷苦、衣衫褴褛的乡下孩子，"他的样子显得饥饿，他的褴褛衣衫几乎无法遮住要害部位以维持体面"。这个敝衣的流浪儿愿意替他驾驶马车，但当他登上座位时，那条旧马裤劈裂开来，布伦勃夫人（马修的妹妹）埋怨他"恬然无耻地露出他的后股，令她受到惊吓"。马修为他置衣，收他为仆役，甚至在他听过怀特菲尔德传道之后成为一位循道宗派传教士，马修仍然以耐心容忍他。

另外有关宗教的描写是布伦勃先生在斯卡伯勒遇见的 H 先生，他自夸曾在日内瓦与伏尔泰谈到"有关带给基督教迷信最后的打击"一事。另一位无党无派的利斯马哈格少尉——"一个高大瘦削的人，带着一匹马，正反映出堂吉诃德登上罗金纳特的姿态。"他曾在北美印第安人部落住过，津津乐道两位法国传教士如何被烤的故事，因为他们说上帝允许他的儿子"进入一位妇女的体内，又以一个罪犯被处以死刑"，他们还假装可以用一点点的面粉和水即可将上帝的力量扩展至无限大。利斯马哈格"十分注重'理智''哲学''名义上矛盾'等逻辑字眼，敢于向炼狱的永恒之火挑战，甚至讽刺灵魂的不朽，令信仰虔诚的塔伯莎气得七窍生烟"。

斯莫利特没有看见这本书的印行，1771 年 9 月 17 日他在他的意大利别墅中去世，享年 50 岁。与同时代的作者相比，他造就了更多栩栩如生的角色，也树立了更多的敌人。在他的作品中，我们虽然找不出像菲尔丁的作品那样有着善良的性格、对生命的健全体认及在结构纲领上的苦心经营。然而，斯莫利特的书中有一股充沛的活力，散发着不列颠的城市、船舶及中产阶级的强烈气息。他的简单插句式叙述法，顺畅生动而且流利自如，不为道德写作阻碍。菲尔丁对人物个性的塑造较为复杂，但不够明显；斯莫利特满足于加强人物的独特格调，却不着重探讨矛盾、怀疑、犹豫等构成人格的因素，这种个性特殊化——夸大某些特征作为每个人的主要动机——的方式传至狄更斯，他的《匹克威克外传》（*Pickwick Papers*）一书续衍马修·布伦勃肇始的旅途。

将理查森、菲尔丁和斯莫利特放在一起而与任何历史学家相比，他们更完全更具地理性地将 18 世纪中叶的英国描绘出来，历史学家则往往迷失在特殊事件中。除了仿效法国礼仪及夺占法国殖民地的上层阶级外，几乎所有的事物都涵括在他们的书中。这几位小说家成功地将中产阶级溶入了文学著作，他们创造了现代小说，并使之留传为一项无与伦比的遗产。

玛丽女士

玛丽女士，这是那个时代英国人对这位赫赫有名的英国妇人的称呼。她对妇女禁欲的传统予以抨击，写信排斥塞维涅夫人，这使她名垂青史。

她有好的家系，她是约翰·伊夫林爵士（Sir John Evelyn）的孙女、伊夫林·皮尔庞特的女儿。她父亲在她诞生的那年（1689 年）被选为国会议员，不久又继承了一笔可观的产业而成为金斯顿伯爵，他的女儿从出生就是贵族小姐。她的母亲玛丽·菲尔丁女士的父亲是伯爵，表兄是小说家。我们这位女英雄年方 4 岁时母亲就去世了。伯爵将子女们送到祖母处养育，祖母去世时，孩子们又回到他在乡下的豪华宅第——诺丁汉郡的索尔斯比公园，有时他们住在皮卡第里城的寓所。父亲特别喜爱玛丽，在她 8 岁时，曾以她的名作为该年的祝贺词。由一位女教师的协助，她在父亲的图书馆中自修，有时一天 8 个小时，咀嚼法国浪漫文学和英国戏剧。她聚集了一些法国人和意大利人教她拉丁文，以奥维德的《变形记》作为教本。艾迪生、斯蒂尔和康格利夫是那里的常客，他们鼓励她学习，激起她的求知欲。

据她自称，她是以拉丁古典文学的渊博知识赢得了爱德华·沃特利（Edward Wortley）的青睐。

他是爱德华·蒙塔古的孙子。他的父亲悉尼·蒙塔古（Sidney Montagu）由于娶了一位沃特利氏的后裔而跟着改了名字。1708 年，爱德华初识玛丽时为 30 岁，稍具名望而受人瞩目。他受过大学教育，21 岁开始操律师业，27 岁就在国会赢得了一席之地。我们不知道她对他的追求始于何时，只知颇有进展，这从 1710 年 3 月 28 日她写给他的信上可以看出：

> 请允许我冒昧地说出来（我明白，这听起来是无用的），我深知应如何使一位有理性的男士快乐，但事后这个人……自己必须为它做些许贡献……这封信……是我第一封写给你这种性别的人，同时也将是最后一封信，你绝不可再盼望会有其他的。

她的拖延政策奏效了。她出麻疹时，他写了一张便条给她，热情得超出了他平常的态度："即使令你不快，我也应该为你的美丽受了伤害而惊喜不已，因为你的崇拜者将要减少，还有什么事更能令我兴奋？"她的回答又将这项追求带进一步："你以为，'若是你嫁给我，第一个月我会深情地喜爱你，随后转爱他人'。毫无这种可能，我可以作为一个朋友，但不知道自己是不是能爱人。"这种坦白的态度可能使他犹豫了，因为 11 月她写道："你说你还没有决定，让我替你决定吧！也可省去你再复信的麻烦，永远再见了！不要回信。"1711 年 2 月，她又写信告诉他："这是我要寄的最后一封信了。"他重新上阵，她退却，诱他患得患失地追逐。经济问题的考虑构成了障碍，长辈们也反对。他们计划私奔，虽然这表示无法从父亲那里得到嫁妆，她坦白地警告沃特利："最后再想一下你必须在何种情况下带我走。我将只带一件睡衣、一件小外套来，这就是你得到我时我拥有的一切。"他们在一家小客栈碰面，1712 年 8 月结婚。从那时起，她就是玛

丽·沃特利·蒙塔古。但由于沃特利是家中次子之子，仍然只简单地
叫作爱德华·沃特利。

事业和政治驱使他前往达勒姆和伦敦，留下很少的钱让她居住在
几间乡下住宅里，等候孩子的降生。4月她到伦敦和沃特利相聚，5
月她的第一个孩子诞生了。然而她的快乐很短暂，丈夫又出外准备东
山再起。她抱怨自己的孤独，一个浪漫的蜜月是她一直以来的愿望，
然而他寄望于力争新议会中一席之地。花费可观的竞选失败了，但
他被任命为行政委员。在靠近圣詹姆斯宫附近租赁了一间屋子，1715
年1月，玛丽开始征服伦敦之旅。

她模仿社会时尚。星期一款待朋友，星期三听歌剧，星期四看
戏。她邀请别人，也受邀请，出入乔治一世宫廷，赢得了卡罗琳的好
感。她结交文人，与蒲柏和盖伊斗智。蒲柏为她的机智睿智着迷，竟
然暂时忘却了他对女性的蔑视，反而激赏她为妇女教育所做的努力，
还献给她一些即兴韵诗：

> 在智慧或容貌上
> 没有人曾经
> 敢于过问你的统驭；
> 但洞悉事理的人
> 自学习中认为，
> 向一位女士让步是困难的
> 不按常规的学校
> 以乏味发霉的教条
> 拒绝女性向学；
> 于是罗马教徒否定
> 《圣经》的使用
> 以免羊群们与他们的领导者具有同样的才智
> 最初有位妇女

（事实上她被诅咒过）

欢悦品尝在知识的领域；

圣人们同意

法律当判定

给了第一位拥有者这项权利。

然后勇敢的、可爱的女士

重申这项古老的权利

那是属于你们整个性别所有；

让男士们得自

第二位明智的夏娃

是非黑白的常识。

如果这第一位夏娃

得到严厉的惩罚

只因她拥有一个苹果，

何等新的处罚

将从你的身上发现

你，品尝着，已劫掠了整棵树？

　　这时，盖伊开始写作一首抒情诗《梳妆》，以易猜的假名来讽刺当时伦敦许多名人，玛丽也插手这个游戏。盖伊和蒲柏协助她完成了其中的两首，其华丽的对韵句和讽刺笔法堪与这两位作家媲美。她没有出版这些诗章，但她允许朋友传阅这些手抄本。她善用她的笔、韵律和伤感，赢得了"女蒲柏"之誉。

　　1715 年 12 月，她遭遇了巨大的打击——天花，她的兄弟曾因此病去世。她病得极其严重，外间谣传她的死讯，她竟撑过了，但脸上布满了疤痕，睫毛掉光了，只有她的黑眼睛明亮美丽一如往昔——她一向自恃这双眼睛，认为有帮夫运。沃特利获得额外的好处，1716年 4 月他得到了一份好差使，被任命为"特殊使节"，派驻土耳其宫廷。玛丽高兴极了，她一直认为东方是浪漫的，即使与丈夫在一起，她也可能在君士坦丁堡或前往该地的旅途中发现一些浪漫事迹。一向易感、充满遐想的蒲柏，7月1日写了一封信，字里行间处处显露出他在爱的悬崖边缘徘徊：

> 若是我认为不应该再看见你，我一定要在此告诉你一些面对你"本人"无法说得出的话。因为我不愿你至死对我有误解，也就是说，你去了君士坦丁堡而不明白我也运用了极度的"理智"，而且已经到了"过分"的程度。夫人。

接着签上他惯用的谦恭顺从的签名。

8月1日，沃特利、玛丽、他们3岁大的儿子和大批侍从跨海至荷兰。他们穿过科隆到达雷根斯堡，由12位摆渡船夫摇桨渡过堡垒雄踞的山头。在维也纳，她收到蒲柏寄来的信，坦陈他的心事并向她保证：

> 并非我认为每个人裸露在一起会是多么完美的景象，正如你和少数人一般……你不难想象我多么渴望与一个人通信。这个人很久以前教导过我，使我得知，对一位自己尊敬的人一见倾心是可能的。这个人从那时起粉碎了我对同性之间的言论，也几乎打破了我与异性的友情。书本再不能影响我，我深信——自从我遇见你以后——还有其他事比哲学更为有力，自从我听过你以后，还有一位现存的智者比任何圣人更为聪颖。

但他又加上一句，祝福他们伉俪愉快。她回信说：

> 或许你会笑我深深地感谢你所有关切的示意，若我乐意，当然可能将你所说的好话作为小聪明和嘲弄，我可能也会将你的话

当为正确，但我一生中从未如此情愿地在诚意中相信你。

1717 年 2 月 3 日，蒲柏又寄了一封备极关爱的表白书，抗议被看作"仅仅是她的朋友"，这些信玛丽自己收存起来，窃喜能引得当时最伟大的诗人颓唐。

这群人 5 月抵达君士坦丁堡，玛丽毅然开始学习土耳其文。她进步很快以至能了解并欣赏土耳其诗，她穿着土耳其服饰，拜访坊间仕女，发现她们比乔治一世的情妇们还有教养。她发现天花预防注射在土耳其很普遍而且很成功，于是让她的儿子也在君士坦丁堡接受一位英国籍外科医生梅特兰的注射。她从这里写出的信与此间塞维涅夫人与格里姆、贺拉斯·华尔波尔寄出的任何信件一样的引人入胜。不等别人告诉她那些信是文学作品，她在给朋友的信中就表示出这种神气："我最后的荣幸是看到塞维涅夫人写得很美的信，但我敢断定，我的信中表现的乐趣自今起 40 年后依然如是，不会有一点矫饰。所以，我劝你不要任意将其中一封抛为废纸。"

她继续与蒲柏书信来往，他恳求她把他的表白当作严肃的事，然而他的语气又被这爱情和戏谑的混合困惑着，他将土耳其遐想为"一片妒忌的土地，在那里，郁闷的女人除了和阉人外不与任何其他人周旋，唯一的黄瓜是被他们买去切的"。又自怜地想到他自己的不快乐，他加上："我可以自行追随一个我所爱的人，不仅去君士坦丁堡，甚至到印度某些地方——他们说，那里的妇女最爱丑陋的人……视这些怪物为上帝的杰作。"若是她希望，他愿意变成一个穆斯林陪她去麦加，只要有适当的鼓励他愿意在伦巴底与她相会，"在天仙般的公主和她的小矮人之间庆贺爱情的景象"。他知道她就要回国时，他便堆砌出狂喜："我提笔振奋似乎已浸入醉乡，知悉你将归来的喜悦导致我脱离了常识和礼仪的规范……圣名在上，回来吧！玛丽，回来吧！快回来吧！"

沃特利此行失败，再度被召回伦敦。他们于 1718 年 6 月 25 日离开君士坦丁堡，于同年 10 月 2 日回到伦敦，一路行程使我们得知 18 世纪旅行的概况。到伦敦后，玛丽重拾宫廷生活，并与智者群聚。此时的蒲柏正忙着在斯坦顿·哈考特研究荷马。1719 年 3 月，他迁居图肯汉，由于他的帮助，沃特利与玛丽于 6 月也在这里找到一所房子，由克内勒爵士出售。事后不久蒲柏出价 20 基尼，请克内勒替他描绘玛丽的像。这幅画很杰出，虽然当时克内勒已 74 岁。画中，那双手看起来灵巧，面庞犹如土耳其的头饰充满东方风味；嘴唇丰满性感，眼睛大而黑，看起来有些恍惚。盖伊作诗以为庆贺，蒲柏把它悬挂在他的寝室中，送给她一首诗以示贺意：

> 那环绕在酒窝边俏皮的笑靥，
> 那高贵而真切地欢乐气息……
> 那圣洁的心灵放出的光辉，
> 所有品德与优雅聚集于斯；
> 学习而不自傲，黠慧而不严峻，
> 那么悠然，又具有如此的慧心……

这一年是她的巅峰时期，也是灾难接踵而至的开始。一位法国客人图桑·雷蒙德留下 2000 镑作为投资，由她全权处理。她采用蒲柏的建议，买了南海公司股票，结果惨跌，2000 镑减至 500 镑。她向雷蒙德说明此事，他竟控告她偷他的钱（1721 年）。同年，天花疫疾再度威胁她 1718 年出生的女儿。她送她女儿到已从君士坦丁堡回来的梅特兰医生处就医，要他为这个小女孩注射疫苗。我们稍后就可发现在詹纳医生以前这个例子对英国医药的影响。

紧接着在 1722 年，她与蒲柏的友谊破裂。7 月，他们彼此见面频繁，在图肯汉散出了谣言；但 9 月蒲柏开始写大胆的信给朱蒂斯，为了讨她欢喜，他在信中提及他明显地倾心于"这世界上最明亮的智慧"。玛丽声言蒲柏曾对她热情地剖白过他的情意，还有他永不原谅她轻率地接受。蒲柏维持了短暂的和平，但不时在他的文字中或隐或现地予以讽刺。她写信给斯威夫特时，蒲柏和盖伊联合作了一首民歌，但斯威夫特认为是她写的，于是给她写了一封尖刻的斥责书。在1728年出版的《杂集》中，他更狠毒地印出了这段明目张胆的谴责：

> 就是这个，玛丽，你的诡计；
>
> 既然你去孵，祈祷你的小鸡吧；
>
> 你放矢的技巧亟须改进，
>
> 像你的阉鸡，也不服侍你的公鸡。

在一首名为《模仿》（"Imitation"）的诗中（1733年），他提到"愤怒的古希腊女诗人萨福……被她的爱所染"，也就是说从情夫处染得梅毒。据华尔波尔所述，她威胁着要叫人鞭挞他。这猥亵的争执更增加她婚姻的狼狈。沃特利此时恢复了在议会中的席位，明显地忽略她，将她留在图肯汉。父亲的去世（1727年）使沃特利成为非常有钱的人，他供给她物质的挥霍，却留下她，以她自己的方式追寻爱情。她的儿子不求上进。她的女儿正长成为聪慧、优雅的女郎，这是她唯一的慰藉。哈维爵士曾设法取代蒲柏在她生命中的地位，由于他的特殊喜好，他无法原谅她或他的妻子，因为她们是女人。他一定了解玛丽将人类分为男人、女人和哈维一类的人。

1736年，一颗意大利流星闯入并改变了她的轨道。阿尔加罗蒂（Francesco Algarotti）1712年出生于威尼斯，在科学和文学方面有些声名。1735年，他在锡雷为伏尔泰、夏特莱夫人的座上客，三人在这里共同研习牛顿。他带着伏尔泰的介绍信来到伦敦，在宫廷受到接待，遇到哈维，再经过他认识了玛丽。她深深地被迷住了，因为她心灵空虚而他又是那么英俊、出众而年轻。她一想到自己已47岁而他仅仅24岁，便不觉颤抖。她这次的罗曼史之路由于女儿与比特伯爵结缡（1736 年 8 月）而似乎澄清。听说阿尔加罗蒂将返回意大利，她写了一封热情的信给他：

> 我真不知道要用什么态度来给你写信。我的感情太激动，既不应该解释也不能予以隐瞒。忍受这封信的同时，你必定感受到与我同样的热情震撼着你。我知道这一切多么可笑，但我无法控制自己。一丝见到你的意念即将我整个人溶化了，那些哲学上的漠不关心曾经使我过去的日子光辉而平静，如今都怎么了？我已经失去它们永远找不回来了。这种激情若能医好，我可以预见的除了空气外就是死寂的倦怠，请原谅这由于你而产生的逾矩行为，并请前来看我。

他来了，在他离去前夕还与她共进晚餐。哈维也邀请他，但遭拒绝。愤妒交集下，哈维写了一封刻薄的信给阿尔加罗蒂，信中毁谤玛丽，并警告阿尔加罗蒂，她正向整个伦敦宣布她对意大利人的征服，并自夸："我来，我见，我征服。"（Veni, vidi, vici.）这事也许是真的，但她给他的信并不像是一个征服者：

> 一个人在恋爱时是多么的胆小！即使我的本意要讨你喜欢，我还是生怕这封短简会触怒了你。真的，所有关于你的一切都使我疯狂着迷，我竟没有了自己的主张……唯一确定的是我要爱你到生命尽头，不顾你的善变和我的理智。

他没有回这封信，第二封、第三封也都如此，尽管她说到了要自杀。第四封信有了回复，她说："让我稍可谅解。"她提起要追随他至意大利，他打消了她这个念头，整整 3 年她在孤独中自遣情怀。1739 年，她游说丈夫说需要到意大利旅行一趟，既已失去了对她的爱，他大可表现如一位绅士。她离开伦敦时他去送行，答应每 3 个月从薪俸中寄给她 245 镑，另外转给她父亲遗留的年金 150 镑。她尽快到了威尼斯，希望在那里找到阿尔加罗蒂。然而他已经去柏林与新近加冕的腓特烈二世住在一起，腓特烈喜欢他这种样子的男色。玛丽哀伤之余，在大运河（Grand Canal）附近找到了一处房子，开设一个沙龙，招来文人和显贵们，极获威尼斯的贵族和政府方面欣悦的关照。

在威尼斯居住一年后，她再搬往佛罗伦萨。在那里，她在里多菲宫做庞弗雷特爵士及其夫人的座上客达两个月。华尔波尔见到了她，他写给康韦的信上有着细腻的描写：

> 我是否告诉过你玛丽·沃特利在这里？她取笑我的华尔波尔夫人，责难庞弗雷特夫人，复被全城取笑。她的服饰、她的贪婪及她的鲁莽一定会使没听过她大名的人觉得有趣。她戴了一顶帽子（一顶小帽系在颔下）。可是掩不住那松松披散着，从不梳理或烫卷的黑色油腻的头发；一件旧的……蓝色袍子敞开着，露出一件帆布小外套，她的半边脸由于梅毒的余迹而惊人地肿胀，一部分被灰泥覆盖，一部分散着白漆……在卡龙公主处她扮演了两三次的法老王，彻头彻尾地唬倒了所有兵马。她确实是有趣的人。我看过一些她的作品，就是她借给人的手抄本，但太女性化了。我不太喜欢她的表演。

这篇讽刺事实上有一个根据：意大利妇女习惯在自己家中穿着宽松而舒适，再者，无可置疑的，玛丽的脸上麻子生得很厉害，但并非梅毒所致。一位作家将他的手抄稿借给朋友们也是稀松平常的事，年轻的华尔波尔对玛丽的恶感起于她与斯凯里特的交游，后者又因是他父亲的第二任妻子而使华尔波尔对她不悦。也可能玛丽与阿尔加罗蒂现在似乎全无希望，使她衣着比平常看起来更随便。

不久，她得知阿尔加罗蒂在都灵，急切地到那里与他相聚（1741

年 3 月），与他同住了两个月。但他对待她粗鲁而且毫不关心。不久
两人因口角而分开了，他到柏林，她去了日内瓦。华尔波尔再度遇见
她，享受她的殷勤接待，写了几行恶意的句子赠给她的马车：

> 噢，车呵！你被诅咒要载运，
> 玛丽腐朽的躯壳，
> 驶向意大利最终的角落
> 祈祷你卸下她时仍活着；
> 祈勿翻腾、颠簸，
> 跌落了她仅剩的半边鼻子。

1760 年，她得悉唯一的女婿获选入乔治三世枢密院。1761 年 1
月 21 日，她的丈夫去世，留下大部分财产给女儿，及年金 1200 镑给
他的遗孀。不知是他的去世排除了她返家的神秘阻碍，或女婿的高升
吸引了她，离国 21 年的玛丽终于回到了英国（1762 年 1 月）。

她只剩下 7 个月可活，而他们并不快乐。她对阿尔加罗蒂的追求
及华尔波尔讽刺她的信，使她声名狼藉。她的女儿虽然牵挂着母亲的
健康与舒适，却并不喜欢与她做伴。6 月，玛丽被胸上的肿瘤折磨着，
她平静地接受了医生的诊断（医生证实为癌症），她说她已活得够长
了。几个月的痛苦后，她去世了（1762 年 8 月 21 日）。

她最后的要求之一是把她的信件出版，讲出自己的故事，使她的
名声留存人间。她把手稿托付给她的女儿，而她的女儿现在是首相夫
人，她尽力阻止那些信函的发表。有些土耳其来的信曾被暗中复制，
这些信于 1763 年印行，好几版一出书即售罄。约翰逊和吉本也是这
些愉悦的读者，在她生前曾对她毫不留情的这些批评者，现在却大事
夸赞她的通信。斯莫利特说这些信件是"任何国籍、年龄、性别的书
信作家都无法与之比拟的"。伏尔泰推崇它们，认为胜过塞维涅夫人
所写的。她的女儿 1794 年死前焚毁了她母亲无数卷的日记，但把信

件留给她的大儿子权宜处理。1803 年，他准许其中一部分印行，但那些给阿尔加罗蒂的信一直是秘密的，直到拜伦劝说默里从他们的意大利主人那里买下来（1817 年）。直到 1861 年，版本才告完整。玛丽被公认为与蒲柏、格雷、盖伊、理查森、菲尔丁、斯莫利特、休谟一起，使英国文学成为那个生气勃勃的时代中最多彩多姿、动人心弦且最有影响的文学。

第六章 | 艺术与音乐
（1714—1756）

艺术家

英国虽然在文学和政治上有着光辉卓越的成就，但在音乐和艺术方面，却是卑微的附庸。艺术迟迟未能发达的原因很多，阴郁的天气不能算是其中之一，因为尼德兰的气候同样的阴郁，而荷兰的艺术家多如他们的风车。英吉利海峡可能是一个原因，它隔离了欧洲大陆的艺术，一如它隔离了战争一般。另一个可能的原因是英国人的才赋过分专注于商业（在华尔波尔长期当政后）与战争。英国艺术的迟缓发展，新教似乎也难辞其咎，因为艺术的发展有赖于想象力，而新教只鼓励人们把想象力用于学问和神学方面；但是，荷兰同样在新教的势力之下。或许最主要的原因是清教徒的反叛和他们遗留的影响：喜爱艺术的查理一世被处决，他搜集的艺术品散失了，在混乱的共和政体下，英国人的心智退化——除了弥尔顿，在查理二世时代，清教徒的影响曾一度收敛起来，但在威廉三世和汉诺威王朝时期又死灰复燃，而在循道宗得势时期更是卷土重来，大行其道。于是，美再度成为罪恶。

在一些比较不重要的艺术上，英国倒还算小有成就。切尔西出产模仿梅森（Meissen）和塞夫尔（Sévres）的细软瓷器（1755 年）。许多伯明翰的漆工因为制造漆器而致富，约翰·巴斯克维尔就是借此赚得足够的金钱来出版精致的英国诗集。封面装饰充满着幻想浮夸的书籍、编织的器物、家具装饰、容器、谢菲尔德的银器、沃克斯霍尔花园的圆厅，及一些查斯特菲尔德宫和草莓山的房舍，描绘出了当时纤巧浮华的洛可可风格。

雕塑家刚刚从泥匠石工中独立出来，主要的雕塑家都是有外国血统的，虽然他们后来大都成了英国公民。来自安特卫普的彼得·薛梅克与劳伦特·德尔沃在威斯敏斯特教堂为白金汉和诺曼比公爵塑像。其中最伟大的是路易斯·鲁比亚克（Louis Roubillac），他是一个法国银行家的儿子，1744 年来到英国，很快就在华尔波尔的眷顾之下飞黄腾达起来。他完成了现存大英博物馆的莎士比亚半身像和现存国家画廊（National Portrait Gallery）的亨德尔半身像。卡罗琳王后很赏识他，除了请他为自己塑像外，还委任他为她在里士满的避暑别墅雕塑博伊尔、牛顿、洛克和其他英国名士才俊的半身像。鉴赏家查斯特菲尔德曾称鲁比亚克为"当代的菲狄亚斯"。在终生奉献给艺术后，鲁比亚克 1762 年死于破产。

在建筑方面则是一股帕拉迪奥风潮。华尔波尔和平当政下，上流社会欣欣向荣的经济状况为英国人提供了大量的旅游机会，英国绅士习染了对罗马教堂和文艺复兴时代宫殿的喜好。威尼斯几乎是必经之地，途中，游客们在维琴察停留下来对帕拉迪奥的建筑顶礼膜拜，他们回国后，使古典的圆柱、楣梁和三角顶充斥于英国各地。1715 至 1725 年，科林·坎贝尔（Colin Campbell）出版了他的《罗马建筑在英国》。这部书后来成为帕拉迪奥派的经典之作。威廉·肯特（William Kent，1727 年）和詹姆斯·吉布斯（James Gibbs，1728 年）在他们的建筑手册中，把这种风格往前推展了一步。1716 年，伯林顿伯爵三世理查·博伊尔（Richard Boyle）印行了精美的帕拉迪奥绘本。1730 年，他又出版了帕拉迪奥的古代建筑的复兴。他在奇西克的乡居就包括了帕拉迪奥的维琴察乡间圆屋的复制品，里面充满着圆柱走廊和中央圆顶。伯林顿伯爵是文学、音乐和艺术仁慈而慷慨的保护者，也是贝克莱、亨德尔、蒲柏、盖伊的朋友。

1719年，伯林顿伯爵从罗马带回一个年轻的建筑家威廉·肯特，他曾以绘画赢得罗马教皇大奖，也是一个狂热的古典崇拜者。一直到去世，肯特住在伯林顿宫，成为英国最负盛名和最多才多艺的艺术家。除了雕塑威斯敏斯特教堂中的莎士比亚像外，他还在豪顿、斯托和肯新顿宫作壁画，也替时髦的仕女们设计家具、餐器、镜子、画舫和服饰，他也是提倡"自然的"英国庭园的领导人。作为一个建筑家，他建立了斯托花园的古圣庙、毕卡底里的德文群宫、白厅的骑兵宫及诺福克庞大的霍克汉厅。

1738年，伯林顿伯爵将肯特的帕拉迪奥式市长官邸大厦宫的设计图提交伦敦市议会，因为肯特是天主教徒，引起了一个议员的反对，他的设计没有被采纳。新教的长老乔治·丹斯接受了委任，而且相当称职。但是，古物发掘的工作已经在赫库兰尼姆（Herculaneum）展开，这次的发现导致了庞培古城的出土（1748年秋）。1753年，罗伯特·伍德（Robert Wood）出版了《帕麦拉废墟》（*Ruins of Palmyra*）。1757年，又出版了《巴贝克废墟》（*Ruins of Baalbek*）。这些发现带给英国的古典运动一种不可抗拒的精神鼓舞，使盛行于布莱尼姆的丘吉尔家族的贝布罗宫的巴洛克风格告一段落。1748年，受伯林顿保护的伊萨克·韦尔在克桑街建造了查斯特菲尔德宫。

过度的狂热使帕拉迪奥派的建筑家们忘记了古典形式的建筑是为着适应地中海气候，而非为风起云涌的英国天气而设计的。科林·坎贝尔一成不变地采用意大利的形式，而未加以合理的修正，以适应英国的冬季气候，更应该罪加一等。他的梅尔华斯堡缺乏阳光。他替罗伯特·华尔波尔建造的豪顿厅为了庄严堂皇的大厅而牺牲了原有的空间，结果引进了冰冷之风。詹姆斯·吉布斯，克里斯托弗·雷恩的一位门徒，把古典的形式用于伦敦的圣玛利亚教堂而得到良好的效果，教堂的尖塔上是用玉石嵌成的抒情诗句。他为雷恩所建的圣克莱门特·丹教堂又加造了一座尖塔（1719 年），虽然对于地基而言是过分的高耸矗立，却给人一种危然的美感。1721 年，他完成了特拉法格广场的圣马丁剧院教堂的古典回廊和科林斯式圆柱。最后，他在牛津的雷德克利夫图书馆（Radcliffe Library，1737—1747 年）中，创造出圆柱和圆顶完美和谐的建筑。

巴斯在建筑上能有光辉灿烂的成就，约翰·伍德（John Wood）应居首功。他超越一切的概念而联合几个个别的住宅成为一个整体。于是，他设计并开始建造，而由他的儿子小约翰完成了富丽堂皇的皇家新月厅（Royal Crescent）——30 间住宅位于由 114 个科林斯式圆柱联合成的前庭后面。二战期间，这里曾受到相当严重但仍可修复的破坏。不久，伍德父子建造了"圆屋"（Circus，1754—1746 年），那是一栋围成圆圈的漂亮住宅，外面是连续的腰线和三层的柱廊；老皮特、盖恩斯伯勒和印度的克莱夫都在此居住过。伍德又为皇后广场（Queen Square）的三面设计了一系列的房屋，它们的正面都是文艺复兴时代富丽堂皇的宫殿式建筑，后来因故未能完工。许多都市兴建计划都是在拉尔夫·艾伦（Ralph Allen）的资助下完成的，菲尔丁认为他是阿尔沃西乡绅的典范。伍德为老艾伦在巴斯 2 英里外的帕莱尔公园建造了一座华丽的帕拉迪奥式宫殿（1735—1743 年）。

英国宫殿的华丽足与英国大众的贫穷相埒。艾伦在帕莱尔公园的宫殿耗资达 24 万英镑之巨，一种竞争的狂热驱使贵族富商们大批建造琼楼华厦，而其目的只不过是为了炫耀他们的殷勤好客和浮夸虚饰。根据赫维的记载，罗伯特·华尔波尔仅仅因为建造豪顿宫，比邻近的雷恩汉公园豪华了一点，而与汤森德结了不解之仇。利特尔顿虽然公开指责这种兴建宫殿"传染病似的狂热"，他的妻子却要求建造一座意大利式的新宫殿，在她一再央求下，他只得屈服，结果倾家荡产；而宫殿落成时，她抛弃了他，与一个意大利歌剧演唱家私奔了。很快，英格兰，甚至爱尔兰，已经充斥着这些显示富豪阔绰的展览室，参观这些气派十足的住宅、花园和画室的旅行团及一些导游的书刊也应运而生。这些琼楼玉宇的大名更远播到了俄罗斯，凯瑟琳女王曾经请乔赛亚·韦奇伍德为她制作饰有英国乡野景色的御桌。

当时英国没有可供公开展览的博物馆，大多数绘画都被搜集（也可以说大部分是藏匿）在这些贵族家中。外国艺术家之所以受到特意眷顾，几乎全是因为他们替显贵士绅画像，满足了这些人留名以垂千古的欲望。相比之下，山水风景和历史传记就显得乏人问津了。卡尔·凡罗（Carle Vanloo）于1737年到达英国时，已经有不少世系名门在等着让他画像，以致在他抵达之后的几个星期，他的寓所附近一直车水马龙，盛况空前，简直可以和戏院剧场分庭抗礼。还有人送大笔金钱贿赂他的经纪人，以提前他们约定的时间；否则，他们也许得等待6星期之久。

创立于1754年的皇家艺术学会，虽然也曾试图借展览和比赛来激励本国的天才，然而对英国艺术的要求，还是不得不寄望于下一代。克内勒的学生约瑟夫·海摩尔所画的帕美拉小说风光图没有几个顾客表示满意。托马斯·哈德森在1749年所作的绘像中，也只捕捉到亨德尔奕奕神采的片光而已。在他的学生中，哈德森曾对年轻的乔舒亚·雷诺兹作过"他将永无功成名就之日"的预言。詹姆斯·桑希尔爵士则较有远见，他以牛顿、本特利和斯蒂尔的绘像而获致成功，曾为圣保罗教堂的圆顶、格林威治医院和布莱尼姆宫的天花板作壁画。他又因为把女儿嫁给当时英国最伟大的艺术家，而博得不朽的声名。

威廉·贺加斯（1697—1764）

威廉·贺加斯的父亲是学校教师，靠写文章补贴家用。贺加斯幼年时，父亲就送他到一个装备齐全的雕刻家那里做学徒，经过这段时间的磨炼，他从事铜版镌刻和插图绘画的工作。1726年，他为巴特勒的讽刺诗《哈迪布拉斯》（*Hudibras*）雕刻了 12 幅大镂版。后来他参加桑希尔的艺术班，学习油画技巧，还和老师的女儿私奔，但桑希尔不但原谅了他，还聘他做助手。

贺加斯替《暴风雨》、《亨利四世》及《乞丐歌剧》所画的插图，笔下的造型个个惟妙惟肖、栩栩如生：米兰达的温柔，卡里班的粗鲁，普洛斯佩罗的仁慈，亚里尔茫然地弹着维忽拉；约翰·法斯塔夫爵士挺着大肚子；身着甲胄、口哼曲调的马奇斯队长，在他的妻妾面前仍充好汉。这个后来的讽刺画家在《昏昏入睡的听众》（*The Sleeping Congregation*）中，展示了他与众不同的手法，因为贺加斯憎恨任何的说教——除了他自己的之外。但在《儿童的宴会》（*A Children's Party*）中，他也领会了英国生活中最美好的一面。今天，这些图画使我们赏心悦目，在当时却未获喝彩。

他也试图在肖像画方面一展身手，结果反应冷淡。这方面的竞争太激烈了。不少艺术家借着对顾客曲意奉承或偷工减料的手段，发了不义之财。他们自己只画面部，而把剩下的服饰和背景交给取费低廉的手下就算了事。"他们这样潦草敷衍，"贺加斯说，"只是为了一个目的——如何在一个星期内，赚取比第一流天才 3 个月才能赚得的更多的钱。"他谴责这些"面孔贩子"把顾主个个画得美若天仙以满足他们的虚荣，使他们乐于打开钱包。他本人不画则已，画则一定把顾客忠实地描绘出来，连面疱麻点都不漏掉，无所遁形。有一次，贺加斯以他令人不悦的诚实态度替一个其貌不扬的贵族作画，看到那副在其他画家笔下不可能见到的尊容，这个贵族拒绝接受这幅画像。这位忠实的艺术家写了一个短笺给他：

尊敬的阁下，由于发现阁下无意接受为阁下所作的画像，贺加斯在此不得不重申钱还是要照付。倘若阁下未能于 3 天之内将款项付清，则阁下之画像将于加上一条尾巴和一些其他附属物后售予海尔先生，此君是一著名的野兽嗜藏家，贺加斯先生曾与此君约定以此画作为参加展览的作品……

结果，这个贵族把钱付清了。

贺加斯自信他的肖像画绝不比任何人的逊色，他为亨利·福克斯绘像时，他曾告诉贺拉斯·华尔波尔说，他向福克斯保证，只要能够依他的指示坐好，那么，他，贺加斯，可以为他绘一幅出色的画像，绝不比鲁本斯或凡·戴克逊色。这件事使贺拉斯极为震惊。许多贺加斯的男性肖像画似乎都面孔太呆板了，其中一些以"死气沉沉"来形容也不为过。但是，《托马斯·科拉姆爵士》（*Sir Thomas Coram*）应该算是例外。其时科拉姆已因人们对弃儿医院（Foundling Hospital）的纪念而知名，这所医院是他一手创建的，也是他终生希望的所寄。贺加斯在他微笑的面庞中捕捉了博爱的天性，也由交握的双手中把握了坚毅的性格。一般而言，这个艺术家对女性比较笔下留情。《一个少女的画像》（*Portrait of a Lady*）可与凯恩斯博罗一较长短；《棕衣女郎》（*A Lady in Brown*）强烈地刻画出成功地将一群儿女养育长大的母亲的表情；如果说《玛丽·爱德华》（*Miss Mary Edwards*）稍微显得失色的话，贺加斯也以他惯用的手法在上面加画一只狗，为这幅画带来了生气。他的家族肖像画更为精致，如《普莱斯家族》（*Price Family*）、《葛拉汉姆家的孩子们》（*Graham Children*）及更为出色的《贺加斯的仆役》（*Hogarth's Servants*），每张面孔中，独特的性格都被怜爱地描绘出来。在他所有的作品中，最杰出的当然是《卖虾女》（*Shrimp Girl*）——并非一幅肖像画，而是一个健硕的男子对他所见的年轻女郎的回忆。她把篮子顶在头上，沿街叫卖着鱼虾，丝毫不矫揉造作，也不以衣着的褴褛为耻，面颊泛红，目光明亮，神采奕奕地注视着外在的世界。

贺加斯至少留下了4幅自画像。1745年，他为自己和他的肥狗特仑普作了一幅画像。1758年，他再度现身于自己的画架之上：短小、健硕的身材，圆胖的面孔，宽大的狮子鼻，蓝色的眼睛似乎倦于战斗，而紧闭的双唇似乎准备再度起而奋战。根据萨克雷的观点，他是一个"快活、诚实的伦敦公民，一个心地善良、直言不讳的人，喜欢笑声、朋友、杯中物和传统英格兰烤牛肉"。他身高几乎不到 5 英尺，却随身佩剑，有仇必报，在他自卫性的斗志下却是一颗热诚的心，时而多愁善感，永远誓言与虚伪和残暴奋战到底。他蔑视请他作画的王公贵族，而喜欢朴实无华、不装腔作势的伦敦小市民。他将英国大众带入艺术的领域，描绘沉溺于罪恶、痛苦、麻风病院、监牢、债务和苦役中的人们。他不喜欢法国，因为法国已经以娇美的服饰和贵族专横的风尚腐化了英国。他永远不会忘记曾因素描加来门（Calais Gate）而被扣押，他以所见的衣衫褴褛的工人、迷信的下层社会、对着牛肩肉垂涎欲滴的肥胖僧侣来描绘法国，作为报复。

在他的《逸事》（*Anecdotes*）中，贺加斯谈道：

> 我不愿意堕落成为肖像匠，而仍旧希望能够单纯（独立地工作），及停止由这种方式获得利益的任何期望……由于我不能让自己的行为和某些同行一样，使绘像成为一种在专画背景服饰的画家帮助之下进行的批量生产工作。我所获的酬劳已不足以支付家庭生计所需，于是，我使自己的思想转向绘画和雕刻一些现代道德的主题，这个范围在任何国家或任何时代尚不致完全破坏。

于是，1731 年，他绘了 6 幅题名为《荡妇历程》（*A Harlot's Progress*）的画，又把它们镂刻在铜板上，他用这些镂版印了一系列的版画，而于一年后问市求售。这些画叙述的是一个来自乡间的女郎被饶舌的淫媒介绍给一个渴求的绅士，这个少女并非初出茅庐之辈，于是很快地骄矜富厚起来。她后来被捕的原因是偷窃而非卖淫。在狱中，她服行捶打麻索的牢役。不久，她因病致死，然而值得安慰的是葬仪队中有一群娼妓随行。贺加斯可以很轻易地由生活中取材，我们可以看到尼达姆夫人因卖淫而成为众矢之的，人们向她投掷石头，使她受伤致死。然而，科洛内尔·查特里斯两次被控以强奸的罪名，两次被判处死刑，却两次都获国王赦免，最后巍巍然寿终正寝于他的乡间别墅。贺加斯误以为他在这方面开拓了新局面，在文艺复兴时代的意大利、法国、尼德兰和德国都已经有不少这类的作品。但是，贺加斯当时的确创作了"道德主题"的艺术和哲学。与多数的道学先生一样，他本人并不是完美无瑕的，他曾经肆无忌惮地支持一群酒鬼和娼妓，而他的印版画也是先着眼于赚钱，其次，如果可能的话，才是超凡入圣。

靠着1200个预约者的欣赏，《荡妇》印版画的销路颇佳，净赚了1000多英镑。虽然盗印版使艺术家蒙受金钱上的损失，他终于可以不虞饥饿了。以往对绘画无动于衷的英国公众，已经开始对这些罪恶的场面表示出兴趣。这里有的是经道德消毒但仍不失其乐趣的禁果，花费极少的代价，人们就可以没有顾虑地和罪恶打上交道，目睹其适当的惩罚，而以为赏心乐事。现在，贺加斯已经足以靠他的收入养家糊口，他在时髦的莱斯特场置屋定居，还在他的大门外挂了一个金色的名衔，表示他的职业是艺术家。后来，他又在奇西克购置了一处乡居。

随后的几年，他画了几幅大幅的画，主要是《南华克展览会》（*Southwark Fair*）——一个英国的勃鲁盖尔（Brueghel），及精美的家族肖像画——《爱德华家族》（*The Edwards Family*）。但是，1733年他又回到印版画，以一系列题为《浪子历程》（*A Rake's Progress*）的作品与他的《荡妇》齐名。一个轻浮的青年突然继承了一笔丰富的遗产，离开牛津赴伦敦，吃喝嫖赌而将财产挥霍殆尽，终因债台高筑而离去，接受被他遗弃的情妇的救济。后来他娶了一个独眼但多金的老处女，因此再度具备了偿债的资力，但他又很快将新得的财富输光，再度锒铛入狱，终于在疯人院中发狂而结束了他的一生。这是一个易于了解的图画道德剧，也是一个生活片断的图示。为了使《浪子》印版画免遭盗印，贺加斯为自己的权益寻求法律的保护。1735年，国会通过了"奖励图案、雕刻、蚀镂等艺术的法案",这个通常被称为《贺加斯法案》的法律赋予他印版画的版权。1745 年,他拍卖了铜版画《荡妇》和《浪子》的画稿,收入 427 英镑。

　　他心力有余而且满怀信心地在绘画方面更进一层。"我怀着自负者在书本上称赞的'历史绘画的伟大风格'这一期望。"1735 年至1745 年,他绘了一些百年后才被人欣赏的杰出作品。《失意的诗人》(*Distressed Poet*)是一个贫苦作家的故事,他饱受债务的逼迫,妻子不时紧皱着眉头,而他们的猫冷漠地睡大觉。《伯莎斯达之渊》(*Pool of Bethesda*),试图采用《圣经》的故事为题材,但贺加斯在耶稣面前画了一个半裸的美女,以增添趣味。这个艺术家对女性的肉欲并非无所习染,在铜版画《在谷仓着衣的徘徊女伶》(*Strolling Actresses Dressing in a Barn*)中,他使她们罗裳半解而倍增诱惑。《仁人善士》(*Good Samaritan*)接近了《老师父》(*Old Masters*)的水准。更令人欣赏的是大幅画《大卫·加里克饰演理查三世》(*David Garrick as Richard III*),这幅画受一位邓库姆先生的委托而作,为此邓库姆付了 200 英镑,那是支付给英国画家的最高酬金。

　　然而,这些作品未博得鉴赏家的喝彩。贺加斯回到(1745 年)雕刻伦敦生活讽刺画的工作,用他的雕刻刀借故事而作警世之言。在《时髦的婚礼》第 1 幕中,一个破产而且患痛风症的伯爵以他的头衔和他心有未甘的儿子,与一个富裕郡长不情愿的女儿缔结婚约:伯爵展示卷轴上的家谱;律师在签字上洒下吸墨粉;新郎的脸转向别处;新娘则倾听她的情夫说话;两只狗专享了家庭的和平。第 2 幕中,这对夫妻已经貌合神离:年轻的丈夫经过整夜在外追逐后,精疲力竭地回到家中,由他口袋中露出的女人花边帽不难知道他做了什么;年轻的妻子整夜以音乐、赌博和闲谈作为消遣之后,正伸着懒腰;同样,只有狗是愉快的。第 3 幕中,贺加斯更是肆无忌惮:这个贵族出身的恶棍带着他的情妇到一个江湖郎中那里堕胎。第 4 幕显示这个妻子梳好头发正接见晨客,她的情夫和她一起,而她对客人演奏的音乐听若未闻，客人中有一个头发上戴着卷纸的变态人物。第 5 幕中，她的丈夫捉到她和她的情夫；两个男人拔出他们的佩剑；丈夫受了致命伤；情夫跳窗而逃；妻子悔恨不堪；一个警察出现在门口。最后一幕，这个年轻的寡妇已经奄奄一息；她的父亲正从她的手指脱下一个昂贵的指环，抢救他为她的头衔付出的最后剩余财物。

1751 年，贺加斯宣布他将于某一时刻，在他的画室拍卖他为《时髦的婚礼》所作的油画，但他警告画商不得参加。结果只有一个人参加拍卖，出价 126 镑，贺加斯同意以这个价钱脱手，私下却视之为耻辱的失败而愤怒不已。1797 年，这些画卖了 1381 镑。今天，它们是伦敦国家画廊最有价值的艺术品之一。

同时，他因为《进军苏格兰》（*March of the Guards toward Scotland*）这幅画而招致国王的愤怒（1745 年），这是查理王子企图推翻汉诺威王朝的同年。贺加斯描绘禁卫军在伦敦郊外的芬奇利集结，一个笛手和一个鼓手召集他们；士兵们借酒醉之助接受命运的安排；他们看起来面带忧戚，与其说是英雄赴死，不如说是赴宴会狂欢。这个艺术家将画呈献乔治二世，请求国王收下，结果国王拒绝了他的请求。"什么？"国王喊道，"一个画家讽刺军人？他应该为他的傲慢而被捕下狱，别让我再看到这个废物！"一个未经证实的故事说，贺加斯后来将这幅画献给腓特烈大帝，称颂他是"艺术和科学的鼓励者"。

他再度回到他的讽刺画，在 12 幅题名为《勤与惰》（*Industry and Idleness*）的印版上，他描绘两个学徒的生涯。法兰克·古德切尔德勤勉地工作，阅读有益的书籍，每个星期天上教堂，娶师父之女为妻，济助贫苦的人，最后成为郡长、市参议员、伦敦市长。而成天在织布机旁打鼾，阅读《摩尔·佛兰德斯》一类不道德的书籍、酗酒、赌博、扒窃的汤姆·艾铎则被带到参议员古德切尔德的面前，他流着同情的眼泪将汤姆判处绞刑。《杜松子酒巷》（*Gin Lane*）和《啤酒街》（*Beer Street*，1751 年）两幅版画显示出饮杜松子酒的可怕结果和饮啤酒的有益效应从而加以对比。根据艺术家自己的说法，《残忍四部曲》(*Four Stages of Cruelty*，1751 年)的目的是要纠正人们对动物不人道的待遇，这些残暴的景象使我们的大都会街道在每个有同情心的人看来，都是惨不忍睹的。在《四幅选举版画》(*Four Prints of an Election*)中，他的目标是更特殊的罪恶，在这些画中，他攻击英国政治的腐化。

如果只以绘画视之，贺加斯的版画在想象力和技巧方面的确未经精心琢磨，在一些细节上也是轻率而不完整。但他认为自己是一个剧作家甚于一个画家。他像他的朋友菲尔丁，远甚于他最喜爱的敌人威廉·肯特。他呈现一个时代的绘画，而非展示艺术的技巧。"我尽力自视为剧作家。我的画就是我的舞台，男人女人是我的演员，他们借着某种扮相和姿态表演一出哑剧。"以讽刺画视之，这些版画都经过有意的夸张。它们强调整个事态，蚀刻一个细节，充塞着琐碎细事，超过了一个艺术作品应有的程度。但是，除了不可避免的狗外，每个细节和主题有关。总而言之，这些版画使我们看清18世纪伦敦中下层社会的形形色色：家庭、酒店、林荫道、柯文特公园、伦敦桥(London Bridge)、齐普赛大街、疯人院及禁闭债务人的监狱。那并不是伦敦的全貌，但表现在画面上的部分景象都特别生动。

当时的艺评家、收藏家和交易商，对贺加斯作为艺术家的才能和作为讽刺画家的真相全无了解，他们指责他只画英国生活中的渣滓。他们嘲笑他不能绘成功的画像和历史情景，而转向通俗的版画。他们断定他的画是粗心而不好的作品。他反驳那些画商，斥责他们图谋颂扬他们积存的古代大师作品，却让活着的艺术家饱受饥饿：

> 未获得他们权威的承认和传统的保证，一幅保存完善、技巧极高的画，在公开的拍卖会上，卖不到 5 先令；而一张卑劣、损坏，然后加以修补的画布，经过他们的颂扬认可后，将可以任何高价被人抢购，跻身于最尊贵的收藏品之列。所有这些情形，画商们知道得很清楚。

他拒绝屈服于这些画商或鉴赏家的判断之下，对将英国画家局限在模仿凡·戴克、莱利或克内勒的桎梏中，痛加贬斥。甚至意大利的艺术巨匠，也因为他们褐色调料暗淡神秘的美，使英国绘画笼上一层阴暗的色彩，而被他呼以"黑色大师"（Black Masters）的绰号。一幅被认为是柯勒乔的画在伦敦以 400 镑出售时，他对这幅画的归属及其价值表示怀疑，而且表示他随时可以绘一幅毫不逊色的画。面对这种挑战，他画了《西吉斯蒙达》（Sigismunda，1759 年）———一幅出色的柯勒乔仿制品，包括花边饰带、华服美饰、纤纤玉手和姣好的面庞，但忧郁的眼睛未能满足买主的期望，他拒绝付出贺加斯要求的 400 英镑。这幅画在贺加斯去世后以 56 英镑卖出。

他因一本书而给他的敌人另一个把柄。在他自己和狗的画像中（1745 年），他描绘一条蜿蜒的曲线，对于他而言，这似乎是美的形式的基本要素。在一篇教育论文《美的分析》（"Analysis of Beauty"，1753 年）中，他定义这线条是均匀地环绕锥体而成。他认为如此的线条不仅是优雅的奥妙所在，还是生命的一种运动。对于贺加斯的非难者而言，这些不过是平淡无奇的妄想而已。

尽管常被非难，他还是飞黄腾达起来。他的版画几乎被每个有教养的家庭收藏，它们不衰的销路带给他固定的收入。1757 年，《进军苏格兰》已经被忘记，他受任为"御藏艺品画家"（Serjeant Painter of All His Majesty's Works），这为他每年增加 200 英镑的收入。现在他有余力来应付新的敌人。1762 年，他出版了一幅版画《时代》（Times），攻击皮特、威尔克斯等人为战争贩子。威尔克斯在他的杂志《北不列颠人》（North Briton）中提出反驳，形容贺加斯是一个虚有其表、贪得无厌、全无"美的意念"的老家伙。贺加斯出版一幅将威尔克斯绘成斜眼怪物的画像，作为回报。威尔克斯的朋友丘吉尔回了一封出言不逊的《致威廉·贺加斯书》（"Epistle to William Hogarth"）。贺加斯又发表了一幅版画，将丘吉尔画成一只恶熊。"从这两幅版画所得到的乐趣及金钱的收益，"他写道，

"加上适时的骑马运动，使我的健康达到生命中的最佳状态。"但是，他 1764 年 10 月 26 日死于动脉破裂。

他并未给当时的艺术留下显著的标记。1734 年，他创办了"生活学校"（Life School），来训练艺术家，后于 1768 年并入皇家艺术学院。甚至于由他的画室中走出来的艺术家也放弃了他的写实主义，而转向时髦的雷诺和凯恩斯博罗的写实主义。然而，在漫画的领域中，可以感受到他的影响，他的诙谐和生动，经过托马斯·罗兰森（Thomas Rowlandson）传到伊萨克和乔治·克鲁克尚克（George Cruikshank），漫画成为一种艺术。贺加斯今日作为画家的盛名，是始于惠斯勒将他评论为"唯一伟大的英国画家"。惠斯勒谨慎地不将自己列入比较。"就他最佳的作品而论"，一项较不审慎的评价将贺加斯捧为"18 世纪绘画中超凡绝伦的佼佼者"。我们很难将贺加斯仅仅当成画家，因为他不止于此。他是英国为自己的污秽、退化感到愤怒的呼声。他义正词严地自视为一种社会力量，菲尔丁对他的了解是："我几可断言他所称作《浪子》和《荡妇》的两幅作品是以达到美德的目的为出发点……而不是替以往所写的道德篇章说教。"有一点可以肯定的是，他是有史以来最英国化的英国画家。

音乐家

对政治经济的发展和理论，对文学、科学、宗教和哲学贡献良多的英国，自伊丽莎白一世以来，在形式更为复杂的音乐创作上却相当贫乏。或许天主教以来的过渡时期可以提供部分解释：新的信仰对崇高的音乐作品比较不具诱导作用；虽然德国的路德教派礼仪和英国国教都需要音乐，但英国和荷兰严谨的新教形式对会众圣诗以外的音乐少有鼓励。经常强调信仰喜悦的天主教会的传奇和礼仪，已经被强调对地狱恐惧的宿命论忧郁教条取代。伊丽莎白时代的英国牧歌（madrigal）在清教的冰霜之下寿终正寝。王权复兴时代自法国引进了一些愉快的气氛，但在珀赛尔（Purcell）死后，英国的音乐又笼上阴影。

歌曲可算是例外，它们的范围由合唱团（Glee Club）的合唱到莎士比亚剧中的轻快曲调或抒情曲。"glee"这个字源于盎格鲁—撒克逊的"gleo"，意思是音乐，并不一定表示喜悦，通常是指三声部或四声部的舞伴奏歌曲。这种合唱团盛行达一个世纪之久，在这种歌曲的主要作家塞缪尔·韦布（Samuel Webbe）的黄金时代达到巅峰，一直维持到 1780 年。托马斯·阿恩（Thomas Arne）为莎士比亚的歌词谱出的曲子更加优美——《吹，吹，冬风》、《绿荫下》及《我在蜂儿采蜜的地方采蜜》，今天这些歌曲仍可在英国听到。为汤姆森的《大不列颠统治万民！》（*Rule，Britannia*！）谱曲的也是以旋律知名的阿恩。此时，或许更早，某个不知名的爱国者谱写了英国的国歌《天佑国王》（*God Save the King*），据我们所知，这首歌的首次公开演唱是在 1745 年。当时消息传来，效忠乔治二世的军队已经在普雷斯顿潘斯被苏格兰人击败，汉诺威王朝似乎已危在旦夕。在已知最早的版本中，它祈求上帝帮助，战胜由苏格兰推进的斯图亚特军队，及英国政治上的二世党（Jacobite）——

　　　　天佑国王，
　　　　尊贵国王万寿无疆，
　　　　天佑国王。
　　　　赐他胜利，
　　　　幸福荣耀，
　　　　永作我民之光；
　　　　天佑国王。
　　　　国王神兴，
　　　　敌寇望风，
　　　　败亡覆倾；
　　　　移彼钟鼎，

挫彼诡衅，

众望是系；

佑我全民。

　　这个旋律在不同的时期被 19 个国家作为爱国歌曲，包括德国、瑞士、丹麦和美国。美国于 1931 年以取自一首难唱的古英国饮酒歌曲调的《星光灿烂的旗帜》（*The Star-Spangled Banner*），取代《亚美利加》（*America*）作为国歌。

　　英国优美歌曲的通俗性表示了普遍的音乐鉴赏力。除了穷人外，几乎每个家庭都拥有一架大键琴。几乎每个人都能演奏某种乐器，而演奏家的数目也多得足可供应 1784 年在威斯敏斯特教堂举行的纪念亨德尔的节目所需的 95 只小提琴、26 只中提琴、21 只大提琴、15 只低音大提琴、6 只长笛、26 只双簧管、12 只小喇叭、12 只法国号、6 只伸缩喇叭和 4 个鼓，再加上一个由 59 个女高音、48 个女低音、83 个男高音和 84 个男低音组成的合唱团——足可使亨德尔在威斯敏斯特教堂的墓中懔然战栗。单簧管则直到 18 世纪末才被采用。当时也有庄严宏伟的风琴和伟大的风琴家，莫里斯·格林（Maurice Greene）就是其中之一，他的圣诗和赞美歌——加上亨德尔和波伊斯（Boyce）的同类作品——几乎是当时唯一值得纪念的英国教会音乐。

　　虽然年轻时听觉受到损害，威廉·波伊斯仍被提拔为御用乐队的乐长和皇家教堂的风琴师。他是第一个站着指挥的大师，亨德尔和其他同时代的人都是坐在风琴或大键琴那里指挥。他的一些圣诗——特别是《巴比伦河畔》（"By the Waters of Babylon"）——仍可在英国国教的教堂中听到，而在一般的英国家庭中至少可以听到他的两首歌曲：一首是他为加里克的一出哑剧写的《橡树心》（*Hearts of Oak*），另一首是清唱剧《所罗门》（*Solomon*）中的咏叹调《南风轻起》（*Softly Rise, O Southern Breeze*！）。他的交响曲对于我们饱受熏陶的耳朵而言，则嫌失之薄弱。

18世纪初，英国音乐界唯一的刺激是歌剧的引入。这类的演奏可以远溯至1674年，但歌剧受到英国人的喜爱，则是1702年意大利的歌手由罗马来到英国以后的事。1708年，一个出名的阉歌人尼科利尼（Nicolini）使伦敦为他女高音的声音震惊风靡。一些阉歌人接踵而至，英国人逐渐地对他们耳熟能详，并为法里内利（Farinelli）而疯狂。1710年，在伦敦的意大利歌手已足可演出第一出完全以他们的语言唱出的歌剧。许多人对这种入侵表示反对，艾迪生在《旁观者报》的第18期中讨论了这个问题，提议：

> 将意大利歌剧的真实价值传给后代……我们的子孙将会感到诧异，为什么在这个时期，他们的祖先在自己的国度，经常聚坐一堂，作外国人的听众，聆赏在他们面前以他们完全不懂的语言演出的整出戏剧。

从这种观点，他断言在歌剧中"没有什么是适合谱写音乐的，那并不是胡说八道"。他嘲笑那些男主角以意大利语谈情说爱，而女主角以英语回答的情节——有如正面临一个语言的危机。他也反对奢侈的道具布景——反对在舞台上飞翔的真正麻雀，及在厚纸板做的海上敞篷船中颤抖的尼科利尼。

艾迪生心存怨恨，他曾经为托马斯·克莱顿（Thomas Clayton）的英文歌剧《罗莎蒙德》（Rosamond）写作剧本，结果未获成功。他的一蹶不振（1711年12月21日）或许是由2月24日一出意大利歌剧《里纳尔多》（Rinaldo）在干草市场歌剧院初演开始。使这个侮辱更甚的是，这出歌剧的剧本虽是意大利语，但音乐是由一个刚刚抵达英国的德国人所写。这出新歌剧极获成功，使艾迪生大为惊恐。一个月内，它演出了15次，而且经常座无虚席。伦敦市民用剧中的音乐选曲来跳舞，而且哼唱剧中简单的曲调。英国在音乐历史上最壮观的时期以此展开。

亨德尔（1685—1759）

·生平

约翰·巴赫时代最负盛名的作曲家是乔治·亨德尔。他崛起于德国，使精于音乐的意大利拜倒在他的脚下。18世纪前半叶，他称得上英国音乐的生命和历史。他把他的至高无上视为理所当然，也没有人怀疑这一点。他驾驭音乐的世界，犹如一个体重250磅、威风凛凛的巨人。

他1685年2月23日出生于德国中部的哈勒（Halle），比约翰·巴赫只早了6天，比多梅尼科·斯卡拉蒂（Domenico Scarlatti）则早了8个月。但巴赫和斯卡拉蒂的父亲都是知名的作曲家，自幼饱受音乐的熏陶，在必要的音律训练下成长，而亨德尔诞生在父母亲对音乐都不感兴趣的家庭。父亲是萨克斯威森菲尔的约翰·阿道夫公爵的宫廷外科医生，母亲是一个路德派牧师的女儿。他们对儿子热衷于风琴和大键琴鬓额不悦。但公爵听了他的演奏，坚持他应该接受音乐的训练，他们才同意让他跟随哈勒圣玛利亚教堂的风琴师察豪学习。察豪是一个热忱而辛勤的老师。11岁时，乔治已经写了11首奏鸣曲（现存6首），而且是一个技艺精湛的风琴师。察豪和他不再坚持反对的父母将他送到柏林，在即将成为普鲁士王后、文雅的勃兰登堡女选帝侯索菲娅·夏洛特的跟前演奏。乔治回到哈勒时（1697年），发现他的父亲刚过世不久。他的母亲则一直活到1729年。

1702年，他进入哈勒大学，似乎准备以法律为业。一个月后，哈勒的加尔文教派主教堂聘他接替他们酗酒的风琴师的职位。在那里待了一年后，这个不满于现状、盼望一个更广大天地的年轻天才，摆脱在哈勒的一切羁绊——除了对他母亲永恒的爱之外——向汉堡出发，在那里音乐几乎像货币一样流行。汉堡从1678年起就拥有一座歌剧院，18岁的亨德尔在那里获得一个第二小提琴手的职位。他和22岁的歌院首席男高音，后来成为18世纪最著名音乐评论家的约翰·马特森（Johann Mattheson）交朋友。他们一起到吕贝克去听年迈的布克斯特胡德（Buxtehude）演奏，而且探询他接替圣母院风琴师的可能性，而他们发现继任者必须娶布克斯特胡德的女儿为妻，于是，他们在观望了一会儿后离去。

他们的友谊在一次荒谬可笑的戏剧性决斗中破裂。1704 年 10 月 20 日，马特森自导自演了他的歌剧《克娄巴特拉》（*Cleopatra*）。这出歌剧无疑是成功的，而且经常重演。上演时，亨德尔坐在大键琴旁边指挥管弦乐团和歌手。有时，马特森被胜利冲昏了头，在他饰演的安东尼身死后，由舞台上走下来代替他的朋友担任指挥和大键琴手，兴高采烈地分享最后的喝彩。12 月 5 日，亨德尔拒绝这种替换，这两个朋友激烈的争吵使这出歌剧更加热闹。而舞台上的表演结束后，他们走向公众广场，拔出佩剑，在剧院顾客和路人的喝彩之下打斗起来，马特森的武器击中了亨德尔外衣的金属扣而弯曲折断。于是，这幕悲剧变成以喜剧收场。一直到剧团的指导采纳了亨德尔的歌剧《阿蜜拉》，而需要马特森饰唱高音一角时，他们才收起彼此的愤恨。这出歌剧的成功（1705 年 1 月 8 日），使这两个仇敌再度和好如初。

包含 41 首德文和 15 首意大利文咏叹调的《阿蜜拉》极受欢迎，在 7 个星期中重演了 20 次。这样一来，招致了控制剧团并写作大多数歌剧的莱因哈德·凯泽的嫉妒。汉堡歌剧院的声望逐渐衰落，在两年中，亨德尔的生活一天不如一天。这时，美第奇的乔万尼·加斯东王子经过汉堡，劝他去意大利，那里的人都为音乐着迷，就是侍者也会以美声唱法吆喝。带着 200 个杜卡特和一封加斯东写给他的兄弟、佛罗伦萨歌剧院的赞助者斐迪南的信，亨德尔冒着腊月的阿尔卑斯山风雪，于 1706 年年底到达佛罗伦萨。发现斐迪南并无解囊相助之意，他又南下到罗马。然而，罗马的歌剧院已经被教皇英诺森十二世认为是罪恶的中心，而加以关闭。亨德尔只好到圣乔万尼·拉特雷诺教堂演奏风琴，被视为大师而大受欢迎。但因为没有人肯演出他的新歌剧，他又回到佛罗伦萨。这时加斯东也在那里，替他辩解，斐迪南才打开了他的钱包，于是《罗德里戈》（*Rodrigo*）正式上演。每个人都很满意。斐迪南给这个年轻的作曲家 100 个斯昆，及用瓷制器皿进用的晚餐。佛罗伦萨没有公众的歌剧院，而威尼斯有 16 个，于是亨德尔又前往威尼斯。

此时是 1707 年秋天。亚得里亚皇后正为亚力山德罗·斯卡拉蒂着迷，赞赏他最伟大的歌剧《厄巴多雷》（*Mitridate Eupatore*）。那里没有这个正开始学习意大利旋律奥妙的年轻德国人的空缺，亨德尔于是学习斯卡拉蒂的歌剧，并和亚力山德罗的儿子结为知交。据说在一次威尼斯的假面舞会上，亨德尔戴着面具演奏大键琴，多梅尼科·斯卡拉蒂大喊："那不是神奇的撒克逊人，就是魔鬼。"这两个当时最伟大的大键琴演奏家之间深挚的友谊，是历史上的一段佳话。他们一起离开威尼斯去请教年长的大师，然后又到罗马（1708 年 1 月）。

这次亨德尔受到较好的待遇，《罗德里戈》的消息已经传到了首都，王公和主教都热诚相迎，使他更为自己的德国腔调和路德派的信仰而感到困扰。鲁斯波利在他的宫殿里建造了一座私人剧院，演出亨德尔的第一出神剧《耶稣复活》。里面的音乐在力度、复性和深度上都是一个新的启示。很快地，所有有教养的罗马人都在谈论这个"高大的撒克逊人"。但他的乐谱比意大利演奏家喜欢的困难得多。红衣主教彼得罗·奥托博尼演出亨德尔的合唱剧时，这首乐曲使担任第一小提琴手和乐队指挥的阿肯吉洛·科雷利大感困扰，他有礼貌地喃喃自语："亲爱的撒克逊人，这音乐是法国式的，我不懂。"亨德尔由科雷利手里接过小提琴，以他一贯的手法急速地演奏。科雷利原谅了他。

那不勒斯仍有待征服。一个不可靠的传说描述亨德尔、科雷利和斯卡拉蒂父子一起到这个城市（1708 年 6 月）。另外一个可疑的传说是，亨德尔在那里有一段罗曼史。但是，令人引以为憾的、审慎的历史记载认为，除了对他的母亲和音乐之外，在亨德尔的一生中，没有曾经恋爱的明显证据。一个能够写出如此热情的咏叹调的人，会没有自己的感情，这似乎是难以置信的事。或许他表达的感情乘着歌声的翅膀消散了它的热力。据我们所知，亨德尔在那不勒斯居留期间，最大的事是结识了温琴佐·格里马尼红衣主教，他是那不勒斯的总督，也是一个富有的威尼斯家族的后裔。他为这个作曲家提供了以尼禄王的母亲为古老主题的歌剧脚本。亨德尔在3个星期中完成了这部作品，格里马尼安排该作品在他威尼斯的家族剧院演出，亨德尔带着总谱匆忙赶到那里。

《亚格里平纳》（Agrippina）的首演（1709年12月26日），获得了亨德尔从未经验过的令人喜悦的成功。大方的意大利人并不嫉妒一个德国人在他们自己的竞技中击败了他们，带给他们庄严华丽的和声、大胆的转调及即使是他们喜爱的亚力山德罗·斯卡拉蒂也很少达到的技巧。他们高呼："亲爱的撒克逊人万岁！"部分的喝彩是给出色的男低音朱塞佩·博斯基，他的声音圆润地涵盖29个全音的音域。

亨德尔现在已备受礼遇。英国驻威尼斯的大使，曼彻斯特伯爵查尔斯·蒙塔古劝他到英国。这时，选帝侯乔治·路易的弟弟欧内斯特·奥古斯塔斯王子提供他汉诺威宫廷乐长的职位。威尼斯是可爱的，它呼吸着音乐，但是一个人能够接受一出歌剧多久？而能依赖那些神经过敏的意大利人多久？汉诺威虽然有云雾和喉音，那里也有一座理想的歌剧院、固定的薪金、丰富的德国食物，他还可以时常骑马到哈勒去探视他的母亲。1710年6月15日，25岁的亨德尔被任命为汉诺威的宫廷乐长，年俸1500克朗，而且可以偶尔请假。这年秋天，他请求访问英国，并答应不久回来，结果获得准许。

·征服英国

英国的歌剧正面临困扰。一个意大利剧团正在那里演出，男低音博斯基，他的女低音妻子，及被热心的音乐历史学家查理·伯尼（Charles Burney）评为"有史以来，在我们的歌剧院演唱的第一个真正伟大的歌手"的男声女高音尼科利尼，都在剧团之内。干草市场剧院和特鲁里街剧院都位于城市中扒窃打斗横行的地段，"上流社会"害怕钱袋被窃而裹足不前。

听说亨德尔来到伦敦，剧院总管阿伦·希尔给他一个取材自塔索（Tasso）的《耶路撒冷的解放》。亨德尔以充沛的精力开始工作，随意地借用他自己其他的作品，在两个星期中完成了《里纳尔多》。1711 年 2 月 24 日推出后，直至 6 月 22 日演奏季结束，它重演了 14 场，而且场场客满。艾迪生和斯蒂尔攻击它，但它大受伦敦的欢迎，人们在大街小巷中哼唱它的咏叹调。特别是其中的两首，《任我流泪》和《亲爱的新娘》更是触及深情，就是时至今日也同样令我们感动。约翰·沃尔什因为出版《里纳尔多》中的歌曲选集而赚了 1400 基尼。亨德尔开玩笑地提议，下一出歌剧该由沃尔什作曲，由他来出版总谱。不久，这出亨德尔最好的歌剧在都柏林、汉堡和那不勒斯演出，在英国上演不辍达 20 年之久。

尝到成功的滋味，亨德尔延长告假到一年。然后，才勉强回到汉诺威（1711 年 6 月）。在那里，他只是选帝侯宫廷中的仆役，不再是会客室里的名人。在那一季里，歌剧院是关闭的，他写作了一些大协奏曲和清唱剧，但他的思想仍然翱翔在歌剧中。1712 年 10 月，他再度告假到英国去做"短期"的访问。或许是觉得英国迟早将成为汉诺威的属地，选帝侯对他相当纵容。亨德尔于 12 月抵达伦敦，这一次停留了 46 年。

他携带了一出新歌剧《忠实的牧羊人》，今天这出歌剧悦耳动听的序曲仍会使我们着迷。它于 11 月 22 日上演，但未获成功。亨德尔激奋而不气馁，立即开始写作另一个主题《特西尔》（Teseo），首演（1713 年 1 月 10 日）时大获成功。但是，第二夜后，经纪人带着票房收入私自潜逃。另外一名经纪人约翰·海德格尔接管后，为《特西尔》安排了 13 场演出，而且让"亨德尔先生"上场演奏大键琴，作为对这个分文未得的作曲家的报酬。伯林顿伯爵——一个热心的听众——邀请亨德尔到伯林顿宫做客。亨德尔接受了邀请，在那里他受到优厚的食宿招待，而且会晤了蒲柏、盖伊、肯特及其他文学和艺术界的领导人物。

好运终于驾临亨德尔头上。安妮女王一直期望早日结束西班牙王位继承战，《乌特勒支条约》达成了她的愿望。亨德尔的《乌特勒支谢恩的赞美歌》（*Utrecht Te Deum*）及为安妮女王加冕周年纪念作的《生日礼赞》（*Birthday Ode*）使她大为高兴。在这些作品中，他表示出他对珀赛尔的合唱曲曾经详加研究。和蔼的女王赏他 200 英镑的年俸。他停止工作，舒畅地悠闲了一年。

1714 年 8 月 1 日，安妮驾崩，汉诺威的选帝侯乔治·路易成为英国的乔治一世。亨德尔略带忧惧地注视着这个转变。事实上，他离弃了汉诺威，王室对他的冷淡似乎情有可原。事实上也的确如此，但乔治不动声色。这时，干草市场剧院再度被命名为国王陛下剧院，国王觉得他有义务支持这个剧院，但它正在上演怠惰的《里纳尔多》。他乔装后到剧院欣赏这出歌剧的演出，却未能掩饰他的腔调。同时，亨德尔写作了另一出歌剧《葛拉》（*Amadigi di Gaula*）。1715 年 5 月 25 日，海德格尔将它推出，乔治颇为喜欢。此后不久，应邀到宫廷演奏的意大利小提琴家和作曲家弗朗西斯科·杰米尼亚尼，认为亨德尔是英国唯一适合担任伴奏的大键琴家，而向国王提出请求。他再次有了晋升之阶，他卖力地演奏，国王对他尽释前嫌，还将他的年俸提高为 400 英镑。卡罗琳聘请他教导她的女儿，并加给 200 英镑的年俸。于是，他成为欧洲收入最丰的作曲家。

乔治一世离开伦敦（1716 年 7 月 9 日）到汉诺威访问时，他带亨德尔同行。这个音乐家探视了在哈勒的母亲，而且开始定期地以金钱济助他的老师察豪贫困的遗孀。国王和作曲家于 1717 年初回到伦敦。卡纳冯伯爵詹姆斯·布莱基，后来的坎多斯公爵，邀请亨德尔到坎农斯（Canons）的华丽宫殿中居住，并接替乐长约翰·佩普施博士的职位，后来佩普施写作《乞丐的歌剧》，作为迟来的报复。亨德尔在那里撰写《键盘小品组曲》，多梅尼科·斯卡拉蒂和库伯兰风格的大键琴幻想曲———一些大协奏曲，12 首《坎多斯的赞美歌》、盖伊的假面剧《艾西斯和嘉拉蒂》中的音乐及一出歌剧《拉达米斯多》。

但谁愿意演出歌剧？国王陛下剧院已经一蹶不振，海德格尔也已濒于破产边缘。为了对他和歌剧伸出援手，一群贵族和富有的议员组成了（1719 年 2 月）皇家音乐院，靠鼓励公众持股以募集资金来维持开支，每股 200 英镑，乔治一世认购了 5 股。2 月 21 日，伦敦的一份周报称："著名的音乐大师亨德尔先生奉国王陛下之命，已经渡海到欧洲大陆，精选歌手来组织剧团，以在干草剧院演出歌剧。"亨德尔在德国的各个剧团搜寻人才，同时再度探视他的母亲。在他离开哈勒回英国的几个小时后，由约 25 英里外的科瑟恩徒步赶来的约翰·塞巴斯蒂安·巴赫出现在城中，询问是否可以见见这个征服英国的德国人。但为时已晚，两位大师始终缘悭一面。

1720 年 4 月 27 日，《拉达米斯多》在国王、他的情妇及座无虚席的王公贵族面前演出。绅士淑女争着一睹为快。英国听众的喝彩可以和 11 年前威尼斯人对《亚格里平纳》的赞美相提并论。于是，亨德尔再度成为伦敦的英雄。

事实并不完全如此，由亨德尔以前的赞助者伯林顿伯爵领导的一群音乐爱好者更欣赏乔万尼·巴蒂斯塔·博诺奇尼。他们说服皇家音乐院演出博诺奇尼的歌剧《亚斯塔多》（Astarto，1720 年 11 月 19 日），作为第二个演奏季的开始。他们聘请一个比尼科利尼更受崇拜的男声次女高音来担任第一主角，这位样子难看、但声音迷人的塞内西诺（Senesino）使《亚斯塔多》大受欢迎，连续演出了 10 场。博诺奇尼的崇拜者将他捧得比亨德尔更高。此时正值南海公司泡沫（South Sea Bubble）破裂，伦敦和巴黎一样容易激动。国王和辉格党拥护亨德尔，威尔士王子和托利党则大捧博诺奇尼，一些才智之士和时事评论者也加入了嘈杂的争论。一出新歌剧《克里斯波》（Crispo）上演（1722 年 1 月）后，博诺奇尼似乎占了上风。这出歌剧极为成功，学院接着演出他的另一出歌剧《格里赛达》（Griselda），博诺奇尼再度获得胜利。伟大的马尔伯勒去世时（6 月），被选来写作葬礼赞歌的是博诺奇尼，而不是亨德尔。公爵的女儿给这个意大利人 500 英镑的年俸。这一年，博诺奇尼可以说是鸿运当头。

亨德尔也不甘示弱，推出了《奥多奈》（Ottone），并以空前的 2000 英镑的重金自意大利引进新女高音，作为反击。根据贺拉斯·华尔波尔所见，弗兰西丝卡·库佐尼"短小肥胖，面色苍白而无喜色，但面孔姣好；不是一个好演员，穿着不讲究，而且痴傻狂异"；她的确歌声鸣转，使人陶醉。预演时，她和亨德尔之间展开了意气之争。"小姐，"亨德尔告诉她，"我清楚地知道你的确是一个女魔，但我要你知道，我是毕尔泽巴布，众魔之王。"她坚持不照他的指示演唱一首咏叹调时，他抓住她，威胁要把她从窗户丢出去。看在 2000 英镑的分上，她还是屈服了。首演时（1723 年 1 月 12 日），她唱得实在太出色，一个热情的听众在楼座上大喊："哎呀！她的肚子里有一窝夜莺。"塞内西诺和她搭配竞唱，博斯基的低音也推波助澜。第二天晚上，票价便提高了 5 英镑。约翰·盖伊约在这时写给斯威夫特的信上说：

> 说到城里盛行的娱乐，非音乐莫属；真正的四弦提琴、低音六弦提琴和高音双簧箫，而不是诗意的竖琴、古七弦琴和横笛。除了一个阉人和一个意大利女人外，没有人敢说他会唱歌。每个人都成了伟大的音乐评论家，好像在你的时代，他们也都是诗词大家一样。五音不全的市井之辈，现在也成天谈论亨德尔、博诺奇尼和阿蒂利奥的不同风格……在伦敦和威斯敏斯特教堂所有高尚的言谈中，塞内西诺被认为古往今来最伟大的人物。

亨德尔重新在伦敦买了一栋房子（1723 年），而且成为英国公民（1727 年）。歌剧之争一直继续到 1728 年。他在历史上搜寻主题，将弗拉维乌斯、恺撒、帖木儿、西庇阿、亚历山大和理查一世搬上舞台。博诺奇尼也搬出了亚斯太亚纳克斯（Astyanax）、俄明尼亚、法奈西斯和卡普尼亚，以分庭抗礼。作曲家阿廖斯蒂也将卡里奥拉那斯、维斯帕西安、阿尔塔薛西斯和大流士谱入音乐。历史上的人物似乎从未如此相安无事地共聚一堂。1726 年，福斯蒂纳·博尔多尼——一个已经征服威尼斯、那不勒斯和维也纳的次女高音——的来临，使三人之间的竞争火上加油。她并没有库佐尼柔美悦耳的音色，但她能以容貌、身段和优雅的举止作为辅助。在《亚列斯桑德罗》（Alessandro）中（1726 年 5 月 5 日），亨德尔安排这两个名角同台演唱，使她们担任同样多的独唱部分，同时小心翼翼地保持她们在二重唱部分的平衡。开始的几个晚上，听众还为两人喝彩，不久，产生了分化，一些听众喝彩时，另一些人便发出嘘声。1727 年 6 月 6 日，这个声音的较量又有了新的发展，这两个敌对的首席女歌手在博诺奇尼的《亚斯齐纳德》（Astianatte）中演出时，库佐尼的支持者爆出有失体面的嘘声、喧叫声和咆哮声来阻挠博尔多尼的演唱，打斗波及后厅，蔓延到舞台上，这两位名角也加入打斗的行列，互扯对方的头发。一些旁观者兴高采烈地割裂布景——这一切都当着威尔士公主卡罗琳的面，使她花容失色。

　　这种荒谬行径可能使意大利歌剧在英国自绝生路，三个作曲家被一个伦敦最高尚的人士击倒。1728 年 1 月 29 日，约翰·盖伊在林肯栈场剧院推出了《乞丐的歌剧》，我们已经形容过它愉悦、诙谐、粗俗的歌词，但只有那些亲耳听到约翰·佩普施为它们谱写或借用的音乐的人，才会了解为什么出入歌剧院的公众，几乎全都由亨德尔、博诺奇尼和阿廖斯蒂转向佩普施、波里和盖伊。有 9 个星期之久，《乞丐的歌剧》每晚爆满，而国王陛下歌剧院却门可罗雀。而且，盖伊对意大利歌剧冷嘲热讽。他也揶揄可笑的情节、花腔的颤音和歌者的矫饰。他以窃盗、乞丐和娼妓取代王公贵族和贞女后妃，做他剧中的主角。他指出英国的叙事歌谣比意大利咏叹调更为出色。大众喜爱他们能够了解的语言，那些带点粗俗淫秽的歌词更是格外受到欢迎。亨德尔写《西罗》和《雷德吉托》（1728 年），希望东山再起，但也只能昙花一现，终究入不敷出。6 月 5 日，皇家音乐院宣告破产、解散。

亨德尔不承认失败。贵族们遗弃了他，也为了他们的损失而责怪他。于是，他和海德格尔创立（1728 年 6 月）新音乐院，投入 1 万英镑——几乎是他所有的积蓄，并获得新王乔治二世每年援助 1000 英镑的保证。2 月，他再度出发到欧洲旅行，招募新的人才，因为库佐尼、博尔多尼、塞内西诺、尼科利尼和博斯基都不再和他同舟共济，而到威尼斯颤声而歌。亨德尔聘请了男声最高音安东尼奥·贝尔纳基，男次中音安尼巴莱·法布里，女高音斯特拉达·德尔·波。在回程之中，他最后一次探视他的母亲，此时她已 79 岁，几乎完全瘫痪。在哈勒停留期间，威廉·弗里德曼·巴赫前往拜访，邀请他到莱比锡访问，《圣马修受难曲》刚刚在那里首演。亨德尔不得不加以拒绝。他几乎没有听过约翰·塞巴斯蒂安·巴赫，更没有想到有朝一日，这个人的名声还驾乎自己之上。他匆忙赶回伦敦，途经汉堡时，又招揽了男低音约翰·李曼希奈德。

这群新的演员在 1729 年 12 月 2 日上演的《罗达里奥》（*Lotario*）中亮相，但未获成功。他再以 2 月 24 日的《帕登诺普》（*Partenope*）作为尝试，又遭失败。贝尔纳基和李曼希奈德被解聘回到欧洲大陆，塞内西诺又从意大利被召回，靠着他和斯特拉达·德尔·波以及梅塔斯塔西奥的剧本、亨德尔的《波罗》——他在剧中毫不珍惜地用了一些他最动听的咏叹调——才总算抓住了伦敦的耳朵（1731 年 2 月 2 日）。国王陛下剧院再度门庭若市。接着的两出歌剧《艾西奥》和《苏莎美》也大受欢迎。

但是，依赖意大利歌剧来吸引英国听众的努力已越来越艰难，现在它似乎是一条死巷，物质和金钱上已是油尽灯枯。亨德尔曾经征服英国，但现在毫无疑问英国征服了他。他的歌剧彼此都太相像，而且失之单薄。它们华丽的咏叹调值得颂扬，但和整个情节相较又显得微不足道。无论使用什么甜言蜜语，总是言难尽意。它们之中有许多是为男高音而作，他们已日渐稀少，难以寻觅。严格的规则和艺术家的嫉妒限制了咏叹调的分配，也使情节不够自然。如果亨德尔继续这条意大利路线的话，或许今天他已为人淡忘。

·受挫

1732 年 2 月 23 日，为了庆祝亨德尔的 47 岁生日，伯纳德·盖茨在冠锚酒店安排了一次不公开的演出，节目是这个作曲家的一出神剧《以斯帖》。它吸引了不少听众，眼见有利可图，盖茨又将它重演了两次——一次属于私人性质，另一次（4 月 20 日）是公开演出。这是英国首次公开上演神剧。安妮公主提议《以斯帖》应该加上剧装、布景和动作，在国王陛下剧院上演，但伦敦的主教反对将《圣经》带入歌剧。这时，亨德尔做了他一生中关键性的决定，宣称他将于 5 月 2 日，在干草市场剧院将以斯帖的神圣事迹以英语神剧的形式推出，但附带声明"舞台上将没有动作"，而且宣布音乐将"按照加冕礼仪的程序安排"。于是，他使神剧和歌剧有了显著的区别。他自己提供合唱团和管弦乐团，让拉斯特拉德和其他意大利歌手以英语来演唱独唱的部分。皇室参加了《以斯帖》的公演，在第一个月中，它重演了 5 次。

另外一出神剧《艾西斯和嘉拉蒂》（6 月 10 日）却未受欢迎。亨德尔再度回到歌剧的写作，《奥兰多》（1733 年 1 月 27 日）卖座颇佳。即使如此，他和海德格尔的事业仍面临破产的危机。亨德尔推出他的第三出神剧《戴博拉》（3 月 17 日）时，他试图将票价提高一倍来恢复偿还债务的能力。一封致《工匠》（*Craftsman*）杂志的匿名信谴责这种涨价手段，并呼吁推翻"傲慢、专横而奢侈的亨德尔先生"对英国音乐的垄断。由于亨德尔获得国王的支持，他也自然地丧失了乔治一世的儿子、也是仇人的威尔士王子路易·腓特烈的善意。一向是性情中人的亨德尔错误地触怒了路易·腓特烈的画师约瑟夫·高庇。高庇作了一幅漫画，将这个作曲家描绘成长着野猪鼻子的怪物，以示报复。这幅漫画的复本在伦敦流行起来，更加深了亨德尔的不幸。1733年春，威尔士王子鼓励他的朝臣组织了一个敌对的团体——贵族歌剧院。他们从那不勒斯延请了当时最负盛名的声乐教师尼科洛·波尔波拉，从意大利请来库佐尼，还诱使塞内西诺从亨德尔那里跳槽过去。12月29日，他们在林肯栈场剧院推出波尔波拉的《亚里安纳》(*Arianna*)，博得热烈的喝彩。亨德尔大胆地以类似题材的歌剧《克里塔的亚里安纳》来挑战，也同样大受欢迎。但演出季结束时，他和海德格尔的合约期满，海德格尔将国王陛下剧院租借给贵族歌剧院。亨德尔只得将剧团迁移到约翰·里奇的柯文特花园剧院。

波尔波拉由于邀请到举世闻名的阉歌人、在全欧洲以《法里内利》知名的卡洛·布罗斯基，而占了上风。关于他的歌声，在我们论及他的家乡博洛尼亚时，再详加叙述。他和塞内西诺、库佐尼一起加入（10月29日）波尔波拉的《亚塔赛尔斯》(*Artaserse*) 的演出，这是英国音乐史上的一件大事，自毋庸赘言。在布罗斯基停留的3年中，这出歌剧重演了40次。为了和它竞争，亨德尔推出了《亚里奥丹特》(*Ariodante*，1735年1月8日)，这是他最出色的歌剧之一，在器乐方面有着独特的醇厚之感。它在两个月中上演10次，看来亨德尔似乎达到了目的。但是，波尔波拉推出由布罗斯基领衔饰唱的《波利菲莫》时（2月1日），国王、王后和朝臣们不能再无动于衷。其上演的盛况超过了《亚塔赛尔斯》，而亨德尔的《阿尔西纳》(*Alcina*，4月6日) 很快乏人问津——虽然乐谱中的一个组曲仍出现于今天的节目单中。有半年的时间，亨德尔从战场上隐退下来，用坦布里奇韦尔斯的温泉水治疗他的风湿痛。

1736年2月19日，他带着根据德莱登的《亚历山大的飨宴》(*Alexander's Feast*) 谱写的神剧回到柯文特花园。当时有人报道，出席的1300位听众接受了这出神剧，并赞扬它"在伦敦难得一闻"。亨德尔对450英镑的收入感到满意。亨德尔在中场休息的时间，举行动人的管风琴演奏会，收入仍微薄得不足以维持4次以上的重演。这个沮丧的作曲家、剧院总管、指挥家和鉴赏家，不得不再度回到歌剧的创作。5 月 12 日，他推出了《亚特兰大》（*Atalanta*），作为庆祝威尔士王子婚礼的田园剧。他从意大利召来了一个新的阉歌人康蒂担任女高音角色，他以一首咏叹调《自怜》（*Care Selve*）而崭露头角，这也是他所有的歌曲中最动人而历久不衰的一首。路易·腓特烈大为高兴，由赞助波尔波拉的剧团转而支持亨德尔的剧团。但是乐极生悲，国王听到他儿子的这个行动后，取消了对亨德尔的事业每年 1000 英镑的赞助。

波尔波拉终于在 1736 年春放弃了这场战争，亨德尔在他的剧院中轮流演出歌剧和神剧，而且在《纪尤斯蒂诺》（*Giustino*，1737 年 2 月 16 日）的演员表中，加入“熊、怪兽和喷火龙”。但是，种种压力终于使他支持不住。4 月，他遭到一次精神崩溃和一次使右臂瘫痪了一段时期的中风。5 月 18 日，他演出为自己的剧团写作的最后一出歌剧《贝雷尼斯》（*Berenice*）。6 月 1 日，他关闭了剧院，积欠下一大笔债务，他发誓要全数偿还，后来果然并未食言。10 天后，敌对的贵族剧院也宣告解散，欠了 1.2 万英镑。英国伟大的歌剧时代就此成为过去。

亨德尔的健康已经岌岌可危，他患有风湿症、关节炎和四肢肿胀，1737 年夏，还加上间歇性的神经痛。他离开英国到亚琛以那里的泉水进行治疗。约翰·霍金斯爵士记载道：

> 他居然愿意忍受满身淋漓的汗水，而且对蒸汽浴感到兴奋，使每个人都大表意外。经过几次这类的试验，在过度的出汗下，精神非但没有消沉，反而高涨起来，他的不适已经荡然无存。几个小时后……他跑到城里的大教堂，在风琴上弹奏。

为了偿还债务、维护名誉，他于 11 月回到伦敦。海德格尔再度把国王陛下剧院租借给他，付给亨德尔 1000 英镑，作为两出新歌剧的酬劳，其中之一的《赛尔斯》（1738 年 4 月 15 日）包括著名的《徐缓曲》和《欧伯拉·麦福》。沃克斯霍尔花园的承租人以 300 英镑的代价，请鲁比亚克替这个作曲家塑了一座弹奏七弦琴的雕像。5 月 2 日，这座姿态不雅、表情笨拙的肖像，在音乐的陪衬下，在花园中揭幕。令亨德尔更感高兴的一定是 3 月 28 日支付给他的一笔款项，使他收入 1000 英镑。现在亨德尔已经打发了更多逼他还钱的债权人，他们中的一位曾经威胁要把他送入禁闭债务人的监狱。尽管获得许多的荣誉，他的经济状况近乎一筹莫展。他无法再仰仗海德格尔，因为海德格尔已经宣布（5 月 24 日）他无法获得足够的支持，来保证 1738 年至 1739 年的歌剧演出。没有酬劳，也没有剧团，年届 53、疾病缠身的亨德尔开始了他最辉煌的时代。

·神剧

这种相当近代的乐曲形式是由叙述《圣经》故事或圣者生平的中世纪赞美诗衍发出来的。圣·菲利普·内里（St. Philip Neri）赞成罗马教堂神父用它作为祈祷堂中奉献和指导的工具，而为它取了这个名字。贾科莫·卡里西米和他的弟子亚力山德罗·斯卡拉蒂使神剧在意大利发展起来。海因里希·舒茨将它从意大利带到德国。莱因哈德·凯泽在他去世（1739 年）之前，将这种形式发展到很高的境界；1741 年，亨德尔的《弥赛亚》（*Messiah*）将这个遗产发扬到巅峰。

亨德尔的成功部分是由于他在这种形式中注入了英国风格。他不断由《圣经》中选择神剧的题材，但他也不时地顾及世俗的兴趣。在《约瑟夫及其兄弟》（*Joseph and His Brethren*）和《杰芙莎》（*Jephtha*）中，他加入了恋爱的主题。他强调戏剧性甚于宗教性，《扫罗》（*Saul*）和《在埃及的以色列人》（*Israel in Egypt*）就是例证。而且，他采用完全的英语原本，只有部分按照《圣经》。在许多方面，它的确是宗教音乐，却不受教会和礼仪的束缚。在世俗的庇荫之下，在舞台上演出。亨德尔采用《圣经》上的主题，来象征英国的历史："以色列"代表英国；

在埃及（斯图亚特）桎梏和希腊（高卢）统治下犹太人争取自由的奋斗之中，可以听到 1642 年的"大反叛"（Great Rebellion）和 1688 年的"光荣革命"。上帝的选民事实上是英国人，而以色列的上帝也就是领导英国度过艰苦、获致胜利的人。和清教徒一样，亨德尔认为上帝是《旧约·圣经》中全能的耶和华，而不是《新约》中慈悲的天父。英国人有感于此，对亨德尔的神剧反应热烈，而且深以为荣。

上升到《弥赛亚》的阶段由 1739 年 1 月 16 日在国王陛下剧院上演的《扫罗》开始。"单单是神圣庄严的'送葬曲'就足以使这个作品不朽"，但听众还未熟悉这种乐曲形式，《扫罗》只上演了 6 次。凭着难以令人置信的精力，亨德尔写作并推出（4 月 4 日）了另一出杰作《在埃及的以色列人》。在这出剧中，他使合唱团成为主角，唱出诞生中的国家的心声，还写作了许多被认为最出类拔萃的音乐。事实证明，对于当时的欣赏能力而言，它太庞大而且厚重，以致这历史性的演奏季结束时，亨德尔又增添了新的债务。

1739 年 10 月 23 日，由于杰金斯的耳朵，英国和西班牙发生了战争。在喧嚣混乱中，亨德尔租下了一间小剧院，在音乐守护神的节日那天，推出了根据德莱登的《圣西西利亚日的赞歌》（Ode for St. Cecilia's Day）谱写的乐章（1739 年 11 月 22 日）。纵使在寒冷而混乱的冬夜，伦敦也无法抵抗它生动而富旋律的序曲，第三节中轻柔美妙的女高音咏叹调，或是第五节中"低诉的横笛"和"鸣转的鲁特琴"；而"鼓声雷动"，则和弥漫在大街小巷之中的战争气息不谋而合。亨德尔再度鼓起勇气，尝试了一出歌剧《伊曼纽》（Imeneo，1740 年），未获成功。他又尝试《戴达米亚》（Deidamia，1741 年），也未获成功。此后，这个疲倦的巨人从伦敦的音乐舞台上隐退了近两年。

这两年却是他最丰硕的时期。1741 年 8 月 22 日，他开始写作《弥赛亚》，剧本是由查理·简南斯（Charles Jennens）采自《旧约》的《约伯记》、《诗篇》、《以赛亚书》、《哀歌》、《哈该书》、《撒迦利亚书》和《玛拉基书》，及《新约》中的《马太福音》、《路加福音》、

《约翰福音》、《保罗使徒书》和《启示录》。总谱在 23 天内完成。在这些日子中，他曾经告诉一个朋友："我认为我真正地看到了天堂，全能的上帝也在我的面前。"起初他并不期望会有听众，他先根据弥尔顿的《大力参孙》(*Samson Agonistes*) 写作另一出歌剧《参孙》(*Samson*)。在他沉迷于工作的某一天，他收到一个到都柏林演出他的一些作品的邀请。这个看似从天而降的邀请，实际上是来自爱尔兰的领主，德文希尔公爵威廉·卡文迪什。

他于 1741 年 11 月 17 日抵达都柏林，他尽可能地聘请最出色的歌手，包括托马斯·阿恩多才多艺的女儿玛丽亚·西伯。几个慈善机构为他安排了 6 场演奏会，都相当成功，接着举行一连串的演奏会。1742 年 3 月 27 日，都柏林的两家定期刊物刊载了声明：

> 为了救助几个监狱中的犯人及支持麦瑟医院……4 月 12 日星期一，菲仙波街的音乐厅将演出亨德尔先生的大型新神剧《弥赛亚》。两座教堂的唱诗班将支持此项演出，亨德尔先生还将演奏一些风琴协奏曲。

4 月 8 日的预演也出售门票，《弗克纳》(*Faulkner's Journal*) 杂志报道"演奏极为精彩，它……被最伟大的鉴赏家视为前所未闻的最出色的音乐作品"，还预告星期一的演奏将顺延至星期二，同时希望女士们"不要穿戴撑裙箍，以增加更多宾客的空间"，后来的一则新闻又要求男士们不要佩剑，即使如此，音乐厅还是由 600 个座位加添到 700 个座位。

这出在所有重要音乐作品中最著名的乐曲，终于在 1742 年 4 月 13 日上演。4 月 17 日，三家都柏林的报纸刊出了相同的评论：

> 上星期二，亨德尔先生的奉献大神剧《弥赛亚》上演了……最具权威的评论家认为它是最出色的音乐作品。座无虚席的听

众，满心的赞赏，却无法以言语形容它带来的微妙的喜悦，借着最高雅、庄严、动人的字句宣叙出来的崇高、宏伟和温柔，使每个陶醉在音乐中的心灵和耳朵心旷神怡，深受感动。亨德尔先生将此次伟大演出的收益，交由囚犯救助协会、慈善疗养院和麦瑟医院均分，他的名字将永受感怀。世人应知亨德尔先生的慷慨，方属公允。

6月3日，《弥赛亚》在都柏林重演。从那时起，它重演了千余次。然而，谁会厌倦那些柔美或庄严的咏叹调及它们和缓优雅的伴奏——"他将满足他的羊群""我知救主在世""他将受尊崇""他受轻蔑丢弃"？在都柏林的首演，西伯小姐唱出这首最后的曲调时，听众席上一个英国国教的牧师喊出来："女人，你的罪将因此获得救赎！"所有宗教期望的深热之情，所有虔敬歌曲的柔和，作曲家所有的技巧和感受，融合在一起，使这些咏叹调成为近代音乐的不朽之作。

8月13日，精神和物质都获得满足的亨德尔离开都柏林，决心再度征服英国。他发现蒲柏在《愚人志》（1742年）第4卷中，不比寻常地颂扬他时，一定感到志得意满：

> 看！伟大的亨德尔英武挺立，
> 有如勇敢的布里阿洛斯千年（管弦乐团）飞腾，
> 他来将众人灵魂鼓舞唤醒，
> 有如主神的雷和战神玛斯的鼓交响齐鸣。

1743年2月18日，这个东山再起的作曲家在柯文特花园的皇家剧院推出他的神剧《参孙》。乔治二世率领伦敦的名流参加了首演。除了不赞一词的贺拉斯·华尔波尔外，每个人都喜欢它可爱的序曲。高贵的咏叹调"啊！上帝我主"几乎具有《弥赛亚》的光彩，《参孙》

和参孙本人一样，"使屋宇崩坏"。但是，一个月后（3月23日），《弥赛亚》在伦敦上演时，就是国王也无法将这出神剧提拔到被大家接受的程度。僧侣们对使用剧院演出宗教音乐大加责难，对他们歌剧团失败的创痛记忆犹新的贵族更是裹足不前。此后的两年中，《弥赛亚》只上演了3次，然后一直间断到1749年。那一年，亨德尔是濒于破产的慈善家，他送了一架漂亮的钢琴给与他的朋友贺加斯关系密切的弃儿医院。1750年5月1日，亨德尔专门为不幸的人们演出《弥赛亚》，以后每年都为他们演出一次。

1743年6月27日，乔治二世率领他的军队在戴廷根大获全胜。他凯旋伦敦时，全城以游行、灯火和音乐来欢迎他，向他致敬，圣詹姆斯宫的皇家教堂回响着亨德尔为这个时庆（11月27日）所写的《戴廷根谢恩赞美歌》，这是一个有剽窃痕迹的天才产物，因为其中包括窃自早期而不著名的作曲家的乐段。它是一个拼凑的奇迹，使国王龙心大悦。

受到王室善意的鼓励，亨德尔再度努力尝试吸引伦敦的注意。1744年2月10日，他推出另一出歌剧《赛美勒》（Semele），其中包括至今仍被演唱的优美的《天涯海角》（Where'er You Walk），但只演出了4场。贵族们对他仍存敌意，许多名门仕女认为晚上安排亨德尔的演奏会是一种浪费，一些地痞流氓受雇撕毁他的广告。1745年4月23日，他取消了8场预定的演奏会，关闭了剧院，到坦布里奇韦尔斯休养。谣言说他已经发狂。"可怜的亨德尔，"追求时尚的沙夫兹伯利伯爵记载道（10月24日），"已经稍见康复。虽然他的心智已完全错乱，我希望他能痊愈。"

60岁的亨德尔振作起精神，接受了威尔士王子的邀请，庆祝王子的弟弟坎伯兰公爵在卡罗登击败斯图亚特军队，于是，谣言不攻自破。亨德尔采用朱达·马卡白奥斯击败安条克四世希腊化阴谋的凯旋作为象征性的主题，这出新神剧很受欢迎（1747年4月1日），在第一季中就重演了5场。伦敦的犹太人眼见他们的民族英雄受到如此崇高的敬仰，感激之余，也争相走告，因而大大提高了观众的人数，使这出神剧在亨德尔去世之前上演了40场。为了对这个新的支持表示感谢，他以后的神剧题材大都取自犹太的传说或历史：《亚历山大·巴勒斯》、《约书亚》、《苏珊娜》、《所罗门》、《耶弗他》。相反的是，一出基督教主题的神剧《西奥多拉》（*Theodora*），观众少得可怜，亨德尔悲伤地述说："空间大得足可举行一次舞会。"查斯特菲尔德在不到终场时，就借"不愿渎君清神"之故而告退。

·普罗米修斯

神剧只不过是亨德尔天才的一面，他可以与任何音乐形式取得协调。至今仍可触动人们感情的歌曲、精致优雅的键盘乐曲、奏鸣曲、组曲、四重奏、协奏曲、歌剧、神剧、芭蕾音乐、颂歌、田园歌、清唱剧、圣诗、赞美歌、受难曲——除了未成熟的交响曲外，几乎所有乐曲都已齐备，而且可以和贝多芬或巴赫的浩瀚相提并论。

《键盘小品组曲》今天仍在大键琴上演奏，听起来有如不谙历史的快乐儿童之声。另一个组曲的前奏曲很受勃拉姆斯（Johannes Brahms）的喜爱，曾经采用于根据亨德尔主题的变奏与赋格。

正如他由卡里西米和凯泽继承了神剧，而将其发挥至巅峰一样，亨德尔从托雷利和科雷利那里继承了大协奏曲——为两个以上的独奏和重奏乐器及室内乐团写作的乐曲。在作品中，他写下12首这类的大协奏曲，使两只小提琴、一只大提琴和全体弦乐器竞奏；其中一些我们今天听起来觉得单调，一些则和巴赫的《勃兰登堡协奏曲》不分轩轾。亨德尔也为单一的独奏乐器——大键琴、风琴、小提琴、中提琴、双簧管或竖琴——创作了愉悦的协奏曲。那些为键盘乐器写作的乐曲，由亨德尔本人在序幕或是中场休息时演奏。有时，他在总谱上留下我们今天称作华彩乐段（cadenza）的乐曲空间，使演奏者可以凭着自由的想象，展露他的技巧。亨德尔如此开始的即兴演奏，长久以来仍令人叹服。

1717 年 7 月，乔治一世安排了一次在泰晤士河上乘坐画舫的王室"巡行"。1717 年 7 月 19 日的《每日新闻》（*Daily Courant*）描述这个情景：

> 星期三晚上 8 时左右，国王由白厅登上一艘敞篷的画舫，同行的还有纽卡斯尔女公爵（Duchess of Newcastle）、戈多尔芬女郡主、基尔曼塞克夫人和奥克尼伯爵，画舫溯水而上，驶向切尔西区。许多上流社会人士的画舫也参加了这一盛会，船只多得使河道为之阻塞。一个城市团体的画舫被雇来供音乐演奏之用，上面载着 50 种乐器，从兰贝斯开始，沿途演奏……亨德尔先生为这个节庆创作的最好的交响曲。国王非常高兴，在来回的旅程中，不止 3 次传旨演奏。

这就是亨德尔存留的器乐作品中，技巧最艰难、但也最脍炙人口的《水上音乐》。这首乐曲原有 21 个乐章，毫无疑问地对于现代听众而言，实在过分冗长，通常我们所听到的都已缩减成 6 个乐章。其中一些在旋律的演进上，显得不够生动，但它们大都是健康、愉快、欢跃的音乐，它们像泉水般地涌出，有如皇族仕女的催眠曲。《水上音乐》也是今日演奏节目单上最古老的管弦乐曲。

一个世代后，亨德尔为第二个乔治使另一个户外节庆倍增光彩。为了庆祝《艾克斯·拉·柴培尔条约》的签订，政府在绿园（Green Park）安排了一次施放烟火的节目，委托亨德尔创作《皇家烟火音乐》。这首乐曲在沃克斯霍尔花园预演（1749 年 4 月 21 日）时，1.2 万名听众，每人花了当时可算高价的 2 先令前来欣赏，车水马龙的群众使伦敦桥附近的交通停顿了 3 个小时——"或许这是任何作曲家所能接受的最惊人的礼物"。4 月 27 日，半数的伦敦市民涌向绿园。宽 16 码的围墙不得不推倒，让人们及时入内。在烟火闪耀的天空之下，上百位乐师组成的"乐队"演奏着亨德尔的音乐。为了这个节目而建立的一栋建筑物起火燃烧，群众惊惶失措，许多人受了伤，两人不治身死。这个节目至今留下的，就是亨德尔的音乐。由于为了庆祝战争的胜利及使远方的人能够听到，这首乐曲可说是百乐齐奏，锣鼓争鸣，对于只习惯慢板的耳朵而言，实在过分嘈杂。但最后一个徐缓的乐章调和了疲倦的神经。

英国终于开始喜爱这个一直竭力使自己成为英国人的年迈的德国人。他曾经失败，但他一再尝试，甚至用英语宣誓。伦敦已经学会容忍他肥胖的身材、宽阔的脸孔、隆起的双颊、弯曲的双腿、蹒跚的步态、他的红天鹅绒大衣、他的金头手杖、他傲慢不逊的调调。历经坎坷后，这个人有权利像征服者——或者，至少像主人——一般地昂首阔步。他粗俗无礼、恩威并济地教导他的乐师；他对在预演时讲话的听众口出恶言；他粗暴地威胁那些名角，但是，他用幽默来掩饰他的鲁直。库佐尼和博尔多尼开始在舞台上打斗时，他平静地说"让她们到外面去打"，然后他在定音鼓上，替她们的怒气敲着愉快的伴奏。有一次，一个歌手威胁要跳到大键琴上，因为亨德尔的伴奏抢尽了歌唱的光彩，亨德尔请他指定他所提议的这项表演的日期，以便预作宣传。亨德尔说："更多的人将来看你跳，而不是来听你唱。"他的俏皮话和乔纳森·斯威夫特一样非比寻常，但一个人要会 4 种语言才能欣赏它们。

1752 年，他的视力开始衰退。他创作《耶弗他》时，视力模糊得使他不得不停止工作。现存大英博物馆的手稿上尽是奇异而不规则的字迹——"符干画在离它们所属的音符有一段距离的地方，而音符也明显地迷失了方向。"页底出现了作曲家的一行字迹："只进行到此，2 月 13 日星期四。由于左眼的关系，无法继续。"10 天后，他在边缘写着："2 月 23 日，稍有起色，继续工作。"然后，他为下面的歌词谱写音乐："我们的欢乐没入忧伤……有如白昼隐入夜晚。"11 月 4 日，《大众广告》（*The General Advertiser*）记载："明天乔治·弗里德里克·亨德尔先生将由威尔士公主殿下的外科医生威廉·布罗姆菲尔德先生施医（白内障）。"手术似乎很成功，但 1753 年 1 月 27 日，伦敦的一家报纸宣布："亨德尔先生终于不幸地完全失明。"后来的报道指出，到他去世为止，他一直保持着模糊的视力。

他继续作曲和指挥达 7 年之久。1759 年 2 月 23 日至 4 月 6 日，他演出了 2 场《所罗门》、1 场《参孙》、2 场《朱达·马卡白奥斯》、3 场《弥赛亚》。但是，演完 4 月 6 日的《弥赛亚》，离开剧院时，他终于不支晕倒，而必须在别人的扶持之下回家。恢复知觉后，他请求再给他一个星期的生命。"我希望死在耶稣受难节，在他复活的日子，回归仁慈的上帝，我亲密的救主。"除了这个意愿外，他在遗嘱中指定，赠送 1000 英镑给贫困音乐家及其家属支援协会，一些实物给 13 个朋友，及"给我的女仆每人一年份的薪金"。他于 1759 年 4 月 14 日圣星期六（Holy Saturday）溘然长逝，4 月 20 日，亨德尔入葬威斯敏斯特教堂。

他遗留下数目庞大的音乐作品，使人难以望其项背：46 出歌剧，32 出神剧，70 首序曲，71 首清唱剧，26 首大协曲，18 首风琴协奏曲，及许多其他作品，足可装满成百的巨册，几乎等于巴赫和贝多芬作品数目的总和。其中有不少重复的地方，也有一些是盗作，亨德尔未经致谢，至少剽窃了 29 位作曲家的作品，来帮助他不致逾越交稿的期限。《参孙》序曲中的小步舞曲就是抄袭凯泽的歌剧《克劳狄乌斯》（*Claudius*）中的标记法。

要对亨德尔做一番适切的估量并非易事，因为他的作品只有少部分今天仍在上演；而他的歌剧，除了一些动人的咏叹调外，也再难有昔日的光彩，它们只适于似乎大势已去的意大利风格。现存的总谱也残缺不全，而且使用一些现在大都无法理解的符号和缩写，它们是为和现代组织完全不同的管弦乐团，及和现代歌者完全不同的阉人歌者写作的。从他的协奏曲中，仍可愉快地猎取一些被遗忘的珍藏，他的《水上音乐》和神剧也未被忘怀。但是，即使那些神剧也是为保守的英国人和心怀感激的犹太人创作的"特约"作品；那些宏大的合唱曲和繁复的字母，要对音乐学有胃口的人才能吸收——虽然我们应该高兴再度听到《耶弗他》和《在埃及的以色列人》。音乐史家告诉我们，在他被忽略了的神剧中，也有着庄严宏伟的气概、崇高的思想、强大的意念表达及写作技巧精湛变化、为同一形式的文学所望尘莫及的戏剧。《弥赛亚》的历久不衰部分是由于它蕴涵了基督教的精义，即使对那些曾使教徒流血的人，也有亲切之感，但主要还是因为它奥妙的旋律和光辉的合唱，使它成为音乐史上最伟大的作品。

他去世后，英国才意识到他的伟大。他的忌辰来临时，一度敌视他的贵族和国王、平民一起，一连三天演奏他的音乐，以示追念。为经念他在英国历 1684 年诞生，第一场演奏会于 1784 年 5 月 26 日在威斯敏斯特教堂举行，第二场和第三场则分别在 5 月 27 和 29 日。这些演奏会并不能满足人们的要求，于是 6 月 3 日和 5 日，在威斯敏斯特教堂又加演了两场。参加演出的有 274 个歌手和 251 个管弦乐手，开创了盛大纪念亨德尔的先例。次年的亨德尔忌辰也是同样的声势浩大。1874 年，演奏者的人数已高达 3500 人，对这些盛况已有所闻的范妮·伯尔尼认为如此的音量并未损及音质。不论如何，这是任何音乐家从未接受过的盛大纪念。这种盛况虽然已经平息，但我们仍然不断听到亨德尔的音乐。

伏尔泰在英国（1726—1728）

1726 年，在英国出现了一个年轻人。后来事实证明，在 18 世纪的历史上，他的地位远比亨德尔重要。5 月 10 日（一说 11 日），伏尔泰在伦敦附近的格林威治踏上英国国土。他的第一印象是这是热情洋溢之邦。适逢格林威治博览会（Greenwich Fair）期间，泰晤士河面上几乎覆满船只和庄严的风帆。国王乘坐装饰华丽的画舫顺流而下，乐队在前开路。在岸上，绅士淑女骑在昂首阔步的骏马上，骄傲而兴奋。三五成群、穿着假日时装的美丽少女，转移着莲步；她们窈窕优雅的身姿、端庄淑静的风度及红润的双颊，使 32 岁的伏尔泰有些情不自禁。但他不久便忘记了她们，因为到达伦敦后，他发现他持有的 2 万法郎汇票，已经由于该银行宣告破产而作废。他受到一位在法国结识的商人埃弗拉德·法肯纳的救济，在这个慷慨的英国人位于伦敦市郊万兹沃斯的乡居住了几个月。乔治一世得知伏尔泰的遭遇后，送给他 100 基尼。

他持有英国驻法大使华尔波尔写给许多名人的介绍信，使他几乎先后会晤了英国文学或政治上每个重要的人物。他曾受到内阁首相罗伯特·华尔波尔、纽卡斯尔公爵、马尔伯勒女公爵萨拉、威尔士王子乔治·奥古斯都及公主卡罗琳的款待。终于，国王也接见了他，并赐赠一只名贵的表，后来伏尔泰将它送给他的父亲，当作谢罪的礼物。他也拜访了"博林布鲁克大人夫妇"，而且"发现他们的感情一如往昔"。8 月，他仓促地赶回法国，或许是仍热衷于和罗翰的决斗，也可能是处理财务上的问题。他在彼得伯勒伯爵那里做客 3 个月——部分时间也和斯威夫特在一起。另外的 3 个月，他在伊斯特伯里·马诺尔受到巴布·多丁顿的盛情款待，此人虽是一个腐败的政客，但也是菲尔丁、汤姆逊和爱德华·扬等人仁慈的保护者。伏尔泰在那里遇到两位诗人，但阅读他们的作品对他毫无裨益。他决心学习英语，1726 年底他已经能够用英语写信。最初的几个月中，他把自己的活动范围限制在懂得法语的圈子里；而在英国的文学界和政治界，几乎所有重要人士都懂得法语。在他英语和法语并用的日记本里，显示他最初曾学了不少低俗的字眼。

就这样，直到伊波利特·泰恩（Hippolyte Taine）以前，法国人对英国文学的熟悉程度，无人能望其项背。他读博林布鲁克的作品，但发现这位子爵的文笔不如他的谈话精彩。然而，他可能从博林布鲁克写的《一位爱国国王的构想》中，获致如此的信念：社会改革的最佳机会是由一个开明的专制政体来实现。或是从斯威夫特那里学得一些讽刺的伎俩，他不顾斯威夫特的忌恨，宣称自己"远比拉伯雷优越"。他读弥尔顿的作品，指出撒旦是《失乐园》中真正的英雄。我们可以在其他地方看到他对莎士比亚的反应——羡慕这个"温文的野蛮人"的雄辩，及在胡闹和粗鄙的"一大群贱人"中，高贵而优雅的"珍珠"。他的《恺撒之死》(*La Mort de César*)模仿莎士比亚的《尤利乌斯·恺撒》(*Julius Caesar*)；在《赛雷》(*Zaïre*)中模仿《奥赛罗》。同样地，斯威夫特的《格列佛游记》出现在《小美加斯游记》(*Micromégas*)中，而蒲柏的《论人》也出现在《谈人》中。

来到英国后，他曾立刻拜访蒲柏，为蒲柏的残疾与苦难震惊，但也被蒲柏心智与文笔的犀利所折服。他对蒲柏的《论批评》的评价在布瓦洛的《诗的批评》之上。他也拜访了年迈的康格利夫，很不愉快地发现这位曾经不可一世的剧作家，竟然希望被人视为"一位绅士，而不是一位作家"。他对华尔波尔之前的英国内阁给予作家闲职和养老金的做法，羡慕不已，而且想到法国诗坛领袖般的人物，只为了愤恨一个贵族的劣行，就被关入巴士底狱。两相对照，令他不禁感慨。

他从文学走入科学的领域，结识了一些皇家学会的学员，开始研究牛顿的理论，这使他日后能在法国接替笛卡儿的地位。英国的名流为牛顿安排的隆重葬礼，给伏尔泰留下深刻的印象，他注意到英国国教的教士，如何欢迎一位科学家入葬威斯敏斯特教堂。虽然在访问英国之前，他已成为自然神论者——他曾经从拉伯雷、蒙田、加桑迪、丰特内尔、贝尔等人学习到怀疑的态度——现在，他从英国的自然神论者——托兰、伍尔斯顿、廷德尔、查布、科林斯和博林布鲁克——获得坚定不移的信仰。后来他的藏书中，便满是他们的著作，以备随时参考。更强烈的影响来自洛克，伏尔泰赞扬他是第一位对心智做实际研究的学者。他发现很少异教徒因为观点的不同，而遭受禁锢之祸，也注意到1689年以来，宗教宽容思想的成长过程。他认为，在英国没有宗教的固执或狂热，甚至教友会也安静下来，做安分守己的商人。他访问了其中之一，兴奋地听到宾夕法尼亚是没有阶级、战争或仇恨的理想国。

"我多么热爱英国！"后来他写给杜德芳夫人的信上说，"我多么热爱这些言所欲言的人民！"有一次，他说：

> 看看英国在法律上的成就吧：每个人都已恢复了几乎被所有专制政权剥夺的天赋人权。这些权利包括人身与财产的完全自由；公开写作的自由；由自由人组成的陪审团来裁决犯罪案件；任何案件的判决均只以公正的法律为依归；撇开那些只限于英国国教徒的就业机会不谈，每个人都可以心平气和地表白他选择的信仰。

最后一行表示伏尔泰了解英国自由的限度。他知道宗教自由还谈不上完全实现，在他的笔记本上记载着"希平先生"（Mr. Shipping）因为毁谤国王的谈话而被捕的事件。国会的两院可以因为令人不快的对国会议员的描述，而将作家传询审问；御前的侍臣可以禁止戏剧上演；笛福就曾因为一本讽刺小册子而被押受辱。伏尔泰觉得，英国政府虽然不免腐败，却给了人民某种程度的自由，极富创造力地刺激了各个阶层的生活。

例如，此地的商业就相当自由，不像在法国处处受到国内捐税的束缚，而妨碍了发展。商人在内阁中享有光荣、崇高的地位。不久，他的朋友法肯纳被派任为驻土耳其大使。站在商人的立场，伏尔泰喜欢英国人的实际，他们对事实、真相和利益的尊敬，他们富裕时举止、态度和衣着的俭朴。但是，他更喜欢英国的中产阶级。他将英国人和他们的啤酒相提并论：泡沫浮在上面，渣滓沉在底层，但中间是最好的。"如果我能随心所欲，"他于1726年8月12日写道，"我愿意留在这里，只为了学习如何运用思想。"他情不自禁地邀请塞奥特前来访问"一个喜爱自由、知识渊博、富于机智、轻视生死的国家——一个哲学家的王国"。

伏尔泰对英国的热爱曾经一度为疑云笼罩，蒲柏等人怀疑他在替华尔波尔内阁监视托利党的朋友。后来证明这个怀疑有失公正，事情也就很快烟消云散，而伏尔泰也在伦敦的上流社会和知识分子之间广受欢迎。他决定在英国出版《亨利亚德》时，从乔治一世、卡罗琳王妃和敌对的朝臣们，以至于几乎所有受过教育的人，都送来了预约的款项。斯威夫特请求——或命令——分享一部分金额。这本诗集问世时（1728 年），伏尔泰把它献给已是王后的卡罗琳，同时附赠乔治二世一个花球。乔治二世送他 400 英镑，并邀请他共进晚餐，作为回礼。尽管每本的定价高达 3 基尼，发行的三版仍在 3 个星期内销售一空。伏尔泰估计这个英国版本使他收益 15 万法郎。他从这项金额中提出一部分来帮助几个旅居英国的法国人，而将剩余的款项从事多方面的投资，后来他自认这个意外收获是他致富的开始。他也从未停止对英国的感激。

最重要的是，他自英国领受了难以衡量的心智的启发和思维的成熟。他结束流放的生涯回国时，他的行囊中携带着牛顿和洛克的著作；随后的 20 年中，他不时地将他们介绍给法国。他也带了英国自然神论的书籍，使他面对挑战时，有堪应用的武器。正如查理二世统治下的英国从路易十四时代的法国学到善良和罪恶一样，路易十五的法国也向 1680 至 1760 年的英国学习。伏尔泰不是这个时代中唯一的交流媒介，孟德斯鸠、莫佩尔蒂、普莱沃、布丰（Buffon，博物学家）、雷纳尔、莫雷莱、拉朗德、爱尔维修和卢梭也都到英国访问。其他无法成行的人也学习了足够精通的英语，成为英国观念的传播者。后来，伏尔泰在一封致爱尔维修的信中，清结了这笔债务：

> 我们从英国借来了年金……偿债基金、船舰的建造和调遣、万有引力定律……7 种原色及疫苗的接种，我们也将不知不觉地，从他们那里获得他们高贵的思想自由及他们对学派琐事的极端轻蔑。

然而，他非常怀念法国。英国有如清淡的麦酒，法国则是香醇的佳酿。他不断请求准许他回到法国，我们不知道他何时离开英国，或许是 1728 年的秋天。1729 年 3 月，他在圣热尔曼·昂莱。4 月 9 日，他在巴黎，此时他已饱经磨炼，但依然坚定不移意志焕发，一心渴望着改造世界。

第二部

伏尔泰时代的欧陆

路易十五是花心的，在蓬巴杜夫人得宠后，他开始玩弄其他情妇，但蓬巴杜夫人的地位比以往更加稳固。凡是想得到恩宠、提升和特权的人，非走她的门路不可。

第一章 | 人民与国家

伏尔泰于 1728 年回到法国时，为数约 1900 万的法国人分为三个等级：教士、贵族与第三等级。如果要了解法国大革命，我们必须要对每个阶级做仔细的观察。

贵族

因拥有土地而得封为贵族的领主，自称为"刀剑贵族"。这些贵族拥有的土地约占全国总面积的 1/4。他们的主要职责是组织并领导军队，以保卫自己的封地、乡土、国家与君王。他们在 18 世纪的前半叶，约有 8 万户、40 万人之众。他们之间也有高低之分，最高者包括当今国君的子孙及侄辈；其次是亲贵，包括前代君主的后代、7 位主教与 50 位大公；再次依序是公爵、侯爵、伯爵、子爵、男爵与骑士等。不同的仪式特权区分不同的等级，因此为了圣餐节（Corpus Christi）游行走在阳伞下，或坐在国王面前的位置而发生争执，屡见不鲜。

在封主之间，有少数追溯其封号与财产至好几世的远祖，而自称为"世袭贵族"，他们常藐视那些父祖时或自己在路易十三或路易十四时期受封的贵族。其中有些新封号是因为他们在战争、行政与财政方面的贡献而给予的酬劳；也有的是从已故的亟须钱用的大君主（Grand Monarque）处，以低至 6000 利维尔的价格买来。因此，伏尔泰说："不计其数的银行家、外科医师、商人、小吏甚至于王子的仆从都得到了贵族的封号。"担当某些政府职务诸如大臣与首席法官的，自封为贵族。在路易十五时代，任何平民均可以 12 万利维尔的价格购得国务大臣而变成贵族；在路易十六时代，约有 900 个这样名义上的国务大臣；也有一些人能够由购买一座贵族庄园而变成贵族。在 1789 年法国大革命前夕，贵族中约有 95％ 都是出身于中产阶级。

在这些出身于中产阶级的贵族中，大部分人是借着研究法律以成为司法和行政地方官而声名鹊起。其中有许多是 13 个议会的成员，这些议会是分布在法国大城市中相当于法院的组织。地方官在当时的通行制度下，可将自己的职位传给儿子，于是演变成为一种新的贵族世袭形态——朝服贵族。他们像教士一样，绚艳的朝服即显示了权势。议会成员在他们猩红色法衣、宽大披肩、镶边衣袖、浸粉假发与翠羽顶戴的陪衬下，权势仅次于各主教与各地封主。因为许多这种地方官吏因法定俸禄所得而比大部分世袭封主富裕得多，世袭封主与朝服贵族之间的鸿沟逐渐消弭了。1789 年，这两种贵族几乎完全融合为一。由于如此组成的阶级权高人众，国王也不敢与之抗衡，一直到了大革命时期的农民暴动（Jacqueries），才彻底废除他们的各种特权。

许多旧贵族因为种种原因逐渐贫穷，或因经营封土不当，或因自己未亲自管理，或因农耕方法一直未能加以改进，或因土地由肥沃转为贫瘠，或因得自地租或奉献所得货币的贬值。其次，贵族在传统上不得经营工商业，他们在工商业逐渐繁荣的形势下，虽然拥有大片土地，但仍然穷困。在法国许多地方，许多贵族与一般农人一样劳动。但多数未成年的贵族花起钱来大手大脚近乎奢侈，维莱特侯爵年俸

15 万利维尔，舍弗吕斯公爵年俸 40 万利维尔，而布永公爵岁入 50 万利维尔。尤有甚者，除非在紧急状况下，绝大多数贵族都可免除缴纳直接税的义务。历代君王害怕要求贵族纳税，唯恐他们会因而要求召开三级会议（States-General），在三级会议上，他们可能要求对君主权力加以控制以攫取投票赞助金。托克维尔（Tocqueville）曾说："每年税务的不平等分隔了各个阶级……宽容富者，而加重贫者的负担。"虽然在 1749 年，对贵族阶级实施一项 5% 的所得税，他们都以能逃避此项税目为荣。

17 世纪之前，作为封主的贵族同时承担着经济、行政与军事任务。不论其财产如何取得，各封主在封土上或借着农奴制度，或出租部分土地给佃农而主持土地的划分与耕耘；他们也制定法律和命令并承担审问、判决与惩处之责；他们也设置学校、医院与慈善机构。在数以百计的封土上，封主们是基于人们生而具有的自私心来执行上述职务，而一般农民，在体认封主的作用之余，也对封主服从与尊敬，甚至有时赋予挚爱。

黎塞留红衣主教时期及之后，在各地方任命监督官，在路易十四时将主要封主转为廷臣，这是改变上述封建关系的两个最大因素。监督官是奉王命派到当时法国因行政需要而区划成的 32 个地区的中层官吏。他们虽然不完全是杜尔哥派人物，多半也是干练而善意之士。他们改进了卫生设施，美化了照明与环境；他们重新整顿财政；他们在河道上设堰储水以灌溉土地，或开渠引导河水以防阻水患，也修筑了当时世界上其他国家无法与之相比的道路网，并在路边广植树木，直到今天这些树木仍然荫凉与美化法国道路。很快，这些监督官的勤劳工作与能力，取代了封主的统治。为了加速这种中央集权的措施，路易十四邀请封主留在宫廷中侍奉他本人。在宫廷中，路易十四虽然给予他们低层的职位，却赐予崇高的称号与迷人的带饰，以荣耀他们。这些封主因而失去与地方事务的联系，他们仅能做的，是自其封地上提取岁收，以求维持他们在巴黎或凡尔赛宫廷中的高昂开支。慢慢地，他们放弃了在封建制度下应尽的责任，仍然紧紧掌握着所享的封建权利。贵族在经济与政府两个方面行政功能的缺失，使得他们渐被指责为法国躯体上可予摒弃的寄生虫。

教士

天主教在法国政府中是一个重要而无所不在的势力。1667 年，法国教士约为 26 万人，1715 年增为 42 万人，1762 年又回降到 19.4 万人。这些数目虽然出自估计，我们可以假定在 18 世纪，尽管法国人口增加，教士的数目减少了约 30%。据拉克鲁瓦估计，法国 1763 年有 18 名大主教、109 名主教、4 万名神父、5 万名神父助理、2.7 万名牧师、1.2 万名教士、2 万名教会执事与 10 万名僧侣和修女。总共 740 个修道院中有 625 个在受托中——这些修道院仅由助理院长代替不在院内的院长，以管理修道院。这些在外的修道院院长仍可保有头衔及修道院总收入的 1/2—2/3，而无须过着教士生活。

高级教士事实上是贵族的一支，所有主教往往由封主提名，经过教廷同意，再由国王任命。显贵人家为了使家产不致因为继承而闹得四分五裂，往往为他们幼子谋得主教与修道院院长的职务。1789 年，法国 130 个主教中仅有一个是平民出身。这些世家后裔把世俗的奢侈、玩乐与傲慢带入教堂。爱德华·德·罗汉王子兼红衣主教的一件镶边僧袍价值 10 万利维尔，他的厨房器皿都是银制的。在禁止手下的教士狩猎后，纳博内的迪隆大主教向路易十六解释他为何继续打猎说："陛下，我属下僧侣的罪恶是他们自己的，而我的罪恶却承自我的祖先。"博须埃、费内隆与布尔达卢等僧侣的伟大时代已经过去。在摄政期享乐主义的冲击下，像纪尧姆·迪布瓦与唐森这样在狩猎与逐色方面恶名昭彰的人，也能在教会里晋升高位。许多主教一年中大部分时间住在凡尔赛或巴黎，从而加入宫廷生活的享受与诡诈。他们在宗教与世俗方面各插一足。

主教与修道院院长享有同封主一般的权利与责任，他们甚至要供应公牛给农夫的母牛交配。他们广阔的领地上——有些领地广大到可包容整个乡镇，与封建领地一样管理。修道院拥有雷恩城的大半与其近郊的大部分土地。在某些地区，主教任命所有的法官与官吏。所以，主宰 7.5 万名居民的坎布雷大主教，可以任命卡托－坎布雷齐全部及坎布雷半数的行政官吏。在修道院田庄，农奴制度留存最久，以圣克洛德的教士而言，他们在朱拉一地就有 1.2 万名农奴，这个修道院坚决抗拒减少封建义务的任何举动。教会的种种豁免与特权与当时的社会秩序紧密相关，这使教阶组织成为当时法国最保守的势力。

教会每年从地主的产物与牛群中抽取 1/10 所得，但这种什一税很少是实际的 1/10，往往是 1/12 或 1/20。享有这种什一税所得，再加上礼物与遗产捐赠，及教会财产的收入，使得主教奢侈享受，而一般修士却生活贫困，教会也用这项收入救济贫困及教育、训育年轻人。除了国王及其军队外，教会在法国最强最富。根据不同的估计，教会拥有 6% 到 20% 的全国土地，及约 1/3 的财富。森斯区主教岁入 7 万利维尔，博韦主教则为 9 万利维尔，鲁昂、纳博内与巴黎等区大主教的岁收则依序为 10 万、16 万与 20 万利维尔，斯特拉斯堡大主教更高于 100 万利维尔。邻近拉昂的普瑞蒙崔修道院约保有 4500 万利维尔的财产。图卢兹区的 236 个多明我派修道士拥有价值数百万利维尔的财产，包括国内的地产、殖民地农场与黑奴。圣莫尔区的 1672 个僧侣保有价值 2400 万利维尔的财产，每年赚取 800 万利维尔。

所有教会的产业或收入均免于课税，但高级僧侣在全国教会人士定期聚会上会对国家自由认捐。1773 年，这项认捐在 5 年中达 1600 万利维尔。伏尔泰认为，就教会收入来说这是适当的比例。1749 年，财政部检察官马绍建议，无论对教会或俗人，一律课以 5% 所得税，用以代替这种认捐。教士们害怕这种行动将是掠夺教会以拯救国家的第一步，因此都以"顽固之情"相抗。他又建议，未经国家准许，遗产捐赠给教会将属违法；他还建议撤废所有自 1636 年以来未经国王批准的宗教建筑，并要求所有拥有教会利益者向政府列报收入。教士们在一次聚会上拒绝遵守这些敕令，他们声明："我们绝不同意那些迄今一直由于我们敬爱君王而致送的礼物，降而应为我们屈服的贡献。"路易十五下令解散此次教士聚会，并由他的王室会议命令财政检察官，向教会财产抽取初次的 750 万利维尔税捐。

伏尔泰借发行《圣哲与人民之声》的小册子来鼓励马绍与路易十五。这本小册子催促政府对教会建立权威，并防止教会成为国中之国，他又表示须信赖法国的哲学家以护卫国王与执政大臣，对抗各种迷信势力。但路易十五不相信哲学在与宗教抗衡中能够获胜，他更知道自己一半的权威寄托于教会施予他的涂圣油与加冕礼之上。他不啻是上帝的副摄政，同时带着神圣的权威说话。由教士操纵，复经传统、习惯、仪式、法衣与特权力量加强的精神恐惧，取代了千条法律与 10 万名警察，以维持社会秩序与群众服从。可有哪个政府能无须借助超自然的希望与恐惧，以控制人们天生的无法无天？路易十五决定向主教退让，于是将马绍调职，并禁止伏尔泰小册子的发行，同时接受教会就其财产以捐助方式而非税收方式缴纳。

教会的权力建立在各教区教士的成绩之上，如果说人民害怕那些带着法冠的教会高层僧侣，至少他们是爱着那些低层教区牧师，因为这些牧师分担着人民的穷困，甚至农耕的劳苦。教区牧师征收什一税时，人民虽然喋喋抱怨，但也知道牧师是受其上级所迫使然，而 2/3 的什一税还归于主教或不在教区的其他受惠者，教区教堂在经年失修状况中衰败不堪。那座为人民挚爱的教区教堂就是他们的镇民聚会处，在牧师的主持下，村民群聚在那里集会。在教区登记处，登记着人民的出生、婚姻、死亡等种种记载，而成为他们累世耐心苦难的见证者。对于人民来说，教堂的钟声是最神圣的音乐，教堂的各种宗教仪式成了他们高尚的戏剧，《圣经》故事则为他们宝贵的文学，教历上的节日则是他们欢愉的假期。对于教士的劝诫或教士对孩子的教训，他们并不认作是用以支持教会权威的神秘教条，而作为父母训诫儿童或道德戒律一种不可缺少的辅助方法，及作为以永恒的意义救赎他们凄苦的尘世生活的神圣命令的启示。他们此种信念坚贞到能够杀死企图剥夺他们信仰的任何人。身为农人的父母欢迎宗教成为他们日常家庭生活的一部分，他们时时向孩子讲述宗教传说并在晚祷中引导他们。而热爱人民且被人们热爱的那些地方牧师，在革命时期也祖护人民。

僧侣、修士与修女在数目上日渐减少，但在德行与财富上日渐增高。他们现在很少行乞，因为他们发现诱使将死的人捐出遗产以为进入天堂之资，远比在村子乞讨几个便士聪明得多。他们的部分财富流入慈善事业，许多修道院维持医院与救济院，并每天分发食物给穷人。1789 年，许多社区呼吁革命政府切勿镇压地方修道院，因为这些修道院是各地仅有的慈善机构。女修道院为寡妇、弃妇及一些厌倦尘寰的妇人（像杜德芳夫人），提供避难处所。这些修道院并不完全弃绝俗世娱乐，富有之人常利用修女院作为被弃女儿的收容所，不然她们可能因要求嫁妆而减少父产。这些被弃女儿未必都束身俭约。如奥瑞尼女修道院长即有一辆马车，并在她舒适的寓所里招待男女朋友。阿利克斯的修女穿着圆裙与貂皮镶条的丝袍。在其他女修道院，修女与附近军营的军官载舞共餐。这些消遣自然无甚罪恶可言，有关 18 世纪女修道院中许多不道德的逸事，大多是敌对教派宣传战中的夸大诋毁之语，违背自己意愿而在女修道院中的少女为数很少。

耶稣会在权利与威望上已经衰微。1762 年以前，他们一直控制着教育，并担任听国王与王后忏悔这一颇具影响力的职位。但在他们与詹森教派的长期竞争中，因为受到帕斯卡的雄辩攻击与大摄政期亵渎的怀疑评论而逐渐失势。加尔文派天主教徒在王室迫害与教皇敕令下仍继续存在，他们在商业、工艺与法律各个阶级中为数甚多，他们在巴黎与其他地区议会中也有优势。在他们的苦行神学家弗朗索瓦死后，许多生病狂热的詹森教派信徒前往圣梅达德墓地他的墓上朝拜。但 3 年后，政府下令关闭这些墓园。伏尔泰曾予评论说，在国王的命令下，上帝被禁止在那里制造任何神迹。这些癫狂虽然停止了，但易受感动的巴黎人倾向于相信那些神迹。1733 年，一位记者明显地带着夸张报道说："整个美丽的巴黎城从头到尾彻底属于詹森教派。"许多下级的教士不顾 1720 年的王令，拒绝签署英诺森十三世谴责一百零一条声称为詹森教派教义的敕令。巴黎大主教裁决，临终圣礼将不准赐予任何未曾向接受这一敕令的教士承认罪过的人。这种争执也部分减弱了已形分裂的教会对抗哲学家攻击的力量。

胡格诺与其他法国新教徒在当时仍为法律所禁，但有些小团体暗自聚会。根据法律，新教徒的妻子只能视作姘妇，其子女则被视为私生而不能继承遗产，在路易十五统治下曾有几次迫害发生。1717 年，有 74 位因为做新教礼拜被捕的法国人被送至战舰做划桨手，他们的妻女则遭监禁。1724 年的一道敕令规定，新教牧师处以死刑；所有参加新教集会的人将被没收财产，男的送到战舰服役，女的则剃光头发，并监禁终身。在福勒里红衣主教执政时，这道敕令只是松弛地执行着，在他死后，应法国南部天主教主教们的要求，此道敕令终于恢复。1749 年，波尔多地方议会命令分离 46 对依新教礼仪结婚的夫妇。那些有新教徒嫌疑的父母，其子女须被送到天主教徒家庭养育。我们曾经听说过一个富有的胡格诺派新教徒以 20 万利维尔贿赂官员，以求保全子女。1744 年至 1752 年，约有 600 个新教徒沦为狱囚，还有 800 个被判处各种徒刑。1752 年，一个年仅 20 岁的新教牧师贝内泽在蒙彼利埃被吊死。在同一年，路易十五在蓬巴杜夫人的影响下，下令停止这些迫害。此后，特别是在巴黎或巴黎郊区，新教徒如果每年参加一次天主教仪式，则可免受刑责。

尽管他们的领袖固执己见、耽于俗世、意欲掌权，仍有上百位

法国教士以他们勤勉的研究与诚挚的生命而闻名。除了那些在巴黎
挥霍得自农民什一税的主教外，也有主教就行政责任所及，近于神
圣地步。巴黎的大主教路易·诺瓦耶，即是一个有智慧而品性崇高
的长者。马西永为克莱蒙区主教，讲道时虽然引经据典，仍为人民
爱戴。伏尔泰用餐时便喜欢谛听其鸿博的证道词——如果只为其讲
道风格的优美。加布里埃尔·凯吕斯（Gabriel Caylus）为奥沙区主
教，他把所有的财富赠予穷人，并卖了银盘子去喂养那些挨饿者，
最后他对其他求告者抱歉地说："我的孩子们，我再没有任何东西留
给你们了。"贝尔桑斯主教在 1720 年恐怖的瘟疫期间，仍然留在马
赛的岗位上，而那时已有 1/3 居民死亡，大部分医师与地方官吏都
已逃亡。勒蒙泰在《向贝尔桑斯致敬》（"Look at Belsunce"）一文
中这样写道：

> 他拥有的一切，他都赠送了，所有效劳他的（属下）都已
> 过世。孤独、穷困、步行、早晨，他穿入最恐怖的惨痛地域，晚
> 上，他再度出现在遍地垂死者的地带。他解人们之渴，如同朋友
> 一般安慰他们……更在那死亡之地，他拾取被弃置的灵魂。这位
> 崇高的教士，他似乎刀枪不入，并以勇敢的争胜心激发了……教
> 区僧侣、牧师及其他各级教会人士，没有一人舍弃了自己的旗
> 帜，除了以生命相舍外，也没有人对体力的负荷给予任何限制。
> 26 位瑞考莱修士与 26 位耶稣会教士中的 18 位就这样舍命了。圣
> 方济各派教士自其他省份征召他们的弟兄，这些弟兄也以早先基
> 督徒乐于赴难的精神前往就义，这场疫疾杀死了 55 位中的 43 位
> 教士。而小礼拜堂派僧侣的行径，可能的话，更为慷慨大度。

我们记载着宗教与哲学之间的尖锐冲突，而且分担着哲学家对
窒息的检查制度与不名誉的迷信愤怒时，我们也应记住：在教阶组
织中有虔诚也有财富，在乡村教士中有贫穷也有奉献；而在一般民

众中，他们那种基于信仰而遵行不移，无可破坏的热爱，也给予
他们的骄傲与情欲一些尚存的纪律以及在受苦日子里聊以慰藉的
憧憬。

第三等级

·农民

卡莱尔曾将"政治经济学"标示为"黯淡科学"，他不知穷人之
所以穷，到底是因为无知而贫穷，还是因为贫穷而无知。要回答这个
问题，我们可以比较今天法国农民自傲的独立与 18 世纪前半期他们
低贱可鄙的贫穷而得到解答。

与路易十四时期因为战争与各项勒索造成的严苛逆境相比，1723
年农民的境况可以说已在改善。他们虽受到封建捐税与教会什一税
的剥削，但也逐渐拥有法国较大比例的土地——自诺曼底与布列塔
尼 20% 到朗格多克与利穆赞 50% 不等的土地。但每个人平均拥有的
土地只有 3 至 5 英亩，致使他们必须在其他农庄做雇工来维持家庭开
销。大部分土地属于贵族、教士与国王，在一个管事人的监督下由
佃农、半分佃农与短工耕种。佃农付给地主金钱、产物或服役，而
半分佃农则以收获之半付给地主，作为对土地、农具使用与种子的
酬报。

农民自有土地者虽然逐渐增加，但仍有许多封建地主存在。只有
极少数的自耕农——约 2%——免于缴纳封建税捐。除了完全自主的
农户外，所有农民必须对地方封主每年服许多天劳役，足以代封主
耕耘其土地、收获作物与装填谷仓。农民还付给封主费用，以在他
封地上的河流或湖泊捕鱼、在草原上放牧。他们也必须因使用封主的
磨房、烘面包房、榨酒与榨油机而付款。他们在封主领地上所有的壁
炉、开掘的水井及通过的桥梁，也都须向封主付费。虽然法律禁止贵
族与其随从在打猎时损伤农人的庄稼或牲畜，但这些法令通常被置之

不顾，而且农民还不得射杀那些啄食谷物而为封主饲养的鸽子。总而言之，做一个保守的估计，农夫生产物或收入的 14% 归于封建税捐，有人估计更高。

在有些地方，农奴制度仍然存在。一个声名卓著的经济历史学家曾估计，18 世纪法国农奴的总数接近 100 万人。这一数目虽然逐渐下降，但直到 1789 年，法国仍有 30 万名农奴。这些农夫附属于土地；未经封主同意，依法不能放弃、出卖、转让土地或改变他们的住所；如果他们死时未遗有子女承继农庄，则整个农庄与设备都转交给封主。

在付完封建税与教会的什一税后，农夫仍要筹措款项或变卖他们的生产物及部分财产，以支付国家所课的税捐，除财产税外，他还须付盐税（gabelle）与收入 5% 的人头税。总加起来，他们须把收入的 1/3 付给封主、教会与国家。税吏有权进入农户家中，以搜索隐藏的存物或抢走家具以凑足该农夫所应摊派的税捐。类似农夫对封主承担的服役与课捐，1733 年后，农夫被迫每年对国家服 12 至 15 天无薪劳役，以修筑桥梁或道路。凡拒绝服役或延迟服役者，将处以拘禁之刑。

由于课税随收入的提高而增加，农夫对发明或经营企业很少有兴趣。与同时期的英国相比，法国的农耕方式仍在原始状态。休耕制度使法国农民的每块地在第三年荒弃不耕，而在英国，轮耕制已逐渐推广。精耕制在当时几乎尚不为人所知。铁制犁具还是非常少见，农田上鲜少家畜，更少肥料，每户平均所有土地过小，不能有效地利用机器耕作。

当时法国农民的贫困震惊了英国旅客。蒙塔古夫人于 1718 年写道，在每一站，"邮车在换马匹时，所有镇里的人都赶出来乞讨，他们的面容如此饥黄，他们的衣服如此单薄与破烂，以致他们可怜的处境无须再以任何言辞来加以解说"。圣西蒙写道："1725 年，诺曼底人以野草为生。欧洲最显赫的国王，只因他是乞丐之王而显得伟大……

他使得他的国家变成垂死者的大医院，他从他们身上夺取一切而未闻呻吟之声。"阿尔让松侯爵 1740 年估计道："在过去两年中饿死的人已超过了在路易十四所有战争中死亡人数的总和。"贝纳尔也这样写道："所有农夫几乎全都贫穷，他们的衣服真令人心酸，无论冬夏只有一件衣服。他们在结婚时得到的一双鞋，非常单薄而拴以铁钉，但终身穿用，或至少要穿到那双鞋实在无法再穿为止。"据伏尔泰估计，有 200 万法国人在冬天穿木鞋，夏天则赤足走路。政府对皮革所课的苛税，使鞋子成了奢侈品。农夫们以泥土筑屋，并覆以茅草为顶，每屋通常仅有一间房，无天花板，低矮不堪。在法国北部许多地方，有些农舍建得比较坚固，以防御冬季的寒冷与强风。农夫的食物有汤、蛋、乳酪制品与裸麦或燕麦面包，偶尔奢侈地享用肉类与白面包。在法国，正如世界各地一样，养活国家的人自己只能得到最少的口粮。

农夫从这种艰难的生活中发现了酗酒与宗教这一慰藉。那时酒馆林立，而自家酿制更助长其风。性格粗鲁难驯，残酷引为标准，个人与个人、家与家、村庄与村庄之间，充斥着暴力。但在家中，有一种强而沉默的爱。每家的孩子不少，但多数在成年前即已夭折，这使法国在 1715 年至 1740 年的 25 年中，人口几乎没有增加。

· 劳动阶级

在社会地位上比农民还低的是仆役。他们太穷，以致很少有人能够结婚。比农民稍高一级的是在镇里的劳动阶级，包括店铺或工厂中的工匠、运货者、承担各类服务者及建筑或修补的工匠。大多数工业仍是家庭工业，在乡村的草屋或是镇上的家庭进行。商人供给材料、收集产品，并赚取几乎所有利润。在镇上，工业大多处于行会阶段，集技师、学徒与职工于行会制立的老法规下工作，由行会与政府规定工作时数与劳工待遇、产品的种类、品质与价钱及可准许出售的有限地区。这些规定使生产难以改良，排除外在竞争的刺激，而且连同内部通行费同为阻碍工业发展的因素。各种行会变成了劳工中的贵族阶级；承纳技师的费用高达 2000 利维尔，而技师资格变为世袭制度。在店铺中，工作开始得早而歇工得迟；在凡尔赛附近，店铺工人往往自凌晨 4 点即开始工作，一直到晚上 8 点才歇工。但工作的辛苦较今天的工厂要轻一些，而且宗教节日提供许多假日。

大多数工业都属小型规模，仅在自己家人外雇用三四个人，甚至制革、玻璃、染色等厂房也是小行号。在波尔多，雇工仅仅是雇主的 4 倍，政府却维持一些较大的工厂，比如肥皂工厂、哥贝林的绣帷工厂及在塞夫尔的瓷器工业。煤炭代替木柴为燃料，矿业也逐渐扩大其经营规模。人们对煤烟毒染空气虽然时有抗议，但那时工业也正如现在一样有些自存之道，人民在危害健康的空气中呼吸。多菲内有钢铁厂，昂古穆瓦省有造纸厂。在北部，纺织工厂渐渐具备相当规模，范·罗白在阿布维尔一家纺织厂即雇用了 1500 名工人，范·德·克锐森则在里尔雇用了 3000 人。工人的倍增鼓励了劳工的分工与专业化，也刺激了机器的发明，以达到固定程序的目的。狄德罗《百科全书》1751 年以后的版本刊有当时已在法国工业中使用的出人意料的那些多样而复杂机器的描述与图样，这些机器罕有得到劳动阶级的赞同。贾卡尔德织布机在里昂装置时，丝织工人因为害怕失业而加以捣毁。

与伊丽莎白时代的英国政府一样，法国政府为了鼓励新工业的建立，准许垄断，如准许范·罗白家族专织上等的荷兰布，对其他计划也以辅助金和无息贷款的方式予以帮助。至于整个工业，政府承继柯尔伯以来的严格管理政策。这种管理政策引起制造业者与商人普遍的抗议，他们认为如果政府不加干涉，整个经济将会扩张与繁荣。为了呼吁这一主张，古尔奈于 1755 年喊出"自由放任"这一具有历史性的名词。连同下一代的凯奈与杜尔哥，他们表达了重农主义者对自由企业与自由贸易的呼求。

工匠同样厌恨他们，认为会严重阻碍他们的组织以求改良工作条件与薪给的严苛规定，但他们主要的抱怨是乡下与工厂的劳工将逐渐侵占到行会的市场。1756 年，制造业者已使较大城市中的工匠甚至公会技师降低到与那些依附于企业家的工人相同的条件与境况。在公会中，技师也只付工人薪金，因而形成周期性的罢工。在镇上，贫穷与乡村一样。每隔数年，谷物的歉收造成城市中劳动阶级的饥饿与暴动，如图卢兹于 1747 年至 1752 年，巴黎于 1751 年。早在约 1729 年，无神论牧师让·梅利耶即建议以自由共产主义来代替现行制度。

　　18 世纪中叶，巴黎、鲁昂、里昂、波尔多、马赛等城聚集着劳工大众。里昂曾一度跃于巴黎之上而为制造业的中心。英国诗人托马斯·格雷曾于 1739 年描述里昂为："无论就大小或重要而言，都是法国第二城市，其街道极其狭窄而脏乱，房屋则相当高大（每层 25 个房间，高达 5 层），到处聚集着住客。"巴黎是 80 万人骚乱的蜂窝，其中 10 万人为仆役、2 万人为乞丐，凄惨的贫民窟衬托着华丽的宫殿；暗巷与脏街隐藏在新颖的大道之后；艺术屏障着贫穷。马车、公共马车与轿舆责骂互撞，形成交通阻塞。从 1600 年起，有些大街已告铺设。1742 年，特瑞沙克用圆石铺路。但大部分街道还是泥土道，或撒以小石头。街灯从 1745 年开始代替灯笼，但仅在非月圆的夜晚点燃。街牌虽于 1728 年出现，在大革命之前，迄无门牌号码。只有富裕之家才有自来水，其他人用水均依赖着 2 万个搬水工人供应，他们挑着两只水桶，有时须爬上 7 层楼梯。家里有卫生设备与浴室，有冷热自来水，但这只是富豪之家的特权。数以千计的店铺，用多彩多姿的记号标志，同时维持着不稳定与令人怀疑的度量制，直到法国大革命时才制定十进制。虽然也有不少守信誉的店主，但是大多数店主都以偷斤减两、诈欺价格与赝品货物而恶名昭彰。某些商店宽敞华丽，以招揽富有的驾车购物者。穷人主要购买沿街小贩的货物，小贩辛苦地背着那些装在桶或篮子里的物件，而他们传统、直白而且受欢迎的叫卖声——从"熟马铃薯哟！"到"老鼠药哟！"——构成市街音乐。老鼠与人争夺城里的房屋设施，男人、女人、小孩也整日与鼠辈竞夺食物。孟德斯鸠的波斯访客曾这样说：

房子高得让人以为只有外星球人才会住在里面。你们可以想象，一座建在空中的城市，六七层房舍层叠而上，里面挤满了人家，他们都从屋舍里下到大街上时，只听到好一阵摇撼之声。我到这里已经一个月了，从未看见一个人荡着闲步，世界上再没有其他人像法国人那样，他们不是在走路，而是在奔跑、飞驰。

乞丐、流浪汉、扒手、沿街卖唱者、乐器演奏者，再加上江湖郎中，这是一群承载上百种人类罪过、永远不能互信、追逐利益、衷心而大大渎神的民众，但只要给予一点酒与食物，他们也是世界上最仁慈、最快乐、最聪明的民众。

·中产阶级

在卑下与高贵的两种人之间，中产阶级既受前者憎恨，又受后者轻蔑。中产阶级包括医生、教授、行政官吏、厂主、商人与金融界人士，他们精细而耐心地掌握了财富与权力。厂主冒着经济上的风险，要求相当的报酬，他们时时抱怨政府规定及市场与技术受制于公会所加给他们的百般阻碍。分销货物的商人则恼恨成千种阻挠商品流通的过路费，几乎在每条河流、每条运渠及要道上，都有领地上的贵族或教会的代理索要通行费。封主解释这些通行费是他们维持并修护道路、桥梁与渡船合理的补偿。1724年，一项皇家敕令废除了1200处过路费，仍有数以百计的过路费维持不改，这也使中等阶级转而支持法国大革命。

法国的内陆贸易阻碍重重，对外贸易却逐步进展。马赛自由港掌握了欧洲与土耳其和东方的贸易。于1723年重组的印度公司，伸张其市场与政治影响远至加勒比海、密西西比河流域与印度一些地方。作为大西洋贸易主要出口的波尔多，其贸易额从1724年的4000万利维尔激增到1788年的2.5亿利维尔。每年有300艘以上的船只自波尔多和南特驶向美洲，其中许多艘船只装载奴隶到安的列斯群岛与路易斯安那甘蔗园做工。法属美洲的蔗糖在欧洲市场渐渐超过了英国在牙买加和巴巴多斯岛的蔗糖。这可能是引发"七年战争"的一个原因。法国对外贸易总额从1715年的2.15亿利维尔上升到1750年的6亿利维尔。伏尔泰估计,为法国效劳的贸易船只从1715年的300艘升到1738年的1800艘。

海上贸易的锐增利益,是征服殖民地的主要激因。法国商人与传教士的热心,为法国赢取了绝大部分的加拿大与密西西比盆地及部分加勒比海岛屿。英国向这些法国殖民地挑战,认为它们包围并威胁了英国在美洲的属地,只有战争才能解决这一争论。在印度,英法两国也造成了相同的敌对,在马德拉斯以南、东海岸上的本地治里,法国于1683年即已建为基地,法国人还从蒙古裔皇帝处取得加尔各答北边金德纳格尔的全部控制权。在迪普莱克斯的有力领导下,以上两个港口夺取了很多贸易与财富,使在马德拉斯(1639年)、孟买(1668年)与加尔各答(1686年)有坚固基地的东印度公司感到非与法国一战不可。

英国与法国在奥地利王位继承战争(1744年)中处于敌对地位时,拉布尔多奈因为曾在印度洋法属毛里求斯岛与波旁岛有过行政管理经验,即建议凡尔赛政府"摧毁英国人在印度的商业与殖民地"。在政府的同意下,他带着一小支法国舰队进攻马德拉斯,而且很快迫其投降(1746年)。他擅作主张与英国签署一项协定,以一笔42万英镑的偿金将马德拉斯岛归还英国。迪普莱克斯拒绝认可这个安排,拉布尔多奈坚持自己立场,他搭乘一艘荷兰船驶向欧洲,却被一艘英国船捕获,后经保释回到巴黎,被控以不服从与叛国的罪名送到巴士底狱。他要求审判,但经过两年的拘禁后才受审判,结果被判无罪(1751年),两年后他就去世了。当时,一支强大的英国舰队围攻本地治里(1748年8月),拉布尔多奈以高昂的士气与战术防守,使围攻在10月撤离。7天后,消息传达印度,《艾克斯·拉·柴培尔条约》已将马德拉斯归还英国了。法国政府了解自己在海军方面的劣势将注定本国在印度失败，拒绝支持拉布尔多奈的征服计划。起初，只给予少量武力与款项，最后召他返国（1754 年）。他亲眼目睹，在"七年战争"中法国在印度被英国彻底击败。

金融家在所有第三等级中地位最高。他们可能是旧式的小规模贷款者，或是全面经营储蓄、借款与投资的银行家，或是为国家向农民征税的库收代理人。天主教会禁止放利规定已逐渐无效，约翰·洛发现半数法国人热心于股票与债券交易。1724 年，巴黎第一个证券交易所开始营业。

某些金融家比绝大多数贵族还要富有。帕里斯-蒙马特尔拥有家财 1 亿利维尔，勒诺蒙特·德·图内恩拥有 2000 万，贝尔纳有 3300 万。贝尔纳给每位女儿 80 万利维尔嫁妆，而把她们都嫁给贵族。他是一位绅士与爱国者。1715 年，他决定主动课以自己财产 900 万利维尔的税额而表露他原可遮掩部分的财产。他于 1739 年去世时，检查他的账簿时发现了他秘密慈善的广大范围。帕里斯以哲学家和百万富翁的双重身份震惊了整个欧洲。

18 世纪，法国最为人痛恨的金融业者是"总包税人"。这是于 1697 年设立用以征收间接税的组织。它主要征收津贴、各种注册登记、票据、盐与烟草税。为了在这些税额征收前予以支用，政府将这些税目征收权利以为期 6 年的时间承包给某些愿支付规定款项的个人。税收、财富与通货膨胀的上升情形，都可以在出让此种项目的价格上升上反映出来：1726 年为 8000 万利维尔，1744 年为 9200 万利维尔，1774 年则为 1.52 亿利维尔。没有一个政府曾在花用人民金钱的招式上茫然无措。担当此种税收代理的是 40 名或更多的总包税人，他们每个人先拿出 100 万利维尔或更多的钱先充作保证金，而后在征收税时锱铢必较，计算所得。1726 年至 1730 年，40 个总包税人的利益即超过 1.56 亿利维尔。许多总包税人广置田产与购买头衔，建造耗费甚巨的华厦。他们生活得过于炫耀奢侈，以致引起贵族与教士的愤怒。也有一些总包税人广集艺术作品与艺术家、诗人与情妇，而且开放住所作为知识分子的避难所或聚会所。哲学家中最温和的爱尔维修本人就是总包税人中最慷慨的一个。卢梭长时期作为一位总包税人太太皮埃奈夫人的贵宾，拉摩与凡罗也都曾得到那位金融家拉波鲁利涅的殷勤款待。这些富有的金融界人士，因为渴求社会承认及报复教会人士的批评和贵族的蔑视，支持哲学家反对教会及以后反对贵族。我们也可以说，金融家是法国大革命的财政支持者。

政府

中产阶级现在在国家中已经强大起来，除了那些需要家世显赫才能担当的部长职位外，其余的空缺皆由中产阶级填满。他们是整个官僚政治的主干，经济界的自然淘汰促使他们更加机智。他们远较那些未经驱策、懒散不堪、无所作为的贵族子孙老练与能干得多。在地方议会与政府中的朝服贵族，无论就出身与性格而言，都属于资产阶级。中产阶级治理自治村、40 个行省，控制国防、供应、交通各部，照管矿场、道路、桥梁、河流、运渠与港口。贵族虽然充任军队中的将军，但他们在战场中遵照巴黎那些中产军师的策略。19 世纪法国的中产阶级政府形态早在 18 世纪就已具备了雏形。

法国政府虽被认为是当时欧洲最好的政府，但也有严重的缺点。它是过分的中央集权，势力弥漫而细琐，以致扼杀了地方的主动与活力，而且在命令的下达与报告的上呈之间耗费了过多的时间。与英国相比，法国政府太过于控制专利。人民聚会遭受禁止，除掉细微的地方事务，一概不举行人民投票，更没有制衡王权的议会存在。路易十五以忽视政府而改进政府。他授权各部长可以发布"封口信件"（逮捕密令），但这一权力时常被滥用。有时，这类"封口信件"也可以由于免于行政程序的琐碎（官样文章）而加速政府的行动。路易十四的一封封口信件于 1680 年建立了法兰西喜剧院；有些封口信件不经过可能暴露私人隐痛的公开审判，而即席下令拘禁一个卑鄙分子，以拯救一个家庭的名誉；而有些此类信件，像伏尔泰第二次留在巴士底狱，可以阻止一个可以被原谅的愚人完成他的愚行。有好几个案例，是应一位感到失望的父亲的要求，借以教训一个不驯服的儿子。这些监禁温和而短暂。但也有一些极为残酷的情形，如诗人代佛日（Desforges）因指责政府把詹姆斯二世之孙爱德华逐出法国而被禁闭在铁窗内 6 年。如果我们可以相信格里姆的话，法国政府对莫里斯·萨克斯在战场上的胜利万分感激而居然向诗人查理·法瓦尔（Charles Favart）送了一纸封口信件，要他将太太列入萨克斯妾侍的名单。平民对贵族的任何侵犯及对政府的任何批评，都可能引来一纸封口信件，而在没有审判与明确理由下被拘禁。这些独断的命令在18 世纪逐渐惹起普遍的不满。

法国法律的迟缓，一如其行政的进步。省与省之间，法律俱不相同，使人们追忆往昔各省份的独立与自主。在法国不同的地区，共有350 种不相同的法律体系。柯尔伯曾试图依照 1670 年的刑事法来系统化并确定法国的法律，但即使他的法典也是含糊不清的，混合着中古与现代、日耳曼与罗马及宗教与民事的各种法规。新的法律经常在国王需要的时刻制定，通常经过内阁大臣的催促，而只匆匆检查其是否与现行法律一致，即可成立。处在特殊场所与情况下的公民，很难明白法律为何物。

刑法在各郡由骑马的警察执行，在大都会则由市警执行。巴黎的警察是由阿尔让松精明地加以组织与训练而成。他自 1697 年至 1718年担任副警察总监，因为貌似恶魔而赢得了"凶神"的绰号。但不论如何，他是巴黎罪犯的克星，因为他知道罪犯的巢穴与伎俩。圣西蒙向我们肯定地说，他"充满着人性"——是《悲惨世界》之前的一位朱贝尔（Joubert）。

被捕的嫌疑犯在审判前遭受拘禁，其情况与服刑者几乎全然相同。他可能与让·卡拉斯一样，经年累月地被加以锁链，遭受精神折磨，处身污垢而日受疾病威胁。如果他想逃亡，财产将遭没收；如果被控以重罪，将不允许与律师联系。那时既无人身保护令，也无陪审团审判。证人分别私下受讯。如果法官相信嫌疑犯有罪而无足够的证据予以定罪，则法官须加拷问，迫使承认。刑讯逼供在路易十五时代，在次数与严苛上虽已降低，但直到 1780 年仍是法国法律程序的一部分。

刑罚自罚金到肢解身体，无不具备。商业上的欺诈，通常处以枷刑；偷窃和其他小罪则要被绑在车尾游街示众时予以鞭笞；如果仆人偷窃，则可能被处以死刑，但雇主很少诉用此条法律。被处以发往战舰充任划手之刑已于 1748 年正式废除。依法当处死刑的有行妖术、褒渎神圣、乱伦、同性恋等。砍头与火刑已不复通用，但处死可借拖拉肢解受刑者，或把罪犯横缚在车轮上，而以一支铁棒断其四肢以加重残忍的程度。我们听说："人们，尤其是巴黎人，总是高兴地期待着死刑的执行。"

司法机构也与法律同样复杂。在各乡区，有数以千计的封建法庭来执行地方法律，这些法院由封主任命的法官予以主持，它们仅能处理轻微案件，不能处以高过低额罚金的任何罪刑，而且还可上诉。但农民发现，与贵族对打而欲胜诉，既难且贵。在这些封主法院之上的是监护与执事法庭（庄园管家在法庭中可代表主人）。许多城镇还有社区法院，在这些较低法院之上的是主席法院（Presidial Courts），执行皇家法律，国王也可因特别目的任命特别法庭。教会在宗教法庭依宗教法审判教士。律师蜂拥围绕着各级法院，而从法国人的热衷诉讼中牟利。法国的 13 个主要城市都设地方议会，包括法官，充当这些城市与其邻近区域的最高法庭——巴黎的地方议会，即包括了几近法国 1/3 的区域。每个地方议会都声称，除非他们通过、接受并予登记国王与政府的诏令，否则不能成为法律。国家议会从不承认这一声明，却经常允许地方有抗辩权。法国历史的阴沉部分，即常牵涉到这些地方议会与国王之间的争论。

处于巴黎议会与国王之间的是各部大臣与朝廷，所有各部大臣合起来构成国务会议，朝廷则由各部大臣加上那些贵族、教士、被国王提拔上来的杰出平民及这些朝臣的助手和仆从组成。严格的外交礼节显示每个朝臣的地位、资格、优先权、特权与责任；一项繁复而详尽的礼节法典减少了摩擦，却加重了几百位傲慢忌妒的人的负担；大事铺张的各种庆典缓和了宫廷例行公事的单调，并使得朝廷弥漫着一种不可缺少的神秘。朝廷中最受喜爱的娱乐是闲谈、吃喝、赌博、打猎与通奸。据那不勒斯大使报告，"在法国，人民 9/10 死于饥饿，而剩下的 1/10 则死于不消化"。赌博输赢之大，令人咋舌。为偿还债务，朝臣们将他们在朝廷的影响力出售给喊价最高的人。如果不用相当数目的金钱贿赂某些廷臣，则没有人能得到官职或特权。几乎每个朝臣都有情妇，而他们每个人的太太也都有情夫。没有人妒恨国王的情妇。贵族只是抱怨皇上没有奸污他们的女儿，使他们感觉荣幸，而只携那位平民女子蓬巴杜夫人同寝。

路易十五于 1723 年正式继位，那时他仅 13 岁，他将行政权交给波旁公爵。图卢兹伯爵是路易十四的合法子裔，曾被考虑担当这一执政位置，但终遭拒斥，理由是"太过于诚实而无法成为一个好大臣"。"公爵先生"本人是个好人，他尽力减缓人民的贫困，想以官方限定的价格与工资来达到这一目的，但是供求关系击败他这种希望。他企图对各阶级征收 2% 的所得税，但遭到教士的反对而阴谋使他去位。他允许情妇杜巴利侯爵夫人享有太多的权势，她虽然精明，但其智慧远不如本身的美貌。她费心安排了路易十五与玛丽·莱什琴思卡之间的婚姻，希望这位年轻的王后受其护养，但不久王后就失去了她的影响。杜巴利夫人喜爱伏尔泰而疏远教士，而且促使公爵攻击那位曾推荐他做国王首相的主教老师，但国王崇敬与信任他的老师远胜于国内其他任何一人。

福勒里于 1698 年就被任命为弗雷瑞斯主教，而于 1715 年更充任王室教师。很快，他对这位孩童的心灵有了支配性的影响。福勒里主

教高大而英俊，惟性情懦弱、慈爱，他有点懒散，从不追逐命运，然
而好运自来。米什莱与圣伯夫相信身为王室教师的福勒里，以其无忧
无虑的放纵，削弱了这位年轻国王的性格，并训导他偏爱耶稣会教
徒。但伏尔泰对福勒里无论是作为王室教师或政府大臣，都十分予以
看重：

> 福勒里致力于塑造他学生的心灵，以让其养成办事严密与
> 廉洁的习性，也在宫廷的匆迫骚动和国王未成年期间，维系了大
> 摄政期的仁慈与赢得民众的敬爱。他从未自夸任何服务国家的功
> 绩，也从未埋怨他人，或加入宫廷里的煽动与诡诈……他致力于
> 促使自己了解法国本身的事务与法国在海外的利益。总而言之，
> 他行为的缜密周到与性情的温和，使全法国都盼望着他担当行政
> 部门的首领。

福勒里发现他在政策决定方面的持续影响力激怒了波旁公爵，后
者甚至建议国王解雇他，他并不企图继续在职，而只静静地退避到巴
黎郊区伊西的萨尔普辛斯修道院（1725 年 12 月 18 日）。然而，路易
十五命令波旁公爵请求福勒里返回宫廷，福勒里也就应命回来。1726
年 6 月 11 日，为回应宫廷人员、教士与公众明显的愿望，路易十五
突然命令波旁公爵"退到尚蒂伊，等待其他命令"。杜巴利侯爵夫
人也被遣送到她自己在诺曼底的城堡。在那里，厌世的侯爵夫人于
1727 年服毒自杀。

欲退反进的福勒里，没有担任政府官职；相反，他劝服国王宣布，
自此以后，国王将行亲政。路易十五宁可狩猎与赌博，1726 年 6 月 11
日，福勒里除了称号，实际上已成为综揽全权的首相。他那时已经 73
岁，许多野心勃勃的人盼望着他早死，但他治理法国达 17 年之久。

他并未忘记他是一位僧侣。1726 年 10 月 8 日，他取消了与教士
相关的 2%的税额，教士则以 500 万利维尔捐给政府作为回报。福勒

里又要求教士支持他戴上一顶红衣主教的帽子，使他在国务会议时高于各公爵之上，结果如愿以偿（11 月 5 日），而他再也不隐瞒他统治法国的这个事实。

使朝臣震惊的是，他虽居高位，但态度仍如未掌权时一样谦虚，他过着一种近乎吝啬的简单生活。他颇满足于权力的实质，而不希图附属于权力的其他东西。伏尔泰曾这样记载："他的擢升并未使他在态度上有任何改变，每个人都吃惊地发现，他们的首相是最奔波、又是最无心眷恋的朝臣。"亨利·马丁也曾说："他虽是首相，却活得俭朴，死得贫穷。""他完美无缺地诚恳，而且从不滥用他的地位。""他也远较他的属从更能容忍。"他和蔼地处置伏尔泰，并假装没看见新教徒私自举行的仪典；只是对詹森派教徒，却不能给予任何的容忍。

他不仅以优游的方式处理政务，还以明察秋毫的判断选择助手，并以坚定与礼貌来支使他们。在福勒里之下，亨利·弗朗索瓦·达盖索继续他 1727 年至 1751 年长期改革与编纂法律的工作，菲利贝特·奥里则恢复国家财政方面的秩序与安定。他始终避免战争，直到统治王族的野心迫使他参战。他长期使法国维持和平，使法国在经济方面再度恢复活力。他如此的成就似乎事先证明了不久以后重农学派的说法，即管理愈少愈好。他保证制止物价膨胀，并实现了诺言，国内与国外的贸易迅速扩张，财税收入也日益上升。以断然的俭省花费国币，同时制止宫廷宴会的浪费，他取消各阶级 2% 的所得税及降低使农民负上重荷的财产税。对市镇居民，他把选举地方官吏的权力还给各个市镇。在他个人的榜样作用下，宫廷中的道德勉强地获得改进。

与这些政绩相反的是一些劣政。他让那些总包税人在不受政府的干涉下继续包揽税务的征收。为了推进那些由地方监督官设想的道路修建计划，他建立强迫劳役制度，在这一制度下，农民工作时除了食物外别无任何报酬。他又为贵族子弟建立了一些军事学校，但他忽略海军的修护与发展；其过于不智的俭省，使法国的商业与殖民事业不久即受到英国舰队的摆布。他过于愚蠢地相信他自己能够使法国与英国和平相处。

罗伯特·华尔波尔主掌英国大政一日，这位红衣主教的和平政策便能畅行一日。这二人虽然在道德与性格上各走一端，却认为和平可行。然而，1733 年，他的外交顾问劝说他支持路易十五的岳父斯坦尼拉斯·莱什琴斯基争取波兰的王位。但莱什琴斯基正提倡修正波兰宪法，并建立一个强大政府，俄国与奥地利却宁愿见到波兰因自由否决权而残缺不振，在波兰王位继承战争中，俄奥两国最初将莱什琴斯基从华沙赶出，而后又使之逃出但泽。福勒里不愿惹起重要冲突，劝告莱什琴斯基退避到南锡和吕纳维尔，为名义的洛林国王。幸好，莱什琴斯基同意在自己去世后，将大部分是法国居民的洛林地区转给法国。1766 年，这项转交正式完成。

福勒里以 88 岁的高龄，犹以其逐渐衰颓的精力，努力促使法国不介入奥地利王位继承战争。然而他的努力被一个女子破坏无遗。温蒂米尔侯爵夫人内瑟，时为路易十五的情妇，她对贝勒·伊斯勒伯爵言听计从，该伯爵就是那位精于偷盗公款而最后被路易十四免职的尼古拉·富凯的孙子。贝勒·伊斯勒伯爵告诉温蒂米尔侯爵夫人说，福勒里是一个老傻瓜，又说，普鲁士国王腓特烈二世现正进攻那位年轻的奥地利女王玛丽亚·特蕾莎，这不啻是肢解奥帝国的天赐良机，法国一定要加入腓特烈二世的行动，而分享战利品。美丽的侯爵夫人因而向她的国王情人弹唱这些曲调，她敦促国王应从那胆怯的主教手中取回控制的缰绳，而使法国再度光荣。福勒里呼求国王勿采纳贝勒·伊斯勒的计划，因为其全不与法国的光荣和利益相符。首先，英国就不能坐视奥地利被摧毁而任凭法国具有威胁性地坐大，因此法国必然要连带地与英国作战，法国与英国一直和平相处的情势也将受到破坏。路易十五不顾福勒里的劝告，于 1741 年 6 月 7 日向奥地利宣战。11 月 25 日，贝勒·伊斯勒即攻陷了布拉格。此时，整个法国几乎都同意伯爵的看法，认为福勒里的确是一个老傻瓜。

战争开始一年后，诡诈的腓特烈大帝就背弃了法国，与奥地利签订一项秘密停战协定。奥地利军队开进波希米亚，并开始包围布拉格。而由贝勒·伊斯勒率领的 2 万人的军队已经受到怀有敌意的人民骚扰，被迫投降只是时间问题。1742 年 7 月 11 日，福勒里向奥地利司令官冯·柯尼塞格伯爵提出一个屈辱的请求，祈使奥地利对法国在布拉格的守军能有较和缓的条件。他如此写着："很多人都知道，我对我们采取的决议是如何反对，我实在是在被迫的情况下同意的。"冯·柯尼塞格将这封信呈送给玛丽亚·特蕾莎女王，女王随即将此信公布于世。法国的一支军队虽被派往拯救贝勒·伊斯勒伯爵的军队，但一直未能抵达。1742 年 12 月，贝勒·伊斯勒伯爵抛弃了他的 6000 名伤残士兵，领导他的主要部队冲出布拉格到达埃格尔（Eger）边境。这一逃亡发生在严寒的冬日，须穿越绵延百余英里的山区或沼泽，处处都是冰雪覆盖，而且随时会被偷袭。1.4 万名攻出布拉格的法国军士，便有 1.2 万名在途中丧命。整个法国对这一耻辱不幸的光荣获救者给予欢呼。福勒里放弃他的部长职位，并退休到伊西，他于 1743 年 1 月 29 日以 90 岁的高龄去世。

路易十五宣布，自此以后，他将是自己的首相。

路易十五

对于一个自 5 岁起就担任国王的人而言，感觉如何？那个命中注定要统治法国达 59 年的人，在孩童时代，几乎无人注意，他非常衰弱，大家觉得他不久便将夭折。1712 年，天花突然夺去了他的父母勃艮第公爵夫妇的生命，这个男孩即成为王位继承人，3 年后，他继位为法国国王。

处处小心使他不适合治理国家。他的保姆德旺塔杜尔夫人极度担心这个男孩的健康，使他躲开任何严酷的气候。一位耶稣会的听诚神父更灌输给他对教会一种敬畏的崇拜，作为他私人教师的福勒里，又对他极为和蔼、溺爱，他可能设想法国最好有一位无所作为的国王。而他的管理人马雷夏尔·维勒鲁瓦则将他导向另一个相反的有害态度，引导他到杜伊勒里王宫的一个窗子前，以接受人群的欢呼喝彩，维勒鲁瓦对他说，"看！我的主人，这所有的群众、所有的人民都是你的；一切都属于你，你是他们的主人"，全能恰好与无能密切联系。

被崇拜惯坏、专权又懒惰、独断，路易十五成为令人厌恶又沉默寡言的年轻人。他可谅解地逃避其守护人的监督——而后则是逃避宫廷中的典礼与奴役——而在木雕、针绣、挤奶与戏犬中另寻出路。在我们一般人中潜伏的残忍性，在他身上由他的胆怯而浮露于外。据说，他幼年时代常以伤害、甚至杀害动物为乐。他成年后，这种残忍性升华为爱好狩猎，而这也可能构成他对那些在帕尔斯受教育的年轻妇人加以无情的享用后即迅速予以抛弃的原因。然而，对他的朋友，他又以一种害羞的敏感性和关切之心来相待。

他好心，如果能得到性格的支持，他的好心可能胜过一切。他的好记性与随机应变的智慧让每个人感到震惊，他天生喜爱游戏甚于读书，但他也真正地吸收了一些拉丁语、数学、历史、植物学与军事艺术的知识。他生得修长宽肩，有美好的肤色和满头卷曲的金发，黎塞留称他是"法国境内最英俊的年轻人"。凡尔赛宫的博物馆仍保存凡罗在他 13 岁时的画像，他的佩剑与甲胄几乎难与他稚气的表情相配。阿尔让松更将他比作厄洛斯。妇人对他往往一见钟情。他生病时（1722 年），整个法国在为他祈祷；他痊愈时，整个法国喜极而泣。那些深受历代帝王之苦的人民都欢愉地希望，这位青年不久将结婚生子，以维系王室。

事实上，早在他 11 岁时，路易十五已和两岁大的玛丽亚·维多利亚公主，西班牙王菲利普五世的女儿约定婚姻，她已被送到巴黎以待及笄之年。但杜巴利夫人认为如果她能取消这个婚约，同时使路易十五娶那个退位的波兰国王的女儿玛丽·莱什琴思卡，她将确保她对国王的持续影响力。菲利普五世的小公主因而被送回西班牙（1725年），这对于西班牙王室而言，是一个不可饶恕的耻辱。波兰逊主斯坦尼拉斯在他接受法国国王请求迎娶他女儿时，正避难于阿尔沙斯的维桑堡。他步入了妻子与女儿工作的房间，说："让我们跪下来感谢上帝。"女儿玛丽雀跃地欢呼道："我亲爱的父亲，是否您再被召回重登波兰的王位？"斯坦尼拉斯回答说："不，上帝赐予我更令人吃惊的恩惠，你将成为法国的王后了。"玛丽从未想到爬升至全欧洲最伟大的王座，她曾经看过路易十五的像，认为他是一个高不可攀的崇高英俊、有权柄的人。法国财政部寄送衣服、衬裙、鞋子、手套和首饰给她，并承诺玛丽一旦到达凡尔赛宫，将立即得到 25 万利维尔及一笔为数 2 万金币的年金。她在兴奋中接受这一切，并为她的好运而感谢上帝。她经委托人在斯特拉斯堡嫁给法国国王（1725 年 8 月 15 日）。她忍受路途的艰苦前往巴黎，内心却充满喜悦。9 月 5 日，她与国王在枫丹白露结婚。国王年仅 15 岁，而她 22 岁，她并不美艳，只是一个好女子而已。

那时，对女人尚未表示兴趣的路易十五，在他谦卑的新娘的触摸下醒觉过来，他以无比的热力拥抱着新娘，使周围的人都为之惊讶无比。他们的生活在很长一段时间内，像是充满爱情与快乐的田园诗。玛丽赢得人民的尊敬与忠诚，但她一直不受欢迎。她非常仁慈、亲爱、和顺，也不缺少嬉游的智慧，但她缺少凡尔赛宫中宫廷妇女所必要的机警与俏皮话。她对贵族的道德十分惊讶，但她未做任何批评，只是力求自己能作为一个贤良妻子的好范例，她尽力取悦丈夫并给他一个继承人。她在 12 年中，生了 10 个孩子，即使是在间隔的年代，她也承受着小产之苦。她对杜巴利夫人与波旁公爵的感谢是一种不幸。即使国王在场，她也太过耐心聆听公爵对福勒里的指责。因此，福勒里执掌大权时，他将王后的女儿，借口基于经济上的考虑，遣送到一座偏远的女修道院。他本人持续的影响力对王后不利。路易十五对她渐渐冷淡后，她退缩到仅包括她一些朋友的小生活圈子，玩牌、缀锦、画图及在信仰与慈善中寻求慰藉。"她在宫廷的狂热与轻浮中过着一种修道院的生活。"

国王要开心，杜巴利夫人却替国王找了一位不善于讨他喜欢的女人。但直到路易十五结婚7年后，他才找了第一个情妇，随后又连续有了4位情妇，他对她们尚还专一，因为她们都是亲姐妹。这些姐妹中，没有一个具有出众的美貌，但她们都活泼有趣，而且除了一位外，其他的姐妹都善于献媚。迈利伯爵夫人路易丝·内瑟以成为首个勾引国王的女人（1732年）而自豪。与路易丝·拉瓦利埃一样，她诚挚地爱着她的国王。她既不希求财富，也不希求权力，只想使国王快乐。路易丝的姐妹弗利西泰自修道院出来与她竞争国王的宠幸时，路易十五的烦扰就此正式开始。

这种纠杂烦扰了路易十五的良知。有一段时间，曾经听说有罪的嘴巴倘若吃下圣饼，便会立即致死，因此他避免圣餐。这第二个女妖，依据她姐妹之一说道："有着手榴弹一般的身材、白鹤的脖子与猿猴的气味"，她设法怀孕。路易十五为她找了一个丈夫，并使她成为温蒂米尔侯爵夫人。1740年，迈利夫人隐居到一所修道院，在一年后离去，前往照顾她胜利的对手，那因难产而垂死的弗利西泰（1741年）。国王与迈利夫人一道哭泣不止，国王在迈利夫人怀中得到慰藉，迈利夫人也再度成为国王的情妇。

第三个姐妹阿德莱德·内瑟又肥又丑，却很聪敏、机智，她以她的装模作态和伶巧言辞取悦国王，路易十五也喜欢她，为她找了一个丈夫，然后脱身。第四个姐妹弗拉瓦考特夫人则拒斥国王而与王后友善。最能干的第五个姐妹拉图内梅勒却说服迈利夫人将自己献给国王，她不仅俘虏了国王（1742年），并坚持要作为他唯一的情妇，而那位温和的迈利夫人一文不名地被遣开，在一天中自王室坠落到平家。内瑟家一个姐妹赶走另一个姐妹。

这位新的内瑟家女孩是姐妹中最美丽的一位。纳迪埃替她绘的画像——美丽的脸庞，隆起的胸脯，优美的身材，与那显露纤纤玉足的舞动丝绸足可解释国王对她的鲁莽行为。除了这一切，她还拥有与她瞳仁同样闪耀的智慧。与迈利夫人不同的是，她渴求财富与权力，她认定她的曲线值得沙托鲁的公爵封地，这个封地年收 8.5 万法郎，她于 1743 年得到这个封地与女公爵的头衔。一年后，她进入历史。

宫廷中强有力的一派倾向她，因为他们想利用她的影响力赢得国王支持一项积极的军事政策。在这种政策下，政府的要职将从资产阶级的官僚政治手中再转回到贵族的军官手中。路易十五有时虽然尽责地与各部会大臣一起在国务会议中工作，但他更常将其权威和职责委任给大臣，很少与大臣见面，也绝少与大臣意见相左，只是偶尔签署由主张不一致的大臣所提的相互冲突的命令。他自那些讨厌的宫廷礼节脱逃到他的爱犬、马匹和狩猎之上，他不打猎时，廷臣们会说"今天陛下无所事事"。他不缺乏勇气，但不嗜战，对于他而言，床铺远比战壕温暖。

在床上或闺房中，他耽于色欲。而性感的女公爵力劝路易十五，在对抗英国与奥地利的战争中扮演一个积极的角色。她向国王描述路易十四率领部下在蒙斯与那慕尔得胜的光荣，然后反问路易十五，以其与曾祖父同样英俊勇敢，奈何不能同样地穿上闪闪发光的甲胄作为士兵领袖。她如愿以偿，却死在胜利中。这位懒国王似乎一度从沉迷中觉醒过来。可能由于她的敦促，那位爱好和平的福勒里终于走向生命的终点时，路易十五便向世人宣告，他将统治并君临法国。1744 年 4 月 26 日，法国重新发动对奥地利的猛烈攻击；5 月 22 日，法国与腓特烈二世的普鲁士重新缔结盟约，腓特烈专程遣人致谢沙托鲁夫人。路易十五在护拥下开往前线。一天后，国王的情妇与其他宫廷妇女也带着她们习惯的奢侈物品跟随前往。这支由国王领导但实际上由诺瓦耶公爵与莫里斯·萨克斯指挥的法国主力，在库尔特雷、梅嫩、伊普尔、弗内斯等地轻松地赢得胜利，路易十四与他伟大的时代似乎再度来临。

在欢乐庆典中，有消息传来——法国的一支军队，由于巴伐利亚盟军的支持不力，已让奥、匈军队占据了部分阿尔萨斯和洛林；那位似乎永远不能摆脱逆运的波兰逊王斯坦尼拉斯，不得不从吕纳维尔逃遁。路易十五于是离开佛兰德斯，匆匆赶往梅斯，想以他的出现来激励战败军队的斗志。然而，由于未能习惯的刺激、各种劳累、不消化与盛夏的燠热，路易十五患上恶疾，他的病况很快恶化，到了8月11日，有死亡的危险。他的情妇沙托鲁女公爵一直跟随他，并为照料总监，苏瓦松主教拒绝给国王施以最后的圣礼，除非女公爵被遣开，路易十五只得退让而把她放逐到远离王宫150英里以外的地方（1744年8月14日）。女公爵离开这座城市时，人民都轻蔑地咒骂她。

同时，玛丽·莱什琴思卡王后也已匆匆地横穿法国，赶到她丈夫的病榻边。途中，她的扈从遇上了沙托鲁夫人的车从。国王拥抱着王后说："我给你带来太多的烦恼，我祈求你能原谅我这一切。"王后答道："你难道不知道你永远无须我的原谅？只有上帝受到了你的冒犯。"待国王开始补偿他既往的过失时，王后给莫勒帕夫人写信说她"是世人中最快乐的"。整个法国都为路易十五的痊愈与悔改欣喜欲狂。在巴黎，市民在街道上相互拥抱，一些人甚至拥抱那位传来好消息的邮吏的马匹。一位诗人称国王为"我们挚爱的路易"，随后全国也回应着这个称呼。路易十五听到这个消息后诧异道："我到底为他们做了什么，让他们对我如此热爱？"他已为人民充任为一位父亲的意象。

腓特烈二世进攻波希米亚而为法国解救了阿尔萨斯，奥匈军队不得不撤离阿尔萨斯前往解救布拉格。仍羸弱的路易十五也加入他进攻德国的军队，并亲眼看到法军攻下布拉格。11月，他回到凡尔赛。他马上召回沙托鲁以予宠爱，同时放逐苏瓦松主教，但沙托鲁经过多日的高烧与昏迷，于12月8日去世。她的尸体在黑夜偷偷地埋葬，以避免群众的侮辱。路易十五由于愤恨教士，在圣诞节避不参加领圣礼，他还在等待另一次恋爱。

有一段时间，法国人民在军队的胜利中，忘掉了爱君路易的罪过，而一个德国新教将领变成了法国的英雄。莫里斯·萨克斯是波兰国王和撒克逊选帝侯"强者"奥古斯都之子。母亲是柯尼希斯马克女伯爵，她在奥古斯都的情妇中以美丽与智慧见称，连伏尔泰也称誉她是"两个世纪来最有名的女人"。莫里斯 18 岁时娶了洛埃本女伯爵约翰娜·维多利亚，他的德行与他父亲一样邪恶，他尽量挥霍女伯爵的财富，指责她通奸，最后抛弃了她（1721 年）。在许多战役中表现他的骁勇后，他前往巴黎学习数学。1720 年，他在法国军中谋得军官的位置。不久即在勒库夫勒赢得一位忠心的情妇，后者是当时（1721年）法国喜剧院中最著名的演员。1725 年，他离开法国前往库尔兰（Kurland），企图为自己建造一个王国。那位最伟大的演员，虽然为失去她的爱人而痛苦，仍为他的事业拿出她所有的银子与珠宝，总值约 4 万利维尔。他的母亲也拿出 7000 泰勒，他带着这两笔钱到库尔兰，并被选为该地的公爵（1726 年）。但俄国的凯瑟琳一世与他自己的父亲，支持波兰议会反对他登位，这位一向不为人征服的军官，被一支波兰军队赶出了库尔兰。他于 1728 年回到巴黎时，发现那位伟大的女伶仍然忠实地等待他，想成为莫里斯唯一的爱人。但由于他继承父亲的道德与轻浮，他只以他情妇中首位崇拜者的地位对待她。

在道德上卑鄙可耻——利用一个女人接着一个女人而不报偿她们的忠心，然而在战场上，莫里斯是一个无与伦比的战略天才，他在想法上非常大胆，对每个危险与机会非常警觉。他那个时代中唯一可与之比拟的腓特烈大帝提到他"能教训欧洲任何一位将领"。1745 年春天受任为法国军队的总司令后，他奉令开赴前线。那时，他在巴黎几濒于死——一则过度劳累不堪，一则因水肿而熬受痛苦。伏尔泰曾问他，在如此情况下，怎能想到带兵打仗，莫里斯答道："重要的不是在活不活的问题上，而是在动身出发上。"5 月 11 日，他以 5.2 万人之众，在丰特努瓦与英国、荷兰的 4.6 万名精壮士兵作战，路易十五与太子都在邻近的一座山上观看着这场闻名的战役。莫里斯因水肿无法骑马，在一柳条编制的椅子上指挥战役。

伏尔泰告诉我们这可能已成为爱国神话的战役。双方敌对的步卒队伍面对面靠近到毛瑟枪射程距离之内时，英国队伍的指挥官查理·海因贵族大喊说："法国卫队的绅士们！放枪吧！"而安特罗彻伯爵为法军回答道："先生们，我们从不先开火，你们请先开火吧！"不论是礼貌或战略，这种举动代价太大，在英荷军队第一排枪击下，法方死了9名军官和434名步卒，另有30名军官和430名士兵受伤，法国步兵随之动摇而掉头奔逃。莫里斯传讯给路易十五，请往后撤，但国王在退军已抵达他立足处时，仍然拒绝后撤。也许是国王的坚定使士兵们感到羞愧。在这种情况下，莫里斯跨马上鞍，重整队伍，纵出禁卫军冲向敌阵。法军一则看到他们国王有被俘虏与杀死的危险，一则受到莫里斯·萨克斯在炮火下到处冲锋的精神的鼓舞，再奋起作战。双方的贵族与平民都在愤怒与荣耀的麻醉中变成英雄，最后英军终于溃不成队，莫里斯此时再传讯给国王，说法军已赢得了这场艰苦的战斗。英荷方面折损了7500人，而法方损失了7200人。

那些幸存者向国王欢呼时，路易十五却羞愧得低下头对太子说："看！我的孩子，这一场胜利的代价，你要去学如何珍惜你臣民的鲜血。"国王与他的随从转回凡尔赛时，莫里斯继续攻击，占取了根特、布鲁日、奥登纳德、奥斯坦德与布鲁塞尔，曾经一段时期，整个佛兰德斯都为法国所有。

然而，丰特努瓦战役的成果却因腓特烈二世单独与奥地利订立和约（1745年12月）而取消了。自佛兰德斯以至意大利的6个战场上，法国单独留下与各国作战。1748年缔结的《艾克斯·拉·柴培尔条约》，使法国放弃了佛兰德斯，而只为路易十五的新女婿、西班牙王子因方特·菲利普取得了帕尔马、皮亚琴察、瓜斯塔拉等公国领地。莫里斯一直活到1750年才去世，他满载着财富、荣耀与病痛，并在众情妇的簇拥中，找出时间写些富有哲学启示的幻想：

各国今天提供一个多么壮观的景象！我们可以看到有些人，以牺牲大众过着优游安乐而富裕的生活；这些大众，唯有在不断供给少数人新的享乐下才能继续生存。这些统治者与被统治者的集合，构成了我们所称的社会。

另一个向往较和善政府的高尚人士，是阿尔让松侯爵。他曾于1744 年至1747 年担任路易十五的外务大臣，并于1739 年写了《法国政府检讨》一书，但不敢出版。耕种土地的农民，他写道，是人口中最有价值的一部分，他们必须免除所有封建捐税和义务的重担。事实上，国家更应给予小农贷款，以帮助解决为未来收获所需投下的经费。贸易对国家的繁荣至为重要，应免除国内一切的过境税，如果可能的话，甚至可免除所有进出口关税。贵族是国家人民中最不具价值的，他们也不能胜任行政官吏；在经济上，他们好比是一座蜂巢中的雄蜂，应该退位。"如果任何人认为这些原则有利于民主，同时期望贵族的毁灭，则他就不会犯错。"立法必须谋求最大的平等，地方必须由地方自选的官吏来治理，然而中央与绝对崇高的权柄则须操在国王手里。因为唯有绝对王朝，才能保护人民免受强者的迫害。阿尔让松前于法国那群哲学家期望由开明君主进行改革，他告诉贵族，只有大革命爆发时，他们才会认清的事情。在法国历史上，他是到达卢梭与大革命的一个中间阶段。

1747 年，路易十五向诺瓦耶公爵、莫勒帕与蓬巴杜夫人等人让步，辞退了阿尔让松。这位侯爵因而对君主丧失了信念。1753 年，他预测道：

> 起自我们绝对君主政府的罪恶，使全法国以至于全欧洲都认为这是最坏的政府……这种意识将成长演变而导致全国革命……每个事件都在为内战铺路……人们的心理变为不满与不服从，每件事情，不论在宗教或政府方面，似乎都朝大革命的方向移动。

或则，如路易十五的新情妇所说的："在我之后，将是洪水泛滥。"

蓬巴杜夫人

蓬巴杜夫人是历史上最著名的女性之一，她天赋的美貌与优雅，使大部分人为之目盲而看不出她的罪行，她极具智慧，曾在光辉的10年中统治法国、保护伏尔泰、拯救狄德罗的《百科全书》，并使当时一群哲学家宣称她为他们中的一员。我们看过布歇为她作的画像后，极易为之神魂颠倒而丧失史家的公正。

布歇为她绘画时，她已经38岁了，她本已虚弱的健康正在衰退中，他没有因她玫瑰的胴体表现的肤浅的肉感而贬低她。相反，他画出她脸庞的古典特色，她身材的优雅，她服饰的巧具匠心，她双手的平滑纤巧与她那浅褐色"蓬巴杜"式高高的秀发。也许布歇以他的想象与技巧画活了她这些迷人之处，但他不能表达出她的快乐笑貌与温柔精神，更无法显露出她那微妙而有穿透力的智慧、安宁有力的性格及她那有时近乎无情的意志。

她天生丽质，却投错了胎。她须奋斗终生，以对抗贵族阶级轻视她的中产出身。她的父亲弗朗索瓦·普瓦松是一位粮商，他从未能革洗"鱼先生"（Mr. Fish）的恶名。他以受贿被控而判处吊刑，随后逃到汉堡，在那里设法获得赦免，于1741年回到巴黎。她的母亲，一位粮商的女儿，丈夫在汉堡憔悴之际，她却忙于交际厮混；她曾与一位富有的总包税人图内恩·勒诺曼长期交欢。这位姘夫供给鱼夫人1721年生下的漂亮女儿的教育费用。

让娜·普瓦松（即蓬巴杜夫人的闺名）享有所能聘请到的最好的家庭教师：叶里奥特这位伟大的男中音教她歌唱，克雷比永老先生教她演说。她在歌唱、舞蹈与演剧方面足与舞台明星匹敌。"她的声音本身就是一个诱惑。"她学习绘画、雕刻，并弹大键琴赢得迈利夫人的热烈赞美。让娜9岁时，就有一位老妇人（后来因她的先见之明而得赏赐）预测她终有一天会变成"国王的情妇"。15 岁时，她的美丽与才艺已使她母亲称她为"国王的口福"，而且觉得如果不能让她成为王后，实为遗憾。

她 20 岁时，图内恩劝服她嫁给自己的侄儿，钱币铸造部部长的儿子查理·勒诺曼。这位丈夫爱上了太太，并得意地带她出入各种文艺沙龙。在唐森夫人家里，她遇到了孟德斯鸠、丰特内尔、杜卡洛、马里沃，把交谈的艺术提升至迷人的程度。不久，丰特内尔、孟德斯鸠与伏尔泰支持她，她也开始款待宾客起来。她很快乐，也生了两个孩子，而且发誓"除了国王之外，世界上没有人能使她对丈夫不贞"，这是多么高明的先见。

她母亲还在为她筹划，安排她在国王经常狩猎的塞纳尔森林，乘着一辆有折篷的轻快马车。国王一再看到她那不易让人忘怀的脸庞。国王的随从接受贿赂而向国王赞美她的美貌。1745 年 2 月 28 日，她参加了巴黎市政厅为太子的婚礼而举办的一个化装舞会。她与国王谈话，国王要求她除去面具，她依话除下，然后舞到别处。4 月，路易十五又在一队意大利伶人在凡尔赛的喜剧表演上，看见了她。几天后，国王出函邀请她晚餐，她母亲劝她"取悦他"，让娜成功了。

路易十五在凡尔赛宫为她安排了一栋宫舍，她接受了。图内恩敦劝查理想开这件事情："不要像一个市侩发怒或惹出事端而招致讥笑。"国王让查理做总包税人，他服从了国王的安排。她母亲为她的高升而兴奋欢乐，不久即告去世。9 月，她收到了一笔相当大的财产，被封为蓬巴杜女侯爵，并以此名义出现在朝廷与王后面前。她以一种谦和的羞惭来缓和王后的情绪，王后以她是一个无法避免的邪恶而原谅她，并邀请她一道进餐。太子称她为"娼妓夫人"。朝廷中愤恨一个中产阶级女子侵入龙床与御袋，而时刻注意她表露出的资产阶级的言行习性，巴黎人称她为"国王的女工"并加以讥讽。她默默地忍受一切，直到她能够巩固她的胜利。

她鉴于路易十五是厌倦之神——他拥有一切，但对一切都已丧失趣味，她尽可能使自己成为一位娱乐的天才。她以跳舞、喜剧、音乐会、歌剧、晚宴、旅行与狩猎各种活动吸引他，中间则以她的活泼、机敏的谈话与巧智愉悦国王。她在凡尔赛宫设立"小间剧院"，并说服宫廷，像在路易十四时一样，在舞台上扮演角色，她自己在莫里哀的喜剧中扮演角色，她演得相当好，以至国王称她是"法国最迷人的女人"。不久，贵族也竞扮角色，甚至那个倔强的王太子，也担任了与他称呼的"娼妓夫人"做对手的角色，并在其中降格向她献殷勤。路易十五沉迷于宗教时，她便以宗教音乐来慰藉国王，她唱得如此动听，一时使国王忘记了地狱的恐惧。他对生活的趣味已完全倚靠蓬巴杜夫人，他与她共食、玩乐、跳舞、骑马与狩猎，几乎夜夜与她相聚。几年中，她的身体已经疲惫不堪了。

宫廷中人抱怨她诱使国王推脱掉作为一个统治者的种种责任，抱怨她成为财政上的重负。她以最昂贵的衣服与宝石打扮自己。她的化妆间闪耀着各种以水晶、银与黄金制成的盥洗用具。她的房间里装饰着各样上漆、缎木与镶上珠宝而制成的家具，也有制自德累斯顿、塞夫尔、中国与日本的上等瓷器，护贴于四壁的大镜，更反映出那些用银或玻璃制成的大灯。天花板则由布歇与凡罗绘上肉感的爱之女神。即使在这样的奢侈中，她仍有被拘禁的感觉。因此，她从国王或财库那里支出巨额款项，来建造与装潢宫廷，她把这种种奢华的设备与延伸的庭院，借口说为款待君王而设。她在德勒有一座庄园和一栋华厦；在塞夫尔与默顿之间的塞纳河岸，她又建造了一座华美的伯勒瓦山庄；更在凡尔赛、枫丹白露、贡比涅等地的森林里，建了许多美丽的"隐居处"。她接收了庞恰特雷恩旅舍，作为她在巴黎的住所，然后又搬到福堡圣霍诺雷街的宫殿居住。所有这些加起来，这位迷人的女士花了超过3600万利维尔，其中部分花费则以艺术的形式留下来成为法国的遗产。她家宅的维持费，每年高达3.3万利维尔，法国人谴责她，说她比一场战争花费更多的钱。

她收揽权力和财富，成为任命官职、恩俸、宽宥及许多其他恩赐的主要通道。她更为她的亲友寻取礼物、名衔乃至闲差。对那个她称为方方（Fanfan）的女儿亚历山德娜·埃特勒斯，她梦想着将她嫁给路易十五与温蒂米尔夫人所生的一个儿子，但方方9岁便告夭折，使她伤透了心。她的兄弟阿贝尔既英俊又举止优雅，他赢得国王的爱宠，路易十五称呼他作姻弟，并常常邀请他赴宫中晚餐。蓬巴杜夫人使他成为马里尼侯爵，任命他做建筑执行长。他勤劳不息、颇富能力地执行他的工作，几乎使每个人都满意。蓬巴杜夫人曾要封他做公爵，但为他拒绝。

部分由于她的兄弟，更主要的则由于她本人，她对整个法国甚至欧洲的艺术有普遍的影响。她虽然未能达成自己要做一个艺术家的夙愿，但她衷心喜爱艺术，她接触的每件事，都以美丽为目的。在她的鼓励下，那些小艺术也迷人地微笑起来，她说服了路易十五，认为法国不必每年花费50万利维尔从中国与德累斯顿进口，可以发展自己的陶瓷工业。她一直向国王劝说，直到政府开始资助塞夫尔的陶瓷工业。家具、餐具、时钟、风扇、长椅、花瓶、罐子、木盒、浮雕宝石、镜子等工业，都为迎合她的文雅与精确口味而制成纤弱可爱的形式。她成为洛可可风格的领导者。她的大量费用，都用以支持画家、塑像家、雕刻家、制造柜橱者、建筑师等。她对布歇、乌德里、拉图尔（La Tour）及其他上百名艺术家，都委任以特别事务。她激励凡罗与夏尔丹（Chardin）绘画有关一般生活的景象，同时终止从神话传说或历史故事中取材。拉图尔进宫为她画像时，她总以容忍的笑容，承当这位画家的抱怨与无礼。扇子、发型、服装、碟盘、沙发、床、椅与饰带都冠以她的名字，而她喜爱的陶瓷，更以"蓬巴杜玫瑰"为名。法国对欧洲文明的影响是在她的时代，而不是在路易十四的时代，达到最高潮。

她可能是当时最有教养、受教育最高的女人，她拥有一个藏书达3500册的图书馆，其中738本有关历史，215本有关哲学，其他很多关于艺术，有些关于政治和法律，少许与浪漫爱情有关。在她娱乐国王、隔绝仇敌并帮助治理法国以外，显然地，她总抽出时间来阅读好书，因此她能以优秀的法文写出兼富内涵与趣味的信函。她恳求她的情人在赞助艺术上与其曾祖父匹敌，但路易十五的虔诚与吝啬阻止了他。蓬巴杜夫人提起腓特烈二世曾赏给达朗贝尔一笔高达1200利维尔的赏金，欲以羞愧路易十五时，他这样回答："在法国，我们杰出的天才远比普鲁士为多，我势非摆设一张大大的餐桌以聚集他们不可"，然后他屈指算来——莫佩尔蒂、丰特内尔、拉摩特、伏尔泰、费内隆、皮龙、戴特、孟德斯鸠、米歇尔·波利那。而他四周的人补充说道"达朗贝尔、克莱罗、小克雷比永、普莱沃，等等"，这时，国王叹一口气说："看，在过去25年中，他们可能都和我吃过午饭或晚饭。"

因此，蓬巴杜夫人取代路易十五而为奖掖者。她将伏尔泰带进宫廷，并予赏赐，更为他的过失辩护。她也帮助孟德斯鸠、马蒙泰尔、杜克洛、布丰、卢梭等人，并使伏尔泰与杜克洛轻易地加入法国皇家学院。她听说克雷比永生活于困境中，便为他争取到一笔补助金，并在卢浮宫为他安置一座寓所，更资助克雷比永旧剧《卡蒂利纳》（*Catilina*）的演出，让皇家印刷局将这个老作家的剧本，发行一种精美的版本。她选重农学派的首脑奎奈做自己的医生，为他在凡尔赛宫安置直接在自己楼下的套房。在凡尔赛宫，她接待狄德罗、达朗贝尔、杜克洛、爱尔维修、杜尔哥及让国王惊愕其思想的其他人士，根据马蒙泰尔报告说："如果她无法请得那群哲学家到她客厅，她就亲自走到桌边而与他们面谈。"

那些教士及由太子领导的宫廷忠贞派，对这群毫无宗教信仰的狂徒受到的恩宠，自然会为之震恐战栗。尤有甚者，蓬巴杜夫人以主张征收宗教产业税捐而闻名，她甚至主张教会财产应予还俗，如果这是唯一能使国家免于破产之法。耶稣会教徒劝告路易十五的听告诫神父，在国王宠纳这位危险的情妇期间，切勿为他领受圣礼。路易十五的孩子都在护卫教士，最受他宠爱的大公主亨利埃特即利用她的影响力来离间路易十五与蓬巴杜夫人。在这种情形下，每个复活节对于这对情人而言，都是危机。1751 年，路易十五表示愿领食圣餐的渴望。为了安抚国王及平息国王的听悔人佩鲁西神父，蓬巴杜夫人遵行种种宗教规戒，而且每日前往参加弥撒，在众目睽睽之下祈祷，并向听告诫神父保证，她与国王的关系现在已是柏拉图式的纯洁。然而，佩鲁西未被说服，他坚持蓬巴杜夫人离开宫禁，以为替国王举行圣餐礼的先决条件。佩鲁西死后，后继者德马雷神父也同样坚决。蓬巴杜夫人继续她外表的虔诚。她永远不能宽恕耶稣会教派未能重视她的"皈依"，她的这种恼怒，在耶稣会教派于 1762 年被逐出法国境内的事件中，也许小有影响。

在宣布她不再与路易十五有性行为这一点上，她或许是透露实情，她的对手之一阿尔让松证实了此事。她曾与亲近透露，她越来越难激起国王的热力。她服食春药，却少有效果，反而损害了她的身体。她在朝廷中的敌人体察到这一情形，重新筹划去除她的阴谋。1753 年，阿尔让松安排那位肉感的舒瓦瑟尔－罗曼内特夫人溜进路易十五的怀抱，但这位夫人提出了过分的要求，蓬巴杜夫人不久便予以驱除。现在正是这位深受困扰的蓬巴杜夫人自己退出，到牡鹿园里居住之时。

牡鹿园位于凡尔赛宫的边角尽头，里头有一座小房舍容纳一两位年轻女郎偕同侍从居住，路易十五常在他自己的房间召这些女郎入侍，或乔装成一位波兰伯爵模样到她们的小屋相会。传闻说，牡鹿园中有许多女郎，甚至说有些年龄不过十岁；很显然地，园中的女郎一次从不超过两个，进来一个必出去一个，进来的先要受训练以应国王恩召。如果其中一个女子怀孕，则可得到 1 至 10 万利维尔，以帮助她在国内各省寻得一位夫君，又如是而生下的子女每年可得约 1.1 万利维尔的养育补助金。蓬巴杜夫人知道这件事，由于不愿被一些贵族情妇取代，而被逐离王宫甚至巴黎，她宁可让国王堕落的口味由一些低下阶层与野心平平的年轻女郎加以填饱。就这点来说，蓬巴杜夫人将自己也降至最低的地位。她曾向霍塞特夫人说："我怨愤的是他的一颗心，所有那些未曾受教育的年轻女子，都无法把他的心从我这里抢去。"

整个宫廷并未因这些新的处置而错愕，一些朝臣也在同一座牡鹿园中豢养情妇。蓬巴杜夫人的敌人假想她的统治已告结束。他们都错了，蓬巴杜夫人虽然久已不再当路易十五的妾侍，但国王仍是她忠心的朋友。1752 年，路易十五正式赐予她女公爵的地位；1756 年，不顾王后的抗议，国王又封她做"王后陪侍夫人"这一高位。她照应王后，陪同王后用餐和望弥撒。由于这一新职务需要蓬巴杜夫人住在宫中，耶稣会教派撤销驱除夫人出宫的要求，她长期所处的除籍处分也因之作废，她还被允许领受圣餐。那些长久敌视她的公主们也到舒瓦西拜访她。

路易十五几乎每天都与她相处很久，他仍然以她言谈的机敏及并未褪残的优雅迷人为乐。他仍然尊重甚至时时遵照蓬巴杜夫人在任命官吏、内政措施甚至外交事务方面的劝告。她命令阁臣，会晤外国使节和遴选将领。有时她提及国王与自己共治国政："我们""我们将看"。谋官者挤满了她的接待室，她客气地予以接待，进而文雅地予以婉拒。她的敌人也承认她政治知识的惊人广度、外交谈吐的练达及观点的时时正当。她长期以来即指出，法国军事将领的无能是法国军力没落的一大原因。1750 年，她即向路易十五建议创建一所军校，以便让殉职或贫困军官的子弟得以学习战争和科技方面的知识。路易十五虽然同意这个建议，却慢于拨款。蓬巴杜夫人便捐出私款，以充当该所军校第一年的费用，并借彩票的发行与博彩业缴纳的税捐而筹募追加的款项。1758 年，这所军校正式成立，成为荣军院的一个附属机构。

现在，这位迷人的女士建议法国对一项外交政策大胆修正。这一命中注定的"联盟转变"或许是由奥地利驻巴黎大使考尼茨伯爵主动发起，更由奥地利皇后玛丽亚·特蕾莎及腓特烈大帝加以促成。沙托鲁夫人与阿尔让松侯爵曾执行法国与普鲁士之间友善关系的外交政策，考尼茨伯爵与蓬巴杜夫人却指出，那个在奥地利王位继承战争中因胜利而壮大的普鲁士，如今已拥有 15 万训练精良的士兵，并由一位能干、野心勃勃又非常大胆的将军兼国王，那位曾经两度背弃法国而单独签订和约的国王领导，它将很快超越奥地利而为法国的强敌。奥地利那时已经失去了西里西亚，再也不能指望一个在波旁王族统治下的西班牙的声援，以往哈布斯堡王族势力包围法国的情势已经过去。1756 年 1 月 16 日，普鲁士与法国的宿敌英国缔结盟约时，争执更加尖锐，法国国务会议于 5 月 1 日与奥地利缔结同盟作为对前个同盟的答复。蓬巴杜夫人再度咳血，虽然年仅 35 岁，虽然她的生涯仅剩下 8 个年头，但她在布置"七年战争"的舞台上已经扮演了一个角色。

第二章 | 道德与风俗

教育

18 世纪，法国的许多基本冲突之一，是教会仍试图控制教育。这一争执在 1762 年耶稣会被逐出法国，学校国有化，及在大革命期间教育俗世化的胜利而达到高潮。18 世纪前叶，这一争论才开始成形。

农夫中绝大多数不能阅读。在许多乡村中，甚至直到 1789 年，市政当局"几乎不能书写"。然而，很多教区有小学，由教士或受任者教导阅读书写与基督教义，其对象主要是男孩子，教授者由每位孩童的双亲付小费维生。如果父母支付不出这一小笔费用，他们的孩童可申请免费就读。1694 年和 1724 年的两道敕令，明确规定义务教育，但并未贯彻实行。许多农夫不让孩子上学，部分是因为农田工作需要他们的帮助，部分则因为农夫心里恐惧，认为注定要耕种土地的孩子，可能会因教育惹起不必要的麻烦。18 世纪前叶，由于阶级之间几乎无法逾越的种种障碍，教育根本无法保证地位的迁升。在各个村庄和小镇，人们虽曾受过教育，很少阅读到与他们日常工作无关的任何读物。每个人都知道基督教义，但只有在城市，才有文学、科学与历史的知识。

在中上阶级，大部分教育都在家中由女家教兼保姆、私人老师、最后由舞蹈老师加以完成。后者教导男女两性关于坐、立、行、言及姿态的优雅与礼貌。不少女子也自学有关拉丁文的课程；几乎所有非贫困的人都学习歌唱与弹奏大键琴，妇女更高的教育则在女修道院中进行，她们在那里学得宗教知识、刺绣、音乐、舞蹈及作为一个年轻妇人和太太的合适言行。

男孩的第二级教育，虽然圣乐派与本笃派的教士也参与，但几乎完全操纵在耶稣会教士手中。怀疑论者如伏尔泰与爱尔维修都是路易大帝耶稣会学院知名的毕业生。在该学院，修辞学（包括语言学、文学与口才）教授查理·波雷神父即在受业弟子中，留下了令人爱戴的印象。这些耶稣会教会学校中的课程在整整两个世纪中，几乎没有什么变化。虽然教育上继续强调宗教与个性的培养，大部分教材是古典的。古罗马作者的原著仍为学生捧读着。约 6 年，年轻的学者与异教思想接触密切，他们的基督教信仰受到一些质疑，并不足为奇。此外，耶稣会教士"不遗余力地发展学生的智慧与热情"。他们鼓励参加辩论、公众前演说与演戏；学生们接受思想的组织与表达规则的教导；法国文学明晰的部分原因，是这些耶稣会学院的结果。最后，学生们部分通过亚里士多德，部分通过经院派哲学家而接受逻辑学、数学与伦理学等学科教育。这里，尽管各种结论都合乎正统，推理的习惯却被留传为——也的确变成这一特殊"理性时代"的显著标志。鞭笞也是课程的一部分，这项教育甚至施及哲学学生，而且不论阶级的高低。连阿尔让松侯爵与布夫莱尔公爵，也曾经因为向他们可敬的教授射击豆粒而当堂受到鞭笞。

人们早已抱怨这种课程甚少注意知识的进步，教学过于理论化、对实际生活无从指导、坚持不移的宗教教规的灌输，更加歪曲并关闭了心智的发展。巴黎大学校长查理·罗林，在其一度知名的《教育特性》（1726—1728 年）一文中，即为古典的教学课程及教育重视宗教二者辩护。他认为教育最主要的目的，是促使人们变得更好；良好的教师"并不注重各门科学，因为这些东西对个人品德无所助益；如果不与正直相配合，纵然再深的学识也终归于零。他们看重正直的人甚过饱学之士"。罗林又认为，如果未将道德建立在宗教信仰的基础上，则道德品格很难培养。因此，他说："我们努力的方向，乃至所有教学的目的，都必须是宗教。"当时的启蒙哲学家们很快就对这种理论提出质疑。整个18世纪，甚至延续到19世纪，关于道德是否须以宗教为必要条件的论辩，一直持续不衰。

道德

罗林的论点似乎可以道德上的阶级差异加以证实。依附宗教的农民，过着相当道德的生活；然而，这种结果可能是由于下列事实所致：整个农家是农业生产的一个单元，父亲兼具雇主的身份，而家法扎根于受到季节的轮转与土壤的需要左右的经济规约。在中产阶级中，宗教也是很生动地维系着，而且维持着父母亲的威权成为社会秩序的基础。历代各家族相组合构成的国家观念，强固了中产阶级的道德传统。中产阶级家庭的主妇，更是兼具勤勉、虔诚与母性的典范，她轻松地生儿育女，不久又回头工作；她以家庭与邻里的来往而感到相当满足，对外在虚饰的世界，那将忠贞贻笑为过时之物的世界，鲜加接触。我们很少听到在中产阶级妇女中有淫乱之事。中产阶级的父母都以身作则，他们维持传统习惯，遵从宗教规戒，互相亲爱。夏尔丹曾喜悦地将这种生活在《祷告》中表现出来。

各个阶级都实践着慈善与好客的德行。教会募集并分配捐款。反宗教的哲学家则鼓吹行善，他们基于对人类的爱心，而非基于对上帝的爱心，现在的人道主义可以说是宗教与哲学的产物。许多修道院都供给饥饿的人们食物，修女也照顾病患，医院、赈济院、孤儿院与难民所，都靠着政府、教会以及公会的基金加以维持。虽然有些主教是尘俗的奢侈者，有些主教，如奥沙、米尔普瓦、博洛涅、马赛等地方的主教，却为慈善事业贡献出他们的财产和生命。政府官吏也不尽是追逐官位和坐领干薪的寄生虫。巴黎市长将食物、柴木与金钱分送给穷人；在兰斯，一个市政委员为慈善事业捐助 50 万利维尔。路易十五具有同情与柔怯的善心。1751 年，高达 60 万利维尔的款额拨作庆贺新任勃艮第公爵生辰烟火的费用时，他便撤销了此项排演，并下令转拨该笔金额充作巴黎 600 位最贫穷少女的嫁妆，其他各地也纷纷仿效。王后也过着极为节俭的生活，其大部分花费也都用在慈善事业上，那位暴烈的摄政之子奥尔良公爵，也为慈善事业捐出了大部分财产。但这个美好的故事也有黑暗的一面：贪污与怠忽损害了慈善机构的经营。有几个医院的执事者将送来看顾贫病的金钱纳入私囊的案例。

社会道德反映着人性——自私与慷慨、野蛮与仁慈，乃至于战场上礼貌与屠杀的混杂。在下层与上层社会中，皆有不负责的赌徒，有时导致倾家荡产，诈骗更屡见不鲜。与在英国一样，在法国，政府利用人民的嗜赌发行国家彩票以获利。法国人生活最不道德的一面，是靠榨取贫穷农民的收入为生的宫廷贵族，毫不在意地过度浪费金钱。拉费尔公爵夫人的镶花边床单价值 4 万银币，埃格蒙特夫人的珍珠价值更高达 40 万。公务上的蒙骗，事属寻常。官职继续抛售，获得职位的则利用官位求取非法的补偿。相当大的税收款永远无法归入国库。在这种贪污风气中，爱国心仍振作不已；法国人永远热爱法国，巴黎人也无法长久生活在巴黎之外。几乎每个法国人都很勇敢，在马翁的围城战役中，黎塞留元帅为制止军队中士兵的酗酒，发布命令道："再有酗酒者被发现，将剥夺其参与攻城的荣誉"，酗酒情形于是几乎遏止。决斗虽被禁止，但照行不误。查斯特菲尔德曾说："在法国，一个人如不愤恨加于他的侮辱将是一个耻辱，他又因愤恨这个侮辱而完全被毁。"

嫖妓在贫人与富人中间一样普遍。在市镇，雇主付给女性雇工的工资，不够日常开支，她们只有晚间卖身以补足。当时的一位书记官，曾计算巴黎的娼妓在 4 万人左右，另一位估计在 6 万人左右。除了中产阶级外，大众对娼妓都还宽大。因为人们知道，许多贵族、教士及其他人物，都促成这种社会需要，因而促成了这项供应；人们与其义正词严地谴责那些贫穷的卖身者，倒不如谴责那些富裕的购买者。除非是迫于公私舆论攻击这些妓女，警察不甚予以置问。在舆论攻击后，整批娼妓将会被逮捕以清除政府的外围，她们会成群地被带到法官面前，由法官分别判决进监狱或医院。她们会被剃去头发和受训戒，但很快被释放，头发又长出来。如果她们惹了太多麻烦，或冒犯了哪位贵人，则可能会被放逐到美洲的路易斯安那地区。粗俗的娼妓常在巴黎的皇后大道或在隆尚步行道展弄她们的座车与珠宝。如果她们幸被选为法兰西喜剧院或歌剧院的演员，即使是临时雇用人员，通常也可免于因为卖笑而被捕。她们有些升任为艺术家的模特，贵族或金融家的娇客；有些则捕获郎君、头衔与财富；其中一位甚至变成了圣尚莫德男爵的夫人。

未经父母同意的恋爱和婚姻逐渐增加，如果双方在公证人面前宣誓，则这种婚姻也被认为合法。但在大多数情形下，包括农村的婚姻，仍由父母安排，这种婚姻是财产与家庭的结合，而不是个人的结合。作为社会的组成单元是家庭而非个人，因此家庭的延续与财产的保持，远较兴致突发的年轻人那种一时的快乐与柔情重要得多。一个农夫同他女儿说道："机会不像爱情一般的盲目。"

法定的结婚年龄，男孩是 14 岁，女孩是 13 岁，但他们从 7 岁起就可合法结婚，因为中古哲学将 7 岁订为"理性年龄"的开始。情欲的追猎高炽使得父母尽可能早地嫁出女儿，以免不适时的污辱。索韦伯夫侯爵夫人 13 岁即已成为寡妇。中、上家庭的女孩，都寄寓在女修道院，直到她们的对象选定；然后，她们赶紧从女修道院被带到婚姻的礼堂，在路上也得好好保护。唯一让人觉得欣慰的是，几乎所有的妇女在步入婚姻殿堂时仍是处女。

法国贵族蔑视工商业，而他们封地的收入又难以支付宫廷住宅与面子之需，贵族往往降而让自己没钱没地的儿子迎娶那些土地广大而且富有的上层中产阶级的女儿。通常，在这种婚姻下，这个有爵位的贵族儿子一面动用太太的钱财，一面时时地提醒太太的低微出身，而且很快地结交一位情妇以表示他的轻视。中产阶级资助大革命时，这也没被忘怀。

在贵族社会中，通奸并不被视为一种社会瑕疵；这是作为教会禁止离婚的一种愉快的代替方式。一个在军中或地方省份服务的丈夫，可以豢养一位情妇而不成为妻子埋怨他的理由。因为婚姻契约中并没有伪装着感情能够超越财产，许多贵族夫妻大部分时间都分开生活，彼此认许对方的罪过，但须优雅地遮掩起来。对于女人来说，一回只限于一个情夫。孟德斯鸠让他笔下的波斯旅客报道说："如果一个丈夫，只单单情愿拥有一位妻子的话，将被认为是公共快乐的碍事者，而想排斥其他男人而单独享受阳光者，将被认为蠢人。"洛赞公爵曾有 10 年未看到他的太太，当他被问起，如果他太太通知他怀孕的话，他将说些什么话，他像一个 18 世纪的绅士一般回答："我会写信告诉她，我对天作之合觉得欣喜；保重你的健康，我今晚要前往拜访并表示我的问候。"嫉妒在那个时代是恶劣的表达方式。

那个时代的通奸者首推黎塞留公爵的侄孙。十几位有爵位的贵妇，因为他的地位、财富与声名的吸引而轮流倒在他的床上。他 10 岁的儿子因为学习拉丁文无甚进步而被斥责时，即予反驳说："我的父亲从来不懂拉丁文，他却拥有着全法国最美丽的女人。"公爵比伏尔泰小 2 岁，他这种行径并未阻止他比后者，也就是他的朋友与放贷者，早 23 年被选为法兰西学院的院士。而他充任为国王寻求姜侍的淫媒时，舆论便对他责难起来，若弗兰夫人即禁止公爵参与她的社交圈，而称他为"集罪恶之大成者"。他一直活到 92 岁，因为早死一年而逃过了法国大革命。

配偶之间的关系尚且如此，我们可以想象到他们子女的命运。在贵族中，子女被坦然地认为是障碍。他们一生出来即交给乳母照料，而后则由女保姆兼教师和家庭老师教养长大，他们仅偶尔见到父母亲。塔莱朗说，他从未和父母睡在同一屋顶下。父母亲认为，与孩子保持一段可敬的距离，是明智之举，在这种情况下，亲近是例外，亲密则从未听过。孩子永远称呼父亲为"大人"，而女儿只亲吻母亲的手。孩子成长后，被送入军队、教堂或女修道院。至于财产的继承。同英国一样，几乎全部归于长子。

宫廷贵族这样的生活方式一直到 1774 年路易十六继位才告结束，这在另一方面揭露了上层阶级宗教信仰的沦丧。基督教的婚姻观念，就像中古时代骑士作风的理想，被弃殆尽。从罗马帝国的衰退以来，再没有任何时期像这个时代在追逐乐趣方面更赤裸裸地走入异端。正风立俗的书籍，在 18 世纪的法国虽然出版不少，但更多猥亵的书本，也秘密地广为流传。普鲁士的腓特烈大帝即如此写道："法国人，尤其是巴黎的居民，现在全是被享乐与安适削弱的奢侈逸乐之徒。"阿尔让松侯爵于约 1749 年在这种道德意识的堕落中，看出了举国灾难的另一个恶兆：

> 我们每天都在剥夺我们自己天赋的爱心，因为我们并不予以使用。心智却愈锋锐。我们越来越聪明……我预测，由于爱心的沦丧，我们的王国势将败亡。我们不再有朋友，我们也不再爱护我们的妻妾；在这种情形下，我们如何能爱护我们的国家？……人们逐日失去了我们所称的感情，这种优异的品质。爱与爱人的需要都不再存在……利益的盘算，夜以继日地吸引着我们心灵，每件事都不过是阴谋诡计的交换结果……内心之火由于缺乏滋养而告熄灭，瘫痪爬覆在爱心之上。

这是帕斯卡为波尔-罗亚尔修道院发出的呼声，也是早期卢梭的呼声，更是任何智识酝酿、解放的时代中敏感的精神的呼声。

礼仪

放荡的道德从未如此镀饰着优雅的举止，高尚的谈吐与服装、五花八门的乐趣、妇女的魅力、交往时花团锦簇的礼貌及智力和机敏的光辉。"无论在过去的法国，还是同一时代的欧洲，或过去的世界，都没有 18 世纪的法国社会那样优雅、聪明、宜人。"休谟曾于 1741 年说道，"法国人已大大地使那种艺术尽善尽美，那种最有用、最宜人的社交与谈吐的艺术。"文明一词即在这一时期将近结束时为人开始使用。1755 年塞缪尔·约翰逊编纂的字典，与 1768 年在巴黎出版厚达 30 卷的《大字典》（*Grand Vocabulaire*）中，均未出现这一字眼。

法国人在衣着上尤其感到文明，男士对衣着的关心也几可与妇女相比。在上流社会中，为追求时髦，他们每个人戴着一顶大三角帽，而且插着羽毛与金穗，但由于戴帽会搞乱他们的假发，他们通常都将帽子挟于腋下而不戴在头上。那时假发虽然小于大国王时代，却比较普遍，甚至一般工匠亦然。仅在巴黎一地便有 1200 家假发店，6000 名店员。头发与假发通常都着上粉，男发一般很长，而以一条缎带或发袋束在颈后。罩在里衣之上的是一件通常以丝绒为质料、颜色绚丽的长外套，里衬则多系柔软的丝质衬衫，背心在喉咙处开襟，并打上一条宽领巾，衣袖是长的，在手腕处有着绉绉的褶边。膝裤也是多彩多姿，长袜用白丝织成，鞋子更配以银制的扣钩。宫廷中的人为醒目起见，穿着红色高跟的鞋子；有些人还用鲸鱼骨以保持燕尾长服的适度扩展；有些人在扣眼里配上钻石；所有的宫廷男士都带着一柄剑，有些人则持拐杖。仆人、学徒与乐师不得佩剑。中产阶级倒是衣着简单，其外套与长裤都以普通的黑布做成，另外穿上黑色或灰色羊毛织的长袜，鞋子则是厚底低跟。艺匠与仆役常常穿着富人施舍的衣服。老米拉波就曾咕噜着说，他分不出谁是铁匠、谁是贵族。

妇女在她们华丽的鲸鱼骨撑大的圆裙里，仍然可以自由地活动着双腿。教士们对穿着这种弹性大圆裙的妇女，指斥为"母猴"或"邪魔的伙计"。即使太过突出，但妇女们为了能在圆裙环撑着时，表现出她们身段的高贵，也喜爱不止。克雷基夫人曾经告诉我们："我不能够和埃格蒙特夫人附耳低语，因为我们撑张着的圆裙，使我们不能靠近。"米拉第夫人的高跟鞋是用金银绣面的彩色皮做的，由于她的双足被遮盖着而更显迷人，她的鞋匠也凭着这种手艺而跻身于高等中产阶级之列；曾有关于一条美腿——通常是一只美鞋——的许多浪漫传奇。米拉第夫人平常在家中穿的绣花无跟拖鞋，也同样刺激。同样有用的是那些吸引男人游移不定的眼睛或掩藏女性款摆不定的身体的荷叶波状的裙边、缎带、扇子或其他小饰物。那些鲸鱼骨的紧身褡也撑出时髦的身段。胸部的丰满也予以舒展出来。理发的式样低塌而简单，塔状高耸的发型，一直到1763年才出现。妇女们在手、臂、脸庞与头发上都使用各种化妆品，男人在使用香水方面稍逊于妇女，每个雍容如贵妇的脸庞，都涂上或巧妙地贴上用黑绸织成并剪成心形、泪滴形、月亮形、彗星形或星形的美人斑面贴。一个显贵妇人会贴上七八个面贴在额头、太阳穴、眼旁与嘴边。她往往要随身携带一个专装面贴的盒子，以防掉落。一个有钱的妇人的梳妆台上摆满了亮闪闪的装陈各种化妆品的金盒、银盒或琉璃盒。贵妇的手臂上、脖颈上、耳上与发上闪烁着昂贵的珠宝。

受到青睐的男士可以走进闺房，并在女仆为米拉第抹胭擦粉时，与她交谈。在贵族社会中，男人是女人的奴隶，而女人是时髦的奴隶，时髦则决定在服装设计师手中。欲以节约法控制时髦或服装的尝试，在1704年后，便已放弃。一般来说，西欧追随着法国的款式，但有时也有倒流现象。路易十五与玛丽·莱什琴思卡的婚礼，带来了波兰的款式；在对抗奥地利与匈牙利战争中则引入匈牙利的款式；而太子与拉法埃拉的婚姻（1745年），又恢复了法国披肩与头纱相连的款式。

食物虽然不像服装那样讲究，但其精致与繁多，堪称一门科学，其美味则为一门艺术。当时的法国烹饪，已经是基督教世界的典范与危机，伏尔泰曾于1749年警告他的同胞说："过量的餐食，终将麻痹心灵的一切官能。"他又举出简食的人往往有敏锐的智慧的实例。阶级愈高，则吃得愈多。路易十五一桌晚餐包括汤、一片烤牛肉、一块牛犊肉、一些鸡肉、一只鹧鸪、一只鸽子，还有水果与蜜饯。至于农夫，根据伏尔泰的叙说，一个月吃肉绝少超过一次。由于蔬菜难以保持新鲜，在城市里成为一种奢侈品。鳗鱼在当时是风行的食物。有些大诸侯每年在烹饪上即花费 50 万利维尔，一位封主招待君王与他的侍臣，一餐即费款 7.2 万利维尔。在一些大官邸，仆役领班威风凛凛，他的服饰非常华丽，腰间佩着一柄剑，指间戴着一颗炫目的大钻戒。厨师都是男的。每个厨师都渴于发明几道新菜，以使他们的主人因而名垂不朽。在法国，人们吃伯勒瓦鸡肉片；另如威勒若鸡与马纳斯酱，则是纪念黎塞留在马翁战役的胜利。每日的主餐，通常是在下午 3 点或 4 点，晚餐则在晚上 9 点或 10 点。

　　那时咖啡也流行起来，并为主要饮料。米什莱一定是嗜好咖啡的人，因为他认为，咖啡从阿拉伯、印度、波旁岛与加勒比海地区大量输入法国，刺激了法国启蒙时代人们的精神。每个药剂师都在柜台上卖咖啡豆或咖啡。1715 年，巴黎一地即有 300 家咖啡馆；1750 年，则有 600 家之多。法国其他市镇也增长得很快。在普罗科佩咖啡馆，因为馆里始终保持着黑暗——有狄德罗在撒播思想，伏尔泰乔装听人们对他最近剧作的批评。这样的咖啡馆也是平民的聚会场所，在那里，人们玩棋子和骨牌。更重要的，是天南地北地闲谈，因为随着城市人口的增长，人们也愈来愈孤寂。

　　俱乐部是私人的咖啡屋，会员数目有限，旨趣也各不同。阿拉里修道院长即于 1721 年成立了恩彻索尔俱乐部（设在他房子的第二层），那里，约有 20 位政治家、法官和文学家，集会讨论那时的社会问题，包括宗教与政治。博林布鲁克先创"俱乐部"这一名称，后传入法国。在那里，圣皮埃尔神父解释他的社会改革与永久和平计划，其中有些内容颇令福勒里大主教担忧，因而于 1731 年下令解散这一俱乐部。3 年后，英国保皇党在法国的避难者又在巴黎建立第一所自由共济会。孟德斯鸠也加入这个组织，其会员还包括好几位高级贵族。这个俱乐部充作自然神教者的避难所，也作为一个政治阴谋的活动中心。它成为英国影响传入的一条孔道，也为哲学家铺开了道路。

厌倦了家事的纠缠，男女蜂拥到散步场所、舞厅、戏院、音乐会与歌剧院；富人们耽于狩猎，资产阶级则爱好参加一些乡村节日。布洛涅森林、艾丽斯宫廷广场、吐纳瑞斯宫花园、卢森堡花园与那时被人称为皇家花园的植物园，都是驾马车、散步、情人聚会及复活节游行的胜地。如果人们留在家中，他们会玩各种室内游戏、跳舞、欣赏室内音乐会与私家演舞以消遣。人人都在跳舞，芭蕾舞渐渐演变为一种复杂的皇家艺术，甚至国王本人也时而腾跃着舞步并扮演舞剧中的一角。芭蕾舞师如拉卡马戈与拉高辛往往是全镇举杯敬祝的对象，他们也是百万富豪如佳肴一般不可缺少的节目表演者。

音乐

自从吕里在路易十四面前献艺胜过莫里哀后，音乐在法国逐渐衰退。法国对音乐不像意大利对音乐那么疯狂（后者甚至可以忘记其在政治上的臣属地位），也没有德国的孜孜于作曲艺术，产生了巴赫宏大的弥撒曲和音调延长的基督受难曲。法国音乐正从古典的形式演变为巴洛克富丽的形式与洛可可优雅的格调；从复杂的对音删除法演变为适合于法国国民性的流畅节奏与温柔的主旋律。普受欢迎的作曲家仍然发表着情爱、讽刺与悲哀的曲子，来崇拜少女、抗衡国王、贬乏守贞与延误。音乐赞助者从国王到贵族、金融人士皆有。卢梭的《幽雅的女神》（*Les Muses Galantes*）歌剧，即是在一名叫拉·波佩林尼雷的总包税人家里写成的。有些富人拥有私人的管弦乐队。圣乐团（Concerts Spirituel）在巴黎举行定期的公开售票音乐演奏会。这个乐团于1725年组成。随后，法国的其他城市纷起效法。歌剧通常于下午晚些时候在巴黎皇宫举行，在晚上8点半结束，听众结束后，仍穿着晚礼服在吐纳瑞斯花园散步，这时，歌手与乐师则在室外款待他们，这是巴黎生活许多迷人之处的一面。

我们阅读狄德罗《拉摩的侄儿》时，可以看出当时法国有多少名噪一时而今已被遗忘的作曲家和演奏家。在这段时期，只有一位作曲家的作品，迄今仍然广为流传。拉摩（Rameau）酷爱音乐，他的父亲是第戎圣艾地教堂的风琴师。根据一些热情的传记家的记载，他在7岁时就能读出任何一首放在他面前的曲子。在大学里，他过度沉迷于音乐致使耶稣会的神父令他退学。此后，他几乎没有再翻过任何一本音乐以外的书籍。不久后，他已精通风琴、大键琴与小提琴，第戎再也无法教他其他任何东西。当他醉心于恋爱之际，他父亲认为这是对他天才的一种浪费，于是1701年送他到意大利研究音乐的奥妙。

拉摩回到法国后，他在克莱蒙－费朗担任风琴师，1709至1714年回到第戎继承他父亲的位置，1716年又回到克莱蒙担任风琴师，1721年在巴黎定居。第二年，即他39岁那年，他写了那篇在18世纪的法国非常杰出的乐理作品——《协音的自然原理》。拉摩认为，在任何一组调和的乐曲中，无论标出与否，都有一个基础音，所有的谐音都从基音之上产生，一切和音都可从部分音调的和谐系列中推演出来，这些和谐音组可以颠倒秩序而不丧失其同一性。拉摩所写的只有最深刻的音乐家才可以了解，他的观念却引起了数学家达朗贝尔的兴趣，后者于1752年用更浅易的方式说明出来。今天，由拉摩推想出来的和谐音组法则仍然是音乐作曲上的理论基础。

虽然受到一些批评者的反对，拉摩仍然不时地以他的乐曲与说明予以反击，直到他最后受人崇拜。他使音乐凝为法则，如牛顿将星辰凝为法则一样。1726年，以43岁的年纪，他娶了18岁的玛丽·芒戈。1727年他将伏尔泰的抒情剧《参孙》谱成乐曲，但这一剧作不准演出，理由是《圣经》故事不能降格为歌剧。为了生活，拉摩不得不在圣布雷顿教堂充任风琴师，在他征服歌剧舞台之前，已达50岁之龄。

1733年，佩尔格兰修道院院长根据拉辛的《费德尔》（Phèdre）剧本编成《希波吕托斯和阿丽西》（*Hippolyte et Aricie*），让拉摩谱曲。但他事先从拉摩那里取得一张价值 500 利维尔的支票，作为保证金以防歌剧失败。该剧排演之际，这位院长对剧中的音乐满意得在第一幕结束时，便将那张支票撕毁了。该剧在音乐学院的公演，因为与吕里以来已沿袭为神圣传统的作风大相背离，而使观众大为吃惊。评论家抗议拉摩的新节奏、怪异的变调与弦管乐的细密，甚至弦管乐队也讨厌其中的配乐。拉摩一时想整个放弃在歌剧方面的努力，但他次一出歌剧，1735 年发表的《印度情郎》即以音乐的流畅而赢得观众的欢迎。他于 1737 年发表的《卡斯托和波利克斯》（*Castor et Pollux*），在整个法国歌剧史上更是伟大的胜利之一。

然而成功宠坏了他。他曾夸口能将任何剧作改写为一出好歌剧，甚至一篇报纸也可配上音乐。他完成了一长列漠无感情的歌剧。音乐学院的经理厌倦他时，他便为大风琴、小提琴与风笛谱出许多乐曲。路易十五或蓬巴杜夫人予以支援，而让他为伏尔泰的《那瓦尔公主》谱曲。该歌剧于 1745 年在凡尔赛宫重振声威。他重新获得音乐学院的支持，写下更多歌剧。巴黎人渐渐熟悉他的风格后，吕里也就渐被遗忘，这时，他们称誉拉摩为音乐世界中无与匹敌的国王。

1752 年，拉摩再度面临新的挑战。许多乐师与作曲家从意大利前来法国，法、意两国音乐之间因而惹起了一场闹哄哄的论战。一直到 18 世纪 70 年代，普契尼与格鲁克两人的对抗达到高潮。一群意大利乐师在巴黎歌剧院，演出佩尔戈莱西的《拉瑟瓦·帕德罗纳》这出古典的诙谐歌剧以为剧中的穿插剧。法国音乐则以小册子与拉摩对抗。法国宫廷于是分成两派：蓬巴杜夫人支持法国音乐，王后则为意大利音乐辩护。格里姆于 1752 年攻击所有的法国歌剧，而卢梭甚至宣布法国音乐根本不像音乐。卢梭在他 1753 年出版的《论法国音乐信函》一文中的最后一段话，是他自己情绪不平的典型范例：

　　我相信，法国音乐既无拍又无调，我已经解说得很清楚了，因为法国语言本身即无法允许这些音乐的特质存在。法国的歌唱只是一连串的狂叫与抱怨，对于任何一只不带成见的耳朵而言，可说无法忍受。法国音乐的和声粗糙而不明朗，感觉纯从老师那里学来。法国的曲调不成曲调，叙唱曲不成叙唱曲。我因而做结论说，法国人没有音乐，也无法有任何音乐。即使法国人曾经有过任何音乐，则有比没有更糟糕。

法国音乐的支持者出版了 25 份小册子，并将卢梭的雕像在歌剧院门口烧毁，以为报复。拉摩在此争战中很不情愿地被用作对抗的榜样。这个争战平息下来后，拉摩虽然被宣布为胜利者，但他承认法国音乐有许多尚须向意大利学习之处。他又说，如果他不是太老的话，他愿意再到意大利研究佩尔戈莱西及其他意大利音乐大师的方法。

拉摩那时声望高隆，但也有许多新旧仇敌，他更因为出版一本小册子揭露刊在《百科全书》上有关音乐的文章的错误而加深了这些旧恨新仇。卢梭即是这些文章大部分的执笔者，他对拉摩因而恨之入骨。身为《百科全书》之父的狄德罗，在《拉摩的侄儿》一书中带着礼貌的歧视驳斥这位年老的作曲家。但他出于风度而未予以刊出：

这位有名的音乐家，把我们从曾吟诵逾百年的吕里的简朴歌曲中释放出来，他写了许多有关乐理的幻想呓语及天启的真理——他与其他任何人都无法了解的文章。我们从他那里得到了许多歌剧，而在这些歌剧中，我们发现了和声、不规则的歌调、不相关联的观念、撞击、翱翔、胜利的游行、枪矛、歌颂……及存在于任何时代的舞蹈旋律。

1760 年，77 岁的他，在自己编的歌剧《达尔达努斯》（*Dardanus*）重演时，出现在一个包厢上，接受热烈的欢呼。国王赐予他一张贵族的褒任状，而以他为傲的第戎城，也豁免他本人及他家的市税，直到他去世。在他荣誉的顶峰时，他染上了伤寒症，很快消瘦下来，结果病逝于 1764 年 9 月 12 日。巴黎为他在圣欧斯塔教堂举行安葬礼，法国许多城市也为他举行了纪念仪式。

沙龙

巴黎在当时与其说是法国，不如说是世界的文化首都。杜克洛说："那些住在距巴黎 300 英里之外的人们，他们在行为与思想上也落后了 100 年之久。"历史上也许从来没有一个城市具有如此多彩多姿的生活。文质彬彬的社会与高超的文学，在使人陶醉的亲密环境下结合在一起。那些受过教育的巴黎人，早已摆脱了对地狱的恐惧，变得空前的欢乐而不在乎，他们认为天上根本没有全能的巨人在窃听他们的罪行。心灵解脱后，一个没有神明与道德目标，因而在无足轻重的凛冽中颤抖的世界，并未产生灰暗的结果。谈吐活泼，机智嬉戏挑逗而噼啪有声，而且常常堕入肤浅的揶揄；思想停在事物的表面，好像害怕发现里面空无一物；丑闻的闲话从一个俱乐部很快地传到另一个俱乐部，从一家流传到另一家。但谈话也时时胆大到论及今日罕曾冒险论及的政治、宗教与哲学方面的尖锐问题。

法国当时社会的灿烂多姿，是因为女人是那个社会的生命。她们是整个社会崇拜的神，同时决定了社会的风格。尽管有习俗与其他种种阻碍，妇女仍能得到足够的教育，以与她们喜欢款待的知识界巨擘聪明交谈。她们在参加科学家的演讲会上，与男士匹敌。随着男人在军营中时间的减少及在首都与宫廷时间的增多，他们对妇女的妩媚也就愈来愈敏感。女性行动的优雅、声音的悦耳、精神的活泼、眼睛的明亮、心智的细密、虑念的体贴、心灵的善良，使得她们成为每一文明的可人儿。但也许没有其他任何文化，能像 18 世纪的法国以自然、训练、衣着、首饰和化妆品，使她们成为如此迷人的巧妙佳作。然而，这一切诱人之处仍无法解释妇女的权利。操纵男人尚需智力，而女人的智力足以与男士匹敌，有时还凌驾其上。女人对男人的了解，甚至超过男人对女人的了解，男人的鲁莽往往令其不够成熟，而适度的退缩让具有接纳力的妇女有充分时间观察、试验并谋划她们的策略。

随着男人敏感性的增强，女性的影响力也增长不已。男人在战场上的勇敢，转而在沙龙、闺房与宫廷上寻求回报。诗人也因发现美丽而有耐心的女听众而颤悦不已；哲学家如果能得到有素养、有地位的女人的聆赏，也会觉得特别荣耀；即使是最饱学的学者，也会在酥胸与沙沙舞动的丝绸中找到智慧的灵感。因此，在她们“解放”之前，妇女已经操纵着相当的威权，成为那个时代的一个显著特色。韦泽·勒布伦夫人事后回忆道：“女人统治那个时代，大革命的到来才把她们从主座上推下来。”她们不但教男人礼仪，还在政治，甚至在学术上，操有升降之权。因此唐森夫人担保了马里沃而非担保了伏尔泰于 1742 年被选为不朽院的一员。追求淑女是成功的秘诀，找到某个男人所爱的女人，那也就找到了拉拢那人的途径。

唐森·克洛迪娜是继蓬巴杜夫人之后在 18 世纪前叶摇撼法国权力的一位有趣的女性。我们曾见她从一个修道院中逃出，并造就了达朗贝尔其人。在巴黎，她在圣安诺街安置了一个家，而在那里接待了许许多多的爱人，其中包括博林布鲁克、黎塞留、丰特内尔，几个修道院长及巴黎警察局局长。传言中甚至连她兄弟也在名单之列，但可能仅仅是出于姐妹的一种关爱之心，他即使做不成首相，至少也要变成一位红衣主教。她通过她的兄弟及其他人士而成为法国的一种权力。

首先，她广撒金钱。她投资约翰·洛创办的公司，适时地出卖股票。她作为查理·弗雷斯奈的财产监护人，后来却拒绝归还这些财产，害得他在她的房间里自杀，留下宣告她为窃贼的遗嘱（1726年）。虽然唐森夫人被送入巴士底监狱，她的朋友合力保释她出狱。她仍然保有大部分金钱，不顾巴黎城与宫廷中的闲言闲语。

约 1728 年，她除了床第外另添一间客厅，作为通向权力的踏脚石。每星期二晚上，她都备下晚宴款待一群被她称作怪异的名人：丰特内尔、孟德斯鸠、马里沃、普莱沃、爱尔维修、阿斯特吕克、马蒙泰尔、查理·埃诺、杜克洛、马布利、孔多塞，查斯特菲尔德伯爵偶尔也会在席中出现。参加者通常全是男性，因为唐森夫人无法忍受任何在她桌边的竞争者。她对那些男人完全放任，他们反对基督教，她也不以为意。各个阶层人物在那里都一律看待，伯爵与平民等量齐观。照传统的说法，这里有 18 世纪漫无限制的畅谈中最灿烂而深入的谈话。

经她的客人、情人，甚至她的告诫神父，她暗中操纵凡尔赛到罗马的权力活动，她的兄弟并无雄图大志，他向往安静而简朴的地方生活。但唐森夫人却代为安排一切，最初他被任命为大主教，再后升为红衣主教，最后迁升为国务会议中的一员。唐森夫人又帮助沙托鲁夫人成为路易十五的情妇，让她去鞭策国王亲自率领军队参加战役。她察觉路易十五本人的颓丧不振，是法国政治衰退的原因与恶兆。她想如果她能成为法国的首相，政府也许会比较上轨道与有活力，这点或许也对。在她的客厅里，人们大胆地讨论着王朝的堕落和革命的可能性。

她老年时忘记了她以往的罪行，与耶稣会教士结为同盟，以反对詹森教派，她与教皇本尼狄克特十四世过从甚密。为感谢唐森夫人对教会的贡献，教皇还送给她自己的肖像。孟德斯鸠于 1748 年出版的《论法的精神》一书在起初并未引起大众的关注时，她几乎将第一版全部买下，然后免费赠送给她的许多朋友。她管教年轻的马蒙泰尔，并且似母亲般地加以督导——尤其让马蒙泰尔与妇女而非与男人结交以作为在现实社会里升迁的一种手段。她本人成为一位作家，而以无名氏具名，以隐匿作品的不够精密，她的两个爱情故事，曾被友善的批评者比喻为拉斐特夫人的"克利夫斯王子"。

唐森夫人于 1749 年去世，享年 68 岁。老丰特内尔疑惑地问道：

"现在每个星期二晚上，我该在何处进餐？"随后，他又愉快地自我回答道："很好，那我就到若弗兰夫人家去用饭好了。"也许，我们只好到那里与他碰头了。

与唐森夫人的沙龙几乎同样久远的，是杜德芳夫人的沙龙。杜德芳夫人6岁时即父母双亡，被送到一座稍具教育名声的修道院。她在幼年就已经问了一些极具智慧的问题，修道院的女主持茫然地将她转托给那位饱学的教士马西永，而这位传教士也无法解释那些并非理智可以解答的问题，因而认为她无药可救。21岁时，她由一门政治上的婚姻变为杜德芳侯爵夫人。然而，她不久就发现她丈夫无法忍受的平庸，于是达成协议，在得到丰厚的赡养费后，两人同意仳离。在巴黎与凡尔赛，她纵情豪赌，她以后回忆道："那时只想到赌博一事。"然而在3个月的豪赌惨输后，"我对我自己感到恐怖，进而使我祛除了那种愚蠢"。随后，她变成大摄政的情妇，也过了一段俭省的生活，不久，她转而依靠摄政的政敌梅因公爵夫人。在索镇，她遇到了首席检察官查理·埃诺，他变成杜德芳夫人的情人，然后退隐为她终生之友。

杜德芳夫人在与她兄弟同住过一段时间后，搬进那座伏尔泰行将在那里逝世的波恩街上的一座房子。早已以美貌、闪烁的眼眸及无情的机智闻名的她，很快地在她餐桌上吸引了一群名人，组成几可与唐森夫人的沙龙齐名的沙龙（1739年后），那些名人包括埃诺、孟德斯鸠、伏尔泰、夏特莱夫人、狄德罗、达朗贝尔、马蒙泰尔与施塔尔·罗内夫人……1747年，50岁的她在圣多明尼街的圣约瑟修道院购置了非常漂亮的寓所。修道院通常允许老处女、寡妇和离婚妇女住在院里，而这些房间通常在修女院特别区域之外，但这位有钱又多疑的夫人的套房在修女院院墙之内。事实上，杜德芳夫人所住的房舍，是那位修道院有罪的创建者蒙特斯潘夫人原先住的房舍。杜德芳夫人的沙龙也随着她安置在她的新居里，也许这种环境吓阻了那些哲学家。狄德罗自此不再前来，马蒙泰尔也成了稀客，格里姆仅偶尔来来，不久，达朗贝尔也转去别处。在杜德芳夫人厅堂相聚的新客绝大多数是旧贵族的后裔，如卢森堡与米尔普瓦两位元帅及其夫人，布夫莱尔与瓦泽尔公爵夫妇，艾吉永、格拉蒙特与威勒瓦等公爵夫人，及杜德芳夫人儿时和终身之友彭德威勒。他们一般在傍晚6点钟来到杜德芳夫人的客厅，9点进晚餐。他们在那里玩牌，赌博，畅谈政治、文学与艺术，在凌晨2点左右离开。到巴黎来访的外国人，都渴望能受到这个贵族智慧团的邀请。巴斯侯爵曾于1751年报告说："我回想有一天晚上，话题转到英国的历史时，我是多么讶异而困惑地发现那群人了解我们的历史，居然比我们自己强得多。"

杜德芳夫人在这群沙龙人士中是最聪明也是脾气最坏的一位。她不仅傲慢多疑，而且公然表现出自私。爱尔维修在《论精神》一书中力述拉罗什富科的观点，认为凡人行为的动机无不为自己设想时，她即加评论说："呸！他只不过表明了每个人内里的秘密而已。"就像描述夏特莱夫人的情形一样，她能够表现轻蔑的讽刺。她看到了法国生活的每一面，却未见到法国人简单而柔和的一面；她认为穷人在他们能力范围之内，也与富人犯下同样的恶行。她对哲学家所提的关于乌托邦的热望，并不多过她对古昔信仰的慰藉神话的寄望，她避免结论，而宁取优秀的风范。她视狄德罗为一只笨猪，起初喜欢而后又憎恨达朗贝尔，她崇拜伏尔泰，因为他在态度与心智上同样地脱俗超群。她在1721年与伏尔泰相遇。伏尔泰逃出巴黎后，她便在1736年开始与伏尔泰通信，成为法国古典文学中的杰作。她的书信在灵巧、深入、修辞与技巧上，可与伏尔泰媲美，但在平和、安适与优美上，则较逊色。

55岁时，她开始丧失目力，她看过无数个眼科医师，又找过无数个江湖郎中。经过3个年头的挣扎而双目完全失明（1754年）后，她通知她的朋友，如果他们还要继续出席在她寓所的聚会，他们必须要能容忍一个瞎眼的老妇人。然而，他们还是照常前来，伏尔泰甚至从日内瓦赶回，称赞她说，她的智慧甚至比她的眼睛更为明亮。他鼓励她，即使为激怒每年付她养老金的那些人士，她也要继续生活下去。她找到了莱斯皮纳斯这位美丽、活泼动人的年轻失明的女郎，帮助她接待宾客。她又活了 26 年，过着高贵又顽强的生活。我们也希望能再次遇见她。

这是一个光明灿烂的时代，因为这个时代的女人兼具着智慧与美丽，超越以往任何时代的女人。因为这些女人的存在，法国的作家才能用情感去燃烧他们的思想，并以机智去滋润他们的哲学。如果不是因为她们的存在，伏尔泰如何能成为伏尔泰？即使是那位粗犷又郁闷的狄德罗，也承认说："妇女使我们能够抱着趣味与清晰的态度去讨论那些最干枯无味又最棘手的论题。我们可以无休止地同她们谈话，我们希望她们能够听得下去，更害怕使她们感到厌倦或厌烦。由于这种缘故，我们渐渐发展出一套特别的方法，能够很容易地将我们解释清楚。而这种解释的方法，最后从谈话变为一种风格。"法国的散文由于女人而变得比诗璀璨，更因为女人，法文也变为一种娴和、高尚而又彬彬有礼的语言，读来令人愉悦又崇高无比。也因为女人，法国艺术也从古怪的巴洛克式演变为一种优美的式样与风格，进而点缀着法国生活的每个层面。

第三章 | 美的崇拜

洛可可式的胜利

介乎摄政时期与七年战争的路易十五的时代——女人与众神挑战，争为崇拜的对象，而美的追求也与信仰的虔诚与战争的热火，相为对峙。在艺术与音乐上，与在科学与哲学上一样，超自然的东西在自然的东西之前退却。一位妇女凌驾在一位沉迷声色而又敏感的国王之上，使纤巧与情愫一时得势起来。始自菲利普·奥尔良摄政时期生活上的享乐主义，到蓬巴杜夫人达到极致。美丽不仅是单纯"触觉上的价值"，它是既可触摸，也可观赏的娱人之物，这从塞夫尔的瓷器到布歇所画的裸体画，无不如此。娱乐代替了崇高，优美取代了尊贵，雅致迷人也替换了宏伟与庄严。在一个可预期的巨变中，少数享乐主义的富豪，希望在那个脆弱的世界消失以前，享尽人间的一切乐趣，洛可可式的艺术即根源于此。在这种坦白而通俗的形式下，线条欢跃着，颜色柔和地延伸着，花儿没有了刺，所有的主题，都在逃避悲剧而强调生活中光明的潜在部分。洛可可式是巴洛克式的最后阶段，也是想象对真实的反叛，更是自由反抗秩序与法规。但洛可可式并非全无准则，这种形式下的作品仍有逻辑与架构可寻，它使形式富有意义，但厌恶直线与尖角，它也躲避着均整，而且倘若发觉任何家具，未经雕刻，便觉痛苦。尽管有其矫饰的美丽，洛可可式产生了在精致与典雅上难以超越的数以千计的产品。在半个世纪中，洛可可式让一些不被重视的艺术变成为法国的主要艺术。

在这一时期中，与在中古欧洲一样，艺术家与工匠再度合而为一，那些能够美化生活的手工艺者，同那时的画家、雕塑家、建筑师一样受到礼敬。

家具从未如此精美。在这种"路易十五的风格"中，家具不再像路易十四时代那样纪念碑似的宏伟，家具主要为了舒适而非为了尊贵而设计。它更适于女性柔美的轮廓与精巧，而不适合于炫耀与宏伟。沙发为求能适合各种人的偏好，有各种各样的形式。伏尔泰写道："社会行为比以前安逸，仕女可在沙发与长靠背椅上阅读，而不会让朋友和认识的人感到尴尬。"床都套上细致的床罩，床板也绘上图样或罩套，床柱漂亮地雕刻着，为迎合新的一代爱好，爱神维纳斯甚过爱好战神的需求，许多新式家具一一出现。宽大、厚垫并有罩套的有靠背椅子、缀锦沙发、长椅、写字台、书桌、橱柜、脚凳、座架、梳妆台、餐具柜，所有这些家具在实质上，已经具有保持到现在的形式，甚至名字。在路易十四时期安德烈·布勒介绍的"布勒细工"——在家具上镶上金属或贝壳——由他那些为路易十五制作楼阁的儿子流传下来。在那些上漆、镶木与涂染的木制家具上，更镶嵌以十余种不同形式的细工。伏尔泰曾将法国一些18世纪的漆器，与来自中国或日本的漆器相提并论。奥珀诺、厄尔奔、卡菲耶里、梅索尼耶等匠工，他们设计与装饰家具的技术杰出得使外国的工匠也聚集到法国拜师学艺。法国的风格从伦敦流传到圣彼得堡。加斯特·梅索尼耶（Juste Meissonier）一人娴习十余种技艺。他能造屋、装饰内部、设计新型家具、塑造烛台与银器、设计鼻烟盒与表壳，布置排场的葬礼或婚礼，还撰写了几本书传授他的技巧，他几乎是那个时代的工匠大师。

17世纪庆典式的公开社交活动渐渐被路易十五时代私人之间的亲密和交谊取代后，室内装饰从华丽转为精致。在这方面，这个时期也标示出一个顶峰状态。各种家具、地毯、套垫、艺术品、挂钟、镜子、镶板、缀锦、帘子、图画、天花板、烛台，乃至书箱，在颜色与式样上，都呈现出一种让人心满意足的调和。有时，我们甚至怀疑，人们买书是为装订的颜色式样还是书本的内容，我们也可以了解到这种乐趣，因为我们往往带着羡慕的眼光，去注视着私人图书室内，那些安置在镜后而嵌入墙内的美丽书柜。1750年以前，法国人家中很少有餐厅设施。餐桌通常能够容易地扩张或移动，这主要是因为在宴客时，来宾往往多到难以计数。壁炉架不再是那种自中古时期一直延传到路易十四的庞然大物，在这段时期，它们盛为装饰，女体般的柱子偶尔也用来支持壁炉架（这是这一时期一种罕见的低劣格调）。取暖几乎完全借助敞开的壁炉，这些壁炉则用装饰的屏幕遮隔着，但在法国，我们也偶尔能像在德国一样，见到一座以彩陶为面的火炉。照明是靠着蜡烛，有成百种不同的装置法，其最讲究者是那些用石料、水晶、玻璃或黄铜制成的巨大而亮闪闪的烛台。

用淡色与纤巧装饰的墙板，在18世纪逐渐取代了缀锦。在这一时期，缀锦艺术呈放出最后的异彩。几乎在各种不同的纺织品上——从锦缎、刺绣织品、织锦到巨幅的地毯与帘子，法国都可与东方最好的纺织品较量。亚眠专精于花式丝绒的生产，里昂、图尔与尼姆则以生产丝织品闻名。在里昂，让·皮勒蒙特、让·巴普蒂斯特·休特与其他工匠，将墙上的悬挂物绘上或织上中国与土耳其的图样与景色，使蓬巴杜夫人倾心不已。缀锦在巴黎与博韦的国家工厂中，或在奥比松与利维尔的私家工厂中纺织而成。这些缀锦在这个时期，已经丧失了挡风防潮的实用功效，而纯粹作为装饰之用，它们在面积上也逐渐减少，以适合较小房间之用。戈布林与博韦的纺织工人，按照当时著名的画家设计绘制的图样与颜色纺织。最漂亮的15幅缀锦，是由戈布林于1717年，按照安东尼·夸佩尔所画用以说明《堂吉诃德》的人物形象编织而成。就如我们将要看到的，博韦的纺织匠按照布歇设计的图样，制造出一些很好的缀锦。原先是肥皂工厂的萨翁尼里斯厂，1712 年重组为"皇家波斯近东式样地毯制造厂"。很快，该厂便推出了以精巧绘图、色彩杂异与柔软丝绒闻名的巨幅地毯。这些都是18 世纪法国最好的地毯。为富人的椅子制出精细的套垫的，便是这些缀锦工厂。许多穷人的手指都织得起了厚茧，以让富人臀部免于生长厚茧。

法国陶器工人也步入快速发展时代，路易十四时代的频频战争给了他们一个机会：那位年老的国王为了发饷给他的军队，熔解了他的银器，改用彩陶代替，而且命令臣属照样遵行。不久，彩陶工厂在鲁昂、利维尔、索镇、斯特拉斯堡、穆斯捷斯特、马赛等城市，纷纷建立。路易十四逝世后，对彩陶盘碟及其他器皿的爱好，也鼓励了制陶业者制成欧洲彩陶史上最优良的一些产品。名艺术家像布歇、法尔科内、帕茹也为法国彩陶业绘图凑样。

同一时期，法国逐步发展制瓷工业。在欧洲，各类软质瓷器早已制作——可追溯至 1581 年的佛罗伦萨与 1673 年法国的鲁昂。然而，那些产品仿效中国的瓷器，但不是出自于硬质的高岭土或像远东地方以高温融合的瓷石土，而是出自软质的黏土，以低温焙制，而且盖上一层光滑的玻璃面。即使如此，这些法国的软瓷瓷器，尤其是在尚蒂伊、万塞纳与邻近巴黎的维勒瓦烧制的，都很漂亮。硬质瓷器继续从中国与德国的德累斯顿进口。1749 年，蓬巴杜夫人曾从路易十五那里，哄诱出 10 万利维尔，又自私人方面募集 25 万利维尔，以扩展万塞纳软质瓷器的生产。1756 年，她将万塞纳成百的瓷业工人迁移到巴黎与凡尔赛之间的塞夫尔较宽敞的建筑物中。1769 年，法国便在该地开始制作真正的硬质瓷器。

金匠与银匠为法国王室将金银块制成各种美丽的奢侈器皿，以备紧急时，能够很容易地予以熔解。路易十五时代，中产阶级更需要银器作为器皿与装饰之用。我们现在使用的各种器皿，在 18 世纪的法国，几乎都已具形：食蚝叉、冰匙、糖匙、狩猎器具、旅行器具、可以折叠的刀与叉更加上精美雕刻或塑制的盐罐、茶壶、水罐、细颈瓶、盥洗用具、烛台，等等。在个这方面，路易十五时代的器皿用具是最纯真的法国风格。金银匠也制作一些小盒子，男女都可用以装放鼻烟、药丸、化妆品或甜食，另外制造盥洗及女人闺房中使用的成百种容器。孔蒂王子曾收藏 800 个盒子，各不相同，而且都是由名匠用珍贵金属制作而成。许多其他质料也与金银充作同样用途：玛瑙、珠母、璧琉璃等。珠宝的刻凿与镶饰是金银匠公会 350 名工匠的专利。

金属制品在精巧的形式与涂饰上，具有这个时代的特色。柴架错综复杂的式样往往采自神话寓言，通常为奇形怪状的野兽。金镀的黄铜常用以制成或装饰柴架、火炬、枝状烛台与一般烛台，或是作为时钟、气压计、瓷器或玉石的框子。18 世纪是现代黄铜的顶峰时期。怪物似的时钟或宝石手表都可用黄铜、珐琅、银或金子，雕镂得精美无比。某些火炬，像法尔科内为凡尔赛宫所做的火炬，都是雕塑的杰作。小型饰物与奖牌，也是那个时代的诱人之物。罗埃蒂家族在一个世纪中，制成 5 件金属雕制品，他们的技艺极为高超，以致皇家艺术院将他们与其他最杰出的画家与雕塑家一起延入该院。在生活的小物件上，18 世纪展示了它最不在乎的财富与最精细的艺术。塔莱朗说：“那些不在 1789 年以前生活的人们，是无从知道甜蜜的生活会是怎样的一种情况。”——如果他能选择所属的阶级，并能逃避断头台的话。

建筑

建筑几乎不受洛可可式的影响。由于居住上稳定的需要比趣味的风潮更重要，建筑风格不如装饰风格易于改变。柯尔伯于 1671 年组织的皇家建筑学院，仍然由具有路易十四时代传统的继承者加以领导。罗伯特·科特（Robert Cotte）继续完成凡尔赛宫的芒萨尔的工作；热尔曼·博埃法文是芒萨尔的学生；雅克·加布里埃尔（Jacques

Gabriel）及其儿子雅克·安热也是芒萨尔的旁系后生。这些人以圆柱、柱头、楣梁与圆顶保存了巴洛克式，甚至半古典式的建筑外观，但其中许多建筑的内部，呈现了洛可可式的轻佻。

信仰的没落，难得激起人们建造新教堂。虽然如此，仍有两座教堂换了正面。1736年，罗伯特·科特以古典的圆柱与山形墙刷新了圣洛可教堂的正面。而1733年至1745年，让·塞瓦多尼（Jean Servandoni）为圣萨比教堂设计一个具有肃穆的勃拉底风格的古朴与柱头呈涡卷型的大块双层柱廊。真正表达出那个时代的精神的，还是俗世的建筑物。数座王宫在这一时期完成，后成为部长与外国使节的馆舍：1721年建成的马蒂龙宾馆先变作奥地利大使馆，后成为首相的官邸；1722年至1750年完成的波旁宫，一部分并入议会大厦；1742年重新改建的苏比斯宾馆，也变作国家档案馆。

在马里尼侯爵担任建筑长官期间，许多建筑师、雕塑家、画家与室内设计师被重视起来。侯爵为他们寻找住处，并让他们拥有相当的收入。他最喜欢的建筑师是雅克·加布里埃尔，后者全心全意地拥护古典传说。1748年《艾克斯·拉·柴培尔条约》签订后，爱德蒙·布沙东忙着为路易十五雕塑一座骑在马上的雕像，加布里埃尔则受邀设计这座雕像四周的缀景。他在杜勒利公园与爱丽斯广场之间的一大块空地的四周，围上了栏杆，而且开辟了一些低洼的花园。在这块空地北端，加布里埃尔兴建了现在的纯古典式的克里龙旅舍与现在的陆战队总部。为了点缀这片广场，他又竖了四座神话主题雕像，巴黎人很快就以国王的四位情妇分别命名为迈利、温蒂米尔、沙托鲁、蓬巴杜。这片广场则被命名为路易十五广场，现在人们称之为协和广场。值得安慰的是，我们知道在约200年以前，这块广场也有交通拥塞的情形。1752年，加布里埃尔又建成了那在比例上非常匀称的军校，那里科林斯式的圆柱与罗马广场中的任何圆柱子一样优美。

在这个朝代，不只是巴黎改头换面，在尚蒂伊，波旁公爵雇佣让·奥波特为他的马匹与爱犬建造兽栏，其宏大壮丽可与农夫的茅舍构成对比。在洛林省，斯坦尼拉斯（Stanislas）将南锡建造成法国最美丽的城市之一。在那里，博埃法尔完成他的老师芒萨尔着手建造的大教堂。埃马纽埃尔更于 1750 年至 1757 年，在南锡建造了一座洛可式的市政厅，以及斯坦尼拉斯广场。它由一座公共花园与一座凯旋拱门通往卡利维尔广场与行政大楼，更有让·拉摩以铁栏护卫着斯坦尼拉斯广场。在现代艺术上，这是同类中最杰出的作品。里昂也兴建了路易大帝广场，在南特、鲁昂、兰斯与波尔多，也建造了皇家广场。图卢兹也兴建了一座贵族议会院。鲁昂到处是可爱的喷泉，而在桑斯、南特与布卢瓦，则有宏伟的桥梁美化着城市。在蒙彼利埃，散步场所得以扩建。1730 年至 1760 年，加布里埃尔将波尔多彻底改造成一座现代城市，有公共广场、宽阔的街道、空旷的公园、一块相当美丽的滨海区及许多具有宏伟的文艺复兴风格的公共建筑物。

法国式的建筑超越了国界，法国的建筑师受命在瑞士、德国、丹麦、俄国、意大利与西班牙各国，承建工程。18 世纪中期，法国在军备力量与政治威权上虽然渐趋衰微，在礼仪与艺术的影响上，却如日中天。

雕刻

雕刻的功用长期以来是装饰之用，在路易十四时代，它负责添饰巨大的宫殿与伸展的花园。在路易十五时，逐渐失宠，原因是皇家对建筑的狂热已使狂热本身和法国为之耗竭。富豪都躲藏在较小的屋子里，而英雄题材的雕刻，无法在画室和女人闺房中立足。雕刻家抱怨道，皇家绘画雕刻学院将大部分奖赏全给了画家。皮加勒（Pigalle）提议，雕刻家与画家应并驾齐驱，他还亲自为圣米歇尔律令奋斗，以打破传统上只有画家才能得奖的惯例。雕刻家颇不情愿地转而以小件的雕刻、瓶饰和浮雕来装饰内室，而且与人像画家抗衡，将衰老的肉体赋以一种黄铜或石头的幻影。一些雕刻家更大胆地进行改革，采取了洛可可形式的高雅、自然与可把玩性，但仍维持对古典庄肃线条的爱好。

正如画家与其他艺匠一样，雕刻家的艺术也有家族一脉相承的趋势。尼古拉·库斯图帮助他的老师安托瓦·柯塞沃克装饰马尔利与凡尔赛的宫殿。他设计出许多大的形象，以象征法国各大河流。这些形象目前仍保存在里昂的市政厅里，他那有名的《下十字架》，仍然存于巴黎圣母院，他的《赶羊的男孩》更是仍存于图卢兹公园中，是不被时潮与气候损害的杰出雕像之一。尼古拉·库斯图的胞弟纪尧姆·库斯图一世，更以大理石将玛丽·莱什琴思卡雕为天后朱诺。他又刻成了那雄壮有力的《迈利群马》（1740—1745 年），这原本是为那座宫殿雕刻的，现在则在和谐广场的东西入口处迎着马勒怒舞。纪尧姆的儿子纪尧姆二世，为多芬在桑斯大教堂建造了墓。

南锡产生了另外的一个艺术家族。雅各布·亚当（Jacob Adam）将他本人雕刻和建筑方面的技巧，传授给他三个儿子。长子朗贝尔·亚当，在罗马受过 10 年教导后，前往巴黎，他与弟弟尼古拉·塞巴斯蒂安合作，为凡尔赛宫的花园设计海神与王后喷泉，然后前往波茨坦，为腓特烈大帝雕刻了两组大理石作品——狩猎与垂钓，摆在无忧宫，作为路易十五送给腓特烈大帝的礼物。尼古拉·塞巴斯蒂安后来回到南锡，在圣母教堂设计凯瑟琳·奥帕林斯卡之墓。最小的儿子弗朗索瓦·加斯帕，则帮忙缀饰斯坦尼拉斯的首都。

菲利普·卡菲耶里（Filippo Caffieri）是第三个雕刻家族的始祖，他于 1660 年离开意大利，前往法国与儿子弗朗索瓦·查理一同为路易十四服务。另外一个名叫雅克·卡菲耶里（Jacques Caffiéri）的儿子，则将这一家族的天才发挥到极致，在铜雕上，凌驾同时代所有雕刻家之上。几乎所有的王宫争相邀他前往服务。在凡尔赛，雅克与儿子菲利普点缀了太子住屋的烟囱，更为国王那座有名的天文大钟雕刻了一座洛可可式的铜塑像。现在，这座雅克所雕作为家具的塑像，远超过了那个大钟本身的价值。

那位被伏尔泰称作"我们的菲狄亚斯"的爱德蒙·布沙东（Edmen Bouchardon），完全接受他的资助人凯吕斯伯爵主张的传统路线。他与皮加勒互争长短多年，直到皮加勒自认不如。狄德罗曾引用皮加勒自己的话，说他"从未能在步出布沙东雕刻室，而不带着一种将延续数周的失望心情"。狄德罗认为布沙东的爱神丘比特一件作品，即注定要名垂不朽，但这件作品还未尽能掌握住爱情的火焰。比爱神还要好一些的作品，是他为巴黎格里内勒街雕刻的喷泉，这实在是表示传统尊贵与力量的杰作。1749 年，巴黎委托他雕刻一座路易十五的骑马塑像。他为这座塑像持续工作了 9 年，于 1758 年中止，他未能活着看到这座塑像被树立起来。于 1762 年临终时，他要求市政当局让皮加勒来完成这件雕刻。他们长期的竞争，在一种欣慰与信任的姿态下宣告终止。这座雕像终于在路易十五广场竖立起来，却在大革命时被视为憎恨的象征而遭拆毁（1792 年）。

勒穆瓦纳反对古典的限制，认为这不啻将雕刻判了死刑。为什么大理石与铜、图画与油彩，不应该表现动作、感情、欢笑与忧愁，比如希腊时代的雕刻敢于作为的？基于这种精神，勒穆瓦纳为圣若克教堂设计了福勒里红衣主教与画家皮埃尔·米尼亚尔两人的坟墓。为波尔多城雕刻的孟德斯鸠雕像，他将这位《论法的精神》的作者，刻画成一位古怪且面带忧郁的怀疑者，更把一个十字架放在一位罗马元老院元老与一位对巴黎人的生活方式投以微笑的地方哲学家之间。那稍纵即逝的微笑，几乎成了勒穆瓦纳应国王之命，纪念法国各类名人而雕塑的许多半身雕像的同一特性。他这种活泼生动的表现主义，最后超越了布沙东的古典主义，而且传给皮加勒、帕茹、乌东和法尔科内。那个时期成为法国雕刻史上的一个重要时代。

绘画

在这段时期，画家是最优秀的艺术家。布歇在绘画界的优越地位，再度地反映出女性在艺术上的影响。蓬巴杜夫人感到，画家们已经表现了罗马的英雄、基督教的殉道士及希腊的神，而今应让他们见识见识那些穿着美丽服饰或肌肤呈露着玫瑰色彩的活生生女人的可爱，让他们用线条与色彩将上层社会妇女的体态、礼貌、服装与各种附属物刻画出来，反映这一时代前未曾有的高雅。一度被视为罪恶、而在那时仍自以为是罪恶的妇女，现在益增诱惑。她们为曾经在那些恐惧的世纪中，被教会贬抑为毁灭之母与代理人，及曾被认为如要跨进天堂必须守贞如上帝之母，而在这时开始报复。没有其他任何一件事，比圣母在法国艺术上被摒弃，更能体现宗教在法国的衰微。

国王、贵族及一些金融界人士，取代了以往教会作为艺术家资助人的地位。在巴黎，培养画家的圣陆克学院对保守的皇家艺术学院起了对立、激发的作用。同样的学院也如雨后春笋般地出现在里昂、南锡、梅斯、马赛、图卢兹、波尔多、克莱蒙费朗、波城、第戎、兰斯等城市。除了罗马奖外，尚有十几种其他奖赏与竞争，使艺术世界继续前进、发展。有时，国王或其他资助人也会借着买下画家送交竞赛的作品，或资助他们前往意大利，以安慰那些落选者。

画家在街头展览他们的作品。在一些宗教节日中，在那些虔诚者游行经过的路线上，他们更把自己的作品，钉牢在从窗口伸出来的一些悬挂物上。皇家艺术学院在经过了 33 年的中断后，于 1737 年在卢浮宫的方块沙龙（Salon Carré），恢复绘画和雕刻的公开展览，这个每年一次——1751 年以后每年两次——的"沙龙"，从 8 月末到 9 月底，这在当时巴黎的艺术与社交圈，乃至整个文艺世界中，都是令人兴奋的大事。学院的保守派及学院内外的反叛者之间的战争，在巴黎与性和战争同为闲谈的主题。贞洁路线与正当纪律的拥护者，侮蔑那些强调颜色、实验、改革与自由的激进分子，同时受后者的侮蔑。艺术评论逐渐变成欣欣向荣的事业。凯吕斯伯爵于 1747 年写的《绘画的反映》一书，更在艺术学院全体会员之前宣读出来。格里姆则将这种逐年举办的展览报告给他的读者们，狄德罗也停止了对基督教的争战，而成为当时最活跃的艺术评论家。雕刻家像雅克·勒布伦与洛朗·卡尔，也借着刊出他们优良作品的印版、插图说明书刊及创造他们自己的杰作，大事传播。雕刻配上色彩肇始于勒布伦，时在1720年。

除了宗教艺术，从未有艺术家能赢取如此有判断力的群众和如此广泛的资助。画家开始扬名于世。

·在接待室里

在这段时期，登峰造极的画家实在不计其数。我们将对布歇、夏尔丹、拉图尔三位大师做较详尽的叙述。

首先要提到的，是那位风采过人但却懒懒散散的让·特鲁瓦（Jean Troy）。每个人都喜爱他，而他也十分赞成借用他的容貌作为《花园里的折磨》这幅画中耶稣的容貌。他认为引诱女人远较描绘女人有趣，因此他遗下了许多破碎的芳心与许多有瑕疵的作品。弗朗索瓦·勒穆瓦纳——我们不要将他与雕刻家让·勒穆瓦纳混淆——曾以142幅巨大的人物点缀凡尔赛沙龙的圆屋顶。作为他的学生，布歇继承了他的艺术，以蓬巴杜夫人的玫瑰色彩来代替以往伦勃朗的酱褐色彩。父祖均为画家的夸佩尔，在类型上早于夏尔丹做过摄政者的私人画家。1747年，他成为路易十五的首席画家。腓特烈大帝高兴地见到夏尔丹为无忧宫所绘的《镜前女郎》一画。卢浮宫仍然展示他那幅戈布林缀绵《爱与心》——展示衣着与肉体的鲜艳作品。

让·纳迪埃（Jean Nattier）在当时的绘画界风靡一时，因为他懂得如何运用姿势、色彩与调光来弥补供他作画者的先天缺陷。除了一位女士，其他供他作画的女士，都很高兴见到画布上的自己与她们想象的一样诱人。在凡尔赛宫悬挂的《蓬巴杜夫人》画像，有可爱的淡色头发及那几乎看不出权力欲望的温柔眸子。

皇家争相罗致纳迪埃：他将玛丽·莱什琴思卡王后绘成准备参加乡村庆典的一位质朴的中产阶级妇人，他描绘的王后的女儿阿德莱德公主的美丽，完全允当。俄皇彼得大帝来到巴黎时，纳迪埃曾为沙皇本人和他的皇后绘像，彼得大帝邀请他到俄国，却遭纳迪埃的拒绝，沙皇带走了画像而从未想到要付酬金。雅克·阿维德（Jacques Aved）生在佛兰德斯，他将佛兰德斯照实描绘人们的部分现实主义带到巴黎。那个年长的米拉博一定会感到惊异，因为他看到自己就像阿维德看到他一样。那幅画是 18 世纪最伟大的肖像画之一。

对于接待室里的这些绅士，甚至对于布歇和夏尔丹而言，格里姆与狄德罗还是偏爱凡罗（Carle Vanloo）。后者出生于一个世代作画的家族，自这个家族出身的画家，我们能知道名字的就有 9 个。他 1705 年出生在法国南部的尼斯，由也是画家的兄长让·巴蒂斯特带到罗马。在那里，他兼学雕刻和绘画。在巴黎，他赢得罗马奖（1724 年），后来返回意大利学习一段时期，然后重返巴黎定居下来。由于遵守学院的所有规章，他赢得学院的赏识，却激怒了布歇。因为他从不把埋首于艺术的时间，虚掷在阅读与书写、学习优雅的礼仪和温文的谈吐上，蓬巴杜夫人因而带着轻微的敌意躲避着他，称他为"令人恐惧的野兽"。然而，她仍委任凡罗描绘《西班牙会话》这幅画。他有一阵子接纳那个时代的风尚，描绘穿着轮廓理想的妇女。不久，他又变得冷静，过着一种模范的家庭生活，以拥有一个富于才艺的贤内助自傲，并宠爱着他的女儿卡罗琳。1753 年，他与布歇合作，装饰枫丹白露宫中那座华丽的会议厅。他享负盛名，一场几乎致命的重病后，他出现在法国喜剧院的座位时，全场观众纷纷起立、鼓掌，向他致意。这也可以看出艺术与文学之间的紧密关系。

让·乌德里（Jean Oudry）以雕刻、绘画与缀锦记录下皇族的狩猎场面。王后选他担任私人教师，并惊异地看他工作。他的一些雕刻作品给缀锦织工们最好的指导。不久，他被任命为博韦皇家缀锦工厂的负责人。在那里，他只见到混乱与颓废。他以铁腕重新组织起来，用他的热心来感染工人，并自行以《喷泉》寓言中可爱的动物，设计出一连串的缀锦图案。高布林的缀锦织工忌妒博韦织工的成就，而劝服国王将乌德里调到这所更古老的工厂。在那里，促使织工接受他规定的颜色之际，他也因而精疲力竭。同时，他在博韦和巴黎两地，对训练18世纪中叶的法国最突出、最光辉、但也最受责骂的艺术家的各种才艺，贡献良多。

· 布歇（1703—1770）

让我们先听听狄德罗怎样想象布歇的裸体画：

> 多么醒目的色彩！多么变化多端！多么丰富的画题与想法！然而这个人，他拥有一切，独缺少真理……随着道德的堕落、风格、颜色、组织、性格与表达各个方面，也一步步跟着降低了品质……除了他想象的外，他究竟还会画些什么东西？对于像他这样一个整日在街上与妓女为伍的人，他究竟又能臆想出什么东西来？……这个人的画笔能画给我们看的，只是女人的屁股与胸脯。他根本不懂优美为何物……纤美、诚实、无邪与淳朴对于他来说，简直就同陌生人一般。他连一分钟也看不到自然；至少不是我的灵魂，你的灵魂，所有教养的灵魂，乃至所有感觉的女人的灵魂能感兴趣的那种自然。他根本无格调可言……但那时，呸，他居然被任命为国王的首席画师。

布歇本人可能从未看到这段狄德罗对他作品的批评，因为这是写给格里姆的外国读者看的。

他是巴黎之子，巴黎的典范与习俗之子。他的父亲是设计师，在靠近卢浮宫的地方有一家艺术店，教给布歇绘画与雕刻的基本东西。因为这个男孩表现出一学就会的天分，他首先被送到雕刻师洛朗·卡尔那里当学徒，又跟画家勒穆瓦纳习画。

他被雇去替歌剧院绘制布景，因而爱上了许多女演员和歌唱团女子。在他财力允许的范围之内，他几乎学得了大摄政所有的放荡生活。有一次，他告诉我们说，他因一个漂亮的卖水果女孩罗丝蒂体验了一次如诗如画的爱情，他简直把这个女孩当作美丽与纯洁的化身。他将这个女孩作为画圣母玛利亚的模特，而将童年余留的一切虔诚完全向她投注。但是，这幅画尚未完工时，他又移爱他人。他虽然试图完成这幅画，他的想象力已消逝得无影无踪，罗丝蒂也消失了。此后，他再也不能重新捕捉以往那种温柔想象的时刻。

在他受教于勒穆瓦纳的那段时间，他的技术进步得非常迅速。在勒穆瓦纳的画室里，他学到了柯勒乔对女性的古典特色与柔美的鉴赏力。在卢森堡王宫中，他研究了鲁本斯在华丽的画布上，将美第奇的一生绘成了一幅多彩多姿的诗画。1723 年，他以 20 岁的年龄赢得了罗马奖，而得以在巴黎享受 3 年食宿的全部补贴，还得到一笔为数300 利维尔的赏金及在罗马 4 年的费用。我们知悉布歇被友伴抬在肩上、绕着卢浮广场游行时，我们可以想象出在大摄政时期，学生在巴黎的生活情形。

1727 年，布歇陪伴凡罗前赴意大利。这位法国皇家学院的主持者，在罗马报道说，他为"一位名叫布歇的青年寻找到一间房子的壁洞，而我就把他安置在那里。我不认为那空间比一个洞来得大，但至少可以盖覆他"。如凡罗描写的，这位"谦逊的年轻人"并不需要时时偃卧在那里。因为在罗马，有许多人家的床铺开放给他安歇。特别值得一提的是，他那时已改变了口味，不再喜欢拉斐尔与米开朗基罗的作品，而与蒂耶波洛（Tiepolo）结交。

他于 1731 年回到巴黎后，他从不满意任何事。不管怎样，他仍有时间画了一些杰出的图画，如《欧罗巴之劫》（*The Rape of Europa*）是他不计其数的女体画之一。1733 年，他相信在模特让娜身上，发现了维纳斯女神，虽然他觉得"婚姻难合我业"，他仍娶她为妻。他曾短暂地对她忠实，而她也报以缕缕柔情。她可能为《里纳尔多和阿米达》这幅为他赢得艺术学院的会员资格（1734 年）的名画充作模特。这时，路易十五任命他为那个仍受国王宠爱的王后的卧室里绘上一些欢乐的景致。随着 1737 年学院沙龙的重新开幕，他的作品受到广泛的好评与赞助。此后，他再也不曾陷入贫困，也再未遇到对手。

布歇的特长为裸体画。一直到他结婚，他很少与一个女人缠得够久，足以了解她皮肤以外的东西；但是，他对女人的外表有无止境的兴趣，而且决心要将女人的每一纤毫、每一类型与姿态，加以绘出。他从金黄色头发画到裸露的双脚。布歇在肉体画上属于洛可可式。

但布歇的才华还超出其上。虽然后来的批评家指责他的艺术有缺陷，但在组织、颜色与线条上，他是工艺大师。他有时也会为急需用钱而匆匆作画。许多与他同时代的人称赞他画里的生动与自然神态、他丰富的想象力与他那轻柔的线条，甚至敌视他的狄德罗，也认为"没有人能像布歇一样了解光与阴影的艺术"。几乎没有任何一个画派能规避他的技术。像我们一般只知道他的几张画与缀锦的人，会很吃惊地知悉，布歇的声望得力于他的速写画与得力于他的绘画同样之大。在他有生之年，他的速写画即已变得非常珍贵，闻名的收藏家都竞相争取，这些画像黑板画一样被购买而挂在卧室或闺房的墙壁上。这些画是节俭的惊人杰作——以一点代表一个酒窝，一撇线代表笑容，所有丝质女裙上的光华与沙沙声，都极其神奇地从一小撮粉笔上表现出来。

当然，他作画不是为着钱财，而是由于在他体内膨胀的天才与想象力的趋使，点燃了他的双眸，催促着他的双手。布歇每天在他的画室作画十个小时，在他触摸过的每样东西上，几乎都留下了标记。除了千张画作外，他还在雨伞、鸵鸟蛋、陶器、奖章、布幕、家具、马车、舞台布景、戏院的墙与天花板上面作画。所有机敏的巴黎人，都前往观看他为诺韦尔的芭蕾舞剧《中国节日》（1754 年）所作的舞台装饰。他对风景只有很少的兴趣，但他也将人们画入森林、田野、粼粼水光或阴沉的废墟边，画在蓝天白云，及鼓动血液热度的温暖太阳下，使人类的仪态神圣起来。人们或许会以为他不适宜画风俗画，然而他画了一幅《家景》（*A Family Scene*）。在这幅画中，他似乎想把自己从美的枷锁中释放出来，他描绘农家院落、谷仓、鸽笼、手推车、后院的瓦砾堆及背负着郎当作响的锅子的驴子。以他所有的画而论，他成为那个世纪中最伟大的缀锦设计家。

1736 年，乌德里邀请他前往博韦为当地的织工设计式样。他以 14 张意大利乡村风景画作为开始，结果收到非常成功的效果，在布歇去世前，其作品至少反复地被纺织达 12 次之多。此后，他更推出较有代表性的主题——"心灵的故事"，这是 5 幅以布歇夫人为模特完成的挂图。这些缀锦是 18 世纪艺术的上乘杰作。他的缀锦图样中最上乘者是以高贵"牧歌"为题的 6 幅缀锦，其中一幅称作《捕鸟者》，图中一对可爱的恋人由丝绸或羊毛织缀而成。评论者指责缀锦在乌德里与布歇手下，几乎丧失了缀锦本身的特性而类同绘画，但路易十五毫不介意，乌德里于 1755 年去世时，路易十五立刻升迁布歇为戈布林各缀锦工厂的管理者。

这个得意洋洋的艺术家还获得蓬巴杜夫人的热心赞助。布歇为她装饰了贝勒维尤宫，并设计了宫中的家具。对那座蓬巴杜夫人想用作接待国王的戏院，布歇也为之绘制布景、设计服饰。他又为夫人绘了几幅画像，美丽、优雅得使所有的评论都在那些肖像前犹豫不决。认为布歇的画从来未能超过肉体的指控者，在这些画像前哑然无声。他让我们看到这位女郎的肉体美的成分少，而她使国王亲近的那种智慧与温柔，那种使她成为哲人的女神所具有的文化趣味，及以新诱惑的服装艺术每天包覆着褪残的迷人躯体的成分多。通过这些和拉图尔的画像，蓬巴杜夫人能默默地提醒路易十五那种已经远去的美丽和仍然存在的高巧蛊惑的力量。也许，她利用布歇肉感的画像去满足国王的欲念。基于以上原因，我们不难知道她为什么恩宠布歇，为布歇在卢浮宫取得一座寓所，跟他修习雕刻，及与他讨论如何装饰王宫与促进艺术发展。1753 年，布歇为夫人绘了两幅他平生最伟大的杰作《日出》与《日落》，在这两幅画中，太阳当然失色在画中人物之下。

他活得比蓬巴杜夫人长，也经历了对抗英国与腓特烈大帝的战争，67 岁去世。种种委任像流水般源源而来，他也因而致富。但他仍一如往常热心地工作，而且非常慷慨地支用财富。他现在是慈善大度的金主，对肉欲有无止尽的追求，但他还是一如往昔的快乐和仁慈。他工作得太过急速，以致无法达致最高的成就，他非常自由地沉湎于自己的想象，乃至与真实脱了节。他曾对雷诺兹说过，他根本不需要模特，宁可凭着记忆作画，然而他的记忆又趋向理想化。未经真实的修正，他在绘画上变得太过轻率，而在落色上也过于夸大，他几乎招致了晚年加诸而来的严厉批评。格里姆、狄德罗及其他一些评论家，指责他将漂亮与纯美混为一谈，将艺术从尊荣降格为华丽与虚有其表的炫饰，而且由于他尽量求取体态迷人的理想化，而降低了当时的道德格调。狄德罗更指责布歇"装模作样的假笑、造作……美人斑、胭脂、小摆饰……轻浮的女人、淫荡的色情狂，及巴库斯与西莱纽斯二者的私生子"。临终前尚在画室工作，他留在画架上一幅尚未完成的《维纳斯的抹妆》——似乎是在违抗狄德罗。狄德罗听到布歇的死讯时，他不禁感到一阵懊悔。"我指责布歇的罪恶太多，"他说道，"我现在收回。"

·夏尔丹（1699—1779）

与布歇在美的观点、性格与才智各方面截然不同的，是夏尔丹。夏尔丹生于一个中产阶级家庭，也很满意地过着中产阶级的生活，更终身热爱画中产阶级。他的父亲是一位制造家具的工匠，在本行的公会里颇有地位，在塞纳河左岸的塞纳街上有座房子。因为他的父亲一直想让夏尔丹来继承他的衣钵，没有让他受过多少教育，只教了他相当高明的手艺。他在后来曾经惋惜缺少教育，但这也让他不再沿袭艺术的老路子，而将眼光和画笔转到店里与家里环绕在他四周的各种物件。他喜欢涂鸦，不久即渴望习画。他父亲让他投到当时是皇家画师的皮埃尔·卡兹（Pierre Cazes）门下。

　　这位青年在那里并不快乐，那些要他仿照画的古典模式似乎荒谬地远离他熟悉的生活。有一次，他父亲的一个外科朋友要他画一张招贴，来描述这位理发师和外科医生店里的生意及展示其器具。他也许想起安东尼·华多为杰尔桑制作的标记，结果画了一张大广告，画上一个在决斗中受了伤的人，正由一位外科医生和一位助手在旁医治。但为了比例的缘故，他在这张广告上多画了一个挑水夫、一个警察、几个守夜人、一辆马车、一个从窗子窥视的女人及一群掉头偷看的旁观者。画上所有的人物都匆匆忙忙，指手画脚，兴奋异常。这位外科医生颇不满意这张招贴，想将它丢掉。然而这幅画却赢得行人的注意与赞赏，他因而任其自然地挂在门口。1728 年，我们才听到更多的有关夏尔丹的情形。那年，他画的鱼及画有银器与水果的广告牌在太子广场的露天展览会上，赢得特别的赞美。艺术学院的一些会员邀请他入会，他以无名氏身份安排展览他的几幅作品，结果获选为杰作，被认为是佛兰德斯人的作品，他即时承认系他所作，这种做法虽然颇受指责，但终于获准入会（1728 年）。

　　1731 年，他成为玛格丽特·赛斯塔的未婚夫，这位小姐的父母答应过一份丰厚的嫁妆。但在他们订婚期间，这对父母遭受了巨大损失，并双双去世，使玛格丽特一文不名，但夏尔丹还是娶了这位小姐。他父亲将一座位于烘房街与公主街交界处新买的房子，第三楼的房间让给这对新婚夫妇。夏尔丹在那里布置了他的画室和厨房，因为他现在已决心绘画静物与生活画。堆满在他画室中的蔬菜、水果、鲜鱼、面包与肉类，轮流充作他笔下的模型和三餐中的肴点。

　　夏尔丹对普通东西在形式与色泽上的变化很感兴趣。他在这些东西中看到一般人无法觉察到的组织与光泽上的特质。对于他来说，一只苹果的外颊与一位少女的羞赧，同样浪漫；而在绿色餐桌布上一把小刀的锋芒，也挑动他去抓住这把刀辉的飘逸，而将之呈现在他的艺术中。他虔诚而有见识地处理这些普通的东西，娴熟地赋予颜色、轮廓、光线与阴影，有如极少数的画家所表现的那样。我们能够在他画的静寂之物中，感觉出它们的活跃，而以前从未认清它们形状的复杂与奇特，更无从了解它们在色泽上的细微差别。他不但能从一瓶花或一串葡萄中，也能在一只破锅子、一颗果核、一片橘子皮与一堆面包屑中，看出这些普通物件的美丽，这种美存在于观察者的眼睛或宁可说是灵魂里，但就夏尔丹来说，将家庭食物描绘成爱情故事，并将菜单变成了一段史诗的动力，源于他的强烈情感和贫穷。

他如何被鼓动去绘画人体的故事或传奇，可说家喻户晓。有一天，他听说他的朋友阿维德，拒绝了一个出价 400 利维尔人像画的委托，这对于经常只收到小笔报酬的夏尔丹来说，很为这种拒绝吃惊，阿维德则回复道："你以为画一幅人像，就像你画一条腊肠般简单吗？"这虽然是一个很伤感情的讽刺，却很有用。他也的确将绘画的题材自限得太狭窄了，这很快就让他的雇主对他的盘碟与食物倒胃口。他决定画人像，结果发觉自己具有这方面的天才。为应对挑战，他首先便将他的朋友阿维德画为一张名为《自夸者》的画像。他的《牌院》更见进步，但这张画与前张画一样，高超处在于衣着而非人脸部分。在他另一幅《玩陀螺的小孩》中，他跃进了第二阶段：虽然画中的双手有点不自然，脸部却显出一种同情的了解。这种温情的移注，更流露在他所画的女孩画像中，如在罗斯柴尔德收藏馆（Rothschild Collection）中的两幅杰作，一幅是在玩羽毛球的小女孩，另一幅则是《吃午餐吃得津津有味的小女孩》。

关于女人，他看不到那吸引布歇的桃红色诱惑，只看到使家庭成为国家的支柱与拯救者的那种贤妻慈母的德行。中产阶级妇女随着他进入法国的绘画，而取得应得的一份地位。他了解她们，也爱好她们从事日常的一切活动：自市场中购回食物、汲水、削萝卜皮、剪羊毛、照顾病患、警告孩童逃学或他最有名的那幅《祝福》，端着餐点，等着她的小女儿交叉着一只小手喃喃念完祷告。他眼中的女人永远是穿着家常便服，没有矫饰，从不懒惰，从黎明、晨祷直到他们安然入卧而一直服侍着丈夫与孩子。在夏尔丹的画笔下，我们可以看到一个远比法国宫廷神志清醒的巴黎，它仍然依附着旧有的道德，及给予它一种神奇支持力量的宗教信仰。这是整个艺术历史上最健康的艺术。

这些现在普受称赞的绘画，在当时却只有非常窄小的市场，因而只能为他赚得仅仅足够的法郎，以维持俭朴的生活。他不能够与顾客讨价还价，几乎听任对方开价作画。又由于他工作得慢而费力，他在穷困中精疲力竭，布歇却潇潇洒洒地生活在富裕中。在他婚后仅第四年，他的第一个太太便告去世，他的生活陷入到那种单身汉漫无秩序的状况中。他的朋友劝他续弦——只要一双女人灵巧与耐心的手重新恢复他家务方面的一些秩序。他迟疑了 9 年，然后接受了一名叫玛格丽特·波奇特的寡妇，这是名副其实的权宜婚姻。这位寡妇带给他一份不算少的嫁妆，包括一座位于公主街 13 号的房子。他迁入这座屋子，结束了贫穷生涯。她是一个善良女人和娇妻，夏尔丹满怀感激地学着去爱她。

1752 年，路易十五资助他，给了他 500 利维尔的补助，艺术学院也任命他做院里的度支长（1754 年）。不久，院里还邀他将作品提交给院里的沙龙，他完全不适合这个工作，但他的太太帮助了他。1756年，一位友善的雕刻家查理·科尚二世，说服马里尼将卢浮宫的一座相当舒适的房子，赠给夏尔丹。也是这位雕刻家，亟欲将夏尔丹拉开，使他不再重复画着烹饪器具，并为他得到一个委托作画的机会：为马里尼公馆的几个房间绘制三幅高于门口的画。夏尔丹于 1765 年完成了这三幅画：《艺术的特质》（*Attributs des Arts*）、《科学的特质》（*Attributs des Sciences*）与《音乐的特质》（*Attributs de la Musique*）。另外一项委托是为蓬巴杜夫人在贝勒维尤宫绘两幅相似的画。不幸的是，这 5 幅画所答应的 5000 利维尔酬金，直到 1771 年方才兑现。

这时，这位逐渐年迈的艺术家，也渐渐在技巧上衰退。曾在 1759 年称赞他的作品为"自然与真理"的灵魂的狄德罗，1767 年哀伤地说："夏尔丹的确是杰出的生活画大师，然而他也渐渐成为过去了。"拉图尔的色粉画，这时正捕捉着整个巴黎的风尚。在一阵竞敌的鼓动下，他拿起粉笔与纸张，而让拉图尔大为吃惊地绘成两张自己的粉笔肖像画，这两张画同列为卢浮宫中最吸引人与最完美的画品。第一幅画显示他头上戴着双结的旧头巾，鼻端挂着幅眼镜，而颈上温暖地围绕着领巾；另一张画也表现同样的服装，带着同样惊异与个性的表情，只是在他患病的眼睛上架着一个面罩。比这两幅粉笔自画像更为出色的，是他为他第二个太太所绘的粉笔像，画中的她虽然看上去有点衰老，却有一张可爱与慈善的脸庞，这完全是因夏尔丹的技巧与对太太的爱心促成。

对于夏尔丹奇特与荣耀的一生而言，这委实是胜利的结果。我们无须描绘夏尔丹是一位全无人类瑕疵的人物。事实上，他在受到生活苦难与妒忌的刺激之下，也会以激怒与尖锐言语反击。他于 1779 年去世时，在巴黎艺术圈与文学圈这两个饱含妒忌与毁谤的世界里，没有一个人能找到任何一个敌对的字眼来数说他。那个逐渐堕落的王朝似乎也能了解他，以他那个时代中无人可以超越的技术，揭示出法国是一个真实且仍然健康的法国，淳朴勤劳与家庭忠诚的那个隐藏世界将能克服，也会使法国克服一个世纪的混乱与革命。正如狄德罗所说，他是"我们曾经有过的最伟大的魔术师"。

·拉图尔（1704—1788）

绘画风向指标的改变，就 18 世纪的法国绘画而言，不利于布歇和夏尔丹，而有利于拉图尔。就"性格"而言，他是三者中最有趣的一位，因为他以一种顽皮而漫不经心的态度，将他的恶行与道德混杂在一起，并将整个畏缩的世界赶到一个角落，就像第欧根尼一样，告诉一个国王，要他让路。他是一个贪财的人，轻率、唐突而傲慢；是一个难惹的敌人与一个捉摸不定的朋友，并像一个遮掩与夸耀自己年岁的老人那样虚荣。他是一个坦诚的守财奴、大方的慈善者、和蔼的农夫、激进的爱国者、蔑视头衔的人，他曾经拒绝接受皇家的封赠。但这一切都不相干，他是那个时代中最伟大的制图者，也是法国历史上最伟大的色粉画家。

坐着让拉图尔画人像的路易十五，受不住他屡屡称赞外国人，而愠怒地说："我原先以为你是法国人。"这位艺术家却答道："不是的，先生，我是个来自圣康坦的皮卡尔。"他生在那里一位富裕的音乐家家庭，他的音乐家父亲想把他培植成一位工程师，但这位男孩因为喜欢画画，而常遭父亲责骂。年方15的他因而逃到巴黎，然后到兰斯，再到坎布雷，到处为人画像。他在坎布雷时，一位英国外交家邀请他到伦敦做客，他应约前往，在伦敦赚钱作乐。然后，他回到巴黎，举止像一个英国画家。1721年，罗萨尔巴·卡列拉（Rosalba Carriera）正在巴黎，他的色粉画从摄政大公到新进的阔佬无不争相竞购。拉图尔随即发现，这种彩色粉笔的作画，远比那种需要耐心与细心的油画，更适合他那种奔放的性情。经过累年的尝试与摸索，他最后学到了用粉笔绘出颜色与表情的不同光度与奥妙，在当时无人可与之相比。

他于1737年在学院沙龙展出他的几张人像画时，油画家开始担心这位色粉画家的竞争。他的3张色粉画成为1740年的学院沙龙谈论的主题。而他那张穿着法官黑袍红罩的德里厄画像，成为1741年沙龙的胜利作品。他那张土耳其大使的画像，在1742年更赢得无数观众的赞叹。不久，所有时髦的世界都要求将油画转变为色粉画。他与国王的邂逅更加具有历史意义。拉图尔先是反对那间可让光线自各方投进的选定房间。他向国王埋怨道："你到底希望我在这个灯笼里做些什么？"国王答复他说："这样，我们才不会被打扰。"拉图尔又说："先生，我不知道，你居然不是你自己房子的主人。"在另一个场合，他对法国缺少足够的舰队感到遗憾，国王狡黠地反驳道："韦尔内怎么了？"——韦尔内当时在画船舶。拉图尔发现太子在某件事上听闻有误时，便平和地对他说："你瞧，像你这样的人多么容易被骗。"

无视他那令人沮丧的坦白，学院于1746年准许他为正式会员，这是他登峰造极的证明。但1749年，在油画作家的施压下，学院决

定不再接受任何色粉画的作品。1753 年，一位画家埋怨道："拉图尔
先生将色粉画的艺术发挥得可能掀起人们对油画的缺乏趣味。"他拿
出他的杰作，谩骂还击。

他在色粉画方面有一位对手，那就是受到勒穆瓦纳、乌德里及其
他学院人士偏爱的让·佩罗诺。拉图尔曾要求佩罗诺为自己画一张肖
像，佩罗诺予以首肯，结果画出　张杰作。他付给佩罗诺相当丰厚的
报酬，然后自己动笔画了一张迄今所知最杰出的自画像。他与夏尔丹
安排，将这两张画像并排在 1751 年的沙龙展览中展出，所有人一致
认为他绘的自画像，要比佩罗诺为他画的像高明得多。直到今天，拉
图尔的自画像仍在卢浮宫面露胜利的微笑。

还有一幅他于 1755 年展览出的色粉画，他用这幅画与布歇一竞
高低。他几乎丧失了这个机会。当他接到邀请去为王朝中最有名的女
性画像时，他回答说："请你好心通知蓬巴杜夫人，我不能离开画室
为别人作画。"这是他通常所用以退为进的诱财策略。他的朋友们恳
求他让步，他遣人告知他将前往，然而必须保证没有人打断他为她画
坐像。他来到宫廷画室时，立刻卸除绑腿，脱去鞋子，丢掉假发与衣
领，蒙上一顶丝帽，然后开始绘画。突然，房门打开了，路易十五走
了进来。拉图尔立刻提出抗议："夫人，你曾对我许诺，在我作画时，
你将关上房门。"国王不禁发笑，并要求他重新作画。拉图尔予以拒
绝。"陛下，你不可能令我遵从。夫人独处时，我再来吧……我不愿
意在工作时受到干扰。"国王无法，只好退出画室，而他也才完成了
这幅坐画像。

就蓬巴杜夫人最有名的两幅画像来说，拉图尔所画的比布歇画的
更深奥些；在色彩光泽上，拉图尔的那幅较为逊色；就精细而言，拉
图尔画的也欠纤致；但在表情与释意方面，拉图尔的要比布歇的成熟。
他为这位女侯爵画像，无疑是按照她自己的意思，而将她画成艺术、
音乐、文学与哲学的眷顾者。在这幅画中，靠近她的沙发上，有一把
吉他，在她手中，有几张音乐的乐谱，在桌子上则有一个地球仪，一

个刻有她自己雕像的公事包，另外有伏尔泰的《亨利亚德》、孟德斯鸠的《论法的精神》以及狄德罗的第 4 卷《百科全书》。

拉图尔画成了这幅人像后，向蓬巴杜夫人索酬 4.8 万利维尔，虽然夫人一向奢华无度，也觉得酬报未免太高了一点，她给了他 2.4 万利维尔。拉图尔本来预备将这笔钱原封退还。但夏尔丹问他是否知道圣母院里，包括勒布伦与勒叙厄尔等人画作的总价。拉图尔回答说不知道。夏尔丹予以估计，约 1.26 万利维尔。拉图尔于是重新调整他的冀望，收下了这 2.4 万利维尔。一般而言，他是按照被画像人的财富来索要酬金，如果被画像人拒绝照付，他便请他们走开而不予画像。也许，他对伏尔泰、卢梭与达朗贝尔是例外，因为他衷心崇拜这些哲学家，而且公开宣布，他对宗教缺乏信仰。

也许因为他的索酬特别高，他到处被人要求作画。经过他的画笔，我们能够知道那个时代的重要人物。他在色粉画像上变成万神殿。他画王后、年轻的太子、娴静的公主及第一女芭蕾舞师拉卡马戈等人可爱的画像，他也特别将卢梭画得看起来温和、神志清朗。在他最好的作品中，他画了那常在军伍与女人方面屡屡得胜的莫里斯·萨克斯；他为画家朋友让·热斯陶所画的画像的双眸中，掌握住了生命的全部光彩；他为他自己绘上穿戴丝袍、链圈与假发的一张自画像，迄今仍挂在亚眠。尽管他有着粗野的态度、反复无常及不可臆测的情绪，他却受到那些贵胄之家，受到帕西的拉·波佩林涅里先生的社交圈子，及若弗兰夫人的沙龙的欢迎。他与当时最有名的作家，甚至与那些羡慕他成功的画家与雕刻家，像凡罗、夏尔丹、格勒兹、帕茹等人友善。路易十五赐给他一笔绰裕的年金及在卢浮宫的一个住所。这个人一定有他可爱的地方。

他从未结婚，但他绝未像布歇一样到处播种。他有一个情妇费尔，她的歌声帮助卢梭的歌剧《乡村牧师》（*Le Devin du Village*）获得成功，格里姆曾对她单思成病，但费尔全心全意地委身给拉图尔。他如此感激地惦念着以往跟她相处的日子，他 80 高龄时，仍然为思念她而举杯。年龄逐渐硬化了他的手指、弄钝了他的双眸时，她对他的纯情是他的慰藉之一。他以长期没落的屈辱来为他如日中天时的不拘一格付出代价，他活得太久了，以致超过了他的天才所能维持的时限。因此，他不得不听到那些说他天才已逝的批评。

接近 80 岁高龄时，他离开了卢浮宫的房子，搬到空气新鲜的奥特伊，最后他回到他的出生地圣康坦。该城以礼炮、钟响与大众的赞美来迎接这位载誉而归的画家、曾经的浪子。在那座静静的小镇上，他又生活了 4 年，他一向自引为骄傲的理性，渐渐颓变成一种温和而无害的错乱，而终日喃喃自语一种泛神信仰，向太阳与上帝祈祷，并终日梦想着革命的来临。他在大革命爆发前一年逝世，他在死神最后的折磨中，——亲吻众仆的双手。

第四章 | 心智的成就

文学

在路易十五时代，法语已成为欧洲每个知识分子的第二语言和国际外交上的通用语言。普鲁士的腓特烈大帝，除了对他的军队训话外，通常也讲法语。吉本的第一本书也是用法文写的，而且曾有一段时间想用法文来写《罗马帝国衰亡史》。1784年，柏林学院设奖征文，以探究法语占有这种卓越地位的原因，同时用法语来发布该学院的出版物。法语在语言中之所以卓越，其主要理由为：路易十四时代，法国在政治上居于主宰地位，法国军队驻守在荷兰、德国、奥地利与西班牙，帮助了法语的散播；法国文学在欧陆无可置疑的优越性（在英国尚有保留）；巴黎社会的风尚，被视为欧洲上层阶级的风向标；在国际商业交易上，想用一种现代而有弹性的语言代替拉丁文的愿望；及法兰西学院通过字典对法语所做的净化与标准化工作。没有哪个地方的语言，能像法语一般的精确多样，词汇如此深刻而迷人，风格如此优美而清晰，但在这种胜利中也有一些损失：法语散文牺牲了蒙田的简朴直接和拉伯雷的粗犷与真诚的活力，法语诗歌在布洛瓦的规则中萎缩。而法兰西学院本身，一直到杜克洛于1746年当选重振声威，已流入一种梦幻般的形式主义与过分小心造成的平庸。

　　奥尔良公爵摄政期间，在思想与言论上的相对自由，鼓励了作家、出版家乃至图书馆的倍增。画家、出版家、书商也隐藏在各地，尽管随着 18 世纪的进展，他们的生意愈来愈差。仅在巴黎一城，就有 360 位这类人物，他们相当贫穷。许多市镇上已有巡回图书馆，其中许多图书馆以 40 苏的收费，将馆中的阅览室开放给公众。以著作为业者往往不够维持生活，通常须以其他副业作为贴补。因此，那位老克雷比永即曾担任过公证书记，卢梭也曾抄写过乐谱。只有少数几个有名的作家能够以高价出售他们的作品，马里沃由于约翰·洛的公司崩溃而破产，后以写一些剧本与《玛丽安娜》（*Marianne*）一书恢复财产。总是为贫穷所困的卢梭，因著《爱弥儿》（*Émile*）一书得到 5000 利维尔。当时唯一的版权为皇家准许出版权，这一权利保障作者的书不致在法国被盗印，但不能防止海外的盗印。这一权利给予的对象，仅是某些经过检察官检查，认为并不触犯教会或国家的稿本。新观念只好将其主题或异端邪说伪装起来，以冲破障碍。这种计谋如果失败了，作者可能将他的稿本送到阿姆斯特丹、海牙、日内瓦或其他外国城市，以法文印刷，然后在外国发行，并秘密地在法国境内流传。

　　中产阶级的扩张、教育的普及与巴黎知识分子的聚集，造成了一群渴求书本的读者和一群满足这种需要的作家。而法国在路易十五时代的逐渐衰弱，及宗教信仰的逐渐没落，也刺激了政治与哲学问题的口头或书面讨论。贵族一则愤恨曾经削弱他们权力的王室，一则气恼支持王室的教会，于是对那些批评政府与教条的言论发生兴趣；较高层的中产阶级也有同感，期待着一种改变，以取得与贵族同等的社会地位。

　　在这种新情势下，作家因而得到了前所未有的崇高地位。他们在各个沙龙里普受欢迎，他们在那里滔滔议论，只要不触怒尊贵的人物。此外，他们受到资本家像拉·波佩林涅里的款待，有时还供住宿。他们虽然贫穷，但形成了国家的一种力量。杜克洛于 1751 年说道："在所有的帝国中，无形的心灵帝国幅员最广。权力之士能发号施令，智慧之士则施统治。因到最后……公论迟早将克服或推翻任何形式的独裁统治。"

由于受到读者的广泛赞誉，加上无数竞争者的刺激，更因为教条主义坠落所得的解放，及希望公开出版这一虚荣心的驱使，法国作家以由无数的信函、小册子、论文集、苛评、散论、回忆录、历史、小说、戏剧、诗歌、神学、哲学及色情文学构成的小舰队，向着浩瀚的笔墨之海攻击，终至冲破了检查的锁链，扫清了种种阻力，改变了人们的心智、信仰和法国政府，甚至在某种程度上，改变了整个世界。这个时代以高巧机智、优雅可悦、粗俗讽刺，乃至致命的嘲笑傲视古今。教会与国家的每一戒律，都在这有时尖锐、有时有毒而又往往不具名的文笔的攻击下，颤抖不已。

甚至个人之间的通信也变成了一种公共艺术。男人与女人竞相修改、重写、润饰他们的书信，以求这些书信能在众人眼前闪耀着光彩。有时，他们也能够成功，他们的书信也变成了文学。由于他们喜爱交谈，在不共一地的朋友与仇敌之间，他们以面对面一般自然的言语，及在客厅桌子上一般光辉而生动的语调，在信纸上互相交谈。这些信函不仅是个人的琐碎新闻，另有许多论述政治、文学和艺术的书函。有时还以诗表达，其词句潺潺流动着法语易于使用的韵调，而且洋溢着赞美的言辞。伏尔泰即常自他轻快的心智与敏锐的才思中，以书信体的诗句愉悦朋友。

雄辩的时代正趋结束，回忆录仍旧风行，因为留给后世的书信保留了通信时期的一些生活画面。死于1750年的施塔尔·罗内男爵的《回忆录》到了1755年付梓。这令人忆起摄政时期及索镇的晚会。格里姆说道，这里有位在散文方面与伏尔泰对峙的女士。

戏剧

就巴黎市民的生活与喜好来说，剧院超过了沙龙。伏尔泰于1745

年向马蒙泰尔说道:"剧院是最迷人的,它可以使你在一天中名利双收。一出成功的演出即能使一个人同时致富而名闻朝野。"各省都有好的剧院,许多富人家里另有私人剧场,在国王面前与凡尔赛宫廷,也演出戏剧,但只有在巴黎,人们对戏剧的热衷变成一股争论与快乐的热潮。剧作与演出的最高标准,都由法兰西剧院中的法兰西喜剧维持着;但更多的观众涌向意大利剧院和歌剧院。

所有这些剧院及在皇家宫殿的歌剧院,都是很宽阔的椭圆形大厅,里面有好几排座位,专为那些最高贵的观众而设;较次要的观众,就地站着观赏,而这种站着观赏的地方,我们误称为剧场(orchestra)。实际上,一直到法国大革命,剧院里是不设置座位的。约有150位纨绔公子或热心观众,因付了特别费而坐在剧台上,分三侧环绕着表演。伏尔泰曾经指责这种恶习妨碍了台上的演员和布景。他说:"因此,我们大多数的表演,除了长长的演讲外别无他物,所有剧中的动作都无法施展,或虽然演出,也显得那样的可笑。"他又问道,在这样的舞台上与这样的布景下,一个演员如何能扮演出在恺撒被刺杀后,布鲁图斯及随后安东尼对罗马民众的慷慨演说?而《哈姆雷特》剧中那个可怜鬼魂,又如何看得出那些享有特权者的端底?在这样的条件下,莎士比亚的戏剧几乎没有任何一出能在舞台上演出。伏尔泰的激烈抗驳,得到了狄德罗与其他人士的附和,最后终于收到效果。1759年,法国各剧院的舞台都已清理一空。

然而,伏尔泰在他为改进演员宗教地位的奋斗中,却不如此成功。在社会方面,演员们的情况得到了改善,他们在贵族之家受到接待,在许多情形下还应王室之命演出。但教会仍然指责戏院为传播丑闻的学校,并根据此种认定,将所有的演员逐出教会,而且禁止他们死后被葬在教堂墓地——包括巴黎的一处墓地。伏尔泰指出其中的矛盾:

> 演员由国王付薪酬,却又受到教会的驱逐出教;他们每晚应

国王之命演戏，而又受到教会的禁令做任何表演。如果演员不肯表演，他们将受到入狱下监的惩罚；如果他们表演，那么在死之后，又要被贬黜到阴沟里。我们很高兴与演员一同生活，却反对与他们埋葬在一起，我们让他们与我们共餐，却不准他们进入我们的墓地。

当时最伟大的女演员勒库夫勒，以她的生死阐明了以上的各种正反对比。她1692年出生于兰斯附近，10岁时前往巴黎。由于住在法兰西剧院附近，她时常溜进戏院，待回到家里，则模仿她钦羡的那些悲剧人物的动作。14岁时，她组织了一群业余者，在一些私人舞台上从事表演。演员勒格朗教授她一些课程，并为她在斯特拉斯堡演出的一个剧团里谋得了一个位置。与莫里哀一样，她曾多年在各省扮演各种角色，也毫无疑问地一次又一次地恋爱。她渴望着恋爱，遇到的却是色情狂，有两个人相继使她怀孕，却又拒绝与她结婚。她18岁时生了一个女儿，24岁时又生了一个女儿。1715年，她回到了巴黎，而年轻的伏尔泰就在其时其地遇到她，两人曾有过一段超友谊的关系。1717年，她成为法兰西剧院的首席女演员，实现了她幼年时的梦想。

同许多其他著名的女演员一样，她并不十分漂亮。她可以说是相当结实，而五官也不寻常，但她在姿态举止上有着无法形容的优雅，声音似乎带着诱惑的音乐，她漆黑的眼眸里，更闪烁着火一般的光彩与感情，在她面庞上，更有着跳跃与华贵的表情，她的每个动作都表现着个性。她拒绝遵照法国戏剧表演传统的演说风格。她决心像实际生活那样在舞台上自然演剧、谈吐，唯一例外是字正腔圆，加大音量以让最后边的观众听到。她在短短的一生中完成了戏剧表演的划时代革命。这一革命也建立在她情感的深度、表达热情与爱的温柔的能力，及在悲剧中完全的凄恻之上。

老年人赞美她，年轻人则为她丧魂失魄，形同痴傻。年轻的伯爵费雷罗，即将成为伏尔泰代理人，他对她的狂热使他母亲警惕，怕他可能会向这位名女伶求婚，便发誓要送他到殖民地。勒库夫勒听到这个消息后，写信给费雷罗夫人（1721 年 3 月 22 日），保证她将使这位年轻男爵的殷勤失望：

> 我将依照你任何意思写信给他，如果你想如此，我也可以再也不见他，但别威胁着送他到地球的尽头去。他对国家有用，他能够成为朋友的宠儿，也会以满足与美名来为你加冕，你需要做的，只是引导他的才分并让他的美德发挥出来。

她的判断十分正确，费雷罗伯爵后来升任为巴黎议会的一名议员。他 85 岁时，整理他母亲遗留下来的信件，偶尔发现了这封信，以前，他丝毫不知道有过这回事。

她随后也经历了爱的一切狂喜、沮丧与拒斥。年轻的撒克逊王子莫里斯，常常来观赏她的演出。那时，莫里斯王子虽然尚未战功彪炳，但早以其英俊与浪漫闻名，王子向她表白将对她终生爱顾时，勒库夫勒认为这正是她等待已久的英雄。1721 年，她接受他为爱人。曾经有一段时间，他们生活在如此柔情蜜意的相互忠贞中，巴黎人将他们比为拉封丹故事里热恋的斑鸠。但这位已是军队元帅的年轻军人，却梦想着王国。我们已提到他赶往库尔兰寻求王位，并接受勒库夫勒的资助。

勒库夫勒借着成立一个沙龙来安慰自己，这使她得到一种智慧之赐，她学到了拉辛的文雅与莫里哀的观念，她渐渐成为法国最有教养的女人之一。她的朋友并不是那些偶来的慕名者，而是一些喜爱其智慧的男女，丰特内尔、伏尔泰、费雷罗、凯吕斯伯爵经常到她家共进晚餐，不少贵族夫人也高兴地参加那个才气洋溢的团体。

1728 年，那位失败的军人回到了巴黎。他现在才认清勒库夫勒较自己年长 4 岁，为 36 岁；另有十几位富裕的妇人，都愿与他同床共枕。

其中一位几乎与王子一样尊贵，就是布永公爵夫人，她也是波兰贵族英雄让·索别斯基（Jan Sobieski）的孙女。公爵夫人在法兰西剧院的包厢里非常大胆地带着莫里斯在勒库夫勒面前炫耀，勒库夫勒这时正面对着舞台上的包厢，带着加重的语调背诵拉辛《费德尔》一剧中愤怒的语句：

> 我绝非那些厚颜无耻的妇人，
> 她们能面露平和地犯着罪行，
> 在罪恶外表高竖着一道篱笆，
> 而从不会羞耻地感到脸红。

1729 年 7 月，一个名叫西蒙·布雷的微型画画家和修道院主持，通知勒库夫勒小姐，说有两个戴着面具的宫廷夫人代表曾向他提出，如果他能给这位名女伶服下毒药丸，则他可获得 6600 利维尔的酬报。勒库夫勒于是通知警察，拘捕了这位修道院主持，严加询问，但这位主持坚持他说的实情，她写了一封文情并茂的信给警察局副局长，要求释放这位修道院主持：

> 我已经与他谈了很久，也使他谈了不少，而他始终是很恰当很机巧地回答着。我并不希望他说的合属实情，我有一百倍的理由希望他可能是发了疯。啊！我只须恳求上帝的赦免。但是，大人啊！如果他是无辜的，请您想想看，我将多关心他的命运，而他命运的不定，对我又将是多么残酷啊！请不要单单考虑到我干的行业与我的出身，务请体谅我的灵魂，在这封信中，您可以看出那是多么的赤诚与坦白。

布永公爵坚持这个修道院主持应该加以拘押。几个月后，这位主持被释放了，但仍然坚持那个故事是事实。直到现在为止，我们还不能知道那究竟是否属实。

1730 年 2 月，勒库夫勒小姐开始经受着日渐恶化的腹泻，但她仍在戏院演戏。3 月初，她在一次昏倒中被人抬离。3 月 15 日，她以最后的一股力气，演出伏尔泰《俄狄浦斯》一剧中加桑特的角色。3 月 17 日，由于肠发炎而非常危险地流血不止，那位元帅王子不再前来，只有伏尔泰、费雷罗伯爵照料着她。3 月 20 日，她死在伏尔泰的怀抱中。1849 年，尤金·史克里布与欧内斯特·勒古韦在巴黎制作了他们成功但不十分确实的剧本，剧名就叫《勒库夫勒》。1902 年，弗朗切斯科·奇莱亚（Francesco Cilèa）也以同样的主题，写了一出歌剧。

因为她拒绝过教会最后的礼仪，根据教会法，她不得埋葬在教会墓地。她的一个朋友雇了两个拿火炬的人，将她的遗体搬上一辆出租马车上，秘密地埋葬在塞纳河畔，那里现在已成为勃艮第大道。伏尔泰写了（1730 年）一首诗，名为《勒库夫勒小姐之死》，激奋地指责这个葬礼的不尊重：

> 所有的人心皆如我心，
> 为这桩悲伤已极的事感动。
> 我从四面八方听到
> 那些受挫的艺术含泪喊道，
> 墨尔波墨涅啊！
> 你再也不存在了！
> 明日的你将做何话说？
> 当你知道，
> 那些没有心肝的人，
> 在这些被遗弃的艺术上，
> 横加日趋枯萎的伤害？
> 她若在希腊当赢得圣坛的荣耀，

在此却不得埋葬！

我曾目睹他们崇拜着她，

环拥着她；

而刚一逝去，即成罪犯！

她吸引这个世界，

你们却惩处着她！

不！

这两旁河岸，

将绝不亵渎；

它们护持着你的灰烬，

而这悲哀的荒丘，

对我们将是座新的神庙，

受着我们歌颂的荣耀，

更因为你的余荫得享圣名。

　　这个时代最伟大的剧作家，当然非伏尔泰莫属，然而他也有着许多对手，如克雷比永。1705 年至 1711 年，克雷比永曾创作了好些成功的剧本，而后，由于受到《薛西斯》（1714 年）与《塞尔拉尔斯》（1717 年）两剧决定性的失败，他认为自己才华已尽，从撰写剧本的行业退休，陷入穷困之境。他在他的阁楼里养着 10 条狗、15 只猫与一些乌鸦，聊以自慰。1745 年，蓬巴杜夫人以一笔津贴与一份闲差事拯救了克雷比永，并安排由政府印刷厂出版他的作品集。他于是前往凡尔赛向夫人致谢，虽然卧病在榻，她仍躺在床上接见了他。正当他弯身亲吻她玉手致敬时，恰巧路易十五走了进来。这位 70 多岁的老翁随即叫道："我完了，国王当场抓着我俩了。"路易十五欣赏着他的急智，也与蓬巴杜夫人一样，怂恿他完成那被放弃的有关喀特林的剧本。该剧于 1748 年首演时，夫人与其他宫廷贵人都加赞赏，克雷比永再度享受着美名与法郎。1754 年，他 80 岁那一年，他写了最后一个剧本。之后，他又活了 8 个年头，而乐与他的那些动物为伍。

伏尔泰并不乐见这位从坟墓中现身的竞争者。在喜剧方面，他也得面对着那位多才多艺又兴致勃勃的马里沃的竞争。马里沃是在偶然情况下，变成一位讽刺作家的。有一次，他看到他那年仅 17 岁的情人在一座镜子前，摆弄着种种诱人的姿态。他的心脏只是短暂地悸动一下，因为他父亲在里永一地负责钱币制造，许多的年轻女郎都想变为马里沃的妻子。他是为了爱情结婚，他过着很节制的性爱生活，使巴黎人因而吃惊。他常出席唐森夫人的沙龙，可能就在夫人的沙龙里，学得了融入他剧作里的轻巧机智、优雅用词与细密情感。

马里沃第一部成功之作是《爱的闹剧》，1720 年曾盛况空前地在意大利剧院连续演出 12 次。正当他啜饮着演出的成功时，约翰·洛的银行突然破产，使他损失了大部分钱财。据说他借着一管笔又赚回了这些钱，他写了一长列的喜剧，以他独特优雅的揶揄与聪明的情节，愉悦着整个巴黎。所有喜剧中最有名的是《爱情与机会的游戏》，剧中叙述两位从未谋面的未婚夫妻，他们同时但不一致地决定，去试探对方的忠实，他们主仆——男主、男仆与女主、女仆——在衣着与举止上各自易位，而发展出有如苔丝狄蒙娜的手绢一样荒谬的许多有关的巧合。巴黎的妇女对马里沃喜剧中那些爱的纠缠与温柔感触，要比男人喜爱得多。在这方面，也与凡尔赛宫和沙龙里一样，或与华多和布歇一样，女人君临一切，享有最后的决定权，情感的分析取代了政治问题与战争英雄的谈论。莫里哀以男性为主的喜剧逊位给以女性为主的喜剧，除了博马舍外，这种情形一直延长到斯克里布（Scribe）、小仲马和萨尔杜（Sardou）的时代。

法国小说

带给法国小说新面貌的，也是同一位马里沃。1731 年，他出版了《玛丽安的一生》的第一部分，这本书普受欢迎。他继续出版其

他部分，一直到 1741 年的第十一部止。该书尚未完成（虽然他活到
1763 年），主要因为他的目的不在于说故事，而是分析人性，尤其是
妇女在爱情中的性格。书中没有任何其他情节能像开场一幕那样扣人
心弦：一群强盗劫持一辆驿车，除了玛丽安外，他们杀害了车上其他
所有人，而她一直到了晚年才说出这段故事。书中的女英雄也是假
想中故事的叙述者，始终机诈地借用隐名，最后她将稿本交给一位
朋友，并提醒道："不要忘了你已答应永不指出我是谁，我希望只有
你认得我。"

玛丽安的双亲都丧生在那次事故中，她则由一位慈善的中产阶级
抚养长大。她曾在一家贩卖女人内衣的店里做过店员，因为她出落得
非常迷人，引起了克利马尔先生的注意。这位先生最初送给玛丽安一
些小礼物，而后一些贵重礼物，不久，他要求玛丽安本人委身与他，
作为这些礼物的酬报。玛丽安拒绝了这个请求，更在一阵犹疑后，退
回了所有礼物。马里沃把这些犹疑描写得非常细腻。

然而，她同时遇到了克利马尔先生的侄子瓦尔威勒先生，后者在
财产上，虽较前者少些，但在年龄上也小。然而，瓦尔威勒使玛丽安
悬宕达 1000 页书之多。最后却转向另一个女人，马里沃的故事便以
这点终结。

这是法国 18 世纪杰出的心理小说，同时代唯一能与之相比的，
只有肖代洛·拉克洛（Choderlos Laclos）于 1782 年所著的《危险的
通奸》一书。拉克洛这本书让人想起拉斐特夫人的《克利夫斯王妃》
（1678 年）。后者在情感的细腻与风格的美丽方面难与相比，但在动
机与情愫的剖析方面，则被超过。像理查森书里的帕美拉一样，这里
有一个为了实际利益而保留荣誉的女人，书中女主角知道乱交的男性
对一夫一妻制的支持，只有非常脆弱与易逝的价值。这比理查森的
《帕美拉》描写得更加奥妙。后者在《玛丽安的一生》出版 9 年方才
出版（1740 年），因而可能受到该书的影响。理查森于 1747 年出版的
《克拉丽莎》，为卢梭的《新爱洛漪丝》带来了灵感。

马里沃反映出中等阶级坚强而谨慎的道德，而小克雷比永则对贵族漫无节制的习性感兴趣。与他父亲被称为"悲剧的克雷比永"构成对比，他被绰称为"快乐的克雷比永"。小克雷比永于摄政期间，在巴黎长大，他的道德超过了他所受的耶稣会教育。他曾好几年分享着他父亲的阁楼、乌鸦、狗与猫。1734 年，27 岁时，即以《网罗家》一书享得美誉，这可能是他所有旧本与书中英雄的总名称，因为对于书中人物来说，爱情就像卡姆弗特引述的，只是"两层皮肤间的接触"而已。虽然这个故事发生在日本，但很明显是对法国教会和政府的讽刺，及讽刺那被福勒里大主教逐离巴黎达 5 年之久的梅因女公爵。

小克雷比永回到巴黎，即于 1740 年发表了他作品中最恶名昭彰的小说《沙发》（Le Sopha），使他被放逐了一段不长的时间。小说虽以阿格拉（Agra，印度北部一座城市）为背景，风俗习惯却属于巴黎。该地的苏丹觉得厌烦，于是征求故事。年轻的朝臣阿曼泽被强制讲述他前一世是沙发，并忆起曾经见证的一些罪行。底下一连串有关通奸的情节，愈来愈描写得露骨。小克雷比永特别津津乐道有关阿尔曼德与莫策勒的故事，他们在大事夸张自己的贞洁后，承认他们的念头与其他人的行为同样地不贞。他们终于得出结论，在行动上绝没有比念头中还要大的罪恶，基于这个观念，他们要求言行一致。然而，这只是一个例外。小克雷比永的女人通常都为她们的陪侍而要求钱财方面的报酬，因此，阿米娜非常仔细地点数给予她的报偿，在确定数目无误后，才肯满足她爱人的欲望。

《沙发》这本书达到预期的成功，并被翻译为其他文字，大家都沉溺于那些逾越常轨的结合。斯特恩即承认曾受到小克雷比永小说的影响，贺拉斯·华尔波尔喜爱小克雷比永的作品胜过亨利·菲尔丁的作品，高风亮节的托马斯·格雷有关天堂的观念，也得自不断捧读马里沃与小克雷比永的新爱情小说。亨利埃塔·斯塔弗德夫人从英格兰兼程赶来，首先变作小克雷比永的情妇，再成为他孩子的母亲，最后成为他的太太。据记载，小克雷比永因她变成一位模范丈夫。1752年，他联合亚历克西·皮龙与查理·科勒创立了"洞穴社"，这是一个以不虔敬与戏谑闻名的欢乐辩士的俱乐部。1759年，借着《反证论法》，他被任命为皇家文学检察官。1762年，老克雷比永经过了恼人的迟延而去世后，小克雷比永终于继承了他父亲的俸禄。凡结局好，一切都好。

小克雷比永的书早在他去世前便已失势，但同时有一位饱学的教士写成了一部迄今仍然流行的小说。通常以普莱沃神父闻名的克勒斯一生，也像那些出自他笔下的人物一样历经庞杂、困扰的生涯。他在1697年生于阿图瓦，接受耶稣会教士的教育，随后在耶稣会教团中充当新手（1713年），继而离开教会投身军旅，逐步晋升为军官，陷入恋爱中，而后失恋变成为本笃派僧侣（1719年）和传教士（1726年）。此后，很奇妙地，他几乎全靠一支生花妙笔来维持生计。

甚至在普莱沃神父放弃僧侣生活之前，他已开始著述一篇浪漫传奇，《一位贵人的回忆录与冒险史》，前4卷1728年于巴黎出版。他在英国过了一年后，又迁往荷兰。1730年，他出版了第二本书，《英国哲学家克伦威尔之子克里夫兰先生的故事》，这本书是最早的历史小说之一，他在以后9年中写了8卷。他于1731年在阿姆斯特丹出版《一个贵人的回忆录与冒险史》的5至7卷，第7卷则在巴黎（1731年）单独以《玛侬与格理骑士浪漫史》为书名出版。这本书在当时虽然为法国所禁，但一出版，即如现在一样风行。据说"全巴黎为这本书痴狂……人们争着去买这本书"。

玛侬的故事以笨拙而机械的假想终篇。12名妓女乘坐一辆马车，在前往勒阿弗尔港准备放逐到美洲的途中，那位无名氏，也就是那位"贵人"侯爵（在这7卷回忆录中，他充作故事的主人公），被其中一位妓女的美貌深深迷住，该女子的美貌，其后被形容为"能将全世界带回到崇拜偶像的时代"。侯爵也看到了那位处境凄凉的格理骑士，他满眶泪水地注视着他以前的情妇玛侬，悲伤地说他贫穷得无法陪同她一起放逐。侯爵加倍感动之余，给了格理四枚金路易，而使他能陪伴着她前赴路易斯安那。两年后，侯爵又在加来港遇见了格理，并带他回家，这一小卷书的剩余部分就是格理对他爱情的自白。

格理是一位出身良好、可为典范的青年，在亚眠读大学时，他各个方面的表现都非常优异。他的双亲意欲他担任马耳他骑士教团的职位，在他双亲满怀高兴的希望中，"他们已经为我穿上了大十字架服"。但玛侬闯进了他的生活中，一切也都改变了。她那时年方15岁，他则是17岁，而且"从未想到两性的差异"。然而玛侬告诉他，她在不情愿的情况下，很快要被送到亚眠去做修女。他答应要解救她，他们于是私奔到巴黎。他们彼此的爱慕似乎是一个充分的婚约，"我们免除了那些宗教仪式，而心中未尝置念地结成了夫妻"。但他的哥哥找到了他，把他逮住了，并送他回到他父亲那儿。他父亲告诉他，玛侬早已是位银行家B先生的情妇，他于是去杀死B先生，但被他父亲拘押。他的一个名叫第波的朋友，也向他证实玛侬的确是B先生的情妇，也劝他担任教会职务。这位青年于是进入圣树比神学院，成为一位神父，"我想我自己已完完全全从爱的诡诈中净化过来了"。两年后，他在索邦神学院主持公众审查与讨论时，玛侬恰好也是听众之一，她走到他面前，坦承自己的不贞，但发誓她只是为他筹钱而与B先生有勾当。他们于是再度私奔。

他们在夏洛特郊区住下，很奢侈地花用着玛侬自B先生那里得来的6万法郎，钱财渐渐消耗，困顿中的格理希望赢得他父亲的原谅与金钱，并寄望在他父亲死时继承遗留下来的财产。但他们遭到抢劫，突然身无分文。"我在那时才了解，人可以爱钱而为守财奴……我知道无论玛侬在有钱时多么忠实而痴情，但在困窘中绝无法加以信赖。她把享乐与富裕看得很重，不会为了我而牺牲它们。"而他喜爱她甚于荣誉。他让玛侬的兄弟们教他如何在玩牌中施展手腕，借着这种方法，他又赚了一小笔财产，但又遭到抢劫。玛侬背弃他，转而投向一个很富有的老色狼怀中，在一张便条中解释道："我正设法使我的骑士富有而快乐。"他与她共同设谋，想骗走那个老头的钱。他们在成功后潜逃，但遭逮捕，玛侬被视为妓女而被发往一家普通病院，而他被送到一座修道院。后来他枪杀了看门人而逃走，又借了一些钱贿赂了医院的护士，让玛侬逃出来，她向他赌咒将爱他终生。

他们的钱耗尽时，她又成为一个富有的继承人的情妇，不幸又被抓了。格理的父亲说服了管事的将她放逐，他企图在路上拯救她，但未能成功，结果乘船陪她前往新奥尔良。在那里，她也学得了怎样过着穷困的生活，并向格理表现忠贞。他们重新皈依宗教。但殖民地总督的儿子爱上了她，由于她与格理一直疏忽而未取得合法的婚姻地位，总督运用权力将她许配给任何一个殖民者，他强令她接受自己的儿子。格理在一次决斗中杀了总督的儿子，然后与玛侬从新奥尔良徒步逃入旷野。在劳苦的长途跋涉后，她昏倒而死。"整整两天两夜，我紧吻着我亲爱的玛侬的脸与手。"他用他的两只手为她挖了坟并掩埋了她，而后躺在坟上等死。但这时，他的好友第波从法国前来，刚好碰见了他，将他带回加来那位侯爵处叙述这个故事。

玛侬的死让人唏嘘不已。每个女人，即使并非"心存浪荡"，也为玛侬葬身荒丘与格理的伤心欲绝而掉泪，原谅了前者谋钱的途径与后者卑怯的罪行。普莱沃使书中的男女主角富有如许多的缺点而让人耳目一新。他让玛侬绝对地崇尚乐趣，另让她的爱人寄生于女人裙下，欺骗、偷窃与杀人而使他们真实起来。玛侬是古式的女主角，而格理绝对地是一种新型的男主角。本书如果让格理死在玛侬的坟头，那么结局会更震撼。

普莱沃以这样的感情来诉说故事，也许是因为他本人具有格理的一切热情。这本书是作者的自传式小说，当然，普莱沃绝对不是一个惯于寄生于人的懒虫。他曾将理查森的三大部小说翻译成法文，他的这些翻译，使法国读者开始狂热地捧读理查森的作品，同时引起卢梭与狄德罗迥然不同的反应。另外，他翻译了米德尔顿的《西塞罗的一生》（*Life of Cicero*）和休谟的《英国史》。他又写了几本较次要的小说和好几卷《航行的一般历史》。他于 1733 年在阿姆斯特丹时，爱上某人的情妇。他知道本笃派僧侣已经得到了一纸拘捕他的令状时，他便带着这个女子逃往英国。在伦敦，他靠做家教赚钱维生。同年 12 月 15 日，他因为他的一个学生指控他伪造一张 50 英镑证券而被逮捕，这一罪行根据法律应处死刑，但由于某些不明的理由，他不久就被释放了。他于 1734 年回到法国，重新加入本笃派教团。1753 年，他被任命为圣乔治修道院的主持。

10 年后，关于他的死亡曾有一个离奇的故事，其孙侄女向圣伯夫说：普莱沃在尚蒂伊森林散步时，突然中风，有一个医师，认为他已经死了，就开始解剖以求了解他的死因。普莱沃事实上还活着，只是尸体解剖置其于死地。不过这个故事目前被认为不足相信。

普莱沃的影响相当巨大。他对卢梭的《拉诺维勒·赫拉斯》有些影响，也使那位硬脾气、软心肠的狄德罗写了一些赚人泪水的剧本，在贝尔纳丹的《保罗与维尔日妮》（*Paul et Virginie*）这部小说中则一变而为完全理想的造型，在小仲马的《茶花女》一书中又再出现，直到福楼拜 1857 年写成《包法利夫人》（*Madame Bovary*）之前，普莱沃始终在浪漫运动中扮演一个角色。

次要的圣者

另外一位神父又在我们的故事里出现，这一次我们必须分给他应有的篇幅。我们业已见过圣皮埃尔院长查理·伊雷内·卡斯特尔以他那篇《永久和平备忘录》震惊参与乌特勒支和会（1721 年）的外交官，该文同样也令卢梭与康德感到着迷。我们也见过他向阁楼俱乐部提出一些观念与改革，由于太过进步，而让福勒里大主教感到必须关闭该俱乐部，以拯救国家（1731 年）。他提出的到底是些什么观念呢？

与许许多多的反叛者一样，他的心智也是经受耶稣会教育的磨锐。他抛弃掉当时的流行信仰，并没有费掉太长久的时间，虽然他仍然信仰天主教，但是他的《驳伊斯兰教》（*Discourse against Mohammedanism*）一书却对天主教造成了一些诡诈的损害，书中的论点，就如同伏尔泰的《穆罕默德》一书中的论辩一样，明显地是指向正统的基督教义。他对于"那些由新教徒，分裂教派者与伊斯兰教徒所假造的神迹"的物理解释，显然地，也意欲对天主教中的神迹同样地提出疑问。

在 1717 年以及再度在 1729 年，他重新出版他那已经扩充篇幅的《永久和平计划》（*Project de paix perpétuelle*）。在这本书里，他呼吁当时欧洲的君主，包括土耳其苏丹，缔结一神圣盟约，彼此保证他们目前的所有物。并且宣布放弃战争作为解决国际争端的一种手段，所有争端均交由一个拥有武力可迫使会员接受裁决的欧洲联盟（European Union）加以解决。卡斯特尔更为这一联盟起草了一套模范宪章，其中包括大会的程序规则以及各成员国对联盟所应支付的财务贡献。当时他并未预期，在 1815 年的"维也纳会议"（Congress of Vienna）上，居然按着他和平计划里的一些纲目，组织了一个"神圣同盟"（Holy Alliance），以求永久确保君主与封建的制度，同时压制所有的革命运动。

对这位乐观的神父而言，似乎没有困难能够动摇他的信心，他以宗教的热忱，愈来愈相信进步。在他于 1737 年出版的《对普遍理性继续发展的观察》（*Observations on the Continuous Progress of Universal Reason*）一书里，早在孔多塞之前就宣称人类以科学家与各政府的理性为动力会有无穷无尽追求完善的能力。他认为，据公认的权威推断，人类不会超过七八千年历史，因此，目前仅是在"理性的襁褓时期"，我们为何不能预期 6000 年以后人类理性强有力的年轻时期，以及 10 万年以后人类理性成熟时期之开花结果？

圣皮埃尔预见到我们当代的问题：当科学与知识有着巨大的进步之时，道德与政治却未能有等量的进步，知识固然启发道德，但也同样能制造罪恶。究竟该怎样将知识的滋长导向个人与国家行为的改进？在他于 1737 年所写的《如何使政府趋于完美》（*A Project to Perfect the Governments*）里，他建议成立一所政治学院，由境内所有智慧最高的人组成，而作为该国各部长在社会与道德改革方面的顾问组织。此外，他还作了许多特别的建议：一般教育当由政府而非由教会控制，宗教宽容，僧侣婚嫁，统一法国法律，由政府推进公共福利，以及借在所得与继承方面的累进税率以增加政府的收入。他更在 1725 年为法语创造了一个新词——行善（bienfaisance），以区别他所喜爱的人道主义（humanitarianism），而不是在旧时制度中那种施舍式的慈善。远在爱尔维修与边沁之前，他便立下了功利主义的原则。那些哲学家的大部分基本观念，圣皮埃尔都曾预先论述过，就连对于开明君主的希望以期作为改革的使者这一观念也不例外。他以单纯、天真与啰唆成为启蒙时代最具影响的人物之一。

杜克洛一定会蔑视圣皮埃尔是个幻想而不合于实际的思想家。杜克洛生在布列塔尼的迪南（Dinan），直到去世，他都保持着布列塔尼人所特有的坚定、仔细与倔强的个性。他出生于一个富有的中产阶级家庭，母亲享年 101 岁，在摄政时期的巴黎，他以铁一般的意志度过狂野的青年时代。他从耶稣会教士那里接受更高的教育，他更在咖啡屋里纵情玩乐并磨锐他的机智。很快地，他那敏捷应答的名气使他参与一些社团及沙龙。他又写了一部名叫《卢斯爵士史》（*Histoire de la baronne de Luz*，1741 年）的小说，而更增加了他的名声。该小说几乎可说是对上帝的控诉，书中的男爵夫人，拒绝了所有其他企图损及她贞洁的人，而为了拯救她丈夫的性命而委身于一个贪污腐化的县官，她丈夫是因为牵涉到一个反叛国王的阴谋事件而受拘禁。她曾两度遭人强奸，在难以抑制的愤怒中，她大喊道："啊！残忍的老天爷！究竟为了什么我竟然值得你怨恨？是不是你根本就讨厌道德呢！"

尽管这本书遭到非议，杜克洛在 1746 年由于蓬巴杜夫人的帮忙，仍被选做学院的一分子。他很卖力地参与学院的种种活动，重组学院，并且使得学院与当时的文学及哲学很有生气地联系着。1751 年，他继承伏尔泰而为国王的编史官；1754 年，他帮助达朗贝尔被选入学院；次年，他被选做学院的常任秘书，其影响力直到他逝世为止。他让学院接受自由的观念，但是他又谴责霍尔巴赫、爱尔维修以及狄德罗等的仓皇失措，他说："这一小群无神论者，会因将我逼迫回到忏悔室而结束。"

我们所以记得他，主要是因为他那部《论本世纪的道德》（1750 年）。在那本书出版后，他在 1751 年又出版了《论本世纪的道德备忘录》一书。杜克洛的《路易十四与路易十五两朝的秘密备忘录》，则直到 1791 年方才出版，后一本书的一部分以《摄政时期的秘密备忘录》为名，译为英文。这是对法国人的道德与性格予以平静且深刻分析的一部著作。

他在 45 岁前完成的这部书，开头以德高望重的老者那种严肃的语气说道："我活了这许多年，我希望对那些将继我而活的人们有用。"他颇表悔懊地说："最文明的人们并非是最道德的。"——

最快乐的时期，是道德根本不被认为是一种优点，当道德开始有了标准时，礼俗早已改变；如果道德变为一种被取笑的对象，那么，这就到了风俗败坏的最后阶段了。

依照他的评断，"法国人最大的缺点，就是永远有着一种年轻的个性，因此他往往和蔼可亲，却难得稳定，法国人几乎完全没有成熟时期，而是从年轻一跨步就到了老耆时期……法国人因此可说是欧洲的儿童"。这也就像说巴黎是法国的游乐场一样。杜克洛并不完全同情那种他感觉在四周旋转的理性时代："我并不对我所居处的世纪有着很高的评价，但是我以为，某种程度的理性酵素，会在世界各地发展着。"他又说：

在这一代里，我们对种种偏见已经批评了很多，也许我们过

分摊毁了这些偏见。偏见在人类中间，乃是一种普通法……就此
而言，我不能不谴责那些希望破除迷信的作家，如果就哲学的水
平予以讨论的话，那么他们这种动机倒是值得赞许而有用的，他
们破坏了道德的基础，也削弱了社会的结合默契……这些作家对
他们读者所造成的影响，乃是使得年轻人变为败坏的公民和恶名
昭彰的罪犯，同时更引起老年人的不快。

格里姆就愤恨那借着自己许多心腹好友为榜样，而对哲学作巧妙
的诽谤——"当一个人有着一颗冷酷的心以及一个变了样的口味时，
他便不应该写有关道德与艺术的东西。"格里姆曾与杜克洛竞争以赢
得埃皮奈夫人的喜爱。那位温柔夫人的回忆录描述，杜克洛是个脾气
粗鲁、专制而又经不起失败打击的人，但这些资料却由格里姆充任编
辑。如果我们相信这些记载，那么杜克洛曾因为被认作是一位奸诈的
色情狂而遭埃皮奈夫人赶出她的屋子。这位饱学的学院院士，继续在
其他女人的床上与其他土地上徘徊不定，直到 67 岁左右去世。

沃韦纳格（Vauvenargues）侯爵路克·德·克拉皮尔斯（Luc de
Clapiers）比较受人喜爱。他 18 岁从军，熟读普卢塔克，怀有为国
王赢取荣耀的野心。他在 1741—1743 年的波希米亚战争中参加了贝
勒·伊斯勒（Maréchal de Belle-Isle）那一灾难般的行动，在从布拉格
惨痛的撤退中，他的两条腿都冻僵了，1743 年，他又参与戴廷根战
役，但是因为健康愈来愈坏，不久就从军队中告退。他想转而投身于
外交生涯，由于伏尔泰的帮助，几乎得手，但正值此时，他患上了天
花而破坏了面容。他的眼力开始减退，而一场慢性痨咳使他不得不过
着平静的生活。

书本成为他的慰藉物。他说："最好的东西乃是最普通的，可以
用一克朗去购买伏尔泰的心智。"他曾警告不要以重量来衡量书的价
值。"即使最好的作家也常常说得太多"，而且许许多多的作品大都
模糊含混，"明晰乃是思想深刻的装饰物"。他自己在 1746 年出版的

一卷作品，为一篇75页的《人类精神的体认入门》（*Introduction à la Connoissance de l'esprit Humain*），继之又有一篇115页的《六百零七句自省与格言》（*607 réflexions et maximes*）。一年之后，在一座脏乱的巴黎旅馆里，这位法国哲学的莫扎特与约翰·济慈，以32岁之龄与世长辞。

沃韦纳格曾说："哲学就像服装，音乐与建筑一样，是有着不同时尚的。"不过他的观念极少染有他那时代的色彩。在卢梭将自然与平等两个观念理想化没几年前，他形容"自然"为争权的一种野蛮斗争，而平等则是人的一种幻想：

> 无论在帝王、民族或个人之间，强者总认为自己有凌驾弱者之权利，在动物与其他事物中，情形亦然。因此，宇宙间每一件事都受暴力支配，我们往往以近似正义加以谴责的这一秩序，乃是自然中最普通的律法，也是自然界最不易变与最重要的法则。

凡人均生而不自由与不平等：

> 平等是一种自然法的观念并不确实，自然并没有让任何事物平等，自然的最高法律就是臣服与依赖……生来就该服从的人，即使做了君主也要服从。

至于自由意志（free will），那也是一种神话。"意志绝不是一件行动的首要原因，它只是行动的最后动机。"如果我们用一个古典例子说明自由意志，如你可以"任意"选择奇数或偶数，他的回答是："如果我选择了偶数，那是因为在我必须做一个抉择情形下，偶数刚好在那一刻出现在我的念头中。"至于对上帝的信仰，他认为有其必要，只有信仰上帝，生活与历史才能在那无休止的争斗与最后的失败之外，有着一点别种意义。

沃韦纳格哲学中最独特的一点，是他对于情欲的辩护。情欲绝不可被摧毁，因为它们乃是个性、天才与一切思想活力的根基：

> 心智是灵魂的眼睛，但不是灵魂的力量，力量存在于心里，这也就是说，存在于情欲里。最明智的理性也不能给予我们行动与意志的力量……伟大的思想发自心里……这样，所有知识分子的最伟大成就也许都要归功于情欲……理性与情感彼此相互劝告、补足。凡只咨询其中之一而放弃另外之一者，不啻愚蠢地剥夺了赋予我们行为的资源之一部分。

沃韦纳格承认人人都有自爱的毛病，但不认为这是罪恶，因为它是自然第一条法——自保（self-preservation）的第一要件。同样地，野心也不是个罪恶，而是必要的驱策力，"热爱光荣使得许多民族有着伟大的英雄"。对此他又补充说道："如果一个人不认识时间的价值，他便不会赢取光荣。"然而，世界上也有必须由法律与道德典范加以约束的真正罪恶，而"政府之道，就在依照公益以防止这些罪恶"。世上也有真正的德行，"初春如与年轻时德行的滋长相比，也比不上后者的优雅与迷人"。

尽管他自认沿袭托马斯·霍布斯（Thomes Hobbes）与拉罗什富科的学说，以及本身的罪恶经历，沃韦纳格仍对人类存有信心，他的朋友马蒙泰尔说道：

> 他了解这个世界，但并不蔑视它。身为人类之友的他，将列为人类不幸的范围之内（而不列为犯罪之内），怜悯在他心里取代了愤怒与仇恨的位置……他从不侮蔑任何人……一种永不改变的平静在他朋友眼前掩盖了他的痛苦。一个人只要学到他的例子，就能克服逆境，看看他精神的安宁，我们便不敢在他面前呈现不快。

伏尔泰也形容他是"最不幸，但也是最平静的人"。

18世纪法国文学最优雅的一面，乃是理性的使徒伏尔泰施给那位帕斯卡与"心"的辩护者沃韦纳格的温暖同情与友善之帮助。这位年轻的哲学家，也表示他对"那位荣耀了我们这一世纪的人物"之崇拜，"他不比任何前辈渺小或无名望"。而那位较年长的哲学家也在一次致沃韦纳格谦逊的信中写道："如果你能早几年出生，那么我的作品将会更有价值。"伏尔泰所写过成百卷的作品中最动人的一篇，是他为沃韦纳格所写的葬礼赞词。

孟德斯鸠（1689—1755）

·波斯人信札

1748年写成的《论法的精神》一书，被认为是18世纪最伟大的作品。该书在作者59岁时问世，那是集作者50年的经验、40年的研究与20年的写作累积而成的一部作品。

孟德斯鸠1689年1月18日生于拉布雷德，在蒙田家乡波尔多附近。他幽默地夸称他是那些哥特人的后代，哥特人在征服罗马帝国后，"在各地建立王国与自由"。无论如何，就刀剑或朝服而言，他都属于贵族阶级，他父亲是吉耶纳地区的首席法官，而他母亲更带来拉布雷德的城堡及属地作为嫁妆。他出生时，一个乞丐出现在城堡门口，被带进城堡并给予食物，同时拜为这个新出生婴孩的教父，据说是希望孟德斯鸠永远不要忘记穷人。他3岁以前由村妇奶育。11岁去瑞伊的圣乐学院，该地距巴黎约20英里。16岁回到波尔多研究法律，19岁那年得到了法律学位。

他父亲的逝世（1713年）留给年仅24岁的他大笔的产业与相当的钱财，他也常常提到"我的属地"与"我的附庸"，我们也将发现，他非常坚定地支持封建制度。他父亲去世一年后，他被选入波尔多议会担任议员与郡长职务。1716年，他那位用钱买到议会议长职位的叔父，将财产与职位全都赠送给他。而后，孟德斯鸠辩护官职的出售是"王国中的一项好制度，因为它可以让一些担任该职位世家的子弟，不会单纯置身事外而承担这一职位"。他担任议长职位，但将大部分时间用在读书上。他经常做实验，并呈给波尔多学院一些有关物理学与生理学的论文，更计划完成《地球地质史》。他从未着手写这部著作，但他搜集的许多资料促成了《论法的精神》一书。

他以著作中最出色的作品震慑了摄政时期的巴黎时，年仅32岁。1721年他写成这本《波斯人信札》，并未署名，因为书中含有一些作为法院院长不能写的东西。他也许是采取1684年乔万尼·马拉纳（Giovanni Marana）所著《大王的间谍》一书的情节。在该书中，一个想象的土耳其间谍在一些吸引人的猥亵语的穿插中，向苏丹报告欧洲基督徒的荒谬信念与行为，及他们信仰教义与实际之间的有趣或残酷的对比。另一个由东方人眼光形容西方文明的类似的手法，早已见于艾迪生的《旁观者》；查理·杜弗雷斯尼在他《严肃与轻松的娱乐》一书里也涉及巴黎的一位暹罗（今泰国）人的评论；尼古拉·古德威勒（Nicolas Gueudeville）则假借一位美洲印第安人来观察法国的习俗。加朗（Antoine Galland）于1704年至1714年翻译的《一千零一夜》，使法国人增加他们对穆斯林生活的兴趣，因此有了让·夏尔丹与让·塔韦尼耶的旅行见闻。1721年3月至7月，土耳其大使把他那种异国情趣的服饰与举止介绍给巴黎。巴黎已经为《波斯人信札》一书预备好了。在短短一年内，这本书卖了8版之多。

孟德斯鸠假借两个旅行在法国的波斯人里卡（Rica）与乌斯贝克（Usbek）所写的信札，及他们在伊斯法罕（Isfahan，伊朗中西部的一座城市）的通信来描写法国。这些信件不仅暴露出法国人的缺点与偏见，也通过这些作家揭露了东方行为与信念的荒谬，讪笑这些缺点之余，读者也满怀优雅的情绪接受他们自己的可笑事实。这本书因为只是轻轻点到问题，谁会因为这些不知不觉的警句、这些包着锡箔的轻轻刺戳而动怒呢？其次，某些信描写乌斯贝克在伊斯法罕后宫的妻朦那种柔情蜜意，在这些地方，孟德斯鸠让自己尽情地描述法国大摄政期间那种放荡不羁的时尚。

只有在这段特殊期间，《波斯人信札》中政治与宗教上的异端邪说，才能逃过官方的责难。路易十四已死，新王还只是一个小孩，摄政大公又是非常大度而快乐的人，这时，孟德斯鸠可以让他的波斯人嘲笑一个魔术师君主让人民相信纸就是金钱（约翰·洛的体制刚刚崩溃）。他也揭露了宫廷的贪污情形、花费浩大的贵族的懒惰及国家财政的一塌糊涂。他也能够赞扬希腊与罗马的那些古共和国及荷兰与瑞士的现代共和国。乌斯贝克说："王国实在是一个反常的现象，它总是会腐化到专制的制度。"

在第 11 到第 14 封信中，乌斯贝克以描述特罗格罗蒂特族（Troglodytes）的故事来阐明人性与政府的问题。就如希罗多德与亚里士多德之言，他认为他们是穴居在非洲的阿拉伯后裔。"Troglodytes"本意为"穴居人"。按字义解，是那些自己掘洞住在里面的人。

乌斯贝克的穴居人厌烦政府的干涉，杀了有思想的法官，住在一种自由放任的天堂里。在这种情况下，每个卖主都利用顾客的需要，而抬高产品的价格；当一个强者抢了一个弱者的妻子，也没有法律或法官可以向之申诉；谋杀、奸淫与抢劫等罪刑，除了私人武力报复外，别无制裁之道。当住在高地的居民受到旱灾之苦时，低地的居民便眼睁睁地看着前者饿死；而当低地居民受到水灾之苦时，高地的居民也反过来看着低地居民饿死。在这种情况下，这个部落很快死尽了。只有两家人因为移民而活下去，这两家人互相帮助，并以宗教与道德教育他们的子女，而且"自视如一家人，两家的牲畜几乎都混杂在一起"。但当他们子孙繁衍，多得无法仅凭风俗以治理他们时，他们便选择了一位国王，同时遵循法律规范。乌斯贝克的结论是：政府是必需的，但如果在统治者与被统治者之间，不根据一种道德关系，那么政府的效用将无法实现。

《波斯人信札》中有关宗教上的异端说法，较政治方面的更让人吃惊。依据里卡的观察，黑人认为上帝是黑皮肤的，魔鬼才是白颜色的。他又认为，如果以三角形来谈论神学的话，则上帝宁取三个边与三个锐角。乌斯贝克也对另外一个叫作教皇的魔术师的权力感到讶异，这个魔术师竟然劝人相信面包不是面包，酒也不是酒，而且"成千样的东西具备同一性质"。他嘲笑耶稣教派与詹森教派之间的冲突，更对西班牙与葡萄牙的宗教裁判所感到恐惧，在那里，"苦修僧侣焚烧人就像焚烧稻草一样"。他也对玫瑰经与宗教法衣感到好笑。乌斯贝克怀疑天主教国家在与基督教国家人民竞争中，究竟能再存在多久？按照他的想法，天主教禁止离婚，修女与教士独身，都将阻碍法国、意大利与西班牙各国人口的增加（20世纪的爱尔兰就是一例）。依照这个速度，他估计，天主教在欧洲将不会再超过500年。1721年时，依照孟德斯鸠的想法，欧洲的人民几乎只是罗马帝国时代人数的1/10，并认为欧洲人民将会继续减少，而美洲的黑奴也终将会很快地消失。尤有甚者，这些懒惰而公认为节约的教士，"他们手中几乎掌握了全国所有的财富。他们是贪得的一群人，永远榨取而从不施舍，他们永远存积收入而贪求资本。这些钱就如瘫痪一般地无用，既不能继续流通，也不能用于商业、工业或制造业"。乌斯贝克对那些信奉基督而不信奉安拉与穆罕默德的欧洲之愚昧异教徒似乎全都注定下地狱这一思想，感到困惑。但他还有一些希望，认为这些基督徒终究会因为改变信奉伊斯兰教而得到拯救。

乌斯贝克在一个很明显的寓言里批评了1685年撤销《南特诏令》：

> 米尔扎，你知道苏莱曼苏丹（本处隐指路易十四）的一些阁臣，设想出强迫那些波斯的亚美利亚人（隐指法国该时期的胡格诺派教徒）出境或信仰伊斯兰教（隐指天主教），这是基于一种想法：只要我们国家内部杂有这些异教徒，我们的帝国将继续被玷污……我们那些热诚的伊斯兰教徒处斩格贝尔（Gheber）族人，使那些亚美利亚人成群结队地逃往印度群岛，而让波斯失去

那些工作如此勤快的人……对于那些抱着偏激成见的人，只有一件事可以继续做，就是完全摧毁了勤劳，而帝国（隐指在1713年的法国）也随之衰落，甚至那个他们想增进的宗教，也同样随之衰微不振。

如果公正的讨论被允许的话，米尔扎我不能说一个国家内有好几个宗教不是一件好事……尽管历史上充满了宗教战争，但这并不是因为宗教繁多而引起的，而是人们没有宽容的精神且认为自己的宗教至上而激起的。

《波斯人信札》中的一些观念，对我们现在来说，似乎是陈词滥调，但这些意见在当时被提出，是关系作者生死的问题——至少被拘禁或放逐。由于《波斯人信札》开了一个先例，在该书发表13年后，伏尔泰又发表他的《英国人信札》（*Lettres sur les Anglais*）一书，在法国的余烬上高竖了一把英国的火炬，这两本书揭开了启蒙时代的序幕。孟德斯鸠与他的自由之所以能不因他的书本而毁灭，主要是因为他本人是贵族以及摄政大公的宽容。即使这样，他也不敢承认是他所著，因为在普遍的称赞中，也杂着一些反对的声音。

那位自己以后批评政府的阿尔让松认为"这些意见是一个聪明人所能轻易地想出，但一个谨慎的人，永远不会让它们被印出来"。那位小心的马里沃也附和道："对这些问题，一个人必须节用他的智慧。"孟德斯鸠回忆道："我获得一般公众某种程度的称赞时，我却失去了那些为官者的赞扬，还受到了成千的侮蔑。"

不管怎样，他到了巴黎来啜饮着他在社会上与沙龙界的美名。唐森夫人、朗贝尔侯爵夫人、杜德芳侯爵夫人都开门迎接。他的太太被留在拉布雷德老家，对于他来说，与那些巴黎的高贵妇人发生恋情是没什么困难的。不过他目标放得很高，放在那自1723年就担任首相的波旁公爵的妹妹玛丽·安妮身上。为了玛丽，我们知道他作了一首散文诗《尼德的神殿》，整篇充溢着狂热的慕爱之情。为了涂饰诗中的放荡之处，他诡称是从一首希腊诗翻译而来，因而得到皇家的允许，予以出版。他放出话来，尤其是利用杜巴利，想要进入学院，但国王以他不是个巴黎居民而加以拒绝了。于是他匆匆赶回波尔多，辞掉那里的议会主席职位（1726 年），重返巴黎，于 1728 年加入了那四十位不朽院士（Forty Immortals）之林。

同年 4 月，他开始为期 3 年的旅行，包括意大利、奥地利、匈牙利、瑞士、莱茵地区、荷兰与英国各地。他于 1729 年 11 月到达英国，一直停留到 1731 年 8 月，为期 18 个月。在英国，他与查斯特菲尔德及其他一些贵族结交，并被选入伦敦皇家学会，更主动加入国际互助会。他受到乔治二世和卡罗琳王后的接见，也曾出席议会，并深深地爱上了他心目中的不列颠宪法。与伏尔泰一样，他也带着一股羡慕自由的心情回到法国，然而因接触到政府的实际难题而变得冷静。他退休回到了拉布雷德老家，将他原有的围地改换为英国的花园。除了偶尔到巴黎外，他全心全力投入到研究与写作上。

·罗马为何衰亡

1734 年，他发表了他承认但未署名的《罗马盛衰原因论》。他首先将本书的手稿本呈给一位耶稣会的学者，而且答应删去那些足以引起教会不满的部分。这本书没有也不能再有如《波斯人信札》一书那样的成功。这本书不再含有一些亵渎的事物，它涉及一个遥远又复杂的主题，在政治与神学方面相对保守。极端分子不会喜爱强调道德堕落是国家衰亡原因的论调，而他们也不会欣赏那种表示简洁智慧的句子："那些不再害怕权力的人，仍能够尊重权力。"这部小书被视为历史哲学方面的先驱，而且是一部古典的法语散文，让人回想起波舒哀，但在庄严体裁上加上灿烂的光辉。

这个论题之所以吸引这位历史哲学家，是因为它包括了一个伟大文明从出生到死亡的全貌，广泛而细腻地将那段历史揭示出来，这一瓦解过程在个人、宗教与国家的演进后，似乎注定降临。在法国，已经存在着一种怀疑，即法国在路易十四的伟大世纪过后，就帝国、道德、文学与艺术各方面而言，将踏进一个漫长的衰退时期。伏尔泰、狄德罗与卢梭尚未开始向 17 世纪的知识界至高无上的地位挑战。但是那新一代继续上升的勇气，表现在孟德斯鸠身上，他在解释历史的过程时，仅考虑到世俗的原因，除了偶尔表示虔敬外，静静地将上帝放到一边。而波舒哀于 1681 年发表的《论世界历史》一书中，上帝引导着所有的事件到达神命注定的结果中。孟德斯鸠像牛顿在宇宙中找寻法则一样地在历史中找寻法则出来：

> 如同我们从罗马人的历史中观察出来的一样，并不是命运统治着世界……有一般道德或自然的原因，在每一个王国里运转，抬起、维系或推翻这个王国。所有发生的事件由这些原因支配。如果有特殊的原因，如一场战役意外的结果使一个国家灭亡，则在这个单一的战役之后必有使该国崩溃的一般原因。简而言之，主要的运转带动着一切特殊的事件。

因而，孟德斯鸠减低了个人在历史中的地位。无论一个人的才分多大，他只不过是"总体运转"中的一个工具。个人的重要性，不在于他卓越的能力，而在于他遭遇到如黑格尔所称的时代精神（Zeitgeist）。"如果恺撒与庞培抱着与小加图一样的想法（加图曾努力企求保全罗马元老院的权力），则其他人也会抱有与恺撒和庞培同样的观念（降服元老院），共和制度注定要消灭（由于内里的原因），其间只是由其他野心家之手导演而已。"

但这种"命运"绝不是神奇的引导或是某种形而上的力量，那是由于一些因素的混合影响，而导致这一"总体运转"。依照孟德斯鸠的观点，哲学历史学家最主要的任务，是发掘出这每个因素，予以分析，并表示其运用与相互关系。因此，依照孟德斯鸠的想法，罗马的衰亡最主要的是因为从一个共和国改变为一个帝国。在共和国中，有着分权与均权；而在帝国中，虽然更适合治理属地，但由于统治权集中在一座城与一个人手里，以致摧毁了公民与各地方省份的自由和活力。除了这个主要原因外，在时间的过程里，另还加上存在于一般大众间的奴隶性、穷人想由国家供养的愿望，财富、奢侈与放纵导致的个性上的削弱，未经罗马传统塑形而将选票献给出钱最高者的那些外来人民、中央与各省官吏的腐化、通货的贬值、税课的过高、农庄的荒废、由于新宗教及长久和平造成的婚姻生殖力的减退、军纪的废弛、军权超越文职、军人喜好推举或推翻罗马皇帝而不喜卫护边疆以抗拒野蛮人的入侵……诸种因素。也许是对波舒哀过分强调超自然的反击，孟德斯鸠仅对宗教的改变稍予提及，吉本则强调宗教的改变是帝国崩溃的一个主要原因。

孟德斯鸠总是回到从共和制度到君主制度的过程，这段罗马帝国衰颓期中他认为的最主要因素。借着共和制度的最高理想，罗马人征服了上百的民族，但他们完成了这种辉煌的成就后，共和政制便不能继续存在了，而新政府与以往共和政府种种相违的统治方法，促成了帝国的衰颓。但我们再翻回到这本书第六章，并检视罗马人征服所有民族凭借的那些方法时，我们便会发现各类奇奇怪怪的方法：诈欺、违约、武力、酷刑、靠个别征服以分解敌人，用强力移换各地居民，借着资助别国内部的叛乱来颠覆反抗的政府，及其他一般政客熟悉的种种程序。"罗马人利用他们的盟友摧毁敌人，再很快地摧毁这些被利用过的盟国。"孟德斯鸠显然地忘记了共和方法的这一描述，或因为对马基雅维利的哲学囫囵吞枣，而在18章里认为共和是伟大的理想，并痛责帝国是导致崩溃的主要原因。

然而，孟德斯鸠也承认罗马共和国时期政治上的贪污，与罗马帝国时期，"在涅尔瓦大帝的智慧，图拉真大帝的荣耀，哈德良大帝的勇敢，与两位安东尼大帝的道德下"政治上的杰出表现。在这里，孟德斯鸠在吉本与勒南之前，指出前述时期是世界政府史上最高贵、最快乐的时期。在这些哲人王（Philosopher-King）中，孟德斯鸠也发觉到斯多葛派的伦理学，他显然喜欢这一伦理学甚于基督教义。他对罗马共和国时期罗马人的偏爱，传给法国革命中的一些热心分子，而且也部分影响到法国政府的改变、军事战术与艺术等。

　　纯就学术而论，这本书有一些缺点，部分是由于时间的匆促，部分则由于另一个更大的任务的催促。他引用一些古典书本时，往往未加斟酌，如他把李维著作中有关罗马开国的几章认为是历史，而瓦拉、格拉雷亚努斯、维科、普伊等历史学家都已排斥那一叙述而认为只是传说而已。他低估了格拉基兄弟与恺撒政治后的经济因素。除了这些缺点外，如果我们放大眼光，我们便可发现该书的流畅、生动与风格的专注、思想上的深度与原创力，大胆地以一种看法来探讨一个完整文明的兴起与结束，及将历史自零碎记录抬高到对制度的分析和事件的推理。这是对一般历史学家的一种挑战，也是伏尔泰与吉本想达成的，更是孟德斯鸠本人在他经过整整一代的努力后，希望找到的一种历史哲学，他的《论法的精神》一书即能合乎这种理想。

·论法的精神

　　从他的《罗马盛衰原因论》到《论法的精神》的完成，一共经过了 14 年。孟德斯鸠于 1729 年，即他 40 岁那年，开始写作这本代表作，论罗马的文章是一个意外结果和干扰。1747 年他 56 岁时，他愈来愈难以忍受写作该书的苦楚，打算放弃："我常常开始工作，也常常把工作搁置一边，我曾上千次将我写的抛弃。"他曾向职司文艺的缪斯女神祈求力量支持他：我在跑长途，忧愁与疲倦的重担已经将我压倒了，请再在我的心灵中，注入那种我曾一度熟悉而今已飞逝的善于说服人的魔力。您在带着我们通过快乐而达到智慧与真理时最为神圣。众缪斯一定做了答复，因为孟德斯鸠继续撰写《论法的精神》。这本书大功告成时，他坦白说出了他的疑惑与骄傲：

我曾按着我的目标写，但没有什么计划，我既不知道什么规则，也不知道什么例外，我发现了真理，但每每再度失之。但我一旦发现了我的一些原则后，所有我想找寻的豁然呈现在我面前。在 20 个年头里，我看到我的著作由开始、发展、进行得几将完成，而终于大功告成……如果这件工作确实可称作成功之举，我将把这一切主要归功于这个论题的伟大与重要。尽管如此，我并不认为自己完全缺乏天分……我看过在法国与德国有那么多伟大人士也在我之前写过这个题目时，我便在钦羡的心情中迷失了自己，但我一直未失掉勇气，曾对柯勒乔说过："我也是一个画家。"

孟德斯鸠将他的稿本拿给爱尔维修、埃诺与丰特内尔等人批评。丰特内尔认为这本书缺乏法国风格的优良范型；爱尔维修则要求孟德斯鸠别出版这本书，而丧失掉他是一个自由派人士的名誉，因为这本书对许多保守观念如此宽容。孟德斯鸠认为这些小心与本题无涉，因而付梓。

由于害怕法国的检查制度，他把手稿送到日内瓦于 1748 年印就，全书共分两卷，不具名。法国的教士们找到了书中的异端说法时，他们便对该书加以指责，法国政府也颁令禁止该书在法国境内流传。1750 年，那位以后也是《百科全书》拯救者的马勒泽布，被任命为检察官，他解除了这个禁令，这本书于是大行其道。两年中一共发行了 22 版，很快，这本书被翻译成所有欧洲基督教国家的语言。

在孟德斯鸠的时代，书名一般都很诚实、冗长而带有解释性质，因此，他把自己的书命名为《论法律的精神或论存在于每个政府的法律与宪法之间，风俗、气候、宗教、商业与其他事情的必然关系》（*On the Spirit of Laws*，*or On the Relations Which Must Exist between the Laws and the Constitution of Each Government*，*the Manners*，*Climate*，*Religion*，*Commerce*，*etc.*）。这本书讨论自然力量与社会形态之间的关系，及文明的各个组成部分的关系。本书想为我们今天称之为"科学的社会学"（Scientific Sociology）奠立基础，也就是说，依据自然科学的研究方法求得正确的结论，以说明当前的社会，及依条件测知未来的社会。当然，就这一大目标而言，在既有的人种学、法学与历史学知识的限制下，由一个人在他短短的一生中完成这一工作，负担太重。

尤其特殊的是，孟德斯鸠认定的是，法意或者法律的起源、特性与演变，首先由居住地的气候与土壤决定，再次由该地人民的生理情形、经济活动、政府形态、宗教信仰、道德与礼俗决定。他用一个相当广阔的定义开始："就法律最普通的意义而言，它是那些起自于自然事物而孕发的必要关系"。很明显，他希望将自然世界中的"自然法"（natural laws）与历史中假定的规律，归为同一个概念。

他也跟着格劳秀斯（Grotius）、普芬多夫（Pufendorf）与其他先哲之后，将法律区分为一些类别：（1）自然法，他下定义为："统御世界所有民族的人类理性"，也就是富于理性的人类的"自然权利"；（2）国际法，规范国与国之间的关系；（3）政法或公法，规范人民与国家的关系；（4）民法，规范人民之间的关系。

依照孟德斯鸠的想法，在人类社会初期，法律的基本决定因素是所处地域的自然特性。究竟该地是森林、沙漠或可耕之地，是属于内陆或海岸地带，是山陵或是平原，土地的土质如何，可以生长什么样的食粮？简而言之，气候是第一个，也是在初期人类社会中最重要的一个因素，它决定一个民族的经济活动、法律与民族性。让·博丹（Jean Bodin）于16世纪曾提过，而巴克耳（Buckle）于19世纪也加以附和这种孟德斯鸠强调的理论。如，由于北方与南方气候的不同造成的两地居民的种种差异：

> 在寒冷气候中的民族，体力通常比较充沛些……这种体力上的优越性，必然造成一些结果：第一是比较大胆，或者说比较勇敢；第二是有较强的优越感，较少有报复的意图；第三是有较

强的安全感，而比较坦白，较少怀疑、计谋与较少诡诈……我到过英国与意大利两地的歌剧院，我看到同样的若干出戏，由同样的演员演出，但在两个国家中，同样的音乐竟然有着如此不同的结果，一个是如此的冷漠、迟滞，另一个则是如此的生动、惑人……如果我们往北方旅行，我们碰到的人们有着较少的罪恶与较多的德性……如果我们移近南方，我们会感到我们完全离开了道德边缘，南方人有着最强烈的情欲，因而较容易犯着种种罪行。每个人都处心积虑地自行其是，而且放纵于他的个别欲望里……

在暖和的国家中，人们血液中的水分大部分由于出汗而消失殆尽，因此须由相同的液体加以补充。水具有大量的用途，但如果饮用酒类，则在水分渗发后，酒精会凝固血管中的血球。在寒冷的国家中，血液里的水分很少由汗水中蒸发，因此人们反而需要烈酒，否则血液将会凝结……穆罕默德禁止饮酒，因此适合阿拉伯的气候……禁止迦太基人饮酒的法律，实际上是一道气候的法律。这一道法律并不适用于寒冷的国家，气候的关系迫使这一寒冷国家的人们对酒普遍不加节制……醉酒主要与气候的寒冷与湿度成正比。

或讨论到气候与婚姻的关系：

在酷热的国家中，女人在8岁、9岁或10岁时，就可以结婚了……等到20岁时，她们也就老了；因此，她们的理性永远无法与美丽相伴。一个女子想借美丽取得在家做主的地位时，却因缺乏理性而无法如愿；而理性因年岁增加而成熟时，美丽已不再存在。因此，这些女人只有处于一种依附的地位，因为如果青春与美丽还无法给予妇女们在家的权威，在老年单凭理性更无法如愿。因此，在这些地方，若无法律反对男人重婚，男人便极其自然地舍弃原配而另求新欢，重婚制度因而流行起来。

在温和的气候中，女人的美丽最容易维护，而且在成熟期时愈见妩媚，她们在较年长阶段才生育子女，她们丈夫的老年期也大概与她们自己的符合。因此，在温和气候地区的女子，比那些亚热地区的女子在婚姻时具有较多的理性与知识……因此，两性之间的平等地位是很自然的，因此有一夫一妻的制度……

就这点来说，孟德斯鸠认为他用气候代替波舒哀想法中上帝的地位，但为了上帝的缘故，匆匆地加上了谨慎的保留："然而，人类的理性是居于为所欲为，并使一切隶属于自己意志的上帝之下。"有些耶稣会教士认为孟德斯鸠意在讥讽他们。

他很快地重复到他鲁莽的笼统概论。在"东方"（土耳其、波斯、印度、中国与日本），气候强迫妇女过着隐蔽的生活，因为"热气点燃了情欲"，如果两性之间有如北方国家的自由混杂，那么无论多妻制或一夫一妻制，都将受到危害。在北方国家中，妇女的举止是自然地好，而所有的情欲也平静无波，因此爱情只要以最低程度的谨慎便可如此柔和而规则地约束心灵的波动。他说："能住在可以允许自由交谈的气候下，实在是一件快乐的事，那里具有最诱惑人的性别似乎能润饰社会，妻子固然只为着丈夫的乐趣而自持，但对整个社会有相当贡献。"

相比法律，习俗是气候更直接的结果，因为法律有时会抗拒天气的种种影响。随着文明的演进，气候的种种影响因素必然会愈来愈受到道德与法律规范的控制，东方妇女的僻居即是一例。最聪明的立法家志在平衡这些"自然原因"。风俗习惯是一地一时的一种功能，其本身无所谓善、恶或最好。总体而论，由于风俗习惯是个性对情况的自然适应，因而是最好的法律，在企图改变一种风俗习惯时，我们必须慢慢行之，通常，风俗并不因法律改变。

又因为居住地决定习俗，习俗又决定民族性格，所以政府的形式将会因为这三个因素的混杂而不同。一般而言，政府的形式决定于所辖地区的广狭。一个共和国适合一块小的国土，以便其主要公民聚集于一地，共同思想与行动；如果国土扩张，则须更多的法律与战争来维持一统，这势必屈服于君主的统治之下。政府统辖更多的土地时，则君主制度将变为独裁制度，因为只有靠着独裁权力，才能让偏远省份的地方向统治者臣服。一个君主国必须以"荣誉"为基础，也就是说，人民必须按着阶级区分，而其公民也热心于名位与恩宠。一个共和国必须依赖"道德"的推广，孟德斯鸠在这里依自己的意见下定义为"对母国之爱，即对于平等的爱好"。

依照国家由一部分或全体公民统治，共和国可以是贵族政体，也可以是民主政体。孟德斯鸠崇拜威尼斯是贵族共和政体及古代城邦是民主共和政体，他虽然知道但总忽视这一事实：在这些国家中，有投票权的公民只是一小部分。他称赞由威廉·佩恩在美洲建立的统治权，又热心地称赞在巴拉圭由耶稣教派组成的神权的共产政体。在实践上，一个好的民主政体必须兼具政治与经济的平等，也就是说，该民主政府必须规范着继承与嫁妆，并采取财产的累进税率。最好的共和国是国内的人民承认自己欠缺能力很明智地决定政策，而接受那些由他们自己选出的代表决定的政策：

> 一个民主政体必须放眼到平等问题，但这种民主政体会因过度的平等精神而遭破坏，如果每一个公民都渴望与他们选出来领导他们的人站在同一水平之上……这是道德将不再在一个共和国存在的实例。人民都想行使郡守官的职责，而郡守官也得不到民众的尊敬。元老院的深思熟虑受到轻蔑，对元老和老者的尊重都被漠视。如果对老者不加尊敬，则对双亲的尊敬也不复存在，另外，对丈夫的敬意与对主人的服从，也会同样地被丢开。这种放纵的行为将很快地普遍起来。人们所深信不疑的人想掩饰自己的腐化，并想去腐化他们时，他们便陷入不幸之中……人们会将

公帑在私人之间瓜分，并将所有行政事务任由自己的懒惰加以应付，而让自己的贫穷混合了奢侈产生的乐趣。

因此，孟德斯鸠这位男爵应和 2000 年前柏拉图的说法，认定民主制度最后将陷于混乱的状况，从而引入独裁制度，终归完结。

孟德斯鸠的许多段落都偏爱一种贵族共和政体，由于他深恐隐含在民主制度中的独裁制度，他认为如果在法治的情况下，他宁可忍受君主制度。《论法的精神》一书最短的一章，是论独裁制度，只包括三行："路易斯安那的野蛮人想吃水果时，他们把果树直砍到根，然后摘取果子，这就是独裁政府的一个象征"。这也就是说，独裁者为了护卫自己的权力，而将所有最能干的家族斩除殆尽。孟德斯鸠所举的例子是比较保险的东方例子，但很明显，他害怕波旁王朝会渐渐倾向独裁政治，因为当时黎塞留红衣主教与路易十四已经摧毁了贵族阶级的政治权力。在提到黎塞留红衣主教是受到独裁权力迷惑的人物时，身为法国的贵族，他坚决反对他所属的阶级被降为国王侍臣的地位，他认为对于一个健康的君主制度来说，起中间作用的与附属的权力是必需之物，这些权力是指他归属的封地贵族与世袭官吏。因此，他长篇大论地为封建制度辩护（长达 173 页），甚至不顾这本书的一贯性与平衡性。在所有 18 世纪法国的哲学家中，独独他看好中世纪，而且将"哥特式"视为一种赞美之词。在路易十五在位期间，介于王权与议会权力的冲突中，那些参与冲突的一些郡守官吏在《论法的精神》一书中，发现了一座辩论的军械库。

孟德斯鸠对于专制君主可能促成独裁制度的愤恨，引导他偏爱着一种包括君主制、贵族制与民主制的混合政府，这个政府兼有国王、贵族与议会或三级会议，因而产生了他最有名、最富影响的建议：一个政府中，立法、行政与司法三权分立。立法机构应该制定法律但不执行法律；行政机构应该执行法律而不制定法律；司法机构则应该自行限制而仅解释法律。行政机构也不应该任命和控制法官。比较理想的是，立法机构可以包括两个独立的议院，一个代表上层各阶级，另一个代表平民。关于此点，孟德斯鸠说：

> 在这样的一个国家中，总是一些人由于出身、财产与赐予的荣誉而与众不同，如果他们与一般平民混杂着，只有完全相同于普通人的一票，则这种平民的自由对于他们来说，实在形同奴役，他们也缺乏支持这种制度的兴趣，因为大多数民众的决议均将对他们不利。因此，他们应该享有的分量，应与他们在该国中的特殊利益成正比，这种情形只能发生在一个情况下，就是这些具有特殊利益的人们应该组成一个机构，有权制止一般人民放肆的举动，也就像一般人民对侵害他们自由的举动有权反抗一样。因此，立法权应该归由贵族团体及代表人民的团体，每个团体的集会与议事程序都不相属，因为每一团体各有其不同的利益与看法。

政府里的每一种权力机构及立法机构两院中的任一院，都应该作为针对其他机构的一种制衡力量。借着这种复杂的方法，公民的各种自由权须与政府的智慧、正义与活力相合而不相违。

混合政府的这些观念是继承自亚里士多德，但孟德斯鸠心中所孕发出的分权计划，却得自他研究哈灵顿（Harrington）、阿尔杰农·锡德尼（Algernon Sidney）、约翰·洛克等先贤的著作及他在英国停留期间的经验。他认为无论英国政府多么不完善，仍是他理想中的王权所在，这一王权借着下议院的民主制衡，而下议院的权力借着上院的贵族制衡。他认为英国的法院，是制衡立法机构与国王的一个独立单位。他把查斯特菲尔德及其他贵族统辖下的一切加以理想化。与伏尔泰一样，他利用这种理想化，来鞭策法国。他一定知道英国的法院并不完全独立在议会之外，但孟德斯鸠也认为，"贵族不该在普通法院之前遭受提审，而该由他们团体组成的立法机构加以审讯"，他们也该具有由本阶级人士加以判决的权利。而且，法国该注意到英国境内提早审讯被告、保释、由本阶级人士组成的陪审团审讯、反驳原告以及免于刑讯的权利。

随着年龄的增加，孟德斯鸠愈来愈保守。他虽然大声疾呼自由是政府的真正目的，但仍将自由定义为"在法律允许下，为所欲为的权利，如果一个公民能够任意做法律禁止的事，他也不再拥有自由，因为他的同胞也都具有这一权利"。他也同意加斯孔与蒙田反对革命的论点：

> 政府的形式已经长久确立，而政府的事务也都达到一种固定的状况时，我们便须小心谨慎地维持着这种状况，因为常常是复杂或不可知的理由，以往既然允许这个国家存在，也就会继续维持下去。

他反对财产或是权利平等的观念，但是他与格拉基兄弟一样，感觉到土地所有权的太过集中：

> 虽然全国土地足够供养一个民族……平民却很少有足够的土地以养活一家……教会、王室、城市、官吏及一些重要的公民都不自觉地变成所有土地的所有人，却任由土地荒芜。那些破产的农户离开了土地，而劳动者衣食不周。在这种情形下，统治阶级……应该将土地分配给所有需要土地的家庭，而且供给他们设备以清理、耕种田地。这种土地的分配，应该一直继续到没有一个人再接受土地为止。

他谴责将农民税捐的征收委托给私人的金融家。他以道德的热心与刻薄的讥讽来诋毁奴役制度的存在。他承认偶尔需要战争，并将防御的观念伸展到认可战争的先发制人：

就国家而论，自然防卫的权利有时包含必要的攻击，举例来说，当一个国家见到持续的和平会促使其他国家来毁灭自己，这时，立刻攻击其他国家，便是避免自己毁灭的唯一方法。

但孟德斯鸠反对竞争性的增强军备：

一个新的骚动传遍了整个欧洲，感染到我们的君主，而且诱使他们维持着一支数目过多的部队。每个部队都成倍地激增着，这自然就变得具有传染性。因为只要一位君王扩编其部队，其他的君王也自然起而效尤。因此，这种扩军一则一无所得，一则遭致公众的毁灭。

尽管孟德斯鸠高估爱国心，视之与道德同属一体，但在其他时候，他也梦想着一种更大的伦理：

如果我知道一件事情对我自己有益，而对我的家庭有害，我会从心里驱除这一念头；如果我知道一件事情有益于我的家庭，但对我的国家无用，我也会想去忘掉这件事；如果我知道一件事情对我的国家有用，而对欧洲及整个人类有害时，我必须视之为一种罪行。

他的绝对伦理与秘密宗教，是古代斯多葛派的主张：

再没有任何原理原则要比人性更有价值，更合适去塑造好人……只要能一刻不想我是一个基督徒，我便会把芝诺派的衰亡列为那些损害到人类的不幸事件之一……是这个学派单独地塑造了公民，单独地塑造了伟人与塑造了帝王。再让我们暂且不去揭露真实，让我们找遍整个自然，我们也不会发现任何东西比安东尼更高贵，甚至连朱利安也不能比（尽管这种称赞从我心中不那么情愿地表露出来，但这并不使我成为他变节的一个帮凶）。不，自安东尼以来，再没有一个人更较他适宜治理人类。

在《论法的精神》一书里，孟德斯鸠显然很留意与基督教保持和平，他承认上帝，但他想象这种最高智慧表现在自然法中，而绝不与自然法冲突。埃米尔·法盖（Emile Faguet）曾说："对于孟德斯鸠而言，上帝也就是《论法的精神》。"他同意超自然的信念是与人性不谐的道德典范的必要支持。很适合的是每个统治都需要一些神圣的读本作为支持，如阿拉伯人的《古兰经》，波斯人的祆教经典、印度人的《吠陀经》及中国人的儒家经典。宗教的律法补充了民法，并限制其任意倾斜的程度。国家与教会应该相互制衡，更该永远相隔，"这种重要区分是民族之间安宁的基础"。孟德斯鸠曾和拜尔意见相左地为宗教辩护，但与其他事物一样，他认为宗教受制于气候和民族性：

> 一个温和的政府与基督教最相洽和，而一个独裁政府则与伊斯兰教相近……如果适合于某一国家气候的宗教与另外一个国家的气候太不一致，这一宗教便无法建立，倘若予以引进，也将会被舍弃……天主教与君主政体最相符合，而新教则与共和国相投……基督教不幸地分割成天主教与新教两部分时，北方的人民拥护新教，而南方人仍然坚守着天主教。这个道理很清楚：北方的人民永远具有南方人欠缺的一种自由与独立的精神，因此没有一个显见的领导地位的宗教，却更为洽和。

孟德斯鸠虽然大体上承认宗教的益处，在细节上则予指责。他责难法国教士的财富，同时写了"对西班牙与葡萄牙宗教裁判官最谦和的规劝"，以中止他们烤炙异端。孟德斯鸠警告他们："如果在未来，有任何人敢于声称，在我们所处的这个时代中，欧洲人民是文明人，则你们将会被提到，证明这些欧洲文明人实在是野蛮人。"

身为一个爱法兰西的高卢人，他嘲笑教皇绝无谬误的说法，并坚决主张教会应该臣属在国家权力之下。关于宗教容忍的问题，他采取一种中庸观点："国家可以自由地接受或反对一个新的宗教时，应该反对这一宗教；但如果这一宗教已被接受，国人应该容忍这一新宗教。"尽管他对检察官全然服从，但他始终保持着理性论者的身份。"在我们所有天赋才能中，理性是最完美、最高贵、最美的一种天赋。"

·余晖

很快，《论法的精神》被认为是法国文学上的一个重要事件，却遭到右派与左派的批评。詹森教派与耶稣会虽然通常互持歧见，但对《论法的精神》一书，却联合指责本书是对基督教微妙的否认。詹森教派的教会报纸声称："作者在书中告诉我们他是一个基督徒，但这绝少保证他的天主教信仰，如果他不是而我们认为他是的话，作者将会嘲笑我们想法过于简单。"该文的作者在结尾呼吁行政当局对本书采取行动，速加制止。耶稣会指控孟德斯鸠附和斯宾诺莎与霍布斯的哲学，假定历史法则也如自然科学一样，而不给意志自由留下任何位置。贝尔捷神父在耶稣会的《特里武杂志》(*Journal of Trévoux*) 中辩驳真理与正义是绝对的，而与时间或地点无关，而且法律应该基于神授的普遍原则，而不是基于气候、土壤、习惯与民族性的歧异。孟德斯鸠认为刊行《为法意作辩护》(1750 年) 一文较为明智。在这一篇文章中，他否认无神论、唯物论与宿命论，而重在肯定其基督教信仰，但教士仍未信服。

同时，日益崛起的哲学家也不高兴。他们认为《论法的精神》几乎是保守主义的一本手册，他们惋惜书中偶尔显示的虔诚、改革计划的缓和及无决心的宗教容忍观念。爱尔维修即在写给孟德斯鸠的信上，指责他太过强调社会改变的危险性与困难。正在《论道德》一文中铺陈其历史哲学的伏尔泰，对孟德斯鸠的成就并不热心，他并未忘掉这位议长先生曾以这些话反对他被选入皇家学院："如果伏尔泰成为一个院士，这将是学院的一种耻辱，而如果他不成为一个院士，则以后他会自认为耻辱。"在这一情况下，伏尔泰的批评虽则含蓄，却受到相当的赞美。伏尔泰指出孟德斯鸠太过于夸张气候的影响，他指出基督教发源于炎热的犹太地（Judea），仍然在寒冷的挪威盛行。他认为英国之所以改奉新教，也许是由于亨利八世王后安妮·博林的美丽，要比亨利八世的冷酷更重要些。另外，如果孟德斯鸠认为自由精神主要源于山地，那对富有坚强自由信念的荷兰共和国或对波兰贵族的自由否决又该做何解说？伏尔泰在 1764 年出版的《哲学字典》（*Philosophical Dictionary*）中，即举出好几页的例证，指出"气候具有一些影响，然而政府的影响则百倍于气候，如果宗教与政府相连，则影响更广"——

　　我们可以问一问，那位坚持气候决定一切的人（孟德斯鸠并没有这样说过），为什么朱利安大帝，在其所著的《厌胡者》（*Misopogon*）一书里谈到巴黎人使他感到高兴的，是他们在个性上的持重和态度上的严厉；为什么在气候毫无改变下，现在的巴黎人就像爱嬉戏的孩子，政府处罚他们，同时对着他们微笑，他们自己在受到处罚后，也露出微笑并且还唱着讥讽主人的歌曲。

伏尔泰觉得：

　　遗憾的是书中很多的引用句与格言，原与指陈的事情相反，却几乎全部被认为真理……"暖和气候国家的人民，像老人一般地胆怯；而寒冷国家的人民，像年轻人一般地勇敢"？我们必须要很留意那些概括的命题如何逃脱我们的注意，没有人能够将一个拉普兰人或者一个爱斯基摩人变得好战，而阿拉伯人却在短短80年间，征服了一片比整个罗马帝国更为广阔的土地。

然而，伏尔泰赞美孟德斯鸠：

> 我们发觉《论法的精神》一书充满错误……认为这本著作缺少方法，既无计划又无秩序后，我们应该公正地问一问：这本书的优点在哪里，及为什么获致如此高的评价？首先，本书是以极高的智慧写成的，而其他写着同一题目的其他各书的作者，笔调都冗长乏味。也就是基于此点，杜德芳夫人与孟德斯鸠具有同样的机智，她评论本书为关于法律的机智结晶，再没有比这更好的注解了。另外一个更重要的理由是，本书列举许多卓见，攻击专制、迷信与压榨人的税制……孟德斯鸠对于饱学之士而言，几乎处处犯错，因为他本人不是饱学之士，但就他反对那些奴役制的热心赞护者与促成者，则几乎句句中肯，欧洲将永远感激他。

伏尔泰另在别处补充说："人类已经丧失了它的种种冠冕行径（对于自由而言），而孟德斯鸠再度予以恢复。"

随后，一般的批评大都附和伏尔泰的看法。就事实而言，《论法的精神》一书的组织不够紧密，论点的安排与连贯也不太合乎逻辑，更常常忘掉主题的一致性。在热心做一个科学家而搜集与解释各种事实中，他有时未能像一个艺术家那样把片片断断的东西组合成一和谐的整体。他花费了大半生时间搜集资料，并费了20年时光撰写这本书，他间歇的写作破坏了整体性。他太过于轻易地从几个例证里寻找归纳，而并不去尽力找寻相反的例证。当他谈到他写书的方法时说道："我已经铺好了最首要的一些原则，而且发现一些特殊例子都自然地符合这些原则，而所有民族的历史只是这些原则的结果。"以一种有待历史本身证实的哲学去研究历史，实在危险至极。再论到他搜集资料的方式，他太过轻信那些旅行者未经证实的记载，有时他竟然把寓言与传说当作历史。甚至他的直接观察也可能有错，他认为他在英国政府中看出分权制度，但那里的立法机构明显地并合着行政机构。

除了这些缺点外，这本书一定有很多优点才能得到如许的称赞与影响。伏尔泰很适当地宣扬该书的体裁。然而实际上，孟德斯鸠在《论法的精神》一书中的体裁显得支离破碎。孟德斯鸠喜欢简短的章节，这也许是作为一种强调的方法，如论独裁制度一章，其结果是不愉快的断音符阻止了思路的流畅。其中部分的支离破碎，可能是因为他眼力的渐趋衰退，迫使他不能书写只能口授。他有时直说出来时，往往以明确而扼要的句子，呈露出如《波斯人信札》一般的光彩。依照伏尔泰的看法，在《论法的精神》中，其寓含真理的警句部分，要比适合于论究法律的著作所含的警句更多。然而，这无疑是一种特异的形式，语气温和而平静。其书虽然偶尔意思含糊不清，但值得一读。

孟德斯鸠谦逊而正确地将《论法的精神》一书的价值，归于该书的主题与目的。从各种法律中寻出法则，在其时、地的差异中寻出一些系统，及由国家与人民的性质与地方的观点，检讨立法方面的根源与限制，以启发君主改革家。这是一件了不起的工作，即使其中有错误也是可以原谅的。在《论法的精神》一书完成148年后，斯宾塞虽然拥有一群研究助手，但以其同样热衷于概括问题，因而在同样的事业上招致失败。但两种尝试都有益于智慧。其中孟德斯鸠的成就较为伟大。他有先驱，希波克拉底的《空气、水域与地方》（*Airs, Waters, and Places*）、亚里士多德的《雅典宪法》（*Constitutions of Athens*）、马基雅维利的《讲话集》（*Discorsi*）、博丹的《温和的人类历史论》、格鲁齐乌斯的《战争与和平法》、维科的《新科学》、普芬多夫的《自然法》等著作。他并未创设，但他的确大大促进了制度比较研究方面的历史方法。

孟德斯鸠在伏尔泰之前创建了一套独立于超自然原因的哲学史，他所持观点的广阔与公正，更非伏尔泰所能企及。伯克称赞孟德斯鸠是"照亮了这一代最伟大的天才"，泰纳认为他"最有学养，最为睿智，也是最能平衡当代各种精神的人物"，华尔波尔则认为《论法的精神》是"人类曾写过的最好的一部书"。这或许是夸大之辞，但就那个时代而言，《论法的精神》的确是一部最伟大的书。

这本书耗尽了孟德斯鸠的心力，他在1749年写给一个朋友的信中说道："我承认这部书几乎杀死了我，我得歇歇，我不能再这般劳苦了。"但他继续研究，他说："研究对于我来说，是消除生活中所有失望的至上补品，我尚未体验到任何一种经过一个小时的读书还不能驱除的烦恼。"

他偶尔也前往巴黎访问，而且享受他在当时（1748年）与伏尔泰相等的美名。雷纳尔说道："《论法的精神》改变了所有法国人民的头脑，我们在学者的图书室中，仕女与时尚青年的梳妆桌上，都能够看到这部书。"他在沙龙中也同样受到欢迎，还在宫中受到招待与接见。但他大部分时间留在拉布雷德，他很满意他的绅士身份。他的书受到英国人的欢迎，他们甚至订了大批出产于他故乡的酒。他暮年时双眼几乎失明，他描述道："我残存的视力对于我来说，是当我双目永远合上时的曙光。"1754年，他到巴黎解除他在那里房子的租约。但在巴黎期间，他染上了肺炎，于1755年2月10日逝世，享年66岁。他受到了天主教的最后仪式，但在所有文学界人士中，只有持有不可知论的狄德罗参加了他的葬礼。

孟德斯鸠的影响扩大到好几个世纪。吉本这样记载："《论法的精神》出版后的40年中，再没有别的书能够更广泛地被人阅读、受到批评，这本书激起的质疑精神，并不是我们得力于作者最小的一部分。"在英国的作者中，吉本、布莱克斯通、伯克，都自《论法的精神》与《罗马盛衰原因论》两本书中获益不少。腓特烈大帝指出《论法的精神》仅次于马基雅维利的《君主论》；俄国的卡特琳女皇认为这本书应该是"各主权帝王的每日祈祷书"，并为那些被她任命修改俄国法律的人，特别从本书摘录了一些例子。美国宪法的起草者，不仅从孟德斯鸠书中采取了政府分权的理论，更接受了将内阁成员革除在国会外的办法，这些宪法起草者的作品中更穿插着孟德斯鸠书中的句子。《论法的精神》一书对法国大革命中的温和领袖们几乎成了一部"圣经"，而他的《罗马盛衰原因论》，部分造成他们对罗马共和国的爱慕。法盖说道："所有现代的伟大思想都源自孟德斯鸠。"在那一代，是孟德斯鸠而不是伏尔泰成为法国知识界的呼声与英雄。

第五章 | 伏尔泰在法国

在巴黎（1729—1734）

1728 年底或 1729 年初，伏尔泰从英国回到法国时，他曾在巴黎西北部约 11 英里的圣德门一所不太显眼的地方落居。他动员他的朋友想办法帮他免除政府对他的放逐惩罚，他们完成了这件事，甚至恢复了他的皇家恩俸。4 月，他又在巴黎市内四处走动了。一次在一个聚会中，伏尔泰听到数学家拉孔达米纳的估计，任何人如果买下了由巴黎市政府发行彩票的全部奖券，都能发财。伏尔泰马上冲出去，向银行朋友借了钱买下全部的奖券，结果正如那位数学家预测的中了奖。巴黎政府主计长拒绝兑奖，伏尔泰诉诸法庭，结果胜诉，收到了奖金。1729 年年底，他曾费了一天两夜的工夫，旅行 150 英里，从巴黎跋涉到南锡，收购洛林公爵发行的公共债券。这一冒险也让他大有斩获。作为诗人与哲学家的伏尔泰，倒是要由身为财政家的伏尔泰来养活。

1730 年，他回到巴黎，非常热衷于商业。通常总是同时忙着好几个文艺工作，他从这一件忙到那一件，像是要在改变中寻找新鲜，而不浪费时间。当时，他正着手写作《英国人信札》及《查理十二史》（*A History of Charles XII*）、《勒库夫勒小姐之死》（*The Death of*

Mademoiselle Lecouvreur），还有《女仆》（*La Pucelle*）的开头部分。1730年的一天，黎塞留公爵的一些宾客在讨论圣女贞德，他们建议伏尔泰撰写有关贞德的历史。那时，贞德还不被接受为法国非宗教的圣人，然而对于作为自由思想家的伏尔泰，贞德传说中的超自然部分，似乎可以作为幽默式的处理。黎塞留公爵激他这样做，伏尔泰当天就把序言部分写好了。那时他为勒库夫勒小姐鸣不平的诗尚未发表，他那好嚷嚷的朋友塞奥特却到处吟诵，许多教会里的教士，也就开始聚集在伏尔泰周围嗡嗡不息。就像伏尔泰渴于树敌一样，1730年12月11日，他着手撰写布鲁图斯的剧本，根据李维的记载，这人驱逐了塔克文国王，而且参与建立了罗马共和国。这个戏剧否认了王权的不可侵犯性，并宣布了人民改换统治者的权利。对这个戏剧，演员们抱怨在情节中缺少爱情主题，一般巴黎人也认为该剧实在是一出荒诞无稽的革新剧，所以在排演15次后，该剧即予撤销。62年之后，这出戏重新上演，取得了辉煌的成功，因为巴黎人都怀着同样的心情要送路易十六上断头台。

同时，他又得到皇家特许，准予出版他那本《查理十二史》。这个题目很难攻击到路易十五与教会，同时由于该书非常偏向于王后的父亲斯坦尼拉斯，当然也可以使王后高兴。约有2600册已经印妥，但突然在未有片语只字的警告下，皇家特许状被撤销了。除了伏尔泰自己保有的一册外，那一版的所有其他书都遭没收。他向掌玺大臣抗议，结果被告知，由于外交政策的改变，法国政府必须对查理的敌手也是受害者、仍然在位的波兰国王"强人"奥古斯都讨好。伏尔泰决心不顾这种禁令，乔装移居到鲁昂，在那里冒充作一个英国地主住了5个月，秘密地指挥着印刷他的历史书。1731年10月，这本书在法国就像小说一般地自由发行与出售。

某些批评家批评这本书太过于小说化；另一位饱学的历史学家称该书为"一本传奇"，叙述非常生动，而在细节方面不甚正确。然而事实上，伏尔泰的确以一位学者应有的谨慎来处理这本书。他不仅查阅了许多政府文件，甚至一反常态地咨询许多可以供给第一手资料的人：退位的国王斯坦尼拉斯本人、马雷夏尔·萨克斯、马尔伯勒公爵夫人、博林布鲁克、阿克塞尔·斯帕雷、丰塞卡与法布里斯爵士（曾做过查理的秘书）。他曾与查理最宠爱的部长冯·格尔茨爵士共住一段时期，冯·格尔茨于 1719 年被执行死刑这件事可能促使他研读这个"北方之狮"。1740 年，曾经做过查理私人牧师的约翰·诺伯，在他所出版的回忆录中，曾指出伏尔泰叙述史实的若干不正确之处，伏尔泰在随后的版本中，立即加以修正。当然还有些其他误失处，尤其是关于战役的细致叙述上。后来的批评家辩称伏尔泰太过赞美查理，把他视为"也许是自有人类以来最不平凡的人，他在他身上融合了所有祖先最伟大的德行，除了拥有过分的优点外，他几乎全无缺失或不快乐"。这或许可认为是一种夸饰。伏尔泰解释道，查理"过分拥有所有的英雄美德，以致成为缺点"。伏尔泰将这些列为浪费、轻率、残忍、独裁及欠缺宽恕的雅量，他还指出国王身上这些缺点如何伤害了瑞典。他还下结论，认为查理是"一个超常伟大的人"。无论怎样，这本书不仅是学术，也是艺术作品——就结构、形式、色彩与风格而论。很快，所有欧洲的知识分子都在读《查理十二史》，伏尔泰的名声也因而达到了他前所未有的广泛与稳固。

1731 年 8 月 5 日，他从鲁昂回来后，伏尔泰成为丰泰纳-马特尔伯爵夫人位于巴黎皇宫附近官邸的贵客。夫人发现他是如此快乐的伙伴，继续供他住宿，直到 1733 年 5 月。他以无比的活力主持着夫人家中充满文学气息的晚餐，同时在她的私人剧院里导演主要是自己的剧作。在停留期间，他为拉摩的桑松撰写歌剧本（1732 年）。可能是在丰泰纳-马特尔伯爵夫人在法兰西剧院的包厢中，他看到了他的《艾里菲勒》一剧（1732 年）的失败及他的传奇性悲剧《扎伊尔》（*Zaire*，1732 年 8 月 13 日）疯狂似的成功。他写给一位朋友说：

> 从没有任何一出剧，能像《扎伊尔》在第四次演出时演得那么好。我当时真希望你也能在那里，你将看到，群众并不恨你的

好朋友，我出现在一个包厢里时，所有观众都为我鼓掌。我感到脸红并躲了起来，但如果我不承认我那时非常感动的话，那我无疑是一个伪君子。

在他所有的戏剧中，《扎伊尔》一剧一直到他逝世，都是他最心爱的一出剧。扎伊尔是一位基督徒少女，十字军东征她尚在襁褓时，即被穆斯林俘虏，她完全是在伊斯兰教信仰中教养长大，她除了知道法国是她的出生地外，其他一概不知。剧中的她已是耶路撒冷奥斯曼苏丹后宫的一位佳丽。苏丹热恋着她，而她也爱上了苏丹，剧作开演时，她正要嫁给苏丹为妻。另外一个俘虏法蒂玛，斥责她忘掉了她曾是一个基督徒。伏尔泰借着扎伊尔的答复表示地理对宗教信仰的决定性：

> 我们的思想、礼俗与宗教，
> 都由习惯与
> 早年强有力的倾向塑成。
> 当出生在恒河岸边，
> 扎伊尔奉拜的是异教神祇；
> 在巴黎时，我曾是一个基督徒；
> 而在这里，
> 我是一个快乐的穆斯林。
> 我们只知道我们学得的；
> 那教导我们的父亲之手，
> 在我们细弱的心上，
> 刻下了这些特性，
> 典范深植于心，
> 除了神以外，
> 再无别人，能够将之涂抹。

伏尔泰以明显的偏爱，把奥斯曼苏丹描绘为除了耐心外，其余德行全都兼备的人物。基督徒震惊地看到，穆斯林与基督徒一样的可敬；而苏丹也惊讶地发现，一个基督徒也能够是一个好人。苏丹甚至不愿再维持他宫中的女眷，而保证他自己要实行一夫一妻制。但伏尔泰对他的基督徒人物也一样的公正，他写了许多亲切的诗句，来赞美真正基督徒的生活。也有一个在襁褓中被俘虏的基督徒内雷斯坦，他与扎伊尔一起成长。在他保证将带回 10 个基督徒俘虏所需赎金的条件下，获得释放。他先离开，然后回来，将他自己私人财产拿出来，以凑足这笔赎金。苏丹释放了 100 个基督徒，以为酬赏。内雷斯坦感到伤心的是，这些被释放的基督徒，并未包括扎伊尔或曾于 1186 至 1187 年身为耶路撒冷基督徒国王的吕西尼昂在内。扎伊尔要求奥斯曼苏丹释放吕西尼昂，结果应准。这位年老的吕西尼昂却指认出扎伊尔原是他的女儿，内雷斯坦则是他的儿子。她在对那宽宏大度的苏丹的爱情，与对她父亲、兄弟与信仰的忠贞之间，备受折磨。吕西尼昂恳求她放弃奥斯曼苏丹与伊斯兰教：

> **吕西尼昂：** 啊！想想流在你血管里的，
> 　　　　　那是二十个国王沿传下来的血液。
> 　　　　所有的基督徒皆与我一样，
> 　　　　他们流的是英雄的血，
> 　　　　信仰的卫护者与烈士的血！
> 　　　　你不知道，我眼看你母在生下你那一片刻，
> 　　　　即遭你曾拥抱过的，
> 　　　　可憎信仰的野蛮人的屠杀。
> 　　　　你兄弟们也是可敬的烈士，
> 　　　　已从天堂伸出了他们的手，
> 　　　　希望拥抱着一个妹妹。
> 　　　　啊！惦念着他们！

　　　　　　你背弃的上帝，

　　　　　　虽然在此地已终止，

　　　　　　但仍是我们与全世界的神。

　　　　　　看那神圣的山峰，

　　　　　　在那里救主洒了鲜血；

　　　　　　也瞧瞧救主胜利地升天所自的坟墓；

　　　　　　在每一条你所走过的小径上，

　　　　　　你要记着看那神的足迹。

　　　　　　你还要抛弃造物主吗？

扎伊尔：　我生命的亲爱创造者，

　　　　　　父亲，请告诉我究竟该怎么办？

吕西尼昂：说一句肯定的话，

　　　　　　立刻就把我的耻辱与忧愁移开了。

　　　　　　说！你是一个基督徒。

扎伊尔：　那么，我的主呀！

　　　　　　我是一个基督徒……

吕西尼昂：发誓你会信守这桩重大的秘密。

扎伊尔：　我发誓。

　　她的兄弟内雷斯坦知悉她仍然打算嫁给奥斯曼苏丹时，他企图杀死她。后来内雷斯坦变得温和起来，但坚持她须受洗，她也应允了。他于是托寄了一张便条，约定受洗的时间与地点。然而，奥斯曼苏丹因为不知道内雷斯坦是扎伊尔的兄弟，误会这便条涉及爱情，他以为扎伊尔竟瞒着他与别人约会，刺杀了扎伊尔。最后，他发现他所设想的情人是一对兄妹后，他自杀殉情。

　　剧中的情节构思巧妙，情节顺畅而富于戏剧化，诗句则流畅悦耳。在今天看来，那些感情的铺衍似是过分些，但我们可以了解巴黎人为什么喜欢扎伊尔与奥斯曼苏丹，为什么本剧在枫丹白露宫为皇家演出时，那位善良而忧郁的王后为之感动落泪。不久，本剧便在英国、意大利、德国等地区翻译成当地文字，并在各个地区上演。现在，伏尔泰被誉为当时法国最伟大的诗人，也是皮埃尔·高乃依与拉辛的最佳继承人选。对伏尔泰的称赞让当时逃亡在布鲁塞尔的卢梭很不高兴，他批评《扎伊尔》一剧"琐屑而平凡，是虔敬与淫荡可憎的大杂烩"。伏尔泰则以一首长的谈话式诗《趣味的庙宇》予以反驳，他在诗中耻笑卢梭而抬高莫里哀。

1732 年至 1733 年冬天，他与未来被他伤害的莫佩尔蒂研究数学与牛顿，他重写《艾里菲勒》，又修正了《扎伊尔》与《查理十二史》，并为《路易十四时代》寻找资料，完成《英国人信札》，又新写了《阿德莱德》（Adélade）一剧，及写成了不可计数的短篇书信、赞美词、邀请书、墓志铭和许多爱情小诗，全都是以修饰平整的诗句写成的机智结晶。他那慷慨的女房东丰泰纳－马特尔夫人逝世后，伏尔泰于是迁到长点（Long-Point）街的一座房子，从事小麦出口生意。而后，在商业与爱情的纠葛中，他于 1733 年邂逅了夏特莱侯爵夫人，一直到侯爵夫人逝世，伏尔泰的余生便与这位独特而有事业心的妇人牵连在一起。

她当时 26 岁（伏尔泰 38 岁），在这以前，她已经有过多种经历。她是布勒特伊男爵的女儿，受过很好的教育。年仅 12 岁，她已经通晓拉丁文与意大利文，善于歌唱，也能弹奏小瑟（spinet）；15 岁时，她开始将《埃涅阿斯纪》翻译成法文诗；以后她又学习英文，同时跟莫佩尔蒂学数学。19 岁那年，她嫁给 30 岁的夏特莱侯爵。她为侯爵生了 3 个儿子，但与侯爵没有太多相处的时间，侯爵经常与他的军队在一起，而她则被留在宫廷附近，放荡豪赌，谈情说爱。她被第一个姘夫遗弃时，她曾服毒自杀，一位药剂师挽救了她。她被第二个情夫黎塞留公爵遗弃时，她已能泰然处之，因为全法国都知道他的善变。

伏尔泰第一次在晚宴遇到她时，他不但不感觉唐突，反倒欣赏她那谈论数学、天文学及拉丁诗词的能力。她体态上的诱惑，并非无法抗拒。其他的女人对她津津乐道，让我们听听杜德芳夫人之词："一个高大而又干枯的女人，毫无臀部，低平的胸……大手大腿，巨大的双脚，非常小的头。五官相当奇特，尖尖的鼻子，一对蓝绿色的小眼，深色的皮肤……坏牙。"克雷基侯爵夫人也附和地形容着："她是一个女巨人……健壮得不得了，而且几近奇迹般地笨拙。她的皮肤就像敲豆蔻的锉子，总体看来，与一个丑陋的军士别无二致。然而，伏尔泰提到她的美丽。"

但在她 42 岁的时候，潇洒的圣朗贝尔（Saint-Lambert）仍然秘密地与她做爱。我们不能相信这些同为女性的证词。我们从她的一些画像上所得到的印象是，夏特莱夫人高大而有男性姿态，高高的额头，带着骄傲的神情，并非不吸引人的五官。而且，可值得安慰的是，我们听说她有着"肉感而坚实的胸部"。

也许夏特莱夫人身上有着恰好足够的男人味以补足伏尔泰身上的女人味，她仍然动用种种女性工具，如化妆品、香水、珠宝和项链，以衬圆她瘦骨嶙峋的诱惑力。伏尔泰对她的喜爱装饰投以微笑，然而他更欣赏她对科学与哲学的热忱。即使在巴黎与凡尔赛的轻浮与空谈气氛下，夏特莱夫人仍能离开赌桌，去研究牛顿与洛克。她将牛顿的《数学原理》翻成法文。伏尔泰发现拥有这样一个人作为自己的侍从弟子兼情妇，是方便之事。早在 1734 年，他便已认为他是她的爱人："啊！上帝！在你的怀中，我享受到多么大的乐趣！能够敬佩我所爱的人该多幸福！"

论英国书札

1733 年至 1734 年，经过了许多穷困后，伏尔泰出版了对启蒙运动有贡献的第一本书，其形式为自英格兰寄给塞奥特的 24 封信。这些信 1733 年译成英文而在伦敦发行，书名为《论英国书札》（*Letters Concerning the English Nation*）。如果在法国出版原文本，则要冒着作者与出版者被限制自由的危险。伏尔泰删除一些段落，想得到政府的许可，以刊印剩余部分。结果遭到拒绝，他再度在鲁昂秘密出版。可是他警告出版者若雷，不要让任何书在那时流传，但早于 1734 年初，几本以《哲学通信》（*Letters Philosophiques*）为名的书便已流传到了巴黎。有一个盗印者得到了一本，而在伏尔泰不知道的情况下大量刊行。当时，伏尔泰正与夏特莱夫人前往距巴黎 190 英里的奥顿附近的蒙略堡参加黎塞留公爵的婚礼。

这本书以 4 篇谈论英国教友派的信开头。伏尔泰指出，虽然这些教友派信徒没有教阶组织，没有僧侣与圣礼仪式，然而这些信徒比他所见过的其他任何基督教徒，更能信守基督的教训。他叙述也可以说是想象去访问一位教友派信徒：

> "亲爱的先生，你受过洗没有？"我这样问着他。
>
> 这位教友派信徒回答道："不！我其他的主内弟兄也都没有受洗。"
>
> "那么，"我喊道，"你们都不是基督徒了？"
>
> "我子，"他用一种温和平静的语调回答说，"不需要发誓，我们是基督徒，同时想做好信徒；我们不认为基督教的精神在于那洒在人头上，渗有一点盐的冷水。"
>
> "哎，天啊！"我抗议道，"别提这种不虔诚的话，你难道忘记耶稣是由约翰施洗吗？"
>
> "我的朋友，别再发誓……基督固然自约翰那里接受洗礼，但基督本人并没有再为任何人施洗礼，我们并非约翰的信徒而是基督的信徒。"
>
> 我再说道："啊！你这可怜虫呀！怎么你情愿在那审判之地熬受火刑！"
>
> "你受割没有？"他反问道。
>
> 我回答我没有那种荣耀。他最后说道："那很好，你是一个未

经受割的基督徒，而我是一个未受过洗的基督徒。"

依照对白中教友派信徒的说法，受洗如同受割一样，是前基督时代的习俗，而这已经被基督的新福音取代了。伏尔泰又对战争加了一段话：

> 我们应该再也不要从事战争，这倒并不是因为我们恐惧死亡……只是因为我们并非豺狼、老虎或牛头狗，我们是人，是基督徒。我们的上帝，嘱咐我们去爱我们的敌人……他当然不会要我们渡过海洋，去割断我们弟兄的喉咙，只为了那些披挂着红衫的凶手，戴着两尺高的帽子，而在撑开的驴皮上用两枝棍子敲出噪音，用以募集市民。而且，得胜之后，整个伦敦夜明如画，天空漫布着烟火的火焰，空气中也回响着赞美诗、教堂钟声、风琴声及大炮的声音，实际上，我们在静静地哀悼那些造成大众欢乐的屠杀。

法国由于强迫所有法国人信奉一种信仰，几乎摧毁了自己。然而，伏尔泰也过分夸大了英国对不同教派比较宽容的作风。"这是一个有着许多派别的国度，一个英国信徒就如同一个自由人一样，可以依循着任何他想要选择的路到天堂去。"伏尔泰又比较英国教士与法国教士两者之间的道德，因而庆幸英国没有修道院院长的存在。"英国人闻悉在法国以道德颓丧闻名的年轻人，借着种种阴谋策术晋升到大主教高位，然后作些情歌，更夜以继日地大宴宾客……并自称为十二使徒的继承人之时，他们应该感谢上帝，他们幸而生为新教徒。"

第 8 封信将伏尔泰式的短剑转向法国政府：

> 只有英国民族才设法借着抗拒国王而来节制国王的权力……最后才建立了这一明智的政府，在政府中，国王虽有权做一切善

事，双手却被束缚着无法做恶事。……无疑，在英国树立自由代价也甚昂贵，专制的偶像被浩浩的血海淹毙了，英国人并不以为他们为好的法律付出过大的代价。其他国家并不是没有同样的乱世，只是他们为着争取自由洒下的鲜血，徒然使他们的奴役巩固而已。

在英国，人身保护状禁止任何未书明理由的监禁，而且要求陪审团的公开审判；而在法国，却有秘密拘捕令。伏尔泰早在孟德斯鸠14年之前，即提到并加以夸大、赞美英国政府里某种"分权"的存在，及国王、贵族与平民三者的调和。他又指出，在英国，没有任何税捐能在未经议会同意下课征，也"没有任何人，由于身为贵族或僧侣而免于缴纳某种课税"。在英国，贵族家庭的子弟从商或从事其他职业，而在法国：

> 商人常常听到他们那一行被人轻蔑地提到，他们愚不可及地为此而腼腆。然而，我倒真不明白，一个涂粉抹彩的贵族，他知道国王确切的起卧时间，他在国王面前虽然仅担任奴仆的角色，却装扮着很伟大的神态……或者是一个商人能够使国家富裕，将货物远送到苏拉特与开罗，对整个世界的快乐具有贡献，这两类人中，谁对国家较为有用。

最后，伏尔泰在为法国奠下的一个改革计划中宣称：

> 事实上，英国的宪法已臻于完善的境界，因此，所有的人民恢复了在几乎各个王朝中受到剥夺的自然权利。这些自然权利包括完整的人身自由与财产自由、新闻自由、由独立人士组成的陪审团审判所有刑事案件的权利、严格依据法律条文接受审判的权利及丝毫不受烦扰地公开表明他所愿信仰宗教的权利。

伏尔泰一定也知道，只有一部分人享受到这些"自然权利"；人身自由并不能避免那些新闻恶棍的毁谤，在宗教与政治方面，言论自由也有限制；非英国国教者与天主教徒都无法参与公职；而且，法官可以接受贿赂而犯法。他并没有将英国不公正的实情予以揭露，他只是利用英国作为一个鞭挞的工具，以怂恿法国人反叛国家与教会的压迫。

对现代思想的影响同样重要的是伏尔泰对培根、洛克与牛顿的称道。他将博林布鲁克对马尔伯勒所下的评语转移到受人指控的培根身上："他是一个很了不起的伟人，我想不起他究竟曾否犯过任何错误。"他又补充说："这个伟人是实验哲学之父"——这并不是因为培根做过的实验，而是基于培根对促进科学研究的有力呼声。狄德罗与达朗贝尔即因而称赞培根为那部《百科全书》的主要启导者。

伏尔泰的第 13 封信几乎都在谈论洛克。他在洛克身上发现的，不仅是取代灵魂神话的科学心灵，而且是一种内涵的哲学，追溯一切知识到感觉为止，将欧洲思想从神圣的启示转向人类的经验，以为真理独一无二的来源与基础。他也赞同洛克的意见，认为物质可能使之思考。这一看法尤其鲠塞在法国检查人员的喉中，而与该书受指责大有关系。这些法国检察官似乎预见到了拉梅特里与狄德罗的唯物论。伏尔泰拒不承认是唯物主义论者，但他把笛卡儿所说的"我思，故我在"，修改成为"我是一个实体，所以我想，我别无所知"。

第 14 封信劝告法国人从笛卡儿学说中释放出来，去研究牛顿。"在英国，一般人对这两位思想家的意见是，笛卡儿只是一位梦想者，而牛顿是一位圣人。"伏尔泰推崇笛卡儿在几何学上的贡献，但他对于笛卡儿学说中的宇宙观却无法彻底了解。他承认，在牛顿论古代的年历与《启示录》的文章中，有些事情近乎梦幻，或至少近乎催眠。伏尔泰温和地指出，牛顿之所以写这些，是为了"安慰人类，以免他高高凌驾在他们之上"。伏尔泰发觉牛顿的东西相当难于了解，但牛顿葬礼时有那么多政府与科学界的卓越人才，使他决心研究牛顿的

《自然哲学的数学原理》一书，而成为牛顿在法国的使徒。在这里，他也撒下了《百科全书》和启蒙运动的种子。

最后，他对帕斯卡的思想加以颇含敌意的批评，震惊了法国的宗教思想界。他本来不打算把这一批评包括在这些信札中，因为这完全与英国无关。只是伏尔泰1728年将这一批评从英国寄给塞奥特，这位盗印出版商将这些附列为第25封信。这使那些崇拜帕斯卡而且掌握着巴黎市议会的詹森教派比耶稣会（并不推崇帕斯卡）更严厉地指斥伏尔泰。伏尔泰在本质上无法与帕斯卡相容：在这个阶段中（除了他的戏剧而外），他是好斗的唯理主义者，感情在他的哲学中仍无地位。仍然年轻，生活范围很广，在屡遭非难中仍享受着生活乐趣的他，反对帕斯卡沮丧的悲观主义论调，他说："我胆敢负起人类的角色来反对这位巧妙的恨世者。"他反对帕斯卡的赌注（打赌上帝的存在比不存在要聪明些），认为"不敬而幼稚……我必须相信一件事并不能证明这事存在"。他承认我们并不能解释宇宙的奥秘，或了解人类的命运，但他怀疑从我们这种无知中，能否推演出十二使徒的教条来。他宣称："人为行为而生……不工作与不存在，就人类而言，是一件事的两面。"

《对帕斯卡思想的批评》并不是伏尔泰的精心杰作，他并未打算出版，也没有机会加以修正。以后的一些事件，如里斯本的地震，渐渐转变了他年轻时代的乐观看法。尽管有这一篇未经深思熟虑的附录，这些哲学上的信件仍是法国文学与思想上的一道里程碑。在法国的作品中，第一次出现了简短、机智的句子，无错处可挑的明晰、明朗的机智及充满讥讽的语句。此后，这些东西成为逾越一切谨慎否认作者身份的文学标帜，这本书与《波斯人信札》为大摄政时期到大革命时期的法国散文立下了文风。而且，这在法国与英国两国知识界的联系上，构成了最坚强的一环。巴克尔称赞其为"在18世纪历史上最重要的事实"。这是一种宣战与一幅战争地图。卢梭提到这些信件在他本人心智的启发上，扮演着相当重要的角色，也一定还有数以千计的法国青年，同样得力于这一本书。拉斐特更赞誉这本书，使他在9岁时成为一个共和党人。海涅（Heine）认为"检察官实在不必要谴责这本书，不加指斥，人们也会览读"。

教会与国家，国王与议会觉得不能默默忍受这许多创伤。印书商人被送到巴士底狱，而且发了一张秘密逮捕状，无论在何处发现伏尔泰，都加以逮捕。1734年5月11日，一个警察官员拿着一张拘捕状在蒙略露面，但伏尔泰也许得到莫佩尔蒂与达让塔尔的警告，已经早在5天前离开了，并已在法国国境之外。议会于6月10日颁了一道令状，凡是被发现的书本，都要以"毁谤、违背宗教与良善道德，及对政府欠缺应有的尊敬"这一罪名，由执行公务的刽子手，在法院的院子里焚毁。

在获悉伏尔泰安全到达洛林之前，夏特莱侯爵夫人在给朋友的一封信中这样写着："在我晓得像他这样一个健康又有想象力的人，被拘禁在监牢里，我不能有足够的坚毅力，继续这样想下去。"侯爵夫人与黎塞留公爵夫人联合其他贵妇，请求赦免伏尔泰。掌玺大臣同意，如果伏尔泰否认是这本书的作者，他可以撤销那道拘捕状。他当然知道伏尔泰是本书的作者，但情愿以这种方式缓和检查制度。伏尔泰也轻易地答应否认是该书的作者，这自然是一个值得原谅的谎言，而且这本他否认的书，事实上也未得到他的同意而发行，他在写给艾吉永的信中说：

> 他们说我必须撤回我的意见，很好，我可以公开声明帕斯卡永远是对的……所有的教士都很和蔼而公正无私……僧侣既不骄傲，也不诡诈而声名狼藉。至于宗教裁判，更是人性与容忍的一个辉煌胜利。

那道拘捕令因而撤销，但规定伏尔泰必须与巴黎保持敬意的距离。伏尔泰在边界从一个城堡穿过一个城堡，受到了许多贵族的欢迎，这些贵族并不都很虔诚，也根本不喜欢专制而中央集权式的王权。他接到一张前往荷尔斯泰因宫廷定居的邀请信，而且能够得到每年1万法郎的津贴，但他没有答应。1734年7月，他退居到香槟省锡雷夏特莱夫人的庄园，在那里成为一名付费客人，开始他一生中最快乐的时光。

锡雷的田园生活（1734—1744）

锡雷是法国西北部豪特-马尔纳区一个有230户居民的小村落，距洛林省只有几英里远。伏尔泰的侄女，德尼斯夫人1738年曾将之描述为"一块可怕的孤僻处所，距离任何一处有人住的聚落，都在12英里以上，那是一片山巅与荒地的乡野"。也许伏尔泰爱上了该地偏僻的地理位置，在这个安静的地方，他可以研究科学、撰写历史与哲学，也可以让法国政府将他遗忘，或者，如果法国政府要干扰他的话，他能够在一个小时内逃到洛林。

伏尔泰寄住的城堡是一座13世纪残留下来的颓塌建筑，夏特莱家人很少使用，久已不适于文明人的居住。侯爵没兴趣也没钱整修，伏尔泰借给侯爵4万法郎，年利率为5分，但不用偿付，以整修这座庄园。有几间房子收拾得可以居住，伏尔泰于是迁入，增加了一间新的厢房，并督导其他房舍的重建。11月，侯爵夫人随身携带200件包裹住进这座城堡，又做了修改，以合乎她自己的趣味，她大半的成年生涯都在宫廷及其附近度过，热衷于读书，忠于重婚生活。侯爵大人时而与夫人和伏尔泰共同生活，直到1740年。侯爵文雅地独住在一个单人的房间，并在不同的时间进餐。但1740年后，侯爵大多数时间置身军伍。法国人不讶异侯爵这种成人之美的态度，而更讶异这对情人相互之间的忠贞。

1734年12月，侯爵夫人回到巴黎，以便在黎塞留公爵夫人分娩期间加以照料，并劝服政府取消禁止伏尔泰留在巴黎的禁令（1735年3月2日）。伏尔泰因而前往巴黎并与他的情妇共处了几个星期。

但他的过去仍纠缠着他，他那令人不快的作品的一部分正流传着，他自己偶尔也禁不住向朋友读些有含义的段落。那时，他 15 年前反基督教的作品《致乌拉妮娅书》，也被一位盗印商出版了。伏尔泰当然加以否认，但书中有着他的风格与思想的特征，因此，根本没有人相信他的否认。他再次逃到洛林，从那里又悄悄地回到锡雷。他从法国政府那里得到一个间接的保证，如果他对政府不再有攻击行为，他也不会受到政府的干扰。夏特莱夫人再度前来与他聚首，并携来了她的女儿、儿子与孩子们的家庭教师。她最小的儿子在那时已经死了。这时，这段哲学上的蜜月终于开始了。

这两位哲学家，每人各住一套房，分在城堡两旁。伏尔泰的，包括接待室、图书馆与卧室，墙壁上悬挂着昂贵的红丝绒缀锦画及一些画，包括一幅提香的作品和几幅泰尼耶的作品。房间里也有维纳斯、丘比特、海格力斯等塑像，悬着他与侯爵夫人的新朋友普鲁士王位继承人腓特烈王子的大幅肖像。这几个房间一尘不染，以致格拉菲尼夫人形容为"可以亲吻着地板"。侯爵夫人房间的布置有着不同风格，四壁是淡黄色与浅蓝色，悬挂着韦罗内塞与华多的作品，天花板也漆上图画，地板用大理石拼成，另外在她美丽的化妆室，放置着数以百计的盒子、瓶子、指环、宝石与梳洗用具。在这两个套房之间，是一个充作物理与化学实验室的大房间，有各种器皿，如气泵、温度计、烘炉、坩埚、望远镜、显微镜、棱镜、罗盘针、天平等。还有几间客房，其装备较不讲究。尽管悬挂着缀锦，森林地带的强风仍然能够透过裂缝、窗子与门吹进来。在冬天，需要 36 个火炉，每天要烧掉 6 大捆（约 128 立方英尺）的木柴，以维持城堡的温暖。由此，我们也可想见这座城堡仆人的数量。伏尔泰又加了一座戏台，因为他喜欢演戏，尤其是他自己写的剧本。至于侯爵夫人，伏尔泰向我们保证，她是个了不起的演员，客人、家庭教师与仆人权充戏中的其他角色。有时，也演唱歌剧，因为侯爵夫人有着神妙之音。另外，排演木偶戏与魔术灯戏，伏尔泰为戏配上评语，使客人笑得喘不过气。

戏剧只是偶尔的，工作才是一天的正轨，这对爱人有时共同在实验室工作，他们通常都是在隔开的部分单独地工作，除了正餐外很少在白天碰面。侯爵夫人通常在大家谈话开始前离席，伏尔泰也时时溜回书房，让其余的人自行消遣。书房中有自用的餐具，因为他有时自己单独进餐。我们很自然地想象他是一个健谈家，他能够谈起任何话题，但实际上，他讨厌漫无内容的闲聊。"我们花在谈天上的时间是可怕的，我们不应该在这上面花费掉一分钟的时间，我们能够利用的最大东西就是时间。"偶尔，他也猎鹿作为运动。

我们当然也不该将这对哲学家爱侣形容为一对天使。侯爵夫人有时很苛刻、傲慢甚至残酷。她在用钱方面抓得很紧，对待仆人相当严格与吝啬，有时伏尔泰给得多一点，她便会抗议他这样做。她完全没有身体裸露的羞怯感，即使在他们的秘书朗香面前，她也全不在乎而寸缕不着，或躺在澡盆里，任由他为她冲着温水。她还偷偷看客人寄出或收到的信件，不过关于这件事，我们唯一的证据从另外一个女人而来。至于伏尔泰，他有成百的缺点，这在以后将会适时出现。他像一个诗人一般地自负，有时也任性得像一个孩子，他很容易发怒，并与侯爵夫人频频争吵，当然这些只不过是他们生活中的调剂而已。伏尔泰很快便恢复了他的心境与好脾气，而且不厌其烦地告诉他的朋友，他是何等的快乐，及以他不动情欲的方式，如何地爱着侯爵夫人。他写给她100首爱情小诗，每首都是简练艺术的浮雕宝石，一只刻有他相片的指环上附有这样一首文学小品：

巴里埃为了取悦你的双眸，刻下了这幅容貌。请快乐地注视着！

你自己的容貌更深深地刻在我的心里，不过是由一个更伟大的雕刻家刻画而成。

而侯爵夫人也答复道："我如果两个小时没见到他，就感觉痛苦。"

他们两人之间，夏特莱夫人更倾心于科学，她收藏起伏尔泰未完成的《路易十四时代》手稿，而且严格地指导他研究科学。格拉菲尼夫人曾于1738年来到城堡做客，叙述侯爵夫人在科学研究方面远较伏尔泰勤勉，她夜以继日地在桌边工作，有时一直工作到早上5点或7点。莫佩尔蒂偶尔也到锡雷，教夫人数学与物理。也许因为这位先生的常常拜访及夫人对他学术成就的公开敬慕，而让敏感的伏尔泰煽起一把嫉妒之火，最后酿致他与莫佩尔蒂在柏林比剑决斗。

侯爵夫人究竟是一个真学者，或只是把科学当作一件流行的衣饰穿戴着？杜德芳夫人与其他夫人认为，夏特莱夫人的研究只是做做样子，克雷基侯爵夫人则声称："代数与几何搅得她半为疯狂，她卖弄学问则使她不可理喻。事实上，她弄乱了她所学的每一样东西。"且让我们听听格拉菲尼夫人描述在锡雷举行的一场会议：

> 今天上午，女主人为我们念一位英国梦想家的几何学上的计算……这本书是用拉丁文写的，而她用法语念给我们听。她在每一句点稍停一下，我初以为她借此了解这些数学计算，但并不如此，她非常容易地翻译着数学用语，数目与夸张都无法让她停止，这岂不是一件令人吃惊的事？

伏尔泰也向塞奥特保证夏特莱夫人通晓英文，而且了解西塞罗所有的哲学作品，对数学和形而上学也极感兴趣。一次，她曾在一场运动力的讨论中胜过了麦让学院的一位院士和物理学家。她读了拉丁文的西塞罗与维吉尔的作品，意大利文的阿廖斯托与塔索的作品，及英文的洛克与牛顿的作品。阿尔加罗蒂到锡雷访问时，她用意大利语与客人交谈。她写了一本曾出版、有6卷篇幅的《埃克萨曼·德·格内斯》，该书以英国神学家的作品为基础，揭露《圣经》中的矛盾、不可能、不合道德与不符合正义的部分。她的《快乐特性》是讨论快乐基础的书，她认为快乐的基础在于健康、爱情、德行、合理的自我放任与求知。她又将牛顿的《自然哲学的数学原理》一书由拉丁文翻译成法文，由克拉鲁特编辑，于1756年她逝世后第六年出版。她写了一本《社会制度论》，于1759年出版。伏尔泰也许为了献殷勤，认为该书比他自己写的《牛顿哲学的基本原理》优秀。科学院1738年设奖征求有关火的性质与扩散这一问题的最好论文时，伏尔泰也参与竞争，夫人也秘密地写了一篇，而且不署名地递交出去。她都是在夜间写作，以不让伏尔泰知道，"因为在这篇论文中，我几乎反对他所有的意见"。他俩谁都没获得首奖，而让尤勒（Euler）入选。但他们的论文都由科学学院刊了出来，每个人都以一种智慧之爱的狂喜来赞美对方。

为了写这篇论文，伏尔泰做了许多实验，有的是在他自己的实验室中进行，有的则在邻近绍蒙特的一家铸造厂完成。他研究煅烧原理，而且差点发现了氧气。1737年5月，他曾写信给巴黎的牟斯诺神父，要求代找一位化学师前往锡雷居住，每年除了食宿外，还有100埃库的收入，但这个化学师必须明白如何在星期日和假日里，在堡里的私人教堂做弥撒。至于伏尔泰本人，他现在只相信科学，于1741年他这样写道："那些由我们的眼睛与数学加以证明的事物，我们必须认为是真实的，所有其他未经证明的，我们只能说：'我不知道。'"那时，哲学对于他来说，只是科学的摘要而已。

他在《牛顿哲学的基本原理》中即基于这种想法而使用这一用语。他想得到皇家特许准予出版，但遭拒绝。1738年，未经他同意，别人即在阿姆斯特丹发行了一版，他自己发行的版本则于1741年在同一地方问世。这本书长达440页。出版商为本书加了一个副题目，名为"人人读物"；德芳丹神父则以敌对的评论，将这个副题改为"人人指出其门"。然而，几乎每个人都对本书推崇备至，连耶稣会的教士也在他们的刊物《特里武杂志》上，慷慨地给予好评。现在，牛顿的万有引力理论终于在法国人心目中代替了笛卡儿的涡旋理论。伏尔泰在本书中还列入了一篇关于牛顿光学的文章，他在自己的实验室里证实了这些实验，还设计出他自己需要的其他实验。他甚至超出了范围，强调牛顿哲学与信仰上帝并行不悖，他也强调在物理界逻辑的普遍性。

尽管伏尔泰下了这些深工夫，但他并不具备科学家的精神与自我约束。人们都说他不是成功的科学家，而我们应该说，他的个性太过丰富而广泛，以致无法全部致力于科学研究。他只是利用科学来解放心智，这个目的达到后，他便转向诗词、戏剧、最广义的哲学及人道的问题，以为日常的基本工作。"我们应该将所有可想象的模式介绍到我们生活之中，也该将我们的灵魂之门开放给各式各样的知识与感觉，只要这些东西不紊乱在一起，一切都有充裕的余地，可资容纳。"因此，他于1734年写了《论人类》，主要在回应蒲柏《论人》一文，他甚至认可那些完全不是他自己的观念，认为一切"都对"。在这几年中，他完成了《女仆》一书的大部分，也许是作为研究牛顿过多的一种调剂。他还在《玄学的特点》一书中论述自己的哲学，但他很聪明地不让这本书刊印出来。

这本书也像他其他的作品一样独特。他首先假设他是从木星或火星来到地球的访问者，因此他无法被期望能与《圣经》的观点一致。他在南非洲的异教徒之地着陆，他得到了一个结论，认为人就是一种有着黑皮肤与卷发的动物；而后他转到印度时，他发现黄皮肤、直头发的人类，他因而又下结论，认为人是含有几种显著族类的品属，而非全部源自同一始祖。他又从自然秩序与动物各种器官的巧妙设计上，认为一定有一位具有智慧的神，设计出这整个世界。他并未在人身上发现灵魂不朽的证据，只感觉到人的意志是自由的。早在休谟与亚当·斯密之前，伏尔泰就从同胞之情，即同情之中发掘出人类的道德意识。又在爱尔维修与边沁之前，他给道德与罪恶下定义为"对社会有益或有害的东西"。

与这本书大相径庭的，是伏尔泰对圣女贞德那段历史的嘲弄诗文。今天，如果我们再翻开那段嘲弄史诗，我们必须记住，当时法国的言论与文学比20世纪的前半个世纪更为自由。我们已在那身为郡守官的孟德斯鸠的《波斯人信札》中见着了一个实例。狄德罗更加自由放任，这不但表现在他的作品《八卦珠宝》，也表现在《宿命论者雅克》一书中。与上述两篇作品相比，伏尔泰于 1756 年出版的《女仆》一书，倒是没有什么害处的温和作品，这本私自流通的原本显然属于较为粗俗的讽刺作品。那位严肃的孔多塞曾为这篇史诗辩护，而法国政府的一位高级官员马勒泽布，听说更能够背诵《女仆》。如果我们在《女仆》的 21 篇诗章中，耐心细找，我们会发现一些稍涉肉欲的诗句。不过这些也像阿廖斯托相似的叙述而可原谅，许多生动的描写与有力的叙述足以补偿这些描写。伏尔泰与许多同时代的法国人一样，认为贞德是一个健康而单纯的乡村姑娘，也许是一个私生子，迷信而自谓听到"天音"。他怀疑，即使贞德未出生，法国是否就会从那些"天杀的"入侵者中解救过来。除了这件事及一些历史上的谬误外，他忠实地叙述这个故事，只是有时在故事中添加一些幽默：

> 国王转向那大无畏的贞德，
> 用一种令人敬畏的声调，
> 谁都恐惧，只是贞德除外，
> 国王这样说：
> "贞德，你听着，
> 如果你是处女，就宣誓。"
> 她回禀着：
> "啊！国王，
> 请陛下立刻传下谕旨，
> 要那精通女性一切神秘，
> 在鼻端架着眼镜的圣医，
> 与那录事者、药剂师与保姆，
> 立刻召来证实这桩事，
> 让他们仔细检查，仔细看看。"

国王查理凭贞德这一神圣的禀告中

知道贞德必然

受到甜美的贞洁的激发与祝福,

国王于是接着说道:

"既然你这样睿智,圣女,

请你立刻告诉我,

昨晚我与我的妻子在床上做些什么事?

要直言!"

贞德再回禀说:

"没发生什么事。"

惊讶之中,国王屈下双膝,高声喊道,

"神迹!"然后在胸前画十字,并一鞠躬。

伏尔泰每每为驱散那个冬夜的寒冷,为客人念上一篇或两篇《女仆》里的诗章。夏特莱夫人通常将这些愈渐增加的手稿,锁在抽屉里,但伏尔泰随意地任由部分诗稿在朋友之间流传。诗稿一部分被录了下来,在下层社会里传播得比在知识界里更广泛。唯恐法国政府起诉成为萦绕他心中的顾虑之一。值得担心的不是这篇诗的淫秽,而是诗篇中对僧侣、耶稣会教士、一般高层教士、教皇与宗教裁判所的偶尔讥讽。

在《阿尔齐雷》(*Alzire*)一剧中,他要严谨得多。1736 年 1 月 27 日,本剧在法兰西剧院首度公演成功,这在戏剧历史上启开了一个新纪元,就是演员穿着剧中人物所处时代与地方的服饰,在本剧中是西班牙征服与掠夺秘鲁。阿尔瓦雷斯是这个已沦亡国家的西班牙总督,请求胜利者减低残酷与贪婪的程度:

我们是这个新世界的

灾疫,自大、贪婪而不公正……

只有我们

才是这里的野蛮人；那单纯的野蛮人，

他们虽然生性勇猛，与我们勇气相当，

在德行上，则比我们优越。

巴黎连续 20 个夜晚赞赏这出戏，剧院收入高达 53640 利维尔，伏尔泰将他份内的收入给了演员。

1736 年 8 月 8 日，伏尔泰收到了普鲁士腓特烈的第一封信，从而展开了一段有名的交往与一段悲剧的友情。也在这一年，他出版了《俗人》一诗，这首诗读起来像是预先为卢梭的《论艺术与科学》（*Discourse on the Arts and Sciences*，1750 年）做了答复。伏尔泰对一些幻想家所作的主张感到不耐，他们把那"友善而热情洋溢的野蛮人"予以理想化，或建议"回复自然"，以逃避现代生活的紧张、伪善与造作。他在种种历练中，颇为安然舒泰，而他也认为他应该为文明说一句好话。他在贫穷中找不出什么德行来，而疯狂与爱情两者之间，也无和谐存在。原始人也许实行财产共有，但只是因为他们一无所有，而这些人如果清醒，也只是因为他们根本没有醇酒。"就我而言，我感谢这明智的大自然，为使我快乐，而让我诞生在这个饱受悲观论者责难的时代中，这一个亵渎的时代很适合我，我喜欢奢侈，甚至温柔乡的生活，爱好各种享乐与各式各样的洁净、有格调与优美的艺术。"这一切对于伏尔泰而言，都比亚当的伊甸园好得多。"我亲爱的父祖亚当，你当坦白自承，你与夏娃夫人都有满含泥土的长指甲，而你们的头发也有点凌乱……而学者徒然地试欲寻出伊甸园……人间天堂就是我所在的地方。"

宗教界人士不喜欢他对亚当与夏娃的这一形容，他们坚持《创世记》是一部无可指摘的历史，他们无法同意伏尔泰对亚当指甲与夏娃头发的观点。有传闻政府将要拘捕锡雷"那位不虔敬的恶魔"，他的朋友再度警告他，他于是决定出国旅行。1736 年 12 月 21 日，他离开了锡雷与夏特莱夫人，以雷瓦尔为名乔装为一位商人，前往布鲁塞尔。他在那里的敬慕群众，嘲弄他这一假装，而且为了表示对他的仰慕，排演《阿尔齐雷》一剧。卢梭警告布鲁塞尔人，宣称伏尔泰已前来传播异教。伏尔泰继而前往莱顿，那里的群众也集合起来看他，再到阿姆斯特丹，并督导他《论牛顿》一书的出版。侯爵夫人开始担心他永远不再回到锡雷。她写信给达让塔尔："两个星期以前，如果两个小时不见他，我便感到痛苦不堪；我常从我的房间写信到他的房间，而今两个星期过去了，我也不知道他在哪里或是一直在做什么……我恐惧至极。"最后，他总算回来了（1737 年 3 月），他宣称在这到处追捕他的国度，只有对侯爵夫人的爱情才能将他留下。

1739 年 5 月，这对爱人前往布鲁塞尔。在那里，伏尔泰利用他在法律及其他方面的机智，在一场影响到夫人财产的诉讼里为她辩护。然后，偕同侯爵，他们一起前往巴黎。在那里，伏尔泰提出《穆罕默德》与《梅罗普》两剧给法兰西喜剧院，夫人也将她那 3 卷《物理法则》付印。在书中，她对伏尔泰与牛顿两人的理论都不加附和，而赞同莱布尼茨的单元哲学。他们于 9 月回到锡雷，不久再到布鲁塞尔长居。1740 年 9 月，伏尔泰匆匆赶到克勒维斯，以便与当时已成为普鲁士国王的腓特烈首度聚面，腓特烈未把夫人列入邀请的名单。11 月，他经过 350 英里的痛苦旅程前往柏林，想为福勒里红衣主教扮演外交官的角色，此后，他常常担负着外交官的任务。夫人在同一时间前往枫丹白露，为伏尔泰居留巴黎的特许权奔波。很显然，锡雷已经成了一个令人厌倦的地方。11 月 23 日，她写给达让塔尔说：

> 我在枫丹白露所做的一切，只得到了残酷的报偿。我调和了最困难的一些问题。我为伏尔泰先生谋得了他能公开回国的权利，也为他赢得当局的善意，并为他能让各学院接受他铺好了路。简而言之，在 3 个星期中，我为他取回了他在 6 年中费力失去的一切。你知道他怎样回报我这样热心的奉献？他毫无情感地

通知我，他已前往柏林，而他完全知道他在戳刺着我的心，并加给我一种无可言喻的折磨……我已发了高烧，我希望不久了结我的残生……你可相信我感觉到我的哀伤将会结束我的生命时，我最萦绕于心的，是我的死亡将带给伏尔泰先生可怕的遗憾？……我不能承受他对我的记忆，有一天将会带给他不愉快这一念头。所有曾经爱护过他的人，都不该责难他。

伏尔泰从波茨坦与普鲁士王室的眷顾中挣脱开来，重回他爱人的怀抱。在他的回程上，他给腓特烈一封信，表明他对这件事的态度：

我抛弃了一位伟大的国王，他培植、尊崇我崇拜的艺术，而去投向一个只读沃尔夫（Wolff，莱布尼茨作品的注释者）的玄学之人。我为了一件诉讼案子，与欧洲最可亲的王宫痛苦地脱离，但我不会像一个白痴伏身在一个女人膝前叹息而离开你那令人敬慕的朝廷。然而，陛下，那个女人为我放弃了一切，而其他女人会为这一切放弃她们的朋友。我欠她太多恩情……爱情通常愚蠢得可笑，但纯粹的友情有比一个君主的命令更为固有的权利。

伏尔泰与夏特莱夫人在布鲁塞尔重聚，由于夫人拖长的诉讼，那里成为他们的第二个家。1741 年 5 月，他们参加了《穆罕默德》一剧在利维尔的首演，并受到观众的欢呼。他们兴奋异常地回到布鲁塞尔，但很快阴沉了下来，因为他们愈来愈感觉到他们之间的恋歌即将结束。夏特莱夫人对伏尔泰的情爱，即使其本质为占有，仍然非常炽热，但伏尔泰的爱情之火，已逐渐从他的笔头下消失。1741 年 7 月，他在一封信里向夏特莱夫人表示他为自己愈渐减弱的热情而道歉：

如果你要我仍谈爱情，

请把我带回到谈爱的年岁；

在我日子的薄暮里，

如果可能，重让黎明复活。

我们死去两次，我看得很清楚。

爱与可爱的停止，

是一次无法承受的死亡，

生命不再则不算什么。

1742 年 8 月，他们前往巴黎帮助《穆罕默德》一剧在法兰西剧院上演。伏尔泰从福勒里红衣主教那里得到了官方的同意，准予上演。巴黎的首度演出（8 月 19 日）是当年文艺界的一件大事，很多官员、教士与诗人跻身于观众之列。除了一些教士，其他人都似乎满意，那些教士指控本剧是"反对基督教的一种血腥讥讽"。费内隆、德芳丹与其他人都抱怨，虽然福勒里认为这些批评者对教士自己维护的主义有损，但他仍发出私人的劝告，要伏尔泰停止该剧的演出。在第四次全场爆满的演出后，本剧终于停演了，伏尔泰与夏特莱夫人都在愤怒的挫折中，回到布鲁塞尔。

福勒里红衣主教以委托他（1742 年 9 月）尽力改变腓特烈的政策而与法国友好来安慰他。伏尔泰得意地以外交官的身份与腓特烈在亚琛聚面。腓特烈看透他的目的，以诗词来应付他的政治游说。伏尔泰于是再度回到巴黎、夏特莱夫人及戏剧上。1743 年 2 月 20 日，他最伟大的一出剧《梅罗普》由法兰西喜剧院演出，其成功一时缄闭了他敌人的嘴。

已有多个剧本以此为主题，欧里庇得斯早在一出只有部分留传下来的戏中予以运用。在一封序言性质的信里，伏尔泰承认他对维罗纳的《弗朗西斯科侯爵》的感激，后者于 1713 年就已写了《梅罗普》这出剧本。落幕时，据说大部分观众泪水盈眶。据记载，这是法国戏剧史上观众第一次要求剧作家在戏台上亮相。他接受了观众的要求，开了一个受到莱辛指责的先例。根据其他记载，尽管受到他所坐包厢中两位公爵夫人的一再怂恿，伏尔泰仍拒绝现身舞台，他只站起来一会儿，以答谢欢呼。腓特烈则认为"是有史以来最好的悲剧之一"。吉本认为剧中的最后一幕，可与拉辛的任何作品媲美。

《梅罗普》一剧的成功，因他不久竞选学院院士的失败而黯然褪色。他非常热心地参与竞选，甚至自称为"一个真正的天主教徒"，及"经由宗教认可的许多册页"的作者。路易十五最初很喜欢他，但是受到新首相莫勒帕的阻挡，后者抗议道，如果让这样一位不虔敬的人来承继福勒里红衣主教遗留下来的空缺，并不适当。这个空缺后来由米尔普瓦主教递补。腓特烈怂恿伏尔泰放弃这个对天才如此不重视的国家，前往波茨坦与他同住。夏特莱夫人反对这个建议，法国政府则劝他暂时接受这个邀请，并担任法国在柏林的秘密代表。渴望扮演政治角色的伏尔泰终于答应，再度跋涉于法国、比利时与德国的旅途上。1743 年 8 月 30 日至 10 月 12 日，他费了 6 个星期来进行这个政治任务，腓特烈再次嘲弄他的政治任务并赞美他的诗词。伏尔泰又回到布鲁塞尔与夏特莱夫人重聚，1744 年 4 月，他们再度回到锡雷居住，并企图重燃他们那渐渐枯萎的爱情。

夏特莱夫人在《快乐的特色》一文中认为："在所有的情欲中，追求知识的欲望最能增加快乐，因为这种欲望最不需要依靠对方。"然而，她把爱情称为：

> 可由我们自己掌握的最伟大的好事情，只有这一件事，即使读书的乐趣也值得为之牺牲。理想的爱情使两个人之间彼此吸引，而他们之间的热情则绝不会冷却或过量。但人们无法期望两个人之间的这种和谐，那太过完美。一颗能拥有这般爱情的心，一个能如此恒久不变而亲热的灵魂，也许在一个世纪中才能遇见一回。

在一封动人的信中，她总结了她对这种希望的绝望心情：

> 我在过去 10 年中，很愉快地与那位征服我灵魂的人相爱，在那 10 年中，我们完美地相互交往联系着……岁月与病痛渐渐吞蚀掉他的热情，这待我注意到时，已经很长时间了。我的爱是基于两个方面的，我这一辈子都与他在一起，我信任他的心灵享受着爱情的狂喜，及相信被爱的幻觉……如今，我已经失去这种快乐的心情了。

究竟是什么原因使伏尔泰对夏特莱夫人的爱情变为断断续续的忠诚？他声称由于体力的衰退，似乎是真诚的；然而在他这样说过一年后，我们又会发现他"在一个女人膝前，像一个傻子般地叹息着"。事实上，他已经耗尽了在一些方面的生活与兴趣，那就是夏特莱夫人与科学。锡雷的孤立，不久便会使一般人大为乏味，只有警察追捕他、科学吸引他时，这里才是个上天恩赐的所在。而今他再度尝到了巴黎与他的一些剧本首演礼的乐趣，甚至在国家政治方面，他也扮演了一个角色。即使有段距离，他也可感到朝廷的荣耀。伏尔泰的朋友阿尔让松侯爵已做了首相，他的朋友与债主黎塞留公爵，也成为国王的首席侍从大臣，甚至连国王本人也宽容他了。1745 年，太子即将与玛丽亚·拉斐拉成婚，必须安排一个豪华的节庆。黎塞留任命伏尔泰为这次盛会撰写一个剧本，由拉摩配乐，诗人与作曲家须在一起工作，伏尔泰于是必须前往巴黎。1744 年 9 月，他与夏特莱夫人告别了锡雷，踏上前往巴黎的旅程。

廷臣时代（1745—1748）

他现在已经 50 岁了，他在 1735 年写给塞奥特的信中说道："我确信只有几年好活了。"那时他 41 岁，以后还多活了 43 年。他究竟怎样养生呢？ 1748 年，他在沙隆垂危时，一位医生为他开了一些药，据他的秘书说："伏尔泰告诉我，他不会遵照这些指示，因为他自己知道在病中如何像在平时一样照顾自己。他在未来，也将如他在过去一样自己当医师。"在这些危急中，他先绝食一段时间，然后进些肉汁、烤面包、淡茶、大麦与清水。他的秘书朗香补充说：

> 这便是伏尔泰先生本人治好他的恶疾的情形，如果他将自己送到沙隆的阿斯库拉皮斯病院，也许反而招致严重的后果。他的原则是我们的健康要靠我们自己。原则的三个要点是节制，对任何事要温和及缓和的运动。在几乎所有的疾病中，如果不是由于严重的事故所引起，或我们内部器官的突然恶化，他的原则足能帮助本能，而使我们复原。我们必须多多少少严格并有恒心地让自己节食，吃适当的流质食物，以及其他简易的方法。在我与他所处的日子中，他总是本着这个原则来规范自己的行为。

在处理与投资他的钱财上，他也是一位老练的银行家。他是进口商、诗人、承包商、剧作家、资本家、哲学家、放款者、受恩俸者与财产继承人。他的朋友阿尔让松甚至帮助他在军用物资补给上也赚了一笔钱。他继承了父亲部分的财富，1745 年，由于他兄弟阿尔芒去世，他又继承了父亲其他部分的财产。他放了大笔款子给黎塞留公爵、马雷夏尔·维拉尔公爵、吉斯王子和其他人。在收回本金上，他常常遇到麻烦，但他用利息来补偿。1735 年，黎塞留公爵欠他 46417 利维尔，为了这笔债款，公爵每年要付出 4000 利维尔。据那位不可信赖的布雷泽先生说，伏尔泰索取 10% 的年息。他大部分钱以年利率 5% 或 6% 投资在巴黎的公债上。他经常指示代理人向负债人催讨，他说："朋友，你必须要催讨再催讨，去强讨，不怕麻烦地强索我的欠债人，但不是要你迫害他们，来给付欠我的利息与债款。"1749 年，他的秘书估计，伏尔泰每年的收入高达 8 万利维尔。

但他不是守财奴或吝啬鬼，他多次以金钱或其他东西资助他的年轻学生，并常出手或开口援助沃韦纳格、马蒙泰尔与拉哈尔普，我们也晓得他曾把他剧作的所得赐给演员们。他借给一位总包税人的 4 万利维尔，因为后者的破产而无法偿还时，他也处之泰然，并以他幼年时学得的智慧话语说："上帝赐给，上帝又拿走，祝福上帝。"

　　如果他不用料理这么多钱，骨上再多长些肉，他可能不会那般敏感、神经紧张而容易恼怒。他既大方而又体谅别人，一般也很愉快、幽默而富活力。他能够温暖并坚定友情，也能很快忘掉不损及他骄傲的伤害，但他对批评或敌对很不耐烦。他的敏锐机智惹了许多敌人，费内隆、皮龙、德芳丹等人攻击他和他的观念，尤较教士严厉得多。伏尔泰也以牙还牙，不顾夏特莱侯爵夫人劝他保持缄默。他臭骂他们，更动员朋友攻击他们。侯爵夫人很难制止他奔往巴黎去批评或挑战德芳丹，他甚至想挑起检查制度来制服仇敌更为厉害的恶意攻击。他具有他品行中的一切缺点，甚至还要多些。

　　伏尔泰发现拉摩也与他同样傲慢而易恼怒，他们的合作对双方而言都是一个考验。诗文与音乐总算大功告成，演员与乐师也都试演过了，《那瓦尔公主》的演出相当成功（1745 年 2 月 23 日）。本剧演出一个月后，他在王宫获赐一间房子，地点在伏尔泰非常私密的通信中描述的"凡尔赛宫中最臭的粪洞"附近。夏特莱侯爵夫人也恢复了她曾为伏尔泰牺牲的宫中地位，甚至有令人目眩的特权坐在王后面前。蓬巴杜夫人的崛起对伏尔泰很有帮助，她还是埃蒂奥勒斯夫人时，他已经认得她，还拜访过她的住所，并写小品文赞美她。在蓬巴杜夫人的怂恿之下，路易十五于 4 月 1 日任命他做皇家史官，年俸 2000 利维尔。

　　不久，他便被要求写作。1745 年 5 月 11 日，法军在丰特努瓦击溃英军，阿尔让松征求一篇纪念性的颂词。伏尔泰在 3 天内写出了350 行诗，在两周内发行了 5 版。路易十五一时很喜欢他，而他也成为一名战争诗人。为进一步纪念这场胜利，伏尔泰与拉摩一同受命完成一出节日性的歌剧。《光荣之殿》（*Le Temple de la Gloire*）于 12 月在皇宫上演，演出图拉真（此处指路易十五）从战场上凯旋。伏尔泰在那晚受赐与国王同桌，吃着珍美佳肴，但他过分急切地问黎塞留："图拉真还满意吧？"问话给路易十五听到了，认为他有点过分，因而对他不发一言。

自觉已功成名就且受王室倚重，他又想成为学院会员，他使出一切力量。1745 年 8 月 17 日，他寄给教皇本尼狄克特十四世一本《穆罕默德》，询问教皇是否愿予笑纳，和蔼的教皇于 9 月 19 日回复道：

> 今晚 7 点，宠获您杰出的悲剧《穆罕默德》，我已以很大的乐趣读完该剧……我对你那已为四海人士公认的才分有着最高的评价……对你的荣誉与诚挚，我也有着最深的体认。
>
> 我……在这里，赐给你我身为教皇的祝福。

伏尔泰为教皇的赠词兴奋异常，他又写给教皇一封热烈的致谢函，结尾说："以至高无比的崇敬与感激，我亲吻着你的圣足。"他对整个巴黎宣称他对天主教信仰的忠诚和对耶稣会的敬慕之情，更加倍称赞蓬巴杜夫人与路易十五。夫人代他恳请，国王也答应了，1746 年 5 月 9 日，学院容纳了这位首屈一指的诗人与剧作家。更使他志得意满的是，12 月 22 日他被任命为御前侍从，享有随侍皇上的特别权利。

或许在这段成功与满足的日子中，他写成了《巴勃斯》这篇故事。巴勃斯是塞西亚的一位绅士，动身游历世界，尤其看看波斯的情形（隐指法国）。巴勃斯深深地震惊于屡发的战争、政治上的贪污腐化、官职的买卖、赋税的承包及教士的财富。他受到一位夫人（蓬巴杜）的接待，那位夫人的美貌、教养与礼貌，使他回到了"文明"。他随处遇到慷慨的行为与诚实的例证。他曾拜访首相（对福勒里的怀念），发现首相辛勤地工作，以拯救波斯免于骚乱与覆败。他因而下了结论，一切事物都像当时人性与教育等条件所能允许的那样好，而"像那样的世界"也不应被摧毁，改革比革命好。至于他本人，他要模仿那些"寄身退隐于宁静的真正智者"。

无论如何，他不适合做一位廷臣。他以几乎让人无法相信的不圆滑手法写了一首诗，纪念法国人在贝根·佐姆的胜利。在这首诗中，他提到路易十五从胜利之中飞向蓬巴杜夫人的怀抱，并要他俩把持住所征服的东西。王后因而大怒，她的孩子们也都如此，宫中半数的人都指责这位诗人的轻率无礼。同时，夏特莱夫人整日沉迷在赌博中，她曾在一夜之间输了 8.4 万法郎。伏尔泰在她背后用英文警告她说，她在跟一群骗子玩牌，有几个人懂得英文，因而抗议起来。这类丑闻很快传遍整个宫中，让这位诗人无论在凡尔赛宫或枫丹白露，几乎没有任何一个朋友。伏尔泰只好同夏特莱夫人逃到索镇（1747 年），投奔还活着的梅因公爵夫人。他在索镇停留了两个月，住在一间偏僻的套房里，以躲避群众的注意。为了忘掉这种恶果，他写了一些轻松的故事。显然，他夜里在公爵夫人私家宫廷里向一些亲近的客人朗读这些故事。因此我们得知其中故事的简短、轻快的讥讽及起伏不息的机锋。

在这些 1746 年至 1750 年写成的故事中，最长的一篇名为《查第格》（*Zadig*）或《命运的奥秘》（*Mystery of Fate*）。查第格是一个温和、富有而且饱学的巴比伦青年，他"聪明绝顶，并通晓古代加尔底亚人的科学，他知道自然哲学的各种原则……也知道任何时代中已知的玄学"。在故事中，他要娶那位可爱的塞米纳为妻时，正好遭受一群匪徒的攻击，左眼受伤，更恶化为一个脓疮。一位叫赫尔梅斯的名医从孟菲斯（Memphis）被请了来，他诊察伤口后，宣布查第格将失去这只眼睛，"如果是右眼的话，我很容易地就能医好，但左眼上的伤痛无法医治"。塞米纳获悉这个结果后，声称她极端嫌恶独眼的人，因此放弃了查第格而改嫁给他的情敌。然而两天中，查第格左眼上的脓疮自行退脓了，眼睛也痊愈了。赫尔梅斯于是写了一本书，证明这是不可能的事。查第格以睿智的进言甚得国王莫阿伯达赏识，而王后阿斯达特也因为他的潇洒外貌而情不自已。王后爱上了他，查第格只好逃往另一座遥远的城市。路上，他看到一个男人在鞭笞一个女人，他奋勇地回应这女子的求救声，上前阻止。但他受到狠狠地殴打，于是杀了这个男人，这个女人却咒骂他，说他杀死了她的爱人。查第格继续上路，而后沦为奴隶……这时查第格"意会出了一个道理，人类事实上像是一撮泥巴上的一些虫蚁，互相吞噬"。

另一个故事《哲学家默门》（*Memnon the Philosopher*），叙述一个人"一天突然有一个荒诞的念头，想变得完全合乎理性"。他觉得自己处在绝望而被围的一群少数人中，遭遇到上百的灾难，因而认定地球是一个疯人院，是所有其他星球上疯人的聚集地。

《史卡门达多游记》记述一个年轻的克里特人游历各国，一再领略宗教狂热、狡猾、残忍或无知等各类景象。在法国，他见到各个省份因为宗教战争而破败不堪；在英国，玛丽女王烧死了 500 个新教徒；在西班牙，人们都可大嗅特嗅那些烤焦了的异教徒遗体的焦味……最后，他回到了克里特岛。"我现在已经见过了地球上那些珍奇、良好与美丽的东西，我决心以后只看自己家里的东西。我娶了一个太太，不久就猜疑她不贞，虽然如此，我仍然发现在生活的所有情况中，这样的生活是最快乐的。"

《米克罗默查》（*Micromégas*）这篇小说将斯威夫特在《格列佛游记》中发掘的相对观念加以演绎。"米克罗默查先生"是天狼星（Sirius）上一个合适的居民，12 万英尺高，腰围达 5 万英尺，从鼻根到鼻尖则长达 6333 英尺。在他 670 岁那年，他想借旅行来增加见闻。翱翔在太空之间，而后驻足在土星（Saturn）上，他嘲笑土星上居民的矮小身材，仅 6000 英尺高。他感到疑惑的是，这些先天不良的土星人，以他们仅有的 72 种意识，竟能知道实体。他问一位土星人："你们一般能活多少岁？"这位土星人回答说："啊！这个星球上绝少绝少的人，能活过绕太阳 500 转的时间（如果按我们的计算方式，约等于 1500 年）。因此，你知道，我们出生时，就已经要去世了……我们能自经验中汲取一点益处时，死神也就来临了。"这位天狼星人邀请这位土星人一同拜访其他星球。他们被地球绊倒了，他们经过地中海时，那位天狼星人洗洗他的脚，那位土星人则差点被淹死。登陆后，他们看见一群群如蚂蚁般大的小人，非常兴奋地移动着。米克罗默查发现到有 10 万个戴帽子的地球小人，在一场争执里，为了一块不足他脚后跟长的鼹鼠土堆，正在跟大约同样数目带着头巾的小人互相杀戮，他愤慨地喊着："你们这些卑鄙者！……我有个好主意，我干脆踏个三两步，将你们这些可笑的谋杀者的巢穴踏平。"

这一切还算泛泛而温和，可能激不起一点骚动。1748 年，伏尔泰又由于一本《圣人与人民之音》（*Voice of the Sage and the People*）的小册子，惹起了巴黎的风暴。这本小册子攻击教会非常敏感的部分——教会财产。"在法国，理性日益演进，理性教导我们，教会应按照它的收入比例，负担国家的支出，而一直以来教导正义的教会，应该以身作则。"他指称修道院士的懒惰，浪费了人民的收获与土地的资源。他还提醒众君王说，从没有哲学家站起来反对他们的国王，如果国王都能与理性相合而弃绝迷信的话，这个世界将多么快乐！很少有过这样短的一篇文章，会掀起这样长久的一场风暴，有 15 个人发表文章公开反击这位不具名的"圣人"。

在伏尔泰蛰居索镇期间，夏特莱夫人支付她所欠的赌债，并平息那些受到伏尔泰描写因而愤恨在心的人们的怒火。再后，她把他带回巴黎，在那里督导他小说的出版。尽管觉得不舒适，他还是想接受斯坦尼拉斯的邀请，到距洛林省的首府南锡约 18 英里之遥、坐落在吕纳维尔的宫廷拜访，这是聪明之举。在一次费神竭力的旅程后，这两位疲累的爱侣到达了该地（1748 年）。两周后，他收到了达让塔尔的一封信，告诉他说，法兰西喜剧院的演员已经准备好预演他的剧本《塞米拉米斯》（*Sémiramis*），需要他亲自指导。这出剧对他意义重大。蓬巴杜夫人以她那有罪灵魂的善良，曾将贫穷的老克雷比永带回舞台上，并带头赞赏伏尔泰。马里沃竟然将老克雷比永的戏剧抬高到伏尔泰之上，这个面皮薄的诗人，因而决心以一些老克雷比永已经写过的主题编剧，以证明他的优越。伏尔泰快马加鞭赶回巴黎。1748 年 8 月 29 日，《塞米拉米斯》一剧初演成功。一演后，他化装前往普罗科普咖啡馆，谛听那些已经观赏过这出剧的人们的评论。对那些偏向他的评语，他认为是功有应得，而一些不好听的评语，使他加倍痛苦，因为他必须默默地加以承受。他以这些批评来修正这出戏，结果上演情况很好，直到今天，这部戏仍被认为是他最好的戏剧之一。

他在 9 月的暴风雨中，匆匆穿过半个法国回到吕纳维尔，几乎死在前往沙隆的途中。腓特烈怂恿他继续前往波茨坦时，他以患病为借口，说他已失去了一半的听力与好几颗牙齿，如果要他到柏林，他仅能带去一具尸体。腓特烈答道："如果你无法以其他方式前来，那你就以没牙齿与没耳朵的形状来吧，只要你那无以形之的东西，如此奇异地使你思想，使你激发，若是则务请前来。"伏尔泰仍然选择与夏特莱夫人在一起。

爱人之死

那位良善的波兰逊王斯坦尼拉斯爱好文学，曾经读过伏尔泰的作品，也受到了启蒙运动的感染。1749 年，他准备出版自己的宣言《基督徒哲学家》（*Christian Philosopher*），这将使他的女儿法国王后读来黯然不快。她警告她父亲说，他的思想具有强烈的伏尔泰风味。这位老头儿却大大赏识自己的观念和伏尔泰的机智，而且由于他也有一位情妇，他认为将这位诗人安置在他宫中作为一个宠臣，并无不可。他还任命夏特莱夫人那位胸襟宽大的丈夫为王室的总监，年薪 2000 克朗。斯坦尼拉斯宫廷里的另外一位官员是侍卫队长圣朗贝尔侯爵。夏特莱夫人 1747 年与他初遇，其时夫人 41 岁，而他 37 岁。对于一个爱人已成为一个忠诚朋友的女人而言，41 岁是个危险的年龄。1748

年春天，她一直以一种几乎少女式的放纵，写情书给这位俊逸的官员。"你穿好衣服就马上过来。""我吃完晚餐，就飞到你身旁。"而这位官员也殷勤地应答着。10 月的一天，夏特莱夫人与圣朗贝尔在一个黑暗的亭子里亲热地交谈时，伏尔泰恰巧碰见，让他们吃惊。只有这位最伟大的哲学家能够文雅地无视这种奸情。他没有立刻起来应付这一难局，但圣朗贝尔声言要给他一个"满意答复"——在黎明决斗前，伏尔泰只有退回到自己的房间。夏特莱夫人在凌晨 2 点进入伏尔泰的房间，她向他保证她的永恒之爱，但很温柔地提醒他："你曾长时抱怨……说你的体力已经不行了……如果由你的一位朋友来代替你的位置，你是否会为之触怒？"然后她拥抱着他，轻呼着他以前的小名。伏尔泰的愤怒因而融解，他说："啊！夫人，你永远是对的，但既然事情必须如目前这样发展，至少不要让它在我眼前发生。"第二天晚上，圣朗贝尔拜访伏尔泰，为他的挑衅致歉。伏尔泰于是拥抱他，说："我的孩子，我已经全忘了，实在都是我的错。你正在恋爱与享乐的快乐时光，你要尽情享受这些太过短暂的时刻，像我这样不中用的老人，是不配享受这些快乐的。"翌日晚上，他们三人又在一起用餐了。

　　这种三角关系一直到 12 月，夏特莱夫人那时决定到锡雷料理财产，伏尔泰陪伴她一同前往。腓特烈再度邀请他前往，伏尔泰这次也有意接受这个邀请。但夏特莱夫人到达锡雷后不久，她告诉伏尔泰确信自己已怀孕在身，而以 43 岁的年龄，她并没有把握能安然渡过生产。伏尔泰于是致意腓特烈不用期待他，而且要圣朗贝尔也到锡雷。在那里，这 3 个恋人想出一个方法，以取得这个孩子的合法地位。夏特莱夫人要求她的丈夫回家赶办一些事务。他发现另外两个情人取代他时，并未懊恼，倒是欣赏这两位情人对他的款待。几个星期后，夫人告诉侯爵，说她有怀孕的迹象，夏特莱侯爵于是带着骄傲与快乐的心情拥抱着夫人，他又对人们宣称这件被期愿的事，众人也向他祝贺，只是伏尔泰与圣朗贝尔同意，"将这个孩子划归为夏特莱的杂作之一"。夏特莱侯爵与圣朗贝尔随后返回各自的岗位。

1749 年 2 月，夏特莱夫人与伏尔泰迁往巴黎。在那里，她在克莱罗的帮助下着手翻译牛顿的《自然哲学的数学原理》，她写给圣朗贝尔的两封信中（5 月 18 日、5 月 20 日），表露出她的性格：

> 不，我的心无法向你表示，它是怎样地崇拜你。请不要为了我的牛顿而责骂我，我为了这本书已充分地受到了惩罚。我从来没有比留在这里完成这本书，对理性做过更大的牺牲……我在 9 点起床，有时 8 点，一直工作到下午 3 点，然后喝咖啡，4 点恢复工作，到 10 点停止工作……此时伏尔泰先生会过来与我同进晚餐，然后一直交谈到午夜，然后我继续工作，一直到早上 5 点……我是为了理性与荣誉而完成这本书，但我爱的只有你。

6 月 10 日，腓特烈以为伏尔泰已被圣朗贝尔替代，而不再对夏特莱夫人负有责任，因而热切地再次发出要他前往波茨坦的邀请。伏尔泰在回函中答复："即使腓特烈大帝……也不能阻挡我去执行一个非完成不可的任务……我不愿意离开一个可能在 9 月就要去世的女人。她在待产期间岌岌可危；但如果逃脱一死，陛下，我答应将在 10 月前往您那里献礼。"

7 月，伏尔泰将夏特莱夫人带回吕纳维尔，在这里夫人可以得到特别的医疗照顾。死亡的恐惧时时烦扰着她——正值她再度寻获爱情，与正值她多年的研究将欲出版之际，她就要被死亡吞噬。9 月 4 日，她生了一个女儿；9 月 10 日，几经折磨，还是死了。

伏尔泰在过度忧伤下，步履踉跄地跨出夫人的房间，继而倒地，多时不省。圣朗贝尔上来帮忙催醒他。"啊！我的朋友，"伏尔泰说道，"是你杀死了她……啊！老天！先生，到底是什么东西诱使你陷她到这种境地？"在夫人死去 3 天后，他要朗香自那死去的夫人手中脱下的戒指，这只戒指曾经一度嵌着他的肖像，朗香却在里面发现圣朗贝尔的画像。伏尔泰喊着说："这就是女人，我将黎塞留赶出了这只戒指，圣朗贝尔又把我赶了出来，这是自然的律法，一个钉子赶出另外一个钉子，整个世界上的事情都是这样进展的。"夫人以斯坦尼拉斯宫中最高的荣耀被安葬在吕纳维尔，不久，她的孩子也追随她而去。

伏尔泰与夏特莱侯爵退隐到锡雷，在那里，他回复了几封来自巴黎的慰悼信：

> 我亲爱的天使们，你们实在使我得到安慰，你们使我仍喜爱我不快乐的余生……我愿意向你们承认，她曾住过的一间房子，虽然让我满怀忧伤，但并非不适合我住……我不会离开让我想到她的地方，我喜爱锡雷，她布置过的这些地方，对于我来说是亲爱无比的。我并没有失掉一个情妇，我失掉了半个自己，及我所为之存在的灵魂，与我 20 年的朋友，自她在幼儿我就已经知道的朋友。最体贴的父亲爱其独生女，也不过如此。我爱在每个地方再度找寻她这一念头，我喜欢与她的丈夫和她的孩子交谈。

然而，他也知道如果他在孤僻的锡雷，继续做一个鳏夫的话，他将遭废弃。于是他将他的书籍、科学器皿与艺术品寄往巴黎，并于 1749 年 9 月 25 日也跟随这些东西前往巴黎。10 月 12 日，他在巴黎的特拉韦瑟雷街一座宽敞的屋子定居下来。

德尼斯夫人

伏尔泰很容易说服了他的外甥女到巴黎做他新居的女主人。玛丽·米尼奥生于 1712 年，是伏尔泰姐妹凯瑟琳的女儿。凯瑟琳 1726 年去世时，伏尔泰作为她遗孤的保护人。26 岁那年，玛丽嫁给政府里的一位小官德尼斯上尉，并从她舅父那里得到一笔相当可观的嫁妆。婚后 6 年，正是伏尔泰与夏特莱夫人搬往巴黎之时，德尼斯去世了，新寡的玛丽在伏尔泰的怀中寻找慰藉，而伏尔泰也在她身上找到新的温情。显然，他对她的舅父之爱很快变得有点不守教规。他在 1745 年 3 月 23 日写给玛丽的一封信中，称呼他的外甥女为"我亲爱的"。这段摘录与以下几段，是从贝斯特曼于 1957 年发现的一些信的原稿里选出来的，这一些原稿由纽约的皮埃蓬特·莫让图书馆从德尼斯夫人的后裔那里购得。贝斯特曼博士是日内瓦喜庐（Les Dèlices）伏尔泰研究中心与博物馆的主持人，他于 1957 年在巴黎出版了这些情书的法文本，书名是《伏尔泰写给外甥女的情书》，并于次年在伦敦出版英文本。所有的 142 封信，只有 4 封信是在伏尔泰手上。有些信用意大利文写成，因为德尼斯夫人也懂意大利文。虽然这些信件写成的时间是 1742 年至 1750 年，但只有 3 封记有日期，因此这些信件确切的先后次序无法得知。我们书上所载的日期是由贝斯特曼博士加以认定的。这一年 12 月，即夏特莱夫人遇到圣朗贝尔的前两年，伏尔泰写给这位快乐的寡妇一封信，这封信必须逐字地引出来，才能让人相信：

> 我要吻着你 1000 次，我的灵魂亲吻着你的灵魂，我的身体与我的心都被你迷住了，我吻着你的美臀与你整个的人。

德尼斯夫人在这封信上谦逊地删除了一些字句，但可以断定，她反应得非常热情，因为伏尔泰在 1745 年 12 月 27 日从凡尔赛写给她的信上这样写着：

> 我亲爱的……你说我的信甚至可以让你的感官快乐，我的也跟你的一样，我每次读到你写给我那些甜蜜的话，从没有不在心底感觉像在燃烧似的。我对你的信给予的赞美，就像是我给予你整个人的赞美一样的……我会爱你一直到我死去。

伏尔泰在 1746 年的三封信中这样写道:"我希望能亲吻我亲爱的 1000 次。""我宁愿活在你的脚下与死在你的怀里。""我什么时候能够与你住在一起,而让世界遗忘?"而在 1748 年 7 月 27 日的那封信中,他这样写道:

> 我完全为着你来到这里(巴黎),如果我悲惨的条件允许,我愿意投身在你的膝前,亲吻着你所有的美丽部位,同时,我也要在你丰满的胸脯上、你那令人销魂的美臀与你整个人,印上我 1000 个吻……

无论男人还是女人,都会有一段危险的年岁,这段年龄通常拖得较长,人们可能犯下很多难以置信的蠢事。伏尔泰是他那个世纪中最光辉灿烂的人,但我们不能将他列为智者。他曾经上百次坠入如许的愚笨、鲁莽、过分与孩子气的勃然大怒中,而让亲痛仇快。现在他竟然将自己任外甥女摆布,她虽然喜欢伏尔泰,但她更爱他的钱财。我们以后会发现她操纵着伏尔泰,增加自己的财富,一直到伏尔泰逝世。以她那个时代的标准来评判,她不是一个坏女人,但就广交情人而言,她远远走在她时代的标准之上:巴库拉尔、马蒙泰尔、西梅内斯侯爵,都一个接一个地跟随在她舅父之后向她求爱。马蒙泰尔曾于 1747 年这样描述她:"这位女士虽有点儿丑,但让人感觉和悦可亲。她那随和而无矫饰的个性,渗有她舅父的色彩,她有着很多与她舅父相同的鉴赏力、乐观精神与优雅的风范。因此她所到之处,人人乐于亲近并献殷勤。"

夏特莱侯爵夫人去世的那天,伏尔泰写信给他的外甥女说:

> 我亲爱的孩子,我刚刚失去了一位交往 20 年的朋友,你知道很久以来,我没有把夏特莱夫人视作一个女人,我相信你会分担这桩对我残酷的伤心事。看她在这样的情况下与为着这样一个

理由死去，实在是一件可怕的事。在我与夏特莱侯爵的共同忧伤中，我不会让他一个人伤心……我要从锡雷到巴黎来拥抱你，并企望在你身上找到我生命里的唯一安慰与希望。

在伏尔泰停留在巴黎的 8 个月中，他不断接到腓特烈给他的催促信函，他那时也想接受。腓特烈答应他御前大臣的职位、免费住宿与年薪 5000 泰勒。兼为财政家与哲学家的伏尔泰，向这位普鲁士君主索要一笔借款，以足够支付他旅途中的费用。腓特烈答应了，但将他比喻作贺拉斯而稍予指责。贺拉斯主张"将有用的与可惬意的掺杂在一起"。伏尔泰要求路易十五准许他的赴普之行。路易十五很快就答应了他，并与亲信说："他这一去，会让那个普鲁士宫中的疯子更疯，让凡尔赛宫中的我清醒些。"

1750 年 6 月 10 日，伏尔泰终于离开巴黎，前赴柏林。

第六章 | 巴赫与德国

（1715—1756）

德国的景象

我们不能寄望伏尔泰在路过德国之际，硬叫他那轻浮的巴黎人的心性来欣赏德国人的身材、五官、风度、谈吐、哥特式的文学、音乐和艺术。他也许未曾听说过在 1750 年 7 月 18 日（即他抵达柏林 18 天后）去世的巴赫其人。据我们的推测，他也没有看到休谟于 1748 年描写的德国，说德国"是一个很好的国度，满是勤劳、诚实的人民，若能统一，必成为世界上……第一强国"。

就法国与英国而言，运气实在好，因为当时为数 2000 万左右的这些刚健的德国人仍然分裂为 300 多个实际独立的城邦，各有至尊的王子、宫廷、政策、军队、币制、宗教和服饰。这些城邦经济和文化发展的程度各自不同，只有在语言、音乐和艺术方面才归为一致。公国有 63 个——包括科隆、希尔德斯海姆、美因茨、特利维尔、施拜尔、维尔茨堡——由大主教、主教或修道院院长治理。有 51 座城市——主要有汉堡、不来梅、马格德堡、奥格斯堡、纽伦堡、乌尔姆、法兰克福——是"自由"的，也就是说，跟诸王子一样，松散地臣服于神圣罗马帝国之下。

过了萨克森和巴伐利亚，德国大部分土地由农奴耕作。这些农奴依法系于其所耕的农田之上，必须缴纳原来封建时代的一切租税。1750年，希尔德斯海姆主教辖区内8000名农夫中有4500名农奴。阶级划分极为明显，但由于久已如此，平民也少有怨言地加以接受。阶级的划分更因为封建领主有义务在农夫不幸时予以保护，在染疾、年迈时予以照顾，还须抚养孤寡，维持秩序与和平，使他们较为安全，因而冲淡了其间的隔阂。普鲁士境内年轻的贵族地主，即因能干地治理其所管辖的领域及迅速采行改良的农耕技术而闻名于世。

德国已有67年的时间来恢复"三十年战争"后的国力，因此工商业都在复兴。莱比锡博览会（Leipziger Messe）成为全欧商客最多、甚至书籍的销售也超过法兰克福的市集。后者和汉堡本世纪的商业活动的鼎盛，只有巴黎、马赛、伦敦、热那亚、威尼斯和君士坦丁堡诸地足以与之抗衡。汉堡诸商业王子除了把财富用在奢侈和炫耀上外，更热心地赞助歌剧、诗歌、戏剧等方面。亨德尔在此地获得首次成功，克洛普施托克在此地得到庇护，莱辛也在此地撰写他的《论汉堡的剧院》。当时的德国诸城市和今日一样，都是全欧管理得最好的城市。

法国和英国的国王成功地把贵族纳入中央政府统治之下，而治理德国境内诸城邦的有权选举皇帝的诸侯、王子、公爵、伯爵、主教或修道院院长剥夺了皇帝过问其统治区域的任何实权，而且把低职位的贵族也带进王宫。除了这些自由市外，这些王宫也是德国境内政治和文化的中心。地主的财富属于他们，用来建造庞大的王宫、大肆挥霍及购置华丽的服饰。这些服饰往往有半个人那么重，也象征着个人的权威。符腾堡公爵埃伯哈德·路德维希任命内特和多纳托·弗里佐尼二人在路德维希堡斯图加特附近为他建造（1704—1733年）一栋备用的"王宫"，其设计和装潢至为尊贵，充斥着华丽的家具和艺术品，可见必然花费其子民钱财与劳动力不计其数。海德堡城的大"宫殿"于13世纪开工，1751年增建了一个地窖，可同时酿造4.9万加仑啤酒。

查理·西奥多在他担当巴拉丁选帝侯（1733—1799 年）的漫长统治期间，花费了 3500 万弗罗林来建造艺术与科学机构、博物院和图书馆，同时资助建筑师、雕刻家、画家、演员、音乐家等。汉诺威城虽不大也不壮观，却有一栋辉煌的歌剧院，迷住了亨德尔。德国对音乐痴迷的程度一如意大利。

慕尼黑也盖了一座大歌剧院，其财源来自赌博税。巴伐利亚那些公爵选帝侯也使他们的首府的建筑闻名于世。马克西米里安·埃马努埃尔的公爵封地在西班牙王位继承战争中为奥地利人夺去时，他在巴黎和凡尔赛两地找到避难所，他回到慕尼黑时（1714 年）带来了艺术才华和洛可可式风格。和他同来的还有一个年轻的法国建筑师，名叫弗朗索瓦·居维利埃，此人为次任的选帝侯查理·阿尔伯特在努芬堡公园中建筑了德国洛可可式的杰作——名叫阿马林堡的小王宫（1734—1739 年）。这座小王宫外观简朴，内部装潢却极为壮观：一个圆顶、炫目的"镜宫"，雕有银白色灰泥的格子细工与阿拉伯式的图饰；此外尚有一个"黄室"，其间镀金的灰泥使想一眼望尽其错综复杂图式的人感到迷惑。以同样令人炫目的风格，约瑟夫·埃夫纳开始在慕尼黑公爵的官邸里建造"帝殿"，而由居维利埃完成。居维利埃在未完全吸收法国式风格的训练前，于 20 岁时离开法国；而德国的艺术师未经他指点，就以放任的方式来处理灰泥，在过度渲染的情况下达到貌似的成就。"帝殿"毁于第二次世界大战。

萨克森选帝侯"硬汉"腓特烈一世不亚于任何一位慕尼黑公爵。虽然他也到华沙（1697 年）去做波兰国王奥古斯都二世，他仍有时间来课征撒克逊人的税捐，有充裕的财源来使德累斯顿成为"厄尔巴河上的佛罗伦萨城"，花在艺术方面的经费冠于德国各个城市。蒙塔古夫人于 1716 年记载："该城是我见过的德国城市中最整洁的一座，房屋多属新建，贵族的宫殿极为堂皇。"奥古斯都搜集图画贪婪的程度，几乎和他收纳妾室一样；其子选帝侯腓特烈·奥古斯都二世，花钱买马、买画，温克尔曼说他"把艺术带入德国"。1743 年，年轻的奥古斯都派遣阿尔加罗蒂携款到意大利购买图画，不久这位选帝侯就以10万塞奎斯的高价购得摩德纳城的公爵弗朗西斯科三世的珍藏，1754年，他又以2万杜卡特的价钱买到拉斐尔那幅《圣母玛利亚》，这个价钱在当时尚属空前。德累斯顿城伟大的艺术收藏此时已略具雏形。

1718年，德累斯顿城建立一座豪华的歌剧院，能够进该剧院一定是殊荣，因为亨德尔于1719年在那里排演他的英国试作，而风靡一时。在约翰·哈塞（Johann Hasse）的领导下，其交响乐团更是当时欧洲翘楚。迈森陶器也起源于德累斯顿城——不过得姑妄听之。在这个萨克森人的首都，最著名的建筑家是马托伊斯·丹尼尔（Matthàus Daniel）。他1711年至1722年为"硬汉"奥古斯都建造一栋著名的茨温格宫，作为王宫的庆典中心，集巴洛克式建筑的大成：廊柱、拱门、可爱的有竖框窗子、阳台、顶端的圆顶阁等，莫不充满了不规则的装饰。茨温格宫虽于1945年毁于炮火，但其壮观的大门已依原来的形式重建完成。罗马的建筑师加埃塔诺·基亚韦里也为这一位精力过人的贵族依意大利的巴洛克风格建造了那栋"宫中教堂"（1738—1751年）。这栋建筑物大部分也被摧毁，又成功地重建起来。历史本身就是艺术和战争之间的竞争，艺术在这场竞争中扮演着西西弗斯的角色。

德国的生活

此时，德国在初级教育方面居于欧洲领导地位。1717年，普鲁士国王腓特烈·威廉一世规定，在他王国境内初级教育列入强迫性质，而在其后20年内，他又兴建1700所学校以教导与训练年轻人。这些学校通常由非教会人士教学，宗教在教育方面的重要性已日渐减小。教学重点是服从与勤奋。一个校长自己估计，在51年的教学生涯中，他拿鞭子抽学生12.4万次，掴掌136715次，用棍子打过911527下，打过 1105800 个耳光。1747 年，一个清教徒的教会人士尤利乌斯·赫克尔在柏林设立第一所"实业学校"，取名的原因是在该校的课程中，除了拉丁文、德文和法文外，还加上数学和工业课程。不久，大多数德国城市也纷纷设立类似的机构。

在各大学中，希腊文的研究又成为热门，奠定了日后德国在"亚历山大征服后的希腊学术"崇高地位的基础。哥廷根（1737 年）和埃朗根（1743 年）也增设了大学。哥廷根由汉诺威选帝侯资助，效法哈勒大学的作风，授权给该校教授自由教学，同时增辟自然科学、社会研究、法律等方面的科目。至此大学生脱下学士服，穿起斗篷，以佩剑和刺马钉决斗，并向镇上放荡的妇女讨教（狎妓）。除了哲学与神学科目外，其他科目都以德语授课。

德语名誉不佳，贵族已逐渐接受法语。伏尔泰于 1750 年 11 月 24 日从柏林寄出的信中写道："我觉得我在这里和在法国一样，人人只说法语。只有士兵和马才讲德语，只有在路上才用得着德语。"德国剧院演喜剧时用德语，演悲剧时用法语——通常抄自法国戏目。当时的德国在欧洲各国中，最不像一个国家，因为德国尚未统一。

德国的文学也深受这种缺乏国家观念之害：当时德国最富影响力的作家约翰·戈特舍德（Johann Gottsched）集合了一帮文士，使莱比锡成为"小巴黎"。他用德文写作，却从布瓦洛那里抄袭原则，他指责巴洛克式的艺术是一大堆闪烁的混乱，呼吁恢复法国在路易十四时代沿用的结构和形式。有两个瑞士籍的批评家博德莫和布赖廷格攻击戈特舍德对秩序和规则的仰慕，他们认为：诗歌的力量来自深于理智的感觉与情感力，甚至在拉辛的作品中也出现涌自古典形式的感情与暴力的世界。博德莫主张，"最好的作品并非规则产生的结晶……规则衍生自作品"。

克里斯蒂安·格勒特（Christian Gellert）是最受欢迎的德国作家，他也同意博德莫、布赖廷格、帕斯卡等人认为感觉是思想的核心、诗歌的生命这一看法。他也配得上基督徒这个美名，他因生活的纯正和风度的优雅而极受景仰，以致帝王公子都到莱比锡大学去听他关于哲学和伦理学的演说，妇女也来亲吻他的手。他是一个感性的人，他不歌颂腓特烈的胜利，反而为那些死人哀伤。虽然如此，当时最伟大的现实主义者腓特烈依旧称他是"德国学者中最理性的一个"。不过，腓特烈可能更欣赏埃瓦尔德·克莱斯特（Ewald Kleist），这个在库内斯道夫之役（1759 年）为他战死的刚健的年轻诗人。国王对德国文学的判断虽失之过苛，却寄予厚望："我们没有好作家，或许我在极乐世界散步时就会出现……也许你们会笑我卖力地要把有格调的看法和文雅的隽语介绍给一个至今只知道吃、喝、打仗的国家。"在这个时期，康德、克洛普施托克、威兰德（Wieland）、莱辛、赫尔德、席勒、歌德等人均已出生。

这个时期，一个德国人赢得腓特烈极大的同情，他就是沃尔夫，一个制革匠的儿子，后成为哈勒大学的教授。他把一切知识当作专长，试图根据莱布尼茨的哲学把这些知识整理出一个系统来。虽然夏特莱夫人说他是"胡说八道的人"，他自诩有理智，而他也就这样蹒跚地开始"德国的启蒙"。他打破先例，以德语教授科学和哲学。他写了 67 本著作。他首先著述那本厚达 4 卷的《论一切数学科学》（1710 年），然后译成拉丁文（1713 年）。他又编了一本数学字典（1716 年），以利于德国在这一方面的发展。他写了 7 本著作（1712—1725 年）来讨论逻辑、形而上学、伦理学、哲学、物理学、目的论和生物学，这 7 册的书名前面都大胆地加上"理智的思想"的字样，似乎有意标榜他自己的理智。为了渴望得到全欧的读者，他把这些浩瀚的知识写成 8 篇拉丁文论文，其中最具影响力的是《心理经验论》（1732 年）、《心理理性论》（1734 年）和《自然神学》（1736 年）。在渡过这重重难关后，他又开始探讨法律的哲学（1736 年），而在这些巨著之上，他又撰写了一本自传。

他驳斥洛克认为一切知识得自感觉的看法，并坚持在形成观念时心智所占的分量，因而成为莱布尼茨和康德之间的桥梁。他认为躯体与心智、行动与观念是两个平行的程序，谁也不影响谁。外在的世界机械式地活动着，虽然看得出包涵目的的设计的许多证据，其中却无奇迹可言，即使心智的操作也受到因果关系决定论的影响。伦理学理应寻求一种超乎宗教信仰独立的道德规范，不可仰仗上帝，拿恐吓来使人举止合乎道德。政府的功用不统治个人，而是在拓宽个人发展的机会。孔子的伦理学特别受夸奖，因为孔子的伦理学说中，道德并非根据对超自然事物的崇敬，而是根据人类的理智。

虽然沃尔夫宣称他信仰基督教，但许多德国人仍认为他的哲学思想异端到极为危险的地步。哈勒大学有些教授向腓特烈·威廉一世警告说，若接受沃尔夫的决定论，则任何逃兵都不得加以处罚，而国家整个体制必然崩溃。吓坏了的国王命令这位哲学家在 48 小时内离开普鲁士，否则"当场格杀"。他逃往马堡的大学，该校的学生尊他为理性的使徒与"殉道者"。在 16 年中（1721—1737 年），共有 200 多本书刊和小册子发行，其中有攻击他的，也有为他辩护的。腓特烈大帝登基后颁布的第一批政令中（1740 年），就有一项热忱地邀请这位被放逐者回普鲁士和哈勒大学执教。沃尔夫应邀返国，1743 年被任命为该校校长。年老后，他更加保持正统思想，去世时（1754 年）已充满正统基督徒的虔诚。

他的影响远比我们从他现世微不足道的名望所判断的大得多。法国授予他科学院的荣誉会员称号，圣彼得堡的帝国学术院尊他为名誉教授，英国人和意大利人热心地翻译他的作品，那不勒斯的国王指定沃尔夫的理论为该国各大学的必修科目。年青一代的德国人称他为"圣人"，认为他已教导德国人如何思考。老式学院派的教学法衰落，学术自由增加了。马丁·克努岑（Martin Knutzen）把沃尔夫的哲学带到哥尼斯堡大学，并在该校教授康德。

科学和哲学的发展，及对《圣经》研究醒悟的结果，在减弱宗教对德国人的影响方面具有强有力的现世化力量。由英国移译过来，加上英国与汉诺威的联系后传入的自然神教思想，虽然在上层社会中流传甚广，但其效力若拿来和教会——天主教和清教——臣服于国家之下的结果相比，则又相去甚远。宗教改革一度强化了宗教信仰，然而"三十年战争"又将之伤害。如今，由于教会向统治的诸王子屈服，被剥夺了使其权力神圣化的那种神圣的气氛。教会职位已由王子或当地封建地主任命。如同在英国一样，德国的权贵也认为宗教是政治和社会形式之一。路德派和加尔文派的教会都失去地位，天主教则逐渐抬头。萨克森、符腾堡、黑塞等清教徒邦国，在这个时期都由天主教徒统治，而不可知论者腓特烈还要安抚天主教的西里西亚。

清教徒世界里宗教运动只获得一次极大的发展——摩拉维亚兄弟会。1722 年，该会有些会员在摩拉维亚受到迫害，于是移居萨克森，并在琴岑道尔夫公爵的地产中找到庇护所。这位年轻的公爵本人是"虔信派"的虔诚信徒，他觉得可以利用这些逃难者来重振"虔信派"的精神。他在自己的土地上开辟一个赫哈特（Herrnhut，主的山丘）村供"虔信派"成员居住，而且几乎把所有的家产拿来印《圣经》、《教理问答》、《圣诗》及其他文献，以供他们使用。他到美洲（1741—1742 年）、英国（1750 年）及其他地方的旅行，有助于他建立兄弟会。事实上，清教诸教会中发起现代这种传道行为的，还是摩拉维亚兄弟会。1735 年，彼得·伯勒尔的约翰·卫斯理的聚会，使兄弟会对循道宗教派的运动带来极大的影响。他们在美国宾夕法尼亚州伯利恒城和北卡罗莱那州塞勒姆城附近殖民。虽然纪律和服饰不断改变，他们的信仰和规律却几乎不受影响。也许会引起家庭关系的紧张，不过，连怀疑论者也一定会敬佩他们信仰的虔诚，以及该教派教友道德生活难能可贵的言行一致。

这个时期在道德方面说来，大体上德国要比法国好得多，只有那些不学法国的语言、却只学其纵欲的模仿者是例外。在中产阶级的家庭生活中，几乎都有极严苛的家规来约束，为父者常拿皮鞭抽打女儿，有时甚至抽打太太。虽然威廉一世以极严厉的法令来管理柏林的宫廷，他女儿还是把萨克森人在德累斯顿的宫廷描写成其淫乱的情形有如路易十五时期一般。待考的权威说："硬汉"奥古斯都有 354 个"私生子"，其中有些在乱伦的床铺上忘记了共有的父母。据传，奥古斯都曾经把他自己的私生女儿奥尔泽尔斯卡女伯爵当作情妇，这位女伯爵后来还把这种"情艺"传授给腓特烈大帝。18 世纪初，哈勒大学法学教授还公布过一项布告，为王子的蓄妾辩护。

　　这个时期的礼仪虽然定得严格，却没有号称保有高卢人的文雅与谈吐的迷人。诸贵族在被夺去政治方面的权利后，就拿制服与头衔自娱。查斯特菲尔德于 1748 年写道："我知道有许多信件都原封不动地被退回，原因是收信人的 20 个头衔中漏了一个。"奥利维·戈德斯密斯的评论更因爱国心切而显得粗野，他说："善待德国人吧！要说他们笨嘛，当今却又没有一个国家严肃的程度比得上德国，也没有一个能像德国一样了解愚蠢的礼仪。"腓特烈大帝也同意他的看法。吃东西还是一般人打发时间的方式。虽然家具雕刻和镶嵌细工抄自当时法国流行的款式，然而在英国和法国，却找不到能够使蒙塔古夫人羡妒的那种颜色、令人觉得愉快的陶制火炉。德国的花园虽然是意大利式的，但德国人的房子正面是木架间涂以灰泥制成的，窗加竖框，加上保护用的屋檐，使德国城镇带有迷人的色彩，表现出一股虽未成形却迷人的美学观念。事实上，也是亚历山大·鲍姆加登（Alexander Baumgarten）这个德国人在其所著《美学》（*Aesthetic*，1750 年）中首次建立美学的现代用法，同时宣布美与艺术的理论是哲学问题的一部分。

德国的艺术

　　陶瓷是这一时期主要的艺术品，因为这时的德国人教导全欧制造瓷器的方法。"硬汉"奥古斯都雇用了腓特烈·伯特格尔把贱金属炼成金。伯特格尔失败了，但他和斯宾诺莎的老友瓦尔特·冯·奇恩豪斯在德累斯顿城建立一座彩陶工厂，进行试验，结果成功地造出欧洲第一只硬质玻璃混合的瓷器。1710 年，他把制造工厂搬至距德累斯顿 14 英里的迈森城，并在该地继续改良其方法与产品，直到 1719 年。迈森的瓷器在白色的背景上以艳丽的色泽来涂上花、鸟、风俗画、风景、海底景色，及从东方服饰与生活中捕捉得来、具有异邦风味的纤细图案。在约阿希姆·肯德勒的领导下，方式进一步改良，在上釉之前，除了图画外更在瓷器上雕刻。根据想象雕成的小塑像保存了日耳曼民俗和喜剧中的人物，如肯德勒和埃伯莱恩（Eberlein）合作的那些"天鹅的服侍"等想象杰作更说明了一件事——艺术表现出来的光艳和圆润足以和妇女各种不同的装扮抗衡。不久，全欧的贵族，连法国也不例外，都拿迈森陶瓷来装饰房间。该镇于"七年战争"中被普鲁士军队蹂躏之前，一直在这方面居于领先地位。

德国的制陶家从奥格斯堡、纽伦堡、拜罗伊特和其他中心，将富于巴洛克式的陶器产品注入德国家庭之内，其种类从最可爱的彩陶和瓷器到悦目的酒壶，这些酒壶使人觉得即或喝啤酒也是一种美学的享受。整个 18 世纪，德国不仅在瓷器方面领导着欧洲，连玻璃制品也一样。这个时期，德国的铁匠也是举世无双的，奥格斯堡、艾伯拉赫及其他各地铁匠炼制的铁门，足以和让·拉摩在南锡城所建的抗衡。只有巴黎最好的金匠才胜得过德国的金匠。德国镂刻师克诺贝尔道夫、格鲁默、鲁根达斯、里丁格、格奥尔格·基利安、格奥尔格·史密特，在铜板上刻上或铸成精致的图案。

这个时期，德国画家没有赢得华多、布歇、拉图尔、夏尔丹等人得来的国际美誉，部分原因是人类无法避免的地域观念使然，除了德国人较少人熟悉的科斯马斯·阿萨姆、巴尔塔萨·德内、约翰·费德勒、约翰·泰勒、约翰·泽勒、格奥尔格·马里斯等人，更为我们熟知的是一个定居德国的法国艺术师安东尼·帕斯纳（Antoine Pesne），后来他还成为腓特烈·威廉一世和腓特烈大帝的御用绘师。他的那幅杰作上画的是仍为 3 岁稚龄的天真小孩弗里德里希，旁边是 6 岁的姐姐威廉·明娜。这幅画要是在巴黎画成，早已闻名全世界了。

　　一个家族在绘画、雕刻和建筑上颇享声誉。科斯曼·阿萨姆在累根斯堡城圣艾默拉教堂画出圣本尼狄克特升入"天堂"的情形，图上有一张高大的垫子。科斯曼和他兄弟埃吉德携手设计慕尼黑圣尼波慕教堂的内部——建筑物上添加最奔放的巴洛克式雕刻。埃吉德以灰泥雕成《圣母升天》，置于巴伐利亚的罗尔城修道院的教堂。洛伦佐·马蒂利在德累斯顿城所建的《海神喷泉》，表现出意大利人精巧的手工，这在萨克森都城的荣耀中极负盛名。巴尔塔萨·佩尔莫瑟以一大堆象征性的形象糟蹋了他自己雕好的《尤金王子的崇拜》，他又用同样复杂的花式来装饰德累斯顿的亭阁。他在德累斯顿城宫中礼拜堂讲道坛周围所环列的"使徒"，几乎达到与米开朗基罗同样的庄严和力的表现，而他在该教堂菩提树所刻的《圣安布罗西》，在 18 世纪前半叶的雕刻中几乎名列首位。格奥尔格·埃本赫策特为桑索西城的公园所刻的"巴库斯与阿里亚德妮"这座可爱的雕像中，可想象出一位身材苗条的德国美女。德国的公园和花园多的是雕像，有一位巴洛克式艺术的鉴定家估计，"德国境内优良的花园雕像，比欧洲其他地区雕像的总数还要多"。

　　不过，这个时期德国艺术家只有在建筑方面才引起欧洲艺术家的注意。约翰·纽曼（Johann Neumann）在十几个城市里都留有作品。他的杰作是维尔茨堡城王子和主教的官邸，虽然也有别人与他合作设计和施工（1719—1744 年），但主其事者还是他本人。装饰辉煌的"威尼斯室"和"镜室"虽毁于第二次世界大战的战火，仍有 4 个房间留下来证明其内部的堂皇。因其天花板由蒂耶波洛作了壁画而闻名于艺术界的堂皇楼梯，是当时杰出的同类建筑之一，也使纽曼成为当时建筑师中的翘楚。截然不同却同样精美的，是他为大主教宫室所建的楼梯。他在科隆附近为奥古斯都堡建造的双重楼梯可能比前面两个都漂亮。他特别偏爱楼梯，他在艾伯拉赫城的修道院中又大事表现了他的楼梯艺术。他又在美因河岸建造了"朝圣教堂"，他以华丽的巴洛克艺术来装饰特利尔城的波林纽斯基策和波恩附近的克鲁兹博格基策两座教堂。除在维尔茨堡大教堂外，他加盖了一座教堂，其外部已达巴洛克艺术的极致。

教会的建筑至此专门集中在庞大的修道院上。巴伐利亚的皇帝路易于 1330 年在上阿默高附近一个风景如画的山谷创建一座本笃派修道院，名为克罗斯特·埃塔尔，1718 年由恩里科·朱斯里加以修复，并在其上加盖优雅的圆顶。这座修道院的教堂 1744 年毁于一场大火；1752 年由约瑟夫·施穆策重建，内部以金黄与白色的洛可可式花样豪华地加以装饰，并加上约翰·泽勒和马丁·克诺勒的壁画；1757 年又加上堂皇的两侧祭坛，还有一架外形极为漂亮的风琴。这些供祈祷用的纪念物中给人印象最深刻的是梅林根城东南，奥托博伊城的本笃派修道院里华丽得令人难以置信的"修道院教堂"。约翰·菲舍尔设计整体，约翰·克里斯蒂安贡献了镀金的雕刻，马丁·霍尔曼则提供唱诗班的台子——该世纪德国木刻的精品。菲舍尔为这项工程从 1737 年一直工作到 1766 年他去世。

统治阶级的人士和僧侣一样，都厌于等待死后天堂的出现。虽然吕纳堡和班堡等地都已盖起体面的市政厅，但俗世的建筑主要还是城堡和王宫。同巴登·杜拉策侯爵的"宫室"一样，凯尔斯里埃也有一栋扇形的奇异"宫殿"——房子的肋拱从庭院向外辐射至城市的街道。与该市大部分建筑物一样，这个宫殿也在第二次世界大战时化为废墟。由安德烈·施吕特及其继承人（1699—1720 年）所建的大柏林宫也在同一次悲剧中塌陷；还有一个牺牲者，即柏林斯潘道城门附近的莫比尤宫，为科隆大主教设计的布鲁尔城城堡也部分被摧毁，布鲁夏尔宫则全毁。约瑟夫·埃夫纳在慕尼黑建了安德烈·施纽特宫，而约翰·塞兹在特利维尔城为在位的大主教建造选帝侯宫——这是有含蓄美的模范作品。马克西米里安·威尔士和约翰·丁岑霍夏尔为美因茨城的主教和选帝侯在波莫尔斯菲尔登附近建了另一座大城堡威森斯特因宫，约翰·希尔德布兰德在其中装设一个著名的双重楼梯，达官显要上下其间无虞互撞。

腓特烈大帝胜过 18 世纪德国的俗世建筑，其方式是委任格奥尔格和其他人士在波茨坦以他本人设计的图样建起 3 座王宫，加起来的整体几乎可以媲美凡尔赛宫：国宫（1745—1751 年）、新宫（1755 年）和腓特烈的夏宫——他称之为"无忧堡"。沿着哈韦尔（Havel）河岸有一条宽广的大道逐渐往上爬，共分 5 段，穿过一个梯形的公园就可抵达这个"无忧堡"。该堡有竖框的窗和中央穹隆圆顶似乎有点抄袭德累斯顿城兹温格宫的迹象。一翼有条宽广的艺廊，在圆顶底下是一列漂亮的科林斯式柱廊，另有一座"图书室"装饰着洛可可式的涡形装饰，而用玻璃遮盖着，微微发光的书籍可以使他逃避政治。伏尔泰主要就是在"无忧堡"会见这位哲人王。这个哲人王既能治理国事，又能反抗教会、设计建筑物、描绘画像、写一手过得去的诗和极佳的历史论著，在战争中赢得半个欧洲的抵抗。他还能作曲，指挥交响乐团，喜欢吹笛。

德国的音乐

从 1685 年（亨德尔和巴赫诞生）到 1897 年（勃拉姆斯去世），德国的音乐极为优异。在这 212 年间的任何时刻，当时最伟大的作曲家，除了歌剧作者外，都是德国人。有两种音乐形式——圣乐（oratorio）和遁走曲（fugue）——在 18 世纪前半叶德国人的作品中达到最高峰，有人甚至还补充说，罗马天主教的弥撒曲在一个德国清教徒手里得到其最终完美的表达。绘画的时代已经结束，音乐的时代则刚刚开始。

在每个德国家庭中，音乐是宗教的一部分，宗教更是音乐的一个重要部分。除了最贫穷的人家外，几乎没有一家不会唱分部唱的歌曲，也几乎没有人不会弹奏一两种乐器。好几百个叫作"崇拜者"（Liebhaber）的业余团体都能表演一些当今职业歌手都认为相当困难的那些取材自《圣经》的乐曲。音乐手册跟《圣经》一般风行。在一般中小学里，同时教授音乐和读写。音乐批评更是高于意大利外的任何国家，而 18 世纪最权威的音乐批评家也是德国人。

约翰·马特松（Johann Mattheson）在德国的音乐家中可能最有名，却不受欢迎。他的虚荣心掩蔽了他的成就。他兼懂古典与现代的文学用语，写过法律和政治方面的文章，风琴和大键琴弹得极佳，使他能够婉拒十几份担任高职位的邀请。他舞跳得很优美，可说是一个十足的才子。他的剑术极精，在某次对决中几乎刺死亨德尔。他在汉堡歌剧院演唱极为成功。他作歌剧、《圣经》乐曲、受难曲、圣乐、奏鸣曲、组曲等，而且在巴赫之前发展《圣经》乐曲。他当荷尔斯泰因公爵的合唱团音乐长前后 9 年，在耳聋后退隐著述。他出版过 88 本书，其中有 8 本论及音乐，还写过一篇论香烟的论文。他创办、编辑《音乐评论》（*Critica Musica*）——批评性地讨论过去和当时音乐作品的刊物中最早的一本（1722—1725 年），并编纂一本音乐家传记字典。他在强有力地唤醒了音乐界后，以 83 岁高龄去世（1764 年）。

虽然乐器不断演进、改变，风琴始终一枝独秀。风琴通常有三至四个键盘，加上一块两个半音阶的踏板，还有各式各样的音栓，几乎可以模仿所有其他乐器的声音。最好的风琴匠要数斯特拉斯堡城的安德烈·西尔伯曼和弗赖贝格城的戈特弗里德·西尔伯曼两人。弦乐器逐渐风行。翼琴（键加弦）使用一组键盘来操纵装有铜质的小"切线"的杠杆以敲打琴弦。这种乐器已经有 300 年的历史，也许更长。大键琴的琴弦（通常）是由双重键盘带动的杠杆连动的翎管或皮革制成的琴舌来"拨动"，并辅有两个踏板和三四个音栓。"clavier"这个字在德语中指任何有键盘的乐器——翼琴、大键琴、钢琴——并指风琴的键盘。大键琴的基础是弦琴，利用键、杠杆、琴拨等工具来拨动琴弦。虽然大键琴的声音极为细致迷人，但由于琴拨在撞击琴弦后立即弹回，无法使声音延续，也无法变化其强度。若要得到两度的同音，必须装设双重键盘——上面的键盘发出柔音（piano），下面的键盘发出强音（forte）。钢琴就是为了克服这种限制而努力研究后产生的一种新乐器。

约 1709 年，巴尔托洛梅奥·克里斯托福里在佛罗伦萨城造了 4 个"有刚柔两种音调的大键琴"。这些大键琴的琴拨以小皮锤取代，只要按住琴键不动，皮锤就与琴弦保持接触，音符的强弱则可以由手指弹按琴键力气的大小来决定。1711 年，希皮奥内·马费（Scipione di Maffei）在其论文中描述过这种新乐器，1725 年该论文的德文版在德累斯顿城出现，1726 年戈特弗里德·西尔伯曼因这篇译文激发其灵感，按照克里斯托福里的原理造了两架"高低音钢琴"。约 1733 年，他把改良过的样本请巴赫过目，巴赫认为这种乐器高音域的声音太弱，而且需要费大力气弹奏。西尔伯曼承认这些缺点，并致力改进。结果极为成功，使腓特烈大帝一口气向他买了 15 架，巴赫 1747 年进谒腓特烈时就曾弹过其中一架。他很喜欢这种新乐器，却自认为年纪太大，无法接受这种新乐器。巴赫在其残余的 3 年中仍然喜欢风琴和大键琴。

交响乐团主要在歌剧和合唱时使用。除了以序曲的形式外，很少有单独为交响乐团写作的乐曲。当时交响乐团中的箫和低音笛子的数量比现在的交响乐团多，木管乐器支配着弦乐器。当时公开演奏会在德国少见，音乐几乎完全局限于教堂、歌剧院、家庭、街道等范围。室内乐半公开的演奏于 1743 年开始在莱比锡富商巨贾家中举行，范围逐渐扩大，演奏的乐师也增至 16 人。1746 年，莱比锡出版的一本指南手册中宣布："有一个音乐小组在崇高的'商人社团'及其他人士的指导下，每周四下午 5 点到 8 点在'三天鹅'旅店演奏。"该指南同时指出："这些交响乐团吸引了很多听众前往，并引起人们的注意与羡慕。"从这个音乐小组发展出 1781 年莱比锡布商厅的"大音乐会"——现存的音乐会系列中最古老的一个。

只有极少数乐曲是专为乐器演奏而写的，但这些作品竟也协助交响乐的发展。在曼汗城有一派作曲家和乐师——其中有许多来自奥地利、意大利或波希米亚——在这个发展中居领导地位。该城选帝侯巴拉丁·泰奥多尔是一名艺术的赞助者，他组织了一个交响乐团，当时被公认为是全欧最好的一个。小提琴名手约翰·斯塔米兹（Johann Stamitz）特地为该团写作交响乐，交响乐团演奏时分成 3 个或更多乐章的曲子，其中至少第一乐章须遵循"奏鸣曲的形式"——相反的主题的推展、其"自由伸展"及两者之反复。这种新形式遵循那不勒斯作曲家的领导，通常的形式是快板、慢板、快板的形式——活泼、缓慢的行板、活泼。有时从舞步中加入缓慢而庄严的舞步。因此，巴赫达到顶点的复调音乐时代，转而成为海顿、莫扎特、贝多芬等人的交响乐时代。

人类的声音在诸种乐器中仍是最神奇的。菲利普·巴赫、卡尔·亨利希·格劳恩及其他人士都把约翰·根特那些感人的情诗写成乐曲，而魏玛城的约翰·巴赫更从克里斯蒂安·盖勒特的几首优美的抒情曲中得到灵感。这个时期的德国歌剧虽然极为风行，形式上仍是意大利式的，从意大利带来其乐曲与歌手。每个重要的宫廷都有自己的歌剧院，通常只开放给少数精英观赏。汉堡城则因为由该城商人控制歌剧院，成为唯一的例外。它演唱德国歌剧，开放给买票的大众观赏，并公开征募主要女歌手。雷哈德·凯塞尔负责管理汉堡城的"鹅市"（Goosemarket）剧院达 40 年之久。在此期间他写过 116 出歌剧，大部分歌剧的内容和形式都是意大利式的，也有德国式的。1728 年，马特松"音乐爱国"，发出抵制意大利侵略者的怒吼："野蛮人，滚吧！下令禁止那些从东到西包围我们的（歌剧）行业，把他们再度送回荒野的阿尔卑斯山那一边，去让他们在炼狱的火炉中，自行净化吧！"然而，意大利人的声音和意大利音乐旋律的引诱力似乎难以抵挡，连汉堡城里的那不勒斯歌剧的风行都窒碍了该地作品的出现。凯塞尔承认失败，搬到哥本哈根。汉堡剧院开了 60 年后宣告关闭，1741 年重新开张时坦然地致力意大利歌剧。腓特烈恢复柏林的歌剧时（1742 年），他选定德国作曲家的作品，却由意大利人演出。他曾经声明："要德国歌手！倒不如听听我家的马鸣之声。"

这个时期虽然也产生了一位数一数二的德国歌剧作曲家约翰·哈

塞，他也一样慕恋着意大利。他在意大利跟斯卡拉蒂和尼科罗·波尔波拉学艺 10 年，他娶意大利女歌手福斯蒂纳·波尔多尼为妻（1730年）。他为阿波斯托罗·芝诺、梅塔斯塔西奥等人写的歌剧谱过曲。由于他早期的歌剧颇受那不勒斯和威尼斯观众的欢迎，全意大利的人都称他为"可爱的萨克森人"。他回德国后热心地为意大利的歌剧辩护。大多数德国人向着他，把他捧得比不在国内的亨德尔还高，更不用说当时默默无闻的巴赫了。勃尔尼把他和格鲁克两人形容为德国音乐界的拉斐尔和米开朗基罗。甚至连意大利人也没有一个能比得上他那 100 部歌剧在旋律和戏剧方面创新之丰。1731 年，他和妻子——当时最伟大的歌剧女歌手——受"硬汉"奥古斯都之邀赴德累斯顿城，福斯蒂纳以其歌声迷住了整城的人，哈塞则以所写的作品风靡全城。1760 年，腓特烈大帝炮轰德累斯顿城时，他失去了大部分财产，其中包括他珍藏的手稿。这个被摧毁的城市放弃了对歌剧的热衷，因此哈塞带着妻子移居维也纳，以 74 岁的高龄和格鲁克一较短长。1771 年，斐迪南大公在米兰结婚时，他和 14 岁的莫扎特合作完成一个音乐节目。据说他曾说过："这个孩子将来会使我们大家都相形失色。"其后不久，他跟福斯蒂纳同往威尼斯度其余年。夫妻两人同死于 1783 年，当时他 84 岁，她 90 岁。他们生活的和谐有甚于其音乐的旋律。

　　意大利音乐在德国各歌剧院大行其道之时，宗教音乐依旧鼎盛，虽然腓特烈讥讽宗教音乐"不合时宜"又"粗鄙"。我们马上可以看见天主教音乐在维也纳风行；而在北部，对新教的爱好也带来了一大堆独唱圣诗、赞美歌调和耶稣受难曲，仿佛上百个作曲家在为巴赫开路，为他准备圣乐形式。虽然风琴音乐居首，有许多教堂的交响乐团都已加上小提琴和大提琴。歌剧的影响力不仅见诸教堂交响乐团和合唱团规模的扩大，也见诸宗教乐曲戏剧人物的增多。

　　巴赫时期的德国，宗教音乐方面最著名的作曲家是格奥尔格·特勒曼（Georg Telemann），比巴赫早生 4 年（1681 年），比巴赫晚死 17 年（1767 年）。马特松认为特勒曼在作曲方面的成就远超出和他同时期的其他德国作曲家。巴赫除了一个例外之外可能完全同意，因为他把他对手写的歌咏乐曲全部改编过。特勒曼称得上是一个神童。他很小就学习拉丁文、希腊文、小提琴和笛子；11 岁开始作曲；12 岁时写了一出歌剧，后来该剧在戏院上演时他自己饰演其中的一个角色。12 岁那年，他作了一首歌咏乐曲，站在板凳上指挥，以便演奏者能看见他。

他长大后成为体格健壮、心情欢愉的条顿人，妙语如珠，乐曲也不断涌现。1701 年路过哈勒时，他遇见年方 16 的亨德尔，二人一见如故。他继续前行，在莱比锡学法律，又担任新教堂风琴手（1704 年）。一年后，他受聘为索拉乌城的音乐长，然后又到爱森纳赫城，与巴赫见面。1714 年，他当约翰·塞巴斯蒂安的儿子卡尔·巴赫的教父。1711 年，他年轻的妻子去世，他说其妻已把他的心带至坟中，但 3 年后他再婚。1721 年，他前往汉堡，担任 6 座教堂的音乐长，在"体育馆"指挥音乐教学，接管汉堡歌剧院，编辑音乐杂志，组织了一系列流传至今的公开演奏会。特勒曼万事如意，只可惜其妻喜欢上一位瑞典军官。

在音乐天才云集的当时，他的作品之丰首屈一指。他为节日作了 39 年的曲子，包括受难曲、歌咏乐曲、圣乐、赞美歌、经文歌等。他还作歌剧、滑稽歌剧、协奏曲、三重奏和小夜曲。亨德尔曾说，特勒曼能在别人写一封信的时间写好一支 8 部的经文歌。与哈塞向意大利学习其风格一样，他也向法国学习其风格，但他有独特的神韵。1765 年，他年已 84 岁，写了一首歌咏乐曲，罗曼·罗兰认为该曲可以与亨德尔、格鲁克、贝多芬等人的同类作品一较短长。特勒曼不幸成为自己多产的牺牲品，他迅速地作曲以求其圆满，却苦无耐心校正，也无勇气毁去自己那些不圆满的作品。一个批评家就指责他，说他"无节制到令人难以置信的地步"。时至今日，他几乎已被忘却，不过他偶尔也像脱离肉体的精灵，乘着空气来到我们跟前。我们也觉得他那些复活了的乐曲极为柔美。

喜爱卡尔·格劳恩（Karl Graun）而不喜欢特勒曼和巴赫的人，也不仅腓特烈一人而已。卡尔首先以其男高音博得赞誉。在高音不行后他转而作曲，15 岁时写了一首曲子，该曲在德累斯顿城的克雷兹库勒演出。他在不伦瑞克城当过一段时间的音乐长后，被腓特烈请去莱茵斯贝格城指挥音乐（1735 年）。在他残余的这 14 年岁月中，他一直为普鲁士宫廷服务，因为连他的宗教音乐都能讨这位一向多疑的国王喜欢。1755 年在柏林大教堂首次公演的受难曲《耶稣之死》在德国境内获得的美誉，只有亨德尔的《弥赛亚》在英格兰和爱尔兰得到的赞誉差可比拟。该曲在每年复活节前一周反复演奏。

同时，有 50 多个和巴赫一样的作曲家早已为他们最著名的继承人播种、铺路。约翰·塞巴斯蒂安本人在《音乐世家巴赫》一书中画出他的家谱，这份家谱于 1917 年付印。注重琐事的斯皮塔花了 180 页的篇幅来描绘那份令人恍惚的系谱。图林奇阿诸镇都住满了姓巴赫的人，可考的早至 1509 年。约翰·塞巴斯蒂安所列的家谱中最早的一个音乐家巴赫是他的曾曾祖父——维特·巴赫。从他以下有四族巴赫，其中有许多都是杰出的音乐家。由于为数极众，他们组成了公会，定期聚会交换记事。其中一个名叫约翰·安布罗西乌斯·巴赫的人，从其父习得小提琴的技巧，并将之传诸子女。1671 年，他继承堂兄，任爱森纳赫城的宫廷乐师。1668 年，他与伊丽莎白——转任镇议员的皮货商之女——结婚。她为他生下 2 个女儿和 6 个儿子。长子约翰·克里斯托弗·巴赫成为欧尔德鲁夫城的风琴手。另一个名叫约翰·雅各布·巴赫加入瑞典军队，当吹木箫的乐师。

巴赫（1685—1750）

·传略

他 1685 年 3 月 21 日生于魏玛公国里的爱森纳赫城。这位伟大的改革者幼年住在卢特普拉兹河岸的科塔夏斯城，从山丘上俯瞰该城的，就是瓦特堡（Wartburg）——路德逃避查理五世（1521 年），移译《新约》的城堡。

他9岁丧母，8个月后父亲也跟着去世。约翰·塞巴斯蒂安和哥哥约翰·雅各布投奔大哥约翰·克里斯托弗。塞巴斯蒂安在爱森纳赫城的高等学校学了许多教义问答和一些拉丁文，他又在邻镇欧尔德鲁夫城的中学学习拉丁文、希腊文、历史和音乐。他在班上表现甚佳，升级快速。其父早已教过他小提琴，其兄克里斯托弗又教他键盘。他热心学习这些音乐课程，仿佛血液中有音乐奔腾着似的。他把不易得手的许多乐谱一个音符一个音符地抄录下来，有人认为，他就是因此失去视力的。

为了减轻其兄家庭人口越来越多的负担，塞巴斯蒂安15岁时就开始自谋生计。他在吕讷堡的圣麦可修道院的学校谋得高音歌手的职位，等他变声后留在交响乐团中担任小提琴手。他从吕讷堡到28英里外的汉堡，也许是去歌剧院，聆听凯瑟琳教堂的77岁高龄的风琴师约翰·雷肯（Johann Reinken）的独奏。歌剧虽吸引不了他，风琴艺术却使他深深向往，他感觉到那种高大的乐器在向他的精力和技术挑战。1703年，他的技术已极高明，使阿恩施塔特城的新教堂要他每周3次弹奏该城新添的大风琴，那个风琴一直用到1863年。

野心使他永远有改进自己艺术的警觉。他知道50英里外的吕贝克城有全德国最闻名的风琴手迪特里希·比特豪德（Dietrich Butehude），迪特里希将于马丁生日和圣诞节之间在玛利亚教堂表演一系列独奏。他向教堂宗教会议请假一个月，获准后他将一些事情托付给堂兄约翰·恩斯特，开始徒步（1705年10月）前往吕贝克城。我们已知亨德尔和马特松做着同样的朝圣活动。巴赫不想娶比特豪德的女儿为妻，从而继承其职位，他只想学习这位大师的风琴功夫。这个愿望或其他东西一定使他着了迷，因为他直到2月中旬才回到阿恩施塔特。1706年2月21日，宗教会议埋怨他续假太久，又在圣诗的序曲中加进"许多令人惊异的变化"。11月11日，他以无法有效地训练合唱队及偷偷地允许"陌生的少女在教堂里唱歌"而被警告（当时妇女犹未获许在教堂里唱歌）。这个陌生的少女就是他的堂妹玛丽亚·巴巴拉·巴赫。他尽可能找借口保留这份工作，但 1707 年 6 月他还是辞职了，接受了缪尔豪森城的圣布拉西教堂风琴手的职位。他的年薪在当时已算特别优厚，有 85 古尔登（gulden）现金、13 蒲式耳（bushels）谷类、2 捆木材、6 捆柴枝和 3 磅鱼。10 月 17 日，他正式娶玛丽亚·巴巴拉为妻。

　　然而，他在缪尔豪森城的生活并不比他在阿恩施塔特城好过到哪里去。该市有一部分被烧毁，受到侵袭的市民已无心来想及美好的调剂；教会的会众在喜爱唱歌的正统路德教派和认为音乐就是藐视神明的虔信派的信徒之间，被拉来拉去。唱诗班也一片混乱，巴赫把混乱化为秩序时只能凭音符，不得用人力。他应邀成为魏玛城威尔海姆·恩斯特公爵宫廷交响乐团的风琴手和指挥时，他谦虚地请求缪尔豪森雇主解雇他。1708 年 6 月他就任新职。

　　他在魏玛城的待遇很好——先是每年 156 古尔登，1713 年又提高到 225 古尔登，如今他已足以养活玛丽亚·巴巴拉和孩子。只是他不甚服气，因为他的职位仍在约翰·德雷泽（Johann Drese）这个音乐长之下。但他从该镇教堂的风琴手，德国第一部音乐字典（1732 年）的编者，不逊于巴赫所作的圣歌调的作曲者——约翰·瓦尔特（Johann Walther）的友谊获益匪浅。也许是由于博学的瓦尔特的指导，他仔细地研究法国和意大利的音乐。他虽喜欢弗雷斯科巴尔迪（Frescobaldi）和科雷利（Corelli），却更着迷于维瓦尔第（Vivaldi）的小提琴协奏曲，他把这些作品中的 9 首改编成其他乐器演奏之用。有时他也把改编后的某一小部分用在他自己的作品中。我们可以在"勃兰登堡协奏曲"中感觉出威瓦尔第对他的影响力，不过我们也在该曲中感觉出更深一层的精神和更丰盛的艺术。

　　他在魏玛的主要工作是在"城堡教堂"（Schlosskirche）当风琴手。他在那里可以自由使用一架虽小却又装备齐全的风琴。他曾为那架风琴写了好几首最著名的风琴曲：C 小调帕萨卡里亚（Passacaglia）和赋格（Fugue）——托卡塔（toccatas）曲中最佳的一首，及大部分的序曲和遁走曲和《风琴小册》。此时，他还是以风琴手闻名，不是以作曲家著称。观察家们——包括最喜挑剔的马特松——惊讶于他处理琴键、踏板和音栓的能力，还说巴赫的双脚"飞舞于踏板上，有如添翼一般"。他被邀请到哈勒、卡塞尔和其他城市演奏。在卡塞尔城（1714 年），瑞典未来的腓特烈一世深受感动，从手指上摘下一枚钻戒送给巴赫。1717 年，在德累斯顿城，巴赫遇见路易十五的御用风琴手让·马尔尚，当时马尔尚已经享誉国际。有人建议他们一比高下。他们同意在冯·弗雷明伯爵家碰头，每个人必须即刻弹奏摆在面前的任何一首风琴曲。巴赫如期前往，马尔尚则因某种无法知悉的理由早于约定时间之前离开德累斯顿城，使巴赫赢得了一次对手不出场、不愉快的胜利。

他很勤奋，名气也越来越大，但魏玛城的音乐长去世时他也没能接任，该缺由死者之子递补。巴赫于是想到另一处宫廷试试。安哈尔特—科滕的王子利奥波德让他担任音乐长的职位。魏玛的新任公爵威尔海姆·奥古斯都不愿让他的风琴手离去，巴赫去意甚坚，于是公爵把他下狱（1717 年 4 月 6 日）。巴赫仍旧坚持，公爵只能释放他（12 月 2 日）。巴赫急忙携眷前往科滕城。利奥波德王子是加尔文教派的信徒，又反对宗教音乐，因而巴赫的职责变成指挥宫廷交响乐团，王子自己在该团参加演奏。巴赫也就是在这个时期（1717—1723 年）谱成许多室内乐，包括法国与英国组曲。1721 年，他把新写的一首协奏曲送给勃兰登堡的马尔加拉韦·路德维希。

那几年是最幸福的时光，利奥波德王子喜欢他，带他一起到多个地方旅行，炫耀巴赫的才华，在他们分手后，依旧是巴赫的好友。1720 年 7 月 7 日，玛丽亚·巴巴拉在为巴赫生了 7 个孩子后去世，留下 4 个孤儿。他为她哀伤了 17 个月，然后他又娶他的交响乐团里小喇叭手的女儿安娜·沃尔肯为妻。这时巴赫已 36 岁，而她 20 岁；不过她把交付给她的职责——成为子女的好母亲——做得很好。此外，她懂音乐，帮他作曲，抄写曲谱，为他唱所谓"明显的女高音"。她为他生了13个小孩，其中有7个在5岁之前就已夭折。在这个美好的家庭里，一些人患心脏病。随着子女的人数和年龄逐渐增加，教育问题使他极为困扰。他是一个愉快的路德教派人士，厌恶统治科滕城的那种忧戚的加尔文教派。他拒绝把子女送到当地的学校就读，因为他们教的是加尔文教派的教条。另一个原因是，他喜欢的王子（1721年）讨了一个年轻的公主为妻，这个公主对利奥波德的要求使他减少了对音乐的投入。巴赫再度认为是求变的时候了。他是个闲不住的人，不过，要是他一直留在科滕的话，也许我们可能就不知其为何人了。

1722年6月，约翰·屈瑙（Johann Kuhnau）在莱比锡的托马斯学校唱诗班担任主领者二十年后去世。这个公立学校有7级，共8名老师，课程注重拉丁文、音乐和路德派神学。该校在校学生与毕业校友在主领者指挥之下，为该市各教堂准备音乐。主领者受学校校长及支付薪水的市议会的约束。

议会请特勒曼补其缺，因为该校偏重特勒曼的作品中独具的意大利风格，特勒曼婉谢了。然后又请达姆施塔特的音乐长克里斯托弗·格劳普纳来担任，不幸格劳普纳的雇主又不准他违约前往。1723年2月7日，巴赫自荐为候选人，愿意接受对其才华的各种测验。虽然没有一个人怀疑他当风琴手的能力，但议会中有人认为他的作品风格过于保守。其中一人建议："由于找不到最优秀的音乐家，姑且用他这个中等之才。"巴赫终于被录用（1723年4月22日），条件是除了音乐外他还得教拉丁文，还得过贫贱、退隐的生活，接受路德教派的教义，对该议会"尽其应有的尊敬与服从"；同时，未得市长许可，不得任意离开该城。5月30日，他和家人被安顿在该校的宿舍区，开始上班。他一直到去世都在这个烦人的岗位上工作。

从那时起，他的大部分作品，除了"B小调弥赛亚"外，都是写给莱比锡城圣托马斯和圣尼古拉斯两个大教堂使用的。礼拜天的宗教集会在早上7点开始，来一段风琴前奏曲，接着是牧师吟诵圣餐式前的歌，唱诗班唱"启应祷告"（Kyrie），牧师和唱诗班——有时与会的信徒也一起——以德语演唱颂乐，信徒唱圣诗，再由牧师朗读福音和信条，风琴手再弹奏前奏曲，唱诗班唱一首朗诵圣乐，会众合唱《我们信仰唯一真神》这首圣诗，牧师讲 1 小时的道，祈祷后再赐福，然后进"圣餐"，再唱一首圣诗。这种仪式冬天在 10 点结束，夏天在 11 点结束。11 点，学生和教职员在学校用膳。下午 1 点 15 分，唱诗班回到教堂做晚祷和祈祷、唱圣诗、讲道及唱德国式的圣玛利亚颂。唱诗班在每年"耶稣受难节"吟唱耶稣受难曲。为了这些仪式所需的音乐，巴赫训练了两个唱诗班的交响乐团。独唱者是唱诗班的一部分，而且在唱诗班演唱抒情调和叙唱调前后与他们同唱。

巴赫在莱比锡繁复工作的报酬是约为 700 泰勒的年薪。这个数字包括他分到的那份学生所缴的学费及为婚、丧所作乐曲的谢礼。他创作《根据马太所作的受难曲》的那年（1729 年），巴赫说那年是荒年，因为风调雨顺，死亡的人数极少。有时他也为音乐小组担任音乐会的指挥以赚点外快。他也试过以主张对莱比锡大学附设的保林诺教堂的音乐控制权来改善自己的待遇；有些竞争者反对，使他整整和学校当局争执了两年，结果获得的妥协，彼此都不满意。

他又和指定学生到托马斯学校去的市议会发生一次长期冲突。议员们经常把通过政治影响力、而非因本身具有音乐才华的学生派给他，这些学生既练不成高音，也练不了低音，使巴赫于 1730 年 8 月23 日向该会提出正式抗议。该会反驳说他是无能的教师、差劲的训练师。他在责骂学生时发了脾气，使唱诗班和学校极为混乱。求诉无门，他只有向奥古斯都三世——波兰新王——请求（1733 年 7 月 27日），请他赐他宫廷中的职位与头衔，以便作为他所受到的那些"无理的冒犯"的挡箭牌。奥古斯都三年后才答应，最后（1736 年 11月 19 日）赐巴赫一项荣衔"宫廷作曲家"。这时托马斯学校的新顾问——约翰·恩内斯蒂（Johann Ernesti）又和巴赫角逐唱诗班主领者的权利。这场争端闹了好几个月，其间巴赫两度把恩内斯蒂介绍进来的学生轰出风琴组，最后国王总算正式明确了巴赫的权威。

因此，巴赫在莱比锡担任唱诗班主领者的生活并不快乐。他的精神和体力都贯注于作曲及这些乐曲的演奏上，少有时间研究教学法和交际。他因身为作曲家和风琴手的声名日益显扬而稍感安慰。他应邀前往魏玛、卡塞尔、瑙姆堡、德累斯顿等城表演，这些临时性的表演和试用新风琴都有报酬。1740 年，他的儿子卡尔被任命为腓特烈大帝的大教堂管弦乐团中的大键琴手。1741 年，巴赫访问柏林。1747 年，腓特烈邀请他前去试用刚从戈特弗里德·西尔伯曼购回的钢琴。国王对巴赫的即兴曲极为惊讶，他让巴赫即席作出一首六部的遁走曲改编曲，对他的表现极为满意。回到莱比锡后，巴赫作了一首笛、小提琴和键盘演奏之用的三重奏曲子，并把它和其他一些作品一同当作"音乐献礼"捐赠给御用笛师，当作献给"在音乐界，有如在平时、战时其他学科方面备受景仰的泰斗"的礼物。除了这些令人兴奋的插曲外，他为唱诗班主领者的职责尽心尽力，对妻儿的爱及对自己作品中艺术和精神的表达的奉献，他更是不遗余力。

·作品

供演奏用的

我们这些对音乐并无多深造诣的人，怎么胆敢探讨巴赫作品的庄严与数量之丰？我们在这里只能带着喜爱的心情来列出他作品的目录。

风琴作品当然居首位，因为他最喜欢风琴。在这方面只有亨德尔足以与他抗衡，而亨德尔又消失于海的彼岸。巴赫有时拉出风琴的音栓，为的只是试试它的风箱和音量。他以风琴自娱时，仿佛风琴完全听他指挥、臣服于他的想象力似的。但他又蛮横地限制其他演奏者随心所欲地弹奏，限制他们只准以他指定的某些低音音符来当作和弦，这就是表现出风琴或大键琴配合其他乐器或声部时应有的"计数"或"透彻"低音。

巴赫住在魏玛时，为他的长子和其他学生准备了一本《风琴小册》（*Orgelbüchlein*），其中有45首赞美诗的前奏，并把它献给"荣耀至尊的上帝，及我的邻居，以便他自学"。赞美诗的前奏用来当作会众吟唱赞美诗之前乐器弹奏的前导，以衬托主题和气氛。这些序曲经安排后适用于圣诞节、受难节和复活节。教会节日的活动自始至终都是巴赫风琴和歌唱音乐的重头戏。而在《人皆有死》这首赞美诗的序曲中，我们见到巴赫反复出现的主题，由于决心面对死亡，相信基督的复活作为我们许下的诺言而平息下来。我们在他几年后的作品《来吧！甜美的死亡》这首忧郁的赞美诗中，也听见同样的音符。这些前奏曲中除了这种笼罩着的虔诚外，与巴赫的一般管弦乐作品一样，也有健康的幽默。通常他很活泼地使键盘欢悦地跳跃着以求变化，这些变化使人联想起该城宗教会议的抱怨。

巴赫一共留下143首赞美诗的前奏曲，学者们公认这些作品是他最具个性、在技巧上最完美的作品。这些前奏曲可以视为他的抒情诗，而弥撒曲和受难曲是他的史诗。他遍试音乐中的每种形式，却不写歌剧，认为歌剧违背了他认为的音乐主要是对上帝的奉献这种观念，他的处境和他的个性也决定了他不喜歌剧。为了更自由地表现他的技巧，他又在前奏曲之外加上遁走曲，使低音主题跟随高音中的同一主题，或使高音主题跟着低音主题跑，这种错综复杂的游戏欢悦了他的灵魂。因此"E小调前奏曲和遁走曲"以舒畅的淳朴开始，然后变为几乎令人吃惊的浑厚有力。"D小调前奏曲遁走曲"时的巴赫，在结构和技巧上的表现、主题的演变、想象力的丰富及力量的浑厚方面，都已至炉火纯青的地步。"C小调帕萨卡里亚舞曲和遁走曲"可能更细腻。西班牙人把乐师沿街路过时弹奏的曲调称为"帕萨卡勒"（pasacalle），在意大利这种曲调成为一种舞曲，巴赫则把它拿来当作一股和谐的巨流，既淳朴、令人遐思，又深奥。

巴赫为风琴或翼琴写了十几首托卡塔曲，即让弹奏者练习"触感"的曲子。一般说来，托卡塔曲包括迅速地来回弹奏键盘、勇敢的极强、细致的极弱及遁走曲的音符开玩笑似的彼此踩在对方的脚后跟上。在这一群作品中，"D 小调托卡塔遁走曲"最受欢迎，也许部分原因是由于经过改编给管弦乐团演奏后的曲调比风琴更受现代俗世的耳朵欢迎所致。在为翼琴和大键琴所写的 7 首托卡塔曲中，"C 小调托卡塔曲"又是巴赫对自己表现技巧最有信心的一首——对位法的嬉戏后是庄严肃穆的可爱的慢板。

我们只凭天赋不足的手指和半文盲的耳朵实在很难体会出巴赫在为键盘作曲时得到与付出的快感——在他说来，"键盘"通常是指大键琴。我们必须先理解他在把某个主题的少数几个音符化为复杂却井然有序的乐章时，他遵循的结构原则——如在波斯地毯或清真寺中指明圣地麦加方位的小室的阿拉伯式图饰，从地毯或小室底部似乎漫无秩序地随便延伸，但总是含着一种条理，使人们在享受形式上的感官美以外，还得到智力上的满足。在此，我们又得借用巴赫的指上功夫，因为他发明了一种弹奏技巧，这种技巧必须动用我们的 10 根手指，而先于他的作曲家所写的曲子很少使用中间 3 根手指以外的手指来弹奏其键盘的作品。就连手的位置这一方面，他也予以革新。过去一般乐师常喜欢在弹奏琴键时把手掌平放，巴赫则教他的学生拱起手掌，以使指尖敲击琴键时力量均匀。要是没了这种技巧，李斯特可能根本无法成名。

巴赫采用安德烈·韦尔克迈斯特（Andreas Werckmeister）于 1691 年提出的系统，要求乐器的弦必须调成相等的调律——每个音阶应分为 12 个相等的半音，以免变调时发生不谐和音。在某些场合中，他坚持自己调整所要弹奏的大键琴，因此他写了那本《调好音调的大键琴》：48 首前奏曲与遁走曲——每个音的大调与小调各有两个——"供有志于音乐的年轻学子练习，并供行家自娱之用"这几个字是原标题上注明的。虽然这些曲子在技巧上引起乐师的兴趣，也有许多首使我们感受到巴赫欢愉的反复无常或沉思的感觉。古诺（Gounod）就采用"C 大调前奏曲"中零碎的几个部分，当作他那首《圣母颂》的助奏。许多有深度的人，如施韦策（Schweitzer）觉得这些前奏曲和遁走曲，在人类争战的危机中可以给他们"和平的净土"。

巴赫笔耕不辍，于 1731 年刊印键盘练习曲的第一部分，这些作品他认为"包括前奏曲、阿勒曼舞曲、库朗舞曲、莎拉本舞曲、英国舞曲、小步舞曲和其他，专为爱好艺术人士休闲之用"。其后数年他又增写了 3 个部分，使他的"键盘练习曲"包括了他的几首最著名的作品："创作曲""组曲""交响曲""戈尔堡变奏曲""意大利音乐会"，还有一些专供风琴演奏用的赞美诗前奏曲。原稿中说，这些"创作曲"，是供作"键盘的爱好者诚实的指南……以简朴的方式表达出来……不仅使他们抓取良好的意念，而且由他们自己做出……获得弹奏时丰富的感情表达，而且……获得一股强烈的作曲欲望"。学生们借着这些范例可以知道，一个主题在发现后可以如何加以推展，通常是用对位法，经过合理的发展而获致统一的结论。巴赫对主题的处理，有如耍把戏的一般，把它掷向空中，将里面翻转出来，使它上下颠倒，然后再把它摆得好端端的。音符与主题不仅是他的拿手好戏，更是他的消遣和休闲。

"组曲"也属于同样的变化。意大利人把"组曲"这个词用在由好几部组成的舞曲上，因此"D 小调"和"B 大调"组曲共用了 5 种舞步：德国舞、法国库朗舞、莎拉本舞、小步舞和古老的英国舞。意大利演员的影响在此出现，甚至两手交叉也成为斯卡拉蒂最偏爱的花样。这些舞曲如今看来分量不重，我们必须记住，这些曲子并不是为强悍的竖琴，而是为脆弱的翼琴写的。如果我们对这些曲子要求不苛，这些曲子还可以使我们得到特别的欢悦。

比这些作品更难了解的，是"戈尔堡变奏曲"。约翰·戈尔堡（Johann Goldberg）是俄国驻德累斯顿宫廷的公使海尔曼·凯泽林伯爵的翼琴手。伯爵造访莱比锡时，也把戈尔堡带去，以便用音乐来为自己催眠。戈尔堡设法和巴赫认识，因为他想学学巴赫的琴上功夫。凯泽林表示自己的愿望，希望巴赫能为他写些翼琴弹奏曲，"能在他失眠的夜晚使他的精神振奋一些"。巴赫为他写了一首"30个变奏的抒情调"，这首曲子听说真是失眠症的特效药。凯泽林送他一个装有100金路易的金杯作为报酬。帮巴赫找到萨克森选帝侯宫廷作曲家职位的人，也许就是凯泽林。

巴赫的艺术表现在这些变奏曲上面，他的理想则不在此。他把更多的感情和欢乐贡献在许多奏鸣曲、一首极美妙生动的"D小调半音阶幻想曲和遁走曲"与"意大利协奏曲"上。"意大利协奏曲"是他以惊人的活力与精神，想把小管弦乐队的效果转到键盘上的一个尝试。

一种乐曲形式几乎在他所有的管弦乐曲中都出现过，那就是遁走曲。与大部分乐曲形式一样，遁走曲也是来自意大利，德国人带着满腔的热情模仿它，使海顿以前的德国几乎全受其支配。巴赫以遁走曲的形式来实验他那首"遁走曲艺术"。他以一个主题为中心，做成了由14个遁走曲加上4个轮唱组成的对位迷阵，表现出每种遁走曲的手法。他去世时谱稿犹未完成，其子卡尔将之印行（1752年），只卖出30份。多声部乐曲和遁走曲就这样随一代乐圣逝去，代替对位法而起的，则是和声学。

他不太喜欢小提琴，而较喜欢风琴和翼琴。起初他也当过小提琴手，有时也在他指挥的演出当中兼任大提琴手，只是同时期的人和他的儿子都未提到过他拉小提琴，因此，我们可以假定他并不善于拉小提琴。但他一定也很精通提琴，因为他为小提琴和大提琴作了许多极难演奏的乐曲，他也曾经打算演奏这些曲子。西方音乐界都知道他拿来当作高音提琴演奏的"D小调组曲"结束使用的舒缓调，这个舒缓调是每个提琴高手认为对自己实力最大考验的"绝技"。我们当中有人会认为这只是令人厌恶的噱头和炫耀。对于巴赫而言，则是以小提琴来达到风琴的多声部深度和力量表现的大胆的尝试。布索尼（Busoni）把这个乐曲改编成钢琴曲时，多声部的味道更自然，其效果更是绝佳（我们万万不可蔑视改编乐曲的人，因为要是我们这么做的话，就得先骂巴赫本人了）。

提到巴赫为他的管弦乐团所作的乐曲时，即使门外汉的耳朵都会发现有十多支歌很够味道。"乐章"一定以其华丽的旋律而颇受腓特烈大帝喜欢，并以默思、半东方的歌调使他震惊。除了"键盘练习"中的组曲外，巴赫还写过 15 个组曲供跳舞之用。其中 6 首为英国式，其原因不详；另外 6 首为法国式，则比较容易了解，因为遵循的是法国形式，用的也是法语字眼，包括"组曲"（suite）这个字。其中有些以技巧为主，就连弦乐器也大显身手。即使如此，就连最单纯的人也能感觉得出"第 3 号组曲"第 2 乐章的"G 调弦乐旋律"的庄重之美。巴赫死后这些乐曲几乎全被遗忘，直到 1830 年门德尔松为歌德演奏其中一部分，并力劝莱比锡城的一个管弦乐队于 1838 年使其复活。

巴赫采用威瓦尔第使用的协奏曲形式，并把它用在十几种不同乐器的组合。对于生来心平气和的人，"D 小调提琴协奏曲"庄严的缓慢行板特别有味；同样地，"E 调第 2 号小提琴协奏曲"缓慢的拍子表现的深度和令人遐思的柔美深深地感动着我们。也许这些作品中最令人愉悦的是双提琴合奏的"D 小调协奏曲"；快板是无色彩的样式，有如冬天的榆树；但是极缓的乐曲是对纯粹的美——未加装扮的美，不含智慧上的加工或安排——的轻妙捕捉。

勃兰登堡协奏曲一段趣话。1721 年 3 月 23 日，巴赫把用法文写成的信寄给因为这封信而名传后世的王子，信中文句以当时视为适当的语气写成：

侯爵阁下：

　　数年前有幸在阁下面前演奏，据悉阁下对上天赋予在下之一些音乐天分略有欣赏之意，辱承雅爱，嘱民奉上所作乐曲数首，在下兹特奉命呈上协奏曲数首，聊表对大人之敬意于万一……万望勿以万民众知之阁下敏锐、优异之鉴赏力来评判此等不成熟之作品是幸，伏乞体察在下借这些乐曲所代表之深切敬意与谦卑顺

服之心意。顺此伏请大人继续垂怜在下，在下一片心意莫非为大
人做更佳之服务，增加大人之光彩而努力。在下乃大人最谦卑、
最顺从之仆人。

约翰·塞巴斯蒂安·巴赫

伯爵是否收到这份礼物、是否给予报酬，我们不得而知。也许他
做了，因为他热爱音乐，而且组织了一个极优秀的管弦乐团。在他死
后（1734 年），由巴赫最细心、最华丽的手写成的 6 首协奏曲在施
皮塔（Spitta）发现的柏林皇家档案库的清单中被列入 127 首协奏
曲中。档案库里清单上的 127 首协奏曲，每一首的价值约为 4 格罗
申（groschen）。

勃兰登堡协奏曲遵循的形式是意大利的大协奏曲——由数个乐
章组成的乐曲，由一小组主要的乐器来演奏，并由一个弦乐器乐团
陪同演奏，形成对比。亨德尔和意大利作曲家都用两把小提琴和一
把大提琴来充当大协奏曲中的独奏，巴赫则以他平日的胆识作了一
个变革。第 2 号协奏曲中他以一把小提琴、一管木箫、一只小喇叭
和一支笛子当作主要乐器，第 4 号协奏曲中则以小提琴和两支笛子
为主，第 5 号协奏曲中又用一架翼琴、一把小提琴、一根笛子为主；
他又把乐曲的结构演变为极生动的小协奏曲和弦乐器齐奏：交替出
现的复杂穿插——分离、对立、相互穿插，最后则趋一致——这种
技巧和逻辑只有职业的乐师才能领会和欣赏。其余的我们可能会觉
得有些音节重复得令人厌烦，使我们忆及乡下的乐队为跳舞的人打
拍子的情形。不过，就连我们这些人也能感觉出这种对话的迷人和
细致之处，及在这种缓慢的行板中得到安抚的宁静。这份宁静对于
老年人和行动缓慢的人而言，比快板的那种活泼的转动要合适得
多。即或如此，第 2 号协奏曲仍以震人心弦的快板开始，第 4 号协
奏曲则以一支嬉戏的笛子而显得极为欢悦，至于第 5 号协奏曲，则
是巴赫最拿手的一首。

供演唱用的

巴赫写作演唱用的乐曲时，无法完全抛弃他写作演奏用的乐曲时使用的技巧和手法，也无法抛弃他要求他的乐队的那种折磨人的技艺。他为演唱者写曲子时似乎把演唱者当作音域无限量的乐器一般，只有在演唱者不得不换气时他才勉强做些微的让步。他也按照当时的惯例，把一个音节拉长到 6 拍以上（如"Kyrie elc-c-c-e-e-eison"）。这种拉长方式如今已不复流行。虽然如此，巴赫之所以获得历史上最伟大的作曲家的殊荣，还是由于他写了一些供演唱用的乐曲。

他对路德派教义的深信不疑，使他获得的灵感和当初帕勒斯特里纳在弥撒曲中获得的一样多。他写了约 24 首赞美诗和 6 首经文歌，莫扎特之所以首度感觉出巴赫的深度，就是听到了这 6 首经文歌中的 1 首——《为上帝唱一支新歌》。他为会众和唱诗班写了具有震撼力的赞美诗，这些赞美诗后来颇得路德本人的激赏：《巴比伦水溃》、《我们有亟需时》、《可爱的人儿快装扮》。最后这一首使门德尔松颇受感动，他对舒曼说："要是生命夺去我的希望和信仰，这一首赞美诗一定有办法再把这些希望和信仰夺回来。"

巴赫为圣诞节、复活节和耶稣升天节写了许多"圣乐"——为唱诗班、独唱者，风琴或管弦乐团所写的大部头歌曲。其中他称为第一首的"圣诞节清唱剧"于 1734 年的圣诞节与主显节之间的 6 天内，分 6 部分在圣托马斯教堂演出。他自认为对自己创作的曲子有全权处理的权利，因此他把早期作品中的 17 支抒情调取出，并将之织成一部长达 2 个小时的基督降生的故事。这些自我剽窃的音节中有些在新曲中显得极为不调和，不过这也该加以原谅，因为这首曲子是最先出现的、唱诗班唱的《我该如何适切地见你？》

基本说来，圣乐就是独唱者所唱乐曲的组合。独唱曲本身就是和抒情歌交融的赞美诗。路德派教会仪式中经常邀请独唱者演唱，因此巴赫差不多作了 300 首，其中约 200 首流传至今。巴赫 26 岁（1711年）在魏玛城时，写了他的第一首突出的独唱曲《阿卡图斯·特拉吉库斯》——一部哀伤死亡的悲剧，同时欢欣着再生的幸福。1714 年至 1717 年，他以几首最佳的独唱曲来纪念那几年教会的节日：1714年降临节第 1 个礼拜天写了《异教徒的救主请过来》；1715 年的复活节则有《天地同庆》，这首曲子他用了 3 把小喇叭、1 面釜状铜鼓、3根木箫、2 把小提琴、2 把高音提琴、2 把大提琴、1 支低音笛子、1个键盘来协助唱诗班，同时劝会众为基督的胜利而欢欣鼓舞；为 1715年主显节第 4 个礼拜天写了《心和口与事和人生》，以熟悉的轻快赞美诗和木箫的伴奏演出《耶稣——人类渴想的喜悦》；1715 年"圣三主日"后第 16 个礼拜天写了《来吧！死亡甜美的时刻》。他在莱比锡为基督的复活写了另一首赞美歌《基督躺在死亡的暗囚房里》。为了纪念奥格斯堡忏悔 200 年纪念，他把路德所写的那首赞美诗《强大的堡垒是我们的上帝》变成独唱曲，其力量的雄浑和原诗一般，不过可能把愤怒之情表现得太奔放，因而不适合用来表达信仰。

虽然巴赫信仰宗教，而且因为职责关系极为虔诚，但他对现世的欢乐有着健康的看法。他能悲伤，也能开怀大笑。有些俗世的因素也混入他的宗教作品中，因此，有些当时歌剧的风格也可以在他的"B小调弥撒曲"中发现。他不惜把他的艺术才华用在纯现世的独唱曲上，这种独唱曲有 21 支留存至今。他作了 1 首《狩猎独唱曲》、1 首《咖啡独唱曲》、1 首《结婚独唱曲》，还有 7 首用于民间庆典的独唱曲。1725 年，他为莱比锡大学的奥古斯都·缪勒教授的生日写了 1 首很长的独唱曲，这首曲子也许是以一种秘而不宣的暗喻来庆贺风气的开放。1742 年，他给自己的音乐来了一次露骨的讽刺歌《农夫独唱曲》，其中有喧闹的村人一面跳舞，一面饮酒，一面做爱。1740 年后，莱比锡的教会音乐不再盛行，公共音乐演奏会有关俗世的乐曲则越来越多。

在宗教音乐未式微之前，巴赫已经在新教的国度里把它带到史无前例的高峰。在路德派仪式尚且保存的许多天主教礼拜仪式中，有一项是"圣母访问节"（7 月 2 日）圣餐中"圣母颂"的吟唱。这首歌曲是纪念圣母访问表姐用的，根据《路加福音》（第 1 章 46—55 节），圣母在当时唱出无可比拟的感恩歌：

> 我心尊主为大，我灵以神——我的救主为乐；因为他顾念他
> 使女的卑微。从今以后，万代要称我有福。

巴赫两次把这段福音谱成乐曲，也许曾于 1723 年以现代的形式来供莱比锡圣诞节仪式中使用。宗教、诗和音乐三者在这首曲子中都以高贵的统一的方式共臻最高峰。

6 年后他一再达到这种高峰。把基督受到的折磨和去世的故事谱成音乐，早已是几个世纪来天主教仪式的一部分。德国有许多新教徒作曲家以独唱曲的方式来达到这个目的，其中有两位早已把《马太福音》当作他们的歌词。巴赫至少写了 3 组"受难曲"，遵照的有约翰（1723 年）、马太（1729 年）、马可（1731 年）等人的叙述。根据马可的记载写成的那一首，如今只有一小部分留存。《圣约翰受难曲》故事情节相混，时间先后倒置，而且有条顿式大声雄辩的趋势；不过，后面几部分却有着情感上的柔和与细腻及启人尝思的深度，是极感人的作品。《大功告成》这首抒情调歌曲表现的是基督的故事中极重要的事件，对于作曲家或画家来说，都没有比这个考验更大。

1729 年 4 月 15 日"耶稣受难节"那天下午，巴赫在莱比锡的托马斯教堂写出了他最伟大的一首乐曲。在这首《圣马太受难曲》中，他有幸得到一份德语写成的歌词，是根据马太那份比较完整的叙述，再由当地文人克里斯蒂安·亨利希（Christian Henrici）——笔名皮康德（Picander）改写的歌词。巴赫似乎亲自为好多唱诗班抄录过这份歌词。有些人认为这些唱诗班把"福音"的记载做了未必妥当的删减；不过，与希腊剧本中的合唱团一样，他们也以注解和说明来补充，而他们这种忧抑的和谐既表达出我们的感情，又把它加以净化——这正是最高艺术境界的两大功用。虽说巴赫所作的乐曲大多得力于其技巧或力量，但几乎整首《圣马太受难曲》都是哀伤、感激或爱的呼

声——表现为一再出现的赞美诗忧郁的反复、抒情调的纤细、仿佛来自另一个世界的迷人笛声，伴唱者发出的虔敬的气氛环绕在字句间、歌声中，呈现有如中古的弥撒书那金银色的光彩。巴赫在这首"受难曲"中表现给我们的感情之深及意义之大，只有在原叙述当中才可以找得到。

　　巴赫的那首"B 小调弥撒曲"几乎又使他成功地到达他那首《圣马太受难曲》获致的感情与技巧的最高境界。可惜他在这首新曲中不能像前一首一样表现出其和谐来。《福音受难曲》是新教教义的根基，而巴赫则深深地沉溺于该教义中。不过，"弥撒曲"却是罗马公教发展出来的东西，"信条"本身就说出了对神圣天主教会与使徒不容有偏的信守。虽说路德派的仪式中保留了罗马公教弥撒形式的大部分，但这一大部分早已把《羔羊经》（Agnus Dei）舍弃掉了。巴赫在世时，教堂里的弥撒已逐渐由独唱曲取代，而仪式中拉丁成分更是日渐削减。巴赫写的"受难曲"以德语演唱，在他的《圣母颂》里除了拉丁诗文外，他又加入了 4 首德文赞美圣诗。但弥撒具有拉丁式的传统，使任何一处德国式的篡改都很可能被指责为与原有者不协调。他也冒过这种险，写了 4 个部分是德文的弥撒曲，结果并不理想。他也细心研究过帕莱斯特里那和其他意大利人所写的天主教式的弥撒曲，他与德累斯顿宫廷的关系显示，他可能以撰写一首天主教式弥撒曲的方式来博取这位信奉天主教的选帝侯的欢心。他把谋求宫廷中职位与头衔的申请书送至奥古斯都三世面前时（1733 年），他还附寄了一首《主啊！怜悯我们》和一首赞美诗，后来这两首曲子成为"B 小调弥撒曲"的一部分。国王显然没去理会这两首曲子。巴赫在莱比锡教堂演奏这些曲子，结果颇受欢迎，于是他又加上了《信经》、《圣哉经》、《降福经》、《羔羊经》等（1733—1738 年）。全曲完成后，就成为天主教形式的弥撒曲。也许巴赫希望奥古斯都三世会在波兰演奏这种弥撒曲，可惜未果，天主教堂里从未演唱过这首曲子。巴赫在各种场合零碎地演奏了其中的某些曲子，也许是在莱比锡城的托马斯教堂或尼古拉教堂。

　　我们在景仰这首大部头的"B小调弥撒曲"时，应否把保留在内心的那股犹豫之情表达出来呢？巴赫的表现力在好多乐曲上都远超出在对"圣神"呼唤时应该具备的谦卑态度，有时不禁使人误以为他一定认为上帝的耳朵不管用，因为好多国家里都已好久没听见他说过话。"慈悲经"这乐章一直是隆隆之声加上混杂的大响声，最后我们不禁也随着大叫一声："饶了我吧！""荣耀经"在有乐队伴奏时往往很美，而且转而成为可爱的赞美诗《您坐在天父右边的主》。不过，接着到《唯有您是圣洁的》时又成为有号角的沙哑之声，并以极强烈的断音来处理《与圣灵同在》，结果势必使"圣灵"因而颤抖，唯恐这位强有力的条顿人以风暴篡夺天堂。说来奇怪，"信条"——这些教条上的优异只有把基督教加以分割，并未自然地适用于音乐——居然产生了"B小调弥撒曲"中最佳的一部分《圣灵感孕》和《十字架上》，也就是巴赫再度捕捉到《圣马太受难曲》中那股静默的崇敬。然后出现的"复活"，则从小喇叭和鼓所表现的一切不耐烦强音，到基督征服了死亡而狂欢地大叫大吼。"降福经"以其柔细的次中音赞美诗和天籁似的小提琴独奏来使我们平息下来；管弦乐队伴奏"羔羊经"极为柔美；不过《垂赐平安》不是和平的礼物，而是力的证明——这些话都是无多大价值的坦诚反应。能够完全欣赏这首"B小调弥撒曲"的人，除了应该是具有未失去其感情上的寓意这一基督教教养之外，还得有洞悉及欣赏这首曲子的结构、音调和表现技巧的专门技巧才能理解，本曲采用的各种资料来源、演奏乐器的复杂性，及本曲音乐动机适应其内容观念。

　　巴赫在世时有些职业音乐家批评他。1737年，约翰·沙伊贝（后来出任丹麦国王的音乐长）印行了一份不署真名的信，一面夸奖巴赫说他是一个好风琴手，却同时建议："要是这位伟人能更温和一点，要是他的作品也不因夸张而混乱的特性而变得不自然，这些作品的美不因过分的技巧而显得昏暗的话，这位伟人很可能会成为万邦景仰的伟人。"一年后，沙伊贝又攻击他："若与特勒曼和格劳恩两人的作品一比，巴赫的宗教乐曲往往更矫揉造作，也更冗长，使人信服的程度显然不及，而智力上的反应更是不如。"沙伊贝曾经想获得莱比锡风琴手的职位，巴赫对其应试弹奏的成绩评语不佳，并在某独唱曲中讽刺过他。因此，沙伊贝的评论可能含有部分恶意的成分在内。不过，巴赫最热忱的拥戴者之一斯皮塔告诉我们，说许多沙伊贝的同辈也和他有相同的看法。批评家当中可能有一部分代表着德国新的一代的反应，他们反抗着除了模仿之外已无人能及的巴赫表现的对位音乐。本世纪交响乐也有类似的反应。

　　沙伊贝可能喜欢亨德尔胜于喜欢巴赫。不过，亨德尔如此沉迷于英国，使德国人一定觉得难以拿他来和巴赫相比。要是相比的话，一定把亨德尔摆在前面。贝多芬在说出底下这句话时表现了德国人的看法，他说，"亨德尔是我们之中最伟大的一个"，不过那是巴赫尚未完全被人们重新忆起之前的事。这两位巨人——18世纪前半叶，德国本身和德国音乐最大的光荣——未能相见，真是憾事；他们要是相见的话，很可能会对彼此产生有利的影响。两人的音乐生涯均起始于风琴，也同被公认为当时最伟大的风琴手。巴赫维持着对那种乐器的爱好；亨德尔则走动于歌剧女歌手和阉人歌手之间，把歌声列入优先位置。亨德尔把意大利式的旋律和德国的对位法合并，为未来开创新路；巴赫则是多音、遁走曲和对位法的历史集大成。就连他的儿子们也认为在那一条路上已无法再往前行。

　　即使如此，这种老音乐仍有健康的成分，这些成分正是后代门德尔松等人热切地回忆着的东西，因为那种音乐仍旧交融着真信，并未受到深入安抚的教条深处的怀疑的干扰。它正是"形式方面"的文化之音，有如传统与艺术的持续与累积。它反映出巴洛克式艺术在装潢方面的表现及当时无可匹敌的贵族政治。德国迄未进入其启蒙运动，也未听过有关革命的鼓吹。莱辛仍旧年幼，几乎每个德国人都认为尼西亚信条是理所当然的，只有普鲁士的腓特烈王子偏爱伏尔泰。不久，这种历代相传的信仰和风俗的庞大结构，马上就要被革新人士震荡摇撼而濒临瓦解，古老的有秩序的和平、阶级的稳定及使巴赫写出乐曲的那种奇迹而纯然的信仰，这一切都将转瞬不见。一切的一切，包括音乐在内，都将发生变化。

·尾声

巴赫在莱比锡的孤独和家居生活，使他能够继承过去。除了音乐外，宗教信仰是他的慰藉和庇护所。在他的私人藏书中，有83卷是有关神学、经典的注释或训诫的书籍。在他那雄伟的正统路德派教义之外，他又掺入了些许神秘主义，也许是从当时的虔信派人士得来——虽然他反对虔信派，认为该派对宗教音乐，除了圣诗外一概仇视。他的音乐多半是一种崇拜的形式。通常他在开始作曲之前，总先祈祷，说："求耶稣助我。"他在几乎所有作品的序或跋都把该作品献给上帝的殊荣和荣耀。他对音乐下的定义是："上帝的殊荣和灵魂获准取得的喜悦两者之间的和谐。"

留存至今的巴赫晚年的画像，表现了典型的德国人特征，宽肩、强壮、脸色红润、巍巍的鼻子；眼睛上面拱状的眉毛使他有一种专制，半怒半向人挑战的表情。他有一副为自己的地位和看法执拗顽抗的脾气，除此以外，他就像是一只和蔼而仁慈的熊，在反对他的情况结束后能幽默地挺直他的脊梁。他不参加莱比锡的社交活动，却也不吝待朋友，许多如哈塞和格劳恩等对手均在其列。他是一个爱家的人，既专心工作，又照顾家庭。他对10个孩子都施以音乐训练，也供给他们所需的乐器。他家里共有五个键盘、一把维忽拉、一把古大提琴、几把小提琴、大提琴和中音提琴。早于1730年，他在写给朋友的信中就说过："我们一家人便能开个包括演唱和演奏在内的音乐会。"我们可以看见日后他的儿子如何继承其衣钵、青出于蓝而胜于蓝的情形。

他老年时视力减退。1749年，他答应由那位治眼疾极为成功的医师为他开刀。但这次手术却失败了，使巴赫完全变瞎。其后他住在

暗室中，因为他看不见的光会伤他的眼。与聋了后的贝多芬一样，他
也不顾自己的病继续作曲。他叫他的女婿笔录他口述的赞美诗序曲。
他早已为自己的死亡做了安排，包括自己在时机到来之时，把死视为
神明的一项礼物。他就作了一首感人极深的诗：

> 来吧！仁慈的死亡，赐福的安息，
>
> 来吧！因为我的生命已甚忧郁，
>
> 而我对世间的一切已感无趣，
>
> 来吧！因为我等着你，
>
> 请快来吧！也让我安宁；
>
> 轻轻将我眼皮合闭；
>
> 来吧！赐福的安息。

1750 年 7 月 18 日，他的视力似乎奇迹似的恢复了，家人欢欣地
聚在一起。不幸的是，7 月 28 日他突然中风而死。以当时乐观的说法：
"他在上帝怀里安详、幸福地睡着了。"

他死后几乎被遗忘得一干二净，导致这种淡忘的部分原因是巴赫
把自己关在莱比锡城，部分则因为他的乐曲较难，另一方面也是因为
人们对宗教音乐和对位法形式的兴致已趋没落。1789 年，顶替巴赫
而为托马斯教堂唱诗班的主领者，他甚至想要"激发学生们对巴赫
粗糙的作品产生憎恨心理"。18 世纪后半期，"巴赫"这个名字是指
卡尔·埃马努埃尔——他对其父所作乐曲古板的特性表示遗憾。1800
年，有关巴赫的记忆似乎已消失殆尽。

只有他的儿子们记得他的功业，其中有两个对哥廷根大学的音乐
顾问——约翰·福克尔（Johann Forkel）做了叙述。福克尔研究了这
些乐曲当中的一部分后，变得很热心，于 1802 年刊印了一份厚达 89
页的传记，其中宣称：

> 巴赫的作品给我们留下了其他民族没有的一份无价国宝……
> 对这位伟人的记忆的保存非但表示对艺术的关心，更表示对国家
> 的关心……这位伟人——有史以来最伟大的音乐诗人和音乐理
> 论家，可能也是绝后的伟人，是一个德国人。哦，祖国以他为
> 荣吧！

这种爱国的呼吁使巴赫重受重视。柏林的辛加卡德米埃院长卡尔·策尔特购买了《圣马太受难曲》的原稿。策尔特的学生门德尔松请求允许他在辛加卡德米埃担任该曲第一次非教会演出（1829 年 3 月 11 日）的指挥。门德尔松的一个朋友说《圣马太受难曲》在首次演出几乎整整 100 年后重见天日，而其复活则与一个 20 岁的犹太人有关。演出者一律不索报酬。门德尔松更在该曲重新演出时加入巴赫所写的其他乐曲。1830 年，他一度是歌德的贵宾，因为歌德使他忙于演奏巴赫的作品。

该曲的复活正好和"浪漫运动"及拿破仑战争之后宗教信仰的再生同时出现。理性主义如日中天，它一度与谋杀性的"革命"发生关联，也和经常在战场上羞辱德国的那个"革命之子"有关联。如今德国已获胜，连黑格尔也加入宣称巴赫是国家英雄的行列。1837 年，舒曼呼吁刊印巴赫的全部作品。1850 年组织了巴赫总汇，从每个角落搜集巴赫的手稿。1851 年第 1 卷问世，第 46 卷，也是最后 1 卷印于 1900 年。勃拉姆斯说他在世时德国历史上最大的两件事，一件是日耳曼帝国的成立，另一件就是巴赫作品完整的印行。时至今日，这些作品要比其他任何一位作曲家的作品演奏得更多，而称巴赫为"有史以来最伟大的音乐诗人"更是西方世界的共识。

第七章 | 腓特烈大帝与玛丽亚·特蕾莎

皇家序曲（1711—1740）

伏尔泰早于 1742 年第一次称腓特烈为"大帝"。我们也应该很公正地说玛丽亚·特蕾莎伟大，因为她是现代少数几个优于多数国王，而使他们感到惭愧的皇后之一。

我们且从她的家庭背景来认识其人。在她诞生前 6 年，她的父亲继位（1711 年），成为神圣罗马帝国的皇帝查理六世。虽然伏尔泰不承认该帝国属于三国之一，它依旧是一个帝国，披着长达 9 个世纪之久的庄严外衣。他松懈地管理着以维也纳为首都的领土，疆域包括奥地利、匈牙利、波希米亚、施蒂里亚、卡林西亚、卡尔尼奥拉、蒂罗尔等地，1715 年势力扩张到以前的西班牙属地尼德兰，也就是今天的比利时。虽然日耳曼各公国只是形式上臣服于皇帝，日耳曼诸自由城市承认皇帝对他们涉外事务的权力。波希米亚已渐式微，因为宗教上不容忍而受干扰，又受那些经常逗留外地的地主剥削。匈牙利因身为基督徒与土耳其人纷争的主要地区而深受其害，军队十几次横渡其境并将之并吞，使人口锐减，地方政府一片混乱。原先尚武的贵族为数极众，如今只有部分马扎尔人，他们拒绝缴纳御税，而且仇恨奥地利的统治。匈牙利境内只有贵族和教会拥有土地，他们把土地分成许多份，再由农奴耕作，向农奴搜刮财产来建造大修道院、城堡和王宫，并赞助音乐和艺术。有些贵族每人拥有5万亩土地。艾什泰哈齐（Esterházy）家族甚至拥有700万亩。

奥地利身为"帝国"的主要受惠者，所以极为繁荣。匈牙利的人口约200万人，奥地利1754年却几乎有610万人，1800年更增至850万人。奥地利的土地也归贵族或教会所有，由农奴耕作。农奴制度到1848年方行废止。与英国的情形一样，地产也依长子继承制而原封不动地遗赠给长子，其他幼子则分发到军中、教会或到行政单位任职。查理六世的宫中竟有4万人之众。奥地利境内没有有钱的中产阶级向贵族政治挑战，或冲淡其贵族气氛。婚姻是议定书的事，不成文法允许蓄妾和结欢，却仅限同阶级之间。1716年，玛丽·蒙塔古夫人从维也纳寄出一封信，该信可能含有游客过度渲染的成分。信中说：

> 每个淑女有两个丈夫的事已成为固定的风俗，一个是名分上的丈夫，一个则是用来履行义务的。由于这种安排方式已众所周知，因此，要是有人邀请一位贵妇进餐，而不同时邀请她的两位侍从时，一定被认为是莫大的侮辱而被公然回拒……在情人与丈夫之间她一定很端庄地坐着……妇女一旦结婚，一定急着找寻情夫，把他当作自己装备的一部分。

贵族阶级在这整个逐渐变成奥匈帝国的国家和教会携手合作。贵族们对天主教的神学可能很有限度地接受，他们中有许多是"互助会"的会员。不过对于好心帮助其农奴及未带嫁妆的女儿，借以调和他们现世的宗教，这些贵族感激地捐献财物。教义的分歧可能会因导致争辩和怀疑而混杂了这项任务，宗教容忍显然不是良好的策略。由于萨尔斯堡（Salzburg）的大主教菲尔米安使教区里的新教徒活不下去，3万人移居他处，大部分都到了普鲁士（1722—1723年），他们在那里增强了奥地利日渐强大的军力。从波希米亚迁居他处或被驱逐出境的类似行为，也使这个一度极为自负的独立公国经济萧条，同时促进了新教流行的日耳曼的发展。

　　人不分贫富，一律资助教会建筑。捷克最伟大的建筑师基利安·丁岑霍费尔（Kilian Dientzenhofer）在布拉格城把克里斯托弗·丁岑霍费尔动工的圣尼古拉教堂完成得极为壮观。奥地利最伟大的建筑师约翰·菲舍尔，则在萨尔斯堡、布拉格、罗马留下杰作，又和儿子约瑟夫·伊曼纽尔在维也纳的圣查理教堂建起一座巴洛克式的杰作。壮观的修道院表现出上帝的荣耀和独身生活的安适。雅各布·普兰塔尔（Jakob Prandtauer）和他的助手在多瑙河畔的梅尔克城本笃修道院建造了一个由许多建筑物、塔和圆顶构成的集合体，内部则有庄严的拱门、完整的柱子，还有极考究的装潢。杜尼斯泰因城奥古斯丁教派古老的修道院由约瑟夫·芒格纳斯特（Josef Munggenast）以华丽的巴洛克形式重建，请注意那主要的光荣之处，正门和西塔，都是马蒂阿·斯泰因德尔（Matthias Steindl）———一位78岁才接触建筑学的雕刻师的作品。阿尔泰因堡城的本笃修道院教堂和图书馆（仍是由芒格纳斯特建造）都因其奢华的装潢闻名。茨韦特尔城也有一栋12世纪西多会的修道院，芒格纳斯特和斯泰因德尔在该修道院中建了新式正面、塔，还有图书馆。然而，荣耀的唱诗班却是梅斯特·约翰（Meister Johann）1343年至1348年的成就。在这栋建筑中，古老的哥特式显示出优于新的巴洛克式的优越性。蒂罗尔也有一栋施塔姆斯寺院，由格奥尔格·贡普（Georg Gumpp）重建，以其门窗的铁栅和“院长楼梯”上灰泥的装饰而闻名。哈布斯堡诸王全都埋葬在此。黑格根堡城的修道院教堂则是约瑟夫·芒格纳斯特之子弗朗兹在其短暂的生命（1724—1748年）中的杰作。威廉因城的修道院教堂被公认为“奥地利最可爱的洛可可式建筑”。我们在走过这些教堂时会注意到其中优雅的风琴，如黑格根堡和威廉因两城。还有那气派的图书馆，最具代表性的是阿德蒙特城本尼狄克特修道院的图书馆，在一个有巴洛克式装饰的神龛中就藏书有 94 万册、手稿 1100 份。在信仰逐渐衰退的时代，奥地利的修士正处在荣耀最高峰的时刻。

贵族和他们齐头并进。奥地利与匈牙利跟日耳曼一样，每个君主渴望着有个"凡尔赛宫"，虽然无法跟凡尔赛宫那种恣肆的华丽匹敌，但他们仍搜刮了足够的战利品来建造一栋在各方面都能显示其优越地位的皇宫。萨伏依的尤金王子在维也纳郊外地产上建了两级夏宫："下望远楼"（Lower Belvedere，即今天的巴洛克博物馆）和"上望远楼"（Upper Belvedere），由约翰·希尔德布兰德（Johann Hildebrandt）设计，极为壮观。约翰·埃拉赫（Johann Erlach）则为他设计"冬宫"（今天的财政部）。虽然他也画成了尚伯龙（Schönbrunn）的王宫和花园的设计蓝图，以求与凡尔赛宫抗衡，但于 1696 年动土的实际建筑，随着工事的进行，不是放弃原有的设计，就是减少了其中的工事。菲舍尔·埃拉赫和他的儿子约瑟夫·伊曼纽尔设计了"帝国"——今天的国家图书馆。这栋建筑内部的巴洛克装饰，据行家说在全世界图书馆中首屈一指。1726 年，查理六世把这份珍贵的礼物开放给大众使用。1737 年，他还为这座图书馆买下了萨伏依的尤金王子大量的手稿和书籍的珍藏。维也纳在日耳曼疆域内成为一枝独秀的美丽都市。

大多数奥地利建筑都以雕刻为装饰。我们看到施塔姆斯修道院里，由安德烈·塔马赫（Andrä Thamasch）刻成的木刻《耶稣被钉十字架》，及维也纳的巴洛克博物馆巴尔塔萨·莫尔（Balthasar Moll）所作的弗兰茨一世皇帝的大理石像时，不禁为自己的无知汗颜。我们可以远远地感觉出约瑟夫·施塔默尔（Josef Stammel）所做的奉献，他毕生的精力多半花在以雕像装饰阿德蒙特修道院上。然而，我们直到今天才发觉，原来格奥尔格·唐纳（Georg Donner）是这一时期诸雕刻师中仅次于贝尔尼尼的大雕刻师，又怎么说得过去呢？他生于下奥地利的埃斯林根（Esslingen，1693 年），先师从乔万尼学艺。由于这位意大利名师的指点，他才获得这块古典的荒地，使他能够拿奥地利丰盛的巴洛克艺术来磨炼自己。不过，他的《查理六世的崇拜》那座大理石像仍存有巴洛克式艺术幻想的毛病："皇帝"由一个天使用迷人的双腿和灿烂的胸部托着，把他抬到天上去。虽然如此，我们仍然感激艺术，因为它给六翼天使——哲学家曾经以为是无躯体的——加上了实质的东西。几乎配得上意大利文艺复兴称谓的普雷斯堡的伯拉第斯拉瓦城大教堂里那座唐纳所作的《圣马丁与乞丐》雕像，他的另外一座大理石浮雕《荒野中的赫佳》有着圆润的古典雅致美。他的最高成就是他为维也纳市内两眼大喷泉铸造的铅制人像：诺伊尔·马尔克斯的《天堂喷泉》象征着奥地利境内的河川，而安德洛墨达喷泉则足与罗马的喷泉抗衡。在 1741 年去世前一年，他还为古尔克的大教堂塑造一组雕像，表现出玛利亚为基督的尸体悲恸的情景，唐纳取了一个有"拉斐尔"的名字，一定使拉斐尔感到欢喜异常。

这个时期，奥地利境内或其属地的画家或诗人都未能产生足以吸引外界注意的作品，也许唯一的例外是丹尼尔·格兰（Daniel Gran）在维也纳的大图书馆屋顶内部所作的壁画。在音乐方面，维也纳却是西方世界公认的音乐中心。除了自己的女儿和王座外，查理六世最喜爱的就是音乐。他还写过一出歌剧，也为法里内利的翼琴伴奏，并在预演时担任指挥。他不惜巨资把最好的歌手、器乐家、演员和作布景画的画家带到维也纳来，根据蒙塔古夫人的估计，上演一出歌剧须费 3 万英镑。他的教堂合唱队共有 135 名歌手和乐师。音乐成为主尊，至少极为高贵，在某些歌剧中全体演出者——包括高音歌手、唱诗班、芭蕾舞蹈者、管弦乐队在内——全是贵族。在这种演出中，歌剧的重头戏由玛丽亚·特蕾莎演唱。

当时最伟大的歌剧作者都应邀前来维也纳。阿波斯托罗·泽诺（Apostolo Zeno）于 1718 年从威尼斯前来，担任查理六世的宫廷诗人，1730 年告老退休，很诚意地推荐一位名叫皮特罗·特拉帕西（Pietro Trapassi）的那不勒斯人。其后十年皮特罗一直写着——总是用意大利文——如此具有激发性的诗剧，使西欧几位有名的作曲家都乐意将之谱成乐曲。从来没有人能在使诗适用于歌剧的要求——调整主题、动作和原文的情感以符合独唱者、二重唱者、叙唱部、合唱队、芭蕾舞蹈者及观众的要求——这一方面足以与他匹敌。不过，他也相对地要求作曲家一定要使音乐和谐地配合剧本。他极为成功，伏尔泰也担心有朝一日歌剧可能会把戏剧驱出舞台。"这个怪物，"他说，"赶走了梅尔波梅娜。"

对这一切音乐、艺术及多种语言混用的宫廷和帝国，查理六世以慷慨、仁慈及战事的忧虑加以主掌。他手下的将军却无法跟得上他的指挥，他要求对欢乐加以赞颂时，他们却给他悲剧。曾经与马尔伯勒携手击退路易十四来犯的那位萨伏依的尤金还保有心智方面的冲劲和指挥权时，奥地利在军事事务方面尚称顺利：奥地利从土耳其人手中夺来贝尔格莱德，从萨伏依夺来萨迪尼亚，从西班牙人手中取得米兰、那不勒斯和西班牙属地尼德兰。尤金不仅被提升为全奥军队的大元帅，还任外交事务的部长和顾问。结果，除了歌剧外都归他管。就在这时，随着年龄的老去，他不但身体虚弱，连心智也一样衰竭。在波兰继位战争（1733—1735 年）中，奥地利与法国、西班牙和萨伏依（这时已被称为"萨迪尼亚小王国"）发生战争，结果丧失了洛林、那不勒斯、西西里等地（1735—1738 年）。由于和俄国缔结了同盟，奥地利又和土耳其发生战争，结果又丧失了波斯尼亚、塞尔比亚、瓦拉几亚等地，贝尔格莱德再度落入土耳其人之手（1739 年）。"皇帝"同样没有他的助手所缺少的才干。

查理六世天生具有成为好国民的特质，却没有得到伟人的特质。他虽慷慨，却没有判别力；他的精神有限，且无洞察力；他虽勤奋，却苦无天分；他虽卖力工作，却极少成就。他熟习德国法律、通晓数国语言，他的拉丁文最是出色。他是个好父亲、好丈夫，却跟奥地利皇室里的每个君主一样，既执拗又迷信。

他内心唯一的慰藉，唯一的骄傲就是他的大女儿——玛丽亚·特蕾莎，而他也一心一意要她继承王位。然而，查理六世的父亲利奥波德一世立下了一条王位继承规定。根据这个规定，只有嫡传长子才有权继位治国，男性继承人出缺时皇冠应传给他的儿子约瑟夫的女儿，然后轮到他的儿子查理的女儿。约瑟夫一世于 1711 年去世而无儿子继位（却有两个女儿）时，王位传给查理。1713 年，查理在对"极密议会"发表的那份《国事诏令》（*Pragmatic Sanction*）中，正式宣布他的遗嘱，说他的王位和完整的统治领域在他死后应传给活着的儿子中最大的一个，如果当时没有儿子活着，则传给活着的女儿中最大的一个。他的独子生于 1716 年，也卒于同年。在为另一个儿子的诞生空等了 4 年后，查理向欧洲各国呼吁，要求他们接受并集体保证采用他立下的王位继承次序，以避免发生继位战争。其后 8 年中，他的那份《国事诏令》分别为西班牙、俄国、普鲁士、英国、荷兰、丹麦、斯堪的纳维亚、法国等国家正式接受。

不过也有困难，这些困难则演成了一大部历史。萨克森和巴伐利亚都有王子娶约瑟夫的女儿为妻，这些人如今都根据利奥波德一世立下的诏令，力争继承帝位。普鲁士的腓特烈·威廉一世接受了那份《国事诏令》，条件是查理支持他对尤里赫和伯格两个公国部分土地所有权的控制。查理显然答应过这个条件，却又很快转而支持腓特烈的竞争者。

玛丽亚·特蕾莎生于 1717 年，18 岁那年嫁给洛林的公爵弗兰茨·斯蒂芬，也就是后来（1737 年）的托斯卡纳大公。1740 年 10 月 20 日，查理六世驾崩，断掉了哈布斯堡男子继位的线，玛丽亚·特蕾莎因而登上后座，成为奥地利的女大公兼波希米亚与匈牙利的皇后。她丈夫虽然成为皇帝，由于他对国事表现得不够关心或能力不够，整个政府的重担落在这位年轻的皇后身上。1740 年，她已具备女人的魅力，也具备了尊贵的吸引力：姣好的容貌，明亮的蓝眼珠，一头金色秀发，举止端庄，有健美的风味，有青年的朝气。她的智力和性格更优于这些迷人之处，但她的智力似乎仍不足以解决那些环绕着她的难题。她又怀有 4 个月的身孕，这个小孩就是将来会继承她成为"开明的专制君主"的约瑟夫二世。她继承王座的权利有两个挑战，一个是巴伐利亚选帝侯查理·阿尔伯特，另一个是萨克森选帝侯奥古斯都二世，而维也纳有一股强大的势力拥护巴伐利亚选帝侯。谁也不敢保证说匈牙利肯承认她是该国的女王。她直到 1741 年 6 月 24 日才正式加冠，成为该国女王。皇家的财产只有 10 万弗罗林，而这笔钱，查理六世的遗孀又坚称是属于她的。军队毫无纪律可言，而诸将又无能。议会的成员都是早已丧失组织力和指挥能力的老头子。谣言四起，说土耳其人马上要向维也纳进军。西班牙的菲利普五世和萨迪尼亚国王分别以匈牙利、波希米亚和伦巴底作为承认她的后权的代价。在玛丽亚·特蕾莎登基前 5 个月才成为普鲁士国王的腓特烈二世派人来表示愿意承认她、保护她，并帮助她丈夫被选为皇帝，条件是她把西里西亚的大部分割让给他。她回绝了这个请求，因为她记得其父一心要保持领土不被分割、不受侵犯的希望。1740 年 12 月 23 日，腓特烈侵入西里西亚，使这个芳龄 23 岁的皇后发现，自己面对的敌人是全德国最强大的一个势力，而这个敌国的领导者将会成为当时最伟大的将军。

普鲁士序曲（1713—1740）

·腓特烈·威廉一世

霍亨索伦（Hohenzollern）家族于 1701 年很成功地逐步把勃兰登堡选帝侯的领地扩张为普鲁士王国，这位选帝侯已成为腓特烈一世国王，在垂死之时把版图遗赠给儿子腓特烈·威廉一世。由于其妻索菲亚·多罗特娅的关系，这位新君主成为 1714 年登上英国王座的乔治一世的女婿。当时普鲁士的领土包括东普鲁士、下罗梅拉尼亚、勃兰登堡分界线（以柏林为中心的四周）、德国西部克莱沃区及西伐里亚的拉文斯贝格市和马克郡。其国土面积断断续续地从维斯图拉河延伸到易北河，其间仅借着"国王"的武力来联合。1740年，这个"普鲁士"的人口约有330万人，18世纪末增加到580万人。社会结构仍以封建制度为主：农夫缴纳税款和封建捐，然后是微弱的中等阶级，再上面是要求免税、而以供应国王军需为交换条件的贵族。腓特烈·威廉一世之所以要组织一支常备军，部分原因是想摆脱自己对贵族的依赖。这支军队操纵了中欧的政治史达半个世纪之久。

腓特烈·威廉与比他更著名的儿子一样，也是不平凡的领导者，他儿子的历次胜利大部分仰靠威廉的军队。父子二人的模样都不迷人，二人也不以英俊或和蔼的笑容来讨好世人，二人都以威严的命令口气来面对世人、指挥部队。父亲短小精悍，鸡冠形的帽子底下是红润的脸蛋，双眼洞察一切虚假，以震颤的嗓音宣布他的意愿，他的上、下颌更随时准备嚼烂一切反对的意见。胃口奇佳，却不暴饮暴食，后来让法国厨师卷铺盖走后，吃起农夫的饭菜。他很繁忙，所以他的庆典少、时间短，花费却很大。他自认为兼任国家的主人与仆人双重身份。他对行政工作尽职，严厉地加以处理，因为他发现很多错处，也发誓要好好整顿一番。他把争权夺利、妨碍政府事务的浮华官员裁减过半，又把遗赠给他的珠宝、马匹及上好的家具卖掉，过着淳朴的市民生活，在能够增值的地方课税，留给腓特烈二世极为充裕的财源。

他要求每个人跟他一样卖命工作。他命令政府官员检查人民的道德风气，训令勤勉节俭，以苦工来约束流浪乞讨的人。商业和制造业都由政府管制，又以运河和道路的改善来鼓励这些行业。他于1722年颁布普遍义务教育的训令，每个教区必须建立一所学校。1750年，普鲁士在初级教育和中级教育方面都领先欧陆各国，使普鲁士播下了造就康德和歌德时代的种子。

由于腓特烈·威廉发现虔诚的人远比怀疑论者更能稳定地工作，他支持"虔信派"的运动。天主教受到勉强的容忍。加尔文教派被禁止传播他们宿命论的悲观论调。路德派被要求在礼拜仪式中用德语，不得用拉丁语，还要他们放弃白色长袍、圣带、圣餐等。萨尔斯堡的大主教强迫 15 万名新教徒迁居时，腓特烈·威廉欢迎他们，而且给他们 500 英里旅程所需的路费，把土地租给他们（不是最好的土地），以贷款的方式供应农具和种子，并在未获利之前免其税捐。另有 1.5 万名移民从瑞士和日耳曼各公国移入，"三十年战争"中化为废墟的普鲁士如今已重振其经济生活。

这个尊贵的举动背后隐藏的主要用意，是希望能在战事纷起时保障本国的安全。腓特烈·威廉掌权之初，"北部大战"仍在进行，卷入的国家有瑞典、俄国、波兰、丹麦、萨克森，不久连英国也加入了。很明显的教训是，在这个弱肉强食的世界里，甚至在承平时，强大的军队仍是不可或缺的。为了急于得到斯德丁当作柏林商业的港口，这位普鲁士国王不惜以 40 万泰勒的高价付给那些从查理十二手中把该港夺去的列强。查理从土耳其回来后拒绝承认这种赃物的买卖，腓特烈·威廉提议把该港还回瑞典，以便拿回他的 40 万泰勒。查理筹不出现款，又坚持重获斯德丁港，普鲁士于是向他宣战（1715年），和他的敌人联合围攻施特拉尔松德城。查理见有半个世界都与他为敌，逃到瑞典。腓特烈·威廉回柏林时，口袋里装的就是斯德丁港，胜利的喜悦也爬上了他眉梢。

其后，他在行政方面最关心的就是他的军队。他不是一个黩武的人，他的确不是一个战士，其后他未曾再启战端，却下定决心，说任何向他宣战的人绝不会不受惩罚。这个 18 世纪最著名的军队建立者是"诸君王中最爱和平的一个"。他说："我的格言是'不伤害他人，也不许别人瞧不起我'。"所以，他征兵时很用心地挑选个子最高的。若要取得他的好感，只须送他一个身高 6 英尺以上的大汉即可。"国王"给他们的待遇很好，而他一见士兵的高度就满意了。他并不比其他国王狂妄，只有一个例外，那就是身高方面。1713 年，法国有 16 万正规军、俄国 13 万、奥地利 9 万。为了能在 100 年内使普鲁士的军队人数增加到 8 万人，腓特烈·威廉从国外募兵、从国内征兵。农夫和城市居民虽然抵制征兵，结果不是被诈术所骗，就是迫于武力，为国所用。有一次，某征集军官竟侵入教堂，强行把最高、最壮的男士带走，不顾他们的祈祷。男士一旦被征召后，受到的照顾极为周到，但要接受无情的纪律和累人的训练。鞭笞是对 7 种违纪情形较轻的行为处罚。

征兵制度也在贵族中实行。每个五官健全的贵族只要忍受得了这种肉体上的折磨，都得当军官。这些军官接受特殊训练，并特别为"国王"尊重。这些人后来成为统治阶级，瞧不起商人、教师、教会人士及中等阶级人士，认为他们是孱弱的下属，时常以虚张声势的傲慢和野蛮态度来对待他们。他们训练步兵、炮兵和骑兵，其队形的精确与行动的机动化可能是当时其他国家闻所未闻的。"国王"本人也参加这些军事演习，而且很仔细地监督他军队的训练。腓特烈二世登基时，发现他指挥的这支部队已足以胜任各种计谋与劫掠的任务。

·年轻的弗里茨

腓特烈·威廉一世有 10 个孩子，其中最大的一个叫威廉明妮。她去世（1758 年）后留下来的回忆录是我们了解她弟弟早年的生活情形的第一手资料。也许她有意强调她的女管家的残忍、她母亲一味自私、她父亲粗野及对她婚姻专制的命令，而且对她深爱的、被视为她的荣耀与慰藉的弟弟的苛刻。"从来没有像我们之间彼此的爱……我爱我弟弟至深，一直设法带给他欢乐。"

腓特烈生于 1712 年 1 月 24 日，比威廉明妮小 3 岁。他的父母都不喜欢他。他们致力把他塑造成将军，塑造成国王，他却处处表现出成为诗人和音乐家的样子。且看腓特烈·威廉给他儿子的老师写的指示：

> 加强我儿子对上帝的爱和敬畏，当作我们短暂与永恒福祉的
> 基础与唯一的栋梁。在他听课时不可提到假宗教、无神教派、雅

利安、苏西尼派等其他一切毒害人心的东西的名字，因为这些东西很容易腐蚀年轻人的心（腓特烈兼而有之）。另一方面，该教导他对教皇制度适度的憎恨，及对其无根据和荒谬之处的洞察力……

教他学习法文与德文……不要教他拉丁文……让他学习算术、代数、炮术、经济，一切从头学起……尤其是历史……他年纪大些以后可以逐渐增加……筑堡、营区的构成，及其他兵学，以使王子从青年开始可以加以训练，使之成为军官与将领……加强我儿对从军这个行业的真爱，而且对他强调，世界上只有刀剑能给一个身为王子的人带来名誉与威望，要是他不喜欢这么做，以求取他自己唯一的荣耀，他将成为世人鄙视的可怜虫。

要是他这个当父亲的命长一点的话，他一定也会为自己的儿子当军人、当将领而自豪，可惜在学徒期间一切似乎都不太对劲。这个小孩虽然聪明，却一直不肯认真向学。他鄙视德语而喜爱法国的语言、文学、音乐和艺术；他喜欢写法文诗。老国王见自己的儿子抱着法文书时极为恼火，见他吹笛子时更是生气。萨克森王宫里的笛手约翰·奎安茨应其母之邀，到柏林来暗中教导这个孩子。听到"国王"走近的脚步声时，奎安茨便躲入衣橱中，这时腓特烈也急急忙忙地把法国衣袍换成军服大衣。老父王一看到散置的法文书，又气得跳脚，他命令仆人把那些书籍送到书商那里，卖掉总比烧掉好。还好仆人没有把书卖掉，也没把书烧掉，他们把书藏了起来，又很快拿来还给王子。

这个老头子尽可能愤怒地表现他的爱，为的是把孩子塑造成一名战士。老国王带他出去狩猎，以野外生活来磨炼他，使他习惯于面对危险、难骑的路，让他过着少食、少睡的生活，任命他管理一支部队，教他训练士兵、爬到炮位上开炮。腓特烈把这一切都学会了，而且表现出足够的勇气。他的父亲仍然极为愤怒，因为他发现这个青年已 16 岁，却和两位年轻军官——冯·卡特上尉和凯特中尉——发生让人起疑的亲昵之情。卡特博学而且游遍各地，虽然他生过天花，但是威廉明妮说他"心地和风度的优美"使他"成为最佳的伙伴……他自诩是个自由思想家。卡特的影响破坏了我弟弟的宗教信仰"。

腓特烈·威廉对自己长子这些非正统的发展除了愤怒和暴行外，想不出其他解决办法。他已习惯于施杖于仆人身上，他也恐吓过要拿它来打自己的儿子。另一方面，威廉明妮一直反对其父把自己许配给有潜力的友邦。儿子和女儿似乎都注定要让他的希望落空似的。"父王对弟弟和我二人的愤怒已达如此高峰，致使除了用餐时间，我们被迫不得与他碰面。"在某次会议上，

> 国王把碟子扔向弟弟头上，要是闪避不及，真会被打中；他把第二只碟子扔向我，幸亏我也及时躲开；接着就是大段大段的谩骂……我和弟弟经过他身边想离开房间时，他拿出拐杖打我们。每次看到弟弟，他总是威胁要拿拐杖打他。弗里茨时常对我说，除了拳打外，怎么恶劣地对待他，他都受得了。他又说，要是他也碰到这种情形的话，他一定早已溜之大吉。

我们多少体会得出老迈的国王心头的气愤。他的夙愿是把这个重组过的国家留给自己的儿子，希望儿子能继续支持军队、节俭开销、开发产业，以良知和天分来治理国家。他无法预测这个继位的儿子能否做到这些，而且表现得更好。他认为弗里茨只是一个冒犯长上却无丈夫气的青年，只会把自己的头发卷得像法国人，而不肯把头发理得像一个普鲁士军人。他眼中的弗里茨仇恨军人和狩猎、嘲笑宗教、写法文诗、吹笛子。在这么一个孱弱的君主领导下，普鲁士的未来会变成什么样子？甚至连这个孩子偶尔求饶都被看作怯懦的表现。有一次，老国王在打了他儿子耳光后对其他人说：要是他自己的父亲如此对待他的话，他早自杀了。但腓特烈没有荣誉感，他宁可忍受一切。

若腓特烈向威廉明妮所做的报告值得采信的话，老国王 1730 年春在波茨坦曾经想杀死他：

> 一天早晨他叫我过去。我进房门时，他抓住我的头发，把我扔到地上。他先对我拳打脚踢，又把我拉到窗旁，拿窗帘上的绳子绑住我的喉咙。幸亏我来得及爬起来抓住他的双手，不过，他用力把我脖子上的绳子勒紧时，我感觉他要扼死我，因此我哭叫求救。一个随从跑过来帮我，而他还须费尽力气才让我脱险。

腓特烈如今 18 岁，他偷偷地告诉威廉明妮，说他打算跟卡特和凯特一道逃往英国。她求他别逃，他坚持己见。虽然她心神不宁地守住这个秘密，老王在他儿子四周安插了很多眼线，知道了这项计谋，把自己的儿子、女儿及卡特和凯特全部逮捕（1730 年 8 月）。威廉明妮不久被释放，凯特也逃到了英国，腓特烈和卡特经军法审判后被判死刑（10 月 30 日）。卡特在卡斯特林城的堡垒庭院中被执行死刑，腓特烈则依其父王之令，被迫从自己囚房窗口目击这次行刑（11 月 6日）。老王也想过把他长子砍头，再以次子继立为王。不过，惧怕国际上的反应不佳，结果只能让步，饶了腓特烈一命。

1730 年 11 月至 1732 年 2 月，"王子"一直被拘禁在卡斯特林，先是完全拘禁在囚房，然后允许他在城里活动，却一直受到严密的监视。威廉明妮说："全柏林城的人都供应他东西，甚至还有最精致不过的。" 1731 年 8 月 15 日，在分别整整一年后，老王过来看他，痛骂他一顿后对他说，要是那次计谋成功了的话，"我一定把你姐姐永远关在一个永远不见天日的地方"。腓特烈跪下求饶。老王忍受不住，哭了，还拥抱了自己的儿子。腓特烈亲吻父亲的脚。他终于获释，被派往普鲁士境内各省考察经济和行政。几年中亲人之间的吵闹不但使他的个性改变，也使他更为坚强。

同时，威廉明妮也乐得离开父母的身边，接受了拜罗伊特的亨利的求婚。他们在柏林结婚后（1731 年 11 月 30 日），她往南行，成为拜罗伊特的侯爵夫人（1734 年），使其宫廷极具教化。她住在当地时，那王宫似的住宅成为全德国最可爱的城堡之一。

不管他自己愿意与否，腓特烈也总得结婚。他很讨厌这件事，还曾经威胁过："要是父王非要我成婚，我会奉命结婚的；不过，结婚后，我一定把我妻子摆在一角，我自己去找乐子。"他步入婚姻殿堂（1733 年 6 月 12 日），身边是克里斯蒂娜——不伦瑞克的"庄严公主"，他 21 岁，她 18 岁。腓特烈的母亲对威廉明妮说："俏则俏矣，不过简直像一束稻草一般呆板——我不知道你弟弟怎么会跟这么一只呆头鹅成亲的。"腓特烈虽然在以后的岁月里懂得尊重她的方法，在目前这段时间，他还是由她自怨自艾。他们搬到柏林北部几英里外的莱茵斯堡去住。这位"光棍丈夫"在那里搭了一座避难塔，做他的物理和化学实验，召集一些科学家、学者和音乐家来，还与沃尔夫、丰特内尔、莫佩尔蒂、伏尔泰等人通信。

·王子与哲学家（1736—1740）

他和伏尔泰之间的书信往来是当时最有启发性的文献之一：两个名人在文学上有很杰出的看法，这位长者的艺术凋萎在日渐成熟的青年的现实主义中。伏尔泰已届 42 岁，腓特烈只有 24 岁。伏尔泰是举世公认、居领导地位的法国作家，但他接到下面这封由即将加冕为王的王子于1736 年 8 月 8 日写成、交由私人信差送到锡雷城的信时，几乎乐昏了头：

伏尔泰先生：

虽然我至今无缘与你谋面，但通过您的那些大作，我对您的认识还是一样深刻。如果您肯接受的话，您的作品真是我内心的至宝，每次重读时，总是让读者发现新的优美之处……要是有关现代和古代优劣的比较重新开始的话，现代的伟人非君莫属，因为人们最喜爱的还是您……从来没有一位诗人能像您一般地把形而上学谱上如此有节奏的韵律，第一个能够获得这种殊荣的人就是阁下。

可能因为拉丁文学得太少，腓特烈显然未曾拜读卢克莱修的作品。不过，他看过沃尔夫的作品，并寄给伏尔泰：

> 对《沃尔夫的控诉及答辩》一文，沃尔夫就是我们这代最有名的哲学家，这位把光明带到形而上学最黑暗处的人被残酷地控以反对宗教和无神论……我最近马上可以得到沃尔夫那本《论神、灵及世界》的译本……我会把它送给您……
>
> 您对那些有志于艺术和科学工作者给予的仁慈之心和协助，使我希望您不要把我排除在您认为尚堪造就的学生之外……

显然，腓特烈听说过一些有关《女仆》的谣言：

> 我最大的愿望就是能够拥有您所有的著作。如果您有任何不肯让大众周知的手稿，我可以设法把这些作品放在最机密的地方……
>
> 大自然在兴之所至时，会让一个伟大的人充满了足以促进艺术与科学发展的天赋，而身为王子的人有责任来为这些人高贵的努力做出补偿。啊！但愿荣耀会赐予我为您的成功加冕的机会……
>
> 万一我的命运不让我有缘占有您的话，至少我也希望有朝一日能得一见我素仰已久的人物。
>
> 我谨亲自向您保证：我写这封信是向那些追随真理的火炬的引导，致力于为民服务的人表达崇高的敬意。
>
> 普鲁士的腓特烈

我们可以想见，这位一生爱慕虚名的伏尔泰在看这封信时，故意在原已极为嫉妒的侯爵面前慢慢啜饮信中的甜意的那股内心满足之情。收到信后，他很快于 1736 年 8 月 26 日回信：

王子阁下：

　　拜读阁下纡尊降贵地恩赐荣耀于我的那封信而不深受感动者，必然是麻木不仁之人。信中对我的"自爱"谬奖有加。而我始终耿耿于怀，甚至冒昧地说：形成我个性基础的那种对人类的爱，已给我带来更醇厚、更洁净的快乐——因为我能够知道，毕竟世界上也有以人的立场来思考的王子，也就是"哲学家"王子，肯使人类幸福。

　　恕我大胆地说，全世界的人都应该感激您，因为您肯用心地以健全的哲学来造化一个注定生来担当指挥大任的人。只有在开头肯设法教导自己的国王才配称好国王，他们能分辨好人与坏人，喜爱真理，唾弃迫害与迷信。一个肯坚持这些看法的王子可能给他的国家带回"黄金时代"！只有少数王子肯追寻这种荣耀，道理何在呢？……因为他们只珍视他们的尊贵，而少为人类设想。您的情况正好和他们相反，而"除非有一天事务的繁杂和喧嚣和人们的邪恶改变了像您这么神圣的个性"，您一定为子民崇拜，为世人喜爱，配得上"哲学家"的称谓的人会蜂拥到您的国度来；思想家也一定围绕在您王座四周……显赫的克里斯蒂娜皇后离开自己的王国去追寻艺术。因此，阁下只消好好治理国事，各种艺术自然会过来找寻阁下的……

　　对阁下慨然见赠的那本沃尔夫先生的小册，深致谢意。我尊敬形而上学的观念，这些观念像是深夜里的光芒。愚意以为，此外我们无法对形而上学另有寄望。事物最初的原理似乎不可能由我们知悉。一栋庞大的建筑物中小洞里躲着的老鼠无由知晓这栋建筑能否长久屹立不垮，也不知建筑师姓甚名谁，或该建筑师建筑这栋大厦的道理何在。我们就是这些老鼠，而据我所知，创建这个宇宙的那位"神圣的建筑师"未尝向我们中的任何一个透露过他的秘密……

所请要我寄赠未付印的作品一事，欣然遵命。阁下就是我的"大众"，您的批评就是对我的报酬，这种代价是只有极少数君主付得起的。我也相信阁下必能为我保密……若能拜见阁下，诚然是难得的荣幸……可惜造成我这次退隐的友谊不允许我离开。想必阁下跟伟大而常被中伤的朱利安有相同的看法，他说过："朋友亲至君王。"

不管我在何处度过余生，我向阁下保证，我一定一直为您祝福——也就是说，为整个民族的幸福祝福。我会以您的子民自居，您的荣耀我会觉得弥足珍贵。我期望阁下能一直保持您的个性，也期望别的君王能跟您一样。——致以最崇高的敬意——

最谦卑的伏尔泰

当时最伟大的君王和最伟大的作家之间的通信在时断时续的情形下维持了42年之久。几乎每句话都值得一读，我们难得有这个福分可以时常听到两位大人物之间这种秘密而且有深度的对话。我们没有刻意去引述这些信件中启发人的判断和机智的突现，不过，只需几段文字就可以帮助我们想见在兵力和笔杆方面两位巨人的形象。

他们在互相景仰中意见一致。腓特烈对法国竟不识"境内的财宝"，及让伏尔泰"孤零零地在香槟沙漠中过日子"这两件事极感惊讶。"因此锡雷城将成为我的德尔菲，而您的信就是我的预言。""离开您那不领情的国家，到一个您会被崇拜的国度来吧！"伏尔泰也以这些恭维的话回敬："您思考的方式有如图拉真，您的写作有如普利尼，您的法文有如我国最佳的作家……在您这有吉兆的领导之下，柏林一定会成为德国的雅典，甚至成为全欧洲的雅典。"他们也一致同意自然神论，他们肯定对上帝的信仰，他们承认对它一无所知，他们一致鄙视以冒充的登升"天国"作为其权力基础的教会人士。不过，腓特烈是一个不折不扣的物质主义者和宿命论者，伏尔泰却不愿放弃自由意志。腓特烈主张"对基督教的寓言三缄其口，因为这些寓言之所以被褒扬，是因为其古老，加上荒诞、没有风味的人民轻信使然"。伏尔泰抓住每个机会来指点他贵为皇族的学生对人道的爱，及对怀疑、狂热和战争的仇恨。腓特烈却不太在意人道："大自然很自然地造了窃贼、嫉妒者、造假的人，还有谋杀者，这些人弥漫在世间，要是没有法律来约束罪恶，那么每个人都将会随自然的本能做事，而只顾他自己……人类生来就有向恶的倾向，人们的善依赖于教育和经验的引导。"

腓特烈接受教导的最后数年，有两件大事值得一记。他于1738年参加"互助会"。1739年，显然受到伏尔泰的影响，他写成了一本名叫《马基雅维利王子的辩驳》的小册子，这本小册子指出，那位意大利哲学家应承担责任，因为他让一个统治者为了维持并发展他的国家，而使一切手段合理化。这个新王子却加以反对。他认为政府唯一的真原则就是忠诚、公正及统治权的荣耀。腓特烈表示他鄙视那些喜欢"征服者卖命得来的荣耀，却不喜欢以仁慈、公正和宽厚换来的荣耀"的国王。他不明白到底什么使人借着小气与毁灭别人来增强自己。腓特烈接着说：

> 马基雅维利还不懂王权的真正本质……成为他统治下人民绝对的主人并不是真王；这种人只配称人民的领班仆人，应该是人民福祉的工具，有如人民成为他自身荣耀的工具一般。

也许是附和伏尔泰的说法，腓特烈对英国的政府结构赞不绝口：

> 我认为，要想找一个足堪作为现代政府形式的模范的话，应该要推英国政府。英国的议会是人民与国王最高的审判者，国王

有为善的全权，但一点为恶的权利也没有。

我们找不出这些表白有何不诚实之处，这些话在这个时期腓特烈的信件中一再出现。他把手稿送给伏尔泰（1740 年 1 月），后者请求允许他把它出版。这个自负的作者害羞地答应了。伏尔泰写了一篇序，把手稿拿到海牙，负责印刷，并校正印稿。9 月底这本匿名的书公之于世，书名是《反马基雅维利》。作者隐名的秘密不久即被识破，读者与伏尔泰一齐欢呼"哲人王"的降临。

腓特烈·威廉一世一向斥责别人，公开指责别人，并以他奇特的方式立法。只有在王宫传道师告诉他，说他即将去世，若想获得上帝的原谅，必须先原谅自己的敌人时，他才很勉强和世界讲和。弥留时，他把腓特烈召来，抱住他饮泣。或许这个执拗的青年已具备了当国王的条件吧，他问围绕床缘的将军们："我有这么一个儿子，能不高兴吗？"如今这个为人子的可能更明白老人家认为作为一国之君，必须稍有铁石心肠方可胜任的道理了。

1740 年 5 月 31 日，腓特烈·威廉一世疲惫地活了 51 年后，舍弃了自己的生命和王座，与世长辞。反马基雅维利者继立为国王。

新马基雅维利

腓特烈二世登基时 28 岁。如安东尼·佩斯内一年前所画，他身披闪亮的胄甲，却是一个音乐家和哲学家：容貌俊俏仁慈、双眼大而蓝灰、眉毛高傲。法国大使说："风度自然、迷人，声音柔美诱人。"他依旧是伏尔泰的弟子。他继位后 6 天写信给伏尔泰：

> 我的命运已经改变。我已亲眼见过国王咽下最后一口气、懊恼和去世的情景。在我登上宝座之际，我想无须人叫我去厌恶人类伟大的虚荣……我请您把我当作一个热忱的国民、带着几

分怀疑的哲学家、诚实的朋友。看在上帝的份上，请您写信给我时，把我当作一个普通的人，也跟我一样地来指责官衔、虚名和外观的壮丽铺张。

3周后，他又写给伏尔泰，说：

由于有无限量的工作落在我头上，使我几乎连哀伤的时间都没有。我觉得，自从家父亡故后，我应该把生命整个奉献给国家。我抱着这种看法，以我体能的极限来工作，尽速处理事务，做一些最适合公益的工作。

事实也是如此。在他继位次日，因为春天天寒，他判断收获期将会延迟而且歉收，下令打开公用谷仓，并把谷物以合理价格卖给穷人。上任第三天，他就废止普鲁士境内各地审讯刑事案件时使用的刑具，比贝卡利亚（Beccaria）划时代的论文早了24年。刑具在过去虽然为法令允许，在腓特烈·威廉一世时已不使用，腓特烈也只有在1752年某个案件中破例使用过一次。1757年，他任命普鲁士司法总长萨姆埃尔·科西奇，监督并大力改革普鲁士法律。

在他上任的第一个月，哲学的影响也在其他行动上表现出来。6月22日，腓特烈颁布了一道很简单的命令："所有宗教必须加以容忍，政府应负责不使任何宗教不公正地相互攻讦，因为在本国之内每个人都可以以自己的方式进天堂。"他虽未对出版自由发布过正式命令，实际上他是允许的。他对各部部长说："言论是自由的。"他对成千本对他不利的诽谤刊物的印行保持轻蔑的缄默。有一次，他看见张贴在街上的讥讽嘲骂他的文章时，他把那份海报挪到更醒目的位置上。他说："我的人民和我之间已达成彼此认为满意的协定，他们可以随便说，我也可以随便做。"不过，所谓"自由"也不完全是为所欲为，腓特烈成为大帝时，他也不许民众批评他的军事措施和税则。他还是一个独裁君主，虽然他曾想使自己的措施和法律保持一致。

他无意改变普鲁士的社会结构和政府组织。行政机构和单位一仍其旧，唯一的不同是腓特烈更加密切注意，也更卖力地和他们一起工作，他成为自己贵族阶级的一员。法国大使说："他以极为令人满意的方式开始处理国事，到处都可以看得出他对子民的善举及与子民的同心。"可惜这种福祉并不包括缓和农奴制度在内，普鲁士农人的境遇还是比法国农人差，贵族依旧保留其特权。

伏尔泰的影响和莱布尼茨的传统合力促成柏林科学院的复兴。该学院由腓特烈一世创建（1701 年），又为腓特烈·威廉一世忽视，如今腓特烈二世使它成为全欧最著名的一所研究院。我们都已知道他把放逐在外的沃尔夫召回。沃尔夫想做学院院长，可惜他年龄太大了，腿力又不足，而且稍稍有一点趋向正统的趋势。腓特烈要的是一个"坚强精神"者，一个赶得上最新科学而且不受神学窒碍的人。经伏尔泰推荐之后（后来又后悔），他邀请（1740 年 6 月）正值壮年的莫佩尔蒂前来。这位先生刚刚完成著名的赴拉普兰度量纬度的壮举回来。莫佩尔蒂来了后，得到极充裕的资助，他盖了一座大实验室，有时也在国王与宫廷人士面前进行实验。戈尔德斯密斯一定见过伦敦的皇家协会，他认为这所柏林科学院"胜过任何一所现有的研究院"。

这一切安排极令伏尔泰满意。有一次腓特烈碰巧去克勒夫，他邀请他的哲学家相见。伏尔泰当时正在布鲁塞尔，他摆脱了他那位易怒的侯爵夫人，走了 150 英里，来到墨兰宫。这位"新柏拉图"首次会见他的"第欧根尼"，而且畅怀地待了 3 天（1740 年 9 月 11—14 日），只有阿尔戈罗蒂的莫佩尔蒂在场稍稍煞了一点风景。10 月 10 日写给德·西德维勒（de Cideville）先生的信中，伏尔泰发表了对腓特烈的印象：

> 我就是在那里看见全世界最可亲的人之一，他成为社会的魅力，要不是他尊为国王的话，一定到处都有人追求他。他是一

个没有丝毫架子、满是甜蜜、彬彬有礼、极为谦恭的哲学家，他和朋友见面时忘了他是国王……我得费点心才记起，原来我看到的、坐在我床沿的，竟是一个手下有10万大军的至尊。

腓特烈也一样高兴。9月24日，他对副官约尔丹写道：

> 我总算见到我一直渴望认识的伏尔泰。我见他时不巧患了四日热，而我的心跟我的身体一样懒散……他有西塞罗的辩才、普利尼的敦厚、阿格里帕的智慧，总而言之，他结合了古代3位最伟大的人的德行与天赋。他的聪明不断发挥作用，他笔尖流出的每滴墨水都是他机智的结晶……夏特莱夫人能够拥有他真是幸运，因为，任何一个除了记忆力外空无一物的人只要把他随口说出的精彩句子录下来，都可以编成一本极出色的书。

腓特烈回柏林后发现自己的军队已有10万人。查理六世于10月20日去世，率领着一支二流军队的年轻女人成为奥匈帝国的首领。就在这一天，腓特烈寄了一封有不祥之兆的信给伏尔泰，信中说："奥匈帝国皇帝的去世改变了我爱好和平的意念，我看明年6月将是大炮与炮弹、军士与壕沟的时节，而不是有女演员、舞会、舞台表演的日子，所以我只能被迫取消我们原先讲好要进行的一笔交易。"

伏尔泰的心隐隐作痛。难道说他这个学生竟跟别的国王一般好战不成？趁着腓特烈邀请他去柏林的机会，他决心试试他能为和平做些什么。与此同时，他或许会重拾他在凡尔赛的地位，因为在法国掌舵的福勒里主教也希望和平。11月2日，他写信给红衣主教，自愿担任法国的密使，尽力把腓特烈拉回哲学上来。福勒里虽然接受他的建议，却温和地指责这位新外交官猛烈抨击宗教："你一直很年轻，也许过分年轻。"在同一天（11月14日）的另一封信中，这位可亲的红衣主教承认收到夏特莱夫人寄来的那本《反马基雅维利》，而且以明智地怀疑其作者的态度来称赞该书：

> 不管本书作者是谁，即使他不是一个王子的话，他也配得上是一个王子。我看过的这一小部分写得很灵活、很合理，而且把原理写得极为值得称道，使我觉得只要他有勇气来操练的话，这位作者配得上指挥别人。要是他生为王子的话，那么他就和民众订下了一个极为庄严的约定。要是安东尼诺斯皇帝没有借着他政府的公正，来维持他施予所有君主那些精美的道德教训的话，安东尼诺斯皇帝也无法获致那种代代相传而不朽的荣耀……要是那位普鲁士君王能在我的行为中发现符合他的原则之处，我将深受感动。不过，至少我可以向你保证，我认为他的作品是最完美、最荣耀的政府的大纲。

伏尔泰在确定一切旅行费用都由腓特烈负担的事情后，首次横过德国国境，和国王在莱茵斯贝格、波茨坦、柏林等地共同度过14天的时光（11月20日—12月2日）。他犯了大忌，把红衣主教有关《反马基雅维利》的信拿给腓特烈看，腓特烈一眼看穿原来伏尔泰竟在扮演外交家的角色，他把福勒里那篇美丽的推荐文字解释为和法国合作的请求。他发觉受到自己所著哲学短文阻碍时，极为苦恼。他和伏尔泰彼此交换诗句并机巧应答，招待他去观赏笛子的演奏，而送他走时，也只不过感谢他送来奎宁，使腓特烈的疟疾缓和了不少。在11月28日写给约尔丹的信中，腓特烈虽未指名，实指伏尔泰："你的小气鬼应该为他永无餍足地想充实自己这种欲望的残渣而干杯。一定要送他3000泰勒。这种报酬对于傻瓜来说，是太多了。宫中的弄臣从来没有得过这么高的工资的。"这笔钱显然包括伏尔泰的旅费——这一部分可能是腓特烈愿意给付的——及印刷《反马基雅维利》的费用——这笔钱则是伏尔泰掏腰包先行代垫的。钱一拿到手，感情就"破灭"了，腓特烈既不高兴支付一名法国情报员的费用，也不甘愿付出他乐得拿钱请人家忘掉的那本书的账。

如今，腓特烈·威廉对他的影响已胜过那位哲学家的教导。权力的夺取和统治的责任已取代了他壮年时期的音乐与诗歌，腓特烈变得越来越冷酷、越来越狠心，就连当年其父施之于他身上的那些体罚，如今似乎使他的体格和脾气都更强了。他每天看到其父留下的 10 万军队，每天都得填饱他们的肚皮。让这些人在升平中长锈、腐烂又有何意义？难道世间有这支军队摆不平的罪过？当然有。例如，西里西亚，隔着波希米亚就是奥地利，却离柏林近，离维也纳远；奥德河从普鲁士往南流到柏林东南 183 英里的西里西亚首都布雷斯劳；那边的奥地利人所为何事？勃兰登堡王室在西里西亚有领土主张权——亚根多尔夫、拉蒂博尔、奥珀伦、利格尼茨、布里格、沃劳等公国，这些公国不是曾经被奥地利占领，就是依据一直不让普鲁士满意的各种安排而割让给奥地利。如今奥地利的王位继承正值混乱期间，玛丽亚·特蕾莎仍然年轻力弱，俄国王座上则是一个婴儿沙皇伊凡六世——要想重申这些原有土地的宗主权，要想挽回原先犯的错误，要想使普鲁士能有地理上更大的统一、更大的基地，现在正是千载难逢的最好时机。

11 月 1 日，腓特烈向国策顾问之一的罗德威尔说："我有一个难题要你解答：某人取得优势时，他是否应该利用这个优势呢？我的军队枕戈待旦，万事俱备。要是现在我不用他们的话，我就等于拥有强大又无用的工具一般。要是我用兵的话，人家会说，我恃强凌弱。"罗德威尔建议说这种做法不道德。腓特烈回应一句说：从来有哪一次国王受到道德约束胁阻过的？难道他在所谓"强权"的那一窝狼群中还有时间来履行"十诫"不成？不过，腓特烈·威廉在向玛丽亚·特蕾莎保证，维持其父《国事诏令》中遗赠给她的领土完整，保证过普鲁士给她支持，但这项誓约也附带有一个条件，即奥匈帝国对普鲁士在尤里赫和伯格两地宗主权提出主张时给予帮助；而奥匈帝国当时未曾给予支持，反而与普鲁士为敌。如今这个血海深仇非报不可。

12 月，腓特烈派遣特使向玛丽亚·特蕾莎说明，要是她肯承认腓特烈对西里西亚部分领土主权的话，他愿意保护她。他料到这项提议会被拒绝，因此，他派遣部分兵力——3 万人——前进。这支军队于 12 月 23 日——腓特烈的特使抵达维也纳两天前——越过边界进入西里西亚。"第一次西里西亚战争"（1740—1742 年）由此开始，这就是奥地利王位继承战争的第 一阶段。

奥地利继位战争（1740—1748）

普鲁士军队似乎未遭遇一点抵抗就通过了整个西里西亚。在奥地利的统治下受到某种程度迫害的那半数人口——新教徒——以欢迎拯救者的心情欢迎腓特烈。他向天主教徒发誓，并给予完全的信教自由。1741 年 1 月 3 日，他和平地占领布雷斯劳，他保证："没有一所房屋受到掠夺，没有一个居民受到侮辱，而普鲁士纪律更是光芒四射。"这一次领土占据得最为斯文。玛丽亚·特蕾莎命令内普格元帅在摩拉维亚召集一支军队开入西里西亚。4 月 10 日，这支军队在布雷斯劳东南 20 英里的莫尔威兹与腓特烈驻扎在西里西亚的主力遭遇。内普格手下有骑兵 8600 名、步兵 1.14 万名、大炮 18 门，腓特烈的骑兵有 4000 名、步兵 1.6 万名、大炮 60 门。这些差异决定了此次战争的走向。奥地利的骑兵压倒普鲁士骑兵，使之抱头鼠窜。施维林元帅劝腓特烈赶快逃命，以免被抓住后又得付一大笔赎金。但国王和骑兵逃走后，普鲁士步兵抵挡了对方骑兵和步兵的攻击；普鲁士炮兵更忙着拿铁通条来装炮弹，致使内普格下令退兵。腓特烈在被请回战场时，看到战事已胜，既高兴又惭愧。他认为他做了错事，不仅表现怯懦，战术也有缺点，他在西里西亚未能巩固战果之前，3 万名兵士散落各地；只有步兵的勇气与平日的训练才赢得此番战事。他在《回忆录》中说："我深深反省自己所犯的错，并在以后设法纠正。"以后他不再怯懦，也很少不顾及战略战术。

军队战败的消息传来之时，玛丽亚·特蕾莎刚生完孩子。由于兵力和财力日渐微弱，她唯一的希望似乎只能寄托于国外的援助。她向好多当初发誓要支持她统治的强国求助。英国审慎地反应，虽然英国需要一个强大的奥地利来制约法国，乔治二世却担心，要是他向邻近的普鲁士宣战，他的汉诺威公国的主权恐怕难保。国会通过拨款30万英镑给玛丽亚·特蕾莎，而英国特使又唆使她将"下（北）西里西亚"送给腓特烈，作为和平的代价。腓特烈愿意接受，"女皇"却拒绝。波兰、萨伏依和荷兰共和国虽然答应协助，但由于派兵极为缓慢，这些援兵的作用几近于零。

法国眼见自己的两个世敌——英国与奥地利——缔盟，急急忙忙和巴伐利亚、普鲁士及波旁系的西班牙联合。我们前面已提到过，法国也有自己的马基雅维利——贝勒·伊斯勒——这个人曾提议过政治劫掠的意见。法国在过去曾应允支持《国事诏令》，如今打算赶快利用玛丽亚·特蕾莎的誓约来占便宜。巴伐利亚的查理·阿尔贝特通过其妻的关系所求登上"帝国"王座的权力主张应获支持，法国答应供应金钱与军队以联合攻打奥地利。若此计得逞，玛丽亚·特蕾莎的领土将仅局限于匈牙利、下奥地利及奥属尼德兰等地；查理·阿尔贝特将被立为王，统治巴伐利亚、上奥地利、蒂罗尔、波希米亚及斯瓦比亚的一部分；西班牙国王的次子将统治米兰人。福勒里反对这项计谋。贝勒·伊斯勒被派去说服腓特烈参与此次阴谋。法国和巴伐利亚于1741年5月18日在尼姆恩堡签订同盟协约。腓特烈不愿参加，他无法眼见法国如此坐大，仍希望与玛丽亚·特蕾莎达成协议。但她只给他微不足道的让步时，他于6月5日在布雷斯劳城和法国、巴伐利亚及西班牙的同盟协约上签字，若奥地利领地瓜分的话，他也想分到战利品。每个签约国都保证本国政府不与他国单独秘密签订合约。法国保证腓特烈拥有布雷斯劳和下西里西亚，还答应促使瑞典与俄国发生战争，派遣一支法国军队，以阻止英国汉诺威王朝介入此事。

如今玛丽亚·特蕾莎已陷入孤立无援的苦境，她决心求诸匈牙利尚武的诸侯。这些诸侯及他们的祖先，在奥地利的统治下吃了很多苦头，利奥波德一世已剥夺了他们原有的政体和传统的权利，他们没有理由来喜爱或援救他的孙女。但她在普雷斯堡城联合国会出现在他们面前时（1741 年 9 月 11 日），他们被她的美貌与泪水感动。她以拉丁文向他们发表演说，承认自己被友邦遗弃，同时宣布，事到如今，她的荣誉和王座都仰仗这些匈牙利兵士的勇气与侠义精神。这些贵族高呼："让我们为吾王而死！"（在此当然指"女王"）——这是传说中的感人故事。事实上他们讨价讨得很凶，而且要她在政治方面做了许多让步。9 月 21 日，她的丈夫弗兰茨·斯蒂芬来到，而且让保姆把 6 个月大的约瑟夫高举在他们面前时，他们的反应极为英勇，许多人高呼："发誓牺牲自己的生命与鲜血。"他们投票决定"全国总动员"，召集所有的人从戎，几经拖延后，匈牙利军队总算开拔西行，准备为女王而战。

如果查理·阿尔贝特继续向维也纳进军，要想挽救可能为时已晚。不过，这时（9 月 19 日）萨伏依也参加与奥地利为敌的联盟，查理·阿尔贝特生怕奥古斯都三世占领波希米亚，福勒里劝巴伐利亚人在萨克森人抵达之前赶紧占领波希米亚。腓特烈唆使查理继续向维也纳前进。查理因为受到法国的资助，听法国的话。腓特烈深恐法国统治巴伐利亚和波希米亚后会成为普鲁士安全上太大的威胁，与奥地利签订了秘密和约（1741 年 10 月 9 日）。为了解救波希米亚，玛丽亚·特蕾莎暂时把下西里西亚割让给腓特烈。

三支军队在布拉格会师：一支由查理·阿尔贝特率领，法国军队由贝勒·伊斯勒带兵，还有 2 万名萨克森人。由于留守部队极为脆弱，波希米亚首府在第一次攻击中即告陷落（11 月 25 日）。这次胜利对于查理来说真是一大不幸。他只顾及波希米亚的战事，巴伐利亚的选帝侯领地则只部署了较弱的防守，因为他做梦都想不到，玛丽亚·特蕾莎在四面受敌的情况下居然还有办法采取攻势。"女王"表现出的应变力真使敌人吓坏了。她从意大利召回 1 万名奥军，匈牙利的兵团也即将开抵维也纳，她把这两支军队交由路德维希·克芬许勒伯爵率领，这位伯爵曾在萨伏依的尤金门下习过兵法。将领领导有方，这两支军队入侵巴伐利亚，而且几乎未遭抵抗就告攻克。1742年2月12日，他们又占领首都慕尼黑。同一天，查理·阿尔贝特在梅茵河上的法兰克福城被加冕为神圣罗马帝国皇帝查理七世。

这时，在每次势力转移时最会见风转舵的腓特烈再度卷入战争。他曾经订过的协定是以守秘为条件的，如今玛丽亚·特蕾莎把这个秘密告诉了法国。这时，腓特烈也风闻这次外交上的秘密私谈，他急忙再与友邦缔盟（1741年12月）。他同友邦商讨一个计划，由他率领一支军队经过摩拉维亚开进下奥地利，然后在该地与萨克森和法属巴伐利亚联军会师，然后一齐开向维也纳。不过，这次他是在极为活跃的敌对民族之间作战，而匈牙利骑兵不断切断他和西里西亚之间的通信。他调头进入波希米亚。在霍图西兹附近，他的后卫部队受到洛林王子查理·亚历山大率领的奥地利部队的袭击（1742年5月17日）。洛林王子身为玛丽亚的妹婿，年方三十，虽然他是他们家族中最聪明、最勇猛的一个，他在战术方面仍无法与腓特烈一争短长。他们两人各率领2.8万名士兵。腓特烈的先锋卫队正好及时赶回，他指挥全军攻向奥军空虚的侧翼，这些奥军有秩序地节节败退。双方损失均极惨重，不过，战争的结果使玛丽亚信服了一件事——她无法同时应付四面八方而来的敌军。她听从英国公使的劝告，与腓特烈签订了明确的和约。而这一次，根据《柏林和约》（1742年7月28日），她几乎把整个西里西亚都割让给腓特烈。第一次西里西亚战争于焉结束。

于是，克芬许勒率领的奥地利部队和查理·亚历山大率领的军队开向波希米亚。法国派驻布拉格的卫戍部队面临包围和饥饿的困扰，法国命令当日在汉诺威曾经击退乔治二世部队的那支军队开入波希米亚。得救后，英国积极参战，挪出50万英镑来支援玛丽亚，同时派遣1.6万人的部队到奥属佛兰德斯。联合行省也捐出84万弗罗林。"女王"把这笔钱变成军力。这些部队中的一支挡住了马耶布瓦向波希米亚的进击。势力一再增大的奥地利部队攻向布拉格。贝勒·伊斯勒和他手下的士兵花了很大的代价逃向埃格尔。玛丽亚从维也纳北进至布拉格，她终于在当地被加冕为波希米亚女王（1743 年 5 月 12 日）。

如今她似乎到处获得胜利。同一个月（5 月），联合行省支援她 2 万大军。一个月后，她的英国友军在戴廷根击溃了她的法国敌人。英国海军掌握了地中海，为她在意大利的战争提供了便利。9 月 13 日，萨迪尼亚国王查理·依曼纽尔一世与奥地利和英国结盟，他从奥地利手中接收伦巴底，每年从英国拿 20 万英镑抵押金，作为出兵 4.5 万人的代价。因此，我们可以说军人是批发买进，国王则以零售卖出。玛丽亚在胜利时的强硬态度一如她在处于逆境时的英勇一般，如今她不只梦想重新收复西里西亚，还想把巴伐利亚、阿尔萨斯、洛林等地并入她帝国的疆域。

腓特烈有一阵子也歌舞升平。他在柏林新盖一座歌剧院，还写诗、吹笛子。他重新邀请伏尔泰。伏尔泰答称自己仍然忠于夏特莱夫人。不过，就在这时，法国内阁惊觉法国正与英国、奥地利、荷兰共和国及萨伏依、萨迪尼亚交战，这才想到腓特烈的天才和勇武之士将是最佳的助力。如果他也能违背自己和奥地利所订合约，那么他当初违背自己和法国所订的条约一事也可以原谅；同时可以说服他，使他相信奥地利凭着复兴后的国力，很可能对他在西里西亚、甚至连普鲁士主权的确保都将构成威胁。谁是最佳人选呢？为何不派伏尔泰前往？他已得到腓特烈的邀请，而且他本人对政治事务一直跃跃欲试。

和平特使伏尔泰再度到德国各处走动，待了 6 周之久（1743 年 8 月 30 日—10 月 12 日），设法说服腓特烈参战。国王却不首肯。除了一再赞美外，什么也没有送给这位哲学家就把他送回去。不过，随着 1744 年战事的进行，他又开始为自己的安全和夺来的土地的永久化担心。因此，他于 8 月 15 日又展开了第二次西里西亚战争。

他原定首先征服波希米亚。由于萨克森位于柏林和布拉格之间，他把军队开过德累斯顿，这激怒了当时不在国内的奥古斯都三世。9月2日，他的8万大军已开抵布拉格城门，9月16日奥地利卫戍部队投降。腓特烈留下5000名士兵驻守波希米亚首府，然后向南进军，再度威胁维也纳。玛丽亚勇敢反抗。她急忙赶往普雷斯堡，要求匈牙利议会再次派军支援。议会给她4.4万名士兵，很快又追加3万人。她命令查理王子放弃对阿尔萨斯的攻击，带领奥军主力东行截断普鲁士军。腓特烈估计法国军队会追击奥军，而他们按兵不动。他试着迫使查理和他一战，查理王子避过他，前往支援切断普鲁士军队在西里西亚和柏林之间的交通路线。历史于是重演。腓特烈再度惊觉自己的军队被孤立于热忱的天主教徒和深怀敌视的人民之间。匈牙利军队正在前来与查理王子会师，消息传来，说萨克森已公然站在奥军的一边参战。腓特烈深恐被人切断与自己首都和补给来源的路线，于是向北撤军，一面臭骂再度背信的法国人。他命令普鲁士卫戍部队放弃布拉格。12月13日，他返抵柏林，这次不再像昔日那么自豪，因为他已晓得"骗人者人亦骗之"的道理。

局势的变化强烈地冲击着他。1745年1月8日，英国、联合行省及波兰在华沙和奥地利签订合约，要求诸签约国一律恢复各自1739年占有的领土——以此方式使玛丽亚重获西里西亚。奥古斯都三世答应以3万名部队来和英国及荷兰交换15万英镑——每名士兵以5英镑计。1月20日，短命皇帝查理七世去世，时年48岁。在他弥留之际，他对自己寄望帝国和波希米亚王座而导致整个国家败毁一事表示哀伤，他求其子约瑟夫弃绝这些口实，并与奥地利皇室讲和。这位新任选帝侯不顾法国的抗议，遵守这项忠告。4月22日，他撤回称帝的主张，并同意支持弗兰茨·斯蒂芬公爵担任帝国王位的职务。奥地利部队于是自巴伐利亚撤离。

至此，"女王"不仅想到重拾西里西亚的失土，还要瓦解普鲁士，以抵制腓特烈的野心。法国在丰特努瓦战胜英国联军（1745年5月

11日）使她暂时感到困扰，不过，就在当月，她把军队的主力调往西里西亚，并令其找机会与敌作战。在得到萨克森兵力支援后，奥地利军队和腓特烈在霍恩弗雷德堡遭遇（1745年6月4日）。这次他在战略上的技巧救了他一命。他把骑兵散开，占领一座山头，作为炮兵轰击敌人步兵的据点。经过7个小时的激战杀戮后，奥军和萨克森军败退，留下4000具尸体及近千名俘虏。这次战役是西里西亚战争期间具有决定性的一仗。

英国再度以外交方式求和。1745年复辟军入侵，使英国被迫把最优秀的部队撤离佛兰德斯；马雷夏尔·萨克斯为法国攻城陷镇，甚至连英国设在奥斯坦德城的主要基地也攻占，乔治二世深恐胜战连连的法军会攻抵他最心爱的汉诺威城。曾经以"求和"的罪名把华尔波尔革职的英国议会，如今也倦于这种不仅消耗数以千计的人命，还花费了好几百万英镑的战争。英国公使努力促使玛丽亚和腓特烈言和，以使奥地利和英国的兵力能够全力对付那支由战绩几乎与其甲胄同高的将领率领的、如虎添翼的法军。女王拒绝。英国以撤销一切援助，结束所有补助金作为要挟。她还是拒绝。于是英国邀请腓特烈前往汉诺威城参加会议，英国和腓特烈的代表在会场签订单独和约（1745年8月26日）。英国接受《柏林和约》的条款，确认普鲁士对西里西亚的主权。腓特烈答应支持推选斯蒂芬为皇帝。10月4日，斯蒂芬在法兰克福被加冕为皇帝，玛丽亚则成为皇后。

她命令诸将继续再战，于是他们分别在波希米亚的索尔城（9月30日）和亨纳斯多夫小城（11月24日）与普鲁士军遭遇，在人数方面占优势的奥军吃了两次败仗。安哈尔特-德苏的利奥波德率领的一支军队也进兵萨克森，并在凯瑟尔斯多夫城（12月15日）痛击了守卫德累斯顿城的驻军。腓特烈在军队战胜后赶来，未遇抵抗，对德累斯顿城很宽大。他禁止劫掠，保护奥古斯都三世的儿子，使之毫发无损地逃往布拉格。他答应自萨克森撤兵，条件是选帝侯肯和英国一样承认腓特烈占有西里西亚，并放弃一切对玛丽亚的援助。奥古斯都同意了。在被英国和萨克森背弃后，玛丽亚终于签订了《德累斯顿和约》(1745 年 12 月 25 日)，把西里西亚和格拉茨郡割让给普鲁士。第二次西里西亚战争结束。

　　奥地利王位继承战争至此已不具意义，战事仍未了结。法国为了统治佛兰德斯，与奥地利和英国作战；法国和西班牙为了意大利的统治权，又同奥地利和萨迪尼亚作战。奥地利在意大利的战果正好与法国在尼德兰的战果互相抵消。最后，争战的双方都因财源的枯竭而非因对大屠杀的厌恶而签订合约。根据《艾克斯·拉·柴培尔条约》，经过从 4 月一直拖到 11 月才达成的协议，奥地利王位继承战争以悲剧结束。腓特烈对西里西亚的权利获得承认，而这是列强八年来竞相破坏之后唯一看得见的一点成果。虽然萨克森胜利，法国仍把尼德兰南部归返奥地利，承认汉诺威王朝在英国的势力，并同意把爱德华驱出法国国境。

　　列强休战八年，好让妇女努力生儿育女为诸国王侯的竞赛补充另一回合所需的兵力。

腓特烈回国（1745—1750）

　　疲惫不堪的这位胜利者回到柏林（1745 年 12 月 28 日）后发誓："从今以后我至死维护和平！"普鲁士外（还有该国国内的一些人）全欧的人都骂他是一个阴险的窃贼，却景仰他是一个成功的小偷。伏尔泰谴责他的杀戮，却又称赞他为"大帝"。对这位诗人的抗议，腓特烈 1742 年这样回答：

　　　　您问我说我的同胞同意毁灭世界多久。对这个问题我的答案是：尽管我对此事一无所知，不过，战争是时势风气所趋，据我估计，时间可能很长。圣父修道院不以与我通信为耻，并送我一本关于重建欧洲和平，并使之垂诸无疆之休的好书……这项计划的未获实施，是只有全欧的同意及一些类似的琐事而已。

他以那本死后出版的《我们这一代的历史》（*Histoire de Mon Temps*）作为自己向欧洲所作的辩白，他在书中采用马基雅维利的原则，认为国家的利益重于私人道德的规定：

> 也许后世的人看到这些备忘录中有关和约签了又毁的记载时会极感惊讶，这种举动虽然在过去也有过先例，但有先例不能作为本书作者行为正当的说辞，除非他有更好的理由。国家的利益应该当作君王遵循的规定。在下列诸原因中之一存在时，协约能够加以撕毁：（1）友邦不守约定事项时；（2）友邦准备欺骗你，而你除了抢先机外别无他法时；（3）巨大的压力施诸你身，逼你毁约时；（4）你无法继续战争时……我认为个人小心翼翼地遵守诺言是理所当然之事……要是有人欺骗他，他可以请求法律保护他……但是，要是甲君主违背了乙君主签订条约的条款时，乙君主又到哪个法庭控告呢？个人之言只涉及个人的不幸，而君主之言可能给全国人民带来普遍的灾祸。这一切的一切可以化成一个问题，那就是：整个民族毁灭了好还是君主毁约好？难道有哪个傻瓜会对这个问题犹疑不决吗？

腓特烈也同意基督教神学的看法，认为人性本恶。某学校的督察苏尔策向他表示"人类天生的趋向是向善而不向恶"的意见时，国王这样回答他："你不懂这可恶的人类。"腓特烈不仅接受拉罗什富科认为人性完全以自我为中心的分析，他更相信，要是没有警察约束的话，人类在追求自己的利益时，绝对无法无天。由于国家是个人的集合体，而这种集体的自我为中心的看法没有法律来约束，只有其他国家的势力才足以威胁一个国家。因此，"国家的首号仆人"（腓特烈自称）的首要义务就是把国家的力量组织起来防御，这包括预先防御。

因此对于腓特烈而言，就跟其父一般，军队成为国家的基础。他建立起一种细心监督、悉心规划的经济；他保障制造业与商业；他派出人马到欧洲各地网罗技艺高明的工人、发明家和工业界人士。不过，他又认为这一切到头来都将化为泡影，除非他把军队组织成全欧训练最彻底、最守纪律、最信得过的军队。

在有了这样一支军队、加上纪律后，他认为无须把宗教拿来辅助维持社会秩序。有一次，不伦瑞克的威廉王子问他，难道他不认为宗教是统治者权威最佳的支持，他回答说："我觉得秩序和法律两者已经足够……你说的宗教不存在时，各个国家都已治理得令人称道。"不过，对维持"秩序"有贡献的那些道德观念的诱导这一方面，他还是接受宗教的协助。他保护境内各种宗教，却坚持由他指定天主教的大主教，西里西亚地区更是如此。每个人——包括希腊正教徒、穆斯林、唯一神教派、无神论者——都可以随心所欲地崇拜各种神明或什么也不崇拜。然而有一个限制：宗教方面的冲突被滥用或太激烈时，腓特烈就加以干涉，有如对付任何有碍于内部和平的威胁一般。到他晚年之时，他较能容忍人们对上帝的抨击，比较无法忍受人们对他的政府所做的抨击。

这位造成欧洲的恐怖、哲学家崇拜的偶像的人到底长什么样呢？他身高 5 英尺 6 英寸，不太足以当指挥官。年轻时身体还算健硕，经过 10 年的治理国事与征战后，他变得消瘦、胆怯、紧张。两眼尖锐，带着看穿别人、怀疑别人的智力。他也能说笑，其机智更不亚于伏尔泰的敏锐。要是没人惹火他，他是很可亲的。他是一位极严酷的国王，很少让公正受到慈悲的影响，他在安详地看着士兵被鞭打时还能和同胞大谈哲学。他讥讽别人的利嘴有时伤害到他的朋友。他生性吝啬，偶尔也大方一下。他惯于别人服从他，逐渐变得专制，难得听人家的忠告，更不去求人提出意见，更不用说接受劝告。他忠于亲近的人，却瞧不起整个人类。他很少和妻子交谈，限制她用钱，而且把她谦卑地列出她所需物品的字条当着她的面撕毁。大致说来他对威廉明妮很好，有时候她也会觉得他太冷酷。其他妇女，除了来访的公主外，他一律和她们保持距离。他对于女性的柔美及胴体或性情的魅力毫无兴趣，他更厌弃沙龙里的那种闲谈。也许他更喜欢狗。到晚年时，他最钟爱的伴侣就是猎犬。这些猎犬在他床上睡觉，他要求在这些猎犬的坟上树碑，还下令说在他死后把他埋葬在它们附近。他觉得又要当一个成功的指挥官，又要做一个可亲近的人，两者实在难能得兼。

1747年，他患了一次中风，前后半个小时不省人事。其后他以稳定的习惯和节俭的养生之道来维持不稳定的健康。他睡在单折的铺有薄席的床上，靠阅读来催眠。他中年时每天只要睡五六个小时即已足够。夏天通常三四点或5点起床，冬天则稍微晚一点。他只留一个仆人侍候他，主要是为他生火、刮脸。他瞧不起那些要别人帮他穿衣的国王。他不以身体的整洁或衣着的华丽闻名。他半天穿长袍，另外半天穿着卫兵的制服。他早餐先喝几杯水，再喝几杯咖啡，再是几块蛋糕，最后是许多水果。早餐后吹笛，一面抽烟一面思考政治与哲学。每天11点左右，他总去参加部队操练。他在中午的正餐，通常伴随各种会议。一到下午，他又成了作家，花一两个钟头来写诗或历史。我们马上就会知道，他是当时家族里面最佳的历史学家。在处理几个小时的行政事务后，他和科学家、艺术家、诗人、音乐家共同轻松一下。晚上7点，他也许在某个音乐会上担任笛手。8点30分就是他闻名的晚餐时刻了，通常（1747年5月后）是在无忧宫开饭。这些餐会上他邀请的是最亲近的朋友、来访的贵宾及柏林学术院的名士。他要与会者随便些，忘记他是国王，畅所欲言。与会者除了政治不谈外，真的放胆畅谈。腓特烈自己大谈特谈，话特别多，也特别博学，特别抢眼。利涅王子说："他谈话的内容包罗万象，有如百科全书一般，文艺、战争、医学、文学、宗教、哲学、道德、历史、立法等方面轮番以摘要的方式一再提及。"只要再加上一个人，这种宴会就成为心智的聚餐了。这位先生于1750年7月10日果然来了。

伏尔泰在德国（1750—1754）

连他本人都对这次接待感到满意。腓特烈以高卢式的礼节欢迎他。伏尔泰向黎塞留报告说："他拿着我的手亲吻，我也亲吻他，把自己当作他的奴隶。"他在无忧宫得到一间极为华丽的房间，正好在皇家御宫上面。国王的马匹、车夫、马车，还有厨师，都供他使唤。十多名仆人侍候着他，上百名王子、公主、贵族，还有皇后本人都来看他。他正式担任国王的御前大臣，年俸 2 万法郎，主要的工作是纠正腓特烈的诗与讲话中的法文错误。他成为一人之下的权贵。一个来访的德国人认为那次交谈"胜过书本千百倍的有趣"。伏尔泰后来回忆说："世界上任何一个地方没有比那里在有关怀疑人类的言谈方面有更大的自由。"

他是一个易发狂喜的人。他在写给阿让塔尔的信（1750 年 9 月）中写道：

> 经过 30 年的暴风雨吹袭后，我总算找到了一个避风港。我得到国王的保护及与哲学家交谈的机会，还有易于亲近的人那些可爱的天性，这一切的一切都集合在一个人身上，这个人 16 年来一直想安慰我的不幸，保护我免受敌人的侵害……我在这里得到永远宁静的命运。要说世界上有什么是确实的，那就是普鲁士国王的个性。

他写信给德尼斯夫人，请她前来同住。她却很聪明地挑了巴黎和情人。她还警告他不得在柏林久居。和国王之间的友谊（她说）总是不保险的。他却改变了主意和嗜好。人总得处处提防，不要去冒犯皇家的情绪和意愿。伏尔泰迟早会发现自己是一个仆人和囚犯，而不是什么朋友。

这位愚蠢的哲学家把信寄给腓特烈看，腓特烈为了保住这块瑰宝，这样回信（8 月 23 日）：

> 我已看过令侄女从巴黎写给你的信。她对你的感情我极赞佩。如果我是德尼斯夫人的话，我也会和她有一样的看法。不过，由于事实上我还是我，我的看法与她不同。成为使我的敌人不幸的原因，我会极为失望；那么，一个我所景仰、我所爱，而且为我牺牲了他自己的国家，及对于人道来说最足珍惜的东西的人，我如何会希望他不幸呢？不会的，我亲爱的伏尔泰，要是我能预见你从法国搬来会给你带来丝毫不利的话，我一定是第一个劝你打消这种搬家的念头的人。我一定会珍惜你的幸福，胜过我能拥有你的最大快乐。但是你是哲学家，我也是哲学家；那么，除了让哲学家住在一起、研究同样的东西、以共同的兴味和相似的思想方式结合外，难道有更自然、更简单、更合乎事理的安排方式能给他们彼此更大的满足吗？……我可以肯定地告诉你，你在这里一定很快乐，你一定被当作文学和有鉴赏力的人们之父。你一定会从我这里得到有你的成就的人能从景仰他的人身上得到的一切慰藉。晚安。

这位老哲学家只花了 4 个月的工夫就把乐园毁了。伏尔泰虽是一个百万富翁，却无法很平静地错过广聚财富的机会。萨克森的国家银行发行过一种纸币，叫作公债证券，如今价值已惨跌至原票面额的一半。在《德累斯顿和约》中腓特烈曾经要求过，说普鲁士人购入的这种债券到期后应以面值的黄金数额偿付。有些狡诈的普鲁士人在荷兰以低价购入这种公债证券，再在普鲁士以全额换回。1748 年 5 月，腓特烈为了表示对萨克森公平起见，下令禁止这种进口货。1750 年 11 月 23 日，伏尔泰在波茨坦把一个名叫亚伯拉罕·希尔施的犹太银行家召到腓特烈跟前。根据希尔施的说法，伏尔泰曾经要他到德勒斯顿以面值 35% 的价格帮他购买价值 18430 埃库的公债证券。希尔施力称曾向伏尔泰提出过警告，说这些银行纸币无法合法带进普鲁士。伏尔泰（据希尔施称）答应过保护他，而且曾给他巴黎和莱比锡的兑换状。为了担保这笔款项，希尔施还把被估价值 18430 埃库的钻石交由伏尔泰保管。经纪人走后（12 月 2 日），伏尔泰反悔，而希尔施在抵达德累斯顿后，也决定不做这笔交易。伏尔泰停止兑换状的付款，使那个银行家折返柏林。据希尔施的说法，为了让他保持沉默，伏尔泰买了价值 3000 埃库的钻石，想贿赂他。估价之事起了争执，伏尔泰冲着希尔施的脖子施以一拳，把他击倒。由于得不到更大的补偿，他把希尔施逮捕，并把这次纷争诉诸公审（12 月 30 日）。希尔施揭穿了伏尔泰想要购买萨克森债券的阴谋。伏尔泰矢口否认，说他派希尔施到德累斯顿去买貂皮，但谁也不相信他。

腓特烈知悉这件事后，从波茨坦发出一封愤怒的信给当时在柏林的伏尔泰（1751 年 2 月 24 日）：

> 我本来很乐意接待您到我家来，我景仰您的天分、才华和成就，我也有理由认为，一个年龄像您这么大的人，在置身于暴风雨中，感到疲惫之际，到这里来是有如找一个安全的港口一般来找庇护所。
>
> 不过，您在初来这里时，您就以有点奇特的方法要求我不让费内隆从巴黎发布消息，而我竟然软弱得……答应了你，虽然您无权决定我要谁来做事。巴库德·达朗特冒犯过您，大方的人早该原谅他；有报复心理的人才会整那些他们仇恨的人……虽然达朗特没对我怎么样，却因您的关系才不得不走路……您和一个犹太人做了世界上最邪恶的事。这件事已成为大街小巷物议的丑行。由于有关公债证券的事在萨克森已成为众所周知的事，使人们对我抱怨不已。
>
> 在我个人说来，您未来之前我家一向宁静平和；现在我警告您，要是您有心要计谋，想结党的话，您找错对象了。我爱的是

和平、安详的人，他们不会在行为中加入悲剧色彩的情感。要是您肯决心过哲学家的生活，我很高兴能见到您。不过，要是您自甘臣服于您的感情带来的暴行，而且跟全世界争执的话，您来也对我没有好处，不如留在柏林。

审理法院判决伏尔泰胜诉。他向国王谦卑地道歉，腓特烈也原谅了他，不过劝他"不要再吵架，不要跟《旧约》吵，也不要跟《新约》吵"。其后伏尔泰不再住在无忧宫，而是附近一处名叫马奎萨特的乡间宜人的小屋。国王虽派人向他保证重新景仰他，但伏尔泰没有相信那些话。皇家诗人送来一些诗，请他润饰其中的法文。伏尔泰卖命地改，改得极不客气，结果惹火了原作者。

伏尔泰这时写成他那首名叫《论自然》的诗。该诗想在自然中找到上帝，主要按照蒲柏的诗句演绎而成。更重要的是那本《路易十四时代》一书，他在这忧患的几个月里整理完成，并在柏林出版（1751年）。他急着要在时势迫他离开德国之前将之付印，因为只有在腓特烈的统治下，这本书才能逃过审查一关。他在8月31日写给黎塞留的信上说："你也很清楚，（在巴黎）没有一个负责审查的人不以删改或扣留我的作品为乐，并以之为其职责。"法国禁止卖这本书，荷兰与英国的书商刊印盗版，连一文版税也没有给伏尔泰。只要注意到这一点，我们可能更能了解他对金钱的喜爱。除了教会人士和政府机构外，他还得和这些流氓书商一决雌雄。

《路易十四时代》是伏尔泰的作品中准备得最彻底、最谨严的一部。他早于1732年就已有了腹稿，却于1734年才动笔，1738年又将之搁下，然后于1750年再动笔。为了写这本书，他一共阅读了200本书及无数本未付印的回忆录，并咨询了数十位"大时代"的人物，研究了卢瓦和柯尔伯等主教留下来的原始文件，并向诺瓦耶公爵借阅路易十四留下来的手稿，还在卢浮宫的档案室找到未曾用过的重要文件。遇到互相冲突的证据时，他总是细心谨慎地衡量，达到极高的可靠性。与夏特莱夫人在一起时，他想成为科学家，结果失败了。其后，他恢复写历史的老本行，在这方面他的成就是一大革新。

1739 年 1 月 18 日，在一封信中他曾表明他的目标："我的主要对象不是政治与军事史，而是艺术、商业、文明等方面的历史——简单地说，就是人类心智的历史。"更清楚的是他 1736 年在写给塞奥特的信中所说的：

> 我搜集路易十四时代的逸事时，我要的并不只是有关国王本人的，我更需要的是他在位期间发达的各种艺术。我喜欢有关拉西纳、布瓦洛、基诺、吕里、莫里哀、勒布伦、布歇、普桑、笛卡儿及其他的细节，而不喜欢有关斯滕凯尔克之役的细节。指挥兵团与舰队的人死后只留下了一个名字，赢了 100 次战争，对人类也没什么成果可言。而我刚才提到过的那些伟人为未降生的各世各代的后人准备好既纯洁又耐久的愉快。连接两个海的运河、普桑的一幅画、一出美好的悲剧、发现了的真理，这些东西都比宫廷的年鉴、战役的叙述珍贵 1000 多倍以上。你们都知道，我把伟人列在第一，所谓"英雄"则敬陪末座。我所谓的"伟人"，就是那些在"有用"与"宜人"方面有优异表现的人。专门蹂躏各个省份的人只配称为"英雄"而已。

要是军事方面的英雄自野蛮主义中挽救文明的话，也许伏尔泰会把他们的地位从最后一名提升一点。这位除了文字之外任何武器一窍不通的哲学家会乐于把同类的地位提得那么高，这也是很自然的事情。他原计划整本书都谈文化史，由于夏特莱夫人建议他谈谈各国的"通史"，他加入了谈政治、战争、宫廷诸章，使这本书成为在他笔下逐渐成形的那本更大的《通史》的同类延续。这也许就是文化史无法在该书其余各章连成一体的道理。该书前半部专谈政治史与军事史，然后有几节专谈礼仪（"特性与掌故"）、政治、商业、科学、文学、艺术与宗教。

这位被禁锢的作家很羡慕地回顾诗人（表现良好的话）受到国王礼遇的那个朝代。他之所以强调路易十四对文学和艺术的支持，目的是旁敲侧击地攻击路易十五对这种支持的漠不关心。由于前一时期的伟大在回顾中显得有如镀了金一般的突出，其专制与宗教迫害则为人淡忘，伏尔泰多少把这位"太阳王"加以神化，也津津乐道法国诸将的战绩——虽然他也非难对巴拉丁地区人民的蹂躏。不过，批评他的人在这次首度进行完整史的尝试面前销声匿迹。当时有眼光的人都明白，这是一个新的开始——把历史当作文明的传记、当作由艺术和观点变为文学与哲学的东西。该书出版不到一年，查斯特菲尔德伯爵就在写给他儿子的信中说：

> 伏尔泰从柏林寄给我一本他写的《路易十四时代》。这本书来得正是时候，博林布鲁克爵士刚教我读历史的方法，伏尔泰又告诉我该怎么写历史……该书是人类的理解史，由一个天才为有智识的人所写的……他没有我见过的历史学家在宗教、哲学、政治、国家等方面的偏见，他在叙述此等事物时都极忠实、极不偏袒，只要可能的话，都带着我们必须永远保存的那份关切。

在从事文学方面的忙碌工作的同时，伏尔泰也担心自己在腓特烈宫中的不安全。1751 年 8 月，经常读作品给国王听的欢乐物质主义者拉梅特里把他们主人的话传给伏尔泰："我最多再留他（伏尔泰）一年（来纠正我的法文）。人在把橘子挤过后总是把橘子皮丢掉。"有人怀疑腓特烈说出这种话的真实性，腓特烈不会这么神秘兮兮的，拉梅特里希望伏尔泰下台则不无可能。伏尔泰在 9 月 2 日写给德尼斯夫人的信中说："我尽可能想尽办法不去相信拉梅特里的话"，"不过，我还是不明白"。10 月 29 日给她的另一封信说："我还是梦见那块橘子皮……从钟楼掉下去的人发现自己在空中安然无事时说：'不错，只要能维持下去。'这个人十分像我自己。"

　　闯入这出闹剧的还有另一位住在德国的法国人。腓特烈说，同一王宫里的两个法国人中总要有一个没命。柏林学术院院长莫佩尔蒂是无忧宫贵客中尊荣仅次于伏尔泰的上宾。也许伏尔泰未曾忘记夏特莱夫人曾经喜欢过莫佩尔蒂的往事。1751年4月，伏尔泰举行了一次餐宴，莫佩尔蒂应邀前来。伏尔泰说："你的那本《论欢乐》一书使我欢喜异常，只有少数晦涩的文字例外，我们改天找个夜晚谈谈。""晦涩？先生，对你来说也许是有一点。"莫佩尔蒂不悦地应声。伏尔泰把手搭在这位科学家肩上。"院长先生，"他说，"我敬仰你。你勇敢，你好斗。我们可以来一下。不过，我们且吃吃国王的烤肉吧！"他写给阿让塔尔的信（5月4日）中说："莫佩尔蒂的风度并不讨人喜欢。我和他不合，据说他的资料中掺入羡慕的成分……他是一个有点乖戾的绅士，不太合群。"1752年7月24日，给德尼斯夫人的信中说："莫佩尔蒂已处心积虑地散布谣言，说我觉得国王的'作品'很糟糕。还说我向某人提到过国王交给我的诗句，说：难道他老是把脏亚麻布拿来给我洗（献丑），自己不腻吗？"我们不敢确定莫佩尔蒂是否真把这个谣言传给腓特烈，伏尔泰却认为真有其事，因而决心一斗。

　　莫佩尔蒂对科学的贡献之一是"最少作用原理"——世界上一切运动的效果似乎都由达到这一结果所需的最小之力气来达成。由于莫佩尔蒂的关系才成为柏林学术院一员的塞缪尔·科尼希（Samuel Koenig）发现了据称是莱布尼茨一封未付印的书信的复本，其中早已提到过这种原理。他写了一篇有关他的发现的文章，在印行之前他却把它交给莫佩尔蒂，而且答应，要是院长不同意的话可加扣留。莫佩尔蒂也许是因为匆匆看完的关系，居然同意其印行。柯尼希把这篇文章刊印在1751年3月号莱比锡的学报上。结果引起了一阵骚动。莫佩尔蒂要柯尼希把莱布尼茨的那封信交给学术院。柯尼希答称他仅在其友亨齐的文件堆中见过该文的抄本，而他的这位朋友早于1749年被吊死。他把这份复本抄了一份，再把它交给莫佩尔蒂。莫佩尔蒂还要见原件。柯尼希才承认说如今原本已无法找到，因为亨齐的文件在他死后早已散置各处。莫佩尔蒂把这件事交给学术院处理（1751年10月7日）。秘书交给柯尼希一份强制令，要他拿出原本。他办不到。1752年4月13日，学术院宣布莱布尼茨那封假想的信是冒牌货。莫佩尔蒂并未到会，他因痨病吐血感到不适。柯尼希向学术院提出辞呈，并发布《对大众诉愿》（1752年9月）的文章。

柯尼希有一段时间在锡雷当伏尔泰和夏特莱大人的贵宾，前后住了两年。伏尔泰决定为他以前的朋友打击现在的敌人，于9月18日发表了一篇《一个柏林学术院院士对一个巴黎学术院院士的答复》的文章，为柯尼希的案子再次声明，并做结语：

> 莫佩尔蒂先生在科学的欧洲面前，不仅被指控剽窃与谬误的双重罪名，还被指控滥用职权来迫害自由讨论、迫害老实人……我们学术院中许多院士抗议如此露骨的行径，要不是生怕惹国王不高兴的话，真会离开学术院！

这篇文章虽未署名，腓特烈还是看穿了伏尔泰狡诈的手腕。他没有大发雷霆，反而写了一篇答复文章，在那篇文章中，伏尔泰的《答复》被描写成"怀恶意、怯懦、声名狼藉"，而其作者更被标上"无耻的骗子""丑恶的土匪""愚昧的中伤的捏造者"等恶名。这篇文字也不署名，标题页上却画有普鲁士兵器与鹰、权杖和皇冠。

伏尔泰因而被激怒。他从来受不了让敌人攻击自己到无语的地步，也许他已决心要与国王决裂。他写给德尼斯夫人的信（1752年10月18日）中说："我虽然没有权杖，但我有笔杆。"他逮住了一个大好机会，原来莫佩尔蒂不久之前（1752年在德累斯顿）才刊印了一系列的"信札"，在信中提议向地底下挖掘地洞，可能的话最好挖向地球中心，以便研究地层构造；把埃及的金字塔之一炸毁，以发现金字塔的目的与结构；建立一个只许说拉丁文的城市，让学生们到那里住上一两年，用他们学习本国语言的方式来学拉丁文；医生只有在治愈病患后才收费；够量的鸦片烟可使人预见未来；适当地照料身体可使我们延年益寿。伏尔泰抓住这些"信札"的漏洞有如老鹰抓小鸡，仔细地略过其中说得对的部分及幽默的痕迹，而把其余的部分欢欣地把玩于他机智的双角上。因此，他在1752年11月写成了著名的《医师和教皇的宗教裁判官——阿卡其亚博士的议论》(*Diatribe of Dr. Akakia*, *Physician and Ordinary to the Pope*)。

"diatribe"（恶骂、诽谤）这个字在当时的意思是议论，"akakia"则是"单纯而不狡猾"的希腊文。这位所谓的医生一开头就以显然无邪的口吻怀疑像柏林学术院院长这么伟大的人竟然会写出这么荒谬的书。总归一句话："这个年头最流行的，莫过于由年幼无知的作家来以知名之士的名字刊出配不上那些大作家水准的作品。"这些"信札"一定就是此类赝品，饱学的院长绝不可能写出这种没意义的东西。阿卡其亚博士更坚决反对病患只在病愈后才付钱给医生——这项建议一定在伏尔泰绞痛的心里激起了怜悯之情："难道当事人在败诉之后就可以剥夺律师拿诉讼手续费的权利吗？医生答应协助，但没答应过一定治愈。他尽一切本事来医治，也就依据这项标准来收费。"要是说学术院的院士每犯一个错就从其年薪中扣除几许杜卡特，而在一年内每说一句荒谬的话，也一样扣除些许杜卡特，院士们的感受将是如何？这位医师进而详述伏尔泰指出的莫佩尔蒂的作品中他认为的错误或谬误之处。

那篇文章并不是像一般人印象中充满机智的讽刺性文章，一部分重复了又重复，而一些指责更是毫不留情地在鸡蛋里挑骨头。不过，伏尔泰对自己这一手极为得意，使他抵挡不住眼见该文印成之后的快感。他把该文的一份手稿送交海牙某印刷商。同时，他把另一份手稿呈递国王。腓特烈私底下同意莫佩尔蒂有时自负到难以忍受的程度，他虽然喜欢这篇笑骂文章（至少有人这么说过），却禁止伏尔泰将之出版。显而易见，这件事涉及柏林学术院的尊严和权威。伏尔泰允许他保有那份手稿，那篇讽刺性文章却在荷兰出版。不久，有3万份流传于巴黎、布鲁塞尔、海牙、柏林等地。其中有一份传到腓特烈手中。他以极强烈的字眼来表达他的愤怒，使伏尔泰逃往都城一个朋友的住处。1752年12月24日，他从窗口往外看去，看见国家执行官公开烧毁他那篇"议论"。1753年1月1日，他把红衣大臣的金钥，还有荣誉十字勋章，一并交还腓特烈。

　　这次他真的病了。丹毒烧去他的眉，赤痢折磨他的肠，伤寒侵蚀着他。2月2日开始，他整整两周卧病在床，一位探病者说他已经"完全像骷髅"。腓特烈动了怜悯之心，派遣自己的私人医生去为这位诗人看病。病况有起色后，伏尔泰写信给腓特烈，请国王允许他到普隆比耶尔，听说那里的水可能治愈他的丹毒。腓特烈命令秘书回信（3月16日）说："他随时可以辞职不干，无须以普隆比耶尔的水为托词；不过在临行之前一定得好心地把……我委托他的那本诗集……掷还给我。"18日，国王邀请伏尔泰再度搬进无忧宫的老房子。伏尔泰搬来住了8天，显然和国王言和，却没把诗交出。3月26日，他向腓特烈辞行，两个人都假装这次分离只是临时性的。国王说："保重贵体最要紧，别忘了我期待着你拿到仙水后能再聚会……一路顺风！"以后他们再也没有见过面了。

　　这份具有历史意义的友谊虽然就此告一段落，但荒诞的仇视和敌对继续存在。伏尔泰带着秘书和行李，坐着自己的马车前往萨克森莱比锡这个安全的地方。他在那里以体弱为由耽搁了3个礼拜，一面增加《议论》一文的内容。4月6日他接到莫佩尔蒂寄给他的一封信，信中说：

　　　　公报登载你在莱比锡耽误了行程，因为你病了；私人的消息则向我保证，说你之所以在那里停留，目的是出版一些新的中伤文字……我素未与你为敌，未曾写过诽谤你的文章、发表过中伤你的言论。我一直以为，对你已在国外散布的那些鲁莽的文字做答辩实在不值得……不过，要是你的用意真是想再度攻击我，而

且攻击我的人格……我只有郑重向你宣布……老夫身体壮得很，
走到天涯海角都追得上你，还要好好向你报仇。

伏尔泰还是把润饰过后的《议论》和莫佩尔蒂的信一并出版。这
份如今已增为 50 页厚的小册子成为德、法两地各国王宫茶余饭后的
话题。威廉明妮从拜罗伊特写信给腓特烈（1753 年 4 月 24 日），承认
她在阅读这份小册时，自始至终都无法忍住不笑。莫佩尔蒂没有实践
自己的恐吓，有些人认为他并不是因仇恨与悲愤未雪而死。他比"阿
卡其亚博士"还多活了 6 年，1759 年因肺结核死于巴塞尔城。

4 月 19 日，伏尔泰又搬往哥达。他在该城投宿一家大众旅馆，萨
克斯-哥达公爵及夫人立即赶来说服他到他们王宫去住。由于这个小
王宫喜爱文化，以公爵夫人的名义召集了许多显达与文人，伏尔泰朗
读他的作品给他们听，连喧闹作乐的《女仆》也念给他们听。然后再
前往梅茵河畔的法兰克福，"报应"在那里赶上了他。

腓特烈眼看着伏尔泰继续和莫佩尔蒂斗，担心这个不负责任的人
会不会把自己所作的那些诗公之于世，因为这些秘密出版的书中有一
本仍在伏尔泰手上——那些诗有的很猥亵，有的是讥讽基督教的，有
的是对当时的君王的叙述，调侃多于尊敬，因此很可能会惹火一些
有权势的人。他对住在法兰克福的普鲁士人弗赖塔格下令拘留伏尔
泰，直到这个小丑把他们友谊的蜜月期间国王送给他的诗和许多装饰
物交还。虽然法兰克福是一个"自由市"，仰仗腓特烈的地方还是很
多，因此该市不敢干预这些命令。而从伏尔泰的角度来说，还是普鲁
士国王的臣子正在向国王请事假期间。弗赖塔格 6 月 1 日到伏尔泰前
一晚抵达的金狮旅店，很有礼貌地把勋章和诗集要回。伏尔泰允许他
检查行李，并把装饰品带回去，至于国王写的那些诗，他说可能放在
一个已经运往汉堡的箱子里。弗赖塔格下令监视他，直到那只箱子从
汉堡运回来。6 月 9 日，这位盛怒的哲学家看到德尼斯夫人的抵达而
安慰不少。她见他憔悴的模样，为之一惊。"我早知道那个人（腓特

烈）会把你整死！"6 月 18 日，那只箱子运回来了，那本诗集找到后也交了出去。但就在同一天，波茨坦又来了一个新的指令，命令弗赖塔格在没有进一步的命令到来之前先维持"现状"。伏尔泰的耐心几乎已达极限，企图逃走。6 月 20 日，他把行李留在德尼斯夫人那里，带着秘书偷偷地逃离法兰克福。

在他们还没抵达该市辖区边界之前，弗赖塔格便追上，把他们带回市区，以囚犯的身份把他们囚在山羊旅店，因为弗赖塔格称"金狮的老板不愿伏尔泰再踏足他的店，因为他吝啬到令人难以置信的地步"。至此，伏尔泰的钱悉数被看管他的人夺去，还有他的手表及身上佩戴的珠宝和鼻烟盒——由于他哀求说鼻烟盒是他不可或缺的东西，马上退还给他。6 月 21 日，腓特烈下令释放伏尔泰的信送到，不过弗赖塔格认为向国王报告说伏尔泰曾企图逃走之事乃职责所在，他是否应该获释？7 月 5 日，腓特烈回信说还是照样释放。被拘禁35 天之后，伏尔泰总算获释。7 月 7 日，他离开法兰克福前往美因茨。德尼斯夫人折返巴黎，希望能为伏尔泰踏上法国国土的许可之事奔波。

他被逮捕的消息已经传开，事到如今，不管他走到何处，总是受到欢迎与赞美，因为除了威廉明妮外已经没有人欢迎腓特烈，伏尔泰虽然有那么多恶行，依旧是当时最伟大的诗人、剧作家和历史学家。他在美因茨住了 3 周后又带着和王子一样多的随从动身前往曼海姆和斯特拉斯堡两地（8 月 15 日—10 月 2 日），他在那里想象自己已经踏上法国国土而欢欣。然后他前往科尔马（10 月 2 日）。威廉明妮在前往蒙特利埃途中路过科尔马城，前往访问他，而且"慷慨地"安慰他。他的体力已恢复了许多，而且还给来信抱怨自己大腿越来越胖的德尼斯夫人回了许多大胆的信：

> "亲爱的"，我可爱的孩儿，你的双腿和我的双腿会怎么说呢？要是四条腿能并在一起，那就好多了……你的腿不是长来吃

苦的。这两条即将被亲吻的可爱大腿如今却被含羞地对待。

　　他以较谦卑的语气写信给蓬巴杜夫人，求她说服路易十五，准许他回巴黎。不幸的是，海牙一个盗印书籍的出版商此时出版了一本被篡改过的《通史录》，就是伏尔泰那本未完成的《通史》的删减本，书中有一些对基督教极为尖刻的非难。该书在巴黎很畅销。路易十五对蓬巴杜夫人说："我不希望伏尔泰到巴黎来。"科尔马市耶稣会的人士要求把他驱逐出境。他也试过以在耶稣复活节那天吃圣餐的方式来平息教会人士的愤怒，唯一的结果是：他的朋友和耶稣会的人士联合起来，称他是伪君子。孟德斯鸠评论说："你们留意看伏尔泰吧！他不晓得把头摆在何处。"然后又补上一句说："好人要比美貌的人有价值得多。"

　　这位无家可归的哲学家绝望地想离开欧洲到费城定居，他很羡慕宾夕法尼亚州的精神和富兰克林的成就。当时富兰克林刚刚完成把闪电和电连在一起的工作。"要是海洋不使我头晕到支持不了的地步，我愿意到宾夕法尼亚州教友派信徒群中度我余年。"1754 年 6 月 8 日，他离开科尔马城，在洛林郡的本笃修道院找到庇护所。博学的唐·奥古斯丁·卡尔梅特担任该修道院的院长。该院图书馆藏书 1.2 万册。伏尔泰在院中与修士共同生活了 3 周，找到安宁。7 月 2 日，他又迁往普隆比耶尔，总算喝到了当地的水。德尼斯夫人在那里陪着他，其后一直是他的情妇。他又开始流浪，回到科尔马，发现住得不舒服，又往前行，在第戎住了一夜，再到里昂住了一个月（11 月 11 日—12 月 10 日）。他在老友、债务人黎塞留公爵家里做客一周。然后，也许是怕连累到他，又搬进皇宫旅社住。他到里昂学术院讲课，得到一切殊荣。他有些剧本在当地戏院中上演，他的精神也因掌声为之一振。他本想在里昂定居，无奈唐森大主教反对，伏尔泰只有离去。他知道只要他留在法国，迟早会被逮捕。

　　1754 年底，也许是 1755 年初，他越过朱拉山脉，进入瑞士国境。

第八章 | 瑞士与伏尔泰

（1715—1758）

喜庐

伏尔泰总算在日内瓦城门外、仍是该城管辖区内的里昂路上找到一处可以安全、平静地躺下休息的地方。这个宽敞的别墅名叫"圣贞"，有梯形的庭园往下通到罗讷河。由于该国法律禁止将土地售给瑞士新教徒以外的人，他准备了所需的 8.7 万法郎（1755 年 2 月），经拉巴特·格朗古和让·特罗岑两个经纪人，买下这笔地产。他抱着一股久居都市的人的热情，买了小鸡和一头牛，耕了一块菜圃，还种了一些树。他花了 60 年的时光才体会到"自己的田园自己开垦"的道理。他认为，他总算可以把腓特烈、路易十五、巴黎议会、大主教，还有耶稣会的事抛诸脑后，可惜他的疝痛和头痛依旧存在。他很喜欢这个新居，把它命名为"喜庐"。喜庐时至今日仍在（1965 年），虽然占地已小了许多，由日内瓦市加以维护，作为伏尔泰纪念馆。他写信给塞奥特时说："我幸福得有点不好意思。"

他这种聪明的投资赚了一大笔钱，他也就尽情享受。他养了 6 匹马，有 4 辆四轮马车、一位马车夫、两名跟班、一名侍从、一个法国厨师、一名秘书，还有一只猴子——他喜欢拿它来和"人"这种动物比较。统理这个地产的人是德尼斯夫人，埃皮奈夫人于 1757 年造访喜庐时描写这位夫人，说她是：

> 矮胖的妇人，身体圆圆像个球，约 50 岁光景……丑而善良，并无恶意地不诚实。她没有智慧，却似乎有点聪明；她……也写诗，争辩时有时有理，有时无理……不会过分矫揉造作，最重要的是她不开罪别人……她崇拜她舅舅，既把他当舅舅，又把他当爱人。伏尔泰爱她，嘲笑她，又崇敬她。总而言之，这个房子可以说是各种矛盾对立的庇护所，有着旁观的人觉得好玩的景象。

另一个造访者——名气逐渐加大的诗人马蒙泰尔则描述这位庄园主："我们抵达时他躺在床上。他伸出双手，抱抱我，喜极而泣……他说：'你总算在我临死的时候来到，过来使我恢复生气，或是接受我最后一次的叹气。'……过了一会儿他又说：'我一定起来陪你吃饭。'"

喜庐有一点美中不足之处——冬天太冷。骨瘦如柴的伏尔泰需要温暖。他在洛桑附近发现了一个小小的隐居之处——蒙里翁——它的位置刚好避开了北风的吹袭。他把它买了下来，1755 年至 1757 年冬天总到那里住几个月。1757 年 6 月，他在洛桑城大橡路买了一栋在意大利称得上是王宫的房子，有 15 扇窗子可以俯瞰湖水。如今（1965年）已成艺廊，其中有伏尔泰少许较不重要的遗物。在那里他不会受到教会人士的抗议，他演出话剧，通常演他自己的作品。他写道："宁静是一件极美的事，然而怠倦……也是出自宁静之家。为了驱逐这两者之间丑恶的关系，于是我开了一家戏院。"

他在日内瓦和洛桑两地之间来回奔波，因而与瑞士结缘。

境内诸郡

塞缪尔·约翰逊于 1742 年问道："在这样一个由许多不同社区、

宗教各异的团体组成的整体，虽然人民十分好战，若要举兵，本极容易，但这个团体因何而能相安无事？到底用的是什么锦囊妙计？彼此利益又是如何协调的？"

这个由三种民族、四种语言、两种宗教构成的神妙的组合体，1515年以来即与外界相安无事。盗贼讲义气，也不去袭击它，因为它土地太小（最长处南北仅227英里，最宽处东西仅137英里），自然资源贫乏，地势多山，而且民风彪悍到令人生畏的地步。瑞士的军队之优仍冠于全欧，可惜维持费用极为高昂，只有将军队高价租予不同的政府，1748年共有6万名这种雇佣兵为外国服务。在某些国家，这种军人成为该国军事设施的常驻兵。这些军人成为教皇和法国诸王最钟爱、最信得过的侍卫，全世界都知道1792年8月10日瑞士侍卫军为了保护路易十六而英勇战死至最后一卒的事迹。

1715年，13个州组成瑞士邦联：其中，阿彭策尔、巴塞尔、格拉鲁斯、沙夫豪森、苏黎世等州以新教徒德国人为主；琉森、施维茨、索洛图恩、翁特瓦尔登、乌里、佐格等州则是信奉天主教的德国人；伯恩则既有德国人又有法国人，既有新教徒又有天主教徒；弗里堡多是信奉天主教的法国人。该邦联于1803年允许阿尔高、圣加伦和图尔高、蒂西诺和沃德入盟。1815年，又有3个新州加入：日内瓦、瓦莱，还有一个法国人称之为格里松而德国人称为格劳宾登的地区。

瑞士虽然也是共和国，但其民主方式与目前流行的说法不同。每个州成年男子的一小部分——通常是世家——选举一个由200人组成的"大议会"（"普及议会"）和一个由24人至64人组成的"小议会"。"小议会"再任命一个更小的"秘密会"和一个担任主要执行官员的市长。权力并不区分，"小议会"兼充最高法院。乡间诸州将选举权限于土生的家庭，其他居民，不论移居多久，一律视为被奴役的阶级加以统治。这种寡头政治在瑞士极为普遍。琉森将任职为官的候选资格限制在29家，只有其中有一家消失时才可以另选一家加入行列。伯恩州虽有243个家庭有权被选任为官，但有68个家庭依例任官。1789 年，俄国历史学家尼古拉·卡拉姆辛（Nikolai Karamzin）记述说苏黎世的公民"对本人荣衔自负的程度有如国王以王冠为傲"，因为"150 多年来没有一个外邦人士得过该州的公民权"。

州政府似乎都倾向专制主义的家长政治。苏黎世议会颁布过命令规定三餐、饮酒、抽烟、驾车、婚礼、衣着、个人的打扮、蓄发、劳工工资、产品品质、日用品的价格等。而事实上，苏黎世州内 12 个公会的理事长自然而然地成为"小议会"的会员，因此这一州比较起来是极为合作的一州。18 世纪末，歌德记载说苏黎世湖畔给人"一种最高、最优秀文化的迷人和理想的概念"。

在诸州中，伯恩州的是最大、最强的一州。它的领土占了瑞士的 1/3，有最繁荣的经济，其政府更被公认为有远见、效率高的政府。孟德斯鸠把它拿来和共和时期黄金年代的罗马相比。英国教士、博学的历史学家威廉·科克斯（William Coxe）描写 1779 年 9 月 16 日他看到的该市的景象时说：

> 我踏进伯恩城时，被该城特有的整洁和美丽的市容震惊。几条主要道路长而宽敞，虽说道路不直，却弯得很顺眼。房子几乎是清一色的，在拱廊之上以灰色的石头盖成。在街道的中央一条石制运河上流着最清澈的溪水，许多喷泉除了对居民有利外，更兼而美化了市容。阿尔河几乎环绕了整个城市，在比街道低很多的岩石河床上曲折而行……邻近的乡村开垦得很彻底，有山丘、草地、树林和水池……远方的地平线上更是一连串崎岖不平、山顶终年积雪不融的高山峻岭。

伯恩州贵族最大的错误是在处理沃德这件事上。这个人间仙境从日内瓦市郊区沿着日内瓦湖瑞士这一边一直延伸到洛桑（该州首府），而且一直朝北到纳沙泰尔湖滨为止。伏尔泰和吉本在这些可爱的湖畔及长满葡萄的山丘上享受着高度文明的生活，卢梭也在这里长大、受苦，并在沃韦附近的克拉雷斯安家。这个地区于 1536 年划归伯恩州治理，其公民丧失任官权，在异族遥远的统治下烦躁不已，经常起而反抗，可惜均未成功。

各州对别人的自治采取监视的嫉妒态度。每个州都自认为是最高统治者，可以自由宣战，自由与外邦缔盟，因此天主教诸州与法国在路易十五在位期间联盟。为了减少各州之间的纷争，每州派遣代表前往在苏黎世召开的瑞士国会。然而这个邦联会议的权力极为有限，它无法把该会的决议强制加诸不愿接受之州。该会的决定若想有效，必须全体同意方可。自由贸易虽在原则上被接受，又被各州之间税则冲突抵消。没有通用货币，州际的道路也没有共同管理。

虽然有自然障碍和立法上的限制，经济活动却极兴盛。农奴制度除了靠近德国或奥地利边界少数区域之外已告绝迹，几乎所有农人都拥有自己耕作的土地。在"森林区各州"（乌里、施维茨、翁特瓦尔登、琉森等州）的农人因为地理因素的关系贫穷；苏黎世周围的农人则很富庶；伯恩州有许多农人因细心、坚持畜牧而聚积了大笔财富。漫长的严冬和运输的困难迫使瑞士把农业和工业加以合并，纺纱或制造手表的同时也耕作田圃或种植葡萄。弗里堡早以其格吕耶尔乳酪而闻名，苏黎世以其花边，圣加伦州以其棉花，日内瓦以其钟表，纳沙泰尔也以其花边，而全瑞士更以其酒驰名于世。瑞士的财政更是当时全欧羡慕的，瑞士商人更是到处活跃。巴塞尔推展与法国和德国的贸易，苏黎世则致力同德、奥贸易，巴塞尔、日内瓦、洛桑等地都与阿姆斯特丹和海牙竞争印刷中心的地位。在哈勒和卢梭欣赏并夸赞瑞士诸湖撩人的美景和瑞士境内阿尔卑斯山的壮观后，旅游业对邦联经济上的贡献越来越大。

瑞士的道德标准可能比斯堪的纳维亚半岛以外欧陆各国都要高，该半岛和瑞士类似的天然条件造成了同样的结果。农人家庭可说是勤奋、节制、团结和节俭的典型。城市中也有少数政治腐败及贩卖官位的事情发生，但即使在这些地方，气候不佳及山区地形的限制、新教徒的伦理，造成道德方面的稳定。瑞士人不论贫富，衣着都很朴素。瑞士境内禁奢令规定依旧很严，而且执行得彻底。

宗教半是组成政府，半是带来纷争。百姓被强制规矩地到礼拜堂做礼拜，由于城镇太小，匪徒无法在群众中躲藏。礼拜天几乎是表现无休止的虔诚的一天，据说苏黎世诸旅店在礼拜天唱赞美诗时随着歌声的扬抑而颤动。但敌对的各教——加尔文教派和天主教——则示范了最恶劣的行为典型，因为这些教派解放了恨意而锁住了心。有些天主教掌政的州严禁举行天主教以外的礼拜仪式，新教徒的州则禁止新教之外的礼拜仪式。法律禁止脱离该州的教会另行组织独立教派。1747 年，琉森州的雅各布·施米德林就因企图组成一个脱离教会独立的虔信派运动，受酷刑之后而死。新教诸州要求候选担任政治、教会或教育方面职位的人必须发誓是正统的加尔文教派信徒。教会和州政府检查得很严格。在"森林区各州"，农人的贫穷、暴风雨、山崩、雪崩、植物病虫害、水灾和周遭山陵的险峻合在一起，产生了对在怒目而视的山巅和旋风里的恶魔的恐惧之心。受到侵袭的乡下人为了吓唬那些超自然的敌人，请求教士们给予伏魔的咒语，并以庆典仪式来祈福保障其羊群。烧死从事巫术者的处罚，日内瓦早于 1652 年废止，伯恩于 1680 年、苏黎世于 1701 年、天主教各州于 1752 年也先后废止。

这种无知的情况因州立学校和公共图书馆的设立而获得启蒙。巴塞尔大学因宗教狂热而式微，该校几乎一点也不欣赏约翰·雅各布和丹尼尔·贝努里等人的成就，更使尤勒逃往较亲善的学堂。即使如此，瑞士产生了足以与其人口成比例的学者、诗人和科学家。我们前面已提过苏黎世的博学之士约翰·博德默尔和约翰·布廷格赖，他们两人因为反驳戈特舍德对布瓦洛和古典公式的偶像崇拜而对德国文学产生深远的影响。他们颂扬英国诗优于法国诗，把莎士比亚和弥尔顿介绍给德国读者；他们使古歌（1751 年）和吟游诗人重新出现。他们两人的教条传给莱辛、克洛普施托克、席勒和年轻的歌德，打开了德国浪漫主义运动的时代及对"中古时期"兴趣的再现。一个名叫萨洛蒙·格斯内（Salomon Gessner）的苏黎世诗人刊印了《牧歌》（*Idyllen*，1756 年）——这些田园诗描写的田园极美，使欧洲各国争相抢译，威兰德和歌德等诗人更是登门造访。

除了卢梭，18 世纪最值得怀念的瑞士人是伯恩州的哈勒，他是当时当地最伟大的诗人和科学家。他先后在伯恩、图宾根、莱顿、伦敦、巴黎、巴塞尔等地学习法律、医药、生理学、植物学和数学。回到伯恩后，他发现了阿尔卑斯山，发觉其美丽、壮观及线条美，而谱之入诗。他 21 岁时（1729 年）刊印了一卷抒情诗，名叫《渴望阿尔卑斯》（*Die Alpen*）。热心的科克斯认为该书"有如该诗歌描述的山一样崇高与不朽"。这本书在各方面可能都领先于卢梭。该书邀请全世界的人来景仰阿尔卑斯山，使自己的灵性获得提高，也可见证上帝的存在；谴责都市是奢侈和无宗教的深渊，必然导致肉体与道德的腐败；同时赞扬农夫与居住山间的人，因为他们身体健硕、信仰笃诚、淳朴善良；更呼吁男女老少离开城市，到宽阔的野外过更淳朴、更清醒、更健康的生活。

然而，哈勒是以科学家的身份为全欧所熟识的。英王乔治二世于 1736 年授予他哥廷根大学植物学、医学和测量学的教授资格。他在该校执教 17 年，由于名气甚大，牛津大学和哈勒大学都邀请他前往执教，腓特烈大帝更希望他继莫佩尔蒂之后担任柏林学术院的院长，叶卡捷琳娜二世也曾设法劝他前往圣彼得堡，而哥廷根则想请他担任大学校长。他却退隐伯恩，担任保健官、经济学家、州长，并极力筹编该世纪最伟大的科学巨著之一《基本人类心理学》，这本书我们以后还会再提到。

在研究科学的这几年中，他依旧维持着宗教方面虔诚的正统和严格的道德标准。审美观点和哈勒匹敌的卡萨诺瓦于 1760 年分别拜访过哈勒和伏尔泰。现在我们来重温一下卡萨诺瓦的记载：

> 哈勒个子高大，有 6 英尺高，体型宽大——在身体和智力方面都是一个巨人。他很亲切地接待我，而且毫无保留地、既精简

又谦虚地答复我所有的问题……我告诉他，我还想见见伏尔泰先生时，他说我这么做很对，又一点也没有醋意地说："伏尔泰先生是一个值得认识的朋友，虽然，跟物理学的原理刚好相反，有许多人知道他这个人远看时更伟大。"

数日后，卡萨诺瓦在喜庐见了伏尔泰——

"伏尔泰先生，"我说，"这是我一生中最值得骄傲的一天。我在您门下前后达 20 年，能得拜见师父真是欢喜。"

然后他问我从何处来。

"从罗歇城来。没有见过哈勒之前真不想离开瑞士……我把您留在最后造访，当作'最佳的回忆'。"

"你对哈勒满意吗？"

"我一生中最高兴的三天就是和他在一起。"

"恭喜你。"

"我很高兴您能公平对待他。我又为他未能公平待您而感到遗憾。"

"哈！也许我们两个都搞错了。"

1775 年，哈勒留给世人的最后一部书是他印行的《有关最近几次抵制"启示录"……的自由思想的尝试的信》。该书是他为抵消伏尔泰的那本《百科全书质疑》的努力之作。他写了一封感人的信给这位恐怖的异教徒，邀请他（已 81 岁）重新捕捉"天才一接近，马上飞走的宁静"，"然后，全欧最有名的人才会兼而身为最快乐的人"。哈勒自己从未宁静过。他生病时焦躁不安，因为他对疼痛极为敏感。"他老年抽上鸦片，鸦片虽然可暂时止痛，只增加了他天性的不耐烦。"他很害怕地狱，时常责难自己施予"骗局和其他滑稽太多"。他总算于 1777 年 12 月 12 日获得安息。

日内瓦

日内瓦在 18 世纪并非邦联的一州，而是一个分离的共和国——市区和邻近僻远之处——说法语，信加尔文教派。达朗贝尔在其所著《百科全书》中，在"日内瓦"一条中很羡慕地把他 1756 年所见的日内瓦描述为：

> 说来真难得，一个居民不到 2.4 万人、领土区域不到 30 个村庄的城市居然能够独立，而且成为欧洲最繁荣的社区之一。因自由与商业带来财富，各地烽火四起，该市却不受波及。震荡欧洲的几次危机对于它来说只是一个奇观，该城只是隔岸观火，却不参与其事。在自由和贸易方面与法国相连，在商业和宗教方面与英国相关，日内瓦很公正地评论这些强国之间的战争，而该城极为聪明，谁也不偏袒。它评估全欧各政权时，既不奉承阿谀哪一个，也不伤害或惧怕哪一个。

法国胡格诺派教徒的迁居给日内瓦带来繁荣。他们把自己的积蓄和技艺带过来，使该市成为全世界钟表业的中心，埃皮奈夫人估计从事珠宝业者约有 6000 家。瑞士银行家的机智和创意极为著名，雅克·内克尔和阿尔贝特·加拉丁这两位日内瓦人后来分别成为路易十六的财政部长和杰斐逊总统任内的财政部长。

如同其他地区一样，日内瓦政府也为特权阶级把持。只有父母和祖父母两代都是日内瓦市民，而且本人也出生于日内瓦的人才有资格获得遴选。在这个贵族阶级之下的是中产阶级——有从事制造业者、商人、零售商、公会头目及这些行业的从业者。这些为数不及 1500 人的贵族和中产阶级人士，每年都在圣皮埃尔大教堂集会，推选一个由 200 人组成的"大议会"和 25 人组成的"小议会"。这些议会选举 4 位地方行政长官，每人任期一年，担任该州行政首长的职务。第三个阶级的"居民"——父母是外国人的居民——没有选举权，而第四个阶级"纳替夫"（natifs）——则是非土生的日内瓦人在该市生下来的小孩。占人口 3/4 的纳替夫除了纳税外，没有任何公民权。他们不准经商或就业，也不许在军中任职或担任公会理事。这个小共和国的政治史就这样随着中产阶级想参政、下层阶级争取投票权的争斗运转。1737 年，中产阶级举兵反抗贵族阶级，并迫其接受新宪章：投票者均有被选入"大议会"的候选资格；"大议会"对战和、缔盟、课税有最后决定权；立法权仍属"小议会"所有。纳替夫虽然仍无选举权，却已获许从事某些职业。政府依旧是寡头政治，但办事效率提高了，贪污的陋习相对较少。

影响力之大仅次于贵族阶级的，是加尔文教派的宗教法庭。它掌理教育、道德与婚姻，而且不允许教外人士干预其权利。虽然不设大主教，而且也没有僧侣，哲学家达朗贝尔仍赞许日内瓦教会的道德，并把该市描写成庄重、节制的岛屿，并把它拿来和法国上层阶级道德的败坏做对照。埃皮奈夫人在经几次通信后赞赏"自由的民族、奢侈的敌人……的严格礼仪"。然而，根据教会的说法，日内瓦的年轻人是沉溺于有歌舞助兴的餐馆中的恶魔，而家庭祷告已被省略。人们在教堂里交谈自若，使有些因享乐过度而对人生感到乏味的信徒也在后座猛抽烟斗，好让讲道快点结束。宣道师总抱怨说他们只能在精神方面处罚信徒，而他们的布道越来越被忽视。

伏尔泰发现日内瓦教会人士中有些在神学理论方面较为进步时，内心极为喜悦。他们到喜庐享受主人热切的招待，同时私底下承认自己很少保留加尔文严厉的教义。其中有一个名叫雅克·维尔内的，在其著作《基督教简介》（1754 年）中透露，对成年人讲道时应以理智为根据，但"对一般人来讲……以通俗的方式来说明这些真理会更有用，如用一些合适的例子来……加深大众心中的印象"。伏尔泰写给西德·埃维勒（Cid Eville，1756 年 4 月 12 日）的信中说："日内瓦已不复是加尔文在世时的日内瓦——相去甚远，如今该市已经是哲学家满街跑的都市。洛克主张的'合理性的基督教'几乎是全部牧师的宗教；而附属在道德系统之下的那种对'至高的圣灵'的崇拜则是几乎所有官员信奉的宗教。"在《论道德》（1756 年）一书中，在排斥加尔文处死塞尔维图斯扮演的角色后，伏尔泰又说："看来今日似乎对塞尔维图斯的骨灰有一种'歉意'，新教各教堂那些饱学的宣道士……已爱上了他（唯　神教派）的观点。"达朗贝尔在造访日内瓦和喜庐（1756 年）后，一面跟某些教士谈话，一方面又和伏尔泰对照注释，为那本《百科全书》的第 7 卷（1757 年）写了一篇有关日内瓦的文章。他在文中对日内瓦教会的自由主义颇表赞许：

> 他们之中有好多都不相信耶稣基督的神性，他们的领袖加尔文却很热心地拥护这种说法，因此把塞尔维图斯烧死……地狱——我们信仰中的要点之一——对于今日日内瓦的许多牧师而言已不再如此了。根据他们的说法，如果把这个充满了善良与公正的上帝想象成会拿永恒的痛苦来折磨我们、来处罚我们的过失，那么这是对"圣神"的一大侮辱……他们相信来生会有报应，不过有时间性，因此，造成新教和罗马公教之间分离的主因之一——炼狱的说法——是时至今日他们之中有许多人承认死后唯一的处罚。这又使人的相互矛盾史中增加了另一章。
>
> 一言蔽之，许多日内瓦的宣道士除了苏西尼派的说法外一点也没有别的宗教，排斥一切所谓"神秘学"的一切，同时想象说真正宗教的首要原则是不找那些有违理性的事物来信……宗教真已被降格为对唯一的上帝的崇拜，至少在平民阶级以外的人士心中是如此。

日内瓦教会宣读这篇文章时，他们一致警觉——保守分子为加尔文派讲道坛上居然出现如此的异端而震惊，自由派人士则因自己私底下的异教说法居然被拿来公开而讶异。"宣道士协会"调查嫌疑分子，他们很热烈地驳复达朗贝尔的说法，又发布了一个正式确认加尔文教派为正统的声明。

加尔文本人是达朗贝尔赞许的那种不适宜的开明的部分原因，因为他先前创设的那所学院已成为全欧最佳的教育机构之一。该校虽也传授加尔文学说，却不过火。该校设有极佳的古典文学课程，也为日内瓦的各级学校培植了许多优秀的教员——经费全由政府负担。对外开放的图书馆拥有藏书 2.5 万册。达朗贝尔觉得"人民的教育水准高于其他地方"。科克斯听见商人很有见解地谈论文学和政治时颇感讶异。18 世纪的日内瓦在科学方面也有贡献：生理学和心理学方面有查理·伯内特（Charles Bonnet），气象学和地理学方面有贺拉斯·索绪尔（Horace de Saussure）。在艺术方面则真正把让·利奥塔尔献给全世界，他在日内瓦和巴黎两地学成之后前往罗马，为克莱门特十二世和许多红衣主教绘肖像，然后前往君士坦丁堡工作 5 年，再到维也纳、巴黎、英国和荷兰，以画像、色粉画、瓷釉画及玻璃上的雕刻和绘画来维生。老年时他画了一幅极为忠实的自画像，看上去比伏尔泰更像猴子。

日内瓦在文学方面表现平平。刊物严厉的审查制度使文学的创意和冲劲受到窒息。戏剧被认为是风波的温床而被排挤。伏尔泰于 1755 年首次把那出名叫《扎伊尔》的剧本演出时——在喜庐的起居间演出——教会就在喃喃嘟哝，却又容忍了这次"罪恶"，认为这是贵宾个人的缺点。然而，伏尔泰在日内瓦年轻人中组成一个演艺人员的公司时，"宗教法庭"（1755 年 7 月 31 日）呼吁"大议会"强制执行"1732 年和 1739 年有关严禁公、私剧本演出的条款"，并命令各本堂牧师禁止教区内的居民"在所谓'伏尔泰'家的悲剧中演出"。伏尔泰虽声称深感内疚，却在其冬天的居处洛桑演出戏剧。也许由于他的建议，达朗贝尔才在前面提到过的那篇有关日内瓦的文章中加入请求撤销禁令的文字：

并非日内瓦人自己反对戏剧（的观赏），而是因为（听说）
日内瓦惧怕剧团使年轻人产生对华丽的衣着、放荡、佚乐喜爱的
兴趣。不过，严格的法律若执行得彻底，难道这些缺点真补救不
了吗？……文学的进步不会导致不道德的增加，日内瓦也可能把
斯巴达的智慧和雅典的文化结合起来。

宗教法庭对这项请求置之不理，不过卢梭在一篇著名的《为观剧
一事致达朗贝尔函》中做了答复。伏尔泰在买下费内的领地后，钻了
这项禁令的漏洞，在靠近日内瓦边界不远却是法国土地上的夏特莱纳
盖了一家戏院。他在那里写剧本，请巴黎的头号红演员亨利·列肯来
演出开幕第一天的戏。日内瓦的各本堂牧师虽禁止前往观赏，但由于
演出颇受欢迎，每当有列肯出场的当天，剧院正厅后面在节目开始前
好几个小时早已座无虚席。这位沙场老将终于获得胜利，1776 年"大
议会"总算结束了禁止演戏的规定。

新史

一个观赏列肯在伏尔泰所著《塞米拉米斯》一剧中演出的观众，
描述作者的模样：

伏尔泰本人在此次演出中不是最不重要的，他坐在头号包
厢的对面，全场观众都看得见他，像一个入迷的观众那样鼓掌，
有时敲拐杖，有时大叫——"无法再好了！……噢！感谢上帝，
表演得太好了！"……他无法控制自己的情绪，以致列肯离开
舞台时……他跟着列肯跑……我们再也无法想象得出更滑稽的
场面，因为伏尔泰很像闹剧中的老头子——袜子卷至膝盖以上，
穿着"美好的往日"流行的服装，除非有拐杖支撑，否则站不
住脚。老态龙钟的标志都显现在他脸上，面颊深陷起皱，鼻子

拉长，双眼几乎消失不见。

在戏剧、政治、接见访客和垦殖庭园之外，他还抽空写成并印行了在喜庐中完成的巨作，其中一部因谣传内容不道德而臭名远播，另一部则开创了史书写作的新纪元。

《女仆》自1730年以来一直视为一种文学娱乐而与他同在。他显然没有把它出版的念头，因为该书非但拿有英雄气概的"奥尔良贞女"开玩笑，而且讽刺了天主教堂的教义、罪恶、仪式和权贵。他的朋友和敌人都在流传的手稿上加上伏尔泰本人没有写上的猥亵和狂欢的描写。1755年，他正逐渐在日内瓦获得平静时，巴塞尔城出现了这首诗经窜改后的盗印本。这份刊物被教皇查禁，被巴黎议会烧毁，被日内瓦警察当局没收。一个巴黎出版商因为1757年重印该诗而被判刑。当然，伏尔泰否认该诗出自其手笔。他把几份比较正经的原诗分别送给黎塞留、蓬巴杜夫人及某些政府官员。1762年，他把这一份印行，这一次则未受到困扰。他在《论道德》中对圣女贞德设法做较公正、较不夸张的描述，以作为对她的赎罪。

他打算把这本论著当作自己的杰作，也在某种意义上当作以崇敬之心来写成纪念这位女士的文章。他已将夏特莱夫人对她认识的现代历史家所加的侮辱当作一项考验：

> 晓得瑞典的埃吉尔继承了哈奎因，知道奥托曼是奥托如尔之子，这对于我，一个住在自己田庄的法国女子，有何关系？我已欣喜地看完希腊人和罗马人的历史，这些人给我留下了深刻的印象。不过我一直无法看完我们现代国家中任何一国漫长的历史。除了混乱外，我什么也看不出来。一大串毫无关联、毫无次序的小事，成千上万次什么也没解决的战争……我弃绝了只会弄晕头却一点也不启示我们的那种研究。

伏尔泰虽同意她的说法，不过他知道这只是"写成"的历史。他为当时的偏见对过去造成的各种变形、扭曲感到哀伤，在这层意义上"历史……只不过是我们对死者所玩的把戏而已"。"历史只不过是大家同意的寓言而已。"这句话显然是费内隆而不是伏尔泰说的。其一致性并不明显。不过，忽略历史又会无尽无休地重复其错误、大屠杀和罪行。通往宽大和容忍的看法——哲学——共有三条通道：第一种是通过经验来研究活着的人，第二种是通过科学来研究空间的事物，第三种是通过历史来研究历史中的事件。伏尔泰曾以研究牛顿的方式试过第二种方法，现在他尝试第三种方法。早于 1738 年，他定下一条新的定律：我们必须以哲学家的立场来写历史。因此，他向这位侯爵夫人建议：

> 要是在这一大堆粗糙、无定形的材料中挑选其中一部分来建造你自己居住的大厦，要是除却战事中的细节……一切沦为无用的卑鄙的协商……要是你又得保留那些形成礼仪的细节，又得从这些混沌局面中理出一幅寻常、明确而停当的图画，要是你在事件中要发现"人类心智的历史"，你信不信你已落后了很长一截？

他前后致力于这项计划达 20 年之久，满怀求知欲地阅读，翻阅参考资料，摘录笔记。1739 年，他为夏特莱夫人勾出《史略》；1745 年至 1746 年这篇文章的部分刊印于《法国信使报》(*Le Mercure de France*) 上；1750 年发行《十字军东征史》；1753 年《史略》以两册在海牙刊印，1754 年则成 3 册。最后，1756 年在日内瓦，这本书的全文以《通史论》为书名，分 7 册出版，其中还包括《路易十四时代》和有关东方各国文明最初的几章。1762 年，他又增加了《路易十五时代简史》。1769 年的版本则确定以《关于礼仪和民族精神》为书名。其中"moeurs"一字不仅指礼仪和道德，还指风俗习惯、观念、信仰和法律在内。伏尔泰没有一直谈论这许多题目，他也没有记载学术、科学、哲学或艺术的历史。大致说来，他的这本书是对古代至他的那一代之间的历史勇敢的趋近。有关东方各国的部分只是粗枝大叶的序曲式的介绍而已，较详尽的记载则从波舒哀的那本《世界史》（1679年）结束的部分开始。伏尔泰写道："我想知道人类从野蛮步入文明采取的步骤是什么？"——他这句话的意思是指从"中古时期"到他所谓的"现代"的时间。

他虽然赞成波舒哀"宇宙历史"的构想，又反对这种历史是犹太人和基督教的历史的想法，及认为这种历史是希腊和罗马这两个和基督教联系密切的国家的看法。他抨击大主教忽略了中国和印度。他也承认自己在历史中寻求一致的题目和程序所做的哲学方面的努力，却不同意历史可以解释为"天意的安排"，或认为每次大事的发生必有上帝介入的说法。他认为历史毋宁是人类由自然因素和人的努力造成的缓慢、蹒跚的进步，由无知进入有知识，从奇迹转为科学，由迷信升为理性。他在事件的旋涡中找不到天意的安排。

根据他这种由于探险家、布道团、商人和旅行者的报道促成的地理学的进步而造成的新的宇宙观，欧洲在历史的万花筒中所占的分量越来越显得无足轻重。伏尔泰对"巴比伦前后1900年来搜集到、后来由亚历山大传入希腊的天文学观察所得，印象深刻"，他的结论是：沿着底格里斯河和幼发拉底河一定有一种传播极广、极度发展的文明存在，不幸这在波舒哀等人写的史书中往往只用三两句话轻轻带过。他更被中国古老、持续、优异的文明感动。这一方面，他认为"使中国人的地位高于任何其他民族之上……然而，现存国家中最古老的中国和印度……这两个在我们之前早已发明了我们未尝拥有过的艺术的国家，在我们所谓的世界历史中，时至今日，却总是被略而不提"。反基督教的战士当然乐于发现并呈现这些比基督教早得多的伟大文化，这些文化不知《圣经》为何物，却在基督降生前的好几百年产生了艺术家、诗人、科学家和圣哲。这种说法使易怒、向人借钱的反犹太人可以把犹太人降格为历史上微不足道的角色。

他也公平地对待基督徒。在他写的书中，并非所有的教皇都是坏人，僧侣也并非尽属寄生虫。对亚历山大三世等教皇他也曾有美言："他废止采邑制度……恢复民权，责罚被加冠的主教的恶行"；他也羡慕尤利乌斯二世"十足的勇气"和"眼光的远大"。他也同情教会想建立一股道德力来监视国与国之间的战争及对国王的不公正所做的努力。他承认西罗马帝国灭亡后，教会的主教在那种分分合合的时代不失为最能干的治理者。此外，

> 在那个野蛮的时代，人民极为狼狈，能够找到修道院当作安全避难所可真是莫大的安慰……事实不容否认，修道院也表现出极大的美德，几乎没有一个修道院没有一些使人性增加荣耀的可敬人士。许多作家认为能在这些虔信的人的避难所中挖出玷污这种美德善行的混乱和破坏是一大乐事。

伏尔泰还是在反对法国的天主教堂这件事上和备战的《百科全书》编纂者站在一起，强调历史上基督教的缺点。他把罗马城迫害基督徒的数字减至最少，而且比吉本更早认识到这种迫害比各教会迫害异教徒的次数少得多，也没有谋杀的成分。在另一件事上他也先于吉本，即认为新宗教已削弱罗马的国力。他认为教士夺权的方式是对无知、轻信的人散布荒谬的教条，使用宗教仪式的那种催眠力来使心智变得迟钝，并强化这些幻觉。他还指控教皇拿一些现在已被公认是伪造的"君士坦丁的捐赠"等文件来扩大自己的势力、增加自己的财富。他更宣布西班牙宗教裁判所和信奉异教的阿尔比教派被集体屠杀是历史上最卑鄙的事件。

他认为基督教世界的中古时期是朱利安和拉伯雷之间荒凉的间奏，但他也是率先承认欧洲思想得自阿拉伯的科学、医学与哲学甚多

的人。他赞美路易九世，说他是理想的基督教君主，但看不出查理曼大帝有何伟大之处、经院哲学有何意义、哥特式的大教堂建筑有何宏伟之处，因为他认为这种建筑只是"粗俗和金银丝细工幻想式的结合体"。基于他那被束缚的心灵，我们自然无法寄望他会懂得基督教的教条和教士制度在形成特性和道德、保存社区的秩序与和平、促进艺术的发展、激发堂皇的音乐的制作灵感，及用庆典、节日、歌曲和希望等来美化穷人的人生等方面的贡献。他是一个好斗的人，然而人在没学会如何去恨之前是打不了胜仗的。只有胜利者才有欣赏敌人的能力。

他记载的事实正确吗？　通常是对的，他当然也犯过错误。阿贝·诺诺特（Abbé Nonnotte）印了两册《伏尔泰的谬误》，还加上自己的一些。罗伯逊本人是大历史学家，他颇为感动于伏尔泰在这么广泛的方面都多半精确。伏尔泰谈论的，是这么多世纪中在这么多国家发生的这么多事实，因此他不讳言只采信原始资料或同代的来源，至于二手的权威资料，他细心谨慎地衡量这个证据的分量后再引用。只要碰到与"常识"矛盾或不符合人类的一般经验的证言，他就开始调查。无疑，他今天如果还健在的话，可能会承认说某个时代被认为无可置信的事，到了下一代可能就是司空见惯的。他立下一条准则："存疑是知识的基础。"因此，他比巴斯德·尼布尔（Barthold Niebuhr）更先否认李维前数章是传说的说法；他对罗慕路斯、雷穆斯和他们的"母亲女神"都置之一笑；他怀疑塔西佗描写提比略、克劳狄乌斯、尼禄、卡里古拉等人的罪恶时可能因为存着报复的心理而过度渲染；他也怀疑希罗多德和苏维托尼乌斯是谣言的散布者，而普卢塔克又太过喜欢轶事，使其记载未能完全采信。然而，他认为修昔底德、色诺芬、波里比乌斯等人都是值得信赖的历史学家。他对僧侣的纪事历感到怀疑，却赞赏迪康热、"谨慎的"蒂耶蒙，还有"有深度的"马比庸。他拒绝沿袭古代想象式的演说习惯，也不接受现代对历史上"描写"的风气。他使个人臣服于意念与事件的一般潮流，他仅崇拜心智方面的英雄。

伏尔泰在《论道德》和其他作品中只暗示出他的历史哲学,却未明白列出。他写了一篇《历史哲学》,并将之置于1765年版的《论道德》之前。他嫌恶思想"系统",也讨厌企图把宇宙硬挤入公式里;他知道"事实"是"一般化"的死对头;也许他还认为任何历史哲学应该跟在事件的叙述之后,并自事件的叙述中引申出来,而非走在其前面来决定事件。然而,有许多广泛的结论都从他的叙述中衍生。他说:文明比所谓亚当和《创世记》早了几千万年;人类的本性基本上不分年龄与国别,都是相同的,后来因不同的风俗而造成各异其趣的风格;气候、政府和宗教正是造成这种差异的根本决定因素,"风俗习惯的帝国远大于自然的帝国";机会和突发事件(在自然律的一般原则下)在造成各种事件时占极重要的地位;历史与其说是由个人中的天才来写成,不如说是人群对本身环境的本能反应来得恰当;用这种方法,人类逐渐地造成文明,产生各个时代精神的那些礼仪、道德、经济、律法、科学和艺术。"我的终极目的总是在观察各个时代的精神,因为指挥世界上大事的,正是这些精神。"

总而言之,根据伏尔泰在其"揭要"所见,历史(一般方法写成的)都是辛酸的悲剧:

> 至此我已看遍了查理曼大帝以来世界经历过的革命大场面。这些战争有何用处?只造成了荒凉和数以百万计的人命!每件大事总是一个大惨剧。历史并未记载和平宁静的时光,它只叙述劫掠和不幸……简言之,一切历史只不过是一长串无用的暴行的持续而已……一大堆罪恶、错误和不幸,其间偶尔也有少数美德和短暂的欢乐时光,如同我们在荒芜的沙漠中偶尔看到零落的小屋一般……由于老天在人心里深植着利益、骄傲及一切私情,难怪……我们所见,几乎就是罪恶和不幸绵延不尽。

这种描述充满了忧郁，仿佛是当初在柏林的那段烦躁的日子或在法兰克福失体面、受挫折的时光写成似的。如果伏尔泰在文学、科学、哲学和艺术方面的历史多花点笔墨的话，笔调本可更明朗些。根据这种笔调，我们不禁怀疑为何伏尔泰肯下这么大精力来详尽地叙述。他可能会这么答复：为了把读者的良知和思想震醒，促使各国政府改换教育和立法模式，以求造就更佳的人选。我们虽然无法改变人类的本性，却可以拿更适宜的风俗习惯和更高明的法律来改善人类本性的运用。若说意念改变得了世界，那么，为什么更好的意念会无法造成更好的世界？因此，伏尔泰最后寄望理智的传播作为人类进步中有耐心的中介，来冲淡他悲观的论调。

《论道德》中的错误不久就被人指出。除了诺诺特外，拉谢尔（Larcher）、奎尼（Guénée）及其他的人都抨击该文中事实的错记，耶稣会的人更是毫不费力地揭发其扭曲事实的偏见。在这一方面，孟德斯鸠也赞成他们的看法，他说：“伏尔泰与不为自己所写的题目而写、反而为自己所属教派的荣耀而写作的那些僧侣一样，他也是为自己的修道院写作的。”伏尔泰针对那些批评做出回应，他之所以强调基督教的罪是因为旁人为那些罪辩护。他引用同一时期对阿尔比教派的讨伐、约翰·胡斯的行刑、连圣巴托罗缪的大屠杀都赞美的作者所说的话，这个世界当然需要一部判这些行为是违反人道与道德的罪行的史书。——也许伏尔泰虽然具有启示他人能力的史书正确写法的观念，他误解了历史学家的功能。他对每个事件、每个人都下断语，而且对之定罪，有如某“公共安全委员会”请求保障并促进学识革命一般。他下判断时，并非依据当事者所处混乱的时代及其有限的知识，而是根据当事者死后才出现的更深的知识水准。此书是在20年断断续续写成，而其间又有许多令他分心的事和忧患，因此该书既无叙述的连续性，又无形式的一致性，更未能把各部分合成连贯的整体。

然而，此书的优点不胜枚举。它涵盖的知识领域极广，也表现出其研究的不懈。该书轻快的文体，既有哲学增加其分量，又有幽默使它易读，使该书凌驾塔西佗与吉本之间大多数史书之上。此书因含有对自由、容忍、公正与理智的爱好而显得有人情味，缓和了其偏见。在此，经过这许多无生命、轻易采信的记事后，史料编纂再度成为一种艺术。在一代的时间之内另有 3 部历史著作把过去发生的事变成文学和哲学：休谟的《英国史》、罗伯逊的《查理五世王朝史》、吉本的《罗马帝国衰亡史》——这 3 本书的精神和部分例证，都取材自伏尔泰的作品。米什莱感激地称这本《论道德》说："这部'历史'已完成了一切史料编纂，繁衍了我们这些史评和著书者。"我们在此，除了在伏尔泰开辟出来的途径上跟进之外，又能做什么呢？

"七年战争"使法国和腓特烈为敌时，伏尔泰对祖国潜伏的爱心再度激起，也许其间也混杂着昔日对法兰克福的怀念，加上新起的对日内瓦的不信任态度。在达朗贝尔的文章写出来，日内瓦的教会人士从教会对他发过誓的胆识退缩后，伏尔泰觉得在瑞士就跟在法国一样不安全。何日他才能重归故园？

仅只一次，幸运之神看上了他。舒瓦瑟尔公爵很欣赏这个逃亡者的作品，公爵于 1758 年调任外交部长。蓬巴杜夫人虽然体力衰竭，而其影响力正处最高峰，而且还原谅了伏尔泰笨拙的举动。国王在后宫闲荡，使法国政府对这个可怕的异教徒重入法境可以睁一只眼闭一只眼。1758 年 10 月，他离开瑞士国境 3.5 英里，成为费内的族长。他已 64 岁，离大去之期已不甚远，但他认为自己是在 18 世纪中最根本的冲突上抵抗着全欧洲最强的势力。

第三部

伏尔泰的思想与宗教的冲突

在若弗兰夫人的沙龙里，艺术家和作家讨论伏尔泰的剧本《中国孤儿》。

第一章 ｜ 学者

知识的环境

知识的成长，受到了惰性、迷信、宗教迫害、检查制度以及教会组织对于教育的控制之阻碍。这些障碍虽然较以往为弱，但仍远较工业文明中为强。在工业文明中，个体、团体及国家间的竞争使得人们不得不寻求新的观念、方法与手段来达成旧有的目的。18 世纪时，大多数人都生活在一个变迁甚缓的环境中。在此环境中，通常传统的观念便足以满足各项生活所需。当常理无法解释的异常情况或事件发生时，一般人便将之推至所谓超自然的缘由，而不加深究。

当启蒙运动兴起之时，仍有上千的迷信残留着。出身名门的贵妇听到不吉利的占星术，会吓得战栗起来，或者相信如果一个贫妇点燃一根蜡烛，让它漂浮在一个杯子里，用来纵火焚烧塞纳河上的一座桥，将可使一个被淹死的婴儿得以复活。孔蒂公爵夫人曾经允诺过勒鲁（Leroux）神父，若是能为她找到点金石，她将付出一套豪华的马车以为代价。莱斯皮纳斯（Julie de Lespinasse）在与怀疑论的科学家达朗贝尔一起生活了几年后，相信日子有吉凶之别。算命卖卜之流靠着他们对事物敏锐的洞察力所得到的信誉维持生计。蓬巴杜夫人、贝尼斯神父以及舒瓦瑟尔公爵都曾秘密地就教于从咖啡渣中察知未来的邦当（Bontemps）夫人。根据孟德斯鸠的说法，其时巴黎挤满了各种幻术家，以及贩卖各种权术与青春不老术的江湖骗子。塞特─热尔曼（Saint-Germain）伯爵说服路易十五，使他相信法国不景气的财政，可以借一秘术大量地制造钻石与黄金而得以复原。黎塞留公爵以法术向魔鬼撒旦求助。安哈尔特─德索（Anhalt Dessau）的大王子，曾为普鲁士打过多次胜仗，虽然他不相信上帝，但是，假使他在打猎途中遇到了 3 个老妇人，他便会立刻掉头回府，因为这是个"不吉祥的时刻"。数以千计的人身披驱邪符与护身符来避邪，有上千种的巫术秘方被普遍地当作药方来用。宗教上的遗物可以治疗几乎所有的疾病，而耶稣与信徒们的遗物在各处均有发现。──在特里尔发现了耶稣的一片衣服，在都灵及拉昂发现了耶稣的外衣，在法国北部圣德尼斯城（Saint-Denis）的修道院中发现了钉死耶稣的十字架上的一颗钉子。在英国，斯图亚特王室皇储们的起源因一度被接受的观念而得以提高身价，即他们能借触摸而医治瘰疬腺病，而这种能力为汉诺威诸王所不具有，因为他们是"篡位者"，故不为神授王权所佑。大多数农民都认为自己确曾听到树林中的淘气鬼与小精灵的声音。相信有鬼这件事多半为一厢情愿之举，但是博学的圣本尼狄克特教团僧侣唐·奥古斯丁·卡尔梅特（Dom Augustin Calmet）曾经写了一本吸血鬼史──他认为吸血鬼是晚上自坟墓中溜出来吸吮活人血液的死尸。此书出版时得到了当时巴黎索邦神学院的赞同与核准。

　　所有迷信中最糟的一个──对巫术的信仰，在本世纪中除了一些局部的痕迹外，业已完全消失。1736 年，苏格兰"联合长老会"的牧师们通过一项决议，重新肯定了他们对巫术的信仰；其后在 1765 年，最有名的一位英国法律学家布莱克斯通爵士在他的《注释》（*Commentaries*）中写道："想要否定巫术与魔法的可能性，不，存在性，这简直与上帝所启示我们的话语相抵触……这件事的本身就是一件真理，世界各国均有可自其本身得到的证据。"然而英国法律不管布莱克斯通爵士与《圣经》，于 1736 年确定了巫术为非法，应判以重刑。1718 年以后的法国便不再有对巫术判决的记录，而苏格兰则在 1722 年以后；1782 年在瑞士的一次判决，是整个欧洲大陆上最后的一次记录。财富与市镇的增加、教育的普及、科学家们的实验、学者与哲学家们的呼吁，大大地减低了妖魔鬼怪在人类生命与思想上的角色，向当时盛行的迷信挑战的法官们拒绝审理任何与巫术有关的控诉。欧洲开始忘记，它曾经只为了一个迷信，而牺牲了 10 万男人、女人与女孩子的生命。

在这时候，教会与政府，天主教与基督教徒对于异议者的迫害是运用恐怖政策，使人民远离任何可能动摇其固有信仰与权力的思想。天主教会自称是由上帝的儿子所建立，所以是上帝真理的宝库，并且是唯一被授权来解释此真理的机构，也因此拥有镇压异端的权力。由此可得出一个结论：在教会以外无人能免于永久的灭亡。难道基督没说过"凡信，且受洗的，就必得救；不信的，必致灭亡"吗？因此，于 1215 年第四届拉特兰全体教会会议上，将"普天下只有一个教会，在此以外无人能被拯救"列为正确信仰的一部分而要求每一个天主教徒都要信守不渝。

路易十五接受了这项教义，因它是从《圣经》教本上经逻辑推论而得到的，并且对于塑造全国一致的思想非常有用。1732 年，在法国，基督教的公开崇拜仪式遭受禁止。违反者将受到劳役、拷打、送到大型划船上去当苦役，甚至判以死刑的处罚。天主教人民比他们的领导者更宽容，他们对于这些残酷的处罚纷纷加以谴责，该赦令执行松弛，使得法国的新教徒敢于在 1744 年举行了一次全国性的宗教会议。但是，1767 年巴黎索邦神学院的神学教授们重申了一项旧的声明："君王接受了现世的刀剑，为的是要抑制那些切断社会联系、怂恿犯罪的唯物主义、无神论以及自然神教，并击溃所有威胁着要动摇天主教信仰根本之教旨。"在西班牙与葡萄牙，这种政策被严格地执行着。在意大利则较为宽大些。在俄国，东正教也要求类似的一致性。

　　许多基督教国家都同意天主教徒认为宗教迫害为必须的看法。在丹麦及瑞典，法律要求对路德教派的忠诚；实际上其他教派的基督徒，甚至天主教徒，虽然没有供职国家机关的资格，但是并未受到其他的干涉或妨害。在瑞士，每一州都可自由选择其信仰，然后予以执行。在德国，人民必须跟从君王选择其宗教的规定，逐渐地不为人民所理睬。在联合各省，基督教会组织拒绝信仰自由，因为这会招来人民对于宗教的漠不关心。僧侣教士以外的俗人却不赞成教士们在这件事上的做法。与其他国家相比，在荷兰具有较多免于迫害的自由，因此荷兰自然而然地成了各种非正统思想与出版物之避难所。在英国，法律允许宗教上的异议，但是他们借社会与政治的无能为力而对异议者加以侵扰，塞缪尔·约翰逊于 1763 年宣称："错误的教义在第一次出现时就应受到制止，民间力量应该与教会联合起来以惩罚那些胆敢攻击国教的人。"英国政府偶尔也会焚烧那些对基督教的信仰根本加以怀疑的书籍，并对其作者施以枷刑；1730 年伍尔斯顿（Woolston）被监禁，1762 年彼得·阿内（Peter Annet）也因其对基督教的攻击而被判枷刑，然后下狱做了一年苦役。在英格兰，反对天主教的法律执行得很宽松，但在爱尔兰却被严厉地执行着。直到查斯特菲尔德于 1745 年任代理领主时，才拒绝再予使用；18 世纪后半叶，一些苛刻的规定遭到了废除。一般来说，除了天主教徒或基督教徒占极小比例的地方，宗教迫害的理论一直为天主教与基督教的教士们维持到 1789 年，但是迫害制度的实行随着对宗教怀疑的发展与新公意的形成而没落了。随着国家逐渐代替教会，保护者代替了全体一致和命令，物件代替了异端邪说，迫害的本性从宗教转移到了政治。

　　对言论与出版的检查制度，一般而言，在基督教国家较在天主教国家宽松，最温和的是在荷兰和英国。在瑞士，大多数州内都很严格，日内瓦城的市议员们曾焚毁过不少非正统书籍，但很少对作者本人采取行动。在德国，检查制度在许多州郡中都受到了阻碍，各个州郡有其自己的官方教条。一个作家可以越过边境，自一个不友好的环境到达一个友好或中立的环境。在普鲁士，检查制度实际上已被腓特烈大帝废止，但他的继承者 1786 年又将之恢复。在丹麦，除了施特林泽在位的短短几年外，一直维持对书籍的检查制度，直到 1849 年。瑞典禁止具有批评路德教派或政府的内容的出版物，1764 年乌普萨拉大学发行了一份禁书目录，但 1766 年瑞典建立了完全自由的出版制度。

在法国，自弗兰索瓦一世开始便放宽的检查制度，在 1723 年的一纸敕令中恢复了："在未得到盖有国玺的函件的批准之前，任何出版商或任何人均不得在王国内的任何地方出版或再版任何书籍。"1741年，共有 76 个官方检查员。在核准一本书能够出版之前，检查员必须证明这本书不具任何违反宗教、公共秩序或健全道德的内容。甚至在得到皇家出版许可而出版后，一本书也可能受到巴黎市议会或巴黎索邦神学院的责难。18 世纪前半叶，因为皇家检查制度的执行并不严密，出现了数千本未取得特准便出版而未受到惩罚的书籍。马勒泽布任首席检察官时，作家得到默许——一项非正式的保证，即使有问题的书也可以出版而不必担心检查制度。一本未经政府同意便出版的书，可能会遭到焚毁，作者仍可保持自由之身；如果他被送到巴士底狱，那通常不过是为上流社会人士准备的一个短暂的监禁。

这个信仰比较自由的时期随着达米安谋刺路易十五（1757 年 1 月 5 日）而告结束。4 月，一纸残酷的敕令规定"无论何人，凡写作或出版任何蓄意打击宗教、侮辱王室权威或破坏王国秩序与安宁的，均判以死刑"。1764 年，另一道敕令禁止任何讨论国家财政的文章的出版。书籍、小册子，甚至剧本的序言都要受到最严格的评审与控制。对购买或出售伏尔泰作的《拉·普西勒》（*La Pucelle*）或他的《哲学字典》者，分别判以枷刑、鞭笞，送到大船上服 9 年苦役不等。达朗贝尔于 1762 年写给伏尔泰的一封信上说："你无法想象法国的宗教裁判所愤怒到了什么程度，负责思想方面的检查员把所有书中迷信、寻欢、宗教迫害等字眼都删去了。"在宗教与哲学的冲突中，双方互憎之情日益紧张，原先反对迷信的运动竟转趋对基督教斗争的高潮。革命发生于法国而未发生于 18 世纪的英国，部分是因为英国检查制度相对宽松，在法国却强烈到使那些被禁锢的心智只有对此束缚加以暴烈的破坏才能得以扩展。

那些参加攻击基督教的法国哲学家，抗议检查制度使法国思想界变得毫无生气可言，但他们有时也会要求检查员对其对手的作品加以禁止。达朗贝尔就曾要求马勒泽布禁止费内隆所办的一份反哲学的刊物《文艺年鉴》（*L'Année Littéraire*）的发行，马勒泽布支持哲学家，但他拒绝了达朗贝尔的这项要求。伏尔泰要求王后禁止一出模仿他的剧本《塞尔拉米斯》的讽刺剧的上演，但未得到她的同意，蓬巴杜夫人帮助伏尔泰达到了目的。

在这段时期，哲学家想出了各种逃避检查制度的方法。他们把手稿送到外国出版商那里，通常都送往阿姆斯特丹、海牙或日内瓦。因此他们写的书，在法国被整批地进口；几乎每天都有船将禁书运到波尔多或法国其他海岸与边境上的几处地方。这些书名可能已被换过的书籍，在各乡镇的大街小巷中均有零售。一些不满中央集权的贵族，准许此类书籍在其领土内发售。联合了这项哲学运动的伏尔泰信札，逃过了多次的检查制度，因为他的朋友达米拉维尔有一段时间曾在财政行政机关中担任要职，可以用总主计长的印玺来连署伏尔泰及其朋友的信件。许多政府官员及一些牧师也乐于阅读被政府和教会非难的书籍。将作品拿到外国出版的法国作家，很少把自己的名字印在书本的封面上，因此被指控为某书的作者时，他们便可"昧着良心撒谎"，这是游戏的一部分。伏尔泰不但否认他是自己写的几本书的作者，而且诬称那是某些过世的作家的作品。为了造成错觉，他甚至对自己的作品加以严厉的批评与公开的指责。这场游戏包括了文体的设计与措辞的技巧，这促成了法国散文机智的特性：双关语、对白、讽喻、故事、反语与夸张法，及所有其他国家文学无法与之匹敌的机智。加里亚尼神父给"口才"下了一个定义：这是一种讲了一些东西而不被送到巴士底狱的艺术。

在通往自由思考的路途中，仅次于检查制度的障碍是教士们对教育的控制。在法国，地方上的牧师在教区内的学校里担任教师或监督的职位，中等学校教育则操纵在耶稣会士、演说家或基督教修士手中。全欧洲都对耶稣会教士教授古典语言与文学一事大加赞扬，至于科学，他们就较无能为力了。许多哲学家受到了耶稣会士的教育而磨锐了自己的智慧。巴黎大学由一些远较耶稣会士保守的传教士把持。以法学著称的奥尔良大学与以医学闻名的蒙彼利埃大学都是比较世俗化的大学。耐人寻味的是，像孟德斯鸠、伏尔泰、狄德罗、莫佩尔蒂、爱尔维修、布丰等大学问家都未曾进入大学之门。这些奋力挣脱神学领导的法国伟人不选择大学，而在学院与沙龙中开花结果。

培养学问的学院在本世纪中纷纷兴起于各大都市，如柏林（1701年）、乌普萨拉（1710年）、圣彼得堡（1724年）、哥本哈根（1743年）。1739年，林奈（Linnaeus）与另外5位瑞典学者组成了珍品学院（Collegium Curiosum），1741年这个学院并入了斯温斯卡学院，即后来的瑞典皇家学院。在法国，奥尔良、波尔多、图卢兹、欧塞尔、梅斯、贝藏松、第戎、里昂、卡昂、鲁昂、蒙托邦、昂热、南锡、普罗旺斯－艾克斯，各省均有省立学院。这些学院回避异端邪说，但鼓励科学与实验，而且也能容忍并鼓励各种讨论。第戎学院于1749年和1754年提供的一项竞赛，使卢梭开始走向法国革命之途。在巴黎，属于即将灭亡诸神祇的法国学院，因杜卡洛（1746年）和达朗贝尔（1754年）的选择，从教条的昏睡中被撼醒。杜卡洛担任"长期秘书"（1755年）这个重要职位，正说明了学院已成为哲学家的战利品了。

学术性的杂志（报纸）增加了这场知识争战的刺激性。最好的是"适用于科学与艺术史的备忘录"，这是耶稣会于1701年至1762年在里昂附近特里武的出版社编辑的，因此叫作《特里武杂志》，这是一份最博学、最开放的宗教性刊物。仅在巴黎一地就有73种定期刊物,《法兰西信使报》(*Mercure de France*)与《博学杂志》(*Journal des Savants*)执其牛耳。伏尔泰的两个最有实力、最顽固的敌人负责编辑且具影响力的杂志是：皮尔于 1721 年创办的《新文艺》和费内隆于 1754 年至 1774 年出版的《文艺年鉴》。在德国,包括莱辛与门德尔松经常投稿的《最新文艺简辑》也为此类刊物。在意大利,《信使日报》的内容包括了科学、文学和艺术,而《咖啡馆》(*Caffè*)是以《旁观者》风格出现的一份评论性杂志。在瑞典,奥洛夫·达林使《阿格斯》成为启蒙运动的先驱。几乎所有这些杂志都以本国语言出刊,而且丝毫不受教会组织的控制,在他们的时代,他们代表着一股蓬勃的朝气。

18 世纪,学者的典型是一种对传播知识的渴望——严格地说即对知识的欲望,这在中世纪时被责难为愚蠢的自负之罪。作家们热心致力于使知识流传得更广泛、更易领悟。某某大纲之类的书籍到处都是。其他如《简易数学》、《贝尔精选集》、《蒙田思想集》、《丰特内尔思想集》等书均致力于使科学、文学与哲学成为家喻户晓的学问。越来越多的教授用本国语言来教导那些不懂拉丁文的听众。图书馆与博物院不断地扩建,将其珍藏品对学生开放。1753 年,汉斯·斯隆爵士将他的收藏品遗赠给英国,其中包括 5 万册书籍,数千件手稿,大量的图画、钱币与古物。英国国会通过决议,以 2 万英镑赠其继承人以作为补偿。这些收藏品成了大英博物馆的核心部分。后来陆续增加了哈勒安与科托里安手稿收藏品,及英国国王们搜集的图书。1759 年,这个巨大的博物馆开始对公众开放。1928 年,这个博物馆一共收藏了 320 万册书籍和 5.6 万件手稿,它们被置于长达 55 英里的书架上。

最后百科全书形成,以汇集、整理知识,并将新知识传播给所有能读能想的人。中世纪时也有人从事过这种工作,如塞维尔的主教伊斯多、博韦的温森特。17 世纪,曾有约翰·阿尔斯泰德的《百科全书》(1630 年)和路易·莫雷里的《史学大字典》(1674 年)出现。贝尔的《史学与评论字典》只是一个紊乱事件与深奥理论的集合体，不能算是百科全书。但对于受过教育的欧洲人而言，它比狄德罗以前的任何类似作品更具影响力。1728 年，在伦敦，钱伯斯出版了一部装订为两册的《百科全书》，其内容不含历史学、生物学与地理学，但因书内前后参照的系统及其他诸因素而把领导地位让给了狄德罗与达朗贝尔所编划时代的《百科全书》（1751 年）。1771 年，出现了一套装订成 3 册，"由一群苏格兰绅士编著，首次出版于爱丁堡的"《不列颠百科全书》。第二版时（1778 年）竟增至 10 册，而且较其前身增加了历史学与生物学。两百年来它这样一版一版地成长着，我们有多少人每天十次以上地在此成果中搜寻所需的资料，并从这宝库中"偷窃珍藏"呢！

　　1789 年以前，西欧的中层阶级已同贵族和教士一样有机会取得各种资料，印刷术大行其道，最后终于成为大革命的基础。

学者的启示

　　古典学术自斯卡利杰尔、加苏邦、萨尔马修斯与本特利的巅峰慢慢地走向下坡，但尼古拉·弗雷列（Nicolas Fréret）很佩服他们对学识的专心与他们所获的深远成就。26 岁时，他获准在皇家文艺学院前宣读一篇论文（1714 年），题为《法国人的起源》，推翻了一个堂皇的传说，即法兰克人是来自希腊或特洛伊的"自由"人，更正确地说，他们原是南日耳曼的野蛮人。韦尔托神父向政府告发说弗雷列是王国的诽谤者。这位青年学者便被送到巴士底狱度过了一段短暂的时间，此后，他将自己的研究限于法国以外的地方。他绘了 1375 张图说明古代的地理，并搜集了许多有关古典科学与艺术史及有关希腊神话起源的资料。他那 8 册有关古代年表的巨著，纠正了斯卡利杰尔划时代的作品中的错误，而且完成了于今仍被接受的中国年表。这只是学者们将《圣经》上对历史的看法刺穿的上千个针孔中的一个。

普伊（Pouilly）在同一学院前宣读一篇论文（1722 年）、责问李维关于早期罗马史所做的报告时，古典寓言也遭到了类似的打击。洛伦佐·瓦拉（Lorenzo Valla）曾于 1440 年提出他对此点的疑问：维科于 1721 年把它加以引申，但普伊广泛的研究明确地怀疑罗慕路斯与雷穆斯、霍拉提与库里亚提的故事是稗史而非正史。这为 19 世纪巴托尔德·尼布尔（Barthold Niebuhr）的工作直接完成了铺路的工作。不全在本章所谈的时间范围内而属于 18 世纪的作品有：《荷马泛绪论》（1795 年）——其作者沃尔夫（Friedrich Wolf）将荷马分解成完整的诗人学派与朝代，理查德·波森（Richard Porson）详细出版的埃斯库罗斯与欧里庇得斯的作品，及约瑟夫·埃克赫尔（Joseph Eckhel）创建货币科学的作品《货币理论》（1792—1798 年）。

直到赫库兰尼姆城的发现，古典学术界对这个启示才再度感到狂喜，就像曾完成文艺复兴的人文学者们一样。1738 年，一些工人在为那不勒斯的国王查理四世的猎屋打地基时，意外地掘出了赫库兰尼姆废墟。1748 年，经过最初的挖掘，揭示了庞培城一些令人吃惊的建筑。赫库兰尼姆与庞培两城均位于意大利南方，维苏威火山山麓，公元 79 年遭此火山喷出的熔岩所埋葬。1752 年，古希腊殖民者建造的一些庄严的神庙，被人从欧洲中世纪以来一直为荒烟蔓草掩盖的丛林地区重新发现，雕刻大师皮拉内西（Piranesi）用蚀刻图画来描摹从庞培城出土的庙宇、宫殿与雕像，这些蚀刻图画印刷出来的画册在全欧各地成为抢购的对象。这些发现带来的结果，对于古典艺术的兴趣而言，是一次热烈的复活，对于由温克尔曼领导的新古典运动而言，是一种强劲的原动力，而且大大增加了对古代情形的认识。

我们必须向许多修士表示由衷的感谢，他们利用自己的藏书及搜集的手稿做研究、编纂案卷，对现代的心智有极大的助益。圣莫尔圣本笃教团的修士继续他们原来就专心从事的历史研究工作。伯纳德在他的《希腊史补记》（1708 年）一书中创立了古文字学。他在《图考古代史》（10 册，1719—1724 年）中用古代的绘画将古代历史图示出来。后来，他将费心的研究工作转向了自己的国家，写成了 5 册对折本的《法兰西王朝的遗迹》（1729—1733 年）。堂·安东尼于 1733 年开始著述他的《法国文学史》，这本书被所有后来研究法国早期文学史的学者奉为鼻祖与宝库。这些 18 世纪的圣本笃教团学者中最伟大的便是唐·卡尔梅特（Dom Calmet），他在塞诺内斯的修道院于 1754 年时曾作为伏尔泰的避难所。伏尔泰不断从卡尔梅特的著作《逾伪经》（1707—1716 年）与《新约》释注中获益和"偷窃"。虽然有一些缺点，但他这部 24 册的巨著获得大家一致的赞美，被誉为博学不朽之作。卡尔梅特也写了其他一些诠释《圣经》的作品，继承波舒哀完成了《世界史》（1735 年），他几乎把所有的清醒时刻都用来从事研究工作与祈祷。他曾以愉快而天真的口吻问伏尔泰："谁是蓬巴杜夫人啊？"他拒绝了主教的职权，为自己写下了墓志铭："这里躺着的是一个读过很多、写过很多、祈祷过很多的人，祝他平安，阿门！"

　　一些大胆的俗世人士也加入了批评《圣经》的行列。让·阿斯图卢克医生在他的《对〈创世记〉等摩西五书作者的猜度》一书中假设了旧约《圣经》开首 5 卷书中摩西书的作者，并对其来源加以考证。在这里他首次指出，对上帝的名字有两种不同的称呼：耶和华与埃洛因（Elohim），这表示《创世记》中有两个上帝创造天地的原始故事，不严格而且重复地结合在一起。另外，一些研读《圣经》的学生曾试图根据《摩西五书》计算上帝创造天地的确切日期，得到了 200 种不同的结果。东方学者引述埃及年表说他们有 1.3 万年的历史，中国人计算出其文明已延续了 9 万年之久。这给正教人士带来了极大的困扰。但是没有人相信印度婆罗门的话，他们认为世界已存在了 326669 纪，而每一纪等于好几百年。

　　18 世纪对《圣经》最大胆、贡献最深远的研究，由一位在汉堡学院教授东方语言的德国教授完成。赫尔曼·赖马鲁斯（Hermann Reimarus）于 1768 年去世时，留下 4000 页的手稿，他曾在这些手稿上花了 20 年的工夫。起初没有人敢将《替有理性的上帝崇拜者辩护》

这本书付梓，后来莱辛以"在沃丰标特（Wolfenbütel）发现的一位无名作家的部分作品"这一名义出版了其中7个部分。除了腓特烈大帝外，几乎所有受过教育的德国人都群起抗议，连开明的学者约翰·塞姆勒也称莱辛主持的破坏正教信仰的批评工作太过于疯狂。因为在第七片断"论耶稣与其门徒的目的"中，赖马鲁斯不但否认了基督所行的神迹与复活的事件，更把耶稣刻画成了一个狂热的、可爱的、受欺骗的、始终信仰犹太教的犹太青年。他接受了一些犹太人对世界即将毁灭的看法，而将他的伦理原则建立在对此事件所做的准备的前提上。赖马鲁斯认为耶稣把当时犹太人之间很通行的"天国"这个词解释成即将来临、而属于从罗马解放出来的犹太王国。他在十字架上沮丧地哭号："父啊！父啊！你为何抛弃我？"这是他向人性与失败的一项自白。在他消失后，一些门徒将他应允过的王国转变成了死亡以后的生命。由此意义来说，基督教不是耶稣而是他的门徒创立的。对赖马鲁斯的作品曾深入研究过的大哲学家施魏茨（Albert Schweitzer）评论道："在所有对耶稣生平加以研究的工作中，当以先生的成果最为辉煌，因为他是第一个了解到耶稣生活的思想世界，根本上便是属于末世学的范围"——这是根据世界即将来临的末日而得到的理论。

学者们怯懦地从对古代犹太生活风俗的研究转向对已拒绝基督或尚未耳闻基督之名的东方各民族。加兰（Galland）的《一千零一夜》的法文译本（1704—1717年），德勒兰（de Reland）的《穆斯林的宗教信仰》（1721年），布里格尼的《异教哲学史》（1724年），布兰维利耶（Boulainvillier）的《穆罕默德传》（1730年）及萨莱（Sale）的《古兰经》英译本（1734年），显示出伊斯兰并不是一个野蛮世界，而是一个强有力的敌对的教条与伦理制度的领域。这种伦理制度虽然向一夫多妻制度让步，但对于维持社会秩序而言，仍能奏效。亚伯拉罕·亚森特（Abraham Hyacinthe）借翻译祆教的圣经而开拓了另一领域。在巴黎的一家图书馆，他被一些波斯祆教经典《阿维斯陀经注解》（*Zend-Avesta*）吸引，放弃了当传教士的准备工作，决心研究这些东方的圣书。因为缺少路费，23 岁时（1754 年）他加入了一支派往印度的法国远征军，成为一名士兵。部队到了本地治里后，他很快地学会了现代波斯文。在钱德拉哥，他开始学习梵文。在苏拉特（Surat），他说服了一位祆教传教士教他 3 世纪到 8 世纪的巴拉维语（Pahlavi）及祆教经典《阿维斯陀经注解》。1762 年，他带着 180 件手稿返回巴黎，全力从事他的翻译工作，每天以面包、干酪与水为生。他认为婚姻是一项无法承担的开销而加以避免。1771 年他出版了《阿维斯陀经注解》及其他一些有关祆教书籍片断的法文释本——慢慢地，基督教以外的宗教以及道德规范的意识，共同削弱了欧洲信仰的教条主义。

这些来自异族的启示中最具影响力的是由欧洲传教士、旅行家及学者对中国历史与哲学所做的推介，这项工作起始于 1295 年马可·波罗返回威尼斯。其后因耶稣会神父门多萨写的《中国的历史》（1584 年）的英文和法文译本，及哈克鲁特（R. Hakluyt）将其拉丁文写成的《游记》（*Voyages*）译成英文版的《中华王国》（1590 年）而向前迈进了一大步。新的影响力出现于蒙田的散文《论经验》（1591年）一文中："中国的政府与艺术，虽然不具有任何有关我们制度的知识，在许多美德方面却远较我们优秀。"1615 年，耶稣会教士尼古拉·金尼阁出版了他的报告《基督徒探险中国记》，立刻被译成法文，又以《收买朝拜者》书名译成英文。金尼阁及许多人赞美的中国制度有：官员在担任公职以前必须接受专门、详尽的教育，所有男性均有权利参加任选公职的考试，各级地方政府定期接受上级的视察。另一个神奇博学的耶稣会教士基尔舍，于 1670 年出版了一本堪称百科全书的《中国图像》（*China Illustrata*），在这本书中，他极力赞扬中国政府由一个哲人王统治。

耶稣会教士对中国的宗教和哲学给予极高的评价。金尼阁写道：受过教育的中国人相信上帝是世界的灵，而世界是上帝的体。持类似看法的斯宾诺莎一定曾于 1649 年在阿姆斯特丹出版的一本书中读到这种观念，他的拉丁文老师弗兰斯·恩登的图书馆中有这本书。1622 年，耶稣会出版了一本孔子学说的拉丁文译本《中国的圣人》（*Sapientia Sinica*）。在《中国哲学家孔子》（*Confucius Sinarum Philosophus*，1687 年）中，他们称孔子的伦理是有史以来"最完美的道德，可以说简直就是从耶稣基督来的"。在《中国回忆录》（*Mémoires de la Chine*，1696 年）中，耶稣会教士路易·勒科姆特写道："中国人民曾将真神的知识加以保存了两千年"，而且"欧洲仍浸在谬误与堕落中时，中国已实行最完美的道德规范了"。这本书受到巴黎索邦神学院的谴责。1697 年，一向对政治保持谨慎而对知识环境中每一风波都加以密切留意的莱布尼茨，出版了他的《最近从中国来的消息》一书，他认为欧洲在科学与哲学方面胜过中国，但是：

> 谁曾相信有一个民族，其民生原则方面超过我们？然而，现在在伦理学与政治学方面……我们从中国人的例子得到了这个经验。与别的民族相比，简直无法形容在中国的法律中每件事是如何的美好，民众安居乐业……反观我们的情况，堕落在我们中间肆无忌惮地蔓延，使我认为几乎到了需要中国人派"传教士"到我们这里来教导自然宗教的应用与实行，正如我们派传教士到他们那里去教导他们基督教一样。而且我相信，假如对各民族的优秀程度做一评判，金苹果一定赏给中国人——只有在上天赐予我们至高无上而且超人类的基督教，我们才胜过他们。

莱布尼茨催促欧洲各学院尽快搜集各种有关中国的资料，而且他极力说服法国政府派遣有成就的耶稣会士学者参加在中国的传教团并做确实的报道。1735 年，让·杜哈尔德把这些资料摘录于其著作《中华帝国记》一书中，一年后译成英文，在英国与法国具有广泛的影响力。杜哈尔德是第一个赞美孟子的欧洲人。18 世纪中叶波舒哀写的

《世界史》受到了来自古老、博大、开明的文化启示的责难，而这些文化几乎都被《世界史》忽视，却为伏尔泰的《文明史》更广阔的远景敞开了大门。

这些热心的夸张带来的结果，表现在欧洲习俗、艺术、礼仪、文学和哲学方面。1739 年，马奎斯·达让出版了一套《中国文学》（*Lettres Chinoises*），以一个假想的中国人来批评欧洲的典章制度与风俗习惯。1757 年，沃波尔写了《一个中国哲学家的来信》，作为英国人的消遣。1760 年，戈德史密斯在他的《世界公民》中也依样画葫芦一番。约瑟夫二世皇帝躬身耕种了一片土地时，他在模仿中国皇帝的习惯。美丽的巴黎淑女们撑开她们的阳伞以遮太阳时，她们展示的是耶稣会士从中国带到巴黎的一项美丽奇巧的新发明。18 世纪末，雨伞从这种阳伞中发展出来。中国瓷器与日本漆器成为 17 世纪欧洲家庭中名贵的摆设。1700 年，由细小部分巧妙地安排以构成大图案的中国壁纸，受到了全英国的喜好。中国式的家具摆设也于 1750 年进入英国家庭。整个 18 世纪对中国物件的爱好，形成了英法装饰的特征，同时影响了洛可可式的风格，十余位讽刺家对其流行加以挑战。中国丝绸成为上流社会标示身份的记号。中国庭院广布于全西欧，中国人的鞭炮灼伤了欧洲人的大拇指。葛茨（Gozzi）的《图兰朵》（*Turandot*）就是一首中国幻想曲，有十余种以中国为背景的戏剧出现在英国舞台上，伏尔泰从杜哈尔德的第 3 册中的中国戏剧发展出了他的《中国孤儿》（*Orphelin de la Chine*）。

中国对西方思想的影响在法国最为突出，把它拿来当作对付基督教的武器。他们乐于发现孔子是一个自由思想者，不同于耶稣会士。他们宣称，孔子的礼教证明了一种不受超自然的宗教控制的伦理规范的可行性。贝尔于 1685 年指出，中国皇帝给予天主教传教士以自由发展的机会，路易十四却废除了亨利四世允许信仰自由的《南特诏书》，而且借龙骑兵的野蛮暴力来强制达成宗教的一致性。由于误以为孔子是一个无神论者，贝尔以此来反证全世界都同意上帝的存在的说法。孟德斯鸠坚持其反东方潮流的立场，公开指责不诚实的中国商人，坚称中国皇帝是专横的暴君，暴露了中国民众的贫困，并预言中国过多的人口将带来悲剧式的后果。奎奈试图以《中国的专制制度》（1767 年）来答复孟德斯鸠，他称赞这是"开明的专制"，而且推举中国作为需要改革的法国经济与政府的模范。杜尔哥对中国的大同之治深表怀疑，他派遣了两个在法国的中国籍天主教传教士到中国去为52 个问题寻求确定的答案，他们的报告对中国人生活的长处与短处提出了一个更真实的评价。

伏尔泰热切地博览各种有关中国的资料。在《论道德风俗》与《哲学字典》中，他用了 3 章的篇幅来写中国文明，称中国为"地球上最优美、最古老、最广阔、最多人口、最有秩序的王国"。对中国政府的羡慕使他相信社会改革最佳的希望在于开明的专制，即开明的君主政体。像另外一些法国人与德国哲学家沃尔夫一样，他准备将"在基督教创立前 500 年，便将道德教导给中国人民"的孔子尊为圣徒。以礼节著名的伏尔泰把中国人的端庄、自制、安详当作他易激动的同胞或自己的楷模。乾隆皇帝的两首诗被译成法文时，伏尔泰便以诗句回应。中国皇帝送给他一尊瓷花瓶。

欧洲对异邦信仰和制度的认识是削弱基督教神学一个强有力的因素。从波斯、印度、埃及、中国及美洲来的消息，造成了一连串无止境、使人困惑的疑问，如何才能从 2000 种不同的信仰中选出正确的宗教？孟德斯鸠如是问道。中国在公元前 4000 年便已有进步的文明，而世界怎么会在公元前 4004 年被创造呢？另有上百人发出这样的疑问。根据《圣经》，诺亚洪水遍盖了整个地球，为什么在中国却无类似的记载或传说呢？假如上帝有意要拯救全体人类，为何他只把《圣经》启示给亚洲西部的一支弱小民族呢？谁会相信，除了教会外别无救赎的说法呢？——难道那些曾居住在印度、中国与日本的成千上万的人民现在正在地狱中受着烈火煎熬之苦吗？神学家努力以各种差异与解说来回答诸如此类的问题。然而，像传教士的报告引起的结果一样，这些努力徒然使教条的结构显出新的裂缝。有时好像是在中国的耶稣会传教士皈依了孔子，而不是中国人皈依基督。

　　那些有教养的耶稣会士赢得了许多中国人的友谊，难道这不是因为他们带来的科学知识，却是他们传扬的神学导致的结果吗？

第二章 | **科学的进展**
（1715—1789）

探讨的开展

科学同样为我们提供了一个新的启示。科学的生长——其追求、方法、成功的预测与生产、发现、权力与威望——是近代社会发展的正面，其反面则为人类对超自然信仰的衰落。这时有两派教士发生冲突：一派虔奉宗教以塑造人格，另一派致力于科学以教育知识分子。前一派教士主宰着贫困与灾难的时代，那时人类渴望精神上的慰藉和道德秩序；后一派教士则主宰着繁荣的时代，这时，人类一般将其希望限于尘世。在科学的成就上，一般认为18世纪不如17世纪。的确，没有高耸如伽利略或牛顿的人物，没有与已知的宇宙的增广、万有引力、微积分的组成及血液循环的发现抗衡的成就。然而，18世纪的科学景观，仍旧群星璀璨——数学方面的欧拉与拉格朗日，天文学方面的赫舍尔与拉普拉斯，物理方面的达朗贝尔、富兰克林、加尔瓦尼与博尔塔，化学方面的普利斯特里与拉瓦锡，植物学方面的林奈，生物方面的布丰与拉马克，生理学方面的哈勒，解剖学方面的约翰·亨特，心理学方面的孔狄亚克，医学方面的詹纳与波哈夫，都是光芒四射的明星。日增的学术机构为科学研究提供了越来越多的时间和资金，大学也逐渐把科学引入课程中，1702 年至 1750 年，剑桥大学创设了解剖学、天文学、植物学、化学、地质学及物理方面的讲座。科学的方法愈发变为实验性质。曾经阻碍"国际精神"（International of the Mind）的国家与国家之间的仇视在牛顿与莱布尼茨的争端中消失，而且新的传教士携手超越国界、神学信仰与战争，以从事于探求未知的事物。这些新血来自各个阶层，从贫穷的普利斯特里、被人所弃的达朗贝尔，到有名望的布丰及家财万贯的拉瓦锡。国王和王子也加入了科学方面的探讨。乔治三世从事植物学的研究，约翰五世学天文学，路易十六研习物理，像孟德斯鸠和伏尔泰这样的业余科学研究者、像夏特莱夫人和女伶克莱龙小姐，都在实验室中从事研究，博斯科维奇这种属于耶稣会的科学家则致力于将新旧信仰融合在一起。

牛顿在数学、力学和天文学方面的辉煌成就，使欧洲到处产生科学家。他们不能成为财富的操纵者，但在 1750 年后的欧洲大陆，科学家受到抹粉和戴有假发（当时被认为是很高贵的装饰）的贵族公爵等的欢迎。在巴黎，科学演讲厅被渴望的听众挤得水泄不通。戈德史密斯于 1755 年到巴黎访问时曾有如下报道："在鲁勒的化学演讲里，我曾看到一群淑女华贵光艳得就像照耀着凡尔赛宫的光辉。"时髦的女性将科学书刊摆在装饰台上，而且像蓬巴杜夫人一样，在她们的画像垫脚处画上了正方形和望远镜。人们对神学失去了兴趣，他们从另一个世界中脱离出来。科学成为一种模式与时尚，在令人兴奋的变化和复杂潮流中，冲向灾祸的结局。

数学

·欧拉

在数学这一领域中，目前已无太大的改变，因为 5000 年以来，人类在这个领域中，已经有过许许多多的作为，牛顿的出现，使我们在数学这一方面似乎已无法另开辟新的领域。1727 年，大家开始反对微积分的假设及其深奥性。一位名叫伯克利的主教，在一次激烈的评论中（《分析者》，1734 年）攻击微积分，认为它与形而上学和神学一般神秘，他还嘲骂科学追随者"服从权威，对事采取信任的态度，而且相信一些令人难以想象的观点"，正好和过去宗教信仰的追随者遭受的控告相同。与唯物论者过去很难反驳他的理想主义一样，数学家也很难答复伯克利。

然而，数学建筑了桥梁，学者对数目的探求依旧继续。亚伯拉罕·德穆瓦夫尔、桑德森、泰勒、麦克劳伦等人发展了牛顿形式的微积分。德穆瓦夫尔更深入研究概率及保险方面的数学。他出生在法国，却住在英国。1712 年，他被伦敦皇家学会选来仲裁牛顿和莱布尼茨，看谁创立以无限小为出发点的微积分。桑德森 1 岁时失明，他以心算的方式来学习研究长而复杂的数学问题，他年仅 29 岁（1711年）就被任命为剑桥的数学教授。他著有《代数学》（*Algebra*）一书，获得了举世的赞赏，以后我们将可看到他如何迷惑了狄德罗。泰勒在微积分的基本定理中留下了名字，麦克劳伦则证明出某轴在流质中旋转时会使流质形成椭圆形。

在巴塞尔，伯努利的家族一连三代产生了几个很杰出的科学家，由于家人信仰新教，为了避免阿尔瓦公爵的暴行，他由安特卫普（1583 年）逃出。7 位伯努利数学家中有两个属于路易十六时代。第三位约翰一世则经历了两个朝代。丹尼尔在 25 岁时就做了圣彼得堡地方的数学教授，但 8 年后回来教解剖学、植物学和物理学，最后在巴塞尔大学教哲学。他在微积分、声学和天文学方面留有著作，数学物理也可能是他创立的。他的弟弟约翰二世教修辞学和数学，他在热学和光学方面也有贡献。丹尼尔得过十次科学院的赠奖，而约翰三世则有三次。作为约翰二世的儿子，约翰三世成为柏林科学院的天文学家。雅各布二世在巴塞尔教授物理，在圣彼得堡教授数学。这个了不起的家庭成员的影响跨学科、跨世纪、跨地域。

欧拉是约翰一世的学生，也是丹尼尔的一位和善对手，为当时最具才艺、最多产的数学家。他 1707 年出生于巴塞尔，1783 年卒于圣彼得堡。在数学、力学、光学、声学、水力学、天文学、化学和医学上，均有杰出表现，而且通晓《埃涅阿斯纪》。在微积分的 3 篇主要论文中，他将新的科学从旧有的几何学中解放出来，建立代数微积分学，即"数学解析"。除了这些名著外，他在代数、力学、天文和音乐方面也有著作，然而他 1729 年出版的《音乐新理论的尝试》，"对于音乐家而言包含了太多的几何学，对于几何学家来说则包含了太多的音乐"。尽管取得很多科学成就，他一生都保持宗教信仰。

丹尼尔·伯努利去圣彼得堡时，他答应在科学院里为莱昂哈德谋求一个职位，这位青年去世时年仅 20 岁。丹尼尔 1733 年离开俄国时，欧拉继他为数学部的领导者。用天文表须算数月的问题，他能在三天之中全部算出，令当时科学院的院士大吃一惊。由于工作太过积极，从早到晚不停地工作，又加上灯光暗淡，他的右眼在 1735 年失明了。他结婚很早，生了几个孩子，在他的 13 个孩子中，有 8 个在年轻时就去世了。在充满政治阴谋和刺杀行动的首都，他自己的生命得不到安全保障。1741 年，他接受了腓特烈大帝的邀请，加入柏林科学院。1759 年，他在那里继莫佩尔蒂之后主持数学部。腓特烈的母亲很宠爱他，但发现他沉默寡言。她问道："你为什么不和我讲话？"他回答道："夫人，我来自一个如果讲错了话就要遭绞刑的国家。"但俄国人也可成为君子。在他离开后的一段很长的时间，他们照样发给他薪水。俄国军队进犯勃兰登堡、肆意抢掠欧拉的家园时，司令官很豪爽地赔偿了他的损失，伊丽莎白·彼得罗夫娜女皇则添附了更多的赔偿金。

科学史上尊崇欧拉是研究微积分，特别是有系统地研究"变分微积分学"的第一人。他把几何和三角推展成为数学分析的一支。他是第一个清楚了解数学函数这一观念的人，而这正是数学的中心问题。在力学方面，他创立了一般方程式，直到如今仍用他的名字冠名。在光学方面，他首次将微积分应用在光波的振动上，而且把因弹性和密度引起的振动弧度公式化。他用分析的方法推出折射定律，而且把光散射方面的研究应用到无色透镜的制造。利用画出行星的位置关系图及月的亏盈，他参与了这份属于国际性的经度测量工作。他所做的大略值的解答，帮助了约翰·哈里逊，使英国海军部成功地制出有关月亮资料的表。

1766 年，叶卡捷琳娜大帝要求欧拉回到圣彼得堡。他答应了，而且受到她盛大的接待。到俄国不久，他的眼睛完全失明了。由于他的记忆如此准确，他的计算速度如此快，因此，他的贡献仍不减当年。这时他将《代数引言全集》（*Complete Introduction to Algebra*）口授给一位年轻的裁缝，而这位裁缝在此之前，除了一些简单的数学计算外，对数学全然无知。这本书赋予代数学的形式一直维持到现在。1771 年，一场大火烧毁了欧拉的家。这位双目失明的科学家被从巴塞尔来的一位瑞士同胞彼得·格里姆所救，他将欧拉放在肩上扛到安全地点。1783 年，欧拉和孙子一起玩耍时中风逝世，享年 76 岁。

·拉格朗日

在欧拉所处的世纪和领域中，只有一个人的成就超过了他，那就是他的门徒。拉格朗日是都灵一对法国夫妻所生的 11 个孩子之一，在这 11 个孩子中只有他没夭折。他读了一篇哈雷致伦敦皇家学院的回忆录，因而把兴趣从古典文学转到了科学。他很快献身于数学，18 岁时成功地当上了都灵炮兵学院的几何学教授。从那些几乎全比他年长的学生那里，他组成了一个研究学社。这个研究学社后来成为都灵科学院。19 岁那年，他寄了一套处理"微积分变分法"的新方法给欧拉。欧拉表示这个处理过程解决了过去他无法解决的困难。这位友善的瑞士人暂不把自己的结果公开，"以不致剥夺任何你应得的光荣"。1759 年，拉格朗日在都灵科学院出版的第一册出版物上发表了他的方法。欧拉在自己的回忆录中提到"微积分变分法"的地方，给予这个比他年轻的人最高的评价。23 岁那年（1759 年），欧拉被选为柏林科学院的外籍会员。欧拉离开普鲁士时，他推荐拉格朗日为其科学院的继承人。达朗贝尔热烈地支持这项提议。1766年，拉格朗日到柏林。他恭贺腓特烈二世为"欧洲最伟大的国王"，腓特烈则以"最伟大的欧洲数学家"欢迎他。这句话在当时不免言之过早，但很快就成为事实。18世纪最杰出的数学家之间的友善关系——欧拉、拉格朗日、克莱罗、达朗贝尔、勒让德——形成了科学史上令人鼓舞的插曲。

在柏林的20年中，他逐渐地汇集了自己的杰作《分析力学》。除了这一基本工作外，他偶尔也钻研天文学，推出了有关木星卫星的一种定理，而且对月球的天平运动提出了解释——月亮可见部分中的改变。1786年，腓特烈大帝去世，腓特烈·威廉二世继位。威廉二世对科学不太关心，拉格朗日接受了路易十六的邀请而加入科学院。他在卢浮宫享有舒适的住所，成为玛丽·安托瓦妮特最宠爱的一位朋友，她曾尽力减少他的忧郁。他带着他《分析力学》的手稿，但在激沸着革命的城市中，无法找到出版商来出版。他的朋友勒让德和玛丽的神父最后说服了一个印书商来从事这份工作，但有一个条件，即在规定的时间后，这位神父必须遵守他自己的诺言把无法卖完的书全部买下来。拉格朗日收到印好的集子后，懒得一看。这时他又染上周期性的抑郁，对数学，甚至对生命，全然失去兴趣。此书放在书桌未曾打开竟达两年之久。

《分析力学》一书被大家评价为18世纪数学上登峰造极的著作，在同样的学术范围内仅次于《自然哲学的数学原理》一书。在解答和说明方面，他用"分析"——代数微积分——而不是用几何的方法，因此比牛顿进步。这书的序言中有一句话说："此书将找不到任何图形。"拉格朗日利用这样的方法将力学问题简化成为一般性的公式——微积分的变分法——从这里我们对每个特殊问题都能导出特殊的方程式。这些一般性的方程式在力学中仍占很重要的地位，而且沿用其名。恩斯特·马赫将那些方程式描述为在"思考的节约"方面是有史以来人类所做的最伟大贡献。这些方程式把怀特黑德推到宗教狂热的地步："这些方程式的优美及神妙的单纯性，使这些公式能和那些神秘的象征相比。这些象征在古代一直被认为用以指示万事万物根本的至高理性。"

法国大革命随着巴士底狱的沦陷（1789 年 7 月 14 日）而爆发时，拉格朗日这位王室的亲信，受劝返回柏林，但他拒绝了，他一直同情受到压迫的人，他不相信革命能够防止人类生来的不平等。他对 1792 年 9 月的大屠杀及他朋友拉瓦锡上断头台恐怖不已，由于他那种忧郁的安静使他免于走上断头台。当师范学校在 1795 年成立时，拉格朗日主管数学；当这间学校关门而众技学校于 1797 年成立时，他是学校里的第一位教授。拉格朗日持续不断的影响奠定了法国数学教育的基础与趋势。

1791 年，法国的一个委员会被指定来设计一个新的度量衡系统。拉格朗日、拉瓦锡、拉普拉斯为其最早的会员，三个月后，三人中有两人遭受"清算"，拉格朗日于是成为创立公制的领导人物。这个委员会选定以 1/4 的地球长度为基础——经过两极沿着水平面度量出来的大圆圈周长的 1/4。这个数的千万分之一被订为新的长度单位，称为 mètre——1 米。小组委员将 1 克重订为新的重量单位:摄氏零度、1 立方厘米的蒸馏水的重量。用这种方法，所有的长度和重量都以一个物理常数和以 10 为进位的基础。在英国及我们常见的时间的度量中，仍有很多拥护 12 进位系统的人。拉格朗日强力地赞成以 10 作为基础。1792 年 11 月 25 日，法国政府接受了公制，除了一些变更外，这也许是法国大革命影响最久的结果。

传奇性使年岁渐长的拉格朗日增加了光彩。在他 56 岁那年，他的朋友，天文学家拉莫尼亚的 17 岁的女儿坚持要嫁给他，而且尽力帮他减轻忧郁症。结果拉格朗日答应了她的请求，为了感激她的倾慕之意，他常陪伴她去舞会和音乐演奏会。他已学会喜欢音乐——这是数学对耳朵玩弄的一个诡计——"因为它隔离了我，我只能听最初的三个拍子；在第四个拍子时我便无法辨别任何东西；我集中了精神，没有任何东西来干扰我，因而我解决了不止一个问题。"

革命的热潮消退后，法国祝贺这位举世无双的数学家得以免上断头台。1796 年，塔莱朗被派往都灵，以隆重的礼节拜访拉格朗日的父亲，而且告诉他："你的孩子，皮得蒙以产生这样的人物自豪，而法国也以拥有他而自豪，由于他的才华，整个人类都感觉光荣。"拿破仑在战役之间，也喜欢和这位由数学家变为哲学家的人物交谈。

他修订、增补第二版的《分析力学》时（1810—1813 年），这位老人又对数学发生了兴趣。但和从前一样，他工作的节奏太快，令人头昏眼花的拼字使他的身体变得虚弱。一次他的妻子发现他倒在地上，不省人事，他的头部因撞到桌边而受伤流血。他知道他的精力正将用完，他将这种逐渐而来的解体认为是正常而合理的。他对蒙日及其他探望他的人说：

> 朋友，我昨天病得厉害，我感到自己行将就木。我的身子越来越弱，我的智力和体能在不知不觉中失去。我观察到我的体力正以一定的速度减弱。我到最后没有丝毫悲伤、丝毫后悔，而且非常温和地衰退。死不足惧，当它没有痛苦地来到，那是愉快的最后作用……死亡是身体完全的休息。

他死于 1813 年 4 月 10 日，享年 75 岁，他唯一感到遗憾的是他不得不留下他忠诚的妻子，一任那个时代的风险摆布。那时，几乎整个世界都与法国为敌，兵戎相见。

他的朋友蒙日和勒让德将那些数学研究带进了 19 世纪，建立了工业进步的基础。勒让德的著作是法国大革命后期的产物。蒙日是一个小贩和磨刀匠的孩子，我们看到这个贫穷的父亲供三个孩子读完大学时，我们对法国贫穷的看法，将为之改观。蒙日在学校里拿了一切可能得到的奖。14 岁那年，他建造了一台火力引擎；16 岁时，他拒绝了属于耶稣会士的老师的邀请而未参加他们的教团；相反，他成了梅济耶尔军事学校的物理和数学教授。在那里，他创立了描述几何学的原理——在一描述平面上表示出三度空间的数字系统。其中的步骤在设计防御工事及其他建筑上，显得如此有用，因此法国军队禁止他泄密达 15 年之久。1794 年，他获准在巴黎师范学校教授这一程序。拉格朗日在那里出席了他的演讲，像莫里哀的茹尔丹一样大感惊奇："在听蒙日演说之前，我并不知道我懂得描述几何学。"蒙日为这个正在战备中的共和国做了很多事情，被提升为海军部部长。拿破仑曾将很多机密任务托付给他。波旁王室复辟后，蒙日又落入不安全和贫穷中。1818 年他死后，众技学校的学生被禁止参加他的葬礼。待至翌晨，他们全体到了墓地，并在他的墓上放了一个花圈。

物理

·物质、运动、热和光

数学的成长是因为它是科学中不可缺少的工具。它将经验和实验简化为定量的公式，使准确的预测和实际的控制成为可能。它首先被应用到一般的物质上，以期发现规律性，并建立能量、运动、热、声、光、磁、电的定律。

莫佩尔蒂放弃了在法国陆军的一份职业而献身科学。他在伏尔泰之前将牛顿的学说介绍到法国，而且赞赏、指导夏特莱夫人。他于 1736 年率领一个探险队到拉普兰测量子午线的度数。1740 年，他应邀拜访腓特烈二世。他追随腓特烈加入 1741 年的莫尔韦茨战役而被奥地利俘虏，但很快释放。1745 年，他加入柏林科学院，一年后，他当了主席。他 1744 年向巴黎科学院、1746 年向柏林科学院，详细说明了他的最小作用原理："不论何时，大自然发生的改变涉及的作用量，必定是最小的。"这个原理在他的心目中，证明了大自然有一个合理的次序，因此也证明了一个有理性的上帝的存在。欧拉和拉格朗日推展了这个原理，已成为量子论中的一部分。在 1750 年刊出的《宇宙论》中，莫佩尔蒂重申了他破坏不了的异端：他仍承认大自然的神设之说，但也供你看出其中愚蠢或邪恶的症候，好比在宇宙的安排上，邪恶的魔鬼处处和仁慈的上帝竞争一般。莫佩尔蒂可能同意他无情的敌人伏尔泰的看法，认为圣奥古斯丁是一位摩尼教徒。

我们曾注意到，达朗贝尔的出生是一位炮兵和一位曾是修女的女子私通的结果。出生只几小时，巴黎的警察便在圣让－龙教堂（1717年）的阶梯上发现了他。他接受施洗，取名让－巴普蒂斯特·勒·龙，并被送到乡间的一名护士那里。他的父亲，一位德图什骑士，提出了领养的要求，给他达朗贝尔这名字（原因迄今未明），并让一位装玻璃工人的太太鲁索夫人抚养。她是一位合格的养母，让－勒·龙则是一位标准而早熟的孩子。他 7 岁那年，德图什骑士在其妻子克劳迪娜·唐森面前很骄傲地夸耀他，但她认定接受了这个孩子的养育之责会妨碍她的生活。就我们所知，她对这个孩子的养育并没有什么贡献。这位骑士 1726 年去世之前，留给他 1200 利维尔的年金。

让－勒·龙就读国家学院，然后转到巴黎大学，在那里，他得到了法学学位，并于约 1738 年将名字改成达朗贝尔。由于厌倦法律，他转向医学，但偶然间对数学的兴趣又变得如火如荼，他曾说："数学是我的情妇。"他继续和鲁索夫人居住在一起，直到他 48 岁那年。他很感激地将她看成自己唯一的母亲。她认为一个男人一味学习而无视经济是很可耻的。"你将不会比一位哲学家更好，"她悲伤地补充道，"哲学家是什么呢？是一生折磨自己的疯子，在他死后人们可能谈论到的人。"

也许他那种具有启发性的动机不是基于对其死后名声的渴望，而是与已成名的学者做一些引以为傲的竞争，而且他本人也乐于在混乱的物质或意识中从事组织构建，并铸造出次序。他 22 岁开始把稿子投到科学院：一篇是关于积分学的（1739 年），另一篇是关于光的折射的（1741 年），这是对光线从一种液体射入另一种密度较大的液体而产生折射现象的最早解释。由于这篇论文，科学院授予他"附属"会员的身份。两年后，他发表了主要科学著作《动力论》，它将所有物体运动的问题设法简化成一些数学方程式。这部书在拉格朗日那部优秀作品《分析力学》之前 42 年出版。它具有历史上的意义，因为在《动力论》中，他创立了现在我们熟知的达朗贝尔原理，对于力学问题的计算帮助至大。在 1744 年出版的《论流体运动中的平衡》一书中，他把自己创立的原理应用上去。这一理论得到了科学院的重视，给予他 500 利维尔的年金。这些钱当能平息鲁索夫人的不满。

一部分得自他自己所创的原理，另一部分得自微积分中的一些原始方程式，达朗贝尔导出了一个能够说明风的运动的公式。他把自己写的《风的一般成因的回顾》（1747 年）献给腓特烈大帝，后者因而邀请他在柏林定居，但遭拒绝。这表现出他在 30 岁时的智慧比伏尔泰在 56 岁的智慧为高。在 1752 年出版的《流体抗力新原理》一书中，他试图找出在水面上运动的物体遭受的阻力的力学公式，但失败了。1775 年，在杜尔哥和一个委员会的赞助下，他与孔多塞和博苏特神父做了一些实验，有助于决定在流体表面运动的物体遭受流体阻力的定律。晚年，他致力于研究振动中弦线的运动，并于 1779 年出版了《音乐原理与实践导论》，遵循并改良了拉摩体系，这本书得到著名音乐研究者伯尔尼的赞赏。

莫佩尔蒂辞去柏林科学院主席的职位后，腓特烈大帝提议将职位让给达朗贝尔。这位数学家、物理学家、天文学家、博学家很穷，但他婉拒。他珍视他的自由、他的朋友及巴黎。腓特烈尊重他的想法，而且经过路易十五的许可，给予他 1200 利维尔的年金。1762 年，叶卡捷琳娜大帝邀请他到圣彼得堡科学院。他拒绝了，原因是他当时正在谈恋爱。也许因为得悉这件事，叶卡捷琳娜坚持己见，吩咐他和所有的朋友一道前来，并给予他相当丰厚的年薪。她很有风度地接受了他的拒绝，继续和他保持通信，和他谈论关于她的政府的形式和问题。

1763年，腓特烈促请他至少访问一下波茨坦。达朗贝尔去了，在这两个月中，他和皇帝共进餐点。他再次拒绝成为柏林科学院的主席，相反，他劝腓特烈提高欧拉的薪水，因为欧拉拥有一个相当庞大的家庭。

伯努利家的人在力学方面有些偶然的贡献。约翰一世于1717年创立了虚速度原理（the principle of virtual velocities）："在所有的力的平衡中，无论这些力如何施与物体，而且不论这些力和其他诸力的作用方向如何，无论直接或间接，所有正能量的总和将与取绝对值以后的负能量的总和相等。"约翰及其子丹尼尔于1735年宣称世界上存在的力的总和是一个固定不变的常数。这个原理在19世纪重新改为能量贮存。丹尼尔将这个观念很有效地应用到他1738年出版的水力学中，这是一本处理这个特别难以解决的范畴的新著。在书中，他创立了瓦斯气体动力论：瓦斯气由很小的粒子组成，这些小粒子以极快的速度运动着，而且由于其相互之间的碰撞造成了对容器壁的压力；热增加粒子的速度，也增加了气体的压力；体积的减少与压力的增加成正比（如玻意耳证明的一样）。

在热力物理学方面，18世纪出现了大名鼎鼎的布莱克（Joseph Black），他生于法国的波尔多，父亲是一个在贝尔法斯特出生的苏格兰人。他后来进入格拉斯哥大学学化学，26岁时（1754年）做了一些我们现在所谓的氧化和腐蚀的实验。这些实验显示瓦斯气的反应与普通的空气不同，他在天平里检测到这个结果，称之为"固定气"（现在称为二氧化碳）。布莱克也几乎发现了氧。1756年，作为该大学化学、解剖学及医学讲师时，他开始观察并发明了"潜热"的学说：在一个物体在由固态变成液态或从液态变成气态的过程中，从大气中吸收了一些热量，这些热量不会因温度的改变而侦测得到，这些潜热在气体变成液体或液体变成固体时还给了大气。瓦特将这些理论应用到蒸汽机的改良上。布莱克几乎与普利斯特里等所有的前辈一样，将热想成一种物质"卡路里"，能随着冷热加诸物质，也能从物质扣除。直到 1798 年本雅明·汤普森（Benjamin Thompson）才证明热不是一种物质，而是一种运动的模式，现在被人称为物体组成部分的加速运动。

斯德哥尔摩的维尔克（Johan Carl Wilcke）在和布莱克毫无交集的情况下，也于 1772 年得到了关于潜热的相似学说。在 1777 年报道的一连串的实验中，这位瑞典科学家引进了"辐射热"这一名词——一种由热物质释放出来的无法见到的热；他把辐射热与光区分开来，并把辐射热运动的路径及对镜子的反射和会聚现象描述出来，为后人认识到热和光均属同一类型的辐射铺路。维尔克、布莱克、拉瓦锡、拉普拉斯及其他研究员决定了"绝对零度"的近似值（理论上可能达到的最低温度）。英国采用的热的单位是一磅水升高华氏温度一度所需的热量。法国及欧洲大陆则乐于采用重量为一千克的水，温度升高摄氏温度一度所需的热量为热的单位。

18 世纪在光学方面的进步很少。这是因为几乎所有的物理学家都接受了牛顿的"微粒假设"——光是一种由物体放射出来到我们眼睛里的粒子。欧拉领导少数科学家拥护波动学说，根据惠更斯的假设，在天体及其他可见物体之间的"虚无"空间中，充满了"以太"——一种小到无法利用我们的感官或仪器测出，但又强有力地由重力、磁性及电性的现象所揭示出来的东西。在欧拉看来，光是一种"以太"的波动，如声音是一种空气的波动一般。他认为，颜色的不同是由于光波的振动周期不同，而且预知了我们目前确定的"蓝光具有最短的振动周期而红光具有最长的振动周期"——由开普勒理论上提出而由布格尔以实验证实的结果，光的强度与到光源的距离的平方成反比。兰伯特设计出一套量度光强度的方法，并报称太阳的亮度比月亮大出 27.7 万倍。

·电

18 世纪物理学最显著的进展，在电学方面。摩擦而生的电早已被发现：远在公元前 600 年，米利都的希腊哲学家泰勒斯（Thales）对琥珀、煤玉及少数其他物质经过摩擦能产生出吸引力来吸引一些像羽毛或稻草之类的轻的物体，就已相当熟悉。伊丽莎白女皇的医生威廉·吉伯特将这种吸引力称为"电子"（electron，这是由希腊字"ēlektron"而来），拉丁名为"vis electrica"。下一个步骤是寻找一种方法来传导及使用这种静电。17 世纪，居里克和豪斯比曾找出这种方法，决定性的发现尚有待格雷（Stephen Gray，1729 年）。

　　格雷是伦敦养老院一位年纪大、脾气坏而且领有养老金的人。他发现经摩擦起电后，把玻璃管的两端用塞子封起来，则软木塞和玻璃管均能吸起一根羽毛。他把木棒的一端插入其中的一个木塞，木棒的另一端则插入象牙球。他摩擦玻璃管时，球、管子和木塞均能吸住一根羽毛，电子沿着木棒传递。利用绳子或强有力的麻线来代替木棒，他把电传递了 765 英尺远的距离。他用头发、丝、树脂或玻璃作为连接时，发现并无导电现象发生。格雷用这种方法观察到了导体和非导体的区别，他还发现了非导体能够用以储存电荷。他把 666 英尺的导线悬挂在一根根连接起来的斜竿子上，并使电"道"（他如此称呼）通过竿子时，他实际上已发现了电报的前身。

　　法国接下了这份探索的工作。让·德萨吉利埃（Jean Desaguliers）继续（1736 年）格雷的实验，将物质分为导体及非导体（他称之为"电的本身"），而且发现后者用水弄湿后能变为导体。查理·杜费伊（Charles Du Fay）继续研究，1733 年至 1737 年向科学院提出报告。在 1734 年给伦敦皇家学院的一封很谦虚的信中，他有系统地陈述了他最重要的结论：

　　　　由于机会的来临，使我得到了另一个原理……有两种极其不同的电性存在，其中的一种和另一种截然不同；前者我称之为正电，后者则称之为负电。前者是由玻璃、结晶岩、宝石、动物毛发、羊毛及其他许多物体而来；第二种则是由琥珀、岩树脂、非树脂、丝、线、纸及其他无数物质而来。这两种电都有它们的共同特性，带正电的物体会排斥同电性者，相反的却能吸引那些带负电的物体。

杜费伊发现，利用同一带电体得到的两个带电体互相接触时会互相排斥。每位学童都能回想起过去曾经感觉到的惊奇事情，看到两个相同材料做成的球，从同一点用非导体吊悬起来，并使之相互接触，接触到带电的玻璃棒时，则二球会突然互相弹开。后来的实验指出，"正"物体可用以感应"负"电性，而带"负"电性的物体，可以感应而生"正"电性。富兰克林用正与负来代替杜费伊的命名。杜费伊曾用几根不能导电的绳子将一人吊悬起来，并利用带电体将人充电，然后从他的身上引出火花，被悬吊的人则未受丝毫损伤。约1742年，博塞提出了他的主张，认为北极光的产生起源于电，因此在某些地方领先于富兰克林。1744年，鲁多尔夫（Ludolff）在柏林科学院证明了电花能使易燃性的液体燃烧。博塞利用这种方法使火药爆炸，开启了电在爆破、火炮轰击及其他方面数以百计的用途。同年，戈特利布·克拉岑施泰因开始把电使用到疾病的治疗上。1745年10月，一位波美拉尼亚的牧师范·克雷斯特发现电荷能储存在玻璃管中，他把液体填满玻璃管，管子由一枚被插进去的钉子与制造摩擦生电的机器连接。连接切断后，液体能储存其电荷达数小时之久。几个月后，莱顿大学的一位教授彼得·缪岑伯罗克在完全不知道克雷斯特的实验的情况下，也有了相同的发现。他触及一个带电但并未与他物连接的木球时，受到了电震，两天后才完全恢复过来。莱顿进一步的实验，证明了一个内表面和外表面涂上一层锡箔的空瓶子，能够储存较多的电荷。丹尼尔·格拉拉茨设想将好多个这种"莱顿瓶"连接在一起，结果发现，它们放电时能杀死一些小动物。

1746年在巴黎的路易·纪尧姆、1747年在伦敦的威廉·瓦特松，表演了瓦特松首次提出的"电路"。瓦特松将一根长约1200英尺的电线跨置于威斯敏斯特桥（Westminster Bridge），在泰晤士河的一边，一人手持电线的一端，并接触到水；在另一边，第二人持着电线的另一端和一个莱顿瓶；第三者以一手接触到莱顿瓶，另一手握住伸入水中的电线时，"线路"即被"封闭"，这3个人同时感觉到了一阵电击。1747年，德累斯顿的格鲁梅特（Grummert）注意到由部分真空的装置，能够在很远的地方制造火花，而且放出相当强度的光。

1747年，我们谈到了富兰克林。那时，他开始了电学实验，使其名声达于科学界和政治界。他具有创造性的好奇心从对日光节约的建议、摇椅及双焦点的眼镜排列到避雷针和电的单液理论。18世纪一位权威性的科学家约瑟夫·汤姆逊爵士承认他由于"我们得到的最近研究的结果与富兰克林在这一问题上最初发表的观点的相似而感到震惊"。

富兰克林的最早发现之一是尖的物体在"排除及摆脱由电而生的火"这一方面的效应。他发现"一个细长的尖柱"能从距离它6或8英寸远的带电球吸引电流，端点很钝的物体则要带到离球1英寸处才产生相同的效应。富兰克林将电称为火，但他想这种火是由于"正"和"负"的燃烧中的流体失去平衡的结果，因他把电想象成这种流体。在他的见解中，所有的物体都含有这样的带电流体：一个"正"的物体包含了超过正常数量的流体时为带正电，而且有把多余的流体放电到一含正常数量或较少数量的带电流体去的倾向。一个"负"物体包含了比正常数量还少的流体时带负电，而且能从含正常数量或更多的流体的物体将电吸出。以此为基础，富兰克林发明了一个包含了11个被铅薄片包住的大玻璃板造成的电池，能够超额充电。这种构造物与带电较少的物体接触时，它往往释放出部分电荷，并吸引物体。这种力量富兰克林称之为"没有止境的力"，常常是超出"我们知道的普通闪电所能造出的最大效应"。

许多研究者——沃尔、牛顿、豪斯比、格雷及其他人物——都曾注意到火花放电与闪电的相似性。富兰克林证明了它们是同一种东西。1750 年，他寄给伦敦皇家学院的信中这样写道：

> 这些点的力量的知识，难道说不能让人类利用固定在大厦顶端的垂直尖针铁柱，镀上一层金以防锈，然后在这铁柱底用电线接到建筑物外的地上，或者沿着船的支桅索以达于水面，来防止房屋、教堂、船只等遭受到雷电的袭击吗？难道这些尖顶柱了不能在云层甚至接近足以造成雷劈程度时，将电从云层中引下来而使我们避免最常见、最可怕的不幸吗？

他接着叙述了可以测验真假的一个实验。皇家学院认为他的计划纯为空想而拒绝刊出他的书信。德洛尔和达利巴尔两位法国科学家将富兰克林提出的学说加以实验。1752 年，他们在马尔利的一个花园中建立了一根高 50 英尺的尖顶铁棒。他们担心自己不在时，夹有雷电的乌云可能掠头而过，因此他们指令了一位守护者用绝缘的铜线接触铁棒。结果乌云来临时，这个守护者不但用电线，而且用他的手来接触铁棒；火花飞扬而起，响起了像爆竹般的声响，这个守护者遭到严重的电击。德洛尔和达利巴尔以进一步的实验证实了守护者的报告，通知科学院"富兰克林的想法不再空想而是事实"。

富兰克林并没有因此感到满足，相反，他希望将一些东西送上夹有雷电的云层中，把闪电"抽出来"以证实闪电和电完全一样。1752年 6 月，雷雨开始时，他把一只丝制的风筝绑在结实的麻线上送上天空，一根顶端尖锐、长约 12 英寸的电线系在风筝的顶端，观察者的一端的麻线用一根丝带系于一把钥匙上。在送到英国（10 月 19 日）做同一实验的指示中，富兰克林指出下面的结果：

> 雨将系于风筝上的线打湿而使其自由导电时，你将会发现你指关节一接近，火花便大量从钥匙流出，而且经这把钥匙，小玻璃瓶（或莱顿瓶）可以充电，由此得到的放电火花，能点燃酒。

而且，其他所有的电学实验同样可由这种火花来完成，而这些电学实验在过去多是靠摩擦过的玻璃球或管子的帮助而完成。因此，电与闪电完全一样，可以得到充分的证明。

1753 年，这个实验在法国又做了一次，但这次用的是较大的风筝，并以 780 英尺的弦线围绑在一根铁线上，尾端置入观察者那里的金属管子中。作用发生时，这根金属管能喷出 8 英寸长的火花。圣彼得堡教授里奇曼也做了类似的实验，结果不幸 1753 年受电击而亡。富兰克林的著作于 1751 年至 1754 年送到英国，他被选而加入了这时颇感悔恨的皇家学院，并获得了考普利勋章。那些出版物的法文版获得了路易十五的一封祝贺信和狄德罗的热烈赞赏，他将之称为科学报告的模范。富兰克林为了美国殖民地的革命而到法国请求帮忙时，他的那些译文使他获得了格外有利的接待。由于法国的帮助，革命得以成功，达朗贝尔（或杜尔哥）将富兰克林的成就以一句似乎出自维吉尔或卢克莱修的简洁诗句归纳起来：

他从天上掠取闪电，从暴君手中掠取权杖。

1750 年后，整个欧洲都活跃着电学方面的理论和实验。约翰·坎顿和多才多艺的维尔克（1757 年）为研究静电感应的方法铺了路，他们利用未带电的导电体放于带电体的周围而使之感应生电。维尔克证明，如果将这些东西与带电比它们少（或多）的带电体摩擦，大多数东西都能充上正（或负）电。埃皮努斯与维尔克在柏林一起做研究时，证明了两片金属板只要被一层空气分离，它们的作用就会像莱顿瓶一样。普利斯特里试图测出电荷强度及已知电荷发出的火花所能跨越的最大宽度。他报告称，火花穿过真空中两根金属棒宽达 2 英寸的缝隙时，在缝隙中会出现"浅绿或紫色的光"。但普利斯特里对电学原理的最辉煌贡献，是提示电的法则也许像重心的法则一样，及揭示两个被分开的带电体之间的作用力与其距离的平方成反比。卡文迪什经过一连串煞费苦心的实验以证实普利斯特里的建议。他做了一点很重要的修正，这个修正于 1878 年又被麦克斯韦精细推究，成为我们今天接受的定律。库仑在对梁的张力和金属的抗扭力方面做了一些有价值的研究工作后，把实验报告交给了科学院（1785—1789 年），这个实验是利用扭秤（一根支持在丝上的针）来测量磁的影响力和电荷的多寡。在这两个方面，他实质性地证实了平方反比定律。

两位意大利人和库仑一样在电学名词上留下了他们的名字。一位是加尔瓦尼，波伦亚大学的解剖学教授，他不但发现死的动物与带电体直接接触时会产生肌肉收缩（此早已为人知），而且发现死青蛙的腿与地接触而被带近一台释放电花的机器边时，也有类似的肌肉收缩现象。闪电进入屋中时，相似的痉挛也发生在蛙腿上。加尔瓦尼很惊异地发现，他不用电学仪器，仅仅将蛙的腿部神经和肌肉与两块不同的金属接触，就能使其收缩。于是他得出结论，在动物的器官中存在着自然的导电组织体。

博尔塔是帕维亚的物理学教授，重复了这些实验，先是同意其国人提出的有关动物电的理论。但他经过进一步的研究后，修正了自己的观点。约 1750 年，他重复做了舒尔泽提出的实验后，他发现如果他把一块锡放在舌尖、一块银放在舌背，两块金属以电线连接时，他感觉到一阵强烈的酸味。由这两种不同的金属用导线连接前额与颚部时，他有看到光的感觉。1792 年，他宣称其结论为：金属本身而不是动物组织产生电，仅仅是因为它们之间的相互作用及它们与湿物接触，特别是盐溶液。进一步的实验证明，两块不同的金属接触时，可使之充电——一带正电，一带负电——这种直接的接触仅仅造成了电荷的交换而无电流的外流。为了产生电流，博尔塔用重叠好几层、每层均由两种不同金属连接的平板及一片由湿纸或湿木所成的平板组成的"博尔塔堆"（Voltaic Pile）。由此，在 18 世纪的最后一年，出现了第一块能产生电流的电池。研究电学以重造世界的面貌与战胜黑暗的这条道路由此敞开。

化学

·氧的探求

爱德华·吉本于 1761 年写下一个比喻："物理和数学现在高踞宝座，他们看见自己的妹妹拜倒在他们面前，用链子系缚在他们的车子上，至多是在装饰他们的胜利。也许他们本身的衰亡也为期不远了。"这是一个不幸的预测，物理现在是科学之后，数学为其助伴，没人知道他们的结合将会带来什么。

然而，在 17 世纪数学、物理和天文学的胜利中，一门年轻的科学从炼金术中脱颖而出。在它的萌芽期，几乎被一些悲剧性的错误压抑而窒息。1669 年，约翰·比彻提出了一个通则后，乔治·斯塔尔，哈勒的一位医学和化学教授，将燃烧解释为把燃烧中的物体的"燃素"（phlogiston）释放到空中。1750 年以前，大部分西欧化学家接受了这种理论，认为热或火是一种由燃烧中的物体释放出来的物质。但没有人能解释如果这个理论正确的话，为什么金属燃烧后反而更重的现象。

黑尔斯设计了一个"空气槽"，即可容空气的容器，它将空气收集入水面上密闭的集气瓶中，为气体的研究铺路。他指出很多固体含有瓦斯气（他称之为空气），他把空气形容为"一种精巧而具有弹性的流体，在流体中含有基本性质大不相同的各种粒子漂浮其中"。当时已将空气和水分解为各种不同的物质，因此人们不再相信由来已久的观念，认为空气、水、火、土为四大基本元素。在他之后的约瑟夫·布莱克在 1756 年做的实验中，证明了空气中有一种成分，他继黑尔斯之后称之为"固定空气"（fixed air），也就是存在于或可从固体或液体中排除的气体，我们现在称之为二氧化碳或"碳酸气"。经过实验，布莱克证明这种气体存在于人类呼出来的气体中，而为氧的发现开路。他们仍然相信"燃素"之说。氧、氢和氮气在当时仍是谜。

瑞典对 18 世纪的化学贡献卓著。柏格曼，我们将来要遇到的自然地理方面的一位拓荒者，最初是一位化学家，是乌普萨拉大学为人爱戴、颇有名望的化学教授。他是制出纯镍，也是指出碳在决定碳铁化合物物理性质的重要性的第一人。在 49 年中，他完成了 3 万个实验，进行了 59 种物质的化学性质的研究，而且将他的发现在 1775 年以论文《有择吸引论》（*Elective Attractions*）发表。不幸的是，他在尚未完成这些工作之前便告去世，舍勒作为他的接班人，继续他在化学方面的研究。

现在，英国研究科学史的人已勇敢地承认，瑞典化学家舍勒早于普利斯特里（1772 年）发现了拉瓦锡 1779 年第一次所称的氧。在 43 年中，舍勒大部分在贫穷中度过，他最初在哥特堡一位医生那里当徒弟，在哥平一个普通城镇也只不过是药剂师。他的老师柏格曼从斯德哥尔摩科学院那里为他取得了一小笔年金，舍勒将其中的 80% 花费在化学实验上。这些实验大部分都在做完白天工作后的夜里完成，而且他用的是最简陋的实验设备，这是他早逝的原因。然而，他几乎触及了这门新科学的每个范畴。他以简朴的语言给化学下定义为："化学的目的及功用是技巧地将物质分开成为各个成分，从而发现它们的性质，并用各种不同的方法予以化合。"

1775 年，他将题为《空气与火的化学理论》的手稿交给印刷商，其中述及的实验几乎全在 1773 年之前就完成了，但被印刷商延迟到 1777 年方始出版。舍勒至死仍执迷于"燃素"之说，他创下了一个基本假设，认为未被污染的大气包含两种气体，一种叫作"火气"（氧），是火焰燃烧的主要支持物；另一种他称为"浊气"（氮气），是失去"火气"后的气体。他用多种方法来制备氧气，其中一种是将浓硫酸与研磨好的锰粉混合在一起置于甑中加热，然后用一只几乎将所有空气都抽光的囊袋来收集产生的气体。他发现这样制造出来的气体经过点燃的蜡烛时，"蜡烛便开始以更大的火焰燃烧，而且放出一些耀眼的亮光"。于是，他下了这样一个结论，"火气"是能助燃的气体。舍勒在普利斯特里之前两年发现这种气体是毫无疑问的。

这仅是舍勒成就的一小部分。他作为新物质发现者的纪录，也许无人可比。他首先分离出氯气、钡、锰及像氨气、甘油、氟化氢、鞣酸、苯甲酸、草酸、苹果酸、酒石酸这样的新化合物。他还发现，氯能漂白布料、蔬菜及花朵，法国的贝托莱和英国的詹姆斯·瓦特将之用于商业上。在进一步的研究中，舍勒分析了膀胱里的结石而于1776年发现尿酸。1777年，他制出了硫化氢；1778年，他制出了钼酸；1780年，他证明乳酸能引起牛乳发酸；1781年，他从钨化钙这种矿石中（现在常称的钙钨矿矿石）得到了钨酸；1783年，他发现了普鲁士酸（现在的氰酸），但尚不明了其毒性，他还制出了砷气（一种致命的砷化物）及现在所称的"舍勒绿"的砷颜料。他证明光能使氯化银还原成银，而且发现组成白光的各种色光对银盐有不同的作用，因而使摄影术成为可能。在他短短的一生中，这种令人难以相信的丰硕成果对19世纪的工业发展至关重要。

·普利斯特里

长久以来，一直享有氧的发现者荣誉之人，是普利斯特里而不是舍勒，因为他并未依靠舍勒发现了氧，而于1775年宣布他的发现，也就是在舍勒手稿因故延迟出版的前两年。我们尊崇他，因为他的研究使拉瓦锡给化学以新的形态；因为他是电学研究的开拓者之一；因为他在英国思想界大胆地谈论宗教和政府，以致盲信的暴徒将他在伯明翰的房子烧掉，而且使他逃亡美国。

他1733年生于约克郡，是一名反对英国国教的服饰家的儿子。他在科学、哲学、神学及语言方面的研究欲望很强，读过拉丁文、希腊文、法文、德文、意大利文、阿拉伯文，甚至一些叙利亚文和查德文。他最初是萨福克的一名不信奉英国国教的牧师，但他说话时结结巴巴，减少了他雄辩的吸引力。25 岁时，他创立了一所私立学校，并将物理和化学实验加入课程中，使之生动有趣。28 岁时，他成为沃灵顿反英国国教的学院的导师。他在那里教授 5 种语言，但他仍能找出时间做研究，并于 1766 年得到皇家学院的一笔奖金。同年，他在伦敦遇到富兰克林，受到富兰克林的鼓励，于 1767 年写了《电学的历史和现况》(*The History and Present State of Electricity*)，这是一部令人佩服的便览。1767 年，他受任为里兹的米尔·希尔教堂的牧师。后来他曾有这样一段回忆："我被吸引去做定气方面的实验是我在公立酒厂附近居住一段时期而产生的结果。"——酒厂的麦芽汁发放出碳酸气。他把这种气体溶在水中，喜欢那种起泡的气味，这就是首次问世的"苏打水"。

1772 年，他被任命为谢尔本公爵的图书馆管理员，因而解除了他的经济紧张。在科恩为他准备的房子中完成的一些实验，为他赢得了国际声誉。他将黑尔斯的排水集气法改良成排汞集气法，就是让各种物质混合反应所生的气体在水银的表面收集。1772 年，他分离出二氧化氮、一氧化氮（"笑气"）及氯化氢；1773 年，他发现氨气（与舍勒在不同的地方分别发现）；1774 年，他发现了二氧化硫；1776 年，发现了过氧化氮。1775 年 3 月 15 日，他写了一封信给皇家学院，宣布他发现了氧。在他的《对各种不同气体所做的实验及观察》的第二册中，他说明了他采用的方法。他说他使用能引起强烈燃烧的透镜：

> 借着它的帮忙我……研究到底各种物质（当加热时）会产生什么气体，将它们放进……一个倒置于水银槽而且充满水银的集气瓶中，用这样的仪器……1774 年 8 月 1 日，我努力将气体从氧化汞中抽出，而且发现，利用这透镜气体很快把水银从集气瓶中排出而收集到……使我不胜惊奇的是，一支蜡烛在这种气体中能以相当强烈的火焰燃烧。

与舍勒一样，他注意到一只老鼠在这种"缺乏燃素的气体"（他所称的氧）中比在普通的空气中活得更长久，他想他很可能已确定地得到了一种新的气体：

在确认老鼠在这种气体中能活得特别好及上面说过的一些其他试验后，读者将不致惊奇这些事情引起了我品尝这种气体的好奇心，我曾吸入这种气体，并将它从玻璃缸中吸抽出来满足我的好奇心。我还使用这种方法将充满这种气体的大瓶子压到普通空气的标准。对于我的肺部而言，我并没有感觉到它和普通空气有什么不同，但过了一段时间后我幻想自己的肺部感觉无比轻快。假以时日，谁又能说这种纯气体不会成为时髦的奢侈品？至今只有两只老鼠和我有呼吸它的特权。

他预测了这个"未来奢侈品"的一些形式：

从蜡烛在这种气体中能燃烧得更强烈这点来看，我们可猜测，某些重病患者吸入普通空气不足以快速带出二氧化碳时，它可能有助于这些病人肺部的健康。但我们也可从这实验中推想到，即使纯氧气可能像药一般非常有用，但对一具健康的身体却不太适合；因为蜡烛的燃烧，在纯氧中要比在普通空气中快，所以，我们能够说"活得太快"，而且在这纯气体中，动物体内的能量会很快被用尽。

由于一些有成果的假设及敏锐的观察，普利斯特里的实验工作取得非常辉煌的成就，但他理论上的解释大都遵循传统。他与斯塔尔和舍勒一样，认为物质燃烧时，燃素会从燃烧的物体中放出来。他认为，这些物体会与大气中的一个成分结合而形成"浊气"或"燃气"（现在的氮气）；大气中的另一成分他命名为纯氧，就是拉瓦锡命名的氧。拉瓦锡主张燃烧的物质是从空气中吸附氧而不是放出燃素，普利斯特里到死仍保留旧有的观念。

1774 年，他和谢尔本公爵一起到欧洲大陆旅行，并把氧的实验告诉后者。1780 年他退休时，谢尔本给他 150 英镑的年金。普利斯特里以担任一个大的非国教会大会（以新会社闻名）副牧师的身份定居于伯明翰。他与瓦特、乔赛亚·韦奇伍德、达尔文、马修·博尔顿及其他一些人士加入了"月学社"（Lunar Society），讨论科学、技术和哲学上的最新观念。他乐观、谦虚、慷慨及"纯洁到没有污点的一生"，受到几乎所有阶层人士的爱戴，但他的一些邻居对他的基督教信仰表示怀疑。在《物质和精神的探究》这本于 1777 年出版的书中，他把任何东西甚至灵魂都看成物质，他坚持己见地认为这样完全合乎正统：

> 有学问的人深深知道……古时的人所说的那种非物质的东西，只不过是我们现在所称物质中"较好的一种"。一些像空气或呼吸的东西，最先给予"灵魂"一词……因此，以前的人没有将"扩张"和局部压力这些性质从心灵上除去。在他们的观念中，它跟物质具有一些共同的性质，能与它结合在一起，互相作用……因此看到……感觉或思想的力量……能够注入最巨大的物体……灵魂和肉体，事实上是同一种物质，必会一起死亡。

在同年出版的另一本书《哲学必要性学说的例证》中，普利斯特里继哈特利和休谟之后，极力否认意志的自由，而且在 1782 年出版的《基督教的腐化史》中，他不承认有奇迹，不承认有亚当、夏娃吃禁果的堕落，或有耶稣救世人免于受难与死及三位一体之说。所有这些教义他认为是基督教在发展中演成的"堕落和败坏"，它们都不能从基督及其十二门徒的教训中找到。普利斯特里接受的基督教只剩下对上帝的信仰——基于上帝神造的一些证据。他不屈顺死亡，主张上帝会在世界末日最后审判的来临时重造所有的死者。他真正的希望不是上面的天堂而是利用科学来战胜迷信与无知，从而在地球上建立一个乌托邦。18世纪正处于进步中的宗教很少能讲出比下面的语句更热切的观点：

> 所有的知识将被分割成更细小的单元，而且更加发扬光大，就像培根注意到的，知识是一种力量。事实上，人类的力量将会增加。大自然，包括它的资源及它遵循的法则，将更能被我们掌握。人类在世界上将过得更加舒适，他们也许会延长寿命，会越过越快乐，更能（我相信，更会倾向于）将自己的幸福传达给别人。因此，不论世界的开始怎样，结局将是光荣而像天堂一般，超出我们现在的想象之外……他们将为传播这永不磨灭的福音的纯洁之光而感觉快乐。

在普利斯特里的憧憬中，这种辉煌灿烂的进展部分是政治性的，并基于一个简单而人道的原则："任何国家大多数人民的……利益和幸福是一个非常标准，凡是与该国有关系的任何东西最后都将以该标准而决定下来。"按照边沁所说，他在这里找到了他的功利哲学的一个来源。普利斯特里曾说，唯一公正的政府以谋求其人民的幸福为目的，这与基督教认为的一个不公正的政府必会被其人民推翻相当一致。对圣保罗"现世的权力是由上帝任命"这一警告，普利斯特里回答道："基于同样的理由，之后的权力也将会由上帝任命。"

这样的反叛自然同情殖民地人民没有代表而仍须纳税的抗议，他更热诚地替法国大革命喝彩。伯克抨击法国大革命时，普利斯特里却拥护法国大革命，伯克在国会中攻击普利斯特里是异端。普利斯特里的一些朋友也和他一样具有这种激烈的看法。1791年7月14日，"伯明翰宪法学社"（Constitutional Society of Birmingham）在皇家旅社庆祝巴士底狱陷落周年纪念日时，普利斯特里却未参加。一大群人聚集在该旅社前，倾听他们的领袖对持异端邪说者和叛徒的攻击，而且用石头袭击旅社的窗户，参加庆祝的宾客纷纷逃走。群众涌到普利斯特里居住的房子前，兴高采烈地把它烧掉，包括他的实验室与仪器，他的图书与手稿。然后在伯明翰穿梭三天，发誓杀死所有的"哲学家"。普利斯特里逃到达德利，然后又到了伦敦。7月19日，他从伦敦写了一封信给伯明翰民众：

> 我以前的同乡和邻居们：
>
> 我和你们在一起住了11年后，你们对我和平的行为和态度已有相当的认识，也就是我对我职业的那份默默的职责及对哲学的那份关切，我非常不希望看到最近我和我的朋友从你们那里受到的伤害……幸好英国人的脑海中会浮现出对"谋杀"的恐惧，因此我希望你们可能未曾想到这点……但你们做过任何事情后，生命的价值又是什么呢？……你们已毁掉了最有价值、最有用的工具仪器……你们毁掉了一个除经历长时间外无法用钱再买得回来的图书馆……但我更感觉到，你们毁灭了我多年勤奋研究而得到的一些记载结果的手稿，这些书稿我将永没有能力重做；而且，你们对一位不至于伤害或从未想到要伤害你们的人做了这些事。
>
> 如果你们认为这样做有任何可为你们宗旨效劳，或损及我们的趋势，那你们就错了……如你们毁掉我、我的房子、我的图书及我的仪器10倍的人，用相当或超过你们以前拥有的精神和能力，将能够马上开始进行你们想做的，如果那10个被毁，100个将会出现……
>
> 在这件事上，我们是羊而你们是狼，我们将坚持我们扮演的角色，而且希望你们能有所改变。无论如何，我们还以祝福来代替诅咒，并祈求你们能很快地回返到以前那种勤奋、清醒的状态，因为伯明翰的居民过去是以清醒闻名的。
>
> 我是你们诚恳的祝福者普利斯特里

虽然如此，他申诉市政府要求赔偿，这笔损失他估计为 4500 英镑。查理·福克斯帮助他上诉，伯明翰给了他 2502 镑。他想在英国兴建一所新的住宅，但牧师、保皇党及他在皇家学院的同事都规避他。通过孔多塞，法国科学院表示愿意在法国给他安置一个家和实验室。1794 年 4 月 8 日，他 61 岁时，他迁居到美洲，在诺森伯的乡镇上建立了他的新家，在富兰克林的宾夕法尼亚州，也在柯勒律治和骚塞梦想的可爱的萨斯奎汉纳河畔上。他重新开始了他的实验，并发现了一氧化碳的组成。他很受一些有学术地位的学术团体的欢迎，在宾夕法尼亚大学担任化学讲座教授。1796 年，他在费城的普救说信徒之前，发表了一系列关于"基督教的证据"的讲述，他的听众包括副总统约翰·亚当斯及许多国会议员。这些集会形成了一个"唯一神教派的团体"。两年后，亚当斯总统的国务卿蒂莫西·皮克林认为他是一位不合时宜的外国人，建议将普利斯特里驱逐出境。杰斐逊 1800 年当选总统使普利斯特里不安全的顾虑消除，4 年中平安无事。1803 年，他写成最后一篇科学论文，仍为燃素说辩护。1804 年，他死于诺森伯。1943 年，宾州议会指定把他的家作为国家纪念物。

托马斯·佩恩以背叛的基督徒身份继承普利斯特里的战役之际，卡文迪什却在研究一些气体的化学成分。他生于贵族家庭，40 岁时继承了一大笔财产。胆小、言词犹豫、对穿着不甚考究的他，在伦敦克拉汉姆·康芒的一个实验室孤寂地生活着。他的研究以实验前后的精密度著称，这些量度使拉瓦锡创立了物质不灭定律。

1766 年，卡文迪什将他有关"虚气"——从固体得出的气体的实验报告呈送给皇家学院。他把锌或锡溶于酸中而制得他所称的"易着火气体"，他证明这就是燃素。我们现在称之为氢气，卡文迪什首先认出它是一种特殊的元素，而且测定了它的比重。1783 年，他追随普利斯特里的一个实验，发现用电弧通过普通空气和"易着火气体"的混合物时，混合气体的一部分会凝结为露珠状的液体。他从这种电解实验中得出结论，水是由 2.014 体积的"易着火气体"和 1 体积的普利斯特里所谓的纯氧组成的——或者，我们可以说这就是我们现在所说的水。这是第一次明确地证实水为化合物而非元素（瓦特也在同年，即 1783 年，在不同的地方提出水的相同组成之说）。再次使用电弧于氢气和普通空气，卡文迪什得到了硝酸，而且下了结论，说明纯空气是由氧和氮组成的（爱丁堡的丹尼尔·拉瑟福德 1772 年曾发现氮为一特殊元素）。卡文迪什还得到了极少的他不能解释的剩余物，他计算出这种剩余物占原来数量的 0.83%。这个谜到 1894 年才被雷利和拉姆齐解开，他们分离出这一部分，就是现在我们所称的氩，成为一新分离出的元素，并发现是普通空气的 0.94 倍重。卡文迪什的大略估计值被证实。

·拉瓦锡

同时，在英法海峡的对面，一群热心的研究人士使得法国在这门新科学之中居于领导的地位，并且基本上使化学具有我们今日的形态。在那群人里，有一位鲁埃勒（Guillaume Rouelle），他在盐化学上有着杰出的成就，但他却以对富者、穷者，对狄德罗与卢梭，对他们中最伟大的一位化学家讲述化学，而知名。

拉瓦锡 1743 年生于一个富豪之家，这对他也许有利，也许有碍。他的父亲是巴黎最高法院的辩护人，他给这个孩子当时一切可能的教育，并在他 23 岁时赠给他 30 万利维尔。这样一笔财富本可使其做学问的生涯就此流产，却也为其提供了所需的昂贵仪器和足够的闲暇。他被送进法律学校就读，但他更喜欢数学和天文学，在皇家花园一个演讲厅里，他听了鲁埃勒的演讲。尽管如此，他还是完成了法律方面的学业，然后跟随让·盖塔尔（Jean Guettard）做探求矿物的旅行完成了法国的地图。1768 年，他获选加入包括布丰、奎奈、杜尔哥及孔多塞在内的科学院。一年后他做了总包税人，向农人收消费税以补偿他们预缴给政府的款额。他付了 52 万利维尔，以收取 60 股之一的 1/3 利益。1770 年，他将此升至全股。1771 年，他娶了玛丽·波尔兹——一位富有的总包税人的女儿，这时他花了一些时间周游各省、收集岁款、税表资料及一些地质样本。他的财富支持了一个大实验室和花费昂贵的实验，这些财富却使他上了断头台。

在公务上，他扮演着很活跃的角色。他被任命为火药委员会的委员，增加了炸药的生产量并改良了炸药的品质，使它能大量地外运到美洲的殖民地，同时促成了法国大革命的胜利。"法国火药，"拉瓦锡于1789年说道，"已成为欧洲最好的火药……说真的，他使北美获得了自由。"他担任过很多政府职位，中央的或市区的，并以多方面的才智解决他遇到的各种不同的关于税收、货币、银行、科学化的农业及公立慈善事业的问题。1787年，他作奥尔良议会议员时，致力改善经济和社会的状况。在1788年食物短缺的危机中，他将自己的钱预付给几个城镇购买粮食。他是一位不停地赚钱而又慷慨施予的人。

在这些活动中，他没有停止做一位科学家。他的实验室是19世纪以前最复杂、规模最大的一个：包括250台仪器、1.3万个玻璃容器，几千种制好的化学药品及3架精密的天平，这些天平后来曾促成以克作为公制中重量单位的决定。称重和测量是拉瓦锡发明中的一半秘密。由此，他将化学从定性的原理变为一门定量的科学。经过细心的称重，他证明斯塔尔的燃素是令人烦扰的无稽之谈，此说曾假定一种神秘的物质的存在，这种物质在燃烧时会离开燃烧物而进入空气中。1772年11月1日，拉瓦锡在一份交给科学院的报告中写道：

> 约8天前我发现燃烧中的硫，不但不会失重反而增重；也就是说，在空气中水汽的存在下，从1磅重的硫中可得到比1磅多的硫酸，这种情形和磷一样。增加的重量是从大量的空气中而来，这些空气在燃烧时被燃烧物吸附而固定于其上，然后与硫酸蒸汽结合。这项发现是基于我认为重要的实验上，这使我相信燃烧硫和磷的现象同样发生在燃烧或煅烧后能增加重量

的物质上。

燃烧物质不但不会有什么东西遗放到空中，反而会从空气中得到一些东西，这些东西是什么呢？

1774 年秋，拉瓦锡出版了一些经过进一步实验所得的报告。他将称过重的锡放进一个足以容纳很多空气而且称过重的瓶子中，他把瓶子封住，将它加热一直到锡完全氧化为止。整个系统冷却后，他发现整个系统的重量没有改变。但他将封塞除去后，结果发现外面有空气很快流进瓶中，说明瓶子在封塞没有打开前造成部分真空，这是为何？拉瓦锡除了将之解释为锡燃烧时将空气的一部分吸附到其上外，别无他种解释。

1774 年 10 月，拉瓦锡在巴黎遇到普利斯特里。普利斯特里把他在 8 月做的实验告诉了拉瓦锡，在实验中，普利斯特里仍将燃烧解释成由于燃素从燃烧物中释放到空气中。1775 年 4 月 26 日，在拉瓦锡给科学院的一篇研究论文中，他报告了他的实验。这个实验使他认识到燃烧为一种吸附现象，是由于燃烧物吸附空气中的一种神秘的元素，这种元素他暂时称作"空气中的存在物"。与普利斯特里一样，他发现了氧。但与普利斯特里不同的是，他推翻了燃素存在的这种无稽之谈。1779 年，他才将这种空气中可供燃烧的元素称为氧，此词从希腊文而来，意为"酸的产生者"，因为拉瓦锡误以为氧是所有酸中不可缺少的一种成分。

与普利斯特里一样，拉瓦锡观察到被燃烧中的金属吸附的气体就是最能支持动物生命的气体。1777 年 5 月 3 日，他把论文《论动物的呼吸》呈送给科学院。"我们吸入的气体的 5/6 是不支持动物的呼吸或灼热及燃烧的……大气中的空气可供呼吸者仅占所有空气的 1/5 的体积而已。"他补充说："维持我们生命作用的气体和金属被氧化的那种气体有很多共同点，对这两种现象之一的过程了解的知识可自然地应用到另一个过程上。"因此，拉瓦锡将有机分析建立在"将呼吸描述成氧与有机物的结合"之上。在这个过程中，他注意到燃烧时会放出热量。由燃烧糖、油与蜡这些有机物产生的二氧化碳和水，更证实了呼吸作用与燃烧作用的类似性。以生理化学的名词扩大解释有机过程使生理科学有了革命性的进步。

多次实验、化学知识的成长及燃素学说被人遗弃，对萌芽期的科学，势必需要一种新的形态系统和一套新的命名法。科学院任命拉瓦锡、奎顿、贝托莱尝试完成这个工作。1787 年，他们出版了一本《化学命名法》。过去像"藻类的粉末""砒素的牛油""锌的花"这样的旧式命名都被废弃不用，纯氧现在命名为"氧"，除氧空气后来被命名为"氮"，"易着火的气体"变成了氢，固定空气变成了"碳酸气"，"煅烧"变成了"氧化"，化合物均以其构成元素命名。在"简单物质"表里，列出了拉瓦锡知道的 32 种元素。在《化学命名法》一书中接受的大部分名称，仍是今日的化学术语采用的标准命名。拉瓦锡提出了这种新的命名法，并将这门新科学编纂成他的一部书《元素的特点》。此书出版于 1789 年，并造成了一次革命——斯塔尔的燃素学说和亚里士多德的元素学说的完结。

拉瓦锡是法国大革命的牺牲者。他曾参与阻止法国大革命的爆发，并亲尝其祸。他在革命爆发前的 10 年中接受委托，致力于研究及改正监牢和医院里的种种虐待。1787 年，他给统治者劳伦特·德维尔将军的研究报告书中，列出了农民被剥削的九大原因。他的话显得特别可贵：

> 大胆地说……一直到路易十六的统治，法国人民一文不值。他们考虑的只有权力、权威及国家的财富；人民的快乐和自由及个人的幸福，都是我们过去的统治者听不进去的东西。他们不了解政府的目的必须是增加就业、国民的幸福及其人民的福利……不幸的农民在其茅舍呻吟，没有一个足以代表他们的人，而且无法做任何申辩，国家行政的每个部门完全不顾他们的利益。

在 1787 年奥尔良的省议会上，拉瓦锡被选为"第三等级"（the Third estate）的代表，他提议废除徭役的措施，而且提议不靠被强迫的农人的劳动，而是靠从各个阶层征收的税来养护公路。贵族和传教士们否定了这个建议。他推荐采用社会安全体系，在这种体系之下，所有的法国人只要愿意都能够老有所养。这份提议也不能付诸实施。1785 年，在给政府的报告中，他立下一个原则，即未来的议会必须具备完全的立法权，国王仅仅是它的执行人，必须按期召开会议，税收必须是普遍性的，出版则有自由。拉瓦锡无疑是法国资产阶级中最进步的分子，而且他的建议很可能表露出他的政治谋略。

他也是一名总包税人的领导分子，这个组织几乎是举世怨恨的目标。1768 年至 1786 年，他作为总包税人的收益平均每年达 66667 利维尔，其年利为 8.28%。他考虑由于劳力和危险换得的合理报酬，也许是对的。在他的建议下，卡洛纳于 1783 年至 1787 年在巴黎的周围建立了一座哨卡，以检查规避通行税的走私者。为此花掉了 3000 万利维尔，并激起各方的责难，尼韦努瓦公爵甚至宣布这个计划的创立者须处以绞刑。

1789 年，他处于中产阶级的控制下，支持法国大革命。一年后，拉瓦锡发现大革命已走向失控、暴力和战争时，他主张抑制革命。同年 11 月，一些总包税人的雇员出版了一本小册子，控诉他挪用了他们的养老金。他们写道："恐惧，你就是那位吸遭遇不幸的人的血的人。"1791 年，马拉开始对拉瓦锡展开人身攻击。这位"人民之友"曾在 1780 年出版的《火的物理探究》一书中声言他能看见火中的秘密元素。拉瓦锡不很重视这项声明，马拉没有忘记这件事。在 1791 年 1 月 27 日的期刊《人民之友》中，马拉抨击这位化学和经济学家是有钱的骗子，抨击他花费 3300 万利维尔去建一座能隔绝新鲜空气的城墙，使巴黎如置于监牢中一般，"但愿他被高绑在路灯柱上。"1791 年 3 月 20 日，立宪大会宣布废除这位总包税人。

下一个遭受攻击的目标是科学院，因为所有过去政权遗留下来的研究院都被人怀疑是同情反革命的。拉瓦锡为科学院辩护，因此成为别人攻击的主要目标。1793 年 8 月 8 日，科学院奉命解散，在最后一次会议的签名册上，有拉格朗日、拉瓦锡、拉朗德、拉马克、贝托莱、蒙日等人的签名。这时各走各的，只希望不至于上断头台。

　　同月，拉瓦锡受到孔多塞一些想法的鼓舞，交给议会一个关于国家学校系统的计划。初等教育对男女儿童免费，"因为社会对孩童应有责任"。中等教育也开放给男人和女人，利用所有法国建立起的技术学院来推广这种中等教育。一个月后，政府的特工搜索了他的房间。在所能找到的信件中，有一封是从拉瓦锡朋友那里寄来的，述及对法国大革命的责难及满怀希望地提到能很快地推翻它的外国军队；其他的信件则显示出拉瓦锡和他的妻子计划逃往苏格兰。1793 年 11 月 24 日，包括拉瓦锡在内的 32 位从前的总包税人均遭逮捕。他的妻子运用了一切可能的影响力解救他，但失败了，只是获准去看望他。在牢里，他继续写新化学的一些著作。他被控曾收受过多的利益，而且曾将水掺入烟草中，得到 1.3 亿利维尔的不法利益。1794 年 5 月 5 日，他和其他总包税人被大革命法庭传召，其中 8 位被宣告无罪，包括拉瓦锡在内的 24 人则被判死刑。别人以拉瓦锡及其他一些人是国家有价值的学者为理由向主持审判的法官要求减刑时，拉瓦锡曾经讲道："这个共和国不需要学者。"这个故事没有明显的证据。拉瓦锡在宣判的同一天上了断头台，即 1794 年 5 月 8 日，死于现在所谓的康科德广场。据说拉格朗日对他的评论是这样的："只须一下就把他的头砍下，一百年之内可能再也找不出一位像他那样的人了。"

　　拉瓦锡所有的财产都被充公，来补偿他担任总包税人期间所得的 1.3 亿利维尔的不法收益。拉瓦锡夫人身无分文，靠家里一位老佣人的供给维生。1795 年，法国政府放弃了对拉瓦锡的控诉，他的财产全部归还给拉瓦锡夫人——拉瓦锡夫人死于 1836 年。1795 年 10 月，艺术学校举行了追悼拉瓦锡的葬礼，由拉格朗日陈述颂词。在一个显露出来的半身像上，刻着这样一段文字："暴政的牺牲者，艺术上一位受人尊敬的朋友，他继续活下去。通过他的天才，他仍为人类效劳。"

天文学

·工具的前奏

望远镜已经改良而看得更远。"赤道望远镜"可以基于两轴——一平一直——而指向地球的轴心面旋转。这一轴心的选择可以使观察者长久地观测天体，以供仔细的研究和微细的测量。对折光望远镜的使用，牛顿颇感气馁。他相信，受到透镜折射的光，必然会分成各种颜色，因而混淆观察。于是他放弃制造无色折射这一问题，求助于反射望远镜。1733 年，一位"绅士业余家"切斯特·霍尔，结合不同折射媒介的透镜，同时中和色彩的杂异而解决了这一问题。他没有将发现的东西予以出版，因此约翰·多龙德只好独立设计出无色望远镜的原理与构造。1758 年，他在伦敦皇家学会的《哲学记录》上发表这些原理与构造。

1725 年，乔治·格雷厄姆，一位教友派的表匠，为格林尼治天文台的哈雷制造了一座墙座四分仪——分成度与分的机械四分仪，固定在墙上，用以捕住某颗星球通过子午线。格雷厄姆为哈雷、布拉得雷和拉莫尼亚制造了集望远镜、轴心、时钟与计时器于一体的转镜仪，而更精确地刻画出这些子午线。1730 年，托马斯·戈弗雷，费城富兰克林知识圈中的一员，向朋友描述望远镜中所见。由对立透镜而来的双重反射这一原理，他制造仪器，以测量角度与高度，但直到1734 年才发表。1730 年，约翰·哈德里制造了一架类似的仪器八分仪——有刻度的 1/8 圆周弧，1757 年这一仪器扩大为 1/6。可使航海者从反射望远镜中同时看出海平线与太阳（或其他星体），哈德里的六分仪可以更精确地量出分隔各物体的角度。这与哈里逊的航海经线仪使航海成为一门近乎精确的科学。

航海者欲确定船只在海上的位置，须先定出其经度和纬度。欲定出经度，须凭天文观察以确定当时、当地时间，同时将地方时间与无论摆在何处都能维持标准时间（格林尼治）的时钟相比。问题是要制造一座既不受温差也不受船只影响的计时器。1714年，英国政府悬赏2万英镑，以找出在半度内确定经度的方法。约克郡的一位表匠约翰·哈里逊向格雷厄姆提出（1728年）制造航海计时器的计划。格雷厄姆将资金用于制造计时器，1735年完成。这一计时器使用两座粗重而方向相反的天平，4片平衡簧，彼此反向转动，以补偿船只的移动；及多种的铜条、钢条，热胀冷缩，与诸弹簧相连，以中和各种温差。经度委员会派遣哈里逊带着计时器搭船前往里斯本，以为试验航行。其结果鼓励该委员会提供第二次、第三次与第四次改良的基金。第四次制成的计时器，只有5英寸宽，在开往西印度群岛的航行中试验（1759年）。在此次航行中，这一计时器的误差，不超过每30天中正常与预计的80秒时差以外5秒。经过一些争执后，哈里逊终于收到了2万镑的全部报酬。英国海军即以此计时器及其他航海仪器装备自身，以统治波涛巨浪。

·天文理论

英法两国竞相研究天文。对于他们而言，这并非是遥远或"纯粹的"科学，而是介入海洋统治及随之而来的整个殖民与商业世界的一场斗争。德国与俄国因欧拉、意大利因博斯科维奇对这个竞争做出贡献，而没能分享其战利品。欧拉、克莱罗、达朗贝尔以研究月球，表列与太阳、地球相关的月球所处的位置及盈亏的变化，及其对潮汐的影响而有助于航海。从欧拉的记载中，知悉哥廷根大学的迈耶曾拟订太阴表而获得英国经度委员会的一项赠礼。1738年，巴黎科学院悬赏潮汐理论的提出，有4位作者获得报酬：伯努利、欧拉、麦克劳伦、卡瓦列里。除了后者，其余三人均以牛顿的理论作为解释的基础，认为除了日月的吸引外，地球的转动也是决定潮汐的一个因素。该科学院曾在多种场合邀请人写论诸球体的摄动的文章——它们越离椭圆轨道真实或表面的偏差。克莱罗于 1747 年、欧拉于 1756 年分别获得奖赏。

博斯科维奇以阐明天文学与物理学的发现而使耶稣会团与有荣焉。他生于拉古沙，14 岁时进入罗马的见习修行所。他在科学上的早熟，使罗马学院的老师震惊，29 岁时他即受任为那里数学部的主任。从那时起他一共出版了 66 种书。他参与确定各彗星的一般轨道，并首次用几何解决一颗星体的轨道与赤道问题。在《可分割的物质》（1748 年）一文中，他阐扬他的物质观，认为物质由力点或力场组成，每一力点或力场各有一个交互拒斥、吸引的中心——令人忆起莱布尼茨的单子论。功能多样的耶稣会组织实际的企业测量并绘教皇国的地图，在有淹没卢卡城威胁的湖水上建筑堤堰，抽干彭甸沼地，设计米兰的布雷拉天文台。经他催促之下，教皇本尼狄克特十四世，撤销反对哥白尼体系的禁书目录敕令。他受赐为巴黎科学院和伦敦皇家学院的会员。1761 年至 1762 年，他先后被法国、英国、波兰与土耳其赐予荣誉。1772 年，他接受路易十五的任命，担当法国海军的光学总监。1783 年，他回到意大利，1787 年死于米兰，享年 76 岁。他死后留下几卷诗集。

18 世纪前半叶英国天文学家中最璀璨的导师，当推詹姆斯·布拉得雷。他叔叔詹姆斯·庞德是埃塞克斯郡的一位教区长，也是一位拥有自己的天文台的业余天文学家。这个男孩在那里知道有一门诸星体的科学和审美之学。在牛津取得文学硕士学位后，他即匆匆赶回旺斯特德，做一手的观察，并将所得报告给皇家学院，结果以 26 岁之龄获选会员（1718 年）。三年后他成为牛津的天文学教授。伟大的哈雷 1742 年逝世时，布拉得雷继他之后成为格林尼治的皇家天文学家。他担任这一职务，直到去世（1762 年）。

他首先决定一颗星体的周年视差，而这也是从地表上一点所见与从太阳中心的一个想象点所见外表距离的差异。像哥白尼所假设的，如果地球循轨道绕太阳运转，那么这一差异应该存在。但历来无一证例，如果这一差异能获证明，则可确证哥白尼的假设。多方冒险的罗伯特·胡克曾欲显示天龙座第三颗星辰的这一视差，结果失败。富有的业余天文学家莫里纽克斯于1725年在奎尤恢复这一尝试，布拉得雷在那里加入，他们的结果只部分地肯定哥白尼的假设。布拉得雷回到旺斯特德，雇请格雷厄姆为他制造一座"弧形天顶"望远镜，以便观察不止一颗而是200颗星体通过子午线。经过13个月的观察与计算后，布拉得雷能够指出同一颗星体的外表位置每年交互偏南或偏北的轨道。他解释这种交互性是由于地球轨道转动之故。这种"光行差"的发现（1729年）说明到那时为止数以百计令人迷惑的观察与偏差。这在观察任一星体的位置与"真正"或计算出来的位置之间，产生了一种革命性的区分。这与哥白尼的说法大为吻合，因为这一发现也依据地球绕日旋转。这对天文学的影响竟使法国的一位天文史学家约瑟夫·德朗布尔建议，使布拉得雷与开普勒，甚至与希帕恰斯并肩而立。

布拉得雷继续完成其第二个重要发现：地球转动的轴心的"章动"（nutation）——字面上为点头摆动——像一个旋转的陀螺轴心的摆动。表面移动被描写为形成周年轨道的星体，据布拉得雷的观察，由于地球的绕日旋转，在一年后，并不会回到原先确切相同的表面位置。他想这一偏差可能是月球环绕地球轨道与地球环绕太阳轨道两者之间的周期变化，造成地球轴心的轻微弯曲所致。他研究这些变化达19年之久（1728—1747年），他在第19年发现，那些星体已回到第一年开始时那个确切相同的表面位置。他现在确信，地球轴心的"章动"，是由月球轨道的移动及其对地球赤道部分的作用引起的。他的这些发现，报道在1748年皇家学院的会报上，成为一动人大事。

布拉得雷担任皇家天文学家任期内，英国屈服于一项痛苦的交易：经过170年的抗拒后，英国终于接受了格列高利日历，但仍顽固地称之为革新日历。国会的一项法案规定，1752年9月2日以后的12天从"新历体"中抹去，同时规定9月3日改称为9月14日，法定之年不该从 3 月 25 日而该从 1 月 1 日开始。此举造成了商业交易与宗教圣日的纷扰，激起了许多抗议，那群愤怒的不列颠人喊道："把 11 天还给我们！"但到最后，还是科学战胜了簿记与神学。

·赫舍尔

英国的天文学在威廉·赫舍尔将天工星添列为行星、放弃其音乐家生涯时，达到了顶峰。赫舍尔的父亲是汉诺威军队中的一名乐师。他 1738 年生于汉诺威，并取名为腓特烈·威廉，遵循父业，并在七年战争的头场战役中投效为乐师。1757 年，他被送往英国深造音乐。在足与伦敦匹敌而为上流社会聚集中心的巴斯城，他从八角形小礼拜堂的一名吹木箫者升为指挥者，再升为风琴师。他一边组曲，一边教导音乐，有时一周上 35 堂课。晚上，他以研究微积分松弛身心，然后转到光学，最后改为天文学。他将弟弟雅各布从德国带来。1772 年，替他们理家的妹妹卡洛琳学会了记载天文记录，她最后也成为有成就的天文学家。

赫舍尔基于绘制诸天图的雄心，复得胞弟之助，制造了自己的一架望远镜。他自己磨琢那些镜片，曾连续工作 16 个小时之久。卡洛琳照顾他的饮食，或将塞万提斯、菲尔丁、斯泰恩的小说读给他听，以解除烦闷。1774 年，36 岁的他首次展开观察。但多年来他只能在乐师工作之暇，从事天文研究。1781 年 3 月 14 日，他有了世纪性的发现，但他大大低估了这一发现的重要性：

> 杳看巨蟹晷附近的许多小星体之际，我观测到一颗显然比其余的星星大的星体。惊讶其不同寻常的外观，我将之比拟为巨蟹星与介乎御夫座、双子座之间，处于四分角里的那颗小星。我同时发觉它远大于其中任一颗星，我怀疑它是一颗彗星。

那不是一颗彗星。以后持续的检视旋即显示，它以一种近乎圆周的轨道绕日旋转，其轨道大于地球轨道的 19 倍，2 倍于土星的轨道。它是一颗新的行星，在天文记录中属于第一颗被如此认出的行星。所有的知识界均为这一发现欢呼，因其结果形成了 2 倍于从前所知的太阳系的直径。皇家学院以会员资格和克卜勒奖章赠给赫舍尔，乔治三世说服他放弃乐师生涯而改任国王的天文学家。赫舍尔给这颗新行星取名为"乔治族之星"（Georgium Sidus），但天文学家后来同意称之为天王星，这是从汉诺威诸王手中夺过该星，并像该星的所有伙伴一样，转让给异教诸神。

1781 年，威廉与卡洛琳搬往斯拉夫城居住。他那微薄的 200 镑年薪无法维持他、他胞妹及他的仪器之需。他以制售望远镜贴补所需。1785 年，他造了一架 40 英尺长，同时兼附一面 4 英尺直径的镜子的望远镜。一位音乐家和史学家的女儿范妮·伯尔尼，在 1786 年 12 月 30 日的日记中写道：

> 今早我父亲带我（当时她已 36 岁）到赫舍尔那里。这位伟大而不平凡的人物几乎张开双臂接待我们……在赫舍尔邀请下，我通过他的望远镜逡巡了一下！他那架望远镜大得可使我站直着看，而一点也不会不便：即使我穿着羽衣和钟形衬圈，也照样可行——这就是它的圆周。

1787 年，赫舍尔发现了天王星的两颗卫星，他命名为奥伯伦（Oberon）与提坦尼亚（Titania）。1789 年，他又发现土星的第六与第七颗卫星。1788 年，他娶了一位富有的寡妇。他不用再为金钱操心，但仍以未减的狂热继续其调查工作。在那些星体出来而不为过亮的月光遮晦时，他都彻夜工作。他的大部分观察都在 50 英尺高的梯子才可抵达的露天平台上完成。有时，天气的严寒使卡洛琳带在身边用以记载观察所得的那瓶墨水都冻结了。

赫舍尔以较好的望远镜，并更有系统地继续查理·梅西耶与尼古

拉斯·拉卡耶两人的工作，以确定并列出星云和星群的位置，然后将
2500 座星云与星群表及 848 颗双星交给皇家学院（1782—1802 年）。
在这 848 颗星体中，他自己即发现了 227 颗。他猜想它们可因相互吸
力和相互旋转而成双成对——牛顿理论大大应用于星际的相关位置。
在许多情况下，过去看来像一颗星的东西，结果都是一束星群，其中
有些星群以大望远镜观测，都是距离地球差别很大的个别星体。以新
的倍数放大的银河，从发光的云体变为无数单一的发光体的聚集与
连续。以前似乎仅为星体漫布的天空，现在呈现为被它们拥挤，其密
度几乎如雨中的水滴。我们无助的肉眼过去只看到第一到第六光度的
星体，而今赫舍尔的望远镜显示比最大光度微弱 1342 倍的额外星体。
与伽利略一样，赫舍尔巨幅扩张了已熟知的宇宙。假设帕斯卡在他当
时已知的宇宙无穷浩瀚前颤抖，则他置身在无法计数——据赫舍尔说
距离地球约在 117 500 000 000 000 英里之外——的星体纵深外的无穷
纵深之前，又会作何感想？许多这些星体是带有行星环绕在其周围的
恒星。我们自己的太阳及其行星与卫星在一个宇宙光体中都被减为一
个斑点而已。

　　赫舍尔最重要的建议之一，是关于太阳系横过太空中的运动。先
前的观察已指出，某些相关的星体在记录时，彼此的推斥曾经减少或
增加。他猜疑，这一差异是由于太阳系的运离其辐合或运向其离异星
体，犹如街道两侧面对面的两盏灯，我们离开或接近时，似乎在辐
合或离异。他得出结论，视为一个整体的太阳系，在背向某些星体，
同时朝向武仙座的一颗星体运转。他于 1783 年发表该学说，普莱沃
（Pierre Prévost）也于数月后宣布相同的理论。英法两国相对峙的天
文学家团体，处在热烈竞争与密切结合中。

　　一位同时代的人描写 82 岁的赫舍尔为"一位伟大、单纯的好老
人，他的单纯、和善、轶闻及跃跃欲解释自己于宇宙的崇高观念，具
有难以描写的魔力"。他的一切工作成就也有卡洛琳的一份奉献，她
不但小心记载他的观察所得，完成复杂的数学计算以指引他，自己也

发现 3 座星云和 8 颗彗星。威廉死后，她回到汉诺威和亲友一起居住。在那里，她继续研究，进一步表列她哥哥的发现。1828 年，她获得天文学院的金奖章，1846 年复从普鲁士王那里获得一枚奖章。她死于 1848 年，时年 98 岁。

·法国天文学家

环绕着巴黎天文台（1671 年），聚集了一群显赫的仰视星象者。在这群人物中有卡西尼家族（Cassini）经过 4 代之久构成的一连串的星座。乔瓦尼·卡西尼 1671—1712 年主持这座天文台。去世后改由儿子雅各接掌，雅各复由儿子恺撒继承（1756 年），再依次由儿子雅各·多米尼克掌管（1784 年）。这位曾孙最后以卡西尼伯爵的身份去世，享年 97 岁。这是可与伯努利和巴赫家族相提并论的家族。

达朗贝尔则一人将诸门科学齐集于一身。他把数学应用于天文学上，结果减缩到牛顿的岁差理论和布拉得雷地轴的章动之说。"这些结果的发现，"拉普拉斯说，"在牛顿时代，均非分析与力学之法所能企及……完成此举的荣耀，应归于达朗贝尔。"在布拉得雷陈述其发现的刊物出版后一年半，达朗贝尔也提出其论文《岁差的研究》（1749 年），这在天体力学与动力学的历史上是与布拉德雷在天文学年报上发表的同样杰出的一部著作。

达朗贝尔记录上的一个污点，是他并不欣赏他对手的成功。他特别热心地批评克莱罗的工作。后者 10 岁时即懂得微积分学，12 岁时即将第一篇论文提交给科学院，18 岁时出版一本包括几何学上许多重要发现的书籍，而赢得科学院连属会员的资格（1731 年），这比达朗贝尔接受同一荣衔（1741 年）早了 6 年。克莱罗是被选来伴随莫佩尔蒂远征拉普兰（1736 年）以测量子午线弧的许多科学家之一。返回时，他向科学院提交关于几何、代数、锥线及微积分的备忘录。他于 1743 年出版了《地球形状的理论》，书中以"克莱罗定理"比牛顿和麦克劳伦更精切地计算了一个旋转的球体从其各部分的自然重心自动构成的形状。他对牛顿的兴趣使得他与夏特莱夫人有了联系，他帮助她翻译《自然哲学的数学原理》，并与伏尔泰分享将法国的科学家从笛卡儿的旋涡理论变为牛顿的重心理论这一荣誉。

1746 年至 1749 年，欧拉、克莱罗与达朗贝尔，以微积分的新方法各自独立工作，以发现月球的远地点，即距离地球最遥远之际，欧拉与克莱罗发表了大致相同的结果，达朗贝尔则继之以更精确的计算。圣彼得堡大学为绘制月球移动图而提供的赏金，由克莱罗在《月球理论》一文（1752 年）中刊出其结果而获得。他又将数学应用到地球受到金星与月球的影响而形成的干扰上。他从这些差异中估计金星的质量为地球质量的 66.7%，月球为 1.49%；我们通常的数目分别为 81.5% 和 1.82%。

1757 年，欧洲的天文学家开始仰看哈雷预测的那颗彗星的重临。克莱罗着手计算该彗星在通过土星与木星时将会受到的干扰，以为他们观测的引导。他计算这些及其他经验已使彗星的出现延缓 618 天，同时劝告科学院说，该彗星将于 1759 年 4 月 13 日处于近日点（其顶端最近太阳）的位置。一位业余的观测者推论出为 1758 年圣诞日那天。结果于 1759 年 3 月 12 日通过近日点，较克莱罗的计算早了 32 天。即使如此，这件事也是科学的一种胜利及对迷信一时的打击。克莱罗将其研究载在《彗星运动的理论》（1760 年）一文中。他的成功及其伟大的人格魅力，使他成为各沙龙竞相拉拢的对象。他经常参与他们的聚会，直到 52 岁时去世（1765 年）。"没有一位那个时代的法国饱学之士，比他赢得更高的名誉。"

总有更多的人物该由历史加以表扬。有研究太阳的黑子、日冕与建立圣彼得天文台的约瑟夫·德莱尔；有为科学院前往好望角、消磨10 年光阴绘制南方天空而在 49 岁时过劳致死的尼古拉斯·拉卡耶；有于 21 岁时随同莫佩尔蒂前往拉普兰、继续研究月球达 50 年之久、分析木星与土星的运动及早在赫舍尔发现其为一颗行星（1781 年）之前便已对天王星展开观察与记录（1768—1769 年）的拉莫尼亚；而约瑟夫·德·拉兰德的《天文论》更逐一考察这门科学的每一部分，并在法国科学院教授天文学达 46 年之久，同时于 1802 年设拉兰德奖（Lalande Prize），该奖现在每年仍颁给对天文学最有贡献的人。还有测定天王星轨道的受洗者德朗布尔，他继承拉兰德在该学院的职位，并以苦心孤诣的 6 卷天文学史添列到拉兰德的概论上（1817—1827 年）。

·拉普拉斯

　　他出生时（1749 年）名为皮埃尔·拉普拉斯，是诺曼底一个中产家庭之子，后来成为皮埃尔·拉普拉斯侯爵。他以在校时发表的虔诚之神学短论而初露锋芒，后来变成拿破仑帝国最坚定的无神论者。18 岁时，他怀揣拜会达朗贝尔的一封推荐书被送往巴黎。曾先后收到许多如此信函而对信中的颂辞嗤之以鼻的达朗贝尔，拒绝接见。拉普拉斯以坚定的态度写给他一封论机械学一般原理的信。达朗贝尔回应道："阁下，你明白我甚少措意推荐书。你连一封也不用。你自我推荐得更好，这对于我就够了，我的支持是你应得之物。"不久，因达朗贝尔的影响，拉普拉斯受任为艾可军校的数学老师。在稍后写给达朗贝尔的一封信中，他分析了对数学的热情：

　　　　我经常出于趣味、而非出于爱慕虚名来研究数学。我最大的娱乐是研究发明家的发展，坐看他们的天才与他们遭遇到并加以克服的诸般障碍搏斗厮杀。然后我设身处地，问问自己在克服这些相同的障碍时将做何对策；这一易位在绝大部分情况下对我的自尊虽然有所屈辱，但欣赏他们成功的乐趣，已大大补偿了我这些微小的屈辱。假若我有幸加添一点东西到他们的成绩上，则我该将这一切功劳归于他们第一次的努力上。

　　我们从这种谦虚中察觉一些得意之状。但无论如何，拉普拉斯的雄心显得大为粗率，因为他欲以牛顿的重心理论应用到所有的天体与现象上，而把整个宇宙减缩为一个数学体系。牛顿曾将宇宙留在一种不安的状态，他认为宇宙是受到与时俱增的不规则性的影响，因此，上帝不得不时加干涉，以予纠正。与欧拉一样，许多科学家并不相信世界是一个机械体。拉普拉斯欲以机械来证明这一假设。

他先以一篇论文开始（1773年），文中指出每个行星与太阳的平均距离的差异，受到几乎精确的数学公式的左右，因而呈现周期性与机械性。科学院以这篇论文写于他24岁时选他为预备会员。此后，拉普拉斯便以伟人具有的对目标的一致、直接与坚持这些特性，奉献其生命而把宇宙的运转一个接一个地套入数学方程式中。"自然的一切作用，"他写道，"只是少数不变法则的数学产物。"

他的主要著作虽然直到大革命后才出现，但准备工作早已进行。他的《宇宙体系论》（1796年）是解释其观点的通俗而非机械的引论，以明畅、流利的文体闻名，包括有关他对太阳系起源的著名假设（康德先于1755年假设）。拉普拉斯想以假设各种热瓦斯或其他微细分子的原始星云覆盖太阳，进而延伸到太阳系最远范围来解释各行星及其卫星的公转与自转。这一星云随着太阳旋转，渐渐冷却，最后凝缩成也许像我们现在在土星周围看到的许多环圈。进一层的冷却与收缩可将这些环圈浓结为各个行星，后者再以相似的过程引生出自己的卫星，同样的星云的凝缩可能产生各个星球。拉普拉斯断定，所有的行星与卫星均朝同一方向，实际上处在同一平面上旋转。他那时并不知道，天王星的卫星朝另一相反的方向转动。这一"星云理论"现多被采用以解释各个星体由星云凝缩而成。拉普拉斯只在他通俗的著作中说明这一假设，但没有过于认真。

拉普拉斯以《机械天体》5卷巍巍巨著来总括他的观察、数学方程式与理论及几乎当时所有的星体科学（1799—1825年）。傅立叶称呼其书为现代天文学之大成。拉普拉斯以崇高的单纯陈述其目的："就太阳系已知的18个星体，及它们在任何时候的位置与运动，借……数学计算，从它们相互吸引推论出它们在其他任何时候的位置与运动，并显示这些与实际观察的那些东西一致。"为实现计划，拉普拉斯必须研究由太阳系的成员——太阳、行星及卫星——的相逆影响引起的干扰，同时将这些干扰归纳为周期而可预测的规则。他相信，这一切干扰都可由引力的数学加以解释。在证明太阳系及其余世界的稳定与自足这一尝试中，拉普拉斯抱持一种完全机械论的观点，并为决定论哲学做一番古典的表白：

> 我们应将宇宙的现态视为其前一状态的结果和后一状态的原因。懂得一切力量在一特定刹那在自然里的作用，及宇宙所有东西在那一刹那的位置，能够以单一的公式了解宇宙间最大的星体与最轻的原子的运动，这一智力也强大得足以控制一切资料供作分析，对于它而言，没有一事不确，未来与过去一同展现在它眼前。人类心灵一直能给予天文学的完整性为此智力勾勒出一个微弱的轮廓。机械学上与几何学上的发现，伴以宇宙引力的那些发现，已使人类心灵可以依相同的分析公式来理解宇宙体系的过去与未来状态。心灵追求真理的一切努力与我们刚刚想象的智力虽有接近的趋势，但永远保持无限遥远的距离。

拿破仑问拉普拉斯，其《机械天体》一书为何没提到上帝时，这位科学家据说这样回答："我不用那种假设。"但拉普拉斯也有谦虚之时。在《概率的理论分析》——几乎为该领域一切著作的基础——一文中，他剥夺了科学的一切可靠性：

> 严格而言，我们甚至可以这么说，我们的一切知识都有问题，而我们确知的少数事情，即使数学科学本身，那发现真理的主要方法归纳与类推，也以概率为基础。

除了他那个时代天文的发现与假设，那种划时代的与影响广泛的公式体系外，拉普拉斯另有特殊贡献。他以为某种"可能性"而设之"拉普拉斯方程式"，几乎照亮了物理学的每个部分。这一方程式使我们更容易确定力线场上任一点的能量强度或运动的速度。他根据月球的那些干扰计算地球的动态椭圆率，而那些干扰归因于地球的扁圆形。他发展一种分析的潮汐理论，并从潮汐的各种现象归纳出月球的质量。他发现决定彗星轨道的改进办法，并以突出的准确性计算月球平均运动的加速度。他对月球的研究为他弟子伯克哈德于1812年绘制而获改进的月球转动表提供了基础。最后，他从科学上升到哲学——从知识上升到智慧，其辩才可与布丰相媲美。

天文学，以其实物之尊严与理论之完整，乃是人类精神最美丽的纪念碑，也是人类智力最高贵的证明。由于受到自爱与五官幻觉的引诱，人类长时以来都把自己认为是各星体运动的中心，他的虚矫因而受到这些东西所激起的恐怖之惩罚。然而他看到自己处在太阳系里几乎无法察觉的一颗行星之中，其广垠的幅度本身在太空的浩瀚之中只不过是一不易被感觉到的小点而已。这一发现带给他的惊奇结果，大可安慰他以弥补地球的地位，并从而指出他那种处在极端微细的基地（他即从这一基地观测诸星）里的壮观。且让他仔细保存，并且扩大能带给有思想的东西以愉悦的这些高尚科学的结果。那些科学对于航海与地理已有重要贡献，但它们最大的祝福还在驱除天体各种现象所产生的恐惧，并且摧毁由于我们对与自然真正关系的无知所造成的错误，那些设若科学之火炬一旦熄灭便准将复现的恐惧与错误。

拉普拉斯发现，调整其生命以适应法国政治的震颤要比调整其数学以适应各星体的不规则容易。大革命来临时，他顺应形势而安然过日：他与拉格朗日一同受雇制造火药所需的硝酸钠，并计算加农炮的弹道。他受任为创建公制的重量及长度委员会的会员。1785年，他测验参加炮团的考生——16岁的拿破仑——并予以过关。1798年，拿破仑带他到埃及以从金字塔上研究星辰。1799年，第一执政官（拿破仑）任命他为内政部长，但六周后即遭解职，原因是"拉普拉斯到处探精求微……并将无限微小的精神带进行政管理"。拿破仑为了安慰他而提名他进入新议院，使他成为伯爵。现在，身着金衣缎带的这位显贵，由雅各布·内戎为他画了一张画像：一张英俊而高贵的脸庞，及似乎由于自觉死亡嘲弄着一切威严，自觉天文学是在黑暗中的一个摸索，自觉科学是黑夜之海的一小点光芒而黯然神伤的两眼。他临终之际（1827年），一切虚荣离他而去，他最后的遗言似乎是："我们懂得的只是一件小事，而我们不懂得的却巨无涯岸。"

地球

有四门研究地球的科学：探究其大气层的气象学；估计其大小、形状、密度以及涉及其表面曲度的各种距离之测地学；发掘其成分、深度与历史的地质学；绘制其陆地、海洋的地理学。

·气象学

除了简单的雨量计外，气象学还使用4种测量仪器：测量温度的温度计、测量气压的气压计、测量风的风力计及测量空气中湿气的液体比重计。

1721年或1721年以前，阿姆斯特丹一位德国的仪器制造家法伦海特发展了一种伽利略于1603年便已发明的温度计。他使用水银以代替水作为伸缩液体，并以水的冰点（32度）与人体正常的口内温度（98.6度）为基础划分刻度。1730年，雷奥米尔向科学院提出"以可比较的等级制造温度计的量尺"的报道。他将水的冰点定为零度，沸点为80度，同时划分刻度使与温度计内液体（他使用酒精为液体）

的升降等量一致。乌普萨拉的安德斯·切尔西乌斯约 1742 年以再使用水银,并在水的冰点与沸点间划分 100 刻度而改进了雷奥米尔的温度计。为了更精确地确定这些度数,日内瓦的德吕克于 1772 年使相对的温度计在主要方面有它们今日的样式:英语民族使用华氏度数,其他民族则使用摄氏度数。

托里策利(Torricelli)于 1643 年发明气压计,但气压计内气压的变化受到不可控的各种因素的影响而显得不稳定:水银的品质、管子的口径、气温。以德吕克的试验与计算而达到高潮的各种不同的研究,补救了这些缺点,并使水银气压计形成今日的样式。

几种粗陋的风力计完成于 17 世纪。阿夫朗士的学者主教皮埃尔·于埃 1721 年去世时留下风力计的一种图样,将风灌入一根管子,使升起一柱的水银以测定风力。这一发明后改进为苏格兰物理学家詹姆斯·林德的风压计(1775 年)。约翰·斯米顿在约 1750 年设计测量风速的机械装置。18 世纪测量湿度的最好仪器是多才多艺的加尔文派教徒索绪尔发明的湿度计(1783 年),这是根据人的头发随着湿度的变化而伸缩的原理发明出来的。威廉·卡伦(William Cullen)以各种液体在蒸发时的冷却作用而提供另一种湿度计的设计理论基础。

有了这些及磁针等其他仪器,科学便可迈步侦测各种游移不定的气候的规律。首先是可靠的记录。有些记录由法国科学院从 1688 年起一直保留下来。1717 年至 1727 年,一位布勒斯劳的医生保留了他从德国许多地方找到的每日天气记录。1724 年,伦敦皇家学院开始编集不仅从英国,而且从欧陆、印度与北美来的气候报道。一项合作性更广泛、更有系统的每日天气记录于 1780 年由曼海姆的亨默在巴拉丁选帝侯西奥多尔的资助下组织而成,但在法国大革命期间遭到废弃(1792 年)。

一种激起许多臆测的气候现象是北极光现象。哈雷曾于 1716 年 3 月 16 日至 17 日仔细研究这些"北极光"的突发,而将之归因于受到地球发出的磁力的影响。1741 年,约尔特及其他斯堪的纳维亚的观察家注意到北极光突发时磁针的不规则偏差。1793年，化学家约翰·达尔顿指出，这些北极光的光芒与磁倾针的方向平行，而它们的最高点或集中点则在磁极子午线上。因此，18世纪已认识到这种现象的有电性，我们现在予以解释为，因太阳射出的分子引起的离子化造成的地球气层里的一种放电现象。

　　18世纪气象学的文献始自沃尔夫的《量气学原理》（1709年）。该书总结当时已知的资料，同时提出一些新仪器。达朗贝尔在《风的一般成因的回顾》这篇于1747年赢得柏林学院奖的文章中，试图以数学公式确定风的移动。这一时期杰出的论文是路易·科特这位蒙彼利埃的教士的巨著《气象学》一书（1774年）。科特搜集并表列自己及其他人观察的结果，描述仪器，并将发现应用到农业上。他提出各种作物的开花与成熟时间、燕子飞临与飞离之期，及夜莺何时歌唱；他把各种风认为是天气变化的主要原因；他还提出天气预测的试验性公式。德吕克的《大气变化研究》（1772年）延伸了帕斯卡与哈雷在高度与气压关系方面的实验，从而制定出一种法则，认为在某一气温下（气压计内）水银高度对数的差异，在一英寻的千分之几当中，能立即指出我们观察气压计的地方在高度上的差异。使气压计附着在某一平面，德吕克能以气压法估定各种陆标的高度。因此，他计算勃朗峰的高度为14346英尺。索绪尔爬上该峰并在山顶记下其气压标记（1787年），测得高度为15700英尺。

·测地学

　　测地学字面上为"划分地球"之意。首先需要知道地球的形状。1700年，一般认为地球不是全球体而是椭圆体——两极有点扁平。牛顿认为两极扁平，卡西尼则认为赤道扁平。科学院为了决定这一国际争执，特别派出两支探险队。一支由孔达米纳、布格与戈登率领，开往那时的秘鲁（1735年，现为厄瓜多尔），借以测量赤道一道子午弧上天文纬度的度数。1736年，相似的一支探险队由莫佩尔蒂与克莱罗率领，开往拉普兰而在实际接近北极圈的一个地方测量一道子午弧上天文纬度的一个度数。据其报道，那里一度的长度为 36.71 万英尺——比 69 英里稍为长些。这些发现指出，天文纬度一度的长度，随着观察者从赤道向两极移动而轻微增加，这一增加被解释为地球两极扁平的缘故。科学院承认牛顿已得证明。这两次探险所做的测量，后来成为决定 1 米、公制及地球上各地精确的天文时间的基础。

布格在秘鲁的观察中发现该铅垂线的一些偏向，并认为是受钦博拉索山的吸力所致。他以此为基础，试图计算地球的密度。乔治三世的钦定天文学家马斯基林以一根铅垂线一次垂落在苏格兰一座花岗岩山的一边，一次落在另一边来实现这一结果（1774—1778 年）。该铅垂线在两种情况下都朝那座山偏差约 12 角秒。马斯基林下结论道，地球密度与该座山密度的比例，将同于地球吸力与 12 秒偏差的比例。查理·胡顿即以此为基础计算出地球的密度约为水的 4.5 倍——现在为一般人接受，这个数字牛顿于一个世纪以前即靠一种聪明的方法推算出。

·地质学

有关地球起源、年龄与成分，有关地壳、地层，有关地震、火山、火山口与化石的研究，仍然受到神学禁忌的阻碍。化石一般被解释为：在据说曾经淹没地球的诺亚洪水后，由退却的海水在陆上留下的海中有机体的遗骸。1721 年，瓦利斯涅里在一篇论文中指出，一场短暂的洪水无法说明如此广泛的海中构成物的蕴藏。安顿·莫罗在其著述中则认为，那些化石是海中火山爆发抛掷出来之物。地球原先为水覆盖，后为地下之火迫使底下的陆地高出退却的海洋，因而产生山脉与大陆。

马耶去世时（1738 年）留下一份手稿，于 1748 年印行，其名为《特里艾莫》，或《一位印度哲学家与一位法国传教士的对话录》。他的观点由一位印度圣哲之口道出，但《特里艾莫》不久即显现为"马耶"拼写的颠倒。该书激起的暴风雨，也许已经调和了作者死得其时。依据他的理论，陆地、山脉与化石并非由火山爆发，而是由曾一度包覆地球的海水逐渐消退造成。他主张，陆地的一切动植物由相关的海中有机体演化而来；男人、女人的确像青蛙一般，由已经失去尾巴的雄人鱼与美人鱼演进而来。海水的退却由蒸发引起，这一蒸发每千年会使海平面降低约 3 英尺。马耶警告我们说，海洋到最后会完全干燥，这时，地下之火将会涌出表面，进而焚毙一切生物。

《特里艾莫》出版后一年，布丰发表他的《地球理论》（1749 年），此时他 42 岁，这篇文章与他 71 岁时写的《自然世纪》（1778 年）是对这一门年轻科学极具权威贡献的两篇文章。他以笛卡儿的谨慎开始，假定世界首由上帝推动。然后《地球理论》一书即对宇宙事件做一番纯粹自然的解释。布丰比最新的宇宙开创论早两个世纪，主张各行星的源起均为受到某一强大的彗星的冲击或吸力而从太阳分离的碎块。因此，各行星起初均为融化的、明亮的大块物，有如今日的太阳，但它们在太空的寒冷中渐渐冷却、变暗。《创世记》所说的创造之"日数"必须作"纪元"解释。在这些纪元中我们可以标出 7 个：

一、地球由于本身旋转的结果而造成球形，其表面慢慢冷却（3000 年）。

二、地球凝结为一固体（3.2 万年）。

三、其蒸汽层凝缩构成全球性的海洋（2.5 万年）。

四、此海洋之水由于透过裂隙进入地壳，造成退却，因而留下植物在地表上，及化石在陆地上各个不同的高度（1 万年）。

五、陆地动物出现（5000 年）。

六、海洋的消沉使西半球与东半球分离、格陵兰与欧洲分离、纽芬兰与西班牙分离，并留下显然升起于海面的许多岛屿（5000 年）。

七、人类的发展（5000 年）。

布丰把这 7 个纪元加起来的结果为 8.5 万年。他对地质学家认为地球历史为 4 万亿年这一卓越想象，将感到惊讶。

布丰以研究化石骨骼，并从而推论出有机生物的连续纪元而建立了化石学。他的《自然世纪》开首文字表现出他的透视力与文体风格：

> 就像在文明史中我们审查名称，研究硬币、奖牌，译明古代碑文，以决定人类革化的纪元并确立社会史中各个事件的日期一样，在自然史中，我们更须发掘世界的档案，从地球的脏腑中抽取老旧的纪念碑，收集它们的残余物，并将可以使我们追溯到自然的各个不同纪元中的一切物理变化的象征，通通收入证据堆里。这是在太空的浩瀚中确定某些点，及在时间的永恒路线上摆放一些里程碑的唯一方法。过去好比是距离：设若历史与编年纪不在最晦暗的某些点上摆设几座灯塔与闪光信号，则我们的视域便会减却，并终告丧失。

然后，在晚年才走到化石学上的他这样写道：

> 我怀着遗憾离开这些迷人的东西，这些古自然的珍贵纪念碑，我这老迈之年已使我没时间充分地检查，而从中抽出我拟想，但只基于假设、在这份工作上没有地位的结论。我在结论中视为法则的，在于只提出基于事实的真理。在我之后还有其他来者。

《自然世纪》是 18 世纪最重要的书籍之一。布丰注重对文体的雕饰，以至（如果我们相信他）改写其中一些段落达 17 次之多。他同时注入一切的想象力，使他越过 6000 年的鸿沟，似乎在描写他思想的建构，有如展露在他眼前的许多事件。格里姆欢呼此书为"哲学敢予激发的最为壮丽的诗歌之一"，居维叶也宣布此书为"以真正壮丽的文体写成，而为布丰所有著作中最有价值的一本书"。

其时，谦虚的学子也在试图绘制土壤中各种矿物的成分图。盖塔尔以《矿物学备忘录及其图表》（1746 年）赢得科学院的赞扬。在以地质学调查法首度尝试之际，他在法国发现一些死火山；他把周遭的堆积物解释为凝固的岩浆，而热泉则是这些火山势力的最后阶段。里斯本的地震激发了约翰·米契尔草拟《论地震的原因与现象》（1760 年）一文。他主张地震是由于地下火、水的突然接触，产生膨胀性的蒸发，这一蒸发经火山与裂隙而找到一些出口，但若无路可逃时，便会引起地表的颤动。这些地波，埃佩认为，可被标出而找到地震的震源。因此，仍属年轻的地质学，也顺带催生了地震科学。

地层学也成了一门学科：人们迷惑于地壳中有关地层的起源、成分与先后。斯特雷奇向皇家学院提出一篇名为《萨默塞特郡孟蒂煤矿中观察到的地层的奇异描写》的报道（1719 年）。1762 年，斐歇尔印行一张详细的地质图，描述图林根土壤的 9 种"构造"，从而建立一个地层的概念，一个连续的地层代表一个地质时代。

与之相反，在弗赖堡矿物学校执教达 42 年之久的沃尔诺主张"水成论"的观点：大陆、山脉、岩石与地层都由水的行动，由曾经是全球性海洋的消退——有时缓慢，有时剧变——产生。岩石是消退的海洋弄干的坠落物与沉淀物，地层则为这一消退的时期与堆积物。

詹姆斯·胡顿进一步解释地球的变迁。他 1726 年生于爱丁堡，后来成为苏格兰启蒙运动显赫人物中的一员——休谟、约翰·霍姆、凯姆斯爵士、亚当·斯密、罗伯逊、哈奇森、马斯基林、麦克劳伦、普莱费尔及约瑟夫·布莱克。他从医学转攻化学，再攻地质学，不久即得出结论，地球的历史要比神学家认为的 6000 年多好几倍。他观察到风与水正在慢慢侵蚀山脉，并将它们推成平原，数以千计的小溪流载运物质流入大河流，再流入海洋。倘若这一过程无限继续下去，则各海洋的贪婪之身或肆威之爪终会吞噬整个大陆。几乎所有地质的构造都可能从这些缓慢的自然运作造成，如任何崩蚀的田地或蚕食而来的海洋，或锲而不舍地挖掘自己的河床并在岩石与土壤构成的地层上留下日渐降低的平面记录的任何河流。胡顿认为，这一缓慢的变化，是地球变形的基本原因。"在解释自然时，"他主张说，"我们不能引用对地球显得不自然的任何力量，也不得承认除非我们懂得其中原理的任何行动，同时为了解释一种普遍现象，我们也不得坚持任何特殊事件。"

但如果这种侵蚀一直进行数百万年之久，为何尚有大陆留下？据胡顿说，这是因为聚集在海底的侵蚀物，会受到压力与热的左右；这些侵蚀物在海底融合、凝固、扩张、堆积，然后浮出海面构成岛屿、山脉与大陆。地热的存在可由火山的爆发获得证明。这样，地质的历史是一个循环过程，一种反复将大陆投入海洋，再转而从那些海洋中升起新大陆的庞大缩伸过程。后来的学者把胡顿的理论定名为"岩石火成论"，以其依赖热的作用之故，或定名为"海神论"，以其从古代冥府之王普鲁托得名。

胡顿自己先是犹豫不敢出版他的观点，因为他知道这些观点不但会受到《圣经》信仰者的反对，也会受到水成论者同样尖锐的攻击。爱丁堡大学的自然哲学教授罗伯特·詹姆森是水成论者的热心辩护人。胡顿起初只将理论解释给少数朋友，后来经他们催促之下，才于1785年向刚成立的爱丁堡皇家学院宣读有关论文。1793年以前的批评，尚还温文有礼，但那年他便遭受都柏林一位矿物学家激烈的攻击。他以出版《地球理论》（1795年）这本传统的地质学著作作为回答。两年后他便告逝世。缓慢的过程造成巨大的变迁这一观念，经过普莱费尔明白晓畅的《胡顿理论的说明》一书（1802年），转而进入其他科学，并为欧洲铺路，使达尔文将这一观念应用在物种的起源和人类的起源之上。

·地理学

人类在种族、制度、道德与习俗方面繁杂的演进表现，在扩大现代心灵的界线上构成一个强大因素。探险越来越奇特而贪婪地伸入未知的领域，其目的不为科学，而是找寻原料、金、银、宝石、食物、市场、殖民地，并为和平与战争中较安全的航海绘制海洋图表。法国人、荷兰人与英国人在这场竞争中最为积极，他们知道世界的主宰权已濒于危险。

最冒险的一个计划在彼得大帝心中产生，他于1725年逝世之前，委任俄国海军的一名丹麦船长维图斯·贝林前往探勘西伯利亚的东北海岸。圣彼得堡大学遭派一位天文学家、一位自然学家与一位历史学家一同前往。贝林越过陆地到堪察加，然后航行到北纬67°（1728年），发现以他为名的贝林海峡，最后回到圣彼得堡。第二回探险时他在鄂霍茨克海建立了一支舰队，然而向东航行，一直到北美（1741年）。一位丹麦人从西面发现北美大陆，就像一位斯堪的纳维亚人埃里克森从东面发现该大陆一样。在回航途中，贝林的船在浓雾中迷失了方向，迫使船员在堪察加附近先前无人居住的一座岛上度过6个月的时间。在那座也以他为名的岛上，这位伟大的丹麦人死于坏血病（1741年），享年60岁。另一艘探险队的船只发现了阿留申群岛。俄国占领了阿拉斯加，传教士也被派往那里，使爱斯基摩人娴习基督神学。

俄国进入美洲，也激起其他国家探测太平洋。作为与西班牙战争的一部分（1740年），英国派遣一支舰队由乔治·安森率领、前往骚扰西班牙在南美的殖民地。坏血病杀戮了他的船员，而起自合恩角的暴风雨也摧毁了他一些船只，但他奋力开入南太平洋，停留在费尔南德斯群岛上，而且发现亚历山大·塞尔珂克曾在那里的证据。然后他横越太平洋，在菲律宾群岛附近逮到一艘西班牙大帆船，夺取船上的金、银宝藏；渡过印度洋，绕经好望角，避开试图拦截他的西班牙与法国舰队，经过3年9个月的航行后，终于在1744年6月15日抵达英国。船上的金银宝物用32辆马车伴着军乐从斯彼特海德转载到伦敦。全英国都在向他欢呼，4个版本关于他的故事在一年内全部卖光。

1763年，法国政府也派遣一支相同的探险队，由布甘维尔率领，受命在福克兰群岛建立法国殖民地。该群岛位于麦哲伦海峡以东300

英里，具有控制大西洋到太平洋通路的军事价值。他完成任务后返回法国。1765 年，他再度出航，进入太平洋而抵达大溪地（Tahiti，1768 年）——瓦利斯早在一年前发现该岛——并为法国占领该岛，后又发现萨摩亚群岛与新赫布里底群岛，然后绕过好望角，于 1769 年抵达法国，并从太平洋赤道地区带回来九重葛这种植物。他的航行记载了大溪地的宜人气候及当地土著的幸福健康、善良本性与道德。

1764 年，英国政府委任约翰·拜伦船长占据南太平洋中一些有用的岛屿。他在福克兰群岛的埃格蒙特要塞登陆，并为英国占领该群岛，而不知道法国人已在那里了。西班牙宣称享有其主权，法国予以退让，后来西班牙让给英国（1771 年），而今则由阿根廷声明为其所有。拜伦继续环绕地球，但在历史上并未留下进一步的标志。在较早的一次航行中，身为安森辖下候选军官的他，曾因船难而流落到智利海岸上（1741 年）。他对这一船难的记载由其孙子拜伦在《唐璜》一诗中加以引用。

就英语民族而言，18 世纪杰出的探险家是詹姆斯·库克船长。他是一位农场工人之子，12 岁时为一服饰杂货商的学徒。他投效海军，充任纽芬兰与拉布拉多海岸的海军测量员，同时赢得数学家、天文学家与航海家的美名。1768 年，时年 40 岁，他被选上率领一支探险队到南太平洋注意金星通过子午线及从事地理研究。他于 8 月 25 日在几位科学家——其中一位为班克斯爵士，自费装备所搭之船——的陪同下搭上"努力号"出航。金星通过子午线的天文现象，于 1769 年 6 月 3 日在大溪地被观测到。嗣后库克继续航行寻找有些科学家认为隐藏在南部海洋中的一座大陆（澳大利亚）。结果一无发现，但探究了"社会群岛"（the Society Islands）及纽芬兰各海岸，并仔细地予以绘图。他继续航行到澳大利亚（当时称新荷兰），为大英帝国占领了东部海岸地区，然后绕经非洲，于 1771 年 6 月 12 日抵达英国。

1772 年 7 月 13 日，他以"坚决号"和"努力号"再度出航，往寻想象中的南方大陆。他朝东、朝南搜寻了好望角与新西兰之间的海面，越过南极圈到南纬71°，但迄未见着陆地，后来浮冰越来越大的危险而迫使他回航。他造访了复活节岛（Easter Island），描述那里巨大的一群雕像。他还绘制马克萨斯群岛和汤加群岛的地图，同时把后者称为"友善"群岛，因为当地土著温和之故。他发现了新喀里多尼亚、诺福克岛与松林岛。他朝东横过南太平洋到合恩角，继续越过南大西洋到好望角，然后朝北航行到英国，经过1107天6万英里后，于1775年7月25日抵达港口。

他的第三次探险是寻求从阿拉斯加越过北美到大西洋的一条水道。他率领着"坚决号"与"发现号"于1776年7月12日离开普利茅斯，环绕好望角，再度在大溪地歇脚，然后朝东北前进，遇上他平生最大的发现——夏威夷群岛（1778年2月）。这些岛屿曾于1555年被西班牙航海家加埃塔诺看见，但被欧洲遗忘了两个世纪以上。再朝东北航行后，库克抵达了今日的俄勒冈州，并探查北美海岸，上至贝林海峡及海峡之外，最后到阿拉斯加的北部界线。在北纬70.41°，他的前进受到升起于海面12英尺并延伸到桅楼视界所及之处的一座冰墙阻止。探寻越过美洲的一条东北通路失败后，库克回到夏威夷。他先前曾受到友善的欢迎，而这一次却遭遇杀身之祸。当地的土著虽然和善，却喜欢偷窃。他们偷了"发现号"的一艘小船，库克率领一群部下予以追回，结果成功了，坚持最后离开岸上的库克，却被那群愤怒的土著包围，被活活打死（1779年2月14日），时年51岁。英国尊称他为英国最伟大最高贵的海洋探险家、一位有成就的科学家及一位受到全体船员爱戴的大无畏船长。

与此几乎同样英勇的，是法国政府委任，由加拉普（即彼鲁兹伯爵）率领的一支探险队。他于1785年绕经南美，上达阿拉斯加，横渡到亚洲，而且成为第一位经过俄属库页岛与日本北海道之间的海峡的欧洲人（该海峡即以他为名）。朝南航行后，他继续探查澳洲海岸，并抵达圣克鲁斯群岛。在那里，他显然遭遇船难（1788年），因为以后再也没听到他的消息。

陆地探查也是渴求冒险与利益的一项挑战。1716 年，一位耶稣会的传教士抵达了中国西藏的拉萨。卡斯滕·尼布尔远征及描述阿拉伯、巴勒斯坦、叙利亚、小亚细亚与波斯（1761 年）。詹姆斯·布鲁斯旅经东非，重新发现蓝尼罗河的源头（1768 年）。在北美，法国探险家建立了新奥尔良（1718 年），并沿着密西西比河向北推进到密苏里河。在加拿大，他们试图抵达太平洋，但落基山脉难以翻越。同时，英国的殖民者向内陆推进到俄亥俄河，西班牙修道士也从墨西哥领路经过加州到蒙特雷，然后转上科罗拉多河盆地进入犹他州。北美洲不久即将成为七年战争的奖品之一。在南美，孔达米纳在测量赤道的纬度后，也率领一支探险队从基多附近亚马逊河的源流抵达 4000 英里外大西洋岸边的河口。

绘制地图者绝不能赶上这些探险家。半个世纪以来（1744—1793 年），卡西尼及其子雅各在 184 张相连的纸上印行了一张长宽各 36 英尺的法国地图，图上空前详细地指示所有的道路、河流、修道院、农田、磨坊甚至路边的十字架和绞架。不以 18 世纪最伟大的化学家之一自满的柏格曼，也于 1766 年出版了一本《世界志》（*Worlds Beskribning*），书中摘述当时的气象学、地质学与自然地理学。他主张说，许多岛屿均为现在大部分已淹没的山脉的顶部；因此，西印度群岛可能是曾经连接佛罗里达与南美洲的一座山脉的残余物。索绪尔在日内瓦大学担任哲学教授 24 年后，完成了攀登勃朗峰与小马特合恩峰的壮举，并写下瑞士各山脉大部头的研究书册。书中涉及各山脉的大气状况、构成、地质、化石与各种植物，形成一种包括气象学、地质学与植物学的奇妙混合。

植物学

·林奈

复杂的显微镜既已发展出来，我们便可能更详细地检查植物的构造，甚至繁殖的秘密。植物学从其医药奴仆的身份独立，林奈则以一位科学圣者的谨慎与忠诚规划着布满生命的世界。

他的父亲尼尔斯·林奈是瑞典斯登布罗胡路德教派的教区牧师。牧师之子在保存虔诚上特具困难，但林奈设法保存这份虔诚，结果，尤其在植物世界中，发觉到感谢造物主的无限理由。

尼尔斯是一位热心的园丁，他喜爱奇花异木，并种植在教宅四周，供做活生生的赞美祈祷。这些植物成了林奈儿时的玩具与密友，因此（他告诉我们）他长大后对植物具有"一种不可熄灭的爱好"。他常常逃学，在树林和田野中采集标本。父亲希望他成为一位牧师，因为这个少年具有善良的灵魂，身教比言传更能多予教导启发。但他喜爱医药，1727 年 20 岁时，他便以医学生的身份就读于伦德大学。一年后，由于老师们的热心推荐被送往乌普萨拉大学深造。因为他是五个孩子中的一个，无法从父母那里得到许多资助。他穷得修不起鞋子，只好将纸塞进去盖住洞口，以驱除寒冷。他以这种研究热诚很快在植物学和医学上大获进境。1731 年，他受任为植物学的副讲师，并在拥有 24 个孩子的鲁德贝克教授家中担任家庭老师。"现在，因为上帝的恩典，"他写道，"我已有了一笔收入。"

乌普萨拉科学协会决定派遣一支探查队研究拉普兰的植物时，林奈即被选为领队。他和一群年轻的伙伴于 1732 年 5 月 12 日出发。他以自然绚丽的文体描写他出发时的情景：

> 天空灿烂和煦，柔和的西风使空气清爽沁凉……桦树的嫩芽开始焕发成叶。大部分树木的叶丛，都已相当茂盛，只有榆树、白杨，尚还光秃。云雀凌空高唱。约过一英里，我们抵达一座森林的入口。云雀飞离我们，但松树顶梢的黑鹂在倾播情歌。

这就是林奈。他永远警觉，以每种感官注意自然的情景、声音与芬芳，而绝不让植物学与诗歌之间存有任何区别。他率领手下越过拉普兰远至 1440 英里的地方，经过百般的危险，然后于 9 月 10 日把他们平安地带回乌普萨拉。

几乎仍然身无分文，他想以讲学维生，但有位对手以林奈尚未完成其医药课程或得到学位为由，使他不能讲学。这时，林奈爱上了莉萨——莫拉亚一位医生的女儿。她把积蓄交给他，再加上自己的，之后他动身前往荷兰（1735 年）。在哈尔德韦克大学，他通过了考试，并取得医药学位。一年后，他遇到了伟大的波哈夫，而几乎忘了莉萨。得到那位科学家贵族的激励与帮助，他发表一本植物学名著《自然体系》。这本书他在世时一共发行了 12 版，第 1 版只有 14 张对折纸，但到第 12 版时达到 2300 页，8 开本 3 厚卷。在阿姆斯特丹附近，他以重组和编集东印度公司的一位董事克利福的植物收藏而大赚了一笔。他以难以置信的勤勉再度于 1736 年刊行了《植物学目录》，1737 年出版《植物种属》。1738 年，他前往巴黎研究皇家花园，未经自我介绍，他加入一群学生中，倾听朱西厄用拉丁文演讲已经绝迹的植物。一种植物困惑了这位教授，林奈冒昧建议说："这种植物具有美洲的外貌。"朱西厄看一看他，惊讶地说道："您是林奈。"林奈点头承认，然后朱西厄以最友爱的态度热烈欢迎他。林奈获得巴黎、莱顿、哥廷根三所大学的教授席位，但他想该是回到莉萨身边的时候了（1739 年）。如此漫长的婚约在当时并不罕见，很多时候，这也许有利于道德的稳定与性格的成熟。他们结了婚，林奈在斯德哥尔摩以一个医生的身份定居下来。

像任何年轻的医生一样，他有段时间空等着病人。有一天，在一家酒馆他听到一位青年抱怨没人能够治好他的淋病。林奈治好他的疾病，结果更多的患者前来就医。这位医生的执业扩张到肺病的治疗。瑞典国会贵族议院的议长特辛伯爵与他结识，并为他取得海军部医生的任命状（1739 年）。1739 年，林奈帮助建立皇家科学院，并担任首届主席。1741 年，他受选为乌普萨拉的解剖学教授。不久，他换成植物学、药理学与自然史（地质学与生物学）的课程，他终于成为适当职位的适当人选。他把自己对植物学的热诚传给学生。他跟学生不拘形式地在一起工作，他从未如此快乐：

> 我们经常远足以搜寻植物、昆虫与鸟类。每星期三、六，我们从黎明到天黑采集植物。学生然后回到城里，帽上插着花朵，而且簇拥着教授到花园，其前则有乡壤的歌者。那是我们愉悦的科学最后一度的壮观。

他派遣一些学生到世界各个角落采取异地的植物，他为这些年轻的探险家（有些在探查中牺牲了生命）取得免费搭乘荷兰东印度公司船只的许可。他以在他准备的命名法大系统中使用学生的名字给植物命名这一奖励来激发学生。他们注意到，他用"camellia"（山茶）来命名耶稣会士乔治·卡迈勒在菲律宾发现的开花矮树丛。

在《自然体系》、《植物种属》、《植物分类》、《植物学》与《植物品属》诸书中，他树立了他不朽的分类法。已有数位前辈涉足其间，尤其是鲍欣与图内福尔。里维纳斯早已主张采用二名法以命名植物（1690 年）。尽管有这些努力，林奈仍然发觉当时的情况处在严重妨碍植物的科学研究这一状态中。他们曾发现数以百计的新种，植物学家往往给予互相矛盾的名字。林奈着手划分所有已知的植物，先以纲，次以目（族），再次以属、种，递演递分，因而达成一个国际通用的拉丁命名法。他以显著的繁殖器官的存在与特征或不存在作为分类的基础。因此，他把植物分成具有可见的繁殖器官（花朵）的显花植物与没有花朵产生种子、其繁殖器官隐蔽或不显著（像苔与羊齿类植物）的隐花植物。

有些人反对道，这样地强调繁殖将会危险地影响青年的想象。更无情的批评家在嗣后 100 年中则指出林奈分类法的基本缺陷。他如此致力于找寻植物的隐匿处，同时为其命名，因此有段时间，他使植物学越离了植物功能与种类的研究。由于变种会使他的体系变得混乱，并与《创世记》矛盾，他奠下这一原则说，一切品种均由上帝直接创造，而且在它们的历史中保持不变。后来（1762 年），他修正这种正教态度，认为新品种可能由同类的植物杂交产生。他虽然把人（他信任地称之为"灵长类的人属"）视为动物王国的一部分，并将其与猿猴一同列入灵长类的一种，但其体系总阻碍演化观念的发展。

布丰批评林奈的分类，其埋由为：类、种均非客观事物，只是为了一个复杂实体区分上方便起见的命名而已。在这一实体中，各种各类的东西在其边际均相交相融。除了个体外，没有任何东西存在于心灵之外。这是中古实在论与唯名论的老论战。林奈答辩道，口才好不代表结论就正确。他拒绝在布丰的画像与他自己的画像并挂在墙上的房间里进食。他在更温和的时刻承认道，他的安排并不完整，又以生殖器官区分植物，也留下许多松散不确之处。在《植物学》中，他提倡一种基于植物器官的形态与发展的"自然"体系。他那有别于分类法的命名法，在植物学与动物学上证明大为方便。这种命名法稍经修正后仍然流行于今日。

老年时林奈被全欧尊崇为植物学王子。1761 年，他受国王册封为爵士而变为卡尔·冯·林奈。10 年后，他从卢梭那里接到一封信："仁慈的先生，请接受你的一个非常无知却非常热诚的弟子的尊崇吧！我享有宁静之乐大部分得力于我对您著作的沉思……我尊崇您，我全心全意爱您。"

林奈与卢梭、伏尔泰都于 1778 年逝世。他的图书馆与植物收藏由史密斯从林奈的遗孀手中购得。1788 年，史密斯和其他人士共同建立伦敦林奈学会，以看顾"林奈的宝藏"。一长列的出版物从该中心将这位植物学家的著作散布到欧洲与美洲。歌德将莎士比亚、斯宾诺莎与林奈同列为他心灵生活上最大的影响力量。

·在葡萄园

数以百计的献身者继续这种植物学的探寻。在法国，我们发现那些富有活力的家族之一。从里昂前来巴黎的朱西厄，1708 年升为皇家花园的管理者。他的胞弟伯纳德是那里的一位讲师兼"示范员"——我们见过他欢迎林奈。另一位兄弟约瑟夫与孔达米纳前往南美，并将秘鲁向日葵带回欧洲移植。侄儿安托万·劳伦特·朱西厄于 1789 年出版了开始取代林奈体系的著作《按照自然次序排列的植物属》。他根据子叶的有无或数目而从形态学上区分植物。他把没有子叶的植物称为无子叶植物，只有一片叶的植物称为单子叶植物，有两片者为双子叶植物。其子阿德里安把他们的工作带进 19 世纪。1824 年，坎多勒以朱西厄家族的工作为基础，拟定今日采用的分类大纲。

植物的有性生殖由格鲁于 1682 年或之前发现，再由卡梅拉留斯于 1691 年予以确定。1716 年，科顿·马修从波士顿向伦敦皇家学院报道靠风授粉杂交的实例：

> 我邻居在他田地里的一排土堆上种植红蓝色的玉米，其他的田地则种植黄色最通常颜色的玉米。在最上风这一面，该排玉米感染了紧邻 4 排的玉米……使后者着上同一颜色的花。但下风这一面，有不少于 7 排或 8 排的玉米如此染上颜色。那些更远的玉米，也留下些程度较小的印象。

1717 年，布拉德利以郁金香做实验，证明授粉的需要。他从其中 12 株"完全健康"的郁金香抽除全部的花粉，"那年整个夏天，这些郁金香都不结子……我让其自然的 400 株中的每株郁金香，都一一结子"。他研究异花授粉，同时预见一些迷人的结果。"凭这些知识，我们可以改变任何水果的属性与味道，其法为使某种水果与同种不同品的花粉授粉。尤有甚者，"好奇之士可以凭这些知识生产前所未闻、品种如此珍异的植物"。他还告诉我们，托马斯·费尔柴尔德如何已经从与美洲石竹花粉授粉的康乃馨的种子那里产生新品种出来。他发觉这些同种之间的杂交都不会结子，而把它们与骡子相比。

1721年，菲利普·米勒首度记载植物靠蜜蜂传播花粉授粉。他把某些花朵的"尖顶"在能"播下粉尘"之前除去，但这些显然已经阉割的花朵的种子，照常成熟。朋友质疑这一报道，他更仔细地重复相同的试验，结果仍然相同：

> 约两天后，我坐在花园时，我观察到我附近的郁金香花圃里一些蜜蜂在花朵中间异常忙碌。我发现这些蜜蜂出来时脚上、肚子上都有粉尘，其中一只飞进一株我已将雄花蕊拿下的郁金香里，同时还留下足够的粉尘让这株郁金香授粉。我把这件事告诉朋友，他们也就平息了下来……除非有办法不准让昆虫接近，植物也可能由比蜜蜂小得多的昆虫传粉受孕。

卡斯鲁大学的自然史教授克尔罗伊特，做过花粉杂交及其物理化学作用的研究（1760年起）。他的65种实验对几个大陆的农业，具有深远的影响。他得出结论，杂交只有在紧密相关的植物里才能结果；但一旦成功，这些杂种便生长得更快，开花得更早，延续得更久，而且产生比原先的各类品种更为茂盛的嫩芽，同时不会受到正在生长的种子削弱。斯普伦格尔指出（1793年），杂交——通常由昆虫，较少由风做媒介——在同种之间颇为常见。他又以温暖的目的论的信念争辩道，许多花朵里各部分的形态与排列，来阻止自花授粉。赫尔德维希以研究隐花植物的繁殖过程（1782年）而开启了研究的一座新园地。1788年至1791年，乌滕堡的加特内以两次连载发表了他对植物果实与种子所做的广泛研究。这一著作成了19世纪植物学的基础。

1759年，沃尔夫在《世代理论》一书中宣布通常认为是歌德的植物发展理论：

> 整棵植物，其各部分在我们乍看之下，往往会惊异其如此异

常繁复，但最后我只观察并认出其不过是叶、干而已，因为根可视为一干……除了干外，植物的整个部分都是变形的叶子。

其时，尚有18世纪科学界的一位主要人物斯蒂芬·黑尔斯探究植物营养的神秘。他是英国国教的一位教士，在他们具有弹性的神学中，找不出有碍于科学或知识追求的东西。1727年，他将研究结果出版为一本植物学名著，书名为《植物静力学》。他在前言中解释道：

> 约20年以前，我拿狗为对象，做了好几次出血实验，6年来，再以马及其他动物做同一实验，目的是找出动脉血的力量（我们"收缩的血压"）……那时，我希望做出同样的实验，以发现植物汁液的力量，但7年来，一直未能实现，直到我正以几种方法努力阻止一棵葡萄老干的流汁时，才偶然发现。

哈维发现动物血液的循环，已使植物学家假定植物汁液也有相似的循环运动。黑尔斯以实验指出一棵树木从枝端和根部吸收水分来否定这一假定，水分从树枝到树根及从树干到树枝向里流动，他能测出这一吸收作用。然而，汁液透过在根部扩张的压力而从根到叶向上移动，叶子从空气中吸取营养。

在这一点上，天才的普利斯特里以18世纪最灿烂的发现之一——植物在阳光下由叶绿素的作用，吸取动物呼出的二氧化碳以为养分——来阐明这一问题。他在《实验与观察》第一卷（1774年）中描述他的工作：

> 我取受过老鼠呼吸并垂死在里面而变成全部有毒的定量空气，然后分成两份，一份放进浸渍在水中的小瓶，另一份放入立在水中的玻璃瓶，同时插上一小枝薄荷，时间是1771年8月初。八九天后，我发现老鼠可在长有小枝薄荷的空气中大好生存，但

若放进另一份原先等量而没有任何植物生长其间的空气中（两份同时开瓶），则会立刻致死。

经过几次相同的实验后，普利斯特里做出结论：

> 这些动物的呼气继续加于空气的伤害，及动、植物如此大量的腐败，至少部分可由植物的新生加以弥补。尽管庞大数量的空气每天受到上述诸因的腐染，但只要我们想想遍布在地表上的植物……我们便几乎不难想起这是一种足够的制衡作用，其药方足以对治恶疾。

1764 年，居住在伦敦的荷兰生物学家英根豪斯结识了普利斯特里。他对植物借吸收以清洁空气，同时靠动物呼出的二氧化碳而滋长这一理论留有印象。但英根豪斯发现，植物在黑暗中并不进行这一活动。他在《植物实验》（1779 年）一书中指出，植物与动物都吐出二氧化碳，而植物的绿叶、绿芽只有在晴朗的阳光下吸收二氧化碳才吐出氧。因此，我们在晚上把花朵从医院的病房里拿走：

> 太阳的光，而非其热度，是使植物释放其燃素空气（氧气）的主因——倘若不是唯一之因……一棵……无能……走动以找寻自己食物的植物，在其占有的空间内……必须寻找它需要的一切东西……树木在空气中散布无数的"扇子"，设法使这些"扇子"尽少不相妨碍，借以从周遭的空气汲取所能吸收的一切东西，然后把这一物质交给太阳的直光，其目的是接受这颗伟大的照明体所能给予的好处。

当然，这只是植物营养的部分描述。日内瓦的一位教区牧师塞纳比耶指出（1800 年），只有植物的绿色部分才能把空气里的二氧化碳分解成碳气与氧气。1804 年，亚平宁山脉探险家之子索绪尔研究水与土壤中的盐对植物营养的贡献。这些研究在 19 世纪和 20 世纪土壤肥料与农业生产的纪元性发展上具有重要的贡献。科学家的眼界与耐心使基督教世界里几乎每个家庭的餐桌丰盛起来。

动物学

·布丰

18 世纪最伟大的自然学家诞生于勃艮第蒙巴尔（1707 年），是第戎议会一位议员之子。第戎是当时法国文化的一个独立中心。第戎学院提倡的竞争开启了卢梭的革命思想与伏尔泰的启蒙运动。布丰在第戎城的耶稣学院就读，与一位年轻的英国贵族金斯顿过从甚密，毕业后，结伴前往意大利和英国旅行。1732 年，他继承一笔相当大的财产，年收入约 30 万英镑。现在，他大可不顾他父亲让他读法律的想法，而一味沉迷在科学上。他在蒙巴尔距离自家花园 200 码的一座山丘上的称作"圣路易指针"的古塔里，建了一间书房。他从每早 6 点便把自己隔离在这里，从事写作。受到阿基米德如何使用一系列燃烧镜以烧毁远在叙拉古港口的敌舰这一故事的激发，他也做了 8 次实验，最后结合了 154 面镜子，使 150 英尺远的木板起火燃烧。有段时间他曾在自然史与天文学之间犹豫。1735 年，他翻译了黑尔斯的《植物静力学》，终于把自己固定在植物学上。但 1740 年，他又翻译了牛顿的《流数》一书，而感到数学的诱惑力。欧几里得加入了他万神殿中阿基米德的行列。

1739 年，他受任为皇家花园的总监，因而搬往巴黎。从那时起，他才把生物学当成主要事业。这所皇家植物园在他监督之下从世界各个角落增添了数以百计的新植物。布丰准许所有有兴趣的学生进入这座花园，同时使之成为一所植物学校。后来，将它交给好友后，他回到了蒙巴尔及其古塔，开始将观察所得写成该世纪最著名的科学书籍。

《自然史，普遍与特殊》的前 3 卷于 1749 年出版。巴黎当时正处在学习科学的气氛中，地质学与生物学以壮丽、简明的散文形式，又有引人的画面以供说明，布丰的这几卷书与仅一年前问世的孟德斯鸠的《论法的精神》一书几乎同样流行。在植物学上得到安东尼与伯纳德兄弟之助，动物学上复得多邦东、蒙贝里及其他人士之助，布丰遂得一卷一卷地加到自己著述之林。1767 年一共加了 12 卷；1770—1783 年，增加 9 卷有关鸟类的著作；1783—1788 年，增加 5 卷矿物学著作；1774—1789 年，增加 7 卷其他论题的著作。他去世（1788 年）后，那些尚未出版的手稿由拉塞佩德加以编纂、印行，共为 8 卷。总而言之，这部《自然史》最后包括 44 卷书，而全书出版费时半个多世纪。布丰日复一日早起，徒步到古塔，然后一步一步地踏向目标。经历年轻时的几次纵情声色后，他似乎已与女人隔绝，直到 1752 年45 岁时，娶了玛丽。玛丽 1769 年去世，其晚年为之黯然。

《自然史》着手描述天体、地球及包括人类在内的整个已知的动植物世界。布丰想通过普遍连续与需要这些概念而把各种事实的一切荒乱简化为一种秩序与法则。我们已知悉他把诸行星视为与一颗彗星相撞而从太阳分离出来的碎体这一理论，及他视"自出各纪元"为地球演进的阶段。在植物界中，他排斥林奈以生殖器官作为分类的理论，认为太过武断、不充分、僵硬。他不情愿地接受林奈的命名法，其条件为那些名字须贴在皇家花园各个植物标签的背面。他自己的动物区分法也很荒谬，但他承认那只是暂时的。他依据它们对人类的用处而予区分，因此以马开端。后来，在多邦东的催促下，他采取以显著的特征为依据的分类法。批评家嘲笑他的分类法，同时质疑他的概括法则，但读者以他的生动描写及他观点的王者气息为乐。

他以研究人种受到气候、土壤、制度与信仰的影响呈现的差异而促进了人类学的建立。他认为这些力量已经改变了各种族的肤色和外貌，同时产生了不同的风俗、趣味与观念。他最大胆的假设之一：自然中没有固定不变的品种，某一品种融化为次一品种，如果科学已趋成熟，则可从假设为无生命的矿物一步一步地上升为人类本身。无机体与有机体之间，他认为只是一种程度的差异而已。

他注意到，动物的新品种由人为的选择构成，同样的结果也可借地理的迁徙与隔离而在自然中产生。他先于马尔萨斯观察出，动植物品种的无限繁殖会重复地使土壤的孕育力增加难以承当的负担，导致生存挣扎中许多个体与种族的灭亡。

> 较不完美、较为脆弱、较重、较不活动、较无武装的品种，业已或将消失……许多品种由于陆或海的巨变，由于自然的有利、不利，由于食物，由于不利或有利的气候之长期影响，已经变得完美抑或堕落……（并且）再也不是从前之模样。

他虽然承认人有灵魂，但也认为人体中有与高等动物同样的感官、神经、肌肉与骨骼。因此，他把"浪漫的爱情"还原为如动物的性吸引这一相同的生理基础。的确，他把情诗保留给他对鸟类求偶与父养母育的生动描写。"为什么，"他问，"爱情使其他一切生物快乐，却单单带给人类如此多的不快乐？这是因为这种情欲只有生理的部分是好的，其中道德的成分则一无价值。""人类，"布丰下结论道，"完全是动物。"

> 倘若我们一旦承认有植物与动物之家族，则驴可能属于马这一家族，而此一个家族与另一个家族的差异，可能只因从一共同祖先堕落所致……我们可能不得不承认猿猴属于人类这一家族，前者只不过是一种堕落的人类而已，而且它与人类也有一个共同的祖先……如果我们再度认为，在动植物中，甚至……曾有单一的品种在直接世系的过程中从别的品种产生……那时再没有加诸自然力量的进一步限制，我们也可正确地假设，如有足够的时

间，自然能从一种原始的形式演化出其他一切有机的形态。

继而，突然记起《创世记》与巴黎索邦神学院之余，他补充道："啊，不！启示录明明告诉我们，一切动物都同仰沾直接创造的恩典，每个品种的第一对都完整地创自造物主之手。"

然而，巴黎索邦神学院的董事团和巴黎大学里的神学院通知布丰（1751 年 6 月 15 日），《自然史》的某些部分与宗教教导冲突，因而必须删除——尤其是他对地球年龄、诸行星得自太阳的看法，及真理只有来自科学的主张。这位作者含笑道歉道：

> 我声明我无意与《圣经》的文本冲突；我最坚决相信其中有关创造——指时间的次序与事实而言——的一切。我放弃我书中有关地球的形成的一切东西，及一般可能有悖于摩西叙述的全部东西。

身为贵族的布丰或许觉得，公开与人民的信仰争吵无益，同时觉得未经抚慰的巴黎索邦神学院可能会干涉他的伟大计划。但不论如何，他的著作倘若完成，将是对他道歉的明确解释。知识阶级看出他以退为进的微笑，而且注意到他后来的卷数仍继续异端之说。然而，布丰并不会加入伏尔泰与狄德罗的行列来攻击基督教。他排斥拉梅特里及其他唯物论者把生命与思想贬抑为机械运动中的物质这一主张。

法国的哲学家把他视为有力的同盟，欢迎他。他们知道，他的热诚与突变是指向有创造性而多产的无人格的自然，而非指向有人格的神。在布丰和伏尔泰心中，上帝种下生命的种子，然后允许自然诸因素施展其余一切。布丰排斥自然中的天造地设之说，而倾向斯宾诺莎的泛神论。与屠格涅夫一样，他把实体看成是一庞大的宇宙实验室，自然在其中历经宽广的世纪，以一种形态、器官或品种接另一种形态、器官或品种不断实验。他提出显然与批评林奈互相冲突的结论。

现在，似乎不真实的是个体，品种则是相对经久的实体。但这一矛盾可以解决：种、属、族与类，仍然只是心灵所造的观念，以使我们对混杂繁多的有机体的经验，有某一可供处理的秩序；个体仍是唯一活生生的实体。但这些个体的存在如此短暂，在哲学家看来，它们似乎只是某一较大而较经久的形体的闪动印象而已。就此义而言，柏拉图的观点是对的：人类为真实，人则是生命幻影中飞驰而过的片刻而已。

布丰的读者欣赏这些令人眩晕的光景，他的批评家则抱怨他太轻率地丧失在概括中，有时还以细节牺牲了准确性。伏尔泰嘲笑其接受自发的生殖；林奈轻视其有关植物的著作；雷奥米尔对他论蜜蜂之说不屑一顾；动物学家则取笑他依据对人类用途的大小以区分动物的主张。然而，很多人赞扬他的风格。

因为布丰兼顾文学与科学，绝少科学家以如此壮丽流畅的文体表达自己。身为文体大师的卢梭，提到布丰时说："以作家而论，我知道没有一人是他的对手。他的文笔是他那个世纪的代表。"这里，贤明的格里姆，虽为卢梭之敌，也同意他："读者有理由惊读那100页的论文，从第一行到最后一行，都以同样高尚的文体与同样的热火写成，其间还饰以最灿烂、最自然的色彩。"布丰像是在充裕与优游的状态中从事写作。正如伏尔泰的著作时常显示的，布丰的著作也一无匆促之处，他字斟句酌犹如处理标本般谨慎。像他在事物中看出莱布尼茨的连续法则一样，他在文体上也建立了一种缓和每一转折、并把一切观念整齐地列入一连续体，使语言流动像一条深阔之流的文体。伏尔泰文体的秘密在于直接而简明地表达具有煽动性的思想，布丰之道则在于优游安置其赋有情感活力的恢宏思想。他感到自然的壮观，并使其科学成为一首赞美诗。

他颇能意识到自己的文学天分，他乐于向来客捧读自己书卷的悦耳章节。他后来被选为法兰西学院院士。受礼那天（1753年8月25日），他不是拿某些科学的神秘，而是拿他文体的分析作为论文。那篇杰出的论文，诚如居维叶所说的："立刻把箴言与实例凸显出来。"

除了法国人外，该论文被埋藏在他堆积如山的著作中不为人所知。我们知道的只是"文如其人"这一著名、简扼而含义深长的判语。因此，且让我们在这里予以展露，并悠游地来看这篇论文。其光辉因翻译而黯淡，但即使如此，即使因我们不足称道的仓促而予以无情节缩，其文仍能润饰任何页数。布丰这样写道：

> 人们只有在开明的时代，才能说写俱佳。真实的辩才与演说的天赋，大相径庭……后者给予所有情感强烈、想象敏捷之士……但头脑稳定、趣味微妙、理性灵敏的少数人士。先生，有若阁下者，甚少看重语调、手势与语言的空洞声音，必须在于内容、思想与理由。还须讲求陈述、界定与安排的艺术。单是撞击耳朵、吸引眼球并不足够，我们在向心灵讲述之时，须以灵魂为根，进而触及心胸……我们沉思时越是将内容与力量赋予思想，则表达时越容易予以实现。
>
> 这一切尚非文体，只是其基础；基础支持文体、指引文体、规制文体的律动，并使文体归为法则。无此基础，一流的作家也将迷失自己，其下笔时则因无向导而徘徊，漫向危险杂乱的文章与失调不协的人物抛射。他使用的色彩不论如何灿烂，他散播在细节里的东西，不论如何美丽，终将为大堆的思想窒息。他不会使我们感觉，他的著作将无结构……那些写作像说话的，不论多么能说善道，都写得糟糕，其原因即在于此。那些放纵于自己想象的热情的人，采取一种他们无法担荷的语气……
>
> 自然的作品为何如此完美？这是因为每一作品均为一整体，因为自然基于一种使之绝不会忘记的永恒计划在运转。她默默准备着生产的种子，她一笔挥就了每种生物的原始形态。她以不断的运动并按预定的时间来发展这一形态，并使臻完善……人类的心灵除了靠经验与沉思加以充实后，既不能创造，也不能生产任何东西。心灵的经验是生产的种子。但倘若人类在程序与努力上

模仿自然，倘若他沉思最高妙的真理以提高自己，倘若他重整这些真理，予以连接在一条锁链上，组成一个整体，为一思虑周到的体系，则他将在不可摇动的基础上建立不朽的纪念碑。

由于缺乏计划，对目标又未充分思索，甚至思想之士也会觉得困扰，而不知从何开始下笔。他同时看见许许多多的观念，又由于他既未比较也未安排，因而无从决定取舍，他仍在困扰中。但倘若他已立下计划，已将有关论题的一切主要思想搜集、安排起来，则他将立刻轻易地看出该从何处落笔；他将觉得思想已在心中成熟，而急于展露这些思想，他将在写作中发觉乐趣，他的思想也将源源而来，他的文体也会自然顺适。某种温暖也会起自这一乐趣，进而散及作品，使表达富有生命。这时，生机升起，笔调升华，物体着色，而呈放光彩的情感，也因而增扩，转从我们谈到的进到我们将行谈到的事物；这一文体也变得光辉有趣……

只有佳作才会传给后世子孙。知识的多少，事实的突兀，甚至发现的新奇，均非不朽的确证；倘若包含那些东西之著作只是卑琐之事，或非以韵味和高尚写成……该等著作也将毁灭，因为那些知识、事实与发现易遭搬离远去，甚至因操在能手之中而得其所。这些事均外在于人，但文体如其人，既不会被偷、被移，也不会改变。倘若文体超然、高贵、奥妙，则作者也会在各时代同样受到赞美，因为只有真理才能经久、永恒。

"受到当时如此崇拜的这篇论文，"维尔曼说道，"似乎凌驾在曾经论到这一主题的一切东西之上，即使今日，我们仍提起它为一个普遍法则。"这里，也许须做某些推论。布丰的描述对散文比对诗歌更为有效，对"古典"比对"浪漫"文体更为允当。这是布瓦洛正面推崇理性的传统，但就卢梭派、夏多布里昂派与雨果的法国散文，或就拉伯雷与蒙田诱人的混乱，或《新约》的动人、朴实、单纯而言，则甚少置喙余地。这篇文章能够费力解释，卢梭那部如此贫于理性、如此富于情感的《忏悔录》，为何成为 18 世纪最伟大的书籍之一。真理既可能是一种情感的事实，也可能是一种理性的架构或形式的完美。

布丰的文体风格即其本身，一袭包覆贵族灵魂的尊贵外袍。只有在沉潜研究中，他才忘怀自己是一个贵族、科学家和作者。他轻易跨过加在他老年之上的众多荣衔。1771 年，路易十五封他为布丰伯爵，并邀请他到枫丹白露。欧美各著名学院都授给他荣誉会员资格。他安然注视着他的儿子在皇家花园为他竖起的雕像。他在蒙巴尔的古塔在他有生之年成为足与伏尔泰的费内书房对峙而供人朝拜的目标。卢梭曾经前往那儿，跪在门槛边，俯吻地面。普鲁士王子亨利也曾造访。叶卡捷琳娜大帝虽然无法成行，也致函给他，赞扬他是仅次于牛顿的人物。

即使在年迈之际，他仍威武潇洒。"运动员的身体，"伏尔泰说，"与圣者的灵魂。"休谟则称他不像文人，而像法国的一位将军。蒙巴尔的百姓爱戴他。布丰完全自觉这一切，颇以自己的健壮和外表为荣，每天做发、施发粉两次。他直到 72 岁还身强体壮，然后染上结石之症，但继续工作，拒绝手术。他再活了 9 年之久，于 1788 年逝世，参加葬礼者达 2 万人。他死后几乎一年不到，尸体即遭革命党人挖出，迎风四散，纪念碑也被夷为平地。他们不能原谅他曾为贵族，他的儿子则被送上断头台。

·演化

由这样一位具有眼光、耐心与散文技巧的大师领导，生物学开始从 17 世纪羁绊了绝大多数科学家的数学与物理学那里吸引来愈来愈多的学生。受到当时一切思潮影响的狄德罗，感到这一变化的一些消息。"在这一刻，"他于 1754 年写道，"我们触摸到各门科学的一场大革命。从最优秀的心灵现在似乎倾向道德哲学、文学、自然史与试验物理学观之，我敢预测不到百年之后，我们在欧洲将数不出三位伟大的数学家。"

这门新科学受挫于它一开始的问题——生命的起源。过去曾做过许多尝试，试图显示生命可从非生命的物质中自动产生。尽管雷迪（Redi）1668 年的明显反证，显微镜在一滴水中发现的无数微生物，使生物自生论的旧理论，有了新活力。1748 年，英国住在欧陆的一位天主教士代表约翰·尼达姆，以重复雷迪的实验获得不同的结果而复活了这一理论。他在烧瓶里煮羊肉汤，随后立加盖住、密封。几天后，开启烧瓶时发觉里面充满着有机体。尼达姆辩称肉汤中活的细菌必已煮死，而且烧瓶又都以乳香树脂密封起来，他因而主张新的有机体已自动在汤中产生。布丰为之动容，但 1765 年，身为摩德纳大学教授的斯帕兰扎尼重复尼达姆的实验，而得到相反的结果。他发觉肉汤煮两分钟并不能消灭所有的细菌，若煮 45 分钟，则可完全消灭。在这种情形下便无有机体出现。这一争论持续到施万与巴斯德在 19 世纪成功解决这一问题。

几乎同样迷惑的神秘也包围着繁殖的过程。洛根、邦尼特与沃尔夫都在穷索男女在生殖中扮演的角色，同时追问这些结合起来的因素，其本身如何能——它们似乎能——包含各个部分的雏形及成熟形态的结构。邦尼特主张一种怪诞的"套装理论"（emboîtement）：女性含有所有子女的种子，这些种子又包含曾孙辈的种子，如此推演，直到想象力穷尽为止，科学也能奔向神话。名字用以装饰肾脏管（沃尔夫管）的沃尔夫，为哈维的"新生"理论辩护：每一胚胎由父母的元素重新产生。沃尔夫在《内脏的形成》（1768 年）一书中预先提出冯贝尔的器官形成的胚层理论。冯贝尔描述该书为"我们所拥有的有关科学观察最伟大的杰作"。

组织的再生是否为繁殖的一种？日内瓦的特朗布莱于 1744 年以揭示淡水水螅再生的顽强性这一实验震惊了知识界：他把一条水螅砍成四长片，结果每一长片都长成完整而正常的有机体。他犹疑不决，不知要把水螅称为植物还是动物。它似乎着根如植物，捕捉、消化食物却如动物。玄学家为之欢呼，以为是"大锁链体"中沟通动植物之间裂缝的物体。像今日的生物学一样，特朗布莱的结论是动物。水螅那些蠕动、摸索的触角使雷奥米尔称之为“波吕普”(polyp)或多足。我们也知其还有一个名字为“许德拉”(hydra),从传说中的九头怪物得名。大力士海格力斯一旦砍其一头,原处即长出两头。文学上,“许德拉”直喻为10万性命。

雷奥米尔在生物学上仅次于布丰,但在观察的精确方面远在其上。他先习医,经济一旦独立后即放弃执业,转而致力科学研究。他似乎精通十余门学问。1710年,他受命调查并记载法国的工业与工业艺术。他杰出而透彻地完成这一工作,提出导致新工业的建立与残存工业复活的建议。他设计出现在仍然使用的以锡镀铁之法,同时研究铁与钢不同的化学元素。对冶金的这些及其他贡献,为他从政府那里赢得1.2万利维尔的年金,他把这笔钱转赠给科学院。我们已见过他在温度计上的表现。

同时,他也使生物学丰富起来。1712年,他指出龙虾能使断腿再生。1715年,他正确地描述电鱼释放出来的电击。1734年至1742年,他出版了他的杰作《昆虫史备忘录》——精美的插图,并以生动迷人之笔写成的6卷巨著,书中的昆虫与克雷比永少年浪漫史中的情人几乎同样有趣。与我们时代的法布雷(Fabre)一样,他沉迷于:

> 与无数小动物所谓的性格、举止及生计有关的一切东西。我曾观察它们不同的生活方式,它们如何取得营养,它们中有些如何施用策略、捕捉猎物,其他动物如何预防,以避免敌害……选择产卵场所,以使小动物孵出时,即能找到适合的食物。

雷奥米尔同意伏尔泰的看法,认为生物的行为与结构无须假定自然有一种神设力量,即可予以解释。狄德罗讥笑他花费如此多的时间在昆虫(臭虫)上。然而,那是奠下现代生物学事实基础的细致工作。

狄德罗听过雷奥米尔的朋友邦尼特阐释动物王国里的“处女生育”(Virgin birth)——单性生殖后,会作何感想?将新生的蚜虫(喜爱我们橘树的树蚤）隔离后，他发觉雌性蚜虫可无须接受通常需要的雄性元素而能繁殖受精的子孙；性的目的显然不仅在于繁殖，而且在于使下一代受到不同禀赋雄雌的各种特质之赐而愈形富厚。1740 年他向科学院报道的这些实验，具载于邦尼特《昆虫学特征》一书（1745 年）。又在《植物研究》（1754 年）一书中，邦尼特主张，有些植物具有感觉力，甚至辨别与选择力，因而也具有判断力——智力的本质。

第一位将"演化"这一名词应用在生物学上的，似乎也是这位日内瓦出生的邦尼特。然而，他所说的演化是从原子到人类这一存在的连环。把演化视为从旧种属到新种属的自然发展这一观念，不断地出现在 18 世纪的科学与哲学中。马耶在《特雷阿米德》（*Telliamed*，1748 年）这部遗著中主张，所有陆上动物都从亲属的海生动物因为环境的改变演化而来。这样，鸟源自飞鱼，狮子源自海狮，人则源自人鱼。3 年后，莫佩尔蒂的《自然的一般体系》不但将猿猴与人归为同种，还预先勾勒出达尔文新物种的进化理论，认为进化是由有利于生存的偶然差异这一环境的选择而来。这位不久即将在伏尔泰的笔尖下倒下的不幸的科学家说：

> 构成胚胎的原始分子，每个都抽自亲体相关的结构，而且保存了先前形态的一种遗迹……我们因此可以平稳地解释新的种属如何构成……假定这些基本分子可能不会永久保存它们在亲体里呈现的秩序，而可能偶然产生差异，这些差异繁殖、累积，最后造成我们今天看到的无限不同的种属。

依此方式，倘予充分的时间，单一的原型（莫佩尔蒂认为）便能产生一切的生物形态——为布丰尝试性地主张、而为狄德罗热烈赞可的一道命题。

在《自然》（1761 年）一书中，罗比内再度回到视演化为"生物的层级"这一较老的观念，整个自然是一连串的努力以产生甚至更为完美的生命。为与莱布尼茨的连续律一致，他认为一切形态，甚至石头，都是大自然借以从矿物、植物、野兽而上达人类的实验品。人类本身只是这其中的一个阶段：更为完美的生命将有一天取代人类。

蒙博多贵族伯内特，一位苏格兰法官，是几乎早达尔文一个世纪的达尔文主义者。在《语言的起源与进步》一书中（1773—1792 年），他把史前人类描写为没有语言、没有社会组织、在心智成就或生活方式上与猿猴完全无异的动物。人类与巨猿属于同种动物；巨猿是未能发展的人类。史前人类只有透过语言与社会组织才演进为原始人。人类的历史并不像《创世记》记载的是原始完美的堕落，而是一种缓慢而费力的上升。

诗人歌德在多处触及科学的历史。1786 年，他发现了中颚骨；1790 年，他主张头颅由变形的脊椎骨组成。他独立于沃尔夫而达成植物各部分均为叶的变体这一理论，他认为所有植物都以一般变形而从他所称的原始植物这一原型演化而来。

18 世纪达尔文派的最后一位人物是伟大的达尔文的祖父。伊拉斯谟·达尔文与查理同为十分有趣的人物。他生于 1731 年，在剑桥和爱丁堡接受教育，然后在诺丁汉定居下来行医问世，继而在里治费尔，继而又在德比郡，最后于 1802 年逝世于该地。他定期从里治费尔骑马到 15 英里外的伯明翰，以便参加"月学社"的餐会。他是该社的灵魂人物，普利斯特里则为最著名的会员。

老达尔文在忙碌的生活中写了一本内容丰富的《动物生理学》（1794—1796 年），其中掺杂着医药与哲学，及几卷科学诗：《植物园》（1788 年）、《植物之爱》（1788 年）、《自然之寺》（1802 年）。最后一本书表达了他的进化观念，该书开始以肯定自然发生论为生物起源最可能的理论：

> 无父无母而自生
> 生命尘寰首现以微粒……

> 无边浪涛下，有机生命
> 出生而护育在海洋的珍珠洞里。
> 其始，形态微细，球镜无能见之，
> 挪动泥上，或穿透水块。
> 这些，随着相续世代的盛放，
> 获得新力量，长上较大的肢体。
> 无数植物群从而迸发，
> 及有鳍、有腿、有翼的气息王国。

这样，生命便缓缓地从海生形态演进为两栖类，再进而为海上、陆上与空中的无数种属。这位诗人引述布丰与爱尔维修论人类生理结构的特征，指出人类从前用四脚走路，现在仍未完全适应直立姿势。有种猿猴用前脚当手，同时发展拇指作为与手制衡的有用力量而呈现为较高等的动物。在演化的各个阶段中，动物之间互相争夺食物和异性，植物之间则互相争夺土壤、水分、光线和空气。在这一争夺中（老达尔文说），为欲迎合新需要形成各种器官的发展，进而导致演化。这位医生在《动物生理学》中先于拉马克说道："所有的动物都在变形，这部分是由于自己的努力，以回应快乐与痛苦所致。许多动物因而获得行将传给后代的形态或特性。"因此，猪的口鼻部发展做搜寻食物之用，象的鼻子用以下勾食物，牛的粗舌用以阻住叶片，鸟喙则用以啄起种子。此外，这位医生再加上保护色这一理论："有为保护作用而发展出来的器官，使形态与体色异样，借以隐藏与战斗。"他宏伟地展望无穷的未来而下结论道：

> 对上述许多变化在时间的那些细微阶段发生做一冥想后，再让我们想象，在有地球存在以来这一无限漫长的时间里——地球的历史也许早在人类历史开端数百万年之前——一切温血动物均来自单一的生命花丝，这是否过于大胆？那单一生命纤维由伟大

的第一因灌以动物特性，赋以生长新部分的力量，佐以新性质，复受各种刺激、感觉、运动与联结所左右，因而可借内在的活动而拥有继续改进及将改进诸点靠生殖传给后代子孙的官能，如是构成一个无穷尽的世界。

"我祖父，"达尔文写道，"在他的《动物生理学》一书中，如何比拉马克预先提出有关他的大部分观点及有关意见的错误解释，这是很奇怪的一件事。"也许这位祖父不承认自己走错了路。但无论如何，他已解释了一种尚未死亡的理论。同时，以他和蔼的方式，他已为演化敲了一击。

心理学

科学的探求从矿物到植物到动物再到人类，递演递进。日渐增加的学生团体，一则以显微镜为武装，一则受到医疗的刺激，开始窥视人体内部，因而发现与较高等的动物有相似的器官与官能。但在生物的大连环体中似乎有了破绽：几乎每个人都同意，人类的心灵与动物的心灵在种类与程度上都不相同。

1749 年，一位改行为医生的英国牧师大卫·哈特利以建立生理心理学而跨入这一领域。他搜集资料达 16 年之久，后来于 1749 年出版了《人类的观察》。像牛顿曾经提出统治身体各种关系的原则一样，他也满怀雄心，企图发现统摄观念各种关系的原则。他把观念的联结不但像霍布斯与洛克一样，用以解释想象与记忆，也用以解释情感、理性、行动与道德意识。他描述感觉为某条神经诸部分受到外物刺激而颤动，然后这一颤动再沿神经到达脑部，犹如"声音沿水面自由伸延"。脑是神经元纤维的集合体，其颤动即为各种记忆的相互关联。这些原纤维中的一条或多条，受到过去经验中与它相关的新颤动刺激。这一反颤即为一种观念的生理伴随物。每一心理状态都有一肉体的关联，而每一身体的运作，也都有心灵或神经中枢的伴奏。观念的联结是过去经验里神经震颤的接触式连续引起的神经震颤关联的心理一面。当然，哈特利的生理描述极为简化，而且从未触及意识的神秘，但这也帮助少数英国人了解心灵死亡这一事实。

另一位教士孔狄亚克纯粹从心理方面探讨心灵的问题。他生于格勒诺布尔，就读于巴黎一所耶稣学院，然后被任命为一位教士。他获准加入克劳迪娜·唐森与若弗兰夫人的沙龙聚会，在那里见到卢梭与狄德罗，丧失了宗教热诚，放弃一切祭司职权，而耽于观念游戏。他研究哲学的历史体系，而在《体系特征》（1749 年）一书中予以指斥。

在《论人类知识的起源》一文中（1746 年），孔狄亚克遵循洛克对心灵作用的分析。但在他最成功的著作《感觉的特征》（1754 年）一书中，他也接受了一个更为激进的观点："回想"本身只是各种感觉的结合，而各种感觉又是一切精神状态的唯一来源。外在的世界存在着，是因我们最基本的感觉——触觉——遭到抗拒之故。然而，我们知道的只是我们的感觉及感觉产生的观念。

孔狄亚克用一个著名的比较来阐释这一命题。他也许是取自布丰，但他将之归功于启发他灵感的已故之费朗小姐，后者留给他一份仁慈的遗产。他描述一座"内部结构如我们自己，却由除去一切观念的心灵推动"的大理石雕像，只拥有一种嗅觉，而且能够分辨快乐与痛苦。他想表示：思想的一切形态如何可从这座雕像的感觉得来。"判断、回想、欲望、情愫等只是各种变形的感觉。"第一感觉产生注意，第二感觉产生判断。记忆是由现在的感觉或由另一记忆重新激起的过去的感觉。想象是生动复活的记忆、或经过计划或结合的一群记忆。欲望或嫌恶则是愉快或不愉快的感觉的积极记忆。回想是记忆与欲望的交替。意志为假定目的可以达成的强烈欲望。人格、自我、自己，起初并不存在，它以个人记忆与欲望的总和而成形。这样，几乎心灵的一切运作都可单单从嗅觉或其他任一感觉演绎出来。这座雕像再加上四种感觉，便可发展成复杂的心灵。

巴黎的知识界大为哗然。但批评家不难于指出，孔狄亚克的方法与哲学体系在演绎与假设上一模一样，他十分漠视意识的问题，他并未解释原始的感性如何引起。一尊具有感觉的雕像，即使只有嗅觉，并不算是雕像。

1767年，孔狄亚克受任为未来的帕尔马公爵的家庭老师。嗣后9年他在意大利居住，为他学生写成17卷1769年至1773年出版的《读书课程》一书。这些卷书异常优秀，其中论历史的两卷值得特别礼敬，包括观念、习俗、经济体制、道德、艺术、科学、娱乐与道路的历史——总合为一"文明"记录，较伏尔泰的《民俗史》尤为完备。1780年，孔狄亚克应波多基王子的请求而为立陶宛各学校撰写一本《逻辑》，这本书也同样杰出。他就在那年去世。

他的影响延续达一个世纪，迟至1870年，在泰恩的《智力》一书中出现。孔狄亚克的心理学成为1792年至1795年统治法国的国民议会建立的教育制度的标准。解剖家像维达兹、化学家像拉瓦锡、天文学家像拉普拉斯、生物学家像拉马克、神经病医生像皮内尔、心理学家像邦尼特与卡巴尼斯，都承认他的领导地位。卡巴尼斯1796年把脑描述为"一种特别的组织，其特殊功能在于产生思想，就像胃与内脏具有推进消化工作的特殊功能，肝具有过滤胆汁的特殊功能一样"。围绕孔狄亚克的这群知识分子，无视于他对上帝、自由意志与一非物质而且为不朽的灵魂信仰的表白。他们宣称，自然主义、半物质主义、享乐主义的哲学在逻辑上必然从他将一切知识归为感觉及将一切动机归为快乐与痛苦而来。卢梭与爱尔维修得出结论，如果人出生时的心灵只是一感受体，教育便能塑造智力、性格，而与心灵能力的遗传差异甚少关联。

物质主义心理学的批判只在拿破仑业已剪除大革命的利爪并与教会签订1801年宗教协定后降临法国。这一批判较早在德国发生，在那里，莱布尼茨反感觉主义的传统仍然强烈。罗斯托克大学教授特滕斯，攻击孔狄亚克学派，认为他们仅是理论而非科学。"震动"与"神经液"这一切说法只是纯粹的假设。是否有人曾经看过这些东西？特滕斯争辩道，科学心理学将寻求心理过程的直接观察；它以内省法为主要工具，因而将建立以真正的归纳法为基础的心理学。这门心理学不久即将发现，霍布斯、洛克与哈特利建立的"关联法则"与我们的实际经验并不相符；想象常常将各种观念复活或结合起来，其层次与感觉在其中形成观念的层次大相径庭；又在关连锁链中的那些链环有时以一非常稀奇的方式松脱出来。欲望似乎是一种生命体内在的实质，而难得符合机械法则。心灵是一种积极、塑造的力量，而不任凭感觉将其意志写在其上的一张"白纸"。

因此，这一舞台是为康德而设。

科学对文明的影响

如果这一章已拖得过于冗长，那不但是因为我们业已认清，科学家及其科学均属于历史，并且因为观念的演进乃是我们根本兴趣所在，以及因为观念在 18 世纪扮演着仅次于人类本身天性的角色。科学在这一世纪的成就，或许不如前一世纪从伽利略、笛卡儿到牛顿、莱布尼茨的成就那样惊人，却更有力量地进入到欧洲历史的几乎每一层面。经由伏尔泰等上百位诠释家的努力，研究的结果因而得以散播在中、上阶级；化学、地质学与动物学这些新科学共同促使知识分子的心灵对于日渐扩张的知识，留下缓慢而深沉的印象。

说也奇怪，科学对技术的影响却最小、最晚。人类播种与收获、采矿与制造、建筑与运输的方式，经过一个又一个世纪的尝试与错误，终于建立而成，但传统与惰性不愿接受实验室的实验提出的改进办法。直到 18 世纪末，科学才加速工业革命的进展。即使如此，这一革命的起始阶段大部分仍归功于染料方面的化学研究；氯之用以漂白纺织品乃由贝托莱建立（1788 年）；苏打与氯化铵的工业生产则由胡顿与吕布兰介绍而来。玻意耳与马里奥特对瓦斯及布莱克对热气的研究，共同促成了蒸汽机的发展——然而，其主要仍归因于当场的机械作用。随着这一世纪的前进，寻求生产的实际人物与寻求真理的科学家之间有了较为密切的和谐关系。巴黎科学院派遣调查家深入田野、工厂、矿场，而且刊行了 20 卷的《手工艺史》（1761—1781 年）。蓬勃发展的工业也开始征召科学从事资料、实验的研究，以为报答。因此，库伦订下了横梁张力的可靠公式，蒸汽机的问题刺激科学从事力与热之关系这些新的研究。这些相关物在 19 世纪即将改变经济与物质的世界。

科学的主要影响自然落在哲学之上，因为寻求智慧的哲学必须建基在寻求知识的科学之上。科学的每一步似乎都在增扩世界的复杂与范围，新的远景也因而形成。人类心灵在发觉人类并非是宇宙的中心，而只是令人迷惑的浩瀚时空的一原子与一片刻后，其应做的调整并不算小。科学的得意遮晦了哲学的谦虚；人们以科学为依归而怀抱新的乌托邦，而进步的观念也给现代的灵魂带来一种新的宗教。

科学对宗教——不如说对基督教——的影响，似乎是致命的。无疑，人们仍会继续塑造或赞同可能带给困扰、飞逝的生命以希望与慰藉、意义与尊严的这些观念。但创造、原罪与神圣救赎的基督史诗，在把地球贬抑为百万星辰中的一个斑点的远景中，又如何站得住脚？如此一个宇宙中之上帝竟然会注意到的，又是怎样的人类？《创世记》的诗歌如何能历经地质学的探究而幸存下来？已知的十几种或更多的宗教，其情形如何？——它们在教义或在道德典范与结果上，是否显然低于基督教？耶稣的奇迹，遑论归功于圣者与撒旦的那些奇迹，如何与宇宙法则的显然得势，相为调和？人类的灵魂或心灵看来似乎如此仰赖显然注定会腐蚀的神经与其他组织，其欲不朽，如何可能？又受到日渐在范围、成就与威望上成长扩大的科学挑战，必然会产生怎样的结局？又以该一宗教为基础的道德典范之上的文明，其必然结局又会如何？

第三章 | 医学

（1715—1789）

解剖学与生理学

科学影响了医学。显微镜和温度计的进步、化学和生物学的兴起、人体和动物的生理学和解剖学进步的知识，与医疗艺术具有密切的关系。解剖学和生理学方面的大部分研究工作，都是医生在从事。

莫尔加尼是使医学成为科学的许多医生中的一个典型例子，这些医师所做的就是把凡来就医者，做一个临床记录保存起来。莫尔加尼在帕杜瓦城专心致力于医学教授和行医的事业时，仔细研究了 700 个个案。他 80 岁时（1761 年），提出 70 件有关病理解剖学的报告《由解剖发现的致病原因和部位》。在这篇报告中，他对心传导阻滞、肝脏的急性黄疸病及肾脏结核做了传统的描述，他把肺炎的临床特征与肺硬化认同一致，对心脏学也增加了有意义的发现。

奥斯勒医生说"有关主动脉血管瘤"的那一节，是医学上写得最好的文章之一，有什么能比他对心肌绞痛的研究更正确呢？如今比以往更清楚地知道，每种疾病的发生，都由于特殊器官病态的改变。许多医院被莫尔加尼的工作感动——未受到教会和政府的反对情况下——供给他及其助手各种人的尸体，甚至包括贵族和教士的尸体。许多人为了使科学取得进展，表示死后希望由莫尔加尼来检查他们的遗体。他用动物做试验，同样没有受到教会的抗议。他一直教学到 90 岁，1764 年他 82 岁时，别人说他"像 50 岁的人一样强壮，还不需用眼镜工作"。他的学生很得意地宣称他是"欧洲解剖学祖师"。1931 年，他的家乡为他在广场上立了一座纪念碑，上面刻了他的名字。

他的学生斯卡尔帕 20 岁时就在摩德纳城作解剖教授。他 36 岁时（1783 年），升任为帕维亚城的解剖主任，他和另外两位——斯帕兰扎尼和博尔塔共事，使这所大学成为欧洲最伟大的大学之一。他有关鼻、耳、脚、神经等的解剖研究，扬名国际，他的著作《眼疾的观察与原理》（1801 年）几十年来一直是眼科学的标准教科书。一个比他年轻一岁的学者维达兹，研究鸟类、四足兽、人类的比较解剖学，其结果显示出人和兽的四肢非常相似，因而把人类也列入动物之林。维达兹死于 1794 年，享年 46 岁，没有完成一部著作，但已将脑的解剖带到 18 世纪的高峰。

在英国有亨特兄弟。他们生于苏格兰，他们在生理学和解剖学方面的工作，使苏格兰的启蒙运动增加了一分光彩。当时在伦敦由于对尸体使用的限制，解剖学的发展受到阻碍。威廉·亨特的讲学，革新了伦敦的解剖教学。他的名著《妊娠子宫的解剖》（*Anatomy of the Gravid Uterus*，1774 年）对淋巴管吸收作用的划时代发现，及他的火暴脾气，闻名于世。他自己解释那种火暴脾气的理由是：作为一个解剖家，他已习惯于"那些尸体的消极顺从"。1783 年他 65 岁时，在演讲中因衰竭过度而死。他遗赠了大量的解剖学集本给格拉斯哥，至今仍留存在那里的亨特博物馆。

约翰·亨特比他哥哥晚 10 年出生，也晚 10 年去世。21 岁时（1749 年），他已获得足够的知识，来负责他哥哥威廉实地解剖学的课。他和哥哥一起工作时，解决了胎儿期内睾丸下降的问题，并已探出胎儿鼻神经和嗅神经的循环与分枝，而且发现了泪管，并在发现淋巴管的功能上，占有重要的领导地位。27 岁时，他进入牛津大学。由于发觉拉丁文和希腊文比死尸还死，他于是离开大学，加入军队，做了军医。从中，他学到了许多有关枪伤的知识。在他死时，他留下了有关这方面第一流的论文。回到英国时，除行医、授课外，他继续在生理和解剖学上探求。1767 年，他遇到了一次意外事件，他的跟腱破裂了。在自身的观察及对狗所做的试验中，他发明了一个很成功的手术来医治畸形足及其他有关肌腱的畸形症状。漫不经心地把梅毒接种在自己身上后，他故意延迟治疗，以使用这个一手资料来研究这个疾病。但他犯了错误，没有把梅毒和淋病分清楚。他用实验证明蛇和蜥蜴在冬眠期没有消化动作发生。在布朗普顿的家里，他为了研究收集了许多怪异的动物，包括野鸡、松鸡、蟾蜍、鱼、鹅、豪猪、蚕、蜜蜂、大黄蜂、黄蜂、鹰、豹、公牛。他因和这只公牛角力，及捕回一只逃走的豹而几乎丧命。他解剖了 500 种以上的动物，并研究各种不同毒素的功效，但 1780 年他承认，他曾"毒害了数千只动物"。

1785 年，他坐着让雷诺兹替他画一幅肖像，起初静不下来。雷诺兹爵士正要放弃时，亨特突然陷入一种深沉而一动也不动的状态中，使这位画家为他画了现在存在皇家外科医生学院的画像草图。和他哥哥一样，约翰是一个易激动而专横的人。在受到心绞痛的折磨时，他说："我的生命操在任何来惊扰我及嘲弄我的流氓手中。"一个同事的反驳，使他大为光火，几分钟后就死了（1793 年）。他被葬在伦敦威斯敏斯特教堂，就在本·琼森墓旁。他搜集到的 1.3 万件标本在经过政府同意后由外科医生协会获得，于 1836 年建立了伦敦的亨特博物馆。英国医学界为纪念他，每年举行一次亨特演讲。

在生理学方面，这一时期最著名的是哈勒。我们曾在前面提到过他年轻时是诗人，后来，他写了《人体基本生理学》一书，使他在生理学学者中居于首要地位。这本书共有 8 卷，1757 年至 1766 年完成。它不但记录了所有有关解剖和生理的最新学说，也包括他自己发现的胆汁与脂肪消化的关系，肌纤维的易感性或收缩和神经无关，这种现象甚至可以在从人体分离后也能发生。狄德罗为这些理论和其他类似的实验下了一个结论："假使生命留在从身体分割的各器官上，那么灵魂在哪里呢？生命的一贯性、不可分割性又如何呢？"他根据这一证据认为所有生理上的过程都是机械性的。但哈勒不赞同，哈勒觉得器官组织的感应性表示一种无机物欠缺的重要原则；同时，它也不能和机械性之说并立。他进一步研究，显示"四足兽的骨骼构造与鸟类的足基本上完全一样"，同时"人的骨骼和那些四足兽的骨骼在结构的任何部分上没有什么不同"。1755 年，他首先记录了对血管粥样硬化的观察，所谓血管粥样硬化即血管壁上堆积的菌状脂肪。威廉·福斯特公爵说："我们翻开哈勒的书时，我们感觉到已经进入了现代。"

另外的调查资料也可支持机械论的成立。罗伯特·怀特于 1751 年指出，一个反射动作，只须使一小节的脊髓受到牵连便可。普利斯特里、拉瓦锡、拉普拉斯、拉格朗日等人的研究工作似在使呼吸运动变为一种类似氧的燃烧的化学过程。雷奥米尔在 1752 年的实验中证明消化是胃液的化学作用的结果。斯帕兰扎尼证实了（1782 年）这种消化液对食物的作用甚至于可以在胃的外部进行。同时，亨特发现人死后，这些消化液开始消化胃壁本身。

斯帕兰扎尼是 18 世纪生理学的主要人物之一。我们曾见到他的"自然"生殖的实验。他对消化的兴趣无穷无尽。他发现唾液的消化功能。他以他自己作为实验的对象，吞咽袋子和管子，然后耐心地在粪便中找出来。他是最先说明心脏心室的收缩使血液送到最小的毛细血管内的人。他表示，出汗并不具有与呼吸相同的作用，但出汗可以代替呼吸到达某种程度。他是一个修道院院长，却成为受精学的权威。他发现，一个青蛙的雄性器官包上一层蜡质的麻布，在交配后，雌蛙没有受精。但他在这一层布上收取一些雄性的精液，并把这些精液与雌卵接触，这些卵就受精。他由此获得哺乳类动物的人工授精的方法。20 世纪感激他不朽的实验及他的眼光，他是该世纪杰出的科学家之一。

疾病的奥妙

知识的增长是否就可以打败各种疾病呢？很难。伏尔泰在他那个时代估计人类一般平均寿命约为 22 岁。在发展中城市的贫民窟产生了极高的婴儿死亡率，有时甚至达到 50%。在伦敦，有 58% 的小孩在 5 周岁前就死亡了。弃婴非常多，8 年内（1771—1777 年）有 3.2 万名小孩住进巴黎弃婴医院，平均每天 89 名。在这些婴儿中有 25476 名（约占 80%）在不到 1 岁时便死亡。18 世纪，造成婴儿死亡率偏高的一个原因是干哺乳（dry-nursing）的流行——用奶瓶代替奶或是湿哺乳（wet-nursing）。斯隆爵士曾计算用瓶子喂奶的婴儿死亡率 3 倍于母奶哺乳的婴儿死亡率。这种新的喂奶方式在法国的上层社会非常流行，直到卢梭的《爱弥儿》出版后，才使母奶哺乳流行起来。

堕胎和避孕一直继续着。法洛皮奥于 1564 年发明的预防性病的膜套方法，在 18 世纪用来避孕。阿斯特吕克医师在《性疾病》（1736年）一书中提及，那些放荡的人用一种很密很好的无洞的膜做成一种套子，在英国称之为"套子"（condum）。一位菲利普太太 1776 年在伦敦印了一些传单，宣称她的商店供应这种"可使顾客安全"的东西。不管他们所称的"器械"如何，性病仍然存在于每一阶层的人身上。查斯特菲尔德曾警告他的儿子要小心"因为爱上一个人可以使自己的心与尊严一起丧失……假使他掉了鼻子，他便在这场交易中丧失了人格"。

如今人们很难想象，在西方世界未有接种以前，天花是怎样一种恶疾。伏尔泰统计："在降世的 100 人中，至少 60 人得了天花，其中20 人死亡，另外 20 多人因此病而终身留下难看的残酷记号。"1712年至 1715 年之间，法国有 3 位王位继承人死于天花。利涅王子认为，住进修女院和寺院的 20 万人，都是由于患天花后，因为见不得人而逃往那里。天花 1719 年流行于巴黎，1749 年至 1765 年在瑞典流行，1763 年和 1767 年在维也纳流行，1764 年在托斯卡纳流行，1766 年和

1770 年在伦敦流行。

　　一般说来，时疫不如前几个世纪严重，但仍然危害人们的生命。时疫在乡村比在城市可怕——尽管城市有贫民窟——因为农夫无法负担医疗费用。伤寒、副伤寒及天花，在 1741 年一年中危害布列塔尼达 8 万人之多。1709 年，普鲁士的腺鼠疫造成 30 万人的死亡；1737 年在乌克兰、1743 年在墨西拿、1789 年在莫斯科又流行起来，但程度较轻。猩红热、疟疾、痢疾是很普通的疾病，特别在下层社会中，因为缺乏公共卫生和个人卫生，容易受病菌侵犯。传染性的产褥热流行于巴黎、都柏林、阿伯丁、图尔高、伯恩等地。流行性感冒，法国人称为粘疾（la grippe），在不同的时间，分别在意大利、瑞典和德国流行。偶尔，流行性感冒会造成婴儿脊髓灰质炎，一如瓦尔特·斯各特爵士在孩提时患的病。肺炎、白喉、丹毒偶尔成为流行病。百日咳现在看起来似乎是一种小病，但曾经散布很广，危害性很大，特别是在北欧一带。1749 年至 1764 年，瑞典有 4 万名小孩死于此病。黄热病从美洲传入，并于 1723 年在里斯本成为流行病。除以上所说的这些疾病及其他百余种疾病外，还加上上层阶级妇女所罹的"幻想症"——由神经疲劳、臆想、失眠、烦闷等的混合，有时还升为歇斯底里症。

　　为了抵抗这些公敌，政府开展了一些卫生运动，但垃圾还是大部分倒入街道。18 世纪初巴黎即有抽水马桶，但仅限于少数家庭，在欧洲大陆其他地方几乎没有。浴室是富人家的奢侈品。公共浴室可能比在文艺复兴时代还少。陆军和海军的卫生化程度比城市的进步还快。约翰·普林格莱促进了军队医药的供应（1774 年），苏格兰的林德使海军卫生有了重大的改革（1757 年）。1740 年，安森的海上探险队，几乎有 75% 的水手患了坏血病而不能工作。1754 年，林德的一篇世纪性的论文指出，荷兰人 1565 年时就用橘子和柠檬汁来治疗坏血病。1593 年，霍金斯也使用这些东西来治疗坏血病。由于林德的影响，这种预防的方法于 1757 年传入英国海军。在库克将军第二次费时 3 年多的海上行程中，只有一人因患坏血病而亡。1795 年，英国海军规定水手们必须饮用柠檬酸果汁或水果。自此以后，坏血病因而绝迹。

维克托和米拉博于 1756 年提出人民的健康是国家的责任这一原则，成为 18 世纪人道主义的里程碑。弗兰克本是一个弃婴，于 1777 年至 1778 年间完成了《近代医药卫生学统》一书，提出了一个公共医药服务的完整系统。在“终生献身于高贵纪念物”的 4 卷书中，他描述任何文明的社区必须采取一些方法处理废物，使水源和食物保持清洁、学校和工厂保持卫生，并保护工厂中的女工健康，医师要多为单身汉定税率，给已婚夫妇卫生指导，并要求以健康的原则教导孩童。拿破仑非常认同弗兰克的观点，他请求弗兰克到巴黎工作，但弗兰克没有答应，仍留在维也纳。

医院的硬件设施还是很差。虽然医院的数目逐渐增加，素质却降低了。英国在 18 世纪医院的数目激增，但所有的医院都是由私人捐款维持，没有一所由政府投资。在巴黎居领导地位的狄尔医院在 11 年中治疗了 251178 名病人，其中 61091 人死亡。由于患者太多，往往使三四个甚至五六个病人睡在同一床上，“垂死的病人躺在将要复原的病人旁边，空气中充满了许多病躯溢出的气味”。路易十六的德政之一，即他于 1781 年宣布：“从今以后，2500 位病人需要有单独分开的床铺，500 位病人应睡在双层床铺，并用隔板间隔，必须有特别的房间给恢复期病人使用。”然而，7 年后，医院只有 486 张单人床给病人睡，1220 张床平均每张要睡 4 位以上的病人，还有 800 人躺在稻草堆上，在法兰克福及其他城市的医院中，空气臭得“医生拒绝在医院服务，因为进入医院等于判了死刑一般”。

医疗

只有少数医师胆敢冒减低治疗收入的危险传播预防医学的知识。伦敦的约翰·阿巴思诺特医生于 1731 年在一篇有关《疾病性质》的短文中论到节食可以达到药物所能达到的效果。在 1744 年的著作

《保持健康的代价》中，他还预期到后来的抱怨，医科学生的教育进步得很慢，意大利的大学仍居领导地位，然后才是维也纳、巴黎、蒙彼利埃，但即使在这些学院中也只有四五个教授。每位教授就其科目收费，听课的学生必须有教授发的门票，有时票就签在扑克牌的背面。有些医院现在已开始教授临床医学。合法执业医师或助产士需要有认可机构颁发的毕业证书。

就像斯塔尔有关火的"燃素"理论在拉瓦锡之前主宰了化学界一样，斯塔尔的泛灵论也统治了医学界。斯塔尔推翻了笛卡儿的身体机械论，认为灵魂是一种非物质的生命原理，塑造身体以为其工具。因此"自然"是生命力，是治疗疾病的主要东西，疾病是一种"灵魂"试图重建正常的张力、运转，使有病的器官协调所做的努力。体温增高和脉搏加快是一种自然用来克服疾病的方法。一个聪明的医生会主要依靠这种自动去毒的过程，而不愿使用药物。但斯塔尔留下一个没有解决的问题，就是疾病到底是由什么原因造成的？普兰西兹提出了一个答案，他于1762年复兴了基尔舍对疾病的观念，认为疾病是由微生物引起感染而造成的。普兰西兹说："每种疾病都有一种特别侵入的微生物，并有一定的潜伏期。"这个杰出的细菌学理论的先见并没有在18世纪的治疗学上留下任何影响，必须留待19世纪第二次的复兴后才能抬头。

一些诊断的新方法获得进展。黑尔斯发明了量血压的方法。奥恩布鲁格尔介绍了叩诊的方法，以测定胸腔中是否积有液体。苏格兰人马丁和居里发展出临床使用的体温计。

药物、外科手术及庸医，互相竞争以赚取病人的金钱。放血仍然是标准的万灵药，一位医生于1754年估计，法国由于失血过多而造成的死亡人数每年有4万人。18世纪末抗议的人增多了，而且在渥尔斯坦的《关于静脉切开放血术注释》一文中形成一股力量。药物倍增，1746年，伦敦医药辞典中把许多如蜘蛛丝、独角兽的角、处女奶等删除了，但留下毒液、蟹眼、木虱、毒蛇、珍珠等混合制成的药物在内。1721年的药典中增订了公定的止痛药（含鸦片）、吐根碱、吐酒石、碳酸铵和其他新药物。1746年的版本，还加上拔地麻根、钳硝石精、树脂，1788年的再版本中有山金车、撒尔沙、西印度苦香碱、镁、鸦片酊……1764年，欧洲已经知道用蓖麻油作为医药，1786年又发现了砷，1763年秋水仙素被用来治疗痛风症。韦兹林这位新英格兰施罗普郡的少年，从一位老妇人那里学到了毛地黄可以治疗水肿。1783年，由于发现毛地黄对心脏病的用途，他在医学史上也占据一席地位。许多出名的医师除了制药外还销售其药物，他们收处方费而不收诊疗费。"秘方"——由秘密和专利的处方造成的——使许多人致富，所以英国输入了成吨的斯托顿的"长生不老药"、贝通的"英国油"、胡珀的"妇人丹"及清朝的"止咳咀"。

江湖医生到处行医。卡廖斯特罗"伯爵"，真名为巴沙摩，在好几个国家把长生不老药卖给有钱的笨蛋。"贵族"泰勒带着他的白内障针宣称能医治任何眼疾，就连吉本、亨德尔都对他抱有希望。乔安娜·史蒂文斯甚至说服英国国会付她5000镑，以交出医治结石的秘方。她于1739年公布秘方后，发现原来是蛋壳、蜗牛、种子、肥皂的混合物。每个她宣布治愈的病人，后来在膀胱内都发现了结石。

18世纪最有名的江湖医生是梅斯梅尔。他1766年在维也纳赢得博士学位的论文，翻新了占星学对人的影响这一说法，他用磁波来解释那些影响。有一段时间，他曾尝试使用磁铁接触罹疾部分以行医疗。后来，他遇见一位似乎仅用按摩就可医病的牧师。于是他放弃了磁石医疗，转而宣称在他体内有一种超自然的力量可以在神经的刺激下传给他人。他在维也纳开了一家诊所，在那里，他以手接触病人治病——好像国王在治疗瘰疬一般，这也很像因信仰而能治病一样。警方宣称他是一个骗子，命令他在两天内离开维也纳。于是在1778年他迁到巴黎，出版《对动物磁力的发现备忘录》。病人到他那里接受催眠，他使用一根棍子触摸他们，或正视他们的眼睛，一直到半催眠状态能接受他的暗示为止。在这催眠过程中他的丑陋正可收惊吓之效。他做了一个磁铁盒子，里面放些硫化物的混合液，盒边有铁的突出物使病人手与手相接时触摸，为了能达到催眠效果，他自己轮流接触每一个病人。他的病人有拉法特伯爵夫人、波旁公爵夫人、朗巴勒公主及其他宫廷中的名人。法王路易十六愿意以 1 万法郎让他公开秘密，并建立一个向大众开放的催眠机构。他婉言拒绝了，在半年中他赚进了 35 万法郎。1784 年，科学院推举了一个委员会，其中包括拉瓦锡和富兰克林来研究催眠法。在报告中承认了他的某些论点和治疗，但否认他的动物磁力理论。法国的革命政府宣称他是骗子，没收他的财产，并将他驱逐出境。他 1815 年死于瑞士。

1780 年，格拉汉姆在伦敦对磁力原理加以改进，开了一所"健身堂"。他给已婚夫妇一张魔术的结婚床，保证其可以得到美丽的子嗣，每晚以 100 镑出租。他的助手莱昂爱玛在他治疗过程中充当"健康女神"，在催眠纳尔逊爵士时便充作汉弥尔顿夫人。

由于众多江湖医生及神迹般的治疗的迷惑，一般老百姓和专业医务人员，几乎费了一个世纪的时间来接受预防接种这种治疗法。古代中国人就已经知道把一个天花病患者身上减弱的毒素移种到另一人身上，以使其得到天花的免疫力。这与索卡西亚的妇女把针沾上了天花豆的液体然后刺在身体上是一样的道理。1714 年，有一封蒂莫尼医师的书信在伦敦皇家学院前宣读，描写"用切法或接种法使人产生天花，这已经在君士坦丁堡行使很久了"。1717 年 4 月 1 日，玛丽·蒙塔古夫人在一封信里写道：

> 天花，在我国（英国）是如此普遍、如此致命的疾病，但在此地经过发明接种后已经变得完全无害了……每年有数以千计的人接受这种手术……没有一人因接种天花而死亡，你可以相信我是多么满意这个实验的安全性，我正想让我的小儿子尝试接种。

这个 6 岁的小男孩由梅特兰医师于 1718 年 3 月予以接种。这位医师是一位英国医师，那时在土耳其行医。

1721 年，伦敦天花流行，对孩童特别致命。玛丽·蒙塔古夫人这时刚从土耳其回来，她委托也是刚从外国回来的梅特兰医师为她 4 岁的女儿接种。3 位著名的医生被邀请来看这位未来的比特夫人将受到接种的情形。他们留下了深刻的印象，其中一位医生也让他儿子接种天花。蒙塔古夫人于是在宫中传播这种接种的观念。卡洛琳王妃同意让她在 6 个被判绞刑犯人的身上试验，如果他们在接种后不死，便免除他们的死罪而给予自由。6 个犯人中的一个在接种后感染轻微的痘症，其余 5 人都没有反应，于是 6 个犯人都获释。1722 年，卡洛琳使圣詹姆斯教会的孤儿都接受了这种预防接种，结果非常成功。4 月，卡洛琳也让自己的两个女儿接种天花。于是，英国的贵族都普遍地接受种痘。但由于其中有 2 人死亡，种痘运动停止，他们并以此来反抗种痘。一个批评家抱怨说："这种只由几个无知妇人的实验……在一个文明国家里竟凭一种脆弱的经验而突然在皇宫内接受起来。"蒙塔古夫人遭到批评后写了一篇匿名文章，名为《一个土耳其商人接种天花的平实理由》。大部分英国医生都以不安全为由反对接种，但罗伯特和沙顿于 1760 年介绍了打针接种法。他们还报告说，在 3 万个个案中有 1200 个死亡，死亡率 4%。迟至 1772 年，一位英国传教士马西发表演说，反对这种"危险和罪恶的接种"，而且顽固地坚持古老的宗教观点，认为疾病是上帝的惩罚。

其他国家接受了接种的观念。在美洲，博伊尔斯顿医生在波士顿第六度天花流行的时候为他的儿子接种天花（1721 年）。同时，他不顾当时要威胁吊死他的剧烈反对，而完成了 246 人次的预防种痘工作。当时大部分的清教徒都护卫他，并为他分担受到的耻辱。富兰克林和本杰明·拉什在费城非常有力地支持他的接种运动。在法国，奥尔良摄政也以他素有的勇气让自己的两个孩子接种，以领导这个运动。直到 1763 年，法国巴黎大学医学院的教员还反对接种。伏尔泰在他的《英国人信札》中备赞蒙塔古夫人的运动。一位名为加蒂的意大利医生，把接种试验推广到法国。特龙金则将之推广到瑞士。俄国的叶卡捷琳娜大帝和保罗大公爵，由于受伏尔泰的敦促，也于1768年接受了接种。同年，英根豪斯也在维也纳替三位皇族接种。

以上所说的，用人的天花浆液来做的接种试验仍有许多不够理想的地方。因接种而致死的比率虽然降到4%，但比例还是很高。一位英国外科医生詹纳发现挤牛奶的女孩，在得了牛痘（一种较轻的病）以后便很少再染上致命的天花。1778年，他产生了一种想法：如果能使用感染过天花的牛身上取出的痘苗接种在人身上，便可得到天花的免疫力。这个试验已由多塞特的一名农夫本杰明·杰斯提于1774年至1789年完成，但当时并未引起医学界的注意。1796年5月，詹纳用母牛的天花脓替詹姆斯·菲普斯接种；7月，他又用天花的病毒为一位小孩接种，这个小孩并没有长出天花。詹纳于是下结论，牛痘疫苗可以对天花免疫。1798年，他出版了一本划时代的书，名为《天花的原因及功效的研究》（*Inquiry into the Cause and Effects of the Variolae Vaccinae*）。书中报告了23个个案，个个成功。嗣后，他做的试验也都成功。1802年和1807年，议会同意他用3万英镑去扩展他的工作，并改善他的研究。几个世纪以来最夺人性命之一的天花，由于这个发明而很快地降低了危害性。

专科医生

随着医药科学的进步，医疗技术日趋复杂，许多专家也纷纷出现。妇科本来不是一个单独的分科。害羞的女性仍然比较喜欢训练有素的产婆，但有几个王室母亲在生产时也受男子的接生服务而确立了前例。威廉·斯梅利在英国以他研究的分娩机制及产钳的使用而居于领导地位，加上30年的临床经验，他写成了《接生学》（*Midwifery*，1752年）。

眼科由于切泽尔登和达维耶尔做了白内障手术而有了长足的进

展。达维耶尔于1752年以取出眼睛内的水晶体而创立了现代化的治疗白内障手术。1760年为富兰克林最先做成把两个焦距放在一面镜片上的眼镜，这显然是受他的提议所致。我们也发现狄德罗研究盲人的心理，而且建议盲人可由触摸而学会念书。据说卢梭可能是因为受他影响，提出为盲人做浮凸印刷术的建议。

1724年利用导管清洗耳咽管，1736年出现首例成功的乳突手术，1742年发现耳朵迷路内有一种弹性液体，这些使耳科进步很快。西班牙的佩雷拉爱上了一个聋哑的女孩，因而专心研究出一种单手势的语言。埃佩修道院院长发明了两手同时使用的手语，改良了这种无声的交谈，他决定献身教育——甚至赡养——他的学生。

由于波舒哀以及卫斯理老神学观念的衰退——他们认为精神病是上帝应许的一种被凶恶势力把持以惩罚遗传本身所犯的罪恶的一种病症——使疯狂病的治疗人道多了。曾经，在维也纳的笨人塔，患者像动物一般在铁笼内供游客参观。伦敦的伯利恒疯人院也是这样一个地方，公众可以交费到那里观看那些被链子和铁项链锁在墙上的精神病患者。在巴黎的狄尔医院，精神病患者被那些待遇微薄或工作过度的管理员虐待或完全忽略。私人的精神病院情况更糟，他们可以禁锢被仇恨的亲戚送来的心智健全的人。有许多不同的药物或方法可以用来治疗或安抚患者，如鸦片、樟脑、莨菪放血、灌肠或敷在头上的一副芥末膏药。有些专家认为，把病患突然用冷水浇灌可以缓和忧郁症。有些人建议说结婚可以治愈精神病。首先探求以健全的方法来医治精神病者是宾夕法尼亚州教友派信徒。他们首先建立了精神病院，把精神病视为一种病来治疗。1774年，托斯卡纳大公爵利奥波德一世在佛罗伦萨成立了研究中心，在基亚鲁吉的指导下，创下了以科学方法解决问题的先声。1788年，法国政府指定了一个委员会以改革精神病患的护理。主任皮内尔本是一名神学学士，后来改学哲学。他曾吸收伏尔泰、狄德罗、卢梭的人道主义思想。1791年，他出版了《精神病医学哲学治疗》一书，成为现代医学的里程碑。1792年，他在一家法国最大的精神病院比赛特（Bicêtre）当院长，两年后他进入了更大的沙尔卑德荷精神病院。经过了多次向革命政府的请求，终于获准将精神病患者的链子取下，使他们从地窖中出来，供给他们新鲜的空气、阳光、运动，并逐渐帮助他们恢复智力。这是最无知的世纪里，俗世人道主义的许多胜利之一。

外科学

次于预防接种的发展，18世纪医药最大的进展要算外科学了。在英国，由理发师来做外科手术一直延续到1745年。在法国则由路易十四加以终止。

1724年，路易十五批准巴黎的圣康学院设5个外科教授的席位，但巴黎大学医学院的教授团抗议将外科的地位提升得如此之高。医师们穿上他们的学者式红袍，由一位差役或引导员带领，向圣康学院进军，当时在圣康学院中正在进行一项外科演讲。这些医师发现门锁着，他们设法打开它，而且大喊大叫，咒骂这些外科医生是自命不凡的理发匠，聚集在一旁的群众反对这些医生并把他们赶走。1731年，马雷夏尔和佩罗尼获得皇家的许可成立了外科学院。1743年，国王颁布一项法令，使法国的外科医生脱离了理发师公会，而且规定在开外科诊所前必须获得大学的学位。这样，外科医生便可成为正式医生了。

在英国也有类似的发展。1745年，英国外科医生正式从理发师行会中分离，并规定未通过由杰出外科医师组成的委员会组织的考试且取得执照前，不得在伦敦或附近行医。英国皇家外科学院一直到1800年才正式获得批准。在德国，腓特烈大帝以前的时代，外科主要操在理发师、刽子手及跑江湖的无照医师的手中，他们替人接骨、排除白内障、医治突出的疝气、去除结石等。在军队中——普鲁士人感到骄傲的地方——外科医生被称为理发匠，因为他们的工作也包括为军官们理发。德国 1724 年才在柏林设了一个内外科医药学院。

18 世纪大部分伟大的外科医生都是法国人，佩蒂发明了螺丝状止血带，并使截肢术和疝气手术改进很多。狄德罗在《达朗贝尔之梦》（*The Dream of d'Alembert*）中曾令博尔德这位著名的医生描写关于佩罗尼的脑部手术。日内瓦的凡尼尔于 1780 年成立了骨外科。英国的切泽尔登于 1727 年发展出以前几乎未见改良的侧式结石手术，并狂言曾在 54 秒钟内完成了一例膀胱结石手术。英国的外科在亨特以生理和解剖的基础上成为一门科学。他利用动物来试验，寻找某些代替品以免于以人为试验而常常致死。1786 年，他在一只公羊的身上发现在一条主要血管血流停止后，侧边的血管可以继续循环，他因而挽救了一个腿部患血管病的病人。他将病人肿起的部位上面的动脉扎结，让身体周围的部分吸收血瘤内的血。这种手术挽救了无数人的肢体与性命。

亨特之名在牙科的发展上也占有很重要的位置。在 17 世纪的英国，齿科大部分仍然做的是拔牙的工作。拔牙的人到达时都会大叫，并展示成串的牙齿作为武器的外衣。1728 年，福沙尔在其论文《牙科医生》中宣布齿科是外科的一个分支。亨特还是第一个应用科学方法研究牙齿的人。他介绍牙齿的分类有白齿、前白齿、门齿、犬齿，并发明矫正错位齿的器材，他也是最先提出在补牙前先把齿髓完全去除的人。他将他的一切概念写在一本 1771 年出版的《人类牙齿的自然史》（*Natural History of the Human Teeth*）一书中。

大部分轻微的手术都是在没有使用麻醉下进行的。古代人曾使用各种不同的催眠药——忘忧药、鸦片、莨菪、毒芹等。《圣经》的首章《创世记》说，在亚当身上取出一根肋骨之前，使亚当先进入"深眠状态"。迪奥斯科里底斯在 1 世纪曾经在外科手术时用曼陀罗花酒来麻醉。印度使用印度大麻。2 世纪时奥里金就曾提到使用外科睡眠素，4 世纪时普瓦泰城的希拉里也提到过这种药物的使用。大部分古老的催眠药一直使用到中世纪，意大利萨莱诺城著名的医学院发明了一种"催眠浴"。在近代的欧洲，最常使用的麻醉药是使病人醉酒。1799 年，戴维才发现笑气（氧化氮）的麻醉性质。1839 年，佐治亚州丹尼斯维尔的朗医生才发现了乙醚麻醉的可能性。

内科医师

财富的成长，中产阶级在数目上和收入上的增加及医药科学和教育的进步，皆使医师的社会地位和报酬比以前多。本人是一位医师的梅特里欢愉地说："医治者的伟大技艺使每样东西都得让步，医师是一个值得享受国家福祉的哲学家……只要看他一下，就能恢复我们的平静……并孕育新的希望。"伏尔泰一贯擅长批评医生，他说："98%的医生都是骗子。"但他又说："人如果能把技术与人道联合运用，使他人恢复健康，便是世上最伟大的人，他们甚至具有神圣的能力，因为保存和更新几乎与创造一般高贵。"狄德罗也赞许巴黎大学医学院的教授团，虽然巴黎大学神学院是他一生中的致命伤。他说："我没有比读医学书刊更觉高兴的了，也没有比与医生谈话更令我感到有趣的——但这仅只当我身体健康无病时是这样。"他在《达朗贝尔之梦》一书中把博尔德医生描写为主角。医师这门专业也常遭讽刺，如哥尔多尼的戏剧、霍多维茨基的图画、斯莫利特的小说《斐迪南伯爵的冥想》及罗兰森的喜剧漫画都曾予以讽刺。

较高的收入使医师的地位更加提高。英国的大部分医师在病人问诊一次就收入一金币。有些医生每年收入 6000 英镑。汉斯·斯隆爵士，第一位成为男爵的医师，后来当了皇家协会的主席。奎林被奥地利的约瑟夫二世封为男爵。在伦敦，医师受到一流的俱乐部的欢迎；在巴黎，医师也受到一流沙龙的欢迎。他们不再穿着阴郁的祭司装或黑袍，而改穿了上层中等人士最流行的服饰。在英国，医师们穿着红缎子或织锦的外套，长及膝盖的马裤，有扣子的皮鞋，手持金头手杖，有时身上还佩着长剑。在法国，医师们的装束与服饰华丽的高级教士没有两样。

几位医师值得在此特别纪念。狄索是洛桑城著名的医师，他在那里提倡接种，他也是治疗癫痫病症的专家。他不但努力治愈病者，也使富者安乐。他于1760年出版的《大众健康的劝导》在6年中出了10版，同时被译成欧洲各国文字。奥恩布鲁格尔是伟大医师中的一位主要人物，在玛丽亚·特蕾莎女王时代为维也纳带来盛名。他以谦虚、诚实、慈爱备受称道，表现了"古典德国特性的最高尚榜样与风采"。吉约坦便不像奥恩布鲁格尔一样受人欢迎，1789年，他就任法国国民议会的代表，赞成使用死刑，并建议使用断头环状刀，以避免刽子手误砍。

特龙金是瑞士最著名的医师。他是波哈夫在莱顿城最得意的弟子，他在阿姆斯特丹行医20年，与维特的孙女结婚，然后回到故乡日内瓦。1749年，他把接种牛痘介绍到日内瓦，先开始为自己和小孩接种。1756年，奥尔良公爵邀请他到巴黎为他的儿子夏特尔公爵和女儿蒙庞西耶小姐接种。巴黎人对他这种勇气感到震惊，但当病人在接种后没有造成身体损害时，巴黎上等人士涌进特龙金在皇宫的住处，渴望通过接种获得免疫力。

他的成功使他对其他问题的观点一起受人看重。他先于卢梭鼓励母亲们自己哺乳。他告诉病人少吃药，多在户外运动，饮食简单。经常洗冷水浴，不要戴假发、睡帽，床铺上不要使用床幔，要早睡早起。他使宫廷震惊的是命令凡尔赛王宫的窗户每天、甚至在冬天至少部分时间打开，因为这些窗户一直都是关着的。他的这些观念变得很流行。高贵的夫人在每天清晨出来散步，更妙的是为了要通风裙子都变短了，所以短裙的名称在当时称为"特龙金裙"。

伏尔泰在日内瓦定居时，让自己由特龙金照顾。他说特龙金"有6英尺高，像罗马医神埃斯库拉皮乌斯一样聪明，如太阳神阿波罗一般英俊"。特龙金并没有回报伏尔泰的赞誉，就像伏尔泰说到他自己和哈勒一样，他们之间都有错误。埃皮奈夫人远道从巴黎赶到日内瓦接受特龙金的治疗，她对特龙金有一段奉承的描述：

> 我将要花两三天时间在伏尔泰那里与特龙金在一起。诚然，我发觉他每天都有新的特色，让我对他起了无限的尊敬。他的慈爱、他的高尚情趣及他对妻子的爱情和照顾，是前所未见的。现在我认识她，我向你们说，她是世上最阴郁、最难以忍受的女人。

但是谁会相信一个女人口中所说的另一个女人呢？

这并非是医学历史上一个特别伟大的世纪，医学仍然为神秘主义、庸医及一些已由经验而知道错误的理论充斥而黑暗不明。但是，解剖学和生理学的进步，已使医学建立在一个比以前更好的基础上。无照行医逐渐被禁止，有关专门科目的医学知识逐渐增进，护理学也进步了，外科学也获得解放，神迹式的治疗已经失去了过去的名声。医学的胜利在人类心智前线——信仰与理智的基本冲突中实已扮演着一个无声的角色。

第四章 | **无神论者**
（1730—1751）

哲学的狂潮

让我先来下一个定义，哲学家就是在一个大图景中，试着对任何事物探讨其存在与本质的人。在以下的章节里，我们将更特定地把这一名词用在那些探求宇宙、生命或人类的起源、性质、重要性与命运等合理观点的人身上。哲学不可被误以为与宗教相反，人类生命的大图景中应为宗教留下位置。但由于18世纪法国许多哲学家，按照他们自己对基督教的理解而对其怀有敌意，"哲人"这个词有暗指"反基督"的意思。通常，我们使用法文词语时，也有这种含义。所以，我们应称呼拉梅特里、伏尔泰、狄德罗、达朗贝尔、格里姆、爱尔维修、霍尔巴赫等人为哲人，而不应如此称呼卢梭。倘若从他为了维护感觉和信仰对人类的重要意义发表过理性的言论这点上看来，那么我们可以称他为哲学家。同时，我们须容许这样一个事实存在，即一个哲人可能反对所有宗教，然而像伏尔泰那样宣称他信仰上帝。在法国，使知识分子激动的辩题并不全是宗教与哲学之间的冲突，主要是这些哲人与当时存在于法国的天主教之间的冲突。那是宗教因蒙昧主义、迫害、屠杀而玷辱其天职的几个世纪后，法国人心中的郁愤。二者之间的冲突愈演愈烈，而圣巴托罗缪大屠杀（1572 年）、刺杀亨利四世（1610 年）之举，及法王路易十四龙骑兵对新教徒的迫害（1685年），都是这种冲突演变成极端的典型范例。

从未有过如此多的哲学家。爱尔维修指道"我们时代对哲学的嗜好"，达朗贝尔则记载着：

> 我们的世纪自称为卓越的哲学世纪……从凡俗的科学原理到启示的基础，从形而上学到富有意义的问题，从音乐到伦理学，从王子的权利到一般人民的权利……每件事都受到讨论、分析、争辩……人们不能否认，存在于我们之间的哲学已显示了相当的进步，自然科学一天天累积了新财富……几乎所有知识的领域已演变出新的格局。

法国的哲学家是一批新鲜血液。首先，他们头脑清楚。他们并非狭隘的隐士，只是相互之间谈些与世无争、幽古僻远之事。他们是一群文人，懂得如何运用文字让思想放出光芒。他们背向形而上学，认为那是一种毫无希望的追求；他们避谈哲学制度，认为它虚饰空言。他们不写冗长繁复的论文，不费神从一个意念推演这个世界。他们写的是小品、令人开心的对话，佐以一些猥亵语、引发笑声的辛辣讽刺和一行令人信服的警句的小说。这些哲学家将他们的话语和谐地融入沙龙的日常交谈中，还在许多场合，向著名的淑女发表言论。以这些方式，哲学家行之有效地让自己的见解为人接受，而且使无神论更有魔力。哲学因而形成一种社会力量，自学校移入了社会和政府。它也卷入权势的斗争中，并在新闻中出现。由于整个有学识的欧洲视法国为时髦思想的主流，法国哲学家的作品流入了英、意、西、葡、德、瑞典和俄国而成为全欧的事件。腓特烈大帝和叶卡捷琳娜大帝以能成为哲人而感骄傲。法国保守者预测法国的自由思想家正在暗伤法国的道德、统一和权力时，他们也许并未受到干扰。

印刷业创始人古登堡自有其功绩：印刷业传播了科学、历史、《圣经》评注、异教古典；哲学家如今可对较前更多、更有学养的听众讲演。他们并不认为从象牙塔里走下来将知识大众化是一种屈辱。并非他们对那个时代他们认识的"普通人"有信心，而是他们自信"真理"的传播会改善人类的生活与行为。达朗贝尔认为"开导和启迪人们的艺术"是"在人类所能触及的限度里最为尊贵的部分和礼物"。"勇于认识"成为启蒙运动，这一胜利、实现的理性时代的座右铭。

17 世纪，培根曾力图唤醒的理性信仰，成为"自由"思想的基石与工具，即思想逐渐从《圣经》的神话和教会的教条中释放出来。理性出现于一种新启示的全部光辉中；此后，理性在各方面皆具其权威性，并试图以其本身灿烂的形象，改革教育、宗教、伦理、文学、经济和政府。这些哲人承认理性的脆弱，如同凡属人类的每件事的脆弱一样；他们了解理性可能被错误的逻辑或对经验错误的解释欺蒙；他们无须等待叔本华去告诉他们，理性通常是欲望的仆人、意志的婢女。休谟，这位英国理性时代的领导者，可能是除了康德之外对于理性持最强批评的人。伏尔泰一再承认理性有其范围和限制，狄德罗同意卢梭的看法，认为情感比理性更为基本。几乎所有启蒙运动的哲学家都认识到：大多数人，即使在最开化的国家，因受经济基本需要与辛劳的压迫，而无时间致力于理性的发展，而且情欲与偏见比理性影响更多人。即使如此，他们仍然希望理性能够广传，而且可从狭窄的自私和不公平的教条领域中获得解放。

因而，不顾他们生活的时代的实际情况，一股乐天精神弥漫于这些哲人中间。从未有人如此自信说，他们即使不能重新塑造自己，至少也可塑造这个社会。尽管"七年战争"的祸害，尽管加拿大和印度失给英国，18 世纪下半叶，一阵鼓舞人心的启蒙主义热潮使老弱的法国又变得年轻而强壮。自古希腊雄辩哲学家时代以来，再不似现在充满如许繁多的新观念或如此有活力的探求和辩论精神，无怪乎杜若觉得周围"一股理性的骚动随处发展"。巴黎如今是欧洲文化的首都，因此启蒙运动像当年文艺复兴运动和宗教改革运动一般广泛。诚然，它似乎是早期运动的逻辑顶点。文艺复兴运动曾超越了基督教而探究异教思想。宗教改革运动也已打破了教条式权威的束缚，并几乎弃置本身的意义，而使理性能够无限制地奔驰。人类终能从中世纪的教条思想及东方的神话中获得解放。人类终能摆脱那令人迷惑、恐惧的神学而无拘无束地站立起来，自由自在地去怀疑、探求、思想、搜集并传播知识，自由自在地建立一种新的宗教于理性祭坛和人类天职周围。这是伟大的革新。

反抗的背景

然而这一切如何发生？为何如此众多的哲学家，尤以法国为甚，转而反对这个终究将希望与恐怖、慈善与丑恶、美丽与罪恶混杂不清的基督教？

在英国，正如自然神论者所言，改革家曾有相对宽容的遭遇，即使来自国教的压力也不例外，也许因此革命的火花熄灭了。此外，在英国，教会臣属于国家，不再有任何借口可以成为一独立而敌对的力量。但在法国，教会是一个强权机构，拥有国家大部分的财富与土地，却绝对效忠于某一股国外力量。教会扮演了立遗嘱、定遗产的角色，使更多的财富从世俗的手中渐被吸入教士手中。它拒付超过偶尔"无报酬礼物"的税额，在其土地上拥有数以千计的农奴而造成真正的农奴制度。它拥有一群看起来既懒又无绩效的僧侣。它不止一次地从假文件和假奇迹中攫取利益。它控制了几乎所有的中学和大学，通过学校将令人失神、昏迷的荒谬思想注入年轻人脑中。它公开指责与其相反的学说而视之为邪教，并假借国家的名义以增强其对言论与新闻的控制。它已尽其所能地阻塞了法国人民智力的发展。它促使路易十四惨无人道地迫害新教徒及无情地摧毁波尔－罗亚尔修道院。它兴起反对阿尔比教派的残酷战役并认可圣巴托罗缪大屠杀；它煽动了宗教战争，几乎招致法国的灭亡。在上述反人道的无数罪恶中，它伪饰得使千千万万的下民相信，它超乎理智和疑难之上，它继承了神圣的启示，它是永不犯错、神灵感悟的上帝代理者，它的罪恶正如神的旨意的慈悲一样多。

教会对此控告做出了许多回应。同时，这些增加迅速的指控，使千万人移向愤怒和反抗，终于演成一场激昂的反对运动。持怀疑论者尤其不惧牧师，公开以难题刁难他们。约 1730 年，图尔内米神父在路易大帝学院邀请不信教者与他会面，"他的房间"，据说，"很快地挤满了自由思想者、自然神教者及物质主义者，他几乎无法改变任何一位的思想"。牧师惊讶于法国男女死时拒绝教会圣礼的人数。杜巴利夫人威胁要将牧师丢出窗外，因为他强求她接受涂膏。有位牧师抱怨"我们一出现即被迫加入辩论。他们要求证明，譬如：祷告对一个不信神的人有何效用、禁食对一个终生否定灵魂不死的人有何需要等问题。这种努力是极其厌烦的，因为那些嘲笑的人并不站在我们一边"。

巴比尔于 1751 年记载道："我们可在这个国家看见一场有利于新教的革命。"其实他错了。胡格诺教徒的驱逐在天主教和怀疑论之间，并没有留下妥协之地。法国自由思想超越了宗教改革，从文艺复兴一跃而至启蒙运动。因此，在法国，他们并非转向詹森派信徒，也非倾于少数余留的新教徒，而是转向了蒙田、笛卡儿、卡森迪、贝尔、孟德斯鸠等人身上。法国自由思想家倒回去探讨笛卡儿时，除了赞同他"系统的怀疑"及其对客观世界的机械论的解说外，几乎反对他所有的学说。贝尔被推崇为"智者之尊"，他的怀疑产生了成千的怀疑。其《词典》一书成为对付教会取之不尽、用之不竭的军械库。

英国的例子对于法国自由思想家而言，是一助长气焰的鼓励。培根首先唤醒了归纳法的科学，这比笛卡儿由于他的存在而魔术似的削减了上帝及其不朽似乎更有效果。其后，霍布斯的物质主义从未停止对狄德罗的影响。然后论到牛顿，他似乎已将上帝贬为世界机器中一位按钮者,其实法国人尚未知晓,牛顿在神学上比在科学上更有造诣。随后是英国的自然神教者,他们为伏尔泰增添了勇气与冲力。最后是洛克对于法国的怀疑论者而言,所有的宗教都在一切观念均来自知觉这一命题之前崩溃。如果知觉是外力的产物,则思想为经验的产物,而非不可见的上帝赐予的不朽礼物。而且,如果经验造就了品格,则品格可因改变教育方法、内容和改革社会制度而获得改变。基于上述两个论题,如狄德罗、爱尔维修、霍尔巴赫等人都下过革命性的结论。"可曾有任何事物比以些许辩题而骚动整个世界更为辉煌吗?"伏尔泰融合了洛克的思想如此问道。

让我们再看看阿尔让松侯爵 1753 年所写的警语:

> 将法国宗教沦失的原因归于英国哲学是错误的,因为英国哲学并不比巴黎 100 位左右的哲人更有心得。我们应将之归诿于他们对牧师们所生的愤恨,而这又是一个极端。

在我们已引述的革命预言后,他又加注:

> 它(革命)与粗鲁的宗教改革运动截然不同。宗教改革运动是 16 世纪自德国传入我国的一种迷信与自由的混杂物。由于我们的国家及我们的世纪是以如此特殊不同的方式受到启蒙,我们自会走向我们应该前往的方向:我们会驱逐牧师,废除教士职位,并挥去所有从神而来的启示及所有的神秘……
>
> 人们不可在社交场合为牧师们说话,否则他将被嘲笑并被视为宗教裁判所的"在行人"(奸细)……
>
> 牧师们述及今年教友的数目减少了 1/3 以上。耶稣会学院正渐趋荒废;120 位寄宿生已从这些名誉严重受损的僧侣中撤走。

中世纪教条力量的削减尚有其他智力因素存在。哲人们加入了正统的阵营来反对斯宾诺莎，因为这位伟大的犹太人被标榜为无神论者，若不加以指责地提到他将是一件很危险的事。休谟和伏尔泰皆曾小心翼翼地批评过他，但仍有人秘密地阅读斯宾诺莎的作品。其《神学政治论》一书鼓动了对《圣经》的批判，布兰维利耶借反驳的名义评述了他。休谟本人受到法国的影响，也正在影响法国。国际互助会员在法国建立了住屋，并私下享受他们的自然神论。探险、历史及宗教比较研究都加剧了对基督教前所未有的严酷考验。在成长中的每门科学提高了对理性的尊敬、对宇宙法则的信仰及对奇迹的怀疑，其中包括最大和最常见的奇迹——5万名无知的牧师每日将面包和酒化形为基督的身和血。

社会力量促使教义腐败。每项财富的增加加速了追求欢乐的步速，相比之下，巴黎城内基督教的道德限制愈来愈令人感到厌恶。最高位的基督徒皇帝拥有一大群妻妾，圣母玛利亚已被蓬巴杜夫人取代。这个时代道德的放纵甚至也被视为对基督教的责问：经过1700年的基督教统治后，欧洲的德行为何比不上那些美国野蛮人或"异教的中国人"？

除了农夫外，每一阶级皆有一群持疑的少数人存在。政府官吏愤慨于教会的独立及其免税的特权。处于教会及国家两者之间的旧关系逐渐瓦解了。自由思想家，如工作于检查部的马勒泽布，曾主动为狄德罗和他的著作《百科全书》一书而辩护；和国王更亲近的是蓬巴杜夫人，她因为憎恨耶稣会而被伏尔泰视为是"我们中间的一员"。贵族认为教会支持将贵族从统治中剔除的波旁王朝，因此他们并不反对削减牧师们的权势，许多贵族为伏尔泰的不敬之举喝彩。中上阶层微笑赞成知识分子抗衡教士，他们从未原谅教会谴责利息及抬高地主的地位在有钱人之上的作风。若能挫败这些盛气凌人的主教，中产阶级声望和权力的尺度势必相对增加。资本家如波普里尼、爱尔维修和霍尔巴赫敞开了他们的家和钱袋，甚至在某些情况下献身于反对教会的改革运动。律师们早已对牧师感到妒火中烧，他们期望着统治国家的时刻的到来，一如他们正统治着高等法院。1747 年，一份警方报告宣称，几乎每位巴黎议会的官员都有一本反宗教的刊物或手册在家。巴黎的咖啡馆内低哼着无神论，城里才智之士以讥讽牧师的文章为乐，这批人称上帝为"人类先生"。即使在各省城，反牧师的文章也到处流行。牧师不也染上对宗教的疑虑吗？——甚至随处染上彻底的无神论？

让·梅利耶（1678—1733）

他是香槟省埃特雷皮尼的一位教区牧师。每年他过着节制而俭省的生活，并将余下的薪水捐给穷人。经历 30 年安静而可为模范的任职后，他去世了，享年 55 岁，遗下了所有的财产给教区的人们，并留下 3 份他题名为《我的圣约》（*My Testament*）的手抄本。其中之一是给他教区的教徒，这实在是历史上最异乎寻常的遗赠。他在信中附带请求他们原谅他终生以错误和偏见服务教徒。显然，他被任命圣职之前已失去了对宗教的信心。伏尔泰于 1762 年发表了部分《我的圣约》，霍尔巴赫和狄德罗于 1772 年发表了一本总汇，名为《梅利耶神父的观点》，全文于 1861 年至 1864 年方始印出。现在早已完全绝版，罕能到手。从贝尔到宗教革命，在所有反对基督教的运动中，从未有如这位乡村牧师一般无情和彻底的攻击。

他似乎从研读《圣经》开始持疑。教会不让一般人民研读《圣经》称不上为明智之举。教会也应将《圣经》从牧师手中拿走。约翰神父在《圣经》中发觉了许多疑问。为何《马太福音》中的基督宗谱甚异于《路加福音》叙述的，如果两者皆为上帝的旨意，为何这两份宗谱皆以约瑟为结尾，后者不久即因生下耶稣而获得宽谅。为何上帝之子应被赞誉为大卫的儿子，而大卫是一声名狼藉的奸夫？《旧约》预言指的是基督吗，或那些指称仅是神学的漫游而已？新约的神迹是出自宗教热诚的欺诈，或是被误解的天然行为？人应相信这些怪诞故事或追随理智？让·梅利耶赞成理智：

我不致牺牲我的理智，因为理智本身可以使我分辨善恶真伪……我不会放弃经验，因为它比想象更能指引我的去向，也比他们希望加诸我的引领的权威更能引领我……我不致不信任我的感觉。我不否认它们有时会导致错误，但另一方面我知道他们不会一味地欺骗我……我的知觉足够修正他们诱使我形成的那些草率判断。

梅利耶认为在理智上没有正当的理由去信仰自由意志或灵魂的不朽。他认为我们应心存感激，在经历"这个世界的辛劳"后，得以永远安眠。"这个世界对你们大多数人造就的烦恼远比欢乐为多……安详地回到你们所出的宇宙之家……而没有怨言地消逝，正如所有环绕在你身边的一切东西一样。"对那些维护天堂观念以为慰藉的人们，梅利耶答辩称，在他们的主张中，仅少数人曾经达到那个目标，大多数人则去了地狱。那么，不朽的观念如何成为一种慰藉？"对于我而言，我宁祈望能将我从压倒性的惧怕中释放出来的信仰，而不希望因信仰上帝、恩主，而被留在不安定中。它仅将恩典赐予它的选民，而容许其他人承受永远的惩罚。"任何一位受教育的人，怎能信仰这样一个将自己创造的东西判入永远地狱的神祇呢？

在天地中可有一个人残忍到如此地步，希望无情地去折磨？我不是指他的同类，而是指任何有知觉的东西。而后，喔！神学家，我下结论说，根据你们自己的原则，你们的上帝比最邪恶的人更加无限地邪恶……牧师自己使上帝成为这样一位心怀恶意而残忍的家伙……以至于世上绝少人希望上帝存在……如果我们效法这位上帝的模样，我们会有什么样的德行！

伏尔泰认为这有点偏激，于是在出版这本《我的圣约》时尽力将这位牧师的无神论缓和为自然神论，但梅利耶并无妥协之意。他力辩说，这位基督上帝是所有邪恶的创始者，因为，既然他是全能者，则未经他同意万事不致产生。如果他赋予我们生命，他也造成了死亡；若他惠予我们健康和财富，那么他也给予我们贫穷、饥荒、灾难和战争以为代价。世上有许多迹象显示着巧妙的设计，但难道没有同样多的征兆显示上帝（如果上帝存在的话）也能做出最邪恶的祸端吗？

> 所有的书籍都写满了对上帝最谄媚的赞语，它的关注受到赞扬……然而，若我们环视一下这个地球上的每一部分，我们可见文明人或未开化人都在和上帝做不断的挣扎；人被迫着去隔开从神那儿来的打击，诸如飓风、风暴、霜、冰雹、洪水、贫瘠和各种各样的意外事件，而这些经常是人力所无法挽回的。总而言之，我眼看着人类长期不断地致力于保护他们自己，免受这位神的恶作剧所害，而据说上帝还在关心人类的幸福而忙碌哩。

到底是否曾有一位比上帝更陌生、更令人不可思议的神呢？几千年来，他从人类中隐藏起来，接受数以亿计的人们为之祷告和赞美，却听不见任何清楚而可见的反应。他被视为无限的聪明，但他的帝国却充满着混乱与败亡。他被认为良善，但施罚却犹如一位残忍的恶魔。他被称为公正，而他却一则让坏人繁盛，一则让他的圣徒遭受折磨至死。他在不断地创造和毁灭。

不像伏尔泰认为信神是自然而普遍的，梅利耶力辩此种信仰为不自然，且需灌进少年的心灵：

> 所有孩童皆为无神论者，他们没有上帝的观念……人们信仰上帝仅基于那些对神并不比对他们自己有更多观念的人所说的话。我们的保姆是我们最早的神学家，她们对孩童谈有关上帝的事情，犹如他们对孩童谈狼怪一般……若非有意给予一位神的话，极少数人会相信神。

固然大多数的无神论者都声称仰慕耶稣，梅利耶也以他对宗教信心的蓄意破坏而把耶稣包括在内。首先，清醒的人"谁会相信与人类和解的上帝，竟会牺牲它自己无辜、无罪的儿子"？至于基督本身——

> 我们看出他是一个宗教狂、憎恨人类者，他对不幸的人传教，劝导他们安于贫穷，和自然争斗并将之灭绝，憎恨娱乐，追寻痛苦，而且蔑视他们自己。他告诉他们远离父母和一切生命的系缚，为的是要追随他。何等美丽的道德观！那一定是神圣的，因为那对于人类而言是不切实际的。

梅利耶进一步去完成物质主义。我们大可不必超出物质去问是谁创造了它。起源的困惑仅将我们带回到孩童般天真的问题："谁创造了上帝？""我告诉你们，物质本身推动自己……将它们的'第一因'留给神学家去研究吧；为了产生你所看见的效果绩彰，自然不需要'第一因'。"若你必须崇拜某样东西，你可崇拜太阳，正如许多民族所做的一样，因为太阳是我们生命、健康、光亮、温暖和喜乐的真正创造者。但是，"唉！"梅利耶悲叹道，"如果宗教是清楚的，则对于无知者而言，其吸引力将减少。他们需要的是暗昧、神秘、寓言、奇迹和不可思议的事迹……牧师和立法者，借着发明宗教和伪造神迹……已经对上了他们的胃口。借此，他们吸引了热心者、女人及文盲。"

总之，以梅利耶的观点，宗教一直是教会和国家之间阴谋的一部分。它欲图震骇人民使之顺利屈服于绝对的统治。牧师们"花费很大的心机使他们的神成为一位既恐怖又多变的暴君；对于他们（牧师们）而言，这是必需的——他（神）必须是这个样子，才能有助于达到他们各种不同的利益"。在这个阴谋中，牧师较国王更该受谴责，因为当王子处于孩提时期，他们就控制了他，然后借着忏悔室更深深抓牢了他。他们将他塑造成迷信者，他们歪曲并阻碍他的理智发展，他们领他进入宗教的偏执和残忍的迫害。这样——

> 神学上的争端……动摇了帝国，造成了革命，摧毁了君王，并蹂躏了全欧。这些可鄙的争斗，即使在血河之中也无法灭绝……一种传扬……怜悯、调和、平安的宗教，其热心从事者，每当他们的导师鼓舞他们去毁灭他们自己的弟兄时，其本身一直表现得比食人者或野蛮人更加残忍。人们想要取悦神灵或平息他的愤怒时，便无恶不犯……或为了一个仅存于他们幻想中的人物而容许骗子的不正当行为。

由教会与国家对抗人民与理智的巨大、不朽的阴谋，基于这一理由：一种超自然的宗教，甚或一种恐怖的宗教，对形成人类伦理道德的工程而言，是一不可缺少的助益：

> 但这教条（天堂和地狱）使人们的德行更为善良是真实的吗？在这虚幻建立起来的国家中，他们的道德又特别突出吗？……为了解惑……让我们想想最具宗教性人民的伦理为何，便足够说明一切了。我们眼见傲慢的暴君、朝臣、无数的勒索者、无耻的执法者、骗徒、奸夫、放荡不检者、妓女、小偷、各种流氓恶棍，而他们从未怀疑这位有报复性的上帝的存在或地狱的惩罚，或天堂的喜乐。

不，神学的观念虽然几由所有人士明言，但对他们行为的拘束力微乎其微。上帝遥远，诱惑却在身旁。"上帝的观念慑服了谁？少数个性软弱、对这个世界抱持失望与厌恶的人，一些情感已被岁月、疾病或厄运磨平的人。"制定秩序与训练人民守法的并非教会而是国家。"社会规范较宗教更能使人民自律。"最佳的道德建立于理智与聪慧之上：

欲洞悉真正的伦理原则，人们不需要神学、启示或上帝；他们只需要常识。他们只须检点他们自己、反省他们的天性，顾念他们明显的利益，考虑整个社会及其每个人的目标，他们便能很容易了解美德对人类是一种益处，邪恶则为损害……人们不快乐只因他们无知，他们无知只因每件事妨碍他们开启心窍，而他们不道德只因他们的理智没有充分获得发展。

哲学家若非惊于有权势的牧师而变得伪善固守传统的话，他们可能建立一种自然而有效的道德：

起自最遥远的时代，神学便已节制了哲学的发展。神学曾经给予它哪些助益？神学将其变为一种令人不可理解而无意义的语言或文字……用无意义的文字较适于蒙骗而不宜于启示……试想笛卡儿、马勒伯朗士、莱布尼茨和其他人为了使他们的发现与宗教提倡为神圣的幻想与谬误趋于一致起见，而被迫发明了多少假设与遁词！每当最伟大的哲学家的观念与神学不一致时，即使冒着荒诞和不可理喻之险，他们也是多么小心防范不惜刻意附和神学，而这样做却无法保卫自己！警觉的牧师们随时准备摧毁那些不能完全符合他们利益的制度……最开明的人们能做的就是以隐喻的方式从事说写；经常，真理与虚伪以一种懦弱的殷勤态度而被耻辱地牵连在一起……近代的哲学家惊骇于最残忍的迫害，如何可能受召放弃理智而屈服于信仰——即屈服于牧师的淫威之下——他们既如此受束缚，如何能让天才洋溢……或促进人类的进步？

部分哲学家有勇气接受经验和理智作为他们指引方针，并试图挣脱迷信的锁链——留基伯、德谟克利特、伊壁鸠鲁、斯特拉博。"但他们的系统对于喜爱幻想者而言，太简单、太理智、太缺乏神异而不得不屈服于柏拉图、苏格拉底和芝诺的神话臆测之下。近代学者之间，霍布斯、斯宾诺莎、贝尔和其他人已追随了伊壁鸠鲁的途径。"

梅利耶哀叹哲学受到神学的主宰对人类造成的损失。他请求思想自由作为基本权利，认为"单单这项自由便能给予人类仁爱与灵魂的伟大光辉"——

> 唯有向他们显示这个真理，他们方能知道他们的最佳利益与引导他们走向幸福的真正动机。人民的教师祈望天堂已久，让他们最后返回地上。厌倦不可理解的神学、无稽的神话、穿不透的传奇、幼稚的仪式后，让人类的心灵充满自然事物、可理解的目标、可感受的真理和有用的知识。

让思想、言论和印刷享其自由，让教育世俗化而不受拘束，人们将会日复一日地向理想国推进。现存的社会秩序是不公平的。它使一小撮人富裕而懒散、腐败而奢侈，其代价则为千万人民陷入了堕落的贫穷和无知。万恶之源在于财产制度。财产是窃物，教育、宗教和法律则随护并认可窃物。推翻这种以少数人对抗多数人的阴谋诡计是完全正当的。"然而，"梅利耶以其最终的盛怒吼叫道，"我们法国的雅克·克莱芒和拉瓦亚克（刺杀亨利四世）如今在何处？在我们的时代还有什么活人能震惊、刺杀这群可恨的恶人、人类的公敌，以借此将人民从暴政中拯救出来？让国家拥有全部的财产，让每个人有适度的工作，让生产公平分配，让男女顺意而婚、如愿仳离，让孩童们一起在公共学校里受教育。如此则国内争斗、阶级斗争以及贫穷皆将终止，然后基督教终竟成为实际！"

提到这一切之后，让·梅利耶向他意料中的会咒骂他的人挑战，在《我的圣约》中做了如下结论：

> 让他们照他们所要的去思想、判断、言谈、行动……我都不

至于太留意……即使如今我对世界发生的事情几乎完全淡然。此
刻我正要去加入死者的阵容,从此不会再有烦恼,也不再打扰
自己。因此我将对此种种加以了结。纵然现在,我比没有要多一
点,不久即将真正化为乌有。

在人类历史上曾有过如此的《我的圣约》吗?想象这位孤寂的牧
师,摒弃了所有的信心和希望,在某个乡村里过完他静寂的一生。也
许除了他自己外,每一灵魂皆会战栗于听闻他隐秘的思想。因此,他
仅对着他的手稿自由自在地说话。在手稿中,他以大部分完全反宗教
的誓言,鲁莽而对人性一无所知,大行倾吐他的愤恨。伏尔泰反对败
德的一切战役,拉梅特里的全部物质主义,霍尔巴赫的无神论,狄
德罗令人毁灭的幻想,甚至巴贝夫的空想共产主义,全都涵盖于此。
让·梅利耶的《我的圣约》一书由伏尔泰迟疑地发行,再由霍尔巴赫
欣悦地出版。它激起了法国民心,注定了老王朝的崩溃并掀起大革命
的狂潮。

人是机器吗?

是的,拉梅特里肯定地说。他于 1709 年出生在圣马罗(St. Malo)
一个富商的家庭里,接受高等教育。他立下志向要做一位诗人。然而
拉梅特里的父亲认为从事教会事业,危险性比较小,于是把他送到普
利希斯(Plessis)的一所学院,拉梅特里也因此成为一位虔诚的詹森
派新教徒。然而,拉梅特里的父执中有一位医生认为(像腓特烈大帝
所说的)"一个普通医生远比一个好牧师要有钱得多"。于是拉梅特
里又倾力于解剖学和医学方面,并在兰斯得到医学博士学位,又在莱
顿拜波哈夫为师从事研究工作,写了好几篇有关医学的论文。他曾经
在法国军队中担任外科医生,在戴廷根和方泰诺(Fontenoy)两战地
看见"1%的光荣与99%的腹泻"。他自己也高烧在床,康复后,他

宣称自己思想的清晰随着高热幅度而不同；基于此点，他认为，思想是大脑的一项机能。他把这些及有关的观点写在《灵魂自然史》（*Histoire naturelle de l'âme*）一书中，并于 1745 年出版。

我们无法了解何为灵魂？（其辩论中说）也无法了解何为物质？然而我们确定了解，我们从未发现脱离身体的灵魂。要研究灵魂必先了解身体，而研究身体则必先了解物质定律。物质并非仅只扩张，它同时也是运动的一种能力。它包含了一种动的原则，在不同身体内有各种复杂的形状。我们不知道物质本身是否具有感觉力，但是我们却可以从最低等动物中找到这种感觉力的证据。因此，把这种感觉力认为是某种同源潜力的发展，比归因于某种超自然媒介物将神秘的灵魂注入身体内，要更合理则。物质的这种"积极原则"由植物、动物身上发展出来，直到使人类心脏能跳、胃能消化、脑能思想。这也就是所谓的灵魂的自然历史。

拉梅特里服务的军团中的牧师听到他这种结论，大为震惊。他立刻拉动警铃，这位身为医职的哲学家因此遭到解职。事实上，拉梅特里的同事本可助他一臂之力，但他在同时又出版了一本名为《医生政治》（*The Politics of Physicians*）的小书。书中他讽刺当时医生为了争夺肥差的种种丑幕。医生们公然联合抨击拉梅特里，在这种情况下，他的医职和名誉双毁，他逃回莱顿又写了一本书，大大地批评医学界，然后转向哲学界。

1748 年，他在莱顿出版了《人是机器》（*L'Homme machine*）一书。拉梅特里指出，机器一词乃是指人体的行动完全由于生理或是由于化学的原因和过程所产生的，就这种意义来说，他从上百的现象很清楚地认识到动物身体之为一部机器：动物在死后的短时间内，肌肉仍不停地跳动，内脏仍不停地蠕动，受到刺激时脱离身体的肌肉会收缩等。综合以上所说，动物便是一种机器。同理推之，人类的骨骼、肌肉、腱、神经和高等动物极为相似，难道不也是机器的一种？很明显，心灵有赖于身体的理化操作。鸦片、咖啡、酒及五花八门的药剂，不仅对身体有直接影响，甚至可以左右思潮、情绪和意志力。把丰特内尔的大脑改装一些神经纤维，便可把他变成一个白痴。生理上的疾病会使心灵削弱；"灵魂可以从身体获取元气，身体有了力量可使灵魂敏锐起来"。此外，食物也直接影响到性格，所以"那些不像我们经过烹调而吃生肉的英国人，其野蛮多少与此有关"。"那么，我们对于哲学家所说的，身体的健康是为了保持灵魂的健康这种说法应该惊奇吗？"或是应该惊讶于"毕达哥拉斯之节食规条和柏拉图之禁酒一样谨慎？"拉梅特里得出结论说：

> 既然灵魂所属的各项机能如此依靠头脑和全身的正常组织……这些机能显然只是这一组织本身，灵魂显然是一部文明的机器……所以无形的灵魂只是一句空话，任何人对它都没什么概念，智者该只用以强调我们身体中能思想的那一部分。

拉梅特里在 1748 年写的《人是植物》（*L'Homme plante*）一书中，把"生物的大链锁"发展成为进化论。在企图要弥补有机体和无机体间明显的裂罅时，他显然丧失了一些信心，他把机械论抛诸脑后而走向"生机说"。他认为某些种子能使物质获得生命。之后，他又很自然地追随了留克里希阿斯："第一代一定十分不完美……犹如在艺术中一样，完美在自然中绝非一天的成绩。"为了要消除人与动物间的距离，拉梅特里反对笛卡儿的理论，认为有些动物也会推理：

> 让我们来看看猿猴、海狸、大象的活动。显而易见的是，如果它们没有智力不可能会有这些活动产生，既然如此，我们又为何否认这些动物具有智力呢？如果你承认它们有灵魂，你便是神志不清……谁不知道动物的灵魂若不是短暂的便是不朽的，人类是属于前者呢，还是后者？

一个最简单的人和一个最高智力的动物之间，其实并没有什么大区别。"白痴就是那些仅有人的脸形的动物，正如一只聪明的猿猴，仅是另一形象的小人儿罢了。"拉梅特里以他一种特有的幽默口吻说道："人类的整个范畴只不过是各种不同的猴子的组合，蒲柏把牛顿置于群猴之首。"人类之不再是猴子，只是在人类发明了不同的声音来表达不同的思想之时。语言使他变成了人。

拉梅特里是否承认上帝是世界机器的原动力呢？伏尔泰和狄德罗与他激烈地争论，拉梅特里却很轻蔑地指斥道：

> 所有基于最终原因而推理的都是很浮躁的……自然制丝犹如中产绅士谈论散文一样——从不知其为何物。赐予生命之盲目，犹如摧毁生命之一样无辜……不看一眼而把眼睛制出以后，他也不假思索地创造一部能够思想的机器。

拉梅特里并不是一位明显的无神论者。毋宁说他摒除了上帝这一问题，认为其无足轻重："就我们心灵的和平而言，物质是永恒的或是被创造出来的，上帝是否存在，这些都是无关紧要的问题。"此外，他又引述了一位很可能是"虚构的"朋友的话："这宇宙除非变成无神论化，否则永远不会快乐。"因为无神论化以后，便不再有宗教争执、教会迫害以及宗教战争，于是人类可以不带罪恶感以表达他的自然天赋。拉梅特里本身十分醉心于"唯物论"。在他的《人是机器》一书结论中，他以一种挑衅的手笔写道："除非是我受欺骗，否则这就是我的体系或者就是我的真理，它很简单明了，谁要争论现在就请来吧！"他把这部不可知论的宣言题献给一位虔诚的诗人兼生理学家哈勒，也许是作为一种临别笑话。哈勒怀着恐怖，极力反对拉梅特里的论调。我们从他1749年5月给《博学杂志》一封信中可见一斑：

> 《人是机器》这本书的匿名作者交给我一部既危险又不平常

的作品，我之所以有下列的声明，乃得自上帝、宗教以及自己。我先申明我们所谈到的这本书和我的情感完全陌生。我认为这本书之献给我乃是一种伤害。这比这位匿名作者所加在如此多有价值的人们之伤害，还要残酷。我乞求各位相信我和这位作者毫无瓜葛……我们素昧平生……我们之间的看法若有任何的协调，我将视它为平生最大的不幸。

拉梅特里在日后增版的书籍中仍然印有这一题词。

《人是机器》一书遭到广泛的评论和一致的批驳。我们很容易批评这本小而杂乱无章的书籍，或是责难该书的自信，揭穿它对事实报道的误谬。事实上"灵魂和身体睡在一起"也不是一件太明显的事，有些作者的想法未免太不着边际。如蒲柏和斯卡龙之情形，有病的身体可能具有一个优秀的心灵；而我们那些食生肉的朋友也否认他们仍停留在狩猎时期。这位喜欢戏谑的拉梅特里以匿名方式出版了一本批评自己作品的假评论——《人不仅是一部机器》（*L'Homme plus qu'une machine*），也许这是要引起别人对他的大作注意的一种招数。

另一方面，反机械论的辩论很可能在他脑海中留下很深的印象。我们知道他对于特朗布莱证明生水中水螅的再生力（1744 年）很感兴趣，虽然，这种证明和机械理论并不容易吻合。一位燃素专家斯塔尔在 1707 年大胆地推翻了生理学上的理论，他称身体不能支配灵魂的思想和意志力，决定各器官的生长与行动者乃是灵魂这一内在而富有生机的原则。此外，达朗贝尔的医生博尔德称，生理上的一切过程，纵然是最简单的消化，也无法以纯机械或化学理论来解释。罗比内（Jean Baptiste Robinet）又提出了一个宇宙生机说，认为所有的物质都赋有生命和感官。拉梅特里显然很愿意接受物质与生命对抗这一问题的答案。

同时，他又从他的唯物论哲学归纳出享乐主义的伦理。分别在三本不同的书中——《顺境》（*Discours sur le bonheur*）、《愉悦》（*La*

Volupté）以及《享乐的艺术》（*L'Art de jouir*）——他宣称自爱是一种最高的美德，而感官快乐最好。他极憎恶神学对人生享乐的抹杀，也怀疑所谓的智力乐趣之优越性；他认为，所有的乐趣都是属于感官的；所以，头脑简单不运用智力的人必定比哲学家快乐。拉梅特里说道，只要你的寻乐不影响别人，不必为自己的放任行为感到懊悔。任何一个罪犯都不该在道德上负起罪行上的责任；他仅是遗传和环境的产物，而这两项因素他都无法控制。他应该接受医治而非训诫，应接受一种维护社会的坚定力及认清宇宙决定论的人道待遇。"我们所期望的只是良医这一判官。"

这些声明标出了 18 世纪法国芝诺派之凌越（受误解的）伊壁鸠鲁派：在启蒙时期，路易十四古典时期的禁欲哲学屈服于伊壁鸠鲁的快乐主义，物质的普遍化以及对众神的排斥。无怪乎拉梅特里的书籍被那些对神学觉醒的人和那些厌倦于古典形式主义和道德束缚的大众所欢迎。然而，保守的社会却还是远远地避开他，认为他是个不能控制自己以致揭露太多上流社会教义的智识小儿。牧师也攻击他是撒旦的密使，莱顿的神学家也敦促荷兰政府将他驱逐出境。1748 年 2 月，思想开放的腓特烈大帝邀请他到普鲁士，送他一笔抚恤金，并安插他在柏林科学院内工作。这时，拉梅特里遂又重新开始他的医生生涯，发表了有关哮喘病和赤痢的两篇论文，使得国王认为是最佳之作。伏尔泰在腓特烈宫廷中邂逅拉梅特里以后，特于 1750 年 11 月 6 日致函德尼斯夫人说：

> 我遇见一位太轻浮的男子，他就是拉梅特里。此人之思想老像冲天炮。与他交谈时，在开始的前 7 分半钟尚感有趣，以后就觉得索然无味。他新近刚出版一本劣著，自己却浑然不觉……在该书中他排斥美德和懊悔，颂扬恶习，甚至鼓励读者生活杂乱无章——即便不存恶意，他也不该这么做。书中有上千精彩的笔触，却没有半页理性的成分；它们像是夜间的闪电……但愿上帝

保佑我不要让他成为我的医生！他一定会不经心地让我服用汞而非大黄根，然后敞怀大笑。这位古怪的医生是国王的读经师，目前他正为国王念《教会史》（*History of the Church*），他们已经进展到数百页，两人经常同时大笑。

拉梅特里曾说死亡为闹剧的收场。在 1751 年 11 月 11 日，他 42 岁时就死了，他自己应验了这一句名言。在一位被他治愈的重病患者的宴会中，他拼命地塞食野鸡馅饼，发了一场高烧，不幸去世。伏尔泰说这次是病人杀死了医生。国王为他的丧礼书写了一篇美丽的颂文，伏尔泰也因他的死亡而松了一口气。这位与世长辞的名家，其思想影响到狄德罗和霍尔巴赫，从而进入那一时代的思想巨潮。

第五章 ┃ **狄德罗与百科全书**
（1713—1768）

怠惰的岁月（1713—1748）

　　狄德罗1713年10月5日生于第戎38英里外香槟省的内朗格里，父亲迪迪埃·狄德罗是一位擅长制造外科仪器的刀匠。这个家族从事制刀业达两百年之久，丹尼斯·狄德罗没有继承其祖先对职业与信仰的那种满足安顿之感，却从未停止崇拜其父亲的朴实与静默仁慈。"我儿，我儿，"丹尼斯这样引述他父亲的话说，"上选的枕头是理性之枕，但我觉得我的头安歇在宗教与法律的枕上更为柔软。"这个句子中存有18世纪法国的两种呼声。另一个儿子成为牧师，他是丹尼斯的死敌。他的一位姐姐则进入女修道院。

　　丹尼斯处在僧侣生活边缘。他从8岁到15岁入朗格里一所耶稣学校就读；12岁即行受戒，穿上一袭黑色的长袍，施行苦行，决心成为一位耶稣会士。后来，他解释这一情形为他体液分泌旺盛所致：他误将"发展中性能力的刺激认为上帝的呼唤声"。迪迪埃颇高兴于儿子接受这一新的神召，因而满心欢喜地护送他到巴黎（1729年），让他就读路易勒格朗耶稣学院。这位青年于1732年在那里获得硕士学位。但像许多情形一样，耶稣会由于触动了一颗心灵而丧失了一位新信徒，丹尼斯发觉巴黎的妓院比教会还多。他遗弃了长袍与虔诚，成为一位律师的学徒。不久，他又放弃法律，改行从事十几种过渡性的职业，并时常陷入贫穷。他父亲经过长期的忍耐后，终于切断他的津贴，但他母亲暗中送给他补助金。丹尼斯向人借钱，有时偿还。他当男孩子的数学家庭老师，为牧师写正经的传道词，并担任书商的雇员。其间，他继续研究数学、拉丁文、希腊文、英文，并偶尔学点意大利文。他散漫无纪，却贪求知识与生活。他从未学习任何教规，却几乎学习了其他的一切东西。

钱袋空空，荷尔蒙旺盛，他恋爱并结婚。安托瓦妮特比他大 3 岁 8 个月。她谴责他放荡不检的青春生活。他向她保证说，这是婚姻忠贞的前奏，他永远会是她的忠实伴侣。"我最后的情书都写给你，如果我一生中再写一封给其他任何人，则愿上天视我为最邪恶、最背信的人而予以惩罚。"他最精彩的信便违背了这一誓言。安托瓦妮特的母亲，一则屈服于女儿的眼泪，一则屈服于这位求婚者的伶俐口舌，终于同意这场婚姻，条件是他须取得他父亲的同意。狄德罗聚集足够的银币以支付到 180 英里外朗格里的马车费。

抵达后，迪迪埃答应支持丹尼斯选择的任何行业，但先得决定一个行业。这位青年道出他急于结婚。做父亲的斥责他是怠惰的忘恩负义者，做儿子的无礼顶撞，发誓不论有无父亲的同意或钱币都要结婚。迪迪埃把他关在一所修道院。丹尼斯设法逃出，步行 90 英里到特鲁瓦城，然后喊了一辆马车回到巴黎。

然而，安托瓦妮特母亲态度坚决，她女儿不能嫁给一位与父亲和父产分割的男人。狄德罗这时几乎一文不名地生活在一间肮脏的房间，而且病得厉害。安托瓦妮特听到这一消息，立即拖着母亲，匆匆赶至。她母亲的抵御遂告崩解。她们俩共同照顾这位病弱的哲学家。1743 年 11 月 6 日，"喃妮"和她的"尼诺"（他俩如此相呼）于午夜在一所靠秘密婚姻而热闹起来的小教堂里幽会。9 个月后，他们一同为女儿的诞生而欢欣鼓舞，只是这位女婴在 6 个礼拜后便告夭折。嗣后，其他 3 个孩子陆续降生，其中只有一位活过孩提时代。安托瓦妮特是一位忠实的妻子，却是一位不称职的友伴，不能追寻她丈夫的智力遨游，而且唠叨不满他翻译的微薄收入。他回到他大学时代的咖啡馆，以咖啡度日，并玩西洋象棋。1746 年，他搭上一位情妇皮西厄夫人。他为她写下了《哲学思想》、《八卦珠宝》及《盲者书》。

他久已为哲学的迷人降服——哲学因从未回答我们永远不停在问的问题而把我们一直带向前进。像 18 世纪大部分自由思想家一样，他读蒙田、贝尔的著作，而直震撼到智力之根，在《论文集》与《词典》的每一页上几乎都能发现醒目的思想。也许因为书中大量引述异教古典著作，他进一步研究希腊与罗马哲学家的著作——尤其是德谟克利特、伊壁鸠鲁与卢布莱修诸人。他是那个时代的"乐观哲学家"，一位洋溢着精神的唯物主义者。他无法像伏尔泰与孟德斯鸠那样前往英国旅行，但他学会写英文，甚至欣赏英国的诗人与戏剧家。我们将读到他回应汤姆逊的伤感情调，并像李洛那般维护中产阶级生活的戏剧。他受到培根的鼓舞，后者呼求以有组织的科学研究来征服自然，并进而推崇实验为理性的无上工具。他在形成时期及在准备《百科全书》中，还听生物学、生理学与医学诸门课。他听鲁埃勒讲授化学 3 年之久，记了 1258 张对折的笔记。他研究解剖学与物理学，而且跟上那个时代的数学。他从培根到霍布斯、洛克与英国自然神论者，一一涉猎。他翻译沙夫兹伯利的《德行与功勋探原》（*Inquiry Concerning Virtue and Merit*），然后加上自己的"思省心得"。他历经一切动荡仍相信沙夫兹伯利的说法，认为真、善、美密切关联，又基于理性而非基于宗教的道德典范，便能充分维持社会秩序。

一则由于接受这些刺激，一则加上自己扩张的想象，他于 1746 年匿名发表他的《哲学思想》一书。该书十足激进而归功于拉梅特里，伶俐雄辩而得力于伏尔泰。该书首先为"热情"辩护，这位勇猛的理性者同意朋友卢梭的意见而争辩道："哲学竟会为理性的对手说句好话，那也不会造成任何损害，因为只有热情才能提升灵魂到伟大的事物之上。没有热情，则在道德或作品上，都没任何高超之事。如此，艺术便会返回到婴儿时期，而美德也会只限于卑琐的行为。"但热情而无秩序，将被摧毁；各种热情之间，必须建立某一和谐；我们且须发现一种方式，借以节制另一方式。因此，我们需要理性，同时还须使它成为我们无上的向导。这是启蒙运动欲调和理性与情感、伏尔泰与卢梭的早期尝试。

与伏尔泰一样，狄德罗在他发展的第一阶段属于自然神论者。天造地设的诸般迹象不得不让人相信一位有智慧的神祇。机械论能够解释物质与运动，但不能解释生命与思想。这位未来的无神论者向无神论者挑战，要他解释新近由雷奥米尔与邦尼特的研究揭露昆虫生活的神秘：

> 你可曾注意，任何人的推理或行动比一只昆虫的机械作用更有智慧、秩序、机敏而一致？清晰印在一只蚊子眼中的上帝，不就是伟大的牛顿著作中的思想官能吗？……只要想想，我能以宇宙的重量压倒你时，我却只反对蝴蝶的翅膀和蚊子的眼睛。

然而，狄德罗轻蔑地指斥显露在《圣经》里的上帝。神祇在他看来似乎是残酷的怪物，而散布这一观念的教会，以其为无知、不宽容与迫害的源头被指责。可有任何东西比这位上帝更为荒谬？为了平息上帝对死了 4000 年的一对男女的愤怒，而让上帝死在十字架上。除了自然本身，狄德罗并未认出其他神圣启示，他请求读者要具有与科学揭示的宇宙相配的神祇的观念。"扩大并解放上帝。"他说。

巴黎议会下令焚毁这本书，其指控的理由为：将最荒谬、最罪恶的思想带给不安而放肆的心灵，这种思想一则导致人性的堕落，而一则由于矫饰的不稳而将一切宗教几乎摆在同一层面，以便借口不承认而终止任何宗教……由于受禁（1746 年 7 月 7 日），这本小书反而更加畅销。它被翻译成德文和意大利文。人们窃窃私语这本书的作者为狄德罗时，他立即上升到近乎伏尔泰的位置。他从出版商那里收到了50 金路易，然后转给需要新衣裳的情妇。

随着皮西厄夫人需求的扩增，狄德罗再写成另一本书（1747 年）。教区牧师听到这件事情，哀求警察保护基督教，以免受到第二回攻击。他们到他家里突击检查并没收其手稿，或据有些人说，他们满意于他答应不出版该书。但无论如何，《怀疑者的漫步》一书直到 1830年才出版。这不能扩大他的声名，却舒缓了他的情感。这位哲学家使用他最喜爱的手法——对话，而让一位自然神论者、泛神论者与无神论者分别解释他们对神的观点。自然神论者从天造地设有力地重复了这一论点。狄德罗仍未深信，生命体里手段显著适应目的，可由偶然演化的盲目过程加以解释。无神论者坚持说，物质与运动，物理与化学比只将起源问题归于神祇，更能解释这一宇宙。最后发言的泛神论者主张道，心灵与物质，永恒并存，它们共同构成宇宙，而这一宇宙的结合即为上帝。狄德罗也许一直拜读斯宾诺莎的著作。

1748 年令人兴奋而又艰难。安托瓦妮特生下一子，皮西厄夫人则要求作为情人的报酬。也许为了急速聚钱，狄德罗写了《八卦珠宝》这本淫荡的小说。依据他女儿、未来的汪德夫人的说法，他曾向他情妇谈道，写一本小说是比较容易的事。她质疑这一说法，他打赌说可在两星期内完成一本成功的小说。他显然模仿比较年轻的克雷比永所写的《沙发》一书（1740 年）——书中的沙发娓娓道出呻吟其下的爱情——构想出一枚苏丹的魔戒。这枚戒指只要指向妇女身上的"轻荡珠宝"，便能让这些珠宝承认过去的经验。由于这枚戒指指向 30 位贵妇，这两卷书因而高潮迭起。作者在下流中掺杂对音乐、文学与剧院一些激动的批评，另还加上一场梦。梦里，这位苏丹看见一位称作"实验"的孩子，越长越大越壮，直到最后摧毁一座称作"假设"的古庙。尽管有这些哲学的侵入，该书毕竟达到了目的：赚钱。出版商劳伦特·杜兰德支付给狄德罗 1200 利维尔，这些书虽然只能"在柜台下"发售，但仍有利可图。1748 年印行了 6 版法文版，甚至在

1920—1960 年间的法国出了 10 版。

他以写科学论文来改变格调。他珍视他写的《数学不同论题回忆录》（1748 年），该书包括声学、张力、气阻及人人都能弹奏的"新风琴图"等饱学而有创见的论文。其中有些论文赢得《绅士杂志》、《博学杂志》甚至耶稣会的《特里武杂志》的高度赞美，后者欢迎更多这类的研究，"其文与狄德罗先生表现的同样聪明、能干，其文体又像其表现的活泼、天才那样，表现得高雅、锐利而无矫饰"。狄德罗终生都继续向物理科学发动这些散漫的突击，但他更倾向心理学与哲学问题。几乎在每个园地，他都是当时最有创见的思想家。

盲者、聋者与哑巴（1749—1751）

他特别沉迷于爱尔兰人莫里纽克斯（William Molyneux）约 1692 年提出的一个问题：一个天生的盲人，在靠触摸已学得六面体与球体的区别后，如果恢复其视力，能否立刻辨别六面体与球体，或在能辨别之前，是否需要一些经验，以熟悉他触摸与他看见到的同一形式间的关系？后一答案已由莫里纽克斯与其朋友洛克予以提出。切泽尔登对一位 14 岁的天生盲童成功地进行手术。这位男孩在单凭视觉能够辨别形式之前，须先经过训练。狄德罗也注意到桑德森的生涯。后者一岁时便双目失明，嗣后从未恢复视力，但为他制造一种数学点字法后，他因如此精通而被任命为剑桥的数学教授。

1749 年，雷奥米尔邀请了一群精英，观察一位天生目盲的妇女在进行手术后，将其绷带从双眼除去，会有什么情形发生。狄德罗气恼地说，他和其他哲学家都没在被邀之列。他以平素的轻率倡言道，雷奥米尔有意安排让那揭开工作在"无足轻重的某些眼睛"之前发生。据狄德罗的女儿说，这句话触怒了圣莫夫人，后者以一对眼睛而得意，又是得势的刊物审查长阿尔让松伯爵的宠妾。

6 月 9 日，杜兰德出版了狄德罗的《盲者书》一书。其形式为致皮西厄夫人的一封信。书中先记述狄德罗与少数朋友拜访一位盲人酿酒者的故事。他们看到这位失明的男人表现的秩序感而大为讶异——这种感觉确切得使他太太在晚间须赖他将白天弄乱的一切东西摆回适当的位置。他一切尚存的感觉均较常人敏锐。他无法了解一个人未经触摸，怎能认识一张脸庞？他的美感局限于触感、人声的愉悦及有用与否。他不以裸露为耻，因为他认为衣服是用以御寒，而不是用以隐藏身体，不让他人眼睛看到。偷窃被认为大罪，因为他对这件事毫不通融。

狄德罗下结论：我们的是非观念并不得自上帝，而是得自我们的感觉经验。即使上帝这一观念也须加以学习，又像道德一样，上帝也是相对而矛盾百出的。上帝的存在可疑，因为天造地设这一争论已丧失它的许多力量。是的，在许多生命体与器官中，像在苍蝇与眼睛里，存有各种天造地设的证明；但在视为一体的宇宙中，却没这种天造地设的征候，因为有些部分对于其他部分而言，是障碍——倘若不是致命的敌人。几乎每个生命体都注定要为另一个生命体吞食。眼睛似乎是手段适应目的的一个绝妙例证，但其中也有重大的缺陷存在。自然中有一种创造的自发性，但这也是半为盲目，并造成许多错乱与浪费。假装是从因基里夫（Inchlif，显然是虚构的）写的《桑德森博士的生活与性格》一书中引述而来的，狄德罗让这位盲教授说道："为什么跟我谈到那一切绝未为我而造的美观之物？……倘若你想要让我信仰上帝，你得让我触摸到他。"在这一想象的传记中，桑德森排斥了上帝，并将宇宙的秩序归因于各器官与生命体凭借适者生存所做的自然淘汰：

> 物质一切有缺陷的结合，均已消失，唯一留下的，是其中并不重要的矛盾，及可凭自身的手段维生并繁衍自己的那些东西……即使现在，世界的秩序也并未完美得看不见那些怪诞的产品时时出现……这是一个什么世界？一个遭受各种革命的混合

物，而这些革命显示为一种不断摧毁的趋势，一种前后相继、彼此推动、最后消失的急速连续体。

狄德罗以不可知论下结论道："唉，夫人，倘若我们将人类的知识摆在蒙田的天平上，则我们接受其箴言，也就相距不远。我们懂得什么？懂得物质的性质？一点也不。懂得心灵或思想的性质？那更在其下。我们什么也不懂得。"

总而言之，《盲者书》是法国启蒙运动的杰出著作之一。它是迷人的故事，璀璨敏锐的心理学，想象启发的哲学，只有全书的末尾令人厌烦。它还含有一些粗俗之处，这在写给女士的书信体小说中，尤其不合适。但皮西厄夫人也许习惯于狄德罗将鄙俗坦率与博学多识混而为一。这篇专论大部分包括了后来以路易·布拉耶（Louis Braille）为名的布拉耶点字法的详细计划。

当时在巴黎的伏尔泰（1749 年）写信给狄德罗，对本书热烈赞美：

> 我极端喜悦拜读贵著。贵著谈的多，启示的更多。有很长一段时间，我尊敬您就如我轻视对他们不了解的东西予以谴责的那些愚蠢的野蛮人一样……
>
> 但我得承认，我一点也不苟同桑德森的意见。他因自己失明而否定上帝。我也许有错，但我该认出一位非常有智慧的上帝以取代其位。那位上帝已给了我使我能看见的许多附属器官……
>
> 不论您想自己是上帝的成绩之一，或是永恒而必然的组织的一部分，我都热切渴望与您交谈。在我离开吕内维尔之前，但愿您赐我荣誉而与我及几位圣者在寒舍来次哲学聚餐。

狄德罗回答道（6 月 11 日）：

> 亲爱的大师，接获尊函之际，乃我平生最快乐之时。

> 桑德森的意见，既非先生也非本人的意见……我信仰上帝，
> 但我与无神论者相处甚善……非常重要的不把毒草误认为香菜，
> 而毫不重要的是是否信仰上帝。这个世界，蒙田说道，是丢给哲
> 学家击来击去的一个球……

两位大师尚未见面，狄德罗即遭逮捕。屈辱的《艾克斯·拉·柴培尔条约》受到大众的批评，因而恼怒的政府将几位批评者拘捕入狱，同时以为抑制狄德罗的时机已到。是否隐伏在书中的无神论招致教士阶级的抗议，或愤恨狄德罗所说的"无足轻重的眼睛"这一批评的圣莫夫人，促使她的情夫采取行动，我们都不得而知。无论如何，阿尔让松伯爵已发出一道逮捕令（1749 年 7 月 23 日）给万塞纳的总督夏特莱侯爵："在万塞纳接收狄德罗这人，把他关在那里等候我下一步的命令。"第二天一早，警察便敲开狄德罗的门。他们搜索他的房间，发现两三本尚未装订的《盲者书》，加上狄德罗为《百科全书》准备的一盒一盒的材料。他们把他架到万塞纳（巴黎郊外），单独被关在这座晦暗的城堡地窖中。他获准留下被捕时袋子里装有的一本书——《失乐园》。他现在有时间仔细览读。他以非正统的精神为该书注解，并在空页上写下自己的一些想法。他摩挲墙上的板石，和上酒来制造墨水。一根牙签当成笔来用。

他的太太赶往副警察局长贝里耶那里，央求他释放她丈夫。她否认知悉他的著作。"我所知道的就是：他的文章一定像他的行为。他推崇荣誉比生命珍贵千倍。他的著作反映他实践的美德。"已约请狄德罗编纂一部百科全书的那些人十的请求，更为有效。他们向阿尔让松保证说，这一事业没有狄德罗便无法推进。7 月 31 日，贝里耶派人送来狄德罗，并加以盘问。他否认身为《盲者书》、《哲学思想》、《八卦珠宝》诸书的作者。贝里耶知道他撒谎，又把他送回万塞纳。

8 月——刚好在她死前一个月——夏特莱夫人显然是受到伏尔泰的敦促，从吕内维尔写封信给她的亲戚万塞纳的总督，恳求他至少减

轻狄德罗狱中的折磨。8月10日，贝里耶提出条件，如果狄德罗能够坦白，则他可享有这座城堡大厅里的自由与舒适，还可以看书并接待朋友。8月13日，这位饱受折磨的哲学家寄给贝里耶下列文字：

> 我向你承认……《哲学思想》《八卦珠宝》与《盲者书》均为从我这里脱逃的心灵的荒唐行为。但我能……以荣誉（我的确有之）向你保证，这些将是最后，也是仅有的著作……至于参与出版这些著作的那些人，没一事可以瞒得住我。我将在内心深处宣誓，一一指出出版者与印刷者的名字。

8月20日，他从地窖中获释，然后换到一间舒服的房间，获准接待客人，并在城堡的花园中散步。21日，他签字保证未得官方允许，不得离开该幢建筑。他太太前来安慰并谴责他，他对她的旧情复萌。达朗贝尔前来看望，继而是卢梭、皮西厄夫人。《百科全书》的策划者把手稿带来，他重新展开编纂工作。获悉胞兄弟已经把他受捕的情形告诉父亲后，他写家书给这位老迈的刀匠，声称他的下狱是由于受到一位女人的轻视，并进而要求经济援助。这位父亲回他一封信（1749年9月3日），信中揭露了宗教与当时的哲学家冲突的人性一面：

> 我儿：
>
> 　　最近你寄给我谈到你被拘禁及其原因的两封信，都已收悉。我不得不说，除了你其中一封信提到的外，一定另有其他理由……
>
> 　　因为没有一件事会未经上帝同意而发生，我不晓得哪一件事对你道德的福祉较为优越：是你的监禁应该结束，还是该延长数月，以便你能对你自己认真反省。记住，如果主赐给你才能，这不是要你用以削弱我们神圣宗教的教义……
>
> 　　我已充分地向你证示我对你的关爱。我让你受教育，只有寄

望你善予利用，而不寄望教育的结果，会在获悉你的耻辱之时把我（像已经造成的那样）投入最痛苦的悲伤与懊恼中……

宽恕吧！这样我也会宽恕你。我晓得，我儿，没有人能免诽谤，我也晓得他们会将你并未参与在内的著作归咎于你……

除非你真正而坦白地告诉我，你是否像他们从巴黎写信告诉我的那样，已经结了婚，及你是否已经有了两个孩子，否则，你绝不会从我这里得到任何关照。如果这场婚姻合法并已办妥，我便心满意足。我希望你不会不让你姐姐享有养育他们，及不让我享有亲眼看到他们的乐趣。

你要钱？什么话！像你这样一个在为庞大计划工作的人……还需要钱？而且你刚已在一个不需花费的地方度过了一个月的时间……

记住你可怜的母亲。在她对你的谴责中她已好几次告诉过你，说你盲目。给我反证吧！最重要的，在执行你的诺言中，你得再度忠实。

信中附上150利维尔的汇票一张……随你花用在你认为适合之处。

我不耐烦地在等着你已安然的好消息，而平息我的忧虑那一快乐日子的来临。这日子一旦来到，我便会前去向主感恩。

同时，我儿，我带给你我该给你的一切关爱。

挚爱你的父亲

我们没有丹尼斯的回信，他要写出与这封同样高贵的信，将是难之又难。

经过3个半月的监禁后，他终于在1749年11月3日获释。他快乐地回到妻子和孩子身边，一时忘了皮西厄夫人。但1750年6月30日，他4岁的儿子死于高烧。不久，接着生下的孩子在受洗时被侍者无意间掉到教会的地板上而致重伤，不出一年即告死亡。3个出生，

3 个死亡。狄德罗回到夜晚在普罗科佩咖啡馆的生活，约 1750 年，卢梭将他介绍给格里姆，于是展开对文学具有一些重要性的"三位一体"的友谊。这是伏尔泰抛弃法国到柏林、卢梭写下视文明为疾病这篇得奖的论著及狄德罗宣布《百科全书》行将问世的一年。

他在从事这一计划的首卷工作时，再度岔入另一心理学的探讨上。他将探究的结果出版在《论聋哑，借能听者，能说者书简参用》一书中。由于尚未忘却万塞纳事件，他避免异端并获得审查官（现为和善的马勒泽布）的"默许"而在法国匿名出版这篇专论，无须担心受到起诉。狄德罗拟问一位聋哑者某些问题，并从而观察他借以回答的手势，进一步阐明手语的起源。伟大的演员有时用手势或脸部表情比用语言更能有效地传达某一思想或情感。最初的话也许是口头的姿势——阐明内心思想的声音。就诗人而论，他们选择的字不但具有知性的指示或意义，也具有象征的寓意或微差。这字具有视觉的含义（如比较"看见"与"注视"）或声音的弦外之音（比较"说"与"呢喃"两字）。因此，真正的诗不能翻译。

像狄德罗平常的情形一样，这篇文章游移而散乱，却富于具有启示性的旁白。"我的观念在于像一般所说的分解一个人，而且考虑他从每种感觉中获得什么。"或再以诗画对比：诗人能够叙述各个事件，画家则只表现一个片刻——他的图画是一手势，它试欲将过去、现在与未来表达出来。这是莱辛《拉奥孔》（1766 年）一书的根源之一。

但到这时，《百科全书》的第一卷呼之欲出。

一部书的历史（1746—1765）

对这部《百科全书》，天主教的批评家布吕内特里说："是当时一件大事，任何在前的东西均用以探究随后而来的万事万物的起源这一目标，因此成为 18 世纪任何思想史的中心。"狄德罗说："尝试一部《百科全书》只是属于一个哲学世纪的事。"培根、笛卡儿、霍布斯、洛克、伯克利、斯宾诺莎、贝尔、莱布尼茨在哲学方面的著作；哥白尼、维塞利亚斯、克卜勒、伽利略、笛卡儿、惠更斯、牛顿在科学上取得的进展；航海家、传教士与旅行者的地球探险及学者与史学家对过去的重新发现；这一切日渐堆积的知识与理念，均有待整理以供大众取用。

钱伯斯的《百科全书》或《世界艺术与科学字典》（1728 年），起初似乎符合这一需要。1743 年，巴黎的一位出版家安德烈·布雷东曾提议加以修改、补充并翻译成法文，使之适合法国的需要。这一计划增扩到以 10 卷为目标。为筹措开销，布雷东还约请其他三位出版家布里松、大卫与杜兰入伙，共同承担这一事业。他们另请马尔斯主教当编纂者，同时取得以王室特权印行的执照，还发表（1745 年）未确定内容说明。12 月，他们或马尔斯邀请狄德罗与达朗贝尔帮助。1747 年，马尔斯退出；10 月 16 日，这几位出版家指定狄德罗为总编辑，月薪 144 利维尔，他们要求达朗贝尔负责有关数学的文章。

随着这一工作的进行，狄德罗越来越不满意钱伯斯的著作。他的不满，我们可从他给解剖学列下 56 栏以取代钱伯斯原来的一栏，给农业列 14 栏以取代钱伯斯原来的 36 行文字中看出来。最后，他建议抛开钱伯斯的书，而另准备一部全新的百科全书（马尔斯可能已有此建议）。那几位出版家予以同意，狄德罗（尚未成为《盲者书》的异教作者）说服诚挚正统的阿盖索大臣将国王特许状扩延到这一扩延的事业（1748 年 4 月）。

但这如何获得经济援助？布雷东估计所费约 200 万利维尔。实际上费用少一些——约 114 万利维尔。即使如此，能否取得足够的订户以确保全书的付印，仍有许多疑问。狄德罗在万塞纳入狱、工作受阻之际，已将第一卷的许多文章委托他人执笔，其中有些已经取得。获释后，他把全部时间用来编辑。1750 年 11 月，出版家散发了 8000 份狄德罗所写的内容说明书。（1950 年，法国政府重印这一说明书，作为全国性的纪念。）该说明书宣称，一群知名的文学家、专家、学者打算将现有的艺术与科学各方面的知识搜编成有秩序的整体，并按字母排列，附以对照，利于学者和学生方便使用。"百科全书（encyclopédie）这个词，"内容说明书说道，"表示各门学科的相互关系。"字面上其意为指示或搜集在某一圈子里的学问。"知识不但已浩瀚成长，"狄德罗说，"而且其传播的需要也很迫切。这些知识如不由大家分享，则告无用。"这一切知识，依据这份说明书的说法，将缩成 8 卷文本及 2 卷刻图。全套订购价 280 利维尔，可分 9 期交付。全书将在两年内完成。我们事后观之，这份说明书首次声明了科学的统治已开始，一种新信仰也已显露以拯救人类。

对这一说明书的反应，尤其是来自中上阶层的反应，令人鼓舞。若弗兰夫人死后，大家才知道她与丈夫捐助了超过 50 万利维尔作为《百科全书》的编纂费用。以法国的这部著作及英国塞缪尔·约翰逊的《字典》，欧洲著作正式脱离贵族的附属地位而独立，转向更为广大的群众，而且声称欲为群众的眼睛与呼声。《百科全书》为知识的普及实验中最有名的一种。

第一卷于 1751 年 6 月 28 日问世。全书为对开本、双栏，一共 914 页。由科尚（Charles Cochin）刻制的卷首插画为 18 世纪的典型。书名颇为引人注目：《百科全书，或科学、艺术与各项手艺大字典》，附注：为有知识的人民社会参用，由狄德罗先生编辑、出版……数学部分由达朗贝尔主编……经国王许可、特准。这册书深谋远虑地献给"阿尔让松伯爵，财政兼国防大臣"。它并不是我们今日所谓的《百科全书》：书中并未打算包含传记或历史在内；但奇怪得很，有些传记列在该名人物的出生地一项下。另一方面，该书部分算是字典，它为许多名词定义，列举同义字，并说明文法规则。

第一卷最值得纪念的部分是《绪论》。达朗贝尔受命写这篇文章，因为他以科学家领袖与法国散文大师而闻名。他虽享有殊荣，但仍然生活在贫穷坚忍中。他是一位不可知论者，但他并未加入任何公开批评教会的行列。在《绪论》中，他设法解除教会的反对：

如果一个人单凭理性启蒙，人性便是刺不透的一种神秘。我们能说出我们现在与未来存在的同样东西，说出我们有所亏欠的上帝的本质，及他要求我们的崇拜的种类。因此，再没有任何事情比在这些歧异的科学中间指示我们的神启蒙宗教更为重要。

他为这些谦卑的态度而向伏尔泰道歉："像这些词句是公证的体裁，只作为达到我们想要建立的真理的手段……时间将教导我们识别我们所做的和我们所说的东西。"

《绪论》遵照培根的设想，将一切知识依据有关的心理官能予以分类。因此，历史划归在"记忆"之下，科学在"哲学"之下，神学在"理性"之下，文学与艺术则在"想象"之下。狄德罗与达朗贝尔对这一擘划，颇为得意。他们根据这一分类制出一张知识图表，像一张折叠的附录附在《绪论》后。这张图表在当时曾经激起大大的赞美，仅次于培根的影响。《百科全书》最强大的影响来自洛克。"我们一切的思想观念均得自感觉。"《绪论》说道。在这 8 卷的历程中，这些编辑希望从这一陈词演绎出一套整体的哲学：将上帝还原为原始动力的自然宗教，使心灵成为身体的一种功能的自然心理学及依据人对人而非人对上帝的责任对美德予以定义的自然伦理学。这一计划小心地隐含在《绪论》中。

达朗贝尔根据这些第一原则进而审查科学与哲学的历史。他推崇古代，贬抑中世纪，而为文艺复兴欢呼雀跃：

如果我们不能认清我们得力于意大利之多，我们便有失公正。我们从她那里接受各门科学，后者今日才在欧洲产生如此丰硕的果实。尤其重要的，我们的艺术与品位全都得力于她。她供给我们如此众多无与伦比的范例。

现代思想的众英雄为得桂冠荣誉而纷至沓来：

在这些显赫的人物之上应该冠以不朽的英国贵族大臣培根。他如此受尊敬的著作值得我们研究，更甚于值得我们赞美。如果我们考虑这位伟人健全而恢宏的见解、他对多个领域的敏锐观察、他的体裁的勇锐——处处均以最严密的准确性结合了最微妙的意象——我们便会禁不住把他认为是最伟大、最广泛、最能言善辩的哲学家。

达朗贝尔进而指出，具有绝高天赋、如此饶富数学才能的笛卡儿，是如何在哲学上受到宗教迫害的阻碍：

笛卡儿至少敢向警觉的心灵表露，该如何摆脱经院主义、意见、权威——简而言之，摆脱偏见与野蛮——的桎梏。借着我们今日在采收其果实的这一反叛，他也许比有名的后继者对哲学提供了更为艰难的服务。我们可以把他认为一群死党的首领，他有勇气领导这一反叛以对抗专制、独断的权力，又凭着他那股激发人心的坚定态度，他树立了比他所能亲眼看见建立起来的任何基础更为公正、仁慈的政府的基础。假若他以思想完成每件事的解释，则他至少以怀疑一切开端；我们必须用来跟他对抗的武器，也正是他自己的武器，这是因为我们也使用这些武器转而对抗他。

讨论牛顿、洛克与莱布尼茨后，达朗贝尔以信仰知识的生长、散播将带来有益的影响这一态度下结论说："我们这一世纪相信自己注定要改变每一种类的法则。"那股希望温暖了达朗贝尔，使他的《绪论》成为18世纪法国散文的杰作之一。布丰与孟德斯鸠也同声称赞《绪论》，雷纳尔称之为"我们语言中拥有的最富有哲学意味、最有逻辑、最灿烂、确切、紧凑、写得最好的文章"。

第一卷没有明显地反宗教。论基督教教义与仪式的文章，几乎都还正派，其中有些地方虽然指出困难所在，但均以严肃地遵从教会结尾。里面虽然不时出现异教的旁白及偶尔的攻击迷信与狂热，但这些都隐藏在像塞西亚的羔羊或老鹰这些显然无辜的论题中。由此，以《塞西亚的羔羊》为首的文章即扩张为关于证据的专文，这些证据使人们对奇迹的信仰处于不快之中。《老鹰》一文在讨论大众的轻信后，进而以清澈的反讽结论道："以仅只相信真实、神圣与高超的东西，及仅只模仿美德的行动为宗教的人是快乐的。这一宗教是我们所有，哲学家在这种宗教中只须遵循理性而抵达我们祭坛之下。"神话与传奇的泡泡随处被狡猾地加以刺穿，而理性主义的人文主义精神也时时涌现。

尽管如此，耶稣会还是很友善地接受这一卷书。《特里武杂志》的饱学编辑贝尔捷很有礼貌地反对《绪论》强调异端哲学家。他指出不确与抄袭之处，要求严予审查未来各书。但他推崇《百科全书》为"非常高尚、非常有内容的事业，当完成之日，其编辑大可如贺拉斯宣称的而为永垂不朽的纪念碑的树立者"。他又说："没人能轻易认识这部《百科全书》的优秀部分。我们将在未来的摘录中满意地予以审阅。"

另一位教士并不如此慈悲。米尔普瓦的前任主教博耶向国王抱怨道，作者欺骗了那些审查官员。路易于是派他到马勒泽布这位新任出版审长那里。后者答应更仔细审查未来各卷全书，但在他担任各种政府职位期间，他运用自己所有的影响力来保护这群哲学家。这位由于拜读贝尔著作而成为一位怀疑论者、同时写过《出版自由》一书的马勒泽布，他从 1750 年至 1763 年——伏尔泰、狄德罗、爱尔维修与卢梭生命史上最危急之时——担任出版审查长，对于这群离经叛道的哲学家而言，诚属幸运。"在每位市民都能靠印刷而向全国演说的世纪，"马勒泽布写道，"那些具有教导人们的才能或推动他们的天赋之人士——简而言之，学问之士——他们在一群分散的人民之间，就像罗马、雅典的演说家在一群聚集的人民之间一样。"他以默许的方式让哲学家的书籍印行问世而培养了知识运动。因为在他看来，"一个只读政府允许的书籍的人……将比同时代的人几乎落后一个世纪"。

《百科全书》这一快乐的片刻，由于启蒙运动的历史上最为奇特的事件之一而告终止。1751 年 11 月 18 日，想在巴黎索邦神学院觅取学位的普拉德斯，向院里的神学家提出一篇显然无害的论文——《上帝将生命的气息播到谁的脸上？》。在那些主试的考官散漫之际，这位年轻的神父以优异的拉丁话，披露《圣经》里年代的冲突，将耶稣的奇迹贬为与罗马医神埃斯库拉皮乌斯的奇迹相同的层面，同时以一种自然而自由的神学取代启示录。巴黎索邦神学院接受这一论文并赐予学位。那时控制巴黎议会的詹森派教徒指斥巴黎索邦神学院，同时风闻狄德罗曾插手这篇论文。巴黎索邦神学院取消这一学位，并下令逮捕这位神父。普拉德斯逃往普鲁士，由伏尔泰予以安顿，直到他继承拉梅特里而为腓特烈大帝的诵读者。

正统的捍卫者震惊地发现，这位普拉德斯已经提供《确信》这篇文章给 1752 年 1 月出版的第二卷《百科全书》。这篇文章也充满着狄德罗的浓厚味道。反对这一事业的吼声日益增加。贝尔捷在推崇这卷书对知识的许多贡献时，也为一篇文章而谴责那些编辑。据说这篇文章认为人尊崇学识与尊崇宗教一样——"是他们既不知道、不奉行、也不敬爱的某些东西。"这样的叙述，耶稣会人士说道，值得"《百科全书》的作者与编辑最大的注意，以便自是而后，再没任何相类似的东西插入其中"。1 月 31 日，巴黎大主教博蒙特谴责《百科全书》，认为是对宗教的一种巧妙的攻击。2 月 7 日，国务会议的一道命令禁止再行出售或印行该书。阿尔让松侯爵那天在日志中写道：

> 今早出现议会的一道前所未见的禁令：禁压《百科全书》，并还附带一些骇人的辩词，像背叛上帝和皇家权威（与）败坏道德……据说由于这点，这本字典的作者……不久须予处死。

情形并没那样糟糕。狄德罗未曾受捕，但他搜集的材料几乎都被政府没收。伏尔泰从波茨坦写信，敦劝狄德罗把这一事业转移到柏林，以便在腓特烈的保护下继续工作。狄德罗因没有材料而一筹莫展，布雷东寄望政府在这场风暴消退后，会修正其禁令。马勒泽布、阿尔让松侯爵与蓬巴杜夫人都支持布雷东向议会诉愿。1752 年春天，议会同意"默许"该书各卷的出版。蓬巴杜夫人劝告达朗贝尔与狄德罗恢复工作，"对一切触及宗教与权威的事情，予以必要的保留"。为了安抚教士，马勒泽布同意，以后各卷该由退职的博耶主教选出的神学家加以审查。

第三卷到第六卷从 1753 年至 1756 年，每隔一年出版一卷，书出版前都受到严格的审查。大家对这部书的热议使该书销路广泛，也成为自由思想的象征。订购量从第三卷的 3100 份一跃增至第四卷的 4200 份。

达朗贝尔有点颤抖地从这场严酷的考验中显身出来。为了取得个人的安全，他坚决要求以后只负责数学文章。狄德罗仍对抗审查。1752 年 10 月 12 日，他显然在柏林以普拉德斯的名字，出版了《普拉德斯神父辩护的持续》一文。在提到主教最近谴责巴黎索邦神学院那篇诗文时，他愤怒地喊道：

> 我不知道什么东西会比某些神学家含糊地指斥理性对宗教更为不当而有害。听过他们的言论后，我们不禁要说，除了像一群牲畜进入兽栏外，人们便进不得基督教的怀抱。我们也必须弃绝常识以拥抱宗教或坚持宗教。建立这些原则，我重复说，是把人类贬为野兽之列，而且将虚伪与真理等量齐观。

他在第三卷中继续间接地攻击基督教，其方法通常为在这些攻击之上覆以正统的表白。他的《神圣年代记》（*Sacred Chronology*）一文再度暴露了《旧约》中的矛盾之处，同时对《圣经》教本的确切性投下怀疑的阴影。他论迦勒底亚人的文章强调他们在天文学上的成就，却哀悼他们臣服于僧侣阶级。"像伽勒底亚人那样，将理性予以桎梏，是玷辱理性之举。人类天生即为自己思想。"《混沌》一文列举创造的观念中具有的种种困难，同时详述——假装反驳——物质的永恒性的辩词。他论商业、竞争、结构（绘画上）与喜剧演员的优异文章，都杂有这些论辩之词。狄德罗解释说，他既非画家，也非绘画品鉴者，他不得不写绘画评论，是因为受他委任来写绘画文章的"吹嘘业余家"提交了一篇没有价值的零碎文章。狄德罗的文章表达了后来使他的《沙龙》充满着趣味的某些观念。《喜剧家》一文继续伏尔泰争取演员的市民权利这一战役。

受到耶稣会与费内隆的《文艺年》的批评而趋缓和的第三卷书，甚受推崇。一些新的撰稿者提高了这一著作的威望：杜若开始参与第四卷，伏尔泰与杜尔哥参与第五卷，内克尔与奎奈参与第六卷。在这一事业的前 4 年期间，伏尔泰一直被吸引或牵连在德国境内；后来（1755 年）定居在日内瓦后，他便寄来《文雅》、《雄辩》、《理智》诸篇文章——每篇都具有文雅、雄辩与理智诸特色。狄德罗自己为第六卷写了一篇题为《百科全书》的文章，有些学者评论为整个著作中最为优异的一篇文章。该文长达 3.4 万字，的确为最长篇幅之一。他谈及这一事业面临的种种困难：不但来自以摧毁该书为目的的各种势力，也来自不足以支付撰稿人与印刷商的有限资金，及来自作者健康受扰与时间受阻等人类的脆弱。他承认在仓促与惶恐中刊印问世的前五卷许多缺点。他进而答应改进，同时怀着某些情感立下自己的信仰行动：

> 一部百科全书的目的在于尽力搜集散在地球各地的知识，然后将之解释给同时代的人，并进而传给后代子孙，以往各世纪的辛劳，对于那些来者不该没有用处；又接受较好教导的后继者，可能也变得更有德行而快乐。这样，我们便不会枉为人类而死。

他把《百科全书》认为对后代的一种激励，他自信后代会为他辩护。他想象着"延缓科学的进展与（工业）技艺的生产及将部分的世界重新投入黑暗中的某种大革命"，而以"这样的一代对恐惧与预见这种蹂躏，同时庇荫历代以来累积的知识人物将表现的感激"这一希望温暖自己。"后代，"他说，"之于哲学家，犹如'另一世界'之于宗教家。"

1757 年秋出版的第七卷《百科全书》，带来比以前任何一卷更糟糕的另一次危机。奎奈与杜尔哥撰写有名的重农放任经济的文章。那时最常撰稿的人物之一路易，是《法国》这篇短得具有侮辱性的文章的作者。900 字中的大部分，不在叙述法国的历史而在指陈其过错：具有危险性的财富的极端不均、农民的贫穷、巴黎的臃肿及各省区的人口的减少。又在《政府》一文中若古这样写道："人民最大的幸福是自由……没有自由，幸福便被逐出国家之外。"伏尔泰为这卷全书写下《论通奸》这篇夸示博学的文章，《论抗拒》一文——至少为激起最多抗拒的一篇文章——是在日内瓦受到非议的那篇文章。达朗贝尔忘却了他那"公证人"的谨慎及自限于数学的决心。他代表加尔文派教士抛弃基督神性而将日内瓦与巴黎一同压在头上（指受二者压迫）。

格里姆立刻看出这篇文章犯了不圆滑的大错，因而报道说将会引起一阵骚动。一位耶稣会教士在凡尔赛宫举行的布道会上指责这卷《百科全书》。"人家认为，"达朗贝尔写信告诉伏尔泰说，"我以对天主教会存有偏见的态度来称赞日内瓦的众牧师。"1757 年 1 月 5 日发生了谋刺国王的案件。国王于是恢复一项旧法律，规定凡攻击或干扰国家的书籍作者、出版家与书商，一律处死。多位作家被捕入狱，虽然没有一位遭受死刑处分，但就敏感的达朗贝尔而言，其恐惧可想而知。他从这场骚扰中退缩下来，然后切断与《百科全书》的关系（1758 年 1 月 1 日）。他一时丧失了理智，控告蓬巴杜夫人赞助那群反哲学家，要求马勒泽布压制他们的领袖费内隆。伏尔泰敦劝他不要辞职，达朗贝尔回答道（1月20日）："您不晓得我们所处的地位，及当局对我们的震怒……我不知道狄德罗没有我会否继续工作；但我知道，如果他这样做，他便要准备受审及经历10年的艰苦岁月。"8天后，他的恐惧加深。"如果他们（那些敌人）今天凭着那些在位者的特殊命令印行这些东西，这命令不会停在那里。这意味着有堆柴摆在第七卷周围，待到第八卷时，便把我们投入火焰之中。"伏尔泰结果向达朗贝尔屈服，转劝狄德罗放弃《百科全书》，因为倘若《百科全书》继续出书，则将受到审查，因而抵消了这部著作作为抑制教会压在法国心灵之上的权力这一价值。杜尔哥、马蒙泰尔、杜若与莫雷莱拒绝再撰写任何文章。狄德罗一时也没了主意。"我几乎没一天，"他写道，"不想退隐到我香槟省的住处隐姓埋名而静静过日。"但他并不投降。"放弃这份工作，"他写信给伏尔泰（1758年2月），"即等于把一个人的背朝向裂隙，然后做迫害我们的歹徒想做的事。你若知道他们获悉达朗贝尔放弃工作后，心里有多欢乐，及他们使用什么手段以阻止他恢复工作就好了。"

法国各主教在1758年的集会中提供一笔非常庞大的自由捐赠给国王，同时请求他终止《百科全书》在法国的印行。肖梅于1758年开始发布名为《反对百科全书的合理偏见》这一连几卷的书。爱尔维修激进的《论智力》一书的出版（1758年7月27日），激起进一步的抗议。《百科全书》被卷入那场风暴中，是因大家盛传狄德罗与爱尔维修关系密切。使情况更加无望的是：过去一直为《百科全书》撰写有关音乐文章的卢梭，拒绝再参与工作；1758年10月22日，他那封《与达朗贝尔论景观书》使他公开与那群哲学家决裂。《百科全书》写作者的阵营，似乎无可挽回地破碎了。1759年1月23日，国王的律师弗勒里警告巴黎的议会说："一个计谋在形成，有个社团在组成，以便传播物质主义，摧毁宗教，激发独立的精神及滋养道德的腐败。"最后，3月8日议会的一道命令完全视《百科全书》为非法，新书不得印行，现存各卷全书也不得发售。这道命令解释说："在有关艺术与科学的进步方面，从这类著作得到的益处，绝不可能补偿它在道德与宗教方面造成的那种无可弥补的损害。"

这道敕令不但威胁了这群哲学家的个人安全，也威胁了出版商的偿债能力。许多订户已付出未来各卷的款额，这些贷款如何偿还？那笔钱的大部分已用在第一至七卷的出版及准备第八卷的费用上。皇家命令下达时，第八卷书已准备分送出去。狄德罗劝告出版商不要放弃。也许这道敕令将会及时修正；如果不然，余下各卷也可在国外印行。狄德罗在出版商的请求下退隐于室，并为第九卷辛劳工作。此时，马勒泽布及其他人士也费力在安抚政府。

这时——1759 年夏天——巴黎出现了一本小册子《亚伯拉罕·肖梅备忘录》，文字枯燥、暴烈，以最粗野无礼的态度，不但攻击政府、议会、耶稣会、詹森教派，也攻击耶稣和圣母。狄德罗报道说："这篇著作几乎一致被认为是我写的。"他四处奔走，向马勒泽布、警察局长、议会律师长等人宣称这篇爆炸性的文章与自己毫无关系。他的朋友们相信他，但劝他离开巴黎。他拒绝，因为他认为这种逃跑无异于承认有罪。马勒泽布警告他说，警察正计划突袭他各个房间，并没收其文章，他得立刻予以收藏。"但藏在什么地方？"狄德罗问道。他怎能在几小时之内找些地方隐藏他搜集的一切资料？"把那些东西送到我这里，"马勒泽布说，"没有人会来这里搜寻它们。"当此之际，警察已发现这篇诽谤性的小册子的几位印刷者，从而认为狄德罗与此事无关。没收他文件的命令并未发布，他一时轻松下来，但也濒临神经崩溃。他的富友霍尔巴赫带他到巴黎附近的各个场所度假。"我到处，"狄德罗写道，"都以颠簸的步伐，并怀着一颗抑郁的灵魂走路。"

回返巴黎后，他以 2.5 万利维尔与出版商签订新约，准备另 9 卷《百科全书》。达朗贝尔答应再度负责数学方面的文章，狄德罗指责他在敌人面前背弃朋友，但仍接受他的撰稿。伏尔泰也重新加入这一圈子。狄德罗希望于 1760 年完成第十七卷也是最后一卷的《百科全书》。但他于 1761 年 9 月写道："恐怖的校正工作已经结束。我平均每天工作 10 个小时，一连工作了 25 天之久。"10 天后，他仍然关闭在书房里检查画板。第八至十七卷很快在巴黎一连印行下来，但书上出版地记载为纳沙泰尔。巴黎警察局的新局长沙汀对这一瞒骗假装不知道。耶稣会教徒于 1762 年被驱逐减轻了这一局面。1762 年 9 月，叶卡捷琳娜大帝答应在政府的保护下于圣彼得堡完成这部《百科全书》，同样的保证也通过伏尔泰而来自腓特烈大帝。这也许促使法国官员允许该书在巴黎印行。《百科全书》的尾卷于 1765 年问世，1765 年至 1772 年增加了 11 卷的插图。1776 年至 1780 年另增 5 卷补遗与 2 卷纲目（索引）。狄德罗受邀编辑这些东西，但由于精疲力尽而予拒绝。18 世纪最重要的出版事业已使他筋疲力尽，但也使他不朽。

百科全书

这部书的全部内容几乎都被受他帮助煽动的学术革命取代。该部书引起我们兴趣，因为其在思想史上是一件大事，及被哲学家在与他们知道的唯一基督教的冲突中用作武器。像我们已经见过的，这种攻击很少以直接的方式进行。《耶稣》与《基督教》这两篇由狄德罗执笔的文章，本质上属于正统思想；第二篇还受到一位意大利神父的推崇。好几位教士曾提供文章，伊冯神父写了《无神论者》一文。《百科全书》支持的不是无神论而是自然神论。然而，书中的前后对照有时具有诱惑性。这些对照附在正统派的文章之后，时常指向暗示怀疑的其他文章。因此，论上帝的范文与《证明》一文相比，就可以看出后者立下证据的原则，对奇迹与神话是致命的打击。有时，基督教义最不合理的成分以公然接受作为解释，但这一方面也激起质疑。可能由霍尔巴赫执笔的《教士》一文，直言无隐地怀着敌意，因为这群哲学家痛恨教士是自由思想的敌人和迫害的督促者。这位作者假装在论异教僧侣：

迷信繁殖了各种不同教派的仪式，而主持这些仪式的人不久也各形成不同的教团。人们相信这些人完全献身于神明，因此教士也分享了赋予神明的礼敬。世俗的行业似乎在这些教士之下，而人们也相信自己负有供给他们生活的义务……视他们为神意的受托者与阐释者，及介乎神人之间的媒介者。

为更稳固地建立他们的主宰权，这群教士把神明形容为残酷、报复而难和解。他们将仪式、入教、奇迹介绍进来，这些东西的凶暴性可以在人们心中滋养对狂热的帝国大为有利的那种阴沉忧郁之感。这样，人类之血便汇聚成河流过祭坛；为恐惧所吓并为迷信弄呆的人民认为一切代价都可为神明的善意而偿付。母亲不滴一滴眼泪地将她们柔嫩的婴儿投送到吞噬性的火焰堆里，成千的牺牲品倒在牺牲的利刃之下……

如此受敬的人物很难长久留在维持社会秩序必需的臣属的界限内。为权力陶醉的教士阶级，时常争论国王的权利……狂热与迷信将利刃虚悬在王室头上，每当国王想要压服或处罚本身的利益与众神的利益相混杂的那些神圣人物之际，王座便为之震撼摇动……想要限制他们的权力即等于削弱宗教的基础。

一般而言，对旧信仰的战争大都采取称赞科学与哲学的新信仰与新方法这一形式。以科学代宗教，哲学家代教士——至少在教育阶级里——是这群哲人的梦想。各门科学都占很长的篇幅，如《解剖学》占了56栏。在《地质学》这一项下，各有长文分论矿物、金属、地层、化石、冰河、矿场、地震、火山与宝石。采取新观点的哲学完全建立在科学之上。这种哲学将不建立"体系"，避免形而上学，不武断地倡言世界的起源与命运。《学说》一文正面攻击经院派的哲学家，认为他们放弃了知识的寻求，转而屈服于神学，并安然地迷失在逻辑的蛛网与形上的云雾中。

狄德罗撰写一连串论述哲学史的著名文章。这些文章虽颇倚重布吕克写的《哲学批评史》一书（1742—1744 年），仍表现法国思想具有创造性的探求工作。论伊利亚特派与伊壁鸠鲁之论著阐明了唯物主义，其他文章则推崇布鲁诺与霍布斯。就狄德罗而言，哲学已变成一种宗教。"理性之于哲学家犹如恩典之于基督徒。""让我们赶紧地哲学大众化吧。"他大声喊道。在《百科全书》一文中，他像一位使徒一样写道："今日，当哲学大步迈进，当它把关涉到的一切东西附属在它帝国之内，当它的呼声成为主宰的呼声，及开始打破权威与传统的桎梏，并遵持理性的法则……"这里是勇迈的新信仰，具有不常显现的年轻信心。也许着眼于俄国境内的帝国女保护者，他像柏拉图似的补充说道："结合一位统治者（叶卡捷琳娜二世）与这样的哲学家（狄德罗），你便会拥有一个完美的统治权。"

如果这样一位哲学家能够取代教士而为国王的向导听忏者，则他首先将教劝传播自由，尤其是言论与出版自由。"没有任何人从自然取得指使他人的权利"，国王的神圣权利也同样如此。至于革命：

> 凭暴力取得的权力只是篡夺，其势力只延续到指挥者驾凌服从者的力量告终为止……如果这些服从者随后变得强大起来并摆脱他们的桎梏，他们也会像前者所加于他们身上的那样，以同样的权利与正义来如此行事。造成这一权威的同一法则也会废除这一权威；这是强者的法则……因此，真实而合法的权力必须具有限制……王子从他臣民那里拥有统治他们的权威，而这一权威受到自然法则与国家法律的限制……不是国家属于王子，而是王子属于国家。

这部《百科全书》既非社会主义，也非民主主义；它接受君主政治，而排斥卢梭 1755 年曾强烈阐明的平等这一观念。若古的《自然平等》主张法律之前人人平等，但补充说："对各种不同的情况、等级、荣耀、地位、特权与臣属必然行之于所有的政府，我再懂得不过。"狄德罗这时视私有财产为文明不可分离的基础。《人》这篇文章具有共产主义的色彩:"社会的净利,如果平等地分配,也许比不平等地分配及由于这一净利而将人民分成各阶级更为有利。"他还谈到救济院——"努力防止贫困比为贫困者广设庇护所,更有价值的多。"

哲人王将定期检查封建领土的所有权状,并废除对农民或国家的服务不再有功的封建特权。他会找寻人道的办法以代替强迫劳役、禁止奴隶的买卖,并就权力所及,终止王朝敌对或贪婪的战争。他也清除审判庭的腐败,禁止官职的买卖,减轻刑法的严苛,终止审讯的折磨,不会帮助迷信的确立与不朽化,而会奉献力量以促进黄金时代的来临。在那个时代,政治家将与科学结盟,以不断地对抗愚昧、疾病与贫穷。

大体而论,《百科全书》的经济观念是大部分哲学派人士所属的中产阶级的观念。这些经常是重农派的观点,这一派在奎奈与米尔普瓦的领导下主宰了法国 18 世纪中期的经济理论。自由企业——连带的自由商业与自由竞争——对自由人士至关重要。因此,对这一切构成障碍的同业公会,遭受谴责。这些观念在杜尔哥的内阁执政期间(1774 年),注定要占据历史的舞台。

《百科全书》精明而热诚地注意到开始改变英国与法国经济外貌的工业技术。机械技艺,狄德罗主张说,该受尊崇为科学的运用,而这运用也的确与理论同样宝贵。"我们的判断多么荒谬!我们一面劝诚人们做有用的工作,一面却轻视有用的人士。"他希望使《百科全书》成为技术的完备宝藏。如果这种机械技艺由于某一悲剧而遭摧毁,这时便可凭某卷残存的《百科全书》予以重建。他写下长篇而仔细的有关钢、农业、针、青铜、钻孔机、衬衫、长靴、鞋子与面包的文章。他称赞发明家的天才与工匠的技艺;他亲身或派遣代理前往农场、商店与工厂研究新的作业与产品;他监督版画几乎达 1000 次,使 11 卷的底版成为当时同类中的奇迹;政府当局颇为得意地将皇家默许权延伸给这些卷书。有 55 张有关纺织工业,11 张有关铸造,10

张有关军事技艺，5 张有关火药制造及 3 张有关别针制造的画面；后者为亚当·斯密论述分工合作的名著的信息来源——为了制造一根别针而分成"18 种显著的工作"。为了获得这种知识，狄德罗说：

> 我们求教于巴黎一城及整个王国境内最能干的工匠。我们不厌其烦地……问他们问题，照他们讲述的记载下来……学习他们各个行业使用的术语……与一群工人长期会谈，以纠正其他工人解释得不完整、晦涩抑或有时不确切的东西……我们已经派出雕版师到各商店画取各种机器、工具的图案，凡是能使眼睛清晰看到的东西都无遗漏。

1773 年奥斯曼苏丹要求托特男爵为达达尼尔各城堡制造大炮时，这位贵族即使用《百科全书》论大炮的文章以为随身指南之一。

完成本文的工作之后，狄德罗经受一种几乎使他精神崩溃的懊丧之苦。在无意中审查一篇文章时，他发现他已改正与赞许的校样的许多部分，都省略未印。再检视其他文章也发现相同的删节出现在第九至十二卷。删除的部分通常是可能进一步激怒教士或议会的段落，而且删除并不顾虑到剩余的部分是否合乎逻辑，或显得连贯。布雷东承认他在做这一外科手术，以免《百科全书》受到进一步的困扰，并使自己免于破产。格里姆报道这些结果说：

> 这一发现使狄德罗陷入我绝难忘怀的狂怒中。"几年来，"他向布雷东喊道，"你一直在卑鄙地欺骗着我。你已屠杀了……20 位善良人物的著作，他们由于爱好正义与真理而奉献了他们的时间、才能与祈祷、礼拜，只单纯地希望他们的观念能传播给大众，并从而收割丰盛赚来的一点关怀……你因而将被提到是犯上背版、恶劣无耻的一位人物，世上发生的任一件事都无法与之比拟。"

他从未宽恕布雷东。

回顾这一伟大的事业，我们觉得从其历史与内容而言，都可算是法国启蒙运动的显著成就。由于狄德罗作为这一事业的核心人物，他在 18 世纪法国学术全景中的地位，仅次于伏尔泰与卢梭。他担任编辑的勤勉遍及每一部分而耗心竭力。他编订前后对照，改正错误，并参与校对工作。他跑遍巴黎，寻找并督促撰稿人。如果撰稿人找不到或不称职，他便亲自撰写数以百计的文章。其他人失败时，他便成了最后的求救处。因此，我们发现他在撰写有关哲学、油画、基督教、巨蟒、美丽、玩牌、酿酒与圣礼面包方面的文章。他论《不容忍》这篇文章先于伏尔泰的论文，可能已提出其中多个观念。他的许多文章充满了错误，其中有些，如论耶稣会的文章，不分皂白地表现了敌对与不公正的态度。他是一位暴躁的战士，备战、追逐，并随手拿起任何武器反击回去。

现在，战役的刺激既已消退，我们能认识这部《百科全书》的缺点。书中有 1000 处事实及错误，粗心的重复与不可饶恕的删略；也有像耶稣会的学者指出的那些实质的抄袭；有些文章属于"借来的镶嵌细工"。贝尔捷在 3 期的《特里武杂志》中，以确切的参考与相同的引述指出第一卷中 100 处以上的抄袭。这些偷窃的大部分——如定义——均简短而不重要，但有几处几乎逐字抄袭，长达三四栏。

《百科全书》具有严重的学术缺点。撰稿人对人性的观点过于单纯，对理性诚实的估价过于乐观，对人性脆弱的了解过于模糊，对人们将如何利用科学赐予的知识这一远景过于乐观。这群哲学家，尤其是狄德罗，缺乏历史意识；他们很少停下来探问他们与之战斗的信仰如何兴起、人类的何种需求，而不是教士的发明，在孕育着这些思想并形成制度化。宗教对社会秩序、对道德品格、对音乐与艺术、对贫穷与痛苦的减轻所做的巨大贡献，他们完全视而不见。他们反宗教的偏见强烈得绝对无法具备一部优秀的百科全书所应具备的公平无私。与贝尔捷一样，有些耶稣会信徒虽然时有允当之批评，但这部《百科全书》的大部分批评家，仍跟这群哲学家一样偏私。

　　狄德罗敏锐地感到这部著作的事实错误。他于1755年写道："一部百科全书的初版必然是编排拙劣与不完整的编纂。"他期待这部书不久即被取代。即使如此，这部庞大的著作仍然深入欧陆思想的核心。这28卷书在瑞士印行3版，在意大利印行2版，在德国、俄国各印行1版。盗印版更多。总而言之，在25年里一共印行了43版——就如此昂贵的一套书而言，可说是一项突出的纪录。许多家庭在晚上共同览读其各篇文章，热心团体也组织起来予以研究，杰斐逊劝告麦迪逊购买一部《百科全书》。现在，与神话的福音对抗的理性的福音，与独断的信条对抗的知识，与死亡的退缩冥思对抗的通过教育而至进步的福音，统统像满载花粉的风扫过欧洲，干扰了每个传统，激发了思想，最后煽动了革命。这部《百科全书》是大革命之前的革命。

第六章 | 多面狄德罗
（1758—1773）

泛神论者

我们称狄德罗为"普洛透斯"，因为像荷马诗中的海神一样，他能"幻化成各种形状，逃避其捕捉者"。伏尔泰称他为"潘多菲勒"（Pantophilus，本意为"全爱者"），因为狄德罗爱上了科学、文学、哲学、艺术等每门学问。他每门学问都知之甚详，还做出了建设性的贡献。观念成为他的饮食，他收集各种观念，加上香料试验它们，然后只要他发现了一张白纸或是一个愿意倾听他的人，他就把它们一股脑儿地倾吐出来。"我把我的各种想法倾倒在纸上，然后它们就随着自然演变。"——或许也会演变成他自己的敌人。他从不调和它们，而且从不去管它们是否前后一致；我们几乎在各种方向都可以发现他的说法，他的最终方向却是显而易见的。他比伏尔泰更具有创见，或许是因为他从不接受正统的规范，因而能让他自由发挥而不受制于良好的教养。他跟随每种理论，不管其是否引导他到理论的精髓，或只接触到它的残渣。除了神父和圣徒的看法外，他接触到各种观点，因为他本人并没有确信的道理：

　　至于我，我关心云的形成甚于它的消散，虚悬我的判断甚于达到定论……我不做结论，只是提出问题……我让我的心思随意漫游，让它自由地跟随可以成为最突出的想法，无论这些想法是明智的或疯狂的。我追求这些想法就像是年轻的浪子追求脸上垂着短短的刘海，露着微笑，眼中闪耀着火花，鼻子翘起的高级妓女一样……我的想法就是我的娼妓。

　　狄德罗有着充满智慧的想象力，别人只能看到外表时，他却能看到思想、哲学和人的性格。在他那个时代，除了他还有谁能想象出这么无耻、不道德、不中用而又使人神迷的"拉摩之侄"？创造出一个人物后，他让其自由发展，让其引导着他，仿佛这个人物就是作者，而作者只是其傀儡。他把自己想象成一个被迫去当修女的女孩，他刻画得如此逼真，使一向都抱着怀疑态度的法国人为她的命运担忧。他在他的心智中试验着各种想法，反复揣摩一段时间，想象着逻辑上和行动上的结果，然后把它们一脚踢开。在那个时代，几乎所有想法都曾进入他的脑中。他不仅是一个会走路的百科辞典，也是一个会移动的实验室，他的思想随着他的脚步四处漫游。

　　1754年，他在善意的马勒泽布的默许下，匿名出版了《自然诠释之我见》，书中他搬弄着一元论、唯物论、机械论、活力论和进化论。仍然受培根的影响，他采取他的名称及格言形式，呼吁科学家一致努力，经实验和推理以征服自然。他也受到莫佩尔蒂的《自然的一般体系》（1751年）和布丰的《自然史》（1749年）的启发，同意莫佩尔蒂的"万物皆可能有生命"及布丰的"生物学现在已经可以解释哲学"的理论。在两位作者中逐渐崭露头角的进化论，他也表示欢迎。

　　在他的书中，他以得意的造设之说开始："我希望描述的是自然界，大自然是哲学家唯一的一本书。"他把大自然想象成一种半盲目、半明智的伟大力量，这个力量支配着万物，使万物生存，造成了百万种试验形式的生命，改进这个器官，抛弃那个器官，随着它的创造力，带来了出生和死亡。在那个宇宙的大实验室中，难以计数的物种出现了，然后又消失：

> 就像在动物和植物的国度中一样，一个个体由出生、生长、忍受一切、死亡，然后消失，难道整个物种就不能和这个个体一样的出生然后消逝？如果信仰没有教我们说，像我们所见的各种动物，来自造物主之手；又如果我们获许能对这些动物的起源和末日做最低限度的怀疑，则沉溺于推测的哲学家，难道就不会想象到，动物界自恒久以来就有着自己特殊的元素散布乱置在大堆的物质中？想象这些元素恰巧结合在一起，因为这是可能发生的？想象从这些元素组成的胚芽经过无穷次的组合和发展？想象这个胚胎在连续的移动中逐次获得了感觉、观念、思想、反射、知觉、感情、情欲、符号、姿态、清晰的声音、语言、法律、科学和艺术？想象这些进展是经过了数百万年？想象这些生物可能还有进一步的进展，加上我们目前还不知道的东西？……想象它就像获得这些官能一样而失去它们？想象它可能从自然界中永久消失，或化成与我们现在注意到的各种官能大相径庭的另一形态，继续生存下去？

大自然对于狄德罗而言就是一切，她是他的上帝。但就大自然的本质而言，我们只知道她令人困惑的丰饶和永无休止的变化。大自然是有生命的物质。一切都是物质，而物质本身含有生命的冲劲和思想的潜能。人不是机器，也不是一种无形的精灵，肉体和灵魂合成了一个生物，然后一起死亡。"万物都自我摧毁然后死亡。除了这个世界，没有一样东西留下来，也只有时间才能恒久地继续下去。"大自然是中立的，她并不区分善与恶、伟大与渺小、圣人与罪犯。她照顾了整个物种而不是个体，她使个体成熟、繁殖，然后又让它死亡，而每一个物种也都会死亡。大自然在无数精微细小的地方显露聪明，这似乎表现了天造地设之说。她赋予生命各种本能，使它们能够生存与求生；但她也是盲目的，以一股火焰从地壳中耸动肩膀，同样摧毁了哲学家和愚人。我们将永远无法了解大自然或找寻出她的目的和意义——即使她具有任何目的或意义——因为我们自己在一切血腥而宏伟的历史中，也只不过是大自然短暂而无限渺小的玩笑而已。

达朗贝尔之梦

　　狄德罗在《达朗贝尔之梦》中继续了他对大自然的沉思。这部作品可以说是法国文学中一件最奇异的创作。狄德罗经常喜欢用梦的方式表达他的思想，把梦混入他的朋友中，同时用两个当时著名的人物——莱斯皮纳斯和博尔德作为书中对话的主角。"我把我的想法由一个做梦的人的嘴说出来，"狄德罗对他的情妇索菲说，"经常需要把智慧加上愚笨的姿态才能促使它为人接受。"在这些伪装之下，他让他的想象奔放，而不顾及个人的危险和社会的反应，他十分满意这种结果。他对索菲描述这本书说："这是有史以来最荒唐、最深刻的一本书，有五六页的内容会使你的妹妹毛骨悚然。"然而他又向她保证其中"并不包含任何一个不恰当的字眼"。他于 1769 年写成这本书，向朋友宣读了部分内容，并想到予以印行——显然在国外不署名印行，但遭到莱斯皮纳斯小姐的抗议。其理由在下面几段中可以看出来。在遭到抗议后，他英雄似的把他的手稿投入火中（或许他知道另有抄本）。无论如何，这个作品终于在 1830 年问世。

　　这本书全文分为三段，在首段《数学家达朗贝尔和狄德罗的对话》中，达朗贝尔反对狄德罗的活力物质论，认为它并不比斯库尔曼（Schoolmen）对上帝的观念更易于接受。"在你和动物之间，"狄德罗告诉他，"除了身体上器官进化程度的不同外，并没有区别。"同样地，动物和植物之间的区别也是一样。结果，人身上每样东西，都可以在植物上找到它的种子或类似的东西。达朗贝尔于是问道："在物质上也是一样的吗？"狄德罗回答说，是的。"你这个不懂得万物本质的人，既不明白物质，也不明白感觉的本质，你怎么会知道感觉在本质上和物质是无法共存的呢？……在宇宙中，在人、动物身上，只有一种物质。"

在这个三部曲的第二段中，博尔德医生和莱斯皮纳斯小姐坐在达朗贝尔的床边谈话，后者则在与狄德罗做了一夜辩论后，躺在床上入睡了。（莱斯皮纳斯小姐早已因其沙龙闻名，这时，她与达朗贝尔过着一种柏拉图式的同居生活。）莱斯皮纳斯告诉医生说，她的朋友做了一个狂梦，在睡眠中说一些奇奇怪怪的话，怪得使她将这些话记下来。例如，梦中的达朗贝尔向狄德罗说："哲学家，停一下。我很容易就可以了解一个具有些许感觉存在的集合体，而动物呢？动物是能明白它本身自成一体的集合体吗？我看不出来，不，我看不出来。"做梦的达朗贝尔梦见了狄德罗逃避他的问题，而拿着生命自然发生的理论作挡箭牌："当我见到被动的物质变成了一种有感觉的状态，没有别的事能比这件事更使我惊奇。"狄德罗继续说，所有现存的物种如果都告消失，则他们或其他动物的形态将在长久的岁月中经地球和空气的发酵作用而产生。博尔德和莱斯皮纳斯两人开始讨论，但他们的讨论被梦中的达朗贝尔的一阵喊叫所打断。达朗贝尔以狄德罗的口吻说：

> 我为什么会是今日的我呢？因为，无可避免地，我应该是这个样子……如果万物都随着时光不断地变迁……则在数百万年时光的流逝和无限的变化中，还有什么不会在这里或别处产生呢？有谁能够说明土星上能够思考和感觉的动物是什么吗？……土星上能够思考和感觉的动物能够比我们具有更多的感觉吗？啊！如果如此，这些土星人是不幸的，因为感觉越多，需要也越多。

"他是对的，"博尔德以博物家拉马克的口吻说，"器官产生需要，需要也产生了器官。"

达朗贝尔醒过来一会儿，发现博尔德正在亲吻着莱斯皮纳斯，便提出抗议，然后又乖乖地听话回头再睡。现在，这位医生和这位女沙龙主人忘却了他，开始追求由梦境引起的一串观念。博尔德注意到了人类畸形儿的产生，就向这位信仰神创万物的女士挑战，要求她解释。莱斯皮纳斯很聪明地一语带过："或许男人只是女人的畸变，或女人只是男人的畸变而已。"医生抓住这句话，以狄德罗的口气，申论着说："男人和女人的唯一区别就是，男人有个囊袋挂在外面，而女人却将之隐藏在体内。"达朗贝尔醒过来，抗议说："我认为你正向莱斯皮纳斯小姐说猥亵的话。"于是博尔德站起来，打算到另一个病人家去看病，达朗贝尔要求他留下来解释清楚再走。达朗贝尔问："我一生中经过了一切的变迁，而且或许在我出生时，身上所具有的东西，到现在已经全部不见了，为什么对我自己和别人，我还是我呢？"医生回答说："那是因为人具有记忆，而且变化得缓慢。"莱斯皮纳斯小姐接着提出了一个突出的类比："一座修道院的精神能够保持下去，就是因为修道院持续有新的僧侣，而且一个新僧侣加入时，他就会发现 100 个老僧侣，引导着他和他们同样地思想和感觉。"

博尔德从那时开始就主宰着整个讨论。他区分"浪漫"的天才和"古典"的天才，前者主宰有知觉的心灵，后者则受有知觉的心灵的主宰。他认为莱斯皮纳斯就是前者一个明显的例子，而且温和地告诉她："你将会把你的时间分在啼笑和哭泣中，你从不比一个小孩子成熟多少。"接着他以生理学的观点来解释梦：

> 睡眠是一种不再由知觉或目的而使各种感官调谐一致的状态。一切集中心力的动作和教条都停止了。主人（知觉本身）听任藩属（感官）的意向而行……视觉神经是否受到刺激了呢？然后神经网的中枢——脑，就可以看得到，如果听觉神经需要时，它就可以听得到。作用和反作用（感觉和反应）是存在它们之间的唯一事情。这是由于连续和习惯性法则的结果。如果感觉起自

感官——大自然注定它求取爱的欢愉和种族的延续，结果在神经束的发源点——脑部，就会显露出所爱的人的影像。而另一方面，如果这个影像首先向脑部显示出感官的紧张，那么感官的兴奋和精液的流出将是这个感觉的反应……在清醒的时候，神经网受着外物影像的控制。而在熟睡的时候，每个通过神经网的事物就经神经网的感觉而发散出来。在做梦时无法转移梦境，因此也无法扰乱境中的生动。

博尔德医生继续解释命定论，并把"自尊、羞耻和悔恨"描述为"建立在一个把必然发生的光荣或羞辱归罪于自己的无知和虚荣上的幼稚行为"。

狄德罗醉心于将博尔德医生作为他的代言人，所以在第三部分《续谈话》中，干脆抛弃了达朗贝尔。在无拘束的状况下，这位医生谴责贞节观念，认为它不合乎自然的道理。博尔德医生继续说："大自然不能容忍没有用的东西。因此大自然以一种明确的预兆来要求我的协助时，难道我去帮助她就值得责备吗？我们不要激怒她，相反，有时去帮助她吧！"最后，他建议将不同的物种交合实验，或许可以由此产生一种心甘情愿地为人服务的半人半兽。莱斯皮纳斯比当时的讽刺作家阿纳托尔·法朗士更早疑惑这些半人半兽能否受洗——

博尔德（即将离去）：你在动物园里曾否看到一个玻璃笼中的一只巨猿，它的长相就和正在沙漠中传教的圣约翰的外貌一样？

莱斯皮纳斯：我看过。

博尔德（正往外走）：米歇尔·波利那大主教曾经对它说"如你能说话，我就为你施洗"。

在《生理学基本原理》中，狄德罗稍稍考虑了那一"丧失的联结"而慢慢完成他的进化理论：

我们研究生理学，一开始就必须分类生物，从最不活泼的分子（如果有的话）到活泼的分子，到微生物，到……植物，到动物，到人……我们不可以因为物种外形的歧异，就认为这一串生物进化的链中间有不连接的地方。外形只是一种骗人的假面具，而遗落的环节可能存在一种未知的生物上，只是目前，比较解剖学的进展仍然无法将它安插入恰当的位置而已。

狄德罗对基督教的看法

狄德罗曾向索菲承诺《达朗贝尔之梦》中绝对不牵连到宗教。事实上，这个三部曲是表达一个十分轻视神祇的哲学思想。在公开的场合中，他摆出一个信奉自然神的姿态，认为上帝只是一切宇宙现象的推动者，而且否认所谓的天佑及神创万物的说法。在理论上，他是一个不可知论者，他指责对感官和科学范围之外不可知的事物的知识和兴趣。有时，他含糊其辞地提到所谓的宇宙知觉，他认为这个宇宙知觉在漫长无尽的时间中跟跄而行，做着各种实验，时而产生各种无效的变种，或幸运地产生一种新品种，可是他几乎从没有谈论到神接受祈祷的这一类问题。在另外一种情况下，他也可能变成一个强烈的敌对者。他曾提到那些厌恶世人的人，为了向生命报复，传播着上帝的想法。这种思想一旦普遍传开，"人类马上就会堕入争吵、怀恨之中，互割喉头；而这种事情是从有那个可憎之名以来就一直存在着"。狄德罗在狂喜之余，又谨慎地说："如果我能永远消灭所谓上帝的观念，我愿意牺牲我自己的生命。"然而，这位头脑昏乱的天才又感觉到宇宙令人惊叹的秩序及其宏伟，他在写给索菲小姐的一封信中说道："无神论是近于一种迷信，和其他迷信同样的幼稚。"又说："我因卷入魔鬼似的哲学而疯狂起来，我的理智不得不予赞同，而我的感情又不得不予反驳。"他晚年承认，要从无机物导致有机物、从感觉导致思想是一件困难的事。

在与基督教的对抗中，他从未变得温和。在一封私人的函件中，有一段情绪激动的话，足以说明他对基督教的控诉：

> 我心里认为基督教的教义最为荒唐、最为残酷、最令人难以理解、最抽象、最纠缠不清，结果也最容易分化成各种教派和异端。而且，由于教会的组织，对异教徒的迫害及它的纪律，基督教对公众的安宁最为有害，对王权也最危险。它的仪式最呆板、最阴沉、最不开化、最令人沮丧，它的道德观念最幼稚、最不友善……基督教在所有的宗教中，最令人难以忍受。

在《怀疑者的漫步》（1747年）中，他承认在教堂中做礼拜对性格的训练和道德观念的形成很有贡献。晚年，他又认为基督教在抑制了微小的罪行时，却已煽动起更大的罪行。他说："迟早，这个阻止人们偷窃1先令的观念，会造成百万人的被屠杀。真是好报酬！"然而，"我们的宗教信仰对我们的道德观念没什么影响"，人类畏惧眼前的法律甚于遥远的地狱和看不见的上帝。即使一个牧师"除了对事情几乎毫不关心时，他也几乎不会信赖对上帝的祷告"。1783年，狄德罗预言，人对上帝的信仰和对国王的臣服将会在几年之内结束。1792年，他的预言在法国似乎获得了证实，然而狄德罗也预言了"相信有上帝存在的观念将会永久留存下来"。

就像大多数对天主教教义失去信心者一样，认为基督教仪式沉闷、令人沮丧的狄德罗，对天主教仪式的美和庄严仍然非常敏感。在《1765年的沙龙》中，他袒护天主教仪式以反抗新教徒的批评：

> 那些荒谬的新教徒，不明白天主教外面的仪式对人的影响。他们从未看过我们在耶稣受难节时对十字架的崇拜，也未看过圣餐节游行群众的热情，我有时也会为这种热烈的场面着迷。每当

我看到那成长排、穿着祭袍的牧师，那穿着白麻布僧衣的年轻侍僧……在圣体前撒布着鲜花，那默默地跟着牧师们前进的群众，如此多的人匍匐在地上；每当我听到庄严、哀伤的圣歌由牧师们唱着，而由无数的男人、女人、少女、儿童诚心地回唱着；我禁不住在内心深处受到感动，禁不住要热泪盈眶。

但抹干眼泪后，他又开始了他的攻击。在《哲学家与马夏尔夫人的谈话》中，他假想了一个名叫克鲁迪里（Crudeli，"冷酷"之意）的怀疑论者和一位贵族妇人的谈话。这位贵妇认为"凡是不信奉上帝的人，都是应该被送上绞架的恶棍"。她很惊讶地发现了这位不信神的克鲁迪里先生不仅是一个好色纵欲之徒，而且是一个贼。"我想，如果我对死后无所畏惧或无所希望的话，我就会容许自己在尘世享受许许多多的小乐趣。"克鲁迪里问道："那些东西是什么呢？""这些事，我只能告诉我的神父……但是，一个不信神的人，除了他疯了外，有什么动机会使他做一个好人呢？"她在辩论中退却了一下，然后建立起一道新的防线："我们必须要有一些东西来吓跑那些能逃掉法律制裁的罪恶。"此外，"如果你摧毁宗教，你将用什么东西来取代它的位置？"克鲁迪里回答说："假使我没有用以取代它的东西，我总是少了一个可怕的偏见。"——

　　马夏尔夫人： 如果你认为错误的每件事都是正确的话，那么你就会受到诅咒。受到诅咒是很恐怖的，你将永久陷在火烧的炼狱中。

　　克鲁迪里： 哲学家拉封丹认为我们将会如鱼得水般地舒适。

　　马夏尔夫人： 是的，是的，但是你的拉封丹到最后变得很严肃，我希望你以后会和他一样。

　　克鲁迪里： 我的脑袋软化后，我无能作答。

　　狄德罗这位最反对宗教的哲学家，认为修道院和女修道院在浪费人类的种子和精力，因而对其予以严厉的批评。他最愤怒的批评之一，是指责那些将不愿意的女儿逼迫去做修女的父母。而他在写作技巧方面最成功的一篇作品，就是对这种修女生活的想象作品。《修女》这本书于 1760 年完成，那是狄德罗和朋友德国语言学家格里姆，以一种开玩笑的方式想要把那时正在卡昂的克洛思梅侯爵骗回巴黎时产生的结果。因为那时，狄德罗注意到一个宣称为父母所迫而不得不起誓当修女的女人，向巴黎议会请愿解除她的束缚这件事。他的朋友，仁慈的克洛思梅侯爵，为了她写了一封信给议会，可是没有收到效果。这位修女的结局如何，没有人知道，但狄德罗重新编造她的历史，他描写得很逼真。狄德罗假想这位修女已经逃离了修女院，他似乎用她的笔调，一连写了好几封信，寄给这位侯爵。信中描述逃离的经验及向侯爵求援以展开新生活，侯爵回了信，狄德罗又假借她的名字回信。他们之间的通信持续了 4 个月，一共写了 150 页。

　　狄德罗描述女主角苏珊受到苛刻的女修道院长的迫害，她被监禁、剥光衣服、挨饿、痛苦。她向一位牧师诉苦，这位牧师使她转移到另外一间修女院。然而在那里，女修道院长是一个同性恋者，用爱控制她，向她挑逗。狄德罗或许夸大了女修道院长的残酷和修女的悲哀，但他在故事中把所有的牧师描写成友善而仁慈。同时，他在描写女同性恋这一主题中，有着他作品中罕见的细腻手法。克洛思梅侯爵深受感动，回到巴黎。当然这个骗局就揭穿了，他原谅了狄德罗。或许受到英国作家理查逊的作品《克拉丽莎》的影响，狄德罗这种奇异的技巧使人们对心理学展开惊人的研究。从来没有像狄德罗这类的怀疑论者能够如此生动地描述一个被迫侍奉上帝的圣徒的心情。格里姆说，狄德罗在写作这些信件时，一位访客发现这位作者"沉浸在悲伤和眼泪中"。狄德罗承认为他自己创作的故事哭泣，因为他和卢梭同样爱流泪。这篇书信体的小说描写的逼真、富于感情及形式的特殊，使他颇为得意。他仔细地修订了这篇小说，而且遗留到他死后才出版。这本书于 1796 年出版，正好赶上法国大革命。1865 年，在塞纳裁判所的命令下，这本书在公众前被销毁。

与《修女》同时出版又同时被销毁的《宿命论者雅克和他的主人》，在笔调上给予读者和作者的亲近感，是狄德罗自认为他最伟大的作品。或许的确如此，但它也是最荒唐的作品。由于他那时着迷于作家斯特恩在《项狄传》中写作的方式（1760—1767 年），他采取了斯特恩的技巧，在故事中偶尔很古怪地插入他对人物和布局的描述，中断了故事而对读者直接说明。他直接抄袭了斯特恩在故事开始和结尾时使用的技巧，而且偶尔插入猥亵的字句以震惊读者这一手法方面，狄德罗更胜一筹。故事中的两位主角更反映出西班牙作家塞万提斯比较主仆之间气质和哲学的差异这一技巧。主人反对，雅克则接受了宿命论。他说："这里发生的一切，在天上都已经写好了。"他"相信人走他应走的路，向着荣耀或向着可耻，就像一个球，必须沿着他滚落的山坡"一直滚下去一样。"他知之甚熟的（从前）船长把这些斯宾诺莎的想法充满了雅克的脑袋"——好一个船长呀！

在故事的中间，狄德罗停下来以他的活力和技巧，说了一个波梅芮女侯爵的故事。她是阿奇斯侯爵的情妇。由于她怀疑侯爵厌倦了她，她假意暗示他们的关系已经变得厌烦，以探求侯爵的心意。侯爵承认他愿意恢复两人之间纯粹的友谊时，她便非常震怒。于是她设计了一个独特的报复方法。她找了一个美丽的娼妓，出钱为她赎身，教她文法、礼貌和感人的风采，把她当作一位出身高贵的仕女介绍给侯爵，训练她去唤起侯爵的幽默感而拒绝他的进犯，教导她引诱男人求婚的艺术。在结婚几个月后，女侯爵向侯爵透露了他的伴侣的过去。女侯爵的报复却因为事情的变化而没有成功。这个被赎身出来的罪人爱上了侯爵，在羞耻和眼泪中，她向他坦承了她的欺骗，而且告诉侯爵，她愿意离开他。而在同时，她一直是个忠实而热爱丈夫的好妻子，使侯爵觉得他的婚姻生活比以前的男女私通更为幸福。他原谅了她，但拒绝让她离去，他们因此勇敢而满足地生活下去。这位女侯爵却尝到了刻骨铭心的痛苦。

这段插曲无疑是这部作品中最出色的一部分，它的结构严谨，微妙地接触到心理写实的问题，及凝聚的感情的静静流露，但这些就整篇小说而言，尚还欠缺。德国文学家席勒认为它是文学作品中的精华，1785 年将之翻译成德文。

拉摩的侄儿

歌德称《拉摩的侄儿》为"天才的代表作"。这本书于 1761 年写成，但没有出版，因为这本书是狄德罗作品中最具争议也是最具创见的一部。显然，即使对他的朋友，他也认为这部作品太难以消化。直到他死后，他的一份抄本才在狂飙时代的德国造成了一阵悸动。席勒为此书感到震惊，他把这本书交给了当时声誉正隆的歌德，由歌德翻译成德文。译本流传回法国，然后又成法文（1821 年）。另外一份抄本于 1823 年出版，但这本书是经过了狄德罗的女儿删除了部分猥亵的情节后，才交到印刷商的手里。这篇作品的手稿，直到 1891 年才在塞纳河码头边的书摊中发现。那份手稿现存于纽约的摩根图书馆。

因为这篇文章中的想法太过古怪，狄德罗本人也无法用第一人称表示。狄德罗选择了让·弗朗索瓦·拉摩作为他的代言人。这位男主角是那篇未出版的对话写成时还活着的作曲家吉恩·拉摩（1764 年去世）的侄儿。狄德罗对音乐知道得很详细，他能很熟悉地提到当时的音乐家洛卡泰利、佩尔戈蒂西、约梅里、加卢皮、利奥、芬奇、塔尔蒂尼和哈塞，而且正确地预言到，在小提琴演奏中，演奏技巧的困难很快就会压过琴声的美妙。

拉摩的侄儿能够作曲，同时作为一个音乐教师，也有少许成就。但他深受他的名字的困扰，而且嫉妒他叔父的成就。他放弃了事业上的追求，沉迷于狄德罗所描述的狂放而不振作及自我放纵的不道德中。在对话中描写的这位侄子的很多特性，都在当时的文献中获得证实。但狄德罗把他描写成让妻子靠美色卖笑的事，历史上并没有任何证据予以支持。他的妻子死后，弗朗索瓦便丧失了所有的自尊。他的嘲讽和下流的语气，使他被逐出了社交圈。最后，连几年来一直供他晚餐的富有的贝尔廷先生，都把他赶出家门。他只得在雷琴斯咖啡馆中找寻志同道合的人及其他思想进步而穷困的时代先锋。

狄德罗开始写道：

> 无论天气是好是坏，我的习惯总是在下午 5 点钟左右，走去皇宫。你经常可以看到孤独一个人，在阿尔让松长椅上做梦的，就是我。我和自己谈论政治、爱情、兴趣和哲学。我放纵我的心思，让它想入非非……天气太冷或太潮湿时，我就躲到雷琴斯咖啡馆，在那里，我看人下棋。一天下午，我正在那里四处张望，很少谈话，也很少听人说话时，一个世上最古怪的人走近我。

接着，就是一个特殊的人物画像——一个喝下了人生的渣滓而苦涩地回忆着往日美好光景的人；一个以前是个很有钱、生活很舒服的人，而且有着全巴黎最美的妻子；一个每个上等家庭都接待过他一次、与法国一切文化并驾齐驱的人。现在却沉沦于贫穷和堕落中，靠着人家施舍的餐饭和不予追讨的借款过活，除了挣扎和惨败，看不出人生的一点希望，他把所有的宗教当作一种美丽而可怕的谎言而予拒绝，他把所有的道德都看成懦弱和虚伪，可是他在清醒时，则以有教养的口才和合适的衣饰来保持过去的风采。他的幽默尖刻而严酷："某某夫人生了双胞胎，他们各有自己的父亲。"或谈到歌剧时："歌剧中，有几段相当好；不过很糟糕的是，在以前就已经有人编写过了。"他最深刻的悲剧，就是他什么都不信。他曾听过卢梭对自然的长篇大论——自然比文明好得多；他却观察到"在自然界中，所有的物种都互相吞噬"。而每样生物最崇高的目的就是被别的生物果腹。在人类社会中，他也看到了人以适当的法律途径吃人。他认为，所有的道德只不过是聪明的人玩弄简单的人或简单的人玩弄自己的一种骗局而已。他认为，聪明人将会嘲笑十诫，而且能用自己的判断，享受所谓的罪恶。"为智慧和哲学欢呼吧！ 所罗门王的智慧：除了喝美酒、饮美食、戏弄美女、睡软床外，一切都是空的。"他说完这些话后，还有什么话留给尼采和波德莱尔去说呢？

狄德罗在结束这篇观念的魔舞时，称这位侄儿是一个"无所事事、贪吃、懦弱、污秽下流"的人。对于这句结语，拉摩回答说："我相信你是对的。"或许我们会有一种卑鄙的想法：如果狄德罗没有发现在他的内心中，潜伏着像这个侄子的特质，他怎能如此生动地描述这个角色呢？ 狄德罗抗议这种想法。他承认他绝不是一个圣人：

> 我不认为追求感官的快乐是一种罪恶，我也有一个品尝美食好酒的味觉器官。我也有一颗心和一对眼睛，我喜欢看漂亮的女人，我喜欢用我的手去感觉她喉头的坚实和圆滑，喜欢把她的双唇压在我的嘴唇上，从她的眼中追寻快乐，也喜欢死在她的怀抱里。有时，我和朋友在一起时，即使我们的行为稍微误入歧途，甚至有些凶恶，我也不会感到不高兴。但是——我不会向你隐瞒——帮助那些不幸的人……给人有益的忠告，读一本好书，与一个亲近的人一同散步，抽空教导我的孩子们，写下一页好文章，完成我的职责，向我的爱人说些温柔而甜蜜的话，使她将双手环抱在我的脖子上……这一切都给我无限的甜蜜。

> 我有一个在卡塔赫纳致富的熟人。他故乡的习俗是将财产传给长子，所以他只得出外谋生。他的大哥是一个被惯坏了的败家子，挥霍了他那过于纵容的父母的所有财产，而且将他们赶出了庄园。他的父母不得不在一个小城里过着穷困的生活。消息传到了他的耳中，这位没有得到父母的善待而远走他乡谋生的儿子，他怎么做呢？ 他给予父母帮助，紧急地处理他的事务，然后回到他父母的身边。他使父母重返家园，而且准备嫁妆让他的姐妹出

嫁。啊！我亲爱的拉摩，这个人认为他返家的这几个月是他一生中最快乐的时候。他含着泪，告诉我他们的事。而我，我告诉你他的故事，同时我心里感到喜悦和一种难以形容的快乐的激荡。

狄德罗的伦理观和政治观

与我们每个人一样，狄德罗至少也具有两种性格：一个是私下的自我，秘密地保留了某种原始、野蛮，甚至在动物身上可以发现的人类本性的冲动；另一个是公开场合的自我，勉强地接受了教育、纪律和道德，好像是接受社会秩序保护必须付出的代价一般。狄德罗还有几个自我：一个是仍然不忘记他的年轻时代，他的放荡不拘的自由和爱及对警察之外，不负责任的自由的狄德罗；另一个是，如果能够有一个能了解他的言语和思想的情妇，就能间歇地作为一个好丈夫、爱子女的父亲，一头半驯服的动物和能够尊重金钱、道德、法律的一家之主。

这位具有多重性格的狄德罗，于 1770 年至 1772 年，写作了两篇对话，以显示他见解的摇摆不定。在《一个父亲和他的儿子的谈话》中，他描述他父亲温和地对他解释"那些漠视法律的人的危险"这幅美妙的图画。但两年后，他写出了他作品中最激进的一篇。1771 年，博甘维尔刚刚出版了《世界环游记》（*Voyage Autour du Monde*），描述了他在大溪地岛和其他南太平洋岛屿的旅游经验。狄德罗抓住了文中的部分叙述，以说明野蛮在某些地方胜于文明的例证。为了阐明这几点，他运用了他惯有的活力、想象力和偏见，写了一篇《博甘维尔游记补遗》，这篇文章直到 1796 年才见天日。他引用了一个博甘维尔提到的大溪地人，并幻想他对着正要离去的法国人的船队指挥官，说些道别的话：

> 而你，这群土匪的首领，赶紧把你们的船只驶离我们的海

岸吧！我们是无辜的，是幸福的；而你们能施之于我们的，只是摧毁我们的幸福。我们依照纯洁的本能行事，而你们试图从我们的灵魂中抹杀这种性格。在这个地方，所有的东西都属于每个人；而你们宣扬"你的"与"我的"这种奇怪的区分法。我们的女儿和妻子是我们每个人公有的，你们和我们分享了这个权利。又……激起了她们我们以前从不知道的狂乱……你们为她们互相屠杀，而使她们染着你们的血腥回来。

我们是自由的，你们却在我们的土地上建立了我们将来被奴役的头衔……你们在这块金属片上写着"这块土地是我们的。"……是为了什么？就因为你们到这里？如果有一天，一个大溪地人登上你们法国的海岸，在你们的一块石头上刻下……"这块土地属于大溪地人所有"，你们对这件事的看法如何？

你们像捕捉动物似的想要捕捉的大溪地人，就是你们的兄弟……你们对他们有什么权利是他们对你们所没有的呢？你们来了，我们攻击过你们吗？我们抢劫过你们的船吗？……没有，我们就像尊重自己般尊重你们。留下我们的风俗吧！它们比你们的更明智、更荣耀。我们无意将你们所谓我们的无知和你们无用的知识交换。

这位大溪地的长老继续提醒这些欧洲人，他们受到的欢迎是如何的诚挚，他们是如何的被供以食宿，并受到爱护。因为（狄德罗认为）岛上没有像十诫中的第六诫不准通奸的规矩，也没有嫉妒，所以岛上的妇女并不明白船上的牧师所说的罪恶和羞耻，她们给予水手们最热诚的招待。但得到的是什么呢？梅毒，这种岛民以前不知道的疾病，开始在岛上的女人身上出现，并且传给了土著的男人。这位长者要求这些访客离开他们的岛屿而且永远不要回来。

狄德罗又加上了一段"牧师和欧罗的对话"——欧罗是一个学过西班牙语的土著。牧师在岛上时，被指定住在欧罗的木屋里，而欧罗献出他的妻子和女儿作为牧师同床的伴侣。牧师向他解释道德规则不容许他接受这种恩惠，但一个女孩挑逗了牧师后，牧师就变成了一个凡人。接着三天，他白天向欧罗解释基督教的伦理学，夜里却和欧罗的另外两个女儿轮流睡觉。在第四夜，"牧师照荣誉所示，献身给房主的妻子"。而牧师想要把欧罗转变成基督徒的努力，成为狄德罗一页讥笑的题材：

> **牧师：** 对于你而言，婚姻究竟是什么？
>
> **欧罗：** 婚姻就是两人同意分享同一间茅舍，睡同一张床，只要我们希望这么去做的话。
>
> **牧师：** 你们不再希望这么做时，你们怎么办呢？
>
> **欧罗：** 我们就分手。
>
> **牧师：** 那么，孩子怎么办？

这不成问题，欧罗回答说：女人带着儿女回到她父亲的身边；很快地，就有一个愿意接纳她儿女的男人追求她，因为在一个农业社会中，儿女是一项有价值的财产——

> **牧师：** 父亲和女儿，母亲和儿子，哥哥和妹妹，一个丈夫和另一个人的妻子，能否同床共褥呢？
>
> **欧罗：** 为什么不能呢？
>
> **牧师：** 然而，我想，即使在这里，儿子不会经常地和他的母亲共床吧！
>
> **欧罗：** 除非他对他母亲有极大的敬意，要不然不会这样的。

牧师几乎被"大溪地"的生活方式折服。他承认他被引诱得脱去衣服，扔进船里，而和这些"自然子女"共度余生。狄德罗的结论和他以前的朋友卢梭在《论艺术与科学》（*Discourse on the Arts and*

Sciences，1750 年）和《论人类不平等的起源和基础》（*Discourse on the Origin of Inequality*，1755 年）中的论点几乎相同：

> 不知道你喜不喜欢对我们的可怜状的一个浓缩的描述？底下就是了。有一个自然人存在，然后他被引进一个文明人；而这个人忍受一生的内战就此开始了……有时，自然人获胜，有时，他被道德和文明人击倒。不管是哪种情形，这个可怜虫被拉扯着，被镊子紧挟着，受到折磨，被车轮拉长他的体躯……永远不得快乐。

当然，狄德罗对大溪地人的实际情形所知有限。博甘维尔本人把大溪地人描写成受到迷信和禁忌支配、畏惧想象中的鬼灵、屈服于牧师，更不用说屈服于各种昆虫和疾病的人。狄德罗，不安于独婚制的人，并没有心情去了解为何社会秩序的这些需要，对人类的性本能加上如此多的限制。他是认为个人才智胜于种族习俗的另一个例子。

狄德罗的伦理哲学和他本人的行为却是一个有趣的对比。理论上，他的道德观念有时趋于无政府状态。他认为人类本质上是好的，而根据这个假定，他提议"追随自然"——本能。他觉得，只有经过本能，个人才能摆脱宗教和社会用成千的习俗、禁令、法律施于他身上的限制。

他的生活经验逐渐增多后，他几乎改变了所有的伦理观点。他的方向从卢梭转向伏尔泰，他逐渐悲观地认为人类的本性和社会的堕落同样使人变坏。"（像在群众里）没有人需要单独负起责任时，人们很便利地同意最邪恶的行为，没有别的事更能表现出人类本质是如此的可恨。""相信我，"宿命论者的雅克说，"我们除了自己外从不怜悯别人。"现在狄德罗用另外一句话来代替他以前的夸张："如果不是由教育使人的理智发达，一个自然人可能会扭断他父亲的脖子而且和他的母亲睡觉。"当他的性欲消退后，狄德罗逐渐地同意古代希腊哲学家苏格拉底的说法，认为精神的愉悦比肉体的快乐更稳定地满足人。他问："拥有一个美丽的女人只能得到肉体的快乐吗？ 因为她的死或不贞而失去她也仅仅是肉体上的苦痛吗？ 肉体和道德的区别难道不像只能感觉的微生动物和能够推理的动物之间的区别同样坚实吗？"

他得到了美德的生物学观点，认为美德是能求生存的任何一种特质。他模模糊糊地逐渐了解最高的美德就是使群体能够生存下去的美德，因为社会组织是个体生存最主要的方法。在《拉摩的侄儿》中，狄德罗承认，那个试图保存群体而将施之于他们身上的限制抛弃的人最后成为被社会遗弃的人，他们没有信仰、食物、配偶和希望。狄德罗以一个迟缓的温和的语调结束他的大溪地之梦："直到无情的法律改革前，我们将一直宣扬反对它们，但我们也要服从它们。授权自己去侵犯一个受不好的法律约束的人，该法律也授权他去侵犯一条好的法律。在一群疯人中装疯比一个人一直保持聪明要来得方便。"

他的女儿安杰莉克逐渐散发出女人的魅力时，狄德罗开始担忧她的道德观念。他把她的处女贞节当作一种宝贵而可以贩卖的财产，而看过她安然地结婚后，他又告诫她不能犯通奸罪。他告诉她，对她不贞的怀疑会使他悲伤而崩溃，甚至羞耻至死。在艺术评论方面，他指责布歇腐化，同时推崇谦逊及其他的基督教美德就像画家格鲁兹和夏尔丹描画的一样。在他的剧本中，他宣扬旧的美德就像稳定而繁荣的中产阶级一样。狄德罗参加霍尔巴赫的聚餐时，他以写作《博甘维尔游记补遗》这类鲁莽冲动的作品，及随意抒发他的想象力而感到愉快。但他回了家，他坚持所有中产阶级的美德，而且只要允许他和别的女人私通，他也愿意去实行这些美德。

他的政治观念和他的道德观念同样的混乱，这一点他毫不生气地坦白承认。他不同意伏尔泰"开明君主将可被证实为改革的最有用的利器"的说法，他指责普鲁士的腓特烈大帝是一个暴君，他又想把俄国女王叶卡捷琳娜大帝的思想改变成民主思想。他接受君主立宪，但他建议选举一个国民大会——代表们从有产者中产生，因为他们和一

个良好节约的政府有着切身的利害关系。他想象出一个人人享受自由
和平等的善良社会，但他怀疑在普及教育以提高一般民众的知识水准
之前，任何改革能否收效。

　　他的经济观在理论上比较激进，在实行上却比较温和。即使到了
晚年，他仍然坚持无政府状态的共产主义的理想。"我相信，除了在
一种没有君主、法官、牧师和法律，也没有你的和我的这一区别，没
有财产拥有权，也没有善和恶的社会状态下，人类是没有真正的幸
福可言的。"但他又承认这种远景是一种"理想化的东西"。"我们的
社会经济是一种多么罪恶的经济！"拉摩的侄儿说，"一些人富得流
油，同时一些人却十分贫穷，连填牙缝的一口饭都没有。"狄德罗知
道，在他清醒的时候，只要人类工作能力的不平等存在，财产的不平
等也将一直继续下去。实际改革时，他和重农主义者站在初期的资本
主义的一边。他宣称财产权神圣而绝对，指责国家对个人财产权的侵
犯，而且和奎奈、杜尔哥及伏尔泰联合，要求政府解放对工商业的控
制。他认为农业是经济的基础而又最受到其他各业的控制，所以他赞
成政府对农业的补助。如同我们每个人一样，狄德罗的年龄和收入增
加后，他逐渐变得保守起来。

狄德罗论艺术

　　狄德罗在神学、伦理学、政治学和经济学方面的涉猎只是构成了
他多方面的兴趣和活动中的少数几面。有谁会想到，在一夜之间，这
个硕壮的万事通居然会变成他那个时代中的一流艺术批评家。

　　1759 年，两年一次的绘画和雕刻展在卢浮宫展出时，他的朋友格
里姆，由于正忙着战争及与埃皮奈夫人的纠葛，拜托狄德罗代他向他
的《文学通讯》的读者报道。狄德罗报道了 1759 年至 1771 年、1775
年至 1781 年间的沙龙画展（现代画家在巴黎举行，每年一次），在这
些报道中，他让自己的心灵几乎漫游过每个人生阶段。在以前的艺术

评论中，从没有像他如此新鲜、如此亲近。他的评论有些采取与作品的原作者交谈的方式，一些则以他和格里姆之间私人通信的方式发展，如同一篇于 1761 年发表的谈论：

> 在看了今年的沙龙画展后，在此，吾友，有一些念头经过我的脑袋。我把它们倾吐在纸上，并不在意选择和表达的方式……我现在心里的唯一念头就是为你省些时间，让你能更专心地研究。

他热情洋溢地冲向他的新工作。他感谢格里姆强迫他不以普通观众的"表面而不专心的注视"，而以一个研究每一张油画、每一座雕像直到他真正感觉到作品的才华和意义这一决心去看画展。他事先没有学会批评的技巧，但他和每位艺术家交谈——夏尔丹、拉杜、科尚、法尔科内……他研究他们构图的方法、画法及上色法。"我把我的灵魂开放给作品的效果，我想象到了明亮和阴影的神奇，我了解颜色的意义，我得到了真实躯体的感觉。"

最后，他成为一个有资格的技巧评论家。但是，他否认所有的技巧知识，只是企图说明每个作品对他的意义。首先，他仔细地描述主题或故事，因为格里姆的大部分读者都不会看到他描述的作品。然而，某些读者则会依照狄德罗的建议购买图画。经常，他会想象并细腻地描写艺术家呈现出的瞬间的活生生戏剧。有时，他把艺术变成文学。最后，他可以自夸："夏尔丹、拉格勒内、格勒埃及其他的画家……已经向我保证，我是唯一能够连续看过一张张画，而想象它们意义的人。"

他不折不扣地坦白表示他的喜爱和偏见。在他几乎指责了当时法国文化的每个事物后，他以一种爱国的热情祖护法国画家。当时，英国艺术家贺加斯批评法国没有会上色的人，他骂贺加斯是一个骗子、一个无知的人。"夏尔丹，"他反驳说，"或许是画家中最会上色的人。"他对纳迪埃很苛刻。他奚落布歇的裸体画,但欣赏它们。他在批评了一幅裸体画的缺点后,又补充说:"完全同样地,让我就这个样子拥有她吧! 我不认为我将会浪费时间来抱怨她的头发画得太黑。"他看了一幅《圣经》故事中约瑟夫拒绝了波提法的妻子求爱的图画后,很是生气。"我无法想象他想要什么,不必再问了,我经常不必问那么多就可以解决问题。"他同情绘画裸体的画家,尤其是雕刻裸体像的雕刻家。总之,"你雕刻时,如果你遇到了扣子和短裤,你会怎么办呢? "他喜欢格勒埃画的纯真女孩的画,他完全分享格勒埃的感觉。尤其是,他很欣赏格勒埃妻子的画像,她是狄德罗年轻时代的情妇。他欣赏荷兰和佛兰德斯艺术中的狂野风景,而且发现,"一棵饱受岁月摧残的老树比一座宫殿更具诗意。宫殿只能在倾塌后才能引起人的兴趣"。他反对正统对理性、秩序和和谐的强调,并把创意的想象抬高到分析的理性之上。他要求"恐怖的和感觉的构图,这些构图要能把爱和恐惧带到内心深处,溶解你的感觉,洗清你的灵魂,在作品中有任何规则都无法达到的某些东西"。他轻视"为艺术而艺术"的观念。他认为,艺术有一个道德使命:奖掖美德,揭露罪恶。

在 1765 年的沙龙画展,狄德罗很自信地加上一篇《绘画论》在他的观察报道中。如同柏拉图和亚里士多德一样,他发觉了美的本质在于一个整体中各个部分的和谐。但是,他又建议美的本质也在于物体与它的周围环境及其目的的和谐一致。就理想而言,他认为"美"可以定义为完全适应环境而发挥其效用的存在,因此一个健康而聪明的人应可看成是美的。在一幅情景中,艺术应当选择指出这幅情景的意义的特征,而且应除去无关的部分。它不需要卑贱地完全模仿实物、完全符合真实。然而,艺术家必须研究自然的物体而不是以前的模型或正式的规则,一个泰尼耶比一打富于想象力的安东尼·华多还好。他感觉到艺术和理性之间的某种不和谐,他承认布瓦洛的古典的印象使得法国诗坛残缺不全。在此,他抛弃了伏尔泰而袒护卢梭,他认为艺术必须是感觉的声音和产物。因此他推崇色彩，而当时的英国著名人像画家雷诺兹颂扬着构图。"构图给予生物的形，"狄德罗让步说，"但色彩给予它们生命。"歌德发现在这篇论文中，有些他认为不对的观点，他翻译了其中的一部分，并向席勒描述这篇论文是"一部伟大的作品。它所说的对诗人比对画家甚至更为有用，虽然对于画家而言，它也是一个明亮的照明火把"。

狄德罗与戏剧

"我年轻的时候，"狄德罗写道，"我在巴黎索邦神学院（牧师）和舞台之间犹豫着。30 年来，我一直违背我的兴趣去编纂《百科全书》，而只写了两篇戏剧。"他把他的戏剧看得比他的小说重要，而且因为他的小说大部分都在他死后才出版，他的戏剧对他的名声和生活影响较大。而这些戏剧几乎在法国戏剧史上构成了一个革命。

他曾充满感情地读过英国作家理查森的小说。1761 年，他写了一篇《理查森颂》，这篇抒情诗赞颂这位英国人对感情的召唤、对美德的教诲，及他对中产阶级生活勇敢的描述，认为值得严肃的艺术的关注。不仅如此，狄德罗也被英国剧作家李洛的《伦敦商人》（*The London Merchant*，1731 年）所感动。《伦敦商人》成功地把商人阶级的感情和痛苦带上了英国的舞台。他称这出戏剧"至高无上"，甚至与古希腊悲剧作家索福克勒斯的作品相提并论。狄德罗开始写作庄严的剧本时，他便以中产阶级作为题材，并以散文为体，震动了法国剧作家的传统。1757 年，他把《自然之子》搬上舞台，并印行出来。这出戏在台上并不成功。在地方上只演过两次，1771 年在巴黎，只上演过一次。

故事非常有趣。一个有道德、富裕的私生子都佛发现自己爱上了朋友克莱维的未婚妻罗莎莉。他感觉到她回应他的感情，因此他决心离开以免破坏朋友的婚礼。他正要离去时，他看到克莱维受到攻击。他和匪徒搏斗，拯救了朋友的性命。而他听到罗莎莉的商人父亲破产，无法给她嫁妆时，他秘密地补偿了她的损失。这位破产的商人竟是都佛和罗莎莉的父亲。她以当他的妹妹自解，她和克莱维结婚。都佛则和克莱维的妹妹康斯坦丝结婚。戏剧结束时，每个人物都充满了喜悦的眼泪。这就是他在批评家所说的"眼泪剧"（la comédie larmoyante）方面的贡献。

使这个戏剧在法国戏剧史上占一席之地的是与这出戏有关而另外出版的一连串对话，后来，这些对话就被加上《自然之子的谈话》这一名称。法国戏剧的传统是：严肃的剧本（以别于喜剧）应该只关系到贵族，而且应使用韵文体。狄德罗解释他的观点，认为严正的戏剧不应畏惧使用中产阶级的人物与职业，也不应畏惧于描写家庭生活，应该符合现实，而且以散文写作。他企图指明所谓的"中产阶级绅士"并不像剧作家莫里哀认为的，在字义上就令人觉得矛盾可笑，而是一个财富、地位、权利各方面均在增长中的且随着社会发展而不断成长、受过良好教育的人。他认为，剧作家不应在一个角色的实际生活情况，如在家中、在军中、在政治、在职业，甚至在工业上有太多的研究。又由于中产阶级是法国一个具有美德的主要阶层，狄德罗坚持认为新戏剧的一个功能应该"以人们对美德的爱好和对邪恶的憎恶而予激励"。他指责只求观赏之娱的艺术是闲散阶级的奢侈品，每种艺术都应有其社会功能和用途。而戏剧有什么目标能比"使美德更迷人"更好呢？

狄德罗的这出戏与随之而来的正式宣言，把巴黎的知识分子分成两个互相敌对的阵营。帕利索和其他的"反哲学家"嘲笑狄德罗的新观念。费内隆不仅批评这出戏充满了沉闷的教说，被不真实的美德和感情泛滥弄湿，而且在他的《文学年鉴》期刊中，他一连好几期指出《自然之子》的前半部与哥尔多尼于 1750 年在威尼斯上演的《真正的朋友》有相似之嫌。狄德罗承认：

　　我把这个故事的情节据为己有，仿佛它就是我财产的一部分。哥尔多尼也不会更谨慎。他把莫里哀的《守财奴》的情节占用，也没有人想到过那样做不好。而我们也绝没有人想到过控诉莫里哀或高乃依默默地借用一个意大利作家或西班牙戏剧中的想法这一问题。

当然，对于高乃依的《熙德》和莫里哀《唐璜》而言，他说的确是事实。

狄德罗受到朋友们的鼓励，与敌人抗争。在他的《百科全书》极度不顺利时，狄德罗写作并出版了另外一本剧本——《一家之主》（1758 年），又附上了一篇充满刺激性的《诗剧写作论》——篇名使人回忆起 90 年前德莱登写过的一篇类似的作品。《一家之主》于 1760 年在图卢兹和马赛演出。1761 年 2 月，《一家之主》在巴黎的法兰西剧院上演，连续演了 7 个晚上，可以算是一次不小的成功。伏尔泰答应将他的悲剧《坦克利》（Tancrède）延期以让《一家之主》演出，他写信给这位新对手说："噢！我亲爱的兄弟狄德罗！我诚心地让出我的位置，我愿为你加上桂冠。"狄德罗回信说："谢谢你，我亲爱的老师。我知道你是多么希望你的门徒成功，我深为这件事感动。我一生热爱和尊敬你。"这出戏很成功地再次于 1769 年在法兰西剧院上演，成为哲学家的一次小胜。

这出戏描写狄德罗自家的事。剧中的主角父亲是迪迪埃·狄德罗的写照——除了这位主角比真正的狄德罗的父亲传道的时间更长。剧中的儿子圣亚宾（Saint-Albin，狄德罗自我的戏谑造型）希望能得到父母的允许而和女工索菲结婚。父亲同意见她，也喜欢她，但拒绝儿子和这个贫穷的女子结婚。在戏演了 5 幕后，如同在成千的戏剧中的巧合一样，这位年轻的女郎竟然是一个家境富裕者的女儿。父亲软化了，一切问题都解决了。费内隆批评它喧闹、呆板而且荒唐，但这也是可以原谅的。一个批评家指出，剧中对美德的赞颂是献给格里姆的，后者曾和卢梭共享一个妓女，而他是埃皮奈夫人的爱人。这位批评家又指出，狄德罗把剧中的女主角依照他的情妇索菲的名字命名。伏尔泰一方面恭维着狄德罗在剧中"温柔而具有美德的事"，另一方面在写给杜德芳夫人的信中说："你曾否叫人念《一家之主》的剧本给你听？你会觉得可笑呢！在信仰上，我们这个世纪比路易十四的时代贫乏得多。"

然而，狄德罗认为 17 世纪的法国戏剧都陷于一种完全不自然的形式——就其华丽而布告式的风格，就其时、其地和动作的一致性上过于拘谨，就其只是怠惰地模仿古代的正统作品，而不模仿活生生的真实而言。他的剧本流于情感泛滥而他不以为羞，这暗示了浪漫主义对古典主义时期压制感情和重视理性的反叛。在布景的渐趋真实化、演员服装的合于时代背景、演员表达时的爱国心的表现各方面，在其后的戏剧舞台上，我们都可以察觉到狄德罗的影响，这与伏尔泰清除法国舞台上的观众的努力，互为一致。古斯塔夫·朗松说："在过去150 年中，一切创作艺术的改进都源于狄德罗。"——除了在布景上，现在已经变得追求想象而非实际。德国人也对狄德罗的理论有所反应。圣伯夫曾称狄德罗为"最德国化的法国人"。莱辛翻译了《一家之主》和狄德罗的戏剧论，认为："自亚里士多德以来，没有人比狄德罗更将心思沉浸于戏剧之中。"

狄德罗也对演戏的艺术发言。在一篇具有挑战性的论文《论演员的矛盾》（1778 年）中，他主张为了使观众感动，演员不应沉溺于他所演角色的感情，而应该完全自持。他的主张显然源自罗马诗人贺拉斯对诗人的忠告："如果你们想要叫我哭，那么你们自己就应该先流泪。"狄德罗认为演员应当：

> 其本人必定是一个不为所动也不感兴趣的旁观者。他必须有透视力而没有感情……如果演员真正是充满感情，他怎么能用同样的精神，获致同样的成功来演两次同样的部分呢？如果第一次演出充满了热情之火，那么他将很疲倦或是像石头一般的冰冷，

第三次演出时……把剧院的前排充满着流泪的观众，我不愿见到
台子上的人流泪。

而演员很难接受他这个意见。

对于狄德罗而言，他的话也前后矛盾。因为他于 1757 年写道：
"诗人和演员的感觉很强烈，但表达的很少。"或许是他看了加里克
在巴黎成功而自如地接连演了多种互异的感情后，改变他的说法吧！
或者他可能在哈姆雷特给予在爱尔西诺的演员的命令中发觉了他的矛
盾："在感情激荡之时，要获得产生使之平静的气质。"欧文爵士反对
狄德罗的分析，但一位现代的批评家相信"直到今天为止，狄德罗的
主张仍然是企图处理演出问题的最有意义的尝试"。演员可能在生活
中富于情感，但在舞台上不会。他们必须研究剧中人的感情，然后用
自己的姿态和语言表达出来，同时他们却必须"宁静地""记住"它。
狄德罗在写给若丹小姐的信中点到了这种平衡："只有感觉和判断的
演员是冷酷的，只有活力和感觉的是疯子。"

回顾狄德罗混乱心灵的杂乱无章的评论，我们可以因他的想法的
繁富与兴趣的广泛而原谅他的这种混乱。除了宗教外，每个有人性的
事物都不会与他陌生，如同我们看到的，即使他反对宗教，他也无法
免于宗教的感情。他很奇特地从数学和物理开始，却以戏剧和音乐结
束。因为他没有耐心研究和做实验，他无法成为一个大科学家。他很
轻率地遽下概论，但他所下的概论经常光芒四射。他对音乐很了解，
写作翼琴指导法及和声的论文对他都不成问题。他写作了他那个时代
最具影响力的剧本、最佳的小说。他在短篇小说方面的成就，除了伏
尔泰，超过了任何一位同代小说家。而他在给予短篇小说思想和动
作的精炼方面则又超过了伏尔泰。直到今日，短篇小说的形式仍然由
这种思想和动作的洗练决定。因为狄德罗沉溺于与人谈话，而且经常
在沙龙中受到与人交谈的训练，他把对话发展到有史以来很难超越的
光辉与活力的极致。他写出哲学思想并不是为着那些关在象牙塔里的

人，使用难以被人了解的文字，而是将生活中的主题以一种愿意跟上时代潮流的人们的辩论方式，书写出来。

狄德罗其人

藏在这个千变万化的心灵之后的是一个具有许多美德及几乎一切过错的人，他的美德与过错，轮流地在他的人生舞台上出现。画家米歇尔·凡罗为他作画后，狄德罗抗议画中的脸部只表明了他表情中短暂的一部分，只是一种心情下的一种表情：

> 我在一天中，有一百种不同的表情，随着我当天的心情而定。我平静、悲哀、好梦想、温柔、暴烈、热情、热望。我的内心繁多而纷异的状态的表征，一个紧追一个地通过我的脸，快得使画家在每刻抓住的都是不同的我，可是它们没有一个是正确的。

然而，逐渐地，这么多张不同的脸合并成一个人形，留给他一个粗犷的相貌——我们看到的格勒埃为他画的肖像：他与恺撒一样阴沉，而且因为和无数的观念和敌对情绪针锋相对，及企图用静态的文字表示他的"是与否"的微细差异，脸上显露出一种精疲力竭的神情。高眉毛向后倾斜在半秃的头上；耳朵肥大而粗俗，鼻子硕大而弯曲，坚定的嘴，勇于战斗的下颚，棕色的眼睛沉重而悲哀，好像是回忆着难以回想的错误，或好像认清了迷信的不可摧毁性，或注意到单纯者的高度出生率。在公共场合，他经常戴一顶假发，但他得意忘形地独自道白时，会把它拿下来在手中把玩，或把它放在大腿上。他专心于本质，而无暇顾及外表。

他赏识自己的性格，而不落于别人之后。他承认"我一下子很兴奋"，然而"过一会儿我又回复到自己，一个坦白、温和、公正、放纵、诚实、仁慈而知恩必报的人。请你继续这个颂词吧！因为它还不够完整。我还没提到我的智力呢！"他怀疑世上是否有人比他还诚实，而且他确信即使是"教堂的大柱子"也会相信他的话。"你的、我的和他的灵魂是多么美啊！"在他写给情妇的信中，他让格里姆也参与。他欣喜欲狂地说到他的书和剧本，而且自信它们能永存不朽。他自认道德高尚，而事实上他在一段时间中也只有一个情妇。他说自己是一个"哲学家"，并自认和苏格拉底有相似之处。他问："只要自然和经验坚实，而虚荣也从未击垮它们，那么我可敬的特质得自于自然，或得自于经验，到底有什么关系呢？"

实际上，他具有大部分自认具有的美德。他的诚实就是指坦白，虽然他在年轻时说了不少谎。他不装模作样也不作假。他除了说话外，举止都很温和，只是有时说话粗野到若弗兰夫人必须叫他自持庄重。他确实有勇气，许多朋友都背弃他、甚至伏尔泰也劝告他停下来时，他继续奋战。除了对虔诚和卢梭外，他是一个公正的人。以后，我们可以看到他并不十分赞成琴恩和雅克的感性。无疑，他是一个慷慨的人，他总是随时准备帮助那些向他求助的人，而且赞美别人比赞美自己来得慷慨。他花了好几天的时间，代格里姆替《文学通讯》写稿。他也帮助他的朋友，使他们文学方面的努力有了结果。他从自己并不丰厚的收入中拿出一部分来接济许多贫民。有一次，一个贫穷的作家拿了一篇讽刺狄德罗的文章给狄德罗看，并要求他修正。这个穷作家说他需要面包，狄德罗便为他修正，并建议他把稿子投给奥尔良公爵，"我很荣幸地被他憎恨"。这个穷作家真的这么做，公爵给了这个年轻作家25路易。他对书和画的批评非常宽大（布歇的作品除外），他说他较喜欢指出好处，而不愿渲染坏处。他是所有的哲学家中脾气最好的。卢梭直到1758年，格里姆则自始至终，证实了狄德罗对自己特性的估计。"他们提到他时，"埃皮奈夫人说，"总充满最大的敬意。"他们敬仰他的天才，但"他的性格是最使他们感兴趣的东西。格里姆说他是他知道的最完美的人"。对于他的这些朋友而言，他的过错只是一个天真坦白的孩子的过错。他们公认他比伏尔泰更深奥。

他在观念方面确比伏尔泰丰富，因为他的才情没有人能与之相比。他较富想象而少理性，较易冲动而较不成熟。"狄德罗，"伏尔泰说，"是一个过热的炉子，在他这个炉子中烤的每样东西都烤焦了。"即使如此，很多东西还没烤熟就拿了出来。他与卢梭在感性方面同样敏锐，感情方面同样温柔，而且同样很容易为自然界的美和人生的悲剧流泪。他使《修女》中的女主角说，或许所说的就是他自己的话，"对于一个温柔的灵魂而言，流泪是一个令他感到愉快的情况"。拜访他的人有时发现他为一本书流泪或发怒。或许他与卢梭之间的友谊是基于感情方面的共通，他们同样重视感情，同样爱好自然，把天才同样浪漫地看作本能、热情和想象，同样爱好理查森的小说。他甚至希望能警告理查森作品《克拉丽莎》中的女主角克拉丽莎，以提防那个登徒子拉夫雷斯。而他读到一个暴君时，他很容易地想象他自己"很熟练地使用一柄短剑"。伏尔泰和卢梭两人无法原谅他同时包含他们两人，而同时保持独特与自我。

他的习惯表露了他性格中的矛盾。他爱好美食到了饕餮、甚至会产生胆结石的地步，但他对当时文化的奉献仍然很活跃。他讨厌并嘲弄旅行，但他横过欧洲到俄国向叶卡捷琳娜大帝示好。他为美丽的诗篇哭泣，却放纵于低级的猥亵中。他轻视金钱，说贫穷是激励哲学家的朋友，但他父亲死后，他却回到朗格里，而且很高兴地拿了1/3的遗产。因此，1760年之前，他每年的收入达到4000利维尔。"我要一辆马车，"他说，"一间舒适的二层公寓，好的亚麻衣服，一个喷香水的女人，如此我很容易地可以容忍我们这个文明的国家其他被诅咒的事。"在此，他心中的伏尔泰阻止并嘲笑他心中的那个卢梭。

他的太太忙于作一个母亲，忙于家务而无暇喷香水，因此无法作为他合适的听众。如同弥尔顿一样，他以知识程度不合为理由要求离婚。因为没有获得允许，他另外有了一些情妇。简单地说，其中有巴布蒂小姐，她后来成为格勒埃夫人；然后是皮西厄夫人，她和他的关系保持了 10 年。1755 年，他发现了他想要的。一个年轻的女人，在其后 18 年中给予他爱情、忠实和了解。露西·瓦尔（因为他把她看成智慧的灵魂，而为她另取了一个名字索菲）在与他第一次相见时 38 岁——未婚，丰满，近视。他描写她在一个相当干枯的脸上挂着一副眼镜，而他有时因为她匹敌他的胃口而不得不叱责她。但她收集书本而不收集爱人；她阅读很广泛，甚至涉猎政治和哲学；她会谈话，更会听话。狄德罗发现她的腿太粗，但他感谢她的耳朵，而且爱她的心灵：

> 啊！格里姆，她是一个多么好的女人！她多么温柔，多么甜蜜，多么诚实、细腻而有理性！她会思考……在习俗、道德、感情及无数的重要事物上，我们并不比她知道得多。她有她自己依照推理、真理和常识而得来的判断、看法和想法及自己的思考方式。公众的舆论或权威的说法，或其他任何事物都没办法使它屈服。

这些话不可能都是迷恋糊涂的话，因为秉性客观的特龙金博士在她身上发觉到"雾屋中老鹰似的灵魂"。那就是说，她喜爱好的衣服及智力的飞翔。

在与她交往的 20 年中，狄德罗写给她最好的信，这些信成了 18 世纪的文学宝藏之一。他能坦白地把一切事情写信告诉她，他也能把他淫秽的故事及最新的想法送给她看，他写信给她就好像他在说"好像我在你身旁，一边臂膀搁在你的椅子上"。在与她的关系中，他才认清了感觉和感情在生活中所能扮演的角色。现在，他几乎无法相信宿命论。他们之间忠诚与观念的复杂交流，如果说是由于某些原始星云的物理化学变化而导致的结果，这似乎令人难以置信。有时，在这种心情下，他甚至也会提到上帝。他告诉索菲，他有一次和格里姆在乡间散步时，他如何拾起一穗小麦，然后陷入生长的神秘这一沉思中。"你在做什么？"格里姆问。"我正在倾听。""谁对你说话？""上帝。"

与索菲的关系持续了12年后，他的爱情逐渐衰退了，他的信愈来愈短，而他对爱情忠实的誓言也愈勉强。1769年，他继他死去的朋友拉米拉维尔成为德莫夫人的情人，她这时54岁。一年后，一个年轻的情人取代了狄德罗。同时，狄德罗继续向索菲保证他的"永恒之爱"。

他的心不安于室、四处游荡时，他的妻子安托瓦妮特忠心地忍耐他，不能自制地责骂他，而且在宗教和纸牌上寻求慰藉。他们几乎天天吵架，时间也没有办法在一个有千种想法的丈夫和只相信一个上帝的妻子中间搭上一个桥梁，弥补他们的裂缝。他的朋友前来拜访时，他们从没有停下来向她打招呼。而她发现他和索菲间的暧昧后，她暴怒如雷，而他认为她是小题大做。有一段时期，他叫人把他的饭送到书房。在他写给格里姆的信中，说道："她逐渐感觉到这个小小离异的效果，她的钱花完后——我想为时不会太久——我们之间又可以和好了。"她生了病，他变得较为温和，并一面抱怨地照顾她。她的反应非常甜蜜，使狄德罗认为她必定快要死了。然而，在他写给索菲的一封信中，他开玩笑似的描写她的病。他的朋友安东尼计划结婚时，狄德罗劝告他不如去投河自杀。

如果狄德罗不是如此喜爱家居生活的舒适和他的漂亮的女儿，他或许会离家出走。安托瓦妮特生下第四个孩子时，已经43岁（1753年）。这个女儿玛丽·安杰莉克在迷人的童年时代，一直由狄德罗温情地加以照顾。他和她游戏，这位头重脚轻的哲学家和她玩跳房子的游戏，玩捉迷藏的游戏。"我为我的小女儿疯狂。一个多可爱的人儿啊！如果她母亲允许，我是可以将她造就成一个了不起的女人！"他留心地教导她基督教的一切美德，而当她到了及笄的年龄，他明白地教导她如何保护自己对抗巴黎的色狼。那些色狼的求婚是什么意思呢？"他们的意思就是：'小姐，除了你让我满足外，难道你愿意委屈自己，丧失所有的社会地位，自我放逐，锁在修道院里，而使你的父母悲伤至死吗？'"因此，如同所有的法国父亲，他节省金钱为她准备嫁妆，而且探询了无数的家庭以使她及时出嫁。他做了选择，安托瓦妮特反对，安杰莉克同意，于是她就出嫁了（1772 年）。狄德罗因为丧失她而哭泣，而他看到她婚姻幸福时，他哭得更厉害。他慷慨地帮助这一对年轻人，他说："在他们困难的时候帮助他们，不是比等到他们已经不需要任何东西时才去帮助他们更好吗？"他的女婿变成一位成功的工厂厂长，而他的后人在 1814 年波旁王朝重掌政权后，变成谨慎的保守派。

随着狄德罗作为人父趋于成熟，他逐渐地较能了解父亲，也开始赞颂帮助男人培养一个好家庭的道德规范。但他放荡不拘的气质仍然大部分留在他身上。他爱他的家、他的旧衣服和旧拖鞋，而且喜欢在火前烤他的脚趾，他还是偶尔会离开家，如他曾花了一个月与在格朗瓦尔的霍尔巴赫在一起。他仍然常去咖啡店，而且是几家沙龙的常客。若弗兰夫人喜欢他，但轻视他粗鲁的言语，有一次，她送给他一张新桌子、舒适的皮制安乐椅、金和铜制成的大钟，还有一件奢侈的衣袍。他感谢她，而且悲伤地让人把他的旧家具搬走，他对他被弃的室内衣袍表示了温情的悔恨：

> 我为什么不保留它呢？它是为我而做，而我也是为它而生。它跟着我的身体弯折而不会令我感到不便。它如画般的美丽、潇洒。新的袍子，坚硬而且浆过，使我觉得像模特般生硬。不能带来好处的东西，是不必要的……如果有本书上面盖满了灰尘，用它（指旧袍）的衣角一拍，就像掸子一样好用。笔上的墨水太浓写不出来，也可以随时用衣边。你可以看到，衣服上一条条的黑线，这就是它经常为我服务的印记。这些黑条线说明了一个文豪、作家、辛苦写作的人。现在，我看起来就像懒散的富人。没

有人认得我……我是旧袍子的绝对主人，却是新袍子的奴隶。

他把友谊当作生活中主要的慰藉和鼓励。他和格里姆的关系比其他人来得亲密而持久。1772 年，他们结识 22 年时，他写信给格里姆："我温和的、唯一的朋友，你一直是，也将会是我亲密而唯一的朋友。"有时他也会被格里姆的冷漠和表面上的不关心尖锐地伤害着。这个日耳曼人（格里姆）发掘他的好本质，经常委托他为他的《文学通讯》写稿。狄德罗不仅代他报道了沙龙画展，而且代替写新书评介。有时，他为了在格里姆指定的时间及时交稿，彻夜工作。格里姆要付稿酬，他拒绝接受。不过，令人悲哀的是，波兰国王听到狄德罗计划去俄国的圣彼得堡时，便计划邀他在华沙停留。格里姆劝告波兰国王，和这位哲学家相识并没有好处。他说："狄德罗不利用时间去和伏尔泰分享天才的荣耀，却浪费时间为《文学通讯》写文章，或把它给那些敢向他要求的人。我敢向陛下说，他将会默默无名地死去。"

或许狄德罗最快乐的时光（他和安杰莉克在一起的时候除外）是他在霍尔巴赫或若弗兰夫人的晚餐会中发言，毫无方向地随意对任一个话题侃侃而谈之际。在一群有礼的人中，这时机智胜过概念，他也就无法发挥。若弗兰夫人惊讶于他的热心，劝告他谦逊、庄重，使他的奔放受到了阻碍。但在拜伦的餐会上，如同休谟确信的，17 个无神论者集合在一起，他能尽量地发泄。（几乎所有的人都同意）巴黎所有光辉的谈话，没有比他的更迷人、更令人专心倾听。法国作家马蒙泰尔说："只在作品上认得狄德罗的人，完全不了解他……除了和他在一起外，我很少享受到智力上更高的愉快。"亨利·麦斯特经常倾听狄德罗的话，曾以一种适当的比较来描述他：

　　我回想起狄德罗，他想法的无尽变化，知识的丰富，想象力的快速奔放、热度和冲动，他的谈话的迷人和混乱，我冒险地将他的性格比喻为大自然，就像他经常地想象大自然一样——富

有、肥沃，充满各种物种的胚芽，温和又凶暴，单纯又宏伟，有
价值而且神圣，他却没有一个主宰的原则，没有一个主子，也没
有一个上帝。

或者，我们可以听听狄德罗对他自己的谈话的第一手报告：

> 对他们，我好像很突出，受神启示、神圣的。格里姆的眼睛
> 几乎还不够注视我，他的耳朵还不够倾听我的话。每个人都很惊
> 异，而我自己感到内心有一种难以表示的满足。这种满足就像我
> 内心燃烧的火，它烧焦了我的心胸，它扩散在他们身上，使他们
> 燃烧。那是一个充满热情的夜晚，而我就是那天晚上的炉床。

他在当时的声誉，对于那些认识他的人来讲比那些只读过他的作
品的人要大得多。当时，他的作品主要是《百科全书》和剧本。至于
他最好的作品——《修女》、《宿命论者雅克和他的主人》、《达朗贝尔
之梦》、《拉摩的侄儿》——则直到他死还没有付印。部分是因为这个
原因，部分是因为他的想法对宗教与性的嘲讽，他失败了——也从未
试过——去赢得进入法兰西学院的许可。然而，对于他的朋友而言，
他仍是哲学家和这群思想叛逆的人的领导者。卢梭，即使在后来暗地
痛恨他时，也在他的《自白》（*Confessions*）中写道："在几个世纪后，
狄德罗在人的眼中将会成为一位突出的人。人们在遥远的未来将会以
一种敬仰和惊异这种复杂的心情来看他那包罗万象的思想，如同我们
在今天看柏拉图和亚里士多德一样。"

歌德、席勒、莱辛为狄德罗的著作神迷，小说家司汤达、巴尔
扎克及画家德拉克洛瓦也加入了敬仰他的行列，法国哲学家奥古斯
都·孔德认为他是令人兴奋的世纪中的超级天才。法国历史学家米什
莱则称他为"真正的普洛透斯"，同时说道，我们可以百年汲取狄德
罗的作品，而其宝藏仍会照样留下。或者，我们听听只熟识狄德罗

而却不曾读过他的书的若弗兰夫人的话吧！"他是一个善良而诚实的人，"她写道，"他的脑袋却充满错误的思想，而且极不平衡，甚至到了没有一样东西他不看成或听成异样的地步。他总是像一个在做梦，而且相信他的梦是真实的人。"

他是一个好人也是一个坏人，诚实又不诚实，思想歪曲也具有直觉，思想极不平衡也很突出地具有创造力，是一个做梦的人，是一个战士，也是一个先知。他的时代一步一步地往后退时，他在历史上的地位却一步一步地增长。直到今天，有些人认为他是"法国18世纪中最令人感兴趣、最具煽动性的人"。我们暂且不必再管他，直到我们下次再见到他面对着一位女皇，然后在哲学家聚集之地面对死亡之时再谈吧。

第七章 | 扩展中的运动
（1758—1774）

爱尔维修（1715—1771）

·发展

这一家庭的祖先是瑞士籍德国人，与今天令伯恩和苏黎世自豪与繁荣的显赫家系一样。其中一支在纳沙泰尔以施魏茨为名，意即瑞士。另一支则迁至荷兰，改名爱尔维修，其意也为瑞士。后者约 1680 年迁到巴黎。让·爱尔维修（Jean Helvétius）于此地成为玛丽·莱什琴思卡女王的御医。他的 20 个子女中，为我们关切的那个出生于 1715 年 1 月 26 日。克罗德·阿德里昂·爱尔维修在药草味中长大，日后他的哲学也留下这种痕迹。在耶稣会的教导下从路易大帝学院毕业后，他成为一名税务官的学徒。这使他马上富有起来。他23 岁时，每年已有 36 万利维尔的收入。他容貌英俊，是一位优秀的剑术家、舞蹈家与射手，而且是朝臣与娼妓的宠儿，后来被任命为王后的管家。这时他毫无准备成为哲学家——除了那种聪明得不愿写书的哲学家。

1738 年，他遇到了伏尔泰，为伏尔泰的名声与智慧震惊，开始梦想成为作家。一夜之间成为百万富翁和哲学家岂不是一个新奇的经历？在波尔多，他在孟德斯鸠家中做客一段时间，继而在勃艮第与布丰一起居住。这些人对他都有很大的影响。他又成为另一位百万富翁霍尔巴赫男爵——当时的大物质论者——的密友。在男爵的餐桌上及格拉斐妮夫人的沙龙里，他遇到了狄德罗、格里姆、卢梭、杜若、加里亚尼、马蒙泰尔、杜尔哥诸人。他于是彻底被改造了。

1751年，他做了两个重大的决定。他放弃了颇有油水的总包税人的职位，隐居在渥伦的一座庄园，专心写作一本势必震惊世界的书。同年，他36岁，娶了安·凯瑟琳，一位神圣罗马帝国的女伯爵。她32岁，是法国最美丽、最有才艺的女人之一。他马上将她带到渥伦，深恐巴黎会玷污她——格里姆这样告诉我们。那里——也许在巴黎——丰特内尔年已近百，有一次曾误闯入可爱的女伯爵的更衣室，发现她几乎一丝不挂。"喔！夫人，"他快乐地叫道，"我真希望我只有80岁！"

这对快乐的夫妇在巴黎也拥有一幢房子。在那里，爱尔维修的好客和夫人的妩媚吸引了不少学术界的佼佼者：狄德罗、霍尔巴赫、丰特内尔、布丰、达朗贝尔、杜尔哥、加里亚尼、莫雷莱、孔多塞、休谟等人。"你应该看看，"马蒙泰尔说道，"他的家多么令文人们适意！"晚餐时，爱尔维修经常故意把话题引入他计划要写的题目上。他经常邀请别人批评他的观念，受批评时也凝神谛听、风度良好。莫雷莱就曾经抱怨爱尔维修"总是和别人集体创作'他自己'的书"。

经过7年的孵育后，这卷可爱的书终于在1758年7月15日出版，书名为《论智力》（*De l'Esprit*）。曾校看过手稿的朋友们惊奇地发现此书竟然获得宝贵的皇家特权出版。马勒泽布曾把此书送给泰尔西耶审查。泰尔西耶报告说："我不曾发现根据我的判断足以阻止此书出版的东西。"8月6日，巴黎议会却将此书归入邪说之林。8月10日，议会撤回出版许可。泰尔西耶于是失掉了他有油水的职位。这位温厚的作家抗议说，他没有攻击基督教。"他们能以什么不敬神之罪控告我呢？在此书中我一点也没否认三位一体论、耶稣的神性、灵魂的不朽、死后复活论、或其他任何一条教皇律令。因此，由任何角度看来，我都不曾攻击宗教。"伏尔泰担心爱尔维修会被送进巴士底监狱，于是劝他外出旅行。但爱尔维修太过于眷恋家里的舒适，他不愿为区区一本书做这么大的牺牲。于是他以一封写给一位教士的信为形式，发表一份撤销声明。但政府认为这还不够时，他又签署一份自白书。这份自白书谦卑得令人"宁愿受野人保护也不愿签名于其上"。他的夫人专程到凡尔赛为丈夫求情。政府于是下令他须退居庄园两年。如果不是国王记得爱尔维修的父亲，那位王后的御医曾拯救过他的生命，处罚也许会更严厉。1759 年 1 月 3 日，主教克莱门特十三世宣布此书充满诽谤、标新立异的邪说，议会于 2 月下令将书当众焚毁。这是连锁反应的一部分，像伏尔泰所说的，如何与达朗贝尔论日内瓦的文章，导致压制《百科全书》这一举动。《论智力》以这一切宣传而成为反基督教运动中最被广泛阅读的著作。6 个月中，法国便出现了20 个版本。英文和德文译本也跟着出版。

此后，爱尔维修没再出版任何东西，但仍继续写作。他从容而愤怒地将他的观点在《论人类》（De l'Homme）这篇文章中加以扩充。他又攻击教士，称他们为恐惧与希望的贪婪贩卖者、无知的护卫者和思想的谋杀者。我们可以在这两本著作中发现这个时代所有的理想：自由、平等、友爱，言论、出版、集会、崇拜的自由，性别、阶级、教育机会、法律的平等，及所谓的"福利国家"以补偿保护单纯的穷人来对抗聪明的富者。这些都附属在一个对人类无限完美的半宗教性信心之上。如果我们注意倾听，显然能听出这是革命的呼声。

·哲学

与当时几乎所有的哲学家一样，爱尔维修由洛克开始：所有的观念都来自感觉，也来自个体经验。所有的心理状态都是现在的感觉、或由记忆而复活的过去感觉、或通过想象而投入未来的各种感觉的结合。判断是对诸感觉之间的差异有所知觉。理性则是判断的联结。

心与灵魂并不相同：心是心理状态的总和或结果；灵魂则是有机体的感受性，即接受各种感觉的能力。所有感觉都是物质的，灵魂则是物质中的力量。动物也有灵魂。人类优于动物是由于他能够直立，这使他的前腿逐渐演变成能够抓取东西、操纵东西的双手。

由洛克开始，爱尔维修再以霍布斯进展下去。所有的行为都是回应眼前或过去感觉的欲望。欲望是服侍某些感觉获得的快乐的回忆。情欲是持续的欲望，其强度则依记忆或预期的痛苦与快乐而定。情感经常陷我们于错误，因为它令我们将注意力执着于某一物象或情况的特定部分，而无法面面顾及。然而，情感之于个性正如运动之于物质。它们提供动力，甚至对知识的动力。"一个人的心智成就依其情感强度而定。所谓天才，就是情感强烈的人；笨蛋则是毫无情感的人。"人最基本的情感是对权力的爱好，因为它能扩大我们满足各种欲望的能力。

到此为止，伏尔泰将爱尔维修的著作比喻为"夹心蛋卷"——哲学界各类思想的混合品，可说再恰当不过，但现在他进而前进到最特别的见解。既然所有的观念都来自个体经验，个人与民族间观念的差异因而决定于个体或民族环境的差异。每个人出生时，对了解和判断都有同样的领悟力，没有所谓天生优秀的心灵。"所有人都赋有一种足够令其自身杰出的力量"，如果环境、教育、情况对其有利的话。"他们能力的不平等源自由机会摆布的环境。"——

> 从婴儿离开子宫那一刻起……他不带着任何观念、任何情感走进生命。他唯一能感觉到的便是饥饿。我们并非在摇篮里（非由遗传）接受骄傲、贪婪、野心这些情感，及对荣耀与尊崇的欲望。这些产生于社会中的情感必存在于早已建立的风俗与法律之后……一个出生即被暴风雨带至荒凉沙漠的人，像被母狼养育的罗慕路斯（相传是罗马的建国者）一样，必不会有这类情感……对荣耀的喜爱是外来的，因此教导有其结果。

甚至天才也是环境的产物——经验加上条件。天才在前人的创作上加上最后一个步骤。最后一个步骤也是环境所赐。"每个新概念都是机会的赠礼"，机会即"我们无法获知其原因的一连串结果"——

> 领悟力的差异由何而来？因为没有人知觉到完全相同的客体，也没有人处在完全相同的情况中，也没有人获得相同的教育；也因为支配我们教育的机会，并没有引导每个人至同样丰硕的地方。因此，领悟力不平等的根源的确由于教育——就最广泛的意义而言，也包括机会。

也许这种心理分析——对百万富翁特别慷慨——来自政治态度。保守派强调遗传的差异与影响，认为根源于自然与天生的能力、性格的不平等决定了人与人命运的不同。改革派则强调环境的差异和影响，能力、权力及财富的不平等来自机遇，来自出身和特权，而非来自内在的优越。因此，不平等可借教育的平等和环境的改造而消除。爱尔维修这种自然平等理论包括个人和种族：如果所有民族的环境和机会完全平等，他们都能达到完全相同的文化水准。因此，民族优越论与个人或阶级优越感一样，没有事实根据。"英国人引以为豪的自由……并非他们勇气的结果，而是命运的馈赠。"——海洋与海峡。

由这些前提看来，进步之路显然以教育、社会和政府的改造为依归。"教育能改造每一件事。"所有进步，包括道德，有赖知识的传播和智力的训练。"消灭无知，那么就可以消灭所有的罪恶种子。"为达到这个目标，整个法国的教育制度必须重建。它必须摆脱教会，由国家掌控。也必须普及于每一个人，包括不同的性别和年龄。拉丁文希腊文课程必须取消，而代之以科学和技术教育。尤其必须强调强健的体魄和"智慧与美德的心灵"。

爱尔维修在这里虽不否认任何基督教教条，却激动地要求法国境内教士权力的减缩。他由社会观点攻击基督教会，而非由神学观点。他指责教士崇拜独身与穷困，却庆幸没有多少基督徒真的这样做。"有害的宗教规则经常在私下受到怀疑。""天主教对教育的控制，"他控诉道，"不但阻碍国家的技术发展，也使教士们能把人心造成儿童一般的幼稚，以利控制。"

教士们一直渴望有权有势。他们借什么方法满足这种欲望呢？借着贩卖希望和恐惧。教士们——这些货品的贩卖者——相当清楚这门生意的盈利非常可观……教士们的权力建立在人们的迷信和愚笨之上。人民心智的开化对他毫无价值。他们知道得愈少，他们便愈易受到摆布而温驯下来……在每种宗教中，僧侣的第一要务就是遏止人们的好奇心，阻止人们怀疑那些显然无法欺骗人的荒谬教条……人生而无知，却非生而笨蛋，将他造成笨蛋也非毫不费力之事。要掩灭其自然的光彩，他们必须应用许多技巧与手段，许多错误必须累积在他身上……若不倚赖迷信的帮助，僧侣的权力就无法施行。借着迷信，他们抢劫了法官的权威和国王的合法权力，他们靠它压制人们，对其施行凌越法律的权力。也因此而败坏了每一道德规则。

爱尔维修附加8章"论容忍"：

宗教不容忍是僧侣的野心和轻信的结果……如果我相信我的家庭教师和保姆所言，则任何其他宗教都是错误的，只有我的才是真理。但是，它是否被普遍地承认接受呢？不！世界仍在许多崇拜错误的庙宇下呻吟……宗教史怎样告诉我们的？他们到处燃起迫害的火焰，杀人盈野，血染田野，燃烧城市，并使帝国夷为废墟……土耳其人，不是比我们更能容忍吗？……容忍使教士臣服于君王，不容忍则使君王臣服于教士之下。

爱尔维修只在一个例外下，才愿认可不容忍：

> 只有在一种情形下容忍才是有害的。那就是当它容忍一个不能容忍的宗教，如天主教。这个宗教在一个国家取得压倒性的优势时，将会经常令它愚蠢的保护者们流血……别让天主教曲意承欢的态度加在新教徒之上吧！在普鲁士痛恨不容忍，认为其有违自然与上帝法则的教士们，在法国却会把容忍看成罪恶与邪说。什么使相同的人在不同的国家中如此不同？那就是他在普鲁士的柔弱和在法国的强大。当初基督教柔弱时，他们看来像绵羊，但他们强壮起来后，就变成了老虎。

爱尔维修也曾替基督教，尤其是新教随时说几句好话。他并非无神论者，但他讨厌《圣经》将神描绘成"一个东方的暴君……以永恒的折磨惩罚轻微的过失"。他期待一个"普遍性的宗教"，一个在国家控制下，不靠死后的奖惩而能提升"自然道德"的宗教。他将人类理性之地放于神圣启示之上。"一个正直的人宁愿服从他的理性，而非神圣的启示；因此他会说，上帝是人类理性的作者……应该比他是一本书的作者更为确定。"

超自然的信仰与宗教约束对于道德而言是否是必需的？爱尔维修认为不全是：

> 人类的罪恶、道德、权力与幸福所系的……不是宗教，而是立法。未受法律惩罚的罪行每天都在发生。有什么证据比这个更足以说明宗教的无效？……今日巴黎的治安由何而来？来自人民的宗教信仰吗？不……来自警察的约束与巡逻……信仰基督教最深的国王并不曾是最伟大的君主。他们的道德没有几个比得上提图斯、图拉真或安东尼努斯。哪一个虔诚的君王比得上这些人呢？

因此，爱尔维修似乎认为哲学的工作在于不依靠宗教信仰来提升道德。基于此，他写了一篇称为《哲学家笔下对社会伦理最科学的探讨》的文章。他决心对人性既不贬责也不予以理想化。他挟其一切自私的人性接受他发现的，而且企图在其上建立自然伦理。自然人既非善也非恶，人其实是一个企图在每个有机体迟早都会被并吞的世界中求自保的生物。卢梭最近描述的原始社会，在爱尔维修看来，只是一个空虚的幻象。霍布斯把自然状态形容为个体对全体的战争则较接近真实。"善""恶"这些字只有在社会中才有意义。所有的善都是社会道德，而且是社会为达到其特殊目的而训练的产物：

> 相信人性本善的君主必定是不快乐的。卢梭先生假定它存在，经验却予以否定。大家都知道儿童常杀死苍蝇，鞭打小狗，勒死他的麻雀——儿童……具有人类所有的邪恶。拥有权势的人（不受社会的制约）经常都是不义的。强壮的儿童也一样。如果没有一个足以与他抗衡的同伴在场，他就像暴君一样占据游伴的甜肉或玩具。

因此，天生的道德感显然不存在。所有善恶判断都是从个人、家庭、社会、政府与教会的教导与控制中发展出来的。个人摆脱了这些强制时——如在专制的统治中、战争中或群众中——他就倾向于目无法纪、败坏道德。而"在大多数国家中，所谓道德只不过是掌权者为获得权威、掩饰罪行所口授的观念的集合而已"。可是，道德应当是"人类为快乐地居住在一起发明的科学方法……如果掌权者不阻挠的话，这门科学将会因人类取得新知识而进步"。

爱尔维修是一个坦率的快乐主义者。生命的目标是此生的幸福，幸福是快乐的延续，而所有的快乐基本上都是感官的或生理的。"心灵的活动和知识的追求"是最能令人长久满足的快乐，但它们基本上也是肉体的。禁欲是愚笨的，性的快乐如果不伤害别人则是完全合法的。美德不在于对上帝律令的服从，而是给予最大多数人最大的快乐。爱尔维修在此清晰而条理地陈述了曾由哈奇森（1725 年）提出、后由边沁加以扩充的功利主义：

> 美德是高贵的灵魂与深邃的洞察力的结合。不论谁具有这种秉性，总是以公众利益为指南。功利是所有人类美德的最高原则，也是一切立法的基础。所有的法律都应遵守一条原则——大众的利益，即在同一政府底下最大多数人的利益……这个原则包括所有的道德和立法。

然而，在爱尔维修看来，所有的行为，不论如何善良与道德，都以自我为中心。它们不一定是自私的。许多行为是利他的，有时甚至要令行为者付出很大的代价。甚至这些行为也是以自我为中心的，因为它们的动机是自我满足的冲动。我们之所以利他，是由于本能或训练，我们在施惠别人中获得很大的快乐。因此，母亲为子女牺牲，犹如英雄为国家牺牲一般。我们施惠别人时，我们会怀着乐趣有意或无意地记得过去同一行为得到的别人的回报或社会的赞许。许多利他的行为因此变成了习惯，如果我们不做这种行为，我们就会觉得不舒服或恐惧。宗教的献身与苦行看来似乎是纯粹的美德，但实际上只不过是为进入天堂的长期投资。"如果一个隐士或僧侣接受静修的规律，每夜鞭打自己，以豆类和白水为生，以干草为床……他以为由于痛苦而可在天堂获得一笔财富。"如果一个残忍的举动不被地方社会谴责的话，这些圣人就会毫无羞耻、毫不犹豫地去干，如烧死异教徒。甚至友情也是自利的……它是服务的交易。当这种交易终止，友情也就凋谢。"没有比永恒的友谊更奇特的事了。""我们所爱的毕竟只是别人中的自己。"

拉罗什富科同样把所有的动机都归于自爱而视其为罪恶时，爱尔维修却认为它在自存上讲是一种美德。无论如何，它是具有普遍性的生命事实，而"责备自爱就等于抱怨春天的骤雨、夏天的热气……冬天的冰霜一样"。他提议的科学道德就是确切建立在这种自爱的普遍性上。教育与立法能够陶铸性格与习惯，使它对反社会的举动感到不愉快，同时对美德感到喜悦——对群体有利的行为。哲学家应该研究人类的行为和社会的需要，以便发现何种行为模式最有利于最大多数的人。他也应该要求教育家和立法者提供这些诉诸自爱的行为的奖励与惩罚。哲学家与国王的这种合作，对于人类而言将是何种的福祉！"人类的道德和幸福并非来自他们宗教的神圣，而是来自法律的智慧。"

因此，他哲学的顶点是研究立法与政府。在政治观点上，他是所有当时哲学家中最激进的一位。他对伏尔泰所谓的"开明专制"没有信心。这些统治者都倾向于压制异己的言论。他引用腓特烈大帝在柏林科学院的演讲："没有比一个公正、人道与道德的君主统治下的专制政府更好的东西。但如果在平庸的君主统治下，它是最坏的。"英国式的君主立宪是好的，一致对抗侵略的联合民主共和则更好。贵族政治在理论上是不公正的。因为优越是机会的产物，只要穷人没有受教育、没有财产，完全的民主将不可行。因此，一个睿智的立法者应该以普及教育与财产为目标。

这个百万富翁指责财富的集中及促成这种集中的金钱经济：

> 人类和国家几乎普遍的不幸福源自他们法律的缺陷，及财富的不平均分配。在大部分国家，只存在两个阶级：一个阶级缺乏生活必需品，另一个阶级则在浪费中腐败……如果有权有势者的腐败以最奢侈的年代为盛，那是因为在那些时代中国家的财富只集中在最少数者的手里。

以金钱代替土地作为权力的象征，使人们竞相追求财富，其结果将危及社会的稳定，使阶级斗争尖锐化，并导致毁灭性的通货膨胀：

在一个财富与金钱——尤其是纸币——逐渐增加的国家，物价与工资将逐渐上涨……当劳工在一个富有的国家里变得昂贵，这个国家的输入便将多于输出。如果其他因素不变……富国的金钱将不知不觉地流入贫国，而后者一旦变得富足，就会以同样方式毁灭自己。

财富集中与钱财争夺，能否防止？——

其一为重新分配土地以使地主的人数大增……当一个人的土地超过一定数目的面积，它们就应该被课以超过租金的税额。这种重新分配在金钱经济中几乎不可能实行……（但是）如果聪明地计划，它能够逐渐而不知不觉地予以改变。

减少某些人的财富，增加另外一些人的财产，并使穷人每日工作七八个小时，就能使他们富足地供给自身与家庭的需要，然后人们就会变得人性所能容许的那样快乐。

·影响

我们可以在两本书和一个人中，发现几乎所有促成法国大革命及推动今日各国政府的思想。难怪 18 世纪 70 年代的法国知识分子几乎将爱尔维修与伏尔泰、卢梭、狄德罗并列。他的第一本书流传之广，在当时几乎无与伦比。"没有一本书，"吕内特里说道，"比它更显赫或包含更多势将征服世界的思想。"布里索于 1775 年说："爱尔维修的体系风靡一时。反对它的杜尔哥抱怨说，它被人'昏狂地'赞美。"另一个人则说："在每张梳妆台上都可以发现这本书。"所有的批评家都赞美其清晰的风格、扣人心弦的隽语，及由一个大财主赞成财富重新分配而表现的人道主义。

可是，哲学家们都批评他的体系建立在错误的观念上。伏尔泰拥护遗传说，所有人在心智、性格的潜在优越上并非生而平等。他认为天才是天生的，而不是后天造出来的。狄德罗同意伏尔泰的说法。在《对爱尔维修作品论人之批驳》一书中，他辩驳道，由于脑部天生的差异，不同人所接受的感觉都是不同的：

> 人非生而空白。是的，他生而无思想、无特定的感情。但从他出生那一刻起，他就被赋予感知、比较、选择和保留某些更有味的思想这一能力，及稍后导致真正感情的主要趋向。

狄德罗也由洛克出发，后来回到莱布尼茨，并向康德伸出手来。狄德罗认为环境和教育的效果，经常受到遗传的限制。"我们无法给予自然拒绝的东西，也许我们毁灭了她给予的东西……教育增进她的赐礼。"他痛恨将知性的快乐归源到感官快乐的说法，而且大肆攻击爱尔维修强调的：所有的利他行为都是无意识或隐藏的自利行为。

杜德芳夫人是在这点上赞同爱尔维修观点的少数几人之一。"这个人，"她说，"泄露了每个人的秘密。"亚当·斯密追随休谟之后，坚持利他主义建立在与自我主义同样属于天赋的同情心上面。但在《国富论》（*The Wealth of Nations*）一书中，他的经济理论建立在自爱的普遍性上。沉浸于法国大革命中的罗兰夫人指斥爱尔维修的理论："我觉得我自己为一种他不曾体验过的慷慨气度驱使……我曾将他的理论与历史上不朽的英雄人物对质。"

这些争论不是三言两语所能解决。遗传和认知能力的差异，似乎显然能够影响环境和教育的作用，否则我们怎么解释在相同环境中培养出来的截然不同的个性、不同发展的人？但爱尔维修的理论也没有错。在遗传的限制内，环境、教育与立法还是可以对性格产生很大的作用，否则我们如何解释人类从野蛮进化到文明这一事实？也许我们应该对爱尔维修承认，没有人会故意受苦。但我们也必须对他说明，某些社会本能——如母爱、合群与赞美的喜好——它们在全盘力量上不及个人主义的本能那样强烈，但也强烈得足以使人在有意识地衡量快乐、痛苦或结果之前，做出利他的行为。我们每个人都是一个自我，但有些人将其自我伸延至家庭、社会、国家或人类。在这个意义上，最大的自我是最善的。

无论如何，曾有许多人为爱尔维修的思想感动。拉夏洛泰也许受他影响才开始呼吁由国家控制的教育制度取代乡村教士学校和耶稣会学院。美国公立学校的设立也是由自称为爱尔维修的门徒孔多塞提议的。贝凯拉则说爱尔维修的作品鼓励他的刑法及刑事政策改革运动。边沁宣布说："我思想中很大的一部分来自《论智力》——包括在道德与立法中寻求最大多数、最大幸福的功利主义原则。"1792 年的国民会议颁给爱尔维修的女儿"国家之女"这一荣衔。威廉·戈德温的《政治正义之探讨》（*Enquiry concerning Political Justice*）一书以爱尔维修的思想为蓝图。戈德温的妻子玛丽划时代的巨著《女性的权利》（*Rights of Woman*，1792 年），也受到爱尔维修所说的男女的不平等来自教育与机会不平等这一影响。

·许多爱尔维修同时代的人，把他的普遍自爱理论与其性格的和善和生活的慈善做比较。马蒙泰尔写道："不可能再有比他更善良的人了。自由、慷慨而不夸张，真心诚意地施惠于人。"很少恭维别人的格里姆将爱尔维修描写成"一个真正的君子"，"公正、宽容、没有一切坏脾气、好丈夫、好父亲、好朋友、好人"。爱尔维修在《论智力》一书中说的话最适合他自己：

> 如果我们要爱人类，我们不应对他们期望太高……每个人，只要他的情感不掩蔽其理智，将因为受教育而更宽容……如果最伟大的人常是最能宽容的……如果他在别人的罪恶里注入同情的成分，而且迟钝于发现这些罪恶，那是因为他心灵的提升不允许他不去注意别人可能有的美德，而只论及人类共同的过错。

他和妻子儿女在渥伦和巴黎过着虔诚而幸福恬静的生活。1764年，他到英国和德国旅行，拜访了休谟、吉本和腓特烈大帝。1770年，他资助让·皮加勒铸造伏尔泰的雕像。他于1771年逝世，霍尔巴赫及其他友人随侍在侧。他的遗孀因怀念他，拒绝了所有的求婚者，包括富兰克林在内。她在丈夫死后继续活了29年，安然度过大革命，于1800年去世，享年81岁。

助手们

一大群次要的哲学家在18世纪70年代曾参与对基督教的攻击。他们工作的狂热并不逊于早期传播福音的基督徒和驱逐摩尔人的西班牙基督徒。他们写了无数小册子和论文。而他们的灵感枯竭时，他们翻译所有他们能找到的反宗教文字，从古罗马的卢克莱修到霍布斯。他们重新编列圣人和殉道者名册，将叛教者朱利安封为圣徒，将蓬波纳齐、布鲁诺、坎帕内拉、瓦尼尼、贝尔等宗教迫害的牺牲者奉为偶像。他们谴责犹太人不仅在贷款上索取利息，而且产生了基督教。他们将耶和华描绘成残忍的怪物、战争之神及集体大屠杀的始祖。他们嘲笑原罪观念，嘲笑化作儿子入世被鞭笞、钉死，以平息上帝之怒的这位圣父自己。十字军是掠夺土地、垄断商业的远征队。他们蔑视中世纪是黑暗时代，哥特式教堂则是野蛮与丑陋的建筑。达朗贝尔在周遭注意到"一种观念的提升"，一种"心灵的发酵和沸腾，正以某种强暴力量扫除途中的一切障碍"。

奈容是其中一个。圣伯夫说他是"一个狂热的无神论小吏"。他跟随霍尔巴赫，在其手下做翻译和编辑的工作。10年中，他们一起出版了30本大大小小、原创或承袭的攻击基督教的书刊。狄德罗说："这就像一阵炸弹落在上帝的房子上。"霍尔巴赫另一个朋友布朗热以此为终生工作，死后（1759年）遗下一份题为《古代真面目》的手稿。霍尔巴赫将这份手稿保存到1765年，直到对这些哲学家友善的首相舒瓦瑟尔登台才加以付梓，并附录了一篇狄德罗的火热导言。宗教，布朗热写道，起源自原始人类对水灾和其他超自然灾难的恐惧。它由教士和君主组织而成，其阴谋是使专制合法，以回报专制政体强迫正教信仰。除非人类能借理性之光而向这些君主或教士挑战，否则他们将终生生活在这种可怖的阴谋之下。

另一个比较重要的人物是莫雷莱，一个耶稣会的产物与反叛宗教的僧侣。他生于 1727 年，长寿得让内克尔夫人称其为一只有着耿直、廉洁及其他 1000 个好处的熊。他有足够的宗教情操去猜想上帝的存在。有时他还会对朋友坦白承认，而且要求他们不要泄露他的轻信。在狄德罗的指导下，他为《百科全书》写了几篇文章。在霍尔巴赫的餐桌上，他表现出无比的尖酸和机智，使伏尔泰称他为"咬人的牧师先生"。马蒙泰尔说他有"深邃的思想……与其声音同样正直的心灵"。1762 年，他出版《裁判官手记》，其中几篇选自尼古拉斯·埃梅里科的《裁判官指引》。后者曾于 1356 年至 1399 年间热心地担任宗教裁判长。法国人几乎已忘了西班牙的宗教裁判。莫雷莱引用其全盛时代的审判程序和刑罚以更新法国人的记忆。马勒泽布代表政府允许莫雷莱出版该书。因为，他说，法国的刑罚和这些宗教裁判法并无实际的分别。莫雷莱几乎不敢相信。但在出版那年，让·卡拉斯被图卢兹议会处以车磔刑。

还有一位叫雷纳尔的教士。一向冷静的格里姆在 1772 年的《文学通讯》上写道："自从孟德斯鸠的《论法的精神》以来，我们的学术界就不曾产生比雷纳尔的《欧洲殖民地的哲学和政治史及西印度群岛的商业》更值得流传后世、更能显出我们文明进步的纪念碑。"也许是格里姆对作者有特别的好感，因为雷纳尔于 1753 年开创《文学通讯》，而于 1755 年传给了格里姆，这对他的家用不无小补。格里姆的朋友狄德罗又曾帮忙准备这本不朽而尚未出版的书。这本书于 1772 年出版，立即广为流行，证实了格里姆的判断无误。1789 年以前它卖出了 40 版，这个数字并没加上盗印版和翻译版。富兰克林、吉本和罗伯逊争相赞美。图桑在其中得到他奴隶解放运动的启示。一个博学的批评家认为它比卢梭的《社会契约论》对法国大革命具有更大的影响。

雷纳尔到巴黎时是一个穷教士，传说他能免于饿死是由于皮埃尔·普莱沃教士替临死者祈祷，每名收费20苏，他付给拉伯特15苏让其代替他做这件事。后者又把这桩生意转手给雷纳尔，但只付给他8苏。雷纳尔喜欢在爱尔维修和霍尔巴赫家里做客，他被证明是一个愉快的伴侣。除了霍尔巴赫外，雷纳尔在收集资料，甚至部分写作中，也获得其他作家的帮忙。喜欢和人争论的卢梭发现雷纳尔是不可争论的，他在《忏悔录》中感谢他坚定的友谊和财力支持。

雷纳尔一定曾赚了不少钱，有人传说他为了让他的书得以出版而曾贿赂检察官。他曾为他的书辛辛苦苦地准备了20年。他在书中详述并谴责欧洲人对东方人和西印度群岛土著的贪婪、诈欺与暴行。同时警告殖民者，当心被殖民者在强大起来后可能施加的报复。它是法国对殖民地剥削者的第一声控诉。它也是第一本强调商业在近代历史中决定性的书籍。它也对印度土著的理想化与中国文明为欧洲自由分子接受做了不少贡献。充满此书的是几个启蒙时代的主题：对迷信与教士的敌视、对教会和国家的统治思想和生活的愤怒。雷纳尔激动地认为天主教是教士与君主借着神话、奇迹、宣传、压制、杀戮互相支持的欺诈。他要求欧洲的君主自己解除宗教武装，允许言论和出版自由，预备民主政治。他同样没放过新教徒，因为他们也犯过宗教迫害的罪行。新英格兰清教徒的狂热被他形容为塞勒姆的巫术迫害。

尽管曾经准备一段甚长的时间，这本书由于缺陷而终被遗忘。引证事实的疏忽、将传说误为历史、对日期的忽视、对权威的漠视、材料的混乱及感情的奔放，都使它不能成为一部历史著作。但这不是冷静公平的时候；一本书就是一件武器，不可能因为陈述反对面而变钝；文学就是战争。法国政府这样假定着，于是巴黎议会下令焚烧该书，同时驱逐雷纳尔出境。他于是逃到荷兰。但1784年在波旁王朝最温和的国王统治下，他认为返国是安全的。

他是少数亲眼目睹法国大革命，而且安然度过的哲学家之一。他被革命的暴力及各种老式的迫害震惊。1791 年 5 月 31 日，78 岁那年，他给制宪会议一封信，警告它当心超出限度。"我一直敢于告诉国王他们的职责何在，"他写道，"今天就让我来告诉人民他们的错误何在。"他指出暴民政治可以和君主专制一样残忍和不义。他护卫教士传教的权利，只要教会的反对者被允许有表明心迹的自由。他抗议将国教定为法律和暴民加诸教士的暴行。罗伯斯庇尔说服了大会让这位老头子躲过了断头台，但他的财产被政府没收，他终于在革命的胜利与恐怖中死于贫穷（1796 年）。

霍尔巴赫

·和蔼的无神论者

在巴黎的哲学家中，最受爱戴的是 1723 年生于施派尔主教辖地埃德森姆的一位德国人。他以保罗·霍尔巴赫的名字受洗，并被教导成一个罗马天主教徒。他的祖父因从荷兰移植吐根树到凡尔赛而赚了一笔钱。保罗在莱顿学习科学和英文。他在《艾克斯—拉—沙贝条约》（1748 年）后定居巴黎，成为法国公民，并入赘一个富豪家族，然后以 11 万利维尔和年息 5% 投资"国王秘书公司"而成为贵族。圈里人称他"男爵"，因为他在威斯特伐里亚拥有一块每年可收入 6 万利维尔的采邑。他每年总收入共计 20 万利维尔——"一笔从未有人运用得更高贵、更有贡献于科学与学术的财富。"莫雷莱这样说道。他扮演麦锡尼而资助马里沃及其他作家，而且收集了无数图书、绘画和自然历史标本。

他的家变成欧洲的"咖啡沙龙"。他在巴黎和乡村别墅格朗瓦勒的餐桌和客厅使他成为"哲学旅社的主人"——套用贺拉斯·沃波尔的话。每个周四和周日霍尔巴赫夫人都须准备 12 人的饮食。客人虽不全都一样，但大都是反基督教战争的领袖：狄德罗、爱尔维修、达朗贝尔、雷纳尔、布朗热、莫雷莱、圣朗贝蒂、马蒙泰尔，有时布丰、杜尔哥和奎奈也会前来。卢梭也曾来过，但旋即被周遭的无神论吓得发抖。狄德罗正在大放厥词，加里亚尼主教也正以机智作践哲学理论。"男爵"把这种集会称作犹太教徒集会，它从两点开始，谈论、聚餐，再谈论到晚上七八点。在那个时代，讨论是不成文的文学，而不是琐碎、散漫的聊天。在那里，讨论毫无禁忌。"在那里你可以听到关于宗教、哲学、政治最自由、最热烈、最有益的讨论。那里没有轻浮的笑话……最重要的，在那里狄罗德启发了我们的心智，并温暖了我们的灵魂。"莫雷莱这样说。狄德罗也曾告诉索菲小姐说，他们"讨论艺术、诗、爱的哲学……不朽的情操、人类、神祇、国王、空间与时间、生命与死亡"。马蒙泰尔说："有时我以为我遇见了毕达哥拉斯或柏拉图的门徒。"或者——

> 遇到好天气，我们会将餐桌聚会改为哲学漫游……沿着塞纳河畔。这时鱼类常是我们的食物。我们轮流去那些以此闻名的餐厅吃饭，大多去圣克劳餐厅。接着大伙儿很早就去乘船，呼吸河上的空气。然后我们在暮色苍茫中通过布隆园回家。

霍尔巴赫的客厅声名远播。访问巴黎的外国人都希望能得到一份请帖。休谟、斯特恩、加里克、沃波尔、富兰克林、普利斯特里、亚当·斯密、贝凯拉都曾先后拜访。那里无神论者的人数令他们有点迷惑不解。我们曾多少次听见狄德罗告诉罗米利说，休谟怀疑是否有真正的无神论者时，"男爵"马上向他保证："你正和 17 个无神论者一齐吃饭。"吉本曾报告说，巴黎的哲学家"嘲笑休谟谨慎的怀疑论，他们以独断主义者的武断宣扬无神论的教条，并讪笑、轻视、辱骂所有的信仰者"。普利斯特里也曾说过："我在巴黎遇到的所有哲学家都是不信教的人，甚至可以说是职业化的无神论者。"莫雷莱却说："我们其中有许多是信神的，我们也不以此为耻。我们与无神论者做激烈的辩论，虽然我们喜欢他们是如此的良伴。"沃波尔觉得霍尔巴赫的"哲学家鸽舍"冒犯了他的英国风味。他厌恶地发现雷纳尔比他更了解英国的商业和殖民地时，他只得装聋作哑。休谟的评论也许过于宽容："这里（巴黎）的文人异常和气。他们生活在完全或几乎和谐的世界里，他们的道德也无可指责。你将会满意地发现，他们中没有一个是自然神论者。"事实上却十分混乱。

但大家都同意，"男爵"和夫人是完美的主人和可爱的人。霍尔巴赫夫人，据格里姆说，只为她丈夫活着。每次她一招待完他的客人，就拿着编织用具退隐到角落，从不参加他们的讨论。她死于1754年，那正是她生命的花样年华。霍尔巴赫曾一度沉浸在"极端的绝望中"。两年后，他娶了她的妹妹，一个同样忠顺的人。他为人如此和气，辩论如此谦虚，行善时如此隐蔽，以致没有人怀疑他会写出像《自然体系》（*Système de la Nature*）这样一本对无神论提供强有力护卫的书。"我从没有见过比他更单纯的人。"若弗兰夫人说道。连几乎讨厌所有"哲学家"的卢梭也如此倾心于霍尔巴赫的人格，甚至用他作为《新爱洛漪丝》一书中善良的不可知论者沃尔曼的模型。经常对每一个人——卢梭除外——做冷静分析的格里姆写道：

> 霍尔巴赫男爵信仰理性的帝国，是最自然不过的事，因他的情欲（我们经常以自己来判断别人）永远屈服于美德与正确的原则之前。对于他而言，怨恨任何人都是不可能的。然而却无法毫不费力地隐藏他对教士们的坦白恐惧……一谈到这些人，他良善的天性就遗弃他了。

霍尔巴赫热烈地支持《百科全书》，献出金钱和文章，并在达朗贝尔和伏尔泰遗弃这件工作后，继续给予狄德罗鼓励和勇气。他的文章大部分都是讨论自然科学，因为霍尔巴赫也许是所有哲学家中对科

学最内行的一位。"我没有见过比他更有学问的人,"格里姆于 1789
年写道,"而我也没见过比他更不在乎在世人眼中被认为是饱学之士
的人。"在奈容的协助下,他由德文翻译了不少科学论文。由于这项
工作,他被任命为柏林和圣彼得堡学会的会员。他从不申请进入法国
科学院。

科学的诱惑及对其迅速改善人类生活的期望,使霍尔巴赫对控
制教育和阻碍科学进展的教会怀着无比的敌意。他从不放过任何攻
击教士的机会。他曾为《百科全书》写《教士》和《神权政治》两
篇文章。从 1766 年起,他和奈容组织一个反基督教文学的"工厂"。
《圣人列传》、《论教士的诈欺》、《教士的真面目》(*Prêtres démasqués*)、
《论宗教的残忍》、《地狱的毁灭》相继迅速出版。他是传播兴奋消息
的新使徒——地狱已被毁灭。

1761 年,这座某些人所称的"无神论工厂"出版一本题为《基督
教的真面目》的书。此书大部分由霍尔巴赫执笔,在首页却归给"已
故的布朗热先生"。一个小男孩曾因贩卖此书被罚烙刑,并被送到船
上充当 5 年的役夫。它是对教会与国家联合阵线的正面攻击。他早在
卡尔·马克思之前把宗教形容为"人民的鸦片"——

> 宗教是以狂热(此词在 18 世纪特指宗教狂热)麻醉人民的
> 艺术,为的是阻止其反抗政府加诸其上的罪恶……统治的伎俩已
> 变成只不过是从迷信造成的心智与灵魂的错误与卑微中掏取利益
> 的伎俩……借着隐形权力的恐吓,他们(教会与国家)强迫人民
> 默默忍受由这种有形权力所加的苦难。他们被灌输一种希望:如
> 果在这个世界活得不愉快,那么在另一个世界,他们将会幸福。

霍尔巴赫认为教会与国家的结合是法国最根本的罪恶。"我以一
个公民的身份攻击宗教。因为在我看来,它有损于国家的福祉、人类
的心灵,而且与健全的道德原则冲突。"——

基督徒接受的是奇迹及一些不可思议而与理性完全抵触的教条，而绝非道德。从他学习的第一天开始，教会就教他不要信任自己的感官，而且要压制理性，盲目服从老师的权威……那些企图反抗的人常常发现自己已不能纠正这些混杂在母奶里的错误观念。

霍尔巴赫坚持认为把道德建立在宗教信仰上是一件冒险的事，因为这些信仰会改变。而它们一旦崩溃，必定也会危及附属其上的道德规则：

任何发现宗教所依的证据的虚假与弱点的人……将会以为建立于宗教的道德和宗教一样的荒诞……这就是"非教徒"（infidel）和"放纵者"（libertine）变成同义词的原因。如果人们接受的是自然道德，而不是神学道德，就没有这个缺点。我们不应只因为上帝禁止放纵和罪行，才来照样予以禁止。我们应该说，所有的放纵对人类都有害。它使人在社会中成为卑鄙的小人。它是理性禁止的……而且要求人类为永恒的幸福而努力的自然，也禁止这样。

我们很难了解为什么一个负财务重任的人会有这么多时间和精力写这么多书。1767 年，他写了一本叫《袖珍神学》（*Théologie Portative*）的书，对基督教义开了大大的玩笑，并将所有的神学归纳为教士的权力欲。1768 年，他出版《神圣的传染病，或迷信的自然史》，佯称是译自英国人让·特伦查德的作品。同年出版《致尤金妮亚书》，则假托索镇的一位享乐派哲学家。1769 年，他出版《偏见论文集》，宣称宗教罪恶的唯一解救之道是教育与哲学的传播。而 1770 年，这位忙碌的男爵出版了他最重要的著作，一本反基督教运动中最有影响力的书。

·自然体系

《自然体系，或物理与道德世界的运动法则》对外宣称在伦敦印刷，其实是在阿姆斯特丹。它装订成两大册，作者名字是"米哈墨先生"，此人死于10年前。曾是法国科学院的秘书，导论中简单介绍他的生平和著作，但没有人会相信这位温和的模范好人能写出这样一本恶名昭彰的书。

1770年，每4年举行一次的教士大会通过一项决议，把一笔款项赠给国王，条件是他必须压制法国境内盛行的反基督教文学。路易十五马上下令执行，于是巴黎议会列了7本禁书，其中有霍尔巴赫的《基督教的真面目》和《自然体系》。此书被形容为"对神不敬、亵渎、有煽动性、企图毁灭所有神圣的观念，诱使人民反抗政府和教会、颠覆所有的公共安全和道德原则，而且使所有子民背叛其君主"。这些书籍必须烧毁，作者必须逮捕并严予惩处。莫雷莱告诉我们，有10个人知道作者是霍尔巴赫，他们将这个秘密守了20年。"犹太集会"继续举行。霍尔巴赫夫人有时也会邀请刚因对天主教做学术上的辩护而接受教会薪俸的贝杰尔参加聚餐。许多人怀疑那本书中某些章节是狄德罗写的。就整体而论，那本书井然、严谨而不像他的文笔，但结尾部分对自然的绚丽注释则有可能。无论如何，狄德罗在巴黎并不安全。他觉得还是去朗格里比较明智。

《自然体系》这本书最终由荷兰偷运进来，而且受到广泛的欢迎，包括"学者、不学无术者和女人"。伏尔泰这样说。狄德罗听说后不禁大悦。"我深深喜爱的是，"他说，"《自然体系》中所有的那种明了、确定、坦白的哲学。作者并非在这页上是无神论者，而在另一页上又是自然神论者。他的哲学始终一致。"这恰好与狄德罗的哲学完全相反。他真正高兴的是，霍尔巴赫在书中每一页都是真正的无神论者。但书中仍充满了一种对人类幸福的宗教式信心。目击在教士与君王统治下的世界的苦难，霍尔巴赫得出结论说，如果人类舍弃教士和

君王而追随科学家和哲学家的话，他们会更幸福。该书在开头第一句
就揭露它的精神和主题：

> 人类不幸的根源来自对自然的无知。他对盲目言论的固执远
> 自孩提时代就已深植……由之而来的偏见歪曲了他的心灵，使他
> 注定要不断地臣服于错误……他盲目地追随错误的权威，或那些
> 借诈欺他而获利的人……拯救他脱离黑暗，引导他走出迷宫……
> 需要大无畏的勇气……及不屈不挠的决心……
>
> 因此我们最重要的使命是寻找一个方法去毁灭那些只能使
> 我们迷失的幻象。解除这些邪恶的药方，只能在自然本身中寻
> 求。只有在她丰富的资源中，我们才能理性地期待发现解毒剂，
> 以对抗由权力欲的狂热招致的灾祸。这是我们寻求药方的时候
> 了，这是我们面对邪恶、追究其根源和结构的时候了。理智及
> 其可信赖的经验，必须开始从他的壕沟里攻击人类已久为其牺
> 牲品的偏见……
>
> 让我们以勇气、以对理性的尊敬、以对真理的永恒的爱来
> 鼓舞人们，使他能够学习、相信经验，并使他不再受权威的欺
> 诈……使他学习将他的道德原则建立在他的本性上、需要上及社
> 会利益上，使他敢于爱自己，使他成为富有德行和理性的生命。
> 这样他就不可能不幸福。

提出了他的计划后，霍尔巴赫接着有系统地驳斥所有超自然的事
物和观念。同时接受自然的一切，包括它一切的美、残忍、限制和可
能性。他将所有的存在归纳为物质和运动，而企图在这种唯物论的基
础上建立一套能够感化野蛮人为公民、能够塑造个性和社会秩序、能
够给予无法免于死亡的生命以有理性的幸福的道德体系。

他由自然开始，最后也回到自然，但他反对任何将自然人格化的
企图。他将自然定义为"物质在各种不同联结之下的总和的结果"。

这可以说是霍尔巴赫对宇宙的昵称。物质则小心定义为"所有不拘任何形式影响我们感官的东西"——

> 宇宙中的每个物体都在运动，物质的本质便是行动。如果我们谨慎地予以思考，我们会发现其中没有一个是绝对静止的……所有我们看来静止的东西，其实每一瞬间都在变化。所有的存在都在不断地生产、增加、减少和分裂……连最坚硬的石头也在空气的接触下逐渐腐蚀。

自然整体是"一个广大的、不间断的因果的连续"。我们的知识愈广博，宇宙纯由自然原因而变化的证据就愈明显。虽然死寂的物质如何会变得生机盎然是难以了解的，但相信生命是某一外在于物质宇宙的实体的创造物更加困难。物质如何能感受也是难以了解的，但物质的其他属性如"引力、磁力、弹性、电力"并不比感觉更容易解释。

人也是一个"纯粹物质的存在"，受同样的法则支配。一个物质性的实体怎会和一个非物质的心灵结合呢？因此"灵魂"只是躯体的全部组织和活动，它没有独立的存在。"心灵在躯体死亡后仍能感觉、思想、享乐、受苦，等于一个破碎的时钟仍能敲声报时一样。"将心灵与灵魂看作非物质的存在已耽搁了我们对心理疾病的治疗。我们把心灵当作躯体的功能之一时，我们才能探测心理错乱的物理原因，而予以医学治疗。

作为肉体的功能之一，心灵同样受普遍的自然因果律的支配。《自然体系》第6章是法国哲学中为决定论辩护最动人的文字：

> 人类的生命是一条自然嘱令人类在其上留下表记的道路，人须臾不能离开它。他的出生并没经过他的同意，他的肉体绝不依靠他自己。他思想的产生非由自愿，他的习惯也受别人的影响。

一些他无法控制的原因，可见或不可见的，不断地改变他的生存模式，影响他的思想，并决定他的行为方式。他也许善，也许恶；也许幸福，也许悲惨；也许睿智，也许愚笨；也许理性，也许不可理喻。这些都是他的意志无法决定的。

这种决定论似乎暗含着一种宿命论。不像其他的决定论者，霍尔巴赫坦白地接受了这种宿命论。宇宙在瞬间的状况由其先前的状况决定，而先前的状况又由更前的状况决定，如此继续下去。所以，任何历史时刻都可当作以后任何时刻的决定者。霍尔巴赫并不把人类——包括每位天才和圣人——产自太初混沌的这一观念放在心上。他以斯多葛式的骄傲接受他的信念：

> 人是自然的产物。他生存在自然中，他臣服于她的法律。甚至在思想中，他都无法逃离这些法则，也不能超越它们。因此，不要在宇宙之外寻求能给予他自然否认的幸福的存在，让人类研究自然，让他学习她的律法、了解她的力量、观察她行动的规则。让他把这些发现应用在他的福利之上，同时默默承受她不可更改的法令。让他愉快地承认他忽略了一些由牢不可破的律则掩盖的原因，让他毫无埋怨地接受自然的判决，虽然他从不能理解它，也无法从加诸他身上的自然律中解放。

这种宿命论是否在告诉我们，一切躲避罪恶、耻辱、疾病或死亡的努力均属无效，而我们最好停止所有的努力、所有的野心和奋斗，让这些事件自然发生？霍尔巴赫的回答是我们毫无选择。遗传和环境早已决定我们对生命的挑战和需要的态度将是冷漠或热烈的。霍尔巴赫早已反对宽恕罪恶反而会使罪恶大为增加的说法。决定论并没说罪恶不应惩罚；相反，决定论将引导立法者、教师和舆论借道德或法律提供更佳的罪恶制止物及更多的社会行为鼓励物。这些奖惩物将会成为决定人类行为的环境因素。但决定论要我们将罪恶与反社会行为认作是由遗传和环境造成的心理不平衡，因此我们应该把它当作疾病处理。我们必须废弃虐待和极刑的惩罚，因为它们只会加强个人与社会的对抗，并使人们习惯于暴力和残忍，而非使人们远离罪恶。

这种哲学当然没有给神祇任何地位。霍尔巴赫对一神论、自然神论和泛神论不妥协的敌视，使当时的人称他为"上帝的私敌"。"如果我们追根究底，我们就可发现无知与恐惧创造神祇。幻想、狂热及欺骗装饰或歪曲了神祇。柔弱崇拜他们，轻信使其生存，风俗尊敬他们，暴君支持他们以……遂其野心。"他重新提出以前所有攻击宗教的言论，并和爱尔维修同样激烈地攻击《圣经》中关于上帝的观念。他不认为宇宙的伟大秩序和法则有至高的主宰存在，他们来自自然因果的机械性运作，实在没有必要把它们归因于一个比宇宙更难解释的神灵。秩序与混乱、善与恶、美与丑一样都是主观概念，它们来自我们知觉的适意与否。但人非"万物的尺度"，他的满足并非应用到宇宙的客观标准。从空间的最小点上，不管我们认为是善是恶、是美是丑，自然总在运作不息。由此整体的观点看来，"真正的恶并不存在。宫殿的倒塌虽能压碎人，但对于昆虫而言则将成为一个安全的避难所"。我们必须将包括壮丽与残酷在内的自然，看成无偏的中立：

这本著作已清晰地证明了每件事都有必然性，每件事都在"自然"的秩序之中，每件事都只能遵循自然强加于其上的律则……自然公平地分配所谓的秩序与所谓的混乱、所谓的快乐与所谓的痛苦。简而言之，由于她存在的需要，她同样散播恶与善……因此，让我们不要赞扬她的仁慈或叱责她的狠毒，让我们不要幻想我们的怒吼或祈求能阻挡她遵循着不可变的法则的巨大力量……我们受苦时，我们不要以虚幻的妄想寻求救济。让我们从自然的商店中求取她应允的救济，让我们在她伟大的怀抱中求取她的乳汁。

霍尔巴赫已接近于以自然来重新介绍上帝。在呼吁勿将自然人格化的同时，他倾向于将她神化。他屡屡言及她的万能、她的意志、她的计划和她的富厚。他将她看作人类最好的指引，并让狄德罗写一段歌颂她的文字作为他那本动人著作的结尾："哦，自然，一切存在的主宰！而你们，她可敬的儿女，美德、理性和真理是永远神圣的！人类的赞美是属于你的。尘世的礼赞也是属于你的……"这种泛神论几乎与霍尔巴赫把自然视为无私地放出善与恶的观念不能相容："微风、暴雨、火山、战争、瘟疫、饥荒、疾病、死亡对其永恒的运行几乎和有益的阳光一样不可缺少。"这让我们想起了加尔文的上帝，吝于施舍天堂，却慨于给予地狱。

霍尔巴赫不但反对神的概念，还包括这个字眼。"上帝和创造这些字必须从一切为人所了解的语言中加以剔除。它们是无知发明的抽象字眼。它们只用来满足那些缺乏体验，及懒惰、胆小得无法研究自然和自然之道的人们。"他反对一神论，认为它与迷信妥协，同时建立了一种无神论的真实宗教：

> 人类之友必不能同时为上帝之友，因为后者经常是世界的灾祸。自然的使徒将不会是欺诈与妄想的工具。世界成为幻象的住所即由于这一妄想所致。真理的崇拜者将不会和虚伪妥协……他知道为了人类的幸福，必须立即将迷信的黑暗大厦夷为平地，并在其上建立只供奉适于和平的自然的庙宇……如果他的努力终归失败，如果他不能以勇气鼓舞习于颤抖的群众，他至少也会因敢于尝试而骄傲。然而他绝不认为他的努力毫无结果，只要他曾使一个人快乐，只要他的原则曾安慰一个诚实的心灵……至少他能使自己的心灵免于迷信的恐怖……他能践踏这些曾折磨不幸者的妄想。这样，远离暴风雨的危难，他伫立于岩石之上，安详地沉思迷信造成的风暴。然后他会对这些期待帮助的人，伸出援助的手。

·道德与国家

无神论能否和道德相容？凡人的强烈自利冲动能否为没有宗教支持和宗教信仰的道德规则控制？霍尔巴赫在《自然体系》中，遇到这个问题。然后于 1776 年以 3 卷的著作《世界道德》（*Morale Universelle*）重新予以讨论。首先，他怀疑宗教对道德是否有所裨益：

> 尽管地狱被形容得这么恐怖，放纵的罪犯仍充满我们的城市。……被定罪的盗贼和凶手是否都是无神论者、怀疑论者呢？这些邪恶之徒都信仰神……最具有宗教热忱的父亲在规劝孩子时是否提到神呢？……放荡败坏身体，赌博葬送财产并受社会的歧视——这些才是上帝的动机。

即使宗教对道德有所裨益，这些好处能否弥补宗教带来的罪恶？——

> 如果一个人被这个观念（地狱）约束，就有数千人对它无动于衷。它更令成千上万的人无理性，成为野蛮的迫害者，沦为邪恶者……盲从者。它扰乱成千上万人的心灵，却令他们将职责推卸给社会。

他同时考虑到宗教伪善对怀疑论者的压力：

> 那些企图以神学的观念禁锢哲学天才的人，让他们读读莱布尼茨、笛卡儿、马勒伯朗士，拉尔夫·卡德沃斯等人的形而上学，然后再冷静地沉思那些才气不足、狂热有余的所谓"偶发因"的"预设的和谐"体系。

不仅如此，由于基督教教人将思想集中于个人在另外一个世界中的得救，它斫丧了人在这个世界的生机，令人漠视同胞的苦难和压力及集体和政府的不义。

霍尔巴赫反对伏尔泰主张的人天生具有善恶感的观念。良心不是上帝，而是国家的声音；它是个人成长过程中无数的告诫、命令和责备的累积物。"我们可以将良心定义为：我们的行动在别人身上及自身产生的效果的知识。"这种良心可能是一个错误的指引，因为它可由错误的教育、错误的经验、错误的推理或腐败的舆论造成。没有一个罪恶不可以借规诫或邪恶的模范改装成美德，所以无论宗教如何禁止通奸，它已被认为一项骄傲的成就；谄媚在宫廷是必要的，奸杀与掠夺则是兵士出生入死的合法报酬。"我们看到剥削同胞致富的大贾，并不受良心的谴责"，我们也可以看到"一些狂热者，他们的良心被错误观念遮蔽而鼓舞他们毫不留情地消灭异己者"。因此，我们所能希望的是一种为更佳教育、经常瞻顾我们行为对别人或自己造成的影响及更健康的舆论造成的良心。

霍尔巴赫和基督教同样认为人天性倾向罪恶——对群体有害，但他认为这种罪恶的天性源自"我们祖先之罪"的说法是荒谬的。他接受自私心为人类行为的基础，而和爱尔维修一样企图将道德规范建立在有利于个人的社会行为之上。"道德将是枉然的，如果它不能向人类证明：服从道德对他是有利益的。"教育能教导人们认识到个人利益与社会利益息息相关，也能使人们为获得社会的赞扬、报酬与荣誉感，而做出利他的行为。所以，霍尔巴赫将其伦理学称为"自然的法令"：

　　为你自己及你的同类们生活吧！他们不危害你及你快乐所赖的其他人时，我（自然）准许你有快乐……要公正，公正延续了人类的种族。要善良，你的善良将吸引每个心灵。要宽大，你生存于和你同样柔弱的人群中。要谦逊，你的骄傲将伤害你周围人群的自尊。宽恕罪恶，善待伤害你的人……以赢取他的友谊。要节制、克制、忠贞，因为淫荡和放纵将使你毁灭，使你卑鄙。

如果政府能更关切人民的健康、治安和教育，罪恶就会减少。人患得患失，他就不会铤而走险。如果教育训练人们习于理性，而不以不久即会丧失其力量的非理性的信仰恐吓他，人们在行动之前就会考虑行动的后果，因而变得更有德行。终极而言，知识是最高的美德，而这种美德是通往幸福的最佳途径。

在《自然体系》、《社会体系》（1772 年）和《自然政治》（1772年）诸书中，这位永不疲倦的百万富翁，探讨了社会和政府问题。在这些著作中，攻击的矛头从教会转向政府。霍尔巴赫和洛克、马克思同样认为劳力是所有财富的来源。但是，与洛克一样，他以为个人有权拥有私人财产，因为它是个人劳动力的产品。虽然身为贵族，他宁可推翻贵族政治：

　　一群人，仅靠出身就能拥有财富和尊严，必然令其他阶级的公民沮丧、不平。仅有优良祖先的人，无权获得这些报偿……遗传的贵族制度，应该被看成有毒的恶习，它仅有利于那些懒散之徒……一个阶层的无能，害了所有。……储存在中世纪城堡中的古老所有特权状和文件，有无权力将高贵的政府和教会及法院与军中的职位，授给其子孙，而毫不顾及这些子孙是否具备这些职务必需的才能？

至于教士，让他们自谋生计。教会和国家应该严格地分开。宗教团体应该被看作自愿性的结社，它们应享有自由，却不应有国家的支持，而任何聪明的政府都会防范任何一个宗教的不容忍与迫害。

虽然他是一个靠地租度日的人，霍尔巴赫激烈地批评这种懒惰的中产阶级，对商人又报以贵族式的轻视。"没有比搜寻猎物的商人更危险的了。"商业的贪婪渐渐地代替王室的野心，成为战争之因：

> 为了几堆沙石，国家就会割断对方的喉咙。整个国家成为奸诈商人的玩物，他希求财富以饱私囊。人口逐渐减少，税捐逐渐增加，人民逐渐穷困，以满足少数人的贪婪。

他抨击刚获得印度和加拿大的英国：

> 有一个民族，他们的贪婪已构成了一个剥削世界商业、称霸海洋的庞大计划——一个邪恶和疯狂的计划，它的施行必然为这个受到这种疯狂引导的民族带来灾祸……总有一天，印度人会自欧洲学到战争的技术，而将英国人赶入海里。

霍尔巴赫倾向于放任主义：

> 政府除了放任商人外，不应该做任何事。没有一条规则比他的利益更能指引其企业……国家除了保护商业，别无所事。允许其属民有最大自由的商业国家，无疑将立即超越其他国家。

他同时劝告政府防止危险的财富集中。他乐于引用圣哲罗姆的讽语："富人不是恶汉，就是恶汉的子孙。"——

> 大部分国家中，3/4 的人民一无所有……少数人吸收了国家所有的财产和资源，他们就成为国家的主人……所有的政府似乎都忽略了这个真理……当公意或法律，无法在社会的各个阶层保持平衡，某些人就可以凭借武力、诈欺、引诱而剥削别人的果实。

按照霍尔巴赫的看法，几乎所有的君主都和聪明的少数人联合以剥削多数人。他似乎想到路易十四：

> 我们只看到不义的君主，因奢侈而虚弱，因谄媚而腐败，因淫佚而堕落，淫猥、邪恶、无能、缺德……对他们统治的政府无所作为。他们对人民的福祉鲜少关心，无视于自己的职责。被欲望激起……以喂饱无餍的野心，他们发动无用、残杀生灵的战争，对国家利益最主要的事，他们却无动于衷。

想到法国政府，霍尔巴赫不得不攻击其私人包税制度：

> 这个暴君讨好一群满足其贪婪的人，而其代价是让他们毫无顾忌地剥削其他人……他盲目的眼睛无法看到：他子民必须缴纳双倍的税金，而流入勒索者口袋中的金钱，即是他自己的损失。同时，资助附属收税官的军队不仅全无效用，反而对他宣战……这些土匪，愈变愈富，以致引起贵族的嫉妒和同胞的仇视……财富成为唯一的动机……对金银的渴望充斥了每个人的心。

有时，这位生活舒适的贵族，谈话口气就像一个愤怒的不得志青年："各国是否愿意不去理会一群腐败吸血者的虚荣奢侈和贪婪呢？"他以这种语调响应了一度是他朋友的卢梭的《社会契约论》：

> 人是邪恶的，并非他生来即如此，而是被造成如此。达官显要毫无顾忌地压榨贫困者与不幸者。这些人冒着生命的危险，无时不在设法报复他们接受的罪恶，他们公开或秘密地攻击对待他们有如后母的政府，她把每样东西给予某些孩子，却剥夺其他孩子的每样东西……
>
> 人几乎随时随地都是一个奴隶。他是低贱的、自私的、毫无

荣誉的。简而言之，他既身为国家的一员，他就有国家的一切缺点。他到处受欺骗，到处被鼓励无知，到处被禁止使用理性。当然，他必须经常保持愚笨、无理性和邪恶。到处他都看到罪恶正被尊崇，他因此下结论：罪恶是好的，美德只是无谓的自我牺牲……如果政府有教化而能考虑到人民的教育与福利，如果法律公平的话……我们就不用再寻求违反人类感情与需要的来世。

如何制止这种剥削呢？第一步是推翻独裁的君主制。"绝对的权力必定在心灵中腐败，不管谁拥有它……君主的权力应该经常置于人民代表的控制下。而这些代表，应该经常对他们选民的意志负责。"这是对召开重大的 1789 年国民会议的一次呼吁。既然每个政府的权力来自被治者的同意，"社会能随时撤回这些权力，如果政府不再代表公共意志"。这是卢梭和大革命的宣言。

但是，革命为了重建另一个形式的世界，有时须付出极大的代价——毁灭过去：

> 并非借着危险的内乱，并非借着斗争、杀君和无谓的罪恶，国家之疾就可治愈。这些凶暴的罪恶，有时比它们所欲治疗的更为残酷……理智并不渴望暴动与流血，它提供的改革也许是缓慢的，但是更妥善的计划。

人类是不完美的，因此不能造出完美的国家。乌托邦是精神错乱与非理性的人类的妄想……政治的完美化，只能由几个世纪的经验而来，进步并非一条直线，而是一个长远的历程。许多年代的教育和试验，是社会疾病的发现和治疗必需的。民主是一个理想，但只在小国寡民和教育普及的条件下才有可能。因此，在路易十六的法国，实行民主是不智的。也许这个如此善良的新国王，会以极大的才能改革国家。所以，霍尔巴赫终究拥护君主立宪，将他的著作呈献给路易十六，认为他是"一个公正、人道、仁慈的国王……人民的父亲、穷人的保护者"。这位年老的"哲学家"就在这个不可能的希望中搁笔。

·霍尔巴赫及其批评者

《自然体系》是哲学史中维护唯物论和无神论最彻底、最直接的著作。我们在其中看不到伏尔泰不停的踌躇、矛盾和诡谲，狄德罗不知所云的狂热和冲突，卢梭的困惑。相反，我们看到了思想的一致性，及有时沉重、有时灿烂、却经常具有说服力、永远清晰简洁的一种文体。然而，恐怕大众无法消化这本700页的书，他急欲以一本更简单的书：《良知，或与超自然意念相对的意念》（1772年）以普及大众。很少会有作家像他那样勤勉地普及如此艰深的信念。

他的声名远播，可以由腓特烈大帝对《自然体系》一书的反应中看出。一个一直礼遇哲学家并被他们赞美为他们的保护者及楷模的人，看到他们的领袖无情地攻击专制和基督教，便马上和他们决裂。借着这项攻击基督教运动的声势，以削弱国内的教权，当然对其有利。但是，看到这种反叛，竟然扩及对君权和上帝的侮辱，他不得不感到愤怒，或许是害怕。写出《反马基雅维利》的同一管笔，现在也写下《对自然体系的反驳》。这个叫霍尔巴赫的人，走得太快太远了。"一个人对群众说话时，"腓特烈建议道，"他应考虑这些盲从的耳朵的脆弱，他不应该令人震惊，他应该等到时机成熟。"

显然是由于腓特烈的忠告，但也可能是担心霍尔巴赫的极端激进主义，会将所有无神论者和革命分子以外的人士从哲学阵营中拉走，伏尔泰像一个责骂僭越军官的将军一般，在他的《哲学字典》"上帝"一章中，大大批评了霍尔巴赫的主要著作。他开始就写道：

> 这个作者的好处是，受教育者和没受教育者，及妇女都读他的作品，因为他的作品有斯宾诺莎没有的优点。他的作品经常

清晰易懂，有时甚有说服力，但是，与其他人一样，他也犯了重复、巧辩、自相矛盾等毛病。至于深度问题，在物理学和道德问题上，我们对他都不能寄予信任。这里牵涉到人类的利益，因此我们要检查他的理论是否正确而有用。

伏尔泰不同意宇宙的秩序或混乱完全是我们的主观概念和偏见。他辩称，秩序非常明显，混乱则有时令人痛苦地明显：

> 一个生来即盲或缺腿或可怕的畸形儿岂非与人的本质互相冲突？岂非自然的普遍规律创造秩序，而不规律构成混乱？那岂不是一个伟大的矛盾，一个可怕的混乱，自然给予一个婴孩饥饿，同时给他一个封闭的食道？每一种生物排泄都是必需的，排泄道却经常没有出口……混乱的原因有待发现，可是混乱是真实存在的。

至于物质能产生生命和心灵这个问题，虽然伏尔泰一度倾向此种观点，他还是宁愿采取温和的不可知论，而不愿相信霍尔巴赫满怀自信的假说：

> "经验告诉我们如果静止而死寂的物质以某种方式结合，它就能产生行动、生命和心灵。"（他直接录自《自然体系》。）但这正是困难之所在。一个活生生的细菌是如何来的？作者和读者对它同样一无所知。因此，《自然体系》及其他所有的哲学理论，难道不是梦呓？"我们必须给这一重要的原则下一个定义，虽然我也认为不可能。"（霍尔巴赫这样说。）这种定义难道不是很简单吗？……生命不是具有感觉的组织吗？但是，这两种属性能单独来自活动中的物质，却是不可证明的；而如果不能证明，为什么要予以坚持呢？……许多读者都会愤慨于作者没有解释任何事

物，而语调那样肯定……当你大胆地宣称没有神，或物质由于永恒的需要而自行活动，你必须像欧几里得几何学的命题一样精确无疑。否则，你只能将你的体系建立在"也许"的基础上。而对于人类的信仰而言，这是何等重要的基础！

霍尔巴赫在支持自然发生论时，曾提到英国耶稣会士约翰·尼达姆 1748 年的实验。由这个实验，他自信他已成功地由无生命物质造出了新有机体。留意最新科学发展的伏尔泰，根据斯帕兰扎尼的实验（1765 年），指出尼达姆实验过程和结论的错误。霍尔巴赫在自然中看不出有何精心设计之处，伏尔泰则相反。他辩称人类心智之所以会发展，是因为在宇宙之中或之后，有一心灵存在，最后他回到那句有名的话："如果上帝不存在，我们就必须创造一个。"如果没有对"全能之主"的信仰，对他的公正和智慧的信仰，带着无限神秘与凄惨的生命，将变得无法忍受。他赞同霍尔巴赫对迷信的攻击，但是，他以对一个神的单纯崇拜来维护宗教。他亲切地结论道：

> 我认为你大大地错误，但是，我同样认为你在自欺中还是诚实的。你希望即使没有上帝，人们仍然善良，虽然你曾不幸地说"如果罪恶予人快乐，人必会喜爱罪恶"——一句可怕的话，即使你的朋友也会要求你予以删掉。除此之外，你一直在鼓励正直。这个哲学争论将只存在于你跟其他欧洲的少数哲学家之间，世界上其余的人，甚至听都不会听到。人们不阅读我们的著作……你是错误的，我们仍然尊重你的智慧和美德。

伏尔泰这篇辩驳，我们不知道是否出于真心诚意。他听到腓特烈大帝也为文反对《自然体系》时，曾轻描淡写地评论道："上帝的阵营中有两位欧洲最不迷信的大将——他应该大大感到高兴。"他要求黎塞留公爵使路易十五知道，费内这位不情愿的驱逐者，曾对这本成为巴黎话题的大胆著作做了答辩。

霍尔巴赫的朋友曾将伏尔泰对他的批评当作宣传这位男爵观念的一种方法，予以发行。年轻的反叛者也把唯物论当作反抗天主教的勇气标志。霍尔巴赫的哲学在罗伯斯庇尔前后，成为法国大革命的精髓——虽然后者比较喜欢卢梭。我们在卡米勒·德穆兰、马拉、丹东等人的著作中，听到对《自然体系》的回响。"霍尔巴赫比伏尔泰，比狄德罗，"埃米勒·法盖说，"更是 18 世纪末 19 世纪初，所有哲学及反宗教论战的宗师。"在五人执政团期间，一个部长为牵制天主教政敌，将霍尔巴赫的书送给政府里每一位部长级人物。在英国普利斯特里的物质论中，我们发现霍尔巴赫的影响；戈德温的《政治正义的探讨》源自霍尔巴赫、爱尔维修和卢梭；而戈德温的女婿雪莱，一个狂热的无神论者，经常摘录《自然体系》一书，并翻为英文，以号召他的牛津导师们到反宗教的阵营来。在德国，则是霍尔巴赫的唯物论和休谟的怀疑论，使康德自"独断论的迷梦"（dogmatic slumber）中惊醒。也许马克思也间接地由霍尔巴赫继承了唯物论的传统。

远在拜伦写作之前，伯克利就曾提出对唯物论最严重的批评：心灵是我们直接认知的唯一实在；物质（因为霍尔巴赫定义为"凡影响我们感官的东西"）则须通过心灵间接认知；将直接的认知归于间接，似乎不合理性。我们现在对物质已不如从前那样自信。我们对原子和心灵，同样感到迷惑，两者都可分解为我们不能了解的能量形式。以机械论观点解释生命，在生理学领域中已经证明了成果丰硕。但器官（物质），像运动员的肌肉，其成为欲望（心灵）的产品和工具的可能性，仍然存在。机械论、决定论，甚至"自然法"，也许过于简化，而在逻辑上也许也无法辩驳，因它们是心灵为处理现象、事件、东西的方便而发明的工具。这些工具已成为科学思想中无法或缺的工具。但是，应用到创造它们的心灵时，它们就不能令人满意了。

第八章 | 伏尔泰与基督教

（1734—1778）

伏尔泰与上帝

他的一些非宗教性活动、言论和兴趣，我们目前暂不讨论。现在我们只综论他对宗教的看法及他对抗基督教的战争。我们要说的关于他的每一件事，以前都曾说过百遍以上；而他关于基督教的每一言论，以前也都曾说过百遍以上。只不过当他说的时候，他的话就像把火焰烧遍欧洲，然后成为铸造他的以及我们时代的一股力量。

他会怀疑基督信条，这是自然的事，因为宗教企图掩灭而非鼓舞知性，而伏尔泰就是知性的化身，不安静而且不妥协。他曾经参加殿堂怀疑论者的阵营，在英国的有神论者之间滋养怀疑的种子，在锡雷从事科学研究，在德国和腓特烈大帝交换反宗教心得。但56岁以前，他一直将反宗教看作私人运动或不经意的表现，不对教会公开宣战。相反，他继续不断公开地护卫基督教信仰的基础——一个公正的上帝、自由意志和不朽。除非我们将他看作说谎者（他经常如此），他至死信仰上帝和宗教的价值。我们可以引用他的话来证明几乎每一件事，因为他和每种生物一样地生长、改变和毁灭。我们当中有谁在50岁时还保持着20岁的看法，或70岁时仍有50岁的看法？伏尔泰不停地自相矛盾，他寿命长而且著作丰富，他的言论因此与时俱变。

在锡雷，约 1734 年，他曾尝试将他对宇宙原始的观念表现在《形而上学论》中。在英国人较熟悉的佩利前，伏尔泰说：认为宇宙为一高超心灵的产物，就和认为钟表是钟表匠的产物一样的合乎逻辑；在两者之中，他都看到了为某个特定目的而设计特别方法的证据。但就像钟表虽然为人设计，还是必须遵循某些固定的法则，宇宙亦然。其中并无所谓奇迹。他仍不能放弃人类的意志具有某些神秘的状态及适度的自由这一想法，虽然他清楚地知道自由意志对机械世界的影响，一定会推翻其机械性。心灵是物质的形式和功能。"我们必须认为，"伏尔泰跟随洛克这样说道，"上帝很可能加思想于物质之上。"物质能够思想与无形的心灵能够影响有形的肉体一样不足为奇。灵魂只是肉体的生命，而且随之而亡。除了自然，没有其他的神秘的启示。这就已足够，而且取之不竭。宗教也许有好处，但智者不必用它来支持道德。历史上，它经常被教士用来迷惑大众的心灵，国王则用它来扒窃大众的口袋。美德应有益社会而非只是对上帝的服从，更不应倚赖死后的奖赏与惩罚。

伏尔泰将这篇 75 页的著作宣读给夏特莱夫人听。后者显然不赞成它出版。他似乎同意了这个看法，而将原稿搁置。因此，在他有生之年，它从未出版过。他从而相信，任何理性形而上学——任何以理智解释宇宙和人类的起源、本质、命运的企图——永远在人类的能力之外。他阅读哲学著作，却不敬佩他们的体系。"在形而上学和道德中，"他说，"古人已经说出了每件事。我们一直遭遇或重复他们的话。现代所有这类书只是重述而已。"斯宾诺莎的体系必定给他很深刻的印象，他努力予以驳斥。

虽然他否认，他实在不能将他的兴趣完全投掷在这个无法解决的问题上。1734 年至 1756 年，他断断续续地探讨形而上学和神学。他终生信仰上帝的天造地设，虽然他斥责过度的神学理念。"我或许不相信鼻子是为戴眼镜的方便而造，我却相信它们是为嗅东西而造。""主张眼睛非为视物而造，耳朵非为听闻，胃非为消化——这岂不是最大的荒谬？"1757年，一位年轻的作家拜访伏尔泰，自我介绍为"一个甘愿服侍他的无神论者"，伏尔泰回答说："我有幸作为一个自然神论的雇主。我们职业如此相反，不过我今天还是可以供给你晚餐，明天给你工作；我可以利用你的四肢，虽然不能用你的头脑。"他自称是自然神论者，但他毋宁是一神论者：他的神并不是一个多多少少和自然合一的非人格的力量，而是一个设计并统治世界的有意识的神灵。1750年后，他才自称是一个一神论者。他的《哲学字典》中的《人格神论》篇，令人不得不赞同孔多塞将伏尔泰形容为"一个异常虔诚的人"：

> 人格神论者就是一个坚信有最高神灵存在的人，这个善良有力的神灵创造了所有的存在……他惩罚罪恶而不失残酷，奖赏美德则以仁慈。人格神论者不知上帝如何惩罚、如何奖赏、如何赦免，因为他不至于僭越得自以为能够了解上帝如何行动。但他知道上帝的确行动，而且是公正的。上帝存在的难题并不能动摇他的信心，因为它们只是难题而非证明。他臣服于上帝，虽然他只觉察到他的存在与影响，而且以他所见的推论他所不能见的，他认为上帝存在于所有的空间与时间。
>
> 对此原则及其他宇宙另外原则的信仰，使他弃绝了其他任何自相矛盾的教派。他的宗教最古老，而且流布最广，对一个上帝的单纯崇拜远在其他制度建立前就已存在……他相信宗教既非无法理解的形而上学，也非无用的装饰品，而是崇拜与公正。行善是他的崇拜，臣服于上帝之下则是他的教条……他嘲笑洛雷托和麦加，但他救济贫者、护卫弱者。

伏尔泰这些表白是否真心诚意？一些学者认为他这样做是由于谨慎，或由于渐渐走向无神论的欲望，或希望仆役的宗教信仰可以减少窃盗。伏尔泰书中的某些文字似乎证实了这种说法。("如果你只统治一个村庄,它也必须有宗教。")他一句最出名的语录也似乎将宗教看成公共利益,它出现在《致"三个骗子"作者》一书中:

> 如果上帝不存在,就应该创造一个;但所有的自然现象,证
> 明他的确存在。

整篇诗文都在宣扬信仰。伏尔泰一再重述一神论的论证,似乎在回答自己的疑惑。在他生命的最后 10 年中,他经常攻击无神论和正教。同时他公开驳斥当时将神灵看作罚大多数人下地狱的复仇之神这一流行概念。"如果人类触犯暴行和信仰他们一样普遍,那就太不幸了。""如果上帝以自己的形象造人,我们实在没辜负他。"没有一件事能比人对上帝的观念更能泄露他对自己的观念。

伏尔泰努力使他的一神论和罪恶的存在妥协。在这种神正论的努力中,他有着近乎莱布尼茨的乐观(他的《康迪德》一书加以嘲笑):由某个角度看来是恶的事,由整体观之也许是善,或许至少不是恶;这并不是想象中最好,但可能是最好的世界。"每件事都被计算、衡量时,"他于 1738 年写信给腓特烈说,"我认为生命就会有比痛苦更多的欢乐。"但他写这封信时,还是壮年。他并不相信人天性邪恶。相反,他认为人具有天赋的正义感及对别人的一种自然善意。人类的道德观念和习惯有无数的差异和冲突,但所有人都谴责弑父杀兄。

1752 年,他在波茨坦作了一首诗《自然的法律》,总括他的"自然宗教"。它以怀疑现实宗教为形式,因此不可能讨好一般的善男信女,但它是伏尔泰出版过的著作中最虔诚、最正统的。它不仅坚定对神——创造者的信仰,而且认为人的道德感也是由这个至高神灵灌输。他口气有如卢梭,而比康德更早表现对良心至上的狂热。他用一句话界定他的宗教:"敬神,正义,爱你的祖国。"他研究不同的宗

教信仰，谴责它们的恨意和昏狂，呼吁不同教义互相容忍，而以每位圣徒都会同意的祈祷告终。巴黎议会命令公开焚烧这首诗（1759 年 1 月 23 日），也许是因为其中几行侮辱了詹森教派。

我们可以下结论说，1751 年以前——57 岁以前——伏尔泰从没对基督教或天主教发动过公开的正面攻击。什么使他宣战，尤其是在大部分反叛者都会归于沉寂的年纪？答案是教会对《百科全书》的钳制、正教教会对里斯本地震的解释，及对让·卡拉斯和拉巴尔的残酷迫害。

伏尔泰与《百科全书》

《百科全书》第一卷出版时（1751 年），他住在波茨坦。达朗贝尔在序言中对伏尔泰表露的尊崇一定曾使他大为高兴："我能够不对这位经常受到同胞、外人及敌人颂扬的稀有天才表示最大的敬意和赞美吗？而他无法再享受这些荣耀时，我们的后代必会给他最大的尊荣。"伏尔泰于 1752 年 9 月 5 日写信给达朗贝尔回敬其恭维："阁下和狄德罗先生正在做一项伟大的工作，它将是法兰西的光荣，迫害阁下者的耻辱……说到善辩的哲学家，我只认识你们两位。"他附上他的支持，并一再称它为"一项伟大而不朽的工作，它控诉人类生活的短促"。

尽管忙于他自己的重要著作——《路易十四时代》和《道德论》，及忙于与赫什、莫佩尔蒂、腓特烈等人周旋，他还是给达朗贝尔寄了几篇短文（1753 年），希望"你随意安插在你正在堆砌的不朽大厦中，增减随便。我贡献出自己的沙石，希望能在墙角占有一席之地"。他也曾恳求有影响力的朋友保护这些编者。1755 年，他写信给达朗贝尔："只要我一息尚存，我永远听从《百科全书》杰出的作者们的召唤。如果能对这块国家及文学最伟大的纪念碑有所贡献，那是我的光荣。"他还附上几篇论火焰、强力、通奸、法国人、天才及品

位的文章。看过前 5 卷后，他觉得有许多值得赞美之处，有一些值得
惋惜之处。他要求编辑注意文章的简洁，而且提醒达朗贝尔（他误以
为是主编）说："你被可怜地贬低了。伟大的将军之下，竟有恶劣的
兵士……我很遗憾看到'地狱'的作者竟然宣称地狱是摩西教条的要
点。可是，这大错特错。"

不久他又寄去了几篇短文和一篇历史专论。他说服了一位博学的
教士德波利尔为《百科全书》写了《东方圣贤》、《巫术》、《巫师》、
《弥赛亚》诸篇，却全是异端邪说。我们已看出伏尔泰对达朗贝尔论
日内瓦的文章多少需要负些责任，他以邀请那些被出卖的教士晚餐而
平息了跟随而来的风暴。灾难威胁到这项工作时（1758 年 1 月），他
写信给狄德罗：

> 继续做下去，勇敢的狄德罗，无畏的达朗贝尔……攻击那些
> 骗子，击毁他们空洞的言论、可怜的诡辩、历史的谎言、他们无
> 数的矛盾和荒谬。别让有智慧的人成为那些白痴的奴隶。你将赋
> 给新的一代理智和自由。

狄德罗没有回信，达朗贝尔则坚持撤退。伏尔泰失去勇气，也为
狄德罗的沉默触怒，决定放弃。2 月 6 日或 7 日，他再次写信给狄德
罗，希望他退回尚未付印的文章。狄德罗回信说原稿在达朗贝尔处，
但如果伏尔泰坚持要拿回这些稿件，他将"永远不会忘记这种伤害"。
2 月 26 日，伏尔泰写信给阿让塔尔："我爱狄德罗先生，我尊敬他，
但我很生气。"但在 3 月 12 日给同一个人的信中："如果你遇见这个好
人狄德罗，告诉这个可怜的奴隶，我原谅他，如同我可怜他一样。"5
月，达朗贝尔把这些稿件寄给伏尔泰；6 月，达朗贝尔重新开始编辑
《百科全书》。伏尔泰又把这些文章寄给他，但要求不用他的名字发
表。他建议将这个工作移到国外，以免由于检查或担心检查而削弱了
气势。狄德罗认为不切实际。后来，伏尔泰终于对以这种庞大而昂贵

的《百科全书》作为宣传自由的工具失去了信心。1758 年 6 月 26 日，他通知狄德罗别的工作令他无法再提供更多的资料，何况编辑与政府、教会之间的关系"令人不得不说谎，如果我们谎言说得不够，我们就被迫害"。爱尔维修的《论智力》（7 月）造成的风靡，使这位年老的反叛者惊惧得写了一篇答辩书。11 月 16 日，他告诉狄德罗他已经在费内买了一幢房子，希望以后当一个乡村绅士，安享余年。

他是在欺骗自己，还是计划另辟战场？

地震神学

《百科全书》处于反复的死亡与复活的震颤中时，里斯本地震的震颤波及了整个欧洲哲学界。1755 年 11 月 1 日，万圣节早上 9 点 40 分，在葡萄牙及北非，地球耸了一下肩膀。6 分钟内在这个世界最美丽的首都中，30 间教堂和 1000 间民房倒塌，1.5 万人丧生，另外 1.5 万人身受重伤。这种集体屠杀并非空前，但某些特殊情况令神学家们伤脑筋。为什么上帝竟然选择这样一个天主教城市、这样一个神圣节日及这个时刻——几乎所有的教徒此刻都在望弥撒？而为何他在所有的废墟中，独独留下塞巴斯蒂安——一个全欧洲最敌视耶稣会的部长的房子？

一个葡萄牙的耶稣会员马拉格里达将此次地震及随之而来的海啸解释为上帝对滋长在里斯本城内罪恶的惩罚。但只有在这个恐怖的早晨去教堂的才是罪人吗？为什么那么多虔诚的神父和修女同样毁于地震与大火？伦敦的新教徒则将灾难归因于天主教对人道的罪恶，但同年 11 月 19 日，一次地震在马萨诸塞州波士顿市——清教徒和新教徒的家乡——毁坏了 1500 座房子。威廉·沃伯顿说，里斯本的大屠杀"以最美丽的色彩表现了上帝的荣耀"。约翰·卫斯理以"地震的原因和治愈"为题布道。他说："不管地震的自然原因是什么，罪恶是它的道德原因……它们是亚当和夏娃的原罪带来的诅咒的结果。"

伏尔泰对这些解释大为愤怒，但这个事件无法与他对公正之神的信仰妥协。莱布尼茨的"一切可能的圆满"而今安在？蒲柏的"不管什么都是对的"——或他的借口"所有的罪恶都是成就整体善的一部分"？出于对他早期乐观的愤怒反叛，伏尔泰写了一首他最伟大的诗——《论里斯本灾难，或对"一切都圆满"公理之检讨》（1756年）。在此，我们节选他的部分诗文：

> 啊！悲惨的生灵，伤心的世界！
> 啊！人类恐惧的集合！
> 永恒、浩繁而无谓的受苦！
> 你这愚笨的圣人，呼喊着"一切都是圆满的"，
> 来吧！沉思这些可怕的毁灭，
> 你的同胞的残骸和灰烬。
> 妇女与婴孩堆积的尸首，
> 这些散置在断垣底下的尸首。
> 十万个不幸者为地球吞噬，
> 流血、被撕裂而仍活着，
> 被埋葬在屋顶下，无助地结束，
> 在痛苦中，他们悲惨的日子！
> 对他们奄奄一息的呻吟，
> 及冒烟的废墟、恐怖的景象，
> 难道你要说，"这是永恒的法律，
> 遵照着上帝自由与良善的选择"？
> 难道你，在这堆无辜的牺牲者之前，要说，
> "上帝报复了，他们的死偿还了他们的罪恶"？

这些在母亲怀里被压碎流血的婴孩犯了什么罪？伦敦或巴黎的罪行难道会比里斯本少吗？然而里斯本粉碎了，巴黎却在歌舞升平。

难道全能的上帝不能创造一个能够免于这种无意义的痛苦的世界？"我尊敬上帝，可是我爱人类。"

这位诗人巡视这个生命的世界，发现到处都充满了各种形式的生存挣扎。每一生物迟早都会被杀。这种生物学的痛苦结论需要我们直接译出：

> 凶猛的兀鹰啄食弱小的牺牲品，快乐地享用血淋淋的残肢。对于它而言，看起来一切都圆满。但顷刻间，一只老鹰以其尖锐之喙吞食了兀鹰，然后人类以致命一箭射穿了高傲的老鹰。人类却躺在战场的沙石上，流血、千疮百孔、与无数的垂死之人为伴。这时他是贪婪兀鹰的佳肴。就这样，世上所有的生物都呻吟，都为受苦、为相互的死亡而生。而在这种要命的混乱中，你却说个别的不幸构成全体的幸福！幸福何在？喔！可怜而软弱的凡人！你以悲伤的语调叫着"一切都是圆满的"，宇宙却使你的呼喊成为谎言，你内心也数百遍地驳斥你自己的幻想。各种元素、动物、人类——全部都在交战中。让我们承认吧！罪恶正踩躏着世界。

这种宇宙斗争的景象及可耻而痛苦的死亡，如何和"神"是善良而公正的观念妥协呢？他存在，但他是不可窥破的神秘。他派他的儿子下来，来替人类赎罪，尽管他的牺牲，世界和人类仍无两样：

> 最深邃的心灵对此有何高见呢？毫无！命运之书非我们所能窥见。人，对于他自己是一个陌生人，无法了解他自己。我是何人？我在何处？我往何处去？我由何处来？无数的原子折磨这堆粪土的身躯，而死神也加以吞噬，命运加以玩弄。可是有思想的微粒，他们的眼睛为智慧导引，竟能衡量苍穹。于是，我们的心灵抛向无限，却永不能一刻认识自己。

显然，这是帕斯卡100年前在一首比伏尔泰的散文更伟大的诗篇中发出的声调。伏尔泰曾经反对帕斯卡，现在他对帕斯卡的悲观起了回响。由相同的前提，帕斯卡曾经下结论道：让我们臣服于基督教的信仰和希望。伏尔泰本来以两个消极、冷静的对句结束他的诗：

> 我们必须做什么呢？凡人？凡人，我们只能受苦，
> 沉默地屈服、崇拜及死亡。

他的朋友们反对说，这种绝望的结束令他们无法忍受。为了妥协，他更改了最后一行：

> 屈服、崇拜、希望及死亡。

仍没有人满意。他屈服了，于是又加了29行，内容是相信"启示"，而且信任"只有上帝是对的"。

尽管如此，这首诗令正教人士和哲学家同感吃惊。这种沮丧的变调似乎令哲学之帆无风可航。卢梭寄给伏尔泰一封长信，向他流利地解释人类所有的苦难都来自人类的过失。里斯本地震是对人类不愿归返自然而住在城市的公正惩罚。如果人类愿意散居村落，重新过淳朴的自然生活，死伤就会相对地减少。我们必须信仰上帝的善良，卢梭说，因为这是对自我毁灭的悲观的唯一选择。我们必须像莱布尼茨一样相信：既然神创造这个世界，其中每件事最终及长远看来必然都是对的。某一个出版商取得这封信的副本，而予以出版。大家马上认为这是对伏尔泰的诗的一个强有力的答辩。伏尔泰不寻常地沉静了很长一段时间。他再度讨论乐观主义时，他产生了最完美的作品，一本在世界各处流传了整整一代，而成为伏尔泰最活生生的遗作和象征。

康迪德 [1]

它于 1759 年初以《康迪德》为名，并注明"译自一位德国医生拉尔夫的作品。他死于明登时，在他口袋里找到了附录"。日内瓦的大会议立即（3 月 5 日）下令烧毁。伏尔泰当然否认他是作者。"人们一定是疯了，"他写信给一位日内瓦的牧师朋友，"竟然会认为我是那本无聊著作的作者。感谢上帝，我有更重要的事情要做。"但法国一致认为，除了伏尔泰没人能够写出《康迪德》。只有他能够写出这种哄人的简洁、流畅、轻快跳跃而带揶揄和讽刺的散文。偶尔带点淫秽，偶尔掺杂一些脏话，而书中到处充满了玩世不恭及尖锐的讥讽和致命的不敬。如果文如其人，这必定是伏尔泰无疑。

书以无辜开始，但马上就揭露了一双闪烁的眼睛：

> 在威斯特伐里亚特龙克最高贵的男爵城堡中，住着一个青年。自然曾赋给他一个最纯洁的性格……他最单纯的心灵伴随着最坚定的判断力。因此，我相信，他被称为康迪德。老仆人们怀疑他是男爵的妹妹跟隔壁一个善良高贵的绅士生的孩子。但这位小姐拒绝嫁给这位绅士，因为他只能拿出少得可怜的钱。

虽然她拒绝了婚姻，却没有拒绝和他上床。这个年轻的私生子便在潘格罗教授门下求学。

> （潘格罗教授）能够证明每一结果必有原因，及男爵的城堡是世界上最好、最伟大的城堡，米拉第则是世界上最好的男爵夫人（虽然她有 350 磅重）。一切事物都不能稍加改变，因为它们各有各的目的，这是可以证明的。如，鼻子是为了眼镜而造的，

---

[1] 一般译为"老实人"，但为了便于译文流畅，音译为"康迪德"，以指人名。

因此我们才戴眼镜；双腿显然是为袜子而设计，所以我们才穿袜子……断言每件事物是对的人，并不表示他们是正确的。他们应该说世界上每件事都是最完美的。

康迪德"凝神谛听，而且暗暗信服"。库内贡德小姐，男爵的女儿，显然是世界上可能创造出来的最完美、最美丽的女人。她邀请他一齐坠入爱河。他真的坠了下去，然后男爵重重地踢他一脚，把他赶出了城堡。

康迪德四处流浪，后来被招兵者送入保加利亚军队，被迫当兵。"在军队中，他被训练向右转、向左转、通枪膛、放枪、行军，他们还以手杖打了他30下。"他经过无数次战争，走过很多次荒漠。有一天遇见了潘格罗。潘格罗失掉了他的鼻尖，而一只眼睛、一只耳朵也正在报废。这是和一个美丽的少妇过于亲密的结果。她的病是"被一位博学的郭德利叶（圣方济各的修士）传染的，后者则被一位老女伯爵传染。女伯爵的病得自一位骑兵上尉，后者得自一位侯爵夫人，而侯爵夫人得自一位仆人，这个仆人得自一位耶稣会员，而耶稣会员又得自一位哥伦布的伙伴"。

康迪德和潘格罗在里斯本附近航行遇险，而游上岸时刚好赶上里斯本的大地震。他们劫后余生，却被宗教裁判官视为异端而加以拘禁。潘格罗被吊死，康迪德在库内贡德的帮助下逃走。库内贡德在被兵士强奸后，被卖给一个犹太人，最近才被卖给一位宗教裁判长。康迪德和库内贡德在一位老妇人的协助下一齐逃亡。他们听到老妇人的亲身经历后就不再抱怨命运了。这位老妇人在阿诺失陷后，差点被土耳其人吃掉。后来由于半盲的命运之神的慈悲，他们开始只割掉每位可用的妇女的一边屁股，他们准备再度动手时，城市又被祖国的兵士取回了。"现在停止怨天尤人吧！你们能够坐在两片屁股之上，应该感到高兴了。"

他们横渡大西洋，希望新世界不像旧的那样残忍。在布宜诺斯艾利斯，司令官将库内贡德据为己有。康迪德被驱逐出境。他潜入巴拉圭的耶稣会殖民地。在那里，他遇到库内贡德的哥哥。后者听到康迪德竟胆敢想要娶他妹妹而大为光火。康迪德在争斗中将他杀死，又开始逃亡。后来他来到秘鲁一处与世隔绝的村庄，那里到处都是金子，以致没人看重它。那里没有金钱或监狱、律师、教士或经济斗争。村里的居民快活地活到 200 岁，他们没有宗教，除了一个神的单纯崇拜。康迪德拾了一些金子，然后继续他的旅程。他仍不能忘怀库内贡德。他回到了欧洲，来到朴茨茅斯，刚好看见舰队司令拜恩因战败被枪决。康迪德的新朋友马丁告诉他，这个国家认为偶尔处死一两个司令以鼓舞他人的士气是明智之举。

探听到库内贡德在威尼斯后，康迪德便起程前往意大利。在威尼斯，他因娼妓的惨况而难过。后来他听到船夫们的歌唱声而下结论说，他终于找到了快乐的人。但马丁泼了他一壶冷水：

> "你没有看到他们在家里跟妻子儿女是怎么过的。总督有总督的痛苦，船夫有船夫的痛苦。船夫的命运也许比总督好些，但我相信差异并不大得值得我们去探讨。"

库内贡德不在威尼斯，而在君士坦丁堡。康迪德星夜赶去，发现她已变成一个又老又丑的奴隶。他还是替她赎身并娶了她。潘格罗从裁判所的绳索中死里逃生，加入他的学生，而且重新开始护卫乐观主义。他们遇到一个几乎幸福快乐的人，他用自栽的水果和花生款待他们。"你一定拥有一块广大的土地？"康迪德问他。"只有 20 英亩，"这个土耳其人回答道，"我和儿女们一齐耕耘。我们的劳作使我们远离三项邪恶：游手好闲、罪恶及需求。"康迪德决定向他学习。他、库内贡德及一些朋友一起种植一块土地，收割自己的粮食。一块屁股的妇人、一个从良的妓女及她的修士朋友，大家一齐分工合作。他们劳动、疲惫，但心满意足。潘格罗说这就是最完美的世界，因为他们的苦难终于带给他们这种宁静和平。这说得不错，康迪德回答说："但是我们还得耕耘我们的田地。"本书到此告终。

伏尔泰在这个历险和爱情的故事中，故意对莱布尼茨的神正论、蒲柏的乐观主义、宗教的滥权、修道院里的奸情、阶级偏见、政治腐败、法律的狡猾、司法的贪污、刑法的野蛮、奴隶制度的不义及战争的毁灭挪揄一番。《康迪德》在七年战争的杀戮中写成。福楼拜称伏尔泰这本杰作是他生平作品的总结。它有大部分讽刺小说的缺点：过分夸张。但伏尔泰不是不知道很少有人会像康迪德那样遭遇到这么多一连串的不幸。他也知道，虽然耕田、做好个人当前的任务是不错的，但还有比田地更好的东西。他在费内认真种田，但又因卡拉斯被处死向全欧洲发出怒吼。

欧洲的良心

让·卡拉斯隶属胡格诺新教派——在法国的加尔文新教——此派百年来受到天主教的迫害，包括处死、没收财产、强迫叛教，仍有一小部分残留在图卢兹城。法国法律不只禁止新教徒充任公务员，而且不允许他们执业律师、医生、药剂师、助产士、书商、铁匠或杂货商。如果他们不受洗，他们就不能享有一切公民权利。如果他们结婚不请天主教神父证婚，就只能算非法同居，孩子只能算是私生子。新教仪式也在禁止之列，如果男人参加这种礼拜被发觉，他便终生到船上当奴隶，女人则终身监禁，主持的教士则可以被判死刑。这些法律在巴黎及其附近没有被严格执行，而与巴黎相距愈远，执法就愈认真。

法国南部对异教的仇视最为强烈，此处新教与天主教的斗争也最为残酷，彼此都无法忘怀敌方所施的暴行。1562 年，得胜的天主教徒曾在图卢兹杀害了 3000 名新教徒，图卢兹议会更把另外 200 人判以酷刑和死刑。每年这天天主教徒举行盛大仪式和游行以庆祝这次的杀戮。工匠同业公会、各级的贵族、教士及白、黑、灰各悔罪团的队伍庄严地通过市区，还带着惊人的圣迹——图卢兹第一位主教的头颅骨、一块圣母衣服的碎片及被希律王无辜残杀的婴孩骨头，卡拉斯不幸遇上 1562 年大屠杀的 200 周年纪念。

图卢兹议会在朗格多克就像巴黎议会在法国中部一样有势力。议会的组成分子为詹森派会员——一种注入加尔文派的活力与阴郁的天主教。它并不比耶稣会更宽容。1761 年 3 月 2 日，它将胡格诺教徒帕斯托尔判处死刑，因为他曾主持新教礼拜。接着又将孔德·德富瓦等 3 位绅士判处死刑，因为他们企图营救罗谢特。3 月 22 日，它又下令处死一位胡格诺教派商店老板，后者被控杀死他希望成为天主教徒的孩子。

公平地讲，加尔文的《基督教原理》多少使他的教徒们相信父亲有权杀死不顺从的孩子。在法律仍未成形的时代，家族是主要的——几乎是唯一的——教训来源。许多社会给予父亲生杀子女的大权。这种不合时代的法令也许存在于加尔文心里："不服从父亲者，上帝命令他死亡。"加尔文引证《申命记》21 章 17 至 21 节及《马太福音》15 章 4 至 6 节。然而，这些文字不过允许双亲在城市的长老面前控告儿子，而是否应该处死则由长老决定。加尔文也许意指如此。但法国南部狂热的天主教徒怀疑，胡格诺教徒既不能对"城市的长老控告"，也许就自己执行这项法律了。

这是卡拉斯事件的黑暗背景。

卡拉斯是一位亚麻商人，在图卢兹的主要街道上开一家店铺。他在那里住了 40 年，生了 4 个儿子、2 个女儿。一位天主教徒女管家 30 年来一直跟他们住在一起。甚至在她劝服卡拉斯的一个孩子路易改信天主教后，卡拉斯还是把她留下来。路易后来在另一条街当学徒，并从父亲那里获得一笔定期的零用钱。最小的儿子多纳则在尼姆当学徒。另外两个孩子皮埃尔和安东尼跟父母住在一起。长子安东尼曾学习法律，后来他学成准备执业时，却发现只有天主教徒才有资格从事这门行业。他便隐藏他的新教徒身份，而且设法取得了一张天主教徒证明书。但事情终于泄露，他面临两个选择：放弃新教，或让数年的苦读付诸东流。他因而沉溺于苦闷、赌博与喝酒中，而且经常朗诵哈姆雷特关于自杀的独白。

1761 年 10 月 13 日，卡拉斯家族在商店聚集。安东尼的朋友拉韦斯刚从波尔多来，卡拉斯便邀请他共进晚餐。晚餐后，安东尼下楼到店面去了一下，却许久没有回来。皮埃尔和拉韦斯便去找他，发现他已吊死在两根门柱中间。他们马上扶他下来，通知父亲，并叫人去请医生。他们设法救活他，但医生宣布他已死亡。

在这一点上，父亲犯了一个可悲的错误。他知道，当时的法律规定自杀者的尸体必须裸身从街上拖过，而且受群众投掷石头与污泥，然后再予上吊，而他的财产则由国家没收。于是父亲要求，并说服了他的家人，对外宣称是自然死亡。然而，皮埃尔的惊叫和医生的到来已经吸引了一群看热闹的民众。一个官吏也来了。他听完供词后，看到绳子和死者颈上的痕迹，便命令整个家族、拉韦斯和女管家到市公所，分别拘禁在地窖里。次日每个人都被询问，每个人都推翻前供，说是自杀。警察局局长不相信他们的话，控告他们谋杀安东尼，为了阻止他改奉天主教。审判在许多百姓和图卢兹议员面前举行，复仇的狂热闭塞了人们的心灵。

现在看来，我们实在不能相信一个父亲会为了儿子改变信仰而将他杀死，但这只是宗教信仰衰竭了两个世纪后的个人看法。白悔罪团在教堂举行的仪式又大大鼓舞了这股复仇情绪。一具空棺之上，吊着一个骷髅，骷髅手中握一张字条，写着"异端的迫害"，另一手则握着一把棕榈，象征殉道者。底下的名字是"马克·安东尼·卡拉斯"。推断这位青年不是自杀，他们便将尸体隆重地葬在圣斯蒂芬教堂。一部分教士反对这种谋杀判决进入教堂，但无效。

卡拉斯家族的审判由 12 位图卢兹法院的法官执行。他们发出一份通知单，由各教堂在 3 个连续的周日宣读，以聚合这个案件的所有证人。一位理发师作证说，他当晚听到由卡拉斯房子传出的一声惊叫："啊，上帝，他们要勒死我了。"其他人也宣称听到这个叫声。1761 年 11 月 10 日，市法院宣判让·卡拉斯、其妻、皮埃尔有罪，刑罚是吊死。拉韦斯被罚上船当船夫，女管家则处有期徒刑 5 年，因为这位天主教徒的女管家曾宣誓他的新教徒老板是清白的。

这个判决上诉到图卢兹议会，结果指定 13 位法官担任审判，另外加了 63 名证人。所有对被告不利的证据都是传闻的。审判拖了 3 个月，在这期间被告都被分开禁拘。最后的判决只判父亲有罪。没有人能解释一个 64 岁的老人为何能够独力制服他强壮的儿子，并将他勒毙。法庭希望卡拉斯在肉刑逼迫下会招供。他起初接受"普通询问"：四肢被拉伸，直到脱臼。他一再受逼认罪，却重复地说安东尼是自杀的。半小时的休息后，他接受"特殊询问"。15 品脱的水灌进他的喉咙，他仍坚持他的清白。于是另外再灌 15 品脱，他的身体膨胀了 2 倍，但他仍不认罪，抽出他肚子里的水后，他被带到教堂前面的广场上。他躺在十字架上，刽子手用铁棒敲打 11 次，结果打断了他的双腿。这个老人念着耶稣基督的名字，宣称自己的清白。经过两个小时的折磨后，他被吊死了。他们把尸体钉在木桩上，然后予以焚烧。那一天是 1762 年 3 月 10 日。

其他的被告都获释，卡拉斯的财产被没收，寡妇和皮埃尔在蒙托邦隐居，两个女儿被送入修道院。多纳发现他在尼姆也不安全，便逃到日内瓦。伏尔泰于 3 月 22 日听到这个悲剧，便邀请多纳到代利斯见他。"我问他，"伏尔泰写信给达米拉维尔，"他父母的脾气是否凶暴。他告诉我说，他们从没打过孩子。再没有更温柔、更仁慈的父母。"伏尔泰向两位曾在卡拉斯家里做客的日内瓦商人打听，他们也都证实了多纳的话。他写信告诉在朗格多克的朋友说："天主教徒和新教徒，一致认为这个家族的清白不容怀疑。"伏尔泰和这位寡妇通信，她给他的答复非常真诚，使他感动得立刻采取行动。他向贝尼斯的主教、达让塔尔、登维尔女公爵、尼古拉女侯爵、马雷夏尔·维拉尔公爵、黎塞留公爵上诉，请求国王的牧师舒瓦瑟尔和圣弗洛朗坦下令重新调查。他将多纳接到家中，把皮埃尔带到日内瓦，而且说服卡拉斯夫人迁到巴黎，以便就近接受调查。他向律师咨询本案的法律细节，又出版了一本关于《卡拉斯先生之死的原始文件》的小册子，嗣后陆续出版其他论著。同时，他请求其他作家用他们的笔，唤醒欧洲的良心。他写信给达米拉维尔：“呼喊吧！同时也让别人呼喊。为卡拉斯家族而呼喊，为反对宗教狂热而呼喊。”而对达朗贝尔写道：“我求你为卡拉斯家族及为反对宗教狂热到处呼喊，因为沉默造成他们的不幸。”他筹募资金以应付在此以前他自行负担的有关运动的花费。援助由四面八方而来，包括英国女王、俄国皇帝、波兰国王，巴黎一个杰出的律师答应免费将案子上诉国务会议。卡拉斯的女儿也到巴黎和母亲相聚，其中一个女儿带着一封天主教修女为卡拉斯家族求情的信。1763 年 3 月 7 日，母女们由国王的牧师召见。会议一致决定，此案必须重审，所有有关文件都由图卢兹送到巴黎。

　　但图卢兹法官想尽办法阻挠搜集文件。这年夏天，伏尔泰出版了他划时代的作品《论容忍》。为了散布其控诉，他采用了意外温和的文笔。他掩饰作者的真名，而像一个虔诚的天主教徒，以一个信仰不朽者的语气在说话。他赞美法国的主教为“以与出身相配的高贵思考和行动的绅士”。他假装接受“教会之外没有解救”的原则。这部著作并非为哲学家而写，而是写给天主教神父看的。即使如此，它也具有无比的胆识，因为他经常忘了他的听众是天主教士。

　　首先他说明卡拉斯审判和受刑的情形，然后他回溯容忍的历史，将希腊和罗马的情形予以夸大。他先于吉本宣告：罗马对基督徒的迫害与基督徒对异端的迫害比较起来，简直是小巫见大巫。基督徒把异端“吊死、淹死、用轮子碾死或烧死，为的是敬爱上帝”。他认为，宗教改革是对教皇出售赦罪券的正当反抗。后者的名誉再度为教皇亚历山大六世的奸情和其子的谋杀罪玷污。最近教士对圣巴托罗缪惨案的护卫，使他震惊。然而，他主张新教在法国应该受到容忍，被驱逐的胡格诺教派应该容许回来：

> 他们只要求自然法的保护、他们婚姻的合法、他们儿女的安全、继承父亲财产的权利及他们的人身保护权。他们并不要求公共教堂或担任市政官员与高级教职的权利。

不顾这一限制，伏尔泰继续阐释容忍：

> 那么我是否即主张每个公民应能自由地服从他的理性，信仰他的开明或虚幻理性指点的东西呢？当然，如果他没有扰乱公共秩序的话……如果你坚持说，不信仰流行的宗教是一个罪恶，那么你确实在控告第一批基督徒，你的祖先们，而你同时认可了那些因迫害你的祖父而受你谴责的举动……人民的错误以罪行的形式出现时，政府才有权惩罚。如果他们不危害社会，他们就没有罪。他们引起宗教狂热时，他们就扰乱了社会，因此为了要容忍，人必须避免宗教狂热。

伏尔泰以一篇对神的祈祷词作为结束：

> 你并不曾给我们相互憎恨的心及相互残杀的手。请让我们在这个痛苦短暂的生命中相互扶持！让覆盖我们脆弱肉体的服饰、我们表现思想的方式、我们荒谬及残缺的法律的微细差异——一言以蔽之，让可在这个称作"人"的身上发现的轻微差异，不致成为互相迫害、互相憎恨的信号！……让人们都记得，他们皆是兄弟！

这篇祷告对路易十六1787年所颁的《容忍法令》有何影响，我们不得而知。我们也不知道政府官员是否看过这篇请求，或是否会为之感动。无论如何，在审判卡拉斯家人及其辩护者的几番拖延后，政府终于在1765年3月9日宣布让·卡拉斯的判决无效，而且宣告他无罪。而卡斯拉家族也从政府获得3万利维尔以补偿财产的损失。这项判决传到费内时，伏尔泰竟高兴得流泪。

1764年3月19日，法国中南部马扎梅市的法院就席翁及其妻为阻止其女伊丽莎白皈依天主教而将她谋杀一案，判决他们死刑。同时，命令他们另外两个女儿必须到场观看父母的行刑。仪式显然必须用罪犯的雕像，因为这个家族老早就逃到日内瓦（1762年4月），同时把这件事告诉了伏尔泰。

席翁是一位新教徒，住在图卢兹以东约40英里的卡斯特。1760年3月6日，他最小的女儿伊丽莎白失踪了。家人无法找到她，后来卡斯特的主教召见他们说，在她的女儿告诉他愿意做天主教徒后，他就将她送进了修道院。路易十四曾规定天主教会有权将7岁以上的孩子送入修道院，无论他的父母赞同与否，只要孩子自愿做修士或修女。在修道院中，伊丽莎白精神开始错乱，整天对天使说话，经常撕裂自己的衣服，要求别人鞭打她。修女没法控制她，便通知了主教，主教只好将她送还给她父母。

1761年7月，这个家族迁到50英里外的圣阿比。12月的一天，伊丽莎白离开她的房间后，就没有回来。1月3日，有人在一口井里发现她的尸体。圣阿比的居民并不认为席翁谋杀他的女儿。法院传讯了45个证人。他们异口同声说，这女孩不是自杀就是失足。地方检察官特兰基耶将此案记录送到图卢兹的总检官处，后者却命令他假定席翁有罪进行审判。这似乎不合情理，因为女儿失踪那天，席翁并不在镇上，其妻则年老虚弱，一个女儿已怀孕。这些人会将一个女孩丢进井里，而又不让她叫喊，实在不可思议。但1月20日特兰基耶下令逮捕席翁。

席翁知道两个月前，图卢兹的地方法院曾以同样的罪名、同样可疑的证据而将让·卡拉斯判处死刑。如果他就范，这个案件还是会送到图卢兹。他对这些法院实在没有信心，于是带着妻子儿女在隆冬越过法国和塞文逃到日内瓦，希望卡拉斯的护卫者会帮助他。

当时伏尔泰正专心致力于卡拉斯事件。他认为一次用两件案子扰乱法国人的心诚为不智。他暂时以经济支持这个财产被没收的家庭。但图卢兹当局故意拖延出示卡拉斯案的文件时，伏尔泰以席翁案件展开了另一攻击。这次他仍呼吁帮忙和资助。捐献又从各处而来：普鲁士的腓特烈二世、丹麦的克里斯蒂安七世、俄国的叶卡捷琳娜二世和波兰国王。马扎梅法院拒绝伏尔泰要求把审判记录寄给他。1771 年，图卢兹议会终于推翻低级法院的判决，宣告席翁无罪，而将财产退还给他。"要将此人判死刑，只要两小时就够了，"伏尔泰说，"要证明他的清白，却需要 9 年的光阴。"

由于这些活动，伏尔泰卷入了北西海岸亚布维镇的一个惊人事件。1765 年 8 月 8 日晚上，勒福桥上的一尊木制耶稣受难像被破坏，圣叶卡捷琳娜公墓的一具十字架被人用粪便污染。这些亵渎行为被发现时，镇上的教士和人们都大为震惊。亚眠的主教马上赶到亚布维，而且赤足领导几乎全镇的人参加的游行队伍乞求上帝的饶恕。一篇告诫文在所有的教堂中被宣读，警告将对知道这件事而不通风报信者处以严刑。于是，77 位证人向杜瓦尔法官作证。有的说他们曾看见 3 个年轻人在经过十字架时，既不屈膝又不脱帽。另外一些人说他们看到一群青年包括杜瓦尔的儿子，做一些粗俗游戏的宗教仪式，而且唱着下流的歌曲。8 月 26 日，法院发出拘捕令，逮捕加亚尔、拉巴尔及一个我们只知道叫莫斯内的 17 岁青年。加亚尔逃到普鲁士，莫斯内和拉巴尔则遭逮捕。莫斯内因认罪而被减刑。他同时控诉拉巴尔曾经在圣徒像上吐口水，曾经唱过一篇叫《抹大拉的玛丽亚》的淫秽祈祷文，又曾经借给他伏尔泰著的《哲学字典》和《致于哈尼书》。他又说，他看到加亚尔敲击桥上的受难像和玷污公墓的十字架。

拉巴尔是一个破产的将军的孙子。他承认自己是异端。一个证人作证说，每次别人问拉巴尔为什么经过耶稣受难像时不摘下帽子，他回答"那只是一块蜡"，并说，他不能了解为什么人们会崇拜一个面团做的神。拉巴尔承认他说过这类的话，也曾经见过别的年轻人表现出这种情绪，认为这样无伤大雅。他的藏书也被检查，其中有伏尔泰的《哲学字典》、爱尔维修的《论智力》及其他批评宗教的书。开始，他否认他知道任何关于加亚尔的亵渎行为。但他知道莫斯内已经招供时，他也承认了。最后的判决控诉拉巴尔"对神、圣餐、圣母及教会极度的不敬，而且曾唱两首充满对神的可恶及恶劣亵渎的歌……崇拜不名誉的书籍，玷辱了十字架，侮辱了教堂及基督徒通用的仪式"。

　　1766 年 2 月 28 日，亚布维法院宣读了判决书。拉巴尔，以及如果被捕获的加亚尔，应该接受苦刑以供出同谋者，并在大教堂前面当众忏悔，然后连根割掉舌头，砍下脑袋，遗体则烧成灰烬。伏尔泰的《哲学字典》则应投入同一把火中烧掉。判决上诉到巴黎议会。有些人主张减刑。帕斯奎尔议员则主张，一个可怕的惩罚对端正危害道德和社会安定的反宗教风气是必要的。他又说，真正的罪人是伏尔泰，但因为这个祸首在议会能力所及之外，他的门徒就得代他受罪。议会以 15 票对 2 票通过这项判决。1766 年 7 月 1 日，行刑如判决进行，只是没割犯人的舌头。拉巴尔宁死不说出同伴的名字。刽子手在群众的鼓掌声中，干净利落地砍下他的头颅。

　　伏尔泰为刑罚的严厉震惊。这种野蛮暴行，西班牙的宗教裁判所最恶劣的也不过如此。阿讷西的主教又命令法院把《南特诏书废止令》中所载的刑罚寄给伏尔泰。"那个流氓主教，"伏尔泰写信给达朗贝尔说，"仍发誓要在这个世界或另外一个世界将我烧死……为了避免被烧死，我正躺在圣水之中。"担心会被召唤至第戎议会，他借机在瑞士的罗勒尝试治疗的药水，然后回到费内，重新开始席翁运动。

　　现在，他向达朗贝尔和狄德罗及其他哲学家建议，离开法国，搬到克勒维，求腓特烈大帝保护。他们和腓特烈都不热衷这个计划。腓特烈认为拉巴尔的处罚确实过于严厉，如果是他，他会叫拉巴尔念一念阿奎那的《神学总论》。这也许是比死更糟的命运。腓特烈也给伏

尔泰一些忠告:

> 亚布维发生的事是一个悲剧。但被处罚的人不是也有过失吗?我们应该直接攻击一个时代深植于人心的偏见吗?而如果我们要享有思想自由,我们就必须侮辱既有的信仰吗?不兴风作浪的人很少会遭到迫害。记住丰特内尔的话:"如果我的手中充满了真理,在打开它之前,我应三思而行。"

至于哲学家们要搬到克勒维,他愿提供保护,但必须保证他们不兴风作浪并尊重人民的信仰。他又说:

> 一般人并不值得启蒙……如果哲学家们组成一个政府,150年后,人民就会设计出一种新迷信,而且对小偶像或对伟人的坟墓祈祷,或崇拜太阳及其他一些荒谬的事。迷信是人类心灵的弱点,它们几乎不可分离。它一直存在着,并将永远存在。

伏尔泰坚持继续他的运动。他出版《拉巴尔之死的故事》,同时写信给他的贵族朋友,要求他们向路易十五求情,多少让这个死去的青年得以申冤。这些努力失败后,他写了一封信给路易十六(1775年),题为《清白血液的呐喊》。拉巴尔一案的判决始终未能推翻。但他看到杜尔哥终于修订了这些可因轻罪而将人判死刑的刑法,他也就满足了。以一种在他那种年纪少见的精力,伏尔泰至死领导这支反对教会及政府行事过分的"十字军"。1764年,他使克劳德·肖蒙重获自由,后者因参加新教徒集会而被判到船上服劳役。拉利将军因在印度被英军打败,被控叛国和懦弱而被砍头(1766年),伏尔泰应拉利儿子的请求,写了一本300页厚的书《印度的历史片断》证明拉利无罪,而且怂恿杜巴利夫人向路易十五求情。1778年,罪名终于取消,刚好在伏尔泰死前不久。

这些活动终于令这个 80 多岁的斗士精疲力竭，但使他成了自由法兰西的英雄。狄德罗在《拉摩的侄儿》一书中评论："（伏尔泰的）《穆罕默德》固然是一部伟大的著作，但是我较喜欢他替卡拉斯的辩护。"一个日内瓦的新教徒牧师对伏尔泰说："你看来似在攻击基督教，但是你做的工作是基督徒应做的。"腓特烈也在一切顾虑后参加了对这个使自己成为欧洲良心的人的赞美："一个哲学家使他的声音远播各处，使人类——他是代言人——逼使法官修正一个不公正的审判！这多么辉煌！不要谈及伏尔泰先生另外的成就，仅只这点就足以使他成为人类的造福者之一。"

"打倒卑鄙"

在这些斗争的狂热中，伏尔泰对基督教的敌视几乎耗竭了他 10 年的生命（1759—1769 年）。伏尔泰开始是一个谴责安慰人心的奇迹与神话的青年。接着他怀疑、揶揄基督教教条，如三位一体论、基督是神的化身及他的死是为人类赎罪，这些都是阿奎那直接承认超出理性所能理解范围的东西。这些反叛论调对于一个正在成长的活泼心灵来说是很自然的。伏尔泰最后极可能变成一个和蔼地默许对老百姓如此亲近、对社会秩序和道德规律如此有用的信仰的人。18 世纪前半叶，法国教士还算比较容忍，教阶组织也参与了启蒙运动。但反叛思想风气的蔓延成长及对《百科全书》的颂扬，吓坏了他们。于是，他们借着达米安暗杀国王激起的恐惧，促使国家制定了一条法律，凡攻击教会者，均可处以死刑。哲学家们认为这是一项宣战。此后他们可以不顾感情、不顾传统地攻击他们认为具有谋杀性质的荒谬的事情。在宗教的美丽与诗歌下面，他们看到了对艺术的扼杀，在基督教对道德的支持的背后，他们看到了无数被活活烧死的异端，阿尔比教徒在十字军的铁蹄下被屠杀，西班牙、葡萄牙因宗教裁判所而暗无天日，法国因不同的宗教而四分五裂，人类的精神也到处臣服于迷信、教权和迫害。

1762 年发生的三个事件是这种激烈冲突的转折点。让·卡拉斯在 3 月被处死，似乎宣布了法国回到中世纪与宗教裁判所。审判、虐待及谋杀都由"尘世之手"导演，背景则是群众被宗教教条、仪式及愤恨掀起的狂热。5 月，卢梭的《爱弥儿》以"萨伏依主教信仰的表白"赠予世界。这虽然是由哲学家的敌对者所写，却将基督教的一切扫除净尽，剩下的只是对上帝的信仰和基督的伦理。这本书于 6 月11 日和 19 日分别在巴黎和日内瓦被焚烧。这是天主教与加尔文教共同对付人类心灵的阴谋。8 月，巴黎议会对耶稣会士的定罪显然是哲学家的胜利，也是控制巴黎、图卢兹、鲁昂等处议会的詹森派教徒的胜利。而卡拉斯和拉巴尔案件更证明了詹森派教徒对知识自由的压制并不比历史上的其他敌人宽大。同时，议会与法院之间的敌视，及半伏尔泰作风的舒瓦瑟尔党在政府中的逐渐得势（1758—1770 年），对于哲学家们是一个大好良机。此时，他们不再像以前那样受到检查制度和警察的干扰，攻击基督教的高潮已展开。

现在，伏尔泰大声呐喊，而且努力传播表示他愤怒的座右铭："打倒卑鄙"。他 1759 年开始使用它，此后以各种方式重述了百遍以上。他偶尔用它代替签名。一股新鲜的活力又回到了这个 68 岁的老人身上。他将自己比喻为加图议员对罗马长老议会演说结束时所喊的话："我肚痛如绞。"他写道："我很痛苦，但我攻击这些无赖时，痛苦便消除了。"几乎以年轻人的狂热，以令人难以置信的信心，他和一些犹豫的志同道合者开始攻击人类历史上最有力量的制度。

他所谓的"卑鄙"指什么呢？他是否准备打倒迷信、狂热蒙昧及迫害？或者目的是击毁天主教会或一切形式的基督教或所有的宗教？答案似乎不是后者。因为我们发现他即使在行动中，一次又一次地表白他对神的信仰，有时也挟带着伏尔泰式的虔诚。在《哲学字典》中，他间接地界定宗教："任何一件超过对上帝的膜拜及臣服自己心灵于其永恒秩序之外的事，都是迷信。"这似乎是反对除了一神论外其他一切形式的基督教。伏尔泰几乎否认所有的基督教教义——原罪、三位一体、耶稣为神的化身、耶稣之死为世人赎罪、圣餐等。他嘲笑十字架上的耶稣对上帝的献身及教士的弥撒。因此，他也反对所有的新教派别。加尔文派就和基督教一样闭塞。他说加尔文是残忍的人，使日内瓦大为震惊。他认为在他所见的英国国教下，人民能够满意地生活着。他写信给达朗贝尔："我希望你能摧毁卑鄙，那是最重要的。这必须压抑到如英国那种形态。只要你愿意，你必能达到这种目的。这是我们对人类最伟大的贡献。"我们可以得出结论说，他所指的"卑鄙"并非一般的宗教，而是那种为传播迷信、神话、控制教育、提供检查制度及迫害而组织的宗教。而这就是伏尔泰在历史上和法国看到的基督教。

所以他决心背水一战，并召唤他的同伴们应战。"要摧毁这座殿堂，只要五六个互相了解的哲学家就够了……达朗贝尔、狄德罗、博林布鲁克及休谟派下早已培养了真理之藤。"可惜他们没有组织，也没有一致的计划。现在他们必须团结，而他认为将军非他莫属。他以战术指导他们："攻击然后埋伏起来……我希望每年我们弟兄中的每个人都能射中这怪物几箭，而不让它知道这箭发自何处。"让弟兄们潜伏入学院、政府，如果可能则潜入教会，他们不用改变弥撒，他们只须改变那些领导弥撒的人。瞧瞧彼得大帝如何改变俄国的灵魂和面目，伏尔泰也想把腓特烈列入他的军队名单中（1767 年 1 月 5 日）：

> 先生，你完全正确。一个睿智果敢的王子，靠着金钱、军队和法律就可以好好统治人民，而不需要宗教的帮助，宗教的目的只是欺骗人民。陛下铲除这种卑鄙的迷信，对人类是一个永恒的贡献。我并非在一群不配受到启蒙、只配当奴隶的暴民中讲话，我在诚实的人们、思想的人们、愿意思想的人们中讲话……他们渴望你喂饱他们空虚的心灵……我死时唯一的遗憾是我不能在这个高贵的事业上，和你并肩而战。

腓特烈听到这个老头子的天真想法，不禁微笑。但伏尔泰并不泄气，像我们以后所见的，他也多少影响了法国、葡萄牙和西班牙政府。

他也欢迎更小的援助。他写信给里昂的博尔德、格勒诺布尔的塞尔旺、布永的卢梭、马塞的渥第贝、蒙托邦的里波德、夏朗德的马奎斯、图卢兹的安德拉长老，予以使徒似的赞扬。他把这些人称作兄弟，送给他们资料并求助，激励他们，唯恐他们呼呼大睡：

> 攻击吧！兄弟啊！有技巧地攻击卑鄙。我感兴趣的是信仰和真理的传播、哲学的进步及卑鄙的铲除。
>
> 与柏拉图（狄德罗）一齐举杯祝福我的健康，并打倒卑鄙。
>
> 我拥抱我所有的弟兄，我的健康足堪同情。打倒卑鄙。
>
> 我将我所有的弟兄拥抱在孔子之中……在卢克莱修之中、在西塞罗之中、在苏格拉底之中、在马可·奥勒留之中、在朱利安之中及所有我们可敬的祖先之中。
>
> 我温柔地祝福所有的弟兄。祈祷，而且留意吧！弟兄们！打倒卑鄙。

现在书本成了武器，文学成了战场。不只狄德罗、达朗贝尔、霍尔巴赫、雷纳尔、莫雷莱及其他数十位带着他们的笔走入战场，垂死的伏尔泰自己也成了反教士战争的军械库。10 年中，他出版了约 30 本小册子。他对大部头书的有效性已失去信心：

> 一部价钱 1000 枚金币的书（《百科全书》）能伤害什么呢？……20 卷厚的书绝不能鼓动一场革命。人们惧怕的是那些 30 苏就可以买到，而且便于携带的小册子。如果一本《福音》定价 1200 塞斯特斯，基督教便永远不能建立起来。

所以，他不仅写了大量的历史著作、戏剧，还写了无数的小册子、故事、训词、"指令"、教义问答、评论、对话录、书信、简短的基督教史、《圣经》批判及任何容易流传、任何能够攻击"卑鄙"的东西。人们把这些东西叫作"小点心"（petits pâtés）——容易消化。腓特烈早就写信给他：

> 我想法国某处一定有一个优秀的天才组成的特选社团，他们以伏尔泰之名一起工作，同时出版他们的著作……如果我料想得不错，我将变成一个三位一体论者，而且将会看到一道曙光投射在久为基督教徒信仰而不被了解的神话上。

伏尔泰现在却不以真名写作了。他使用过上百个假名。他有时以戏谑的幽默使用"坎特伯雷主教"或"巴黎大主教"作为这些反基督著作的笔名。有时则化身为修士、牧师或长老。为了摆脱这些天堂猎犬的追踪，他在其中一本著作上题词献给自己。他认识巴黎、阿姆斯特丹、海牙、伦敦和柏林的许多印刷商。在战役中，他大大地利用了这个好处。通过拉米拉维尔及其他人士，他令他的小册子得以自由地流通到书商手上。这些书商冒险地以极低的价格卖出，因此种子继续成长。

1762 年，他出版了《五十人的布道》。此书至少在十年前写成，曾在波茨坦读给腓特烈听过。这是他第一次对基督教做正面攻击。它开篇甚为无辜：

> 50 个受过教育、极为虔诚而有理性的人（伦敦的教友派？），每个礼拜天聚集在繁荣的商业城市。他们祈祷，每个人宣读一篇布道。然后他们聚餐，饭后他们为穷人捐献。每个人轮流当主席，领导祈祷和布道。这是其中一篇祷文和布道……
>
> 宇宙之神啊！……请你使我们远离迷信。如果我们以无价的牺牲侮辱你，请破除这些卑鄙的神秘事物。如果我们以荒谬的神

话玷污了神灵，希望这些神话永远消灭……让人类在对唯一上帝
的信仰中生活、死亡……一个自生而不朽的上帝。

布道词议论道，《旧约》中所载的上帝是一个夸口、嫉妒、愤怒、
残忍、嗜杀的神。没有一个头脑清楚的人会崇拜这种神。大卫则是一
个无赖、好色之徒，一个谋杀者。我们怎能相信这种书是上帝的圣道
呢？而《福音》诸书怎会产生令人难以相信的基督教神学、无数的圣
徒遗物、赦罪券的买卖及宗教战争的仇视和屠杀？——

> 人家告诉我们说，人们需要神秘，他们必须被蒙蔽。我的兄
> 弟们，有谁敢犯这种不人道的暴行呢？我们的祖先们（教改家）
> 不是已取消了秘密忏悔、赦罪、驱邪、虚假的奇迹与荒谬的雕像
> 吗？他们不是也驳倒了天主教认为耶稣的血和肉化为最后晚餐的
> 饼和酒这种荒谬的说法吗？人们不是已习惯于不再迷信吗？我们
> 必须有勇气再往前走。人类的心灵并不如我们想象的那样柔弱，
> 他们将很容易地接受对一个上帝简单而聪明的崇拜……我们并非
> 寻求破坏慷慨的信徒给予教士的东西，我们只希望他们——因为
> 他们经常暗自嘲笑他们教导的虚假的东西——加入我们传播真理
> 的行列……这种幸福的改革会带来何等的福祉啊！

这些话我们听来实在是老生常谈，却是 18 世纪法国的革命燃料。
难怪伏尔泰以拉梅特里，一个幸好已死的人为笔名出版。

1763 年，这位战十分心写作戏剧，包括一篇没有价值的故事《白
与黑》及《正人君子的教义问答》，重申其"自然宗教"。1764 年是
甚为重要的一年，伏尔泰出版了《理性的福音》和《宗教检阅》，及
他最重要的著作之一《袖珍哲学字典》，使他的出版商大为忙碌。《袖
珍哲学字典》不再是我们所熟悉的 824 页双栏的大部头著作或 5 卷、
8 卷的伏尔泰全集，而是一部容易携带隐藏的小书。它简短的文章、

简洁而清晰的文体，立即在许多国家中获得数以百万的读者。

对于一个人而言，这真是一件杰作。里面也许有不少错误，但其资料之丰、学问之广，使它成为文献史上的奇迹之一。何等的勤勉、何等的好辩、又何等的坚持啊！他几乎谈到了每一件事，而所谈的几乎都是时代关切的问题。此书有时轻浮，有时繁琐，有时肤浅，有时则做了一些愚笨的评论。但没有一个人能在 1000 页的书中，聪明到底，也没有一个人能像他那样保持那么久的才气。它甚至也附上了词源说明。因为伏尔泰与每个好奇的读者一样，深深地为文字受空间与时间的折磨吸引。在《文字的滥用》与《奇迹》等篇中，伏尔泰喊出了他著名的祈求："界定你的字眼！"

此书主要的目的是为反基督教运动提供一个军火库，因此几乎每一页——不单在《矛盾》一文上——都充满了对《圣经》的攻击：荒谬、丑行、难以置信等。是谁给教会解释《圣经》之权以宣扬圣礼，及耶稣死后写成的 50 篇福音中由上帝启示的 4 篇？而声称耶稣由处女所生，同时又通过懒虫约瑟将他的家谱追溯至流氓大卫，又是何等的疏忽！为什么基督教摒弃了耶稣基督一直念念不忘的《摩西法典》呢？摒弃此法典的保罗是否比基督更有权威呢？

日内瓦的长老们不欢迎《袖珍哲学字典》。1763 年 9 月 24 日，25 人议会命令治安官烧毁所有他能找到的《袖珍哲学字典》。巴黎议会于 1765 年下达类似的判决。此书在亚布维的命运（1766 年），我们已经说过了。伏尔泰向日内瓦当局保证，《袖珍哲学字典》的作者是一群他完全不认识的作家。他也准备了几篇补充文章，以为 1765 年底秘密付印的 4 个版本之用。在 1778 年他去世前出现的 5 个版本中，他也加入了新资料。他安排使日内瓦的书商们获得最大量的供应，也让销售员把书留在居民的门口。

1765 年至 1767 年，他以极大的热情继续这场战争。1764 年，他放弃了日内瓦代利斯的房子，因为那里对他的异端反应太过剧烈。3 年来他没有离开过他在费内的房子。这期间他几乎每个月都送一本攻

击"卑鄙"的小册子给出版商。《札帕达的问题》(1767 年 3 月)内
容是一个沙拉曼卡大学的神学教授于 1629 年对神学委员会的一连串
疑问。札帕达表示,他怀疑伯利恒的星星、奥古斯都的"全世界"人
口统计、对婴儿的屠杀及耶稣在一个"能看见全世界"的山上受到撒
旦的诱惑。那个奇妙的山峰在哪里?为什么耶稣不遵守他的诺言"到
云层里头",以"权力和荣耀"在这个世代消亡以前建立神的王国?
什么阻挠了他呢?是不是因为雾太浓了?"对这些敢于疑问的人,我
该怎么回答呢?……为了教训他们,我是不是应该用普通审讯和特别
审讯(虐待)加在他们身上呢?"或"不如避免回答这些难题,专心
宣扬道德?"其结论是:

> 札帕达没有获得任何答复,而只是单纯地宣扬上帝的福音。
> 他宣称上帝是人类共同的父亲,也是奖励者、惩罚者、赦免者。
> 他分别真理与谎言、宗教与狂热。他宣扬美德而且躬身力行。他
> 仁慈、善良、节制。他于 1631 年底在巴利亚多利德被烧死。

1767 年 5 月,伏尔泰以一本 105 页的著作《博林布鲁克先生的
重要检阅》发动了更激烈的攻势。这里他借用一个已死英国人的口提
出他的论点。也许博林布鲁克曾经同意这件事。同年,伏尔泰出版一
本 100 页的轻松小说《老实人》(*L'Ingénu*)。书中叙述一个善良的休
伦族印第安人被带到法国后,对欧洲习俗和基督教感到的困惑。1769
年,《民族的呼喊》(*Le Cri des Nations*)出版——呼吁天主教的欧洲
抛弃盖过国王与国家的教皇权力。同年又出版激烈而不失严谨的《议
会史》(*Histoire du Parlement*),谴责议会是詹森派反动分子的阴谋。
1770 年至 1772 年,他又出版了 9 册《百科全书问题》,一部一人创作
式的百科全书。它甚至比《袖珍哲学字典》更反基督教。

通常他的书都冠上一个易使人误会的书名:《旧约解释之道》、
《致罗马人书》、《罗塞特斯布道词》、《伯恩训词》、《与法密里埃神父

一席谈》。法兰西的知识分子都猜想是伏尔泰的杰作，因为他不能隐藏他的文笔。但没有人能够证明。这个刺激的游戏成了巴黎和日内瓦的话题。而它的回声也传到了伦敦、阿姆斯特丹、柏林和维也纳。历史上从没有一位作家曾与如此强大的敌人玩过这样的捉迷藏游戏，而且获得如此的成功。上百的敌手想反击他，他一一将他们击退。他粗鲁地反攻，有时则卑鄙而不公，但"这是战争啊"！他乐此不疲。他在战争的激烈中，忘记了死亡。

的确，他现在有了一种新奇的乐观，在里斯本大地震和《康迪德》之后，他曾一度认为生命中的恶是不能克服的。他现在梦想着以哲学代替宗教。如果12个无知识的渔夫能建立基督教，为什么12个哲学家不能摧毁其教条和宗教审判呢？"幸福地生活，而且打倒卑鄙，"他写信给"弟兄"之一并向他保证，"我们一定粉碎它！"不是有一位国王、一位女皇、一位皇家情妇及许多显要公开或秘密地站在他这边吗？他因为攻击巴黎议会而受宠于宫廷。他首先受到蓬巴杜夫人，继则受到杜巴利夫人的眷顾。他甚至期待路易十五的纵容。他1767年写信给达朗贝尔："让我们祝福这个近15或20年来，产生在所有正直人士心中的快乐革命。它超过了我的希望。"他不是曾预言它的发生吗？他不是曾在1760年写信给爱尔维修说"本世纪开始看到了理性的胜利"吗？

宗教与理性

他并未单纯地相信宗教是教士创造的。相反，他在《哲学字典》中写道：

> 神的概念来自情感及随年代而展现的自然逻辑。它甚至在人类最古老的时代就已存在。注意到宇宙的惊人现象——丰收与饥馑、晴天与暴雨、裨益与灾难，他因此感到有一超自然的主宰的

存在……这个时代的权威便利用这种观念巩固他们的权力。

　　每一团体各自尊奉单一的超自然力量作为他们的守护神，而且予以崇拜、奉祀，希望它能保护他们对抗其他团体的力量和神祇。教士由这些信仰产生，解释与仪式却是他们的职责。教士不断玩弄人类的恐惧以增加其权利。他们犯了所有的罪行，最后延伸到谋杀"异端"，集体屠杀，以致各民族几近灭亡。伏尔泰下结论道："我痛恨教士，我痛恨他们，我将痛恨他们一直到世界末日。"

　　他在基督教外的一些信仰中，发现许多值得接受的东西，特别是中国儒家思想，但基督教令他满意的东西则微乎其微。"我有 200 多册这些书籍，而最坏的是，我读了它们。那简直就像走入疯人院一样。"他很少附加他早先对《圣经》的批评。他比前辈们更大胆地批评诺亚方舟、红海的通道、无辜婴孩的大屠杀等传说的荒谬性。他更永不倦于谴责原罪的理论。他愤怒地引述圣奥古斯丁的话："天主教告诉我们，所有人生来即带着罪恶，甚至婴儿在洗礼以前死掉都该被诅咒。"

　　说到耶稣，伏尔泰则犹豫不决。由孩提时代的自然虔诚到青年时代的不敬。他也一度认为耶稣是一个"疯子"。成熟后，他开始欣赏耶稣的箴言。我们将因实行这些规则而得救，他说道，而非因相信耶稣是神。在《无神论者与圣人》（*The Atheist and the Sage*）一书中，他大大地开了三位一体论的玩笑。无神论者问："你相信耶稣基督有一个本性、一个人格、一个意志，还是相信两个本性、两个人格、两个意志，还是相信他有一个意志、一个本性、两个人格，还是两个本性、两个人格、一个意志，还是——"但是圣人请他忘掉这种难题，好好做一个基督徒。伏尔泰指出，基督不像圣保罗及一些后来的基督徒，他对犹太教仍怀着信心，虽然他曾批评法利赛人：

　　　　这个永恒的神，在成为一个犹太人之后，终生皈依犹太人的宗教。他遵奉其仪式，他经常去犹太教堂，他一切言论都不违犯犹太法律。他所有的门徒都是犹太人，并遵循犹太仪式。建立基督教的显然不是他……基督教具有特色的独断教义里没有任何一条是耶稣基督所宣扬的。

由伏尔泰的观点看来，耶稣接受了在他之前许多虔诚的犹太教徒的信仰。同样认为世界末日即将来到，取代它的将是一个"天上的王国"——一个由上帝直接统治的人间王国。

伏尔泰晚年愈来愈热烈地接受基督的事迹。他开始称呼他为"我的兄弟""我的主人"。他描述自己的梦，在梦中他被带到一个布满尸骨的沙漠里，这边是一堆堆被屠杀的 30 万犹太人；那边则是"因形而上的争论而被勒死"的 4 座基督徒坟墓，而且由无数堆的金、银为腐化的教士和国王的权杖和王冠覆盖着。然后，带路的天使引导他到一个青翠的山谷，那里住着伟大的圣人，在那里他遇到了庞皮留斯、毕达哥拉斯、索罗亚斯德、泰勒斯、苏格拉底……最后——

> 我随着我的引导人爬上一个比古代圣人安睡之地较高一层的树林。我看到一个年约 35 岁、外貌和蔼平易的人。他的手脚浮肿流血，他的肋被刺穿，他的肌肉因鞭打而裂开。这位圣人的苦难是苏格拉底比不了的。

伏尔泰问他死亡的原因，耶稣回答："教士和法官。"他是否有意创立一种新宗教？没有。他是否须对这些骨头和金银财宝负责？不。"我孤独地生活在最卑微的贫穷中。"那么什么才是真正的宗教？"我不是告诉过你了吗？敬爱神，爱邻如己。""如果这样，"伏尔泰说道，"我认你做我唯一的主人。""他对我做一个手势，令我充满慰藉。忽然，幻影消失了，只遗下一颗宁静的良心。"

但这只是他晚年的想法。在他持续战斗的时期，伏尔泰把基督教历史看作是人类的不幸。保罗的神秘论、经书的虚诞、殉道者的传说、神迹及教士的阴谋与穷人的妄信联结，从而建立了基督教会。然后教会的神父们，以其口才的说服力提出一些令中产阶级感到满意的教条，渐渐地，古典文明的光彩因幼稚的想象与宗教诈欺而趋黯淡，直到一团黑暗笼罩欧洲人的心灵数个世纪之久。幻想者、懒虫、不敢接受生命挑战与承担责任的人，成群结队爬入了修道院的门墙，并以关于女人、魔鬼、神的梦想相互感染。博学的官员们，集会争论哪一种荒谬信仰应该成为永无错误的教义的一部分，而以大众对安慰心灵的神话的渴求为基础的教会，变得比以组织的武力为基础的国家更有力量。刀剑的力量变成语言力量的附属物。主教罢黜国王，而且使人民不再忠心于他们的国王。

宗教改革在伏尔泰看来不过是趋向理性的迟缓步调。他固然赞赏他们反叛僧侣的独裁、出售赎罪券及捞钱——有时"搜刮一省的全部收入"，在北欧，"人民接受较为便宜的宗教"。但是，加尔文和路德的宿命论也使他大为不快。设想一个将其 2/3 的子民打入永恒火狱的统治者，或看看教会对圣餐的不同解释：天主教徒认为他们吃的是上帝，而非面包；路德教徒则同时吃了上帝和面包；加尔文教徒吃的只是面包，而非上帝。"如果有人告诉我们蛮族之间这种相同的夸饰或疯狂行为，我们一定会认为被愚弄了。"理性的拓展正在远离这种冲突。"如果路德和加尔文复生，他们也不会像司各脱派和托马斯派这样喧闹。"如果新教徒继续传播这种宗教，知识分子将会叛离，群众也会宁愿选择罗马天主教。伏尔泰揣测道："加尔文派和路德派在德国正处于危险状态中，那个国家充满了主教区、修道院和僧侣。这些情况都适宜叛教。"

那么，宗教应否全部被理性的人类遗弃呢？答案是否定的。一个除了宣扬上帝与道德外，别无教条的宗教对人类具有真正的贡献。伏尔泰早年曾经认为"这些须借助宗教才能成为好人的人是可怜的"。而一个社会能够不靠超自然的信仰，仅靠自然道德就能够生存。但他对人类的情欲有了较多的体验后，他便承认没有一条道德律令能够成功地抵御个人本能的原始冲动，除非大众相信它出于一个全知全能并在施行赏罚的上帝。在同意洛克所言，认为人无先天观念后，他继而承认莱布尼茨认为道德感是先天的说法。他将道德感定义为上帝置于我们心中的正义感。"法律看守我们可知的罪行，宗教则照管秘密的罪恶。"《无神论者与圣人》中的圣人说：

> 我将假设（上帝禁止它！）所有的英国人都是无神论者。我承认有某些平和的公民天性宁静，其财产足以使其诚实。他们追求荣誉，举动谨慎，设法在社会中共同生存……但一个贫穷的无神论者如果获知能够逃避惩罚而不谋财害命，他必定是一个笨蛋。如果这样，社会所有的枷锁都可撤除。秘密罪行将泛滥得像起初不被注意的蝗虫一样布满世界……谁肯约束伟大的君主呢？……一个无神论的君主远比一个狂热的教徒危险……无神论于 15 世纪流行于意大利。结果如何呢？毒死一个人就像邀他赴宴一样平常……因此，信仰一个奖善惩恶的上帝对人类较有益处。

后来伏尔泰也渐渐看出地狱观念的某些意义——

> 对这些在著作中否认地狱存在的哲学家，我将说："诸位，我们既非跟西塞罗、阿提库斯、马可·奥勒留、爱比克泰德诸人生活在一起……也非跟道德上完美无缺的斯宾诺莎相处，后者在极度贫困时犹将大政治家维特所给的 300 弗罗林薪俸退还给其子，他的心灵是全荷兰人都敬佩的。换言之，诸位，并非所有人都是哲学家。我们势必和一些沉溺于暴行、酒精与劫夺的人们来往。如果你高兴，你可以向他们宣扬说灵魂是会死的。至于我，如果他们抢劫我，我宁可诅咒他们被打入地狱。"

我们的结论是，魔鬼也能摘录伏尔泰的话以为应用。在宣扬一个没有神话的宗教后，这位伟大的怀疑论者以一个最差劲的神话为结束。他曾经要求一个纯粹教诲道德的宗教，现在他终于承认凡人若不借天堂与地狱的观念绝不能免于罪恶。教会可以宣布伏尔泰已经忏悔了。

72 岁那一年，他以一本《无知的哲学家》（1776 年）重新坚定他的信心。他一开始就承认他不知物质与心灵究为何物，他也不知他为何能思想、能移动他的手臂。他问了自己一个他以前显然从不曾问过的问题：“我是否有必要知道？”但他补充道：“我不能放弃我求知的渴望，我受窒的好奇心是无厌的。”他现在才认清意志是不自由的。“这样想的无知者并不真的这样想，但至少他被强迫这样想。”“上帝存不存在？”把他当作一个在“秩序、伟大的艺术及统治宇宙的机械与几何法则”后的神灵，则他是存在的。但我们只知这个至高神灵的存在，而不知其本质。“悲惨的生物！如果我不能了解我自己的智慧，如果我不能知道我借何生存，我如何能稍微知悉这个显然统治宇宙的智慧？……但我们是他的作品。”伏尔泰倾向于相信，宇宙并无所谓创造的时刻，它自始就存在着，它“就像阳光产自太阳一样，因为那个原始而必要的原因进出”，及“自然一直就是活生生地存在着”。他仍相信宇宙的天造地设，相信一个引导整体而让其部分——包括个体——自行变化的上帝。他下结论道：“如果你认为我不曾教导你任何东西，记着我一开始就告诉你我是无知的。”

这个烦恼的哲学家开始嫉妒那些从不思想而只信仰和希望的人们。然而，他又回到苏格拉底的看法，认为一个没有思想的生命不配为人。他在《一个善良婆罗门的故事》（1761 年）中表现了他在这两种观点之间的飘荡：

> 有一次我在旅行中无意间遇到一个年老的婆罗门。他有深邃的智慧、渊博的学问……和无限的财富……
> “我但愿，”有一天他对我说，“我没出生。”

"为什么？"我问道。

"因为这40年来，我一直在求学，而我发现我这些时间都白费了。虽然我教导别人，可是我一无所知……我存在于时间的洪流中，却不知时间是什么。就像我们的哲人说的，我被放置于两个永恒之中，而我对永恒毫无概念。我由物质组成。我思想，但是我从不曾令自己满意地解答思想由何而生……我不知道我为何生存，但我每天被要求解答这道谜语。我必须回答，但我不曾令自己满意过。我谈了许多，可是我说完之后，我更为迷惑，同时为自己所说的感到难堪……"

这个好人的情况令我产生真正的关切……同一天我曾和他的邻居，一个老妪谈天。我问她是否曾因不了解她的灵魂而感到不快。她并不明白我的问题。在她的生命中，她从不曾片刻思及此类曾折磨婆罗门的问题。她从心底信仰神祇，如果她能取得恒河的圣水以涤除自己，她就认为自己是最快乐的女人了。

被这个可怜生物的快乐震惊后，我返回了哲学家的居所，这样告诉他：

"在你50码之外住着一个一无所知却满足幸福的老机械一般的人，你却这么悲惨，你不感到羞耻吗？"

"是的，"他回答道，"我曾经对自己说过一千次，如果我像我的老邻居一样无知，我就会跟她一样快乐。可是，我并不想要那种快乐。"

婆罗门的回答令我难以忘怀……得出结论："我们也许看重幸福，可是我们更看重理性。但在成熟的反省后……我仍旧认为，宁要理性不要幸福的人一定是疯了。"

伏尔泰的执拗

帕斯卡曾以同样的心情将满是逻辑的智力委交给天主教会，后者在历经长久的经验后，发现了教条与仪式的结合有助于人类道德，及其安慰忧苦与好奇之功。伏尔泰并没走得这么远，但 70 岁后，他也迷惑地朝这个方向前进。

首先他对宗教的一般可行性妥协。博斯韦尔问他（1764 年 12 月 29 日）："你没有信仰吗？"伏尔泰回答："有的，全心全意地让我们每年在大殿里聚会 4 次吧！同时以音乐辅佐，感谢上帝的赐礼。有一个太阳，有一个上帝，让我们也有一个宗教吧！那么全人类都可成为兄弟。"太阳对于他而言，似乎是通往上帝之路中的休憩站。1774 年 5 月，伏尔泰已 80 岁，他在破晓之前起床，和一位朋友爬到山上看日出。也许他当时读过卢梭的著作。到达山顶后，他精疲力竭，但看到太阳胜利的光辉时，他跪下来喊道："全能的上帝，我信仰你。"他起立时，内心的伏尔泰却在跳跃道："至于圣子先生及圣母夫人，那是另外一回事。"

他愈走愈远，而且认可了教士的存在，只要他们宣扬道德和提供对上帝的祷词。他承认法国和英国的主教在社会秩序上有某些贡献。但红衣主教的维持费太贵了，应该撤除。他赞许保存乡村记录、帮助穷人、调解家庭纠纷的单纯教士。这些牧师应该受到更大的尊敬、更好的薪俸及上司更少的剥削。有时这个年老的赎罪者，愿意将每年四次的集会增加到每月一次，甚至每周一次。聚会应该包括祈祷、感恩、崇拜及道德训示，但不应涉及请愿，讲道尤应缩短。除了一个正义的上帝外，任何超自然的教条都不应有，教会组织应该臣属于国家。教士应由政府训练，薪水也由政府支付。修道院可以不必拆毁，但只能作为老人或病患的休养所。与许多怀疑论者一样，伏尔泰对走出修道院帮助病患与穷人的修女有很好的评价。看到在巴黎医院中服务的修女后，他在《道德论》中写道："世界上没有一件事，能和这些出身高贵的女性，牺牲了美丽、青春而在医院里愉快地安慰人类的苦难相比……脱离了罗马教会的国家并不曾完满地学到这种高贵的仁爱。"

正如"全世界都知道"的，伏尔泰在他费内的房子附近造了一间小教堂，在大门上面，他骄傲地刻了"狄奥莱西特·伏尔泰"。他宣称"这是世上唯一只供奉上帝的教堂。其他教堂都是供奉圣徒的"。他请求罗马赠送几件圣徒遗物给他的教堂。主教于是送他一块圣弗兰茨的毛布。在圣坛上，伏尔泰放了一具真人大小的耶稣金身像，形如圣人，而非受难者。1760 年后，他每星期天早上都在那里望弥撒。而在 1768 年的复活节，他参加了圣餐礼。他经常遣送他的仆人进教堂，而且付钱让他们的子女学习教义。

很多这类虔诚的举动，都是为了替村民们立下一个楷模，以鼓励他们信仰，减少其罪行、保护其财产。他确知凡尔赛宫廷一定会听到他的模范行为，也许他也希望这有助于他为卡拉斯、席翁和拉巴尔所作的运动，及他重返巴黎。而国王和王后也确实因他的改过感到喜悦。拉布莱特里的神父也因为伏尔泰参加圣餐仪式而予以称赞。但他看到这位憔悴的老人时，却说伏尔泰忘了埋葬他自己。伏尔泰只是很有礼貌地回答："在你之后，先生。"1769 年 3 月 31 日，他召集几个法定公证人，在他们面前签署一项声明，说他希望死时是一个天主教教徒。他巴黎的哲学家弟兄们嘲笑他，他幽默地接受了他们的嘲讽。

1768 年后，他养成了当时教士进餐时听宗教书籍的习惯。在餐桌上，他较喜欢马西永的传道，他对文学的欣赏力没有因作者是教士而破坏。他曾攻击过耶稣会，但 1770 年，他参加了圣方济各教派的俗世组织，而且获得了"杰克斯圣方济各世俗神父"的头衔。"杰克斯"是伏尔泰的领地下的一个小郡名。他对这个荣衔十分骄傲，写了十数封以上的信报告这件事，并署名"忝为圣方济各教士的伏尔泰"。腓特烈称他为教会的新圣徒，但同时通知他，罗马教廷在同一年下令烧毁了这位圣方济各会员的某些书籍。我们现在很难断定他和教会的妥协是真心诚意，还是为了凡尔赛而休战，或是担心死无其所，因为法国公墓全部属于教会所有。也许这三个动机都在这个宗教闹剧中扮演一个角色。

在最后几年中，1770年至1778年，他的笔都用在责难无神论上，而非攻击基督教会。在《哲学字典》的《上帝》篇中，他附加了两段文字，攻击霍尔巴赫的《自然体系》。1772年，他写了一篇精彩的论文《我们应该表明立场》替"上帝与容忍"辩护。他对内克尔夫人、舒瓦瑟尔女公爵及腓特烈承认，他担心宗教容忍运动会被无神论消灭。他对霍尔巴赫的批评危及同志之间的团结，他为此感到遗憾，不过他坚持："我这样说，显然必定使作者及他的三位支持者和我因说出我的思想而结下不共戴天之仇，但我已经对他们声明，只要我一息尚存，我就要这样说，既不怕无神论也不怕迷信的狂热。"霍尔巴赫派反击说，这位有钱的领主这样做是在凡尔赛宫耍政治，为了利用上帝看管他费内的仆人和佃农。

在他生命的最后10年中，那些他曾经支持，曾经为其欢呼，并将其看作"打倒卑鄙"运动的弟兄，都轻视他，把他看作一个迷失的领袖。狄德罗从来不曾喜欢过他，也不喜欢和他通信，而且因伏尔泰公开宣称达朗贝尔是《百科全书》的首脑和灵魂，而对伏尔泰感到愤怒。狄德罗为卡拉斯运动鼓掌，但无意间溜出了一行嫉妒的文字："这个人从每个方面来看，都只是二流人物。"狄德罗倡言的革命性政治及他喜爱的资产阶级感伤剧，伏尔泰都不喜欢。变成贵族的资产阶级，不能体会满足于现状的资产阶级。狄德罗和霍尔巴赫都不曾到费内拜见他。谈到伏尔泰对霍布斯和斯宾诺莎的批评，格里姆苛刻不公地评论道："这个'无知的哲学家'只能勉强地草草读过这些作品。"终于，人数和骄傲都在增长的巴黎无神论者们，遗弃了伏尔泰。早在1765年，在"打倒卑鄙"的战争中，他们其中之一曾谴责他："他是一个教徒，一个自然神论者。"

遭受双方的攻击后，这位虚弱的首领从1770年开始对胜利失去了信心。他自称是一个一事无成的"伟大毁灭者"。他怕他的"上帝与容忍"新宗教只有在统治者们接受圣毕尔主教的"永久和平计划"

时才会来临。这意味着它也许永远不会来临。长久以来，他一直怀疑哲学的脆弱性和理性的无吸引力。"没有一个哲学家曾经影响过他居住的那条街上居民的行为。"因此他提供"迷信"或神学给大众。他希望在法国制造出"4万位圣人"，及一个教育良好的中产阶级，但即使这个希望也在他的暮年开始枯萎。"一点一点地启发年轻人"——这是他准备重访巴黎及准备死亡（84岁）时留下的唯一希望。他在巴黎受到的神奇欢迎，也许会重新带给他对人类的希望和信心。

他是否是一个哲学家？是的，虽然他不曾创造体系，对每件事都摇摆不定，而且发表意见时常显得肤浅。如果哲学家的定义是有关人类与世界的一致体系的创造者，那么他不是一个哲学家，因为他鲁莽地从至小攻击到无限。但如果这个词指的是一个关心自然、道德、政府、生命、命运等基本问题的心灵，那么他是一个真正的哲学家。很多人觉得他不深刻，也许这是因为他思想清晰而不确定的缘故。他的思想很少是原创的，但在哲学中，几乎所有的原创思想都很愚笨。当然，他赋予他的思想的形式是原创的。毫无疑问，伏尔泰是有史以来最杰出的作家之一。他是否如狄德罗所说的，在各方面都是二流的？在哲学方面和狄德罗相比，在戏剧方面和高乃依、拉辛相比，他诚然是第二流的。但他在史学的概念和写作、诗文的优美、散文的魔力和机智方面，在他的时代，他确是最好的，也是最早的。他的心灵像一把火焰烧遍了欧洲和18世纪，而且在每一个时代中，都激励了无数的灵魂。

也许他恨得太多，但我们必须记住他所恨者为何事。我们必须想象我们置身于那个只因背离正教就可能被放在木头上焚烧、铁轮下压碎的年代。我们今天比他更能欣赏基督教，因为他曾经成功地修正了它的教条和暴力。我们能够感到《旧约》的震撼和堂皇、《新约》的美丽和高尚，是因为我们能自由地认为它们是也会犯错的人的作品和灵感。我们能感激基督的伦理学，是因为其不再以地狱威胁我们，不再诅咒不听从上帝的人类和城市。我们能感到圣方济各的高尚，是因为我们不再被强迫去相信他说一种语言时，能够以各种不同语言传入听者耳中。我们能够感到宗教仪式的诗意和戏剧性，是因为容忍的暂时胜利使我们能自由崇拜或弃绝。我们能把许多传说看作深奥的象征或名著的寓言，是因为我们不再必须去接受它们字面上的意义。我们已经学会同情那些我们曾经爱过而必须离去的事物，犹如我们对年轻的爱存着甜蜜的回忆。在所有人中，是谁较诸其他任何人，给我们这个可贵而划时代的解放呢？是伏尔泰。

第九章 | **哲学家的胜利**
（1715—1789）

僧侣的反击

有许多言论替基督教辩护。辩护者振振有词，有时对时代做盲目不公的批判，有时文雅而明晰地强调法国还期待着神学。某些传教士仍旧主张：违背天主教规定的教义，应该受到国家的处罚；并称圣巴托罗缪节的大屠杀与外科手术同样合法。某些传教士则以绅士般的风度接受挑战。他们容许对手选择武器——理智。那实在是英勇的表示，因为一旦宗教同意理性，无异开启凋谢的门扉。

1715 年至 1789 年的法国，出版了约 900 本为基督教辩护的作品。仅 1770 年一年，即印行了 90 件著作。狄德罗的《哲学思想》、爱尔维修的《论智力》、卢梭的《爱弥儿》，各招致 10 种反驳。豪特维尔神父在《基督徒对宗教的事实证明》（1722 年）一书中，与一个世纪后的惠特利大主教一样，声称由奇迹证实基督教的上帝，就像尘世历史中被承认的事实一样值得采信。居永神父发表 2 册讽刺口吻的《新哲学家的预言》（1759—1760 年）。普吕什神父所著的《自然景观》（1739—1746 年），共有 8 册流传于世，共出版 18 次，所费不赀。此书道出科学的奇迹及自然界安排的证据，以证明智慧和权力至高无上的上帝的存在。如果人类在浩瀚的环境中感到迷惑，就让他谦逊为怀。我们不可因为无法了解，便否认上帝的存在。同时让我们感谢上帝创造壮丽荣耀的万物。戈沙神父在 15 册《书信评论》（1755—1763年）中攻击布丰、狄德罗的进化论假设，他鲁莽地指出："假设人曾一度为鱼……则引起两件事情中的一件：不是人类没有抽象而不朽的灵魂，就是鱼类也具备这种灵魂——二者都是对上帝不敬的推断。"哲学家高兴地同意这段话。西格内神父在《基督徒的哲学》（1765年）中，强调为支持道德，宗教不可或缺；纯粹俗世的抑制，对于不再相信上帝无所不知的罪犯而言，适足以加强其犯罪的心计。1767年，迈耶尔·尚登神父发行《反哲学字典》，一共出版 7 次。1770 年，前耶稣会士诺诺特神父与该会几位饱学的会员，出版了他的《伏尔泰的谬见》一书。第一年即售完 4 版，8 年里售罄 6 版。1857 年，福楼拜把它列为他小说中的人物爱玛·包法利读物的一部分。盖纳神父在《某些犹太人的书信》（1776 年）中，以灵魂、情趣、文雅、知识四点替《圣经》辩护。他声称这些信札来自有学问的犹太人。伏尔泰承认盖纳"一针见血"。拥护天主教的善男信女与教士，出版了《宗教的报复》，展开每月一次对哲学家猛烈的攻击。1771 年，他们又开始出版《方法论百科全书》，本书比狄德罗著的《百科全书》还浩瀚，对疑神论者的弱点展开挞伐。

唯物论者遇到一个高明的对手，那就是尼古拉·贝尔吉耶。他是法国东部贝桑松教区的神父。他所著的《自然神教本身之辩驳》（1765 年），是"一位真正的教区司祭，对卢梭想象中法国萨伏依代理主教的答复"。他的《基督教证据的确实性》（1767 年），获得教皇致函赞许。他 51 岁时（1769 年）调升为巴黎圣母院的神父，并成为听路易十五的女儿们告解的神父。同年，他出版《维护基督教反对揭穿基督教一书的作者》——吹起一阵反对霍尔巴赫的烈风。教士大会于 1770 年欣然通过让他获得一笔每年 2000 利维尔的恩俸，以便他有更多的余暇用来护教。一年中他发表 2 册《审查唯物论》，这是对霍尔巴赫《自然体系》的答复。他再次指出心灵是我们认识的真实体；为何心灵应被贬为只有经自身才知道的其他事物？他指出霍尔巴赫犯了几个矛盾：第一，这位男爵宣称上帝为不可知，然后又把无穷和永恒的特性赋给物质——但他判断对上帝的观念时，他早已发现无穷和永恒为不可知。第二，他接受决定论，却又劝人改造行为。第三，他说宗教源于：原始的无知；教士玩弄狡猾手段；制定法律者的奸诈——而这种认识又仅仅只是他自己的错误。这位神父不对《旧约》吹毛求疵。他解释道，由于笔录上帝圣道的人运用东方诸国的隐喻，因此，《圣经》不可逐字接受。《新约》是基督教精髓所在；基督的生活及其奇迹，证明了基督教上帝的存在。但教会的权威不仅在于《圣经》，也寓于自基督使徒以来由主教牢不可破的神权递嬗及信仰的传统。在《基督教的审视》（1771 年）一书中，他强调不论贝尔表现的非常特质为何，无神主义必然破坏道德。

18 世纪的法国，卫护天主教最卓越的教士当推纪尧姆·贝尔捷。他 12 岁（1714 年）进入设在布尔热的耶稣会学院就读，当时即以才思敏捷闻名。他的聪明对他的宗教虔诚并无显著的影响。17 岁时，他告诉父母希望加入耶稣会。双亲劝他从长考虑一年，他照做了，但一年后仍然坚持夙愿。他在巴黎见习修行期间，勤于读书、学习、祈祷，每天睡眠不超过 5 个小时。他进步极快，19 岁那年即被任命为布卢瓦学院的人文学教席。他在该校逗留 7 年，又见习修行 1 年，然后被派往雷恩，后又转赴鲁昂担任哲学教授。1745 年，耶稣会任命他为《特里武杂志》的编辑，该杂志在巴黎发行。在他的领导下，这本杂志成为最受敬重的法国知识分子的喉舌之一。

该杂志文字大都由他执笔。他住在寺院中的一个小室，室内没有炉火取暖，起床后一直工作。他的房门敞开，来者不拒。除了温暖他生命的信仰外，他思索每件事情。伏尔泰的学生拉哈尔佩形容纪尧姆为"学者诸君普遍崇敬此人的渊博知识，全欧人士敬佩他的谦逊美德"。他具有法国人礼貌的风采，在辩论时也不例外。他抨击观念，而非人身攻击，他也赞美对方的才华。但他依然赞成宗教排斥异端。他相信上帝之子基督创立了天主教会。他主张基督徒应以和平的手段，防止教会过失的传播。在基督教国家，反基督教的宣传应该制止，因为其伤害了道德行为和国家。他认为"把天主教排斥异端与狂热的宗教迫害混为一谈，实属谬误"。但他并未许诺宗教迫害不再重演。1759 年，他驳斥哲学家的指控。他说："不信教的人呀！你指控我们为宗教狂热者，但我们并没有神鬼附体的着迷样子。反过来说，仇恨宗教的人却鼓励你们反对我们的教会，煽动你们成为明目张胆、漫无节制的狂热者，那真是不可思议。"

他不承认理智的普遍目的论。甚至就洛克的"激情主义者"一词而言，理智能及的范围也仅止于感觉。超过这个限度，所有的真实对理解力有限的人类必然永远保持着神秘。所以，一位"真正的哲学家，在他无法凭理智彻悟的地方，便不再探讨下去"。试图促使宇宙或人类的传统及普遍信仰归属于个人理智的试验之下，这是一种知识分子的自傲自大行径。一个谦虚的人将接受他同胞的信条，即他不了解那些信条也无妨。纪尧姆提示说，很多不信神者之所以否认宗教，是因为后者妨碍他们的享乐。他预言，倘使这些不信者得势，道德信条必然荡然无存，纵情纵欲，文明将消失于自私自利、快乐主义、欺诈与犯罪的环境中。如果没有自由意志，也不会有道德责任，"因为它（决定论）不承认任何约束良心的法律，唯一有罪的人将是不成功的人"。那么道德将仅仅成为权宜之计；没有公正的意识用以阻止聪明的少数人去滥用头脑较简单的大众；除了剥夺人民革命的企图外，没有统治者认为对老百姓还负有其他责任。

就我们所知，纪尧姆对《百科全书》第一卷批判和称赞兼而有之。他以无可置疑的学问揭发其不正确及抄袭之处。他指出，由伊冯神父执笔的"行动"条目，占对开纸 3 栏篇幅之多，"全然而逐字抄自比菲埃神父的《最初真理专题论文》"。他称赞有关阿拉伯哲学的条目，但是他对"无神论者"条目表示失望。因为在该条目中，拥护和反对无神论的文字，其长度和生动有力，可谓旗鼓相当，因而使读者对上帝是否存在的问题依然抱持莫大的怀疑。在《百科全书》第二卷，反基督教的倾向更为明显。他努力运用技巧攻击此点。他指出，《百科全书》称政府当局的权威来自被治者的同意。纪尧姆认为这一见解对世袭的君主政治构成威胁。《百科全书》被压制，他可能是促成者之一。

在 1757 年 4 月的《特里武杂志》中，他批评伏尔泰的《风俗论》一书："我们发现一个当代作家滥用其值得尊敬的才华在重要的事物上时，真令人感到遗憾。"他认为伏尔泰的作品目的是"破坏教会和宗教，同时在他们破坏的废墟上，建立哲学的大厦——一座忠于思想自由、誓言独立于所有权威、减抑及限制崇拜与道德的纯粹人类而世俗的哲学殿堂"。他指责伏尔泰的偏见污辱了历史学家。伏尔泰几乎全然无视于基督教的美德和服务贡献，而且感情用事地专门挑剔基督教教义和教史的一切可能的过失。他表示，伏尔泰托言信仰上帝，但他的著作致力于推崇无神论。在同期的该杂志中，纪尧姆又提及伏尔泰的《女仆》，他生气地嚷道：

> 地狱从未喷出更致命的瘟疫……此处的色情轻率地展示其最淫荡的画面，淫秽的文字来自市井……最粗俗的笑话，正和其不恭敬上帝的言行相得益彰……这些诗篇散发的气味，足以感染社会上每一阶层、每一年龄段的人，使其腐化。

伏尔泰并不急着答复。他仍然满心喜悦地怀念他的耶稣会老师们，依然把仁慈而诚挚的波雷神父肖像挂在他在费内的书房的墙壁上。但法国政府压制《百科全书》的出版时，他响应达朗贝尔的呼吁，拿起武器反抗纪尧姆。他指责纪尧姆之所以反对《百科全书》，是因为该书和《特里武字典》分庭抗礼。伏尔泰认为后者是耶稣会的产物，而且他请求耶稣会和这位《特里武杂志》的"新闻记者"断绝来往。"这个教士干什么事情！……每月从书店出售诽谤性而轻率批评事物的文选。"1759 年 7 月，纪尧姆答复说：《特里武杂志》的编辑们和主持字典的编辑们毫不相关；他承认身为一个"新闻记者"，"既不惬意，也难讨好"，但他主张一位教士有权利用杂志以赞美好的作品，同时谴责不良的文字。他遗憾伏尔泰自贬人格而唯利是图；最后他希望这位"具备优良才华的人"，将在"上帝给他的有生之年"，重归"那个神圣的宗教——不仅是自然教徒，也包括基督徒和天主教徒——那个他所由来的宗教"。11 月，伏尔泰发表一篇庄重的《疾病、忏悔与死亡的关系、与耶稣会教士纪尧姆的幽灵》（无疑取自斯威夫特想象的埋葬约翰·帕特里奇的情节），伏尔泰在此文中告诉读者，纪尧姆如何在对着杂志打哈欠时死去。他在一封致埃皮奈夫人的信中，指出他采取这种方法辩论的原因："我们必须促使无耻之徒及他的拥护者显得可笑。"

1762 年，法国各议会下令压制耶稣会士。纪尧姆怀着喜悦的心情卸下他的编辑重担，他到达特拉皮斯特修道院，希望过安静而沉思的隐居生活。他请求耶稣会许其所求，但遭拒绝。路易十五延请他担任王室子女的家教，路易十五于 1764 年下诏放逐所有法国耶稣会教士时，纪尧姆移居德国，1776 年他获准返国。他和他的弟兄在布尔热过着退休的日子，并于 1782 年在该地逝世，享年 78 岁。他是一个善良的人。

哲学家的对手

教士被逐、礼貌被弃、杂志着眼于哲学家之际，这场大战更显得血雨腥风。1735 年，皮埃尔开始发行《现代著作观察》杂志，一直到 1743 年。皮埃尔在该杂志中，担当所有品德尤其是贞节的护卫者角色。他愤怒地指责当时文学中种种品行不检的情事，及不够完美的正统派学说作品。他成为伏尔泰最顽强的敌手。1745 年皮埃尔去世，由他的友人费内隆继续接棒。

费内隆是反对哲学家诸君中，最有能力、最勇敢、最富才学者。他是一位力能胜任撰写《玛丽·斯图亚特史》（*Histoire de Marie Stuart*，1742 年）的学者。他于 1771 年完成 8 册厚的《日耳曼帝国史》。他也是一位足以写作《丰特努瓦战役赋》（1745 年）的诗人。伏尔泰必视此诗为他自己作为皇室历史学家所写诗歌的一种挑衅。费内隆于 1745 年创办一份杂志，名为《当代书信》。该杂志不止一次抨击伏尔泰。费内隆在发迹之前，有一段贫苦的日子。有一次他因批评一位有地位的神父而在巴黎的巴士底狱遭监禁 6 个星期，然而他曾精力充沛地奋斗了 30 年之久。他对伏尔泰怀恨在心的原因是可以理解的，因为伏尔泰曾劝阻腓特烈大帝聘用费内隆为驻巴黎的通讯员。1754 年他创设一个新期刊，名为《文艺年鉴》，他主编该刊，刊中文字多由他自己撰写，每十天出版一期，直到 1774 年。

费内隆钦佩布歇的宗教保守主义及 17 世纪庄严的生活方式。他觉得哲学家们对社会组织、道德支柱及令人感到安慰的宗教信仰的了解，实在粗浅得该受责备。他说：

> 作家对这个时代的煽动超过了以往任何一个时代，他们……集中他们所有的力量攻击上帝。他们自命为人道的提倡者，从不知道自己这样做等于伤害人民、荼毒人类、剥夺人类唯一慰藉痛苦的希望。他们不明白他们正在推翻社会秩序、促使穷人反抗富人、弱者对抗强者，而且把武器送到千百万人的手上。这些人至今不致引起暴行，他们的道德和宗教意识与法律的拘束，同样具有功劳。

费内隆预言，对宗教的攻击将动摇国家的根本。他预言了一个世代后爱德蒙·伯克的警告：

> 无信仰者的盲目狂热，难道不比迷信者的宗教狂热更荒谬、更危险吗？开始是容忍你祖先时代的信仰，你不说别的话，只高谈容忍，然而没有一个教派比现在更排斥异己……至于我，我主张文人不得秘密结社，而且除了宗教、道德及光荣的团体外，不许其他团体产生。

费内隆是一个敏锐的批评者。他绝不放过机会去刺戳哲学家意识上的漏洞。他嘲讽他们的独断主义及伏尔泰的领主权利，而称其为"图尔奈伯爵"。哲学家们称费内隆为流氓和顽固分子以为答复时，费内隆便回敬一拳，说狄德罗是伪君子，格里姆是阿谀外国名人的马屁精，并把全部不信教的人称为"骗子、恶棍，没有教养的自大者、无赖"。他指控《百科全书》作者偷窃雷奥米尔《论蚂蚁》一文的插图，《百科全书》作者否认此事，法国科学院支持这项否认，不久事实证明费内隆的指控正确。但他在卡拉斯一案中没有做好，他指出证据证明卡拉斯有罪，又撰文指称伏尔泰在替卡拉斯辩护时，"基于人道的立场因素较少，而基于欲引起大众注意伏尔泰存在的因素较大"，而且"希望大家谈论他"。克莱龙小姐是一位出色的悲剧演员，她喜欢伏尔泰，而且拜访伏尔泰。费内隆殷勤地赞扬他的对手，并暗示有关某一个女演员不道德的私人生活。演员们愤慨于费内隆的推断，认为费内隆本人不正当地妨害他们的私生活。黎塞留公爵不是通奸的迫害者，他劝路易十五把费内隆再送回巴士底狱监禁。王后因费内隆"忠诚而热心地与哲学家们战斗"而赦免了他。哲学家的友人杜尔哥当权时，《文艺年鉴》的特权消失了（1774年）。费内隆以美食大饱口腹之欲，1776年因营养太足而死。他的遗孀要求伏尔泰收养费内隆的女儿，但伏尔泰认为那样做无异对女人太过殷勤了。

莫罗讽刺作品中的一个词与费内隆的30册书，对哲学家的破坏力几乎不分上下。莫罗在名为《有关卡库阿斯历史的新回忆》一文中说，卡库阿斯是一种赤裸人形的动物，他们在舌头下面含着一袋的毒素。他们说话时，毒液就混在他们的话里，污染了附近的空气。这位聪明的作者摘录狄德罗、达朗贝尔、伏尔泰和卢梭作品中的文字，他声言这些人都是世界上活生生的毒害者。他又控诉他们"纯为品尝作恶的乐趣"而写作。他称他们是无神论者、无政府主义者、不讲道德者、利己主义者。"卡库阿斯"这个词把他们刺痛得最厉害，它暗示鸭子的刺耳聒叫声及疯人的喧哗不休，有时（正如此字的含义）暗示厕所的臭味难闻。伏尔泰努力反驳，然而谁能驳得倒气味呢？

　　保守派分子得到鼓舞，并增加他们的打击力量。1757 年，他们赢得一位有朝气、野心勃勃的生力军。帕利斯于 1754 年曾在代利斯拜访过伏尔泰，当时他持有塞奥特的介绍信，信中说帕利斯是"由你的作品调教出来的弟子"。一年后，他在南锡演出一出喜剧，剧中温和地讽刺卢梭。帕利斯在巴黎教导年轻而热诚的罗贝克女公爵，这位女公爵是舒瓦瑟尔公爵的朋友。善于指责错误的狄德罗，曾在所著《自然之子》一书的序言中，责难过她品行不端。可能为了安慰她，帕利斯于 1757 年出版《大哲学小札》，严厉抨击狄德罗，但赞扬伏尔泰。1760 年 5 月 2 日，在罗贝克女公爵的资助下，帕利斯创作《众哲学家》这一喜剧，在法兰西戏院演出。此剧对待爱尔维修、狄德罗和卢梭，恰如希腊喜剧作家阿里斯托芬的作品于 2183 年前对待苏格拉底一样。爱尔维修被描绘成迂阔的哲学家瓦莱尔。在剧中，瓦莱尔把利己主义的利他论介绍给才女西达里瑟听。观众立刻明白，这位才女影射若弗兰夫人，她家客厅常有哲学家逗留。狄德罗被描写成多尔蒂丢斯。剧中的仆役克里斯宾爬着出场，大声咀嚼生菜，巴黎人知道这是对卢梭的讽刺性描述。卢梭曾于 1750 年公开指责文明，并提倡"自然国"的理想。那是粗野却合法的讽刺，除了被影射的受害人外，每个人都津津有味地欣赏这场喜剧。罗贝克小姐的家里，曾经聚集过她的朋友、忠于她的人及几位和她一样的爵位世袭者。女公爵本人虽然因肺病而奄奄一息，来日无多，却坚持利用自己的影响，替这喜剧的初次公演增色。在第 2 幕剧结束时，她召唤帕利斯到她的座厢里去，公开拥抱他。然后，咯出血来，被送回家。《众哲学家》一剧在 29 天之内上演 14 次之多。

同时，一位卓越的人也一起来攻击非教徒，他就是法兰克侯爵。他是一位省长，擅长写诗和剧本，这种高明的才华使他膺选为法国科学院的会员之一。他在接受这项荣誉时发表演讲，公开指责说：

> 骗人的哲学，自命为真理的机构，却用来作诽谤的工具。它自夸本身多温和、多谦虚，实则自命不凡、骄傲自负。哲学界的人，笔下洋溢勇猛和傲慢的口气，实则生命充满了恐慌。从他们标榜的主义，找不到确定的东西；从他们的伦理思想中，找不到安慰；没有规范给当代人信守，又不能替未来揭示目标。

路易十五赞扬这篇演讲词。伏尔泰在一篇不具名的 7 页长的小册子《当》中，讥笑法兰克的演讲。伏尔泰的《当》小册子中，每一段均以"当"字开头。例如：

> 当一个人有幸被邀加入光荣的文学家社团时，是不需要在接受的演讲中讽刺文学家的，此举无异于侮辱该社团及大众……
> 当一个人不配当文学家，也一点没资格当哲学家，则他不适合说我们的国家只有虚伪的文学和空洞的哲学……

诸如此类，并不十分让人信服。但不久，莫雷莱用大幅的纸张，以"如果"开头，不久又以"因此"为始；伏尔泰则接下去以"到""那个东西""那个人""是""否""为什么"等词为句首。法兰克为逃避这场暴风雨，逃回到他的故乡蒙托邦，再也没有在法国科学院出现。然而，1772 年他又以《透过怀疑本身的怀疑论宗教报复》一书而参与对抗。他力陈物质主义对道德没有约束力。如果上帝不存在，什么事都可以畅所欲为，我们只要规避警察就可以了。而且假若没有天堂，"如何使人们安于国家指定给他们的隶属地位呢？"

1761 年，加利亚尼神父自那不勒斯到达巴黎。他在巴黎的沙龙中，前后红了 8 年。他告诉喜欢他的哲学家们说，他们中有几位提倡"回归自然"，真不啻疯狂的企图，那样做将使文明人返回野蛮和暴行。他又说宇宙设计的证据势不可当，他指出怀疑论终将导致知识的空虚和精神的失望：

> 凭借我们所受的启迪，我们发现空虚多于充实……空虚之感，长存于我们的灵魂和想象中，是我们悲哀的真正原因……一切均已说尽做完后，怀疑论是聪明人用来反对他自己的本能和趣味的最大努力……人们需要真实的事物……大多数的人，尤其是女人（她们的想象力倍于我们）……无法作为不可知论者。崇尚不可知论的人，只有在他们灵魂的青春强壮时期，才力足维系这种主张。如果灵魂渐渐老了，某个信仰又会出现……不可知论是理智上的失望。

为反击出类拔萃的加利亚尼、博学的尼古拉·贝尔吉耶、文质彬彬的纪尧姆、勤勉的费内隆、贵族法兰克侯爵、难缠的帕利斯及喋喋不休的莫罗，哲学家们在这场笔舌大战中，使出一切武器，从理性、嘲弄到批评、辱骂，一一都用上了。伏尔泰放弃他的和平，冒着危险，常以富于机智而非争辩，答复每个对哲学和理性的攻击。"把这些可怜虫的名字告诉我，"他在给狄德罗的信中说，"我将给他们恰如其分的对待。"

要作弄莫罗相当困难，因为他是王后的图书馆员和史官。但法兰克侯爵，用一点小手段就足以使他当众受辱。帕利斯也可用双关语予以刺穿。马蒙泰尔因此写了一首打油诗讥讽帕利斯，那是很难翻译的：

此人一度名叫帕利,

最初人们叫他笨帕利斯。

后来叫他矮帕利斯,呆帕利斯,

然后是虚荣帕利斯,冷帕利斯。

作为长篇攻击演说的高潮

及公诸大众的讽刺诗文的结尾,

合适的词句立即出现了——

他们称呼他蠢帕利斯,

为屈就你的水准

我用此词特为欢欣。

回想吧!如果你能运用那个工具,

但是不要写;最好读,你这个傻瓜。

狄德罗等到《拉摩的侄儿》一书,转述帕利斯的淫乱,才算遂行了他的报复。身为一个哲学家,这样做是不值得的,但他可谓持重,不去出版该书。帕利斯死后,此书才在法国出版。但莫雷莱当时就发表一个讽刺作品,既攻击帕利斯,也讥讽他的保护人罗贝克小姐。她在法院的朋友把莫雷莱抓到巴士底狱监禁(1760 年 6 月 11 日),她的死亡(6 月 26 日)使事情更为严重。卢梭营救了他,但从此和哲学家群断了交情。帕利斯的放荡,使他胜利的成果受到了玷污。1778年,他投入伏尔泰之流,再置身于哲学家阵容中。

哲学家们攻击费内隆最力。狄德罗在《拉摩的侄儿》中形容费内隆为受雇文丐之流,称费内隆是百万富翁贝尔廷的食客。伏尔泰把他最聪明的妙语之一献给费内隆:

有一天,在峡谷中,费内隆被一条蛇咬了一下。你以为结果如何呢?被毒死的竟是那条蛇。

伏尔泰经常在其作品中将费内隆描写为"来自皮埃尔背后的一条虫"。然而严重的攻击出现于伏尔泰的剧本《从苏格兰来的妇人》。1760年7月26日，该剧在法兰西斯剧院公演。剧中以明显的夸张口吻讽刺帕利斯的《众哲学家》，指称帕利斯应负起法军战败和法国财政崩溃的责任。费内隆则被形容为穷文人街的小文丐，专门制造丑名于字里行间。伏尔泰这个剧本用来形容费内隆的词句，计有恶汉、卑鄙者、可鄙者、间谍、沉迷于欢场者、蛇、猥亵的温床等。伏尔泰这一剧本的演出，与帕利斯的剧本同受欢迎。5个星期内演出16次之多。费内隆偕其娇妻参加伏尔泰该剧的首次公演，并引人注目地带头喝彩鼓掌，因而免于一场暴风雨的侵袭。伏尔泰认识到他的对手够勇敢。一位访客问伏尔泰，在巴黎要鉴别新书的价值，应该请教谁，伏尔泰答道："请教费内隆这家伙吧！……他是唯一有鉴赏力的人。我不得不承认这一点，虽然我不喜欢他。"

耶稣会的没落

耶稣会的突然崩溃，虽然大部分由于巴黎议会而非哲学家的影响，但仍显示出时代的大势所趋。耶稣会创始人曾称其为"耶稣公司"。1540年，教皇保罗三世批准其命名为耶稣会，"教会执事们共同的托钵组织"（一个宗教组织，有其规定的公约，靠布施为生），这些"耶稣会士"，如同他们的批评者所说的，在一个世纪中，成为天主教会最有势力的教士团体。约1575年，他们已经在法国建立了12个学院，并迅速地主宰了法国年轻一代的教育。两百年来，法国每位国王都选任耶稣会士作为听忏人，其他信仰天主教的统治者也群起效法。凭着这个方法及其他种种手段，耶稣会实质上影响了欧洲的历史。

几乎在巴黎开始有耶稣会士时起，他们就遭受议会和巴黎索邦神学院（13世纪中叶设立）的反对。1594年议会指控耶稣会教唆让·沙泰尔企图杀害亨利四世，1610 年议会又控诉耶稣会士煽动拉瓦亚克谋杀国王。议会提及一位西班牙耶稣会士马里亚纳，马里亚纳曾辩护某些情况下弑君的道德性。但无论议会的指责如何有力，耶稣会在数目和势力上愈来愈大。它左右路易十四的宗教政策，促使路易十四攻击波尔－罗亚尔修道院的詹森派教徒，说他们是伪装成天主教徒的加尔文派教徒，后来由帕斯卡所执笔的《各省书简》（1656 年起）仍然受到法国少数知识分子的注意。然而，1749 年耶稣会在法国仍拥有 3350 位成员，其中 1763 人为僧侣。在法国的僧侣群中，耶稣会教士以出最优秀的学者、最聪明的神学家、最雄辩的传道者、最忠诚最勤劳最成功的拥护教会者而闻名。他们促使科学进步，而且影响了多种艺术形式。他们通常被视为欧洲最好的教育者。他们的朴素德行颇为突出，而且他们运用种种诡辩策略，把基督徒的道德要求灌输给一般平民。虽然如此，他们从未宽恕贵族或皇帝的通奸行为。他们辛勤的贡献和忍耐的坚守原则，使自己成为一股影响政府决策和人民心灵的力量。有时似乎所有欧洲人都拜倒在他们团结而训练有素的坚韧的意志之下。

他们的权力几乎毁灭了他们。国王们很清楚地看出，耶稣会士的教皇至上论如果不予制止，势将使所有的俗世君主变成教皇的臣子，从而恢复罗马教皇的权威。耶稣会跟国王的关系，虽然比其他团体都要密切，但该会仍然强调人民有权推翻国王。虽然在神学和道德方面，他们的主张比较自由开明，而且努力协调科学和教会之间的矛盾，但他们为了培养大众对教会的虔诚，支持玛格丽特·阿拉科克的声明，谓基督曾显现在她面前，圣心上燃烧着热爱人类的火花。耶稣会士栽培笛卡儿、莫里哀、伏尔泰与狄德罗，结果只看到这些灿烂人物回过头来反对他们，并驳斥耶稣会教育的全盘体系。

耶稣会设立的学校，被指控拉丁文课程太多，而且只传授传统的旧思想，妨碍了知识的发展；着重记忆性的资料和被动的服从；如此一成不变的墨守成规，无法适应时代的需要——较充分地利用科学及以更现实的眼光面对人生。因此，达朗贝尔在题为《学院》登于《百科全书》的文中，慨叹耶稣会学校学生浪费 6 年光阴在学习死的语言一事。达朗贝尔建议多多注重英文和意大利文，及历史、科学和现代哲学。他呼吁政府掌管教育，在新学校里创设新课程。1762 年，卢梭印行《爱弥儿》一书，主张教育改革。

　　然而促使法国境内耶稣会没落的，哲学家只是次要因素而已。互相之间停止攻讦麻木了彼此的仇恨感，无信仰者敬佩耶稣会士的博学与人品。这些耶稣会士则企图使错误的怀疑论者返回正统的教会。伏尔泰发觉他很难向他从前的老师们挑战。他曾经把他的作品《亨利亚德》，呈请波雷神父改正任何有损教会的情节。在《鉴赏力之塔》一文中，伏尔泰赞扬耶稣会教士的文学欣赏能力，及他们广泛运用数学以教导年轻人。《特里武杂志》对《亨利亚德》、《查理十二史》、《牛顿的哲学》等著作，均给予好评。伏尔泰在波茨坦与腓特烈大帝结交后，这种伏尔泰与耶稣会之间半真诚的友好遂告寿终正寝。耶稣会领袖不久放弃了他，说他是迷失的灵魂。但迟至 1757 年，一些人还企图使伏尔泰与耶稣会化干戈为玉帛。1758 年后，伏尔泰在费内与当地耶稣会士维持友好的关系，一些耶稣会教士很欣赏伏尔泰的好客。同时伏尔泰又在长达 100 页的《风俗论》中攻击教会，而且替《哲学字典》撰写反对基督教会的论述。他听到大牧师卡瓦洛非难葡萄牙的耶稣会士（1757 年起），并烧死耶稣会士马拉格里达（1764 年）时，即公开责备卡瓦洛的做法不公正，指责死刑为一种暴行。但他一直与教会斗争，而他的"弟兄"狄德罗、达朗贝尔及莫雷莱的著作，一一削弱了法国耶稣会的力量。

　　普遍信仰自然神教的共济会分会，可能也参与了这种削弱耶稣会的行动。但这场悲剧的最大促成者，是个人和阶级的敌对。蓬巴杜夫人无法忘却耶稣会教士，在她飞黄腾达的过程中，时时刻刻在打击她，而且在国王宠爱她的时期，耶稣会士也始终拒绝赦免国王。而她突然改变信仰、皈依教会时，又拒绝接受她。贝尼斯红衣主教，一直是这位侯爵夫人的好朋友，他后来声称法国耶稣会之所以遭受压迫，主要是因为耶稣会的听告解者，不愿赦免蓬巴杜夫人的罪，无论她本人如何保证她和路易十五之间已不再有肉体上的关系。路易十五表现了他的愤怒。为什么这些对别人慈悲为怀的僧侣，却不能谅解这位照亮他孤寂、厌倦的生命的妇人？国王努力筹集资金以支援饱尝战祸的陆、海军，及供应他情妇的挥霍时，这些耶稣会士为什么不停地增加自己团体的财富？达米安曾企图刺杀国王，耶稣会士与这件企图并无足资证明的关联。然而达米安曾经向一位耶稣会士告解，难道在谢世的耶稣会士中，没有人主张弑君吗？国王开始在皇宫里，谛听舒瓦瑟尔及其他半真半假的伏尔泰主义者的话。这些人声称，国家自教会的束缚中解脱，以建设一个不受反启蒙运动者的僧侣及中古神学影响的社会和道德秩序的时机已来临。陷于漆黑一片的迷信气氛中的小国葡萄牙，既然敢放逐耶稣会士，这为什么又不足以构成对法国的启化作用呢？

受了这种敌意的侵袭，加上被普遍怀疑在七年战争中促使法国遭受奥地利的拘束，耶稣会会士因而遭到突如其来的排斥。1757 年，法军在罗斯巴赫被腓特烈大帝打败，法国的命运显然落到最恶劣的地步，跛脚残废的士兵在巴黎街头到处可见。耶稣会士于是成为被嘲弄、造谣、诽谤的对象，甚至有关鸡奸的话题也不胫而走。他们被控为俗世化、异端邪说、贪图财富及外国势力的秘密代理人。很多俗世牧师批评耶稣会的神学太自由化，耶稣会的决疑论过于损贬道德，耶稣会的政策就是把法国出卖给罗马教皇。1759 年，达朗贝尔写信给伏尔泰说："纪尧姆弟兄及他的共犯，在这些日子里，不敢在街头露面，因为害怕群众会把葡萄牙橘子，对准他们的头扔过去。"

加于耶稣会的种种压力，以巴黎议会的敌视最为厉害。该议会的成员是一些贵族身份的法官和律师。他们穿着长长的衣服，有如教士的长袍一样令人敬畏。这个第二等贵族集团，由于组织良好、雄辩滔滔，很快就掌握大权，并急急忙忙向僧侣的权威挑战。进一步说，议会分子主要是詹森派教徒。无论詹森派教义已受到多大的压制，詹森派严肃不苟的教条、圣保罗硬化了基督所创较温和的基督教的阴郁结果，博得了大部分法国中产阶级的好感。同时，法学界人士以为詹森派教条合于逻辑，并在该派内看出反对耶稣会的力量。耶稣会曾经严厉要求路易十四追捕詹森派教徒，直到把他们完全消灭为止，并呼吁路易十四迫使詹森派教徒勉强接受教皇的训令，这无异使詹森教派成为异教，而比无神论者更抬不起头来。詹森派教徒正在等待机会报复这些伤害。

耶稣会把这个机会奉送给巴黎议会。耶稣会士代代经营工商业赚钱，以维持他们神学院、学院、传教、政治活动的开支。在罗马，他们垄断了多样物品的产销。在法国的昂热，他们经营一家糖厂。他们在国外有无数贸易站，如果阿。在西班牙所属和葡萄牙所属的美洲土地，他们都是当地最富有的企业家。私人企业抱怨这种竞争。甚至善良的天主教徒也不禁怀疑，为什么一个发誓安贫的教团，竟会积聚如此多的财富。耶稣会中最有活力的企业家之一瓦莱特神父，担任耶稣会驻安的列斯群岛的检察长。他利用耶稣会的名义，在西印度群岛经营广大的农场。他雇用大批黑奴，出口糖和咖啡到欧洲。1755 年，他向马赛各个银行借进一笔巨款，为了还清这笔贷款，他输出一般货物到法国。这艘船，连同价值 200 万法郎的船货，于 1755 年被英国海军扣押，时为"七年战争"初期。瓦莱特希望补偿这些损失，又借进更多的钱。他终于因周转不灵而宣告破产，负债额高达 240 万法郎。他的债权人要求给付，并要求耶稣会对瓦莱特的债务负责赔偿。耶稣会领袖予以拒绝，声称瓦莱特是以个人名义，而非教团行动。银行家因而控告耶稣会。法国耶稣会政治学专家弗赖神父，建议此事由议会解决。1761 年 3 月，终于照弗赖神父的话去做，这一教团的命运，终于掌握在其最顽强的敌人手中。这时，一位耶稣会士呈递一封秘密信函给路易十五，请求以仇视耶稣会及教会的罪名免去舒瓦瑟尔的内阁职务。舒瓦瑟尔替自己辩护，获得成功。

巴黎议会抓住这个机会，对足以暴露耶稣会组织及活动内容的资料加以检查。5月8日，议会的判决对原告有利，该会命令耶稣会付清瓦莱特的一切债务。耶稣会着手和几个主要债权人协商。但7月8日，泰雷神父送给议会一份"有关耶稣会道德及实践信条"的报告。议会以这份报告为依据，于8月6日发布两道命令。其一是判决烧毁耶稣会前两个世纪的大批出版品，因为这些刊物"教唆谋杀的可恶"原则，有碍平民和统治者的安全。其二是禁止法国耶稣会增加成员，并下令所有法国境内的耶稣会学校，除非得到议会的许可，否则都应于1762年4月1日以前关闭。其他判令，则接受大家对耶稣会滥用权力的控诉。8月29日，路易十五延缓执行这些命令。议会同意4月1日之前，暂时把它们置诸高阁。为此而烦恼的路易十五，企图求得一个妥协的办法。1762年1月，他发出一个建议给教皇克莱门特十三世和耶稣会检察长洛伦佐·里奇，提议此后法国耶稣会会长的一切权力，应该分给五省僧侣，后者须服从法国法律，遵守1682年的加利亚教派条款（该教派为1870年以前，法国天主教会中主张限制教皇权力的一派）。路易十五的这一建议，实际上使法国教会摆脱了教皇的控制。尤有甚者，法国领土内耶稣会建立的学院，必须服从各议会的视察。教皇与洛伦佐·里奇一致拒绝接受这个建议，他们的答复具有挑战性："让耶稣会保持原状，否则干脆不让它存在。"为了帮助耶稣会，教皇克莱门特十三世直接向法国的僧侣呼吁，这是违背法国法律的。法国僧侣拒绝接受这个要求，并把教皇的信寄给路易十五，路易十五又把它寄回给教皇。

各省的议会现在粉墨登场了。各种报告积存起来，作为控诉耶稣会的资料。布列塔尼的雷恩议会，于1761年至1762年，接到总检察官路易斯·热内呈送的一份《耶稣会会章报告书》，大为动容。这件报告指责耶稣会为异端邪说、崇拜偶像、不法行动及教导弑君。它指出，耶稣会主张每位会士必须宣誓，绝对服从住在罗马的教皇及该会总监。因此，根据会章的规定，耶稣会对法国和法王构成威胁；耶稣会会章又声称国家无权教育儿童。1762 年 2 月 15 日，鲁昂议会命令所有住在诺曼底的耶稣会士，空出他们的房子和学院，解聘所有外国籍老师，并接受加利亚教派条款。雷恩、艾克斯、波市、图卢兹、佩皮尼昂、波尔多等地的议会也群起效尤。4 月 1 日，巴黎议会下令强制执行其命令，将其辖区内耶稣会学校划入政府管辖。

俗世教士虽然一向嫉妒耶稣会教士，这次却试图解救他们。法国主教们于 5 月 1 日集会，呼吁法王支持耶稣会：

> 一个有益于吾国的团体……这个宗教团体的成员，其完美的人格多么值得赞佩，他们的戒律多么严格，他们多么辛勤而博学，他们为教会提供了无数的服务……陛下！无论如何请支持耶稣会！宗教宣称他们为护教者，教会声言他们为牧师，基督徒说他们是良心的保障者。你的百姓中，有无数人是他们的学生，现在也代老师向你恳求。我国的所有年轻人，为栽培他们心智的人祈祷。陛下！请勿对我们联合的呼吁置若罔闻。

王后、她的女儿们、太子及朝廷中其他虔诚的团体，也为耶稣会求情。但舒瓦瑟尔和蓬巴杜夫人现在断然劝告国王向议会让步，关闭耶稣会学校。他们提醒法王不久他必须增加新税目，这需要事先获得议会的同意。法王为对立的建议左右为难时，议会也展开决定性的步骤。1762 年 8 月 6 日，议会声称耶稣会与法国法律抵触，耶稣会士誓约拒绝忠于法王，并指出该会服从其他国家，相当于一个外国团体留驻在一个主权国家内。因此，议会命令耶稣会在法国解散，并命令耶稣会士所有在法国的财产，在 8 天中全部撤走，否则议会将没收这批财产，献给国王。

法王延迟了 8 个月，才完全执行这项命令。贝桑松和杜埃的议会拒绝服从这项命令；第戎、格勒诺布尔、梅斯三议会则采取妥协的态度。但巴黎议会丝毫不让步，1764 年 11 月，法王终于下令全部压制法国境内的耶稣会士。没收的财产达 5800 万法郎之巨，对法王的免于毁灭，可能有助。被放逐的耶稣会士得到一小笔养老金，并获准暂居巴黎。但 1767 年，巴黎议会命令所有耶稣会士离开法国。只有几个人弃绝该会，继续留住下来。

驱逐耶稣会士对于贵族、中产阶级、文学界及詹森派教徒都甚惬意，但国内其他人士不表欢迎。博蒙特身为巴黎大主教，极力责难议会的放逐行动。法国僧侣大会（1765 年）对耶稣会的陨落，一致表示悲悼之意，并要求恢复该会。教皇克莱门特十三世下谕宣称耶稣会士无辜。教皇的这项训谕在几个城市街头被执法者烧毁，因为教皇无权干涉法国内政。哲学家们最初为放逐行动而欢呼，说这是令人鼓舞的自由思想的胜利，达朗贝尔愉快地摘记《圣经》学者让·阿斯特吕克的批评："不是詹森派教徒，而是《百科全书》杀害了耶稣会。"数目可观的自由思想出版物急速地增加。放逐耶稣会士后 10 年，霍尔巴赫和他的助手把反对基督教的运动，演变为无神论运动。

然而，哲学家再度思考后，认为胜利果实绝少属于他们，而大部分属于詹森派教徒与议会，而且自由思想从此面对一个比耶稣会更排斥异端的敌人。达朗贝尔在所著《耶稣会毁灭史》（1765 年）中，对耶稣会的厄运表达了一种平息了的得意：

> 实在说来，大部分耶稣会士对事务未有主张……这些人不应为他们领袖的过错而受苦，如果这种优待办得到的话。我们把成千的无罪者与 20 个有罪的人混为一谈，实在令人遗憾……耶稣会的覆灭将大有助于理智的启发——假如詹森派教徒的排斥异己不会继承耶稣会不容异端的余绪的话……如果我们必须在这两个教派中选择其一，我们应该比较喜欢耶稣会，因为它暴虐的成分少些。耶稣会——容纳那些不与他们为敌的人的声音——允许人们凭爱好思考。詹森派教徒要每个人的想法与他们一致。如果詹

森派一旦成为统治者，他们将会对心灵、言论与道德施以最暴烈的宗教制裁。

似乎为了解释这些观点，詹森派的巴黎议会于 1762 年，即下令解散耶稣会的同年，下令当众烧毁卢梭有宗教意味的《爱弥儿》一书。图卢兹的詹森派议会也于同年把让·卡拉斯处以车磔刑。1765 年，巴黎议会烧毁伏尔泰的《哲学字典》。一年后，亚布维法院判决年轻的拉巴尔骑士鞭笞与死刑，也获得巴黎议会的批准。

1762 年 9 月 25 日，达朗贝尔致函伏尔泰说："你知道昨天我听到什么有关你的话吗？人家说你开始同情耶稣会士，并试图撰文支持他们。"伏尔泰一直是富于同情心的，现在反对耶稣会的战斗似乎彻底成功，他感觉似乎听到他已谢世的恩师们发出责备的呼声。他把一位被放逐的耶稣会士亚当带回在费内的家。亚当处理伏尔泰的赈济工作，而且常常在下棋时打败伏尔泰。伏尔泰警告拉夏洛泰说："留心呀！免得有一天詹森派教徒和耶稣会造成同样的伤害。如果他们把我从狐狸身旁送到狼爪之下，那又有什么意义呢？"他担心詹森派教徒会像 17 世纪的英国清教徒那样关闭剧院，而剧院几乎是他最热爱的东西。因此，伏尔泰写信给达朗贝尔道："耶稣会士的存在有其必要，他们是娱乐的对象，我们开他们的玩笑。而我们正要被詹森派征服了。"他之所以有意原谅耶稣会士，只因为他们爱好古典文学和戏剧。

伏尔泰的朋友和敌人腓特烈大帝同意这些意见。1764 年，腓特烈问利涅王子：

他们为何摧毁雅典与罗马仁慈的贮藏所，那些人文主义，也许是人道的卓越教授——耶稣会士？教育将遭受……但与我如弟兄的国王们、多数的天主教徒、多数的基督徒或最虔诚最听命于教皇的人，都把耶稣会士推倒在地上。而我，一个最异端的人，却尽量收容耶稣会士。我保护这些人。

达朗贝尔警告腓特烈大帝说，他对这种友善感到懊恼，并提醒腓特烈，耶稣会反对过他征占西里西亚，腓特烈大帝责骂这位哲学家说：

> 你无须担心我的安危，我一点也不怕耶稣会士。他们能够教导国家的青年，而且教得比别人好。战时他们站在另外一边，那是真的。但身为一个哲学家的你，实不该责备一个以仁慈和人道对待全人类的人，不管他属于什么团体、什么宗教。试试使自己多像一个哲学家，少像一个玄学家吧！

1773 年，教皇克莱门特十四世解散整个耶稣会时，腓特烈大帝拒绝将教皇的训谕刊布在他的领土。耶稣会的财产和功能，因而得以在普鲁士和西里西亚维持下来。

叶卡捷琳娜二世对居住于 1772 年并吞的一部分波兰土地上的耶稣会士，并未加以干扰。对后来迁居俄国的耶稣会士，她也加以保护。耶稣会士在那里辛勤工作，直到他们的复兴（1814 年）。

教育与进步

耶稣会既已消失，现在谁来教育法国青年？时值混乱，正需要敞开教育革新的大门。

因告发耶稣会而得意的拉夏洛泰抓住这个良机，以一册《国民教育论文》（1763 年）呈献给法王。该书受到哲学家的表扬。他建议，法国学校不应由一个宗教团体手中落入另一宗教团体的掌握——如落入基督教兄弟会或祷告会的控制。他绝不是无神论者，他至少赞美教会对道德的支持。他希望道德观念深植人心，受到尊崇，但他不愿看到僧侣操纵教育。他承认许多传教士都是出色的老师，其耐心和虔诚无可匹敌。但他指出，教士控制学校，迟早会禁闭心灵，令人无法产生新观念，并使学生忠于其他国家。教导道德规范，应摆脱宗教色彩；"道德法的重要性，远胜于神和人为的一切法律，即使这些法律未曾公布，道德典范仍旧存在"。拉夏洛泰也希望以国家主义者的理想从事教育，国家主义便是新宗教。"为国家着想，我主张国家自办教育。"教师须由俗人担任，若为教士，则须住在俗界，而非属于某一教派。教育的目的应该是教人怎样生活，而不是教人如何升天堂，不在教人盲目服从，而是要人努力于专业、行政及工业艺术。教学用法文，而不用拉丁文；拉丁文课应减少，英文、德文课加多。课程须包括很多科学，科学从最低年级教起。5 岁到 10 岁的孩子也能吸收地理、物理和自然史的知识。学校应增添历史科目。拉夏洛泰在此把胜利归于伏尔泰。较高的年级应学习艺术与鉴赏力。应多做准备，让妇女受教育，但没教育穷人的必要。农夫的儿子在田里学到的东西，胜过他在学校得到的。更多的教育，仅足以使他不满意于他本人所属的阶级而已。

爱尔维修、杜尔哥和孔多塞都为最后的意见而震惊，伏尔泰则持赞成的立场。他在致拉夏洛泰的信中说："谢谢你禁止劳动阶级受教育。我耕种土地，需要的是动手操作的劳工，而不是削发受戒的僧侣。把特别无知的弟兄送到我这里，让他们驾我的大马车。"他在致主张教育普及的达米拉维尔的信中说："我怀疑那些只能靠臂力过活的人，是否有多余的时间受教育，在他们变成哲学家之前，将死于饥寒……我们必须教导的不是劳力的工人，而是城市的中产阶级。"在其他论著中，他迁就初等教育应普及大众的建议，但他希望中等教育要有充分的限制，以让为数众多的劳动阶级担当社会的劳动工作。伏尔泰认为教育的第一项工作，在于结束教会的灌输信仰，他认为后者是大众迷信和宗教狂热的起因。

应俄国女皇叶卡捷琳娜二世的要求，狄德罗于 1773 年草拟《俄国政府大学计划》，他和拉夏洛泰一样公开指责传统课程：

大学的文理学院依然教授……两种死文字，这两种死文字只对少数公民有用，而且学了六七年也学不透彻。在修辞学的名义下，说话的艺术教授在先，思想的艺术施教于后。在逻辑的名义下，满脑子填满了亚里士多德学派的诡辩……在形而上学的名义下，把无关紧要而使人困惑的问题拿出来讨论，铺下怀疑论和偏见的基础。在物理学的名义下，无休止地争论世界上的物质和系统，对自然的历史（地质学、生物学）却只字未提，对化学、个体的运动和重心也毫不提及。实验课极少，解剖标本几乎没有，地理学也未被列入课程中。

狄德罗呼吁教育由国家管理，聘请世俗教师，教授更多的科学知识；教育应切合实际，产生优秀的农艺学家、技术人员、科学家和行政管理人员；拉丁文应于 17 岁以后才学习；如果学生将来用不到拉丁文，则不必学；但"一个文人若没有希腊文和拉丁文的知识，则不足以为文人"。由于天才在任何阶层都可能出现，所以学校应为所有人开放，不收费用；穷家子弟应得到免费的书籍和食物。

法国政府在如此驱策下，努力防止因放逐耶稣会士可能引起的教育中断。耶稣会被没收的财产，用来重建法国 500 所学院。这些学院为巴黎大学的一部分；路易大帝学院改为师范学校，用以训练师资；薪水合理，教师免于市税，退休后有养老金。圣本笃教团的僧侣、祈祷会会士、基督兄弟会会员可担任教师，但哲学家极力表示反对，获得一些效果。天主教教义仍列为课程的一部分，但科学与现代哲学取代亚里士多德和经院哲学，一些俗界教师开始灌输哲学家的思想。学院里建立实验室，并拥有实验物理学的教授。技艺和军事学校见于巴黎及各省。有人警告说新建的课程将改善智力而非品格，将削弱道德和纪律，并导致革命。

然而，哲学家们把未来的希望寄托于教育的改革。大体说来，他们相信人性本善，一些虚伪而邪恶的教会方术和政治活动令人败坏；

他应该做的是使自己不使用诡计，归于"自然"——自然一词并无令人满意的定义。正如我们将明白的，这是卢梭学说的精华。我们曾指出爱尔维修坚信"教育能改变一切"，甚至持怀疑论的伏尔泰，有时也认为"我们是猿猴的一类，能由教育做出合理或不合理的行动"。相信扩展和改良教育能促进无限的进步，成为新宗教一贯的教条。天堂与理想国是两个相对的水桶，在命运的水井中七上八下。一个水桶沉下去，另一个上来。它们轮流成为人们希望的对象。两个水桶空空地升上来时，恐怕文明就会失去重心，趋于凋谢。

1750 年 12 月 11 日，杜尔哥在巴黎索邦神学院讲演他的新信仰，题目是"人类心灵不断的进步"：

> 人类，从其最早的起源来看，在哲学家眼中是一个巨大的整体，就像每个人一样，有其幼年期和成长期……举止逐渐温和，心智愈有教养。至今仍各自分离的国家，关系较为接近了。贸易和政治关系使地球上各角落息息相关。而人类的整体，由治乱的变迁，透过苦乐的交替，继续其前进的旅程，虽然脚步缓慢，但一步步迈向接近完美的境界。

伏尔泰表示迟疑的同意：

> 我们可以相信理性和工业总会一再进步。有用的艺术将获改善，使人们感到痛苦的邪恶、偏见——这些并非我们最小的祸患——将逐渐从统治者之间消失。而流传广远的哲学，将给多灾多难的世人精神安慰。

1774 年，这位行将就木的哲学家，对杜尔哥的得势表示欢迎，因为伏尔泰对大众毫无信心，他殷殷期待的是国王的开明。我们不能教育下等社会的人，即他所说的普通人类社会。在他们知道思考之前，已因一天的辛苦工作而累倒了。但是我们可以教育少数人，他们位居高贵，我们也可以教导君王。这个"开明君主"为人类进步的领袖的梦想，正是大部分哲学家期望人类进步的憧憬所寄。他们屡次预感革命可能发生，但他们害怕革命，而不希望它发生。他们相信理性将战胜统治阶级，牧师和统治者将听命于哲学。同时，他们将使可以防止革命并让人类走上幸福的改革获得实现。因此他们赞扬腓特烈二世的改革，他们谅解叶卡捷琳娜二世的罪恶。若他们健在，他们将为奥地利的约瑟夫二世感到快乐。我们对政府的信仰除了只是那种复活的希望外，还有什么呢？

新道德

　　一个棘手的问题：如果没有宗教以超自然的希望和惧怕维持社会秩序，国家能否存在？如果大众不相信渊源于神的道德规范，不信仰无所不知、奖善惩恶的上帝，大众的道德能不能维系？哲学家们（除了伏尔泰外）声称这种动机不是道德需要的。他们承认，对于有修养的少数人说来，这可能是真的，但对于其他人也一样吗？而且有修养的少数人，其道德是否源于其丧失的信仰，是否由他们曾接受的宗教教养而来？

　　哲学家们为自然道德的效能打赌。伏尔泰对自然道德表示怀疑，狄德罗、达朗贝尔、爱尔维修、霍尔巴赫、马伯利、杜尔哥及其他人主张可以脱离神学而独立的道德，因此虽历经信仰的盛衰，仍足以坚强存在。贝尔主张无神论者可能与信教者一样有品德，但他认为道德就是和理性协调的习惯。他认为人是理性的动物，但理性为何物，他并未解释。社会或个人之间，谁应该是理性的裁判者？如果社会或个人不协调，除了权力外，谁能判决是非曲直？社会秩序只是执行法律和规避法律刑罚者之间的竞争吗？道德仅仅用来计算侦知犯案的可能性吗？图桑在《道德》（1748 年）一书中阐释自然道德，他也解释品德为"忠于实践由理性加诸的责任"。但有多少人是理性的呢？或者说如果他们能够理性，他们理性了吗？而且决定行动的人格，是否比理性形成得早呢？理性不是具有最强烈欲望的发泄对象吗？这些都是自然道德之前的一些问题。

大部分哲学家同意，自爱的普遍性是所有意识行动的基本渊源，但他们相信教育、法律和理性足以使自爱变为互相合作和社会秩序。达朗贝尔相信自然道德寓于：

> 一个简单而明确的事实——人们的互相需要，及该需要加诸的互惠责任。由于这个道理大部分被接受，所有的道德法有秩序而不可避免地与它产生关联。所有与道德有关的问题，其解决与否，全掌握在我们每个人的心中——我们的感情有时阻遏问题的解决，但从不能破坏问题的解决。而每个特殊问题的解决……导致基本的原则，是我们自己的自利。后者则是所有道德责任的根本原则。

某些哲学家认为这假定在一般人中，理性普遍占优势——一个自私自利的人受到充分的启迪，足以用正确的眼光看到自我选择的结果，而使个人的自私自利和团体的好处调和，不发生冲突。伏尔泰对这种自私主义者的理性，不表赞同。对于他来说，理性似乎是一种很不平常的行动。他宁愿把他的道德建立在与利己主义无关的利他主义之上，他说这种利他主义源于上帝灌输给我们的公平意识。他的哲学家朋友责难他在这个论题上，无异向宗教投降。

假定利己普遍性的哲学家们，大体上认为快乐至善，所有的快乐都可以享受，只要它们无损于团体或个人自己。借用教会的方法，格里姆、霍尔巴赫、马伯利、圣朗贝蒂相继撰写问答教授法，以解释新道德。圣朗贝蒂以《一般问答教授法》为题，向十二三岁的孩子们发表演讲：

问：人是什么？

答：具备感觉和理解力的生物。

问：如果这样，他应该做什么？

答：追求快乐，避免痛苦。

问：这不是利己吗？

答：这是必然的结果。

问：利己欲同样存在于每个人心中吗？

答：是的。因为每一个人以自卫和获得快乐为目的。

问：你认为快乐是什么？

答：一种享乐多于受苦的持续状态。

问：要获得这种状态，我们必须做什么？

答：培养我们的理性，并依此行动。

问：理性是什么？

答：认识有助于我们幸福的真理。

问：利己不是常常引导我们发现那些真理，并根据那些真理行动吗？

答：不，因为每一个人都不知道如何利己。

问：你是什么意思？

答：我的意思是，有的人利己正确，有的人错误。

问：谁是利己正确的人？

答：那些致力于互相了解的人，那些不使自己的快乐与他人的幸福脱节的人。

哲学家把道德的实践建立于回忆基督教道德之上。因为崇拜上帝、圣母玛利亚及诸圣人，间接有助于道德，哲学家代之以对人类的直接忠诚。圣皮埃尔曾经建议以一个新词代表旧道德——慈悲，此字我们约略翻译为慈善，但这意指在互惠的事项上互助和合作。哲学家同时强调人道，人道意为博爱主义、仁爱。这源于基督宣布的两道圣诚的第二道。雷纳尔在责备欧洲人虐待黑人及印第安人为不人道时，必然已知道一个西班牙主教拉斯·卡萨斯率先于 1539 年发出过同样的责难了。但帮助穷人、病人及被压迫者的新热心主要是由哲学家们，尤其是伏尔泰引起的。法国法律的改革归功于他的长期奋斗。法国的教士以慈悲闻名，但如今他们看到的是，由于哲学家的提倡，基督教道德的实践获得可观的成就。道德逐渐摆脱宗教色彩；人道、同情、容忍、博爱、和平诸道德，其基础由宗教性转为世俗性；其对社会的影响，前所罕见。

面对战争产生的道德问题，哲学家们在主张和平时避免提及绥靖主义。伏尔泰赞成为自卫作战，但他认为战争无异抢劫，它使胜败双方都变得贫穷，它只使少数的王子、战争缔约者及皇家的情妇富有。他在《哲学字典》的《战争》一文中，强烈抗议腓特烈大帝入侵西里西亚，及可能早就有的入侵的念头。他说明王室如何容易趋于侵略：

> 一个系谱家向一个王子证明，他是一个伯爵的嫡裔。这个伯爵的祖先在三四百年前与一家族签订协定。那个家族，甚至在记忆中都不复存在了。那个家族从前对一个省有管辖权……这个王子和他的顾问立即知道他的权利所在。距王子住处约有 300 英里的这个省，无效地抗议说不认识他，也不愿被他统治，要管理该省人民，至少要先获得他们的同意……这位王子马上召集一大群一无所有的人，让他们穿上粗糙的蓝布……训练他们向右转向左转，然后向光荣进军。

然而，伏尔泰劝告俄国女皇叶卡捷琳娜二世，拿起武器把土耳其人逐出欧洲。他写过一篇爱国的挽歌，以哀悼 1741 年为法国战死的军官。他也赞美法军在丰特努瓦的胜利。

哲学家排斥国家主义和爱国主义，因为这些情感使人道和道德责任的观念变窄，而且使国王易于驱策人民参战。《哲学字典》中

《祖国》一文责备爱国主义为有组织的自我主义。伏尔泰请求法国人勿夸大法语、法国文学、法国艺术及作战的优秀，并提醒他们的错误、罪行、缺点所在。法国的孟德斯鸠、伏尔泰、狄德罗、达朗贝尔，就像德国的莱辛、康德、赫尔德、歌德、席勒，都是"好欧洲人"，然后才是法国人或德国人。与一种宗教和语言于中古时代在西欧提倡大同主义一样，大同主义的理想由于法语和法国文化的传播而弥漫整个欧洲大陆。1755 年，卢梭提到"那些伟大的大同思想者，减少国与国之间的隔阂，与创造他们的上帝一样，把全人类拥抱在他们博爱的怀抱中"。另外，他以显著的夸张，写道："再也没有法国人或德国人之分了……有的只是欧洲人。"这个说法的真实性只适用于贵族和知识分子，在那些阶层，大同的思想从巴黎扩展到那不勒斯和圣彼得堡。甚至在战时，贵族和文人也越过国界，互相交往。休谟、贺拉斯·华尔波尔、吉本及亚当·斯密，在英法交战时，仍然在巴黎的社会中受到欢迎，而且利涅王子在几乎任一欧洲的首都，都感到有如在家一样自由自在。士兵们也有一点国际主义观念。不伦瑞克的斐迪南公爵说："每一位德籍军官，在法国旗帜下服务应该感到光荣。"一团的法国军队全由德国人组成。大革命使这种礼貌上及精神上大同思想的友谊告终。法国的优势消失了，国家主义从而抬头。

知识分子的背叛，部分由于道德的剧变——反对神和传道者的残酷。这种背叛起初否定旧宗教的价值，终而发扬四海一家的新道德。这个新道德源于接替的信仰的最好部分。但道德信条如没有宗教支持能否维持社会秩序，这个问题仍未获得解答。

宗教的退却

同时，哲学家似乎暂时赢得对基督教之战的胜利。那位可钦佩的历史学家亨利·马丁描述 1762 年的法国人是"没有基督教信仰的一代"。1770 年，总检察官塞吉耶报告：

> 哲学家一手企图震动王座，另一手希望推翻神坛。他们的
> 目的在于改变公众对国家和教会的观感，所谓的革命也受到了影
> 响。历史、诗歌、侠义小说，甚至词典，都染上了怀疑的毒素。
> 他们一出版著作，便使各省泛滥成灾。不良的影响也传播到工厂
> 和农舍。

西尔万·马雷夏尔似乎为了说明这项报道，于 1771 年编辑一本
《无神论者词典》。他曾略有增订，使其包含阿贝拉尔、薄伽丘和伯克
利主教的言论。1775 年，图卢兹大主教宣称"丑恶的无神论变成意
见的控制者"。杜德芳夫人认为信仰基督教奇迹和相信希腊神话一样，
都已绝迹了。魔鬼变成咒骂词，地狱成为笑话。宗教家所谓的天堂，
被新兴的天文学在太空中推翻了。1856 年，托克维尔谈及"普遍的
怀疑，使所有宗教信仰于 18 世纪末崩溃"。

所有这些叙述都嫌夸张，而且可能发自巴黎上层和文人阶级。莱
基的判断较有见地："反对基督教的文学，代表大部分知识分子的意
见，也满足了他们的要求。而且政府部门中，成群的官吏纵容或赞成
这些文章的发表。"法国大多数人民，依然坚持其中世纪的信仰，作
为辛苦生活的支柱和安慰。他们不但接受古老的，也接受新的奇迹。
小贩发现这是出售神话制品——圣母玛利亚小雕像的理想市场。雕像
和圣徒遗物出现在人群行列中，用以防止或平息公众的灾难。每个教
堂，甚至巴黎的教堂也不例外，在宗教节日门庭若市，教堂的钟声响
彻全城，表示邀请前往之意。宗教团体成员众多，至少省城如此。塞
尔旺从格勒诺布尔写信给达朗贝尔（1767 年），向他保证道："兄弟，
你将为哲学在这些野蛮地区获得进步而吃惊。"在第戎，有 60 套《百
科全书》。但这些情形只是例外，自各方面看来，各省的中产阶级仍
对教会保持虔诚。

在巴黎，新运动达于每个阶层。工人反对宗教者愈来愈多，各咖啡馆早已摒弃上帝。一位贵族谈及他的理发师在他的头发上搽粉时这样表示："阁下，你看，虽然我是一位不幸的小人物，但我比其他任何人没有更多的宗教。"劳动阶级的妇女信奉其古老的宗教，天真地数她们的念珠。时髦的妇女则跟随哲学的潮流，把宗教扔得一干二净。但在她们临终前，几乎都延请牧师来祈祷。大部分沙龙属于哲学家。杜德芳夫人轻视这些人，若弗兰夫人则待哲人为她款宴中的上宾。达朗贝尔、杜尔哥、孔多塞围绕在莱斯皮纳斯小姐周围主持大事，格里姆则替埃皮奈夫人管理业务。1765 年，贺拉斯·华尔波尔描写沙龙的智慧气氛为：

> 上帝和国王被人贬低……男男女女热烈参与毁坏之举。他们因为我尚有一些宗教信仰存在而认为我太凡俗了……哲学家们是无理的、浅薄的、自大的、盲目狂热的。他们不断讲道，他们矢志不变的教条为无神论，你想不到他们有多公开。因此，如果我重归耶稣会，你不必为之惊奇。

然而，法国科学院 1760 年至 1770 年的 14 次选拔中，仍然选出 9 位哲学家为该会会员。1772 年，该会任命达朗贝尔为其永久秘书。

贵族以反对宗教的喜悦消耗了智者的贡献。"无神论普遍存在于上流社会，"朗格说，"信仰上帝就会招致嘲笑。""1771 年后，无神论流行于贵族阶层中。"登维尔女公爵与舒瓦瑟尔女公爵、格拉蒙、马特松·泰塞等公爵夫人都是信奉自然神教者。位居高官者——舒瓦瑟尔、罗昂、莫雷帕斯、博沃、沙维林——都和蔼地与达朗贝尔、杜尔哥、孔多塞合流。同时哲学家们告诉法国人：封建制度实行太久，已失去其存在价值；世袭特权形成僵化的不公平；一位好鞋匠比一个游手好闲的领主有用，所有的权力来自人民。

甚至教士也受到这种感染。1769 年，尚福推测各级教阶组织人员不虔诚的程度："僧侣必定虔诚一些……教区牧师对反对宗教的建议报以微笑，主教率直地大笑，红衣主教另还出言讥讽。"在狄德罗与霍尔巴赫的朋友中，有几个是怀疑宗教的神父。托尔内、富歇、莫里、德博瓦、德博洛涅等神父"是哲学家群中最直率的人"。他们据说还有"哲学牧师团体"。在这些富于机智的牧师中，有一部分信奉自然神教，有一部分是无神论者——梅利耶复活了。普利斯特里于1774 年与杜尔哥一起进餐。沙特鲁侯爵告诉普利斯特里："对面的两位绅士，一是艾克斯主教，一是图卢兹的大主教。但'他们跟你我一样不信上帝'。我向他承认，我是教徒，而哲学家勒罗伊告诉我，我是他认识的人中，唯一有理智的基督徒。"

在修道院，无神论也有其知音。僧侣科利格侬为了免受诽谤，只有在访客是他的知心朋友时，才敢让他的两个情妇一起用膳。他不容许教皇的敕令妨害他的享乐，但他以为教会是一个维持平民道德的可敬团体。1769 年，狄德罗叙述一天他和两位僧侣交游的经过：

> 他们中的一位朗读一篇非常新鲜而振振有词的无神论论文，内容充满了新奇而大胆的观念。我第一次获知，这是他们修道院中的教条。这两位僧侣都是他们寺院中的"大人物"。他们洋溢着智慧、欢乐、敏锐感觉，学问丰厚。

一位热情的天主教历史学家告诉我们，在 18 世纪末"天主教世界中，由伟大的修道院长期灌输的高尚崇拜已由一种轻浮、夸大而普遍的观点替代"。

容忍异端的形成，主要由于宗教信仰的式微。我们无动于衷时，是较容易忍受别人的。伏尔泰在卡拉斯和席翁两案的胜利，使几位省长向中央政府建议减轻反对新教徒的法律，结果照办了。反对异教的诏书并未撤销，但执行得很温和。法国胡格诺新教派安然地存在下去，这正是伏尔泰要求的。图卢兹议会放宽对异教的容忍到令国王为之震惊的程度，以表示其忏悔。有些地位很高的教士——如1757年苏瓦松的菲茨詹姆斯主教——发表一封主教信，呼吁所有基督徒把每个人当成兄弟一样看待。

伏尔泰以哲学为这个胜利的光荣所在。"就我而言，"他在1764年给达朗贝尔的信中写道，"只有哲学家使人的态度变得温和了，要是没有哲学家，每个世纪将会发生两次到三次的圣巴托罗缪大屠杀。"我们在此必须再度申明，哲学家自己有时是不宽容异己的。达朗贝尔与马蒙泰尔劝告马勒泽布禁止费内隆出版刊物（1757年），达朗贝尔又请求他检举《百科全书》的一些评论（1758年）。爱尔维修夫人请他关闭一家杂志，因为该杂志曾攻讦她丈夫出版的《论智力》（1758年）。伏尔泰几次恳求禁止讽刺和诽谤哲学家刊物的发行。就这些刊物涉及真正的诽谤而论——伤人的虚伪不实——他是对的。

哲学之外，尚有其他促进宽容异己的因素。宗教改革虽然认可排斥异教的行为，但改革的结果产生如此多的教派（有些教派力足自保），以致排斥异教的举动不敢超过口舌之争。教派之间必须争辩，他们不情愿地接受理性的考验，同时提高理性的声威。法、英、德各国的宗教战争，及因此产生的经济损失的教训，使许多经济和政治领袖由排斥变为宽容异教。商业中心，如汉堡、阿姆斯特丹、伦敦，发现必须忍受他们顾客不同的信仰与各异的习俗。国家主义的势力抬头，使其更能摆脱教会的牵制，作为维持社会秩序的一种手段。对不同文化和教派的普遍认识，冲淡了某一教派对自己专有的上帝的信心。更重要的是，科学的进步使宗教教义无人道的做法——宗教裁判所的审判，对巫者执行死刑之事——日益困难。哲学家为鼓吹容纳异己，在他们的宣传中，也包含了这些影响的大部分，而且能合理地宣称有功于胜利。18世纪上半叶，胡格诺新教的牧师在法国仍被吊死，但1776年和1778年，一位瑞士的新教徒被信奉天主教的国王召唤来救国，这是哲学家成功的标志。

结语

　　我们的结语一如绪言，我们认为 18 世纪进行激烈交战的是哲学家与神学家，而非战士与外交家。我们称该时代为伏尔泰时代，也是公认恰当的。孔多塞说："不同国家的哲学家，为全人类的利益而设想……形成一个为共同目标而结合的坚强的团结人群，以对抗每一谬论、每一暴政。"这绝非团结的人群。我们将看到卢梭离开这个阶层，而康德为协调哲学和宗教的矛盾而努力。然而，那的确是一场为拯救人类灵魂的奋斗，其结果至今仍与我们同在。

　　在伏尔泰离开费内、赴巴黎求取凯旋前后（1778 年），他领导的运动已经变成欧洲思想界的主流。他最热切的敌人费内隆形容这一时期为"混乱、愚蠢的世纪"。耶稣会士已经逃走，詹森派教徒也告退隐。法国社会风气彻底改观了。几乎每个法国作家都追随哲学家的步调，并寻求他们的赞许。哲学名称上百，人言言殊，"来自伏尔泰、狄德罗或达朗贝尔的一字之褒，比王子的示惠还有价值"。聚会的沙龙、法国科学院、甚至国王的内阁，都受到哲学的控制。

　　外国宾客以获准进入沙龙为荣。那里，他们能认识有名的哲学家，听到哲人的话语。一回到自己的故乡，他们传播听来的新思想。有许多观点优于伏尔泰的休谟，仍然奉伏尔泰为领袖。罗伯逊把他的杰作《查理五世》（*Charles V*）送到费内请伏尔泰赐教。查斯特菲尔德、贺拉斯·华尔波尔、加里克都是伏尔泰的英国笔友。斯莫利特、富兰克林及其他学者，合译伏尔泰的 37 册著作，出版英文版（1762年）。美国建立者均深受哲学家作品的鼓舞。至于德国，且听听歌德于 1820 年和 1831 年对埃克曼的谈话：

> 你茫然不知伏尔泰及他同时代人士对我的青年时期有什么影响，你也不明白他们如何掌握了整个文明世界的心灵……获悉上世纪法国文学界有何知名人士，对于我来说颇有意义。只要稍一批阅便足以使我大吃一惊。它是百年文学的变形，从路易十四时代便已逐渐成长，及至伏尔泰则为怒放时期。

国王和王后也称颂伏尔泰，并得意地自命为他的信徒。腓特烈大帝也是意识到伏尔泰重要性的统治者之一。1767 年，已经认识到伏尔泰品格缺点、智慧优点历 30 年之久的腓特烈大帝，高唱打倒卑鄙战役的凯歌："迷信的大厦已腐蚀到根基"，而且"各国将在年鉴中注明伏尔泰为 18 世纪正在发生的革命的提倡者"。俄皇叶卡捷琳娜二世、瑞典国王古斯塔夫三世也同声称赞，神圣罗马帝国的皇帝约瑟夫二世虽然不能公开表白，但他的改革精神无疑该归功于哲学家的启迪。伏尔泰的崇拜者在信奉天主教的米兰、帕尔马、那不勒斯甚至马德里，纷纷得势。格里姆于 1767 年归纳道："我高兴地宣布，一个广大的文明共和国，正在欧洲形成中。思想启蒙运动传播到每个角落。"

克服了老年自然悲观论的伏尔泰，于 1771 年发表胜利的声明：

> 如今优秀的人很多，他们是各国的杰出人才，他们影响公众的态度。年复一年，弥漫全球的宗教狂热，正逐渐减少其穷凶极恶的垄断……如果宗教不再孕育内战，厥为哲学之赐，宗教争论开始被认为酷似木偶剧里鹰鼻驼背的庞奇与其妻朱迪的频仍吵嘴。以欺骗和愚蠢为基础的可厌而害人的思想垄断，正为理性击

溃。理性正兴建其领域。

　　让我们给他一个公道。依据我们对革命暴行和革命之后的反动这一后见之明，我们可以承认哲学家（除了伏尔泰）太信任人的本性了，他们低估那由数千年不安、野蛮、强暴所生的本能力量。他们夸言教育力能发展理性，使其充分控制本能。他们无视于想象和情感的需要，对失败者要求信仰安慰的呼声置若罔闻。他们一则太忽视历经若干世纪尝试和错误产生出来的传统和风俗，一则太重视充其量只不过为短暂生命产物的个人智慧。如果这些都是严重的判断不当，其起因不仅为知识分子的自傲，也由于改进人类的慷慨渴望以致之。今日，我们思想、言论及信仰的相对自由，学校、图书馆、大学的林立及法律、政府中无数人道的改革，以善待罪犯、病人和疯子，这些都是拜受 18 世纪思想家，也可能是 17 世纪更深刻的哲人之赐。由于他们，及卢梭的子弟，我们的智慧才能受到无尽的启发，而产生了 19 世纪的文学、科学、哲学及政治才能。我们的宗教多亏他们才能愈来愈摆脱愚蠢的迷信及虐待狂的神学，才能摒弃反启蒙主义和迫害，才能在我们的无知和希望的种种试验中，认识互相同情的需要。由于那些杰出的人，此时此地的我们，才能免于恐惧地写作，虽然并非免于责难。要是我们不尊敬伏尔泰，我们就不配享有自由。

乐土收场白

对话者：教皇本尼狄克特十四世、伏尔泰

布景：一处人类乐于怀念的地方

本尼狄克特：阁下，在这里和你见面，我感到很高兴。虽然你对我奉命领导达 18 年之久的教会一再给予打击，但是，鉴于本教会的罪过，及令世人同觉汗颜的不公，你的声讨极为有益。

伏尔泰：你现在就像你过去一样，是历任教皇中最和气、最慈悲的一位。要是每个上帝的仆人的仆人都像你这样，我将承认教会的诸般罪恶为人们的本能，我也必继续尊重这个伟大的团体。你知道，50 余年来我怎样尊敬耶稣会士。

本尼狄克特：我知道。但就在他们减少政治阴谋，并勇敢地反对国王的无法无天时，你却站在攻讦他们的一边，实在令我感到遗憾。

伏尔泰：在那一场争辩中，我要是把事实看清楚些，应该比一味祖护詹森派教徒来得好。

本尼狄克特：是啊！你看你照样会犯错，就像教皇一样。既然你如此谦虚，可愿意听听我忠诚地留在你舍弃的教会的原因？

伏尔泰：那该是最有意思的。

本尼狄克特：我就要滔滔不绝地说一大堆话了，恐怕你会听厌。然而，别忘了你的著作也是长篇累牍的。

伏尔泰：我常以一窥罗马教会全貌为念，但我将乐于洗耳恭听。

本尼狄克特：我也常盼望和你一谈。我必须承认我欣赏你的机智与才华。但是导致你迷途的正是你的光彩。一个飞黄腾达的人，很难同时保持谨慎的个性。活跃的人物，不屑去拥护传统和权威。人们喜欢批评事物，唯其如此，你才能感到个别和新奇的乐趣。可是依据哲学的说法，新的东西没有谬误，那几乎是不可能的。我乐意不以一位神父或神学家的身份和你说话，而是以一个哲学家对待另一位哲学家的方式交谈。

伏尔泰：谢谢你。我是否担当得起哲学家的称呼相当值得商榷。

本尼狄克特：你有不标新立异的良知，但你犯了一个严重的错误。

伏尔泰：那究竟是什么呢？

本尼狄克特：你认为一个人一生能得到如此广博的知识与深刻的悟性，而适合坐下来判断人类的智慧——判断人类历经许多世纪形成的传统与习俗。传统之于团体，有如记忆之于个人。犹如记忆丧失会造成疯狂，传统的突然崩溃也将使整个国家精神错乱，像大革命时代的法国一样。

伏尔泰：法国并没有疯狂，法国人只不过把几百年来所受的迫害，浓缩成十年的愤怒而已。此外，你所提到的人类，并非一个人，而是易错的个人的集合与连续。而人类的智慧，不外个人见识和错误的总称。到底在琐碎的思想中，由什么决定哪些部分将流传后世，而广远流播下去呢？

本尼狄克特：各种思想在社群或国家实验中的成败，决定了哪些思想得以存在、哪些将行灭绝。

伏尔泰：我没有这样肯定。可能当权者的偏见，在许多例子中，决定思想的取舍。检查制度可能阻碍成千的好思想汇入人类的传统。

本尼狄克特：我猜想，我的前辈们认为，检查制度是一种手段，可以防止某些思想的传播摧毁社会秩序的道德基础，以及激发人的信仰助其忍受生活的重担。我承认我们的检查员犯了某些严重的错误，如伽利略一案就是——虽然我以为我们对待他比你的徒众指使许多人相信他的学说，还要温和些。

伏尔泰：这样说来，传统便可能是错误和暴戾的，是悟性进步的一道障碍。如果禁止人类怀疑传统，他怎么进步得了？

本尼狄克特：或许我们也应该对进步加以质疑，但暂时把那个问题搁在一边吧！我相信我们应可质询传统与习俗。务须当心，勿使破坏超过我们所能建设的。注意勿因保留某一部分而牺牲其他部分，并常谦虚地认为：代代累积下来的经验，可能比短暂个人的理性，来得有见地些。

伏尔泰：而且理性是天赋最高贵的礼物。

本尼狄克特：不，爱才是。我无意轻视理性，但理性应为爱的仆人，勿作傲慢的奴隶。

伏尔泰：我一向供认理性有其脆弱的一环。我知道理性易于讨好我们欲望所提示的任何东西。我的朋友狄德罗一度写道，感觉出来的真理，比由逻辑证明的真理扎实。真正的怀疑论者也怀疑理性。或许我夸张理性，是因为疯人卢梭夸大了感觉。我认为让理性附于感觉，比感觉臣服于理性，还要不幸。

本尼狄克特：完整的人需要二者相互作用。现在我不知道你愿意与我进一步探讨吗？你是否同意，我们拥有的最清晰、最确实的知识，是我们知道我们存在及我们思想这一知识？

伏尔泰：哦？

本尼狄克特：所以，我们知道思想，比我们知道其他事物更为直接。

伏尔泰：对这一点，我表示怀疑。在我们内省并知道我们在思考之前，我相信我们早就认识事物了。

本尼狄克特：但你也会承认，你内省时觉察到的那种存在，与你有时喜欢归纳一切事物得到的存在，截然不同。

伏尔泰：我怀疑此点，但请继续讲下去。

本尼狄克特：你也会承认，你内省时所感到的存在，是最美好的存在，是意志的奔放。

伏尔泰：神父，你前进得太快了。我曾经欣赏适度的自由论，可是逻辑促使我接受决定论。

本尼狄克特：那就是说，你把当下的感觉，向冗长、不确定的推理俯首称臣。

伏尔泰：我无法驳斥倔强的小透镜研磨者——斯宾诺莎。你读过斯宾诺莎的作品吗？

本尼狄克特：当然读过，教皇不受《删订索引》所限。

伏尔泰：你知道我们视他为无神论者。

本尼狄克特：我们不必互相形容人。他是一个可爱的人，却非常忧闷。他到处看到上帝的存在，以致不给人类的人格留余地。他和奥古斯丁一样虔诚，和圣人一样伟大。

伏尔泰：本尼狄克特，我爱你。你对待他，比我从前待他还慈悲。

本尼狄克特：让我们继续讨论。我请你同意思想、知觉与人格的意识，是我们最确定知道的存在。

伏尔泰：很好，我同意。

本尼狄克特：所以，我认为否认物质论、无神论和决定论是合理的。我们每个人有一个灵魂，宗教便建立在这一事实之上。

伏尔泰：假定那些都对，又如何证明几个世纪来，加诸教会教条上的一大堆荒谬是正当的呢？

本尼狄克特：我知道有许多荒谬、许多不可信的事物，但人们喊着要这些事物。在几个例子中，教会为了接受这些奇异的事为教条，而向固持而众多的民众要求屈服。如果你从人们手中夺去我们允许他们保有的信仰，他们就会不受控制，采纳传奇和迷信。宗教团体并不发明迷信，只是阻止迷信；破坏了有组织的信仰，光怪陆离的迷信将像蛆虫，出现于基督教的伤口上，一一兴起。即使如此，科学界比宗教界存在更多不可置信的事物。最不可思议的，岂有过于相信原始时代的星云，决定了你剧本的每一行文字？

伏尔泰：但有些故事，像石棉圣人烧不着、断头圣人把头拿在手上，及圣母玛利亚进天堂，真令我吃不消。

本尼狄克特：你的肠胃太差。一般人接受这些故事并无困难，因为这类故事是教条的一部分，能鼓舞、安慰他们的生命。那就是他们不会长久听从你的原因，因为他们生命的气息不是凭借听你说话而获得。所以，在信仰与不信仰的斗争中，信仰恒得胜。你看，天主教如何在西日耳曼赢得人心，如何在异教的法国复兴，如何在拉丁美洲得势，并延伸力量及于北美，甚至清教徒的土地上。

伏尔泰：神父，有时我想你的宗教之所以能复兴，不是依靠教条的真理、神话的魔力，甚至不是凭借你善于运用戏剧和艺术，而是依靠你非常微妙地鼓舞你的子民多生育。我发现生殖率是哲学的头号敌人。我们出生，年老而去世，简单的生殖力击败了才智活动。

本尼狄克特：如果你认为我们成功的秘诀在于生殖率的话，你就错了。这与更高深的东西有关。你想不想知道全世界知识分子正重返教会，这是为什么？

伏尔泰：因为他们懒得思考。

本尼狄克特：不见得。他们已发觉，你的哲学除却无知和绝望，别无答案。聪明人发现，为你弟兄所称的自然道德所做的种种努力，全归失败。你我或许都同意：人生下来具有利己的本能，后者在几千几万年的原始环境中形成。人的合群本能比较脆弱。要驯服自然无政府主义者成为正常和平的公民，有赖于强有力的道德和法律规范。我们宗教家称呼利己本能为原罪，源于我们的第一对祖先——源自那些侵扰人、无法无天的人、危险的猎户，他们随时准备战斗杀生，以夺取食物或保护同伴。他们必须极端贪心、好斗、残酷，因为他的社会组织不够健全，他们必须依赖自己以保障生命和财产的安全。

伏尔泰：你不是以教皇的口吻在说话。

本尼狄克特：我说过我们应该像哲学家般谈论。教皇也能成为哲学家，他不但必须把哲学的结论清楚地告诉人们，而且必须能够影响他们的情感和行为。我们相信——而且世人正回到教会，因为人们知道——没有一样人为的道德规范足以彻底控制自然人的不合群冲动。人们的道德生活——虽然道德生活和肉体格格不入——有赖童年学得而形成部分宗教的道德规范。这一规范有如上帝的而非凡人的话语。你想保存道德、抛弃宗教，但使道德深植于人心的是宗教。我们务须使道德信条成为最珍贵的宗教信仰中不可或缺的一部分，因为唯有透过这种信仰，生命才有意义和尊严，以支持、荣耀我们的存在。

伏尔泰：摩西也是这样杜撰他与上帝的对话吗？

本尼狄克特：成熟的人不会问这种问题。

伏尔泰：你说得对。

本尼狄克特：我原谅你不成熟的讽刺。当然，汉谟拉比、莱喀古斯和庞皮留斯都是聪明的。他们认为如果不想让道德在我们最强烈的本能长期侵袭下崩溃，则须以宗教为基础。你在提到奖善惩恶的上帝时，也同意这一点。你要求你的仆人信仰宗教，却认为你的朋友们不信教也能过日子。

伏尔泰：我仍然认为哲学家能超出宗教之外。

本尼狄克特：你是多么天真呀！小孩子懂哲学吗？能推理吗？社会的根本为道德，道德的基础是品格，在理性能发挥指导作用之前，品格早已在青少年时代形成了。我们必须在一个人年轻、可锻炼的时期，把道德灌注给他。然后可以坚强得足以抵抗利己的冲动，甚至能拒斥利己的理性。我担心你考虑得太早。知识分子生来就是利己主义者，若知识不用道德控制，它能把社会撕成粉碎。

伏尔泰：当代有几位最好的人，发觉理性是一种充分的道德。

本尼狄克特：那是在利己的智力有时间摆脱宗教影响之前。少数人像斯宾诺莎与贝尔、霍尔巴赫与爱尔维修，他们在放弃祖先信奉的宗教后，可能仍过着良善的生活。但谁知道他们的美德不是得力于宗教教育呢？

伏尔泰：无数跟我同时代的人物，像杜波依斯红衣主教和路易十五，都是卑劣可鄙的放浪形骸之徒，宗教熏陶和天主教的正统学说均归无效。

本尼狄克特：对他们，你写过言不由衷的赞美。

伏尔泰：啊，是的，我就像贵族教会的一些僧侣，我运用宗教之名而行欺诈，以获得我认为美妙的目的。

本尼狄克特：然而，无疑，无数信仰正统宗教的人——甚至于奉行所有宗教教规的人——能够变成大罪人和重罪犯。宗教无法使犯罪完全绝迹。它仅是在教化人类的伟大工作中，有所助益而已。我们相信倘使宗教付之阙如，人类将更坏更糟。

伏尔泰：可是有关地狱的可怕教义，把上帝变成凶丑残暴者，比历代任何暴君还要冷酷。

本尼狄克特：你很不满那种教义。然而你若对人性了解得彻底些，你就会知道他们必须受恐惧惊吓，同时受希望鼓舞。害怕上帝就是智慧的开始。一旦不害怕了，人们也就开始堕落了。你的不道德比较文雅。你与夏特莱夫人的长期交往，留下了美好的韵事，但你与令侄女的关系有失体面。你也从不谴责你那位好色的朋友黎塞留公爵的行为。

伏尔泰：我怎么能责备他？那将危害到我的贷款。

本尼狄克特：你不会活着看到无神论如何把人变成最可鄙的野兽。你读过萨德侯爵的文章吗？在法国大革命的高潮，他出版了三本小说。他在其中指出，如果没有上帝，则除执法者的侦察外，什么事情都可以畅所欲为。他指出世上有许多恶人享乐富贵，许多好人受苦受难。因此，既然没有天堂或地狱，也就不必做一些有害于我们快乐的善事了。他下结论，如果意志不是自由的，就不必负道德上的责任。

世上本无是非之分，只有强弱之别。善即是弱，弱便是恶。就是强者剥削弱者所得的乐趣，也是合理的。他辩称，残酷发乎自然，而且常令人感到快乐。所以，他赞同各种形式的快乐，甚至最令人作呕、卑劣的变态都行。直到最后，至高无上的善行似乎在于接受痛苦，如同一种性愉悦的形式。

伏尔泰： 那个人应该被痛打个半死。

本尼狄克特： 对，如果你抓得到他的话。但如果抓不到呢？　想想无数的罪行夜以继日地发生，而且从未被发觉或惩罚。即使他不担心人家发觉，但也必须有一种道德规范，以防止人犯罪。你所处的时代是历史上最不道德的时代之一，这有任何怀疑吗？　对你自己的《女仆》，我不愿置一词。但我记得你写的《国王在塞尔夫公园》一书，这本淫书大量印行，销售到很远的地方。人们，甚至妇女，都狂热购读。这本描写性爱的放荡书刊，成为时代淫秽的洪水和不信教者的温床。

伏尔泰： 教皇陛下，你该知道性本能是很强烈的，就是有些教皇也不例外。而且不论法律如何禁止，性本能都非求得发泄不可。

本尼狄克特： 正因为性本能强烈，所以它需要特别的控制，当然没有鼓励的必要。那就是我们为何用有秩序的婚姻来疏导它，而且尽力使早日结婚成为可能。在你的新社会里，你使大家——鲁莽者除外——结不成婚，若要结婚则到性成熟后很久才行。而且，你假借印刷自由和歌剧自由的名义，用作品和戏剧来刺激人们的性想象、性欲望，使大家的节欲变得困难。

伏尔泰： 年轻人自由一点，对将来没有害处。

本尼狄克特： 我觉得你错了。一个男人婚前喜欢乱爱杂交，很难成为忠实的丈夫；一个婚前乱七八糟的女人，要是婚后能忠于丈夫，那实在太例外、太不可能了。因此，你不得不允许越发随便的离婚。我们使婚姻成为庄严神圣的事，成为终身互谅互爱的誓言。你们却视婚姻为一项买卖的合同，任何一方由于一时的吵嘴，或由于希望物色到更年轻更富有的新对象，都可以自由中止合同。如今每个家庭门户大开，使对方远走高飞。婚姻这一组织变成暂时性、实验性的混乱结合。这是女人的悲剧，道德秩序的不幸。

伏尔泰：可是，亲爱的神父，一夫一妻制是违反自然，而且让人难以容忍的。

本尼狄克特：限制本能是不自然的。但要是没有许多此类限制，社会将无从存在。我相信一个男人或一个女人，拥有一个伴侣、几个儿女，总比一个男人或一个女人有几个伴侣、一个儿女幸福多了。一个男人，因其太太养育儿女，以致容貌憔悴老丑，于是遗弃元配，另找美人，这样的丈夫，怎么会长久幸福呢?

伏尔泰：然而禁止离婚的话，你就必须容忍通奸。通奸在天主教国家很是普遍。

本尼狄克特：不错。这正是我们的弱点和罪过所在。不信仰的心理滋长，才产生这种弱点。因为通奸尚能替儿女维持一个表面上团聚的家，可能比离婚好，给家庭所带来的长期困扰，也没有离婚那么厉害。然而我很遗憾，我们尚未找到较完善的解决办法。

伏尔泰：神父，你是一位诚实君子。如果我能够分享你的信心与慈悲，我将付出所有的一切。

本尼狄克特：到现在你还是难以信奉宗教。有时，我真不敢希望能够赢回像你这样灿烂的人，你们的笔杆足以驱使千万人为善为恶。但在你们的同路人中，有几个正在观察可怕的现实。进步的泡沫已在无数男女被杀害、城市一个一个被毁灭、多少人孤单寂寞，比历史上任何其他世纪都严重的一个世纪里破灭了。知识、科学、舒适及动力上的进步，只是手段上的进步而已。如果目的或欲望毫无进步，则进步无异幻想。理性用来改善工具，目的却由本能决定，本能则在生前形成，在理性发展前建立。

伏尔泰：我仍然对人类的智慧抱有信心。我们日子过得更安全时，我们将同时改善目的与手段。

本尼狄克特：你是否更有安全感了?暴力的犯罪减少了吗?战争

的惨烈远逊于从前了吗？你希望武器的毁灭性将吓阻你和你的敌人从事战斗。从弓箭到炸弹这种武器的进步，可曾阻碍过国与国之间作殊死挑战？

伏尔泰：教育人类将费时许多世纪。

本尼狄克特：同时，想想你宣传的毁灭宗教，可能比城市化为废墟更悲惨。无神论不是悲观主义的先驱吗？这种悲观主义，不是比信教者知道的悲观论还灰暗吗？而你，富足又有名，难道你不经常想到自杀吗？

伏尔泰：是的，我尝试过要信仰上帝。但我向你供认，上帝对我的生活毫无意义。而我的心灵深处，我童年时期信仰所在的心灵深处，也曾感到空虚。但是这种感觉也许只属于个人和过渡时期的一代。这些悲观主义者的子孙们将自由自在地作乐，将比因恐惧地狱而惶惶不安的基督徒快乐多了。

本尼狄克特：在大多数教徒的生活中，恐惧感只扮演较次要的角色。鼓舞他们的是死亡的痛苦并非无意义的字眼，而是无限生命的前兆。人们获得无限的生命时，所有世上的不公和残酷，将获得矫正、治愈。他们将与他们从前爱过又失掉过的人共度幸福祥和的日子。

伏尔泰：那的确是真正的安慰，不论那多虚无缥缈。我感觉不到它，因为我几乎不认识我的母亲，我罕曾见过父亲，也没有儿女。

本尼狄克特：你不是一个完人，所以你的哲学也是不完整的。你可曾了解穷人的生活？

伏尔泰：只了解他们的外在。对待那些靠我的产业生活的穷人，我尽量给予公正和帮助。

本尼狄克特：你不愧为一个好领主。而你注意到你手下令人安慰的忠诚，必须以宗教指导和崇拜为支柱。同时，你令人沮丧的福音——死后一切希望成空，也传遍整个法国。你可曾回答缪塞的问题？在你和你的信徒告诉穷人，真正的天堂必须由他们自己在地球上创造后，在他们杀害了他们的统治者后，新统治者产生了，贫穷依然存在，不安和混乱尤甚于从前——那么，你能给予败北的穷人什么样的安慰呢？

伏尔泰：我未曾建议他们杀害统治者。除了态度更加恶劣外，我怀疑新统治者会和旧统治者差不多。

本尼狄克特：我不愿说革命都是不正当的。但根据我们不朽的阶级组织留给我们的经验，在每次颠覆后，立即会产生新统治者和被统治者，富人和贫户。我们每个人生来就不平等。每一样新发明，每一样附添于生活或思想上的错综之事，都增加聪明人与平庸者、强者与弱者之间的隔阂。乐观的革命主义者主张自由、平等、博爱，但这些令人向往的偶像，从未同时出现过。如果你主张自由，无异让自然的不平等扩大为人为的不平等。要防止这种弊端，你必须限制自由。所以，你标榜的自由乌托邦，有时变成暴政的束缚。而在这一阵混乱中，博爱只是口惠而实不至的具文而已。

伏尔泰：是的，正是如此。

本尼狄克特：好，那么到底是你还是我，把较大的安慰贡献给绝大多数的可怜人呢？如果你深信法国和意大利的劳苦大众，他们的教堂、十字架、宗教偶像及虔诚的奉献都是无意义的虚伪炫耀，如果你深信他们的祈祷只传到空虚的天空，那么你认为你帮得上他们的忙吗？人生最大的悲剧，岂有过于叫人相信除了奋斗谋生，生命毫无意义、生命必腐朽，其他则一切无常？

伏尔泰：神父，我同情你的感受。我收到一封塔尔蒙德夫人写给我的信，而深为感动与困扰。我清楚地记得信是这样写的："先生，我想一位哲学家应该只为努力求得人类减少邪恶和增进幸福而写作。如今，你的作为正好相反。你总是撰文反对宗教是足以限制邪恶、足以安慰不幸者的。"然而我也有我自己的信仰——那就是真理对穷苦大众终必成为一种幸福。

本尼狄克特：除非真理经过世世代代考验仍然不失真实，否则真理就不成其为真理。前代证明你错了，后代将会谴责你。甚至在人生奋斗过程中的胜利者，也将责怪你，因为在各种不可避免的社会阶层的形成中，你剥夺了穷人安于卑陋现实的希望。

伏尔泰： 我不愿站在双重欺骗穷人的一边。

本尼狄克特： 我们没有欺骗他们。我们教导他们信仰、希望及慈善。这三样东西是人类生活的恩赏。你对三位一体报以凄惨的玩笑。但你是否知道，上帝自己降生到世界上，分担人类的痛苦，替世人赎罪的观念存在人心，使百万、千万的人灵魂深处感到安慰。你嘲笑"处女诞生说"，然而在所有的文学作品中，是否能找到女性谦逊和母爱这一更可爱动人的象征呢？

伏尔泰： 那是一个美丽的故事。假使你读过我所有的 99 册著作，你将知道我也承认神话对安慰人心有价值。

本尼狄克特： 我们不认为那些事迹属于神话，而是最高深真理的一部分。它们的影响等于最真实历史的影响。我不再提及多少艺术和音乐因它们而产生。这些艺术和音乐都是人类文化遗产最辉煌的一部分。

伏尔泰： 这些艺术的确高明，但你们天主教典礼中吟唱的格里高利圣歌，令人厌烦。

本尼狄克特： 要是你够深度，你就会欣赏我们教会仪式和圣事的价值。我们的仪式，使崇拜者在生活的舞台及手足之情中团结在一起。我们的圣事，是上帝内在慈悲的具体象征。看到儿女经由洗礼和坚信礼而进入社会，继承这个古老的信仰，父母当会感到慰藉。所以，世世代代结合成一个不受时间限制的家庭，个人无须感到孤单。赐给罪人机会，让他供认罪过，并接受赦免。你说这样做只不过纵容他再度犯罪而已。我们则以为如此足以鼓舞他开始新生活，脱卸犯罪感的压迫。心理医生不是努力在寻觅告解的代替品吗？他们造成的神经病患者，是否和治愈的一样多呢？在圣餐圣事中，衰弱的人因与上帝结合而鼓舞，而坚强起来，那不是很美妙的事吗？有什么事比孩子们第一次领圣餐更可爱的呢？

伏尔泰： 我依然为"吃上帝"这个观念而感到震颤，那真是野蛮习俗的遗产。

本尼狄克特：你再度把外在的象征和内在的慈悲混为一谈了。最浅薄的事，莫过于诡辩了。诡辩者从表面上品评事物，却自以为深刻。所有当代人士都被诡辩带入歧途了。在宗教领域里，一个成熟人必经三个阶梯：信仰、不信、了解。

伏尔泰：你可能对。但这并不能证明充满罪恶的高阶教士的虚伪，或对诚实思想的迫害是正当的。

本尼狄克特：是的，我们感到有罪。信仰宗教总是好事，但传教者却是有错有罪的男男女女。

伏尔泰：既然传教者有过错，为何又声称绝无谬误呢？

本尼狄克特：教会只有在最正式、最根本、最重大的判决中，才宣称其本身绝无过错。有时如果希望个人或社会安宁祥和，必须终止争论才是。

伏尔泰：如此我们又回到令人窒息的检查制度、与那残忍的不容异教了。这是足以毁灭我生命的东西，也是教会史上的污点。我看到宗教裁判所的大门再度开启了。

本尼狄克特：但愿事实并非如此。从前宗教裁判所如此残酷，是因为教皇的权力太小。我的前任们曾努力遏阻过裁判所的霸道。

伏尔泰：教皇们也有罪。在十字军时代，他们冷眼旁观无数犹太人被杀害；他们又和法国合谋，屠杀阿尔比派教徒。为什么我们应该回头再度信仰那个教会——那个能制造又赦免残暴的教会？

本尼狄克特：我们过去受到当时习俗的影响，现在我们分享到道德的进步。看看我们的传教士，他们不是有教养，忠诚，行为俱佳吗？

伏尔泰：据说如此。但那可能因为他们有竞争对手，一旦生殖率较高的拥护者给予他们政治上至高的权力，谁晓得他们会变成什么样子呢？一至三世纪的基督徒以道德高尚闻名，可他们得势后，你知道他们变成什么面目。他们杀害的异教徒，百倍于所有罗马帝国皇帝屠杀过的总人数。

本尼狄克特：那时我们的子民刚刚接受教育。希望下一次我们将有较好的表现。

伏尔泰：贵教会有时的确做得不错。意大利文艺复兴时代，异教徒由于不曾剥夺那慰藉穷人的信仰，有几个教皇对异端表示温和的宽容。就我而言，我也不希望破坏穷苦人家的信仰。我向你保证，穷人是不看我的书的。

本尼狄克特：穷人有福了。

伏尔泰：同时，如果我和同道继续启迪少数人，让他们踊跃、勇敢地防止教会再度垄断有教养者的思想，那时你必须原谅我。如果历史未曾启示我们不断努力，以预防正统派必然的不容异端，那么历史就全无价值了。本尼狄克特，我尊敬你，但我必须依然故我。

本尼狄克特：愿上帝原谅你。

伏尔泰：原谅一词适用于任何人。

上 | 年轻时的伏尔泰。法国一位显贵拿伏尔泰的名字开玩笑，伏尔泰与他吵了起来，结果被狠狠地揍了
一顿. 并被送往巴士底狱，后从那里被解往加来。伏尔泰从加来逃往英国，开始了流亡生涯。

下 | 法国画家华多的《意大利喜剧演员》。华多的画风富于抒情性，具有写实主义倾向，画中人物多带
有沉思忧郁之感。

英国画家贺加斯的版画《啤酒街》（上）、《杜松子酒巷》（下）。贺加斯的系列版画描绘了伦敦的堕落及悲惨的社会景象。

上 ┃ 18世纪的英国工厂。18世纪末,工业化对英国已不新鲜,1800年的英国是世界上工业最发达的国家。

下 ┃ 贺加斯的系列油画《时髦婚姻》中的《早餐》,描绘了英国上层阶级的婚姻习俗。

英国政治家查斯特菲尔德伯爵，以著作《给儿子的信》闻名。这本书教人怎样有礼貌、怎样取悦于人、怎样在社会上获得成就。

17世纪，英国社会出现了很多弃婴和孤儿，因而大慈善家柯兰托马斯·科拉姆成立了圣巴托罗缪慈善院。

1714年，安妮女王死后乔治一世继承英国王位，他曾在西班牙王位继承战争中奋身与法军作战，屡立奇功。

乔治一世时期的大法官法院。用以向当事人提供某些不能从普通法院获得的法律救济。

英国国王乔治二世即位后，积极支持罗伯特·华尔波尔的和平与节约政策。

英国政治人物罗伯特·华尔波尔，是辉格党领袖之一，也是公认的英国首任首相。

英国托利党的政治家博林布鲁克子爵，博学多才，能文善辩，是反对华尔波尔领导的辉格党的重要政治宣传家。

18世纪英国最伟大的政治家威廉·皮特。"七年战争"开始时，英国损失惨重，英国人民要求皮特出马组阁，这使皮特得到治国安邦的绝好时机。

18世纪英国经验主义哲学家休谟，著有《人性论》。他把哲学设想为一门关于人性归纳的和实验的科学。

福音传播者卫斯理，与其弟查理同为循道宗的创始人。

英国诗人和讽刺作家蒲柏。他是作品经常被引用的英国作家之一，也是第一个为欧洲大陆赏识的英国作家。

英国小说家理查森，其代表作为《帕梅拉》和《克拉丽莎》。

英国名噪一时的多才多艺的女作家蒙塔古夫人（又称玛丽女士），她是有名的女权论者。

上 | 1703年，笛福被政府逮捕并被罚戴枷锁站立3天。笛福被称为英国小说和报刊文学之父,其最著名的作品是《鲁滨孙漂流记》。

下 | 《贺加斯的自画像》。贺加斯是第一位获得国际声誉的英国艺术家，在肖像画、风俗画和历史画方面有巨大贡献。

巴洛克后期伟大的作曲家亨德尔，曾任汉诺威宫廷乐长，因汉诺威宫廷与英国王室联姻，后入英国籍。

上 ｜ 住所前的法国农民。许多法国农民的景况在18世纪中显著恶化，人口增长数目可观，贫困甚至饥饿的恐惧时时出现。

下 ｜ 法国国王路易十五非常懒惰，又缺乏自信心，根本无法协调各部大臣的工作，对国策不能进行坚强的领导。

蓬巴杜侯爵夫人。路易十五喜欢独居深宫，与相继受宠的情妇们厮混，有些情妇左右朝政。1745年，他立蓬巴杜侯爵夫人为正式情妇，这位夫人的政治影响一直持续至1764年她去世。

在舞会上，路易十五别出心裁地和他的随从扮成紫杉树。正是在这次舞会上，路易十五邂逅了蓬巴杜侯爵夫人。

路易十五时期，参加假面舞会的两男一女。这一时期的男女情感带有道德松懈的时代特征。

上 | 花园中的舞蹈。画面中的女性舞者，正是路易十五时期巴黎歌剧院的芭蕾舞首席女舞蹈家拉卡马戈。

下 | 《沙发上的裸女》。该女子正是路易十五的情妇之一。在贵族社会里，通奸并不被视为一种社会瑕疵。许多贵族夫妻大部分的时间都分开生活，彼此认许对方的不忠，还将这种罪过优雅地遮掩起来。

法国静物和家庭景物画家夏尔丹的自画像。

《搭建扑克城堡的小男孩》（夏尔丹，1737年）。夏尔丹的作品以真切的写实、安详的气氛和明快的色调著称。

描绘路易十五时期普通家庭生活场景的《饭前祈祷》（夏尔丹，1740年）。

《丘比特》（布歇，1751年）。布歇的画作色彩精细、形式柔美、技巧熟练，主题通常优雅浮华。

《维纳斯与小爱神》（布歇，1751年）表现出了洛可可时期的典型法国趣味，充满了官能之美。

上 《扮成侍酒女神的贵妇人》（纳迪埃，1753年）。纳迪埃被认为是洛可可肖像画的代表画家。

下 优雅中呈现些许忧郁的意大利戏剧演员。莫里哀的剧本结合意大利艺术喜剧演员的喜感动作与法国人独具一格的机智诙谐脚本，使法国闹剧臻于上乘艺术的境界。

路易十五时期的求爱情景。放荡的道德镀饰着如许优雅的举止、高尚的谈吐与艳丽的服装。

MONTESQUIEU.

Chaudet del.   P. Alex. Tardieu sc.

18世纪法国政治哲学家孟德斯鸠。他曾在其著作中辛辣地讽刺法国文明社会。

Mr de Voltaire.
né en 1694 mort en 1778.

伏案工作中的法国思想家伏尔泰。

在《牛顿哲学的基本原理》（1738年）的扉页中，伏尔泰正伏案写作，希望通过《牛顿哲学的基本原理》来普及英国科学上的一些发现、介绍牛顿的科学思想。

神圣罗马帝国皇后玛利亚·特蕾莎是18世纪欧洲强权政治的核心人物，被认为是哈布斯堡王室中最有人性光辉者。

1736年的腓特烈二世。18世纪30年代晚期，腓特烈二世过着半隐居的生活。他大量地读书，吸收治理国家和处理国际关系的各种思想，这使他终生受益。

巴洛克时期作曲家巴赫。事实上，去世后的约50年中，他的音乐一直无人问津。

上 | 巴赫和他的三个儿子。巴赫家族是历史上著名的音乐家家族，巴赫从三个儿子幼时起就教授他们音乐，三个儿子都成为前古典主义杰出的作曲家。

下 | 1728年，波兰国王强人奥古斯都和普鲁士国王腓特烈·威廉一世在一起。

普鲁士国王腓特烈大帝在对奥地利和其他强国一连串的外交权谋和战争中极大扩张了领土，并使普鲁士成为欧洲军事上最强大的国家。

数学家拉格朗日，著有《分析力学》，他在分析和数论的各个领域及分析力学和天体力学中都有杰出贡献。

上 | 瑞士数学家和物理学家欧拉在几何学、微积分、力学、数论等方面都有重大的开创性贡献。

下 | 拉瓦锡和他的妻子玛丽·波尔兹。1771年拉瓦锡与波尔兹结婚后，她经常协助他工作。法国大革命期间，拉瓦锡受到革命法庭的审判，被判死刑。

法国数学家和天文学家拉普拉斯，因研究太阳系稳定性的动力学问题被誉为"法国的牛顿"。

身穿拉普兰服装的瑞典植物学家、探险家林奈。他曾为乌普萨拉科学院到拉普兰考察，并著有《拉普兰植物区系》。

上　列文虎克是17世纪最著名的显微镜专家之一，也是最早用透镜观察细菌和原生动物的人。

下　英国外科医师约翰·亨特，被认为是英国病理解剖学的奠基者。为了证明淋病和梅毒是同一疾病的不同表现，他曾给自己接种了病原体，因而得了梅毒。

法国文学家、哲学家狄德罗，主编了《百科全书》，被称为"启蒙时期的巨人"。

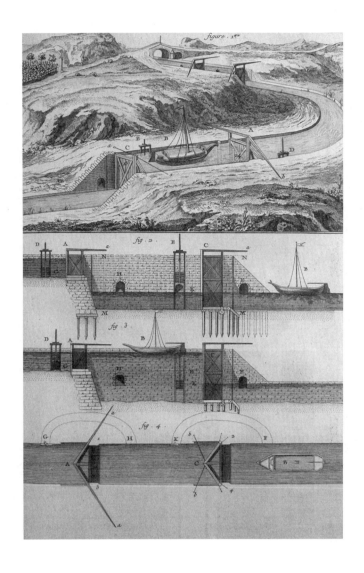

《百科全书》中描绘船闸的插图。科学的发展不仅是学术和思想方面的进展，还是科学技术甚至手艺方面的进步。

克里斯蒂安·沃尔夫是德国哲学家、数学家和科学家，被认为是德国启蒙运动的重要推动者。